汉语语法长编

A Comprehensive Grammar of the Chinese Language

石毓智 著

江西教育出版社

作者简介

　　石毓智，1963 年生，河南洛阳人。斯坦福大学博士，加州大学圣地亚哥校区硕士。华中科技大学、华南理工大学、东南大学、重庆大学、华中师范大学等院校的客座教授或讲座教授，湖南师范大学潇湘学者特聘教授，任教于新加坡国立大学。代表性语言学著作有商务印书馆出版的《汉语语法》、北京大学出版社出版的《汉语语法化的历程》、江西教育出版社出版的《汉语语法演化史》、台湾学生书局出版的《肯定和否定的对称与不对称》、剑桥大学出版社出版的英文著作 *The Evolution of Chinese Gram*、荷兰约翰·本杰明出版公司出版的英文著作 *The Establishment of Modern Chinese Grammar* 等。其中《汉语语法演化史》获得第六届中华优秀出版物（图书）奖。

内容提要

　　本书总体特色可以概括为：判语言之美，析结构之理，察古今之变，审中外之分。它主要基于作者过去近三十年来对现代汉语语法的独立研究成果，兼吸收学界最近十几年的最新进展，以认知功能语言学为理论背景，尝试全面呈现现代汉语语法的全貌。该书具有全新的语法系统观和独特的理论视野，并对现代汉语语法现象进行了深入而系统的探讨。本书侧重于语言现象本身的规律和系统性，以探讨汉语语法系统本身为主要目的，把新的理论方法贯彻到具体现象的探索之中。内容兼顾普及性和学术性，可供具有中学以上学力的读者自学汉语知识之用，亦可作为大学本科和研究生的现代汉语语法教材或者汉语言学研究者的参考文献。

前言

　　《汉语语法长编》是《汉语语法》（商务印书馆，2010 年）的完整版。为何说是"完整版"呢？当初送给商务印书馆的书稿在出版时被砍掉了将近一半的篇幅，编辑认为书籍太厚不利于销售，当时我十分惋惜，不仅是忍痛割爱，而且也牺牲了内容的完整性。然而让我和读者都有幸的是，江西教育出版社的有关负责人，愿意为母语研究担大任，决定出版非剪辑版，而且现在这本书还包括了我最近几年的一些研究。

　　这本书是我过去研究现代汉语语法的集大成。从我于 1989 年在《语言研究》上发表第一篇文章算起，迄今已有 30 个春秋了。我的第一本书于 1992 年在台湾学生书局出版，书名为《肯定和否定的对称与不对称》。2016 年 7 月，我写了一篇题为《表达被动的动宾结构》的文章。时间跨度这么大的研究内容都被融入本书中，然而它又不是一个论文集，而是系统相对完整的现代汉语语法专著。

　　汉语应该有一部跟自己地位相配的语法专著。回顾过去 100 年来汉语语法研究历史，大致为二十年出一本可流传久远的书。20世纪40年代出了吕叔湘《中国文法要略》，尔后二十来年有赵元任的《汉语口语语法》，又约二十年见朱德熙的《语法讲义》。此三部著作影响深远，其间虽然杂出者甚多，但系统性和深度无法与之比肩，创意特色皆略逊一筹。盖因学术思想需要酝酿，学术研究需要积养，只有两者兼备方能成就一本好书。朱先生的书出版至今已二十有五年了。过去十几年来学界思想开放，方法呈多样化，我们今天所面临的状况为：时代在孕育着一本新书，学界也在呼唤着一本新书。作者自知愚驽之材不能胜此大任，但是"意在斯乎！小子何敢让焉"（司马迁《太史公自序》），这种使命感多年来一直萦绕心间，不敢有忘。今不揣浅陋，知不可为而为之，以抒我怀，以期未来高明之士。

想写一本跟汉语地位相称的语法书，是我二十年前的一个夙愿。高中时候看过一本语法书，懵懵懂懂，莫名其妙。大学时又学现代汉语，语法部分语焉不详，枯燥乏味，且不知其所用。研究生时期主攻语法，渐察教材所教，漏洞百出，自相矛盾。又听国内、国外学术圈中之人说，汉语没有严格语法，是种落后语言云云。国内学人在做研究时又不自觉把印欧语言作为标准，结果得出"汉语缺乏这个缺乏那个"的结论。圈内人尚且如此，圈外人更是以讹传讹，徒增国人对自己语言的偏见与自卑感。在美国读书期间，见到中国留学生的父母不让自己的孩子说汉语，因为他们认为汉语是一种非逻辑的语言，怕影响孩子的智力发展。痛哉！惜哉！对自己语言的自卑就如同怨恨自己的祖先为何遗传下这种发色、肤色，此恨绵绵无绝期。发色犹可染，语言岂能变，个别人就选择了弃而去之。每每念起这些，常自感慨：汉语缺乏规律乎？抑或没有找到规律乎？纵观历史，横看世界，汉语所承载的中华上下五千年的灿烂文化无与伦比，作为这一优秀民族世世代代智慧结晶的语言，难道会独落人后吗？因此我那时就深信汉语中蕴含严格的规律，立志以揭示其中和谐的美为己任。探讨语言规律需要两个条件，一是要有科学的思维训练，二是要对语言做广泛的调查。所以我二十年来不敢懈怠，孜孜不倦，心无旁骛，现把自己的工作做一总结，呈现给读者。这样做一方面是为了及时得到读者的反馈，使得自己下一段的路走得更好；另一方面也是向人们展示汉语中的壮丽景观，虽然我们的工作仅仅是揭开她美丽的一角，借以增加人们对自己母语的热爱，吸引更多的同道加入探索汉语规律的行列。

学界内外有两个出自大家、流传颇广，而且对汉语伤害甚大的观点：一是"汉语是一种缺乏形态的语言"；二是"汉语的语法灵活多变"。西方的学者在建构自己的语言学理论的时候，自觉不自觉地把自己的语言作为标准，我们的学者受其影响，也发现汉语"缺这个少那个"。"缺乏"二字是带有贬义的，是指"应该有而没有"。圈内人士尚持这种观点，也就无怪乎外行人产生对汉语的偏见和误解了，因此就有人认为汉语是一种不发达的语言，期待着汉语有朝一日也发展出丰富的形态。其实这是一种既不切实际又违背科学的态度。人类语言的语法手段是丰富多彩的，没有一种手段是存在于所有语言之中，也没有任何类型的手段可以用来衡量一种语言的发达程度。不同语言采用不同的标记方式，在很大程度上是由它的句子的基本语序决定的，也受该语言系统的其他因素的制约。"灵活多变"看似一个褒义词，实际上也给汉语带来很多负面的影响：如果一个研究者接受这一观点，就不会努力去探索语法中的规律，因为就如同一堆词在那里自由碰撞组合一样，也探讨不出一个什么名堂来；如果一个学习者接受这一观点，就不会努力去学习汉语语法，因为反正是自由碰撞，不用学就会，又因为是组合太自由，学也学不会。其实这只是反映了汉语研究的初级阶段所给予人们的一种表面现象，当看到那扑朔迷离、变化莫测的现象而又找不到背后的规律的时候，就误以为汉语就是这个样子了。本书的很多章节的分析表明，汉语充分利用了语序变化这一手段来表达丰富而精细的语法意义，语序的变化受严格的语法规律的制约。通过我们的研究，世人也可以了解到汉语什么也不缺乏，而是存在着严谨和谐的规律。

语法系统之庞大，现象之丰庶，远远超出常人的想象，一个人虽穷毕生之精力，也只能窥其端倪。要真正全面揭示一个语法系统的全貌，不是个人的能力所能胜任的，甚至也不是一代人所能成就的。任何专著都只能是在某个方面，从一定程度上对这种语法的刻画。我们已有的研究成果自身有一定的系统性，但是跟实际语言相比，也只能是局部的。我们今天的工作跟已有的语法专著之间，不是替代关系，而是互补关系，因此相互参照着学习，更有益处。前人已经描写得很清楚的地方，我们并不采取求全的态度而加以重复叙述。书中的内容也不是对其他学者最新研究的简单综述，即使有借用其他之处，也是在我们独立调查研究的基础上加以消化、取舍。汉语语法学史证明了一个无例外的道理，一部优秀的语法著作必定出自长期位于研究第一线而且卓有成就的学者，因为它要求作者具有非凡的鉴赏能力、敏锐的洞察力，非亲自做研究者很难达到这种境地。

本书的特色可以用这四句话来概括："判语言之美，析结构之理，察古今之变，审中外之分。""判语言之美"者，即寻求语言中存在的和谐而简洁的规律，最高层次的美就是和谐、简洁而有规律。本书揭示了汉语中大量的丰富多彩的规律，向世人展示汉语是一种博大精深的语言。"析结构之理"者，即语法结构何以如此是有理有据的，从认知、语言、现实三要素的相互作用中寻找语法结构的成因。"察古今之变"者，即把一个现象放在语言这个大系统下来考察，给它做出的解释应该与其他相关的现象相容，从系统发展的角度探究一种语法结构的成因，从系统的整体特性确定一个结构的功能。"审中外之分"者，即只有具备跨语言的视野才能确定汉语的共性和个性。本书有大量的篇幅是汉英对比，因此本书的内容也适合英语专业的读者。

是侧重理论，还是侧重语言，我们采用圣人的态度："我欲托之空言，不如载之行事之深切著明也。"大家多谈理论和事实的关系，毋庸置疑，任何科学的理论都要有事实证据。但是很少人注意到语言学理论与语言系统之关系，这是当今语言学研究中应该慎重考虑的两种取向。当代的主要语言学流派，不论是生成语言学派，还是认知语言学派，都是以建构自身理论的完备性为首务，选取语言中能够支持自己的现象，至于这些现象自身能否构成一个系统，乃至整个语言系统如何，则在他们研究的视线之外。结果造成了"大理论、小现象"的状况，比如，生成语言学派从产生至今已经半个多世纪了，多少学者投入其中，但是所触及的现象非常有限。就该理论在汉语中的研究情况来讲，多集中在非常边缘的几个细小问题之上，比如关于"自己"的文章至少就有几百篇，然而很多关键的问题则无人问津。国外的认知语言学派也不例外，多关注自身理论的系统性，而迄今也没有人运用该理论的概念方法对一种语言做全面的分析。也有可能这些理论压根儿就无法对一种语言做全面的分析。从这个角度来看，结构主义的功劳仍然是最大的，不论是汉语还是英语，都是利用这一理论框架系统描写该语言语法的全貌。

本书并不是把国外的认知语言学的理论系统地应用在汉语之中，而是对汉语本身自然特性的系统探讨。之所以用"认知语法"，主要有三种考虑：其一，为了反映我们的语言哲学观，证明语言能力是各种更基本的认知能力协同合作的结果。这一思想决定着我们的选题、论证的角度，重视从认知的角度解释各种语法现象背后的理据，从而构成我们研究上的鲜明特色。其二，为与国际上的认知语言学理论在思想方法上相通，证明语言是后天习得的开放系统，它受人的认知、生活环境等因素的影响。其三，在很多具体现象的分析上，我们的观察与当代国际认知心理学的研究成果可以互相印证，解释上的相容程度很高。但是也应该指出，我们的认知语言学思想也有自己的鲜明特色，重视的是语言自身的本性。

本书采用教材的写法，略去与其他学者的论驳，凡写作中间参考过的文献皆列于书后，从而提高表达的流畅性和可读性。但是我们的工作跟湘绣、苏绣等传统的工艺不一样，既把美丽留给人间，也把金针与人看，借以让更多的人学会这门工艺，绣出更美、更有创意的图案。我们的工作还起到一个"探矿"的作用，告知后来者哪里是"富矿"、哪里是"贫矿"，以减少后来者跋涉探索之辛劳，缩短摸索时间，尽早进入产出阶段，同时使他们有精力和时间探索新的"矿源"，开辟新的领地，使得我们的事业蒸蒸日上。

本书引例出处的注明方式是依照学术界惯例，所有近代以前的用例完全依照原文，都一一注明出处，对于当代文献用例的处理方式有两种：完全依照原文的用例则全部注明出处，为了节省篇幅而删减无关文字的用例以及作者自拟用例，则不注明出处。另本书中凡标记"*"用例都是不合乎语法的，凡标记"？"用例是指其接受度比较低，但是不属于完全语法错误的。

本书的部分章节是与我的师友合作写成的，这里一并感谢他们的劳动，他们的协助和智慧使我受益良多。特别值得在此表示感谢的人士有钟书能、黄国营、白解红、邓云华、王统尚、大西知之、胡萍、吴静、刘芬、张万禾、汤敬安、陈香兰、朱献珑等。最后还要特别感谢江西教育出版社的领导和万慧霖编辑，他们的敬业精神和专业技能大大提高了本书的编辑质量。

作者

2019 年 8 月 18 日

目　录

第三编　标记与词类

第四编　功能与范畴

第五编　原理与方法

第一编

语法系统

1.1 绪论

1.1.1 语法知识的作用

学习语法可以使我们对自己的母语有一个全面系统的了解。一个具有悠久文化传统的民族应该对自己的语言状况有一个深入系统的调查。同样，一个受过教育的人也应该对自己赖以生存的交际工具有一个全面的认识。会说某种语言跟知道这种语言存在什么规律是两码事，关于自己母语的知识也只有通过系统的学习才能获得。

学习语法的目的并不是教我们如何学说话，能够看懂语法著作的人，本身就具备了相当高的语言能力。学习语法也不是为了写出漂亮的文章，一篇好文章的写作依赖于各种因素，除了对语言的驾驭能力外，还要具备社会阅历、思想深度、形象思维，诸如此类。掌握全面而正确的语法知识自然可以提高驾驭语言的能力，主要指高级交际能力，包括各种文体的写作、复杂思想的口头表达。

现代科学是从探索自然界开始的，最近几十年来，人们的注意力开始转移到人类自身。认知科学是一门研究大脑功能的学科，然而人的大脑是一个灰箱，诸如信息是如何在大脑中储存的，人们又是如何推理的，单从生理解剖的角度什么也看不出来。语言是洞悉大脑功能的一个必然窗口，人是如何学会语言的，又是如何通过语言来感知信息的，等等，都可以反映人类的认知特点。不同民族的语言系统不一样，语法范畴的类型和多寡也不同，它们又在一定程度上制约着说该语言的人对外在世界的感知。通过语言探索认知特点，通过认知来探讨语言规律，这不仅是认知科学的中心议题，也是当代语言学的核心任务。

要做一名合格的语言教育者，必须对该语言的语法系统有较全面的认识。每个受过教育的人花在语言学上的时间和精力远远大于任何其他学科，即使读了一二十年的书，大学毕业了，甚至已拿到研究生的学位，然而能够写出文从字顺的文章，清楚而恰当地表达自己的思想的人并不是很多。究其原因，问题极可能出在教材的设计和教学方法上。固然不可能单纯通过讲授抽象的语法规律，就可以提高学生的学习效率。但是对自己所用的语言系统缺乏全面系统了解的教育者，是无法编写出一本好教材，也无法找到合适的方法教育学生，使他们能够举一反三地学好语言的。现在的语言教育者要不断更新自己的语言知识，未来的教育者要全面学习、掌握语言系统，方能胜任自己的本职工作。

语言知识和技能是人们学习掌握任何其他学科的先决条件。缺乏语言能力就不可能学会其他学科，也不可能有任何科学文化的发明创造。人们往往有这种错觉，比如一项科学的发明似乎没有直接涉及语言知识，就误认为学习语言没有什么用途。我们拿一个比喻来说明语言与其他技能之间的关系。语言就好比计算机的操作系统，如同微软的视窗 98、2000、XP，其他知识就如同某种特殊用途软件，比如语言编辑程序 Word、演示程序 Power Point 等，当人们应用这些程序的时候，往往没有觉察到操作系统的存在，其实没有操作系统，这些应用程序就无法运行。操作系统也有功能高低之分，要不断地更新改进；不同人的语言能力也有高低之分，需要不断地学习提高。高超的语言能力可以增强思维能力，提高工作效率，有利于科学发明。因此，语言能力的提高对任何人都是有益处的。

语言科学也与信息科学直接相关。计算机领域的人工智能、机器翻译等都需要精准的语言规律。现在计算机技术已经十分发达，人工智能领域的真正研究瓶颈是对语言规律的了解还很不够。要让机器能够理解人的话语、模仿人的思考，必须准确揭示语言的设计原理和各种具体的规律。目前这些领域的研究进展缓慢、成果不尽如人意，主要是因为语言研究的滞后，自然语言中的很多规律尚没有搞清楚。所以新的技术革命给语言研究者提出了更多新的课题和更高的要求，那种感觉式的、泼墨写意性的传统研究越来越没有市场。必须强调，我们应该针对语言本身的规律来探讨，而不是根据电脑的特性来削足适履地研究语言，因为这样做实则是缘木求鱼。

很多人文社会科学都需要语言学的知识来解决本学科的问题。比如文学是语言的艺术，不同时代诗歌形式的变迁的背后往往是语言形式演变所带来的后果。举一个具体的例子，唐宋之际出现了一批语法标记，它们一般是没有声调的轻声词，而且使用频率极高，结果形成了句子的轻重音节律特征，那么就无法保持唐代律诗的靠声调的平仄类型的作诗方法，结果导致了律诗的解体，继而出现了长短句的词和含有大量衬字的元散曲，这就解释了今天的诗歌为什么讲究轻重音节奏。语言特征，特别是历史层次，也对民族学的研究颇有助益，比如民族的迁徙、交流、融合都可以在语言中找到佐证。语法是语言中最稳定的因素，它可以证明两个民族之间的历史关系。比如很多学者都认为汉藏同源，然而从语法上看，两种语言的句子的基本语序不同，表达语法范畴的手段不同，因此认为两种语言同源的观点是甚为可疑的。此外，语言学在社会科学中还有很多其他方面的用途。

对自身语言的理解也可以培养我们的审美意识和科学观念。人们每天都离不开的语言中存在着各种各样和谐而严谨的规律，人们通过学习可以欣赏到语言中存在的许多瑰丽多姿的景观，增加对自己语言的审美意识。科学研究的一种主要形态是在司空见惯的现象背后寻找规律。语言之于人类是形和影的关系，大家张嘴就来，随心所欲，生活在到处充斥着语言信息的环境中，语言的使用是如此自然，就像鱼在水中一样，因此人们已经不觉得它的存在和重要。但是，当我们知道这种司空见惯的现象背后是受各种各样严格规律支配着的时候，就会留意平常现象背后的规则，从而增强人们自觉的科学意识。

语言是一个民族最突出的标志和象征。一个人通过对本民族语言的系统了解、掌握，认识到母语的博大与精深，增加对语言的热爱，从而也会增强民族的意识，培养民族的自豪感。热爱自己的语言，热爱自己的民族，热爱自己的国家，热爱自己的文化，这几种感情是相互关联着的，缺失任何一环都会影响到民族的自信心，也会妨碍一个民族走向富强。

1.1.2　共时和历时的关系

　　索绪尔的结构主义学说的出现标志着现代语言学的诞生，给语言带来了深远的影响，它为具体语言的语法系统的建立提供了有效的方法。但是该理论把语法的共时系统和历时系统截然分开的做法，也给语言学研究带来了很大的弊端。很多语法专著都是只谈共时的现象，当代的大部分语言学理论也都是建立在共时现象的观察上，让人觉得似乎存在一个均质、稳定的共时语法系统。然而实际上这只是一种幻象。任何共时的语法系统只是语言历史长河的一个片段，它来自过去，走向未来。借用张若虚的《春江花月夜》中的两句诗来说明其中的道理：

　　不知江月待何人，但见长江送流水。

一个人站在江边观赏月亮，感觉月亮是静止不动的，这是观察者自身是不动的缘故，然而事实并非如此。比如在同一时间，站在武汉、南京和上海的三名观察者各自都有同样的感知，但是如果把三名观察者的感知合起来看，就会发现月亮一定是在动的。共时语言就如同江中的月亮，历时就如同那川流不息的江水，感觉到共时语法是稳定不变的，不变只是观察者的视点所致，而实际的语言始终是处于变化之中的。

　　语法的系统性在历时上表现得最为突出。一种语法的不同结构之间到底是什么关系，单在共时这个平面上不大容易看出来。如果用历时的角度来看这个问题，就很容易明白这一点。不同的语法结构之间具有相互制约的关系，构成一个有机的整体。在历史发展中，常有"牵一发而动全身"的效用。下面用我们自己关于汉语判断句产生后所带来的影响，来说明语法的系统性。

　　（1）驾，良邑也。（《左传·襄公三年》）

　　（2）不善不能改，是吾忧也。（《论语·述而》）

　　（3）客人不知其是商君也。（《史记·商君列传》）

　　（4）未闻孔雀是夫子家禽。（《世说新语·言语》）

先秦没有判断词"是"。例（1）是那时的判断格式，句末语气词"也"是一个必需的语法标记，主语之后有一个停顿；例（2）中的"是"为指示代词，回指其前的话题，判断词"是"就是在这种语用结构中语法化出来的。例（3）（4）是早期的判断词用法。"是"由指示代词演化成为判断词，引起了汉语语法的一系列变化，主要包括以下这些：

（一）导致旧有的判断格式消失；

（二）引起旧有指代词系统的改变；

（三）限制了句末语气词"也"的使用范围；

（四）加强了汉语的 SVO 语序；

（五）增加了新的焦点标记手段；

（六）导致了上古汉语的语序疑问手段的消失；

（七）引起疑问代词系统的变换。

结果，这一系列的变化改变了从先秦到魏晋汉语的整体面貌。过分强调结构之间的独立性，就会导致研究中的"只见树木，不见森林"的后果。

历时现象是任何当代语言学的试金石，任何无法解释历时现象的语言学理论，也不能真正成功解释共时现象。有些人可能会认为我们这一标准太偏颇武断，因为他们认为不同的理论适用的领域不同。但是如果了解语言的本性，就会认识到这个标准的合理性。

第一，任何语言都不会停留在一种状态而不变，都必然会发生变化；语言变化是绝对的，静止是相对的。可以把语言变化看作一个连续函数 $f(x)$，设定 $f(x_i)$ 代表在 i 时间点上的状况，$f(x_{i-1})$ 代表该时间点之前的状况，$f(x_{i+1})$ 代表该时间点之后的状况。

第二，如果一种理论声称它是可以解释共时状态的，那么就意味着它必然能够解释该语言在 $f(x_{i-1})$，$f(x_i)$，$f(x_{i+1})$……不同时间位置的状况。又因为时间是连续的，$f(x)$ 代表的是一个历时过程，那么就可以得出结论：任何能够解释共时状态的理论必然能够解释历时状态，反之亦然。

因此，本书虽然是关于现代汉语语法系统的，但是也很重视它的历史属性，关注某一现象产生的历史过程对语法特点的影响，同时也把"现代"

或者"当代"看作一个历时过程，考察某些新产生现象的动态过程。

1.1.3　语法的能产性

任何语法结构都不是无限能产的，都无法根据用于其中的词类来精确预测其用法，都有程度不同的词汇限制，即进入其中的词语配列受强烈的语义制约。下面以人类语言最常见的语法格式之一"动宾结构"为例来说明这一点。

动宾结构也具有鲜明的词汇限制和民族特色。不论是儿童还是成人都无法简单依赖"VP → V ＋ NP"之类所谓的抽象公式就可以掌握该语言的动宾结构，他们一方面要根据所观察到的现实世界的事件结构来认识哪些行为动作可以作用于哪些事物对象，从而掌握哪些动词可以带哪些名词宾语，另一方面还需要通过长期的语言实践，记住该语言中的大量约定俗成的搭配。比如，下面汉语的动宾结构则无法在英语中找到对应的动宾格式来表达。从总体上看，汉语动宾结构的语义类型要比英语的丰富，如果把它们翻译成英语就要改变结构，甚至更换词汇。

（a）动作＋地点：　吃食堂　　*eat cafeteria

　　　　　　　　　　　　　（eat in the cafeteria）

（b）动作＋工具：　吃大碗　　*eat big bowl

　　　　　　　　　　　　　（eat with a big bowl）

（c）动作＋来源：　吃父母　　*eat parents

　　　　　　　　　　　　　（live on parents）

（d）动作＋结果：　打扫卫生　*sweep hygiene

　　　　　　　　　　　　　（sweep some place clean）

（e）动作＋原因：　消除疲劳　*recover fatigue

　　　　　　　　　　　　　（recover from fatigue）

英汉相对应的两个动词概念，所能带的宾语的语义类型也可能差别很大。比如汉语的"享受"对应于英语的 enjoy，但是英语的 enjoy 只能跟能够给人带来愉悦的事物的名词搭配，比如 food、movie、music、holiday 等。然而汉语的"享受"虽然有类似的用法，可是所搭配的名词类型并不完全相同，比如我们不大说"? 享受食物""? 享受电影"，而可以说"享受人生""享受科级待遇"等。与此同时，汉语还有"享受公费医疗"等，其中的"享受"是与非愉悦性的名词搭配，英语的 enjoy 则无这种用法。

语言学家可以从大量的具体用例中概括出抽象的格式，或者用抽象的格式描写一种语言现象。但是任何一个儿童都无法单纯依赖抽象的格式来掌握一种语言的语法，比如根本无法想象一个儿童可以仅仅靠"VP → V ＋ NP"格式就可以掌握该语言的所有合法的动宾搭配而排除所有不合法的搭配。而且这种搭配也不是靠几个生成学派所谓的几个"参数"就能解决问题的。儿童要掌握一种语言的动宾结构，一方面离不开对现实世界的事件结构的观察，另一方面需要从长期的语言实践中掌握该语言的大量的约定俗成的搭配方式。约定俗成的表达作为一种固定的语言单位，储存在语言使用者的记忆之中，而不可能是临时靠什么规则而产生的。

生成学派过度夸大了语法规律的能产性，而大大低估了语言中广泛存在的约定俗成的用法，而且忽略了人们记忆的巨大潜力。儿童开始掌握语法是在记忆力发展相对成熟而又掌握大量的词汇之后的事。在语法的学习过程中，不仅大量的化石现象和惯用法需要一个一个记住，而且即使高度能产的语法结构，也必须通过大量的语言实践来掌握它们的词汇搭配限制。从语法结构的词汇限制的角度看，合乎语法的句子不能靠简单的规则来生成，而是靠长期的语言实践逐步掌握该结构的词汇限制，只有记住它们的组合限制，才能正确使用它们。也就是说，语法结构是合成的而不是生成的。

1.1.4　分析取舍

任何一本教材或者学术著作，都是作者根据自己的理论背景、研究经验、价值取向等对本学科内容取舍的结果。本书在材料的选取、方法的采纳、内容的组织等方面，具有以下八个特色。

一、尊重自然。本书的用例绝大部分是来自语言的实际应用，即使作者自造的用例，必须让说母语者听起来自然。这样做的目的是，忠实于自然语言本身的状况，努力把理论偏见降到最低程度。

二、注重口语。口语是一个相对单纯的系统，最能反映当代语言的状况。本书例子的采集限于口语文本，诸如相声、话剧、小说等。书面语则是一个混杂的系统，既有历史的化石，也有受外来语影响的成分，尽量避免作为论证的根据。

三、崇尚朴实。在术语的使用上，尽量使用传统的大家熟识的，不追求时髦，尽量少用生造术语。不铺陈理论，不搭花架子，以说明现象和解决问题为准。

四、重视实在。分析只建立在可观察到的语言形式上，不谈看不见的空范畴，不讨论既无法证实又无法证伪其存在的深层结构，不采纳无迹可循的移位之类的句法操作。

五、讲究深度。不追求对整个语法系统面面俱到，但就所讨论的问题讲究深度和系统性。

六、不贴标签。一方面重视被传统语言学贴上不同标签的语言现象之间的内在联系，另一方面一般不做结构主义那种简单分类和命名的工作。

七、追求解释。除了挖掘语言现象之外，更重视探求规律，从认知功能、现实规则和语言系统相互制约的关系中寻找解释。

八、加强对比。很多规律在一个单一的系统内部是看不清楚的，因此必须注重不同系统的对比，这既包括汉语与其他语言系统的对比，也包括现代汉语与古代汉语的对比，还包括普通话与方言的对比。

1.2 基本语序与语法特征

1.2.1 引言

　　不论哪一种语言，其句子的基本成分都是 S（主语）、V（谓语动词）和 O（宾语）。这三个基本成分的可能排列顺序有六种：SVO，SOV，OSV，VSO，VOS，OVS。一种语言往往采用其中的一种作为其最基本的、无标记的语序，但是它们的分布极不平衡。采用 SVO 和 SOV 的语言最多，大约占整个人类语言的 90%。其他的就很少了，后两种几乎不见，根据现有调查，尚未发现哪种语言是采用 OVS 的。一种语言的基本语序决定着其一系列的类型学特征。本章讨论的重点就是 SVO 和 SOV 这两种最常见的语序如何制约一种语言的整体面貌。

　　很多语言规律只有在历史发展的长河中才能充分表现出来。每一种语言都不会停留在一种状态不变，而是在不断演化的。一种语言的基本语序也会改变，与此同时，它的语法标记系统也会发生相应的变化，从中我们可以看到两者之间的因果关系。汉语从古到今都是 SVO 语言，这在很大程度上决定了汉语语法系统的整体面貌。但是，现代汉语也存在着背离典型 SVO 语言的类型学特征，这主要是近代汉语的内部发展所引起的。古英语是 SOV 型，从 15 世纪之后变成了 SVO 语言，与此同时，它的标记系统也发生了重大变化。对这种现象的对比研究，可以使我们明白现代汉语的语法何以是今天这个样子。

1.2.2　SVO语言的典型句法特征

首先考察 SVO 语言的动宾之后的修饰语。一种语言组织信息的原则是和谐统一的。人类语言常见的两种组织信息的原则为：

（一）中心语在前（head-initial）或者中心语在后（head-final）；

（二）已知信息和未知信息的前后顺序。

一种语言组织信息的原则往往会支配该语言的各种类型的组织结构，而且组织信息的原则通常只在句子层面上发生作用。

从普通语言学的角度看，谓语动词和宾语之间的关系是"中心语（head）"和"附加语（adjunct）"，或者是"中心语（head）"和"修饰语（modifier）"之间的关系。那么，就不难解释类型学上的一个相关特征：凡是采用 VO 语序的语言，说明它们是采用了"中心语＋附加语"或者"中心语＋修饰语"的组织方式，那么在句子层面上，谓语部分（VO）的修饰语则常居于动宾之后。上述蕴含关系可以用下式表示：

SVO⊃SVOX，X ＝介词短语、副词短语、结果成分等。

X 成分位于动宾之后是 SVO 语言的典型类型学特征。现代汉语显然是一个特例，除个别表示结果的介词短语外，动宾之后不再允许任何其他成分出现。这是汉语内部的历史发展造成的。但是，古汉语则跟今日的英语一样，具有典型的 SVO 语言的类型学特征，动宾之后可以有各种各样的成分出现。下面以最常见的七种句子类型分别举例加以说明。

一、被动句。被动句是一种语言最常见、最基本的句子结构。古汉语跟今日英语一样，都是在谓语之后用一个介词短语引出动作的施事。例如：

（1）My window was broken <u>by a child</u>.

（2）John was criticized <u>by his teacher</u>.

（3）治人者食<u>于人</u>。（《孟子·滕文公上》）

（4）故内惑<u>于郑袖</u>，外欺<u>于张仪</u>。（《史记·屈原贾生列传》）

二、比较句。比较句也是一种语言的基本句式之一。古汉语的比较句也跟今日英语的抽象格式一样，都是在谓语形容词之后引入程度较低的比较项。例如：

（5）Mary is even taller than John.

（6）The place even looks more beautiful than imaged.

（7）季氏富于周公。（《论语·先进》）

（8）一少于二而多于五。（《墨子·经下》）

三、地点短语。在古汉语中，地点介词短语的分布也跟今日的英语一样，常常出现在动宾之后。例如：

（9）He is reading newspaper at the library.

（10）He studied Chinese in Peking.

（11）种瓜于长安城东。（《史记·萧相国世家》）

（12）属门生数十人于田曹中郎赵悦子。（《世说新语·赏誉》）

四、工具短语。古汉语的工具短语也跟今日英语的句法位置一样，是在动宾之后用一个介词引入工具短语。例如：

（13）John cut down the tree with an axe.

（14）I drew a picture with a pencil.

（15）百工为方以矩，为圆以规。（《墨子·法仪》）

（16）乃说桓公以远方珍怪物。（《史记·齐太公世家》）

五、时间词语。古汉语的时间词语也常出现于动宾之后，这一点也与英语的一致。例如：

（17）She has been reading a book for three hours.

（18）She went to the downtown yesterday.

（19）行之十年，秦民大说。（《史记·商君列传》）

（20）声名光辉传于千世。（《史记·范睢蔡泽列传》）

六、副词短语。古汉语的一些修饰谓语动词的副词也跟英语一样，可以出现在动宾之后。例如：

（21）I have already checked all the receipts very carefully.

（22）John ran into the classroom，quickly and peacefully.

（23）戴既无吝色，而谈琴书愈妙。（《世说新语·雅量》）

（24）后箭射人深。（《祖堂集·药山和尚》）

七、结果短语。在古汉语里，表示动作结果的词语，如果有宾语的话，也是出现在动宾之后的，这一点也与现代英语的句法特点一致。例如：

（25）The dog barked my child awake.

（26）Mary ate herself sick.

（27）宣武移镇南州，制街衢平直。（《世说新语·言语》）

（28）唤江郎觉！（《世说新语·假谲》）

上述古汉语中反映 SVO 语言典型特征的句子结构，都在历史上消失了。这些结构到现代汉语的变化包括两个方面：一是不再能出现在动宾之后，具体地说，除结果和表动作量的时间词语是出现在动宾之间外，其他的都移到谓语动词之前；二是介词标记都被在谓语动词之前新出现的介词取代。比如，在现代汉语里，被动句的标记是"被"、"叫"或者"让"，比较句的标记是"比"，工具格的标记是"用"，它们都是在谓语动词之前引入有关的词语。一些结果成分则是移到了 V 和 O 之间，比如例（19）在现代汉语中的相应说法是"执行了十年这个法律"，例（28）的相应说法则为"叫醒江郎"。在讨论现代汉语为何背离 SVO 语言的典型特征之前，让我们看一下古汉语跟英语在语法上的更多相似点，以及近五百年来由于英语基本语序的改变而引起的新的发展趋势。

1.2.3　古汉语与英语的其他语法相似性

除了上面所讨论的七种基本句子结构以外，古汉语和今日英语之间还存在着其他重要的共同语法特征。下面分别举例加以说明。

一、疑问、否定和强调时的语序变化

古汉语和英语的疑问代词都是置于谓语动词之前，而相应的普通词语的正常位置都是在谓语动词之后。所不同的是，英语的疑问代词是出现在句首，汉语的疑问代词则是在主语和谓语之间。引起这种语序变换的原因是，疑问代词的自身语义固有一个"焦点"特征，这个特征通过语序的变换加以表征。同样的理由，语序的变化也可以用来加强否定或者强调宾语成分。例如：

（一）疑问

（29）What do you want to eat？

（30）Which book have you finished reading？

（31）吾谁欺？欺天乎？（《论语·子罕》）

（32）客何好？（《战国策·齐策》）

（二）否定

（33）At no time was war as imminent as now.

（34）Not even ten years ago could you see such a film.

（35）无我怨。（《尚书·多士》）

（36）居则曰："不吾知也。"（《论语·先进》）

（三）强调

（37）In this way alone is it possible to explain their actions.

（38）Only one more point will I make.

（39）率师以来，惟敌是求。（《左传·宣公十二年》）

（40）余惟利是视。（《左传·成公十三年》）

二、数量短语结构

在现代汉语里数词不能直接修饰名词，其间必须由量词来连接。这一点跟英语形成了鲜明的对比，英语的数词则是直接修饰名词的，比如 one book，three persons 等。其实古汉语跟今日英语的情况是一样的，也没有量词，数词直接修饰名词。汉语的普通量词最早见于汉代，那时只是极为个别的现象，经过长期的发展，其数量由少到多，直到 13 世纪左右，量词作为一种语法要求的规则才最后建立。下面是古代汉语数量短语不用量词的例子。

（41）一人有庆，兆民赖之。(《尚书·吕刑》)

（42）一言以蔽之。(《论语·为政》)

（43）七人常集于竹林之下。(《世说新语·任诞》)

（44）两婢持锦香囊。(《语林》)

三、形态手段（inflection）的使用

对于一些重要的语法范畴，不同的语言往往都倾向于用一种形态手段来表示。古汉语也利用形态表示一些重要的语法范畴，比如使成式（causative form）就是其中一例。古英语也使用稳固能产的形态手段来表示使成意义，现在还残留在部分形容词里，比如可以通过加形态标记 -en 使一些形容词或者名词变成使成意义的动词：red → redden、dark → darken、broad → broaden、strength → strengthen 等。一种语言的形态标记采用什么样的语音形式取决于其语音系统。古汉语主要是采用声调的变换或者声母辅音的清浊来表示使成意义。

（一）四声的变换

在动补结构出现之前，汉语是用屈折形式表达使成观念，最常见的是声调的变化：把一个非去声变成去声或者把一个去声变成一个非去声。这种现象又叫"破读"。例如：

（45）故远人不服，则修文德以来之。(《论语·季氏》)

（46）晋侯饮赵盾酒。(《左传·宣公二年》)

（47）是以君子远庖厨也。(《孟子·梁惠王上》)

这种现象仍然残存于现代汉语中。例如：

（48）基式　　　　　　　　使成式

　　饮：yǐn　　　　yìn　　　使得某牲畜喝

　　难：nán　　　　nàn　　　使得某事变难

　　好：hǎo　　　　hào　　　认为某事好（喜欢）

（二）辅音的清（声带不振动）和浊（声带振动）

先看一下英语中的类似现象。英语有时靠辅音的清浊来区别一个概念的不同词性，比如 advice（规劝）做名词用时最后一个辅音为［s］，做动

词用时则为［z］；use（用）也是如此，做名词用时最后一个辅音读［s］，做动词用时则读［z］，即依靠同一对辅音的清浊来区别同一概念的名词和动词用法。类似地，中古汉语也常利用一对清浊辅音来创造一个普通动词的使成式。例如：

（49）［k-］　　　　　　　　　　　［g-］
　　　见：看　　　　　　　　　　使某种事情显现
　　　解：散开　　　　　　　　　使某种东西散开
　　　系：绑　　　　　　　　　　使某种东西被绑

例（49）中的声母辅音是对当时语音系统构拟的结果。上述现象是成系统地存在于中古汉语的。可是随着语音系统的演化，原来的清浊对立消失了，所以上述屈折使成式也就无法存在下去。清浊屈折使成式的用法可以用中古汉语的一首著名民歌中的一句话加以示例。

（50）风吹草低见牛羊。（《敕勒歌》）

在使成式的发展方向上，汉语和英语也表现出了高度的一致性，都是由形态手段变成分析手段。现代汉语常用动补结构来表示使成意义，比如"他解开了缰绳""我笑疼了肚子"。而现代英语则用"auxiliary/verb ＋ O ＋ resultative"表示，比如"I painted the chair green，He made me crazy."等。

本部分的讨论，使我们进一步认识到古汉语和英语之间的语法相似性是极高的。汉语和英语并没有同源关系，它们之间的共同语法特征很难说是纯出于偶然，这些是由基本语序 SVO 所带来的相关类型学特征。

1.2.4　句子的基本语序对语法标记系统的影响

一种语言的基本语序决定着其语法标记系统的整体面貌。这里所说的"整体面貌"包括三层意思：一是该语法系统主要是采用分析式（periphrastic，analytical）手段，还是形态（morphological）手段；二是语法标记系统的复杂程度如何；三是标记什么样的句法成分。不论从历时的角度还是从共时的角度，都可以看出一种语言的基本语序与其语法系统之间的相互制约关系。

从共时的角度看，SVO 型的语言往往没有丰富的形态标记系统，主要依靠分析式手段来表示各种语法范畴，充分利用语序而不是形态来标识句子的主要语法成分"主语"和"宾语"。相对地，SOV 型的语言往往具有复杂的形态标记系统，倾向于用形态手段来表示各种语法范畴，它们通常用"主格（nominative）"和"宾格（accusative）"标记来标识句子的基本成分。这种类型学上的对立可以从交际功能的角度加以解释，道理简述如下。

对于 SVO 型的语言，句子的基本成分已经由语序加以明确表示，谓语动词之前的为主语，之后的为宾语，无需再借助其他额外的标记来表示其语义角色。然而，SOV 型的语言情况就复杂了，S 和 O 不一定都出现，而且因为话题化等原因，S 和 O 语序常颠倒，因此如果不借助其他语法标记就会造成严重的歧义，无法辨认哪个是施事，哪个是受事。因此，SOV 型语言往往依赖形态标记来标识句子的基本成分。同时，SOV 型语言的句末动词之后往往跟随与动作有关的成分，如时间词、否定词、能愿动词等，它们常常可以通过语音的弱化而成为动词的形态标记，结果这种语言具有丰富的动词形态标记。此外，动词之前的其他名词成分，如地点、工具等名词，也倾向于用格标记来表示其语义角色，结果就造成了这种语言具有丰富的格标记系统。

从历时的角度也可以看出基本语序对语法标记系统的影响。以英语的发展为例来说明这一点。英语原来是 SOV 型语言，在 15 世纪左右最终变成了今天的 SVO 型语言。与此同时，它的形态标记系统也发生了重要的变化，主要表现为大量、系统地简化。形态标记简化与语序变化之间是互为因果的关系，即形态的简化促使了 SVO 频率的增加和稳固化，而 SVO 语序的建立又进一步加速形态标记的简化。

语序和形态标记的相互作用中，语序是一个关键。这一点还可以从汉语的一些方言中的现象得到印证。汉语的一些西北方言，由于受藏语的影响，基本语序发生了重要变换，SOV 语序成为更基本、更普遍的语序，与此同时，它们也出现了宾格标记，用以标识谓语动词之前的名词语义角色。下面是临夏话的用例。

（51）我这个人哈认不得。（我不认识这个人。）

（52）我他哈劝了半天。（我劝了他半天。）

（53）他哈我劝了半天。（我劝了他半天。）

（54）玻璃哈打破给了。（玻璃给打碎了。）

临夏话的"哈"相当于宾格标记，如果没有它的话，句子将会出现歧义。如例（52）没有"哈"的话，将无法判断是"我劝他"还是"他劝我"。还有一点值得注意，一些受事名词单独出现在谓语动词之前时，普通话不需要任何标记，而临夏话则仍然需要用"哈"标识。临夏话的宾格标记"哈"并不是直接借自其他语言，而是基本语序变化之后，从其内部的语气词语法化出来的。随着语序的改变，临夏话还出现了 SOV 型语言的其他语法特征，比如发展出相当丰富的动词词缀，这是一个值得进一步探讨的问题。

英语发展成了 SVO 语言之后，语法朝着两个方向发展：一是原来用形态表示的语法意义逐渐用虚词（functional word）来替换，诸如介词之类的虚词地位越来越重要，使用范围也越来越广；二是逐渐用分析式来表示原来用形态表示的语法范畴，比如用助动词和动词一起表示各种时态。英语从 15 世纪至今，剩下来的形态系统又进一步虚化，但是并没有增加任何新的形态标记。

更重要的是，人类语言基本语序的改变是单向的（unidirectional）。世界上很多原来为 SOV 的语言，都变成或者正在变成 SVO，与此同时，它们的形态标记大量简化，特别是"主格"和"宾格"标记的消失，但是没有相反的发展。

1.2.5　结语

本章从类型学的角度，以历时、共时和方言的材料说明了，一种语言的基本语序是如何决定其整体语法面貌的。凡是采用 SVO 语序的语言，其形态标记系统往往比较简单，语法形式主要是分析性质的，往往依赖语序来表示各种语法范畴。这一点对我们了解汉语的整体语法特点很有帮助。汉语自古至今都是 SVO 语序的语言，这决定了汉语语法的发展方向和整体语法面貌。这一点对我们正确理解汉语在世界语言中的地位至关重要。

1.3　句子组织信息的原则

1.3.1　引言

每一种语言都有各种各样的语法标记和形式，而每一种语法手段都有自己的形式、功能和使用规律。在这一个个具体的语法形式的背后还有更高的组织原则表达信息的方式，它制约着各种具体结构的语序。一种语言所遵循的组织原则往往使得该语言的整体结构特性具有系统性、和谐性。

就目前的类型学的研究成果来看，人类语言常见的两种组织信息的原则为：

（一）中心语在前或者中心语在后。

（二）已知信息和未知信息的前后顺序。

就第一点来说，汉语是采用了"修饰语＋中心语"的策略。不管什么词类之间的搭配，只要它们之间有了偏正的语法关系，必然遵循这种语序，比如，数词＋NP，形容词＋NP，领有者＋NP，从句＋NP，副词＋VP，否定标记＋VP，等等，都是如此。在第二点上，汉语又是遵循着"已知信息＋未知信息"的顺序，表现在汉语的主语多是有定的，宾语则一般为无定的。

本章则讨论汉语独特的组织信息原则："伴随特征＋谓语中心＋结果成分"。其他语言尚未见类似的现象。这是一个作用于句子层面的规律，它决定着汉语谓语结构的总体特点。

1.3.2 现代汉语句子组织信息的方式

1.3.2.1 "谓语＋结果"的组织原则

跟人类语言业已发现的其他组织信息的方式一样，汉语的"谓语＋结果"的组织原则的作用范围也是超越词类限制的。不管是什么样的词类，比如时间词、介词短语、形容词、动词等，只要它们是表示谓语中心的结果的，都必须出现在谓语中心语之后。这一原则通常只作用于句子层面，很多这样的组织方式不能进入句子的下位成分，诸如从句或者短语等。在这一原则的类推之下，汉语的谓语结构整体上发生了变化，其中一个表现是，光杆动词一般不能单独构成谓语而成句，往往要补上一个结果成分才行，然而这个被补上的结果成分通常是语法上的需要，而不负载什么语义值。

1.3.2.2 时间词的分布

根据语义特征可以把时间词分为两个大类和四个小类：

一、时间位置：（a）时段（早上、凌晨、傍晚、唐朝、昨天、元月、1999 年等）

（b）时点（三点、零时、八点半等）

二、时间称量：（a）持续长度（三小时、两天、五年、一会儿等）

（b）发生次数（一次、一下、两趟、三回、多遍等）

很明显，时间位置是独立于动作行为的，并不是动作行为运动变化的结果，不属于结果成分，所以它们只能出现于谓语动词之前。时间量是行为动作运动变化的数量特征，它们表达谓语动词的结果属性，因此时间量词语只能出现于谓语动词之后。在现代汉语里，时间词语遵循下面的分布规律：

时间位置＋谓语动词＋时间称量

违反这一原则，将造成不合语法的句子。例如：

（1）a. 我昨天去逛商店了。→＊我去逛商店了昨天。

　　　b. 我每天六点钟起床。→＊我起床每天六点钟。

（2）a. 我已经学习了三个小时了。→＊我三个小时已经学习了。

　　　b. 我已经看过两遍了。→＊我两遍已经看过了。

1.3.2.3　"在"所引进的地点介词短语

从表面上看来，一些介词短语可以出现在谓语动词前后，但是不同的语序所表达的语义特征很不一样,引进处所的"在"字短语就属于这种现象。由于受汉语组织信息的原则的影响，同样一个介词短语，出现的句法位置不同，表达的意义也截然不同：谓语动词前的只能诠释为行为动作发生的场所，之后的则只能理解为行为动作达到的终结点。显然，终结点指示的是行为动作的结果状态。例如：

（3）a. 在地上跳：跳的动作就在地上发生。

　　　b. 跳在地上：从别处跳到地上。

（4）a. 在马背上打了一枪：在马背上向别处射击。

　　　b. 一枪打在了马背上：枪弹打中了马背。

当表示动作达到的处所即终结点时，"在"字短语只能在动词之后出现；相反，指动作发生或事物存在的处所时，只能在谓语中心之前出现。例如：

（5）一本书掉在了地上。→＊一本书在地上掉了。

还有一种情况是，当动词是表示出生、发生、产生、居留的处所时，"在"字短语可以出现于谓语动词的前后，而意义上没有明显的区别。例如：

（6）a. 住在东城。→在东城住。

　　　b. 出生在北京。→在北京出生。

　　　c. 事情发生在老张家里。→在老张家里发生了一件事。

　　　d. 生活在广东。→在广东生活。

上述现象与这类动词的含义有关。从语感上来判断，动词之后的"在"字短语的结果含义并不明显，但是我们可以用一个形式标准来识别它们实际上占据结果补语的句法位置。汉语的组织信息的原则还有一个限制，一个谓语中心只能带一个结果成分。对于上述用例，当"在"字短语位于动词之后时，动词就不能再有其他结果补语，比如不能说"住烦在东城""生活惯在广东"等。可见此时的结果补语实际上占据的是普通结果补语的位置。

1.3.2.4 "给"字短语的分布

"给"字短语也是可以出现在动词前后的。介词"给"用于引进交付、传递的接收者时，可用于动词前后。例如：

一、用在动词前

（7）a. 家里给小刘寄来了一个包裹。

b. 教师给每个同学发了一份复习提纲。

二、用在动词后

（8）a. 留给你钥匙。

b. 交给我一封信。

上述所列举的例子里，用在动词后的"给"所引进的都是交付、传递的接收者，动词的受事都是具体的事物，但是在实际语言应用中，并不限于此。例如：

（9）a. 李冬宝指给戈玲看。（《懵然无知》）

b. 我的发言稿拟出了一半了，念给你们听听。（《懵然无知》）

c. 江导笑了笑，走到模型前拿起一根小棍指着讲解给大家听。（《懵然无知》）

d. 把落款儿小声念给戈玲听。（《修改后发表》）

（10）牛大姐全然不顾，似乎迟一步那点经验之谈就要烂在心里，掰着手指头数给林一洲。（《修改后发表》）

例（9）中"给"所引进的名词是紧随其后的动词的施事，该结构中的"给"字短语是不能移到第一个动词之前的，比如不能说"*李冬宝给戈玲指看"。例（10）的"给"引进的很像是动作的受益者，其实跟真正的动作受益者并不完全一样。真正的引进动作受益者的"给"字短语一般是不能置于动词之后的，比如不能把"给李大爷治病"说成是"*治病给李大爷"。这里实际上是一种比喻用法，把一个人的经验传授给另外一个人，类似于把一件具体的东西传递给另外一个人，因此可以置于动词之后。

单从合不合语法的角度讲，引进交付、传递的接收者的"给"字短语可以出现在动词前后两种位置。例如，"家里给小王寄了一个包裹"可以说成"家里寄给小王一个包裹"。但是，两种格式所表示的语法意义有明显的差别。"给"字短语用在动词之前时主要强调的是动作的受益者的一面，而用在动词之后时则是强调有关事物的运动过程和终结点。这一差别可以用下述格式来描写：

S　　　V　　　（给＋NP$_1$）　　NP$_2$
施事　　行为　　　终结点　　　受事

当强调受事的路径和终结点时，"给"字短语置后则最恰当，置前则听起来不对昧，虽然也是合乎语法的。例如：

（11）a. 后卫把球踢给了守门员。

　　　b.? 后卫给守门员踢了一个球。

（12）a. 李燕又把球托给了郎平。

　　　b.? 李燕又给郎平托了一个球。

在体育比赛的场合，人们的注意力始终是球的运动变化，即球由一个队员到另外一个队员的运动，此时接球的运动员是球运动的一个终结点，所以在这种情况下，"给"字短语的最自然的位置是动词之后。上述两例的 b 例都听起来不自然，语义迟缓，这与它们的格式是把接球的一方看作动作的受益者有关。

相对地，如果强调的是动作受益者的一面时，"给"字短语最自然的位置是动词之前，放到后边反而听起来不自然。例如：

（13）a. 唐尧东又给中国队踢进了一个球。

　　　b.? 唐尧东又踢进了一个球给中国队。

（14）a. 李燕又给郎平传了一个漂亮的球。

　　　b.? 李燕又传给了郎平一个漂亮的球。

虽然从概念义上看，例（13）（14）分别和例（11）（12）的差不多，但是强调的重点是不一样的。比如，例（14）实际上是说，李燕传的球恰到好处，使得郎平能够施展自己的球艺，扣球成功。此时强调的不是球的运动过程，而是动作的受益者，所以"给"字短语置于动词之前最为自然。

1.3.2.5 "到"字短语

"到"字短语也可以出现在动词前后。当表示行为持续到某一地点、时间或者达到某一程度时，只能出现于动词之后。例如：

（15）a. 爬到山顶上→＊到山顶上爬

b. 走到这会儿→＊到这会儿走

c. 轮到我了→＊到我轮了

d. 一直唱到晚饭→＊到晚饭一直唱

相反，如果表示达到某一地点才开始做某事，即不是表示动作的终结点，"到"字短语则只能出现在动词之前。例如：

（16）a. 到商店买笔→＊买笔到商店

b. 到三点钟再走→＊再走到三点钟

1.3.2.6 动词前后的形容词

有些形容词可以出现在动词的前后，但是表义的侧重点不一样。用在动词前面做状语的形容词主要是表示动作进行的方式，用在后边做补语时则是表示动作所达到的结果状态。例如：

（17）a. 直走→走直

b. 快开→开快

c. 牢拴→拴牢

d. 仔细看→看仔细

可以用一个形式标准来判别形容词位于动词前后语义上的差别。"VP_1＋再＋VP_2"表示两个前后相继的动作，前一个动作必须达到一定的结果才能进行另外一个。例（17）的右端用法是表示动作达到的结果，因此都可以用于该格式的第一动词；然而左端的用法只是表示动作的方式，它们都不能用于该格式的第一动词。例如：

（18）a. 把马拴牢了再走。

　　　 b.* 把马牢拴了再走。

（19）a. 看仔细再说。

　　　 b.* 仔细看再说。

1.3.3　句子层面的动补结构

1.3.3.1　"形容词＋程度词"

　　程度词修饰形容词时，一般都是位于形容词之前，比如"很好""十分漂亮""最干净"等。这些词都可以做定语或者构成"的"字短语，比如"很好的朋友""最好的"等。但是，当程度词语出现于形容词之后时，一般不能做定语或者构成"的"字短语。例如：

（20）a. 好极了 →* 好极的东西

　　　 b. 暖和多了 →* 暖和多的房间

　　　 c. 难看死了 →* 难看死的衣服

　　　 d. 可笑透了 →* 可笑透的人

（21）a. 好得很 →* 好得很的朋友

　　　 b. 闷得慌 →* 闷得慌的房间

　　上述两组用例的抽象格式都是"谓语＋结果"。从意义上看，它们与普通的"程度词＋形容词"短语也不一样，含有一个性质变化的意义，表现在例（20）类的例子一般要加上动态助词"了"，"好极""暖和多"不能单独成句。从语感上判断，例（21）类的格式表性质变化的意义并不明显，而跟普通的"程度词＋AP（形容词词组）"短语的表义功能并没有明显的区别，可是它们采用的是"谓语＋结果"的语序，在结构上与普通的动补组合一致，也只能用于独立成句的场合。

1.3.3.2　动词重叠式

动词重叠式也是只能出现于句子层面上，不能进入句子的下位成分。例如：

（22）a. 我看了看书→﹡我看看的书→﹡看看的

　　　b. 我听了听音乐→﹡我听听的音乐→﹡听听的

　　　c. 我吃了吃饭→﹡我吃吃的饭→﹡吃吃的

　　　d. 我学了学歌→﹡我学学的歌→﹡学学的

不论是从历时的角度来看还是从共时的角度来看，动词重叠式都是属于动补结构之一种。动词重叠式在 15 世纪左右出现的前提条件是动补结构的建立和体标记系统的形成。这两个事件都发生在 10 至 15 世纪之间，它们的出现在谓语中心动词和宾语之间创立了一个新的句法位置，可以容纳一个不及物的成分，用以表示动作行为的进行状况。动词重叠式就是表示动作的时量小或者动量短。

从共时的角度看，动词重叠的第二个动词所占据的是结果补语的位置，表现为动词重叠式不能再带任何结果补语，而相应的基式动词则可以。例如：

（23）a. 我看完了那本书→﹡我看看完了那本书。

　　　b. 我吃饱了饭→﹡我吃吃饱了饭。

　　　c. 我做好了作业→﹡我做做好了作业。

　　　d. 我学会了开车→﹡我学学会了开车。

这个背后还有另外一个原则在制约着：一个谓语中心只能有一个结果成分。

1.3.3.3　"动＋个＋补"短语

现代汉语里，"个"可以引进结果成分，但是它们的使用也只限于句子层面，不能进入从句或者构成"的"字短语。先看一组用例。

（24）把贼船砸个粉碎。（《八十年代散文选》）

（25）我吊在外边这棵树上，打了个半死。（《新儿女英雄传》）

（26）囤子里的散粮被乱人抢了一个精光。（《老残游记》）

由"个"构成的动补结构都不能进入从句，然而功能与之相当的"得"字结构则可以。例如：

（27）a. 吃个饱→*吃个饱的人

      b. 吃得饱→吃得饱的人

（28）a. 看个明白→*看个明白的人

      b. 看得明白→看得明白的人

1.3.3.4 组织信息的原则作用的层面

本节列举了几类"谓语＋结果"的组合，它们只限制于句子层面，即交际的最自然的单位上，而不能进入句子的下位构造。组织信息的原则首先作用于句子单位，比如在怎么样安排新旧信息的顺序上，汉语是采用了"旧信息＋新信息"的顺序。比如一个光杆名词，在谓语动词之前表示已知的旧信息，然而之后则表示未知的新信息。例如：

（29）a. 书我已经看完了。

      b. 我已经看完了书。

然而这种靠语序区分的语法意义在从句层面并不存在，实际上光杆受事名词在从句里只能出现于动词之后。比如，可以说"这是我看完书的地方"，但是不能说"*这是书我看的地方"。部分句子组织信息的方式已经稳定下来，转换成这种语言的无标记结构之后，就可以用于句子的下位构造。

1.3.4 现代汉语信息组织原则的历史成因

1.3.4.1 语言系统和句法临摹

对于上述所谈的各种各样的述补构造，人们很容易把它们简单归结为语法临摹现象。不错，从时间顺序上看一定是动作行为发生在前，结果出现在后。但是语言并不是现实规则的简单复写，现实规则对语言的制约需要通过人的认知这个中介，而且还特别受到语言系统的影响。上文所讨论的现代汉语的组织信息的原则，除了句法临摹这一层影响外，更重要的是语言系统内部发展变化的结果。这种现象的形成是最近五六百年的事情，在此之前的汉语是另外一种情况。

让我们从类型学的角度来看这一问题。汉语自古至今都属于 SVO 语言，但是现代汉语有一个独有的区别于其他同类语言的特征，谓语动词之后不再允许其他谓语的修饰语出现。然而，其他的 SVO 语言则可以。英语是典型的 SVO 语言，其谓语动词之后可以有各种各样的修饰谓语动词或者整个句子的成分。古代汉语和英语具有平行的用法，谓语动词及其宾语之后可以具有各种各样的修饰语。但是，随着语法的演化，汉语这些修饰语要么不能再出现于谓语动词之后，如引进工具、施事、比较项的介词短语在现代汉语里都只能出现于谓语动词之前；要么根据语义特征进行了重新分配，只有表示结果性质的那一部分仍然留在谓语之后，如时间词、地点短语等。我们认为这种变化是动补结构在汉语中牢固建立以后所带来的类推效应，结果就造成了本章所讨论的现代汉语的组织信息的原则。动补结构的语义格式为：V$_{动作行为}$＋R$_{结果状态}$。动补结构的普遍使用是在唐代以后。动补结构的孕育和发展是一个长期的过程，但它作为一种高度能产的句法格式形成于 12 世纪左右。动补结构是一个极为常见的现象，因此它会产生强大的类推力量，改变谓语结构，使得汉语句子的信息安排按照下列方式进行：

伴随特征＋谓语中心＋结果状态。

古代汉语并没有这个原则。由此可见，现代汉语句子的组织信息的原则并不是单纯的语法临摹现象，而是语法系统内部长期发展整合的结果。这也给我们一个重要的理论启示，现实规则并不能直接或者必然地投射到语言中去，它们对语法规则的影响要受到该语言的结构特点的制约。

动补结构的出现对汉语语法的影响是深刻的、全面的。其中还有一个表现是，古代汉语可以用单纯一个动词做谓语的句子，现代汉语则必须换成相应的动补结构才行。下面是《世说新语》文言原文和白话文翻译的对照。

（30）a. 后进之士有升其堂者，皆以为登龙门。(《世说新语·德行》)

b. 后辈读书人能够进入他的厅堂的，都认为是登上了龙门。

（31）a. 登车揽辔。（《世说新语·德行》）

b. 坐上车子，拿过缰绳。

在上述组织信息原则作用下，表示伴随特征的介词短语必须移到谓语动词之前。结果在汉语中就形成一种有趣的现象，一些原本是表示伴随特征的介词短语，如出现在动词之后时，必须去掉介词，以普通名词宾语的外在形式出现，而它们移到谓语之前时则必须加上相应的介词。下面是动词"吃"有关的用例。例如：

（32）a. 吃大碗→用大碗吃

b. 吃食堂→在食堂吃

c. 吃父母→靠父母吃

d. 吃劳保→靠劳保吃

例（32）左端的用法不能添加介词的原因的背后，就是汉语句子组织信息的原则。这些地方在古汉语中都需要适当的介词，翻译成英语时也需要添加适当的介词。

1.3.4.2 "一个谓语中心＋一个结果成分"的限制

汉语的动补结构还有一个限制：一个谓语中心动词能带而且只能带一个结果成分。比如，不能说"※吃饱腻""※干完累"之类的句子。这一限制是显而易见的。还有一个较大的句法限制值得我们注意：如果谓语中心是一个动补短语，那么表示结果的介词短语就不能出现于谓语之后。例如：

（33）a. 跳在地上→＊跳远在地上

b. 借给人家→＊借成给人家

c. 走到邮局→＊走累到邮局

d. 谈到半夜→＊谈完到半夜

1.3.5　结语

　　本章讨论了现代汉语句子组织信息的原则为："伴随特征＋谓语中心＋结果状态"。这一原则影响的词类很广，除普通的补语外，还包括时间词、介词短语、程度词等。它不是单纯的句法临摹现象，而是动补结构建立以后所产生的类推效应。现实规则并不能直接作用于语言的语法系统，哪些规则可以作用，以及作用的时间和规模是什么，取决于语言系统内部的状况。由于受动补结构类推的影响，汉语形成了一种独有的组织信息的原则，从而也使得它拥有了一系列有别于其他 SVO 语言的类型学特征。

1.4　无标记结构与有标记结构

1.4.1　引言

　　语言里的语法格式是多种多样的，然而这些众多的格式的地位是不平等的。一类是无标记的，它们组成汉语语法的核心，具有规则严密、稳定性强、使用频率高等特点，适用于词、短语和句子三个平面；另一类是有标记的，它们的使用取决于焦点、强调、话题链等各种语境因素，而且只能出现于句子平面。本章的目的是想从一个不同的角度认识汉语语法体系的总体特征，说明语义特征在汉语语法分析中的重要性，明确两类结构的不同研究目标。

　　本章所讨论的对象与句法和词法的关系问题具有相同的地方。汉语的句法和词法既有一致的一面，也存在着明显的差异。汉语的句法结构与语义结构之间存在着严格的对应关系。这从一个侧面印证了认知语言学的一个基本观点，句法格式是语义结构的约定俗成的表现形式。

1.4.2　从句结构和句子结构的差异

　　我们选择从句作为观察问题的视点。这样做的理由是，从句是一个句子内部的构造成分，不受上下文等语境因素的干扰，同时它又与句子具有结构上的一致性，构成的基本要素也相同，主要也是通常所说的主、动、宾。由于这些特征，从句是一个观察汉语基本语法结构的理想的窗口。

　　总体上看，从句结构与句子构造有共性，但是也存在着一系列重要的差别。首先，句子层面上有歧义的结构，进入从句后就消失了。举一个大家所熟悉的例子。"鸡不吃了"有两个可能的解释，一是"鸡不吃食了"，二是"人不吃鸡肉了"。但是，该句用作定语从句时则只能有第一种解释，比如"鸡不吃的时候"用于例（1）a时合适，用于例（1）b则不行。

（1）a. 鸡不吃的时候，赶快打防疫针。

　　b.* 鸡不吃的时候，你们就吃牛肉。

例（1）b的情况，唯一合适的语序为"不吃鸡的时候"。下面将解释为什么这种歧义会在从句里消失。

　　其次，在一些句法格式里，同样一个名词，动词之前表示"有定"，之后则表示"无定"。这里"有定"和"无定"的句法意义是由句法位置赋予的。例如：

（2）a. 人来了。

　　b. 来人了。

例（2）a的"人"是有定的，指交际双方共知的某一个人；例（2）b则是无定的。但是，这种对立在从句里就变得不明确，或者完全消失。有定和无定的对立在从句层面上往往需要借助于某种词汇手段才能表达出来。

（3）a.? 人来的时候，给我打个电话。

　　b. 那个人来的时候，给我打个电话。

（4）a. 来人的时候，给我说一下。

　　b. 有人来的时候，给我说一下。

例（3）a中，"人来的时候"自身就听起来不自然，表定指的用法更是不明确，从句中定指的意义通常要在名词之前加修饰语来表示。例（4）中，还有另外一种常见的词汇手段表不定指的意义，即在名词之前加"有"。

　　从格式变换的角度看，同样一个格式，在意思基本不变的情况下，句子层面可以有多种变式，从句层面则大为受到限制，通常只能为固定的某一种。下面以抽象格式"施事＋动词＋受事"的句子为例加以说明。

（一）"主＋动＋宾"格式

（5）a. 他看完书了。

　　b. 这是他看完书的地方。

（二）话题结构一：受事位于主语之后

（6）a. 他书看完了。

  b.* 这是他书看完的地方。

（三）话题结构二：受事位于主语之前

（7）a. 书他看完了。

  b.* 这是书他看完的地方。

（四）受事主语句

（8）a. 书看完了。

  b.* 这是书看完的地方。

（五）被动句

（9）a. 书被他看完了。

  b.* 这是书被他看完的地方。

（六）"把"字句

（10）a. 他把书看完了。

  b.* 这是他把书看完的地方。

很明显，只有"施＋动＋受"一种语序可以进入从句层面。定语从句的语序只能是：

［施事＋动词＋受事］＋的＋名词。

在施事或者受事缺省的情况下，又有三个变式：

（一）［施事＋动词］＋的＋名词；

（二）［动词＋受事］＋的＋名词；

（三）［动词］＋的＋名词。

下面是一组中心语为时（间）的从句用例。

（11）李冬宝交钱时看着庭内。（《编辑部的故事》）

（12）她唱歌时挺大方的。（《编辑部的故事》）

（13）我看这稿时特意借了条手绢。（《编辑部的故事》）

（14）我没看乘法的时候就开始看小人书。(《编辑部的故事》)

（15）换衣服的时间也太长了。(《编辑部的故事》)

（16）到了该吃饭的时候让人家饿着肚子。(《编辑部的故事》)

跟前边的"他看书"一样，上述各从句内部的语序不允许做任何变化。

从句的上述特点不仅适用于定语位置，所有作为句子一个构造成分的从句都严格遵守这一规律。从句做句子成分包括以下几种情况。

（一）介词所引进的从句

（17）王老师对我没有准备功课不满。

（18）她连我爱吃什么都知道。

（二）话题从句

（19）谣言害人你们也知道。

（20）祝贺什么回头我再告诉你们。

（三）宾语从句

（21）她正在听我讲故事。

（22）我看见她在做广播操。

跟定语从句一样，上述各类从句的内部成分都不能做任何语序变换。

现在就可以解释，为什么"鸡不吃"进入从句层面时，"鸡"只能理解为从句的施事。因为从句的语法格式只能是：施事＋动词＋（受事）。句子层面的歧义也来自可以有两种句法格式的事实：施事／受事＋动词。

1.4.3　无标记语法结构

如何认识从句的结构规律，是一个关系到汉语语法系统的理论问题。一个典型的汉语句子有三个基本成分组成：主语、谓语动词和宾语。从句也包含这三个成分，不同于句子的是，它们分别可以用施事、动词和受事替代，规则严整。从句是句子的下位成分，它们不受各种语境因素的制约，其语法格式代表的是汉语句子在理想状态下的情况，可以认为是汉语

的基本结构。由此出发就很容易理解，为什么从句结构也是大多数句子的格式。把这种所有从句和大多数句子所共同遵守的格式定义为"无标记结构"。可以用这个式子表示：A＋V＋P。其中 A 代表 agent（施事），V 代表 verb（动词），P 代表 patient（受事）。

无标记结构完全可以用语义特征加以严格描写。下面要谈到的有标记语法结构，包括话题结构、受事主语句、"把"字句、被动句等，它们的选择和使用，主要取决于各种语境因素，诸如话题链、焦点、强调等，因此分析这些结构的核心任务是它们各自有什么样的话题篇章功能，而不是简单地给每个成分贴上主语、宾语之类的标签。有标记和无标记两类句子成分的区分，可以解决汉语语法学界长期悬而未决的问题。

首先，意义在汉语语法分析的地位到底有多高？长期以来一直困扰汉语语法学界的一个问题是，意义究竟在什么程度上决定汉语语法？根据我们的划分，对于无标记结构，意义可以作为主要依据，甚至可以看作是唯一的依据。在这里，主语等同于施事，宾语等同于受事。这一标准可以解决所有的从句结构和绝大部分的句子结构。由此看来，汉语的语法结构本质上是由词语的语义角色决定的。

其次，上述划分可以在一定程度上解决主宾语问题。主宾语问题一直是汉语学界的一个老大难，曾在 20 世纪 50 年代引起了一场广泛的讨论，可是没有得出一个一致或者比较一致的意见。现在讨论这个问题的人少了，但并不等于问题已经解决了。这个问题的症结在于位置先后和施受关系的矛盾，或者说结构标准和语义标准的关系。如果把所有的句子同等对待的话，不管哪个标准都会遇到问题。以语义标准划分，就没办法处理非"A＋V＋P"的有标记结构；纯考虑形式，"主语"和"宾语"成为两个毫无意义的名称。正如上面所指出的，对于无标记结构，完全不必在主宾语上纠缠，施事和受事的语义标准就能提供一个准确的描写。主宾语的概念是否适用于另一类有标记的结构，是一个值得认真思考的问题。

上述所讲的 A＋V＋P 格式是最常见的无标记结构，但是无标记结构并不限于此。把上述标准加以推广，就会发现很多其他类型的无标记结构。这里只举两种情况，都是受事位于动词之前的格式可以进入从句。

（一）疑问代词表遍指

（23）他是个什么都爱吃的人。

（24）他是个哪儿都去过的人。

（二）名词或者量词重叠表遍指

（25）人人都通知到以后，我们就着手进行下一步的事情。

（26）处处都看过的时候，你对这个地方就会有一个全面的理解。

上述两类现象都是汉语严整的句法规律。在句子层面上，不论是疑问代词还是名量词表遍指，都必须位于动词之前。它们的构造不受语境因素的制约，也是一种无标记结构，因此可以进入从句层面。

能进入从句的语法结构，大都是典型的 AVP 式。那些施受关系不明确的句子结构，在实际语言应用中，几乎从来不在从句里出现。非典型的 AVP 式包括以下用例。

（27）王冕七岁上死了父亲。

（28）事情可也不能都怪他。

（29）下一步就要看你的了。

上述用例直接进入从句就会听起来不自然，甚至不能接受，但是换为相应的 AVP 式就可以了。例如：

（30）a. 王冕的父亲死的时候，他失声痛哭。

　　　　b.? 王冕死了父亲的时候，他才七岁。

（31）a. 他有事情的时候，连饭都顾不上吃。

　　　　b.? 事情不怪他的时候，他也勇于承担起责任。

当然，典型的 AVP 式和非典型的界限有时候不太清楚，但是大多数情况还是容易加以判断的。

1.4.4　有标记的语法结构

根据无标记语法结构的判别标准，可以很容易确立哪些语法结构是有

标记的，即它们的运用受语境因素的制约，只出现于句子层面。常见的有以下几类。

（一）主语之前的话题结构

（32）这些书我不要了。(《无人喝彩》)

（33）你们的小说我全看了，印象忒深。(《一点儿正经没有》)

（34）这论文我们上学时都传阅过。(《顽主》)

（二）主语之后的话题结构

（35）你飞机都造了，还能不如我。(《无人喝彩》)

（36）你指甲刀借我使使。(《无人喝彩》)

（37）这位同志话不要说得太难听。(《懵然无知》)

（三）受事主语结构

（38）正事还没说呢。(《刘慧芳》)

（39）《红楼梦》还没有买到呢。

以上三类结构是绝对不能进入从句层面的。它们的一个共同结构特征是，受事名词都是居于动词之前。

另外两类重要的有标记结构是处置结构和被动句。它们用于从句中的限制，可以从以下对比中看出来。

（40）a. 换衣服的时间也太长了。

b. * 把衣服换的时间也太长了。

c. * 衣服被换的时间也太长了。

（41）a. 吃饭的时候让人家饿着肚子。

b. * 把饭吃的时候让人家饿着肚子。

c.* 饭被吃的时候让人家饿着肚子。

但是，处置式和被动式不是绝对不能用于从句层面的。值得注意的是，用于从句的处置式和被动式都有一些条件限制。先看处置式用于从句的例子。

（42）我没有想把你搁外头的意思。(《编辑部的故事》)

（43）不爱把<u>愁事憋在肚子里</u>的读者，一听就能喜欢这个给人分忧解难、指点人生的栏目。（《编辑部的故事》）

（44）能使<u>我们把工作做得更好</u>的钱，还是该花就花。（《编辑部的故事》）

仔细观察就会发现，从句里的处置式有一个共同特点，动词之后有地点或者程度补语，此时受事名词不再能放在谓语动词之后，比如不能说"＊搁你外头""＊做得更好工作"等等。这从另一个侧面说明，处置式在从句层面受到排斥，不到非用不可的时候不用。再看一些被动式用于从句的例子。

（45）我倒成了<u>被挽救</u>对象了。（《编辑部的故事》）

（46）有一种<u>被捉弄</u>的感觉。（《编辑部的故事》）

（47）戈玲走到桌前，看了一眼<u>被李冬宝用彩色水笔标了不少横线</u>的"读者来信"。（《编辑部的故事》）

在以上三个用例中，前两个的"被"之后都没有受事名词出现，如果去掉"被"字的话，就容易引起人们的误解。比较有意思的是例（47）的被动式从句结构，其中"读者来信"和"不少横线"之间具有整体和部分的关系。这类被动句通常没有相应的主动句。例如：

（48）a. 那本书被晶晶撕掉了一张。

b.＊晶晶撕掉了那本书一张。

（49）a. 那条裤子被晶晶剪了一个口。

b.＊晶晶剪了一个口那条裤子。

很显然，遇到这类表达的时候，被动结构也是唯一的选择。由此可知，被动式不得已才会用于从句。换句话说，在从句层面上，被动式也受到排斥。另外一个值得注意的现象是，尽管都有限制，但是被动式用于从句的概率比"把"字句的明显要高。这可能反映被动式的无标记性比"把"字句的要高。从汉语发展史来看，被动句的历史远比"把"字句的长，所以被动式有可能更接近汉语的基本语法结构。

假如有标记的句法结构都是从无标记的变换而来的，那么可以认为，上述各类有标记结构都是通过改变语序、添加语法标记或者两种手段并用等外在的形式变化得来的。以 AVP 为参照点，任何形式变化，最有可能的结果是产生一个有外显标记的语法结构。除了上述讨论的各类结构外，还有一些具有形式标记的语法范畴，也只能用于句子层面。常见的有以下几类。

一、动词重叠表时量或者动量

（50）a. 这是我看的一本书。

　　　b.* 这是我看看的一本书。

（51）a. 我尝的酒很贵。

　　　b.* 我尝尝的酒很贵。

二、表示焦点或者强调的"是"字结构

（52）a. 是我打碎了那块玻璃。

　　　b.* 是我打碎的那块玻璃扔在那里。

（53）a. 我是昨天给她买的衣服。

　　　b.* 她穿着我是昨天给她买的衣服。

三、插入动宾之间表时态的"的"

（54）a. 他们去年结的婚。

　　　b.* 他们都是去年结的婚的人。

（55）a. 她昨天去的北京。

　　　b.* 他昨天去的北京的时候，天正在下雨。

四、各种表示疑问、语气的手段

（56）a. 你吃饭没有？

　　　b.* 吃饭没有的人都在这里。

（57）a. 吃饭了，赶快进来吧。

　　　b.* 吃饭了的时候，赶快进来吧。

（58）a. 他们正在吃饭呢。

　　　b.* 他们正在吃饭呢的屋子有一个苍蝇。

与此相对的是另一类语法范畴，它们可以自由进入从句层面。最典型的是体标记，比如可以说"看过的书""吃了的人"等。体标记是表现动作行为进行的状态，与句子的中心动词组成一个结构体，"动词＋体标记"

代表的是稳固的语法单位，不受语境因素的制约，所以既可以进入句子又可以进入从句。它与动补结构一样，都属于汉语的基本语法结构。

汉语的有标记句法结构或者语法范畴的功用，主要表现在篇章组织和句子的整体意义。因此，对于这类现象的研究，就不能只局限于结构的内部构造及其成分的名称，必须在更大的范围内加以分析。以往的各种句法理论，特别是结构主义和转换生成学说，都还是基本上注重于单句内部的情况，它们的理论方法在分析无标记语法结构时还能够行之有效或者自圆其说，但是对于有标记句法结构则无能为力。大家目前所看到的汉语语法体系，主要是靠结构主义所提供的方法理出来的，不可否认，这使人们对汉语的无标记结构有了一个系统的认识，但是却忽略了对有标记结构的系统研究。为了弥补这个缺陷，必须吸收新的语言学理论，特别是篇章语言学和认知语言学的理论方法。

1.4.5　结语

本章的分析是建立在这样一个基本假设之上的：从句是句子内部的一个成分，它的构造不受句子以外的各种语境因素的影响，实际上反映汉语的基本句子结构。凡是可以进入从句层面的语法结构，都是无标记的，代表汉语句法的核心；否则，就是有标记的，它们是为了因应各种语境因素而产生的。也就是说，汉语的语法结构是有层次之分的，无标记结构代表的是最基本、最稳固的一类，有标记结构代表的则是在语言应用层面上的各种灵活多变的格式。

无标记和有标记语法结构的划分可以帮助我们认清汉语语法的本质特征，同时也可以解决一些理论上的疑难问题。汉语是一种依靠语序区别句子成分的语言，它的无标记（基本）语法结构的规则，完全可以用语义特征加以描写。本章的分析表明，汉语的句子成分和语义角色严格对应。汉语有标记的语法结构，是在各种语境因素的制约下，对无标记结构进行语序变换或者添加语法标记而产生的。两类结构的性质不同，研究的目标也不一样，应该加以区别对待。

1.5　句法结构与词汇标记

1.5.1　引言

语序在汉语语法中具有重要的地位。其他语言依赖语音形式标记的语法范畴，汉语则常常是用语序来表达。比如语法中"有定"和"无定"的区别，英语主要是用定冠词 the 和不定冠词 a/an 表示，汉语则常常利用语序的手段来实现。具体地说，谓语动词之前的光杆名词表有定，之后的表无定。例如：

（1）a. 人来了。　　　　　　b. 来人了。

（2）a. 书我已经看完了。　　b. 我已经看完书了。

上述两例中的 a 组中的"人"和"书"都是定指的，为说话双方所共知的对象；然而 b 组的相应名词是虚指，可以是任何一个。

基于上述现象，很多学者都认为汉语有一种很强的倾向性，主语所指的事物是有定的，宾语所指的事物是无定的。说是一种倾向性，就意味着它不是一个严格的规律。比如就有学者指出由不定名词充当主语和有定名词充当宾语的现象也很常见：

（3）一位医生向我介绍。

（4）我看过这本书。

值得注意的是，例（3）的无定主语有数量短语"一位"，例（4）的"有定"宾语则有指示代词"这"。这种错综复杂的现象是词汇形式与语法结构相互作用的结果。下面的分析将说明，如果把词汇标记和句法结构赋义分清楚了，所谓的例外实际上也遵循着严格的规律。同样一个语法范畴可以用不同的手段来表示。本章将把词汇意义和语法结构的意义分离开来，探讨两种手段之间的相互作用关系，并确立汉语的一种严格的句法规律。同时，有定和无定的问题还牵涉到汉语中一系列重要的语法范畴，诸如主语、话题、宾语等。本章也将讨论有关的问题，诸如为什么名量词重叠式和疑问代词表遍指时必须出现于谓语动词之前。

"有定性"语法范畴是语言类型学研究方面最为关注的一个课题，因为它是决定句法结构的最为关键因素之一。从人类语言的共性的角度看，"有定性"与"格"、"体标记"和"有生命"等四种要素，对一种语言的句法结构有着深刻的影响。本章从有定性的表达在汉语语法中的表现出发，探讨汉语的语法特点。

1.5.2　严格的结构规律

1.5.2.1　谓语中心动词前后的光杆名词

现代汉语拥有一个严格的句法规律：以谓语中心动词为参照点，动词之前的被赋予"有定"的语义特征，之后的被赋予"无定"的语义特征。以下把该规律称为"句法结构赋义律"。所谓"有定"是指，名词表示的是可以从语境明确加以确定的一个或多个特定的实体。

光杆名词，通常为动词的受事，进入句子结构后必然遵循这一规律。例如：

（5）水来了：来水了。

火着了：着火了。

我要请客：客来了。

哪儿有书：书在哪儿。

（6）乙：还得填表。

甲：填表也没用。今天没房了。

乙：得，折腾了半天，表白填了。（相声《多层饭店》）

（7）乙：哦，人你就不管了。

甲：那人事科长怎么说呢？（相声《电梯奇遇》）

例（5）中各例的"有定"和"无定"对比非常明确，动词前的表有定，动词后的则为无定。例（6）中前两句的"表"位于动词之后，都是无定的；最后一句的"表"是位于动词之前，指顾客乙已经填的那张表，即为有定的。例（7）的用法相似，句首的"人"是指困在电梯里的那一个。在特定的上下文中，这种光杆名词的句法位置是固定的，不能随意变换，否则就会改变句子的意义。

光杆名词的有定和无定的表达是以中心谓语动词为参照点，这之前表"有定"，这之后表"无定"。这与普遍认为的，主语倾向于表"有定"，宾语则倾向于表"无定"的论断，并不完全一样。就谓语动词之前的句法位置而言，动词前的光杆名词可以占据各种位置，比如句首的话题，句子的主语，主语和谓语动词之间的小主语位置，甚至部分介词短语所引进的宾语。这些位置的名词都具有表有定的功能。做主语的用例已见于例（5）（6），做话题的是例（7）。下面再看一些其他两类情况的用例。

（一）小主语

（8）我书已经看完了。

（9）她衣服已经买到了。

（10）我们饭已经准备好了。

（二）介词宾语

（11）她已经把作业做完了。

（12）她又把衣服卖掉了。

（13）我们已经把饭做好了。

注意这里的光杆名词只限于动词的受事，它们的无标记句法位置是动词之后，所以当它们用于动词之前时，就产生一种有标记的结构，用以表示"有定"这种特定的语法意义。据此可以理解为什么"把"后的光杆名词是有定的，因为它引进的常常是谓语动词的受事。然而其他类型的介词所引进的光杆名词则不一定是有定的，比如"我用计算机学习英文"，其中的计算机显然是无定的。

一些特殊的情况值得我们注意。在表示对比的时候，语序有定和无定的表达不大容易看得出。例如：

（14）妇女儿童你保护，那野生动物虎背熊腰的，你保护它干吗？（相声《虎口遐想》）

（15）别说干"四化"，"八化"我都干。（相声《虎口遐想》）

例（14）中，表面上看来，"妇女儿童"是句首的光杆名词，并不是特定的某些人，"有定"的意义并不明确，但是实际上它仍是有定的。在说话者的比较域中只有两类特定的成员——"妇女儿童"和"野生动物"，相对于后者来说前者代表的是特定的一类事物。例（15）也可以做同样的理解，"八化"是相对于"四化"而言的，它在特定的语境中被赋予有定性。

1.5.2.2 结构赋义规律的作用层面

上述的句法结构赋义规律是篇章话语层面上的，在用作句子成分的从句（包孕句）里不起作用。也就是说，光杆名词在谓语动词前后的"有定"和"无定"对立，在从句中就会消失，或者干脆不能说。例如：

（16）a.* 这是客人来的家庭。　　b. 这是来客人的家庭。

（17）a.* 这是书他看的桌子。　　b. 这是他看书的桌子。

（18）a.* 他是饭吃过的人。　　b. 他是吃过饭的人。

上例的从句都是宾语的定语，从句中的受事光杆名词皆不能移于动词之前，同时也没有相应的有定意义。这说明靠语序表示的语法范畴只限于独立句子层面。从句层面的"有定"和"无定"概念只能靠词汇的手段来实现，比如可以说"这是他看那本书的桌子"，"书"的有定性是靠指示代词"那"表示的。

1.5.2.3 词汇标记对结构意义的制约

上述所讨论的靠语序区别有定性的现象，是汉语的一种无标记结构规律，只作用于光杆名词。普通的光杆名词自身的语义特征是中性的，无所谓"有定"或者"无定"，因此不同的语序可以赋予其不同的语法意义。

但是同样的语法范畴可以通过各种词汇形式来表示，这样情况就变得复杂起来，其中仍然是有规律可循的，下面分几种情况来讨论。

根据上述的结构规律，谓语动词之前名词成分被自动赋予一个［＋有定］的特征，并且限定一些无定成分的出现。典型的数量短语自身的语义特征是无定的，不能在句子开头出现，但是加上一个专门的表无定的语法标记"有"就可以。例如：

（19）a.* 一件事情我要跟你商量商量。

　　　b. 有一件事情我要跟你商量商量。

（20）a.* 两个人我想跟你打听一下。

　　　b. 有两个人我想跟你打听一下。

（21）a.* 几本书我找不到了。

　　　b. 有几本书我找不到了。

（22）a.* 一些同学我不认识。

　　　b. 有些同学我不认识。

需要区别两种不同的"无定性"表示方法，一是自身词义所固有的，一是作为具有外在语音形式的语法标记所标识的。在谓语动词之前，自身词义固有无定性的词语受到很大限制，必须用一个表"无定"的语法标记"有"来表示。如上例所示。但是，数量短语可以自由地出现于宾语的位置，例如：

（23）a. 我跟你商量一件事情。

　　　b. 我想跟你打听两个人。

　　　c. 我买了几本书。

　　　d. 我看到了一些同学。

相应地，谓语动词之后的名词也可以加上表有定的词语等使其有定化，最常见的是指示代词"这"或者"那"。例如：

（24）a. 我已经看完了那本书。

　　　b. 我已经修好了他的车。

　　　c. 我也买到了这种玩具。

d. 我喜欢吃妈妈做的饭。

宾语的名词要表有定，必须借助于这些外在的词汇标记，否则就变成无定的了。动词之前的名词语法上不要求这些词汇标记，可是为了强调或者表达明确起见，也可以加上这些有定词汇标记。例如：

（25）a. 那本书我已经看完了。

b. 他的车我已经修好了。

c. 这种玩具我也买到了。

d. 妈妈做的饭我喜欢吃。

词汇标记和句法结构赋义规律相互作用，产生下列语法规则：

（一）对于光杆名词，动词之前为有定，之后的为无定。

（二）动词之前的词语要表无定时，必须借助于词汇标记"有"等；

动词之后的词语要表有定时，必须借助于词汇标记"这"等。

（三）外在的词汇标记的作用优先于句法结构赋义规律。

词汇标记和句法结构赋义的区别，可以帮助我们认清汉语语法的一些本质特征。普遍认为汉语的主语或者话题是"有定性"的，其实这只是一种倾向性，它们也可以是无定的，只不过必须加上词汇标记"有"等加以标识。例（19）至（22）的句首"有"字短语都可以看作无定的话题。下面句子宜看作无定主语：

（26）a. 有一位客人来了。

b. 有人不知道这件事。

c. 有些学生还没有交作业。

d. 有很多学生已经离开了学校。

这里的"有"已经虚化为一个语法标记，与其表"领有"的实义动词已经明显不同。它通常不能为"没有"否定，特别是话题位置的"有"，比如不能说"* 没有一件事我要跟你商量"等。

1.5.2.4 词汇固有的有定性语义特征和它们的句法行为差异

根据词语自身是否具备有定性，可以把词语分为若干类别，见下表。相应地，它们的句法行为也有明显的差异。

各类词的有定无定特征

	有定	无定
人称名词	＋	－
指示代词	＋	－
专有名词	＋	－
光杆名词	＋	＋
数量短语	－	＋

人称代词、指示代词和专有名词本身已有［＋有定］的特征，不论在什么位置都是表示有定的，无需结构赋予。同时依据词汇标记优先于结构赋义的原则，它们可以自由地出现于动词前后。相对地，光杆名词具有双重的语义特征，随其句法位置而被赋予有定或者无定。数量短语自身只可以自由地用于动词之后，用于动词前时必须用词汇标记标识其有定或者无定性。它们的无定性的例子已见于上，下面是数量短语的有定用例。

（27）a. 那一本书我已经看完了。

　　　b. 那两个人我见过了。

　　　c. 这两个地方我还没有去过。

　　　d. 这一辆车我已经试过了。

1.5.2.5 谓语动词之前的无定名词表达

谓语动词之前无定名词的表达相当复杂，是多种因素相互作用的结果。所涉及的主要因素有：（一）词汇固有的无定语义特征；（二）无定的语法标记；（三）汉语的有无标记句子语序；（四）谓语的复杂程度。从这四个因素相互作用的角度出发，根据上文的词汇标记和句法赋义三条规律，可以对现代汉语各种各样的无定名词主语句给出简单一致的解释。

在解释之前，首先要明确几种现象。单纯的数量短语固有的语义特征是无定的,它们是一类词汇现象。"有"是一个稳固的表示无定的语法形式,它是从表领有或者存现的普通动词虚化而来的。汉语句子的无标记的语序为"施事(A)+动作(V)+受事(P)",对这种语序的任何变换都会产生一个有标记的句法结构,表示特定的语法意义。下面分别来讨论谓语动词之前的无定名词的使用规律。

一、施事的无定名词

施事名词的无标记句法位置本来就是在谓语动词之前,它们要表示无定时,只需要固有意义为"无定"的数量短语就可以了,不一定要求无定语法标记"有"。如果把这些数量短语去掉的话,这个主语名词就会自动地被结构赋义,变成有定的。例如:

(28)a. 一位阿姨拉来了一根长长的皮管子。

　　　b. 阿姨拉来了一根长长的皮管子。

(29)a. 三个素不相识的男青年闯进女学生的家。

　　　b. 男青年闯进女学生的家。

在去掉数量词之后,例(28)b 的"阿姨"和例(29)b 的"男青年"只能理解为特定语境中的有定对象。这些做无定主语的数量短语之前大都可以加上一个"有"字,比如也可以说"有一位阿姨拉来了一根长长的皮管子"。

数量短语构成的无定主语的谓语如果是不及物动词的话,谓语要用复杂形式,否则必须加无定语法标记"有"。例如:

(30)a.* 一个女青年笑了。

　　　b. 有一个女青年笑了。

　　　c. 一个女青年笑得直不起腰来。

　　　d. 有一个女青年笑得直不起腰来。

(31)a.* 一个学生来了。

　　　b. 有一个学生来了。

　　　c. 一个学生来到了老师面前。

　　　d. 有一个学生来到了老师面前。

二、无定的受事主语

　　无定受事名词的无标记句法位置是谓语动词之后，如果它们移前做句子的话题或者主语的时候，有更严格的限制。例（19）至（22）显示，无定名词做话题时，其无定的语法特征不能单靠数量词语自身，必须加上无定的语法形式"有"。类似于无定施事主语的情况，如果谓语是一个复杂形式而且施事不出现时，一些受事主语的无定性可以单纯用数量词语表示，无需加"有"。例如：

　　（32）a. 一幅漂亮的山水画画好了。

　　　　　b.* 一幅漂亮的山水画画了。

　　　　　c.* 一幅漂亮的山水画他画好了。

　　　　　d. 他画好了一幅漂亮的山水画。

　　这类谓语都是复杂的，多为动补短语，它与单纯的行为动词很不一样，具有描写事物的性质状况的作用，类似于形容词的功能。这一现象还可以从另外一个角度来看。动补短语具有双重的语义特点，描写结果状态和强调动作行为。如果在句中加上施事"他"的话，如例（32）b 所示，就凸现了"画好"的动作行为的一面，此时的谓语前受事名词的无定性就不能单靠数量词语来表示，必须加"有"："有一幅山水画他画好了"。而一般形容词对主语名词的有定、无定限制与普通的行为动词有所不同。这是一个值得进一步探索的问题。

　　三、特殊的数量主语和宾语

　　汉语中有一种特别的句式，主语、宾语都是由数量短语构成，而且可以自由地颠倒位置而意思基本不变。它们有一个特点，做主语的数量短语，不论是施事还是受事，都不能加无定标记"有"。例如：

　　（33）a. 一锅饭吃八个人。　　　　* 有一锅饭吃八个人。

　　　　　b. 八个人吃一锅饭。　　　　* 有八个人吃一锅饭。

这类句式的特别地方来自它们的表达功能。表面上看来，它们有一个行为动词"吃"，其实跟一般的行为动作句子很不一样，它们的主要功能是表示容量或者能力。也就是说，它们有点像形容词谓语句，所以它们主宾语的有定、无定表达是很不一样的。

1.5.2.6　谓词性宾语的句法行为

　　有定性的典型例证是客观物质世界的离散个体，即只有可分为离散单位的事物才可以被确指。那些表示抽象的性质、行为，虽然可以看作谓词宾语，一般不能用于谓语中心动词之前。例如：

（34）a. 我得麻烦你。→＊麻烦你我得。

　　　　b. 我需要这根笔。→这根笔我需要。

（35）a. 她喜欢漂亮。→＊漂亮她喜欢。

　　　　b. 她喜欢这种布。→这种布她喜欢。

1.5.2.7　形容词谓语句的主语

　　只有高及物性的动词才可以通过语序来赋义，标志谓语动词前后名词有定和无定的语法范畴。这种现象的背后受汉语的另外一个句法规则制约。确立出汉语无标记的语序为：

　　施事＋动词＋受事。

　　很显然，能用于这个无标记结构的动词只能是及物的。也只有该格式的相应变换式，即动词前后的名词与"施事"或者"受事"的表达有关时，才具有"有定"或者"无定"的结构赋义现象。那些低及物动词或者形容词一般没有这种功能。先看低及物性的动词用例。

（36）a. 我是老师。→＊老师我是。

　　　　b. 我们来任务了。→＊任务我们来了。

特别是形容词，它们不能有受事宾语，性质的主体一般也不是施事。在句子层面上，所有的性质主体只能做主语，即只能在谓语之前出现。此时的光杆名词主语不能被赋予有定性，如果要表示有定性，必须借助于词汇标记的手段。例如：

（37）a. 计算机很有用。　　　那台计算机功能很好。

　　　　b. 书是无价之宝。　　　那本书很有意思。

　　　　c. 毛笔字很难写。　　　他的毛笔字很漂亮。

　　　　d. 电视机很有必要。　　这台电视机很贵。

例（37）左栏的主语都是光杆名词，但是很明显，都不是有定性质。值得注意的是，它们多表示事物的类属。如果表示有定时，只能利用词汇手段来表示，如例（37）右栏所示。

1.5.2.8　疑问代词的句法限制

　　前文谈到，数量短语固有无定的语义特征，因此它们用在动词前时，必须用词汇标记"这""那"等使其变成有定的。同样，疑问代词的固有特征也是无定的，但是它们之前不再允许加任何修饰性成分，因此也就无法通过词汇标记使其有定化，所以如果它们的无标记句法位置是在谓语动词之后（受事），就无法移到动词之前。例如：

（38）a. 你碰见了谁？ → *你谁碰见了？ → *谁你碰见了？

　　　　b. 你吃了什么？ → *你什么吃了？ → *什么你吃了？

　　　　c. 他去了哪里？ → *他哪里去了？ → *哪里他去了？

　　　　d. 做了什么？ → *什么做了？

如果把上述的疑问代词换成普通名词，就可以有各种句式变换。

1.5.3　几种常见的结构赋义现象

1.5.3.1　名量词重叠表遍指

　　现代汉语中有几种重要的语法形式，它们所表示的语法意义具有有定的含义，然而构成这些形式的词语本身的固有含义则没有"有定"的语义特征，所以必须依靠结构赋义来获得所要求的有定含义。结果，这类形式只能出现在谓语动词之前。主要包括三类现象：（一）名量词的重叠式表遍指；（二）疑问代词表遍指；（三）"光杆名词＋们"短语。

　　现代汉语语法里有几种严格的句法规律，都跟句法结构赋义规律密切相关。第一种情况是，部分名词和个体量词重叠表遍指时，不管是施事还是受事，必须出现于谓语动词之前。例如：

（39）a. 我人人都通知到了。→ * 我通知到了人人。

　　b. 个个我都问过了。　→ * 我都问过了个个。

　　c. 家家我都调查了。　→ * 我都调查了家家。

　　d. 件件我都试过了。　→ * 我都试过了件件。

　　周遍性的事物都被认为是有定的，必得出现在动词前头。但是，如上文所指出的，有定性词语并不一定要放在谓语动词前边，受指示代词修饰的有定名词也可以自由出现于宾语位置。名量词重叠式的使用规律有两方面因素相互作用的结果：一是它的周遍性表达，二是它的句法特点。周遍性可以看作是由两个义项组成的："既定的范围"和"每一个成员"。"既定范围"就是这里有定性含义的来源。

　　名量词重叠表遍指必须居动词前的现象是由几个方面的因素促成的。重叠的只能是单音节的个体名量词，它们的基式自身固有一个"无定"或者中性的语义特征。根据动词和形容词的重叠式的语法意义，重叠的语法手段只能使基式定量化，而不能使其变成有定性。也就是说，名量词重叠以后只能表示"多个（每个）成员"，自身并不自然具有"有定性（既定范围）"的含义。那么要表示周遍性，这个有定性含义必须借助于其他手段来确立。然而词汇标记的手段是不可能的，因为名量词重叠式不能为任何修饰语限制，比如不能说"* 这人人""* 那家家""* 学校的人人"等。那么剩下来的只有语序赋义一种手段了。也就是说，名量词重叠是表遍指的，它的有定性意义只有通过谓语动词之前的基本特征有定性加以标识。

　　根据以上分析，名量词重叠式限于谓语之前的句法规律，是多种因素共同作用的结果，包括：（一）遍指表达的有定性含义；（二）名量词自身固有的无定性特征；（三）名量词重叠式不能为其他有定词语所修饰；（四）汉语的句法结构赋义规律的作用，动词之前的光杆名词表有定，之后表无定。

1.5.3.2　疑问代词的两个引申用法：遍指和虚指

　　疑问代词表疑问时可以自由出现于各种句法位置，然而它们的两个引申用法——遍指和虚指，都有严格的语序限制。表遍指的疑问代词只能出现在谓语动词之前，虚指的则只能出现在动词之后。这种语序上的限制都是结构赋义规律作用的结果。先来看疑问代词的引申用法。

一、遍指

（40）a. 谁她都敢批评。→ * 她都敢批评谁。

　　　b. 什么他都吃过。→ * 他都吃过什么。

　　　c. 她哪里都去过。→ * 她都去过哪里。

　　　d. 她什么书都看。→ * 她都看什么书。

表遍指的受事疑问代词，可以自由地出现于主语前后而意义基本相同。可是这种用法的疑问代词不能位于动词之后。

二、虚指

（41）a. 我现在想吃点什么。

　　　b. 此时想是做什么去了。

　　　c. 恐怕太太有什么话吩咐。

　　　d. 一定就是龄官要什么，他去变弄去了。

这些表虚指的疑问代词只能出现于动词之后，比如例（41）a 不能说成"* 什么我现在想吃点"。也就是说，疑问代词虚指这种用法多限于受事。

上述现象是疑问代词自身的语义特征和结构赋义规律相互作用的结果。疑问代词的意义可以分解为两个：询问和指代。首先看它们表遍指为什么只能在动词之前。根据对名量词重叠式的分析，"遍指"的表达具有"有定性"的特征，即指称一个既定的范围。那么疑问代词固有的意义并没有这个特征，所以需要通过其他手段来实现。跟名量词的重叠式一样，疑问代词不允许有任何修饰语，也就无法通过词汇标记使其有定化，因此它们表遍指的有定性特征不能通过词汇标记来实现。剩下的只有结构赋义一种选择了。动词之前的成分的无标记语义特征是"有定的"，所以表遍指的疑问代词必须出现在动词之前，用以获取其表遍指的语义要求。

同理，可以解释为什么表虚指的疑问代词只能用于宾语位置的现象。疑问代词的虚指用法具有无定的语义特征，因为它们不能受其他词语修饰，所以该语义特征必须通过句法结构赋义来实现。汉语句子的谓语动词之后的无标记语义特征是无定的，因此疑问代词的虚指用法就只能出现于谓语动词之后。

以上的分析显示，结构赋义规律只有当词汇标记不起作用的时候，才会上升为一条严格的句法规律。表示有定和无定语法范畴时，对于普通名词可以有两种选择：结构赋义和词汇标记。然而对于表遍指的名量词重叠式、疑问代词和表虚指的疑问代词来说，它们只有结构赋义一种选择。结果就形成了上述的严格句法结构规律。

1.5.3.3 复数标记"们"的用法

"们"可以用于人称代词或者表人的名词之后表复数。"人称代词＋们"短语可以自由用于动词前后，比如可以说"我们已经通知了他们"和"他们已经告诉了我们"等。可是光杆名词加上"们"后，则只能出现于动词之前做主语，而不能出现于动词之后做宾语。例如：

（42）a. 人们都通知到了。　　→＊我已经通知到了人们。

　　　b. 老师们都接到了邀请。→＊我们邀请了老师们。

　　　c. 同学们我都问过了。　→＊我都问过了同学们。

　　　d. 孩子们我都安顿好了。→＊我都安排好了孩子们。

可是名词加上修饰语以后，再与"们"搭配时，则可以出现于动词之后做宾语。我们对从《红楼梦》到当代汉语的语料做了大规模的调查，出现于宾语位置之上的"名＋们"短语，名词毫无例外都有其他修饰语。例如：

（43）a. 只告诉了大嫂子和管事的人们。（《红楼梦》第七十三回）

　　　b. 你就去说给外头人们。（《红楼梦》第七十七回）

　　　c. 左右看看自己的同僚们。（《一点正经没有》）

　　　d. 虎妞，一向不搭理院中的人们。（《骆驼祥子》）

"们"字名词短语不光是表示多数，还包含有定性的语义特征。这个语义特征把它与其他语言（如英文）的单纯复数标记区别开来，也使得它具有独特的语法特征。"们"字短语的有定性，首先可以从上边的两组例子看出来。这也可以用反证法来证明，它们都不能用自身含义是"无定"的数量词修饰，也不能加上"无定"语法标记"有"。例如：

（44）a.* 三个人们都知道这件事。

　　　b.* 有人们知道这件事。

　　　c.* 有老师们辅导学生。

　　跟表遍指名量词的重叠式和疑问代词不一样，"们"字短语的有定性语义特征可以通过多种手段来实现。分以下三类情况。

　　一、人称代词＋们：人称代词自身固有有定性特征，因此该类短语通过词义已经实现"们"字短语的语义要求，根据词汇标记优先的原则，所以可以自由地出现于动词前后。

　　二、光杆名词＋们：因为光杆名词自身在有定无定表达上是中性的，"们"字短语的有定性必须通过句法赋义来实现，因此它们只能出现于谓语动词之前。

　　三、修饰语＋名词＋们："们"字短语中的名词还可以受各种词语的修饰，其有定性的语义要求还可以通过其修饰语（词汇标记）来实现。一旦用词汇标记来实现有定性，"们"字短语就可以出现在宾语的位置上。

1.5.3.4　谓语动词之前的句法位置

　　本节谈了三类受事性成分必须用于谓语动词之前的现象，可是它们用于动词之前的句法位置并不完全一样。名量词重叠式也不能用作谓语动词之前的介词宾语，比如不能说"* 我把人人都通知到了""* 我把本本都看过了"。但是"光杆名词＋们"字短语和表遍指的疑问代词都可以做谓语动词之前的介词宾语。例如：

（45）a. 我把老师们都请来了。

　　　b. 我把孩子们都安顿下了。

（46）a. 他对什么东西都不感兴趣。

　　　b. 他把谁都不放到眼里。

　　　c. 他把哪儿都翻了一遍。

可见，谓语动词之前是结构赋予"有定性"意义的关键，被有定化的成分，可以做句首话题、主语、小主语，甚至介词宾语。至于哪些词语可以全部出现于这四个位置，哪些不能，是一个值得进一步探讨的问题。

1.5.4　结语

本章围绕着有定和无定概念的表达，探讨词汇标记和句法结构意义之间的相互关系，确立汉语最重要的一个结构赋义规律为：N$_{有定}$＋VP＋N$_{无定}$，即谓语动词之前的成分被自动赋予有定性特征，之后的为无定性特征。这种结构赋义对光杆名词具有强制性。

上述规律受词汇标记的作用。有定和无定的范畴又可以通过词汇标记来实现，而且是词汇标记优先于结构赋义规律。这样又形成了下述两条规律：

（一）谓语动词之前的名词因为它的结构意义是有定的，如果要表示无定时，必须借助于外在的词汇形式，常见的标记如"有"等。

（二）谓语动词之后的名词因为它的结构意义是无定的，如果要表示有定时，也必须借助于外在的词汇形式，常见的标记如"这""那"等。

根据上述规律可以解释汉语中的几个重要的句法现象。名量词重叠式和疑问代词表遍指时，含有一个有定性的语义特征，可是它们所要求的有定性不能被词汇标记，只有采用结构赋义，所以就形成了它们只能用于谓语动词之前的句法规律。"们"字短语的光杆名词因为自身的语义是中性的，其有定性的语义特征必须靠结构赋予，所以必须出现于谓语动词之前；然而"们"字短语的名词还可以被修饰，因此它的有定性还可以通过词汇标记来实现，此时则不一定需要结构赋义，结果具有有定性特征的词语可以自由出现于谓语动词前后。

本章的分析揭示语序在汉语语法中的重要性。这主要有两层意思：一是其他语言用词汇标记表达的语法意义，汉语则用语序来表达；二是语序意义与词汇标记相互作用、相互影响，形成丰富多彩的句法规律。这也给我们一个重要启示，应该把词汇标记和结构意义分离开来，在纯化的状态下研究语法。

1.6 构词法与句法之关系

1.6.1 引言

汉语 80% 左右的词都是双音节词,而双音节词的绝大部分又是复合词。复合词的类型较其他语言不仅数量多,且结构丰富。复合词的形成就是一个构词法的问题。汉语复合词的组成成分之间的结构关系基本上是和句法结构一致的。基于这个观察,朱德熙提出了"词组本位"的语法体系,以此来建构其整个语法系统。我们已经论证,这个观察只在一定范围内是正确的。汉语的句法结构分两大类:有标记结构和无标记结构。只有在无标记结构上汉语的词法和句法才是一致的。我们认为,跟其他语言相比,汉语语法的另一鲜明特点是,复合词的构造方式在相当大的程度上决定整个词的句法行为。本章尝试探讨构词法和句法之间的相互作用规律。

1.6.2 其他语言的复合词的构造

不同的语言的复合词的构造方式、在整个词汇中的比例都很不一样。为了更好地理解汉语的构词法特点,让我们先看一些其他语言的情况。

一、英语复合词的构造。英语复合词的构成相对来说比较自由,可以把几个词语的基式组合在一起而成为一个复合词,不需要任何标记,类型也比较丰富。但是,不同词类的复合词的结构类型不一样,结构的数目也不一样。例如:

(一)名词复合词的结构类型

N＋N：house-wife，家－妻子（家庭主妇）；pen-knife，笔－刀子（铅笔刀）。

A＋N：blackbird，黑－鸟（乌鸫）；bighead，大－脑袋（狂人）。

P＋N：overcoat，上－外套（大衣）；outhouse，外－房子（厕所）。

V＋N：swearword，宣誓－词（诅咒）；rattlesnake，发格格声－蛇（响尾蛇）。

（二）形容词复合词的结构类型

N＋A: trigger-happy,扳机－高兴（嗜杀）;world-weary,世界－反感（厌世）。

A＋A：dark-blue，暗－蓝（深蓝）；icy-cold，冰似的－冷（冰冷）。

P＋A: off-explicit，离－清晰（模糊）;over-explicit，上－清楚（琐细）。

（三）动词复合词的结构类型

P＋V：overlook，上－看（忽略）；offload，离－装载（卸载）。

可见，名词复合词的结构类型最丰富，其次是形容词，最有限制的是动词。汉语也存在着类似的现象。英语复合词的构造有一个规律,都是"右中心（right-headedness）"的，即复合词的右边词根决定整个复合词的词性，比如 black-bird "黑－鸟"的右边是名词，因此整个词语也是名词。也就是说英语复合词都是向心结构。汉语则没有这个规律，语素和整个词的词性之间没有严格的对应关系。

二、法语的复合词方式。法语的复合词系统跟英语的大致呈互补分配，主要有两种结构类型：一是直接取自句法短语，原封不动地保留原来句法中的功能词和屈折词根，比如 la mise-au-point（中心）,其中的动词 mise（放）带着现在分词的词尾，au 为介词"在"。二是由动词和它的宾语构成，比如 le porte-parole（发言人），其中的动词 porte（说）带着现在时、单数第三人称的词尾。这两种复合方式在英语中几乎见不到。然而英语丰富的 N＋N 复合词在法语中却很少有，只限于少数的同位名词短语。总之，法语复合词方式远没有英语的自由。

此外，复合词的内部构造是否影响其整体语法功能也是因语言而异的。比如英语的复合词的内部构造则不影响复合词的整体功能，比如 blackbird（乌鸫）则具有名词的一切特征，可加单复数等；overlook（忽略）则具有动词的所有语法特征，具有时、体、人称等屈折变化。汉语则不同，复合词的内部构造很多情况下决定整个词的语法功能,而且往往是有规律可循的。

不同语言的复合词的构造变化非常大，以上我们只是扼要地介绍几种语言的情况，目的就是确立汉语复合词的构造特点，特别是其与句法之间的相互制约关系。

1.6.3 汉语的构词法对句法的制约

1.6.3.1 汉语复合词的整体情况

跟其他语言相比，汉语复合词的数量和类别都是最丰富的。就拿复合词的组成相对自由的英语来比，汉语的则丰富得多。相应地，构词法在汉语中的地位也比在其他语言中的重要性要高。先看一下不同词类的复合词的构成差别。

一、名词

N＋N→N：花草　车马　灯火

X＋X→N：星星　妈妈　饽饽

N＋S→N：桌子　石头　酸性

N＋C→N：纸张　马匹　枪支

N＋V→N：地震　冬至　霜降

A＋N→N：美德　暗号　白菜

A＋A→N：烦恼　尊严　长短

V＋V→N：开关　教授　参谋

V＋N→N：主席　知己　飞机

二、动词

V＋V →V：调查　安慰　重叠

V＋N →V：开刀　帮忙　散步

V＋R →V：说明　扩大　看见

N＋V →V：地震　天亮　耳鸣

Adv＋V→V：重视　回忆　公审

三、形容词

A＋A→A：干净　轻松　平安

V＋N→A：失望　缺德　满意

N＋A→A：年轻　理亏　面熟

Adv＋A→A：冰凉　笔直　雪白

A＋V→A：好看　耐用　武断

A＋S→A：圆乎乎　甜丝丝　毛茸茸

四、副词

N＋N→Adv：根本

V＋N→Adv：到底　照旧

Num＋Num→Adv：千万

Adv＋Adv→Adv：正在

Adv＋A→Adv：至少

五、介词

V＋P→P：关于

六、连词

Conj＋Adv→Conj：而且

Adv＋Adv→Conj：不但

V＋V→Conj：因为

上边的分类并没有穷尽所有的类型，只罗列了各个词类的主要类型。跟其他语言相比，汉语的复合词构造有如下一些特点。

一、没有一个固定的中心。英语的复合词构造都是"右中心"的，右边那个词根决定整个复合词的词性，即它们都是向心结构。汉语则没有这个限制，比如以形容词为例，"雪白"的右边语素是形容词，"好看"的左边语素是形容词，而"干净"的左右两边都是形容词。

二、语素不决定整个词的词性。既然英语的复合词都是向心结构，那么复合词的右边语素必须和整个词的词性一致，比如 black-bird（黑－鸟）的右边语素是名词，整体词性也是名词；snow-white（雪－白）的右边语素是形容词，整体词性也是形容词；等等。汉语则没有这种语素和复合词整体词性的对应关系，构成语素的词性可以跟整体词性毫无关系。比如形容词"失望"的两个语素分别是动词与名词，名词"尊严"的两个语素都是形容词，名词"教授"的两个语素则都是动词。各个词类的情况又不一样，动词复合词则要求其中一个语素必须是动词性的，名词性和形容词性的复合词则没有这个要求。

三、复合词的语序与句法语序的一致性。汉藏语系语言中的缅语等的句子语序为 SOV，但是所有以名词和动词构成的复合词语序都是 VO。英语的句子语序为 SVO，但是以名词和动词构成的复合词性组合的语序则是 OV，比如 human-eating（animal）人 – 吃（动物）（食人动物）。这种现象告诉我们，汉语复合词的来源跟法语的相似，直接来自句法结构的一个部分。

四、复合词的方式在各个词类中的不平衡性。有些构造方式适用于各个词类，如偏正结构可用于几乎所有词类的复合词；有些可能只适用于某个特定的词类，比如动补结构式的复合词只有动词才有。

1.6.3.2 名词复合词的内部构造对其语法功能的影响

普通名词的语法特征主要包括受数量词修饰，做主语和做宾语等。但是一些复合词的内部构词会影响到其句法行为，使其失去名词的部分语法特征。下面是一些带有规律性的情况。

一、主宾语的使用受限制

（一）人们。"人们"是一个复合词，它具有与"光杆名词 + 们"短语相同的语法特征，主要表现为不能受数量词修饰，不能做宾语，只能做主语。例如：

（1）人们都知道这件事。

* 那几三人们都知道这件事情。

* 我已经通知到了人们。

（二）V ＋头儿。例如：甜头儿、看头儿、听头儿、吃头儿等。这类词表示做某种事情的价值。一般只能用作宾语，动词多为"有"，比如"这出戏很有看头儿"，但是一般不说"* 这出戏的看头儿使我兴奋"之类的话。

二、数量词修饰受到限制

（一）~性。例如：酸性、硬性、碱性、弹性、可能性、积极性等。这类词一般指示一种抽象的事物，不能用个体数量词称数，但是有些可以用类属数量词修饰，比如"有两种可能性"。

（二）V＋头儿。例如：甜头儿、看头儿、听头儿、吃头儿等。它们不能用数量词称数。

（三）名＋量。例如：书本、船只、马匹、枪支、车辆、灯盏、信件、布匹等。这类词一般表示事物的类属，不表示个体，因此不能用数量词称数，比如不能说"* 三本书本""* 三辆车辆"。

（四）名＋名。例如：笔墨、人马、岁月、江山等。这类复合词由代表两种不同事物的名词构成，指示某一种由两类不同事物构成的现象，比如"笔墨"义为"文字或者文章"。这类词不能受数量词修饰，比如不能说"* 我写了两篇笔墨""* 他们有一百个人马"。

三、名词直接做谓语

一些内部结构为"形＋名"的复合名词可以直接用于谓语，例如"你傻瓜""老王笨蛋"。这类词的数目很有限。一般的名词都不能这样用，比如不说"* 他学生"等，但是不少偏正名词短语则可以，比如"这张桌子三条腿""她蓝眼睛"等。

1.6.3.3　动词复合词的内部构造对其语法功能的影响

典型动词的语法特征主要包括：（1）可以带宾语；（2）可以带补语；（3）可以重叠；（4）可以为"不"和"没"否定；（5）可以加"了""着""过"。但是复合动词由于其内部构造的原因，失去动词的某些重要语法特征，或者拥有某一语法特征但与普通动词具有不同的表现形式。

一、V＋N。例如：当心、关心、担心、放心、起草、录音、照相、告密、生气、迷路、看病、听话、说话、说谎、说理、说亲、说情、说嘴、吹牛、走色、走神儿、走眼、走样 走嘴、走风、走火、走板、做事、做梦、做工、做活儿、作声、开刀、结婚、游泳、睡觉、帮忙、列席、动员、出版、告别、讨厌、满意、提议、破产、开幕、散步、用功、生气、叹气、吹牛、上学、请假、跑步、旷课、当家、鞠躬、诉苦、撤职、带头、理发、通信、通话、谈话、见面、办公、缺席、赌气、散步、用功、生气、叹气、上学、吃饭、搬家、撒谎、出门、放火、拐弯、开饭、算命、谈天、做梦等。这种动宾式复合动词十分丰富，它们具有一系列独特的句法行为，很值得我们注意。这类词的句法行为具有多样性，有些像及物动词，可以带宾语；有些需要介词"跟""给"引进与动作有关的事物；有些动作的受事以主语的形式出现；有些则以领格宾语的形式出现。下面讨论这类词的一些主要语法特点。

（一）及物性。少部分这类词可以像普通的及物动词一样，带上名词宾语，但是绝大部分则不行。汉语中纯粹是不及物的单纯动词很少，但是如果把这类词考虑进去，汉语不及物动词的数目将是十分可观的。例如：

（2）他起草了一个文件。　　妈妈很关心我的生活。

他列席了那个会议。　　他们出版了很多优秀图书。

他很满意自己的工作。　　他动员了很多学生。

（3）＊小王结婚了小张。　　＊大夫看病了他。

＊我通话了他。　　　　＊他撤职了老王。

＊他理发了我。　　　　＊他生气了我。

能带宾语的这类词有一个共同的特点，它们的两个语素义与整个复合词的意义没有直接的联系，从字面意义推不出整个词的意义，即其意义已经凝固成一个不可分割的整体。比如，"起＋草""关＋心"等都是意义不可分割的，无法从字面推知整个词的意义。

（二）用介词引进与动作有关的对象。如果动作的两个参与者是对等的地位，常常用介词"跟"引进有关的名词；如果一个参与者是动作的受益者，则一般用"给"引进；如果一个参与者是动作涉及的对象，则用"对"引进；等等。例如：

（4）小张跟小王结婚了。　　我跟老王说着话呢。

我跟汪老师见了一面。　　我跟爸爸通过话。

（5）我给他帮了一个忙。　　大夫给他看病。

我给他做活儿。　　　我给他理了发。

（6）他对我说过谎。　　　他对我吹过牛。

　　他对我叹气。　　　　他对我生气。

（三）领格宾语的形式。如果名词语素所指是其中一个参与者所有的抽象事物，有时则可以把参与者用作名词语素的定语。例如：

（7）我们帮了小王的忙。　　　他生老王的气呢。

　　他们开我的玩笑。　　　　他们告了我的密。

很多 V＋N 复合词动词都不可以这样用，比如不能说"＊我们录她的音""＊我照他的相""＊我理他的发"等。一般来说，名词语素指的是具体的事物，一般都没有这种领格格式。上述用例中的"忙"、"气"、"玩笑"和"密"都是抽象的事物。

（四）动词标记的位置。除了那些少数可以带宾语的以外，这类词只有那个动词语素才可以重叠，加上体标记，带补语。例如：

（8）我理了理发。　　　我散了散步。

　　我理了发了。　　　我散了步了。

　　我理过发。　　　　我散过步。

　　我正理着发呢。　　　我正散着步呢。

　　我理完了发。　　　我散完了步。

（五）话题化受限制。句子层面的述宾结构，受事名词都可以自由地移到句首被话题化，比如：我看了书→书我已经看了。被话题化的名词一般代表一个有定性的事物，确指某一个具体的对象。然而复合词中的名词语素已经和动词语素融合成一个词，失去了所指的功能，因此一般不再能被话题化。例如：

（9）＊发我已经理了。　　　＊醋她经常吃。

　　＊音我已经给她录了。　　＊忙我已经帮了她。

　　＊密他们已经告了。　　　＊玩笑他们已经开了。

二、V＋R 复合词。例如：看见、听见、睡着、点着、看破、看透、说穿、说服、说合、说破、走漏、说明、扩大、革新、改良、证明、扩大、降低、推翻、削弱、扭转、记得、证实、揭穿、改善、推广、撤回、介入、超出、促进、接近、纠正、认清、改正、打倒、提高、抓紧、看透、变成、煽动、缩小、放大、打动等。这是汉语独特的一种构词方式，其他语言很少有类似的构词方式。而且内部结构为述补的复合词还有一个限制，只能是动词。这类复合词具有以下语法特点。

（一）重叠受到限制。一个动词可以重叠，但是加上补语以后就不可以了，比如"吃饱饭→＊吃饱吃饱饭"。动补式复合词一般也不能重叠，比如不能说"＊让我也看见看见""＊我想睡着睡着""＊你把灯点着点着"。但是有一些结合很紧密的词，已经凝固成一个单一动作动词，则不排斥重叠，比如"说明说明这个问题""推广推广我们的经验"。

（二）体标记的使用受到限制。这类词大都可以加"了""过"，但是一般不能跟持续体"着"搭配。比如，可以说"看见了那个人""看见过那个人"，但是不说"＊看见着那个人"。这一特点也是来自普通的动补短语，动补短语都不能再加持续体标记"着"，比如不能说"＊吃饱着饭"。少数结合紧密的这类词则不受此限，比如可以说"他们正在扩大着他们的影响"。

（三）否定受到限制。普通动词既可以被"不"否定，又可以被"没"否定。但是这类动词一般只能被"没"否定，不能被"不"否定。例如：

（10）我没有看见那个人。　　＊我不看见那个人。

我没有听见他的话。　　　＊我不听见他的话。

我昨晚半夜还没睡着。　　＊我昨晚半夜还不睡着。

但是在表示假设等的虚拟句中，这类词也可以被"不"否定，比如"我不看见那个人就不走""不走漏消息就不会惹这个麻烦"等。

（四）带补语受到限制。这类词很多不能再带补语，比如不能说"＊看见完了""＊睡着够了"等。这一点也是来自动补短语的句法特点。汉语的动词只能带一个补语，比如不能说"＊吃饱完了饭"。这一语法特点也是来自普通的动补短语，动补短语在陈述句里只能被"没"否定，不能被"不"否定。

三、挨／受／遭＋V。这类复合动词不能用于被动式和处置式的复合动词。例如：挨打、挨骂、挨饿、挨揍、受训、受气、受潮、受挫、受罚、受害、受奖、受惊、受窘、受骗、受审、受辱、受阻、遭劫等。这类复合动词的第一个语素都是表示"遭受"义，自身相当于被动式的语法意义。这类词既不能再用"被"引进动作的施事名词，也不能用"把"引进受事名词。例如：

被动式	处置式
*他被爸爸挨打了。	*爸爸把他挨打了。
*他被老师挨骂了。	*老师把他挨骂了。
*他被坏人受骗了。	*坏人把他受骗了。
*他被警察受罚了。	*警察把他受罚了。

四、自／相＋V。例如：自动、自杀、自发、自爱、自拔、自产、自大、自得、自供、自给、自救、自决、自理、自燃、相爱、相比、相处、相乘、相传、相伤、相连、相配、相通、相应等。这类词的第一个语素所指都是第二个动词语素的隐性宾语，因此这类动词不能再带上任何其他名词宾语。"相＋V"类动词还要求主语所指必须是两个或者两个以上的人。这种现象也许可以看作汉语的主语和谓语动词的"数"的一致性，但是范围很有限。

1.6.3.4 形容词复合词的内部构造对其语法功能的影响

汉语的典型形容词的语法特点包括：（1）可以受程度词"很"修饰；（2）可以被"不"否定；（3）可以重叠；（4）可以用于比较句。但是，不同类型的复合形容词在这些语法特点上差别很大。下面按照复合形容词的结构类型来分别加以讨论。

（a）并列式复合形容词。例如：干净、漂亮、轻松、平安、安静、安稳、白净、诚恳、粗糙、大方、恩爱、方正、干脆、孤单、恭敬、模糊、零星等。

（b）偏正式复合形容词。例如：雪白、墨黑、笔直、梆硬、碧绿、冰冷、滚热、金黄、精瘦、死硬、通红、稀烂、腥臭、鲜红、阴冷等。

（c）主谓式复合形容词。例如：年轻、性急、胆小、肉麻、手松、面熟、理亏、眼花、内秀等。

（d）动宾式复合形容词。例如：失望、缺德、吃力、到家、得意、知己、耐烦、怄气、入味、守旧、有限等。

（e）后缀形容词。例如：热乎乎、软和和、暖融融、胖墩墩、平展展、气鼓鼓、美滋滋、慢悠悠、亮晶晶、金灿灿、蓝莹莹、红彤彤、干巴巴等。

一、重叠的限制。双音节形容词具有 AABB 的重叠式，但是只限于并列式复合形容词一种，比如"干干净净""漂漂亮亮""大大方方"等。其他类型的形容词都不能采用这种重叠形式。

同时，只有偏正式的形容词才可以采用 ABAB 重叠式，比如"雪白雪白""笔直笔直""梆硬梆硬"等。其他类型的形容词都不能采用这种重叠形式。

二、否定的限制。上述的偏正式和后缀形容词都不能加"不"否定，比如不能说"*不雪白""*不笔直""*不暖融融""*不干巴巴"等。

三、受程度词修饰的限制。上述的偏正式和后缀形容词都不能受程度词"很"等修饰，比如不能说"*很雪白""*很笔直""*很暖融融""*很干巴巴"等。

四、用于比较句的限制。上述的偏正式和后缀形容词都不能用于比较结构，例如：

（11）*这条马路比那条马路笔直。

*这件衬衫比那件衬衫雪白。

*这间屋子比那间屋子暖融融。

*这篇文章比那篇文章干巴巴。

1.6.3.5　其他词类的复合词

汉语的副词、介词和连词也有部分是复合词，但是它们的内部构造与其句法表现之间没有什么相互制约关系。这跟这些词类的语法功能比较单纯有关。副词是专门修饰动词的，介词是专门引进名词的，连词是专门连接单句的，即这些词类的功能专一，它们也就不可能因为内部的构造而影响其句法行为的差异。

1.6.4　句法结构的词汇化

根据对句法的历史演变和当代语言中形态来源的考察，可以看出形态往往是句法发展的结果。在普通语言学中，复合词的构造规律属于形态学的研究对象，所以可以这样说"今日的复合词就是昨日的句法结构"。现代汉语的很多复合动词在历史上都是普通的句法结构，由于两个成分的共现频率高，最后融合成一个复合词。例如：

作者：作者之谓圣，述者之谓明。(《礼记·乐记》)

学者：学者有四失，教者必知之。(《礼记·学记》)

相信：赵氏上下不相亲也，贵贱不相信也。(《韩非子·初见秦》)

非常：盖世必有非常之人，然后有非常之事。(《史记·司马相如列传》)

可观：物大然后可观。(《易经·序卦》)

相当大一部分复合词都是通过这种历史途径产生的，这是造成汉语的复合词结构跟句法结构一致的历史动因。当复合词的构造格式稳定下来以后，人们就可以仿照这种格式创造新的复合词，并不需要每一个复合词都必须经过句法组合这一历史过程。当今出现的绝大部分跟科技发展和新生事物有关的词都是根据构词法造出来的，比如"电脑、激光、高速、网络"等，它们都不是来自句法结构的词汇化。

注意，并不是每一种语言的复合词都是来自句法结构的词汇化。比如藏缅语族中的很多语言的句子语序为 SOV，即宾语总是出现于动词之前，然而它们的动宾复合词则只有 VO 的顺序，这类复合词显然不是来自句法结构的词汇化。我们认为，这类语言的构词法和句法是各自独立的，它们受不同规则的支配。

1.6.5　结语

　　以上的分析说明汉语复合词的主要特点为类型多、数量大，它们的内部构造会影响到整个复合词的句法行为，而且往往是有规律可循的。从历史上看，汉语的复合词多来自句法结构的词汇化，结果就造成了汉语的构词法和句法上的一致性。世界上有很多语言的构词法和句法是相互独立的，词的内部构造一般不会影响到其句法行为。与此相比，汉语的构词法和句法之间则存在着十分密切的相互作用关系。此外，英语的复合词都是向心结构的，右边语素的词性决定整个复合词的词性。然而，汉语的复合词则没有一个固定中心，即大多数是离心的，构词语素的词性与整个复合词的词性之间没有必然的联系。这些都是汉语语法的鲜明个性。

　　构词和句法的关系还值得进一步探讨。本章只是这方面的一个初步工作，还有更多复合词的内部构造与句法之间的对应规律等待着我们去揭示。同时，还有一些重要现象我们没有解释，比如不同词类的结构类型是不对称的，名词的最丰富，形容词的次之，动词的最少。这一点跟英语的情况一致。而且，动词复合词要求其中至少有一个语素是动词性的，名词和形容词的复合词则没有这个要求。此外，述补结构的复合词只能是动词性的。对这些问题的解释无疑会加深我们对汉语语法系统的理解。

1.7　数量与性状的语法对立

从哲学的角度来看，现实世界是由"质"和"量"这两种现象组成的。"质"反映在语言中就是各种各样的不同概念或词汇，"量"反映在语言中则常表现为语法形式或标记。就是说，一种语言在表达"数量（quantity）"时，往往采用区别于"性状（quality）"的语法形式。本章所谈的"数量"是广义的，指一切与"量"有关的特征，既包括数目多少的离散量，又包括程度高低的连续量。

"数范畴"是人类语言的一种普遍现象。数量在语法形式上的典型表现就是单复数标记，世界上很多语言都有这种语法标记，比如英语的单数为零标记（one book），复数则要在名词后边加词缀 -s（three books）。英语的动词也有类似的现象，其现在时的单数第三人称加 -s（He works in library），而复数则是零标记（They work in library）。同时，英语的形容词具有比较程度的形态标记，对于单音节或者少数双音节形容词，比较级后加 -er（richer），最高级后加 -est（richest）。这些都是数量语义特征在语法上的表现。

汉语中也存在着类似的现象，比如汉语的代词系统具有完整的单复数对立，诸如"我—我们""你—你们""他—他们"等，还有一些指人的名词也可以加"们"（老师们）。此外，汉语的突出语法特点之一就是具有量词系统，数词和名词中心语必须由量词连接。本章则讨论几种表面上看起来差别很大的语法现象，尝试说明数量与性状的对立常常导致语法形式上的差异，从而揭示汉语语法的规律性到底表现在哪儿。

1.7.2　结构助词"的"产生的历史背景及其与量词的分工

从汉语演化史上看，数量概念最容易诱发新语法形式的产生，量词的产生就是其中一个例证。名量词是表示事物的数量，动量词则是表示动作行为的数量，可是先秦汉语是没有这两类语法范畴的，那时都是数词直接修饰名词或者动词。例如：

（1）三人行必有吾师焉。（《论语·述而》）

（2）吾日三省吾身。（《论语·学而》）

在现代汉语中，"三人"得说成"三个人"，"三省"现在则是"三次反省"。量词系统的建立是一个长期过程，萌芽于汉魏，稳定发展于唐代，最后建立于宋元。量词的产生改变了数量名词短语的结构层次，这一变化就产生一种强大的类推力量，要求非数词之外的其他修饰语与名词中心语之间也必须有一个语法标记连接。也就是在这一大背景之下，本来用作指代词和疑问代词的"底"（后改写为"的"）在唐代后期开始语法化为结构助词。这样汉语就出现了如下的语法形式的平行发展现象：

数量修饰语＋NP→数量修饰语＋量＋NP

形状修饰语＋NP→性状修饰语＋的＋NP

跟数词与名词之间必须由量词联系的现象平行，以下四种修饰语与名词中心语之间的零标记现象也成为不合法的了，必须加上结构助词"的"。在现代汉语里，下例中的"床头捉刀人"必须说成"床头握着刀的人"，"李府君亲"必须说成"李府君的亲戚"，"夫子家禽"必须说成"夫子家的飞禽"，"超悟人"必须说成"非常聪明的人"。请看唐朝以前的有关例子：

（3）魏王雅望非常，然床头捉刀人，此乃英雄也。（《世说新语·容止》）

（4）我是李府君亲。（《世说新语·言语》）

（5）未闻孔雀是夫子家禽。（《世说新语·言语》）

（6）王敬仁是超悟人。（《世说新语·赏誉》）

结构助词与量词之间的关系在方言中表现得更加清楚。这又细分两种情况，一是该方言中使用频率最高的量词变成了结构助词，这种现象多见于南方方言；另一种是没有固定的结构助词，干脆就用与中心语名词相配的一般量词来表示，最典型的就是广东开平方言。

一、湖北大冶金湖话"个"用作结构助词

（7）a. 做庄稼个蛮坐累。（普通话：种庄稼的挺辛苦。）

　　　b. 我看见个卖条个。（普通话：我看见个卖麻花的。）

　　　c. 底个东西便宜里。（普通话：这里的东西便宜。）

　　　d. 裤头子彻新个。（普通话：短裤崭新的。）

二、广东开平方言普通量词用作结构助词

（8）a. 我件帽（普通话：我的帽子）

　　　b. 我只手（普通话：我的手）

　　　c. 我个细佬卷书（普通话：我的弟弟的书）

　　　d. 这个车佬件皮衫（普通话：这个开车的皮衣）

量词和结构助词在语法功能上是平行相等的，既连接修饰语与中心语，又都可以去掉中心语而代替整个名词短语的意义，比如"我买了两本书"可以说成"我买了两本"，"我开红色的车"也可以说成"我开红色的"。虽然先秦汉语也有一个类似结构助词用法的"之"，但是不能省略中心语而其修饰语独立使用，比如"管仲之器（《论语·八佾》）"就不允许省掉中心语而说成"管仲之"。由此可见，语法标记产生的时代背景会影响其用法。

1.7.3　数量补语与程度补语的形式对立

很多学者把"这顿饭吃了我八百块钱"这类句子看作双宾结构。现在首先来证明，这类用例实际上也是一种动补结构带宾语的用法。其中的动补结构为"吃了八百块钱"，抽象格式为"V＋R$_{数量成分}$"，"我"为整个动补结构所带的宾语。然后才能看出数量补语与程度补语在语法形式上对立。

首先需要解释的一个问题是，为何这里的宾语出现在动词和补语之间，而一般动补短语所带的宾语则是出现在整个短语之后（如"做好功课"）？

动补结构作为一个整体可以赋予一个受事论元，尽管其中的动词和补语都不能单独带宾语。然而，如果补语为多音节的复杂成分，宾语则只能出现于动词和补语之间。同类的现象还有"得"字结构，如"打得他们落花流水"，宾语"他们"也是出现在中间。特别值得注意的是，"得"字动补结构与"V＋R$_{数量成分}$"之间存在着功能上的互补，可以概括如下：

一、V＋（了）＋O＋R$_{数量补语}$。如果补语是复杂的多音节短语，而且是表示数量语义特征的，那么就只能用这一格式，不能用"得"字结构。例如：

（9）这封信写了我一个晚上。   *这封信写得我一个晚上。

     这顿饭吃了我半个月工资。 *这顿饭吃得我半个月工资。

     这台电脑修了我一个星期。 *这台电脑修得我一个星期。

     这道题做了我三个小时。   *这道题做得我三个小时。

二、V＋得＋O＋R$_{状态成分}$。如果补语是复杂的多音节结构，而且是表示状态语义特征的，就只能用"得"字结构来表达。例如：

（10）这碗汤喝得我满头大汗。 *这碗汤喝了我满头大汗。

     他逗得大家哈哈大笑。   *他逗了大家哈哈大笑。

     那件事忙得他不亦乐乎。 *那件事忙了他不亦乐乎。

     装修累得他筋疲力尽。   *装修累了他筋疲力尽。

上述两种结构中的数量成分和状态成分都是动作所带来的结果，它们在功能和使用上是互补的，这说明它们同属于同一功能范畴的结构。注意，其间的受事宾语都是整个动补结构所赋予的，去掉补语都不成立，但是都可以省略中间的宾语。两种格式有如下的平行关系：

（11）这顿饭吃了我半个月工资。

     *这顿饭吃了我。这顿饭吃了半个月工资。

     这碗汤喝得我满头大汗。

     *这碗汤喝得我。这碗汤喝得满头大汗。

需要解释一点是，在上述结构中，为何补语是必须有的，而宾语则不是？这是因为只有补语和动词都出现时才构成一个动补构式，整个构式赋予一个受事论元。然而，跟一般的及物动词一样，虽然它们能够带宾语，然而宾语的出现并不是必须的，同理，及物性的动补构式也可以不出现宾语，如"这顿饭吃了半个月工资"等。

我们认为"这顿饭吃了我半个月工资"属于动补结构之一种，还有另一个重要的佐证，即它与动词拷贝结构之间也存在着密切的对应关系。动词拷贝结构是由于动补结构的发展而产生的，宾语为不定指时，一般用动词拷贝结构表达，比如"她做饭做累了"中的"饭"就是不定指的。其中的第二个动词之后必须有一个补语，比如不能说"*她做饭做了"。在前面所举的例子中，如果受事主语是不定指时，最自然的变换式就是动词拷贝结构。例如：

（12）这封信写了我一个晚上。　　→我写信写了一个晚上。

　　　这顿饭吃了我半个月工资。　→我吃饭吃了半个月工资。

　　　这台电脑修了我一个星期。　→我修电脑修了一个星期。

既然动词拷贝结构使用的一个必要条件是，第二个谓语成分必须是一个动补结构，那么就可以证明，上述例子的第二个谓语成分诸如"写了一个晚上""吃了半个月工资""修了一个星期"等都是动补结构，而不是动宾结构。

在上述结构中，数量补语结构表示的是动词引起客体在某方面的数量变化，包括失去一定量的钱财物质（如"这顿饭吃了我八百块钱"），遭遇了某种结果（如"这个瓶子抓了我一手油"），获得某种事物（如"那把椅子坐了我一屁股水"）。至此我们可以看出，现代汉语在表达结果补语上，存在着这样的形式对立：

V＋得＋O＋性状补语

V＋了＋O＋数量补语

1.7.4　程度化形容词作定语必须加"的"

单纯表示性状的形容词做定语时，一般不加"的"，比如"好书""大

树""红车"等，当然有时也可以加"的"，比如"好的书""大的树""红
的车"。然而当形容词一旦被"程度化"，定语和中心名词之间就必须加"的"。
形容词程度化的手段有以下四种：

一、程度词＋A＋的＋N。例如：

（13）最好的朋友　　　*最好朋友

　　　非常精彩的演讲　*非常精彩演讲

　　　很漂亮的衣服　　*很漂亮衣服

二、形容词重叠式＋的＋N。例如：

（14）大大的眼睛　　　*大大眼睛

　　　大大方方的姑娘　*大大方方姑娘

　　　轻轻松松的工作　*轻轻松松工作

三、形容词＋后缀＋的＋N。例如：

（15）黑乎乎的房间　　*黑乎乎房间

　　　红彤彤的太阳　　*红彤彤太阳

　　　蓝盈盈的湖水　　*蓝盈盈湖水

四、程度义的复合形容词＋的＋N。例如：

（16）笔直的马路　　　*笔直马路

　　　乌黑的头发　　　*乌黑头发

　　　雪白的衬衣　　　*雪白衬衣

　　上述四种定语位置上的形容词，表面形式看起来差别很大，然而它们
都有一个共同的语义特征——表达性质的程度，即被数量化的形容词短语。
从这个角度来看，形容词做定语时"的"的使用则具有高度的规律性。

　　形容词用在谓语位置上，也存在数量与性状的语法形式对立。当单纯
表示形状时一般不加"的"，而表达程度时则往往需要"的"，否则就不完
整或者说不合语法。例如：

（17）她的眼睛大（我的眼睛小）。她的眼睛大大的。*她的眼睛大大。

　　　那栋楼高（这栋楼矮）。　　那栋楼高高的。　*那栋楼高高。

她的脸白（我的脸黑）。　　她的脸白白的。　＊她的脸白白。

这个房间空（那个房间满）。那个房间空空的。＊那个房间空空。

1.7.5　"多"和"少"的特殊用法

"多"和"少"都是形容词，然而它们的语法特征则与其他形容词有明显的差异。如果单独看这两个词，会觉得它们就是些个别词汇的习惯用法而已，没有什么规律可循。然而从数量与性状的语法形式对立的角度看，马上可以看出它们的用法很有规律。这两个形容词都是直接表示数量的，因而在语法上有别于表示性状的形容词。下面是关于"多"和"少"的用法特征。

一、不能直接做定语。除了少数固定用法外，如"多民族国家""多弹头导弹"等，它们不能直接多定语，比如不能说"＊多人""＊少书"等。做定语时，必须加程度词或者否定标记，比如"很多人""好多缺点""很少人""不少书""不少问题"等。我们前面提到，一般形容词加上程度词后作定语必须加"的"，而"很多"和"不少"则不需要，因为它们自身的数量语义特征，所以才具有区别性状形容词的用法。

二、"很多"和"不少"跟"数＋量"短语的用法一致，既可以直接修饰名词，又可以省略名词中心语而指代有关事物，即"多"和"少"相当于量词的语法功能，可以指代事物，然而性状形容词则缺乏这一语法特点。例如：

（18）我买了两本书。　　我买了两本。

　　　我买了很多书。　　我买了很多。

　　　我买了不少书。　　我买了不少。

1.7.6　结语

本章的分析说明，一种语言的语法形式的设立不是随意的，而是有规律可循的。"数量"与"形状"这对语义范畴常常会导致语法形式的对立。从这个角度观察语言，那些看似约定俗成的不规则现象马上就显示出规律来了。本章所讨论的四类现象分别是：（一）量词与结构助词的关系；（二）性状补语与数量补语的标记差异；（三）程度化形容词作定语必须加"的"；（四）表数量的"多"和"少"区别于其他形容词的用法。这些现象表面上看起来差别很大，实际上反映了用一语法设计原理，由此也可以看出语法规律的和谐性。

数量与性状所造成语法形式的对立背后的理据是一个非常值得探讨的问题，有助于揭示语法的设计原理。

1.8 语法结构与语法功能

1.8.1 引言

疑问代词是一个在语法功能上十分活跃的类。它们除了表示疑问外，还衍生出了各种各样的语法功能，如感叹、遍指、不定指等，与其他语法范畴间存在密切联系。无论从跨语言角度看，还是从同一语言不同时期的系统来看，疑问代词所衍生出的其他语法功能，既有显著的共性，又有鲜明的个性。

表面上看来，这些共性和个性的情况相当复杂。就共性来说，不同的语言或者同一语言的不同时期的表现也不尽相同。以感叹为例，世界上许多语言的疑问代词都发展出了感叹标记，这也是古今汉语的共同特征。比如英语的感叹句的两个典型标记为 how 和 what，前者主要引入形容词或者副词的感叹（How beautiful she is！），后者则用于名词的感叹（What a good day！），而且这些来自疑问代词的感叹标记必须置于句首。现代汉语的感叹标记最常见的是"多（么）"，来自询问程度的疑问代词"多"，它既可以引入形容词或者副词感叹，又可以构成名词短语感叹，而且还可以出现在各种句法位置上。例如：

（1）a. 她长得多么漂亮啊！　　———感叹补语的形容词

　　　b. 他是个多好的孩子呀！　———感叹宾语的定语

无独有偶，上古汉语的"何"也发展出了感叹用法，但它在句中可出现的位置与现代汉语的"多"不同，只能出现在谓语动词前，这又细分为两种情况：一是出现在主语和谓语之间，二是用于整个句子的开头。例如：

（2）子何击磬之悲也？（《吕氏春秋·精通》）

（3）汉皆已得楚乎？是何楚人多也！（《汉书·项籍传》）

（4）夫人何哭之哀！（《韩诗外传》卷九）

比如例（4），"何"整个用于谓语"哭之哀"之前，而它真正修饰的是补语"哀"的程度。现代汉语的相应表达式则是感叹标记直接放在被感叹的成分之前，如："夫人哭得多么伤心呀！"

有一个问题值得注意。既然这些感叹标记都来自疑问代词，为什么它们的句法行为各不相同？英语是必须置于句首，古代汉语是必须置于谓语之前，现代汉语则可出现在各种句法位置上。可以说，造成这种差别的原因是，由疑问代词向感叹标记的演化离不开具体的语法结构，而它们在三种语言系统中所出现的句法位置不同，结果就造成了它们感叹用法的差别。

如果用 wh-word 代表疑问代词，那么，英语、古代汉语和现代汉语的疑问代词句法位置的差别可用以下形式表示：

英　　语：wh-word ＋ S ＋ VP

古代汉语：S ＋ wh-word ＋ VP

现代汉语：wh-word（X）（位置由所替代的成分 X 的句法位置决定）

另一类共性是，虽然不同语言的疑问代词都发展了同类的用法，但它们的表现形式有所差别。比如汉语和英语的疑问代词都有遍指和不定指的用法，然而它们采用的方式不同：汉语是用句法的手段，表遍指必须出现在谓语动词之前（"谁他都认识"），不定指则必须出现在谓语动词之后（"她好像认识谁"）；英语是用构词的手段，表遍指是在疑问代词后加 -ever 构成复合词，如 whoever、whenever、whatever 等，表不定指则是在其前加 some- 构成复合词，如 somehow、somewhat 等。

除了上面所讲的共性中隐含个性的现象外，还有一个现象就是，有些用法只见于个别或者部分语言中，比如英语的疑问代词可以做定语从句标记，如例（5），汉语则没有这种用法；然而汉语的疑问代词可以重复来指代专有名词或者特定的对象，英语则没有这种用法，如例（6）。

（5）The book which you ordered last month has arrived .

（6）他老是说谁谁谁这也不行，谁谁谁那也不好，从来就没说过自己的不是。

本章主要以汉语和英语的有关用法为例，从不同语言语法系统的差异来具体探讨形成上述跨语言的共性和个性的原因。

1.8.2　焦点形式与疑问代词的位置

任何语言的语法都是一个有机的整体，内部的各种结构相互依赖、和谐统一，相同性质的语法结构往往采用一致的形式。人类语言的一个普遍现象是，疑问代词的句法行为往往与该语言的焦点表达方式一致，这是因为在包含疑问代词的句子中，疑问代词自身就是句子的天然焦点。

英语的疑问代词必须置于句首这种特点，是由它的焦点表达方式决定的。英语焦点的典型表达方式是分裂句（cleft sentence），把所要焦点化的成分移到句首，然后在其前加上判断词 to be 。判断词用作焦点标记，是人类语言的一条普遍规律。可是英语有个语法规则，每个限定动词都必须有主语，所以就在 to be 之前加上一个假主语 it。比如 John bought a car yesterday 这句话，可以分别焦点化成如下各个成分（画线部分）：

（7）a. It was John who bought a car yesterday.

b. It was a car that John bought yesterday.

c. It was yesterday that John bought a car .

在现代汉语中，要焦点化哪个成分，就在其前直接加上"是"。宾语的焦点化比较特殊一点，先把其前的动词部分转化为"的"字结构，然后再在其前加"是"。比如"我昨天在图书馆碰见了王教授"这句话的各个成分可以分别被焦点化如下：

（8）a. 是我昨天在图书馆碰见了王教授。

b. 我是昨天在图书馆碰见了王教授。

c. 我昨天是在图书馆碰见了王教授。

d. 我昨天在图书馆碰见的是王教授。

上古汉语的疑问代词做宾语时，必须移到谓语动词之前，如例（9）（10）。那时候的焦点表达的主要方式之一也是如此，把焦点化的宾语移到动词之前，其前通常加上"唯"等标记，其后则用代词"之"或者"是"回指，如例（11）（12）。

（9）吾谁欺？ 欺天乎？（《论语·子罕》）

（10）客何好？（《战国策·齐策》）

（11）无非无仪，唯酒食是议。（《诗经·斯干》）

（12）当臣之临河持竿，心无杂虑，唯鱼之念。（《列子·汤问》）

1.8.3 汉语和英语共有的用法

1.8.3.1 疑问代词的感叹用法

前文提到，人类语言的一个共性是，疑问代词发展成感叹标记。英语的感叹标记最典型的是 how 和 what ，它们有明确的分工：（一）how 只用于形容词或者副词的程度感叹，这与它做疑问代词的用法相一致，它本来主要用作询问性状的程度；（二）what 只用于名词性成分的感叹，因为它做疑问代词时主要是询问事物的属性。例如：

（13）a. How well Philip plays the piano！

b. How nice she is！

c. What a fine watch he received for his birthday！

虽然汉语也有一个询问性质状态的"多（么）"和询问事物的"什么"，然而只有"多"发展成了感叹标记，它承担了英语 how 和 what 的双重感叹功能。上述例（13）中英语的两种用法，汉语都是用"多"表达的。例如：

（14）a. 他的钢琴弹得多好呀！

b. 她多友善哪！

c. 多么精致的一块表呀！ 这是他生日收到的礼物。

感叹标记"多"引入形容词或者副词的原因很简单，因为它本来就是询问这两个词类的性状，也就是说，它的疑问与非疑问用法所使用的句法环境是一致的。需要解释的是"多"为何可用于名词短语的感叹，因为它本不能修饰名词性短语。这是由英、汉名词短语语法结构的不同造成的。汉语有一个重要的语法标记"的"，除少数单纯表示性质的形容词外，形容词做定语一般都需要"的"连接，特别是表达程度的时候，这个"的"是必须的。这包括"程度副词＋形"短语做定语（比如：很好的朋友）、形容词重叠（如"大大的眼睛"）、"形＋后缀"短语做定语（如"热乎乎的馒头"）、自身含有程度义的复合形容词做定语（如"雪白的衬衫"）等。然而英语的偏正性名词短语则没有相应的语法标记。结果，有没有这个定语标记本质上决定了英汉两种语言名词性偏正短语的结构差别，两种语言含感叹标记的结构层次分别为：

汉语：[感叹标记＋A]＋的＋NP

英语：感叹标记＋[A＋NP]

也就是说，在汉语中，感叹标记（包括疑问代词）首先与其后的形容词构成一个直接成分，然后一起做定语修饰名词中心语。比如在"多么漂亮的景色啊"中，"多么"和"漂亮"在一个层次上，它们首先构成一个直接成分，然后一起来修饰"景色"。这就是为什么汉语中原来询问形容词性状的"多"也可用于名词短语感叹的原因。

然而，英语的情况则不同，首先形容词与名词在一个层次上构成一个名词性偏正短语，感叹标记直接修饰的是这个名词短语。这样就限制了有关的疑问代词或者来自疑问代词的感叹标记只能是询问名词的 what 。概括起来，英汉两种语言名词短语的语法层次的差别决定了它们感叹标记用法的差异。

有一种现象很值得注意。"什么"在宋代以后也发展出了感叹用法，类似于英语的感叹标记 what。例如：

（15）佛之与祖，是什么破草鞋！（《景德传灯录》卷二十二）

（16）此心莫退，终须有胜时。胜时甚气象！（《朱子语类》卷第十三）

（17）你只想他那个脾气性格儿，竟能低下头，静着心写这许多字，
这是什么样的至诚！（《儿女英雄传》第三十八回）

　　然而这种现象后来逐渐消失了，现代汉语已经不存在了。其出现与消失可以从汉语语法结构的演化历史中得到合理的解释。定语标记"的"出现之前，汉语的偏正性名词结构与英语的基本一样，绝大部分是零标记。结构助词"的（底）"最早见于唐朝后期文献，宋以后逐渐发展，元明以后才逐渐形成现代汉语"的"的使用规律。也就是说，在"的"出现之前和其后的相当长一段时间内，汉语名词性偏正结构的层次跟英语一样，即形容词与其后的名词中心语先形成一个直接成分，这样整个短语就允许修饰名词的"什么（甚）"来感叹，如上例的"什么破草鞋"和"甚气象"。这与英语感叹标记 what 的用法一致。后来随着"的"的用法越来越严格，就从根本上改变了汉语名词性偏正结构的层次关系，最后"什么"的感叹用法遭到淘汰。这种历史现象进一步说明了语法结构对疑问代词衍生用法的制约关系。

1.8.3.2　疑问代词的遍指用法

　　疑问代词的概念结构由两个基本因素构成：一是询问域，即疑问是针对特定范围而言的；二是询问该范围内的所有成员。这样，如果疑问代词去掉"询问"这个语义特征，就变成了遍指，即指代特定范围内的所有成员或者状况。这使得很多语言的疑问代词都发展出了遍指的用法。

　　既然疑问代词的遍指用法指代某个特定范围内的所有成员，于是它们就具备有定的特征。为了与疑问代词原来的疑问用法相区别，一种语言必须采用某种手段来凸现这个有定特征。汉语和英语的语法系统不一样，因此所采用的表达有定性的手段也不一样。

　　汉语存在一个结构赋义规律，其中一个子规则为：对于没有任何修饰语的光杆名词，如果置于谓语动词之前，将被自动赋予一个有定性的语义特征。这包括以下三种情况：

　　（一）光杆名词做主语：客人已经来了。

　　（二）光杆名词在主语前后做话题：书我已经还了。我书已经还了。

　　（三）"把"所引出的光杆名词：他把房子打扫干净了。

因为汉语有了上述的结构赋义规律，疑问代词又不允许任何词语修饰，所以疑问代词表遍指时，必须出现在谓语动词之前，即使是动词的受事也是如此，目的就是为了获得这个有定性的特征。然而它们却可自由出现在主语前后，比如"他谁都认识"，又可以说"谁他都认识"。现代汉语所有的疑问代词都发展出了遍指用法。例如：

（18）a. 谁也不知道他哪儿去了。

　　　b. 他什么都知道。

　　　c. 干工作哪里都一样。

　　　d. 多复杂的算术题他都能做出来。

然而，英语中并不存在汉语的结构赋义规律。英语的疑问代词要转换为遍指用法，就必须借助于词汇标记，即在疑问代词之后加 -ever，变成一个复合词。这类词主要有 whoever、whenever、however、whatever 等。它们的句法行为也受其原来疑问用法的影响，一般只出现于从句的句首位置。例如：

（19）a. Whatever I suggest，he always disagrees.

　　　b. Whoever is responsible for this will be punished.

　　　c. Whenever I hear that tune，it makes me think of you.

　　　d. We have to finish，however long it takes.

1.8.3.3　疑问代词的不定指用法

使用疑问代词的语境为，"不确定"某一范围内的成员或者性状，因而需要询问。当去掉这个"询问"语义特征后，就变成了不定指。跟遍指的情况类似，汉语和英语的疑问代词都发展出了不定指的用法，只是因为受各自语法系统的影响，所表现的形式不同而已。

汉语结构赋义规律的另外一个子规则为：光杆名词在谓语动词之后被自动赋予一个"无定"的语义特征。比如"来了客人"中的"客人"就是不定指的。跟表遍指的道理一样，如果汉语疑问代词要表达不定指的用法，必须出现在谓语动词之后，从而获得不定的语义特征。例如：

（20）会场里好像有谁在抽烟。今天没有谁给你打电话。

（21）你最近看过什么新片子没有？ 在本地你有什么亲戚吗？

可是一些疑问代词不能做宾语，诸如"多""多会儿""怎么"等，它们要表示不定指，也必须在其前加上否定标记"没""不知"等谓词性成分。例如：

（22）走不多远他又回来了。小桥没多宽，只能走一个人。

（23）不知道怎么一来就滑倒了。不知道怎么就病了。

因为英语缺少汉语这种结构赋义规律，它的疑问代词要表示"不定指"也必须借助词汇的手段。具体说，就是在疑问代词前加 some-，这类词主要有 somewhat、somehow、somewhere 等。例如：

（24）a. The price is somewhat higher than I expected .

b. There must be somewhere to eat cheaply in this town.

c. Somehow，I managed to lose my keys.

值得注意的一点是，并不是所有英语疑问代词都有上述用法，比如不存在 *somewho、*somewhen 等用法。造成这种现象背后的原因有待进一步探讨。

1.8.4 汉语特有的用法

1.8.4.1 疑问代词的连锁式遍指用法

上面谈到英汉两种语言的疑问代词都发展出了遍指用法，但是表现形式不一样。汉语还拥有另外一类遍指用法，即两个疑问代词连用，前一个设定一个特殊的范围，后一个指代该范围内的所有成员。这种遍指用法的疑问代词不再限定在谓语动词之前，可以自由地出现在谓语动词前后，因为它们连用自身构成一种特定的形式，不再依赖句法位置的赋义。例如：

（25）a. 大家看谁符合条件，就选谁当班长。

b. 谁想好了谁回答我的问题。

（26）a. 哪里有困难就到哪里去。

b. 他走到哪里，哪里就会热闹起来。

在连锁式遍指用法中，疑问代词与所替代的词语的句法位置完全一样。因此，只有现代汉语的疑问代词才有这种可能，因为它们表达疑问时不变换位置，即所替代的词语出现在什么位置，这些疑问代词就用于什么位置。换句话说，在连锁式遍指结构中，表面形式上是疑问代词，实际表达的却是普通词汇的意义，这就要求该语言系统中的疑问代词具有与普通词汇相同的句法行为。因为英语和古代汉语的疑问代词的句法行为与所替代的词语是不一致的，所以它们就没有现代汉语疑问代词的连锁遍指用法。

表面上看来，英语中也有类似汉语中的连用遍指用法，比如例（27）中的 which was which 。然而，跟汉语相比，英语这类结构的实际功能和使用范围则大不相同，只限于同一句话中主语和宾语同形，而且谓语动词一般只能是判断词 be。所表达的意义也不同，它们主要是辨异，即在特定范围内辨别不同成员的差别，而不是遍指某一范围内的所有个体。例如：

（27）For the first few months the babies looked so alike I couldn't tell which was which.

另外一个类似的用法"who's who"已经成为一个固定用法，意为"名人录"。它也不是表遍指。

1.8.4.2　疑问代词连用指代专有名词

汉语的疑问代词也发展出了另一个用法，连用指代普通词汇，其中大部分是专有名词。几乎所有的现代汉语疑问代词都有这种用法。英语的疑问代词则不允许这种用法。例如：

（28）没事还净说长坂坡，当初谁谁谁都怎么跟他有交情。

（29）新品种怎么怎么好，老品种怎么怎么不行，他当着众人详细地做了比较。

现代汉语语法系统的两个特点决定了疑问代词的上述用法：一是疑问代词与所指代的词语的句法位置一致；二是允许各种词语重叠表达各种语法意义。现代汉语的重叠十分普遍，名量词、动词、形容词、副词等词类的大部分成员都可以重叠。古代汉语不具备现代汉语这第一个特点，第二个特点也比较弱，所以那时候的疑问代词就没有这种用法。英语是两个特点都没有，所以它的疑问代词也缺乏这一特点。

疑问代词连用指代专有名词这种用法，是新近的发展，十九世纪的文献中还见不到。但其实这种用法在 18 世纪的《红楼梦》中已经初见端倪，那时只能用单一的疑问词询问一个专有名词的部分，后来才出现了连用指代整个专有名词的用法。例如：

（30）你不是叫什么香吗？（《红楼梦》第二十一回）

1.8.4.3 疑问代词的分类与否定功能

现代汉语的疑问代词还发展出了许多其他用法，它们的出现都是由疑问代词与普通词汇所出现的句法位置一样决定的。这些也都是英语的疑问代词所缺乏的语法功能。

（一）"什么"用于并列名词短语的前后，表示分类，指出与所列举名词同类的事物。例如：

（31）a. 什么纸啊、笔啊、墨水啊，样样都有。

　　　b. 卖了点纸啊、笔啊、墨水啊什么的。

（二）"什么（似）"用在动词之后表示程度之高。例如：

（32）我等什么似的，今儿等着了你。（《红楼梦》第七十七回）

（33）他后悔的什么似的。（《红楼梦》第三十二回）

（三）"什么"用在名词之前表示轻蔑、反感，也可用于引语之前，表示不同意对方所说的话。例如：

（34）哥儿已念到第三本《诗经》，什么"呦呦鹿鸣，荷叶浮萍"。（《红楼梦》第九回）

（35）我才听见什么"金凤"，又是什么"没有钱只和我们奴才要"。（《红楼梦》第七十三回）

（四）"哪里"用在动词之前，或者"什么"用在形容词之后，表示强烈的否定。例如：

（36）a. 这么些人一辆车哪里坐得下！

b. 我哪里有你劲儿大呀！

（37）a. 我高兴什么！人家心里难受死了。

b. 这东西贵什么！一点儿都不贵。

1.8.5　英语特有的用法

英语的疑问词具有一个重要的语法功能，就是可以作为从句标记，或者引入一个关系定语从句，限定修饰名词中心语。

一、从句标记。几乎所有的英语疑问代词都有这个功能。例如：

（38）a. I believe what he told me.

b. I remember how she always used to emphasize the quality.

c. I forgot where I put my car key.

二、定语从句标记。只有 who、whose、which、when、where 有这个用法，而 what 则不行。例如：

（39）a. The book which you ordered last month has arrived.

b. The lady whose daughter you met is Mrs Brown.

c. This is a person who you should know.

英语的疑问代词发展成了从句标记或者定语从句标记，而汉语的则没有，也是由两种语言的疑问代词的句法行为决定的。因为英语的疑问代词总是置于句首，所以它们出现的抽象格式为：Wh-word ＋ clause 。在英语中，紧随疑问代词之后的就是一个从句（句子）结构。如果不表示疑问，不颠倒主语和助动词的顺序，就成了从句标记。

英语中的疑问代词 which 等还有一个特殊用法，它可以回指前面提到的名词，后面引入从句修饰描写这个名词。例如：

（40）a. Anyway, that evening, which I would tell you more about later, I ended up staying in a small town.

b. This is the third in a sequence of three books, which I really enjoyed.

例（40）a 的 which 回指 that evening，例（40）b 的 which 回指 the third in a sequence of three books。which 就是在这种句法环境中逐步弱化与其前成分之间的边界，最后变成名词的定语从句标记的。相比之下，汉语的疑问代词不能出现在 which 的句法环境中，它们也就没有演化成从句标记的机会。

1.8.6　结语

一个语言的整体语法结构制约着其疑问代词向什么方向发展以及发展的方式和程度。相比之下，现代汉语的疑问代词所衍生出的非疑问用法比英语丰富，也比古代汉语复杂。这是因为现代汉语的疑问代词可出现在各种各样的语法位置上，而英语和古代汉语的疑问代词都限制在某一特定的位置上。

根据本章所分析的现象，人类语言的共性可分"强势"和"弱势"两类。对于强势共性，不论以什么形式呈现，会出现在所有语言或者绝大多数语言中；然而弱势共性则只见于少数语言中。疑问代词的感叹、遍指和不定指用法属于强势共性，见于英语、汉语等许多语言中。然而疑问代词的否定、连用遍指、重复指代等，就笔者目前所知，各大语言中仅有汉语存在这类现象。

至于强势共性采用什么样的手段，跟该语言的其他语法特征有关。汉语具有结构赋义规律，结果疑问代词的遍指和不定指用法可以通过句法位置来实现。英语则没有相应的规律，而只能通过词汇的手段（即复合词的方法）来实现。我们提出，任何语言的现状是由三个方面的因素相互作用的结果：语言系统、人类认知和现实规则。本章主要讨论的是已有的语言系统对词语语法功能衍生的影响。这是探讨语言共性与个性的重要途径之一。

1.9 语音、词汇与语法

1.9.1 引言

　　语言包括三个子系统——语法、语音和词汇，它们构成一个有机的整体。语法和词汇之间存在着多种多样的联系，很多语法标记原来都是普通的词汇，比如体标记"了"和处置式标记"把"宋以前都是普通的动词。这些词汇的语法化又会引起词汇系统的调整变化。构词法是语法问题，同时也是词汇问题。构词法又牵涉到语音的因素。汉语的双音词很多是由双声叠韵构成的。上古汉语有一种词形变化法，这是专为构词用的，由双声叠韵构成，例如：生死、天地、男女、加减、夫妇等。很明显，这些属于同一语义范畴的一对词在语音上也有内在的联系。由此可见，不管研究语言的哪一个方面，我们都应该树立一个全局观念，这样可以拓宽我们的视野，全面认识某一个问题。

1.9.2 影响语法的韵律因素

　　语音现象非常丰富，主要有辅音、元音、声调、清浊、轻重、音步、节律等。不同的语音方面在不同的语言里可能会有不同的语法表现。句法并不是一个独立的、封闭的系统，会受语音等因素影响。很多学者的研究已经令人信服地证明语法和语音之间的关系密不可分。

　　汉语的轻重音现象与语法密切相关。汉语的轻音多是一些语法标记，它们的分布很有规律。下面是常见的轻音现象：

（一）语气词"吧、吗、呢、啊"等。

（二）助词"的、地、得、了、着、过、们"。

（三）动词重叠式的第二个音节。

（四）动词后表示趋向的词。

（五）名词后面表示方位的"上、下、里"。

（六）名词后面的"子、儿、头"。

（七）代词"我、你、他"放在动词后面作宾语。

上述的轻音词出现的韵律格式都是一样的，依附于一个重音之后。

1.9.3　语法化的伴随特征语音形式的弱化

语法化过程最能显示语法、语音和词汇之间的关系。一个语法化过程的输入通常是普通的词汇，输出则是一个语法标记，而且毫无例外地伴随着语音形式的弱化。这是人类语言语法发展的一个共性。伴随词汇虚化的常常是语音形式的变化。最常见的语音变化是弱化，诸如元音或者辅音的失落，重音或者声调的丢失，相邻两个成分的语音同化。词汇之间韵律边界的消失或者弱化也是语法化常见的现象。

语法化过程的音韵变化有两个明显的倾向性：

（一）语音形式的减少：一些音素的丢失而变成一个较简短的形式。

（二）音素选择的限制：随着词汇的语法化，它们音素选择的限制则越来越小。辅音则多为舌尖音［n］［t］［s］等，元音则倾向于［ə］［a］［u］［i］等。这些音素都是最常用的，广泛应用于各种语言，而且最早为儿童习得。

以现代汉语的助词为例，它们的语音形式非常相近，元音多为央元音［ə］，辅音则大都是舌尖音，而且都已丧失了声调。如：

结构助词：的［də］；地［də］；得［də］。

体标记：了［lə］；着［tʂə］；过［kuə］。

复数标记：们［mən］。

更有趣的是，在一些方言里，结构助词和体标记都用同一个语音形式来表示。比如在洛阳方言里，两类助词都是念作［lε］。这些都是语法化过程中的语音简化现象。

然而，在中古时期当这些词还用作一般词汇的时候，它们的语音形式各不相同。下面是它们在中古汉语中的拟音。

（1）底（的）［tiei］　　地［di］　　　　得［tək］

　　　了［lieu］　　　　著（着）［ʃia］　过［kua］

可以看出，这些词在没有语法化之前的语音形式各不相同，语法化之后它们的声韵母则变成相同或者接近。

现代汉语中的一些音变现象也说明了伴随词语虚化的语音变化趋势。"在"在补语的位置上常读［də］，比如"坐在椅子上""住在北京"。变化有三个方面：一是声母由舌尖前［ts］变成最常见的舌尖音［d］，二是韵母则由复合原因［ai］弱化成较含混的央元音［ə］，三是声调的失落。如果考虑到语法化过程的语音弱化的趋势，就不难理解"在"在补语位置的语音弱化现象。

1.9.4　重叠的音节数目限制

重叠是汉语重要的语法手段，它涉及很多语音因素。比如动词重叠的第二音节读轻声，形容词重叠的第二音节常变成阴平。此外重叠还受到音节数目的限制。重叠是一种形态手段，人类语言的一个普遍现象是，形态手段的使用常常受词语音节数目多少的影响。比如英语的形容词的级，单音节的形容词采用形态手段，例如 richer, richest，双音节的则采用词汇手段，比如 more beautiful, most beautiful。汉语的重叠形态也受到基式的音节数目的影响。

名量词重叠表示遍指时只限于单音节词，比如人人、家家、事事、时时等。一组语义特征相同的词，只有单音节的可以重叠，双音节的则不行。例如：

（2）年→年年　月→月月　天→天天　星期→＊星期星期

碗→碗碗　桶→桶桶　车→车车　口袋→＊口袋口袋

而且不同词类的重叠的音节数目限制也不相同。形容词和动词的基式可以是单音节的，也可以是双音节的。例如：

（3）吃→吃吃　看→看看　欣赏→欣赏欣赏　讨论→讨论讨论

　　　红→红红　香→香香　干净→干干净净　漂亮→漂漂亮亮

但是汉语的最长的重叠式的音节数目是四个，所以重叠的基式只能是两个音节。比如用"化"构成的动词，只有双音节的可以重叠，三音节的则不行。例如：

（4）我们要好好地美化美化我们的房间。

　　　我们应该绿化绿化那座荒山。

　　　＊我们应该机械化机械化那个地方。

　　　＊我们应该现代化现代化我们的家乡。

除了重叠的音节数目限制以外，不同词类的重叠式还采用不同的语音形式加以区别：

　　动　词：　AB → ABAB

　　形容词：　AB → AABB

形容词可以活用为动词，但是它们用作哪个词类就必须采用该词类的重叠式。例如：

（5）她穿得漂漂亮亮的。　　他今天高高兴兴的。（形容词）

　　　也让我漂亮漂亮一会。　我也想高兴高兴。（动词）

1.9.5　破读与词性

汉语是声调语言。声调除了可以区别不同的词汇意义外，还可以用来分辨同一个概念的不同语法意义。一般是通过去声和其余调类的对比来区别同一概念的不同的词性。这种现象叫作"破读"，反映了语法、语音和词汇的相互关系。破读是中古汉语的一种语法手段，虽然现在已经不是能产的语法手段，但仍保留在现代汉语的部分词汇中。例如：

（6）好 hǎo 　　形容词 　　hào 　　动词

　　钉 dīng 　　名词 　　dìng 　　动词

　　种 zhǒng 　　名词 　　zhòng 　　动词

　　压 yā 　　名词 　　yà 　　动词

1.9.6　北方方言口语里的大音节动词及其语法意义

1.9.6.1　汉语的大音节词的语音构造规律

　　现代汉语有一类特殊的双音节动词，这些词的两个音节之间存在着内在的联系，其组织原则符合我们所确定的大音节词的语音规律，并且具有共同的语法意义。我们从《现代汉语词典》（1979 年版，商务印书馆，下同）里收集到 40 余个这类动词，对它们的语音构造和语法意义进行了详细的分析，指出这类现象是广泛存在于北方方言的大音节词的一个反映。我们认为，对这部分已经进入普通话的大音节动词的深入研究具有重要的意义，它不仅有助于对整个北方方言这种特殊现象的理解，而且也可以揭示汉语的语音和语法之间的相互关系。

　　首先，让我们简单说明一下大音节词的构造规律。我们根据对象声词、双声联绵词和广泛存在于北方方言的分音词、表音字头构词现象的分析，确立了汉语中的一类特殊的语音单位大音节。大音节词跟一般的双音节复合词不一样，其中的两个音节往往只代表一个语素，或者一个音节无自身的语义值，两个音节之间存在着内在的制约关系，其构造原则可概括如下。

　　原则一：第二个音节的声母的音响度必须等于或者高于第一个音节的声母的音响度。普通语音学中确定出的不同类别音素音响度的级别为：元音＞介音＞边音＞鼻音＞阻塞音。也就是说，在辅音中，边音的音响度最高，鼻音的次之，阻塞音的最低。在阻塞音中还可以细分，塞擦音比单纯的塞音高，送气的比不送气的高。

　　原则二：第二个音节的韵母通常比第一个音节的复杂，比如第二个音节常有韵尾或者韵头，第一个音节则常常是单元音。不同元音的音响度也不相等，开口度越大，音响度越高。第二个音节韵母的音响度一般也高于或者等于第一个音节的。

原则三：两个音节的声调具有整体性，它们的声调不再有区别意义的作用，多采用无标记的阴平调，第二个音节常读轻声。

除了上面所讲的大音节的普遍原则外，在两个声母的辅音的音响度相同的情况下，它们的出现顺序还受到发音部位的限制。声母辅音的顺序限制如下：

规律一：唇音＋舌尖音；　　＊舌尖音＋唇音。

规律二：舌面音＋舌尖音；　　＊舌尖音＋舌面音。

规律三：舌根音＋舌尖音；　　＊舌尖音＋舌根音。

规律一是说，如果两个声母分别为唇音和舌尖音，那么只能唇音在前，舌尖音在后，否则就是不合法的组合。

1.9.6.2　普通话里大音节动词释例

下面是大音节动词和它们的释例，并根据它们第二个音节的声母进行分类。

一、第二个音节的声母为舌尖音

（一）边音

（7）滴溜儿 dī liur——形容很快地旋转或流动。

　　　眼珠滴溜乱转。

（8）提溜 dī liu——提。

　　　手里提溜着一条鱼。

（9）扒拉 bā la——拨动。

　　　扒拉算盘子儿。

（10）扒拉 pá la——用筷子把饭拨到嘴里。

　　　　他扒拉了两口饭就跑出去了。

（11）划拉 huá la——<方>（a）用拂拭的方式除去或者取去。（b）搂。

把身上的泥土划拉掉。

在山上划拉干草。

（12）耷拉 dā la——下垂。

黄狗耷拉着尾巴跑了。

（13）嘟噜 dū lu——（a）用于连成一簇的东西。（b）连续颤动舌或者
小舌发出的声音。

一嘟噜钥匙。

（14）趿拉 tā la——把鞋后帮踩在脚后跟下。

这双鞋都叫你趿拉坏了。

（15）数落 shǔ luo——不住嘴地列举着说。

那个老大娘数落着村里的新事。

（16）张罗 zhāng luo——（a）料理。（b）筹划。

要带的东西早点儿收拾好，不要临时张罗。

他们正在张罗着婚事。

（17）抖搂 dǒu lou——（a）振动衣、被、包袱等，使附着的东西落下来。
（b）全部倒出或者说出；揭露。

把衣服上的雪抖搂干净。

把以前的事情全抖搂出来了。

（18）胡噜 hú lu——<方>用拂拭的动作把东西除去或者归拢在一起。

把瓜子皮儿胡噜到簸箕里。

（二）鼻音

（19）嘟囔 dū nang——连续不断地自言自语。

你在嘟囔什么呀？

（20）咕哝 gū nong——小声说话（多指自言自语，并带不满情绪）。

他低着头嘴里不知咕哝什么。

（21）唧哝 jī nong——小声说话。

贴着耳根唧哝了好一会儿。

（22）揣摸 chuǎi mo——反复思考推求。

这篇文章的内容，要仔细揣摸才能透彻理解。

（23）叮咛 dīng níng——反复地嘱咐。

他娘千叮咛万嘱咐，叫他一路上多加小心。

（三）[t]等

（24）鼓捣 gǔ dao——反复摆弄。

他一边同我谈话，一边鼓捣收音机。

（25）翻腾 fān teng——（a）比喻思绪起伏。（b）翻动。

往事像过电影一样在脑子里翻腾。

几个柜子都翻腾到了，也没找着那件衣服。

（26）倒腾 dǎo teng——（a）翻腾；移动。（b）买进卖出。

把粪倒腾到地里去了。

倒腾小买卖。

（27）折腾 zhē teng——（a）翻过来倒过去。（b）反复做（某事）。

他把收音机拆了又装，装了又拆，折腾了几十回。

（28）闹腾 nào teng——（a）吵闹；扰乱。（b）说笑打闹。

又哭又喊，闹腾了好一阵子。

屋里嘻嘻哈哈的闹腾得挺欢。

（29）踢蹬 tī deng——（a）脚乱蹬乱踢。（b）胡乱用钱；挥霍。

小孩儿爱活动，一天到晚老踢腾。

这月的工资被他踢蹬光了。

（30）扑腾 pū teng——（a）游泳时用脚打水。（b）跳动。

鱼卡在冰窟窿口直扑腾。

（31）滴答 dī da——成滴地落下。

屋顶上的雪化了，滴答着水。

（32）晃荡 huàng dang——（a）向两边摆动。（b）闲逛；无所事事。

小船在水里直晃荡。

他在河边晃荡了一天。

（33）呱嗒 guā da——< 方 >（a）因不高兴而板起脸。（b）说话(含贬义)。

呱嗒着脸，半天不说一句话。

呱嗒 guā dā——形容清脆、短促的撞击声。

地是冻硬的，走起来呱嗒响。

（34）掂掇 diān duo——斟酌。

你掂掇着办吧。

（35）溜达 liū da——散步；闲走。

吃过晚饭，到街上溜达溜达。

（36）蹦跶 bèng da——蹦跳，现多借指挣扎。

秋后的蚂蚱，蹦跶不了几天。

二、第二个声母为舌尖前音

（37）摩挲 mā sa——用手轻轻按着并一下一下地移动。

摩挲衣裳。

（38）哆嗦 duō suo——因受外界刺激而身体不由自主地颤动。

冻得直哆嗦。

三、第二个声母为舌尖后音

（39）呼扇 hū shan——（a）（片状物）颤动。（b）用片状物扇风。

跳板太长，走在上边直呼扇。

他满头大汗，摘下草帽不停地呼扇。

（40）忽闪 hū shǎn——形容闪光。

闪光弹忽闪一亮，又忽闪一亮。

忽闪 hū shan——闪耀；闪动。

小姑娘忽闪着大眼睛看着妈妈。

（41）扑闪 pū shan——眨；闪动。

她扑闪着一双大眼睛。

四、第二个声母为舌背音

（42）哼唧 hēng ji——低声说话、歌唱或者诵读。

他一边劳动，一边哼唧着小曲儿。

五、第二个声母为舌根音

（43）叽咕 jī gu——小声说话。

　　他们两个叽叽咕咕，不知在说什么。

（44）捣鼓 dǎo gu——反复摆弄。

　　他下了班，就爱捣鼓那些无线电元件。

六、第二个声母为半元音

（45）忽悠 hū you——晃动。

　　旗杆则风吹得直忽悠。

（46）晃悠 huàng you——晃荡。

　　树枝来回晃悠。

1.9.6.3　大音节动词的语音构造规律

　　上一部分所列的动词的语音构造完全符合大音节词的组织规律。下面分别加以分析。

　　首先来考察两个声母之间的音响度顺序限制。大音节词的构造原则一告诉我们，第二个音节的声母的音响度必须高于或者等于第一个音节声母的。99%以上的例词都符合这一规律。实际上，"高于的"用例远比"等于的"多。在所有辅音中，边音的音响度最高，鼻音次之。以［l］、［n］和［m］做第二音节声母的共 17 例，将近占全部用例的 50%。这种边音和鼻音的高频率出现，是为了使得两个声母之间有一个明显的音响度反差。

　　其次，韵母方面两个音节之间也存在着明显对立。前一音节的韵母多为单元音，后一个音节的则多为复杂的。更重要的是，两个韵母的韵腹之间也存在着音响度限制。元音的音响度是由舌位高低决定的，舌位越低，音响度则越高。在一个大音节的两个音节的韵腹之间，如果出现音响度高低的差别（可以是相等的），那么两个韵腹元音的顺序通常是"高元音＋低元音"。例如：

（47）嘟囔 dū nang　　唧哝 jī nong

　　　数落 shǔ luo　　鼓捣 gǔ dao

　　　滴答 dī da　　　溜达 liū da

最后，两个音节的声调也展示了高度的整体性。汉语有四个声调，普通复合词的两个音节的声调可能有各种各样的搭配。但是，对于这些大音节动词来说，两个音节的声调搭配具有强烈的倾向性，多为平声。下表是所有 41 个大音节动词的声调搭配模式。

大音节动词的声调搭配模式

阴平＋轻声	阴平＋阴平	阳平＋其他	上声＋其他	去声＋其他
22	6	3	6	4

"阴平＋轻声"的占 50% 强，加上"阴平＋阴平"的用例，共占全部用例的近 70%。阴平是汉语的无标记调值，表现为它的使用频率最高，形容词重叠时最后的音节常常变成阴平调，比如"干干净净"在口语中的读音为 gān gān jìng jìng。阴平调在大音节动词中的高频率使用，说明这类词基本上是音节构词，声调不再是区别词汇语音形式的手段。该类词语的语音整体性的另外一个表现是，第二个音节多为轻声，该种用法占全部用例的 83%。

象声词、双声叠韵词、方言的分音词等现象显示，大音节词的两个音节的声母之间还存在着发音部位限制。比如，如果两个声母辅音一个是双唇音，一个是舌尖音，它们的顺序只能是"唇音＋舌尖音"，而不可能是相反。这种限制也存在于大音节动词的两个音节之间。下表是所有可能的搭配格式。

大音节动词的声母辅音的搭配模式

	双唇音	舌尖音	舌根音	舌面音	舌尖前	舌尖后
双唇音	－	＋	－	－	－	＋
舌尖音	－	＋	＋	－	＋	－
舌根音	－	＋	－	＋	－	＋
舌面音	－	＋	＋	－	－	－
舌尖前	－	－	－	－	－	－
舌尖后	－	＋	－	－	－	－

舌尖音做第二个音节的声母最为自由，而且使用频率也高，约占全部用例

的近90%。舌根音、舌面音、舌尖前音和舌尖后音等4类声母，虽然也可以用于第二个声母，但是它们的频率很低，每一个也只有一两次。唇音不能用于第二声母。上表同时显示，很多搭配是不可能的。这从另外一个侧面显示大音节动词的两个音节代表的是一个有机的语音单位。

1.9.6.4　大音节动词的构词法和语法意义

所收集到的41个大音节动词的语音构造也可以分为两大类。一类是两个音节表示一个单纯的语素，另一类是一个表音词头或者词缀加上一个单音节动词。分类如下：

（一）单纯语素：

滴溜儿、扒拉、划拉、牵拉、嘟噜、趿拉、张罗、胡噜、嘟囔、揣摩、咕哝、叮咛、鼓捣、扑腾、溜达、呱嗒、掂掇、摩挲、哆嗦、忽闪。

（二）动词＋表音词缀：

提溜、数落、抖搂、翻腾、倒腾、折腾、闹腾、踢蹬、滴答、晃荡、蹦跶。

最重要的一类大音节词是象声词。A类的一些大音节动词就是从象声词引申而来的，比如"扑腾""呱嗒"等。

大音节动词不仅在语音形式上遵循着共同的构造规律，而且更重要的是它们都具有共同的语法意义。大音节动词的语法意义：表示动作行为的持续或者重复。这一点可以从很多动词的词典释义中就可以清楚看出，例如：

（48）鼓捣——<u>反复</u>摆弄。

摩挲——用手轻轻按着并<u>一下一下地</u>移动。

踢腾——脚<u>乱</u>踢<u>乱</u>蹬。

嘟囔——<u>连续不断地</u>自言自语。

嘟噜——<u>连续</u>颤动舌或者小舌发音。

数落——<u>不住嘴地</u>列举着说。

《现代汉语词典》中全部大音节释例，都是表示强烈的持续性或者重复性的行为动作。例如：

（49）眼珠滴溜儿乱转。

手里提溜着一条鱼。

扒拉算盘子儿。

把身上的泥土划拉掉。

在山上划拉干草。

黄狗夼拉着尾巴跑了。

这些大音节动词一般不能与表示一次的短时量词语如"一下儿"连用，比如下述用法就听起来不自然或者不能接受。例如：

（50）* 他滴溜了一下儿眼珠子。

* 他跋拉了一下儿鞋。

* 他闹腾过一下儿。

* 他踢腾了一下儿。

很多北方方言的大音节动词的语法意义都是表示"动作行为的持续或者重复"。获嘉方言和洛阳方言都有一种特殊的动词构词法，把一个表音字头加在一个动词的词根上，来表示动作行为的重复或者继续。这类词的语音形式符合大音节的构造原则。例如：

（51）圪刨：反复地刨。（洛阳方言）

圪描：重复地涂抹。（洛阳方言）

圪晃：来回摆动。（获嘉方言）

圪刷：用手不停地撩。（获嘉方言）

本章所分析的这一组大音节动词已经进入汉语普通话的范围，它们的数量虽然不大，但是非常活跃，特别是在口语里的使用频率相当高。这只是暴露了广泛存在于北方方言口语里的大音节动词的"海底冰山的一角"。本章目的是通过对这类现象的分析，引起人们对这种语音构词现象的注意。对它们的广泛调查和深入分析必将深化我们对汉语语音系统和语法系统之间的相互关系的认识。

1.9.7 结语

　　本章从多个角度论证了语音、语法和词汇之间的关系。语音和语法的关系可以从三个方面来看。首先，语音的变化会引起语法的发展，比如汉语史上的双音节化趋势导致了动补结构的产生，动补结构的产生又深刻地改变了汉语语法的整体面貌。其次，语法的发展也会涉及语音的变化。语法化的伴随特征之一就是有关词语的语音弱化，在汉语中就具体表现为声调的丢失、声母向无标记的辅音（舌尖音）靠近、韵母的简单化或者弱化为央元音［ə］。最后，一些语法手段的使用受基式的音节数目的制约，比如可以重叠的名量词的基式只限于单音节的，动词和形容词的重叠基式的音节数目最多不超过两个。

　　语言是一个有机的整体，各个子系统之间存在着千丝万缕的联系。我们在考察语言现象时要特别树立这种系统的观念。只有这样才能使我们的考察更加全面，解释更加合理。

1.10　语法规律的理据

不论是生成语言学还是认知功能语言学，都认为语言规则是有理据的，只是他们探索理据的方向和手段有所不同。生成语言学派注重从人类的生物基础上寻找理据，把基本的语法规则归结为人类生物进化的结果，但是其核心的假设，诸如普遍语法，因缺乏生理和心理上的证据，使得其很多论证流于神秘主义。与此相反，认知功能语言学则主要从具体的认知能力出发，从人的生理条件、社会自然环境、交际活动中寻找语言规律，这类证据往往是直观的，可以验证的，可以观察到的，因而容易得到人们的理解与认同。

语法规律的理据和动因是认知语言学的中心议题之一，很多认知语言学家从不同角度探讨了这个问题。结构主义语言学的创始人索绪尔已经提到语言知识背后的动因，指出人类的大脑倾向于在大量的符号之中建立规则，即语法规则在一定程度上由人类的思维特征决定。他强调语言处于高度的组织性和高度的随意性之间，这一观点与认知语言学的精神是相通的，其差别在于理据性与随意性之间的比重问题：索绪尔认为语言的理据性是有限制的，他所强调的是语言的随意性，而认知语言学则认为语法规律大都有自己的理据或者动因，只有万不得已的时候才会诉诸随意性的解释。

1.10.2 现实规则的理据

1.10.2.1 时间一维性与介词从动词的衍生

语言中的很多规则是现实规则通过人的大脑在语言中的投影。时间是构成现实世界的重要因素之一，那么时间的属性对各种语言都具有深刻而全面的影响，比如动词的时体范畴就是专门描写时间的语法范畴。此外，时间还对语法结构产生影响，主要包括顺序的和一维性的两种。线性的影响比较直观，一个简单的现象是事件发生的顺序决定其语言形式的顺序，比如汉语的连动结构大都是按照这种方式安排顺序，"他跑到商店买了一瓶矿泉水喝"，其中的三个动词"跑""买""喝"的语序跟它们实际发生的时间顺序相符。

时间一维性对语法结构组织的影响更为深刻，这一点不太容易被人观察到。时间一维性指的是时间存在于运动变化之中，它从过去到现在再到未来单向地流失着，计量时间必须依赖运动变化，如果在同一时段内发生多个运动变化，只能选取其中一个来计量。这一规则在自然语言中表现为，如果一个句子包括两个或者更多的同时发生的动词，只有一个动词可以加上表达时间信息的语法标记，其他动词的时间信息靠这一个动词来表示。例如：

（1）a. I saw him play basketball last week.

b.*I saw him played basketball last week.

（2）a. James made the TV work yesterday.

b.*James made the TV works（worked）yesterday.

（3）a. 我看过小王打篮球。

b.* 我看过小王打过篮球。

（4）a. 我正模仿着她拉小提琴。

b.* 我正模仿着她拉着小提琴。

例（1）中的 saw 已经负载过去时的时间信息，其后的 play 虽然发生在过去,然而在时间一维性原则作用下,不能也无需再带过去时标记。例(3)中的"过"已经指出"看"是发生在过去的,同时也表明了"打"的时间位置,因此它不能也无需再带"过"。依此类推。

时间一维性原则可以解释汉语史上的一个重要现象:所有的介词都是从普通动词衍生而来。简单地说,这种发展的动因为,几乎所有的动词都可以用作次要动词,这意味着每一个动词在特殊的句法位置上都可暂时失去与指示时间信息有关的语法特征。但是,代表不同语义范畴的动词用作次要动词的频率差别非常悬殊,决定动词用作次要动词的使用频率的关键因素是,它们所涉及的对象与动作行为的特征之间关系的密切程度。一个典型的行为动作特征主要包括:(一)施事;(二)受事;(三)与事;(四)工具;(五)处所;(六)时间;(七)范围;(八)目的;(九)方式;(十)原因。凡是可以引进这些对象的动词,用作次要动词的频率就高。这样长期使用的结果,就可能使得这些次要动词的句法特征在这些动词身上稳固下来,永久丧失了普通动词的与指示时间信息有关的语法特征,最后从动词分化出来而成为一个新的词类——介词。

1.10.2.2 形容词的有无标记用法

人类语言存在一个普遍现象,在表达事物本质属性的一对反义形容词中,当用于一定问句时,表示量大、积极的一方表现为无标记的,即在语义上照顾到了与其相对、量小、消极的一方,然而量小、消极的一方则总是有标记的,不能涵盖相对一方的语义范围。所谓的本质属性指的是三维属性、质量等,任何现实中的物体都必须具有一定量的这些属性,一旦这些属性的程度为零,就意味着该事物不存在。例如:

（5）a. How tall is John ?

　　　b. How short is John ?

（6）a. How wide is the table ?

　　　b. How narrow is the table ?

（7）a. 小王有多高?

　　　　b. 小王有多矮？

（8）a. 那个箱子有多重？

　　　　b. 那个箱子有多轻？

　　例（5）（7）的 a 句都是客观询问身高，所有的高度都问到了，即为无标记的，而 b 句只有假定对方是相当矮的情况下才会这样问，即为有标记的。依此类推。

　　形容词这种有无标记的对立是由事物的客观属性决定的。简单地说，当使用这些问句时，问话者已经认定所询问的主体（主语所指）是客观存在的，那么它的本质属性必然不是零，而是一个具有伸缩性的、模糊的一定量。这个"一定量"就叫作预设量，它恰好覆盖量小、消极的一方。那么当用量大、积极的一方询问时，就有下式：

　　预设量＋量大一方＝预设量＋上限开放量＝所有的量度（无标记）

　　相对的，当用量小、积极的一方询问时，就有如下计算公式：

　　预设量＋量小一方＝预设量＋上限封闭量＝上限封闭量（有标记）

　　让我们以"那棵树有多高 / 低"为例来说明。问句"那棵树有多高"已经认定"那棵树"是客观存在的，因此必须有一定的高度（预设量），它加上"高"的上限为开放的语义范围，结果就照顾到了所有的高度，得到了无标记的表达效果。也就是说，无标记的含义是整个问句和"高"共同产生的，而不是"高"单独表达的。相对的，虽然问句"那棵树有多低"已经认定"那棵树"也是客观存在的，已预设有一定的高度，但是"低"的下限为零，上限为封闭的"一定量"，两者相加仍只能管住较低的高度范围，结果总是表现为无标记的。

　　上述形容词的有无标记用法归根结底由事物的本质属性决定，那些非事物本质属性的形容词，如表达主观感受的"漂亮—丑"则没有这种用法，比如"她有多漂亮"和"她有多丑"都是有标记的，都照顾不到对方的语义范围。

1.10.2.3 社会平均值与领有动词的程度表达

形容词性质的"有"字短语也有不同于一般形容词的特点，它们在没有任何程度词时，也具有程度高的意思。例如：

（9）这孩子有天分。　老李有学问。

　　　他有经验。　他父母有钱。

很多工具书都指出"有"的一个义项为"多、大、程度深"，其实"有"这个义项并不是自身产生的，只有它与一些名词组成的动宾结构才有这个意思。

上述现象的产生跟人们的交际行为密切相关，这是社会现实对语言影响的结果。人们使用语言的主要目的是交际。交际的动机主要来自人们对外在世界各种信息感知的结果。我们日常生活中感知到的信息是异常丰富、复杂的，但只有其中一部分可以刺激人们的大脑，从而产生交际动机。根据在一般情况下能否刺激交际的行为，可把信息分为两大类：有标记信息和无标记信息。

有标记信息——能够刺激交际动机的信息。在同类事物或者现象中，一些新发生的、有异于其他成员的信息，往往是有标记信息。在有关事物的特征信息的范围中，有标记信息总是少数的。

每个人都具有社会性。各种社会现象是人们交际的最重要内容，而最常见的社会现象是某些人或者地方"拥有""存在""发生"了什么事情。这正是"有"的概念义，因此它经常用来表达这方面的信息。生活在我们周围的人有多种多样的特性。如果某一特性为大家所拥有，就是一种无标记的信息，就不会刺激我们的交际动机。（详细讨论参见 3.11 部分）

1.10.3　认知能力的理据

1.10.3.1　诠释对被动式标记的选择

人们能够主观能动地认识现实世界，其中表现之一为可以从不同角度对同一事件进行诠释。诠释不仅影响语言表达内容，而且还会导致同一语法格式的标记多样化。这里以被动句为例来说明这一问题。

不管对什么民族，不论在什么历史时期，被动式所描写的事件结构是一致的。典型的被动事件结构都由三个要素构成：施事、受事和动作。对于这一事件，可以从不同的角度来诠释。不论哪种语言，被动式的共同特点就是把受事置于主语的位置，比如对于"狗咬人"这一事件，其被动式是"人被狗咬了"。汉语被动式的施事需要加词汇标记，现代汉语用"被""叫""让"等。

诠释角度不同会导致被动式标记方式的差异。从理论上讲，被动式的三个成分都可以被标记，但很少有语言是如此。位于主语位置的受事通常是无标记的，一般都只标记施事或者动词，这又有三种可能：（一）施事和动词都标记；（二）只标记施事；（三）只标记动词。

然而在如何标记施事上，由于人们的认知视点不一样，不同语言系统就会选择不同的词汇来源。

各种语言的被动式一般还有一个专门的语法标记用于引入动作的施事。由于认知视点的差异，不同的语言选择不同的词汇来源来标识施事，主要有以下几类：

第一种，把施事看作执行动作行为的动力来源。"空间格"（ablative）"自"的作用就是指明动作来自何人所为。古汉语引入原因的介词"为"也有相同的功能，指明动作是因谁而产生的。

第二种，指明两个事件参与者之间的空间关系。两个事件参与者——施事和受事——只有在空间上接近，才能使一方的动作施及另一方。引入施事的介词主要来自引入伴随对象的介词，即把施事看作受事的一个伴随者，古汉语的被动标记"与"就属于这一类型。

第三种，指明事件发生的地点。施事者可以被看作事件发生的一种"地点"，因此很多语言用引入地点的介词来引入动作的施事。英语引入施事的标记 by 也是一个地点介词，表示"接近"某物，比如 She is sitting by the table（她在桌子旁边坐着）。上古汉语最常见的被动标记"于"也属于这一类。

第四种，执行动作的关键部位。绝大部分动作的关键肢体部位是"手"，因此在有些语言中这个名词虚化为引入施事的语法标记。汉语没有发现这类现象。

1.10.3.2 范畴化对双宾结构语法意义的影响

范畴化是人类一种重要的认知活动，不同的民族由于范畴化方式不同导致其语法结构的功能差异。本节以英汉双宾结构为例来说明这一点。汉英双宾结构语法意义的本质差别是客体转移的方向：

汉语：（a）右向 $S \rightarrow O_1$。

（b）左向 $S \leftarrow O_1$。

（c）左右向 $S \leftrightarrow O_1$。

英语：右向 $S \rightarrow O_1$。

认知语言学者概括英语双宾结构的语法意义为："来源→目标"（source→target path），即物体只能从主语向间接宾语方向转移。英语的双宾结构的主语等同于"来源"，间接宾语等同于"目标"。然而汉语的主语既可以是来源又可以是目标，间接宾语亦如此。下面分别举例说明两种语言的差别。

汉英"给予"类的双宾结构，意义相同，可以直译，比如"我送给王教授一本书"可以逐字译为 I sent Professor Wang a book。然而，汉英的"取得"类动词虽然都可用于双宾结构，但意义恰好相反。例如：

（10）a. John bought Mary a dress.

汉译：约翰给玛丽买了一件衣服。

b. John stole Mary a bicycle.

汉译：约翰偷了一辆自行车给玛丽。

c. John took Mary a book.

汉译：约翰给玛丽拿了一本书。

（11）a. 他买了王教授一本书。

英译：He bought a book from Professor Wang.

b. 他偷了小王一辆自行车。

英译：He stole a bicycle from Xiao Wang.

c. 他拿了我一本书。

英译：He took a book from me.

上述英语和汉语的例子的含义恰好相反，即使对于这类"取得"动词，英语仍然是表示客体由主语向间接宾语转移，这是来自其双宾结构的句式意义。汉语的双宾结构允许客体左右移动，因此用自身意义为左向的动词时，客体的移动方向也是左向的。

英汉双宾结构语法意义的差别是由说两种语言的民族范畴化物体传递动作的方式决定的。汉语在概念化物体传递的动作行为时，有自己鲜明的个性。物体传递必然涉及两个参与者，用"甲"和"乙"代表。汉语在概念化这种事件时，把物体"从甲到乙的转移"和"从乙到甲的转移"看作同一种行为，用一个动词概念化，结果这类动词的方向是左右向的。跟汉语不同，英语则设置不同的动词来表示方向相反的动作行为。在动作方向性方面，英语和汉语概念化的差别可以用下式表示：

英语：甲→乙≠甲←乙

汉语：甲→乙＝甲←乙

这样就产生了这种现象：汉语的一个动词对应于英语的一对反义动词。下表是现代汉语的部分有关用例与英语的对应。

汉语	英语
借	（a）borrow；（b）lend, loan.
租	（a）rent, hire；（b）let, rent out.
赁	（a）rent, hire；（b）let, rent out.
贷	（a）borrow（money）；（b）lend（money）.
赊	（a）buy on credit；（b）sell on credit.

汉语中的这类动词直接用于双宾结构时，表达意义相反的两个意思。要消除这些歧义，必须借助适当的介词，或者采用不同的句式。英语中则只有右向的一方才可能用于双宾结构，个别左向义动词只有在改变方向后才可能进入双宾结构，如前文的 buy 用例。

1.10.3.3　预测对将来时标记向认识情态发展的影响

预测是人类的一种重要认知能力，人们可以根据以往的经验和现实条件预测未来可能发生的事情，它对应的语法形式是将来时标记。然而预测具有很大的主观性，这就促使将来时标记向认识情态的发展。结果，各种语言的将来时标记都具有表达认识情态的功能。

由将来时所衍生出来的认识情态之一是"必然性"，下面以当代英语和当代汉语最常用的将来时标记为例来说明。英语中的 be going to 可以用来表示主观信念中某个事件一定会发生。例如：

（12）a. An earthquake is going to destroy that town.

　　　 b. It seems as if it were going to rain.

类似的，现代汉语最常见的将来时标记"要"也可以表示主观信念上某种事情一定会发生。例如：

（13）这一去，可定是要"蟾宫折桂"去了。(《红楼梦》第九回)

（14）用不了多久，他就要为今天的事儿付出很大代价，留下话把儿，任人评说。

必然性还可以表现在社会义务、责任上。下述例子中的 should（将来时 shall 的过去形式）相当于 must，隐含着说话者的权威性，但是与 must 不同的一点是，说话者用 should 并没有把握听话者会执行有关的动作。例如：

（15）a. You should do as he says.

　　　 b. The floor should be washed at least once a week.

同样，汉语的"要"的一个主要认识情态用法就是有义务、责任做某事。例如：

（16）点点数儿，是不是全部？要全部收回。

（17）这上边儿盖了你们章，你们就要对此负责。我就要找你们算账。

必然性还可以是一种逻辑上的。人们可以根据经验常识、习惯性的行为，认定某个事件的逻辑上的必然性。例如：

（18）a. She will have had her dinner by now.

b. That'll be the postman.［on hearing the doorbell ring］

同样，汉语的"要"也可以表示逻辑上的必然性。例如：

（19）一应土仪盘缠，不消烦说，自然要妥帖。（《红楼梦》第十二回）

（20）又是在食堂工作的，人又长得胖。哦，这个难免群众要议论了。

1.10.4　语言系统的理据

1.10.4.1　语音变化对语法系统的影响

语言系统由语音、词汇和语法三个部分组成，它们相互依赖形成一个有机的整体，一个部分的变化可能导致其他部分的连锁反应。在英语和汉语史上，一些重大的语法变化是由语音的演化引起的。

中古英语发生了类型学特征的重要转变，大量丢失形态标记，由屈折语向分析语转变，而且基本语序也由原来的 SOV 变成了 SVO，由此还带来了一连串的变化，深刻地改变了英语语法的整体面貌。而这个变化最初是由语音变化引起的，即古英语中词语的最后一个非重读音节的弱化或者丢失，直接导致很多形态标记的模糊或者消失，那么原来靠形态表达的语法关系后来只好利用语序来表达。

类似的现象也存在于汉语中。动补结构的产生是汉语史上的一件大事，现代汉语的很多重要语法特征大都与这个变化有着直接或间接的联系。促使动补结构产生的一个重要因素是中古时期兴起的双音化趋势。动补结构演化的实质是，动词和补语由原来的两个语法单位逐渐融合为一个语法单位，宾语原来出现在动词和补语之间，后来出现在动补之后。例如：

（21）吹我罗裳开。（《子夜四时歌》）

（22）唤江郎觉！（《世说新语·假谲》）

到了现在就只能说"吹开我罗裳""唤觉（叫醒）江郎"等。动补结构产生的初期状况是，单音节的动词和单音节的补语在没有宾语出现的语法环境中，构成一个双音节的语音单位，在双音节化力量的作用下，逐渐弱化其间的边界，形成一个类似复合动词的语言单位，宾语逐渐出现在整个动补短语之后。

1.10.4.2　语法的整体特性对语法化的影响

词汇的语法化并不是随意的、偶然的，它受制于当时整个语法系统的状况和需要。这里以现代汉语最重要的语法标记"的"为例来加以说明。

助词"底"最早出现的文献是 9 世纪前后的《敦煌变文集》。例如：

（23）相劝直论好底事。（《无常经》）

（24）解说昨夜看底光。（《频婆娑罗》）

结构助词"底"直接来自其指示代词的用法，它的语法化是由量词的发展诱发的。第一，从共时上看量词与结构助词的共性。量词与"的"（包括"地"）出现的抽象语法格式一样，"数＋量＋名"和"修饰语＋的＋名"都可以表示为：修饰语＋语法标记＋中心语。差别只在于量词前的修饰语只限于数词，然而"的"前可以是除数词外的任何修饰语。

第二，"的"和量词前的修饰语类型是互补关系：量词前的只能是数词，"的"前的则只能是数词以外的其他词语。

第三，量词与"的"的语法功能也相同，都不能离开其修饰语而独立运用，但都可以与其他修饰语构成可独立运用的短语，比如"搬进来了三张（桌子）""干净的（桌子）已经搬进来了"。

第四，在一定的句法环境中，"的"的功能可以被数量词替代。比如重叠式形容词做定语时要求有"的"连接，否则就是不合法的格式：漂漂亮亮的衣服（＊漂漂亮亮衣服）、好好的车（＊好好车）。但是，如果中间有数量词时，"的"就不是必需的了，比如"漂漂亮亮一件衣服""好好一辆车"都可以说。

先秦汉语的个体量词，只能用于"名＋数＋量"格式，比如"负服矢五十个"（《荀子·议兵》）。到了汉代开始出现"数＋量＋名"格式，比如"其富人至有四五千匹马"（《史记·大宛列传》）。在"数＋量＋名"格式出现之前及之后相当长一段时间内，表达事物数量的格式简单为"数＋名"。新旧格式长期竞争，大约经过了 1500 年，到了 15 世纪，新格式完全战胜了旧格式而成为唯一合法的数量表达式。这一转变的关键时期是唐末宋初，"数＋量＋名"新格式由少数变成占优势的格式。

如前文所述，结构助词"底"字早见于《敦煌变文集》，这比"数＋量＋名"格式的出现晚了七八百年。两类现象发展的时间关系为：助词"底"的产生和迅速发展是晚唐到南宋期间，这段时间恰好也是"数＋量＋名"完全取代旧格式而成为表达事物数量的唯一手段，"的"的严格使用规律也是在这个时候形成的，比如动词从句做定语必须加语法标记"的"。

1.10.4.3 基本语序对其他语法特征的影响

不论哪一种语言，其句子的基本成分都是 S（主语）、V（谓语动词）和 O（宾语）。这三个基本成分的可能排列顺序有六种：SVO，SOV，OSV，VSO，VOS，OVS。一种语言往往采用其中的一种作为其最基本的、无标记的语序，但是它们的分布极不平衡。采用 SVO 和 SOV 的语言最多，大约占整个人类语言的90%。其他的就很少了，后两种几乎不见。根据现有调查，尚未发现哪种语言是采用 OVS 的。一种语言的基本语序决定着其整体语法面貌。下面主要讨论 SVO 与 SOV 两种语言的主要语法特征差别。

第一，SVO 语言主要利用语序表达语法关系，相应地，它们的形态标记比较少，一般没有主宾格标记，动词的语法范畴主要靠词汇标记来表示。相对的，SOV 语言的形态比较发达，大都有宾格或者主格标记，动词有丰富的词尾。

第二，SVO 语言的介词是前置的，助动词一般置于其他动词之前；SOV 语言的介词是后置的，助动词一般置于其他动词之后。

第三，SVO 语言的句尾有一个重要的句法位置，可以允许各种状语、比较项、被动式的施事、地点短语等出现其中；SOV 语言的句尾则没有这个句法位置，有关的成分都出现在谓语动词之前。

第四，SVO 语言的语法化方式多是把一个短语凝固下来，用以表达一个语法范畴；SOV 语言的语法化方式则倾向于一个词汇形式逐渐弱化，逐渐变成一个形态标记。

第五，两种语言的发展不对称：SOV 语言可以逐渐变成 SVO 语言，但一般没有相反的发展。

1.10.5　结语

　　本章从现实规则、认知能力和语言系统三个方面探讨了语法规律的理据。但是这种划分并不是绝对的，往往互相渗透、互相交叉。比如一条现实规则能否作用于一种语言，以及作用于一种语言的时间、深度和广度，在很大程度上由当时的语言系统决定，也与说这种语言者认知视角密切相关。目前关于语法规律的理据的探讨还是初步的，到底有多少种因素可以影响语法规律的形成，各个方面的理据又是如何相互作用促使语法规律的形成，尚不太清楚。但是可以肯定，这是一个语言学的富矿区，具有广阔的开发前景，一定会有越来越多的成果出来，必将加深对语法本质的认识，对认知科学也有借鉴价值。

第二编
成分与结构

2.1 主语与话题

2.1.1 引言

　　主语和话题的问题是汉语语法研究中的核心课题之一。受到重视的程度高，讨论的范围大、时间长，然而迄今为止分歧之严重，没有其他问题可与之相比。围绕着该问题的一个有趣现象是关于它们存在的合理性的争议。汉语中的其他语法现象都没有这个问题，比如谁都不会怀疑汉语有体范畴、否定标记、被动式、动补结构等，对于它们的探讨是弄清楚其结构和功能。主语和话题的争议主要是：到底汉语中有没有"主语"或者"话题"这些语法成分？如果有的话，是只有其中的一个呢，还是两者都有？如果两者都有的话，它们之间的分别到底是什么？据此可以把有关的争议分为三种观点：

　　第一，主张只有话题，汉语的主语等同于话题。

　　第二，主张既有话题又有主语，两者有不同的语法性质。

　　第三，主张只有主语，没有话题。

　　要解决这一问题，我们首先要明确两点：一是谓语之前的名词到底是主语还是话题，只能把它放在人类语言这个大背景下来考察，看它们的语法特性更符合普通语言学中的哪一个定义；二是谓语之前的名词是否应该分为两类，主要看它们在句法行为上是否具有鲜明的对立，划分之后对汉语语法系统的理解是否有帮助。基于这两点，我们将论证汉语中存在着主语和话题之辨，它们在句法行为上存在着鲜明的对立，对它们的划分不仅可以解决汉语语法研究中长期以来悬而未决的问题，而且可以深化对汉语语法系统的认识。

2.1.2　普通语言学中主语和话题的定义

主语和话题是两个重要的语言学概念，它们之间的关系也是普通语言学核心课题之一。为了弄清汉语中的主语和话题的问题，我们必须明白它在其他语言的语法特性是什么。首先看一下主语的定义和跨语言的特点：

主语——句中名词短语可能有的最显著的语法关系，具有易于被确认的特点。

主语具有各种各样的语法、语义和篇章特性，主要包括如下这些特点：

（一）主语代表的是独立存在的实体。

（二）主语制约句中的共指，包括代词、反身代词和零回指。

（三）主语制约动词的一致关系。

（四）主语是无标记结构的话题。

（五）主语可以用疑问代词提问，也可以被焦点化。

（六）主语通常缺乏形态标记。

（七）主语通常是无标记结构的施事。

对主语语法特性的正确理解有两点值得我们注意。（一）主语是一个语法结构的成分，适用于从句和句子两个层面。（二）上述所列举的特性中，没有一种是适用于所有语言的，一种语言的主语可能只有其中的几个特征。再看话题的普通语言学定义：

话题——句子里表示语境中已知的成分，是句子其余部分的陈述对象。在英语等许多语言中，话题常常是无标记结构中的主语；如果话题和主语不一致时，话题常常带有某种标记标识。英语的有标记话题结构通常是把一个成分置于句首，例如：This book I can't recommend；In the park stood a bronze statue.

话题也是一种常见的语言现象，它突出的特点为：

（一）居于句首位置。

（二）后加停顿或者语气词。

（三）总是有定的，即表示已知的信息。

（四）是个话语概念，具有延续性，经常把它的语义辖域延伸到后面的几个句子。

跟主语相比，话题具有两个鲜明的个性。一是它是篇章话语（表达）里的概念，只适用于独立应用的句子层面上，但是不能进入句子内部的成分——从句的层面上。二是话题总是表示有定的、已知的信息。

与主语和话题的区别密切相关的另外一个重要概念是焦点。下面是它的定义：

焦点——句子中的某个成分被赋予特别的重要性，该成分代表的是句子中最重要的新信息，或者是与其他成分具有明确的对立。

上述定义显示，话题和焦点的特性正好是相反的：话题代表已知的旧信息，焦点则是最重要的新信息。根据这些语义上的对立，可以推断话题化和焦点标记是不相容的，已经话题化的成分不再能够加上焦点标记。

2.1.3　谓语之前名词短语的句法差异与主语和话题之别

2.1.3.1　能否进入从句的层面

现代汉语里谓语之前的名词短语的类别是相当丰富的，最常见的是施事和受事，此外还有时间、工具、地点等。为了讨论的简便起见，我们把考察的范围限制在施事和受事两类上，分析它们所得出的结论同样适用于其他类型的名词短语。

根据能否进入从句这一形式标准，可以迅速判定谓语之前不同类型的名词所组成的语法形式的性质差别。上述定义显示，主语是语法结构的成分，由它构成的格式可以用于句子和从句两种层面；然而话题是一个话语概念，只能用于句子层面上。在这一点上，不同的顺序具有截然不同的功能：

（1）a. 小王看完了书。→这就是小王看完书的地方。

　　　b. 书小王看完了。→ * 这就是书小王看完的地方。

（2）a. 她叠好了被子。→就是在她叠好被子的时候。

　　　b. 被子她叠好了。→＊就是在被子她叠好的时候。

（3）a. 我写好了信。→我写好信的时候她已经睡着了。

　　　b. 信我写好了。→＊信我写好的时候她已经睡着了。

上例显示，句子层面上可以有各种各样的变换格式，但是只有"施事（A）＋动词（V）＋受事（P）"一种语序可以进入从句。

也就是说，不同语序的格式的整体功能很不一样，只有 AVP 一种才能用于句子和从句两种层面，然而 PAV 则不行。这种重要的语法差别必须区别对待。然而比较通行的看法是把它们同等对待，不论施事还是受事，谁在句首谁就是主语。显然这种看法是不妥的。根据定义，主语是语法结构的成分，可以用于句子和从句两种层次；话题则是表达成分，只能用于句子层面。由此可以推断，只有格式 AVP 中的施事名词才有可能是主语。

我们用能否进入从句来鉴别一个格式是基本的（无标记）还是派生的（有标记）。凡是能进入从句的都是基本的或者无标记的句式，否则就是派生的或者有标记的。这一形式化的验证方法的背后的理论根据是，从句是句子的构成成分，它不受语境因素的制约，所以凡是能够进入从句的格式代表的都是汉语的基本结构。据此可以把汉语的语法格式一分为二：有标记结构和无标记结构。有标记结构是通过某种语法手段由无标记结构变换而来的，它们具有特定的表达功能。上述的分析已经确立了汉语中最常见、最重要的一种句法结构：

施事（A）＋动词（V）＋受事（P）

任何对该语序的变换都是为了表达某种特定的话语功能。该方法也可以用于其他格式的鉴定。比如时间、地点、工具等短语都有语序变化问题，我们同样可以用能否进入从句的办法判别哪种是基本的，哪种是派生的。

2.1.3.2　汉语的"唯动格"现象

上面用从句标准鉴别出汉语的基本语序为 $A_{施事}＋V＋P_{受事}$，即施事的无标记位置应在动词之前。人们可能马上想到文献中常提到的一种现象，施事也可以位于动词之后作宾语，如"来人了"等，因而认为不能简单地把句法成分和施事、受事挂钩。这是一种非常有趣的现象，对它们的正确认识有两点值得注意:(一)能用于这种格式的动词只限于少数不及物动词，普通的及物动词则不行;(二)格式中的施事大都可以出现于动词前后表示不同的语法意义，动词前表示有定，动词后则表示无定，比如"人来了"和"来人了"就存在这种对立。那么这两种语序里哪一种是更基本的呢?我们仍然可以用从句标准加以鉴别。

（4）a. 来客人的家庭　　*客人来的家庭

　　　b. 下雨的季节　　　*雨下的季节

　　　c. 晒太阳的人们　　*太阳晒的人们

　　　d. 刮风的天气　　　*风刮的天气

　　　e. 住人的房间　　　*人住的房间

　　　f. 掉牙的孩子　　　*牙掉的孩子

　　　g. 走人的便道　　　*人走的便道

　　　h. 坐人的石凳　　　*人坐的石凳

　　　i. 长痱子的小孩　　*痱子长的小孩

出乎意料的是,对于这些不及物动词,无标记的语序应该是"$V_i + A_{施事}$"。从语言类型学的角度来看，上述现象是不难解释的。

根据主宾语的标记特征，世界上的语言可以分为两大类：宾格语言和唯动格语言。宾格语言的不及物动词和及物动词的施事拥有一样的语法标记或者占据同样的句法位置，如英语等。然而在唯动格语言里，则是不及物动词的施事与及物动词的受事具有同样的语法标记或者出现于同样的句法位置，属于这类的语言很多。

汉语的上述现象揭示它与唯动格语言家族之间的相似性。汉语的主宾语标记的唯一手段是语序。及物动词的受事的无标记句法位置是谓语动词之后，上面的测试结果显示，不及物动词的施事的无标记句法位置也是谓语动词之后，即它们的基本句法位置都是一样的。这种表现正是唯动格语言的特征，也是人类语言的一个普遍现象，所以这种现象的存在跟我们对及物动词分析所确立的 AVP 基本格式并不矛盾。

2.1.3.3 话题化与焦点化的对立

话题和焦点的语义特征是相互矛盾的：话题表示的是语境中已被确立的旧信息，焦点则是最重要的新信息。这种对立在语法上就表现为，标记两者的语法手段是不相容的。然而主语是一个结构成分，不要求为语境中已知的旧信息，因此它与焦点标记不排斥。据此我们可以根据能否加焦点标记的办法来鉴别谓语之前名词短语的不同语法性质。

现代汉语的典型焦点标记是由判断词语法化而来的"是"。与焦点表示有关的是特指疑问代词的使用。疑问代词自身固有一个［＋焦点］特征，其他语言的疑问代词常常附加有焦点标记，现代汉语的情况则是：如果一个句子包含有疑问代词，那么只有这个疑问代词才可以加焦点标记"是"。例如：

（5）a. 是谁昨天用钳子把车修好的？

b.* 谁是昨天用钳子把车修好的？

c.* 谁昨天是用钳子把车修好的？

d.* 谁昨天用钳子是把车修好的？

但是如果把主语换为普通的非疑问词语，句子中的其他成分可以被焦点化，比如可以说"他是昨天用钳子把车修好的"。因此凡是可以用疑问代词提问的成分也都可以被焦点化，所以能否加焦点标记和能否用疑问代词提问，具有相同的判断价值。

上文所列的主语的第 5 个特征是：可以用疑问代词提问而且可以被焦点化，这也正好是话题所没有的一个特征。我们正可以据此来判断谓语之前的施事和受事的句法对立。

（6）a. 小王看完了书。　→是小王看完了书。谁看完了书？

b. 书小王看完了。　→*是书小王看完了。*什么小王看完了？

（7）a. 她叠好了被子。　→是她叠好了被子。谁叠好了被子？

b. 被子她叠好了。　→*是被子她叠好了。*什么她叠好了？

（8）a. 我写好了信。　→是我写好了信。谁写好了信？

b. 信我写好了。　→*是信我写好了。*什么我写好了？

由此可见句首的施事和受事的性质是很不一样的，只有施事才能被焦点化或者提问，受事则不行。也就是说，句首的受事名词才具有主语的特征，受事名词则是话题的特征。从表达上看，句首的受事名词都是表示有定的旧信息，这也正与话题的特点相符。

2.1.3.4　话题和主语的判别特征

总结上述的分析，判别话题的形式标准有四个，外加两个语义特征：

一、话题的形式特征

（a）话题化的结构不能进入从句；

（b）话题化的成分不能被焦点标记"是"标识；

（c）话题化的成分不能用疑问代词提问；

（d）话题成分通常居于句首。

二、语义特征

（a）话题代表的是已知信息；

（b）话题指示的是有定的事物。

下面例句都是话题化结构，其中画线部分都是话题，它们都符合上述三个形式标准：

（9）这种人我想不会太亏待自己的。

（10）他呀，成绩不好，还怨老师没教好。

（11）早饭你上我家吃吧。

（12）头发呢，他早被人剃光了。

（13）小丽，她又欺骗我了。

以例（11）为例，"早饭"出现在句首时是话题化结构，整个结构不能再进入从句，它也不能再被焦点标记，而且也不能被提问；然而，与此相对立，如果把"早饭"放在它的本来的句法位置——"吃"之后时，则不仅可以用于从句，而且也可以被焦点化或者提问。

（14）a. 早饭你上我家吃吧。　　你上我家吃早饭吧。

　　　b.* 是早饭你上我家吃吧。　　你上我家吃的是早饭。

c.* 什么你上我家吃？　　你上我家吃什么？

d.* 早饭你上我家吃的时候　　你上我家吃早饭的时候

相应地，主语的形式和语义特征可以概括如下：

一、主语的形式特征

（a）主语所在的格式可以用于从句和句子两个层面；

（b）主语可以被焦点化；

（c）主语可以用疑问代词提问。

二、主语的语义特征

（a）行为动作的施事；

（b）性质、状态的主体。

判别主语时，要意义标准和形式标准相互参照。特别值得注意的是一些地点和时间状语，也具有主语的形式特征，但是可以根据主语的语义特征加以排除。比如"在桌子上写字"可以用于从句层面："在桌子上写字的时候"。"在桌子上"也可以被焦点化、提问："是在桌子上写字"和"在哪儿写字"。但是"在桌子上"不是"写"行为的"施事"，仍然不能被认为是主语。再如，"昨天他进了一趟城"和"昨天很冷"两句中的"昨天"很不一样，第一个"昨天"是确立事件发生的时间位置，第二个则是状态"很冷"的主体。所以只有第二个"昨天"才能被看作主语。

绝大部分的情况下，判别话题和主语的形式和语义特征是一致的，但是有时候会出现冲突的现象。这时，我们以形式特征为主。最典型的情况是被动句。句首的名词是受事，与很多语序话题的一样，但是整个格式既可以用于句子又可以用于从句，受事名词也可以被焦点化或者提问：

（15）a. 小王被领导批评了。

b. 是小王被领导批评了。

c. 谁被领导批评了？

d. 小王被领导批评的时候，他还在笑呢。

这种情况下，仍以形式特征为准，被动式句首的受事名词应为主语，而不是话题。

2.1.3.5 主语与无标记话题之关系

汉语学界在 50 年代主宾语问题的讨论时，指出当时出现的许多糊涂想法根源于把下面三个平面的概念混淆起来：

结构平面：主语、宾语

语义平面：施事、受事、与事、工具、地点

表达平面：话题、陈述

三个平面的划分对语法分析是很有帮助的，但是不能由此认为三个平面的概念是互不相干的。其实，句法、语义和语用实际上并没有明确的界限，只是为了研究的方便才分为三个不同的层面。前文的分析表明，根据能否进入从句所确立的无标记句法结构，结构成分和语义角色严格对应。

主语可以被看作是无标记结构的话题。在没有任何标记的情况下，主语的高认知凸显性使得它自动成为篇章中的话题。相当多的学者认为，汉语的主语就是话题，如果把这里的"话题"理解为无标记的，应该是没有错的。本章所讨论的话题都是有标记的。有标记话题和无标记话题的语法性质是很不一样的，应该区别对待。

2.1.3.6 包含话题和主语的句子的层次划分问题

无标记的句法结构因为受语境因素的影响，可能产生语序上的变换，最常见的当然是话题化了。那么此时怎么样划分句子的结构层次呢？把"话题"看作与主语、宾语位于同一层次上的概念，是不合理的，因为这把不同平面的概念揉在了一起。为此我们提出一个简单的处理办法，凡是话题化的结构，第一个层次都是"话题（T）—说明（C）"。例如：

（16）信 我 已经 写完了。

   — ——————————————   话题—说明

      — ————————————   主语—谓语

         ————————   状语—动词

         — ————   述语—补语

我们不赞成目前汉语学界通行的一种处理方法，把句子开头的名词一律看作主语。下述画线的部分通常都被认为是主语：

（17）a. <u>花猫</u>逮住了一只耗子。

　　　b. <u>这个学生</u>我教过他数学。

　　　c. <u>明天</u>他们上广州。

　　　d. <u>这位同学</u>我没有跟他说过话。

上述处理方法方便是方便，但是存在着两个严重的问题。（一）掩盖了不同句首名词的重要语法性质差别。只有（17）a 的施事名词才具有主语的特征：能被焦点化或者提问，所在的格式也能进入从句，其余的都不具备这些特征。根据我们的定义，只有（17）a 的句首名词才是主语，其余的都是话题。（二）如果把句首的名词都看作主语的话，其余的部分则只能看作一个主谓结构，这样就人为地大量增加了主谓结构做谓语的例子。跟英语做一简单的比较，问题就比较清楚了：

（18）a. <u>This book</u> I can't recommend.

　　　b. <u>Weddings</u>, they really leave me cold.

　　　c. <u>Weddings</u> I just don't care for.

画线的部分都是话题化的成分，没有人把它们归为主语，因为英语中不允许主谓结构直接做谓语的用法。汉语中的确存在着主谓短语做谓语描写形状的用法，如"她头疼"，但不能据此把这种结构无限制地扩大。其实真正的主谓谓语句跟例（17）中所谓的主谓谓语句语法性质也很不一样，比如可以说"在她头疼的时候"，但是不能说"* 在这个学生我教他数学的时候"。可见前者是汉语的基本句式，后者则是只适用于话语层面的用法。

2.1.4　话题化的手段

2.1.4.1　语序变换的话题

　　上面确立了话题的语法、语义特征，话题的典型句法位置是句首，因此篇章话语的句子的抽象格式为：

　　[　]₍话题₎ 主语＋谓语动词＋宾语。

上述格式只显示了句子的几个主要成分，可以话题化的成分并不限于这些，还可以是时间、地点、工具、与事等成分。最常见的话题化手段有两大类：一是变换语序，二是加标记。下面分别加以说明。

语序是汉语最重要的语法手段，汉语充分利用语序的变换来表达各种各样的语法意义，话题就是其中常见的现象之一。那么要知道哪些是靠语序变化表达的话题，首先应该明白哪个是无标记（基本）语序，哪个是有标记（派生）语序。我们的形式标准是看能否进入从句，对于由同样的词语构成的不同语序来说，能进入从句的那一个是基本语序，其他的则是有标记语序，有标记语序往往是表达某种特殊的语法意义。

最常见的语序话题是，把受事名词从它无标记句法位置——谓语动词之后移到句首，如"信我已经写好了"，这类例子前文已经举了很多，这里重点考察一下同类的其他现象。话题化的对象也可以是谓语动词之前的介词短语引进的与事、对象、工具、受益者等，移于句首的话题的原来位置通常用一个代词回指。例如：

（19）a. 我跟这个人通过信。→这个人我跟他通过信。

b. 我一共给了小王五十块钱。→小王我一共给了他五十块钱。

c. 我曾经帮这位教授整理过稿子。→这位教授我曾经帮他整理过稿子。

d. 我用这把刀切肉。→这把刀我用它切肉。

上例各对左端的例子代表的都是无标记语序，可以进入从句；右边的则是有标记语序，目的是把有关的成分置于句首话题化。话题化的结构不能进入从句，话题化的成分也不能被焦点化或者提问。以例（19）d 加以说明。

（20）a. 我用这把刀切肉。 　　　　这把刀我用它切肉。

b. 当我用这把刀切肉的时候。 　*当这把刀我用它切肉的时候。

c. 我是用这把刀切肉的。 　　　*是这把刀我用它切肉。

d. 我用哪把刀切肉？ 　　　　 *哪把刀我用它切肉？

时间词的语序变换最难确认。表面上看来，很多时间词可以自由地出现于主语的前后，而且从语感上看，表义功能也没有明显的差别。然而我们仍然可用上面的形式标准，迅速确定哪一个是基本语序。我们以"昨天"为例对这种现象做了调查，发现只有时间词出现于主语之后时才能被焦点化、提问，所在的格式才能进入从句。例如：

（21）a. 我昨天写好了一封信。　　昨天我写好了一封信。

　　　b. 这是一封我昨天写好的信。　*这是一封昨天我写好的信。

　　　c. 我是昨天写好了一封信。　　*是昨天我写好了一封信。

　　　d. 你什么时候写好了一封信？　*什么时候你写好了一封信？

根据我们的广泛调查，在从句层面上，如果有主语的话，"昨天"只出现在主语之后。另外一个有关的现象是，如果一个句子有主语，询问时间的"什么时候"只能用于主语之后。例如：

（22）你们什么时候结的婚？（《枉然不供》）

（23）你什么时候也信起这一套了？（《你不是一个俗人》）

（24）我什么时候说你欠我了？（《我是你爸爸》）

由此可见，时间词的无标记句法位置是主语之后，它们在主语之前的用法是语序话题现象。

2.1.4.2　添加语法标记的话题

通过添加语法标记而话题化的成分，最常见的是主语的话题化。这是因为主语的无标记句法位置是句首，话题的句法位置也是句首，那么主语的话题化就不能单靠语序来实现，常常要借助外显的语法标记标识。最常见的把主语提升到话题位置的手段有以下两大类：

一、话题后面有个停顿或者添加语气词"啊、吧、嘛、呢"等。如：

（25）他吧，从小就爱看小说。

（26）这孩子啊，竟然认不出他妈妈。

（27）我呢，一天到晚就爱看书。

（28）他爸爸嘛，从早到晚都不沾家。

上例中的现象也揭示，不能单纯根据语义角色来确定句子成分。同样一个语义角色，比如上例中的施事名词，有没有停顿或者加不加语气词，语法性质截然不同：没有停顿或者不加语气词时，有关的施事名词具有主语的性质，可以被焦点化、提问，所在的结构也可以进入从句；然而加了语气词之后，就不具有这些特点，而是话题。现以例（28）为例加以说明：

（29）a. 他爸爸嘛，从早到晚都不沾家。

　　　b.* 是他爸爸嘛，从早到晚都不沾家。

　　　c.* 谁嘛，从早到晚都不沾家。

　　　d.* 他爸爸嘛，从早到晚都不沾家的事人人都知道。

（30）a. 他爸爸从早到晚都不沾家。

　　　b. 是他爸爸从早到晚都不沾家。

　　　c. 谁从早到晚都不沾家？

　　　d. 他爸爸从早到晚都不沾家的事人人都知道。

在从句层面上，主语和谓语之间是绝对不允许停顿或者添加语气词的。

二、话题后面有个回指词语。这又可以细分为两类：一是名词的话题用代词回指；二是代词的话题用名词短语回指。例如：

（31）秀秀养娘他如何也在这里？

（32）这洛阳城刘员外，他是个有钱贼。

（33）济南省城，那是大地方，不用说。

（34）他这个人就知道吃。

（35）他们这些捏笔杆子的也会种庄稼。

上述画线的部分都是回指其前的话题，被回指的施事成分都失去了主语的性质，表现为不能被焦点化、提问，所在的结构也不能作从句用。下面以例（35）为例加以说明。

（36）a. 他们这些捏笔杆子的也会种庄稼。

　　　b.* 是他们这些捏笔杆子的也会种庄稼。

　　　c.* 谁这些捏笔杆子的也会种庄稼。

　　　d.* 他们这些捏笔杆子的也会种庄稼的事大家都知道。

（37）a. 他们会种庄稼。

　　　b. 是他们会种庄稼。

　　　　c. 谁会种庄稼？

　　　　d. 他们会种庄稼的事大家都知道。

2.1.4.3　主语和谓语之间的对比话题

　　上面所讨论的话题都是出现在句首的位置，而且都是表示定指的事物。还有一种类似的现象，也是把一个受事成分从它在动词之后的无标记句法位置移到谓语动词之前，但是不同的一点是，不是在句首，而是在主语之后和谓语动词之前。这类格式有一个共同的特点是，多用于比较，而且话题化的名词一般是表示通指，而不是定指。这种现象可以看作"次话题化"。例如：

（38）a. 他北京话说得很好？

　　　　b. 我今天的报还没有看呢。

　　　　c. 我羊肉不吃，吃牛肉。

　　　　d. 他，酒呢，早不喝了，烟还抽。

上述现象与普通的话题化具有平行的语法特征，话题化的成分不能再加焦点标记或者被提问，所在的结构也不能进入从句。例如：

（39）a. 他羊肉不吃。

　　　　b.* 他是羊肉不吃。

　　　　c.* 他什么不吃？

　　　　d.* 大家都知道他羊肉不吃的习惯。

2.1.4.4　遍指和完全否定格式中的受事成分的无标记句法位置

　　并不是所有位于句首的词语都是话题化的成分。判别的标准仍然是看它们能否进入从句。话题化的结构是不能进入从句的，下面三种情况都不能认为是话题化现象。

　　一、名量词重叠表遍指的时候，不论是施事还是受事，必须出现在谓语之前。这种语序是它们的无标记用法，因此也可以用于从句层面。名量词重叠式即使出现在句首，也不能看作话题。例如：

（40）a. 人人我都通知到了。

　　　b. 人人我都通知到的时候，咱们再开始。

（41）a. 处处我都检查过了。

　　　b. 处处我都检查过以后，我再来见你。

二、类似地，疑问代词引申表遍指时，不论是施事还是受事，也必须出现在谓语之前。这也是它们的基本用法，并不是话题化现象。例如：

（42）a. 什么她都爱买。

　　　b. 她是个什么都爱买的人。

（43）a. 哪儿他都去过。

　　　b. 他是个哪儿都去过的人。

三、极小量词表示完全否定的时候，也总是置于谓语之前。这也是基本语序，可以进入从句。此时也不宜看作话题化现象。例如：

（44）a. 一分钱他都不愿意多花。

　　　b. 他是个一分钱都不愿意多花的人。

（45）a. 一根烟他都没有吸过。

　　　b. 他是个一根烟都没有吸过的人。

上述三种用法都是为了表示某种特定的语法意义，它们的无标记句法位置就是谓语动词之前，并不是通过语序表达的话题。

2.1.5　英汉话题化的使用差别

英语的话题化现象是极为罕见的，不论从使用频率还是类型上，都远远无法跟汉语相比。比如，迄今为止我们能够见到的、有代表性的英语语法专著几乎没有提到英语的话题问题。然而汉语的话题化则是其最主要的语法特征之一。有些学者把"话题凸显"看作是汉语区别其他语言的一个最主要的句子结构特征之一。他们认为，因为话题在汉语语法中的重要性，那么描写汉语语法必须借助"话题"这个术语，它在解释汉语句子构造上起着关键的作用。

跟英汉话题使用差别相关的另外一个现象是，英语几乎每一个句子都有一个主语，而汉语的主语则可以自由地省略，主语和谓语动词之间则没有任何人称、数等方面的限制。

至此，我们看到英汉两种语言的话题和主语之间存在着反比例关系：

（一）英语的主语重要性高，往往为句子的必须语法成分，而话题的使用则大大受到限制。

（二）汉语的主语重要性低，可以自由地省略，而话题却非常普遍。

下文将尝试解释存在于英汉之间这种话题和主语的反比例关系的原因。

2.1.6 结语

本章的分析揭示，汉语中存在着主语和话题的区别，它们的语法性质和语义特征很不一样。主语是一个结构成分，所在的结构可以用于句子和从句两种层面，单独成句时，主语还可以被焦点化或者提问。从语义上看，主语是行为动作的施事，或者性质状态的主体。因为主语常常居于句首，具有认知上的凸显性，所以可以被看作无标记的话题。我们所讨论的都是有标记的话题。标记话题的手段包括语序变换，语音停顿，添加语气词，或者回指。有标记的话题是话语层面上的概念，话题化的结构不能进入从句。因为话题代表的是交际双方共知的旧信息，与焦点化的语义特征相矛盾，所以不能加焦点标记"是"或者被提问。主语和话题之间的差别可以列表如下。

主语	话题
1. 可以加焦点标记"是"	1. 不能加焦点标记"是"
2. 可以用疑问代词提问	2. 不能用疑问代词提问
3. 所在结构可以用于句子和从句	3. 只能用于句子层面
4. 行为动作的施事或者性质状态的主体	4. 指示有定的事物

主语和话题的区别具有重要的意义。这在一定程度上解决了汉语学界长期以来悬而未决的问题，使得我们对汉语的语法系统的理解更加全面、正确。同时这一问题也与主宾语问题有关，因此它的成功解决，也有助于推进关于主宾语问题的研究。

2.2 主语与宾语

2.2.1 引言

一种语言的语法往往是一个和谐、统一的系统，其各种语法特征之间存在着内在关系。英语和汉语在主语、宾语和话题的使用上存在着重要的差别，本章的研究表明，这一系列的差别不是偶然的，其背后受严格的规律支配。同时也将说明，这些表层语法形式的差别是深深植根于两种语言动词概念化方式的不同。不同的语言有不同的语义系统，而不同的语义系统又是来自不同民族在概念化外在世界时所采用的方法的差异。从认知语言学的角度来看，一种语言的语义系统在很大程度上决定了它的整体语法面貌。

主语、宾语和话题是普遍的语言现象，但是它们在不同的语言中的使用频率、范围和语法性质差别非常悬殊。英语的陈述句都要求有一个主语，宾语的省略也受到很大的限制，但是英语则几乎不允许把施事名词或者受事名词置于句首而话题化。相对的，汉语的主语和宾语都可以自由地省略，而且句子中的各种名词性成分大都可以自由地置于句首而被话题化。本章的主要目的有两个：（一）探讨英汉的主宾语的性质与话题使用频率之间的内在联系；（二）揭示英汉主宾语性质和话题使用的差异背后的概念化原因。

本章所讨论的现象既涉及重要的理论问题，又具有很高的实用价值。从理论上看，普通语言学界以"话题凸显"或者"主语凸显"为标准，来给人类语言作类型学的分类以来，已在国际语言类型学领域产生了广泛的影响。现在国际语言学界普遍把汉语归为第一类语言的典型，把英语归为第二类语言的典型。这一类型学划分标准已收入标准的英语语言学词典。对导致英汉这一类型学差异原因的探讨，也在语法化理论领域产生了广泛的影响，有学者认为主语是话题语法化的结果。同时，我们的研究对于英语教学和对外汉语教学也具有很高的实用价值。主语、宾语和话题是句子的基本成分，几乎每一句话都会用到它们。初学者往往会根据自己母语的使用规律推及对方语言的用法，结果就会造成不规范用法或者语法错误。教材的编写者或者语言老师如果了解这方面的差异，有意识地加强学生这方面的训练，就会取得理想的教学效果。

2.2.2　英汉主宾语的语法性质的差别

2.2.2.1　英汉主语的语法性质的差别

上文已经提到，英汉主语的语法性质具有明显的不同。凡谓语动词为限定形式的英语句子，都必须有主语。英语的陈述句都要求有一个主语，如果去掉主语句子就不合语法了。例如：

（1）Nancy knows my parents.　　　*Knows my parents.

　　　I am your new colleague.　　　*Am your new colleague.

　　　My daughter has prepared lunch today.　　*Has prepared lunch today.

英语的上述语法特点还反映在它的"假主语"的使用上。在无法确定主语是什么时，由于纯粹语法上的要求，要在句子开头补上 it 或者 there 这种不传递任何信息的形式主语。例如：

（2）It is raining.　　There is a car on the grass.

　　　It is Sunday.　　There are several typos in the article.

汉语的主语省略则非常自由，只要能根据上下文明白主语所指，主语大都可以不出现，因此汉语主语的省略十分普遍。下面是我们对曹禺《雷雨》调查中所得到的例子，符号"Ø"指示省略了一个主语。

（3）鲁　贵：Ø 见着你妈，别忘了把新衣服都拿出来给她瞧瞧。

鲁四凤：Ø 听见了。那您不是一块两块都要走了么？Ø 喝了，Ø
　　　　赌了。

（4）鲁　贵：你看，谁管过你啦。Ø 去吧，Ø 跟太太说一声，Ø 说鲁
　　　　　　贵直惦记太太的病。

鲁四凤：Ø 知道，Ø 忘不了。（《雷雨》）

汉语的主语省略自由还表现在，紧邻的几个句子的主语虽然不同，也可以省略。例如：

（5）你告诉她，说克大夫是个有名的脑病专家，我在德国认识的。Ø1
　　　来了，Ø2 叫她一定看一看，Ø3 听见了没有？（《雷雨》）

上例中的 Ø1 指的是"克大夫"，Ø2 和 Ø3 则指的是"你"。这里只有根据上下文来判断句子的主语是什么。

汉语话题的丰富性还表现在，很多话题化的成分反而不能放到原句子结构之中而成为一个合法的句子。特别是当话题是一个含有长定语而表达有定性的复杂结构时，虽然语义上为谓语动词的受事，但是如果把它放在宾语位置，要么听起来不自然，要么干脆就不能说。例如：

（6）老爷的雨衣你给我放在哪儿啦？（《雷雨》）

这地方我绝对不会再住下去。（《雷雨》）

我亲生的两个孩子你们家里逼着我留在你们家里。（《雷雨》）

上组例子中画线的部分都是话题，它们都不能放到动词之后做宾语。比如上述第一例不能说成："* 你给我放老爷的雨衣在哪儿啦？"第二例也不能说成是："* 我绝对不会再住下去这地方。"由此可见，汉语的话题结构已经发展成为表达某种语义内容的必须语法手段。汉语话题结构的这一特点又跟英语形成了鲜明的对立，英语的话题结构不仅少，而且都可以还原为普通的 SVO 结构。

2.2.2.2　英汉宾语语法性质的差别

英汉宾语语法性质的差别也是非常大的。从总体上看，英语宾语的省略受到很大的限制，不少句法结构要求有一个宾语，如果去掉宾语，句子

就变成不合语法的了。汉语的宾语则不是一个语法上必须的成分，只要上下文清楚，都可以省略。下面分别加以说明。

英语双宾结构的间接宾语有时可以省略，但是直接宾语则不能，否则句子就成为不合法的了。例如：

（7）They gave me some chocolate.

　　→ They gave some chocolate.

　　→ * They gave me.

（8）David saved me a seat.

　　→ David saved a seat.

　　→ *David saved me.

然而汉语的双宾结构的直接和间接宾语都可以省略，甚至主语也可以省略，只留下一个光杆动词。例如：

（9）小王送了王老师一张贺卡。

　　小王送了一张贺卡。

　　我和小王各买了一张贺卡，我送了李老师，小王送了王老师。

　　（回答问题"今年你送王老师贺卡了吗？"）送了。

英语的下列句子结构中的宾语都是不能省略的，否则将成为不合法的句子。

（10）They amuse me.　　　　*They amuse.

　　　We elected her.　　　　*We elected.

　　　He'll get a surprise.　　*He'll get.

　　　The lecture bored me.　*The lecture bored.

但是，汉语的宾语则不是一个必须的语法成分，在有上下文的情况下（或语境中），可以自由地省略。例如：

（11）我昨天晚上写了一封信。　我昨天晚上写了。

　　　妈妈做好了晚饭。　　　妈妈做好了。

　　　他们得到了奖品。　　　他们得到了。

对于英语来说，宾语的省略比主语的自由一些。比如当动词为进行体表达动作行为的进行状况时，有时可以省略宾语，但是仍不能省略主语。例如：

（12）They are eating pizza.　　They are eating.　　*Are eating pizza.

　　　 They are teaching math.　They are teaching.　*Are teaching math.

　　　 They are hunting deer.　 They are hunting.　　*Are hunting deer.

2.2.2.3　现代英语主宾语使用特点的历史成因

古今英语的主宾语的句法行为具有明显的不同，古英语的主语并不是陈述句的一个必须的成分，可以自由地隐现。比如，恺撒用拉丁语说的"Veni, vidi, vici"，古英语也可以单独用动词来表示同样的意思，然而现代英语则必须补上主语：I came, I saw, I conquered。古今英语的这一差别主要来自动词形态的简化。古英语的动词具有丰富的形态，可以指示动作是谁发出的（施事），涉及什么对象（受事）等。随着这些动词形态的消失，已无法显示动作的发出者，那么在句法结构层次上主语就必须出现，用以承担古英语有关形态的功能。也就是说，古今英语的动词都有一个共同的要求，指明其施事（主格），所差别的只是采用的手段不同而已：古英语用形态的方法，现代英语则用语序和句子成分的方法。

英语 SVO 语序的确立也与名词形态的简化有关。古英语的句子的基本语序跟今天不同，为 SOV，名词也有丰富的形态，拥有主格和宾格的标记以区别名词的语义角色。也就是说，古英语是依赖形态来区别施事和受事的。那么随着这些形态的消失，英语逐渐利用语序的手段来区别句中名词的语义角色的差别：施事名词固定在动词之前，受事名词固定在动词之后。结果也形成了今天英语的 SVO 语序。

概括起来，现代英语的主宾语的句法行为的形成主要来自两个方面的动因：一是由于形态的简化，后来用语序的手段指示谓语动词的施事和受事；二是英语的动词语法上要求标志出动作的施事或者受事。

2.2.3　英汉主宾语性质差异的概念化原因

2.2.3.1　英汉两种语言的动词概念化方式的差别

上面看到，英汉两种语言的主宾语句法行为之间存在着重要差别。我们认为，其根本原因是两种语言对动作行为的概念化方式的不同。概念化是指一个民族如何把认识外在世界的成果用词语固定下来的一种认知行为。对于同样的现实现象，不同的民族由于采用不同的认知视点，就会用不同的方式来概念化。结果就会形成两种语言的语义系统的不同，进而影响到它们语法特征的差异。

动词是表达动作行为的概念，而动作行为的最主要的特征之一就是其具有方向性。用现代科学的术语来说，动词具有矢量的语义特征。在分析自然语言之前，先看"矢量"这一概念的科学定义。

矢量是有大小也有方向的物理量，如速度、动量、力等。它们是动作、行为、运动、变化的普遍特征之一，因此反映在语言上就表现为动词的一种重要语义特征。不同语言在概念化动作行为这类现象时，对矢量特征都会采取某种方式加以处理。比如同一类型的动作，有些语言对不同的矢量方向采取不同的词语去概括，有些语言则不计矢量的方向，用一个词语去表示，而在实际表达时用其他语法手段或者词汇加以补救，由此而会引起两种语言一系列的语义和句法上的差别。

我们已经详细探讨了英、汉对动作行为的矢量特征的处理方式的差别，并分析了这一差别对两种语言被动表达的影响。概括起来说，英语的动词系统对矢量特征非常敏感，同一类型的动作行为，如果矢量的方向不同，就采用不同的动词形式加以表达。相对的，汉语的动词系统对矢量特征不敏感，往往用一个动词来表示矢量方向不同的动作行为。下面举例加以说明。

一、表示物体传递的动词。对于物体传递的动作行为，英语是矢量方向不同就分别用不同的动词加以概念化，汉语则是不管矢量方向，同一类动作行为就用一个动词来表示，需要指明矢量方向时，则用趋向动词或者介词短语表示。比如，"借"既可以表示"借入"，又可以表示"借出"，因此下例是有歧义的。英语则分别用 borrow 和 lend 两完全不同的动词来概念化。

（13）老李借了小王一本书。

John lent Mary a book.

John borrowed a book from Mary.

二、表示握持物体的动作。汉语的"拿"可以表示握住不动，也可表示从说话者所处位置拿到别的地方，还可以表示从别的地方拿到说话者的位置。英语则分别用三个独立的动词表达不同矢量特征的同一动作行为。例如：

（14）他拿了一本书。

→（a）他手里拿着一本书。　　　　　= hold

→（b）他从别的地方拿到这里一本书。　= bring

→（c）他从这里拿到别的地方一本书。　= take

三、普通的及物动词。汉语有不少及物动词，它们所代表的动作行为的能量作用的方向既可以从主语到宾语，又可以从宾语到主语。英语则必须用不同的动词或者同一动词的不同语法形式诸如被动态来表示。例如：

（15）他在吹火。　　He is blowing a fire into flames.

他在吹电扇。　　He is being cooled down by an electric fan.

上面只是简单地举例说明。我们可以根据英汉两种语言动词概念化特点的不同，来解释造成两种语言主宾语性质差别以及话题使用频率的显著不同的原因。

一、英语是对动作行为矢量方向敏感的语言，矢量方向是由起点和终点一起确定的。动作的起点一般为主语（施事），动作的终点一般为宾语（受事），所以在语法上就表现为，英语的动词一般要有一个主语，宾语也一般不大能省略。这一特征又进一步限制了话题的使用。因为话题是把原句子结构的某一成分移至句首，而移开的话题成分与谓语动词不再发生直接的语法关系，那么语法上需要一个主语或者宾语的动词就限制了其主宾语被话题化。换句话说，英语动词的矢量特征极大地限制了话题化的使用。至此我们确立了英语中三个表面上互不相干的现象之间的内在联系：

对矢量特征敏感的动词概念化系统

⊃ 一般必须出现主语／宾语

⊃ 话题化受限制

二、应用同样的道理也可以用来解释汉语中的有关现象。汉语的动词对矢量方向不敏感，因此语法上不要求一般表示动作起点的主语和终点的宾语一定出现，所以其主宾语可以自由地被省略。主宾语的自由省略也为话题化的大量使用提供了条件，动词的施事或者受事名词可以自由地移至句首而成为话题。尽管话题化的成分不再与原句子结构的动词直接发生语法上的关系，但整个组织仍然是合法的，因为汉语的动词对主宾语的出现没有必需的要求。至此我们也可以确立汉语的动词概念化和语法特征之间的联系：

对矢量特征不敏感的动词概念化系统

⊃ 可自由省略主宾语

⊃ 话题丰富

2.2.3.2　话题和主语之间不存在历史关系

上面的分析表明，一种语言的动词概念化方式是决定它的主语和话题使用特点的根本原因。这一看法与历史语言学领域关于话题和主语之间存在着历时关系的观点不相容。语法化领域里有一个颇有影响的观点，认为主语是从话题语法化而来的，主语和话题代表两种语法化程度不同的句子成分，主语的语法化程度高于话题主语比话题的语法化程度要高。如果这一假设是真的，将会导出以下三个逻辑结论：

（一）英语比汉语发达，因为英语是主语凸显的语言，汉语是话题凸显的语言。

（二）英语在历史上曾经出现过大量使用话题的阶段，它们现在几乎全部语法化为主语。

（三）汉语在历史上话题的使用远比现在的高，出现过这样的发展趋势，话题由多变少，与此同时主语由少变多。

然而，上述三个逻辑结论都与历史事实不符。首先，没有任何证据证明英语比汉语发达。事实上，过去500年来英语的一个主要发展趋势为，逐渐退化掉繁复的形态，更多利用语序和介词等虚词手段表达各种语法范畴，也就是说，英语是朝汉语这种分析式语言发展的。这意味着分析式语言与屈折语言之间并不是发达与否的关系。其次，现代英语的主语特征并不是来自话题，而是来自动词和名词的主格和宾格标记的简化，即为形态简化的一种反应变化。最后，汉语历史上并不存在话题和主语互为消长的发展关系。我们调查过2000多年前的文献《论语》，那时的话题一点儿都不比现在多。因此，那种认为话题和主语之间存在着历时发展关系的观点是缺乏根据的。

总之，我们认为英汉两种语言的主语和话题上的使用特点，是由其动词的概念化方式决定的，它们之间虽然具有相关性，但并没发展关系。也就是说，两种语言的一些重要语法特点，在两个民族概念化外在世界时已经被决定了。

2.2.4　结语

本章讨论了英汉两种语言最显著的语法差别，探讨了它们的成因以及同一语言不同语法特点之间的相关性。分析表明，一种语言的语法是一个和谐统一的有机整体，表面上看起来不相干的各个语法特点之间实际上存在着内在的联系。语法和语义之间也存在着相互制约的关系。在概念化外在世界的时候，不同的民族可能采用不同的视角，结果就会影响语义系统的差别，并进而影响一种语言语法的整体特征。

主语和话题的使用方式是一种语言的显著类型学特征。普通语言学领域根据这一标准把人类语言分为两大类。英语属于主语重要的语言，汉语属于话题重要的语言。英汉两种语言的这种类型学特征都是由其动词概念化的方式不同造成的。英语的动词对动作行为的矢量特征敏感，在语法上就要求标记出动词的主语（矢量起点）和宾语（矢量终点），这一要求又限制了句子结构中的主语或者宾语移至句首被话题化，因为话题化的成分跟原句子结构中的动词不再直接发生语法关系。用同样的道理也可以解释汉语的各个语法特征之间的内在联系。汉语的动词对动作行为的矢量特征不敏感，在语法上也就不要求主语或者宾语一定出现，同时主语和宾语也可以自由地移至句首而话题化。

2.3 宾语标记

2.3.1 引言

主语和宾语是两个重要的语法单位，不同的语言则用不同的手段加以标记。很多语言是用形态的办法来区别主宾语的，标记主语的形态为主格，标记宾语的为宾格。如拉丁语 Video hominem "看＋人宾格" 采用的是 "人" 的宾格形式，意思为 "我看见了那个人"；如果把 "人" 换为相应的主格形式 homo，意思就是 "那个人看见了"。另一种常见的办法是用语序来区别一个名词做什么句子成分，英语就是如此，如 The postman beats a dog 中的 dog 是宾语，它的语法地位是靠在动词之后这一语序来区别的，而没有外在的形态变化。然而英语的代词系统具有主格和宾格的形态对立，比如：I 为第一人称代词主格，me 为宾格；he 为男性第三人称代词主格，him 为宾格；等等。但是，即使在代词内部，英语的这种形态对立也是不严格的，比如第二人称代词 you 和指物的第三人称代词 it，没有主格和宾格的形态变化。

汉语的情况有点儿类似于英语，一个名词在句子里做主语还是做宾语，是靠语序来区别的。但是一些非典型的宾语，往往靠一个来自量词的 "个" 标记。这种用法在口语中相当普遍。本章探讨 "个" 的宾格标记的语法性质及其适用范围，并尝试解释这种用法的产生动因。

2.3.2　宾语标记"个"的语法性质

"个"的宾格标记用法大约产生于宋代，尔后不断扩展，所能标记的宾语的类型越来越多，也越来越复杂。但是，即使到今天，"个"的这一用法还只限于口语。它的这一语法性质已经引起了人们的注意，但是很多语法教材和专著甚至没有提及这种现象的存在。

首先遇到的一个问题是，"个"的语法性质到底是什么？对此有两种不同的看法：一种认为"个"是一个补语标记，其后的成分为补语。第二种观点认为，"个"是一个宾语标记，其后的成分为宾语。我们认为第二种观点是正确的，主要理由如下：

一、"个"跟补语标记"得"的性质不同，比如"个"后的形容词都被名词化了，不再能受"很"等程度词修饰；然而"得"后的形容词还保留原来的词性，可受程度词修饰。例如：

（1）看个仔细　＊看个很仔细　　看得仔细　看得很仔细

　　　问个明白　＊问个很明白　　问得明白　问得十分明白

二、"个"和其前的动词之间可以插入体标记"了"等。体标记通常是出现在动词和宾语之间的，然而"了"等只能用在整个动补短语之后。这种现象说明"个"和其后成分构成一个宾语。例如：

（2）他倒跑了个快。　　　　玩了个痛快。

　　　大厅里打了个稀里哗啦。　扫了个一干二净。

三、毫无例外，这类"个"字短语之后不能再带任何名词宾语。然而不少动补短语则可以带宾语的，由此可见"个"后的成分不是补语。例如：

（3）看清楚那个人。　　　　＊看个清楚那个人。

　　　吃饱了饭。　　　　　　＊吃个饱了饭。

那么，紧接着的一个问题是，"个"所标记的宾语的语法功能是什么？有人认为，形容词或动词前边加上"个"变成体词性结构以后充任宾语，主要功能是表示动作行为的程度高，下面例子似乎是这种观点的证据：

（a）"个"＋形容词：说个明白；玩儿个痛快；跑了个快。

（b）"个"＋不停／不休／没完：笑个不停；说个没完。

（c）"个"＋成语：打了个落花流水；说个一清二楚。

然而，如果仔细观察，上述用例程度高的含义实际上是来自所搭配的词语，"个"所在的结构自身并没有表示程度高的功能，相反，有时则表示程度低，或者没有明确的程度义。例如：

（4）噢，我上这儿来搞个采访。(《编辑部的故事》)

（5）顶着天儿我是来这儿打个招呼。(《编辑部的故事》)

（6）我先提你个醒。老爷比太太岁数大得多，大少爷不是这位太太生的。(《雷雨》)

（7）不就图听个鸟儿叫唤吗？（相声《老人与时代》)

（8）我屏住丹田，双腿来个蛤蟆跳。（相声《家庭喜剧》)

2.3.3　宾语标记"个"的使用范围和功能

2.3.3.1　宾语标记"个"的使用范围

这种"个"是其量词用法的进一步虚化，不再表示明确的数量意义，基本功能是使得其后的成分变成名词性。但是，宾语标记的"个"与它原来的量词用法之间存在着内在的联系。量词"个"省略其前的数词是有严格条件限制的：一是必须在宾语的位置；二是数词只能是"一"的时候。宾语标记的"个"就是从这种用法中发展而来的，因此它的语法功能也保有这一用法的特点，可以概括为如下两条：

（一）使得抽象的、无指的名词、动词和形容词离散化，表示单一的、明确的个体；

（二）使得一般的、无界的动作行为离散化，表示单一的、具体发生的事件。

"个"的这一语法功能非常重要，如果特定的语境缺少了它，就会词不达意，甚至不合语法。下面分类举例说明。

一、"个"使得动词或者形容词名词化，表示单一的、具体的动作行为。例如：

（9）噢，我上这儿来搞个采访。（《编辑部的故事》）

（10）我得给他们提个醒。（相声）

（11）大姐，行个方便，让我过去吧。（相声《财迷丈人》）

（12）您要是再给她一个不痛快，我就把您这两年做的事都告诉哥哥。（《雷雨》）

（13）正没个开交，忽觉背上击了一下。（《红楼梦》第二十三回）

（14）睡在床上暗暗盘算，翻来掉去，正没个抓寻。（《红楼梦》第二十四回）

（15）倘或他有个好和歹。（《红楼梦》第十回）

例（9）"采访"是一个普通的动作行为，加上"个"表示"上这儿"的某一个具体的事件。例（10）"提醒"本来是一个动补复合词，加"个"表示某一单独行为。例（11）"方便"和例（12）"痛快"等本来是形容词，自身缺乏表示具体的动作行为的含义，加上"个"之后整个短语则表示某一单独的行为。依此类推。

如果去掉上述例子中的"个"，要么意思走样儿，要么就干脆不能说。比如例（9）如果去掉"个"就表示一般的行为，而不再指某一次具体行为。例（10）如果没有"个"就变成不合法的了："*我得给他们提醒"。使其合法化的另外一个办法是在"提醒"之后加上一个量性成分，比如可以说"我得给他们提醒一下"。可见这里的"个"跟"一下"具有类似的功用，可以使动作行为有界化。

二、"个"用在"不停"等表示动作持续的词语之前，表示动作的离散性和有界性。明白了"个"的语法功能，就可以理解这个很有趣的现象。"个"经常用在表示动作行为强烈持续下去的词语"不住"等前面，表示只是在某一特定的事件中动作行为持续的事件长，但是事实上还是有一个完结点，即该行为是一个离散的、有界的事件。例如：

（16）林黛玉见了，越发抽抽噎噎的哭个不住。（《红楼梦》第二十回）

（17）唠唠叨叨说个不清。(《红楼梦》第二十回)

（18）说着，便拉了袖子笼在上面，闻个不住。(《红楼梦》第十九回)

（19）赵嬷嬷也笑个不住。(《红楼梦》第十六回)

（20）封氏闻得此信，哭个死去活来。(《红楼梦》第一回)

如果去掉这个"个"，上述句子大都不能说，比如不能说"*哭不住""*闻不住""*哭死去活来"。原因是所描写的都是具体的行为，而具体的行为必须在时间上或者数量上是有界的，"个"在这里就是起这个使动作行为"有界化"的作用。

三、用于格式"没＋个＋VP"。"没"不论是否定名词还是动词，都要求其后的成分是离散的。对于名词来说，要求在三维空间中是离散的个体；对于动词来说，则要求在时间上是有边界的动作行为。因此"没"后面的谓词性成分经常加上"个"，作用是使后面的成分变成有界的。其后的成分可以是一个简单的词，例如：

（21）你喝了不到两盅酒，就叨叨叨，叨叨叨，你有个够没有？(《雷雨》)

（22）够？哼，我一肚子的冤屈，一肚子的火，我没个够！(《雷雨》)

（23）没个错，你不用骗自己。(《雷雨》)

也可以是一个句子形式，例如：

（24）准是瞎指挥，没个不出事儿。(相声《小偷公司》)

（25）我自然不敢管你，只没有个看着你自己作践了身子呢。(《红楼梦》第二十回)

（26）大远的诚心诚意来了，岂有个不教你见个真佛儿去的呢？(《红楼梦》第六回)

（27）姊妹们和气，也有个分寸礼节，也没个黑家白日闹的。(《红楼梦》第二十一回)

（28）他是才来的，岂有个为他疏你的？(《红楼梦》第二十回)

"个"使得其后的整个动词短语名词化，表示某一具体的事件。有时可以补出一个名词中心语，如下例中的"理"。

（29）也没有个长远留下人的理。(《红楼梦》第十九回)

（30）若不叫你们卖,没有个看着老子娘饿死的理。(《红楼梦》第十九回)

四、用于格式"一般动词＋个＋VP"。其中的动词多为意义概括的,诸如"来""做""使"等,其后经常跟上"个"字短语,整个结构表示具体的动作行为。例如:

（31）你不会在里头给他来个扫堂腿? （相声《电梯奇遇》)

（32）干脆,我来个抽羊角风! （相声）

（33）我屏住丹田,双腿来个蛤蟆跳。(相声《家庭喜剧》)

（34）我来个他跳我不跳。　对方来了个"大爬虎"。　我来了个嘴啃泥。

　　　(相声《"二楞子"打篮球》)

（35）对! 首先让我向大家做个自我介绍吧。(相声）

（36）后来,我使了个稳军计,让他一步也走不了。(相声《画像》)

这种用例中的"个"一般不能去掉,否则句子就成为不合法的了。比如不能说：*我来他跳我不跳；*对方来了"大爬虎"；*我来了嘴啃泥。

五、用于格式"V＋个＋抽象名词"。抽象名词一般缺乏离散性,很难直接指示具体的事物或者事件。因此它们作宾语表示具体的事件时,经常要加"个"。例如:

（37）越性今儿没了规矩,闹一场子,讨个没脸。(《红楼梦》第二十回)

（38）贾政管不着这些小事,惟恐有个闪失,难见贾母。(《红楼梦》

　　　第十五回)

（39）贾母等还只管着人去赶,那里有个踪影。(《红楼梦》第二十五回)

（40）宝玉听了,忙把湘云瞅了一眼,使个眼色。(《红楼梦》第二十二回)

（41）他开门欲离,却险些跟余德利撞了个满怀。(《编辑部的故事》)

像"没脸""闪失""踪影""颜色""满怀"等都是不可数的,一般不能被数量词修饰。这里加"个"的目的是使得整个短语临时获得表示某一具体事件的功能。

六、用于格式"V＋O_{间接宾语}＋（个＋VP）_{直接宾语}"。"个"和其后的动词短语一道,表示某一已经发生的具体事件。整个结构表示这一事件是V行为的原因。例如:

（42）揍你个生活不能自理。（相声《旧曲新歌》）

（43）算是罚我个包揽闲事。（《红楼梦》第五十回）

（44）还得求姐姐原谅妹子个糊涂，担待妹子个小。（《儿女英雄传》）

（45）看着我，饶他个初次罢。（《儿女英雄传》）

七、用于格式"V＋个＋R"。有些结果补语可以加"个"转化为体词性的，表示具体的事件。这类结果补语有一个共同的特点，构词上含有程度高的成分或者含义，例如：

（46）举起碗来，哗啷一声摔了个粉碎。（《红楼梦》第一〇一回）

（47）将一个磁砚水壶打了个粉碎。（《红楼梦》第九回）

（48）打他个臭死。（《红楼梦》第七十一回）

（49）将冯公子打了个稀烂。（《红楼梦》第四回）

（50）遂打了个落花流水。（《儿女英雄传》）

（51）说着，便撕了个粉碎。（《红楼梦》第二十二回）

（52）你不用怕他，等我性子上来，把这醋罐打个稀烂，他才认得我呢！
（《红楼梦》第二十一回）

以上的"粉碎""臭死""稀烂"的第一语素都是表示程度高，如果去掉这些语素就不能加"个"了。同时，上述用例中的"个"也是不能省略的，比如不能说"*哗啷一声摔了粉碎""*打了臭死"等。

补语标记"得"后的成分也可以再用"个"转换为体词性的，表示某一具体的事件。例如：

（53）喜的个贾琏身痒难挠，跑上来搂着，"心肝肠肉"乱叫乱谢。（《红楼梦》第二十一回）

（54）把对方打得个落花流水。

（55）吵得个不亦乐乎。

（56）闹得个满城风雨。

八、用于格式"V＋个＋N"。汉语有很多复合动词，其内部结构为述宾关系，即第二个语素是名词。这类动词又叫作"离合词"。整个复合词的意义是一个整体，表示一个单一的动作行为，其中的名词一般没有"指称"功能。"个"经常出现在这类动词中间，表示某一具体的动作行为。

（57）投奔了我来，我就破个例，给你通个信去。(《红楼梦》第六回)

（58）那里来的香菱，是我借他暂撒个谎。(《红楼梦》第十六回)

（59）若果如此，我可也见个大世面了。(《红楼梦》第十六回)

（60）依旧被我闹了个马仰人翻，更不成个体统。(《红楼梦》第十六回)

（61）忙的没个空儿。(《红楼梦》第十五回)

（62）平儿站在炕沿边，打量了刘姥姥两眼，只得问个好让坐。(《红楼梦》第六回)

（63）丫鬟倒发了个怔。(《红楼梦》第一回)

（64）告诉不得你，平白的又讨了个没趣儿。(《红楼梦》第二十四回)

（65）我手里但凡从容些，也时常的上个供，只是心有余力量不足。(《红楼梦》第二十五回)

（66）顶着天儿我是来这儿打个招呼。(《编辑部的故事》)

（67）余德利提着包走进编辑部，和提着暖壶的刘书友打了个照面。(《编辑部的故事》)

　　九、"个"可以使得一些复杂的成分变成一个单一的离散单位，指代"个体"。例如：

（68）不拘听见个什么话儿，都要度量个三日五夜才罢。(《红楼梦》第十回)

（69）有了钱就顾头不顾尾，没了钱就瞎生气，成个什么男子汉大丈夫呢！(《红楼梦》第六回)

（70）丫头不管叫个什么罢了，是谁这样习钻，起这样的名字？(《红楼梦》第二十三回)

（71）宝玉笑道："我就是个'多愁多病身'，你就是那'倾国倾城貌'。"(《红楼梦》第二十三回)

（72）得个一官半职。(《红楼梦》第二十五回)

（73）横竖那边腻了过来，这边又有个什么"四儿""五儿"服侍。(《红楼梦》第二十一回)

（74）小的在暗中调停，令他们报个暴病身亡。(《红楼梦》第四回）

（75）厮配得才貌仙郎，博得个地久天长。(《红楼梦》第五回）

（76）到时候我们不得学个文件什么的。（相声《小偷公司》)

（77）她外面倒跟我说，因为听说你妈会读个书写个字，才想见见谈谈。
（《雷雨》)

例（68）的"三日五夜"本来是一个不确定的时间段,加上"个"后表示"度量"
一次的时间长度。例（69）的"什么男子汉大丈夫"本来是描写人的品性的，
加上"个"以后具有了指代个体的功能。例（70）的"什么"本来不能用
数量词修饰，加上"个"后可以指某一个名字。例（71）的"多愁多病身"
本来是表示健康状况的，加上"个"以后可以指某一个人。

2.3.3.2 "个"字结构的语法性质

上面讨论了"个"的基本语法功能。现在来考察一下"个"字结构的
整体语法特点以及其前动词的句法行为。

首先，"个"所在动宾结构跟普通的动宾结构不一样，只能用于单句
层面上，不能进入从句。而一般的动宾结构则既可以用于单句，又可以出
现在从句中。例如：

（78）他是见过大世面的人。　　＊他是见个大世面的人。

我们不欢迎撒谎的人。　　＊我们不欢迎撒个谎的人。

我们可做一件破例的事情。　　＊我们可做一件破个例的事情。

她发怔的时候你来啦。　　＊她发个怔的时候你来啦。

这是一封向他问好的信。　　＊这是一封向他问个好的信。

其次，宾语如果为普通名词，动词的句法行为比较自由，可以重叠，
可以加体标记"了""着""过"等,比如"吃吃饭""吃了饭""吃过饭""吃
着饭"。但是宾语为"个"字短语时，动词的句法行为受到很大限制，只
能加"了"，但是不能重叠，不能加"过"或者"着"。例如：

（79）撒了个谎。　＊撒撒个谎。　＊撒过个谎。　＊撒着个谎。

见了个面。　＊见见个面。　＊见过个面。　＊见着个面。

破了个例。　　＊破破个例。　　＊破过个例。　　＊破着个例。

发了个怔。　　＊发发个怔。　　＊发过个怔。　　＊发着个怔。

讨了个没趣儿。　　＊讨讨个没趣儿。　　＊讨过个没趣儿。

＊讨着个没趣儿。

上述语法特点都跟"个"的语法意义有关。宾语标记"个"仍然具有数量语义特征，因此也具有使谓语动词定量化的作用。而定量化的动词一般不能重叠，不能加体标记"着"。不能跟"过"搭配的原因是，"过"是把动作行为看作是一个有始有终的离散单位，"个"也有这个功能，因此同功能的两个"标记"之间相互排斥。

最后，"个"所标记的宾语不能移到句首而被话题化。普通的名词则可以，比如可以把"我看了书"中的"书"话题化："书我已经看了"。"个"字宾语则不允许这样做：

（80）他撒了个谎。　　＊个谎他撒了。

他们见了个面。　　＊个面他们见了。

他破了个例。　　＊个例他破了。

她发了个怔。　　＊个怔她发了。

她讨了个没趣儿。　　＊个没趣儿她讨了。

这是因为话题化的成分通常是有定的，而"个"则是表示不确定的离散个体，两者的语法意义是不相容的，因此"个"所标记的宾语不能被话题化。

2.3.4　量词"个"向宾语标记发展的动因

量词中只有"个"发展成了宾语标记。这一发展有"个"自身的原因，也有汉语句子的基本语序的根据。概括起来有以下三点。

第一，"个"是使用频率最高的量词。"个"的意义比较抽象，与名词的搭配最为自由，因此使用频率比其他的量词要高得多。根据《现代汉语常用字表》，"个"的使用频度排全部词汇的第 17 位，然而在前一百个常用词中没有其他专门量词。量词属于基本词汇，因此可以由今推及古代的情况。语言发展史证明，新的语法特征总是出现在频率最高的词上。

第二,汉语主宾语的不对称。谓语动词之前的名词被自动赋予一个"有定"语义特征，之后的则被赋予一个"无定"的语义特征。表现为有定性的名词用于主语的位置比较自由，无定性的名词则用于宾语比较自由。当宾语位置上的量词"个"前的数词为"一"时，"一"可以省略，"个"表示某一个不确定的个体。宾语标记的"个"就是从这一用法发展而来的。例如：

（81）我难道为叫你疏他？我成了个什么人呢！（《红楼梦》第二十回）

（82）你也是个没气性的！（《红楼梦》第二十回）

（83）妙却妙，只是不知怎么个变法，你先变个我们瞧瞧。（《红楼梦》第十九回）

（84）你别只管批驳诮谤，只作出个喜读书的样子来，也教老爷少生些气。（《红楼梦》第十九回）

（85）他母亲养他的时节做了个梦，梦见得了一匹绵。（《红楼梦》第十九回）

（86）也弄个事儿管管。（《红楼梦》第二十四回）

（87）宝玉听了，好似打了个焦雷，登时扫去兴头。（《红楼梦》第二十三回）

（88）我找个朋友，别人托我办点事儿。（《编辑部的故事》）

（89）各位都把手里的事情放一放，到我的屋里开个短会。（《编辑部的故事》）

（90）老陈换了个姿势继续说。（《编辑部的故事》）

（91）各位回去好好想一想，咱们尽快有个结果。（《编辑部的故事》）

（92）必要的话可以搞个竞选会。（《编辑部的故事》）

"个"前省略"一"的用法不能发生在主语的位置，比如不能说"* 个朋友来找我"。"个"的这种固定语法位置，"不定"和"单一"的含义，直接促成了它向宾语标记的发展。

第三，汉语句子的基本语序：SVO。汉语宾语的基本语序是在谓语动词之后。这一点也很重要，如果没有这一稳定的语序，"个"也很难发展成为宾语标记。而且"个"的语法化是在独立的句子上进行的，这也制约着它的宾语标记的用法：只能用于独立的句子，不能进入从句。

2.3.5　结语

本章全面考察了"个"的标记宾语的语法功能和使用范围，认为它的基本作用是把各种成分转换成一个名词性的宾语，使得这个宾语指示离散的、单一的个体或者事件。它在口语中的使用范围相当广，而且很多时候是必须有的一个语法标记。"个"所标记的宾语也与普通名词宾语有重要的差别，主要表现为：其前的动词的句法行为受到限制，所在的宾语不能被话题化，所在的整个动宾结构不能进入从句。宾语标记"个"是由其原来的量词用法发展而来的，促成这一变化的动因主要有三个：量词"个"的高使用频率、汉语主宾语的不对称性和汉语句子的基本语序。"个"的用法仍然在发展之中，它在未来的变化值得我们进一步关注。

2.4 状语的分布

2.4.1 引言

　　汉语的句子成分通常分为以下六类：主语、谓语、宾语、定语、状语、补语，迄今为止各种句子成分的语法特性都得到了程度不同的研究，而关于状语的研究是其中最薄弱的一环。目前的研究多集中在关于状语的语义分类、相对顺序及其表面分布。状语的语法特性主要表现在两个方面：一是多层状语的相对顺序，二是状语在句中的分布。本章主要讨论状语在主语前后的分布。比如拿专职做状语的副词来看，有些副词只能出现在主语和谓语动词之间，有的则可以自由地出现在主语前后。例如：

　　一、只能在主语后和动词前出现的副词

（1）我曾经跟他在一起工作过三年。　　*曾经我跟他在一起工作过三年。

　　　我又把这篇文章重新读了一遍。　　*重新我又把这篇文章读了一遍。

　　　我们仍然没有收到回信。　　　　　*仍然我们没有收到回信。

　　　大家互相在纪念册上签名留念。　　*互相大家在纪念册上签名留念。

　　　他时刻不忘自己的职责。　　　　　*时刻他不忘自己的职责。

　　二、可以在主语前后出现的副词

（2）你果然准时到了。　　　　　　　　果然你准时到了。

　　　他好像只通知了小王一个人。　　　好像他只通知了小王一个人。

　　　大家可能还记得这件事。　　　　　可能大家还记得这件事。

　　　他毕竟是一个孩子。　　　　　　　毕竟他是一个孩子。

　　　我们通常星期四下午开碰头会。　　通常我们星期四下午开碰头会。

造成状语分布差异的因素有多种，除了受自身表达功能的制约外，同时还受其他因素的影响。音节数目的多少也可以影响状语的分布，单音节的副词一般不能移至主语之前，而相应的双音节则可以。例如：

（3）他明明（明）知道下午有事。　明明（*明）他知道下午有事。

　　你偏偏（偏）都不在家。　　偏偏（*偏）你都不在家。

　　他竟然（竟）忘了你的地址。　竟然（*竟）他忘了你的地址。

有些副词表面上可以出现在主语的前后，但是所修饰的对象并不相同，同时整个句子所表达的意思也有所不同。例如：

（4）我就去帮他的忙。　　　就我去帮他的忙。

　　他们俩光谈学习问题。　光他们俩谈学习问题。

这类副词多为表示范围的，用在谓语之前是修饰动作行为的范围，用在主语之前则是限制主语所指的范围的，左右两个句子的意思有明显的差别。

2.4.2　状语的性质和分布

2.4.2.1　关于英语的副词分类

最常用作状语的词类是副词。英语的副词也有分布自由和不自由之分，这跟它们所表达的语义内容密切相关。从语义上可以把副词分为谓语算子和句子算子两类，前者相当于动词关联副词，后者相当于句子关联副词。比如跟说话者主观判断有关的副词 fortunately（有幸）是把整个句子作为它的修饰范围，而不仅仅是与动词关联。这一副词区分可以解释状语的分布。关于副词的语法属性，副词的不同类型在功能上类似于小品词、形态标记和助动词。也就是说，这些表面上看来很不相同的语法现象实际上也具有内在的共性。

笼统地说，英语的副词可以出现在句首、句中和句尾三个位置，然而不同语义特征的副词有不同的分布。支配英语副词分布的语义规律为:（一）表达句子的背景、主题等信息的副词多出现于句首，如下面的例子（5）;

（二）句中的副词主要是表达语态和程度的，如下面的例子（6）；（三）句尾的副词则多与动作进行的方式和状态有关，如下面的例子（7）。

（5）Seriously, do you believe in ghosts？

Anyhow, since when has she been ill？

（6）I have at all times indicated my willingness.

He has explicitly stated his purpose.

（7）The light was fading rapidly.

He checked all the receipts very carefully.

不同语言的相关现象具有类似之处，英语的上述现象对汉语的有关现象的分析有启发作用。但是，两种语言的句法结构也有不同之处，比如汉语的副词不允许出现在句子的末尾，这也会影响到两种语言副词分布的差异。

2.4.2.2　目前关于汉语状语分布的探讨

目前关于汉语状语（包括副词）的研究主要集中在分类和与其后句子成分的语法关系上。比如，有人把动词的修饰语分为五类：地点、时间、数量、方式和状态等。这是单纯的语义分类。又有学者指出状语的位置对整个句子构造的影响，状语位于句子之前时整个句子是偏正结构，之后时则整个句子为主谓结构。从分布的角度又可以给状语分出三类：

一、修饰性状语：大力、稳步、已经。

二、关联作用的状语：首先、最后、同样、反之、此外、特别是。

三、评注状语：奇怪、可惜、幸而、可见、据说、看起来、老实说、俗话说得好。

上述分析对我们观察这类现象很有帮助，但它们也只是对状语表层分布的归类和描写，没有探讨造成这类现象背后的深层机制。有人尝试从语义的角度来解释哪些状语可以自由地出现在主语前后的，比如他们认为"忽然""原先""马上"等这些表示时间的副词具有这一特点。但是这种分析仍然只是简单的描写，没从根本上揭示它们何以能够出现在主语之前的原因。总之，迄今为止的研究尚没有找到制约状语句法行为背后的规律。

状语的分布是一个句法现象，但它的背后是一个语义表达问题，并不是一个习惯用法。一个明显的例证是，概念义相同或者相近的一组副词往往具有相同的分布规律。请看下列三组词的用法。

一、表示可能的一组副词：也许、兴许、多半。

她也许（兴许、多半）下午去医院。

也许（兴许、多半）她下午去医院。

二、表示相似的一组副词：好像、似乎、仿佛。

他好像（似乎、仿佛）都认识。

好像（似乎、仿佛）他都认识。

三、表示巧合的一组副词：刚好、恰好、正好。

他刚好（恰好、正好）来了。

刚好（恰好、正好）他来了。

下面的分析将探讨制约副词（状语）分布的语义因素到底是什么。

2.4.2.3 状语分布的多样性

状语分布有多种。目前学界的研究多集中在主语前后的位置上，即只考虑主语这一个参项。如果增加参项，状语可以出现的句法位置就更多样化。下面分别举例说明。

一、在话题结构中，有些副词可以出现在三个位置上。例如：

（8）这个问题他们也许已经解决了。

这个问题也许他们已经解决了。

也许这个问题他们已经解决了。

（9）这本书我恰好看过。

这本书恰好我看过。

恰好这本书我看过。

二、在有其他时间状语的结构中，有些副词可以出现在以下四种格式中。

（10）他下午也许来不了。　　他也许下午来不了。

下午也许他来不了。　　也许下午他来不了。

（11）她今天恐怕不会来了。　　她恐怕今天不会来了。

今天恐怕她不会来了。　　恐怕今天她不会来了。

少数表示范围的副词甚至可以出现在动词之后和数量补语或者宾语之前，同时也可以出现在主谓之间和主语之前。这种副词的位移并不改变整句的意思，所修饰限制的仍然是动词之后的数量成分。例如：

（12）我看过起码五遍。　　我起码看过五遍。　　起码我看过五遍。

他讲了至多五分钟。　　他至多讲了五分钟。　　至多他讲了五分钟。

我见了一共三个人。　　我一共见了三个人。　　一共我见了三个人。

单纯从语序上看，有些现象看不清楚。比如皆为主语之前的状语，其实与其后成分的关系也有远近之分，关系较远的一般要有停顿，关系近的一般不能有停顿。例如：

（13）渐渐地，我们了解了他的脾气。

真的，那个地方很漂亮。

说实在的，我不喜欢那种款式的衣服。

（14）＊明明，他说过这句话。

＊难道，大家都不认识他。

＊居然，你没有听见。

一般来说，能出现在主语之前的副词也都可以出现在主语和动词之间，但是也有例外，有的只能出现在主语之前，比如"不料他倒同意了"就不能说成是"＊他不料倒同意了"。又如，主语为疑问代词时"到底"只能用在主语之前，可说"到底谁去"而不说"＊谁到底去"。上面所说的"评注状语"也一般只出现在主语之前。例如：

（15）奇怪他今天怎么没有来？　　＊他奇怪今天怎么没有来？

老实说我手头没有那本书。　　＊我老实说手头没有那本书。

2.4.3 各类状语的句法行为

2.4.3.1 副词状语的分布

副词的专职功能就是做状语。如前文所指出的，它们的分布受单双音节的影响，单音节的副词都不能出现在主语之前，因此下面的讨论只限于双音节或者双音节以上的词语。

一、能够在主语前后自由出现的副词一般都与说话者对整个事件的自我判断有关，往往包含着说话者的主观态度。即这类动词并不是单纯描写动作自身的情况。具体可以分为以下几种情况。

（a）表示主观估计的副词：也许、兴许、或许、或者、多半、可能、只好、总归、仿佛、好像、似乎、刚好、正好、正巧、好在、幸亏、幸好、好在、幸而、何必、何苦、莫非、难道、别是、不定、亏得、多亏、宁可、宁肯、宁愿、恐怕、同样、万一、早晚、约莫、大概、恰好、恰巧、恰恰

（b）表示跟意料有关的副词：忽然、突然、忽而、居然、难怪、偏巧、其实、实际

（c）表示强调等语气的副词：反正、当然、根本、彻底、好歹、好赖、明明、究竟、毕竟、确实、再三、千万、务必

（d）表示时间位置或持续时间过程的副词：过去、现在、将来、刚才、当初、从来、历来、本来、通常、平常、平时、偶尔、偶然、眼看、很快、马上、以前、原来、最初、最近、方才、总是、老是、新近

（e）表示事件发生的场所或者范围：私下、另外、统共、一共、总共、起码、至多、至少

二、只能在主语和谓语动词之间出现的副词一般是描写动作行为自身的属性的，这主要包括动作行为进行的状况（诸如是正处在进行过程中，还是已经完成，等等），以及关于动作行为的否定、程度等。下面分类加

以说明。

（a）　表示动作行为进行状况的副词：已经、曾经、快要、仍然、仍旧、正在、正要、一直

（b）　对动作行为进行否定的副词：没有、未必、未曾、未尝、未免、难免、无非、无需

（c）　表示动作行为程度的副词：非常、十分、格外、尤其、越发、过于、好不、绝对、稍微、甚至、实在、差不多、差点儿

（d）　表示动作具体方式的副词：互相、交互、交替、亲自、重新、分头、分别、各个、逐个、故意、连忙、赶快、急忙、明确、特为、先后、前后、一连、一起、一同、直接、逐步、逐渐

　　状语的分布受多种因素制约，其中之一是与情态或者语态的表达密切相关。情态是表达事件发生的可能性，语态则涉及多种意义，主要是说话人对语句事实内容的态度，如不肯定、明确、含糊、推测等。这两个密切相关的语法概念在有些语言中是用动词的屈折形式表示，有些语言则用助动词来表达，如英语的 must、can、may 等，而有些语言则用副词来表示。汉语所依赖的主要语法手段为语序和虚词，在语态和情态的表达上也不例外，主要是利用副词和位移（出现于句首）来表示。上文所列的可自由出现于主语前后的副词大都属于这类语法范畴。

　　通过对能否位移的两大类副词的对比分析，可以发现制约它们分布的背后机制是概念距离问题。人类语言存在这样一条组织原则："概念距离越近的词语在线性语法结构中的位置也就越靠近。"对多种语言的调查结果显示，跟动词密切相关的三个语法范畴的概念距离为：

［情态（modal）＞时（tense）＞体（aspect）］VP

　　即"体"与动词的概念距离最近，"时"位于中间，"情态"则最远。这一点可以在一定程度上解释副词的不同分布。"体"是表示动作行为的内部结构和进行状况的，上述第二种的（a）类只能出现在主语之后的副词"已经""正在"等具有类似于体的表达功能，即与动词的概念距离最近，因此不能位移到主语之前。相对的，第一种的（a）至（c）类与情态表达

有关，（d）类与时态表达有关，两者与动词的概念距离相对比较远，所以可以移到主语之前。在主语和动词之间的位置上，三类副词的顺序也遵循着类型学的统计规律：

$$S + (modal_3 + tense_2 + aspect_1) + VP$$

表"体"概念的副词一般不能移到时态和情态两类副词之前，然而后两类副词的顺序则不是很固定，有时可以颠倒位置。例如：

（16）老王也许现在已经知道这件事了。

　　　*老王也许已经现在知道这件事了。

　　　老王现在也许已经知道这件事了。

　　　*老王已经也许现在知道这件事了。

　　　老李大概现在正在看报呢。　　*老李大概正在现在看报呢。

　　　老李现在大概正在看报呢。　　*老李正在大概现在看报呢。

"也许"和"大概"属于情态副词，"现在"属于时态副词，"已经"和"正在"属于体概念副词。一条总的规律是，第一种可以移到主语之前的副词必须位于第二类不能位移的副词之前，两者顺序不能颠倒。在每一种副词的内部也有一个排列规律，拿第二种副词来说，一般的顺序为：

$$S + (体_4 + 程度_3 + 否定_2 + 性质_1) + VP$$

例如：

（17）我已经很久没有亲自开汽车啦。　　他曾经长期不上班。

上述规律还可以解释一些表面上看起来意义相近的一组词的不同用法。比如"通常"、"平常"和"常常"这组词，它们在辞典释义中辗转相注，这给人一个错觉，似乎三者的用法也是相同的，然而它们的分布则很不一样：前两个可以出现在主语的前后，后者则只能出现于主谓之间。例如：

（18）他们家通常星期六晚上看电影。　通常他们家星期六晚上看电影。

　　　他们家平常不出外旅游。　　　平常他们家不出外旅游。

　　　他们常常出去旅游。　　　　　*常常他们家出去旅游。

其实这三个副词所表达的侧重点并不相同，"通常"和"平常"主要表示时间位置，指平常时期，属于第一大类的（d）小类副词，因此可以在主语前后自由出现；而"常常"是指"事情发生不止一次而且相隔不久"，着重描写动作行为自身的进行状况，跟时间位置没有关系，属于第二大类的（d）小类，结果就只能在主谓之间出现。

2.4.3.2　形容词状语的分布

形容词做状语是一个非常普遍的现象。《汉语形容词用法词典》共收录了 918 个双音节形容词，并对其能否用作状语进行了描写，其中相当大一部分可以用作状语。但是跟副词不一样，形容词做状语一般要加上结构助词"地"。根据我们的考察范围，形容词状语全部不能移到主语之前。例如：

（19）他暧昧地瞅了小红一眼。　　　* 暧昧地他瞅了小红一眼。

　　　他又安静地投入到工作中去了。* 安静地他又投入到工作中去了。

　　　她傲慢地环视了一下会场。　　* 傲慢地她环视了一下会场。

　　　小马悲痛地望着他。　　　　　* 悲痛地小马望着他。

　　　他很出色地完成了全套工作。　* 很出色地他完成了全套工作。

　　　他们端正地坐在那里。　　　　* 端正地他们坐在那里。

　　　他们扼要地阐述了自己的观点。* 扼要地他们阐述了自己的观点。

　　　钱小富放肆地抓住了他的手。　* 放肆地钱小富抓住了他的手。

能做状语的形容词还有很多，例如：公道、孤单、孤独、固执、光荣、果断、含糊、含蓄、豪爽、合理、和蔼、狠毒、缓慢、荒唐、混乱、豁达、活跃、激烈、机灵、急促、寂寞、坚强、艰苦、健康、焦急、紧张、精彩、精细、拘谨、开心、慷慨、恳切、困难、老实、冷淡、冷静。这类形容词做状语都只能出现在主谓之间，而不能用于主语之前的位置。

形容词状语主要是描写动作行为属性的，因为它们所修饰的对象是动词，可以认为它们与动词的概念距离比较近，所以不能移位到主语之前。一个明显的例证是，在主语和谓语动词之间的状语位置上，顺序一定是"［可位移副词＋形容词（地）］VP"，即形容词状语更紧临动词，这说明它们与动词的概念距离较近。例如：

（20）他刚才暧昧地瞅了小红一眼。　*他暧昧地刚才瞅了小红一眼。

　　她马上傲慢地环视了一下会场。*她傲慢地马上环视了一下会场。

　　小马现在悲痛地望着他。　　　*小马悲痛地现在望着他。

　　她上次很出色地完成了全套工作。

　　*她很出色地上次完成了全套工作。

2.4.3.3　介词状语的分布

　　介词短语做状语的分布也明显不同，有的只能出现在主语和谓语动词之间，有的则可以自由出现在主语前后，还有一些甚至只能出现在主语之前。下面分类加以说明。

　　一、可以出现在主语前后或者只能出现在主语之前的介词状语。介词短语做状语一般都比较复杂，当用于主语之前时，它们跟主句之间通常有一个停顿。

　　（一）引入时间位置的介词短语。例如：

（21）当我回家的时候，他们已经睡了。

　　　*他们当我回家的时候，已经睡了。

　　　在我洗澡的时候，他在看电视。　他在我洗澡的时候看电视。

　　（二）引入场所的介词短语。例如：

（22）在休息室里，大家谈得很高兴。　大家在休息室里谈得很高兴。

　　　在北京我们游览了不少地方。　　我们在北京游览了不少地方。

　　（三）引入动作关联某些方面的介词短语。例如：

（23）对于家庭琐事，他从来不放在心上。

　　　他对于家庭琐事从来不放在心上。

　　　对于工作，他一向很认真。　他对于工作一向很认真。

　　（四）表示连同对象的介词短语。例如：

（24）连同刚才那一碗，他一共吃了三碗。

他连同刚才那一碗，一共吃了三碗。

（五）表示遵循某种准则的介词短语。例如：

（25）本着求同存异的原则，我们坦率地交换了意见。

我们本着求同存异的原则坦率地交换了意见。

根据大家的意见，我们又对这个方案进行了修改。

我们根据大家的意见又对这个方案进行了修改。

（六）表示范围的介词短语。例如：

（26）除了附表和说明，这篇文章不过两千五百字。

这篇文章除了附表和说明，不过两千五百字。

就语言看来，这部作品不像是宋朝的。

这部作品就语言看来，不像是宋朝的。

（七）引进动作的媒介和手段的介词短语。例如：

（27）通过翻译，我们交谈了半个小时。

我们通过翻译交谈了半个小时。

（八）引进原因的介词短语。例如：

（28）为这件事，我们都很高兴。

我们为这件事都很高兴。

因为这件事，小田受到了表扬。

小田因为这件事受到了表扬。

由于工作的关系，我们在长沙逗留了几天。

我们由于工作的关系在长沙逗留了几天。

（九）引进知识领域的介词短语。例如：

（29）在数学上，他比我好。　　他在数学上比我好。

在英语上，小芳进步很快。　　小芳在英语上进步很快。

二、只能出现在主语之后和动词之前的介词短语状语。主要包括如下几类。

（一）引进动作受事的介词短语。这类介词主要有"把"、"将"、"拿"

和"管"。例如：

（30）他把桌子擦干净了。　*把桌子他擦干净了。

　　　老李拿我们当小孩。　*拿我们老李当小孩。

　　　古人管眼睛叫目。　*管眼睛古人叫目。

（二）引入动作受事的介词短语。这类介词主要有"被"、"叫"和"让"。例如：

（31）杯子被我打破了。　　　*被我杯子打破了。

　　　桌子叫人抬走了。　　　*叫人桌子抬走了。

　　　柱子让汽车给碰倒啦。　*让汽车柱子给碰倒啦。

（三）引入动作受益者的介词短语。这类介词主要有"给"、"替"和"为"。例如：

（32）我给老师写信。　　*给老师我写信。

　　　小明替妈妈做饭。　*替妈妈小明做饭。

（四）引入动作与事的介词短语。这类介词主要有"跟"、"和"和"同"。例如：

（33）小明跟爸爸一起去看电影。　　*跟爸爸小明一起去看电影。

　　　我和老李一起完成了任务。　　*和老李我一起完成了任务。

　　　我们同王教授讨论合作的事。　*同王教授我们讨论合作的事。

（五）表示动作的方向和来源的介词短语。这类介词主要有"从"、"向"、"朝"和"打"等。例如：

（34）我刚从图书馆回来。　　*从图书馆我刚回来。

　　　小明向妈妈笑了笑。　　*向妈妈小明笑了笑。

　　　他朝大山的方向走去。　*朝大山的方向他走去。

（六）引入工具的介词短语。这类介词主要有"用"等。例如：

（35）她用那把刀切菜。　　*用那把刀她切菜。

　　　我们用筷子吃西餐。　*用筷子我们吃西餐。

介词短语的分布也可以从它们与动词意义的相关程度（概念距离）上

得到解释。首先，与动作行为关系最密切的三个因素是施事、受事和受益者，因此引入这三种要素的介词短语都必须紧邻谓语动词出现，不能移至主语之前。其次，与动作行为密切相关的因素是与事和工具，这两类介词短语也不能移至主语之前。它们与动词概念的亲疏关系也反映在相对于动词的顺序上。与动词同一相关程度的介词短语位置不固定，有时可以互换位置，但是不同密切程度的介词短语则不允许互换位置。比如"给(受益者)"和"把（受事）"短语可以互换，但是"用（工具）"和"把（受事）"短语则不能互换，可是"跟（与事）"与"用（工具）"短语有时可以互换。例如：

（36）我把桌子给爸爸整理好了。

　　　我给爸爸把桌子整理好了。

　　　他用钳子把车修好了。

　　　*他把车用钳子修好了。

　　　我跟老李用绳子拉倒了那棵树。

　　　我用绳子跟老李一起拉倒了那棵树。

剩下需要解释的是地点介词短语。同为地点介词短语，单纯引入动作发生场所的介词短语与表示动作的方向和来源的介词短语的句法行为并不一样，前者可以移至主语之前，后者则不行。它们在主谓之间的相对语序也是固定的，场所介词短语在前，来源和方向的介词短语在后（即更接近谓语动词）。例如：

（37）她在教室里朝我笑了笑。

　　　*她朝我在教室里笑了笑。

　　　她在图书馆里从书架上拿了一本书。

　　　*她从书架上在图书馆里拿了一本书。

如果我们接受"概念距离越近、线性距离越近"的组织原则，可以推定，跟引入场所的介词短语相比，引入来源和方向的介词短语与动词的概念距离近。

上面分析了第二类介词短语不能出现在主语之前的原因，据此可以解释第一类介词短语的分布。还以上文我们多次使用的判定方法，根据它们在主语和动词之间的相对位置来判定其与动词的概念距离，即概念距离越近，则离动词位置越近。如果第一类和第二类介词共现时，它们的顺序一定是第二类（不能出现在主语之前的）介词短语更贴近动词。例如：

（38）他在我洗澡的时候把电视机修好了。

　　　*他把电视机修在我洗澡的时候好了。

　　　我们通过词典把这本书翻译出来啦。

　　　*我们把这本书通过词典翻译出来啦。

　　　他在教室里用手机打电话。

　　　*他用手机在教室里打电话。

　　　小明在家务上给妈妈帮了不少忙。

　　　*小明给妈妈在家务上帮了不少忙。

　　　他在图书馆里朝我笑了笑。

　　　*他朝我在图书馆里笑了笑。

从意义上看，地点、时间、原因等都是动作行为发生的外部环境，而施事、受事、与事等都为动作行为的有机构成部分。也就是说，引入"地点"等概念的介词短语与动词的概念距离比较远，而引入"施事"等概念的介词短语则比较近。结果就造成了两类介词短语分布上的差异，前者可以出现在主语之前，后者则必须出现在主语和谓语之间。

2.4.3.4　其他类型状语的分布

除了上面讲的副词、形容词和介词短语外，还有时间名词、能愿动词和一些惯用法也具有类似的句法行为，可以自由在主语前后出现。下面分类加以说明。

一、时间名词。时间名词分两大类：一是表示动作行为发生的时间位置的，如今天、昨天、去年、前年、春天、春节、首先、最后等；二是表示动作行为发生的时间长短或者次数，如半天、三个月、五次、三趟。时间位置的名词通常用在动词之前做状语，而表示时间长短或者次数的名词则一般出现于动词之后做补语。做状语的时间名词一般都可以自由地在主语前后出现。例如：

（39）我们今天上中文课。　　今天我们上中文课。

他们昨天去了北京。　　昨天他们去了北京。

我们春天常去旅游。　　春天我们常去旅游。

我去年到过泰国。　　去年我到过泰国。

时间词可以在主语前后自由出现的原因与上述的时间副词和时间介词短语的原因一样，因为它们与动词的概念距离相对比较远。

二、能愿动词。能愿动词主要是表示意愿和事物发生的可能性的词语，它们的主要语法功能就是表示情态的，即与情态副词的表达功能相似。跟情态副词一样，有相当一部分能愿动词可以自由地出现在主语前后。例如：

（40）他可能明天才会来。　　可能他明天才会来。

他应该昨天就到了。　　应该他昨天就到了。

我情愿一个人来做。　　情愿我一个人来做。

我们宁肯多花点钱。　　宁肯我们多花点钱。

我们必须亲自去。　　必须我们亲自去。

并不是所有的能愿动词都可以位移到主语之前，大致说来，凡表示主观意愿、估计的都可以位移，它们都与说话者的主观判断有关；然而，凡是表示客观情理上必须如此的大都不能位移，比如"你们应该努力学习"是表示情理如此，其中的"应该"就不能前移。

三、表示情态的惯用语。有一部分短语也与情态的表达有关，因此它们大都可以自由地在主语前后出现，常见的这类短语有"有可能、不见得、不一定、看样子、看起来、好像是"等。例如：

（41）他们有可能明天回来。　　有可能他们明天回来。

他不见得就弄懂了。　　不见得他就弄懂了。

我们不一定去问他。　　不一定我们去问他。

老李看样子不会来了。　　看样子老李不会来了。

能够在主语前后出现的成分还有很多种，背后的原因也可能不一样。比如强调否定的极小量词也可以在主语前后出现，例如"他一点都不考虑我"和"一点他都不考虑我"都可以说。还有一种常见的现象是连词，它们大都可以在主语前后出现。例如：

（42）你除非答应我的条件（除非你答应我的条件），我才告诉你。

我虽然学了三年汉语（虽然我学了三年汉语），但是听北京的相声还有困难。

他尽管身体不好（尽管他身体不好），可是仍然坚持工作。

这道题就算有点儿难度（就算这道题有点儿难度），也难不到哪去。

连词是表达句子之间的逻辑关系的，并不修饰所在句子的谓语动词，这可能是造成它们句法特点的原因之一。关于这一问题值得进一步探讨。

2.4.4　状语分布的功能规律

2.4.4.1　确立状语概念距离的形式标准

前文的分析所依据的是状语与动词的概念距离，总结出一条状语分布的原则：

概念距离与动词最近的状语必须紧邻动词出现，不能出现在主语之前；概念距离与动词较远的状语则可以出现在主语前后。

那么如何确立状语与动词的概念距离是我们分析是否成立的一个关键因素。我们所依据的是一个形式标准和两个参考项。形式标准为：在主语和谓语动词之间的句法位置上，不同类型的状语之间的相对顺序决定它们与动词的概念距离的远近，概念距离越近的则离动词的线性距离越近，反之则较远。如果用 Adv 代表状语，那么可以用下式来表示：

$S + (Adv_3, \ Adv_2, \ Adv_1) + VP$。

那么我们认为 Adv_1 与 VP 的概念距离最近，Adv_2 次之，Adv_3 最远。这里有一个关于状语移位的逻辑隐含关系：

如果一类状语可以位移至主语之前，那么出现其左边的状语一定也可以这样位移，比如，如果 Adv_2 可以位移，那么 Adv_3 则也必然可以位移。

比如"他刚才也许没有理解我们的意思"中的情态副词"也许"可以位移到主语之前，那么其左边的时间副词"刚才"也一定可以。

确立状语概念距离的第一个参考项为，从类型学的角度所得出的统计性规律。比如前文提到，与动词最近的语法范畴是"体"，其次是"时"，再次是"情态"。第二个参考项为人们的经验知识，比如与动作行为关系最密切的因素是施事、受事、受益者等，其次才是时间、地点等。两个参考项的判别标准与上述的形式标准的判定结果通常是一致的。

2.4.4.2　状语的分布规律

2.4.3 主要是从词类或语言单位的类别的角度来总结状语的分布规律，从跨词类或者语言单位的角度可以发现更高层次的规律。事实上，决定状语分布的关键因素不是它们所属的词类，而是它们的表达功能。现简述如下：

（一）表达情态意义的状语一般可以出现在主语的前后。这类语言单位包括副词、助动词以及惯用语性质的短语。

（二）表达时间和地点的状语一般可以出现在主语的前后。这类语言单位包括副词、时间名词和介词短语。

（三）表达动作行为的进行状况和属性的状语一般只能出现在动词之前。这类语言单位包括副词、形容词和介词短语。

（四）表达动作行为参与者的状语一般只能出现在动词之前。这类语言单位主要是介词短语。

可移位和不可移位的状语在主语和动词之间的出现顺序也有很强的规律性，可移位的状语一定是位于不可以移位的状语的左端，即离谓语动词较远。可以用下式来刻画：

$$S + \left[\left(Adv_{可移位} + Adv_{不移位}\right) VP\right]$$

可移位和不可移位的状语内部还有一个排序问题，对此本章不拟深入讨论。

2.4.4.3 汉语的语法表现手段

上文分析的汉语状语的分布从一个侧面揭示了汉语语法的特性。同一语法范畴在不同的语言里的表现形式可能差别很大。本章所讨论的体、时态、情态在很多语言中是用动词的屈折形态来表示的。汉语也有表达这些语法范畴的手段，区别只在于所利用的方式不同，汉语主要是依赖词汇（虚词）和语序。这与汉语的整体语法特点相一致。对于很多其他语言用形态表达的语法范畴，汉语往往是采用词汇和语序的手段。从表达功能和句法行为之间的关系上，传统语言学给语言单位划分出来的类别之间存在着明显的共性，比如不论是副词、助动词、形容词还是介词短语做状语，相同语义类型的语言单位往往有相同的分布。关于状语分布的研究揭示，不同类型的语言单位往往遵循着共同的规律。

2.4.5 结语

本章分析了现代汉语中各种各样的状语的分布，涉及的状语类别有副词、形容词、助动词和介词短语。它们的分布有两大类型：一是可以在主语前后自由出现，二是只能在主语和动词之间的位置出现。状语的句法行为是由它们的表达功能决定的，凡是表示情态、时态、地点、方式等意义的状语一般都可以在主语的前后出现，凡是表示体、性状或者引入动作施事、受事等范畴的状语只能在主谓之间出现。状语的表达功能决定其分布的现象背后是概念的距离问题：凡是与动词概念距离远的状语都可以出现在主语之前，凡是与动词概念距离近的状语则只能与动词紧邻出现。这种现象还揭示了语言组织的更大原则，词的概念距离远近在一定程度上决定了它们在语法结构中的线性距离远近，而词的概念距离本质上反映了它们在现实世界中的亲疏关系，因此状语的分布本质上是一种语法临摹现象，即用语法结构的线性距离反映词语所指现实对象之间的概念距离。

2.5 双宾结构

2.5.1 引言

不同语言的语法结构的类型和数目会有程度不同的差别，同时两种语言表面上看起来相同的结构，可能具有不同的语法意义。对造成这种差别背后原因的探讨，有助于人们对语法结构意义产生过程的认识。本章以汉语和英语的双宾结构为例，探讨它们背后差别的原因。分析表明，这种差别不是偶然的，反映了两个民族在认识外在世界时的系统差别，而这种差别既表现在结构意义上，又表现在词汇义上。这说明语法结构意义的产生过程跟概念化过程具有相同之处。

汉语和英语句子的基本语序都为 SVO，它们的双宾结构的抽象格式是相同的：

$S + V + N_1 + N_2$

N_1 代表间接宾语，N_2 代表直接宾语。注意，我们所讨论的双宾结构都是指宾语为普通名词，而不包括介词短语。因此，下列两组的 a 例是我们所说的双宾结构，b 例则不是。

（1）a. Bill sent Joyce a walrus.

　　　b. Bill sent a walrus to Joyce.

（2）a. 我送了小王一件礼物。

　　　b. 我送给了小王一件礼物。

例（1）b 有介词"to"，而且接受者是置于直接宾语之后；例（2）b 的动词之后多了一个引进接受者的"给"，加上介词之后也可以把接收者移到直接宾语之后："我送了一件礼物给小王。"这些都不属于本章的讨论范围。

2.5.2 英汉双宾结构的功能差别

2.5.2.1 从物体移动的方向看双宾结构的语法意义

双宾结构是一种最常用的格式，自然受到学者们的重视。汉语学界多从动词的类别来描写这一结构。从逻辑的角度讲，一次分类只能依据一个统一的标准，因为不同的标准会带来分类结果的交叉现象。那么依据什么标准最好呢？

我们认为这个标准应该具有高度的概括性和简洁性，不仅能够准确描写汉语双宾结构的实质，也便于揭示跨语言的共性和个性。双宾句式必然涉及两个参与者、一个客体和引起客体移动的动作。"客体"可以是具体的物体，也可以是抽象的事物。我们认为客体的移动方向这一标准不仅可以对汉语的双宾结构做出准确的概括，而且可以揭示英汉之间的本质差别。客体的移动方向可以图示如下：

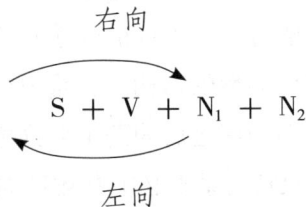

右向

$$S + V + N_1 + N_2$$

左向

根据动作导致客体的移动方向，可以把动词分为三类:（一）右向动词，如例（3）;（二）左向动词，如例（4）;（三）左右向动词，如例（5）。

（3）我给了她一支笔。

（4）他拿了我一本书。

（5）我借了小王两本小说。

例（5）有两种相反的意思：一是"我借给了小王两本小说";二是"我从小王那儿借了两本小说"。"借"就是所谓的左右向动词，即用一个动词来表示方向相反的同一种动作行为，这正是汉语对物体传递的动作行为的概念化特点。

　　学界对双宾结构的范围的看法也不一致。比如有学者依据动词后面 NP_1 和 NP_2 之间大都存在领属关系的事实，将整个结构处理为领属性结构作宾语的单宾句，只承认"给予"义动词才能构成双宾句。其实，NP_1 和 NP_2 具有领属关系是"取得"和"给予"两类动词的共同特点，差别只在于"给予"类动词所涉及的领属关系是在事件发生之后，"取得"类的则是在事件发生之前。间接宾语和直接宾语之间存在领属关系也是英语双宾结构的特征，如果两个名词成分没有明确领属关系时则很难进入双宾结构，请看下面的对比：

　　（6）a. I cleared Bill a place to sleep on the floor.

　　　　b. ? I cleared Bill the floor.

　　（7）a. Bill sent Joyce a walrus.

　　　　b. ? I sent Antarctica a walrus.

一般情况下，Bill 不会拥有 the floor，Antarctica（南极洲的地方）不会领有 walrus，因此它们不适合用于双宾结构。从宾格标记方式、句法位置、功能和语义特征等方面来看，间接宾语和直接宾语都具有平等的性质，都是宾语。因此，不能根据"取得"类动词的间接宾语和直接宾语之间存在领属关系，就把它们看作其他类型的结构。更重要的是，双宾结构跟普通的动宾结构是不一样的，这类动词之后的两个名词之间如果为单纯的领属关系，则不需要数量词，而双宾关系则必须有数量词。例如：

　　（8）a. 我拿了汪老师一本书。　　*我拿了汪老师书。

　　　　b. 我拿了汪老师的一本书。　　我拿了汪老师的书。

由此可见，双宾结构的两个宾语之间的关系与一般的领属短语并不一样。

2.5.2.2　汉英双宾结构的意义差别

　　汉英双宾结构语法意义的本质差别是客体转移的方向：

汉语：（a）右向 $S \rightarrow N_1$；（b）左向 $S \leftarrow N_1$；（c）左右向 $S \leftrightarrow N_1$。

英语：右向 $S \rightarrow N_1$。

英语双宾结构的语法意义为"来源→目标",即物体只能从主语向间接宾语方向转移。英语的双宾结构的主语等同于"来源",间接宾语等同于"目标"。然而汉语的主语既可以是来源又可以是目标,间接宾语亦是如此。下面分别举例来说明两种语言的差别。

一、汉英的"取得"类动词都可以用于双宾结构,但是意义恰好相反。例如:

(9) a. John bought Mary a dress. 汉译:约翰给玛丽买了一件衣服。

b. John stole Mary a bicycle. 汉译:约翰偷了一辆自行车给玛丽。

c. John took Mary a book. 汉译:约翰给玛丽拿了一本书。

(10) a. 他买了王教授一本书。

英译:He bought a book from Prof. Wang.

b. 他偷了小王一辆自行车。

英译:He stole a bicycle from Xiao Wang.

c. 他拿了我一本书。

英译:He took a book from me.

上述英语和汉语的例子的含义恰好相反,即使对于这类"取得"动词,英语仍然是表示客体由主语向间接宾语转移,这是来自其双宾结构的句式意义。汉语的双宾结构允许客体左右移动,因此用自身意义为左向的动词时,客体的移动方向也是左向的。

二、汉英双宾结构一致的地方是,部分给予类动词句法行为完全一样,整个结构的意义也一样,因此可以相互直译。例如:

(11) a. Bill sent Joyce a present. 比尔送了乔伊丝一件礼物。

b. He gave Mary a book. 他给玛丽一本书。

c. He's teaching us chemistry. 他教我们化学。

d. He paid us 100 dollars. 他付了我们 100 块钱。

e. He told me his story. 他告诉了我他的故事。

但是这种完全对应的用例是少数,很多英语中可用于双宾结构的动词,汉语则不能,需要用其他结构来表示。

三、英汉双宾结构的第二个共同点是，直接宾语都可以是一个从句形式。

（12）a. John asked me <u>what time the meeting would end</u>.

b. George didn't tell them <u>that the train was late</u>.

c. The instructor taught us <u>how to land safely</u>.

d. They advised him <u>what to wear in the tropics</u>.

e. Please remind me <u>where to meet you after lunch</u>.

（13）a. 他问我<u>会议什么时候结束</u>。

b. 他没有告诉我<u>火车晚点了</u>。

c. 老师教我们<u>怎么做这道题</u>。

d. 他建议我<u>晚会穿什么衣服</u>。

e. 请提醒我<u>午饭后在什么地方见你</u>。

上述用例的画线部分都是直接宾语。上述句式中的动词一般都是与传递信息有关的，英语和汉语都是如此。

四、在双宾结构中，英语的右向动词比汉语的丰富，这与英语双宾结构的单一右向意义不无关系。例如：

（14）a. I cleared Bill a place to sleep.

b. I baked her a cake.

c. She left Jim a card.

d. She cooked me a dinner.

e. She made her daughter a beautiful doll.

f. She showed me her essay.

g. Pour me a drink.

h. I've found you a place.

i. They offered her some food.

j. They wished him good luck.

上述例子中的动词很多自身并没有方向义，只有进入了双宾结构之后才被赋予结构义中的方向含义，使得整个句式带上客体由左向右转移的意义。

然而，与英语这些动词相对应的汉语动词则受到很大的限制，一般不能直接用于双宾结构，汉语往往用介词"给"在谓语之前引出接受者或者受益者，诸如"我给他打扫了一个地方睡觉""给我唱一首歌""我给他画了一张画"等等。

五、英语的双宾结构是右向的，其典型的右向动词可以引申为表示事件，直接宾语是事件性的动名词。例如：

（15）a. I gave Helen a nudge.   I nudged Helen.

      b. We gave the baby a bath.   We bathed the baby.

      c. I should give the car a wash.   I should wash the car.

      d. Give the car a push.   Push the car.

      e. Judith paid me a visit.   Judith visited me.

汉语的"给"一般不能这么用。英语的上述用法，除了跟它的双宾结构的语法意义有关外，还可能跟它的动词的名词化方式有关。

六、说英语的双宾结构只能表示客体的右向转移，有人可能认为下述现象是我们论断的反例：

（16）a. I asked you a question.

      b. The policeman fined him 50 dollars.

      c. The salesman charged me 30 dollars.

然而，实际上这类句子中的客体移动仍然是右向的。"我"先拥有一个"问题"，然后通过"问"的动作传递给对方。"警察"根据对方的错误行为，先确定一个罚款数额"50元"，也就是说警察首先拥有这个"罚款额"，然后施加给间接宾语"他"。同样，当"我"买了某件商品时，"售货员"就拥有相应的钱数，就通过某种行为把这个欠的钱施加给"我"。也就是说，例（16）b、c 的"他（him）"和"我（me）"分别得到的是"罚款数额"和"欠款数额"，即客体的转移仍然是右向的。

2.5.2.3　汉语双宾结构的动词特点

因为汉语的双宾结构可以表示客体的左右向转移，因此可用于其中的动词特点和类型也明显不一样。上面比较了右向动词在两种语言的双宾结构中的共性与个性，本部分则考察左向动词和左右向动词在两种语言的双宾结构中的使用特点。

一、汉语的双宾结构是左右向的，那么具体句子的意义主要是由动词自身的方向义决定的。比如汉语"给类"动词是右向的，那么句子的意义就表示可以由主语向间接宾语转移；"取类"的动词是左向的，句子就表示客体向左转移。汉语有一类典型的表示物体传递的动词，方向义是中性的，既可以是左向又可以是右向，结构就造成了歧义现象。例如：

（17）a. 我借了他一本书。

b. 我租了他一间房子。

c. 我赁了他一个柜台。

d. 我贷了他一万块钱。

e. 我上了他一门课。

f. 我换了他五十斤大米。

g. 我分了他一碗汤。

上述的每个句子都有两个意义完全相反的意义：客体左向转移和客体右向转移。要消除歧义必须加上适当的介词或者改变句子结构，比如例（17）a的右向义可以表达为"我借给他了一本书"；左向义可为"我从他那儿借了一本书"。

对于汉语这类方向义中性的动词，英语往往用不同的动词表示，但是只有右向义的动词才能用于双宾结构。例如：

（18）a. He lent me a book.　　He borrowed a book from me.

b. He taught me a course.　　He conducted a course for us.

即表示左向义时英语则需要选用其他句式。

二、因为汉语的双宾结构是双向的，所以各种"取得类"动词可以自由地用于其中，表示客体左向转移。例如：

（19）a. 我买了他家一所房子。

b. 他抢了我一张邮票。

　　　c. 他偷了人家一只鸡。

　　　d. 他收了我五毛钱。

　　　e. 他拿了我一本书。

　　　f. 小王娶了他们家一个女儿。

英语的相应动词，要么不能用于双宾结构中，比如 *He received me 50 cents；要么意义正好与汉语的相反，比如 I bought his family a house 意思为"我给他们家买了一所房子"。

　　三、汉语方向义相反的一对反义动词，都可以用于双宾结构。英语中则只有右向一方才有可能进入双宾结构，左向的则不能。例如：

　　（20）a. 我买了他一本书。

　　　　　b. 我卖了他一本书。

　　（21）a. 老王嫁了他一个女儿。

　　　　　b. 我娶了他一个女儿。

　　（22）a. 我籴了他 50 斤大米。

　　　　　b. 我粜了他 50 斤大米。

　　（23）a. 我送了他一本书。

　　　　　b. 我拿了他一本书。

　　四、因为汉语的双宾结构可以表示左向义，一些本来没有方向义的普通动词，进入双宾结构后则获得了左向义。例如：

　　（24）a. 我吃了他一个苹果。

　　　　　b. 我听了他一段相声。

　　　　　c. 我读了他一本书。

　　　　　d. 我赢了他一盘棋。

　　　　　e. 我用了他一个本子。

　　　　　f. 我打了他一个杯子。

跟汉语这类动词对应的英语动词，都不能进入双宾结构。有些例子的方向性不是很明确，比如例（24）f 的"杯子"是碎了，而不是转移到主语"我"这里。这句话也可以这样理解，由于"我"的行为使他失去了一个杯子，也使得"我"与这个被打碎的杯子发生了联系,即"我"成了杯子的"目标"。

2.5.3　概念化对结构义形成的影响

2.5.3.1　结构义和概念义形成的共同认知基础

词和结构是两级不同的语言单位,结构是由两个或者以上的词构成的更大的语言单位。词有概念义,结构则有语法意义。构式语法认为,一个结构的意义不是其中各个词语的意义的简单相加,它有自己独立的、稳定的语法意义。这种思想突出了结构意义的独立性,但是没有回答一个根本问题:结构意义是怎么来的?我们以双宾结构和传递动词为例,来尝试回答这一问题。

双宾结构和表示物体传递的动词具有相同的表达功能,都是涉及客体转移的语言手段。对于这两级语言单位,汉英之间存在着平行的差别。

英汉传递类动词的语义结构与双宾语的意义

	汉语	英语
双宾结构	双向	单向
传递动词	双向	单向

英语的双宾结构只能表示右向,要表达左向的转移则需要选择不同的句式,例如:

（25）a. I lent him a book.　　　　　——右向,双宾结构

　　　b. I borrowed a book from him.　——左向,单宾结构

也就是说涉及物体转移的判断,英语分别用两个不同的句式来表达方向不同的事件。如上文所述,汉语的双宾结构是左右向的。与此同时,两种语言在词汇层面上也存在着平行的差别,比如汉语的"借"是双向的,英语则分别用两个单向的动词表示:borrow（左向）和 lend（右向）。

在汉英之间,双宾结构和传递动词之间存在着平行的对立关系,说明了结构意义的获得和词语的概念化具有共同的来源。结构意义的形成与词

汇意义的形成具有一致性，都是人类的认知能力对现实世界的认识结果。这可以用来解释汉英之间的上述平行现象。

概念化是人们的一种基本认知活动，人们把概念化的结果用语言符号固定下来。概念化的对象和层次是不同的，对单一现象认知的结果一般反映为语言中的一个个词语，对事件关系的认知结果则可能反映为一种语言结构，然而两个层次的认知活动是相通的。对于同样的对象，不同的民族的认知视点和方式是不一样的，因此在其语言的反映也不一样。同时，不同民族的认识视点和方式是成系统的、有规律的，结果就会导致两种语言的词语设立和结构意义的整齐对应关系。本章所讨论的汉英之间的对立，反映了两个民族对"物体传递"的动作和事件在认知上的系统差别。在一个语言内部，双宾结构和传递动词之间的共同特点反映了该民族认知方式上的和谐性和规律性。

当然，语法结构和现实世界的事件之间并不一定存在着一一对应的关系。我们并不是说，任何一种结构意义的产生都是来自人们对现实世界认知的结果，都与现实世界的一种事件对应，也都能找到跟它们相同的词汇的概念化过程。语法是一个相对独立的系统，其中不同的结构和标记之间存在着相互制约的关系。语法的多种手段之间存在着和谐性，新手段的加入会打破原来系统的平衡，会带来一连串的变化。也就是说，语法结构产生的另外一个来源是语言系统内部调整的结果，而不是直接对现实世界的事件的认知结果。

2.5.3.2　汉语双宾结构的简单历史回顾

汉语的双宾结构和传递动词的共性揭示了汉民族认知方式的规律性。传递动词的中性方向义特点先秦汉语就已经存在，反映了汉民族对这类现象的认知方式是古今一致的。同样，汉语的双宾结构的方向为中性的特点也是自古亦然。下面我们做一简单回顾。

甲骨文里已经有双宾结构，"给予"和"取得"两类动词都可以用于其中，说明那时的双宾结构的语法意义就是左右向的。例如：

（26）a. 贞：丁畀我束？（《甲骨文合集》15940）

　　　b. 甲午卜：惠周乞牛多子。（《甲骨文合集》3240）

例（26）a 中，畀，给予；我，间接宾语；束，直接宾语。例（26）b 中，乞，求；牛，直接宾语；多子，人名，间接宾语。甲骨卜辞中双宾语的位置还不固定，但是到了周秦逐渐统一起来，通常是间接宾语在前，直接宾语在后。这已经跟现代汉语的格式一致了。例如：

一、右向动词

（27）或肆之筵，或授之几。（《诗经·行苇》）

（28）多予之重器。（《战国策·赵策》）

（29）公语之故，且告之悔。（《左传·隐公元年》）

（30）范座献书魏王。（《战国策·赵策》）

（31）后稷教民稼穑。（《孟子·滕文公上》）

二、左向动词

（32）纱兄之臂而夺之食。（《孟子·告子下》）

（33）公攻而夺之币。（《左传·哀公二十六年》）

（34）吾为公取彼一将。（《史记·项羽本纪》）

（35）汉王夺两人军。（《史记·淮阴侯列传》）

（36）丞相尝使籍福，请魏其城南田。（《史记·魏其武安侯列传》）

汉语的双宾结构自那时至今也经历了一些变化，主要是可用于其中的动词数目的变化。这不在本章的讨论之内。

　　由此可以看出，汉语双宾结构的语法意义在远古汉语已经形成，跟传递动词的概念化特点具有一样久远的历史。这反映了汉民族在认知方式上的稳定性和历史承继性。

2.5.4　结语

　　结构义和词汇义的形成都跟一个民族的认知方式有关，因为一个民族在认识外在世界的方式上具有系统性和规律性，所以就会形成结构和词汇之间的共性，同时也会与其他民族的语言形成系统的对立。本章以双宾结构和传递动词为例，考察了汉英之间存在的平行对立，这反映了两个民族对物体传递类的动作和事件的认知方式的系统差异。

　　语法和语义之间存在着密切的关系。一方面，它们的形成都受认知的影响；另一方面，词义的内涵在一定程度上决定了它们的句法行为，一个语法结构的意义也决定了哪些词汇可以进入该结构。结构的语法意义和词汇的概念义具有共同的形成过程。

2.6 动补结构

2.6.1 引言

现代汉语中存在着各种各样的动补结构，它们的使用十分普遍，而且是很多句法结构所必需的成分。本章将通过考察动补结构的语义、句法和音韵特征，讨论它在现代汉语语法中的重要性。

动补结构的两个成分代表一个单一的句法单位，不再允许其他成分隔开，而且它们拥有单纯动词的句法功能，比如它们可以像普通及物动词一样带上一个受事宾语，比如"看完书"。同时，动补结构实际上是一种高度能产的句法结构，原则上允许任何具有意义的"动"和"补"搭配。动补结构的两个成分之间存在一种"动作"和"结果"的语义关系，这把它们与一般的连动结构区别开来。这里的"结果"是一个意义宽泛的术语，包括动作导致的状态、程度、收获、效果等。

此外，"结果补语"是一个涵盖面很宽的概念。虽然它们的语义特征不一样，但都可以从时间、性质或者数量方面使其前的动词有界化。

汉语的动补短语很像一个复合动词，可以像普通的及物动词一样带上一个受事宾语。但是，尽管英语跟汉语句子的基本语序一样，即同为 SVO 语序，英语的"动＋补"短语后却一般不能跟一个受事宾语，如果有受事名词的话则只能插在动词和补语之间。下面是英语和汉语的有关用例的对比。

（1）The dog barked the chickens awake.

（2）老王叫醒了小张。

英语例子中，受事 chicken 插于动词 bark 和补语 awake 之间，可是在相应的汉语例子中，动词和结果补语首先形成一个句法单位"叫醒"，然后带上受事"小张"。

英语的动补结构不是一个能产的句法格式，某个结果补语通常只能与某个特定的动词搭配。例如英语中用作补语的 sick（病）一般只能跟在动词 to eat（吃）之后：

（3）a. He ate himself sick.

　　　b.*He ate himself ill/nauseous/full.

例（3）显示，英语的动词和补语之间具有很强的选择性，to eat 后既不能带上与 sick 语义相近的 ill，也不能带上其他概念的形容词，如 nauseous（反胃）、full（饱）等。然而，现代汉语的动补结构是一个高度能产的句法格式，而不是语义选择性高的习惯表达，它实际可以是任何具有意义的表达。例如：

（4）吃饱　吃腻　吃病　吃胖　吃穷　吃晕　吃瘦　吃累　吃吐　吃烦

理论上讲，任何由"吃"引起的结果状态都可以作"吃"的结果补语。

上述现象又被称作"使役形式"。在西方语法学传统里 causative form 代表两种与汉语动补结构颇为不同的现象：（一）形态标记，比如英语的部分形容词可以通过添加词尾 -en 而表示"赋予某种事物具有某种性质"，例如：black → blacken（使某种东西变黑），red → redden（使某种东西变红）。（二）助动词，比如英语句中的"Lisa made him smile a lot"，这里的使役义是来自助动词 to make。从意义上看，汉语的动补结构与形态标记和助动词表示的使役式具有相似的功能，但是它们属于不同的结构类型。

2.6.2　动补结构的句法

2.6.2.1　融合度标

设立一个"融合度标"，用以刻画不同类型的动补结构的句法或者语义特征。

句法组合　　动词＋附着补语　　复合动词

融合程度由低到高

融合程度的高低是一个连续发展的过程，横线的上端代表的是这个连续统的初始、中间和结果三种状况。下面举例"融合度标"所对应的语言现象。

一、句法组合

汉语的动补结构是一种高度能产的句法格式，允许任何具有"动作＋结果"关系的组合，即具有句法的能产性。所谓"句法组合"的动补结构，是指两个成分的关系疏松，不能带上受事宾语。例(5)是有关这方面的例子。

（5）学怕　　→　＊学怕数学

　　　看歪　　→　＊看歪那张画

　　　开快　　→　＊开快了他的车

　　　说漏嘴　→　＊说漏嘴一件事

这类动补结构多属临时搭配，如果没有上下文的帮助，其意义有时很难把握。比如"看歪"只有依靠特定的语境才能理解，具体的情况之一可能是一个人站在高处给墙上挂画时，让另一个站在地面上的人帮忙判断是否挂正了，地面上的人如果没有判断正确，就会用这个表达。

二、动词＋附着结果成分

该类中的动词和补语通常共现频率很高，因而关系紧密，很像一个句法单位。也有的补语实际上已发展成为一个附着成分，可以跟各种各样的动词搭配。它们的共同特点是，两个成分结合紧密，具有复合动词的性质，可以带上受事宾语。当然它们与真正的复合动词还是有所不同，搭配仍具有能产性和临时性，即拥有句法格式的特点，其意义也可以从其构成成分直接推出。

（6）吃饱　　→　　吃饱饭

　　　看完　　→　　看完书

　　　学会　　→　　学会开车

　　　洗净　　→　　洗净衣服

这类动补结构中的动词和补语共现频率都很高，动词通常是一个高频率的词,补语代表的是该动词的最自然的结果。比如"吃"自身是一个高频词,它带来的最自然的结果状态是"饱",所以两者的共现频率就高,易成为一个句法单位。

三、复合动词

这类动补短语已经完全融合成单一的动词,人们一般不再把它们分开来理解。它们通常被作为一个词条收入词典,而且它们的意思也不大能从两个构成成分里推导出来。例如:

(7)看开——想通;不再放在心上。

　　说明——解释。

　　拿定——做出决定。

　　抓紧——充分利用时间。

这类动补短语与单纯动词没有什么两样,比如它们不允许被分开,可以带宾语,等等。但是该类的成员为数很有限。

以上三类动补结构也有一个共同点,都不允许中间插入其他成分,特别是受事名词,可是在中古汉语里的情况恰好相反,其间可以插入受事等成分。汉语也有一个可能式,其肯定格式为"V 得 R",否定格式为"V 不R"。表面上看来,该格式是在动词和补语之间插入"得"或者"不"。其实这种看法与其共时功能不符。从共时的功能角度来看,可能式的语法意义并不是 V 和 R 与否定标记的简单相加,它有一个外加的结构意义——动作行为实现的可能性。因此,应该把可能式看作一种独立的结构,不是由普通的动补结构通过插入某些成分变换来的。当在讨论动词和补语的关系时,一般不考虑可能式这种特殊情况。

到目前为止,所看到的补语例子都是由单词构成的。实际上补语也可以是完整的从句,这时动词后必须加上后缀"得"。例如:

(8)她说得王先生都哭了。

(9)他学得眼睛都红了。

2.6.2.2　补语的隐性语法关系

弄清补语的隐性语法关系对理解动补结构语法特性很有帮助。在表层结构上，补语必须紧跟在动词之后，可是在深层语义关系上，补语可以与句子的任何成分发生联系。下面是一个完整汉语句子的抽象格式：

（10）S ＋ PP（工具、地点等）＋ V ＋ R ＋宾语

注意我们使用了两套术语："主语"和"宾语"注重句法位置，前者总是在谓语动词之前，后者总是在谓语动词之后。"施事"和"受事"则强调与动词的语义关系。一般来说，施事倾向于做主语，受事倾向于做宾语。可是实际情况要复杂得多，也有不少受事主语和施事宾语。

尽管表层结构中动词和补语形成一个直接成分，可是补语可以跟句子的各种成分发生语义联系，成为这些成分的隐性谓语。例如：

（11）a. 施事：砍累了。

　　　　b. 工具：砍钝了。

　　　　c. 动作：砍完了。

　　　　d. 受事：砍掉了。

例（11）a 的补语"累"指的是动作的施事，两者具有隐性的主谓关系：他累。依此类推。"钝"是指工具，"完"是指行为动作的完成，"掉"是指受事。

另外一个有关的现象是，动词和补语的搭配，只要意义上说得通，几乎没有什么限制。几乎所有的单音节形容词都可以用作结果补语。相对地，英语可用作补语的形容词是非常有限的，它们的搭配也非常不自由，属于惯用语性质的。

2.6.2.3　动补结构的及物性

我们上文看到动补短语带宾语的例子，然而不是所有的动补短语都有这个功能。根据能否带宾语，可以把动补短语分为及物的和不及物的两类。本小节来探讨是哪些因素影响动补短语的及物性。

总的来说，动补短语的及物性既不取决于单独的动词，也不取决于单独的补语，而是取决于补语与其他句子成分的语法关系和动词、补语之间

的融合程度。例如，即使两个成分都是不及物的，它们所构成的动补短语也可能具有及物性，带上宾语：

（12）她哭哑了嗓子。

（13）小孩子哭醒了隔壁的李奶奶。

例（12）的"哭"和"哑"都是不及物的，任何一个单用时都不能带宾语，可是它们所组成的动补短语则可以。可以认为，受事宾语"嗓子"是整个动补结构赋予的论元。类似的情况也存在于英语中，比如 She shouted herself hoarse（直译：她＋喊＋她自己＋哑）。这里 herself 既不是 shouted 的宾语，也不是 hoarse 的宾语，而是整个动补结构 to shout…hoarse 的受事。动补结构含有致使义，赋予该结构以及物性，因而整个结构可以加上一个受事论元。

另一种情况是，即使动词是及物的，动补短语后的宾语不一定是该动词的受事。例如：

（14）弟弟跑丢了一只鞋。

（15）他吃圆了肚子。

很明显，"跑"和"鞋"之间没有直接的"动作—受事"关系，"吃"和"肚子"之间也是如此。这再一次说明，动补短语后的宾语通常是整个动补结构赋予的。

动补结构带宾语是有规律可循的，据此可以预测哪些动补短语可以带宾语。尽管每一条规则都有例外，但是预测还是相当准确的。下面就是有关的规则。

规则一：如果补语是主语（施事）的隐性谓语，所构成的动补结构不能带宾语。例如：

（16）a.* 她看病了书。

　　　b.* 他吃胖了肉。

上例中的"看病"和"吃胖"都是合法的动补短语，其补语分别指向主语，都不能带宾语。对于这类动补结构，如果要引进动作的施事的话，现代汉语所提供的唯一语法手段是动词拷贝结构。该结构里，同一个动词重复一次，第一个动词引入受事，第二个引入结果。例如：

（17）a. 她看书看病了。

　　　 b. 他吃肉吃胖了。

　　规则二：如果补语是描写动作的状况，所构成的动补短语大都不能带宾语。例如：

（18）* 他打重了孩子。

（19）* 他吃晚了饭。

例（18）的补语"重"是描写"打"的程度，例（19）的"晚"表示"吃"的时间。它们相应的合法句式为"把"字句〔如例（20）〕或者话题结构（如例 21）。

（20）老王把孩子打重了。

（21）饭她吃晚了。

　　规则三：如果补语是宾语的隐性谓语，所构成的动补短语带宾语最为自由。例如：

（22）她哭湿了枕头。

（23）她笑疼了肚子。

这类动补短语的动词甚至不一定是及物的，比如例（22）的"哭"和例（23）的"笑"都是不及物动词。

　　规则三并不是动补短语带宾语的充分条件。实际上，有许多属于这类的动补短语仍然不能带宾语，它们能否带宾语还受到其他因素的制约，比如动词和补语的融合程度就是其中关键制约因素之一。实际上，一旦两个成分融合成一个复合动词，不论补语的语义指向是什么，都可以带宾语，也就是说上述的规则一、二都有可能被打破。比如规则一的两个例外是"吃饱饭"和"喝醉酒"，其中的补语"饱"和"醉"都是指向主语，但都可以带宾语。影响动词和补语融合的程度也很多，包括补语的语义指向和使用频率。

2.6.3　动补短语的音韵特征

2.6.3.1　**音节数目**

现代汉语的每一个动补短语形成一个明确的韵律单位，这涉及音节的数目和超音段语音特征。本小节讨论动补短语的语音特征。

一个动补短语的音节数目影响它的句法功能。这与汉语词汇的基本单位——双音化密切相关。一个明显的现象是，现代汉语的复合词，不论是哪个词类，都是双音词占绝对优势。受汉语词汇基本语音单位的影响，如果动词和补语构成一个双音单位，即动词和补语各自都是单音节的，就容易达到高度融合，因而也就最有可能获得普通动词的功能，诸如带宾语等。

现在我们主要从共时的角度考察动补短语的音节数目对其功能的影响。首先，所有可用作补语的动词只限于单音节的。很明显，只有它们才有可能与其前的谓语中心动词形成一个双音节单位。其次，如果动词和补语都是单音节的，它们的组合常常具有单纯动词的功能。它们可以加上体标记，或者跟上宾语。如果一个动补短语超过两个音节的话，它们带宾语的可能性就会变小。最后，几乎所有的单音节形容词都可以用作补语，可是双音节的形容词则大大受到限制。比如，某些性质概念有两个不同音节数目的近义形容词，只有单音节的可用作补语，多音节的则不可以。例如：

（24）a. 做完　　＊做完成

　　　 b. 办好　　＊办不错

　　　 c. 买贵　　＊买昂贵

　　　 d. 弄脏　　＊弄肮脏

2.6.3.2　**动补短语的轻重音格式**

双音节动补短语的轻重音格式通常为：重音＋轻音。第一个语素负载一个重音，第二个语素则倾向于弱化而成为一个轻音。受这种双音格式的影响，两个语素在融合成一个复合词的过程中，第二个语素的语音形式常常会弱化。弱化的常见现象是，失去独立的调值，韵母变成一个央元音〔ə〕。例如：

（25）a. 妈妈〔mā mə〕

　　　 b. 大方〔dà fəŋ〕

　　　 c. 办法〔bàn fə〕

　　　 d. 麻烦〔má fən〕

应该指出，第二个音节的语音形式弱化只是一种倾向而不是必然的。但是，第二个音节是否弱化常常可以把一个词与跟其同形的词组区别开来：

（26）复合词　　　　　　　　词组

　　　 东西 dōng xi（物件）　 东西 dōng xī（方向）

　　　 利害 lì hai（能力）　　 利害 lì hài（好坏）

上例中的每对词具有同样的音节和书写形式。第二个音节读轻声，表明它与其前的音节结合得比较紧，相应地，所构成的词的意义也具有整体性，即不是两个语素意义的简单相加。比如作为复合词的"东西"意为事物，词义与其构成部分没有直接关系，然而作为词组的"东西"则是指"东边"和"西边"，是两个语素意义的简单相加。

同样的道理，常做补语的词语的语音形式容易受到弱化，原因是它们常位于一个短语的第二个音节的位置。也就是说，补语成分语音弱化的可能性大小与它们的使用频率成正比。例如，体标记的语音形式弱化程度最高，"了"和"着"不仅失去了调值，而且韵母也弱化为一个最含混的央元音，这与该类词高频率用于动词之后有关。还有一些常用作补语的词，语音形式也常常弱化，诸如"完"、"好"和"掉"等在补语的位置上常读轻音。

2.6.4　需要动补短语的句法结构

现代汉语里动补短语的使用非常普遍，它们在现代汉语语法中的重要性可以从这个事实中看出来：很多句法结构要求一个动补短语。下面是一些通常要求动补短语的句法结构。

一、话题结构

（27）a. 书他已经看完了。

b. 他书已经看完了。

c.* 他书看。

二、把字句

（28）a. 他把车修好了。

b.* 她把车修。

三、动词拷贝

（29）a. 她看书看累了。

b.* 她看书看。

事实上，现代汉语的普通陈述句也有一种明显的倾向性，谓语中心动词之后常常有一个结果成分。上述这三种要求动补短语的句法结构都是宋代以后才出现的，是动补结构建立所带来的直接后果。

2.6.5　其他动补结构

动补结构的类型也相当丰富。我们上面所讨论的是最典型、最常见的一类。此外，还有其他人们通常认为是动补结构的类型：

一、动词＋介词短语

（30）a. 放在桌子上。

b. 走到门口。

二、形容词＋程度短语

（31）a. 暖和多了。

b. 漂亮极了。

三、动词＋动量词

（32）a. 他看了两遍。

b. 她学了两个小时。

四、动词＋趋向动词

（33）a. 站起来了。

　　　b. 走了进来。

从历史上看，把上述四类结构看作动补短语是有道理的。它们大都与动补短语平行发展。

2.6.6　结语

动补结构在现代汉语语法体系中占有核心的地位，它不仅使用频率高、出现范围广，而且还是很多语法结构所必需的。从历史上看，它的建立是现代汉语语法系统形成的关键因素，现代汉语的很多语法标记和结构都是动补结构建立所带来的直接或者间接后果。对此问题有兴趣的读者，可以参阅我们以前的有关研究。

2.7 动补结构带宾语

2.7.1 引言

语言中常常存在这种现象，不合语法的结构加上一个合适的成分就变得很自然了。比如不能说"* 这顿饭吃了我"，但是加上一个结果成分就可以了："这顿饭吃了我八百块钱""这顿饭吃了我一头汗""这顿饭吃了我三个钟头"等。这是现代汉语的一个高度能产的语法结构，几乎所有用于该结构的及物动词都可以带上施事宾语。例如：

（1）这封信写了我一个晚上。　　这台电脑修了我五百块钱。

　　这瓶酒喝了我半个月的工资。　　这幅画画了我一个多月。

　　这道题做了我三个小时。　　那场电影看了我八十块钱。

　　这个问题讨论了我们半天。　　那首歌学了我一个星期。

　　这碗汤喝了我一头汗。　　这个公园逛了我们一个下午。

这是现代汉语语法的重要现象，对它们使用条件的解释有助于对现代汉语语法系统的深入了解。下文将讨论这类结构的使用条件和整体功能，以及与其他现象的关系。

2.7.2 动补结构的整体功能

2.7.2.1 动补结构所赋予的论元

动补结构的典型意义是某种行为导致某种事物达到某种结果，涉及事物的状态变化，具有很强的致使意义。它的整体功能相当于及物动词，可以带上一个论元，该论元既不是动词单独带的，也不是补语单独带的，而是整个短语所赋予的。英语存在类似的现象，其动补结构可以带上一个附加论元，因此一些不及物动词如果用于动补结构，就可以带上宾语。例如：

（2）He cried himself asleep.

　　　The joggers ran the pavement thin.

　　　The dog barked the chicken awake.

　　　She coughed herself sick.

　　　She slept herself sober.

　　　The alarm clock ticked the baby awake.

　　　He laughed the poor guy out of the room.

　　　Frank sneezed the tissue off the table.

上例中 cry 本来是不及物动词，是不能带宾语的，但是在与 asleep 组成动补结构后就可以带上宾语 himself。宾语出现于动词和补语之间。英语中还存在一类动补结构，动词虽然是及物的，但是并不直接支配所带的宾语，如 The jackhammer pounded us deaf，其中的 us 并不是 pound（敲打）的宾语，而是整个动补结构"pound…deaf"的宾语。

　　平行的现象也存在于汉语之中。跟英语相比，汉语的动补结构的使用范围广得多，出现频率也高得多。汉语动补结构带宾语有很强的规律性，如果补语指的是施事主语的属性，一般不能带宾语，比如不说"* 他吃胖了烤鸭"，因为"胖"指的是施事主语"他"。如果补语指的是受事的属性，动补短语就可以带各种受事名词做宾语，具体可以分为以下三种情况。

　　一、动词为及物的，动作行为直接作用于受事。补语为不及物动词或者形容词，一般不能直接跟宾语搭配。例如：

　　（3）打碎了一个杯子。　洗净了一件衣服。

　　　　吃光了苹果。　　修好了电脑。

　　二、动词为及物的，但是动作行为不直接作用于受事。补语为不及物动词或者形容词，一般不能跟宾语搭配。例如：

　　（4）吃坏了肚子。　喝穷了一家子。

看花了眼睛。　说破了嘴唇。

三、动词为不及物的，补语也是不及物性质的成分，两者都不能单独与宾语搭配。例如：

（5）哭肿了眼睛。　哭湿了枕头。

笑疼了肚子。　走坏了一双鞋。

上述第二、三种用法，只能理解为整个动补短语带宾语。其实第一种用法也可以做这样的解释，即"一个杯子"是"打碎"的宾语，虽然"打"和"杯子"之间具有潜在的动宾关系。

2.7.2.2　"这顿饭吃了我八百块钱"为一种动补结构

现在我们来证明，"这顿饭吃了我八百块钱"实际上也是一种动补结构带宾语的用法。其中的动补结构为"吃了八百块钱"，抽象格式可描写为"$V + R_{数量成分}$"，"我"为整个动补结构所带的宾语。

上面的分析显示，不论动词或者补语的性质如何，整个动补短语可带一个论元。上面所讨论的都是宾语出现在整个动补短语之后，它们的补语一般是单音节的或者简单的词语。然而，如果补语为多音节的复杂结构，则需要用"得"字连接补语，如果有宾语，则只能出现在动词和补语之间。我们发现一个重要的现象，得字动补结构与"$V + R_{数量成分}$"不仅在结构上平行，而且在功能上互补，可以用下面形式描写：

一、$V +（了）+ O + R_{数量成分}$。如果补语是复杂的多音节结构，而且是表示数量成分的，只能用格式 A，不能用"得"字结构。例如：

（6）这封信写了我一个晚上。　　＊这封信写得我一个晚上。

这台电脑修了我一万块钱。　　＊这台电脑修得我一万块钱。

这瓶酒喝了我半个月的工资。　＊这瓶酒喝得我半个月的工资。

这幅画画了我一个多月。　　　＊这幅画画得我一个多月。

这道题做了我三个小时。　　　＊这道题做得我三个小时。

二、$V + 得 + O + R_{状态成分}$。如果补语是复杂的多音节结构，而且是表示状态的，只能用格式 B，不能用数量动补格式 A。例如：

（7）忙得他团团乱转。   * 忙了他团团乱转。

    累得她气都喘不上来。   * 累了她气都喘不上来。

    逗得我们哈哈大笑。   * 逗了我们哈哈大笑。

    伤心得她眼泪围绕着眼圈转。 * 伤心了她眼泪围绕着眼圈转。

    跑得他浑身都是汗。   * 跑了他浑身都是汗。

上述两种结构的数量成分和状态成分都是动作所带来的结果，它们在功能上的互补，说明它们属于同一类型的结构。其间的受事宾语都是整个动补结构所赋予的，去掉补语都不成立，但是都可以省略中间的宾语。它们的平行变换如下：

（8）这顿饭吃了我八百块钱。* 这顿饭吃了我。这顿饭吃了八百块钱。

    跑得他浑身都是汗。   * 跑得他。   跑得浑身都是汗。

至此我们可以确认，"这顿饭吃了我八百块钱"属于"得"字一类的语法结构，两者的功能互补：前者的补语是数量成分，后者的补语是状态成分。数量动补结构中的宾语并不是一般的动词带的施事宾语，而是整个动补结构所赋予的一个论元。也就是说，"这顿饭吃了我八百块钱"是现代汉语动补结构大家族中的一个子类，它们是动补结构的使用扩展。

我们认为"这顿饭吃了我八百块钱"属于动补结构之一种，还有另外一个重要的佐证，它与动词拷贝结构之间也存在着密切的对应关系。动词拷贝结构是由于动补结构的发展而产生的，宾语为不定指时，一般用动词拷贝结构，比如，"他做饭做累了"中的"饭"就是不定指。而且第二个谓语必须是动补结构，不能说"* 他做饭做了"。本章讨论的例子中的受事主语如果变成不定指的，最自然的表达是用动词拷贝结构。例如：

（9）我吃饭吃了八百块钱。   我写信写了一个晚上。

    我修电脑修了五百块钱。   我喝酒喝了半个月工资。

    我做题做了三个小时。   我看电影看了八十块钱。

既然动词拷贝结构使用的一个必要条件是，第二个谓语成分必须是一个动补结构，那么就可以按逻辑推断出，上述例子中的第二个谓语成分诸如"吃了八百块钱"都是动补结构。

数量动补结构并不是简单的动词加上一个数量成分的问题，它表示的是动作引起客体数量变化，包括失去了某种量的钱财（如"这顿饭吃了我八百块钱"），遭遇了某种量的变化（如"这个瓶子抓了我一手油"），等等。缺乏这种致使含义的"V＋数量成分"就不能带宾语。比如"这辆车卖了两万块钱"中的数量成分并不是"卖"所引起的数量变化，因此不能说"＊这辆车卖老王两万块钱"。

数量动补结构往往强调数多量大的意思，如果表达数少量小的意思，通常不能用这种结构。比如一般不说"＊这封信写了我一小会儿""＊这顿饭吃了我一点儿钱"等。

2.7.2.3 数量动补结构的语法性质

下面讨论数量动补结构的一些特殊的语法性质。

一、数量动补结构需要一定的语法成分表示它的时间信息，到现在我们看到的该类用例都有一个"了"，表示行为动作已经达到某种数量状况。这类句子如果去掉"了"就不能成立，比如不能说"＊这顿饭吃我八百块钱""＊这封信写我一个晚上"等。在三个最主要的体标记"了""着""过"中，只有"了"可以进入这种结构，但是这并不等于说该类结构必须用"了"才能成立，换为将来时标记"要"也可以说。例如：

（10）这封信要写我一个晚上。　　这台电脑要修我五百块钱。

　　　这瓶酒要喝我半个月的工资。　这幅画要画我一个多月。

　　　这道题要做我三个小时。　　那场电影要看我八十块钱。

二、受事主语都是有定的，而且一般不能省略。上文讨论过数量动补结构与动词拷贝结构之间的关系，当受事名词为有定时，数量动补结构是最自然的表达，而动词拷贝结构则显得不自然，甚至不能接受。例如：

（11）？我吃这顿饭吃了八百块钱。

　　　？我修这台电脑修了五百块钱。

　　　？我喝这瓶酒喝了半个月的工资。

　　　？我看这场电影看了八十块钱。

汉语的主语倾向于有定，数量动补结构的使用与受事名词的有定性不无关系，而可能与"客体归因"并没有直接的联系，这只是一种附带的表达效果。

三、数量动补结构的宾语必须是有定的，而且必须是人，宾语与其前的动词之间存在着施事与动作的关系。不定的指人名词不能用于该结构。例如：

（12）*这封信写了人一个晚上。   *这台电脑修了老师五百块钱。

       *这瓶酒喝了工人半个月的工资。*这幅画画了小孩一个多月。

       *这道题做了学生三个小时。   *那场电影看了职员八十块钱。

2.7.3　结语

本章集中讨论了"这顿饭吃了我八百块钱"这类用法的语法性质和功能，通过跨语言的比较，特别是与汉语其他动补结构的对比，论证了这类用法属于动补结构之一种，主要表达有关对象的数量状态的变化。格式中的施事宾语是整个动补结构所赋予的。

结构主义语言学的研究兴趣主要是对词或者结构进行分类，迄今为止已经取得了丰硕的成就，使人们对语言的全貌有了一个全面的了解，但这并不等于说这种分类工作已经完成。实际上还有很多结构需要确认或者分类，研究工作的难度也相应提高了，需要跨语言的视野，要具备语言系统观，才能做好这方面的工作。相信这方面会不断有新的研究成果出来。

2.8　"得"字动补结构带宾语

2.8.1　引言

　　结构主义语言学，也包括很多当代主要语言学流派，在观察描写语言现象时存在着两种倾向：一是注重线性序列，二是关注结构单位。这两种倾向本身并没有错，因为从它们出发可以揭示很多语法特性，但是只关注这些现象就会带来很大的局限性。比如，如果只注重线性序列，就会造成一种习惯意识，结果对一些类型相同而线性序列有别的结构看不清楚，常常得出错误的结论。比如简单动词的宾语都是出现在该动词之后的，这样就容易形成一种观念，整个谓语动词结构之后的名词才是宾语，那么对于由于某种因素作用必须移位的宾语则视而不见，或者误认为是其他语法成分。再如，过分强调结构单位，倾向于把一些语法性质归结为某个成分的功能，而忽略了语法结构的整体功能，结果带来分析上的偏差。

　　本章以构式语法理论为框架，从动补结构的整体语法功能出发，探讨"得"字结构带宾语的规律。动补结构的一个重要类别是表达动作行为给某种事物带来某种结果，整个结构具有"使成"的语义功能，即具有及物性，因而可以带上一个受事论元或者宾语。宾语的位置因受宾语复杂程度的制约，可以出现在两个位置：整个动补短语之后，或者动词和补短语之间。本章的分析表明，如果打破传统分析中的线性序列的限制，就能揭示很重要的语法现象。

2.8.2　关于"得"字结构的研究

2.8.2.1　"得"字结构的类别——可能与现实

"得"字结构可以分为两类：一类是表示静态的，如"飞得高"；另一类是表示动态的，如"飞得高高的"。我们认为更准确的概括为：第一种是断言动作具有达到某种结果的可能性，表示能力或者潜能；第二种是表达动作造成的结果，属于客观描写，结果补语可以是已经达到的程度或者将要达到的程度。可能性动补结构带宾语的规律跟单纯动词一样，"V 得 R"中的 V 为及物的，则可以带宾语，例如，"搬得动那张桌子""盖得起大楼"等；V 为不及物的，则不能带宾语，例如，"跳得高""走得远"等都是如此。然而对于现实类动补结构，情况就明显不同，"跳得""走得"后都可以跟名词宾语（下文将论证其宾语属性），宾语之后再跟上各种结果状态，可以说"跳得他满头大汗""走得他筋疲力尽"。本章讨论的重点是现实类"得"字结构中名词性成分的语法性质和使用规律。

2.8.2.2　"得"字结构中体词成分的性质

关于"得"字结构研究的难点之一为，结构中间的名词性成分的语法性质到底是什么？归纳起来，学术界主要有以下三种看法：

一、动词宾语说。"得"字结构中的名词分为两类：一是补语的主语，二是动补结构中动词的宾语。动补结构分为以下两个类别：

（1）　　　　　A　　　　　　　　　B

写得谁也看不懂　　走得我累死了

热得满头大汗　　　气得他直哆嗦

笑得气都喘不过来　愁得他吃不下饭

说得一钱不值　　　吃得他越来越胖

上述两组"得"字结构具有明显的区别。首先，B 组"得"字后的体词成分之后可以停顿，停顿后可以插入语气词，例如"走得我啊，累死了"。

其次，B组里的体词性成分可以提到动词前头去，使原来的述补结构转换为主谓结构，例如，"他走得累死了"。可以得出的结论是：A组是主谓结构做补语，B组则是述补结构内部带宾语。在"走得我累死了"里，述补结构"走得累死了"的"走得"后头带宾语"我"。"我"是"走得"的宾语，不是"累死"的主语，尽管从意义上说，"累死了"是陈述"我的"。

然而，对上述这种现象，不少语法论著则不加区别，认为上述两种现象都是主谓结构做补语。这混淆了两类很不相同的结构。

说A组是主谓结构做补语是正确的，因为这类结构大都还可以加上另一个名词性成分做宾语。例如：

（2）热得满头大汗　　　→热得他满头大汗

　　　笑得气都喘不过来　→笑得他气都喘不过来

　　　说得一个钱不值　　→说得他一个钱不值

然而，认为B组中的体词是"V得"所带的宾语，就会遇到以下三个问题：

第一，B组中的动词有些是及物的，如"吃""愁""气"等，而有些是不及物的，如"走"。那么要解释为何不及物动词在这里也能够带上宾语，似乎唯一的逻辑可能是，"得"是一个及物性语法标记，使得所有"V得"短语具备了及物性质。但这马上遇到第二个问题。

第二，同样一个"V得"短语，有时能加宾语，有时则不能加。比如，"走得很快很快"就不能加任何体词宾语。显然，不应该简单地把"得"看作及物标记。

第三，即使V为及物动词，也不一定能够带宾语，比如，"吃得太晚了""愁得太狠了"等都不能带宾语。

认真思考以上三个问题就很容易意识到，"得"字结构中能否出现名词，既不是单纯由"得"决定的，也不是单纯由V决定的。那么，如果只考虑结构成分，还有最后一种逻辑可能是：会不会是由补语单纯决定的？答案显然也是否定的，因为补语位置在体词之后，后面的成分一般不能决定其前的成分，与普通补语的句法位置不一致，更重要的是，很多这类补语都是非动词性的描写成分，比如"越来越胖"，根本就不能带宾语。很显然，只从结构成分上寻找答案，可能永远无法找到问题的答案。

二、兼语说。有学者认为"得"字结构中的体词为兼语，比如"他逼得我没地方去作艺"中的"我"是"逼"的宾语，同时又是"没地方去作艺"的主语。单看这类例子，兼语说似乎也有道理，但是考察的范围稍微大一点儿，马上就会发现问题。比如，"走得我累死了""笑得他气都喘不过来"等例子中的体词是其前面动词的施事，而这些施事名词都可以移到句首做主语，比如可以说"我走得累死了""他笑得气都喘不过来"。显然不宜把其中的体词看作兼语，因为典型的兼语为其前动词的受事，而且不能移到句首做主语。

三、动补宾语说。补语不包括"得"字后面的名词，"得"后的名词是动补结构这一整体的宾语。"笑得肚子疼"中的"肚子"是动补结构"笑疼"的宾语。这一分析与构式语法理论的精神是相通的，是从整体上看动补结构的功能，同时也与本章的分析思路最为接近。但是这还只是那个时代的"天才猜想"，缺乏论证，而且还有不完善的地方。比如，皆为动补结构，为什么有些能带宾语，有些则不能带？更重要的是，这个宾语为何要出现在动词和补语之间？也没有解释。本章将尝试回答诸如此类的问题。

2.8.3　"得"字结构带宾语的规律

2.8.4.3　"得"字结构中体词的语法性质

"得"字结构的一个特殊的地方是，宾语出现于动词和补语之间。现代汉语还有类似的情况可以用来佐证。我们发现一个重要的现象，"得"字动补结构与"V＋（了）＋O＋R$_{数量成分}$"不仅在结构上平行，而且在功能上互补，详情参见 2.7 部分。

2.8.3.2　"得"字结构带宾语的规律

普通的动补结构与"得"字结构带宾语，既有相似之处，也有本质的差别。普通动补结构带宾语是由补语的语义指向决定的，其中规律之一为语义指向为动词施事的则不能带宾语，比如"学病""吃胖"等不能带任何宾语。但是"得"字结构带宾语则不受语义指向的限制，补语指向动作的施事者时，仍然可以用施事名词做宾语，比如"学得她病了一个多月""吃得他胖乎乎的"。有关规律可以概括如下：

规律一："得"字结构带宾语是由动词和补语的语义关系决定的，看动词与补语之间是否具有改变物理性质或者现实状态的强使成关系，具有这种使成关系的在整体上具有较强的及物性，因而可以带上宾语，否则不可以。

规律二：宾语必须是补语所描写的对象，否则不合语法。比如可以说"背得这篇文章滚瓜烂熟"，但是不能说"*背得她滚瓜烂熟"，因为"滚瓜烂熟"描写的是文章的属性；同理，可以说"背得她头昏眼花"，但是不能说"*背得这篇文章头昏眼花"，因为"头昏眼花"是描写"她"的状况的。

从规律二似乎可以导出一个结论，即"得"字结构中的体词与其后的补语构成的是一个主谓短语，因为它们之间有陈述和被陈述的关系。但是这种观点马上遇到一个问题，无法解释很多"得"字结构不能带这里所谓的"主语"现象，尽管从语义上看都可以有自己的主语。比如，"走得很远很远"，如果其中的体词与补语仅仅是主谓关系的话，那么就应该可以说"走得路程很远很远"，可是这并不合语法。由此可见其中体词的使用还受其他条件限制。

规律二可以帮助分析歧义现象。"这孩子追得我直喘气"被认为有三种不同的理解：（a）我追孩子，我喘气；（b）孩子追我，我喘气；（c）孩子追我，孩子喘气。根据规律二可以排除第三个歧义，因为"喘气"只能描写宾语"我"。因为这句话的主语和宾语都是指人，不容易辨别，如果把宾语换为非生命的名词，就马上可以看出来。比如可以说"这孩子砍得直喘气"，但是不能说"*这孩子砍得那棵树直喘气"。如果所认为的第3种歧义是可能的话，那么后边这句话也应该成立。可见，如果有宾语的话，补语所陈述的对象只能是宾语；只有当宾语不出现时，补语才有可能描写整个句子主语。

一、补语表示动作行为所带来的结果，而且结果为引起施事或者受事物理性质或者现实状态的改变，则往往可以带上宾语。这又可以细分为以下四种情况。

（一）带来结果变化的是动词的施事，主语可以是受事，其抽象格式为：$S_{受事}+V得+O_{施事}+R$。例如：

（12）这封信写得我头昏眼花。　　这场球打得我筋疲力尽。

这顿饭吃得我满头大汗。　　这段相声听得我不亦乐乎。

问得他哑口无言。　　　　　吃得我伸着脖子打了几个"布拉格"。

主语不是受事，而是相关的事情。例如：

（13）这段相声笑得我前仰后合。　　这个消息高兴得我手舞足蹈。

他的话逗得大家哈哈大笑。　　这次旅游弄得大家精疲力尽。

（二）主语为动词的施事，宾语为动词的受事，其抽象格式为：$S_{施事}+V+得+O_{受事}+R$。例如：

（14）我们打得他们落花流水。　　那只狗追得他到处乱跑。

爸爸批评得他痛哭流涕。　　老师表扬得他天花乱坠。

秦王害得他身遭不幸。　　　你坑得我倾家荡产。

这孩子逼得他胡说八道啊！　　那只马蜂蜇得他哇哇乱叫。

（三）宾语既不是动词的施事，也不是受事，其间的关系非常间接，只是引起了宾语的状况改变。例如：

（15）隔壁那帮人不停地唱，唱得我一宿睡不着觉。

他老是讲他自己的事儿，讲得我都不耐烦了。

单位一天到晚开会，开得我没有工夫搞科研。

他上课的时候老说话，说得老师都发火了。

（四）"得"前甚至可以是形容词性质的，它们单独用的时候根本就不能带宾语。这强有力地说明所带的宾语为整个动补结构赋予的。例如：

（16）美得他手舞足蹈。　　　　高兴得她半天合不拢嘴。

兴奋得他一夜睡不着觉。　　激动得我们热泪盈眶。

疼得我直打滚儿。　　　　　乐得我牙都快碎了。

急得我们校长在房里转磨磨。　疼得我这么乱蹦乱跳。

二、从上面的规律二可以推导出，"得"字结构的补语所描写的如果是动词自身（包括动词和形容词）的程度、属性、方式等状况时，就不能带任何宾语。又可以细分为以下两种情况：

（一）补语为动作、行为、形状所达到的程度，都不能带宾语。

（17）这话回答得太妙啦。　　　　书卖得特别好。

你这儿的西餐做得精。　　　　他辈分高得不可攀。

大伙儿一看这卷子答得太好啦！　唐伯虎的美人儿画得最好！

元宵煮得跟小馒头儿似的。　　　只要我胖得不影响工作。

（二）补语为动作行为自身的状况，都不能带宾语。

（18）活得很滋润。　　　想得很长远。

进步得非常迅速。　　知道得很多。

吃得太慢了。　　　　起得太早了。

书卖得特别好。　　　睡得很香。

写得工工整整。　　　胡扯得有点离谱。

三、"得"字结构中的补语虽然描写的是施事或者受事的状况，但并不表示物理属性的变化或者现实状况的改变，只是主观上的评价，一般也不能带宾语。例如：

（19）这个艺名起得太好了。　　那件衣服买得太贵了。

话说得太难听了。　　　　书读得很多。

这仨人退出得太冤了。　　我卖得这么便宜的！

房子建造得非常讲究。　　花草剪得非常齐整。

四、动词为静态的、长期的变化过程，有关的"得"字结构也不能带宾语。例如：

（20）时间过得真快！　　　　日子过得冒了尖。

我和你会变得更亲密。　　可以使你变得温柔又可爱。

一个个老鼠长得都油光锃亮。　大姑娘长得可是真漂亮啊。

越发生得粉妆玉琢，乖觉可喜。　混得跟亲人似的。

2.8.3.3 "得"字结构与其他语法结构的关系

"得"字结构与"把"字句、被动句、动词拷贝结构之间存在着密切关系。"得"字结构到底能转换为哪种结构，取决于其中的三个成分——动词、体词和补语的语义特征。

一、"得"字结构与"把"字结构之关系

前文提到，"得"字结构中的体词分两种：一是补语的主语，即整个主谓结构做补语；二是整个"得"字结构所带的宾语。如果单从外在的形式上看，不易看清这两种不同性质的情况。可以用一个形式标准来判断，凡是不能转换为相应"把"字结构的，都是主谓短语作补语；相反，凡是可以转换成"把"字结构的，则都是整个动宾结构带宾语。例如：

（21）写得谁也看不懂　　→＊把谁写得也看不懂

　　　热得满头大汗　　　→＊把满头热得大汗

　　　笑得气都喘不过来　→＊把气笑得都喘不过来

　　　说得一个钱不值　　→＊把一个钱说得不值

（22）走得我累死了　　　→把他走得累死了

　　　气得他直哆嗦　　　→把他气得直哆嗦

　　　愁得他吃不下饭　　→把他愁得吃不下饭

　　　吃得他越来越胖　　→把他吃得越来越胖

"把"字结构还可以用来分析"得"字结构成分之间的语法关系。请看这两个例子：

（23）乐得老大爷胡子都翘起来了。　急得她脑门上的汗唰唰地就下来了。

人们会问：其中的两个名词到底是领有关系的名词短语，还是第一体词作整个"得"字结构的宾语，第二个体词是补语的主语？单看这些用例自身是不容易弄清楚的。如果变换为"把"字结构，问题马上清楚，只有第一个体词才可以，而不能把两个体词都移前：

（24）把老大爷乐得胡子都翘起来了。

　　　→＊把老大爷胡子都乐得翘起来了。

　　　把她急得脑门上的汗唰唰地就下来了。

→＊把她脑门子的汗急得唰地就下来了。

因为"把"所引进的是受事，由此可知上述用例中的第一个体词为整个动补短语的宾语，而不是两个体词构成一个偏正名词短语。

从逻辑上推测，所有谓语为"得"字结构的"把"字句都应该可以转换成相应的动补结构带宾语的格式。根据我们对口语材料的广泛调查，这是一条没有例外的规律。例如：

（25）把企业搞得生机勃勃。　　　　→搞得企业生机勃勃。

　　　他把眼睛瞪得灯泡那么大个儿。→他瞪得眼睛灯泡那么大个儿。

　　　这孩子把我折腾得就够苦的啦！→这孩子折腾得我就够苦的啦！

　　　把这个相声搞得挺火。　　　　→搞得这个相声挺火。

　　　把这个鸭子烤得焦黄焦黄的。　→烤得这个鸭子焦黄焦黄的。

二、"得"字结构与被动结构之关系

如果动词与体词之间具有"动作—受事"的关系，那么受事名词就可以移到句首做主语，整个句子有可能转换为被动句。此外还有一个感情色彩限制，通常只有表示消极意义的才可以这样转换，积极意义的一般不行，因为汉语的被动句通常是表达消极意义的。

（26）我们打得他们落花流水。　→他们被我们打得落花流水。

　　　那只狗追得他到处乱跑。　→他被那只狗追得到处乱跑。

　　　爸爸批评得他痛哭流涕。　→他被爸爸批评得痛哭流涕。

根据我们的调查范围，所有谓语为"得"字结构的被动句都可以转换为"得"字结构带宾语的句子。例如：

（27）二十万楚兵被杀得落花流水。→杀得二十万楚兵落花流水。

三、"得"字结构与动词拷贝结构之关系

"得"字结构中的宾语一般是有定的，最常见的是人称代词做宾语，名词宾语一般不能是光杆的，常为有定的修饰语所限制。这与汉语典型宾语的语义特征正好相反，它们通常是表达无定的，出现在宾语位置的光杆名词被自动赋予一个无定的语义特征。如果宾语为无定的，最合适的表达式为动词拷贝结构，其抽象格式为：$（V＋O_{无定}）＋（V＋得＋R）$。

（28）这追求时尚追得实在是有点没谱了！

内部结构为动宾的离合词都不能直接加"得"，需要用动词拷贝结构表示。道理也是一样的，其中的名词性语素已经失去了所指功能，变成不定指的了。例如：

（29）现在有许多事情在变味，变得跑了调，离了谱，没了辙。

犯病犯得很厉害，现在正在医院呢。

两口子打架打得跟乌眼儿鸡似的。

2.8.4　"得"字结构带宾语的句法轻重因素

现在要解释"得"字动补结构的宾语时，其宾语为何要出现在动词和补语之间的原因。这与句法上的轻重属性（weight）的概念有关，该概念所指的是句子成分的长度或者复杂程度。一般来说，从句主语或者宾语就比单纯名词充当的要重，名词又比代词重要。跨语言的类型学规律表明，句子成分的轻重影响它们的语序分布，存在两种倾向性：

（一）对于 VO 语序的语言，语序为：短成分 > 长成分。

（二）对于 OV 语序的语言，语序为：长成分 > 短成分。

汉语属于 SVO 语言，拥有上述第一种倾向性。"得"字结构的宾语位置正是这种倾向性的典型例证。根据我们的统计，"得"字结构的补语99% 以上为复杂的，即不是单纯的动词或者形容词，然而宾语多为代词或者指人的名词。上文为了分析的便利，我们只讨论只有单一补语的"得"字结构，实际语言应用中，它的补语可以有多个，甚至是连着几个小句。这类结构的体词宾语是绝对不允许置于整个动补结构之间的。例如：

（30）杀得官兵东逃西窜，狼狈不堪。

哄得圣上以为可以高枕无忧，不理天下之事。

急得袁大总统心惊肉跳，脑袋出汗，嘴里拌蒜，不敢吃饭。

一句话问得萧何面红耳赤，无言可答，于是低头连说有罪。

就是为这事，忙得我着急上火，脚底板都长了亇痦痦了。

害得现在我女朋友说我缺乏男子汉气概，越看越像老太太，我招谁惹谁了？

一些看似例外的现象，实际上也遵循着上述规律。例如，"本来不疼，你掐得我疼"中的补语为单纯形容词"疼"，然而它的宾语是最轻的代词"我"。如果把代词换为其他名词，其接受度就会降低，比如"? 你掐得王师傅疼""? 你掐得我的好朋友疼"等就听起来就不大自然。

从共时的角度看，人们很容易得出结论说，因为宾语轻，补语重，按照 VO 语言的轻重排序原则，轻宾语由整个动补结构之后移到动词和补语之间。但是从历时的角度看，根本就不存在位移的问题，因为宾语本来就是出现在动词和补语之间的。例如：

（31）分肉食甚均。(《史记·陈丞相世家》)

（32）制街衢平直。(《世说新语·言语》)

（33）唤江郎觉。(《世说新语·假谲》)

由于受双音节化的影响，单音节动词和单音节补语在没有宾语出现的句法环境中，它们凝固成一个类似复合词的语法单位，逐渐可以在整个动补短语之后带上宾语，如后来则说"唤觉（叫醒）江郎"。后来部分双音节的补语所构成的动补短语也可以在其后带上宾语，但是复杂的补语从古到今都是位于宾语之后。也就是说，现代汉语的"得"字结构实际上是保留着古代汉语的语法特征，所不同的是古代的同类结构没有任何标记，而宋元以后的这类结构则发展出"得"这个稳定的语法标记。

2.8.5　结语

本章论证了"得"字结构中的名词或代词为整个结构所带的宾语，并确定了"得"字结构带宾语的规律，主要是由动词和补语之间的语义关系决定的，这与普通的动补短语带宾语的规律不一样，它们是由补语的语义指向决定的。同时，还解释了"得"字结构的宾语何以要出现在动词和补语之间的韵律因素，它是由句法轻重决定的。由于补语的长短或者音节数目的限制，中古时期的汉语动补结构朝两个方向发展，结果形成了现代汉语这个复杂局面。

通过对"得"字结构带宾语规律的探讨，我们可以得到以下几点启发：首先，语法结构具有自己整体的功能，很多用法不能简单归结为其中的某个成分。其次，句法的轻重，即语法结构的长短与复杂程度，是决定成分线性序列的因素之一。最后，现代汉语是历史长河的一个发展片段，很多现象只有从历时的角度才能得到准确的说明。

2.9 被动式

2.9.1 引言

被动式是一种语言的基本句式之一。汉语史上先后出现过 10 余种被动标记，它们又组合搭配形成几十种被动格式。而且这些被动标记的词汇来源也有同有异，它们在被动式中标记的成分也不完全一样，所构成的被动式的功能也各具特色。

被动式的不同词汇来源，跟人们对同一事件结构的观察视点不同有关。被动式所表达的事件结构通常有三个要素构成：施事者、受事者和及物动词。面对这同一事件结构，不同民族或者同一民族不同历史时期的人关注的焦点有同有异，这会影响被动式语法标记的词汇来源的异同，也会影响被动式标记成分的异同。但是，位于同一个语言共同体的人们在同一历史时期对事件的诠释方式具有稳定性，结果就会形成历史发展规律和跨语言之间的对应规律。

2.9.2 被动式的事件结构和其他语言的被动标记

2.9.2.1 诠释与语法结构的选择

认知语言学的一个重要研究课题之一是"诠释"对语法结构选择的影响。所谓的"诠释"就是观察现象的视点或者认知过程。面对一个半杯水的杯子，不同的人由于认知视点或者过程的不同，会选择不同的句式来表达，表达的内容也会有差别。例如：

（1）a. the glass with water in it.　　里边有水的杯子。

　　　b. the water in the glass.　　　　水在杯子里边。

　　　c. The glass is half-full.　　　　杯子一半是满的。

　　　d. The glass is half-empty.　　　杯子一半是空的。

对同一个客体的四种不同表述，反映了人们的不同的认知诠释。这种不同的认知视点或者过程，影响到了句式的选择或者表述内容的差异。

这是从共时的角度来看认知视点与语法结构之间的关系，属于语言应用的问题。从历史上看，对同一个事件结构，由于不同历史时期的人的认知视点不一样，会影响到语法标记的词汇来源乃至语法格式的特征。

2.9.2.2　被动式的事件结构

不管对什么民族，不管在什么历史时期，被动式所描写的事件结构是一致的。典型的被动事件结构都由三个要素构成：施事、受事和动作。图示如下：

施事	动作	受事
狗	咬	人

对于这一事件，可以从不同的角度来表达。被动式是相对于主动式而言的，该事件的主动表达为"狗咬了人"。不论哪种语言，被动式的共同特点就是把受事者置于主语的位置，比如这里为"（那个）人被狗咬了"。汉语被动式的施事者需要加词汇标记，现代汉语是"被""叫""让"等。

从被动式的标记方式的角度看，被动式的三个成分都可以被标记，但是很少有语言是如此。位于主语位置的受事通常是无标记的，一般都只标记施事或者动词，那么这又有三种可能：

（一）施事和动词都标记；

（二）只标记施事；

（三）只标记动词。

然而在如何标记施事和动词上，由于人们的认知视点不一样，不同语言系统就会选择不同的词汇来源。

2.9.2.3 被动标记的常见词汇来源

下面是被动式的标记的主要来源，它们代表对被动事件的不同诠释。

一、对事件的被动遭遇。从被动式的受事主语的角度看，某一事件的发生是一种被动的遭遇，即强调不是受事者按自己意志遇到的行为。这也是被动式使用的语用背景。比如，汉语史上"被"、"见"和"吃"先后发展成了被动式标记，都是来自它们表达被动遭遇的语义基础。

二、对动词论元的消除。人类语言被动式的一个共同特点是把谓语动词的宾语提升到主语的位置，那么被动式的动词之后就不能再带其他论元，即被动式的动词丢失一个论元。被动式的这一特点很多语言用形态标记加以表征。汉语史上被动式标记中的代词"所"和"之"就属于这种功能。

三、施事与动作的关系。被动式中的动作是施事一方的意志行为，对于被动式的施事来说，是"得到"某种机会对某人或物施加某种行为。被动式的动词也可以用引进伴随格的介词标记，指示动作是他人所为，主语所指只是受事。下文讨论的"给"就属于这一类型。

2.9.3 被动标记的使用情况

2.9.3.1 被动标记出现频率的差异

现代汉语的被动标记有"被"、"让"、"叫"和"给"4个。一般的论著只简单地说明它们具有相同的功能，在被动式中引入施事。也有人提到它们在语体上的差别，口语里"叫（教）"和"让"比"被"更普遍。我们对现代汉语的口语材料做了一个抽样调查，这4个被动标记的在当今口语里使用情况可以概括如下。

一、在同为口语的3个被动标记中，"让"的使用频率最高，分别是"叫"和"给"的10倍左右。

二、在口语中"被"基本为"让"所替代。相声是口语，"让"的出现频率是"被"的20倍。下面是口语中的被动标记"让"、"叫"和"给"

的用例。

（2）我休礼拜出去玩儿，没留神让老虎给吃了。（相声《虎口遐想》）

（3）你扮演我们的交通员，让敌人抓住了。（相声《家庭怪事》）

（4）就是"文革"那会儿参加文攻武卫，叫对立面一棒子把鼻子给打歪啦！（相声《大美人》）

（5）冰箱里的东西都给吃干净了。（相声《着急》）

（6）这问题让人说滥了。（《编辑部的故事》）

（7）这叫你说着了。老师挺费劲儿教的咱也挺费劲儿学的又都挺费劲儿的还给老师了。（《编辑部的故事》）

（8）刚让岳父岳母给关进洞房就让你这丫头片子给提溜出来了。（《编辑部的故事》）

（9）谁知他那对象又不干了，成天又哭又闹，说回头肯定给他甩了。（《编辑部的故事》）

2.9.3.2 被动标记"叫"的歧义现象

直到今天，"叫"的被动用法和原来的动词用法仍然共存，在一些情况下可以有多种解释：既可以理解为一个被动标记，又可以理解为一个动词。这取决于读者的理解角度。例如：

（10）他这些日子不知怎么着，经期有两个多月没来。叫大夫瞧了，又说并不是喜。（《红楼梦》第十回）

（11）二爷骂着打着，叫我引了来，这会子推到我身上。（《红楼梦》第十九回）

（12）一个女孩儿家，只管拿着诗作正经事讲起来，叫有学问的人听了，反笑话说不守本分的。（《红楼梦》第四十九回）

（13）巴巴的写了他的小名儿，各处贴着叫万人叫去，为的是好养活。（《红楼梦》第五十二回）

（14）咱们金玉一般的人，白叫这两个现世宝玷污了去，也算无能。（《红楼梦》第六十五回）

（15）原有些真的，叫你又编了这混话，越发没了捆儿。（《红楼梦》第六十六回）

（16）我要有外心，立刻就化成灰，叫万人践踏！（《红楼梦》第二十二回）

例（10）既可以理解为"他容许大夫瞧了"或者"别人请大夫给他看病"，此时的"叫"就是一个动词；也可以理解成"他被大夫瞧了"。例（16）也有两种理解：一是"我化成灰，容任万人践踏"，这里的"叫"就是动词；二是"我化的灰被万人践踏"，这里的"叫"就是被动含义。

2.9.3.3　新被动标记"叫"与"被"之间的分工

18 世纪被动标记"叫"的使用已经相当普遍。但是当时不论是口语还是书面语中，最常用的被动标记仍然是"被"，它已经存在 2000 多年了。我们的调查显示，在那时"叫"和"被"的功能并不完全相同。"叫"多用在谈论日常生活事情的对话中，很少用在重大事情的谈话中，而且动词多为及物性较低的，诸如"留住""知道""支使""教"等，这些动作都不直接从物理上影响受事。相对地，"被"除了拥有"叫"这些用法外，还可以用于重大事情的场合，动词也可以是高及物性的，从物理上改变受事主语的性质。请看《红楼梦》中的"被"字用例：

（17）纵然失了家也愿意，强如天天被父母师傅打呢。（《红楼梦》第五回）

（18）我们被人欺负了，不敢说别的，守礼来告诉瑞大爷。（《红楼梦》第九回）

（19）回身就要跑，被贾蔷一把揪住。（《红楼梦》第十二回）

（20）依旧被我闹了个马仰人翻，更不成个体统。（《红楼梦》第十六回）

（21）林黛玉赶到门前，被宝玉叉手在门框上拦住。（《红楼梦》第二十一回）

（22）必定是外头去掉下来，不防被人拣了去，倒便宜他。（《红楼梦》第二十一回）

今天，在一些北方方言中，"叫"已经在口语中完全取代了"被"的地位，成为唯一的被动标记。但是，作为普通话基础方言的北京话的情况则不同，

"被"虽然在口语中大大萎缩了,但是稍后又产生了两个被动标记——"让"和"给",在口语中形成"三国鼎立"的局面,而后起的"让"反而占据了优势。这样就在一定程度上限制了被动标记"叫"的使用范围。

2.9.3.4　被动标记"让"在当代汉语中的使用频率的增长

"让"的被动用法只有不到 100 年的历史,它在清代还没有被动的用法。我们对多部明清时期的白话作品进行了全面调查,不见一例。根据我们的考察,"让"的被动用法最早见于 20 世纪 40 年代老舍的小说中。它在口语中的出现时间应该稍早一些。过去 50 多年的文献显示,被动标记"让"的使用频率大幅度提高。以同一文体的小说看,在每 5 万字中,《编辑部的故事》的被动"让"比老舍 40 年代的小说提高了十几倍;而在相声中则提高了 25 倍。下面是"让"的早期被动用法的例子:

（23）祥子!你让狼叼去了,还是上非洲挖金矿去了?（《骆驼祥子》）

（24）整个北平都让人家给占了。（《四世同堂》）

（25）没准儿会让邻居听了去,报告日本人。（《四世同堂》）

（26）要是钱先生又让人给逮了去。（《四世同堂》）

（27）见了面不会在无意之间露出点什么破绽让人家发现。（《四世同堂》）

尽管不同作者和不同文体的作品反映口语的程度可能不一样,但是根据我们的考察,可以有把握地说,被动标记"让"的出现和发展是近 100 年之内的事情,而最近的 50 年是它重要的发展时期。

2.9.3.5　被动标记"给"在口语中的使用情况

"给"的被动和处置用法一般限制在口语里。当今普通话口语的代表点是北京话。我们对当今北京话进行了抽样调查,结果显示,口语中最常用的被动标记是"让",其次是"叫"和"给","被"则很少见到。"给"用作被动标记的频率跟"叫"差不多,但是它们的用法也不完全一样,"给"后的施事经常省略,"叫"则一般都要带上施事。请看"给"的被动用例:

（28）多好的脾气也得给急坏了。（相声《着急》）

（29）冰箱里的东西都给吃干净了。（相声《着急》）

（30）老电梯。……我就给关这里头了。（相声《电梯奇遇》）

（31）谁知他那对象又不干了，成天又哭又闹，说回头肯定给他甩了。
（《编辑部的故事》）

（32）咦，我这有段情节怎么给拿掉了。（《编辑部的故事》）

（33）刚睡着就赶着做饭，一口没吃着又给搞醒了。（《编辑部的故事》）

（34）张义和看她煞有介事的样子，生给气笑了，无可奈何地摇摇头。
（《编辑部的故事》）

（35）真是的，全搞乱了，让人怎么工作？连椅子都给占了。（《编辑
部的故事》）

"给"被省略的施事，往往是上文已经指出，或者是语境已明确显示
的，因此无需重复。比如，例（28）的"给"之后省略一个"他"，例（30）
的施事就是"老电梯"。

2.9.3.6　被动式的谓语动词之前的"给"

被动式和处置式的一个共同特点是，施事和受事都是出现在谓语动词
之前。当被动式和处置式的语法标记不是"给"时，"给"常常出现在谓
语动词之前。例如：

（36）我想用十分钟赶到，半道儿上事情给耽误了。（相声《夜行记》）

（37）得亏他这身子骨儿，软点儿不让我给撞坏啦？（相声《夜行记》）

（38）就说你一出门让汽车给撞了！（相声《花与草》）

（39）甲：现在这股热闹劲儿全没了。

　　　乙：哪儿去了？

　　　甲：让孩子给闹没了。（相声《错走了这一步》）

（40）甲：鸟呢？（姜昆相声）

　　　乙：让狗给叼了。

　　　甲：猫呢？

　　　乙：猫让狗咬了，狗宰了炖了肉了，肉全让他给开了。（相声《错

走了这一步》)

（41）都让你给踢跑了。（相声《球场丑角》）

（42）全让你们给破坏啦！（相声《舞台风雷》）

（43）甲：刚才我穿着鞋来的。

乙：那你怎么光着脚丫子了？

甲：咳！让臭柏油给粘掉在马路上了。（《林荫小曲》）

（44）傻了吧，送上门的财神爷让你们给放跑了。（《编辑部的故事》）

上述被动式的谓语之前的"给"实际上是一个介词，其后省略了一个代词，该代词与受事主语形成回指。因此上述用例的"给"后还可以补出一个代词，例如：

（45）a. 送上门的财神爷让你们给他放跑了。

b. 鞋让臭柏油给它粘掉在马路上了。

c. 肉全让他给开了。

d. 这股热闹劲儿全让孩子给它闹没了。

2.9.3.7 被动标记"让"、"叫"和"给"的语法化程度的差异

具有相同功能的不同语法标记的语法化程度可能是不一样的。根据汉语历史的发展，可以制定衡量一个词的语法化程度的标准。语法标记都是来自普通的词汇，由普通词汇向语法标记的发展往往遵循着共同的规律：在作为一般词汇使用的阶段，往往有多种义项和功能，而新产生的标记某一语法范畴的用法，刚开始往往是个别现象，但是随着时间的推移，它的语法标记的使用频率会逐步提高，最后替代所有原来其他用法，成为一个单纯的语法标记。那么我们可以根据"让""叫""给"的被动标记和普通动词之间的用例比率，判断它们向被动标记语法化的程度。根据我们的调查，从三个词语的被动标记与其各自总用法的比率可以看出，"让"的语法化程度最高，占所有用法的28%；而"叫"和"给"都很低，其被动用法只分别占其总用法的3%和2%，可见它们主要不是表示被动的。

此外从保留普通动词的用法比例上也可以看出它们语法化程度的差

异，即保留动词的比例越低，说明它们的语法化程度越高。"让"的动词用法所占比例最低，只有4%，可见它逐步退化掉了原来动词的用法；"叫"还基本上是一个普通动词，其动词用法占全部用法的95%；"给"仍然保留较多的动词用法，为20%，它作为其他语法标记的比例也很高，占79%，但是主要不表示被动，而是引进受益者等与动作有关的对象。

2.9.4　结语

现代汉语的被动标记主要有四个，它们的词汇来源不一样，语法化程度的高低也不一样，因此具有不同的使用功能。历史最久的被动标记"被"从口语中基本消失，主要用于书面语。

从本章所谈的现象中也可以得到启发，绝对的共时系统是不存在的，所谓的现代汉语代表一个发展的特定阶段，因此很多问题也可以从历时的角度加以分析。有些语法标记只有几十年的历史，可以详细探讨它们的产生和发展历史。

2.10　被动式的动词

2.10.1　引言

语义和语法密不可分，语法是概念内容的结构化，语义在很大程度上决定语法。动词是检验这一原则的理想窗口，因为不论在哪一种语言里，动词都是语法特点最丰富、句法行为最活跃的词类，而且又与多种语法结构密切联系着。动词的概念化方式直接影响着一种语言的语法面貌。本章通过确立英汉动词概念化时对能量作用方向的处理方式的不同，探讨造成这两种语言的被动式等重要语法结构差别的原因。

2.10.2　动词的矢量语义特征

2.10.2.1　矢量的定义

"矢量"是现代数学物理中的一个重要概念。它作为一个科学术语和数学物理分支是现代科学家努力探索自然界的结果，但是所指的客观现象从古至今一直存在着，人们不自觉地感受它的存在，并对动词概念化方式有着深刻的影响，进而决定到一种语言的语法特点。在分析自然语言之前，先看这一概念的科学定义。

矢量——既有大小，又有方向的量叫作矢量，例如：力、速度、加速度等都是矢量。矢量有起点和终点，如果一个矢量的起点为 A，终点为 B，则表示为 A → B。矢量的方向亦表示为 A → B 等。

与本章的分析有关的另外一个矢量的特性为"模"，其定义如下：

矢量的模——矢量的长度叫作矢量的模，如果一个矢量的长度是从 A 到 B，则表示为 |A → B|。矢量模又叫作矢量的大小。

矢量是描写力、速度等自然现象的，它们是动作、行为、运动、变化的普遍特征之一，因此反映在语言上就表现为动词的重要语义特征。不同语言在概念化动作行为这类现象时，对矢量特征非常敏感，需要采取某种方式加以处理。比如同一类型的动作，有些语言对不同的矢量方向采取不同的词语去概括，有些语言则不计矢量的方向，用一个词语去表示，由此而会引起两种语言之间一系列的语义和句法上的差别。

2.10.2.2 矢量在自然语言中的表现

矢量代表一种重要的客观现象，对动词的概念化具有深刻的影响。在下面的分析中，S 代表主语，O 代表宾语，O_d 代表直接宾语，O_i 代表间接宾语，A 代表施事，P 代表受事，箭头所指代表矢量方向，如箭头"→"代表矢量方向为从左到右，以此类推。下面是根据矢量方向对动词的语义特征进行的分类。

一、右向矢量动词。该类动词表示动作由主语发出，并作用于宾语，表示为 S → O。这一类动词最普遍，汉语和英语都是如此。例如：

（1）他拍了一下小孩的肩膀。

（2）He patted the child on his shoulder.

二、左向矢量动词。该类动词表示力来自宾语，并作用于主语，表示为 S ← O。汉语有不少这类动词，请看有关的例子：

（3）她吹了一会儿电扇。

老李在院子里晒了半天太阳。

三、双向矢量动词。该类动词表示客体的运动方向既可以从主语到宾语，又可以相反，记为（S → O）/（S ← O）。汉语存在双向矢量动词，这类动词多用于双宾结构，而英语则缺乏这类动词。例如：

（4）老李借了小王一本书。　　　　　（S → O）/（S ← O）

（5）John lent Mary a book.　　　　　$S → O_d$

John borrowed a book from Mary.　　$S \leftarrow O_d$

上述第一个例子既可以表示"老李把书拿出来借给了小王（$S \rightarrow O$）"，又可以表示"小王把书拿出来借给了老李（$S \leftarrow O$）"。汉语这类动词的方向是中性的，一个动词可以代表两个方向，而英语则用不同的独立动词来概念化动作相反的同类动作行为。

矢量模（即力的长度）也是制约动词的概念结构的因素之一。比如下面一例的汉语的"拿"的矢量模可以有三种情况：

（6）他拿了一本书。

　　　> （a）他手里拿着一本书。　　　　　　= hold

　　　矢量模 $|S \rightarrow O|$

　　　> （b）他从别的地方拿到这里一本书。　= bring

　　　矢量模 $|S \rightarrow O \rightarrow H|$①

　　　> （c）他从这里拿到别的地方一本书。　= take

　　　矢量模 $|S \rightarrow O \rightarrow T|$

上述的（b）（c）义项又涉及矢量方向的改变。不同的矢量模或者方向，汉语用同一个动词"拿"表示，而英语则用三个不同的动词分别表示。汉语这一概念化特点在其他方面得到补偿，比如可以加各种补语来表示它的不同矢量模及方向："拿住"相当于上述的（a）义，"拿来"为（b）义，"拿走"为（c）义。

自然语言动词的矢量又可以分物理的和感知心理的两种。物理矢量是指动作具有具体的力，可使客体改变物理性质，比如"她啃了一口苹果"中的"啃"就是这一类。相应地，感知心理矢量是指主体对客体的主观感知，没有具体的力作用于物体，不改变物体的物理性质，比如"她喜欢那件衣服""她看了一会儿电视"中的"喜欢"和"看"就是如此。这两种不同的矢量对自然语言也有影响，一般需要分开概念化而不能混用。

也可以用矢量的概念重新定义及物动词和不及物动词。及物动词是施

---

① 式中的 H 代表 here，T 代表 there。

事发出动作影响及客体，如果施事和主语一致，则表示为 S → O，不一致
则表示为 A → P；不及物动词则是出于施事又止于施事，如果施事和主语
一致，则表示为 S → S，不一致则表示为 A → A。因此，

及物动词＝（S → O）∨（A → P）

不及物动词＝（S → S）∨（A → A）

英汉两种语言在及物动词和不及物动词上也有明显的区别。比如，一
般英汉或者汉英词典都用汉语的"看"对应于英语的"look"，但是两个概
念的矢量模是明显不同的："看"既可以为 S → O，又可以为 S → S；而"look"
只能是 S → S，要引入"look"的对象，必须借助于介词 at 等。例如：

（7）我看了，但是什么也没有看到。　—（S → S）

　　　我看了他一眼。　　　　　　　　—（S → O）

（8）She looks beautiful.　　　　　　—（S → S）

　　　She looked at me./* She looked me.　—（S → S）

2.10.3　英汉动词的矢量方向的差别

2.10.3.1　矢量方向与动词范畴的设立

英汉在概念化动作行为时，存在着规律性的对立：汉语对于矢量方向
不同而类型相同的动作行为常用一个动词来表示，英语则采用另一种概念
化方式，类型相同而方向不同就采用不同的动词。结果，汉语动词的矢量
方向一般是不具体化的，而英语的则是确定的。下面是英汉部分常用动词
的对比。

一、夹

（a）从两边往里施加力，矢量为：S → O。英语对应的动词有 pinch、
squeeze 等。例如：

（9）门夹了他的手指头。

　　　The door squeezed（or pinched）her fingers.

（b）从里往两边施加力，矢量为：S ← O。英语则用另外一组动词

place、stay（in between）表示。例如：

（10）书签夹在了书里。

The bookmark is placed between the pages of a book.[①]

二、晒

（a）把某种东西放在太阳光下使干燥，矢量方向为 S → O。相应的英语动词为 dry（in the sun）。

（11）他们晒了麦子。　They dried wheat in the sun.

（b）被太阳光照射，矢量方向为 S ← O。相应的英语动词为 bask（in the sunshine）或者 sun（oneself）。

（12）他在院子里晒太阳。　He basked himself in the sunshine in the yard.

三、吹

（a）从肺里呼出气流而作用于其他物，矢量方向为 S → O。英语的相应动词为 blow、puff 等。例如：

（13）他在吹火。　He is blowing a fire into flames.

（b）被风吹而变得凉爽，矢量作用方向为 S ← O。英语的相应动词则为 cool 等。例如：

（14）吹电扇。　To be cooled down by an electric fan.

四、烤

（a）用火使某种食品熟，或者使某种东西变干，矢量方向为 S → O。英语相应的动词为 bake、roast、toast 等。例如：

（15）烤白薯　bake sweet potatoes

（b）用火取暖,矢量作用方向为 S ← O。英语的相应动词则为 warm 等。例如：

（16）烤火　warm oneself by a fire.

---

① 跟汉语相对应的表达，英语往往用被动式表示。

五、考

（a）检验某人在某方面的知识，矢量方向 S → O。 英语相应的动词为 examine、question 或者 ask（somebody to answer a difficult question）。例如：

（17）老师考过我们这个问题。

　　　　The teacher asked us to answer this question.

（b）考生的知识能力接受考卷问题检验，矢量作用方向为 S ← O。英语的相应动词则为 have、take 等。例如：

（18）考语文　have a test in Chinese.

　　上述现象不是个别词汇的对立，而是两种语言之间有系统的、有规律的差别。英语对矢量方向的敏感，一部分表现在动词数目的设立上，即不同的方向用不同的动词表示；一部分则表现在形态上，即如果动作改变了矢量方向，就必须用外在的形态标记加以确认。这跟汉语则形成了鲜明的对立，汉语在概念化时把矢量的方向留作一个变量（不加以确定），那么动词在特定的语法结构改变方向时，自身就不需要借助外在形态来标识，而只需要其他词汇手段标示起点或者终点即可。这一点从下面被动格式的分析中就可以看得很明确。

　　我们根据对两种语言动词概念的设立方式和其他有关现象的全面考察，得到以下两个重要的论断：

　　一是汉语动词在概念化的层次上矢量方向是不具体化的，因此具有直接表示同一动作行为的不同矢量方向的可能，由此带来一系列汉语特有的语法现象。

　　二是英语动词在概念化的层次上矢量方向是具体化的，这样有关动词就只能表示事先已经确定的矢量方向的动作行为，如果语言使用中要改变这个矢量方向，就必须借助于其他语法手段。

2.10.3.2　汉语动词的矢量方向特点及其句法补救手段

　　上面分析显示，汉语动词的矢量方向一般是不具体化的。这样会给人们造成一个错觉，觉得汉语是一种不精确的语言，其实并非如此。任何一种语言都可以提供充分有效的手段来精确表达我们的思想。汉语在概念层次上的矢量方向的不具体化，而在句法层次上得到了有效的补偿，这就是汉语趋向动词发达的原因。跟英语相比，汉语的趋向动词不仅数量多，而且格式丰富，能产性高。比如，以上文举到的"借"和"拿"的例子，汉语可以加上各种趋向动词表示英语中的独立动词的含义。例如：

借进＝ borrow　　借出＝ lend

拿来＝ bring　　拿去＝ take

拿住＝ hold　　拿起来＝ lift

相应地，英语在概念的层次上已经明确了矢量的方向，因此就无需借助其他句法手段。结果，英语语法从整体缺乏汉语趋向动词这一个类。

其实，古今汉语对动词矢量方向的处理方式也存在着系统的差别。比如，古汉语的部分不及物动词对矢量方向规定得非常具体，同一动作的不同方向都用各自独立的动词来表示。比如，以"倒"的概念为例，古汉语有三个词表示："偃"是向后倒，"仆"是向前倒，"毙"是倒下去。现代汉语则只用一个动词"倒"来概括，方向则用趋向动词或者介词短语来表示，分别为"向后倒""向前倒""倒下去"等。古今汉语在动词的概念化方式上也经历了一个系统的变化，其中之一就是矢量方向的处理方式不同。

2.10.4　英汉被动格式差别的概念基础

2.10.4.1　英汉被动格式的本质差别

英汉被动格式的最本质差别在于动词是否变形：汉语的主动态和被动态的动词同形，而英语的被动态动词必须变形。动词的形态是被动句的必需语法标记，而英语和汉语分别还有一个引入施事的介词标记 by 和"被""让""叫"等，这个介词短语都不是必需的，经常可以省略。下表是英汉被动式动词的形态差别。

英汉被动式的动词形式差别

	动词的主动态	动词的被动态
汉语	V	V
英语	V	be + V-ed

下面请看英语和汉语的有关例子。

一、下面一组例子中，左栏为主动句，右栏为被动句。英语动词的被动态必须有外显的语法标记，动词要变成过去分词，而且要加上判断词be。

（19）James broke the window.　→ The window was broken by James.

　　　Jane opened the door.　→ The door was opened by Jane.

　　　Crystal spoiled the book.　→ The book was spoiled by Crystal.

　　　John wrote a letter.　→ The letter was written by John.

二、古代汉语中，动词可直接用于被动句，不需要形态变化，下面加点的动词都是被动用法。例如：

（20）蜚鸟尽，良弓藏；狡兔死，走狗烹。（《史记·越王勾践世家》）

（21）谏行言听。（《孟子·离娄下》）

（22）鲁酒薄而邯郸围。（《庄子·胠箧》）

（23）屈原放逐，乃赋离骚。（《司马迁·报任安书》）

三、现代汉语的主动式和被动式的动词形态也是一样的，左栏为主动式，右栏为被动式，例如：

（24）我扔了一本书。　→书扔了。

　　　我修了一辆车。　→车修了。

　　　我擦了一张桌子。　→桌子擦了。

　　　我已经吃了饭。　→饭吃了。

古今汉语被动态的动词都是不变形的，而且今天汉语的各种方言在这个特点上也是一致的。这反映了汉民族概念化动作行为的方式具有高度规律性。

2.10.4.2 被动格式的动词矢量方向的改变

人类语言的一个共性是，被动格式的主语是谓语动词的受事。因此，由主动格式向被动格式的变换，意味着动词的矢量方向的改变，可以例示如下[①]。

主动矢量   被动矢量

$S \rightarrow O$ $S \leftarrow A$[②]

（25）James broke the window.　→ The window was broken by James.

　　　我已经修了一辆车。　　　→车已经修了。

英语被动式的动词的形态功用主要在于说明动作行为的语义特征的改变，具体为：

英语动词被动态的功用——指示动词所表示的动作行为自身的矢量方向的改变，由主动态的 $S \rightarrow O$ 变换成了被动态的 $S \leftarrow A$。

虽然世界各种语言的被动格式的语法标记的来源不同，标记数目不同，标记的成分也不一样，但是有一点是共同的，都是与动作矢量特征的表示有关。能进入被动格式的动词必须是及物的，及物动词的矢量一定具有三个特征：起点、终点和方向。被动式的"起点"就是施事，多用与起点有关的介词引入；"终点"即为受事，做句子主语，一般不标记；"方向"为动词作用力的方向，通常用动词的形态来标记。

上古汉语被动格式的"于"的功能是引入施事，如"郤克伤于矢（《左传·成公二年》）"。选择"于"是为了指示矢量的起点。"于"原是一个地点介词，其中一个用法是标记动作的来源。例如：

（26）宜民宜人，受禄于天。（《诗经·假乐》）

（27）召庄公于郑而立之。（《左传·桓公二年》）

被动式中的动词矢量起点一旦被确定了，那么它的终点就自然明确了。

---

① 这里讨论的是人类语言中的 SVO 语序类型，这是最常见的两种基本语序之一。

② 这里的 A 代表施事（agent），被动态的动词一般不能再带宾语。

2.10.4.3　汉英语动词的矢量特点对被动标记语法化的影响

汉英动词在概念化过程中对矢量方向处理方式的差异，还制约着动词的引申方向，从而影响到有关词语向被动格式标记语法化的不同。上文说到，被动式的动词的实质是矢量方向的改变，其主语是矢量的终点。只有具备这一语义特征的词语才有可能语法化为被动标记。汉语历史上先后出现的被动标记"见"、"被"和"吃"都是如此。先看它们的被动用法。

（28）年四十而见恶焉，其终也已。(《论语·阳货》)

（29）万乘之国，被围于赵。(《战国策·齐策》)

（30）似此往来，通有数十遭，后来便吃杀了。(《水浒传》第四十六回)

这三个动词在没有发展成被动标记之前都可以表示左向矢量(S←O)，即与被动格式的意义是相通的。"见"的本义为视线接触事物，用于主动格式 SVO 时，属于右向矢量，但是后来引申为"被动地遇到某事物"，矢量方向正好相反，如下例（31）。"被"原来是一个名词"被子"，后引申为"覆盖"（右向矢量），又进一步引申为"被动地遭遇、遇到"（左向矢量），如下面的例（32）。"吃"表示摄入食物，是一个典型的右向矢量动词，但是也可以引申为左向矢量动词，如例（33）。

（31）雨雪瀌瀌，见晛曰消。(《小雅·角弓》)　　　　　S←O

（32）处非道之位，被众口之谮。(《韩非子·奸劫弑臣》)　　S←O

（33）但知免更吃杖，与他祁摩一束。(《敦煌变文集·燕子赋》)　S←O

例（31）中的"晛"为"日光"，日光的能量使得雪融化；例（32）的"谮"为"诬陷"，众人的诬陷使得某人遭遇不幸；例（33）的"杖"是惩戒的工具，它是力的来源。

然而英语相应的动词 see、cover 和 eat 都没有引申出类似汉语的左向矢量的用法，也就不具备向被动标记发展的语义基础，因此它们就没有类似汉语的发展。比如英语 see 的本义是右向矢量，它的所有引申义只能是右向矢量的。下面为权威的 *Webster's New World Dictionary*（1994）的全部释义。

see :

（a）to get knowledge or an awareness of through eyes ; perceive visually ;

look at；view

（b）to get clear mental impression of；grasp by thinking；understand［to see the point of joke］

（c）to learn，discover，find out［see what they want］

（d）experience，witness［to have seen better days］

（e）inspect，examine［let me see the burn］

（f）take care，make sure［see that he does it right］

（g）escort［to see someone home］

（h）encounter，meet［have you seen John？］

（i）consult［see a lawyer］

这种现象也说明矢量方向对两种语言的引申方向的制约。汉语在概念化动作行为时，矢量的方向是不具体化的，所以可以向两个方向引申；而英语的动词的矢量方向是确定的，它们只能朝着与本义矢量方向一致的动作行为引申。这一问题还值得进一步深入研究。

2.10.4.4　英汉被动格式的动词形态差别的概念基础

通过以上的分析，我们就不难解释英汉被动格式动词形态差别的原因。可以概括为以下三条：

一、动词的被动态的基本功能是标记动作行为矢量方向的转变，由主动格式的 S → O 变成被动格式的 S ← A。

二、凡是在动词概念化时矢量方向已经具体化的语言，其被动格式的动词必须借助某种语法标记来指示这种矢量方向的改变。相对地，在动词概念化时矢量方向没有具体化的语言，也就是说它们的动词可以表示两个方向的矢量，其被动格式的动词则无需添加其他语法标记，因为它们本来就可以表示左向矢量。

三、英语动词的矢量方向在概念层次上就已是确定的，因此当用于被动格式时必须借助过去分词 -ed 来指示动词的矢量方向的改变。然而，汉语动词的矢量方向在概念化层次上是不具体化的，所以被动格式的动词就无需靠形态的变化来标识矢量方向的改变。

　　动作行为的矢量方向问题，既涉及词汇层面，又涉及语法层面。词汇层面是指对于同一类型的动作行为的不同矢量方向，是否设立不同的动词来表示。然而一种语言不可能单纯依靠词汇的手段来表示每一个动作矢量方向的差异，因为除了少数不及物动词外，绝大部分的动作行为都涉及矢量改变问题，如果分别都设立不同的动词来表示，那对语言创立和学习都是一个极大负担，因此绝大部分的矢量方向的改变是靠语法手段。英语的动词被动态就属于这类现象。至此我们看到，关于动词的矢量方向，英语和汉语在词汇和句法平面上存在着平行的对立。可以概括为下表。

英汉动词的概念结构对语法的影响

	词汇层面	语法层面
汉语动词的概念结构	矢量方向不具体化	矢量方向改变不依靠形态
英语动词的概念结构	矢量方向具体化	矢量方向改变依靠形态

2.10.5　英汉动词矢量方向差异的其他句法后果

2.10.5.1　对主语和宾语省略的限制

　　英汉动词和汉语动词在矢量方向的差异不仅影响到被动式表达的不同，而且还影响到这两种语言其他各种重要的语法结构。比如英汉两种语言虽然都是 SVO 语言，但是在省略主宾语上具有鲜明的对立：汉语主宾语的省略非常自由，只要上下文清楚就可以省略，甚至有时主宾语可以同时省略；然而英语陈述句的主语一般不能省略，谓语动词为及物动词时，宾语一般也不能省略（参见 2.2.3.1 部分）。例如：

（34）John killed a fly.　　*Killed a fly.　　*John killed.　　*Killed.

　　　James cut his figure.　*Cut his figure.　*James cut.　　*Cut.

　　　The lecture bored me.　*Bored me.　　*The lecture bored.　*Bored.

　　　They chased a cat.　　*Chased a cat.　　*They chased.　　*Chased.

有时英语动词如果采用进行体则有时可以省略宾语，但是主语仍然不能省略。例如：

（35）They are eating pizza. They are eating. *Are eating pizza.

They are teaching math. They are teaching. *Are teaching math.

They are hunting deer. They are hunting. *Are hunting deer.

然而汉语的下列句子在特定的上下文中都是成立的。

（36）他吃了一个苹果。 吃了一个苹果。 他吃了。 吃了。

她写了一封信。 写了一封信。 她写了。 写了。

我见过王教授。 见过王教授。 我见过。 见过。

我吃着饭呢。 吃着饭呢。 我吃着呢。 吃着呢。

英汉两种语言之间存在的上述重要差别，也是由其动词矢量方向的差异造成的。根据科学定义，矢量方向是由"起点"和"终点"确定的。在自然语言中，"起点"表现为主动句的主语，"终点"则表现为宾语。那么：

一、英语动词概念化时矢量方向是确定的，这种隐性的语义特征进入句子时就要求外在的形式加以明确，结果就表现为主语（起点）和宾语（终点）一般不能省略。

二、汉语动词概念化时矢量方向没有具体化，那么语法上就不要求主语和宾语必须出现，只有表达上需要才使用。

2.10.5.2 汉语特有的语法结构

汉语动词的矢量方向特征，还带来许多特殊的句法结构，而相对应的英语动词则没有相当于汉语的这种用法。下面是几种汉语学界常讨论的几种特殊语法现象。

一、容纳句。容纳句主要表示一定数量的东西可供多少人使用，指下面左栏的句子，主宾语都必须是数量短语。由主动句（左栏）变成容纳句涉及动作矢量方向的改变，即（S→O）＞（S←O）。因为汉语动词概念化时的矢量方向是不具体化的，所以这种句式才有产生的可能。然而，英语的动词 eat、live、sit 等都没有汉语这种用法，因为它们的矢量方向是确定的。

（37）十个人吃一锅饭。　　→一锅饭吃十个人。

　　两个人住一间房子。　　→一间房子住两个人。

　　四个人坐一张桌子。　　→一张桌子坐四个人。

　　一个人坐一把椅子。　　→一把椅子坐一个人。

二、存现句。存现句表示某处存在某物，或者某物存在于某处。存在物既可以用作主语，又可以用作宾语，这又涉及动词矢量方向的转变。句中的地点介词短语只是表示矢量的模（长度），矢量的起点（施事）没有出现，用"（A）"表示。下面左右两栏的矢量方向变化为：〔（A）→O〕>〔S←（A）〕。同样的道理，英语的对应动词 hang、write、put、stop 则不能直接用于英语的存现句。

（38）墙上挂着画儿。　　→画儿挂在墙上。

　　封皮上写着字。　　→字写在封皮上。

　　桌子上放着书。　　→书放在桌子上。

　　湖上停着船。　　→船停在湖上。

三、关系句。关系句表示两个事物之间的空间关系，可以把其中可以移动的物体看作起点，静止的物体看作终点，那么下面左右两栏句子的矢量方向的转变为：（S→O）>（S←O）。同样的道理，英语对应的动词 reach、plaster、cover 等都没有相应的用法。

（39）火车通南昌。　　　→南昌通火车。

　　纸糊着窗户。　　　→窗户糊着纸。

　　布盖着车。　　　→车盖着布。

　　护罩搭着计算机。　　→电视机搭着护罩。

四、不及物动词带宾语。不及物动词是没有矢量方向的，可以看作它们的起点和终点重合为一点，用"S→S"表示。下组例子左右两栏的矢量变化为：（S→S）>（O→O）。同理，英语中对应的动词 die、run、drop、go 等都没有类似汉语的用法。

（40）他家的一盆花死了。　　　→他家又死了一盆花。

他家的一条狗跑了。　　　→他家又跑了一条狗。

他的书的封皮掉了。　　　→他的书掉了封皮。

他们系的一个老师走了。　→他们系走了一个老师。

2.10.6　结论

本章的分析再一次表明数量语义特征对语法的深刻影响。矢量是现代数理科学的研究对象之一，但是所指的客观现象跟自然界的历史一样长。人类在概念化外在世界的时候，自觉不自觉地感知矢量这种客观现象，反映在语言中就形成了各种各样的语义特征和语法规律。汉语和英语之间的一些重要语法特征差异，都与其动词对矢量方向处理方式的不同有关。本章主要讨论了英汉之间被动表达式的差异，而且还讨论了两种语言在主宾语省略限制上的不同，以及汉语的一系列特殊的语法结构，它们表面上看起来是互不相干的现象，而实质上都是两种语言动词概念化方式不同造成的。两种语言结构特征上的差别，很多在两个民族如何概念化外在世界的时候就已经决定了。

动词的概念化对语法格式具有重要的影响。这充分说明语义和语法之间的内在联系。语法格式是词语概念的结构化。一个民族的概念化方式往往是高度一致的，是有规律的。不同民族的概念化方式不同，由此可能导致它们语法结构的差别。动词是组织句子的核心，它概念化的方式对语法的影响最为敏感。本章的分析还证明了，一种语言的语义结构在相当大的程度上决定了它的语法特点。

2.11 表被动的动宾结构

2.11.1 引言

矢量是描写力、速度等自然现象的科学概念，为动作、行为、运动、变化的普遍特征，反映在语言上就表现为动词的一种不可或缺的重要语义特征。本章集中讨论矢量的特征之一，即动作行为的作用方向，而不涉及动作行为的力量大小。矢量的方向特征是动词概念的一个语义维度，它对动词的句法行为有着种种制约作用，表现为各种语法形式特征。动词是对动作行为概念化的结果，不同语言对矢量特征的处理会有所不同，所以不同语言的动词的概念结构存在着明显的差别。对于同一类动作行为，有些语言对不同矢量方向很敏感，不同的矢量方向就采用不同的动词来表达，然而有些语言则用一个动词来表达，由此会造成不同语言的动词系统的差别和其他语法特点。

2.11.2 现代汉语表被动的动宾结构

现代汉语的典型被动结构是用"被""叫""让"等介词标记在谓语之前引入施事成分，比如"他被车撞到了"。此外，还有词汇手段来表达被动意义，比如"敌人遭到打击""老李得到表扬"等。目前有关汉语被动句的研究多集中在这些现象上，迄今为止还无人系统探讨汉语的动宾结构也可以表达被动的问题。这里所谓的"被动意义"，就是指主语是动作行为作用的对象，即矢量的终点，宾语则是行为动作的施事，即矢量的起点，其抽象格式为：$S_{受事}+V_{行为}+O_{施事}$。下面句子的谓语都是动宾结构，然而两组例子的动词矢量作用的方向正好相反，左栏表达的是主动意义，右栏表达的则是被动意义。

（1）$S \rightarrow O$　　　　　　$S \leftarrow O$

　　　小明在吹蜡烛。　　　小明在吹电扇。

　　　妈妈在晒衣服。　　　爷爷在晒太阳。

　　　老李在烤红薯。　　　老李在烤火炉。

　　　王老师在考数学。　　学生们在考数学。

　　　老王去看牙齿。　　　老王去看牙医。

关于上述用例，为了避免意义解释的随意性，我们采取的办法是查看《现代汉语词典》是否有这个稳定的义项，而这个义项可以带上施事和受事两种宾语。比如"看"有"诊治"的义项，既可以说"看牙齿"也可以说"看牙医"。又如"考"有"考试"的义项，既可以说"王老师考学生的数学"，也可以说"学生们在考数学"。

上述表被动的动宾结构一般都不能直接转换为被动句，比如不能说"*小明被电扇吹""*爷爷被太阳晒"等。然而，当动词后加上结果成分时，上述句子大都可以转化为被动句式。例如：

（2）小明被电扇吹感冒了。　　爷爷被太阳晒醒了。

　　　衣服被火炉烤着了。　　　小敏被数学考怕了。

特别是当结果成分为名词性成分时，比如上例中的"吹感冒"，还只有用被动句表达最合适，比如不能说"*小明吹感冒了电扇"，而且换成把字句也不自然，比如"?电扇把小明吹感冒了"。由此可见，上述表被动的动宾结构与被动式之间存在着内在的转换关系，一旦谓语动词后加上结果成分时，这种转换就成为可能，有时则成为必需的选择。

迄今为止，上述汉语这种语法现象尚没有被系统探讨过，不过类似的相关现象已经有学者注意到了。汉语有一类施事宾语，所指的现象为"来客人""住人"等，然而其中的动词都是不及物的，整句话也没有被动的意义，它们实际上属于存现句，不属于我们上面所讨论的现象。朱德熙还把"晒太阳"看成使动用法,意为"让太阳晒",与"跑马"属于同一种结构。然而,在我们看来,虽然它们表面上看起来相似,然而则存在着本质的差别。"他在跑马"的"跑"只有矢量起点"马",主语"他"并不是矢量终点,整句话没有被动的意义,所表达的仍是主动意义。可是"爷爷在晒太阳",宾语是矢量的起点,主语是矢量的终点,整句话则表达一个明确的被动意义。"小明吹电扇"更不能理解为使动用法,因为"小明使电扇转动"可以是小明打开电扇就走开,并不一定表示小明用电扇吹风乘凉,如此则有别于原来句子的意思。所以,表被动的动宾结构具有独立的表达功能,其语法地位值得深入探讨。

根据我们的调查,英语中不存在汉语这种表被动的动宾结构,在表达汉语类似的现象时,英语就采用不同的动词或者不同的语法形式。比如,英语的"吹蜡烛"为 blow out a candle,英语的"吹电扇"为 to be cooled by a fan。然而值得注意的是,英汉这种差异不是孤立的,而是成系统的。英汉两种语言动词概念化方式的差别,造成了这两种语言之间的语法系统差别。换个角度来说,汉语存在表被动的动宾结构不是偶然的,它是汉语内部更大生态系统的一种产物,与很多其他语言现象密切联系着。从这个角度看问题,才能抓住问题的实质,方能把握住整个语言的语法特点。

2.11.3 汉语动词的矢量特征所带来的语法现象

2.11.3.1 普通动词的矢量特征与英汉被动句的动词形式差异

英汉这两种语言在概念化动作行为时存在着有规律的对立:汉语对于矢量方向不同而类型相同的动作行为一般用同一个动词来表示;英语则是对类型相同而矢量方向不同的动作行为采用不同的动词来概念化。从整体上看,汉语动词的矢量方向一般是中性的或者说双向的,而英语动词的矢量特征则是明确固定的,而且是单向性的。

英语动词对矢量方向敏感,这主要表现在两个方面:一是表现在动词数目的设立上,比如英语用 hold、bring、take 三个动词来表达汉语的"拿着""拿来""拿走"的意思,汉语则用一个动词"拿"来概念化,而通过加趋向补语的方式来表达动作的矢量方向差异。二是表现在动词的形态变化上，英语被动句中的动词必须采用过去分词的形式，因为被动句的主语是动作作用的对象，即矢量的终点，这也就意味着谓语动词的矢量方向转变了，所以要用外在的语法形式来标记。例如：

（3）　　　主动句　　　　　　　　　被动句

James broke the window.　The window was broken by James.

Jane opened the door.　The door was opened by Jane.

Crystal spoiled the book.　The book was spoiled by Crystal.

John wrote a letter.　The letter was written by John.

　　然而，汉语被动句中的动词形式跟主动句的完全一样，不需要变形。这一点也可以从汉语动词的概念化特点上得到解释，既然汉语动词的矢量特征是中性的，可以指两个相反方向，那么在被动句中就无需变形。古今汉语的被动句都是如此。下面看一组古汉语的例子，加点的动词都是表达被动的意义。

　　（4）鲁酒薄而邯郸围。(《庄子·胠箧》)

　　（5）谏行言听。(《孟子·离娄下》)

　　（6）屈原放逐，乃赋离骚。(《司马迁·报任安书》)

　　（7）蜚鸟尽，良弓藏；狡兔死，走狗烹。(《史记·越王勾践世家》)

　　现代汉语的主动式和被动式的动词形态也是一样的，比如"书扔了""车修了""饭吃了"等都是被动句，其动词形式与主动句没有什么两样。

2.11.3.2　英汉双宾结构的语法意义差别

　　汉语和英语的双宾结构所表达的语法意义具有明显的差别，能用于其中的动词类型也显著不同。汉语的双宾结构是双向的，直接宾语所指示的物体可以从主语到间接宾语传递移动，也可以从间接宾语到主语移动。然而英语的双宾结构则是单向的，只能从主语到间接宾语移动。相应地，汉语的"给予义"动词和"取得义"动词都可以用于双宾结构，而英语则只有"给予义"类动词才可以用于双宾句中，"取得义"动词不能用于双宾结构。例如：

（8）约翰送了玛丽一本书。　　　John sent Mary a book.

　　　约翰拿了玛丽一本书。　　　John took a book from Mary.

（9）约翰买了玛丽一辆自行车。　John bought Mary a bicycle.

　　　约翰卖了玛丽一辆自行车。　John sold Mary a bicycle.

汉语的"送"和"拿"都可以用于双宾结构，而英语只有 send 才可以，take 则不行，需要改变句型，使用普通的动宾结构。值得注意的是，英语的 buy 可以用于双宾结构，但是它所表达的意义与汉语对应的句子正好相反，它是指约翰买了一辆自行车作为礼物送给玛丽，即客体仍然是从主语向间接宾语移动。可是汉语的句子"约翰买了玛丽一辆自行车"则是说约翰掏钱给玛丽，玛丽把自行车给约翰。这种差异都是来自两种语言的双宾结构表达功能的差别。

汉语双宾结构的双向性与动词的概念化特征有关。前文谈到汉语动词的矢量特征是中性的，那么表现在物体传递类动词上就是，同一动词可以表达两个相反的传递方向。因此，下面的句子是有歧义的。

（10）小王借了老张一万块钱。

　　　→ a. 小王从老张那里得到一万块钱。

　　　→ b. 老张从小王那里得到一万块钱。

这不是个别词汇现象，而是成系统的，而且古今汉语和各个方言都高度一致，同类的动词如"租""赁""贷"等都有同样的用法。对应于汉语的"借"，英语用两个完全不同的动词来表示，borrow 表示"借入"，lend 表示"借出"。英语与汉语的这种对立也是成系统的，而不是个别的词汇现象。由此可以看出汉语和英语之间的有规律性对应：汉语的双宾结构和传递类动词都是矢量中性的，可以表达两个相反的方向；英语的双宾结构和传递类动词则都是矢量方向确定的，它们都只能表示单一的方向。

2.11.3.3　汉语的存现句

根据意义可以把汉语的存现句分为两大类，一是表示某地存在某物，二是某地出现或者消失了某物。在第一类存现句中，存在物为不定时，有关名词置于句末做宾语；存在物为有定时，有关名词置于句首做主语。表达各种具体动作的动词大都可以用于其中，主宾语颠倒时无需改变谓语动词形式。例如：

（11）墙上挂着画儿。　画儿挂在墙上。

封皮上写着字。　字写在封皮上。

桌子上放着书。　书放在桌子上。

湖上停着船。　船停在湖上。

在第二类存现句中，做宾语的名词可以看作谓语动词的施事，有关的施事名词也都可以用于句首做主语，比如"王冕的父亲死了""主席团坐在台上"等。其中的动词一般都是不及物的，也就是说它们只有矢量的起点，而没有矢量的终点。例如：

（12）王冕七岁上死了父亲。　对面来了一个人。

屋里飞进来一只蜜蜂。　石头里长出一棵草。

台上坐着主席团。　他们家跑了一只猫。

相比之下，英语存现句的动词则受到很大限制，它的典型句型是以there开头的，只有少数几个动词才可以用于其中，最常见的是be、exist、appear等，表达具体行为的动词则都不行。这是因为存现句的动词都涉及矢量变化问题，比如"墙上挂着画"含有两层意思：一是某人把画挂在墙上，此时"挂"的矢量终点是"画儿"；二是动作结束后的存在状态，此时"挂"的矢量方向被中和而表达存在状态。因为英语动词的矢量方向是确定的，不允许兼有这两层意思，所以英语的一般动词都没有汉语上述的存现句的用法。

2.11.3.4　汉语的被动式和处置式共语法标记现象

被动式和处置式是汉语的两种主要语法结构。被动句的常用语法标记是"被""让""叫"等，它们标记动作的施事，即矢量的起点。处置式的常用语法标记则是"把""将""拿"等，它们标记动作的受事，即矢量的终点。也就是说，两种句式所标记的对象的语义角色恰好相反。然而汉语中存在一个独特的语法现象，同一个标记可以兼表被动式和处置式，即兼标记施事和受事。"给"在普通话口语中可以兼用作被动式和处置式的标记，例如：

（13）　　　被动式　　　　　　处置式

　　　房子给土匪烧了。　　小明给电视机弄坏了。

　　　羊给狼吃了。　　　　老王给电视机修好了。

　　　树给卡车撞断了。　　警察给小偷抓走了。

　　　董卓给貂蝉害死了。　他给小偷捆起来了。

　　如果施事和受事都是指人的名词的话，上述的"给"字句就会产生歧义，比如"他给小偷捆起来了"这句话既可以理解为"他被小偷捆起来了"，也可以理解为"他把小偷捆起来了"。

　　无独有偶，汉语的许多方言都是用同一个标记兼表处置式和被动式，下面举例说明。

　　（一）鄂东方言。鄂东方言表示"给予"义用"把"不用"给"，同时"把"既可以做处置式标记，又可以做被动式标记，而且它是该方言中两种句式最主要的标记。例如：

　　（14）处置式：把喉咙哇破了（将喉咙喊哑了）。

　　　　　被动式：山上的树把人砍光了（山上的树被人砍光了）。

　　（二）长沙方言。长沙话中的"把"也是作动词"给予"讲，同时又可以作为处置式和被动式的标记。例如：

　　（15）处置式：你把门关哒啰（你把门关上吧）。

　　　　　被动式：才买的一只热水瓶就送得把他打咖哒（刚买的一只热水瓶就被他打碎了）。

　　（三）休宁方言。在休宁方言里普通话"给"字义的动词是"提"，它兼有处置式和被动式的标记。例如：

　　（16）处置式：提老鼠洞塞起来（把老鼠洞堵起来）。

　　　　　被动式：渠老是提人家欺负（他老是被别人欺负）。

（四）山西交城话。在山西交城话中，"给"既可以标记处置式，又可以标记被动式。例如：

（17）处置式：他给票丢啦（他把票弄丢啦）。

　　　被动式：大小子给二小子骂了一顿（老大被老二骂了一顿）。

被动式和处置式的语法标记都是从普通动词语法化而来的，现在这些语法标记仍兼有动词的用法，比如"爷爷给了小明一颗糖"中的"给"就是动词。由普通词汇向语法标记发展是有规律的，因为施事和受事的意义正好对立，从语言类型学的角度看，施事语法标记和受事语法标记的来源也完全不同。施事标记一般由"来自"等意义的词语语法化而来，受事标记则一般由"给予"一类的动词语法化而来。汉语之所以会出现这种特殊的现象，与汉语"给予"类动词可以兼表两个相反的矢量方向的语义特征有关。拿普通话的"给"来说，在缺少宾语的情况下，它的矢量方向可以有两种不同的解读。比如"小王已经给了"这句话，既可以是"小王得到了什么东西"，也可以是"小王给予了什么东西"。"给"的矢量方向为右的意义（"给予"）是它发展成受事标记的语义基础，矢量方向为左的意义（"来自"）是它发展成施事标记的语义基础。汉语很多方言里的处置式和被动式共用的语法标记大都是来自兼表"给予"和"取得"的动词，上面所举的鄂东方言和长沙方言的"把"就是如此。也就是说，汉语特殊的处置式和被动式共标记现象也是来自汉语动词的矢量中性化的语义特征。

2.11.4　结语

本章分析了汉语表被动意义的动宾结构，指出这种现象的存在是与汉语的动词概念对矢量特征的处理有关。汉语动词的矢量方向是中性的和双向的，既可以指向句首的主语，也可以指向句末的宾语。此外，汉语动词的这一概念化特征带来了一系列语法后果，诸如被动句中的动词不变形、双宾结构可以表达物体左右双向移动、主语与宾语颠倒位置而意义不变、一个语法成分可兼标记被动式和处置式等现象。由此角度观察汉语，可以

发现一种语言的语法是一个生态系统，任何一种现象的存在都不是孤立的，与很多其他现象之间存在着相互关联相互制约的联系。

　　通过本章的分析可知，英语动词的概念化方式与汉语的有系统的差别，由此而产生了一系列区别于汉语的语法特点。从这个角度来看两种语言的特点，就会发现许多有规律的对应，这有助于提高对外汉语教学和英语教学的效果。

2.12 处置式

2.12.1 引言

　　语法系统具有很高的稳定性，但是它不会停留在一种状态，而是始终处于变化之中。只有用动态的、系统的观点看待现代汉语，我们才能准确把握语言的共时语法系统的特点。

　　处置式是汉语语法过去一千多年来发生的重大变化之一，也是现代汉语最重要的语法格式之一。该格式在历史上曾经存在着两个标记——"将"和"把"，到了现代汉语则只有"把"一个，"将"只保留在书面语中。关于处置式的研究，人们的注意力几乎都在"将"和"把"所标记的结构上。然而过去一两百年来，处置结构的标记和功能发生了重要变化，主要表现在"拿"的语法化上。在标记处置式上，"拿"不仅在许多地方可以替代"把"，并且发展出了自己独特的处置用法，而"给"也发展出了处置用法。本章主要讨论"拿"和"给"的处置用法。

2.12.2 "把"字处置式的语法特性

　　"把"字仍是现代汉语最主要的处置式标记。"把"字处置式有两个最重要的语法特点：

　　一、"把"所带的受事名词总是有定的，光杆名词则被自动赋予一个有定特征，也可以加上有定性的修饰语，但是无定名词则不能进入"把"字句。例如：

（1）请来大夫了。

　　　把大夫请来了。

　　　把那位大夫请来了。

　　　请来了一位大夫。

　　　＊把一位大夫请来了。

做宾语的"大夫"是无定的，而它由"把"引入时则变成有定的。"把"所引入的有定性成分还可以受"这""那"等词语修饰。"一位大夫"是无定的，只能做宾语，而不能用于"把"字结构。

　　二、"把"字处置式的谓语一般是复杂的，它们在很多情况下不能变换为动宾式。例如：

（2）把书放到了书架上。　　→＊放书到书架上。

　　　把车开快一点。　　　　→＊开快一点车。

　　　把我听糊涂了。　　　　→＊听糊涂了我。

　　处置式的抽象语法格式为："把＋NP＋VP"，其中的NP是VP的受事。"把"虽然来自普通动词，但是现在已经是一个高度语法化的成分，不仅失去了动作意义，而且也丧失了动词的主要特征，比如不能加体标记"了""着""过"或者趋向动词，不能重叠等。"把"字处置式是一个结合紧密的稳定的语法格式，"把＋NP"和VP之间不能有任何停顿。

　　为了帮助读者理解"拿"新发展出来的处置用法，下面简单介绍"把"的几个有关的主要用法。

　　一、表示处置、致使。例如：

（3）把信交了。　　　　把房间收拾一下。

　　　把嗓子喊哑了。　　把鞋都走破了。

　　二、表示认同、充当、转化，主要动词之后有另一受事名词。例如：

（4）把他当作自己人。　　把老师的话当作金科玉律。

　　　把我当成小王。　　　把家里当宾馆。

　　三、表示给予，该结构中的"把"后的名词与动词后的名词是直接宾语和间接宾语的关系。例如：

（5）把钢笔还你。　　　　把这件事告诉他。

把这本书带给小王。　把全部材料送给校方。

四、表示对待、方法，多用于否定句。例如：

（6）他能把你怎么样？　　我把他没办法。

2.12.3　"拿"字处置式的用法

2.12.3.1　"看作""充当"类处置结构

上文指出"把"的第二个主要用法是表示"认同""充当"关系。"拿"也发展出了这一用法，而且达到很高的语法化程度，不再能带趋向动词或者体标记这些动词特征。其中的"拿"都可以用"把"替换。这种结构的动词类型虽然有限，但是宾语名词的选择很自由，具有高度的能产性。例如：

（7）比不得你，拿着我的话当耳旁风，夜里说了，早起就忘了。（《红楼梦》第二十一回）

（8）我天天坐在井里，拿你当个细心人，所以我才偷个空儿。（《红楼梦》第七十四回）

（9）他能拿我当强盗吗？这事我很放心。（《老残游记》第七回）

（10）难道玉贤竟拿我当强盗待吗？（《老残游记》八回）

（11）接受之后，你就完全不能再拿自己当个人。（《骆驼祥子》）

（12）我的姐夫嫌你们没诚意，拿他当外人儿了。（《编辑部的故事》）

（13）真拿我当神仙了，得！（《编辑部的故事》）

（14）你拿我当土老帽儿？（《皇城根》）

（15）我可告诉你，你小子别拿我这老丈人当冤大头。（《大宅门》）

最有启发性的是下面这个例子，前后两个小句的谓语都是"充当"类，一个用"把"，一个用"拿"。可见人们在这里把两个标记看作同样的成分。

（16）没人把我当一回事，想要有人拿我当回事，就得等待。（《未来世界》）

"充当"类谓语一般是表达看法、态度的，及物性较低，还不是典型的"处置"。然而这类"拿"字结构还有一个重要的发展，"充当"类动词所带的宾语之后可以出现另一个动词，来表示具体的动作行为。其抽象格式为：

拿＋NP＋V$_{充当}$＋NP＋VP

这种用法就更接近典型的"把"字处置式。"拿"的这一用法的出现非常重要，可以以此为突破点，逐步发展出典型的处置用法。例如：

（17）你们拿我作愚人待，什么事我不知。(《红楼梦》第六十五回）

（18）这会子花了几个臭钱，你们哥儿俩拿着我们姐儿两个权当粉头来取乐儿，你们就打错了算盘了。(《红楼梦》第六十五回）

（19）不知道的人，谁不拿你当作奶奶太太看？(《红楼梦》第三十九回）

（20）可见世界上男子并不是个个人都是拿女儿家当粪土一般作践的。
　　　(《老残游记》第十三回）

（21）因为平日没拿她当过女人看待。(《骆驼祥子》）

（22）陈清扬说，在家里刚洗过澡，她拿我那件衣服当浴衣穿！(《黄金时代》）

（23）就拿他当凤凰蛋捧着。(《那五》）

（24）那五听了，眉开眼笑，拿真话当假话说。(《那五》）

上述用例的加点动词（VP）除了表示态度、看法的"待""看"外，还可以是具体的动作行为，如"穿""捧""说""作践"。上面这组用例可以看作是这类"拿"字结构的扩展，应该是比较地道的处置式了。

2.12.3.2　VO 熟语类处置结构

"拿"字处置结构的另一个重要类型是，谓语动词为 VO 的熟语。该类"拿"字结构表达的是一种处置，但是既不能为"把""对"所替换，也不是"拿"的工具用法，自然也不能为工具格标记"用"所替换。值得注意的是，"拿"所引进的受事不能放到熟语的谓语动词之后。这类谓语虽然只限于熟语，但是成员数并不固定，范围相对比较开放，而且使用频率很高。其中的"拿"也高度语法化，失去了动词的主要特征，但有时候"拿"字仍然带体标记"着"。"拿"字结构这种独特的表达功能和结构，是它存在和发展下去的重要理由之一。例如：

（25）贾瑞心中便更不自在起来，虽不好呵斥秦钟，却拿着香怜作法，反说他多事，着实抢白了几句。（《红楼梦》第九回）

（26）人家赏脸不赏在人家，何苦来拿我们这些没要紧的垫踹儿呢。（《红楼梦》第一一三回）

（27）你怕阻了你的好姻缘，你心里生气，来拿我煞性子。（《红楼梦》第二十九回）

（28）你又拿我作情，倒说我小性儿，行动肯恼。（《红楼梦》第二十二回）

（29）甭拿我爸我妈开涮呵，人这儿正愁着呢。（《编辑部的故事》）

（30）我说这位同志，有话好说嘛，这是办公室，拿书撒什么气？（《编辑部的故事》）

（31）老三，你又拿我穷开心是不是？（《大宅门》）

（32）你拿我打哈哈儿，我没那福气！（《大宅门》）

（33）刚才是哪小子嚷嚷？！拿我贝勒爷开涮？（《大宅门》）

（34）您可别拿我离嘻！（《那五》）

（35）但现在孩子病了，她有气无处撒，又想反攻倒算，拿小林的老师做筏子，小林就有些不客气。（《一地鸡毛》）

（36）不仅不帮忙，反而拿他寻开心。（《寻找无双》）

熟语性动词可以表示一种强烈的处置，比如在下面例（37）中，"拿"引出的"我的东西"（指扇子），"开心"则指"撕"这一行为。

（37）宝玉赶上来，一把将他手里的扇子也夺了递与晴雯。晴雯接了，也撕了几半子，二人都大笑。麝月道："这是怎么说，拿我的东西开心儿？"（《红楼梦》第三十一回）

熟语性的谓语之后还可以有另外一个动词，或者熟语自身就是一个纯动词的形式，这种"拿"字结构就更接近典型的处置式。例如：

（38）自己高谈阔论，任意挥霍洒落一阵，拿他弟兄二人嘲笑取乐，竟真是他嫖了男人，并非男人淫了他。（《红楼梦》第六十五回）

（39）趁如今我不拿他们取乐作践准折，到那时白落个臭名，后悔不及。
（《红楼梦》第六十五回）

2.12.3.3 双宾类的处置式

本章谈到"把"的一个用法是，所引进名词与动词后的名词具有直接宾语和间接宾语的关系，整个处置式可以变换成双宾结构。"拿"也发展出这种处置用法，不过该用法的"拿"语法化程度较低，仍然保留着较强的动词性，可以带体标记或者趋向动词。后一种情况可以看作连动式的处置结构。谓语动词限于"给予"意义的。下面分类举例说明。

一、单纯的"拿"所引进的直接宾语结构。该结构中的"拿"一般都可以为"把"所替换。例如：

（40）周瑞家的忙起身，拿匣子与他，说送花儿一事。（《红楼梦》第七回）

（41）也罢，拿我这个给他，算谢他的罢。（《红楼梦》第二十七回）

（42）贾母令人另拿些肉果与他两个，又另外赏钱两串。（《红楼梦》第二十二回）

（43）要是真拿那玉给他，那和尚有些古怪，倘或一给了他……（《红楼梦》第一一七回）

（44）拿五两银子给门口儿那人。（《大宅门》）

二、"拿"带上体标记或者趋向动词，仍具有较强的动作性，可以看作连动式的处置结构。例如：

（45）太太先拿出几两银子来打发了他们。（《红楼梦》第八十五回）

（46）徐太太害怕，从酒柜里拿出一瓶"菊花白"给他。（《皇城根》）

（47）你拿出个十万八万的给他，这官司也能了！（《大宅门》）

（48）香秀拿出一包大洋递给了岗兵："给弟兄们分分！"（《大宅门》）

（49）您听我说，我是拿了几张方子给田木。（《大宅门》）

有时候体标记"着"已经不表示动作的持续，"拿"的动作性也不高，可以看作一种语法化程度比较高的格式。

（50）我就知道又干这些事！也不该拿着我的东西给那起混账人去。
（《红楼梦》第二十八回）

跟"充当"类"拿"字结构一样，这类结构中的"给予"动词所引出的间接宾语之后常出现另外一个动词，用以表示具体的动作行为，使得整个结构更具有"处置"的意味，因此也就更接近典型的处置式。其抽象格式为：

拿＋NP$_{直接宾语}$＋V$_{给予}$＋NP$_{间接宾语}$＋VP

最后位置的VP不再限于"给予"类动词。例如：

（51）原要还把你妹妹们的新衣服拿两套给他妆裹。（《红楼梦》第三十二回）

（52）昨日叫我拿出两套儿送你带去，或是送人，或是自己家里穿罢。（《红楼梦》第四十二回）

（53）一时雪雁拿过瓶子来与黛玉看。（《红楼梦》第八十二回）

（54）我拿我的心给你瞧。（《红楼梦》第八十二回）

（55）命他托察院只虚张声势警唬而已，又拿了三百银子与他去打点。（《红楼梦》第六十八回）

（56）他就拿了一本什么书给抚台看。（《老残游记》第十三回）

（57）她拿出工作证给我看，我没有在家里检查别人工作证的习惯。（《赤橙黄绿青蓝紫》）

（58）她拿衣裳给那五换过。（《那五》）

（59）你甭拿这话说给我听，许我说，就不许你说！（《大宅门》）

上述用例中的加点动词已经不局限于表示具体的"给予"动作，相应的"拿"也失去了动词性，更接近一个纯正的语法标记，比如例（59）的"拿这话说给我听"就是如此。"拿"的这种用法对它向典型的处置式发展具有重要的意义，可以突破"给予"类谓语动词的限制而变成普通的处置结构。

2.12.3.4　比较类的处置式

"拿"还可以引出一个比较项，动词一般为"比"或者以它构成的复合词。

该结构中的"拿"的语法化程度也比较高，一般不能再带趋向动词或者体标记。它在绝大部分情况下都可以为"把"所替换。例如：

（60）怪不得他们拿姐姐比杨妃，原来也体丰怯热。（《红楼梦》第三十回）

（61）我是新来的，又不会献勤儿，如何拿我比他。（《红楼梦》第八十三回）

（62）可知这两件东西高雅，不怕羞臊的才拿他混比呢。（《红楼梦》第五十一回）

（63）拿冬与夏相比，祥子总以为冬天更可怕。（《骆驼祥子》）

（64）社会制度不同，假如拿美国的三十年代和现在中国做个对比，就很容易发现新的线索。（《摆脱童稚状态》）

（65）我现在已经活到了人生的中途，拿一日来比喻人的一生，现在正是中午。（《工作与人生》）

（66）拿那"不懂事的东西"跟眼面前可她心的姐儿俩比，金秀、金枝不吭声，心里却越发别扭了。（《皇城根》）

（67）你拿我的和他的一比，就知道成色差多少！（《大宅门》）

跟前面所讨论的"拿"字处置结构一样，"比"所带的宾语之后可以跟另外一个动词，该动词可以是其他类型的。这种用法对"拿"的发展同样具有意义，可以突破谓语动词类型的限制而演化成典型的处置结构。例如：

（68）别说多的，只拿前儿琪官的事比给你们听。（《红楼梦》第三十四回）

（69）我原是给你们取笑的，——拿我比戏子取笑。（《红楼梦》第二十二回）

2.12.3.5 办法类的处置结构

本章提到"把"字的一个用法是是否具有某种方法来处置所引进的对象。"拿"在这一点上与"把"的功能一致，通常表示缺乏某种方法，一般不出现表处置的具体动词。这类的谓语结构只限于少数几个，如"没有办法""没辙儿"等，一般为否定或者疑问形式。该格式中的"拿"的语法化程度很高，不能再带动词特征的语法标记。这种用法在《红楼梦》和《老残游记》中尚没有见到，可见是近百年来的发展。例如：

（70）大家都觉得蛇颈龙的脖子该是支着的，但你拿它又有何办法。（《白银时代》）

（71）就如蛇颈龙的脖子，但你拿我也没有办法。（《白银时代》）

（72）他们都知道，这老爷子从来是一言九鼎的，除非他自己改主意，否则谁也拿他没办法。（《皇城根》）

（73）我真是拿你一点儿办法也没有！（《大宅门》）

（74）我也拿你没辙，你愿意住，那就住吧！（《大宅门》）

上面例子的谓语都是一个动宾结构的惯用语，但是也可以是一个纯粹的动词形式。例如：

（75）人都在烤着了，还能拿他怎么办？（《文明与反讽》）

2.12.3.6　普通的处置结构

上面所讨论的"拿"字结构都属于特殊的"处置"类型，即非典型的处置用法。我们也发现"拿"具有跟普通的"把"字处置式几乎完全一样的用法，它不再带动词的语法特征，表示普通的处置。例如：

（76）小的实没有打他。为他不肯换酒，故拿酒泼他。（《红楼梦》第八十六回）

（77）奶奶只管明日问我们奶奶和大爷去，若说不是赏的，就拿我和我哥哥一同打死无怨。（《红楼梦》第七十四回）

（78）你二哥哥天天在外头要帐，料着京里的帐已经去了几万银子，只好拿南边公分里银子和住房折变才够。（《红楼梦》第一〇〇回）

（79）你叫拿这金子变卖偿还。（《红楼梦》第一〇七回）

（80）便拿这项银子都花在老太太身上，也是该当的。（《红楼梦》第一一〇回）

（81）一时又拿一件灰鼠斗篷替他披在背上。（《红楼梦》第五十二回）

（82）一面便坐了，拿帐翻与赵姨娘看，又念与他听。（《红楼梦》第五十五回）

（83）可是对汽车一窍不通，人家拿她耍笑着玩，像捉弄小孩子一样
任意欺侮她。（《赤橙黄绿青蓝紫》）

（84）她今天纯粹是拿他耍着玩，和这样的人打交道是永远得不到好
处的。（《赤橙黄绿青蓝紫》）

（85）我劝诸位还是不要拿鸡蛋往石头上碰。（《大宅门》）

（86）虽然这两种态度互相矛盾，但咱们也不能拿脑袋往城墙上撞。（《未
来世界》）

（87）我是花钱没数，可也不能拿钱往水里扔！（《大宅门》）

上述用例中的"拿"字结构大都可以直接变换为"把"字结构：

拿酒泼地	→把酒泼地
拿南边公分里银子和住房折变	→把南边公分里银子和住房折变
拿这金子变卖偿还	→把这金子变卖偿还
拿账翻与赵姨娘看	→把账翻与赵姨娘看
拿鸡蛋往石头上碰	→把鸡蛋往石头上碰
拿脑袋往城墙上撞	→把脑袋往城墙上撞
拿钱往水里扔	→把钱往水里扔

2.12.3.7　"拿"所引进的无定宾语

"把"字处置式的两个主要语法特征之一为，所引进的受事名词必须
是有定的。那么就现实情况来看，人们可以处置的对象既可以是有定的，
也可以是无定的。在这一点上，"拿"字处置结构正好与"把"的形成互补，
所引进的受事名词大部分是无定的，如例（81）"拿一件灰鼠斗篷替他披
在背上"，这是它不能转换为"把"字结构的原因。

当"拿"所引进的名词为无定时，它仍保留较强的动词性，常带体标
记或者趋向动词。但这已经成了一个出现频率高、功能相当稳定的格式，
因此可以看作"连动式的处置结构"。用发展的眼光来看，这很可能发展
成高度能产的稳定的语法格式，而且在功能上与"把"字结构形成互补。
例如：

（88）说着，李纨早命拿了一个大狼皮褥来铺在当中。(《红楼梦》第五十回）

（89）紫鹃拿了一件外罩换上。(《红楼梦》第九十一回）

（90）小厮不敢怠慢，去了一刻，便拿了一张红纸来与贾珍。(《红楼梦》第十三回）

（91）他就拿了个汗巾子拦腰系上，和丫头们在后院子扑雪人儿去。(《红楼梦》第三十一回）

（92）我叫他拿了一个扇套子试试看好不好。(《红楼梦》第三十二回）

（93）说着，只见一个小丫头拿了个成窑钟子来递与刘姥姥。(《红楼梦》第四十二回）

（94）又有茶房里的两个婆子拿了个坐褥铺下。(《红楼梦》第五十五回）

（95）店小二跑来打了洗脸水，拿了一枝燃着了的线香放在桌上。(《老残游记》第十二回）

（96）她觉得挺解气，有趣儿，又拿一沓子钱往墙上摔，出现了"天女散花"的美景。(《皇城根》)

（97）另有一个小丫头比较好，她拿了一支笔塞到我手里。(《白银时代》)

（98）第二天早晨，小王拿了一块漆写的"今日停诊，全天谢客"的木牌子挂在大门外。(《皇城根》)

（99）后来他拿出了香烟，叼在嘴上。(《未来世界》)

更值得注意的是，上述的"拿"字连动式表示处置的用法很多时候是强制性的选择，即无法把"拿"所引进的受事名词放在第二个动词之后，从而变换成一个动宾结构。例如：

拿了一个大狼皮褥来铺在当中　　→*铺一个大狼皮褥在当中
拿了一枝燃着了的线香放在桌上　→*放在桌上一枝燃着了的线香
又拿一沓子钱往墙上摔　　　　　→*往墙上摔一沓子钱
拿了一支笔塞到我手里　　　　　→*塞一支笔到我手里
拿出了香烟，叼在嘴上　　　　　→*叼香烟在嘴上

上述"拿"的用法跟"把"字处置式的一样，"把"字处置式很多也是不能变换成动宾式的，比如，"把书放在书架上"就不能说成是"*放书在书

架上"。而且"拿"和"把"所引入的名词类型是互补的："拿"多引入无定名词，"把"则只能引入有定名词。"拿"字结构这种不可替代的地位，是它存在下去的重要理由之一。试想，如果一个新产生的语法标记与已存在的某一个语法标记的作用完全重合，那么它存在的理由就会大打折扣。语法标记的产生往往不是随意的，它与当时语言的需求很有关系。

在表处置的连动式中，"拿"也可以引入有定性的受事名词，只是不如引入无定性的普遍。例如：

（100）便从靴掖儿里头拿出那个揭贴来，扔与他瞧。（《红楼梦》第九十三回）

（101）把二爷请到他家里坐着，拿出这扇子略瞧了一瞧。（《红楼梦》第四十八回）

（102）许亮大怒，拿出吴二的笔据来往桌上一搁。（《老残游记》第十九回）

（103）玉婷缓缓走到床前，仰面躺在床上，拿起万筱菊的照片抱在怀中。（《大宅门》）

（104）香秀又拿起槐花母亲的手看了看。（《大宅门》）

因为上述用例中"拿"所引入的名词是有定的，与"把"字结构的使用要求相符，所以可以变换为"把"字结构。变换后的式子除了降低了受事的位移特征外，其他意思基本不变。例如：

拿出那个揭贴来，扔与他瞧	→把那个揭贴扔与他瞧
拿出这扇子略瞧了一瞧	→把这扇子略瞧了一瞧
拿出吴二的笔据来往桌上一搁	→把吴二的笔据往桌上一搁
拿起万筱菊的照片抱在怀中	→把万筱菊的照片抱在怀中
拿起槐花母亲的手看了看	→把槐花母亲的手看了看

面对同样一个事件，人们可以在"拿"字连动式和"把"字结构之间自由地选择，到底选择哪一个来描写，取决于人们的观察视点：如果着眼于受事的位移，就会选择"拿"字连动式；如果只强调对受事的处置，则选择"把"字结构。

2.12.4　"给"字处置式

根据我们的调查，当今口语中最常用的处置标记仍然是"把"，"拿"有时也有类似的功能，"给"也明显具有标记处置式的功能，现代汉语一些权威性的工具书不应该忽略这一点。但是"给"和"把"的处置用法也不完全相同，"把"后的受事一般不能省略，"给"后的则经常省略。

一、处置标记"给"后引出受事的用例

（105）干脆我给你变个闺女得啦。（相声）

（106）说着说着给老头说糊涂了。（相声）

（107）照多了给双眼皮儿给照平了。（相声）

（108）当时给我气坏了，我真想冲她嚷两句。（相声）

二、处置标记"给"后省略受事的用例

（109）一着急我给贴错了。（相声《是我不是我》）

（110）英语我懂呀，"唰唰"两下我就给写得了。（相声《是我不是我》）

（111）是呀，稀里糊涂我就给贴上了。（相声《是我不是我》）

上述例（105）的意思为"干脆我把你变成一个闺女算啦"。要把上述"给"的省略受事的用例换成"把"就必须补上有关的受事，比如例（109）应该说成"我把厕所牌子贴错了"。

处置标记的"给"后省略受事的条件是，要么上文已经提到了有关的受事，要么受事是语境中不言而喻的。例如：

（112）甲：不是，您这屋里有了她呀，<u>这环境</u>……

乙：她就给收拾了。

上述例中画线的部分就是"给"后省略的受事，完整的说法为"她就给环境收拾了"。处置式谓语之前的"给"：

（113）甲：这"刺儿"是怎么回事？（相声）

乙：他把我的眉毛给刮下来了。

（114）甲：忘了后边还坐着一孩子，"叭"！把孩子给踹下来了。（相声）

乙：又把孩子给忘了。

（115）不是，洗脚水让我踹翻了两盆，把她鞋都给泡湿了。（相声）

（116）您把饭给热热。（相声）

（117）她把菜都给做好了。（相声）

（118）我把这碴儿给忘了。（相声）

（119）还真把我给崩出来了。（相声）

（120）我把她给制服了。（相声）

（121）瞧瞧，我怎么把你给忘了。（相声）

处置式的"给"实际上也是一个介词，其后省略了一个代词，该代词所指的是动词的一个与事。该与事只限制于人。很多时候该与事仍然出现，例如：

（122）他们害怕真理，把电给我掐了。（相声《家庭怪事》）

（123）她早把她姥姥那围裙给我预备好了。（相声）

（124）我把这问题就给你解决到这儿。（相声《电梯奇遇》）

（125）我悄悄上锅炉房，我把热水给你们断了。（相声《是我不是我》）

（126）一就手，又把暖气给你们停了。（相声《是我不是我》）

（127）一回身儿，又把电给你们拉了。（相声《是我不是我》）

（128）二奶奶我把这雪里蕻给您老买了。（相声）

在《红楼梦》时代，处置式中"给"后的与事全部不能省。现代汉语的省略用法是后来的发展。下面是《红楼梦》中的一些例子。

（129）把你女儿剩水给我洗。（《红楼梦》第五十八回）

（130）既不吃饭，你就在屋里作伴儿，把这粥给你留着，一时饿了再吃。（《红楼梦》第五十八回）

（131）求我把稿子给他们瞧瞧。（《红楼梦》第四十八回）

（132）去把平儿给我们叫来！（《红楼梦》第五十九回）

（133）我不看你刚才还有点怕惧儿，不敢撒谎，我把你的腿不给你砸折了呢。（《红楼梦》第六十七回）

（134）把我的龙井茶给二爷沏一碗。（《红楼梦》第八十二回）

（135）宝钗也不理他，暗叫袭人快把定心丸给他吃了。(《红楼梦》一
　　〇〇回）

2.12.5　结语

　　本章主要对过去 200 多年来"拿"字向处置式的发展进行了全面的描写和分析。从中可以得出如下的结论："拿"具有向处置式发展的语义基础和句法环境，它会朝这个方向继续发展下去。"拿"在表示充当、给予、比较、方法等句式中与"把"字的功能相同，而且它还发展出谓语为熟语的独特处置用法。与此同时，"拿"通过这些句式开始向普通的处置式扩展。"拿"字也开始用于谓语为普通动词的处置式，其谓语结构与"把"的类似，而所引进的受事名词则与"把"的形成互补，多为无定名词，即"拿"的处置用法有自己独特的使用价值。"拿"的各种处置用法的语法化程度高低不一。当谓语为充当、熟语、比较、方法时，"拿"的语法化程度最高，已经失去了动词的主要特征；当谓语为给予或者普通动词时，"拿"的语法化程度较低，仍有动词的语法特征。

　　一个语法化过程往往要经过一个长期的历史时期才能完成，以"把"为例，它经历了 1000 多年才最后完全丢掉原来的动词用法而成为一个稳定的语法标记。由此来看，"拿"只是处于它语法化的初始阶段，可以预测，它的变化将是未来很多世纪汉语语法发展的主要看点之一。

　　此外，"给"也逐渐发展出了处置式的用法，虽然不太常见，但是很值得注意。

　　现代汉语是语言长期发展的结果，而且也是走向未来的一个出发点。用这种历史的眼光看待现代汉语，不仅可以帮助我们发现很多研究的课题，同时也可以正确地把握现代汉语的特性。

2.13　"连"字结构

2.13.1　引言

现代汉语中还存在着不少具有鲜明的结构特点和表达功能的句式，它们大都是最近两三百年才逐渐发展成熟的。本章选取其中的"连"字结构来加以简单介绍。

现代汉语的"连"字结构有多种功能，所反映的是同一个词语发展的不同历史层次。一个词语演化的方式常常是，新用法不断出现，旧用法还长期保存着，结果就形成了一个词在某一时期的共时用法，实际上代表的是它不同历史时期用法的年轮。

"连"在现代汉语的用法主要有以下几类用法。

一、副词，表示重复或者继续。例如：

（1）我们连发了三封信去催。

二、介词，表示不排除另一有关事物。例如：

（2）苹果不用削，连皮吃。

三、介词，表示包括、算上。例如：

（3）这次连我有十个人。

四、介词，表示强调或者程度高。"连"后用"都""也""还"等呼应，所引进的可以是各种成分，包括名词性短语、动词性短语、从句或者数量短语。例如：

（4）连我都知道了，他当然知道。

（5）他连看电影也没有兴趣。

（6）连他住在哪儿我也不知道。

（7）我最近连一天也没有休息。

此外，"连"还可以用作普通动词，表示"连接""接上""牵累"等。例如：

（8）把两根绳子连在一起。

（9）这两档事毫不相干，连不到一块。

（10）事情败露，把他也连上了。

连字结构强调程度的用法遵循一些逻辑规则。假定有五个量度的序列：

$L_1 < L_2 < L_3 < L_4 < L_5$

在这个特定序列里，L_1 代表"最小量"，L_5 则代表"最大量"。自然语言的肯定和否定遵循这样一条规则：对某个量级的否定蕴涵着对所有大于该量级的量的否定；对某个量级的肯定蕴涵着对所有小于该量级的肯定。由此可以推出，对 L_1 的否定等于对所有其余四个量级的否定，即完全否定。在语言交际中，"最小的量"可以是一个数量词，也可以是某种事物。强调程度的"连"的用例中 50% 以上都是否定结构。为了实现强调程度的作用（完全否定），"连"所引进的极小量词常常被否定。例如：

（11）搞得我像一个穷光蛋！出门连冰棍儿都吃不起。（《编辑部的故事》）

在这里"冰棍儿"是被假定最便宜的东西，通过对它的否定来强调一个人穷的程度之高。

在肯定结构里，"连"所引进的是最不可能实现的事物（量级最高），如果这个事物可以实现，其他事物则更加有可能会实现。比如例（4）中，"我"是最不可能知道这件事情的人，但是"我"知道了，别人更有可能知道。

表示强调的"也"一般要与副词"都"、"也"或者"还"共用。在"连"的否定格式中，"都"和"也"可以互换而不改变意思，但是在肯定结构中"都"比"也"更常用。然而，虽然"都"和"也"在这里的功能相同，在其他句法环境中它们的含义并不完全一样："都"表示周遍性，"也"表示两个事物的共同点。两者通常是不能互换的。

2.13.2 "连"字结构的发展成熟

真正的"连"字结构直到 17 世纪左右才发展成熟。成熟的标志主要有两个：一是"连"的语义虚化，所引进的对象不再限于物质上相连的具体物体，可以是一个表极小量的数量成分或者抽象的事物；二是"连"字结构可以独立表示程度，不再依赖于上下文。例如：

（12）爱惜东西，连个线头儿都是好的。（《红楼梦》第三十五回）

（13）我这屋子，大约连神仙也可以住得了。（《红楼梦》第五回）

例（12）里的"线头儿"并不是实有所指，而是代表最贱的东西。例（13）的"神仙"是比喻最高贵的人。两个例句的"连"字结构都是独立表示程度。根据我们的考察，《红楼梦》时代的"连"字结构跟今天的已经完全一样了。

从 18 世纪起，"连"字结构就是一个稳定的语法手段，强调程度之高。从那时到现在，"连"字结构的一个重要变化是，与之搭配的副词的功能的调整。先看《红楼梦》中"连"与三个副词"都"、"也"和"还"的搭配情况。

《红楼梦》中"连"字结构中的副词用法

	肯定式	否定式
连……都……	62	15
连……也……	36	98
连……还……	8	13

根据对《红楼梦》的统计结果，三个格式的分工为："连……都……"主要用于肯定结构，"连……也……"主要用于否定结构，"连……还……"用得较少，肯定式和否定式的使用频率差不多。例如：

（14）且是连一点刚性也没有，连那些毛丫头的气都受的。（《红楼梦》第三十五回）

（15）明公正道，连个姑娘还没挣上去呢。（《红楼梦》第三十一回）

例（14）很能说明问题，两个紧邻出现的"连"字结构，否定式的副词为"也"，肯定式的副词为"都"。用"还"的结构多与时间顺序有关。

到了现代汉语，三个格式的分工有所变化。下表是我们对《编辑部的故事》的统计结果。

《编辑部的故事》中"连"字结构中副词用法

	肯定式	否定式
连……都……	5	23
连……也……	2	2
连……还……	0	1

跟 18 世纪的情况相比，现代汉语的"连"字结构有两点明显的变化。首先，"连"字结构多为否定式，约占总用例的 70% 左右。其次，三个副词的分工开始混同，而且"都"有取代其他两个副词的趋势，占总用例的 80% 左右。

2.13.3　结语

"连"字结构的功能主要是强调程度的。它遵循着自然语言的肯定和否定规则，肯定一个较高程度蕴含着一个较低程度的存在，而否定一个较低程度蕴含着一个较高程度的不存在。然而这种结构是近代汉语才有的，中古以前的汉语没有对应的表达式。由此可见，古今汉语的差别有两种：一种情况是语法结构始终存在，只是语序和标记变了，比如被动式就属于这一类；另一种情况是格式和功能都是全新的，比如处置式、"连"字结构等就是如此。

2.14　动词拷贝结构

2.14.1　动词拷贝结构的形式与功能

动词拷贝结构的产生和发展是最近两三百年的事情，直到《红楼梦》时代才出现，即大约在 18 世纪。动词拷贝结构的抽象格式为：（V＋O）＋（V＋C），其中，V 为动词，O 为宾语，C 为补语。两个 V 代表同一个动词。动词拷贝结构的使用，有时是选择性的，有时则是强制性的。究竟属于哪种情况，主要取决于宾语或者补语的特征。例如：

一、选择性

（1）他看书看多了。　　他书看多了。

　　书他看多了。　　　他看多了书。

（2）他吃肉吃烦了。　　他肉吃烦了。

　　肉他吃烦了　　　　他吃烦了肉。

在上述选择性用例中，动词拷贝只是引进受事宾语的方法之一，此外还可以置受事名词于主语前后而话题化，或者放在整个动补结构之后。当然，不同的方式在语用上不完全一样，究竟采用哪种格式最合适，取决于具体的交际环境。

二、强制性

（3）他看书看病了。　　＊他书看病了。

　　＊书他看病了。　　＊他看病了书。

（4）他吃肉吃胖了。　　＊他肉吃胖了。

　　＊肉他吃胖了。　　＊他吃胖了肉。

对于这一类强制性用例，要引进行为的受事，别无他法，只有动词拷贝这一种选择了。由此可见，该类结构在现代汉语句法体系中占有不可取代的地位。形成上述选择性和强制性现象的主要原因是补语的特点。大致说来，如果补语与宾语具有某种语义或者句法关系，引进宾语的方式相对比较自由。

根据补语的语义特征和结构特点，动词拷贝结构可以分为以下四类：

一、补语是时间词

（5）a. 他看书看到两点。

b. 他睡觉睡了一个小时。

c. 我等车等了很长时间。

二、补语为单纯的形容词或不及物动词

（6）a. 他看书看累了。

b. 他办事办成了。

c. 他喝酒喝醉了。

三、补语为"得"字结构

（7）a. 他念书念得很快。

b. 他开车开得很稳。

c. 他吃饭吃得不多。

四、动补之后另有宾语

（8）a. 他切菜切破了手。

b. 他学英文学坏了眼睛。

c. 他扫地扫弯了腰。

动词拷贝结构的发展是不平衡的。在清代的文献中只能见到一、二类，三、四类还没有出现。一种新结构产生之后，往往会向多样化方面发展。

动词拷贝结构的使用有很多限制，主要有以下几条：

一、宾语通常是类属词，不能是定指的。比如可以说"他喝酒喝醉了""他喝茅台酒喝醉了"，而不大能说"？他喝那瓶酒喝醉了""？他喝昨天买的酒喝醉了"。因为"酒"和"茅台酒"代表的是事物的类属，而"那瓶酒""昨天买的酒"则是有所指的具体事物。

二、只有第二个动词是限定动词，表现为可以跟体标记，可以被否定词及各种副词修饰。比如不能说"*他喝了酒喝醉了"等。

三、宾语和补语是必不可少的，比如不能说"*他喝喝醉了""*他喝酒喝了"。

2.14.2 动词拷贝结构的产生

VOC 格式由元代到明代走向衰落，也就是在这一时期我们才发现类似于动词拷贝的用法，但是还不多见。例如：

（9）官里无贪淫贪欲贪成性，都只为忧民忧国忧成病。（《辅成王周公摄政》）

（10）请人请到四五次不来，也只索罢了。（《醒世恒言》第二十九卷）

仔细看来，例（9）还跟今天的动词拷贝结构不一样，它同时引进两个宾语，可是动词拷贝结构则不允许，比如，不能说"*吃饭吃肉吃胖了"。该例来自元杂剧，可看作是戏剧的修辞语言，还不是一种句法结构。可是例（10）已经跟今天的没有什么差别了。

VOC 格式到了清代已完全不用了，也就是从这以后，动词拷贝结构才慢慢地多起来。到了《红楼梦》时期，该结构已经不难见到了。下面是从《红楼梦》中约四分之一的篇幅中收集到的有关例子。

（11）外头的只有一位珍大爷。我们还是论哥哥妹妹，从小儿一处淘气了这么大。（《红楼梦》第五十四回）

（12）姑娘们把我丢下来了，要我碰头碰到这里来。（《红楼梦》第四十一回）

（13）什么顺手就是什么罢了。一年闹生日也闹不清。（《红楼梦》第五十二回）

（14）上次他就告诉我，在家里做活做到三更天。（《红楼梦》第三十二回）

（15）别人不过拣各人爱吃的拣了一两样就算了。（《红楼梦》第四十一回）

例（11）（12）的"淘气""碰头"都可以看作内部结构为"V + O"的复合动词。在 VOC 格式消失之后，该类词如要指示动作结果的话，只有采用动词拷贝结构。例（13）（14）的情况相似，除动词拷贝结构外，似乎也没有别的选择。例（15）的情况特殊，它的结构是（V＋O₁）＋（V＋O₂），其中的 O_1 和 O_2 之间有整体和部分的关系。这种情况，更常见的是用处置式来表示。例如：

（16）将女儿的青丝细发，剪了一缕送来。(《拍案惊奇》卷之十)

（17）把你们那里的新闻故事儿说些与我们老太太听听。(《红楼梦》第三十九回)

动词拷贝跟处置式的语用价值有差别。动词拷贝结构是旨在客观叙述一件事，可把事情往轻里、小里说，如例（18）a；处置式则带有强烈的主观色彩，可把事情往重里、大里说，例如例（18）b。

（18）a. 他看书只看了几页。　b. 他已经把书看了一半了。

也就是说，尽管从理论上讲，引进宾语的方式可能不只动词拷贝结构一种，但是要达到某种表达效果，也许只能用这结构。

自《红楼梦》时代之后，动词拷贝结构就常见于各种反映口语的资料中。下面两例来自20世纪初写的《老残游记》。

（19）未到一年，站笼站死两千多人。(《老残游记》第三回)

（20）因为他办强盗办得好，不到一年竟有路不拾遗的景象。(《老残游记》第三回)

至此，本章开头所讲的四类动词拷贝结构都已具备。例（19）是动补之后又带宾语，属第四类；（20）的补语为"得"字结构，属第三类。

2.14.3　结语

动词拷贝结构是一种非常年轻的句法格式，只有大约两三百年的历史。它产生的背景和条件是，由于动补结构的发展，动词和补语之间不再能插入宾语，导致"V（得）OC"格式消亡，原来该格式引进宾语的功能除用业已存在的"把"字句、话题结构等承担外，还需要寻求一种新结构，用以引进一类特殊宾语和补语。动词拷贝结构的形式来源是一种话语结构，它是从两个成分相同、语序一样的单句抽象、固定下来的。

2.15　并列结构

2.15.1　引言

本章主要考察汉英表示并列关系的连词的语法性质的异同。汉英大致对应的并列连词的使用范围和语法性质存在着很大的差异，诸如分布不一样，所连接的成分的语法性质不一样，等等。这是两种语言设立并列连词的标准不一样造成的。从这个角度考察问题，可以使得我们洞悉一种语言语法的设计原理。

语言中所谓的并列结构，是指由同等语法地位的两个或者两个以上的语言单位所构成的结构体。不论是汉语、英语还是其他语言，其并列结构所表达的基本逻辑关系不外乎"合取"和"析取"两大类别。它们在逻辑学上的定义如下。

一、合取——表示两种或者多种事物情况同时存在，具有合取关系的现象可以是事物、属性、动作行为等。英语表达这一逻辑关系的基本词语为 and，汉语的主要为"和"等。所连接的语言单位可以是词、短语或者句子。当所连接的单位是句子时，逻辑学上又叫作"联言判断"。数理逻辑上用"A ∧ B"表示 A 和 B 的合取关系，只有 A 和 B 都为真时，整个格式才为真，其余情况都是假。

二、析取——表示从两种或者多种事物情况中选择其一，具有析取关系的现象可以是事物、属性、动作行为等。英语表达这一逻辑关系的基本词语为 or，汉语的主要为"或者"等。所连接的语言单位可以是词、短语或者句子。当所连接的单位是句子时，逻辑学上又叫作"选言判断"。数理逻辑上用"A ∨ B"表示 A 和 B 的析取关系，只要一个项为真时，整个表达就为真；只有所连接的两个项皆为假时，整个表达才是假的。

合取和析取代表了现实世界的各种事物现象之间的两种基本逻辑关系。不同的语言都有适当的词汇手段来表达这种逻辑关系。但是由于不同语言对事物现象的认知视点的不同，有关的语法范畴就会产生这样那样的差别，形成各自的特色。下面以英语和汉语为例来说明这一点。

2.15.2 汉英表达合取关系的连词的异同

2.15.2.1 英语合取关系的连词的功能

英语表示合取关系的连词基本上就是一个and。英语and的使用条件为：所连接的语言单位必须在语法上是平行的。从语言单位的层级来看，它所连接的可以是词、词组或者句子；从所连接的成分的词性来看，可以是名词性的、动词性的、形容词性的、副词性的或者介词短语，即英语并列连词的使用不受词性和语言单位层级的限制，这跟下面谈到的汉语的情况形成了对立：汉语的合取连词不仅要求所连接的两项在语法上是平行的，而且还有严格的词性和语言单位层级的限制。下面分别举例说明 and 的功能。

一、NP ∧ NP。英语的 and 常连接的是名词或者名词短语。例如：

（1）a. His son and daughter live in Buenos Aires.

b. He bought a bicycle and a car.

c. Father and son went to New York by a morning train.

d. Two and two make four.

二、VP ∧ VP。英语的 and 还常连接动词或者动词性短语。例如：

（2）a. He has quarreled with the chairman and has resigned.

b. We drank, talked, and danced.

c. You'll wait and have a bite with us.

d. He started to shout and sing.

英语 and 所连接的两个动词还可以共带一个宾语。例如：

（3）I washed and ironed the clothes.

三、AP ∧ AP。英语的 and 也可以连接形容词或者形容词短语。例如：

（4）a. The colors of the rainbow are blue，green，yellow，orange，red，indigo，and violet.

　　b. The weather will be cold and cloudy.

　　c. The weather will be rainy or changeable.

用 and 还可以连接定语位置上的两个形容词。例如：

（5）a. It's a social and political problem.

　　b. You're a good and generous person.

　　c. She's an intelligent and strong-minded woman.

　　d. It's an ill-planned，expensive and wasteful project.

四、Adv ∧ Adv。英语的 and 甚至可以连接两个状语位置上的副词。例如：

（6）a. Slowly and stealthily，he crept towards his victim.

　　b. Mr. Jones worked early and late to earn enough money to live.

　　c. They nursed the child day and night.

五、S ∧ S。英语的 and 也可以连接几个独立的小句（clause）。例如：

（7）a. It was Christmas Day，and the snow lay thick on the ground.

　　b. The rain has stopped，and she's gone for a walk.

　　c. John plays the guitar，and his sister plays the piano.

　　d. I wrote the letters，Peter addressed them，George bought the stamps，and Alice posted them.

英语 and 还可连接多个小句，它出现于每个小句之前。

（8）The wind roared，and the lightning flashed，and the sky was suddenly as dark as night.

六、英语 and 还可以连接偏正复句的几个并列的偏句（subordinate clause）。

（9）He asked to be transferred，because he was unhappy，because he saw no prospect of promotion，and（because）conditions were far better at the other office.

英语的 and 还可以跟其他连词一起使用，表示更丰富的逻辑关系，可以表示转折和时间上的先后。例如：

（10）a. He tried hard, and yet he failed.

b. He was unhappy about it, and but he did what he was told.

c. Give me some money and then I'll help you escape.

英语 and 的使用只要求一个条件：所连接的各项必须在语法上是平行的。这一点导致一个有趣的用法，英语的 nice and 可以用在另外一个形容词之前，意为 pleasantly 或者 suitably，即在这里 nice and 的语义功能相当于一个副词，来修饰限制其后的形容词，但是仍然采用形容词的形式，因为有个合取连词 and 出现于其间，以保证与其后所修饰的成分具有语法平行性，从而在语法上满足 and 的使用条件。例如：

（11）a. It's nice and warm in front of the fire. （＝ pleasantly warm）

b. The work was nice and easy. （＝ suitably easy）

c. Now just put your gun down nice and slow. （＝ suitably slow）

英语 and 用于名词短语也有类似的情况。从语义上看，下列短语是定语和中心语的关系，即第二个名词语义上可以看作第一个名词的定语，但是形式上 and 仍是连接语法地位平等的两个名词性成分。例如：

a carriage and four（horses）（四马马车）; brandy and water（兑水的白兰地）bread and butter（涂黄油的面包）;   fruit and cream（加奶油的水果）

古英语的 and 并不是表示合取的，而是指"是否（whether）"。至于古英语的合取连词系统以及 and 的合取用法是如何发展出来的，因为资料的限制，无法详细考察。

2.15.2.2　汉语的合取连词的功能

现代汉语的合取连词的功能跟英语的明显不同，它的系统比英语的要复杂。其使用条件除了要求所连接的项必须在语法上是平行的之外，还有词性和语言单位层级的限制。目前最通行的汉英或者英汉词典，毫无例外地都是把英语的 and 和汉语的"和"相互诠释的，其实汉语的"和"只有英语 and 的连接名词性成分的功能。"和"不能连接句子，也不能连接动词、形容词、副词、介词等谓词性成分。现代汉语的谓词性并列结构另有专门的连接词，是用"既……又……"或者"又……又……"等连接的。

一、连接名词性成分的并列连词

汉语的"和"只能连接名词和名词短语，不能连接动词、形容词等谓词性成分，自然也就不能连接小句。也就是说，汉语的"和"只有英语 and 的"NP ∧ NP"一种格式。例如：

（12）老师和同学都赞成这么做。

（13）爸爸、妈妈和哥哥、姐姐都不在家。

（14）戈玲和余德利都笑了。（《编辑部的故事》）

（15）一个乡镇企业只有胆量和干劲就开发出一系列磁疗美容佳品了。
　　　（《编辑部的故事》）

（16）王师傅，一个大胖子，赫然坐在李冬宝和戈玲打横的位置。（《编辑部的故事》）

但是，也有论著指出"和"有以下连接谓词成分的用法：

（17）a. 我还要说明和补充几句。

　　　b. 会议讨论和通过了明年的财务预算。

　　　c. 泰山的景色十分雄伟和壮丽。

　　　d. 他的话是那样明确和有力。

上述前两个例子的"和"连接两个动词性成分，其中第二例为两个动词共一个宾语。后两例则为形容词性成分。这些用法都只限于书面语，而且有严格的条件限制：一是所连接的动词或者形容词必须是双音节的，二是这些成分前后必须有共同的修饰语或者宾语。下面的句子是不合法的。

（18）a.* 我还要说明和补充。

　　　b.* 泰山的景色雄伟和壮丽。

　　　c.* 我昨天写和送了一封信。

　　　d.* 他买和吃了一个苹果。

现代汉语"和"在书面语中连接谓词性成分的用法是受英语的影响而出现的欧化句式。根据我们的广泛调查,《红楼梦》时代的"和"只能连接名词性成分,例如:

（19）凤姐儿、宝玉方和贾蓉到秦氏这边来了。（《红楼梦》第十一回）

（20）快倒茶来,婶子和二叔在上房还未喝茶呢。（《红楼梦》第十一回）

（21）亲家太太和太太们在这里,我如何敢点。（《红楼梦》第十一回）

只有到了现代汉语,"和"才开始可以连接动词或者形容词等谓词性成分。这些用法除了见于书面语外,还见于知识分子的口语里。下面是我们从反映当今北京话的《编辑部的故事》中搜集来的例子。

（22）应该比一般的群众更加积极主动地去学习和掌握国家制定的各项法规。

（23）在座的都是热心扶持和关心帮助双双小姐的贵宾。

（24）他像兄长一样地爱护和关心我们姐妹俩。

（25）到了该吃饭的时候让人家饿着肚子,也是友爱、善意和真诚吗?

然而,连词"和"受英语的影响也是非常有限的,只限于连接谓语位置上的动词或者形容词,仍不能像英语的 and 那样可以连接各种语法平行的单位,比如"和"不能连接副词和介词短语。

（26）小红,把鸡尾酒和饮料给客人端过来吧!

→ * 小红,把鸡尾酒和把饮料给客人端过来吧!

（27）他们又快又好地完成了作业。

→ * 他们快和好地完成了作业。

现代汉语中另外几个合取连词为"同"、"及"和"跟",也是只限于连接名词性成分,它们都用得不多,前两个一般用于书面语。例如:

（28）a. 化肥同农药已运到。

b. 我、小张、小李及小王都住在学校。

c. 小李跟我都是山西人。

d. 铅笔跟橡皮你都搁哪儿去了?

二、连接谓词性成分的并列连词

现代汉语的谓词性合取连词主要为"既……又……"和"（又……）又……"等。它们可以连接动词或者形容词性成分，又可以连接小句。下面分别举例说明。

一、VP ∧ VP

（29）a. 锅炉改装以后，既节约了用煤，又减少了人力。

　　　b. 应该做到既会工作又会休息。

　　　c. 我想看又不想看，决定不下。

　　　d. 这孩子又会写又会算。

　　　e. 同一台机器又翻地，又耙土，又下种。

二、AP ∧ AP

（30）a. 这台晚会既生动又活泼。

　　　b. 她既聪明又漂亮。

　　　c. 这种产品又便宜又实用。

如果所连接的两个成分是一个短语，那么它们应该属于同一类型的结构。比如，"既会工作又会休息"所连接的两项都是"Aux（助动词）＋V"结构，就不能说成是"*既会工作又休息"。

"又"等还可以连接状语位置上的两个谓词性成分，但是仍不能像英语的 and 那样连接介词短语。例如：

（31）他们又快又好地完成了任务。

　　　*他在教室又在图书馆看书。

含介词短语的动词结构要表达合取关系时，要重复动词，比如上句可以说成"他既在教室看书，又在图书馆看书"。汉语的一些句法位置的成分是不允许并列的，比如最常见的一种语法现象——补语就是如此，一个动词原则上只能带一个补语，比如不能说"*吃饱又腻"，通常是重复动词："吃饱了，也吃腻了。"

2.15.3　汉英析取连词的异同

2.15.3.1　英语析取连词的功能

对并列关系的两大类中另一类——析取，不同的语言一般也有专职的连词加以表示。现代英语的析取连词主要就是一个 or。它的使用条件跟 and 的一致，只要求所连接的两项在语法上是平行的，而没有词性方面的限制，同时也可以连接词、词组、句子等各级语言单位。下面分别举例加以说明。

一、NP ∨ NP

（32）a. His son or his daughter lives in Buenos Aires.

b. I will buy a new car or a second-hand car.

c. One is grateful for a gift or a kind word.

d. He did know any editors or writers.

二、VP ∨ VP

（33）a. The egg should be hard-boiled, or cooked until the inside is firm？

b. Whether he speaks or not，the result will be the same.

c. He never smokes or drinks.

三、AP ∨ AP

（34）a. Is it green or blue？

b. The sea can be blue or green or grey.

四、PP ∨ PP

（35）a. You can go by air or by rail.

b. I will do my homework in library or in class.

c. He is good at painting with water color or with oil paints.

d. Are you going to water the garden before or after supper？

五、S ∨ S

（36）a. They are living in England，or they are spending a vacation there.

　　　　b. I may see you tomorrow or I may phone you later in the day.

英语的 or 还可以连接多个句子：

（37）a. The battery may be disconnected, the connection may be loose, or
　　　　the bulb may be faulty.

　　　　b. You can boil an egg,（or）you can make some sandwiches, or you
　　　　can do both.

英语的 or 也可以用在句子内部的从句（subordinate clause）的连接上，
例如：

（38）I wonder whether you should go and see her or whether it is better to
　　　　write to her.

　　虽然合取和析取都属于并列关系，但是它们所表达的逻辑关系不一样，
所在的结构的语法性质也不一样，出现的格式多少也有明显的差别。比如，
在英语中，合取强调所连接成分的整体性，那么主语为并列结构时，谓语
动词采用复数形式；析取强调所连接成分的个体性，那么主语为并列结构
时，以紧邻动词的那个名词的单复数来决定谓语动词的单复数。例如：

（39）a. His son and daughter live in Boston. （动词为复数）

　　　　b. His son or his daughter lives in Boston. （动词为单数）

　　英语的 or 来源于 other（即为弱化形式），在古英语中用于引进另外一
个选择项。至于 or 的发展过程和古英语的析取连词系统，因为资料的限制
无法细加考察。

2.15.3.2　汉语析取连词的功能

　　现代汉语最主要的析取连词为"或者"，它与英语的 or 用法接近，只
要求所连接的两项在语法上是平行的，但是没有词性限制，可以连接词、
词组、句子等各级语言单位。也就是说汉语的析取连词系统跟英语的接近，
但是跟汉语的合取连词"和"的用法不平行。下面分别举例加以说明。

一、NP ∨ NP

（40）a. 男孩子或者女孩子都可以。

b. 问老赵或者小张都可以。

c. 叫他老杨或者杨老大都行。

d. 受到表扬的单位或者个人不少。

二、VP ∨ VP

（41）a. 或者放在外面，或者放在屋里。

b. 或者问她或者问我都可以。

c. 或者升学，或者参加工作，由你自己决定。

三、AP ∨ AP

（42）a. 暴躁的或者忧郁的性格都不好。

b. 那件衬衫或者是白的或者是红的。

c. 我不知道他的成绩高或者低。

四、S ∨ S

（43）a. 或者你同意，或者你反对，总得表个态。

b. 或者你来，或者我去，都行。

c. 你们春节到我家里来过，或者我们一起外出旅行。

然而，汉语的析取连词系统也比英语的复杂，分工更为明确具体。现代汉语有一个专职连接谓词性成分的析取连词"还是"，还有一个专职连接小句的析取连词"要么"。这两种功能在英语中都是用一个 or 来承担。下面分别举例加以说明。

"还是"与"或者"功能相同，都是用于选择。但是实际上，两者的连接功能是不一样的。如上例所示，"或者"可以连接名词性成分，"还是"则只能连接谓词性成分。比如"男孩子或者女孩子都可以"中的"或者"就不能用"还是"替代。"还是"主要连接动词性成分，连接项可以是动词、动词短语或者小句，多与疑问的表达有关。例如：

（44）a. 你同意还是不同意？

　　　　b. 是坐九路电车，还是坐二十路电车，一时还拿不定主意。

　　　　c. 先修这个，还是先修那个，咱们商量一下。

　　　　d. 是老张去，还是老李去？

　　在连接谓词性成分中，还有一个析取连词"要么"，它是专职连接小句的，而且强调所连接的几个项必须有一个为真。例如：

（45）a. 要么你去，要么他来，否则你们没法面谈。

　　　　b. 要么去杭州，要么去桂林，除了这两个地方我哪儿也不去。

　　　　c. 要么胜，要么负，没有和棋的可能。

　　　　d. 要么买，要么回家，总不能老在商店里瞎遛啊。

　　至此，我们可以看到汉语析取连词的设立原则与其合取连词的相似之处，都有词性和语法单位的限制。先把三个析取量词的主要功能概括如下。

　　一、"或者"：语法平行，不限词性，可连接词、词组和句子。

　　二、"还是"：语法平行，只连接谓词成分。

　　三、"要么"：语法平行，只连接小句。

　　现代汉语的三个主要析取连词虽然用法上有所交叉，但都有自己大致的使用范围。这跟英语的情况形成了系统的差别，不论是合取还是析取关系，英语的连词都是只要求语法地位平行，而没有词性或者语言单位层级的限制。因此，英语的并列连词系统比汉语的要简单得多。

2.15.4　合取和析取连词功能混同的逻辑基础

2.15.4.1　汉英合取和析取连词的混用现象

　　表面上看来，合取和析取代表着两种很不相同的逻辑关系。但是不论是在英语中还是汉语中，都存在着合取和析取连词的混用现象。更重要的是，这种混用所出现的语法结构是高度有规律的，都是一般用于否定结构和表示不确定的情况。下面分别举例加以说明。

　　一、否定结构中的混用。在否定结构中，英语的 and 和 or 具有相同的表达功能，成了同义词，可以相互替代。例如：

（46）a. He doesn't have long hair or wear jeans.

= He doesn't have long hair and he doesn't wear jeans.

b. He doesn't both have long hair and wear jeans.

= Either he doesn't have long hair or he doesn't wear jeans.

c. He never smokes or drinks.

= He never smokes and drinks.

d. His chief trouble was that he did not know any editors or writers.

= His chief trouble was that he did not know any editors and writers.

汉语中也存在类似的现象，在否定结构中，"和"与"或者"变成了同义词，可以互相替换。例如：

（47）a. 我从来没有尝过茅台或者五粮液。

＝我从来没有尝过茅台和五粮液。

b. 我没有看见过李老师或者王老师。

＝我没有看见过李老师和王老师。

二、肯定式和否定式对举。上面讲过，上古汉语的合取连词"与"主要连接名词性成分，但是有时它也可以做析取连词"或者"讲。根据我们手头的工具书，"与"的析取用法 90% 都是用于肯定式和否定式对举的情况。例如：

（48）三十年，春，晋人侵郑，以观其可攻与否。（《左传·僖公三十年》）

（49）虽克与否，无以避罪。（《国语·晋语一》）

（50）"有白头如新，倾盖如故。"何则？知与不知也。（《汉书·邹阳传》）

（51）世之学者，无问乎识与不识，而读其文，则其人可知。（《王文公文集·祭欧阳文忠公文》）

（52）臣不知其思与不思。（《战国策·秦策二》）

三、在表示不确定的假设、条件、疑问结构中的混用。英语的并列连词 and 与 or 的混用还经常出现在表示不确定的假设、可能、条件等句子结构中。例如：

（53）a. If we complain or demand compensation，nothing happens.

  = If we complain compensation, and if we demand compensation,
nothing happens.

  b. You can go swimming or simply sit on the beach.

  = You can go swimming, and you can simply sit on the beach.

在两种选择的让步条件句中，or 的含义实际上是合取的，相当于 and。例如：

（54）a. The parade will start promptly, rain or shine.

  b. Sam knows he can depend on his family, rain or shine.

汉语中的"不管"等所引入的小句中的"或者"与"和"混用的现象也属于这一类。下面是《现代汉语八百词》所确认的现象。

（55）a. 无论在数量和质量上都有很大的提高。

  = 无论在数量或者质量上都有很大的提高。

  b. 不管是现代史和古代史，我们都要好好地研究。

  = 不管是现代史或者古代史，我们都要好好地研究。

  c. 无论城市或者乡村，到处都是一片兴旺景象。

  = 无论城市和乡村，到处都是一片兴旺景象。

  d. 不管刮风或者下雨，他从没缺过勤。

  = 不管刮风和下雨，他从没缺过勤。

上古汉语有一个表示合取的连词"且"，是专职连接谓词性成分的。"且"可以表示选择，但是只限于表达疑问等不确定的情况。例如：

（56）日有食之，则有变乎？且不乎？（《礼记·曾子问》）

（57）富贵者骄人乎？且贫贱者骄人乎？（《史记·魏世家》）

（58）足下欲助秦攻诸侯乎？且欲率诸侯破秦也？（《史记·郦生陆贾列传》）

2.15.4.2　合取和析取连词混用的逻辑基础

从上面的分析可以看到，不论是英语还是汉语，也不论是现代汉语还是古代汉语，都存在着合取和析取连词的混用现象。这种现象的产生不是偶然的，背后存在着深刻的逻辑原因。合取和析取混用现象发生的两个句法环境具有内在的联系，第三类所表示的不确定的假设、条件、疑问结构都是指尚未发生的事情，跟第一类的否定结构的语义特征相容。下面就以否定结构为主来说明这一问题。

合取和析取是两种基本的逻辑关系，形式逻辑和数理逻辑都是从所连接项的真假值与整个判断的真假值的关系上来定义的。假定所连接的项只有 A 和 B 两项，那么合取（∧）和析取（∨）的真假值关系如下：

合取和析取逻辑式的真假值表

	A ∧ B（合取）	A ∨ B（析取）
A真，B真	真	真
A真，B假	假	真
A假，B真	假	真
A假，B假	假	假

从上表可以看出，当所连接的两项 A 和 B 皆为假时，合取式和析取式的逻辑值是相等的，都是假。逻辑上的假对应于自然语言中的否定式。这就是为什么在否定结构中，合取连词和析取连词变成同义词而可以相互替代的原因。"—"代表否定，这种逻辑关系可用下列公式来表示：

当且仅当—A ∧ —B，那么 A ∧ B ＝ A ∨ B。

上表也显示，当 A 和 B 都为真时，合取式和析取式的逻辑值也是相等的，都是真。按照同样的道理，肯定式的合取连词和析取连词也应该具有相同的含义。从逻辑上讲，析取连词隐含着一个合取判断。在实际语言应用上，这种情况确实可以发生。例如：

这件事问老李或者老张都可以。　（1）　A ∨ B
⊃可以只问老李而不问老张。　（2）　A ∧ —B
⊃可以只问老张而不问老李。　（3）　—A ∧ B
⊃可以问老李和老张两个人。　（4）　A ∧ B

式（4）就是一个被蕴含的合取判断。注意，这里只是"蕴含"而不是相等。

自然语言的情况又跟纯粹的逻辑推理不完全是一回事，其间的关系有待进一步的研究。

此外，肯定式和否定式对举中的合取连词被解释成析取连词的原因，是受逻辑学中的排中律的作用结果。排中律要求，一个命题不能同时是真和假，即它的正命题和负命题必然有一个是真的，即 A∨—A 永远为真。在排中律的作用下，肯定式和否定式对举中的合取连词"与"就只能被理解为析取的含义，因为两个选择必有一真。

2.15.5　结语

本章系统地分析了英语和汉语的并列连词系统，探讨了它们的共性和个性。汉英两种语言都有合取和析取连词两大类，但是具体连词数目的多少和功能则存在着有规律的差别。这种规律性的差别来自两种语言在设立连词系统时所采用的标准不一样。概括地说，英语的合取和析取连词都是只要求所连接的成分具有平等的语法地位，而没有词性和语言单位层级的限制，因此连词系统比较简单。相对地，汉语的合取和析取连词的设立标准就复杂得多，不仅要求所连接的成分具有平等的语法地位，而且还有词性和语言单位层级的限制，对于名词性和谓词性成分使用不同的连词，同时对于词（包括词组）和句子也分别用不同的连词来连接。古今汉语在设立并列连词的标准上是一致的，而且都与英语形成了系统而有规律的对应。汉英并列连词系统上的差异概括为下表。

汉英并列连词设立标准的异同

	英语	汉语
语法地位平行	是	是
词性类别限制	否	是
单位层级限制	否	是

在否定结构中，英语和汉语的合取和析取连词都有混同现象。这些现象的背后存在着深刻的逻辑基础。这给我们一个启发，一些表面上看来是无规律的习惯用法，都是有理据的。现实世界存在着各种逻辑规则，人们自觉不自觉地受这些规则的制约，反映在语言中就形成了跨语言的规律。对这些问题的探讨无疑可以加深我们对语言本质的认识。

2.16　结构之间的功能交叉

2.16.1　引言

　　本章将论证不同的语法结构并不是完全相互独立的，它们除了有自己的核心功能外，往往在边缘功能上与其他语法结构发生交叉关系。下面以处置、工具、双宾、比拟、充当等五种语法结构为例，用历史、普通话和方言中的材料来说明不同语法结构之间的功能交叉。这从一个方面揭示语法结构的系统性。

　　就汉语来说，现实的语言证据可以从语法标记的多功能中看出来。汉语史、普通话和方言中的现象显示，一个语法标记除了自己的核心功能外，还常有其他边缘用法，与其他语法结构发生功能交叉。最值得思考的一种现象是，这些功能交叉在历时和共时语言中普遍存在着，显然不是偶然的巧合，背后必然有规律性的东西在支配着，可以看作是从一个重要侧面反映了不同结构或者不同语法范畴之间的内在联系。本章将以汉语中重要的结构类型来探讨结构之间的交叉和语法的系统性。

2.16.2　语法标记之间的功能交叉

2.16.2.1　上古汉语工具式标记"以"的功能扩展

　　上古汉语的"以"的介词用法虽然很多，但它的核心功能是引入动作行为的工具。这一点可以从其词汇来源和使用频率上得到证明。"以"原来的动词意义为"使用"，比如"忠不必用兮，贤不必以"（《楚辞·涉江》），而从"使用"概念向工具式标记发展是最自然的语法化现象，比如现代汉语的"用"属于同类的发展。另外，"以"引入工具的用例是其所有用法中最多的。下面是"以"的引入工具的用例。

（1）醒，以戈逐子犯。（《左传·僖公二十三年》）

（2）百工为方以矩，为圆以规，直以绳，正以县。（《墨子·法仪》）

（3）以子之矛陷子之盾，何如？（《韩非子·难势》）

"以"又有其他多种用法，与后来的处置式标记"把""将"等发生功能上的交叉。似乎这些属于"以"的处置用法，更合理的解释应该是，这只是不同标记之间的功能交叉现象，并不意味着上古"以"就有现代处置式的功能。下面分别举例说明。

一、双宾结构。"以"引入直接宾语，谓语多为"给予"类动词，这又可以细分为两类：一是在谓语之前引入直接宾语，二是在间接宾语之后引入直接宾语。例如：

（一）在谓语前引入直接宾语

（4）齐侯以许让公。（《左传·隐公十一年》）

（5）天子不能以天下与人。（《孟子·万章上》）

（6）因以文绣千匹，好女百人，遗义渠君。（《战国策·秦策二》）

（二）在间接宾语之后引入直接宾语

（7）宋襄公赠之以马二十乘。（《左传·僖公二十三年》）

（8）卫人赏之以邑。（《左传·成公二年》）

（9）晋侯嘉焉，授之以策。（《左传·昭公三年》）

"以"在谓语之前引入的直接宾语大都是有定成分，其中部分可以用后来的处置式来表示，比如可以说"天子不能把天下给别人"；然而在谓语之后引入的一般是不定成分，它们就不能用现在的处置式来表达，因为处置式所引入的受事名词必须是有定的。也就是说，在表达双宾功能上，"以"的使用范围比后来处置式的广，它们仍是交叉关系而不是等同关系。

二、表示"充当"功能。"以……为……"可以表示主观上认为 A 是 B，或者客观上把 A 当作 B。例如：

（10）尧以不得舜为己忧。（《孟子·滕文公上》）

（11）吾必以仲子为巨擘焉。（《孟子·滕文公下》）

（12）景帝立，以唐为楚相。（《史记·张释之冯唐列传》）

上述用法现在大都可以用处置式来表达，比如可以说"我把仲子看作巨擘""景帝把唐当作楚相"等。

2.16.2.2　中古汉语处置式标记"把"和"将"

处置式标记"把"和"将"萌芽于唐代，最后形成于宋代。它的核心功能是在谓语动词之前引入受事名词，表示通过谓语动词的行为对它进行某种影响。早期的"以"是没有这一用法的，比如下面的例子的"将"或者"把"都不能换为"以"。

（13）谁将此义陈？（杜甫《寄李十二白》）

（14）火急将吾锡杖与。（《敦煌变文集·大目乾连冥间救母变文》）

（15）见酒须相忆，将诗莫浪传。（杜甫《泛江送魏十八仓曹还京因寄岑中允参范郎中季明》）

（16）莫把杭州刺史欺。（白居易《戏醉客》）

然而"将"和"把"的其他用法则与原来"以"的用法发生交叉，下面分别举例加以说明。

一、工具式标记。"将"和"把"自从作为处置式标记的时候起，就兼有引入工具名词的功能，该用法一直持续到现代汉语，比如可以说"把手捂在耳朵上"。这一用法与早期的"以"的核心功能一致。然而根据我们的调查，"把（将）"的工具式用法始终是它们的一个边缘用法，到了现代汉语进一步萎缩，已经很少见了。下面是近代汉语的有关例子。

（17）佛以圣心观弟子，人将肉眼见牟尼。（《长兴四年中兴殿应圣节讲经文》）

（18）师乃将杖打之。（《祖堂集·长庆和尚》）

（19）把小锯儿锯将两条窗栅下来，我便挨身而入。（《喻世明言》第三十六卷）

（20）丫环将银酒壶烫上酒来。（《水浒传》第四回）

（21）贾芸深知凤姐是喜奉承尚排场的，忙把手逼着，恭恭敬敬抢上来请安。（《红楼梦》第二十四回）

二、双宾结构。"把"和"将"在唐朝刚开始语法化的时候，就具有在谓语之前引入直接宾语的功能。这一用法跟上古汉语的"以"发生了交叉，一直持续到现代汉语。例如：

（22）只把空书寄故乡。（《维扬冬末寄幕中二从事》）

（23）尽将田宅借邻伍。（《代北州老翁答》）

（24）我也去下世为人，但把我一生所有的眼泪还他，也偿还得过他了。（《红楼梦》第一回）

（25）袭人又抓果子与茗烟，又把些钱与他买花炮放。（《红楼梦》第十九回）

三、"充当"谓语结构。早期处置式的一个主要用法之一，就是谓语可以为充当类的动词，动词之后还有一个归属的名词。这一用法也与早期的"与"发生交叉，并与后来的"拿"的功能重合，而且一直持续到现代汉语。例如：

（26）便把江山为己有。（《陈宫》）

（27）且将诗句代离歌。（《别四明钟尚书》）

（28）把他当作自己人。

（29）把老师的话当作金科玉律。

四、"比拟"谓语结构。早期处置式的谓语还可以是"比拟"类动词。这一用法与现代汉语的"拿"发生功能上交叉。例如：

（30）若把长江比湘浦。（《过长江》）

（31）莫将边地比京都。（《九月作》）

2.16.2.3　现代汉语"拿"的语法功能

"拿"是最近两三百年才开始语法化的，它首先发展出了工具格的用法，然后在多种功能上与处置式标记"把"发生了交叉。

一、工具式标记。"拿"引入工具的用法至迟在清代已经出现。这仍是不同句式之间的交叉。"拿"字从清朝起，还发展出了多种与"把"字交叉的用法。下面是"拿"的工具用例。

（32）拿它诓功名混饭吃也罢了，还要说代圣贤立言。（《红楼梦》第八十二回）

（33）好些的，不过拿些经书凑搭凑搭还罢了；更有一种可笑的……（《红楼梦》第八十二回）

（34）袭人倒可做些活计，拿着针线要绣个槟榔包儿。（《红楼梦》第八十二回）

（35）反正是老古董啦。我得拿开水好好涮涮。（《皇城根》）

（36）你别拿戏迷来打马虎眼，是你的看法就干脆明说！（《皇城根》）

二、处置式标记。

三、双宾类的处置式。

四、"充当"类处置结构。

"拿"的第二、三、四种语法功能，参见 2.12，不再赘述。

2.16.2.4　现代汉语"管"的语法功能

处置式的谓语是"叫作""称作"时，"把"与"管"的功能又发生了交叉。"管"只有这一种单一的用法，而且只限于口语。"叫作"可以看作"充当"功能范畴的一个子类。例如：

（51）古人管眼睛叫"目"。　　他们管我叫"老三"。

　　　　大伙儿管他叫"小钢炮"。我们都亲切地管他母亲叫"老妈妈"。

普通话的"管"也有可能在功能上逐步扩展，与"把"发生更多的功能交叉，甚至发展出其他新的用法。这一推断的一个直接根据是，与"管"意义相近的"掌"在一些方言中已经发展出了典型的处置用法。下面是河南确山方言的用例，其中的"掌"相当于普通话的"把"。

（52）我掌鸡蛋放那个袋子里来。　　你掌棉袄穿上再出去。

　　　　你掌桌子擦干净它。　　　　你掌我哩书放哪儿来？

你走哩时候掌门给我锁好它。　　赶紧掌灯点着它。

小偷掌俺哩电视偷走来。　　你别忘了掌钱还给老李。

2.16.2.5 "给予"类动词的语法功能

上面的分析显示，上古汉语的工具式标记和中古以来产生的处置式标记都具有引入直接宾语的功能，与双宾结构的表达功能发生了交叉。更有趣的现象是，典型的双宾结构动词"给""送"等从另一方向语法化，发展成了处置式标记，与"以""把"等发生功能交叉。下面分别举例说明。

普通话"给"具有引入动作受事名词的作用，相当于"把"的作用。例如：

（53）我给他把电视机修好了。

我给电视机弄坏了。

我给电视机修好了。

下面是我们从当今口语材料中收集到的用例：

（54）说着说着给老头说糊涂了。（相声）

照多了给双眼皮儿给照平了。（相声）

当时给我气坏了，我真想冲她嚷两句。（相声）

根据目前的方言调查报告，"给"不仅在北京话中发展成处置式标记，还在其他很多方言也发展出了处置式标记，包括洛阳、鲁山、方城、南阳、叶县、襄樊、攀枝花、潮汕、澄海、福州、厦门、宿迁、交城等方言。与普通话所不同的是，"给"在这些方言中往往是唯一的处置标记，而在北京话中则是偶尔这样用，主要的处置标记仍是"把"。例如：

洛阳方言：他给收音机弄坏了（他把收音机弄坏了）。

澄海方言：我给你撵落溪（我把你推下河）。

福州方言：汝给许张批放屉里去（你把那封信放在抽屉里）

如果不考虑具体的词汇形式，而只考虑到概念的一致，由"给予"类动词发展成处置式标记的方言就更多了。

此外，"给"类动词在北京话和许多方言中也发展成了被动式的标记。例如：

北京话：房子给土匪烧了。 你说的话全给我听见了。

乌鲁木齐方言：他底腿给车撞咧，现在还在医院呢。

山西交城方言：大小子给二小子骂了一顿（老大被老二骂了一顿）。

普通话的介词"给"的核心功能是引入动作的受益者、接受者、与事等，这些与本章所讨论的其他语法标记没有交叉，因此就不再赘述。

2.16.3 语法功能交叉的原因及其理论蕴含

2.16.3.1 语法是一个具有交际功能的网络系统

上文分析了几种语法结构在多种功能上的错综复杂的交叉关系，加上"给"的被动用法，可以用下表做一个概括。有关标记的核心功能则用黑体表示。

	工具	处置	充当	比拟	双宾	被动
以	+		+		+	
把	+	**+**	+	+	+	
将	+	**+**	+	+	+	
拿	+	+	+	+	+	
给		+			**+**	+
管			**+**			

从上表可以得出以下三条结论和启示：

第一，这个表揭示了语言的一个本质特性：语法是一个具有交际功能的网络系统。关于语法的系统性，最经典的比喻是现代语言学鼻祖索绪尔的"下棋说"。他认为语法结构就像棋子，一个语法结构与其他语法结构共同形成一个相互依赖的系统，一个结构的价值决定于它与其他结构之间的关系。我们认为这个比喻在强调不同语法结构的相互依赖关系上是正确的，但是它也有不正确的蕴涵，比如一个语法结构如果真像一盘棋中棋子那样，那么有时就变得毫无价值，可以被任意牺牲掉，而不改变整盘棋的结果。

根据本章的分析，特别是根据我们长期研究语法的经验，语法更像一个具有一定功能的网络系统。打个比喻，它可以是用线编织起来的网络，比如毛衣、渔网等等。每个语法结构就像网络中的一个部分，它一方面有着不可被其他部分取代的功能，另一方面又通过各个方向与其他部分密切联系着。不同的语法结构就好比不同的网络部分一样，它们相互依赖、协同合作才能有效地为交际服务。

第二，各种当代语言学流派都认为不同语法结构之间存在着相互依赖的关系，然而都是在理论抽象的层次上讨论，本章的研究提供了一个直观的证据来说明这个道理。上表还可以进一步扩大，比如"给"在"被动"用法上又跟"叫""让"等被动标记发生交叉，而"叫""让"又有其他的功能，如此等等。这样一步一步联系下去，很可能就把整个语法系统联系在一起。语法标记如同网络上的"线"或者"节点"一样，通过它们可以弄清楚整个语法网络的全貌。

第三，语法标记是多功能的，那么相应的语法结构也自然是多功能的。一个语法结构往往除了自己的核心功能外，还有其他边缘功能，不同的语法结构之间又存在着错综的交叉关系。

2.16.3.2　功能交叉形成的原因

不同语法结构形成功能交叉的原因也是多种多样的。根据我们的初步考察，有些是历史发展的结果，有些是语用上的因素，有些则是结构上的限制，还有一些则是功能上的相似。下面分别举例加以说明。

一、历时发展所引起的结构交叉。谓语为"比拟"类动词的处置式在先秦时期有一个固定的格式"比＋NP_1＋于＋NP_2"，另一个比较项由"于"在宾语之后引入。例如：

（55）若将比予于文木邪？（庄子《人间世》）

（56）吾何修而可比于先王观也？（孟子《梁惠王下》）

（57）夫昔者，君子比德于玉焉。（《礼记·聘义》）

汉魏时期，汉语语法发生了系统的变化，宾语之后的介词短语逐渐消失，介词"于"的功能由萎缩走向完全消亡。原来"于"引入的比较项在晋朝只是简单出现在动词"比"之前，没有任何标记。例如：

（58）王比使君，田舍、贵人耳！（《世说新语·品藻》）

（59）君祖比刘尹，故为得逮。（《世说新语·品藻》）

（60）阿奴比丞相，但有都长。（《世说新语·品藻》）

但是上述无标记"比"字句容易引起歧义，因为第一个名词既可以是一个比较项，又可以被解释成"比"行为的施事。语言是一种交际工具，总是会创造明晰的手段来表达思想。为了避免歧义，唐朝以后就用新兴的处置式标记来引入比较项。这就是为什么"比较"两件事之间的相似，本来不属于"处置"范畴，却用了处置式标记的原因。这种交叉关系只有从历史发展的角度才能弄清楚。

二、语用因素所引起的交叉。双宾结构和处置式的交叉是由语用因素引起的。汉语典型的双宾结构是：$V_{给予}$＋NP_1＋NP_2。但是这只限于直接宾语为不定的情况，如果为有定的就不宜采用这一结构，此时最合适的结构是处置式，特别是有定的直接宾语为光杆名词时就必须用处置式来表达。例如：

（61）我送了她一本书。　　　？我送了她我的书。

　　　我把我的书送她了。

　　　我给了她礼物。　　　　？我给了她那件礼物。

　　　我把那件礼物给了他。

　　　他赠了我一副春联。　　？他赠了我他写的春联。

　　　他把他写的春联赠给了我。

"他送了我礼物"和"他把礼物送了我"的意思是大不一样的，前者的"礼物"是不定的，后者的"礼物"则是有定的。也就是说，汉语引入双宾语实际上有两种手段：一是直接宾语和间接宾语都位于"给予"类动词之后的，其中的直接宾语一般为不定；二是用"把（拿）"在谓语之前引入直接宾语，其中的直接宾语一般为有定的。

三、同一语法范畴的词汇来源不同所形成的功能交叉现象。同一语法范畴可以有几个不同的词汇来源。比如汉语史上三个表示"握""持"意义的动词——"将"、"把"和"拿"先后发展成了处置式标记，这类动词具有发展成处置式标记的语义基础。然而"给"同时具有发展成处置式和被动式标记的语义基础和句法环境。根据我们的考察，"给"是在下列连动结构中向处置式和被动式两种标记发展的：

S +（给 + NP$_1$ + NP$_2$）+ VP

动词"给"与其后的两个名词构成双宾结构，NP$_1$ 是间接宾语，NP$_2$ 是直接宾语，同时 NP$_2$ 又是 VP 的受事。这是在近代汉语中十分常见的一种句式。例如：

（62）给他个炭篓子戴上。（《红楼梦》第六十一回）

（63）我给你一件东西瞧瞧。（《红楼梦》第一〇九回）

然而在实际运用中，上述格式还有很多变式，主语、间接宾语和直接宾语都可以省略，因为话题化或者有定性的原因，间接宾语或者直接宾语都可以置于"给"前。按照它们的发展方向，可以分为以下两种情况：

（一）在间接宾语省略或者移前的句法环境里，"给"具有向处置标记发展的可能性。比如下面两组例子就可以理解成现代汉语的处置式。

（64）给炭篓子戴上了。　　他给炭篓子戴上了。

　　　给这件东西瞧瞧。　　他给这件东西瞧瞧。

（二）在直接宾语省略或者移前的句法环境里，"给"具有向被动标记发展的可能性。比如下面两组例子就可以理解成现代汉语的被动式。

（65）给他戴上了。　　炭篓子给他戴上了。

　　　给他瞧了瞧。　　这件东西给他瞧了瞧。

结果，在不同的方言里就会出现这三种情况：（1）如果一个方言区的人从上述两个句法环境中去重新分析"给"，那么它就同时变成了处置标记和被动标记；（2）如果一个方言区的人从第一种句法环境中重新分析"给"，它就变成了处置标记；（3）如果一个方言区的人从第二种句法环境中重新分析"给"，它就变成了被动标记。到底一个方言区的人采用哪种方式，可能跟他们在此之前业已存在的处置或者被动标记有关，同时也带有一定的偶然性。

四、同一词汇形式具有语法化为不同语法标记的可能性。语法化还有另外一个常见的现象是，同一语义类型的词汇具有向不同语法标记发展的语义基础。比如表示"握持"义的动词具有向处置式和工具式标记发展的两种可能性。上面的分析显示，处置式和工具式在历时、共时和方言中都存在着交叉现象，由此可以证明两种格式之间存在着内在的联系。据此就有人推测处置式是来自工具式的重新分析。这种推测遇到很大困难，首先工具式与处置式的语法性质具有重要的区别，工具介词所引入的名词是自由的——有定的或无定的，而且一般不是其后动词的受事，而处置式引进的名词必须是有定的，一般为其后动词的受事。其次，汉语史的两个使用频率最高、最典型的工具格标记"以"和"用"并没有发展成处置标记，如果工具式具有重新分析为处置式的可能，那么首先会发生在这两个最常见的工具式标记上，而不会发生在工具用法频率较低的"将"、"把"和"拿"上。对这个现象的一个比较合理的解释是，作为动词的"将"、"把"和"拿"同时具有向处置式和工具式标记语法化的共同语义基础和句法环境。这一观点不仅可以说明这三个词何以具有双重功能，而且也可以解释为什么"用"等没有发展出处置标记的用法。

"将"、"把"和"拿"原来都是普通的动词，它们的意义也十分接近，都是表示"用手抓住、握住某一物体"。它们都具备向工具式和处置式标记发展的语义基础。通常人们使用工具时需要用手抓住，人们要对一个物体进行处置通常也需要用手控制住。但是工具式和处置式标记的语法化环境是不一样的。让我们以"拿"为例来说明。"拿"的处置用法是在以下句法环境中发展出来的：

拿＋$NP_{V的受事}$＋V

"拿"所引入的 NP 同时也是 V 的受事，V 后不再有其他受事宾语。这种现象十分常见，例如：

（66）见了黛玉正在那里拿着一本书看。（《红楼梦》第八十五回）

（67）正在那里想时，只见宝蟾推门进来，拿着一个盒子，笑嘻嘻放

在桌上。(《红楼梦》第九十回)

（68）紫鹃拿了一件外罩换上。(《红楼梦》第九十一回)

（69）便从靴掖儿里头拿出那个揭贴来，扔与他瞧。(《红楼梦》第九十三回)

上述用例中的"拿"都不能为工具格标记"用"替换，然而"拿"的工具用法则可以换为"用"，比如"我拿张白纸往这上面一糊"可以说成"我用张白纸往这上面一糊"。由此可见，"拿"的处置用法与其工具用法之间并没有发展关系。

"拿"的工具用法是从下面这种句法环境中发展起来的：拿＋NP＋V＋NP。其中的"拿"作为连动式的第一动词，其受事为进行其后 V 的动作的工具，V 仍带自身的宾语 NP。例如：

（70）宝玉拿了篦子替他——的梳篦。(《红楼梦》第二十回)

（71）手内拿着小铜火箸儿拨手炉内的灰。(《红楼梦》第六回)

（72）因命平儿拿了楼房的钥匙，传几个妥当人抬去。(《红楼梦》第六回)

（73）平儿拿着大铜盆出来，叫丰儿舀水进去。(《红楼梦》第七回)

五、功能相似所造成语法功能的交叉现象。处置式的典型用法是通过某种动作行为对受事的物理性质施加影响，比如可以说"把红萝卜切成丝""把麦子磨成面"等。语法形式往往会从客观向主观的方向发展，处置式后来可以表达在主观上把一个事物看成另一事物，比如"把书看作财富""把人才比作金钱"等。从客观的"变成"到主观的"充当"，它们在表达功能上具有相似之处，结果造成了这种现象：不仅前后出现的三个处置式的标记都有表达充当的功能，而且也与上古汉语的"以"发生了交叉关系。

2.16.4　结语

本章分析了五种语法标记和结构在功能上的交叉，从一个重要的方面揭示了语法的本质特性。语法是一个具有交际功能的网络系统，一个特定的语法结构在这一网络中扮演一个不可取代的角色，同时又和其他结构在功能上交织在一起。语法结构大都有自己的核心功能和边缘功能，它们在核心功能上分工明确，又在边缘功能上与其他结构联系在一起。形成不同语法结构功能交叉的原因也是多种多样的：有的是语言系统内部调整的结果，有的是语用因素造成的，还有的是语法化过程带来的。

当代语言学理论在语法的系统性上走向了两种极端：一是以转换生成语言学为代表的学说，他们的研究实践常常表现出，不同的语法结构之间存在着没有证据的、无限制的变换，他们所认为的不同结构之间的转换关系往往是人为的，自然语言的实际情况并非如此。二是认知语言学的观点，特别是构式语法，他们认为每个结构都有自己独立的语义值，不同的语法结构各自为政，完全否认结构之间的变换关系。我们认为不同的语法结构之间是相互联系着的，但是要确立它们之间的关系，必须有直接的语言现象作为证据。本章就是以语法标记这一可观察到的证据为线索，探讨了不同语法结构之间的交叉关系。

2.17　结构与意义的匹配

2.17.1　引言

　　构式语法是一种新兴的语言学理论，虽然它从创立至今只有短短十几年的时间，但是已经发展成为一种比较系统的语言学分支，有自己一套分析语言现象的程序和手段，而且在国际语言学界已经产生了相当大的影响，并开始引起我们中国语言学界的重视，这些年来应用这一理论的研究成果不断出现。

　　一个关键的问题是，语义和形式匹配的方式及类型到底有多少种？分别来看，如何确定形式或者意义就不是一个简单的任务。有些形式的构成成分完全固定，有些则可以部分替换，有些则可以全部自由替换；同一类型的句式而标记不同，标记不同又可以引起功能上的细微差别，那么所有这些应该看作一个形式呢，还是分属于不同类型的形式？另一方面，有的构式具有单一而稳定的语法意义，有的则表示具有层级性的语法意义，即其概括度最高的意义还可以细分多个子类型，还有一些句式则无法确定其语法意义。那么所有这些应该看作是一个构式呢，还是多个构式？此外，有些构式的意义不受其构成成分的影响，有些构式的意义则在一定程度上决定于其中的成分，那么这种意义应该看作构式意义，还是成分意义呢？抑或两者相互作用的结果？真正考察语言的构式，远不像构式语法的倡导者所想象的那么简单。对这些问题的探讨无疑会有助于对语法本质的理解。

2.17.2 结构与意义的匹配类型

2.17.2.1 结构和意义的严格一对一匹配

语言中存在一类结构，它只表示单一的语法意义，不能再做进一步的分化。根据结构中的成分可替换的程度又细分为两类，下面分别举例加以说明。

一、惯用法"咱俩谁跟谁呀"

这个结构表达两个人的关系亲密，不分你我，以至在钱财上不互相计较。其中的"咱俩"偶尔可以为包含对方的第一人称代词构成的短语"我们俩""咱哥俩"等替换外，其他的都不允许被别的词语替换，比如不能说"* 他们谁跟谁呀""* 小王和老李谁跟谁呀"等。这个结构近乎一个固定的惯用语，能产性极低。

二、有＋X＋的＋N＋V

该结构的语法意义为，强调 N 所代表的事物量足够大，X 在将来可以通过行为 V 来享用或者支配它。其中的 X 限制为指人的名词。第一个动词"有"可以为少数几个概念义相近的词语替换，比如"缺不了""少不了"等，领有标记"的"是不可替换外，其他成分都可以相对自由地被替换，因此整个结构有一定的能产性。例如：

（1）有你的钱花。　　缺不了你的钱花。

　　有你的福享。　　少不了你的福享。

　　有孩子的饭吃。　　少不了孩子的饭吃。

　　有你的电视看。　　少不了你的电视看。

而且，其中的各个成分的语法功能受到很大的限制，比如"有"不能被否定，名词不再允许被数量词语修饰，动词也不能再加体标记，被重叠，等等。这说明结构不光具有独立的语法意义，而且还限制其中成分的句法行为。

三、S＋（V＋O）＋（V＋R）

这就是所谓的动词拷贝结构，表示因做某件事而带来某种结果。其中的每个成分都可以被替换。例如：

（2）她看书看累了。　他吃烤鸭吃胖了。

　　他喝酒喝多了。　他吃螃蟹吃病了。

如果补语指的是主语的状况，而又要在同一句话中引出受事名词，动词拷贝结构是唯一的选择。进入其中的成分的句法行为受到限制，比如第一个动词不能加体标记"了""着""过"，宾语一般不能是有定的，比如不能说"*她看了这本书看累了"。

上述三类结构的语法意义单一固定，然而它们在能产性和成分可替换度上有所差别，它们的共同之处在于，每个成分都不能缺省，进入其中的成分的句法功能也受到很大的限制。

2.17.2.2　结构的意义具有层级性

词的意义具有上下位的关系，比如"人"是"男人"和"女人"的上位概念，"男人"和"女人"则是"人"的下位概念。有些语法结构所表达的意义也具有上下位之分。下面分别举例说明。

一、$S + V + O_1 + O_2$

这是双宾结构，它的上位语法意义为：O_2 所指的事物通过行为 V 在 S 和 O_1 之间传递。这又可以分为两个下位意义：（一）O_2 所指的对象通过行为 V 从 S 向 O_1 传递；（二）O_2 所指的有关对象通过行为 V 从 O_1 向 S 传递。例如：

从 S 向 O_1 传递	从 O_1 向 S 传递
（3）他送了汪老师一张贺卡。	他拿了王教授一本书。
她给了我很多礼物。	她买了小王一件衣服。
老王嫁了他一个女儿。	他抢了我一张邮票。
他卖了我一只小狗。	她收了我一百块钱。

汉语关于物体传递的动词进入双宾结构以后往往是有歧义的，表达两个相反的意思，有关物体可以是从主语到间接宾语传递，也可以是相反的

方向。例如：

（4）我借了他一本书。　　我上了他一门课。

　　我租了他一间房子。　　我赁了他一个柜台。

　　我贷了他一万块钱。　　我分了他一碗汤。

双宾结构是每一种语言都有的，但是所表达的意义并不一样。比如英语双宾结构的意义是单一的，只能表达物体从主语向间接宾语传递。汉语双宾结构自古至今都存在着两个下位意义，而且它们之间并没有主次之分。

二、NP_{地点} ＋ V ＋ NP

这是汉语的存现句，它的上位语法意义为：某一地方存在或者消失某种事物现象。它的下位语法意义分为三种：静态存在；新出现的；（曾经存在）现已消失。例如：

存在	出现	消失
门前种着花。	教室里跑出一群孩子。	他们系走了一个老师。
书上写着名字。	树上飞来一只鸟。	他们家死了一盆花。
石头上刻着诗歌。	他们家住了两个客人。	他们家跑了一条狗。

上述两类结构具有共同的特点，所有的成分都可以为其他成分所替换，能产性比较高，而且进入其中的词语的句法限制较小，比如动词可以自由加上体标记，名词则可以被其他词语修饰。但是这种自由也不是绝对的，比如能进入双宾结构的动词大多是与物体传递有关的，存现句的主语一般是地点名词，宾语则一般为不定名词。

对于具有上下位关系的结构，不同的学者如果选取意义的抽象层次不一样，那么所得的结论也会各不相同。前面所讨论的两种句式，如果从下位意义的层次来分析，汉语的双宾结构可能被认为是两种不相同的语法结构，结果会认为"取得"类的属于跟双宾结构不一样的另一类语法结构。同样，汉语的存现句也可能被归为不同的结构，比如就有人把"出现"类和"消失"类作为互不相干的独立结构来看待。我们认为，到底哪一种划分比较合理，要从历史和整个语言的语法系统来看。

2.17.2.3　结构意义的典型性

汉语中还存在着一类结构，它们虽然可以表达多种意义，但无法或者很难概括出一个上位意义，可以反映各个用法的共性。然而它们的多种用法之间则存在着核心的、典型的与边缘的、非典型的之分。"把"字结构就属于这种类型，其抽象格式为：S＋把＋NP＋VP。它可以表达以下几种意义类型：

（一）表示处置：把信交了；把衣服整理整理。

（二）表示致使：把嗓子喊哑了；把鞋走破了。

（三）表示动作的处所和范围：把东城西城都跑遍了；你把里里外外再检查一遍。

（四）表示发生不如意的事情：偏偏把老李病了；真没想到，把个大嫂死了。

（五）表示"拿""对"：他能把你怎么样？我把他没办法。

（六）引入直接宾语：我把我买的书送了他；他把礼物给了我。

在"把"字结构的所有用法中，"处置"和"致使"是最典型的，使用的频率也高，所以它所在的结构又被称为"处置式"。其他结构则是非典型的，使用的频率比较低。"把"字结构的使用有时候是为了表达上的需要，还有不少场合纯粹是因为谓语结构的限制而受事名词必须前置。比如当动词之后有地点、数量词语等时候，受事名词就必须前置：

（5）别把愁事憋在心里。　　*别憋在心里愁事。

　　我们没有把你搁外头。　　*我们没有搁外头你。

　　他把车开得太快了。　　　*他开得车太快了。

　　他把衣服烧了一个洞。　　*他烧了一个洞衣服。

纯粹为了满足结构要求的处置式，有的就无法归为上述六种类型，比如"别把愁事憋在心里"既不能说是"处置"，也不能说是"致使"，更不属于其他几种类型。

"把"字句这类结构的多种意义中存在着家族的相似性，但是如何归纳，并不是一件轻而易举的事情。英语的动补结构也属于这类情况。那么在确定句式上就遇到一个问题，"把"字结构有多种意义，是应该分为一种构式，还是多种构式？如果把它看作一种构式，那么它表达很不相同的意义显然不符合构式语法的有关定义。如果把它们归为多种句式的话，那么怎样处理各个意义之间的相似性，特别是对典型性不一样的各个意义能否一视同仁？这些问题都不好解决。

"把"字句这类结构还有一个特点，它的构成成分的数量和形式是不固定的，比如所引进的受事名词，既可以是光杆的，也可以加上限定性成分；它的谓语形式既可以是动补结构，也可以是动词重叠式，还可以是简单的动词加上体标记，等等。如果考虑这些外在形式上的差别，那么情况就更复杂了。

2.17.2.4　语法标记的多样性

还有一种复杂的情况是，一类结构是形式相近且功能相似，但是标记不同。这种结构在汉语中相当普遍，其中最典型的应该属于被动结构了，其抽象格式为：S＋X$_{被动标记}$＋NP$_{施事}$＋VP。现代汉语普通话中至少有四个被动标记，它们是"被""让""叫""给"。其中的"被"只用于书面语和正式的场合，其他三个同时使用于口语之中。例如：

（6）他被老师批评了一顿。　　杯子被他打破了。

　　　这个问题让人说滥了。　　小猪让老虎叼走了。

　　　他叫汽车撞倒了。　　　　这事叫你说着了。

　　　东西全给他吃光了。　　　门给风吹开了。

上述四个标记的使用频率不一样，表达的意义也有差别，语法功能也不完全一致。根据对当代口语材料的统计，"让"的出现频率最高，占全部被动式的50%左右；"被"次之，占40%左右；其余两个各占5%左右。它们还有语体上的差别，"被"只用于书面语和正式场合，其余的都用于口语。它们在功能上也不完全相同，"被"和"给"所引出的施事可以自由省略，而"让"和"叫"则一般不行。例如：

（7）他被批评了一顿。　　　杯子被打破了。

东西全给吃光了。　　门给吹开了。

*这个问题让说滥了。　　*小猪让叼走了。

*他叫撞倒了。　　*这事叫说着了。

由以上的分析可以看出，现代汉语被动句的情况十分复杂：它有四个标记，每个标记所表达的功能又不尽相同，必要成分的多少也不一样，而且使用频率差别很大。那么要根据"形式和意义的配对"来确定句式，是一种相当艰巨的工作。如果把它们统统归为一类，将无法涵盖这么多形式和意义上的差别。如果把它们归为多个类别，那么形式上差别多大算两类，在什么样的抽象程度上划分意义，都会引起重要的分类差别。语言现实往往比语言学家想象的要复杂得多。

被动结构的成分变化更加自由，它不仅可以省略施事名词，甚至也可以把被动标记省略掉，谓语构造也差别很大。结构中的词语没有什么特殊的语法限制。

2.17.2.5　结构意义的发散性

那些最常见的、使用频率最高的语法结构，也往往是语法意义最难概括的。以汉语的动宾结构为例，就我们所看到的现象，无法概括出一个可以统管全局的语法意义，其间也没有典型性关系。它的抽象格式很简单（即VO），可是其类型却十分复杂，动词和宾语之间的语义关系主要有以下这些：

（一）动作与受事：打球、切菜、洗衣服等。

（二）动作与施事：来人、晒太阳、吹电扇等。

（三）动作与所产生的事物：写信、盖房子、挖坑等。

（四）动作与所发生的场所：爬山、走路、吃食堂等。

（五）动作与工具：吃大碗、吃筷子、喝玻璃杯等。

（六）动作与所依赖的对象：(小的时候）吃父母、吃老本、(靠山）吃山等。

（七）动作与目的：打扫卫生、恢复健康等。

（八）动作与原因：消除疲劳等。

　　以上动宾结构的语义类型并不是一个穷尽性的列举。有些动宾结构则颇难归类，比如"看医生"中的"医生"应该是施事还是受事，不好确定。从上面的简单列举就会发现，根本找不到适合所有动宾结构的语法意义。似乎只能说，汉语的动宾结构表示的是"动作与其相关的事物"。这个概括，一方面太笼统，没有任何实际意义；另一方面太宽泛，又与主谓结构等无法区别开来。在我们看来，任何尝试概括出动宾结构语法意义的努力都会是令人沮丧的。那么就会出现这样一种情况：人们确确实实感觉到动宾结构是一种基本的语法结构，但是就是无法确定它所表达的意义到底是什么。

　　构式语法理论的学者提出一个关于构式语法最有挑战的问题为："是否存在着这样一种形式，它们甚至没有抽象的、具有家族相似性的、辐射性的语义功能？"我们的分析显示，那些最基本的、使用频率最高的语法结构往往属于这一类型。构式语法理论声称所有的语法结构，不论是常见的还是偏僻的，都有相同的地位，应一视同仁对待，然而在具体的研究实践中情况却大不一样，该理论只有在分析比较偏僻的结构上才能显示出其理论的优越性。语言中存在着这样一种明显的倾向性，越是常见、基本的语法结构，越难确定它们所表达的语法意义是什么。构式语法理论实际上是把语言现象过度理想化了，然而它对于最常见的结构显得无能为力。

　　动宾结构的成分的句法功能是最活跃的，其动词和名词可以具有该词类的绝大多数语法特征，比如其动词可以重叠、加体标记、带各种补语等。它的成分可替换性也是最高的，几乎没有任何词汇限制，相应地，它的能产性也是极高的。

2.17.3　相关的理论问题

2.17.3.1　结构的意义特点与其构成成分之关系

　　上一节的分析显示，从结构与意义的明确单一匹配，到结构与无法确定其意义的发散性状况，形成一个连续统，中间存在着各种各样的复杂情况。由此出发，可以发现以下的结构与其成分之间的相互制约规律：

　　一、凡是具有明确而单一意义的语法结构，其构成成分的限制比较大，有的成分不能为其他词语所替代，有的则只能为少数意义相近的词语替代，而且进入其中的词语的句法行为往往受到很大的限制，失去了原来词类的很多语法特点。同时，这类结构的能产性也很低。

二、凡是难以确定其意义的语法结构，其构成成分则比较自由，具有很高的可替换性，而且能够进入其中的成分的句法也十分活跃。同时，这类结构的能产性很高。

语法结构的情况相当复杂。从形式的角度看，同样一个语法结构可以有多个语法标记，其中的成分可以省略、扩展，如此等等，这种变化应该算一个结构还是多个结构，是一个尚未解决的问题。从意义的角度看，有些结构所表达的意义单一而稳定，有些则具有明确的层级关系，有些所表达意义之间则具有典型性的特征，有些意义则完全是发散性质而无法确定的。由此带来一个结果，形式和意义之间的匹配类型复杂多样，使得语法结构的确立变得十分困难。

2.17.3.2　构式语法理论的局限性

构式语法理论的一个基本信念是，语法结构有一个整体的意义，而且是不能从其构成成分推导出来的。理论上讲，这似乎是正确的，符合现代哲学的一个原理：整体大于部分。但是语言现实远比这些理论学家所想象的复杂，迄今为止还没有一个客观而可操作的标准来判断什么构成一个结构，这既有形式上的困难，也有意义上的不确定。那么这就非常影响这个理论的应用价值。最能显示这个理论威力的是那些结构和意义匹配比较明确单纯的情况，也就是对那些比较偏僻的结构分析起来得心应手，然而对于基本的、常见的结构则无能为力。这一点也可以从构式语法理论的创建与实践上看出来。

构式语法理论产生的动因之一是对英语惯用法的研究，比如对英语的 let alone 的研究是该理论建设的重要文献之一。惯用法的显著特征是成分固定，不能自由替换，意义与单词相似，容易确定。这些特征都与前文所讨论的"咱俩谁跟谁呀"一类结构一致。构式语法理论者在其代表性的著作和近年来发表的论文中，研究得比较深入系统的结构都是英语中使用频率比较低的结构，主要集中在以下几类：

（8）a. Pat sliced the carrots into salad.　　　　（致使移动）

b. Pat sliced Chris a piece of pie.　　　　（双宾结构）

c. Emeril sliced and diced his way to stardom.　（路径结构）

d. Pat sliced the box open.　　　　　　　（结果结构）

构式语法创建者的理想还是很大的，他们声称自己的理论不仅可以适用于分析所有的语法结构，还可以用来研究词、语素等单一要素构成的语言单位。然而迄今为止，我们并没有看到任何该理论关于词和语素的成功分析，也没有看到它关于最基本的句式的具有洞察力的研究。从该理论的实践中也反映出了它的局限性。

2.17.3.3　结构意义和结构功能的差别

构式语法理论在"结构意义"和"结构功能"上模糊不清。这一点最清楚地反映在前后的定义的不一致上。该理论学者前期给"构式"的定义是任何"form-meaning pairing（结构和意义的匹配）"，而在后来则定义为"form-function pairing（结构和功能的匹配）"。然而在我们看来，"结构意义"和"结构功能"并不是一回事。下面举例来加以说明。

（a）NP$_{施事}$＋ VP ＋ NP$_{受事}$。　　（b）NP$_{受事}$＋ NP$_{施事}$＋ VP。

结构（a）是正常的主谓宾结构，结构（b）则是话题结构，使得受事名词话题化，表达前文已经提到的已知的事物。两个结构的整体语法功能也很不一样，结构（a）可以做句子中的一个成分，比如定语从句；然而结构（b）则不行。例如：

（9）这是我看书的桌子。　　＊这是书我看的桌子。

　　　这是他们吃饭的时候。　　＊这是饭他们吃的时候。

名词性偏正结构是由一个光杆名词加上一个修饰语构成的，它们在意义上比相应的光杆名词内涵丰富而外延小，同时在功能上也不一样，偏正结构往往可以单独做谓语，而单独的名词则不行。例如：

（10）那个小姑娘蓝眼睛。　　＊那个小姑娘眼睛。

这双鞋塑料底儿。　　＊这双鞋底儿。

那张桌子三条腿。　　＊那张桌子腿。

那棵树圆叶子。　　　＊那棵树叶子。

结构意义是指它所表达的内容、传递的信息，主要起交流思想的作用；结构功能则是指整个结构的语法分布，包括可以在哪种语言层次上出现，可以做什么句子成分，等等。迄今为止，构式语法理论的研究实践主要在探讨结构意义上，然而关于结构功能的探讨还没有系统展开。

2.17.4　结语

本章分析了结构和意义匹配的各种类型，讨论了各种复杂的情况。从明确而单一的匹配一直到无法确定某个结构的意义，各种各样的情况都有。构式语法理论只有对于匹配比较单纯的结构比较适用，这类结构一般是使用频率低的、比较偏僻的，然而对于那些最常见的结构则无能为力。构式语法理论尚没有解决的一个关键问题是，如何确定一个语言线性序列是否属于一个结构，比如同类的结构可能有多个功能不尽一样的语法标记，其中的成分可以增删、扩展，该理论并没有提供明确的标准来判定这类现象。结构意义的类型也是多种多样的，有的则只有单一的意义，有的所表达的多个意义具有上下位的关系，有的所表达的多个意义则有典型性差别，有的所表达的意义则无法确定。那么如何确立语义和结构的匹配，特别是在什么抽象层次上来确定语义，考虑不考虑各个语义之间的核心与非核心的区别，诸如此类问题，都是构式语法理论无法回避的问题，然而并没有解决好这些问题。

构式语法理论关于"结构意义"和"结构功能"这对概念的关系也是模糊不清的，影响了关于语法结构研究的深入。结构不仅具有整体意义，而且具有独立的语法功能。关于结构整体语法功能的研究目前尚没有得到足够的重视，它应该是一个很有发展前景的领域。

2.18　结构的意义与功能

2.18.1　引言

构式语法理论自产生至今只有短短十几年的历史，但是发展迅速，已成为当今的一种重要的语言学理论思潮，并对中国语言学产生了广泛的影响。这种现象主要由以下几个方面的因素促成。首先，构式语法属于认知语言学的一个分支，建立在当今认知科学这个大背景之下，跟当代整个科学思潮相符合。其次，构式语法理论主张语法结构的整体性，这具有心理学方面的基础，得到格式塔理论的支持。最后，它也与自然科学很多发现相容，特别是与系统论的观点即整体大于部分一致。该理论所受到的欢迎程度和速度，也与我们长期的重视整体的哲学传统不无关系。

构式语法理论注重结构整体意义的研究，不仅符合人们的语感，而且也是语言学一种重要的进步。结构主义语言学只注重语法结构的形式特征，特别是乔姆斯基语言学明确提出语法就是一个抽象的、自足的形式系统，与语义是相互分离的。这些理论主张长期影响着人们对语言的观察，它们既违背语感，又脱离语言的实际。根据研究经验，构式语法理论是一种比较切合语言实际的理论，可以有效地指导语言研究实践。

然而构式语法理论尚处于草创阶段，一些重要的概念还不明确，对结构的认识还存在含混不清之处。本章将讨论跟该理论有关的重要问题，即确立语法结构的标准之一应该是"意义"还是"功能"？这两个方面是什么关系？本章主要以汉语的现象说明区别"结构意义"和"结构功能"的根据，并讨论这种区别的理论意义和实践意义。

2.18.2　普通语言学关于"功能"的定义

在普通语言学领域里，"功能"是一个适用范围最广泛的术语。根据国际语言学领域最通行的定义，它主要用于以下两个方面：

一、一个语言形式跟其出现的语言格式和系统中其他部分之间的关系。例如，语法中名词短语的"功能"可以在小句结构中充当主语、宾语等，这些功能按分布来定义。这类句法功能也叫"句法关系"或"语法关系"，是语言学分析多种模型的一个重要特征。

二、语言在社会或个人语境中所起的作用也称作"功能"或者"社会功能"。例如，语言用来传递思想、表达态度等等。语言还可用来识别具体的社会语言学情景，如不拘礼节或关系亲密，或体现科学和法律的语言变体。

上述"功能"的第一个定义是最典型的。相关的术语"功能词"是指表示语法关系的词，诸如连词、代词、结构助词等，它们与普通的词汇相对立。第二个定义是就语言的整体特性或者说话的方式而言的，并不与具体的语法结构相对应。本章所讨论的"功能"是指第一个定义。

实词大都有意义和功能双重特性。例如，"好"的意义是优点多、令人满意的性质，其功能则是可以为程度词修饰，可以重叠，可以做定语和补语，可以用于比较结构等。概括地说，词语的意义是聚合关系，与语言系统之外现象发生联系；词的功能是组合关系，与句子内部的其他成分发生联系，它的分布如何（即做什么样的句子成分），可带上什么样的语法标记。

结构和词汇具有平行的现象，也具有意义和功能之别。结构也有功能上的特征，不同的结构分布不一样，跟语法标记的搭配也不一样。

2.18.3　语法结构的功能差别

2.18.3.1　语法结构的功能标准

不同的语法结构的分布和搭配是不一样的。我们选取以下五个标准来鉴别不同语法结构的功能差别。

标准一：能否用于独立的句子和作为句子某一成分的从句，下面的分析只限于定语从句。

标准二：能否加"的"而转化为名词结构，指代事物。

标准三：结构中的成分的句法行为的活跃程度，即是否具有本词类的全部或者主要语法特征。

标准四：能否加"吗"而转换成疑问句。

标准五：能否加"请"转换成祈使句。

我们选取以下几种结构或者句型，逐一用以上标准来考察它们在上述语法特征上的差别：动宾结构、"把"字结构、话题结构、强调结构、形补结构等。

2.18.3.2　能否用于从句层面

上述所举的几种句型都是可以独立成句的，关键看它们能否做句子的内部成分——从句。从句可以做各种句子成分，比如可以做介词宾语（她对老王爱吃什么很了解），可以做话题（老王爱吃什么她很了解），等等。为了节省篇幅，下面的讨论只限于定语从句这一种，然而不影响结论的普遍性，即凡是可以做定语从句的结构也大都可以做其他从句。

句型一：动宾结构——看电影的人到门口坐车。

句型二："把"字结构——把房间打扫干净的时候再告诉我。

句型三：话题结构——*这是书他看完的房间。

句型四：强调结构——*等到有你的钱花的时候。

句型五：形补结构"A＋得＋程度词"——*她是一个好得很的人。

句型六："第一人称代词＋谁跟谁"——* 发展成咱俩谁跟谁的关系。

以上六种句型，只有两种是可以用于从句层面的，其他的则只能用于独立的句子。我们曾经以从句为标准把汉语的句型一分为二，凡是能够进入从句的结构都是无标记的，使用频率高；反之不能进入从句的结构都是有标记的，具有特殊的语篇功能，使用频率相对比较低。

2.18.3.3 能否加"的"而转换成名词短语

结构助词"的"能够把一个谓词性结构转化为名词的，指代事物。所选出的六种句型在这上面也表现出明显的差别。

句型一：动宾结构——（门口站着很多）看电影的。

句型二："把"字结构——把房间打扫干净的（可以回家了）。

句型三：话题结构——* 书他看完的。

句型四：强调结构——* 有你的钱花的。

句型五：形补结构"A＋得＋程度词"——* 她是一个好得很的。

句型六："第一人称代词 ＋ 谁跟谁"——* 咱俩谁跟谁的。

能否进入从句和能否加"的"而名词化两个标准的判定结果是一致的，因为两者都是加相同的语法标记。只有句型一、二可以加"的"转换成名词短语，其余的都不行。

2.18.3.4 结构的成分在句法活跃程度上的差别

抽象地说，某个词类具有这样那样的语法特征，然而当用于某种结构之后，情况就发生了重要变化，同一个词在有些结构中几乎具备该词类的所有语法特征，而在另一些结构中则失去了该词类的绝大部分语法特征。下面分别讨论。

句型一：动宾结构。该结构中的动词和名词的句法行为最活跃，几乎具备有关词类的所有语法特征，比如动词可以带体标记（看了电影），可以重叠（看看电影），可以被否定（不看电影）。名词则可以加数量词表不定指（看了一场电影），加指示代词表定指（看了那场电影）。

句型二："把"字结构。该结构中的成分也比较活跃，但是相对于第一种来说，具有一定的限制性。比如谓语动词一般要带有结果性的成分，一般不能是光杆动词。受事名词则只允许为有定性的词语修饰，不能被不定性的数量词修饰（*把一个房间打扫干净了）。

句型三：话题结构。话题结构中的动词也比较活跃，比如动词可以带体标记（书我看过了），可以重叠（书我看了看），可以被否定（书我不看了）。话题化的名词表示有定可以加"这"或者"那"，一般不能受无定的数量词修饰，比如"*一本书我看过了"。

句型四：强调结构。这种结构中的各个成分的句法行为呈高度惰性，名词不再受任何修饰语修饰（*有你的很多钱花），动词也失去了几乎所有该词类的语法特征，比如不能加体标记（*有你的钱花了），不能重叠（*有你的钱花花），不能否定（*有你的钱不花）。

句型五：形补结构"A＋得＋程度词"。该结构中的形容词也呈句法上的惰性，比如"好得很"中的"好"，不能再受其他程度词的修饰，不能重叠，不能为"不"否定，也不能用于比较句。

句型六："第一人称代词＋谁跟谁"。该结构中的成分限制最大，不仅句法上完全呈惰性，而且每个成分只限于特定的词汇，不允许为其他词语所替换。比如不能说"*他们谁跟谁呀""*小王和老李谁跟谁呀"等。这个结构近乎一个固定的惯用语，任何成分都不能缺省，而且能产性极低。

2.18.3.5 能否加"吗"而转换成疑问句

疑问语气词"吗"可以加在一个陈述句的末尾，从而得到一个是非问句。然而并不是所有的陈述句都可以做这样的变换，具体情况如下。

句型一：动宾结构。可以加"吗"而转换成疑问句，例如：看电影吗？

句型二："把"字结构。可以加"吗"而转换成疑问句，例如：把房间打扫干净了吗？

句型三：话题结构。可以加"吗"而转换成疑问句，例如：书他看完了吗？

句型四：强调结构。不能加"吗"而转换成疑问句，例如：*有你的钱花吗？

句型五：形补结构"A＋得＋程度词"。不能加"吗"而转换成疑问句，例如：＊她好得很吗？

句型六："第一人称代词＋谁跟谁"。不能加"吗"而转换成疑问句，例如：＊咱俩谁跟谁吗？

前三种句型可以加"吗"而转换成是非问句，说明它们可以取真和假两个值。后三种句型都不能加"吗"而转换成是非问句，说明它们只有一个真值。另外一个相关的现象是，凡是能够转换为是非问句的结构中的成分可以被疑问代词提问，即整个句子可变成特指问句，比如可以说"看什么"；不能转换为是非问句中的结构成分则不能被疑问代词提问，比如不能说"＊有谁的钱花"。

2.18.3.6　能否转变成祈使句

祈使句是请求对方做某种事情，表达尚未实现的情况。动词性祈使句最常见的标记是"请"，比如"请坐下"；形容词性的祈使句则是加上程度词"一点儿"等，比如"安静一点儿"。下面考察上述六种句式转化为祈使句的情况。

句型一：动宾结构。可以加"请"而转换成祈使句，例如：请看电影（不要说话）！

句型二："把"字结构。可以加"请"而转换成祈使句，例如：请把房间打扫干净！

句型三：话题结构。一般不能加"请"而转换成祈使句，例如：＊书请他看完！

句型四：强调结构。不能加"请"而转换成祈使句，例如：＊请有你的钱花！

句型五：形补结构"A＋得＋程度词"。既不能加"请"，也不能加"一点"而转换成疑问句，例如：＊请好得很！＊好得很一点儿！

句型六："第一人称代词＋谁跟谁"。不能加"请"而转换成祈使句，例如：

* 请咱俩谁跟谁！

只有句型一、二可以加"请"转换成祈使句。话题结构则不行，因为话题是交际双方的已知信息，所谈论的通常是已经发生的情况，而祈使句表达的则是尚未发生的。最后三种句型所表达的都是人的主观意志无法支配的，要么是对未来的预测（句型四），要么是对事实的描写（句型五、六）。

2.18.4　结构的功能差别及其理论意义

2.18.4.1　结构的语法功能差别的方面

上面是从以下三个方面来考察一个结构的语法功能：

一、分布标准。我们选取的是句子和从句两个层面，有些结构可以用于两个层面，有些结构则只能出现于其中的一个。结构的分布特征可以揭示它们语法属性，凡可以用于两个层面的结构都是无标记的、最基本的，使用频率高，是转换成其他结构的基式。

二、搭配标准。一个结构可以跟句子层面上的语法标记搭配，从而转换成另外一类句子。不同的结构与这类语法标记的搭配能力差别很大，也就意味着它们向其他句类转换的差别。

三、构成成分的句法活跃程度。同样一个词在不同结构的句法活跃能力差别很大，用于某些结构则可以呈现该词类的几乎所有语法特征，而用于另外一类结构则几乎失去了本词类的所有语法特征。而且不同结构的成分缺省情况也不一样，有些结构可以自由地省掉其中的某个成分，然而有些结构则要求所有的成分必须出现。

上面我们用了五个标准，对六种语法结构的功能进行了分析。它们的差异可以概括为下表。

	标准一 从句层面	标准二 加"的"名词化	标准三 成分的句法 活跃程度	标准四 加"吗"转换 成疑问句	标准五 加"请"转换 成祈使句
句型一： 动宾结构	√	√	高	√	√

	标准一 从句层面	标准二 加"的"名词化	标准三 成分的句法 活跃程度	标准四 加"吗"转换 成疑问句	标准五 加"请"转换 成祈使句
句型二： "把"字结构	√	√	中	√	√
句型三： 话题结构	×	×	中	√	×
句型四： 强调结构	×	×	低	×	×
句型五： 形补结构	×	×	低	×	×
句型六： 代词＋谁跟谁	×	×	低	×	×

所讨论的六种结构的功能高低可以用下面不等式表示：

动宾结构 >"把"字结构 > 话题结构 > 强调结构；形补结构；代词＋谁跟谁

我们的初步观察是，不同的功能标准的地位是不平等的。比如两个可以用于从句层面的结构具有所有五个功能，而在不能用于从句层面的其余四个结构中，句型三只有其中的两个功能，其余三个句型则缺乏所有五个功能特征。凡是可以用于从句的结构都是无标记的、基本的，它们不仅使用频率高，而且分布范围广，转换能力高，而且构成成分的句法活动能力强；凡是不能进入从句的情况则正好相反。弄清楚各种结构功能之间的关系，会大大加深人们对语法本质的了解。

2.18.4.2 确立结构的功能特性的理论意义

本章的分析充分说明，语法结构也存在着功能这一维度，不同的结构具有不同的功能，从功能的角度可以对语法结构进行分析和分类。结构的功能类似于词的功能，都体现在分布和搭配上，只是具体的情况有所不同而已。词的分布主要表现在出现于什么句法位置，可做什么样的句子成分上，而结构的分布则是可否用于独立句子或者从句层面上。每个词类都有自己可以搭配的语法标记，诸如名词可与数量词搭配，动词可与体标记搭配，形容词可与体标记搭配；特定的词类与特定的语法标记搭配，一般不改变它们的词性，即名词仍然是名词，等等。然而结构与语法标记的搭配常常改变它们的句类，比如陈述句加"吗"则变成了疑问句。语法结构还有一个特性，因为它们至少是由两个词构成的，那么就涉及其中成分的句法活跃程度。

本章的发现对结构的研究具有重要的意义。首先是对构式语法理论的一个贡献。结构功能有别于结构意义，它的确立必将推动对结构的多方位的深入研究。

需要回答的一个问题是，能否根据功能和形式的配对来确立一个结构的存在。可以通过与词的类比在一定程度上回答这个问题。每个词都具有自己的语音形式，同时具有自身的语法功能，但是这里的语音形式和语法功能不是一对一的关系，比如绝大多数动词都具有加体标记的功能，据此并不足以确立它们作为语言单位的价值。一个词之所以作为独立语言实体存在的价值，除了语音形式以外，还必须有自身独立的意义。根据词的情况类推，确立结构存在的标准也只能是形式和意义。从意义的角度确立结构的独立实体，从功能的角度则可以给不同的结构分类，如同划分词类一样，找到结构之间的共性和差异。

不仅结构的整体意义不是它的构成成分的简单相加，结构的整体功能也不同于它的构成成分。以名词性的偏正结构为例，按照传统语法，它是一种向心结构，也是名词性的，但是名词结构不同于单纯的名词，除了具有名词所具有的所有语法功能外，还可以直接做谓语。例如：

这个姑娘黄头发。　＊这个姑娘头发。
那个小孩蓝眼睛。　＊那个小孩眼睛。
我的鞋塑料底儿。　＊我的鞋底儿。
那张桌子三条腿。　＊那张桌子腿。

2.18.5 结语

本章根据术语"功能"在普通语言学中的标准定义，选取汉语中的五个语法特征作为标准，对六种语法结构进行了分析，确立出不同的结构具有鲜明不同的功能。结构的功能有三层含义：一是在不同语言层面的分布，二是与语法标记的搭配能力，三是构成成分的句法活跃程度。

对结构功能的确定既具有理论意义，又具有实践意义。结构主义语言学只重视单个词的功能研究，生成语言学不管结构的功能，功能主义语言学侧重于语言的交际功能，构式语法理论则误把结构意义当作结构功能，它们都错失了对结构的真正功能的探讨。因此本章的发现，在理论上是一个进步，并指出了一个具有广阔研究前景的领域。

2.19　有标记的谓词结构

2.19.1　引言

　　"词组本位"思想在汉语学界影响很大，其核心思想是现代汉语的词组与句子的语法结构是一致的。现在还有不少高等学校的现代汉语语法教材仍然沿用这一体系。然而我们认为，词组本位说只是揭示了汉语语法一个方面的特性，实际上词组结构和句子结构之间存在着明显的差别，不少结构只能出现在句子层面上而不能用作词组，即不能进入句子的下位做定语或者被名词化。

2.19.2　两种不做定语的结构

　　现代汉语的语法结构可以一分为二：一是无标记结构，它们可以用于词组和句子两个层面，如主谓、述宾等都属于这一类，这些都是最常见、最基本的结构类型。二是有标记结构，它们只能用于句子层面，表达特定的语法功能，使用频率相对比较低。在下述例子中，"我看书"是无标记的"主＋动＋宾"结构，"书我看"则是有标记的话题结构；"他昨天买书"也是无标记结构，而"他昨天买的是书"则是受事名词被焦点化的有标记结构。这两种类型的无标记结构都可以做名词定语，而相应的有标记结构则都不行。

　　（1）这是我看书的房间。　　　＊这是书我看的房间。

　　　　　这是他昨天买书的书店。　＊这是他昨天买的是书的书店。

同一大类型的谓词结构存在着各种不同的小类，这些小类的语法功能明显有别。我们以定语从句为观察视点，凡是不能做定语从句的，也就意味着它们不能做其他类型的从句，不能加"的"被名词化。这些语法特点之间存在着逻辑上的相关性。本章集中讨论以下两种现象：

一、动词重叠式。动词的基式和重叠式的语法功能明显有别，动词基式既可以用于句子层面，也可以加"的"转化成名词指代事物或者用于定语从句，然而其重叠式则只能用于句子层面。请看动词"吃"和"吃吃"的用法差别。

（2）我们吃了饭了。　　　　　　　我们吃了吃饭。

把<u>吃</u>的放到冰箱里。　　　　*把<u>吃吃</u>的放到冰箱里。

这是<u>我们吃饭</u>的桌子。　　　*这是<u>我们吃吃饭</u>的桌子。

老师对<u>学生上课吃东西</u>不高兴。

*老师对<u>学生上课吃吃东西</u>不高兴。

二、"形＋程度补语"。形容词与程度词语的搭配有两种顺序，一种是程度词语在形容词之前，它们一般都可以做定语，比如"很好的一件礼物""极贵的一件衣服"等，这些形容词短语也有一些可以加"的"变成名词性成分，比如"挑些比较好的送人""她买了一件最贵的"。然而，"形＋程度补语"结构的短语则只能用于句子层面，不能做定语或者加"的"转化成名词，比如不能说"*那是好得很的礼物""*这是一件贵极的衣服""*我买了一件贵极的"等。这类形容词结构又可以分为加不加"得"两个子类，它们都具有相同的语法性质。例如：

（3）a.好极了、暖和多了、可笑透了、难看死了等

　　　b.好得很、糟得很、仔细得很、热闹得很、喜欢得很、受欢迎得很等。

探讨上述两种结构具有双重的学术价值，一是弄清这两种语法结构的性质，二是发现定语和名词中心语的搭配规律。

2.19.3 动词重叠的语法性质及其做定语的限制

在现代汉语中，不能做定语的语法结构或者语法标记不在少数，如上面所谈的话题结构和焦点标记都是如此。此外还有由句末语气词"吗、呢、吧"等构成的句子，比如不能说"*他是学生吗的问题""*外边下雨呢的时候"等。造成这种现象的原因很明显，它们都是句子层面的语法范畴：话题是语言交际中出现的现象，焦点是突出句子中的新信息，语气词是统管整个句子的情态语调，所以自然不能进入句子的下一层语法单位的词组或者定语从句。

然而，动词重叠式是描写动词自身状态的，并不属于句子层面的语法范畴，其不能用作定语的原因显然不同于以上所谈的话题结构等现象。要找到动词重叠式不能做定语的原因，首先应该弄清楚其表达的语法意义。动词重叠表示动作的量：一是动作延续时间的长短，二是动作反复次数的多少。也就是说，动词重叠式表达的是一个模糊的动作量，其量的大小很难准确界定。然而在我们看来，不管在具体的语境中表达哪种量，动词重叠式都具有一个共同的语义特征：表达动作行为的时间延续性，道理很明显，任何动作行为都占有一定的时间长度。

还有一点特别值得注意，动词重叠式所表达的还必须是一个肯定的时间量，在语法上表现为没有相应的否定形式。在陈述句里，动词的基本形式可以加"不"或者"没"否定，然而其相应的重叠形式则不行。例如：

（4）a. 我不吃饭。　　今天中午我没吃饭。　　*今天中午我没吃吃饭。

　　 b. 我不听音乐。　昨晚我没听音乐。　　*昨晚我没听听音乐。

注意，动词重叠式只有用在表示假设的虚拟句中时才可以被否定，比如"他每天不上上网就感到少了点儿什么"等，这类假设句所表达的真正意思是应该做而没有做。注意，这种动词重叠式的否定是不能独立成句的，必须有后续的动词成分。

动词重叠式表达的是一个肯定的时间量，这一点还可以从其与体标记的搭配上看出来。现代汉语的典型体标记有三个，它们的基本功能为："了"是表达动作行为处于现实状态，"着"表示动作行为处于持续状态，"过"表示动作行为结束。动词重叠式之后不能再加任何体标记，而中间则可以插入实现体"了"，却仍排斥"着"和"过"。例如：

（5）昨天晚上我看了看电视。　*昨天晚上我看过看电视。　*昨天晚上我看着看电视。

星期天我逛了逛街。　*星期天我逛过逛街。　*星期天我逛着逛街。

至此我们可以得出结论，动词重叠式的语法意义是"表达肯定的时间持续量"，这是限制它不能用于定语从句的关键因素。动词所表达的抽象动作行为概念可以从两个不同的角度对其进行诠释：一是把它们看作动作行为的类型，即不含有时间信息，也可以理解为它们的时间性质被隐去，这时候的动词就可以转化为名词指代事物（如"吃的""看的"等），或者做名词定语给事物分类（如"吃的东西""看的报纸"等）。二是把动词概念在时间空间里进行认知，这样它们就具有了一维时间延续性，此时它们不再能指代事物或者给事物分类。动词一旦被重叠，就意味着它们已经在时间空间里被诠释，只能代表动作行为，在语法上就表现为动词重叠不再能被名词化或者做名词定语。

上述观点可以用英语类似的现象来说明。英语动词做名词的定语时，必须采取适当的语法手段消除其时间性才行，最常见的手段就是采用动词的现在分词或者过去分词的形式，比如 working people、broken glass 等。然而，英语动词的过去时和现在时形式则不能用于定语，比如 *worked people、*eats student 等都是不合英语语法的。英语现在分词的功能是把动词看作一个"时间点"，即消除了动词概念的时间延续性，而过去分词则表示动作结束后的状态，也是非时间性质的。然而，动词加上时态标记时就有了时间延续性的特征，所以不能直接做名词的定语。

汉语和英语的动词做定语时所遵循的语法规律是一致的，都要求做定语的动词必须消除动作行为的时间延续性才行。这也就是汉语动词重叠式为何不能用做定语的原因。

2.19.4　"形＋程度补语"的意义及其做定语的限制

这类形容词结构又分为加不加"得"两种类型，先看不加助词"得"的类型。"程度词＋形"结构一般既可以做定语，也可以单独做谓语，比如"很贵的车""这辆车很贵"等。然而，"形＋程度词"结构不仅不可以做定语，而且做谓语时还必须加"了"才能成句。例如：

（6）精神好极了。　*精神好极。

　　屋里暖和多了。　*屋里暖和多。

　　那人可笑透了。　*那人可笑透。

　　发型难看死了。　*发型难看死。

从"形＋程度补语"结构必须加"了"这一点就可以看出，它们表达的是某种性质的一个动态变化过程。跟动词重叠式一样，这类结构也没有相应的否定形式，比如不能说"*不好极"或者"*好不极"等。这两点都与动词重叠式的语法特点一致，差别只在于"形＋程度补语"结构所表达的是性质变化的时间延续性，动词重叠式表达的则是动作行为的时间延续性。所以，上面解释动词重叠式不能用于定语的原因可以用来解释"形＋程度补语"结构的语法特点。

再来看加助词"得"的类型。在现代汉语里，还有为数不多的形容词可以用于"形＋得＋很"结构，比如"好得很、糟得很、仔细得很、简单得很"等。这类结构也是既不能用做定语（如"*简单得很的问题"等），也没有相应的否定式（如"*简单不很"等）。与不加"得"的同类形容词结构相比，这类结构无需加"了"而可以直接做谓语。下面是我们从《红楼梦》里搜集来的例子。

（7）薛蟠一面听了，一面皱眉道："那水脏得很，怎么喝得下去！"（《红楼梦》第四十七回）

（8）湘云黛玉一齐说道："外头冷得很，你且吃杯热酒再去。"（《红楼梦》第五十回）

（9）黛玉笑道："妙得很！萤可不是草化的？"（《红楼梦》第五十回）

（10）黛玉道："也没什么要紧，只是身子软得很。"（《红楼梦》第
　　　八十二回）

（11）贾政道："那有进益，不过略懂得些罢咧，'学问'两个字早得很呢。"
　　　（《红楼梦》第八十四回）

动补结构指动作行为达到了某种结果状态，由此可知，上述这种形补
结构则表示性质达到了某种程度。然而一般的动补结构都有相应的否定形
式，比如"跑得快"的否定式为"跑得不快"（否定结果状态）或者"跑不快"
（否定可能性），而"形＋得＋很"结构则没有相应的否定式。这一特点与
动词重叠式和"好极了"类形容词短语的语法特点一致。

"形＋得＋很"结构也是表达一个动态变化过程，一般是主观认知上
的变化，而不一定是现实变化。所谓的主观认知变化是指，跟常态状态属
性对比，眼前事物的状态属性的程度显著增加。比如上例中"那水脏得很"
是与普通的饮用水相比的，"外头冷得很"是跟屋里的温度相比的，"身子
软得很"是跟平时的身体状况相比的，等等。既然这类形容词结构代表的
是一个动态变化过程，也就隐含着一个时间延续性，所以跟上面讨论的现
象一样，它们也不能出现于定语位置。

我们对近代汉语到现代汉语的大量语料做了广泛调查，只发现下面一
个看似例外的现象：

（12）人家苦得很的时候，你倒来做诗。怄人！（《红楼梦》第一一八回）

上例中"苦得很"用作"时候"的定语。这种现象可以做这样的解释，
"时候"不同于一般名词，它相当于英语中的 when 或者 while，功能相当于
复句中的连词，引入一个时间从句，所以出现在其中的结构比较自由，允
许不做定语的"苦得很"出现其中。

2.19.5　结语

本章分析了两种不能用做定语的谓词结构——动词重叠式和"形＋程

度补语"结构，两者实质上都属于动补结构的小类，而且具有共同的语法属性：皆无相应的否定形式，都表达一个肯定的动态过程，具有时间延续性的语义特征。因此，用于这两种谓词结构的动词或者形容词概念意味着它们已经被看作时间空间的现象，具有一维的时间延续性，所以不能再被名词化来指代事物，也不能用于定语从句来给事物分类。

我们的分析也涉及动词或者形容词名词化的规律和做定语的限制，名词是代表三维空间的事物，那么这些谓词在名词化或者做定语的时候就必须消除掉抽象的一维时间特性。同样的限制也存在于英语等其他语言中，这是人类语言定语和名词中心语搭配所遵循的共同规律。

2.20　工具标记与方式状语

2.20.1　引言

语法标记的功能扩展是一种非常普遍的语言现象，而且这种扩展往往具有规律性，同样的发展会出现在不同的语言之中或者同一语言的不同历史时期。形成这种规律的背后往往存在着深刻的认知动因。

能够使用工具做事是人类区别于其他动物的主要特征之一，也是人们最常见的社会活动之一。它反映到语言中就是，工具格式是各种语言的基本语法手段之一，是一种最常见的语言使用现象。而且一种语言的工具格标记会向多种功能扩展，其中之一就是引进表达动作行为方式的状语。现代汉语工具格标记"用"也发展出这种用法，而这种现象迄今为止尚未见任何语法论著或者工具书提到。

语法标记的功能扩展既不同于普通词汇的语法化，也不同于一个语法标记的进一步语法化，但是它却属于常见语法化的现象之一。顾名思义，语法标记自身已经是一个语法化过程的结果，已不再是普通的词汇。它的扩展可能是一个语法标记的进一步语法化，表现为其意义更加虚化，更多地失去原来词汇的语法特征。语法化的方向并不是单维的，一个普通词汇一旦发展成一个语法标记，可能同时向多维方向发展。

2.20.2 工具格扩展的现象和原因

2.20.2.1 古代汉语和英语的工具格标记的功能扩展

从上古汉语一直到唐代以前,汉语最重要的工具格标记是"以"。例如:

(1)醒,以戈逐子犯。(《左传·僖公二十三年》)

(2)百工为方以矩,为圆以规,直以绳,正以县。(《墨子·法仪》)

(3)许子以釜甑爨,以铁耕乎?(《孟子·滕文公上》)

(4)以子之矛陷子之盾,何如?(《韩非子·难势》)

"以"又发展出各种用法,其中之一引进动作行为的方式,该介词短语做状语修饰谓语动词。例如:

(5)淫侈之俗,日日以长,是天下之大贼也。(《汉书·食货志上》)

(6)舟遥遥以轻飏,风飘飘而吹衣。(《归去来兮辞》)

(7)早夜以思,去其不如舜者,就其如舜者。(《原毁》)

(8)黔无驴,有好事者船载以入。(《黔之驴》)

无独有偶,英语的最典型的工具格标记 with 也有平行的发展。先看 with 的工具格用法。

(9)a. He wrote a letter with a pen.

　　b. He was walking with a crutch.

下面是 with 引进动作行为方式的用例。

(10)a. Do something with an effort.

　　b. He won with ease.

　　c. She faced with calmness.

　　d. He looked at her with curiosity.

　　e. She smiled with embarrassment.

　　f. Martin listened with concentration.

　　g. I found the place with difficulty.

上面一组例子中用 with 引进的短语有些可以变换成副词，比如"He won easily"和"She faced calmly"。

古代汉语和现代英语的工具格标记都具有相同的发展，加之下面所讨论的现代汉语的工具格表记"用"也是如此，这种发展肯定不是偶然的，其背后必然有某种规律性的东西在制约着。

2.20.2.2　工具格功能扩展的认知动因

认知语言学与其他语言学流派相比，有一个进步就是把人们的日常认知活动应用在语言分析之中。人类的基本认知活动之一为诠释能力，请看认知语言学的有关定义：

诠释关系：指说话者（或者听话者）与他们所概括描写的场景之关系，涉及焦点调整和想象能力。

使用工具做事为人们最常见的社会活动之一，这种事件结构反映在语言中就是工具格式的应用。但是人们可以从不同的角度对工具进行诠释。其中最常见的诠释方式之一是，同样一个动作行为可以用不同的工具来做，那么选择工具的差异会直接影响到动作行为进行的方式。比如同为"写信"的行为，"用毛笔""用铅笔"还是"用电脑"直接影响着"写"的动作的方式。人们如果从这个角度去诠释，就会把工具格看作动作进行的方式。这就是工具格标记可以引申为表示动作行为方式的状语标记的认知基础。

2.20.3　"用"的功能扩展

2.20.3.1　"用"的工具格用法

"用"是汉语的一个基本词汇之一，从 3000 年前的文献一直沿用到今天。在《诗经》中，它可以用作普通动词，表示"使用""采用"，如例（11）；也可以引入工具，如例（12）。

（11）于以用之，公侯之事。（《召南·采蘩》）

（12）执豕于牢，酌之用匏。（《大雅·公刘》）

"用"的工具格用法后来逐渐增加，例如：

（13）是直用管窥天，用锥指地也。(《庄子·秋水》)

（14）卫青、霍去病亦以外戚贵幸，然颇用材能自进。(《史记·佞幸列传》)

（15）且羌虏易以计破，难用兵碎也。(《汉书·赵充国传》)

但是，根据我们的观察，唐代以前"以"和"用"之间是存在着明确的分工的。"以"最早也是一个表示"使用"概念的实义动词，如"贤不必以"(《九章·涉江》)，但是它在先秦文献中已经虚化成一个介词，最重要的功能是标记工具格。此用法一直沿用到唐代，尔后只保留在书面语之中。然而"用"在唐代以前主要是用作动词，较少用作介词。唐以后逐渐取代原来"以"的地位，动词和介词兼用。虽然宋以后"拿"也发展除了引进工具的用法，但是仍保留很强的动作性，主要的工具格标记仍然是"用"。下面请看"用"的工具格用法。

（16）用手帕托着送与宝玉。(《红楼梦》第十九回)

（17）李冬宝用毛笔在一张照片上点了点。(《编辑部的故事》)

（18）说着用红笔一行行划去稿纸上的句子。(《编辑部的故事》)

（19）王师傅说罢低头用剪子铰信封。(《编辑部的故事》)

（20）余德利用一本稿纸扫着桌上的烟灰、纸屑。(《编辑部的故事》)

工具格式为：S＋用＋NP$_{工具}$＋VP。典型的工具格具有以下五个的特征：

一、工具是独立于施事者的非生命物体；

二、人有意识地使用工具，人们可以控制工具的使用；

三、使用工具的目的是实现其后的动作行为；

四、动作行为的实现不影响工具的存在；

五、"用"还具有很强的动词性，因此往往可以去掉其后的VP而成SVO句。比如，"他在用手帕""李冬宝用毛笔（我用铅笔）""王师傅在用剪子"等。

同时也存在非典型的工具格式，例如：

（21）必须先用清水香茶漱了口才可。(《红楼梦》第二回)

（22）或用花瓣柳枝编成轿马的。(《红楼梦》第二十七回)

（23）说着用眼神示意牛大姐、刘书友坐的方向。(《编辑部的故事》)

（24）刘书友用嘴型无声地对牛大姐说。(《编辑部的故事》)

上述用例可以看作为广义的工具格，它们不具备典型工具格的全部特征。例（21）的"清水香茶"在"漱口"之后以彻底改变了性质，例（22）的"花瓣柳枝"成了"轿马"的材料，例（23）（24）的"眼神"和"嘴型"都不是与施事者相分离的非生命物体。但是它们仍然具备工具格的其他主要特征，所以仍然属于工具格的范畴。

2.20.3.2 "用"的引进行为动作方式的用法

工具格标记"用"在现代汉语中发展出一个重要的用法，单纯表示行为动作进行的方式，虽然来自其原来的工具格用法，但是已经失去了工具格的几乎全部主要特征。这种现象十分普遍，请看我们收集到的部分用例。

（25）中年知识分子用激动的声调说。

（26）林一洲用很快的速度说着。

（27）人们都用异常的眼光看着他。

（28）牛大姐用质问的口气说。

（29）戈玲用温和的语气问。

（30）用煽动性的语气说。

（31）老头用乞求的眼光看着牛大姐。

（32）用理解的语气说。

（33）戈玲翻了一面报纸也用同情欣慰的语言说。

（34）他们用一种奇怪的神情望着解净。

（35）用恶意的眼光看着她。

（36）用自言自语的口气解释说。

（37）用一种对过心的朋友才有的口气说。

（38）他仍旧在用一种男子所特有的眼光望着解净。

（39）用一种儿童的仇视的眼光看待老师。

上述例子有相当一部分是可以去掉"用"字而加上"地"字，变换成一个普通的状语的，然而工具格都不能做这种变换。由此可见，它们已经与工具格形成了本质上的差别。例如：

（40）a. 中年知识分子用激动的声调说。→中年知识分子激动地说。

　　　b. 林一洲用很快的速度说着。→林一洲很快（地）说着。

　　　c. 戈玲用温和的语气问。→戈玲温和地问。

　　　d. 老头用乞求的眼光看着牛大姐。→老头乞求地看着牛大姐。

　　　e. 戈玲用同情欣慰的语言说。→戈玲同情欣慰地说。

　　　f. 用自言自语的口气解释说。→自言自语地解释说。

由此可见，"用"所引进的短语具有副词状语的特征，而与普通的介词短语的性质已经有所不同。

当"用"字短语表达动作行为的方式时，就失去了几乎全部工具格的特征，分别说明如下。

一、它们全部都不是非生命的物体，而是一种说话的语气、态度、表情等。

二、人们往往不是有意识地使用这些语气等，而是一种不自觉的、没有控制的现象。比如，"用激动的声调说"中的"激动的声调"并不是人们的有意识行为。

三、"用"字短语与其后的行为之间不存在目的关系，比如"用乞求的眼光看着牛大姐"中的"用乞求的眼光"的目的并不是"看着牛大姐"，前者只是后者的进行方式而已。

四、"用"字短语所指与其后的动作行为之间存在着同生同灭的关系，既它们持续的时间是一样长的，然而工具格的"动作行为的实现不影响工具的存在"。

五、引进动作行为方式的"用"比其工具格的用法的语法化程度更高，表现在"用"的动词性大大减弱，不再能够去掉其后的动词成分，而与其前的主语单独构成一个句子。例如下面的说法是不能成立的：

（41）a. * 中年知识分子用着激动的声调。

　　　b. * 林一洲用着很快的速度。

c. * 戈玲用着温和的语气。

d. * 老头用着乞求的眼光。

e. * 他用着自言自语的口气。

但是，表示动作方式的"用"字在现代汉语中的使用范围仍然很受限制，只能引进与人有关的语气、态度、表情、方式、力气等方式，所修饰的动词也只限于人们的言谈、活动。根据我们的观察，"用"并不能引进其他类型的动作行为的方式。就这种用法而言，"用"的使用范围不如古代汉语中的"以"字广，因为"以"字可以引进与人的活动无关的动词的状语，比如"舟遥遥以轻飏"（《归去来兮辞》）。

从结构上看，"用"所引入的成分几乎全部都是名词性的偏正短语，可以用下面格式描写，其中的 M 代表修饰语。

［用＋（M＋的＋N）］＋VP

其中的 N 一般为与人的说话、态度、表情、行为等有关的名词，诸如口气、声调、速度、眼光、神情、力气、嗓门、方法等。

值得注意的是，表达动作方式的"用"字短语有自己独特的表达功能，一般找不到其他合适的语法形式来替代。上面提到这类"用"字短语可以变换为加状语标记"地"的形式，但是这只限于比较简单的情况。如果状语比较复杂，就无法进行这种转换。下面例子中的画线部分都是"用"所引进的状语，很难找到其他方式来替代。例如：

（42）用凶猛的出奇的力气踹开了另一个车门。

（43）油库的领导用非常婉转的殷勤的口气挽留她。

（44）何顺用他那惯于吵架骂街的异常粗嘎的嗓门吆喝起来。

（45）而且还固执地坚持用自己那些曾经行之有效，但今天已经过时了的经验和方法去工作。

例（45）中"用"所引进的部分包含一个复句形式。"用"既然有自己不可取代的功用，那么它就有继续存在下去的价值。所以我们可以预测，"用"的引进状语的用法将来还会继续发展。

我们对 18 世纪的《红楼梦》和 19 世纪末的《老残游记》进行了全面

的调查，那时候"用"还没有发展出引入动作方式的用法。可见"用"的这一用法是过去一百年内才产生的。

2.20.3.3　"用"字构成的副词性的惯用法

上文分析了"用"的引进动作方式的用法，还表现在它与一些名词已经融合为惯用语，经常做状语修饰动词。常见的有"用力""用劲""用心""用功"等。例如：

（46）我抄起办公桌上的茶杯用力摔在地板上。

（47）不会，音乐里我也就用心学过口琴。

（48）他用劲往外一推，门就开了。

（49）她用功读书。

上述惯用语中的名词的语义都已经发生了偏移，都是指较高的程度：用力是用很大的力气，用心是用很大的心力，用劲是用很大的劲，用功是用很多的工夫。也就是说，名词语素之前隐含了一个程度修饰语，这正与"用"字表示动作方式的用法相吻合。上文谈到，"用"所引进的成分都是一个名词性的偏正短语，这是"用心"这类惯用语产生的基础。

2.20.4　结语

本章分析了工具格标记"用"在现代汉语里的一种重要的功能扩展，它可以引进动作行为的方式。这种现象也见于古代汉语和英语中，其背后存在着深刻的认知动因，是与人们对工具格从不同的角度加以诠释的结果。"用"的这一用法具有独特表达功能，因此它有继续存在和发展下去的理由。

从本章的研究中可以得到两点启示。首先，现代汉语的语法系统不是静止不变的，它是语言历史长河中的一个阶段，是过去长期历史发展的一个结果，也是走向未来的出发点。因此，我们应以一个动态的眼光来看待现代汉语。其次，一个语法化过程不是单维的，一个词一旦发展成一个语法标记，往往会向多个相关的语法范畴的方向发展。从这个角度我们可以洞悉一组语法范畴之间的内在联系，从而了解它们的本质特征。

2.21 新兴的疑问形式

2.21.1 引言

　　共时的角度来看汉语语法，它是一个相对静止、稳定的系统；然而从历时的角度去看，它又是一个变动不居、始终活跃的系统，表现为不断有新的现象出现和旧的现象消亡。在汉语过去这一千多年的历史中，出现了很多新的语法现象，比如"体"标记系统的诞生，量词系统的建立，动补结构的形成，动词拷贝结构的出现，等等。这一切都是现代汉语语法系统区别于古汉语的鲜明特点。每一种新的语法范畴都有自己的发展过程，开始都是个别的用例，然后慢慢扩大其使用范围，最后成为一个稳固的语法手段。它们的发展过程通常为一个相当长的时期，可能是上百年或者几百年的时期。现代汉语是汉语历史发展长河的一个片段，如果把考察范围扩大到近一百年，也可以看出一些正处于发展过程的刚刚产生不久的语法现象。本章将以一个新兴问句格式的发展来说明这个问题。

　　这种现象至迟在 20 世纪 60 年代时已经出现，下面是那时的语法著作所引用的例子：

（1）a. 天有没有亮？

　　　b. 他有没有起来？

　　　c. 申耀宗有没有瞒他，你们弄清楚了没有？（《新儿女英雄传》）

　　这类问句的出现是不同寻常的，表面上看起来，它跟由助动词构成的正反问句属于同类，而实际上有着本质上的不同。这一点可以从以下的比较中看出。

（2）a. 有没有碰见合适的主儿？

　　　——＊有碰见合适的主儿。

　　　——没有碰见合适的主儿。

　　b. 你会不会游泳？

　　　——我会游泳。

　　　——我不会游泳。

　　c. 你能不能搬动那块石头？

　　　——我能搬动那块石头。

　　　——我不能搬动那块石头。（《刘慧芳》）

所有的助动词都有与上例中"会"和"能"平行的用法，肯定时简单用"助动词＋VP"作答，否定时则用"否定词＋助动词＋VP"作答。但是，"有没有＋VP"问句的肯定答案不能是"有＋VP"，因为汉语普通话中没有这种语法格式。我们会马上想到，这种现象可能来自方言的影响。在一些南方方言诸如福州话、厦门话、潮州话、海丰话、莆田话里，的确是以"有＋VP"表示"完成体"的，相当于普通话的"V＋了"。但是这种推测是有问题的。实际上这类方言里的相应的正反问句格式为"有＋V＋无（V）"，与上述的普通话用例并不相同，例如：

（3）a. 你星期日有去洗浴仔无？（你星期天去洗澡了没有？——广东海丰话）

　　b. 汝有来无来？（你来了没有？——福建莆田话）

显然不能把"有没有＋VP"问句的出现简单归结为方言影响问题。

　　从人类语言共性的角度来看，领有动词向完成体标记的发展是人类的一个普遍现象。不论是方言中的"有＋VP"完成体格式的存在，还是普通话"有没有＋VP"的产生与发展，都反映了人类语言的这个普遍现象。这类现象的研究是语法化理论和认知语言学的一个重要课题。下面我们将讨论"有没有＋VP"问句在现代汉语中的使用情况，并从理论上解释它们产生的原因。

2.21.2 "有没有＋VP"问句在当代汉语的发展

在现代汉语里，跟"有没有＋VP"问句的功能相当而且使用范围更广的是"VP＋了＋没有"格式，例如：

（4）问你听见了没有？（《茶馆》）

（5）官方上疏通好了没有？（《茶馆》）

这是正常的"V＋了"短语的正反问句。一个动词性短语的正反问句是由其肯定式和相应的否定式构成。"V＋了"的相应否定式为"没有＋V"，但是"没有"后的成分通常省略，如例（4）（5）所示。

某类短语的正反问句的格式决定于其肯定和否定的具体形式，其格式的产生时间与其否定式的发展密切相关。人们在讨论正反问句时，把"不"和"没有"构成的动词否定式同等看待，而实际上由于两个否定标记产生的时间和语法功能很不一样，它们所构成的正反问句的产生时间和格式也差别很大。由"不"构成的正反问句始见于隋唐时期，如例（6）（7）所示；然而根据我们的考察，"没有"直到16世纪才开始能够否定动词短语，由其所构成的正反问句到18世纪才普遍使用，如例（8）（9）所示。

（6）宣城太守知不知？（《红线毯》）

（7）诸上座出手不出手？（《祖唐集·福先招庆和尚》）

（8）吃了药没有？（《红楼梦》第四十五回）

（9）我的话到底说了没有？（《红楼梦》第六十回）

尽管正反问句"VP＋了＋没有"已在18世纪广泛使用，"有没有＋VP"形式直到20世纪初才出现。根据我们的调查最早的用例始见于茅盾的小说《虹》：

（10）可是你有没有说起你的肺病至多不过再活三四年？（《虹》）

（11）她又去检查她的杂志有没有被老鼠咬。（《虹》）

可是这类问句在20世纪前半叶的文献中十分罕见。我们调查了张恨水、鲁迅、曹禺、老舍、巴金等作家的大量作品，不见一例。最早报告这类问句形式出现的著作都是 20 世纪 60 年代的论著。此后的语法著作鲜有提及这类问句的存在。可是事实上，这类问句的使用范围在最近的二三十年内迅速扩张，下面是我们调查到的部分用例。

（12）你有没有觉得我和一般人不一样？（《痴人》）

（13）我在想有没有搞错？（《空中小姐》）

（14）你有没有向他所在的公安机关检举？（《人莫予毒》）

（15）在对待伟大领袖方面有没有留下可抓的辫子。（《牛棚杂忆》）

（16）我这话有没有冒犯你？（《一百个人的十年》）

（17）近来她父亲有没有来信？（《干枯风流情》）

（18）有没有在那段时间看见异常人、听见异常事。（《冷血》）

（19）有没有了解过她搬家以后她妈妈的心情？（《选择的结果依然是失去》）

（20）看看有没有发现过可疑的人。（《天怒》）

（21）不过他却记不清有没有修过这个乌龙的车。（《绿月亮》）

（22）有没有烫着脚？（《白雾》）

　　问句"有没有＋VP"的发展，除了表现为使用范围的扩大，还表现在为更多的作家所使用。我们对当代有影响的作家的作品进行了广泛的调查，该类问句共见于 20 余位作家的 30 余部小说中，相当于我们调查作家和作品数量的五分之一。使用该问句的作家绝大部分是北方方言区的人。

　　"有没有＋VP"的发展是一个不容忽视的事实。但是它的使用有几点值得我们注意。首先，它最常见于年轻一代的作品中，而且多为近十几年所写的。其次，它绝大部分出现于反映口语的小说中，特别是其中的人物对话部分。最后，它的使用还很不平衡，只见于一部分作家的作品中。

　　这类正反问句的否定回答比较简单，直接用"没有＋VP"即可，如例（23）所示。肯定回答就比较特殊，既然肯定的回答不能是"有＋VP"，那么只能是"V＋（了）"，如例（24）所示。

（23）"你有没有觉得我和一般人不一样？""没有。"（《痴人》）

（24）"你们有没有听说过？""七姑奶奶倒听说过。"（《红顶商人胡

雪岩》）

正反问句"有没有＋VP"的出现很容易使人简单把它归结为是受方言影响的结果。正如文章开头所指出的，一些南方方言用"有＋VP"表示普通话"VP＋了"的功能，即它们有这类问句的肯定答语形式。但是，这类方言大都没有"有没有＋VP"的问句形式。根据现有的方言调查，共有七种南方方言是用"有＋VP"表示动词的完成体或者实现体的，可是只有广东阳江话有类似于上述普通话中的新兴问句，如例（25）（26）所示，其余的则是用"有＋VP＋没有（VP）"格式，如福建莆田话的"汝有来无来"。

（25）你有无讲过？（直译：你有没有说过？）

（26）其有无去呢？（直译：他有没有去？）

单从数量上看，很难说普通话的这种正反问句的出现是方言影响的结果。

下面我们将从三个方面论证，"有没有＋VP"问句的产生是普通话内部语法系统演化的结果。第一，该问句有其独特的语法功用，甚至有时不能为其他问句形式所替代；第二，它的出现是领有动词"有"所构成的正反问句最近两三百年自然演化的结果；第三，它有深刻的认知理据，反映了人类语言的一个普遍现象。

2.21.3　独特语法功能

一个新的语法范畴刚刚出现的时候，往往有两个特点：一是数量上比较少，二是只用于一些特殊的语言环境，并且拥有其独特的、不可为其他语言形式所替代的功能。这种功能上的不可替代性是有关新语法范畴继续存在和发展的理据。大致说来，"有没有＋VP"问句是"VP＋了＋没有（VP）"的一个变式，的确，从形式上很多前类问句可以转换为后者，例如：

（27）有没有碰见合适的主儿？→碰见合适的主儿没有？

（28）近来她父亲有没有来信？→近来她父亲来信了没有？

可是在以下几类用法中，不宜简单做这种变换。例如：

一、连动结构

（29）有没有尝试把跟我说的这些入情入理的话跟他的妻子说？（《回家》）

→? 尝试把跟我说的这些入情入理的话跟他的妻子说没有？

（30）你有没有花过一点精神去收拾一下？（《白鹿原》）

→? 你花过一点精神去收拾一下没有？

二、动词＋从句

（31）有没有想过我为什么会反对这件婚事？（《白鹿原》）

→? 想过我为什么会反对这件婚事没有？

（32）你有没有觉得我和一般人不一样？（《痴人》）

→? 你觉得我和一般人不一样没有？

三、并列正反问结构

（33）先从被捕开始，就不知道你们有没有、能不能接全活儿？（《你不是一个俗人》）

→*就不知道你们能不能接全活儿没有？

四、谓语为惯用语或者成语

（34）你想想小时候住过院没有？有没有心慌气急？（《一冬无雪》）

→? 心慌气急过没有？

（35）我不知道后来发生了什么事情，他们有没有如愿以偿。（《玩的就是心跳》）

→? 他们如愿以偿了没有？

类一、二问句有一个共同点是，所问的动词之后都有另外一个复杂的动词性成分。如果把这类问句换为"VP＋了＋没有"型，就会造成表达歧义或者理解上困难。比如，把例（29）说成"尝试把跟我说的这些入情入理的话跟他的妻子说了没有"，就使人很难断定到底所问的焦点是哪一个动词，"尝试"还是"说"？类三的情况比较特殊，实际上是两个正反问句合并在一起，其中一个是助动词形成的"能不能"。在这种情况下，如果不是用"有没有"，根本就不能做这样合并。如类四所示，如果 VP 是一个成语或者惯用语，也不宜做类似的变化。由此可见，"有没有＋VP"问句并不是简单的"VP＋了＋没有"的一个等值变式，而是有其特殊的表达功能的。

根据我们搜集到的"有没有＋VP"问句的用例，用于其中的动词都是复杂的，即不是一个单纯的动词，比如没有发现"有没有＋吃"之类的用法。这一点可以从上文所举的例子上看出来，它跟可用"有无＋VP"问句的方言形成鲜明的对比，在这些方言中该问句的VP可以是一个单纯的动词，如广东阳江话："其有无去呢？"这种现象给我们一个启示，谓语动词的复杂性是运用"有没有＋VP"问句的一个条件，同时也说明不是一个简单的方言影响问题。

即使有些"有没有＋VP"问句可以转换成"VP＋了＋没有"问句，两者的表达功能仍有明显的差异。前者表示问话者的强烈的好奇心和想知道答案的急切心情，后者则是普通问句，且疑问的语气比较缓和。这一点可以从下列对比中看出。

（36）a. 在对待伟大领袖方面有没有留下可抓的辫子？（《牛棚杂忆》）

　　　b. 在对待伟大领袖方面留下可抓的辫子没有？

（37）a. 你23日晚上收车后有没有发现车里有血迹？（《冷血》）

　　　b. 你23日晚上收车后发现车里有血迹没有？

（38）a. 你最近怎么样？有没有碰见合适的主儿？（《刘慧芳》）

　　　b. 碰见合适的主儿没有？

（39）a. 我这话有没有冒犯你？（《一百个人的十年》）

　　　b. 我这话冒犯你了没有？

上述四例的b都是一个普通的问句，没有其相应的a问句那种特殊的表达效果。"有没有"问句这种特殊的表达效果，可能来自"有没有"疑问标记置于所询问动词之前的语法形式。

2.21.4　历史发展过程

我们认为"有没有＋VP"问句是在普通话内部产生的，一个重要的根据是该问句的出现是领有动词"有"正反问句在过去这两三百年演化的一个自然结果。

"没"的语法化过程大致为：10世纪之前它是一个普通动词，意为"沉没""缺乏"，之后发展成了领有动词"有"的反义词，但只能带一个名词宾语。直到16世纪以后"没有"才开始能够否定一个动词性短语。以下是最早的与之有关的例子。

（40）如今方下种，还没有发芽哩。（《喻世明言》第一卷）

（41）这一日还没上过钟酒儿。（《金瓶梅》第四十六回）

很显然，"有没有＋VP"问句只能产生在16世纪之后。

现在再来看"有"和"没有"做领有动词用的时候所构成的正反问句的格式的演变。做谓语中心动词用时，领有动词有以下几种正反问句格式：

（42）a. 你有工夫没有工夫？

　　　b. 你有工夫没有？

　　　c. 你有没有工夫？

这三种在现代汉语中共存的格式实际上是在不同时期发展出来的。我们对《水浒传》《儒林外史》《红楼梦》《儿女英雄传》《老残游记》等做了调查，发现20世纪之前只有以下两种形式：

一、有＋NP＋没有＋NP

（43）今儿不该我烧的班儿，有茶没茶别问我。（《红楼梦》第二十七回）

（44）这原不是什么争大争小的事，讲不到有脸没脸的话上。（《红楼梦》第五十五回）

二、有＋NP＋没有

（45）今日有事没有？（《红楼梦》第八十二回）

（46）问他的本家有人没有。（《红楼梦》第九十四回）

20世纪以前的文献中，没有见到"有没有＋NP"的问句。从20世纪初起，该问句才开始出现，并慢慢普及起来。例如：

（47）有没有一个转交的地方呢？（《金粉世家》）

（48）成都有没有外国人办的妇孺救济所，有没有教会的女修道院……

（《虹》）

（49）看有没有值得拾起来的烟头儿。（《骆驼祥子》）

至于"有没有＋NP"出现的动因我们尚不清楚。可是根据我们的粗略观察，初期的该类问句中的名词短语都是比较复杂的，一般有一个较长的修饰语，如以上三例所示。据此可以推测，宾语名词的复杂性可能是这类问句出现的一个动因。

"有没有＋NP"问句出现的时间跟"有没有＋VP"的大致相当。因为书面语反映口语总不是同步的，无法确切断定两者产生的具体时间。但是可以从使用范围上明显看出，"有没有＋NP"的出现和发展早于"有没有＋VP"。在20世纪初到中叶的作品中，"有没有"短语带名词宾语已广泛地应用，比如它在张恨水、茅盾、老舍等人的作品中已大量出现；然而后者仅在茅盾一人的作品中发现三例。根据太田辰夫（1987），后类问句是由于类比产生的。我们把类比的过程描写如下：

    a. 没有＋NP   a′. 没有＋VP
    b. 有没有＋NP   b′._____

即"有没有＋VP"的出现是补 b′ 位置上的缺。这种解释确实有一定的说服力。也就是说"有没有＋NP"正反问句形式的形成为"有没有＋VP"的出现提供了可能。这一点也可以从它们的发展顺序上得到支持。

类推的力量不仅仅来自"没有"和"有没有"之间，还有更广阔的汉语句法结构背景。如果谓语部分有助动词的话，最常见的正反问句格式为：（助动＋不＋助动）＋VP。例如：

（50）那你们认为我能不能当作家？

（51）你愿意不愿意跟我再谈一两天？

"没有"跟助动词在句法功能上具有相似性，它们皆位于中心谓语动词之前。也就是说，"有没有＋VP"正反问句与一般助动词所构成的正反问句在结构上相同，即它与业已存在的一个句式在结构上相容，这可能也是它出现和发展的另一个重要的原因。

从儿童语言习得的角度也可以看出，正反问句"有没有＋NP"的形成是"有没有＋VP"出现的一个关键。在前类问句里，"有没有"短语没有其他成分隔开，随着使用频率的提高，具有凝固成一个句法单位的倾向。在各类反复问句中，儿童习得"有没有＋VP"的时间最晚，大约在 3 岁。有学者指出，一方面孩子是把"有没有"当作一个整体标记来看，另一方面同"X 不 X"大量充当状语的发展是平行的。

我们还可以根据当代汉语的有关用法重构"有没有＋VP"问句产生的具体途径。由于历史资料的限制，我们无法确知该问句最初是怎样产生的。可是当代汉语的一些用法可以启发我们发现这一问题的答案。我们推测"有没有＋NP"问句是从以下连动式中发展来的：

（有没有＋NP）＋VP

在这里，"有没有"是一个动词短语，并带有名词宾语。有关的例子为：

（52）他听着有没有脚步声儿来。（《骆驼祥子》）

（53）有没有别人触过这瓶酒？（《天怒》）

在这种连动式里，如果因为某种原因，"有没有"所带的名词宾语省略或者提前，就得到一个"有没有＋VP"式。比如例（53）即为"有没有触过这瓶酒"。我们的确找到这种变化的用例：

（54）上次我们一块儿去骑马的人，有没有找过你？（《天怒》）

（55）先问有没有人找过我。（《天怒》）

例（54）是一个"有没有＋VP"问句，可以认为是从"有没有上次我们一块儿去骑马的人找过你"变换来的，"有没有"后名词宾语的提前，可能是由于该宾语的复杂性或者有定性的影响。这一点可以从与例（55）的对比中看出。"人"在这里是一个简单的、无定的名词，位于"有没有"之后做宾语。

2.21.5　产生的认知基础

从类型学的角度来看，正反问句"有没有＋VP"的出现还有其深刻的认知背景，反映了人类语言发展中的一个普遍现象。为了弄清这一点，让我们看一下"没有"在现代汉语中的语法作用。

"没有"不是一个单纯否定词，它是完成体标记"了"的否定标记，即"VP＋了"的否定式为"没有＋VP"。在应用上，"没有"和"了"从来不共现。"了"的主要语法意义为，一个行为发生在某一时间参照点之前，并且与该参照点仍具有关联性。"没有"正是该语法意义的否定，例如：

（56）我还没有吃饭呢，现在饿得慌。（参照点为"现在"）

（57）五岁那年我还没有上学呢。（参照点为"过去"）

（58）明年这个时候我还没有毕业呢。（参照点为"将来"）

汉语完成体的肯定式和否定式实际上是反映了人类语言的两个共性。根据对大量的语言做的调查，发现完成体标记主要有两个来源：

一、表示"完成"的普通动词，属于这一类的语言有 Jammu 和 Sango 等。

二、表示"领有"的普通动词，很多印欧语言属于此类，比如 English，Swedish，Spanish，Italian，French 等。

汉语的完成体显然是两种类型的混合：其肯定式属于第一种类型，其否定式属于第二种类型。下面讨论这个问题：为什么"领有"动词具有演化为完成体标记的倾向性？

从认知语言学的角度可以对这种现象做出合理的解释。领有动词的基本语义可以分解为两部分：在过去的某一时间占有某种东西，而且该东西在某一时间参照点仍具有一定的用途。比如说，"我有一辆车"这句话包含着两层意思，一是说在过去某一时间"我"获得了这辆车，二是这辆车到说话的时刻仍有其用途。领有动词的这两层意思与完成体标记的语法意义有着内在的对应关系：

领有动词	完成体标记
过去某时"拥有"	发生于过去某时的行为
具有现时用途	该行为与现时有关联性

这种语义上的内在联系是领有动词向完成体标记发展的普遍性的原因。

属于第二类的语言，不论其完成体的肯定式还是否定式都是以领有动词的肯定和否定表示的。比如，英语完成体的肯定式和否定式分别为

"have + V-ed" 和 "have not + V-ed"。汉语的许多南方方言也属于这种对称型的情况，如福州话、厦门话、潮州话、海丰话、莆田话等都是如此，它们的完成体的肯定式用 "有 + V"，否定式用 "无 + V"。汉语普通话完成体的表达形式的不对称性，是由历史原因形成的。早在 10 世纪，"了"就已经从一个表 "完成" 的普通动词语法化为一个体标记，开始的时候，它的否定式不固定，通常为 "不曾 / 未曾 + V"。直到 16 世纪，"没有 + VP" 才出现并逐渐发展成为专职的完成体的否定式，也就形成了普通话中的完成体的表达方式的不对称性。

新兴问句 "有没有 + VP" 的出现，可以认为是汉语普通话的完成体在正反问句这一特定语法环境中由不对称向对称转化。在这里，完成体的肯定式为 "有 + VP"，否定式为 "没有 + VP"。由于在一般陈述句中，"V + 了" 已经根深蒂固，而且使用频率极高，使得 "有 + V" 出现的可能性极小。但是，以正反问句作为一个突破口，在普通话中 "有 + V" 已经有了 "V + 了" 的功能。由于这类问句的出现有其深刻的认知根据，并且也是正反问句发展的自然结果，又与汉语的固有语法规则相容，它必然会继续发展。随着这类问句使用范围的扩大，"有 + VP" 有可能首先在该类问句的答语中作为突破口，从而在陈述句中也具有 "V + 了" 的功能。试设想，如果一个小孩经常听到 "你有没有吃饭" 之类的问话，那么最自然的答语应该是 "有吃饭"。如果在儿童语言习得的过程中出现了 "有 + V" 的说法，就有可能在某一代人中稳固下来，而成为完成体的另外一个变体。当然，这只是一种预测，未来的发展到底是怎么样，只有等待后人来验证了。

2.21.6　结语

本章通过大量的调查，确立 "有没有 + VP" 为汉语普通话中的一个新兴问句。它始见于 20 世纪初的文献中，在最近二三十年有了迅速的发展。它的出现不是偶然的，有其深刻的历史和认知背景。它是领有动词所构成的正反问句演化的自然结果，它的形式又与汉语固有的语法结构相融合。该类问句形成的一个动因是语法结构之间的类推。同时，该类结构的出现还有其深刻的认知背景，反映了人类语言的一个普遍现象，即表领有的动词具有向完成体发展的可能性。基于这些原因，该问句的存在具有其"合理性"，它将在汉语中继续发展。

上述现象的分析给我们一个启示，语法是一个开放的系统，会不断有新的现象产生。我们今天所使用的语法系统，是一个动态的、不断变化的体系，有的现象可能才刚刚萌芽，而有些正处于发展过程之中。新现象的出现往往不是偶然的，对其产生原因的探讨一定有助于我们对汉语语法系统的理解。

2.22　动宾和动补的混合构式

2.22.1　引言

　　构式语法理论的一个悬而未决的问题是，结构与语义匹配的类型到底有多少种，特别是其间的关系到底是什么。形式和意义之间的匹配关系是复杂的，不是一对一那样简单的关系。本章所讨论的现象如下例所示，做谓语的动宾结构"踢洞"之前还有该行为的另一个受事名词"门"。

他把门踢了一个洞。	——处置式
门被他踢了一个洞。	——被动式
门他踢了一个洞。	——话题结构
门踢了一个洞。	——受事被动句

上述现象也被称为"保留宾语"结构，即动词之后带一个名词宾语，谓语之前又出现一个受事名词。本章将论证，上述现象不属于任何特定的句型，既不是处置式的问题，也不是被动式或者其他句式的问题。汉语中存在一种兼具动宾和动补双重语法性质的构式，其形式是动宾关系，其语义关系则与普通的动补结构相同，即"动作＋结果"。这种语义关系允准增设一个受事论元，然而汉语有这样一个语法规则，在动宾结构之后不允许再带其他受事宾语，在这条语法规则限制下，这个新增设的受事论元必须以某种语法手段出现在谓语动词之前。

2.22.2　模糊子集与多值逻辑

新的科学思想的提出，往往会全面推动学术研究的进步。美国控制论专家加利福尼亚大学 Zadeh（1965）提出"模糊子集（fuzzy set）"这一概念，引起数学思想史上的一次深刻革命，受其影响出现了模糊数学、模糊逻辑等新的学科，并已在生物学、地理学、环境科学、控制论、人文科学等领域得到了广泛的运用。这一概念也颠覆了古希腊以来传统逻辑学的一条基本规则——排中律。这条逻辑规则要求，不允许出现这样的判断："X 既是 Y 又不是 Y。"然而现实世界则存在着大量的模糊不清的中间状态。数学中的普通集合来自传统逻辑的排中律，下面为普通集合与模糊集合的定义区别。

普通集合：在普通集合里，一个集合必须有明确的界限。对于一个集合，要么属于既定的集合，要么不属于既定的集合，二者必居其一。例如，$A = \{x : x^2 = 4\}$，那么，只有 +2，−2 属于这个集合，即 $+2 \in A$，$−2 \in A$，其他的数不属于 A。这就是说普通集合在逻辑上尊属排中律，在集合运算定律中有一条互余律：$A \cup \bar{A} = 1$，$A \cap \bar{A} = 0.$

模糊集合：模糊集合与普通集合的根本区别是，模糊集合的界限不明确，例如，秃头人的集合就是一个模糊集合，因为"秃头"概念的外延是模糊的，到底几根头发算秃头，没有一个明确的界限。Zadeh 是从一个对象属于某既定集合的程度——隶属度（$0 \leqslant$ 隶属度 $\leqslant 1$）来定义模糊集合的。对于模糊集合的隶属度可以在 $[0，1]$ 之间。

普通集合代表的是传统的二值逻辑，而模糊集合则代表的是多值逻辑，两者的区别可以用下图表示：

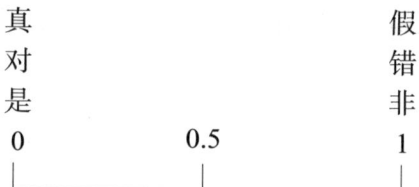

真　　　　　　　　　　　　　　　假
对　　　　　　　　　　　　　　　错
是　　　　　　　　　　　　　　　非
0　　　　　　0.5　　　　　　1

在传统逻辑里，对于一个既定判断，要么是真，要么是假；要么是对，要么是错；要么是是，要么是非：两者必居其一。一旦出现"模棱两可"的判断就被认为是犯了逻辑错误。然而根据模糊集合而建立的多值逻辑，则是可以在［0，1］之间取值，"1"代表"完全属于"，"0"代表"完全不属于"，"0.5"则代表"一半属于和一半不属于"，等等。

二值逻辑只能解释现实世界的一部分现象，因为现实世界还存在着大量模糊的中间状态。比如正常人的头发大约有 4 万根，但是找不到这么特定的一根头发，在它脱落之前是"非秃头"，脱落之后就变成了"秃头"，即从正常头发量到秃头是个程度问题。现实生活中，真正一根头发没有的人是极为罕见的，被归入"秃头"者的头发多少是不一样的，即它们隶属于"秃头"这一集合的隶属度是有差异的。现实世界的这种现象比比皆是，诸如晴天与阴天、好人与坏人等概念都属于模糊集合，同样，中间状态也是自然语言的普遍现象。

2.22.3　自然语言中的模糊现象

长期以来，语言学的研究自觉不自觉地受传统二值逻辑的束缚，总是想方设法给某种语言现象以确定的分类。与模糊集合相关的概念是"典型理论（prototypical theory）"，这已在语言学中得到了应用，尽管已经有学者以此来处理汉语的词类划分问题，然而这种思想尚未引起普遍的重视。典型化理论还是在一个集合内部观察现象，而模糊子集则是在不同集合之间探讨问题。

首先，名词和动词之间就存在着中间模糊状态。动词一般都可以受副词修饰，能加"了"等体标记，而名词一般都不可以。然而有一类蕴含时间循环或者时间顺序的名词，则具有动词的这些语法特征。例如：

今天已经元旦了。　　　　　都大人了，还跟小孩一般见识。

他已经大学二年级了。　　　你都教授了，连这个都不知道。

"元旦"背后蕴含着一年这个时间周期的变化，"大人"是从小孩来的，

"大学二年级"必须经过"大学一年级"这个时期,"教授"是从此前的较低职称晋升上来的。一般的动作行为都有时间性,在这一点上"元旦""大人"等名词与动词具有共性,所以它们才有动词的语法特征。也就是说,具有时间发展性质的共同语义特征决定了这些名词与动词的共同语法表现。

其次,汉语的形容词和动词之间也存在着很多中间状态,所以如何给这两类词划界是个长期困扰汉语学界的问题。有学者认为形容词的最典型特征是前面能够加"很",动词的典型特征是后面能够带宾语,给形容词和动词设立出以下两个区别标准:

凡是受"很"修饰而不带宾语的谓词是形容词。

凡不受"很"修饰或能带宾语的谓词是动词。

那么,如何处"怕、爱、喜欢、害怕、关心、赞成、怀疑、羡慕"等这些心理词语?它们既可以受程度词修饰,又可以带宾语。例如:

她很想爷爷奶奶。　　　　　　他很怕老师。

她非常关心别人。　　　　　　我十分赞成你的观点。

心理动词在同一个用例中具有动词和形容词双重属性,这与兼类词不同。兼类词指一个词具有两种或多种词类的用法,但是它们在同一个句子则只能表现出其中一种词类的语法特点。比如"丰富了我们的生活"中的"丰富"是动词,可以带宾语,但是这里不能为程度词修饰;而"我们的生活很丰富"中的"丰富"是形容词,可以受程度词修饰,但不能再带宾语。"丰富"这种词属于兼类词,不是同时具有动词和形容词的双重性,这与心理动词不同。

根据目前有关论著所设立的标准,就是想方设法对每个词做出明确的分类,按照这些标准,"想""怕"等是动词。其实,这是语言学家给词的人为分类,而语言自身则客观存在着位于动词和形容词之间的中间模糊现象。从多值逻辑的角度看,客观上存在着动词和形容词的混合词类,可以说它们对于动词和形容词的隶属度都是 0.5。然而在二值逻辑思维方式的束缚下,人们强行把它们归入某个词类,造成扭曲语言现象的结果。

这样就自然引出一个问题,有没有像心理动词那样的语法结构,它们兼有两种不同语法结构的性质？回答是肯定的。下面就来讨论由动补和动宾构成的混合构式。

2.22.4　动宾结构和动补结构的语法性质

动宾结构和动补结构是汉语的两种基本语法构式。跟其他语言相比，汉语的动宾搭配的语义关系特别丰富，比如有动作和其作用对象的（打篮球）、动作和工具（吃大碗）、动作和依赖对象（吃父母）、动作和结果（挖坑）、动作和原因（恢复疲劳）等。这种语义关系是个开放类，很难穷尽它们的类型。同时，汉语语法存在这么一条规则，整个动宾结构不允许再带其他名词宾语[①]，这一点可以从动宾复合动词上明显看出来。为了便于理解，来与英语做个简单对比。下面用例中的这些动词的概念义是及物性质的，本来可以带一个受事名词宾语，因为其内部构词是动宾结构，受汉语语法规则的限制，这个受事成分只能以别的方式出现，要么以第二个语素的定语形式出现，要么在谓语之前用一个介词引入。

我帮过王老师的忙。	*我帮忙王老师。	I helped Teacher Wang.
约翰跟玛丽结婚了。	*约翰结婚玛丽。	John married Mary.
我跟王老师见了面。	*我见了面王老师。	I met Teacher Wang.
我要与李经理通个话。	*我要通话李经理。	I want to call Manager Li.

"帮忙"在意义上涉及一个受事，然而因为构词上的限制，这个受事不能直接出现其后做宾语（*帮忙王老师），汉语就采用两种迂回的办法引入这个受事：一是做名词语素"忙"定语，如"我帮王老师的忙"；二是用介词"给"在谓语之前引入，如"我给王老师帮忙"。而英语相应的动词 help 等都是单纯词，简单在其后加上受事宾语就行了，例如：I helped John.

动补结构的典型意义是某种动作导致某人或某物有某种结果，往往涉及人或物的某种变化，整个构式具有致使意义（causative）。因此，该结构的整体功能相当于一个及物动词，可以带上一个受事宾语。注意，这个宾

---

① 双宾结构属于特殊情况，其层次关系本章不做深入讨论。

语不是动词单独赋予的，而是整个动补短语所允准的。先看英语中的类似现象，其动补结构可以带上一个附加宾语，因此一些原本为不及物的动词如果用于动补结构，其后就可以有宾语出现。例如：

He cried himself asleep.

The hammer pounded us deaf.

The alarm clock ticked the baby awake.

Frank sneezed the tissue off the table.

上例中 cry 是不及物动词，本来是不能带宾语的，但是在与 asleep 组成动补结构后就可以带上宾语 himself，这里的宾语出现于动词和补语之间。英语还存在另一种现象，动词虽然是及物的，但是不直接支配所带的宾语，如上例的 us 并不是 pound（敲打）的宾语，而是整个动补结构"pound…deaf"所带的宾语。

汉语动补结构也具有跟英语一样的平行现象。可是与英语相比，汉语动补结构的使用范围要广得多，出现频率也高得多。汉语动补结构带宾语具有高度的规律性，如果补语指的是施事主语的状况，一般不能再带宾语，比如不说"*他吃胖了烤鸭"，因为补语"胖"指的是施事主语"他"的属性。可是如果补语指的是受事的状况，动补短语就可以带各种受事名词做宾语，这可以分为以下三种具体情况：

一、动词为及物的，动作行为直接作用于受事。补语为不及物动词或者形容词，一般不能直接跟宾语单独搭配。例如：

打碎了一个杯子。　　　　　　洗净了一件衣服。

吃光了苹果。　　　　　　　　修好了电脑。

二、动词为及物的，但是动作行为不直接作用于受事。补语为不及物动词或者形容词，一般不能跟宾语单独搭配。例如：

吃坏了肚子。　　　　　　　　喝穷了一家子。

看花了眼睛。　　　　　　　　说破了嘴。

三、动词为不及物的，补语也是不及物性质的，两者都不能单独与宾语搭配。例如：

哭肿了眼睛。　　　　　　　哭湿了枕头。

笑疼了肚子。　　　　　　　走坏了一双鞋。

上述第二、三类用法，只能理解为整个动补短语带宾语。其实，第一类用法也可以做这样的分析，即"一个杯子"是"打碎"整个动补短语的宾语，虽然"打"和"杯子"之间存在动作和受事的关系。

我们在汉语中确立出一种特殊的动补结构，动词表达普通的行为动作，补语则是数量名词短语，表达因为某种动作行为而导致有关人物失去某种东西或遭遇某种事情。例如：

这顿饭吃了我八百块钱。　　这辆车修了我一个月工资。

这封信写了我一个晚上。　　那把椅子坐了我一屁股水。

这道题做了我三个小时。　　那只蚊子叮了我一个包。

小王高我一个头。　　　　　小王多我一把椅子。

上述用例的谓语中心与数量补语构成一个有机的整体，两者缺一不可，去掉补语后句子就不成立了，比如不能说"*这段饭吃了我""*这封信写了我""*小王高我"等。这与普通动补结构带宾语的情况是平行的，比如"哭湿枕头""笑疼肚子"等都不能去掉补语而成立。

上述现象很好地说明语义与语法的相互作用问题。语义上要求某个成分出现，而语法形式又排斥这个成分，在这两种相互矛盾的力量作用下，语言就采用某种迂回的办法来引入有关成分。

2.22.5　动补结构和动宾结构的混合构式

所谓的动补结构和动宾结构混合构式，是指这样一种语言现象：其语法形式是动宾结构，然而其语义关系则是动补组合。这可以用下述形式来刻画：

语法形式：VP ＋ NP　＞VP$_{行为}$＋ NP$_{结果}$

语义关系：行为＋结果

这里的"结果"应该从广义上去理解，包括形状、位置、外观、类属、组成部分等方面的变化。

就动补结构所表达的语义内容来看，动作和其作用的对象分两种情况：一种是相对完整自足的事件，一般不涉及第三个事物，比如"吃苹果""看小说""打篮球"等；另一种是必须涉及第三个事物，比如"打洞""挖坑""浇水"等，它们必然影响到另一个事物。

上面讲到，动补结构的整个构式表达"致使义"，意义上相当于一个及物动词，可以带一个受事论元。那么对于"VP$_{行为}$＋NP$_{结果}$"这种构式而言，它的语法形式属于动宾结构，按照汉语语法规则，其后不能再带其他受事宾语；然而它的语义结构则属于动补结构，允准一个受事论元。那么，汉语就采用其他语法手段来安排这个受事论元，因为语用表达上的差别而选择不同的具体句型，但是有一点是共同的，它们都必须出现在谓语之前。

这种动宾与动补所组成的混合构式与普通动补带宾语构式之间具有平行变换关系。"她哭湿了枕头"可以根据语用需要分别变换为处置式（例如"她把枕头哭湿了"）、被动式（例如"枕头被她哭湿了"）、话题结构（例如"枕头她哭湿了"）、受事主语句（例如"枕头哭湿了"）等。因为"哭湿"之后没有其他名词宾语，所以可以直接带"枕头"做宾语。同样，"VP$_{行为}$＋NP$_{结果}$"混同构式所允准的受事名词可出现在所有这几种句型。

一、处置式。"把"字句只是安排混合构式所允准的受事名词的众多方式之一，这种构式蕴含着强烈的及物性，即对相关受事具有很强的处置意义，所以"把"字句是常见句型。然而必须认识清楚，这个受事名词既不是所谓的轻动词"把"赋予的，也不是谓语补语的"轻成分"赋予的，而是由整个混合构式所赋予的。

把杂志翻了几页。　　　　　把衣服脱了一件。

把公鸡拔了毛。　　　　　　把他免了职。

把指头擦破了一点儿皮。　　把他当作自己人。

把事情的经过写了一篇报道。把衣服改了个样儿。

把纸揉成一团。　　　　　　把钢笔还你。

把这件事告诉他。　　　　　把门上了锁。

把炉子生上了火。　　　　　　　把瓶里装满了水。

把伤口涂点红药水。　　　　　　把书签了名。

二、被动式。所允准的受事名词可以用作句子的主语，有关的施事则用被动标记"被""叫""让"等引出。被动句强调的是受事名词作为谈话对象的地位，同时也相对减弱了其被处置的意味。

小鸡被黄鼠狼叼去了一只。　　　我被他吃了一个"车"。

窗台被工人们刷了绿漆。　　　　窗户被大风吹坏了一扇。

衣服被树枝刮破了一个口子。　　地上被人泼了一摊水。

手指叫刀子划破了皮。　　　　　三张票叫他拿走了两张。

屋里叫你搞成什么样儿了！　　　窗口叫大树挡住了阳光。

三、话题结构。当去掉被动标记后，上述句式就转化为话题结构。话题结构是一种有标记的结构，只能用于句子层面，不能进入句子做定语从句等。而被动句则是一种无标记的结构，可以用于句子和从句这两种层面。

杂志他翻了几页。　　　　　　　衣服他脱了一件。

衣服我改个样子。　　　　　　　这件事我告诉他。

门我已经上了锁。　　　　　　　书我已经签了名。

炉子他生上了火。　　　　　　　瓶子他装满了水。

苹果他吃了一个。　　　　　　　毛线他织了毛衣。

青椒妈妈炒了肉。　　　　　　　面他揉了馒头。

钢笔我还你。　　　　　　　　　钱我给老王。

四、受事主语句。有学者指出，与"把"字句关系最密切的是受事主语句，绝大多数的"把"字句都可以去掉"把"而成立，例如：把衣服都洗干净了＞衣服都洗干净了。注意，这些"把"字句的谓语都是不带宾语的动补结构。上述谓语为"VP$_{行为}$＋NP$_{结果}$"的"把"字句也都可以做同样的变换，进一步证明这种动宾结构与普通的动补结构是一样的。

到底采用哪种方式来安排"VP$_{行为}$＋NP$_{结果}$"允准的另一个受事名词，取决于各种语用因素，诸如有定性、话题化等都起着作用。关于这个问题，本章不做深入探讨，将另文讨论。

2.22.6　混合构式的语义组合类型

上面分析了如何安排混合构式所允准的受事名词的结构类型，现在来看混同构式的语义类型。一个动宾结构是否具有"行为＋结果"的语义关系，既不取决于动词，也不取决于名词，而是取决于它们之间的语义关系。从这个角度可以更全面地认识这种混合构式的性质。

一、所谓的"领属关系"或者"整体与部分的关系"

这是从两个受事名词的语义关系来观察的，指的是这种用例："把公鸡拔了毛""把橘子剥了皮"等。然而这只是表面的观察，并没抓住问题的实质。如果换为其他动词，句子就不成立了，比如不能说"*把公鸡看了毛""*把橘子画了皮"等。虽然"看公鸡毛""画橘子皮"是合乎语法的，它们之所以不能用于"把"字句，就是因为"看毛""画皮"等行为不会对"公鸡"或者"橘子"造成任何结果。可见有关用法合不合语法，取决于动词和名词之间的关系，而不是两个受事名词（即所谓的 NP_1 和 NP_2）之间的所谓"领属"语义关系。

换个角度来看，"把"可以引入领有关系的偏正名词短语，其中很多都不能变换为混合句式。例如：

把这屋子的古玩都卖了。	*把这屋子都卖了古玩。
你把我的名字忘了！	*把我忘了名字。
把山上的人都杀了。	*把山上都杀了人。
把严嵩的古玩摔了。	*把严嵩摔了古玩。

上述右栏的例子之所以不能说，是因为谓语的动宾短语并不给"把"后受事带来任何结果。在物理上，"卖古玩"不影响"屋子"，"忘名字"不影响"我"，"杀人"不影响"山上"，"摔古玩"不影响"严嵩"。

二、结果的语义类型

混合构式的合法性在于，"$VP_{行为}$ ＋ $NP_{结果}$"给谓语前的名词受事所指事物造成某种结果。这种结果可以是多种多样的，包括部件丧失、位置移动、外观改变、状态变化、数量增减、动量作用等，而且这种语义分类并不是绝对的，有些结果可以兼有多种特征。下面是主要的一些类型。

窗户被大风吹坏了一扇。	——部件丧失
爸爸被急病夺去了生命。	——部件丧失
把房顶又盖了一个小屋。	——部件增加
把门上加了一把锁。	——部件增加
把苹果吃了三个。	——数量减少
把衣服脱了一件。	——数量减少
把书还了图书馆。	——位置移动
把歌词用这儿。	——位置变动
把壁炉生了火。	——状态改变
把小偷绑了两只手。	——状态改变
把那件事写了一篇报道。	——状态改变
把篱笆涂了红漆。	——状态改变
窗户叫大树挡住了阳光。	——状态改变
把那本书翻了三页。	——动量作用

三、双宾结构的受事名词前移限制

双宾结构的情况很典型，值得单独拿出来谈一谈。如果直接宾语是有定的，则可以用"把"字句或者话题结构提到谓语之前，然而间接宾语则不可以。道理很明显，在物体传递事件中，只有直接宾语所代表的物体涉及物理变化（即位置改变），而表达受益者的间接宾语则不受事件影响。

还你钢笔。	把钢笔还你。	*把你还钢笔。
给我们车。	把车给我们。	*把我们给车。
送老师礼物。	把礼物送老师。	*把老师送礼物。
告诉他这件事。	把这件事告诉他。	*把他告诉这件事。
通知他们这个消息。	把这个消息通知他们。	*把他们通知这个消息。

上述变换告诉我们，双宾结构的层次关系应该是：$[(V+O_1)+O_2]$。也就是说，动词与间接宾语先构成一个结构体，然后再带上直接宾语。

从语义上看，传统上所说的间接宾语与动词的关系更密切，它们蕴含着第三个事物的位移，所以赋予一个受事论元。汉语双宾结构的特殊地方在于，这个受事论元既可以在"V + O₁"之后出现，也可以在谓语之前出现。这个问题值得进一步探讨。

四、主观化的结果状态

还有一种结果状态是属于主观范畴的，不涉及真实世界的物理性质改变。这种动宾组合也可以允准第三个受事论元。例如：

把他当自己人。　　　　　　　把背包当雨伞。

把怪诞当时髦。　　　　　　　把师傅叫老师。

2.22.7　混合构式确立的语言学意义

本章所讨论的现象，不同的学派的学者从不同的角度给出了解释。我们不准备对各个学者的具体观点的得失做详细的评论。形式主义语言学的研究，主要有两种思路：一种是设定一个深层结构，然后给出一个派生的过程；另一种则是设想谓语中有一个"轻动词"，是这个"轻动词"增设出一个受事论元。不论是哪一种思路，其主观臆猜性都很高，缺乏独立的证据来支持，所以很难令人信服。

需要说明的一点是，生成语法学者有一种观点似乎与我们的相似，然而存在着本质的不同。该学派的学者认为，谓语之前受事名词（NP1）是动宾结构共带的宾语，即"他把橘子剥了皮"例子中，"橘子"是"剥皮"的宾语。这是把语义角色和句法成分混为一谈。"受事"是语义角色，"宾语"是句子成分，两者不是一回事，不能混为一谈，比如"橘子他剥了皮"中的"橘子"是话题或者主语，而不是宾语。正是因为动宾结构不能再带宾语，才会出现有关受事名词前置而导致的各种语法格式。关键是，这些学者也没有找出动宾结构赋予受事论元的条件，绝大多数的动宾结构是不能增设受事论元的。

"轻动词"说是把谓语之前的受事论元归结为动词后的补语。有人假定有关的结构都有一个隐性的结果补语，就是所谓的"轻成分"，语义内容相当于"人"或"成"，是这个隐性成分赋予了谓语之前的受事论元。而其他学者则认为所有的"把"字句都有一个完结语义特征，决定是否出现受事名词。这两种假设都与语言事实相违背。首先，不管是隐性的结果补语还是显性的结果补语，都不是所谓的"保留宾语"句式的使用条件。有的学者认为"把"字句的谓语都蕴含一个"完成义"，那么按照逻辑，所有的"把"字句都应该具有所谓的"保留宾语"的现象，而事实上绝大部分"把"字句都不能这样用。更重要的是，所谓的"保留宾语"现象远不限于"把"字句，它可以应用于各种句式，这些"把"字句的"轻动词"假设是无法解释的。

　　根据科学研究的简单化原则，有理由相信我们的分析更接近真理。混合构式假设不仅证据直观而便于验证，而且还可以给各种表面上看起来极不相同的现象做出简单一致的解释，其优越性可以概括为以下几点。

　　一、人类语言的普遍性。在包括英语在内的其他语言中，动补结构的整体构式具有及物性质，可以允准一个受事论元。

　　二、普通的动补结构带宾语。普通的动补短语，不论其动词是及物的还是不及物的，只要与补语构成"动作＋结果"的语义关系，而且这个结果所指的是受事的状态，都可以自由地带上这个受事名词做宾语。例如："打碎杯子""笑疼肚子""哭湿枕头"等。

　　三、"VP$_{行为}$＋NP$_{数量结果}$"构式。这类动补构式表示动作行为导致某人失去某种数量的东西，因为其补语是复杂的数量名词短语，所以有关受事名词只能出现在动词和补语之间。例如："这顿饭吃了我八百块钱""那辆车修了我一个月工资""那封信写了我一个晚上"等。

　　四、"VP$_{行为}$＋NP$_{结果}$"混合构式。这种构式具有动补和动宾的双重语法性质，其语义关系属于动补类，允准一个受事论元；其语法结构属于动宾类，其后排斥其他受事宾语。在这双重因素的作用下，就出现了本章所讨论的现象。

　　五、混合构式与句型变换。混合构式不属于任何特定的句型，由于受各种语用因素的制约，增设的受事论元可以采用"把"字句、被动句、话题句、受事主语句等各种句型来安排。也就是说，本章的解释适用于各种句型中的有关现象，既简单又和谐。这几种句型的语用功能不同，但是有一点是共同的，谓语之前的受事名词不能出现在动宾短语之后做宾语。例如：

他把篮球扎了一个洞。   *他扎了一个洞篮球。

篮球被他扎了一个洞。   *被他扎了一个洞篮球。

篮球他扎了一个洞。   *他扎了一个洞篮球。

篮球扎了一个洞。   *扎了一个洞篮球。

六、复合词和惯用法的规律性。前文已经指出，"帮忙""结婚"等复合动词之所以不能带宾语，是汉语的语法规律作用的结果，即动宾结构之后排斥其他受事宾语。这个规律还可以解释那些位于复合词和动宾短语之间的惯用法，它们介于词与短语之间，所表达的意义是一个整体，很难分出动作和结果，然而因为其内部结构是"V＋O"，其后不能再带受事宾语，所以有关受事名词则只能移前。也就是说，这些毫不相关的现象，实际上是在同一语法规律作用下的不同结果。

我是把诸位绑了票了。   *土匪绑票诸位。

就把他免了职。   *老板免职他。

这话被你打了折扣了吧。   *他们打折扣这话。

他被歹徒下了毒手。   *歹徒下毒手他。

2.22.8　结语

新的思想方法有助于发现新的语言现象。本章根据模糊子集的概念，在汉语中确立出由动补和动宾构成的混合构式，从词类到语法结构都存在着中间状态。本章所确立的混合句式，其对于动补结构的隶属度可以看作0.5，其对于动宾结构的隶属度也可以是0.5。这种混合构式的语义结构是"动作＋结果"，属于动补结构，赋予一个受事论元。可是，这种混合结构的语法构造是"V＋O"，属于动宾结构，其后排斥其他受事宾语出现。在语义和形式这两种力量的相互作用下，那个被赋予的受事论元就只能以某种形式出现在谓语之前。

一种语法意义可以有多种形式来表达，如"行为＋结果"可以用动补和动宾来表达。与此同时，一种语法形式可以表示多种语法意义，比如动宾结构既可以表示"行为—作用的对象"，又可以表示"行为—结果"。

本章所讨论的现象是一个很好的例证，说明语义和语法之间的相互作用关系。本章的分析证据直接可靠，结论简单显豁，而且对各种表面上看起来不相关的现象做出简单一致的解释。

第三编
标记与词类

3.1　重叠形态

3.1.1　引言

通常把"妈妈""看看""个个""清清楚楚"等都看作重叠，其实它们属于性质完全不同的两类词汇形式。从意义上看，一类是叠前和叠后没有什么两样的，如"妈"和"妈妈"都是指同一类对象；另一类是基式和重叠式的表义有着明显的不同，比如"看"只指示一个单纯的行为，而"看看"除代表一个行为范畴以外，还表示一个短时量的意义。又如，"个"只是一个单纯的量词，而"个个"则是对某一特定范围全体成员的遍指。还有，从语法功能的角度来看，"妈"和"妈妈"完全一样，而"看"和"看看"则很不一样，比如"看"可以加"的"而名词化，而"看看"则不行。更有意思的是，基式量词可以自由地出现在主宾两种位置上，而其重叠式则只能用于谓语中心动词之前，甚至两类重叠式的语音形式也不完全一样。大家知道，两个三声字连用时，第一个变阳平，第二个保持本调。但是这不适用于叠前和叠后的意义和功能完全一样的重叠式，比如"奶奶""姐姐"就不遵守三声变调的规律，它们的第一个词仍是三声，第二个词读半上声。只有意义和功能与基式不一样的重叠式，才遵守三声变调的规律，比如"想想""写写""管管"等。根据上面的简单分析，我们有充分的理由确立汉语中有两类性质完全不同的重叠：一是构词重叠，即叠前和叠后的意义和功能都一样的那一类，诸如"妈妈""姐姐"等；二是形态重叠，基式和重叠式的意义和功能都有明确的差异，"看看""个个"等属于此类。本章只讨论形态重叠，下文的"重叠"都是指的这一类。

重叠是汉语各个词类共有的一种形态变化，名词、量词、动词、副词、形容词等都可以重叠。然而，迄今为止关于重叠的研究方法，在某种程度上妨碍对重叠现象的全面、系统的认识。如前所述，有关研究的第一个缺陷是，把两类性质完全不同的现象混在一起，这样就无法看清形态重叠的真正功用。研究的第二个缺陷是，注意力大都放在某一单一的词类，最多是两个相近词类的比较（如动词和形容词），很少有人关心像动词和名词这些句法功能表面上看来相差甚远的词类的重叠式之间有什么共性。本章的分析方法之一就是打破这些词类之间的限制，探求重叠在各个词类中表现出来的共性，同时将全面论证重叠式在汉语形态系统中的地位。

3.1.2　重叠式的语法意义——定量化

定量化是词语通过某种语法手段赋予其概念义以数量特征。换句话说，被定量的词语除表达概念义外，还表示该概念的数量、范围、程度、级别等。不论是哪个词类，基式通常都是中性量的，然而相应的重叠式都是定量的。定量的结果又可细分为两类：

一、对于体词，重叠式是对某一特定范围的所有成员的遍指，比如"人人"是表示所指范围里的所有成员。

二、对于量词，重叠式是确立某一量级，如"看看""听听"是表示有关短时量的量级。

这种差异是由不同的基式的概念所拥有的不同数量特征决定的，下文我们将进一步讨论名词、动词和形容词所代表的不同类型的数量特征。在我们看来，重叠式只有一个，其功用是使基式定量化，由于不同类型概念有不同的数量特征，定量的结果会有或大或小的差异。下面我们分别讨论重叠对各类词的定量化作用。

名词或者量词的重叠式是表示遍指，指示在特定范围里的全部成员。例如：

（1）a. 人人都知道这件事。

　　　b. 家家都买了汽车。

c. 棵棵都挂了果。

　　d. 句句都说到我心窝里。

可重叠的名词大都兼有临时量词的作用，如"车、桶、碗"等，典型的名词可重叠的非常有限，只有"人"等少数几个才可以。汉语中存在名词和量词两种系统的事实，反映了汉民族在认识客观世界的过程中，概念类型的划分和数量特征的概括是相分离的两个认知活动。这种事物范畴化的分离性使汉语具有一系列独特的语法特征。

　　动词和形容词的重叠给其基式确立出一个量级。对于形容词，重叠式确立一个程度。注意，这个程度是一个具有伸缩性的模糊量，有时表示一个很高的量，比如"写得大大的""挂得高高的"，而有时似乎是一个比较弱的量，比如"大大的眼睛""短短的头发"。这种程度差别是由句法位置决定的。大致说来，在定语和谓语两种位置上表示轻微的程度，在状语和补语的位置上表示很高的程度。对于动词，重叠一般都表示一个较弱的量级，即时量短，或者动量小。两类谓词的定量化，都可以借助某种形式标准加以鉴定。从逻辑上讲，一个确定的量级就不能或者无需再用其他语法手段加以定量化，因为它的量是固定的。具体表象为，重叠式动词不能再加动量词，其宾语也不能再用数量词限定，如例（2）；同理，重叠式形容词也不能再被程度词修饰而划分出新的量级。

　　（2）a. 他看了看书。

　　　　b.* 他看了看两遍。

　　　　c.* 他看了看三本书。

　　（3）a. 他的衣服干干净净的。

　　　　b.* 他的衣服很干干净净的。

　　　　c.* 他的衣服十分干干净净的。

　　可重叠的副词只有有限的几个，其重叠式的定量特性不太容易看出来。比如"刚"和"刚刚"好像是同一个词的两个语音形式，可是它们语义上还是有细微的差别，"刚刚去"比"刚去"似乎更强调离开的时间短。从形式上看，"刚"还可以用"才"加强其程度，如"他才刚去"，而"刚刚"

则没此用法，比如不大能说"? 他才刚刚去"。更重要的是，"刚"所构成的动词短语还可以跟动量词或者时间词，"刚刚"则不行，如例（4）所示。由此可见，"刚刚"还具有定量的性质。另外一对副词"常"和"常常"也有平行的现象，"常常"比"常"更强调动作重复的次数多。两者的差别也有个明确的形式标准加以裁定，比如"常"可以用程度词修饰，"常常"则不能，由此可见，"常常"也是已经被定量化了。

（4）a. 我刚来了一会儿。

b.* 我刚刚来了一会儿。

c. 他刚走了两个钟头你就回来了。

d.* 他刚刚走了两个钟头你就回来了。

（5）a. 他最常去那里。

b.* 他最常常去那里。

注意，还有一部分重叠副词属于构词重叠，没有相应的基式，比如"悄悄、渐渐、稍稍"等。

3.1.3 重叠的语义和音节限制

3.1.3.1 重叠的语义限制

还有一个重要的事实是，并不是每一词类里的所有成员都可以重叠，可重叠的往往是每一类成员的一部分。更值得思考的一个问题是，同样一个词在某种句法环境中可以重叠，但是换到别的地方则不行。这里最重要的一个原因是重叠受语义和音节两个方面的限制。

重叠是有范围限制的。从大的方面讲，介词、连词、代词、助词等整个词类都不能重叠。在可重叠的词类中，也不是其中每个成员都可以重叠。重叠的功用既然是使基式的概念义定量化，那么就要求可重叠的词语必须是一个中性量。自然语言中的相当大一部分词在其概念化的过程中已经被赋予了数量特征，即其固有的词汇意义已经含有定量的意义，这类词都不能再通过某种语法手段定量化。我们有很多形式化的标准鉴定一个词是否代表一个定量化的概念。对于量词或者名词，如果不能自由地被数词修饰，所能搭配的只限于一个或者少数几个数字，这表明它们是定量的，因此就不能再有重叠式。比如,能修饰量词"码"的数字只限于"一"或者"两"，比如可以说"这是一 / 两码事"，但是不说"* 这是三码事"，这表明其语义已经是定量的，所以不能再通过重叠而定量化：* 码码事。又如"阵"做风、雨的量词时，数字只限于"一"，所以也没有重叠式。虽然有"阵阵掌声"的说法，但是这里的"阵阵"与普通的量词重叠式是不同的，不是表示周遍性，而是指"一阵又一阵"，可见它不属于我们所说的形态重叠现象。

对于动词，凡对其后成分（宾语或者数量词）有特殊数量要求的词，都不能重叠。这又可以细分为两种情况：一是其后必须有一个数量成分；二是其后不能有任何数量成分。第一种情况的例子如"白"，当其用作动词当"用白眼珠看人,表示轻视或不满"讲时，其后必须跟一个数量词"一眼"，既不能说"* 我白了他"，又不能说"* 我白了他三眼"。因此，动词"白"一般不能重叠。第二种情况的例子如"看"作"小心"讲时的用法，其后的名词不能再用任何数量词修饰，比如可说"看汽车"，但不说"* 看两辆汽车"，因此该义项的"看"就没有相应的动词重叠式。

形容词的情况比较简单。凡是不能用程度词修饰的形容词，表明其概念义已经代表一个固定量级，所以也都不能重叠。比如所有的区别词都不能被程度词修饰，也都不能重叠，如"男、女、正、副、单、双、彩色、黑白、急性、慢性、长期、短期"等都是如此。有一类词似乎是例外，比如"笔直、碧绿、鲜红"等都不能用程度词修饰，但可以采用 ABAB 重叠式，"那条马路笔直笔直的"。它们与可用程度词修饰的双音节形容词在重叠方式上形成了鲜明的对立，比如"干净、漂亮、轻松"等的形容词重叠式都只能是 AABB。ABAB 是典型的双音节动词的重叠式，因此"干净"等一旦采用了这种重叠式，就转化为动词性的了，比如说"让我也干净干净这一回"。可是"笔直"类形容词采用了 ABAB 式时仍是形容词，从语义上看，这类词叠前和叠后都表示一个极高量，程度上没有什么差异，因此这类现象宜看作是修辞重复，意在加强表达效果，也就是说，它们跟形态重叠的性质不一样。

能重叠的副词只是少数，大部分都不能重叠，比如"都、也、全、才、却"等都没有相应的重叠式。可重叠的副词，其基式大都可以用其他词语划分出量级，比如"最常→常常，才刚→刚刚，很偏→偏偏"等等。

3.1.3.2　重叠的音节数目限制

上述所讨论的语义特征只是重叠的必要条件，而不是充分条件。也就是说，凡是不满足重叠语义条件限制的词（即数量特征不是中性的）都不能被重叠，但是满足这一条件限制的词还可能受别的条件限制而没有重叠式。比如重叠对基式的音节数目也有明确的限制。

可重叠的名词或者量词的基式音节数限于一个，任何复音节词都不能重叠表遍指。例如：

（6）a. 年→年年　　月→月月　　天→天天　　星期→* 星期星期

　　　b. 碗→碗碗　　桶→桶桶　　车→车车　　口袋→* 口袋口袋

例（6）a 组的词都是表示时间的，从语义上推测，"星期"也应该是可以重叠的，但是它不符合名词重叠的音节限制，所以不能重叠表示遍指。同样的道理，例（6）b 组中的双音节"口袋"也没有相应的重叠式。

跟名词的音节数目限制不同，可重叠的动词和形容词的基式的最多音节数为二。多于两个音节的动词或形容词的数目很有限，它们也都没有重叠式，比如"稀拉松、斜不拉、傻了呱唧"。

能重叠是汉语的一种典型形态，因为它在很多方面都与屈折语言的形态相似。在具有形态变化的语言里，形态对一个词音节的数目也是很敏感的。比如英语的比较级有两种表示方法：形态法和词汇法，形态只限于单音节的形容词，例如 rich → richer → richest；如果形容词是两个或者两个以上的音节时，就只能采用词汇手段表示比较，比如 beautiful → more beautiful → most beautiful。汉语的情况也很类似，尽管"星期、口袋"等双音节词不能通过重叠形态表示遍指，但是可以通过加"每"等词汇手段表达相同的遍指意义。在这里，相同的语法意义，究竟采用语法手段（形态）还是词汇手段，都是由基式的音节数目决定的。这种现象是很自然的，因为所谓的形态就是借助于某种特定的语音形式来表达某种语法意义，那么形态的语音形式就可能与基式的语音形式发生相互制约关系。

3.1.4　重叠对词类句法功能的确立

重叠使基式的概念义定量化，定量化又进而引起词语语法功能的确定化。句法功能的确立包含两层意思：一是词类的确定，一个词一旦重叠，就不能转化为其他词类；二是句法位置的固定，跟其基式相比，重叠式只能出现在少数几个句法位置上。

重叠确立词语句法功能的作用再一次表明它是汉语的一种稳固的形态范畴，因为它与屈折语言的形态具有平行的特征。比如英语 work（工作）这个概念，无加任何形态之前，可以做名词，也可以加 -able 成为形容词，还可以加 -ing 做动名词，但是一旦加了单数第三人称现在时标记 -s，它就只能做动词用。一个概念往往可以在多个认知空间进行诠释，在不同的认知空间诠释的结果就是不同的词类。形态变化的一个主要功能就是确立概念做某一词类的身份。

部分量词可兼做名词和动词，但是重叠以后就只能做量词，比如"套套、捆捆、卷卷、滴滴"等表遍指时只能是量词。一旦用作动词，它们的语法意义也随之变化，比如"套套"只能表示时量短或者动量小，不再具有表遍指的功能。最突出的一点是，基式可以出现在主、宾语两种位置上，而其重叠式则限制在主语一个位置上。例如：

（7）a. 人都看见了。　　看见人了。

　　　b. 人人都看见了。　　*看见人人了。

一个相关的重要现象是，语义上完全等值的一组词，其句法功能却大相径庭。"人人"、"每一个人"和"所有人"三个词语，都是对某一范围所有人的遍指，但是采用形态手段的"人人"限制在主语的位置上，而用词汇手段的另外两个短语可自由出现于主、宾语两种位置上。例如：

（8）a. 他已通知了所有的人。

　　b. 所有的人他都通知了。

　　c.* 他通知了人人。

　　d. 人人他都通知到了。

例（8）a 的"人人"出现于主要谓语动词之前是强制性的。有一点我们尚不清楚，为什么同样的语义值，形态表达式的功能有别于相应的词汇表达式，还有为什么移位的方向一定是从主要谓语动词之后移到之前。

　　上面讨论的是名词和量词重叠式位移的强制性，动量词也有同样的现象。基式动量词可以自由地出现在动词前后两种位置，而相应的重叠式则只能出现在动词前边。例如：

（9）a. 她三次都去了。　　她都去了三次了。

　　b. 她次次都去了。　　* 她都去了次次。

注意，动量词重叠式还可以出现在主语之前，比如"次次她都去了"。

　　名量词重叠式还有更细的限制：它们不仅不能出现在动词宾语位置上，也不能出现在介词宾语的位置上。例如：

（10）a. 他把每间屋子都打扫了一遍。

　　b.* 他把间间屋子都打扫了一遍。

　　c. 她在每本书上都签了名字。

　　d.* 她在本本书上都签了名字。

　　由此可见，名量词和动量词在重叠上是一致的，不仅所表达的语法意义相同，而且可出现的句法位置也是一致的。重叠是汉语的一个普遍语法范畴，不受词类的限制。

　　跟名词的情况一样，动词重叠式的句法功能也同样被固定下来。概括地说，动词重叠式只能做句子的中心动词，同时也失去了基式动词的很多功能。具体说来，有三种情况：

　　一、基式动词可以加"的"做定语修饰名词，相应的重叠式则不能。例如：

（11）a. 看的书都放在桌子上。

b.* 看看的书都放在桌子上。

二、基式动词可以加"的"名词化，而相应的重叠式则不行。例如：

（12）a. 用的放在桌子上，不用的放到一边。

b.* 用用的放在桌子上，不用用的放在一边。

三、主谓结构中的动词如果是个基式的话，可以在主语和谓语之间插入"的"字，使整个结构名词化，但是如果动词是个重叠式的话，就不能这样。例如：

（13）a. 她的笑便渐渐少了。

b.* 她的笑笑便渐渐少了。

有人认为重叠是动词的一种体标记，表示动作的有限性。但是重叠跟其他的体标记并不完全一样，比如动词加完结体"过"仍可以做定语或者名词化，但是重叠式动词就不能这样，如"看过的书""看过的都放起来了"等。可见，普通体标记并没有重叠这种确定句法功能的作用。

形容词重叠式与动词的具有平行现象。也可以细分为三种情况：

一、基式可以加"的"名词化，而相应的重叠式则不能。例如：

（14）a. 他喜欢大的。

b.* 他喜欢大大的。

c. 新的已经卖完了。

d.* 新新的已经卖完了。

二、主谓结构中做谓语的形容词如是基式，则可以在主语和谓语之间插入"的"，使整个结构名词化，而相应的重叠式则不行。例如：

（15）a. 她的认真感动了我们。

b.* 她的认认真真感动了我们。

c. 她的漂亮打动了每一个人。

d.* 她的漂漂亮亮打动了每个人。

三、基式形容词在特定语境下可以转化为动词，重叠式则不行，自然也不能加"了、过"等体标记。例如：

（16）a. 年轻时我也漂亮过。

　　　b.* 年轻时我也漂漂亮亮过。

注意，ABAB 是动词特有的重叠方式，当双音节词采用此式时，只能做动词讲，比如"让我也漂亮漂亮（意为：把我也打扮打扮）"。

　　副词重叠式的句法确定化比较特殊。有相当一部分副词是从形容词来的，也就是说同一概念可以兼做形容词和副词两类（有的更多），但是其中一些一旦重叠以后就只能做副词用。比如"常"既可以修饰动词，又可以修饰名词：常去、常客、常事等，可是其重叠式只能修饰动词：常常去、* 常常客、* 常常事等。可见，"常"重叠以后只能做副词。又如，"偏"可以是动词、副词和形容词：（妈妈）偏她、偏爱、太偏。而重叠后则只能做副词：不叫她去，她偏偏要去。当然，一个概念被用作不同词类时，词义也会有所不同。

　　重叠确立句法功能的作用是与基式概念的数量特征有关的。重叠的这种作用来自它表示数量范畴的语法意义。名词、动词和形容词代表不相同的事物，它们的数量特征也不一样。简单地说，名词代表离散量，动词代表时间量，形容词代表连续量。那么各类词的不同数量特征一旦通过重叠确定下来，其量上的不相容性就突显出来了，此时就不再能做词类之间的转换了。可是，名词和量词所指的对象是一致的，它们的数量特征应该也是一样的，所以量词重叠式既可以修饰名词，也可以指代整个名词短语。同样，形容词和副词的数量特征都是连续性的，因此很多重叠式既可以做副词，又可以做形容词，比如"好好儿、细细儿、远远儿、慢慢儿"等。做副词和做形容词用的重叠式还有一些更细的形式标准：做副词用时加不加"的"（书面语写为"地"）自由，做形容词用时必须加"的"。例如，"好好儿学习"和"好好儿地学习"都可以说，但是只能说"好好儿的书"，不能说"* 好好儿书"。

3.1.5　三种基本量

现在来解释，为什么重叠引起词语的定量化，又进而能确定词语的句法功能。我们可运用"离散性"和"时间性"两个数量特征，对可重叠的词类进行划分。"离散性"指的是相互分离的、具有明确边界的一个个单位；"时间性"指的是时间的长短或者动作行为重复次数的多少，它是一维时间空间的量。名词和量词显然是离散性和非时间性的。动词所指可以在时间轴上划分出一个个明确的单位，因此是离散的；同时，任何行为动作都必须占有一定的时间，自然具有时间性。形容词的各个程度之间没有明确的边界，是非离散的；很显然，它的量也是非时间性的。副词的特征跟形容词的一样。可以用下表加以概括：

	离散性	时间性
名词、量词	＋	－
动词	＋	＋
形容词、副词	－	－

从上表可以看出，名词和量词的数量特征在时间性上与动词对立，在离散性上又与形容词对立。动词的数量特征在离散性和时间性上都与形容词、副词和名词、量词相对。这就可以说明为什么定量词的词类转化受到限制。中性量的基式代表的是尚未赋予本词类数量特征的概念，它潜在的与其他词类的数量特征的不相容性尚未实现，因此有可能在词类之间转换。但是，一旦词语通过重叠定量化，它们就带上了本词类的数量特征，同时与其他词类的不相容性也就突显出来，这时就消除了词类转化的可能性。比如基式"看"所代表的是一个中性量的概念，所以可以加"的"名词化；而"看看"被赋予了时间量，表示时量短，它在时间性上与名词的对立突显出来了，所以不再名词化。上表还可以回答，为什么重叠式可以在名词和量词或者形容词和副词之间转化（即兼类），因为它们两两之间在数量特征上是相容的。

3.1.6　重叠与否定的互斥性

重叠式的另外一个重要特征是，不论哪一个词类，重叠式的否定都受到很大的限制，它们一般只能出现于肯定结构。

名词或者量词的重叠式只能出现在主语的位置，有意思的是，它们要求谓语一般不能是否定式。例如：

（17）a. 人人都可见她了。

　　　b.* 人人都没看见她。

（18）a. 家家都买了汽车。

　　　b.* 家家都没有买了汽车。

这种主语的形态特征对谓语肯定和否定限制的内在机制尚不清楚。另外，还可以在基式之前冠以"没有"表示否定，如"没有人去看电影"，然而不能说"* 没有人人去看电影"。

同样，重叠式动词在现实句中都不能被"不"或"没"否定。

（19）a.* 她不 / 没看看电影。

　　　b.* 她不 / 没做做作业。

　　　c.* 她不 / 没听听音乐。

　　　d.* 她不 / 没上上街。

只有在虚拟、条件句中，动词重叠式才可以被否定，比如"他每星期不看看电影就觉得少点什么"，可是此时的重叠式仍然不能被"没"否定。

形容词重叠式也不能用"不"或"没"否定。例如：

（20）a.* 那本书不厚厚的。

　　　b.* 那件衣服不干干净净的。

　　　c.* 那里的风景不漂漂亮亮的。

　　　d.* 那辆车不贵贵的。

否定和重叠的互斥性，简单地说，是来自两者语法意义的不相容性。自然语言的否定实际上是一个级差现象，否定式比其相应的肯定式往往低一个数量级，比如"不很贵"相当于"有些贵"，"没吃五个苹果"是指"少于五个"，最有可能是三个或者四个。这种否定含义的级差性相当于给其肯定式确定一个程度较低的量级，这就跟重叠式一样，要求可否定的词语在否定前量上必须是中性的。那么，如前所述，重叠式是表一个定量化的概念，这与否定的条件相背，所以就导致了重叠式与否定之间的互斥性。

3.1.7　重叠——汉语的一种典型形态

有人认为重叠是一种形态化过程，而且它具有确立句法功能的作用。但是，他们没有区分构词重叠和形态重叠两种完全不同性质的东西，因此也就不可能概括出重叠的共同语法意义。同时他们也没有对重叠这种形态的各种特性进行系统研究。所以这种观念没有引起真正的注意。本章从三个方面确认重叠作为一种典型形态在汉语语法中的地位：（一）重叠具有为各个词类所遵循的共同的、稳固的语法意义，它表示数量范畴，使基式的概念义定量化；（二）重叠具有共同的句法功能，表现在三个方面，首先是确立词类的身份，其次是限定词类的句法位置，最后是只能用于肯定式；（三）具有稳固的语音表达形式。重叠是汉语中普遍存在的一种形态。

作为一种形态，重叠具有既稳固又细致的语音形式。印欧语言多是以某一特定的音素表示某一特定的语法意义，比如英语辅音 -s 表名词复数，同时用不同的语音形式代表不同的语法意义，这是一种形态的稳固与细致。汉语所不同的是，它的形态的语音表现形式不同，是通过整个音节的办法来表现的，如果用 S 代表音节，它的抽象语音模式为：

$$S_1 \rightarrow S_1 S_1$$

说重叠的语音形式细腻，是指它可以通过某些变形来区别词类。首先，在对基式音节数目的要求上，重叠把体词和谓词区别开：体词基式的音节数限于一个，谓词基式的音节数限于两个。其次，重叠的方式可以区别词类，双音节动词和形容词的重叠方式为：

动　　词：　　$S_1S_2 \rightarrow S_1S_2S_1S_2$

形容词：　　$S_1S_2 \rightarrow S_1S_1S_2S_2$

一个概念采用了哪个词类的重叠式，就只能做哪个词类用。比如"高高兴兴"只能是形容词，加"的"修饰名词或单独做谓语，既不能带动态助词，又不能带宾语；而"高兴高兴"只能是动词，既能带宾语，又能跟动态助词（"赶快把好消息告诉我，也让我高兴高兴"），但是不能做定语，比如"*高兴高兴的人"。同样，某些双音节的动词一旦采用了形容词的重叠式，就只能表示某种状态，不能再带宾语。例如：

（21）a. 他们都在说笑小王。

　　　 b.* 他们都在说说笑笑小王。

（22）a. 他们吃喝完了所有的家产。

　　　 b.* 他们吃吃喝喝完了所有的家产。

重叠对词语的内部构造也是很敏感的。前文说过，重叠的条件是，体词的基式限于一个音节，谓词基式限于两个。如果一个双音节谓词的内部构造是"V + N"，只能重叠 V，结果为：

VN → VVN

例如，睡觉→睡睡觉→*睡觉睡觉，游泳→游游泳→*游泳游泳，等等。这跟英语中的由"V + N"构成的短语动词具有平行的现象，时、体、人称等形态变化只能在动词上，而不能加在名词上，如 to take a look at → took a look at → have taken a look at → takes a look at。

人们怀疑重叠作为汉语一种形态的理由可能来自它很强的词汇选择性这一事实。如前所分析，只有基式是个中性量的词才能重叠。有两点我们应该明白：一是可重叠的词都是该词类的核心部分；二是词汇选择性是形态的普遍特征。认知语言学跟形式语法的一个重要分歧在于，前者认为每一种形态都是有意义的，而绝不是单纯的形式问题，因此跟词汇之间的选择性一样，只有与形态意义相容的词汇才能附加该形态。比如在英语中，动态性不太强的动词，诸如 like, care, worry 等，没有过去分词 -en 的形态变化。又如具有确定标准的定量形容词，如 female，round，vertical 等，没有比较级的形态变化。形态标记选择性的高低，是由其表示的语法意义适用范围大小决定的。

3.1.8　结语

让我们从三个方面来结束本章的讨论：（一）为什么汉语采用重叠的语音形式来表示形态；（二）汉民族的认知视点对形态的影响；（三）数量特征与形态的关系。

汉语采用重叠的语音形式表示形态的原因。一种语言采用什么样的语音形式表示形态，是由其语音系统决定的。比如印欧语言允许辅音丛存在，所以可以用单个辅音来表示某种语法意义。汉语没有辅音丛，独立出现的语音单位只能是音节，所以汉语的形态要么用整个音节来表示，要么用超音段语音特征诸如声调来表示。汉语用音节表示形态的情况又可细分为二：一是固定某一音节来表示某一特定的语法意义，如 le 表示动词的实现体；二是虽然没有固定的某一特定音节，但是用固定的音节结构来表示语法意义，这就是重叠形态。汉语也常用声调这种非音节要素作为区别词类的形态。这种方法在唐宋以前很盛行，这种现象仍残留在现代汉语的个别词语中，如"好"的形容词用法是三声，动词用法是四声。

汉民族认知视点对形态的影响。普遍认为汉语是一种缺乏形态变化的语言。这种观点主要来自两个方面：一是用"印欧语的眼光"看形态，把形态理解为某些特定的语音形式，如用单个音素表示语法意义，而忽略了形态的语音形式表现的多样化；二是其他语言用形态表示的某种特定的语法意义，汉语没有相应的语法手段加以表示。这两个理由都有问题。上文已经详细讨论了重叠作为形态的资格，这里简单讨论一下第二个理由。

对于某个语法意义，一种语言是否采用形态的方法加以表示，是与说该语言的民族的认知视点密切相关的。比如印欧语言名词有单复数的区别，而汉语则没有。这种现象是与汉民族认识物质世界时概念的确立和数量特征的概括相分离的现象密切相关的。在语言中就表现为，表示事物的概念，汉语用名词和量词两个系统，名词指示概念的类，量词指示概念的数量特征。相对地，这两个方面在印欧语言里是用名词一个语音系统来表示的。所以汉语"书"的概念不直接含有数量特征，不能直接用数词称数，必须加上量词赋予其数量特征后才可以，比如可以说"三本书"，而不能说"* 三书"。然而相应的英语概念 book，其概念义本身包含有数量特征，所以直接可以用数词称数：three books。再进一步看，汉民族观察事物的量时，视点在于事物各个维度之间的比例，使用各种各样的量词来区别事物的外部形状特征，比如长而细的叫"支"，长而扁的叫"条"，长而宽的叫"张"，等等。相应地可以认为，说印欧语的民族范畴化时注重于事物的多少，就有单复数的观念。也可以认为，量词是汉语名词的数量形态，与印欧语所不同的地方只在于，汉语的数量形态只强调量的类型，而不注重量的多少。既然是强调量的类型，自然界量的种类的多样化，自然表现为量的表现形式的复杂化，表现为汉语的量词系统是一个成员众多的类。总之，我们应该全面来看一种语言的形态有无或者发达不发达的现象。

　　数量特征与形态的关系。数量特征在客观世界里凸现性最高的语义特征之一，反映在自然语言中，就是设立各种各样的形态表示数量观念。表"数"的形态是人类语言最常见的现象之一。翻开英语的语法著作，就会发现一个词类区别于另一个词类的最突出的语法特征大都与该词类的数量特征表达有关，比如形容词的被程度词修饰和比较级就是如此。这也就不难理解，为什么汉语的数量范畴之一——定量化是用重叠的形态加以表示。人类语言的一个普遍性是，数量特征与形态形式之间的关系密不可分。

3.2 体标记

3.2.1 引言

汉语的"体"范畴分别由三个动态助词表示：了、着、过。本章的主要目的是通过寻找动态助词"了、着、过"的使用条件，从而解释形成它们错综复杂的用法和变化多端的意义的原因，并尝试论证有关的句法规律。也就是说，我们所用的方法也是解释性的。所不同的是，我们要找出动词及有关的词类的语义特征与动态助词"了、着、过"使用条件之间严格的对应关系，从而发现汉语"体"范畴的特点。为了实现这一目的，我们既要注重分析动词自身的语义特征，又要注意考察它们在同一义类的一组词所形成的语义系统中的位置；同时，考察的对象除动词外，还包括部分名词和形容词，因为单纯在动词一个词类或者词语自身的语义特征范围里进行考察，有些规律是不易发现的。

要在更大的系统里考察问题，首先得进行一下"正名"。论者一般认为动态助词"了"有两个："了$_1$"用在动词后，主要表示动作的完成；"了$_2$"用在句末，肯定事态出现了变化或即将出现变化，有成句的作用。但是我们认为"了$_1$"和"了$_2$"实质上是同一个标记在不同句法位置上的语法变体，二者的使用条件是一致的，所以本章把两个不同叫法的"了"作为同一个成分来看待。"过"的情况跟"了"类似，"过"跟不同的词语搭配，有表示"动作完毕"和"表示过去曾经有过这样的事情"之别，可是它们的语法意义不仅是相通的，而且使用条件也是一样的，所以同样也把两种语法意义的"过"看作同一实体。

3.2.2 词语的语义特征与体标记的使用条件

3.2.2.1 三个体标记所要求的语义条件

先从以下三组语义区别特征来探讨动态助词"了、着、过"的使用条件。

一、"实现过程"是指词语所代表的行为、动作、性质、状态等从时间位于其出现前的某一"点"到自身出现的发展过程。在考察词语的语义特征时，不要只着眼于词语所指的对象在实现之后的状况，词语所指在实现之前的情况如何对动态助词的选择往往起关键作用。"实现过程"跟"过程、距离"等的含义并不一样，前者是指在时轴上有一个从"前时点"到"实现点"（后时点）的转化过程，后两者可以单指空间上的间隔。不是所有的词语都有"实现过程"，比如果实的生长情况，自果实存在的一刻起，就具有"生"这种属性，可见，"生"没有从其发展而来的前时点的性质存在，是初始性质，它就没有"实现过程"。而"熟"是从前时点性质"生"发展而来的，它有一个明确的实现过程。"生"和"熟"之间存在着一个"过程"或"距离"，但是只有"熟"才具有"实现过程"。"生"和"熟"这一差别表现在了它们在"体"用法上的不同。

二、"离散性质"是指词语所代表的对象能够切分出界限明确的单位，对动作来说，就是要有明确的"起讫点"。凡可以用动量词称数的动词都是离散性质的，它们可以切分出明确的单位，具有"起讫点"，比如"看、说、走、打、学"等。相反，"知道、理解、明白、成为、显得、属于"等代表连续不断的行为、关系，都不能用动量词称数，它们切分不出界限分明的单位，也就不具有离散性质。词语是否具有离散性质对动态助词的选择往往起着关键的作用。

三、"时段持续"是指动词所指的动作可以延续相当一段的时间。事实上，任何行为动作都占有一定的时间，但是可占时间的多少则差别悬殊。有些行为动作从出现到消失是在瞬间完成的，比如"死、塌、垮、炸、断、熄、倒、摔"等都属于这种情况，可以认为它们的实现点和终结点重合在一起，我们就把它们看作非时段持续。而有些行为可以持续相当长的时间，比如"看、说、坐、等、挂、包、摆、贴"等，它们的实现点和终结点之间可以具有相当大的距离，它们具有时段持续性质。说某些动词具有时段持续的性质，并不意味着这些动词所指必须持续相当长的时间，只是讲有这种可能，并不排除它们有时也可能是瞬间完成的（非时段持续）。词语有无时段持续的特征对动态助词的选择也起着重要作用。

根据上述三组语义区别特征可确定出"了、着、过"的使用条件。下面表中的"＋"表示这一类特征是相应助词使用的充要条件，即具备该特征的词一定能与相应的助词搭配，没有该特征一定不能跟相应的助词搭配；另一方面，可与相应助词搭配的词一定具有该特征，不能跟相应助词搭配的必然没有该特征。下表中的星号"*"表示有无该特征与相应助词的用法没有关系，可把它们看作"附带特征"。"附带特征"是指词语进入使用之前的语义特征而言的，它们一旦与某个动态助词结合成句，有些附带特征仍然可以保持，而有一些就被消除掉了。

"了、着、过"所要求的语义特征

	实现过程	时段持续	离散性质
了	＋	*	*
着	*	＋	*
过	*	*	＋

"了、着、过"还有一个共同的语义要求：所搭配的词语必须具有动态性质。尽管都有这个要求，但是情况很不相同："了"只要求搭配的词语所指从前时点到自身实现之间有个动态变化过程，至于实现后是否仍是动态，它不做要求；"着"要求词语所指在处于现实状态之中必须是动态的；"过"则要求词语所代表的对象的终结点必须是动态的。

3.2.2.2　"了"和实现过程

有无"实现过程"是词语能否加"了"的充要条件。如用 x 表示"前时点"，a 表示"实现点"，x 和 a 之间代表一个"实现过程"，有箭头的线段代表时轴，"了"的表义特征可以图示如下：

我们来考察可加"了"的名词和形容词的语义特征。含顺序义的名词可加"了"，然而并不是所有含顺序义名词都有这个用法，它们能否加"了"的条件是有无从其发展来的"前时点"的事物存在。有前时点的顺序义名词表明它们有一个从无到有的"实现过程"，就可以加"了"，否则不行。例如：

（1）＊都小孩了，……。

　　都大人了，应该注意自己的言行。

（2）＊都年轻了，……。

　　都老年人了，干活悠着点。

（3）＊都新教师了，……。

　　都老教师了，教学经验自然很丰富。

上述例（1）至例（3）的"了"前各词的关系分别为"小孩→大人，年轻人→老年人，新教师→老教师"，还有如"低年级学生→高年级学生，小姑娘→大姑娘"等。各组中左端的词所代表的都是"初始事物"，所指的对象自产生之时起就属于这一类事物。比如自作为"人"时起，就属于"小孩"这一类，可见"小孩"没有从前时点到自身的实现过程，所以不能跟"了"搭配；而"大人"是由"小孩"发展来的，"小孩"就是其前时点的事物，因此"大人"具有一个实现过程，可以加"了"。

从各组含顺序义的名词与"了"的搭配规律上，可以证明"了"要求跟其所搭配的词语必须具有"实现过程"。

形容词也有类似的情况。有一类反义关系的形容词，它们的性质变化是单向的，即只能从甲方到乙方，而不能从乙方到甲方，那么，乙方就有个实现过程，可以加"了"，而甲方则没有实现过程，也就不能加"了"。例如：

（4）＊园子里的苹果生了。

园子里的苹果熟了。

（5）＊赵明小了。

赵明老了。

（6）＊他孙子的个子矮了。

他孙子的个子高了。

例（4）至例（6）中各对形容词的关系为"生→熟，小→老，矮→高"，还有如"新鲜→坏，新→旧"等。各组左端的词都是"初始性质"，自所描写的主体产生之时起就拥有这种性质，它们没有一个从前时点性质发展来的"实现过程"，因此不能跟"了"搭配；然而，相对的右端属性都是从相应的前时点的"初始性质"发展来的，它们都有一个明确的"实现过程"，因此都可以加"了"。比如，就果实的生长情况来说，随着果实的出现，就具有"生"的属性，"生"没有从前时点到自身的实现过程，是"初始性质"，因此不能跟"了"搭配；而"熟"是由"生"发展来的，"生"是它的前时点，它具有实现过程，也就可加"了"。

从只能单向变化的各对反义关系的形容词跟动态助词的搭配规律中，进一步证明"了"代表"实现过程"的表义特点。

"了"的表义特点还可以从它跟上述各例的否定式的搭配规律中得到证实。"初始成分"的否定式可以跟"了"搭配，然而"结果成分"的否定式却不能。这是因为，被否定的初始成分可以把自身作为前时点，向时间靠后的事物或性质转化，这时就有了个"实现过程"，因此可以加"了"。然而，结果成分是时间最靠后的，否定后不能再把自己作为前时点而向时间更靠后的事物或性质转化，所以它们的否定式不能代表一个"实现过程"，也就不能跟"了"搭配。例如：

（7）都不是小孩了，应该注意自己的言行。

＊都不是大人了，……。

（8）都不是新教师了，自然有一定的教学经验。

＊都不是老教师了，……。

"了"的表义特点还可以从它与另外一种类型的顺序义名词和有反义

关系的形容词的搭配中得到佐证。例（1）至例（6）中各组词的共同特点都是事物或性质之间不能周而复始地循环，下面是可以循环的（双向变化）用例。

A	B
春天↔冬天	胖↔瘦
元月↔十二月	冷↔热
星期一↔星期日	快↔慢
上旬↔下旬	长↔短

对于可循环的顺序义词列或者性质可以相互转化的一对形容词来说，某个新循环的"起始点"可以用上一循环的"终结点"作为其前时点，这样它们就有了"实现过程"，所以左右两端的词都可以加"了"。例如：

（9）现在已经春天了。　　　　现在已不是春天了。
　　　现在已经冬天了。　　　　现在已不是冬天了。
（10）天气已经冷了。　　　　　天气已不冷了。
　　　 天气已经热了。　　　　　天气已不热了。

"今天不是星期三"跟"今天不是星期三了"两句的含义不同，前者指一星期中除"星期三"以外的任何一天，而后者只能指在"星期三"之后的某一天。也就是说，加"了"后整个句子的意思是指时间从前向后的转化。含顺序义的名词加不加"了"都有这个差别。这再一次表明"了"的表义特点。

"了"表"实现过程"的语法意义，还可以从"动＋了"的否定式为"没＋动"这一事实上得到进一步的证明。下面是三种广为引用的语法专著对"没"否定含义的概括。

（a）"没有"有两个不同的作用：一个是否定事物的存在，"没有"跟"有"相对；一个是否定行为的已经发生，"没有来"跟"来了"相对。
（b）和"～了"相对应的否定形式是"没（有）～"。加在谓词性成分前边表示动作没有完成或是事实没有发生。
（c）否定动作或状态已经发生。

各家对"没"的否定含义可以归结为：对行为动作实现过程的否定。由此可见，"没"的否定焦点正是"了"所要求的语义特征，从而就形成了"没"和"了"不能在同一结构中共现的现象。例如：

（11）他看了电影。　　　他没看电影。　　　＊他没看了电影。

（12）他吃了苹果。　　　他没吃苹果。　　　＊他没吃了苹果。

既然"动＋了"的否定式是"没＋动"，而"没"的作用又是"否定行为的已经发生"或者"否定动作或者状态已经发生"，那么，就可以推知"了"的意义为"肯定动作行为已经发生"。也就是说，"动＋了"结构的语法意义为动作的实现过程已经完成，这与前文给"了"设定的语义要求正相吻合。这一事实还可以从另外两个动态助词的否定式中得到佐证。"过"和"着"都不表示动作从无到有的"实现过程"，而是指行为在"实现点"之后的状况，由于跟"没"的否定含义不冲突，所以它们可以跟"没"共现，比如"他没看过电影"和"我现在没看着书"。

以前语言学界普遍认为，"了"的语法意义是表示完成。但是，刘勋宁运用大量的事例证明：用"完成体"来说明"了"的语法意义，在许多情况下是讲不通的；"了"所表现出来的"完成"只是某种条件下的偶发现象，而不是它本身固有的语义特征。词尾"了"应当看作动词"实现体"的标记，它的语法意义是表明动词、形容词和其他谓语形式的词义所指处于事实的状态下。例如：

（13）吃了这么长时间，还在吃。

（14）问了一遍又一遍，讨厌死了。

（15）嚷嚷了快一小时了，婆婆嘴。

上述各例的"了"都不表示完成，只是表示其前的动词所指的实现过程已经完成，行为动作已经成为事实。

"了"的表义特点还可以从下面两类动词的句法差异上看出来。

（一）看　听　说　问　学　吃　找　写　打　喝

（二）讨厌　喜欢　害怕　佩服　轻视　爱好

第一类动词加宾语后，"了"有三种分布：（一）动词和宾语之间；（二）

动词和宾语之后；（三）同时出现在前两个位置上。然而，第二类动词加宾语后，"了"只有一种分布：只能出现在宾语之后。例如：

（16）他看了电影。　　　他看电影了。

　　　他看了电影了。

（17）他听了音乐。　　　他听音乐了。

　　　他听了音乐了。

（18）＊他讨厌了张三。　　他讨厌张三了。

　　　＊他讨厌了张三了。

（19）＊他害怕了狗。　　　他害怕狗了。

　　　＊他害怕了狗了。

这里暂且不管"了"在不同的句法位置所产生的语法意义差别，单就两类动词与其宾语的关系差别来解释形成上述分布特点的原因。第一类行为具有独立性，不依赖宾语所指的事物就能发生，该类行为可以单独实现。比如睁开眼睛就可以"看"，并不必有了"电影"才能"看"；又如只有醒着，就有"听"的行为，它的发生并不依赖于"音乐"；等等。第一类行为的独立性意味着它们可以自己完成其实现过程，因此在它们之后可以紧跟"了"。第二类动作缺乏第一类的独立性，必须依赖宾语所指事物才能发生，比如"讨厌"的行为出现必然有某种要素引起（宾语所指），不会无缘无故地发生。同理，第二类行为的非独立性意味着它们不能独立完成其"实现过程"，而必须依靠宾语所指的事物才能做到这一点，因此后面不能紧跟"了"，"了"只能出现在宾语之后。

下面根据动词的句法表现来验证"了"的表义特点。说明一点，常用的动词大都有多个义项，同一个词的不同义项加动态助词的情况很不相同。我们在讨论某个动词时，如没有特别声明，都是指它最常用、最基本义项的用法。

"在"作为"存在、生存"讲时，跟本节开头讲的"初始成分"的性质和用法一样。自作为人的一刻起，就有"在世"的行为，它没有从前时点到自身的"实现过程"，其肯定式不能加"了"；而它的否定式表达的是从自身这个前时点的行为向新情况转化，这时就包含了一个"实现过程"，其否定式可以跟"了"搭配。例如：

（20）＊那时祖父已经在了。

那时祖父已经不在了。

凡是表达自古至今都是如此、没有明确起点的运动变化，意味着它们没有从无到有的"实现过程"，该类动词都不能跟"了"搭配。例如：

（21）＊时间流逝了，空间存在了。

（22）＊月亮围绕着地球转了。

（23）＊他有了音乐天赋。

有一类副词表示所修饰的动作行为处于事实的状态中，即指示它们在"实现点"之后的状况。该类副词截掉了动词"实现点"之前的那个"实现过程"（如果有的话），因此它们与动词组成的偏正结构都不能跟"了"搭配。常用的这类副词有"一直、从来、历来、总是、向来、本来、经常、不断、不停、不住、不休、常常、老是"等。例如：

（24）他学了英语。　　　　＊他一直学了英语。

（25）他看了小说。　　　　＊他常常看了小说。

（26）他问了老师。　　　　＊他总是问了老师。

有一类单纯表示动作的情状、不强调动作处于事实状态之下的副词，可以保持动作的"实现过程"，因此，该类副词与动词构成的偏正结构可以跟"了"搭配，比如"他很快掌握了英语""他稍稍移动了一下"，等等。

词汇意义本身缺乏"实现过程"的动词并不是很多，绝大部分都是由于句法的作用而临时失去"实现过程"的。动词有无"实现过程"受多种因素的制约，主要有：自身的词汇意义；其后的宾语；其前的状语或主语。这些因素同时也都制约着动词与"了"的搭配情况。不管情况多么复杂，都被这样一条规则管住：能否与"了"搭配，决定于该成分有无"实现过程"。

3.2.2.3　"着"与时段持续

"着"要求其前的成分必须有"时段持续"的语义特征，它的这一条件可以图示如下：

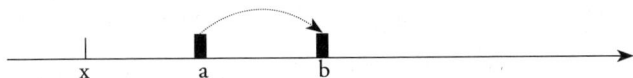

x　　　　a　　　　b

图中 x 是"前时点"，a 是"实现点"，b 是"终结点"。"着"指的是动作行为在 a 和 b 之间的状况（不包括 a 和 b 点）。

任何动作行为都占有一定的时间，可是长短差别很大。根据占有时间的多少可以把动词分为四类：（1）开始和结束是瞬间完成的，可看作 a 和 b 重叠为一点，它们缺乏"时段持续"的特征，不能跟"着"搭配，如下面第一类；（2）开始和结束既可以是瞬间完成的又可以持续相当长的时间，在一定的上下文中具有"时段持续"的特征，可以跟"着"搭配，如下面的第二类；（3）开始和结束之间一般都有相当长的时间，它们的"时段持续"特征比较稳固，常可以跟"着"搭配，如下面的第三类；（4）没有明确的终结点，具有强烈长期延续倾向，所以它们几乎在所有出现的场合中都带"着"，如下面的第四类。

（一）死　塌　垮　炸　断　熄　倒　摔　暴露　毕业　看见　闭幕
　　　抽出　出发　出来　出去　破裂　得到

（二）看　听　说　走　跑　吃　喝　讨论　研究　学习　练习

（三）睡　坐　躺　蹲　站　立　藏　跑　趴　贴　挂　悬　搁　放
　　　堆　装

（四）向　对　朝　标志　意味　把握　围绕　包含　呈现　挂念

凡是可加"了"的名词都不能跟"着"搭配，因为该类名词所指从"实现点"之后就转化为"实体"，变成静态的了，与"着"要求所搭配对象在实现点之后（a 和 b 之间）仍是动态（行为状况）的条件不相符。尽管"了"和"着"都要求其前成分是动态的，但侧重点不一样："了"只要求"实现过程"是动态的，至于实现点之后的情况如何它不做要求，比如，从"小孩"到"大人"的发展过程是动态的，可是"大人"自身的特征是静态的，所有它仍可以加"了"，而不能加"着"。三个动态助词中，"了"的使用条件最宽，因此可以与它搭配的词语也就最多。

形容词的情况跟"大人"等名词类似。除各对单向变化形容词的"左端的词"和定量形容词外，一般形容词所代表的属性都有一个从无到有的"实现过程"，比如，"大"是从"小"发展来的，"重"是从"轻"来的，等等，因此它们都可以跟"了"搭配。然而，形容词是表示性质、状态的，它们在实现之后就转化为静态的了，这与"着"的语义要求不相符，因此二者不能搭配。例如：

（27）那块麦子熟了。　　＊那块麦子熟着。

（28）老王最近胖了。　　＊老王最近胖着。

（29）他的个子高了。　　＊他的个子高着。

单纯表事物之间关系的动词也没有动态性质（实现点之后），因此也不能跟"着"搭配，例如"等于、大于、小于、相同、相似、好像、符合、吻合、属于"等。

还有述补结构的复合动词或词组也不能跟"着"搭配，因为补语表示的是述语动词所指达到某种程度、特定结果等，述补结构描写的是行为发展到某一点时的情况，因此该类结构没有"时段持续"的特征。例如：

（30）＊他看见着两只猴子。

（31）＊他学会着开车技术。

（32）＊他记住着很多故事。

但是，一些述补结构的复合词已凝固成为单纯的动作动词，已没有动作和结果之分了，这时就可以有时段持续的特征，因此也就可以跟"着"搭配。例如，"他们正扩大着自己的影响"。

动词重叠式的语法意义为：表示行为动作的时量短或者动量小。例如：

（33）他退休以后，平常看看书，下下棋，和老朋友聊聊天，倒也不寂寞。

（34）这件事你得去找找张老师。

因此，可以把重叠式动词归入"塌、摔、倒"等类动词，所代表的动作的开始和结束重合在一起。它们缺乏"时段持续"的特征，所以都不能加"着"。例如：

（35）＊他看看着书。

（36）＊他开开着车。

可是，重叠式动词常可以插入"了"。道理很明显，不论重叠式所代表的行为动作如何短暂，也都有一个从无到有的"实现过程"，这正与"了"的语义要求相符。

上面实际上是利用"重叠"的语法手段消除动词自身词汇意义中拥有的"时段持续"特征。另一种常见的手段是，用表时点的副词去消除被修饰动词的"时段持续"特征，从而使得动词不能跟"着"搭配。常见的这类副词有"立刻、马上、立即、立时、当即、顿时、当下、立地、随即、眼看、赶快、赶紧、尽早、急忙"等。例如：

（37）＊他立刻坐着。　　　　　他立刻坐了下来。

（38）＊他顿时弯着腰。　　　　他顿时弯下了腰。

（39）＊他赶快跑着。　　　　　他赶快跑上去了。

（40）＊他一听这个消息就哭着。　他一听这个消息就哭了。

3.2.2.4 "过"与离散性质

"过"要求所搭配的动词所指必须具有"离散性质"，它的这一条件可以图示如下：

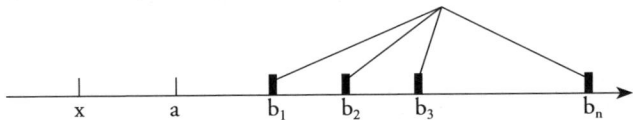

时轴上的 b 代表行为动作的"终结点"，每个 b 都有自己独立的"实现过程"（x, a）。只有其时相符合上图所刻画的动作行为才能与"过"搭配。

"过"的表义特点与"了"的显然不同。"实现过程"着眼于动作行为的开始情况，"离散性质"着眼于结束情况。有一类只有"实现过程"（开始）而没有"离散性质"（结束）的动词，其行为在实现点 a 之后就转化成连续性质的，没有明确的"终结点"，它们都不能与"过"搭配。常见的这类动词有"知道、明白、熟悉、学会、认识、理解、组成、懂得、清楚、看透、领悟、有数、收获"等。但是它们有"实现过程",所以可以跟"了"搭配。例如：

（41）他知道了事情的真相。

　　＊他知道过事情的真相。

（42）他认识了王教授。

　　＊他认识过王教授。

"过"和"着"的共同之处是两者都是指示行为动作在实现点之后的情况,但是,"过"着眼于结束,只要求所代表的对象是离散性质的,至于行为在 a 和 b 之间是否有一段距离,它不做要求,因此不能跟"着"搭配的瞬间动词都可以跟"过"搭配,比如"那墙曾经倒过""他掉过钱"等等。相反,那些具有很强延续倾向的动词,没有明确的终结点,都是非离散性质的,一般不能加"过"。例如：

（43）那堵墙曾经倒过（现在是新砌的）。

（44）那根绳子曾经断过（现在又接上了）。

（45）＊一号楼对过二号楼。

（46）＊这标志过语法研究有了新的突破。

"过"和"了"也有相同的地方,都是着眼于行为在某一时点的状况。如果动词前面的副词是表示动作行为持续过程中的情况,就同时截掉了动作的"实现点"和"终结点"。这类偏正结构就不能跟"了"和"过"搭配。例如：

（47）＊他一直学习过英语。

　　＊他一直学习了英语。

（48）＊他常常看过新闻节目。

　　＊他常常看了新闻节目。

"过"的表义特点"离散性质"实际上是要求所搭配的词语能够重复进行,有一个明确的"终结点"。顺序义名词"大人"等没有这个特性,所以都不能跟"过"搭配。形容词的情况可以分为两类:（一）性质可以终结转化为相对的性质,而且这一转化过程可以循环往复地反复进行,比如："胖"可以变为"瘦","瘦"也可以变为"胖";"冷"可以升为"热","热"也可以降为"冷"。这类可以反复进行的双向转化形容词都可以跟"过"搭配,例如(49)(50)。(二)性质虽可以转化为别的,但是转化过程不能重复进行,或者性质实现之后不能再向别的性质转化,这类形容词都没有离散性质,所以也就不能跟"过"搭配。单向转化的各对形容词的左、右端的词就属于这一类,例如(51)(52)。

(49)老王过去也曾经胖过／瘦过。

(50)昆明的天气也曾经冷过／热过。

(51)*那棵树的苹果也曾经生过／熟过。

(52)*他的年龄也曾经小过／大过。

形容词带"过",一般需要说明时间,有同现在比较的意思,例如"他小时候胖过""前几天冷过一阵""去年也热过一阵子"等。这是因为形容词典型的特征是连续性质的,有了时间词语后,一方面表明性质曾经存在过,另一方面也意味着该性质已经结束(具有离散性质)。这恰好符合"过"的语义要求。

行为的"终结"和行为的"完成"是相通的。"过"既然指示的是行为的"终结点",那么可以推知它具有表示"完成"的语法意义。"过"用在动词后表示动作完毕的现象,例如"吃过饭再去""赶到那儿,第一场已经演过了""等我问过了他再告诉你"等。

"过"和"没"的共现现象也可以证明"过"的表义特点,"没"否定的是动作从前时点到实现点的发展过程,正与"了"的表义范围冲突,因此"没"和了"不能共现。而"过"既然指示的是动作在"实现点"之后的"终结点",那么就与"没"的否定焦点不冲突,因此两者可以共现。例如:

(53)他没吃过这种水果。

(54)他没看过那部电影。

述补结构中的动词往往是表示行为在某一时刻达到的结果或状态,具有明确的终结点(离散性),因此可以跟"过"搭配。例如:

（55）上星期我看见过张教授。

（56）朱建华曾经打破过跳高世界纪录。

有一类单纯表示行为动作"开始""出现"的动词，它们的词义只指示到"实现点"，不包括"终结点"，也就是说，它们只有"实现过程"，没有"离散性质"。因此，它们不能跟"过"搭配。常见的这类动词有"上马、出发、开学、启程、开始、着手、开演、下手、入手、动工、上工、开市、开动、上路、动身、发车、起飞、开幕、开场、开张"等。例如：

（57）这项工程已经上马了。

　　*这项工程已经上马过。

（58）他们昨天已经出发了。

　　*他们昨天已经出发过。

上文说过述补结构一般可以跟"过"搭配，这是就补语是表示结果或状态的而言。还有一类补语是表示其前行为的"开始"或"继续"，此类述补结构的整体语义特征就没有"终结点"，即为非离散性质的，因此都不能跟"过"搭配。常见的这类补语有"上、开、起来、下去"等。例如：

（59）*老李又查上过字典。

（60）*老李又查开过医疗手册了。

（61）*他认真地查起书来过。

（62）*他又听下去过。

例（59）至例（62）的补语都是表示其前行为的"开始"或"出现"，具有"实现过程"，符合"了"的使用条件，因此可以在适当的位置加上"了"，比如"老李又查上了字典""他又听下去了"等。

重叠式动词跟动态助词的搭配规律也可以证明"过"的表义特征。前文说过，重叠式动词的语法意义为表"时量短"或"动量小"，它还有另外一个重要特征，就是不代表一个有始有终的完整动作，只表示一种尝试，这一特征可以用形式标准加以鉴别。凡表完整动作的动词都具有一个重要的语法特征：可以用动量词称数，比如"看了三次""开了两趟车""吃了三顿"等；相反，凡不表示完整动作的词语都不能用动量词称数，比如没有"终结点"的不完整动词"出发、动工、启程、说上、查开、唱起来、说下去"等都是如此。重叠式动词都不能用相应的动量词称数，比如不能说"*看看三次""*开开四趟车""*吃了吃三顿饭"等。由此可见，重叠式动词代表的也不是一个完整的动作，它们的行为有"实现点"，而没有"终结点"。所以重叠式动词没有"离散性质"，只有"实现过程"，只能跟"了"搭配，不能跟"过"搭配。例如：

（63）甲：上星期六晚上你们怎么过的？

　　　乙：看了看电视，下了下棋。

　　　*看过看电视，下过下棋。

（64）我在家吃了吃饭才来。

　　　*我在家吃过吃饭才来。

一般认为，"过"是表示过去曾经历的事，但是例（63）（64）都是指过去曾经历的事，却都不能跟它搭配，可见这一说法是有问题的。综上所述，可以看出"过"的各种各样句法功能和语法意义都是由它的基本语义特征"离散性质"派生出来的。

3.2.3　三个体标记的表义分工

3.2.3.1　三个体标记的语法功能

现在，我们把动态助词"了、着、过"的语法意义（使用条件）表现在一个图中。

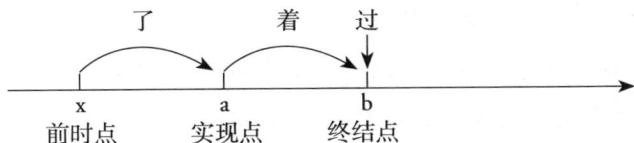

从上图中可以清楚地看出汉语"体"范畴的整体功能和明确的分工。代表汉语"体"范畴的动态助词"了、着、过"，一起刻画一个完整动作从开始到结束的全部过程。同时，三个助词还有明确的分工："了"表示动作从无到有的"实现过程"，"着"表示动作从产生到结束之间的状况，"过"

表示动作的结束。

前文提到，"了"和"过"有共同之处，它们都是着眼于动作行为发展到某一"点"上的情况。两者一道又与"着"形成鲜明的对立，"着"是着眼于行为发展过程中的"线"。由它们的语义特征可以推知，同时满足"了"和"过"使用条件的动词应该比较多，而同时满足"了"和"着"或者"过"和"着"的就比较少。

3.2.3.2 体标记在从句里的行为差异

"了、着、过"的表义特征上的差别还可以从它们用于"动＋的〔名〕"结构中的情况看出来。

动词可以构成"的"字短语代替中心名词。但是，这种用法有条件限制，可省的中心名词必须是动词的施事或者是受事，否则不能。例如：

（65）游泳的〔人〕很多。（施事）

（66）唱的〔歌〕是通俗歌曲。（受事）

（67）＊伴奏的〔声音〕太大。

（68）＊工作的〔方式〕不对。

根据与动态助词的搭配情况，"动＋的"短语又可以分为两类：（一）代替施事的，"了、着、过"都可以插入"动"和"的"之间；（二）代替受事的，只有"着、过"可以插入，"了"则不能够。例如：

（69）上了（车）的（人）盼望早开车。（施事）

　　　学了（俄语）的〔学生〕不好分配。（施事）

（70）吃过的（人）请到外边去。（施事）

　　　唱过的（人）都将得到一个纪念品。（施事）

（71）（正）吃着的（人）请坐下。（施事）

　　　（正）睡着的（人）不要叫他。（施事）

（72）唱过的（歌）一共有五首。（受事）

　　　＊唱了的（歌）一共有五首。（受事）

（73）我带了几件洗过的（衣服）。（受事）

　　* 我带了几件洗了的（衣服）。（受事）

　　"动＋的"短语代替"受事"中心名词时，"了"不能跟动词搭配的原因仍是它的表义特征决定的。"动＋的"代替受事名词意味着动作与对象业已或将来某时已发生关系，就要求动作必须处在事实状态中（在"实现点"之后），然而"了"所指的是行为发展到"实现点"，这与代替受事的"动＋的"语义特征有冲突，所以"了"不能出现在其间。而"动＋的"短语代替施事中心名词时，作为行为主体的施事在"前时点"时业已与行为发生关系，这与"了"的语义特征不矛盾，所以这时"了"可以出现在短语之中。行为在"实现点"之后既可以与行为主体（施事）发生关系，又可以与行为的对象（受事）发生关系，那么，不管是代替施事还是受事，"着"和"过"都可以出现在短语中。

　　还可以从一个侧面证明"了"的语法意义不是"完成"。补语为"完、光、好"等纯粹表完成义的词时，整个述补结构可以组成"的"字短语代替受事名词，可见"了"与表"完成"义补语的性质显然是不同的。例如：

　　（74）写完的〔信〕都装到信封里了。

　　　　　* 写了的〔信〕都装到信封里了。

　　（75）吃光的〔盘子〕请端走。

　　　　　* 吃了的〔盘子〕请端走。

　　（76）洗好的〔衣服〕都晒在阳台上。

　　　　　* 洗了的〔衣服〕都晒在阳台上。

3.2.3.3　体标记的共用限制

　　可以说"看过了""吃过了"等，而不能说"* 看了过""* 吃了过"等。"了"和"过"共现时，顺序只能是"过＋了"，而不能是"了＋过"。这种现象也是由它们各自的语义特征决定的。前文说过，"了"和"过"都是着眼于行为发展的"点"，所以它们可以连用。要解释"了"和"过"连用时语序限制的原因，先要弄清它们跟其前动词的层次关系。其层次为：

〔（动＋过）＋了〕

"过"是表示行为的结束，代表一个完整的动作。一个完整的动作必然包括从前时点到实现点的"实现过程"，也就是说，"动＋过"结构包含有"了"的语义特征，因此可以再跟"了"搭配。然而，"了"只表示行为发展到"实现点"，不包括行为的结束，也就是说，"动＋了"短语没有"过"所要求的语义特征，所以不能再跟"过"搭配。这就是形成上述语序限制的原因。

3.2.3.4　体标记与否定

"不＋动"短语只能跟"了"搭配，不能跟"着"或"过"搭配。例如：

（77）英语他不学了。　　　　　　　＊英语他不学过/着。

（78）飞机他不坐了。　　　　　　　＊飞机他不坐过/着。

上述用法也可以从三个动态助词的语义差别上得到解释。"不＋动"短语的整体意义是行为由存在到消失，它包含了一个从原来状态到新状态的"实现过程"，这正与"了"的语义要求相符，因此二者可以搭配。而动作行为的消失没有一个明确的"终结点"，表现在"不＋动"不能再用动量词称数，比如不能说"＊不看三次""＊不坐四趟"等，可见整个短语没有离散性质，所以不能跟"过"搭配。此类短语很明显也没有动态时段持续的特征，也不跟"着"搭配。

3.2.3.5　分布与语法意义

下面根据"了"的语法意义分析它在不同的句法位置上所产生的表义功能上的变化。以下三个结构的语法意义是不同的：

（a）动＋了＋名；

（b）动＋名＋了；

（c）动＋了$_a$＋名＋了$_b$。

同样的句子，"了"出现的位置或次数不同就会产生不同的意义。例如：

（79）他吃了饭 ≠ 他吃饭了 ≠ 他吃了饭了

（80）他看了书 ≠ 他看书了 ≠ 他看了书了

（81）他写了信 ≠ 他写信了 ≠ 他写了信了

（82）他听了戏 ≠ 他听戏了 ≠ 他听了戏了

由此可见，句式（a）可以表示行为的完成（不必然表示"完成"，详见 3.2 节），句式（b）表示行为的开始，句式（c）表示行为已经完成并影响至说话的时刻。这些差别都可以从"了"的表"实现过程"的语义特征上得到解释。

"了"的语义要求只对于其前的词语有限制。句式（a）只表示动作行为达到了"实现点"，而可进入该句式的动词"吃、看、写、听"有一个共同的特点，在时间持续上的伸缩性很大，既可以持续相当长的时间，又可以瞬息完成，所以这时允许"实现点"和"终结点"重合在一起。于是就形成了句式（a）在特殊语境中具有表示完成的语法意义的现象。句式（b）的"了"是表示把"动＋名"短语整个作为"前时点"（行为和对象间没有发生关系）到"实现点"（行为和对象业已发生关系）的转化过程的完成，所以句式的整体含义只表示"动＋名"所指情况的开始。句式（c）的语法意义是由句式（a）的整体意义再加上一个新的"转化过程"产生的："了"前的"动＋了＋名"的基本意思是"行为和对象已发生关系"（达到实现点），再加上"了"就意味着向一个新的状态的转化过程的完结，而这个新的"转化过程"的完结只能是行为作用于对象的完成或者影响至现在。

3.2.4　结语

语言学界对于三个助词的看法比较一致：它们只表示行为的"体"，而不表示"时态"。根据我们的观察，"了、着、过"虽不直接表示动作行为发生的时间位置，但与时间特性密切相关。可加三个助词的词语所指必须是发生在时轴上某一位置的情况，这个位置既可以是"过去""现在"，又可以是"将来"，这个论断可以从下面事实中得到佐证。

汉语中也有一类虚拟动词，所表示的是主观上的估价、意愿、可能等虚拟情况，即所指的都是时轴之外的情况，它们都不能跟动态助词搭配，常见的这类词有"值得、要、可能、认为、情愿、宁可、企图、能够、难免、懒得、觉得、敢于、当心"等。动词"建议、劝、命令"等的从句中的情况都是虚拟的，都不是发生在时轴上的情况，因此从句中的动词都不能跟动态助词搭配。例如：

（83）我建议他学习数学。

　　　*我建议他学习了／着／过数学。

（84）我劝他锻炼身体。

　　　*我劝他锻炼了／着／过身体。

汉语的"体"范畴有三个——实现体、持续体、终结体，分别对应了"了、着、过"。由此可见，汉语的"体"范畴是十分周密的，分别用三个动态助词职责分明地对一个完整的动作从无到有、再到消失的全部发展过程进行精细的刻画。汉语确实是一种博大精深的语言，从这些语法范畴设立得如此周详、严密，就可以看出。

3.3 将来时标记

3.3.1 引言

时间是人类生存的必然环境之一，因此每种语言中都存在着关于时间的表达形式。宏观上看，时间是由"过去"、"现在"和"将来"三类组成的，很多语言都有相应的语法范畴加以表示。同一类型的时间又可以具有各种精细的划分，语言相应地会采用各种细腻的手段加以表达。本章以将来时为例来说明这一问题。

"时"是人类语言的一种重要语法范畴，不同的语言可能采用不同的形式来表达。普通语言学界所谈到"时"范畴一般是指屈折形态上的。而本章则是从功能和意义的角度来看待这一问题，而不管某一语言到底采用何种形式，它们可以是形态、副词、助动词、时间名词等。这样做的一个理由是，即使在一个语言内部，不同的时间范畴可能会采用不同的语法形式来表达，比如英语的过去时用形态（V-ed），将来时则用助动词（will/shall ＋ V）。如果拘泥于某种特定的语法形式，就无法全面认识该语言的时间范畴系统。从这一个角度来看，可以揭示汉语丰富而细腻的时间表达手段。

3.3.2 将来时的概念

将来时的概念结构决定了它的来源、用法以及与其他语法范畴的关系。根据普通语言学的定义，将来时是由两种语义要素组成的：意图和预测。

他们认为，将来时不是一个单纯的时间范畴，而更像一个以施事为取向的认识情态，只是蕴含重要的时间信息罢了。将来时经常蕴含着意图的表达。从普通语言学的角度看，真正的将来时形式是表达预测的，然而这种将来时标记比较少见，大都与意图的表达交织在一起。将来时标记还与人称的用法交织在一起，比如在中古英语和早期现代英语中，will 大部分是用来表达第一人称的意图。即使当代英语的将来时标记 will 仍存在多种用法：

（a）简单的将来时： I will bring the dessert.

（b）义务、责任： You will listen to me.

（c）倾向、不可避免： Boys will be boys.

（d）习惯性的行为： They will talk for hours on end.

（e）预期、期望： That will be his wife with him, I suppose.

（f）可能性： This drawer won't open.

将来时与过去时在意义上是不对称的，相应地在表达形式上也有明显的差别。过去时都是已经发生的行为，即其实现已超越了人们的控制，它是业已确定的事实，因此其语言表达形式一般比较单纯，比如英语的过去时只有一个词缀 -ed 来表示。然而将来时则指示对尚未发生的事件的预测，这使它带有很大的主观性，因此将来时标记常与认识情态密切相关。此外人们往往对一个未来事件发生时间的长短进行估计，不同语言往往用不同语法标记来表示不同的将来时间距离，结果就形成了将来时标记的复杂性。比如英语的 will 表示较远时间距离的将来时，而 be going to 则是表示现在已经开始发生或者已经具有发生根据的将来时标记。例如：

（1）a. I'm seeing Janet on Tuesday.　　（现在已经安排好了）

　　　b. I wonder if she'll recognize me.　（现在尚无发生的根据）

（2）a. Look out —— We're going to crash！（已经有明显的迹象）

　　　b. He's a terrible driver——he'll crash it. （仅仅是说话者的推测）

也就是说将来的时间距离是有程度之别的，下文将要讨论的汉语将来时标记"就""要""回头""将来"等功能的主要区别是其所表达的时间距离的远近不同。

3.3.3　将来时标记"要"

3.3.3.1　"要"将来时用法产生的时代

既然构成将来时概念的一个语义要素是"意图"，那么就不难理解表达意图的助动词是将来时标记的主要词汇来源。汉语的该类动词"欲"和"要"先后发展出了将来时的用法。"欲"在宋元以后逐渐消失，下面是它的将来时用例：

（3）鸡鸣外欲曙，新妇起严妆。（《古诗为焦仲卿妻作》）

（4）府君胃中有虫，欲成内疽，腥物所为也。（《后汉书·华佗传》）

（5）山雨欲来风满楼。（《咸阳城东楼》）

"要"的将来时用法已见于宋代。"要"和"欲"都有向将来时发展的语义基础，它们是在适当的句法环境中各自独立发展出来的。其具体的语法过程值得进一步探讨。下面是将来时"要"的早期用例：

（6）到工夫要断绝处，又更增工夫。（《朱子语类》第八卷）

（7）人要死了，你们还只管议论人。（《红楼梦》第一一四回）

3.3.3.2　将来时标记"要"的使用条件

上文指出构成将来时概念的两个语义要素为"意图"和"预测"。我们认为"预测"是将来时概念的核心内容，而"意图"只是一个伴随特征。根据两个义素的结合情况，可以分为以下三种情况。

（a）单纯将来时：只表示"预测"。

（b）复合将来时：兼表"意图"和"预测"。

（c）能愿助动词：只表示"意图"。

"要"是现代汉语中最典型的将来时标记之一，但是它有很多其他的用法，诸如"表示做某事的意志（他要学游泳）"，"逻辑推理（一味蛮干是要失败的）"，"应该（借东西要还）"，"估计（他要比我走得快）"。这些用法的"要"都不能看作是将来时，下面探讨其将来时用法的使用条件。

一、单纯将来时标记"要"。"要"本来是表示主语的意图、意志的，当由于句子中的某种因素消除这一语义特征而表示单纯的预测时，它就成了单纯的将来时标记。其单纯将来时的使用条件主要有以下几种。

（一）主语为非人名词，特别是无生命的事物。这类主语就消除了意图义，因为意图与人有关。

（8）老陈呐，听说咱们北京要地震，有这么回事吗？（《编辑部的故事》）

（9）小学要毕业了，学校让填表格。（《往事悠悠》）

（10）炉面上有一把铝水壶，水壶里的水快要滚了。（《庭院深深》）

（11）我告诉您，这个行市要大涨特涨。（《日出》）

（12）秦二爷？正想去告诉您一声，这儿要大改良！（《茶馆》）

（13）她觉得自己的夏天已经过去，生命的晚霞就要暗下来了。（《雷雨》）

（14）清晨，驼队就要出发。（《在那遥远的地方》）

（15）我一直有一种预感，这回的任务要落在我头上了。（《为毛泽东做左眼手术》）

当主语无法明确说出时，"要"的意图义项也被抑制，表现为单纯的将来时标记。这类句子多与自然状况有关，但是也并不限于此。例如：

（16）转眼到了 1963 年，传来要在北京举行全国京剧现代戏汇演的消息。（《话说当年〈智取威虎山〉》）

（17）眼看要变天了，急得团团转。（《肖尔布拉克》）

（18）对了，老爷刚才跟我说，怕要下大雨，请太太把老爷的那一件旧雨衣拿出来。（《雷雨》）

（19）晚来天阴风急，好像要下雪。（《享福》）

存现句的主语一般为地点名词或者时间名词，也是非生命的，用于其中的"要"多为单纯的将来时标记，表示某一地点或者时间内将要发生什么事。例如：

（20）你必须马上走，我有预感，今晚要出事。（《在父亲病榻旁的日

子里》）

（21）如果不交出彭真，今天就要有好戏看！（《特监轶事》）

（二）谓语动词是意志无法控制的，即"非自主"的。这类谓语多是消极的，不是主语的意图。此类句子中的"要"的意图义也被抑制，表现为单纯的将来时标记。

（22）望着朴园，泪要涌出。（《雷雨》）

（23）大海，你心里想想，我这么大年纪，要跟着你饿死。（《雷雨》）

（24）开门！开门！你要吓着我的孩子！（《日出》）

（25）白露，你要喝醉了。（《日出》）

（26）诶，诶，她要吐。快，快！（《编辑部的故事》）

（27）他将和胡风一样，注定要成为历史人物。（《寻找储安平》）

（28）这个女演员是中央戏剧学院的学生。要开学了，学校叫回去，可戏没拍完。（《往事悠悠》）

（29）天又阴了，一点风也没有，简直快要憋死了。（《天山深处的"大兵"》）

注意，上述（一）类和（二）类有交叉现象，只是两个观察的视点不同：（一）类着眼于主语，（二）类则着眼于谓语。

（三）如果谓语是被动结构时，通常都是主语无法控制的行为，也就消除了意图义，单纯表示将来时。该类与上述（二）类的性质相同，只是谓语结构不同。例如：

（30）这种精心维系的"谎言政治"迟早要被废除。

（31）黑龙江"村官"都要被审计。

（32）中国人还要被互联网"忽悠"多久？

（33）被列为个体户清洁工月入 450 元还要被征 5 种税。

（34）单位倒卖土地，负责人要被判刑。

（35）《梁祝》的故事到底还要被折腾几次？

（36）她要暂时被调往美国驻佛罗伦萨的意大利伤员医院。（《海明威的婚恋冒险》）

（37）他们热情地握我的手，我感到手指骨节被握得要断裂。（《俄罗斯酒鬼》）

（四）"预测"类动词的宾语从句中"要"一般为单纯的将来时标记，因为该类动词的语义制约着"要"只能被解释为"预测"，即压制了"要"的意图义。例如：

（38）我估计我要吃上这儿的炖小鸡儿啊。（《编辑部的故事》）

（39）要是早知道你要跟我谈正经事儿，我就安排我的经纪人接待你了。（《编辑部的故事》）

（40）她预感到某种可怕的事情终归要发生了。（《皇城根》）

（41）当年参加革命，就没有想到要挣人民的币。（《编辑部的故事》）

（42）她觉得自己的夏天已经过去，生命的晚霞就要暗下来了。（《雷雨》）

（43）听说他也要到矿上去，是吗？（《雷雨》）

（44）你必须马上走，我有预感，今晚要出事。（《侯宝林微笑着告别人生》）

（45）那一刻她站在门外忽然有种预感，她觉得她就要解脱了。（《遭遇礼拜八》）

"要"在宾语从句中的使用有一个限制：如果谓语动词是表示"希望"等与意愿有关的动词，将来时标记"要"则不能出现在从句中。这主要是来自语义上的限制，希望等表示的是虚拟的情况，而将来时表示的则是预测要实现的情况，两者的语义表达有矛盾。例如：

（46）*我希望明天要下雪。　　　*我希望她明天要来。

　　　*我建议学生就要把作业送上来。*我愿意他们要来参加我们的晚会。

（五）"要"的前面已经有表示将来的时间词，那么就自然隐去它的意图特征，而表示单纯的将来时。常见的可以修饰"要"的副词有"将、就、快、正、马上"等，修饰语还可以是表示将来的时间名词，诸如"明天、下个星期"等。这也说明"要"表示将来也是一个程度问题，受其他副词修饰来表示离现在不同的时间距离。

（47）太太！怎么您下楼来啦？我正要给您把药送上去呢！（《雷雨》）

（48）我先要一个人离开家。（《雷雨》）

（49）太太说不定今天就要辞掉我。（《雷雨》）

（50）刚才，我听你说，你明天就要到矿上去。（《雷雨》）

（51）你们不到两个月整个地就要关门的。（《雷雨》）

（52）明白了，金八爷早上就要提款！（《日出》）

（53）可是，说话马上就要发稿了，时间来不及了吧？（《编辑部的故事》）

（54）原来饭店快要开张，至今连个名字还没着落。（《危楼记事》）

还有其他一些副词也可以消除"要"的意愿特征，从而使它表示单纯的将来时。最典型的是表示可能性的副词。例如：

（55）我也许就要回到矿上去。（《雷雨》）

（六）谓语动词之后加体标记"了"，一般表示客观上某事即将发生，"要"的意图义被冲淡，它通常为单纯的将来时。例如：

（56）是，爸，我要走了，您有事吩咐么？（《雷雨》）

（57）我要走了，我要收拾东西去。（《雷雨》）

（58）所以我就要走了。不要再多见面，互相提醒我们最后悔的事情。（《雷雨》）

（59）时候不早了，我们要睡觉了。（《雷雨》）

（60）让开点，他要走了。（《雷雨》）

（61）不，我是要走了。（《雷雨》）

（62）不，不早了，我要回家了。（《雷雨》）

（63）哼！现在你要跑了！（《雷雨》）

（七）当客观描述情况时，或者站在第三者的角度报告一件事时，主语的意志特征由此而被隐去，此时的"要"表现为单纯的将来时。例如：

（64）刚才我看见一个年轻人，在花园里躺着，脸色发白，闭着眼睛，像是要死的样子。（《雷雨》）

（65）老爷吩咐，说现在就要，说不定老爷就要出去。（《雷雨》）

（66）他们要进来。你藏，藏起来。（《雷雨》）

（67）你想想，小英儿要上学，小四身体又弱。（《日出》）

（68）到医院进门时还没事，到要临走出门时，麻烦就来了。（《再说"万氏兄弟"》）

（69）及至陈玉英自己提起旅行袋要走了，他才赶过来帮忙。（《皇城根》）

（70）全义哥，小妹要结婚啦！（《皇城根》）

（71）爹和桥桥要出门了，照例是该炒点好菜。（《远处的伐木声》）

二、复合将来时标记"要"。上述所谈的七种情况都是由于某种外在的形式特征或者语用环境的限制，消除了"要"的意图义项，从而表现为单纯的将来时。然而当缺乏这些形式特征或者语用环境改变时，"要"本来的意图义和预测义可以共同浮现，表现为复合将来时。这种用法相当普遍，例如：

（72）好，您歇歇吧，我要上楼给太太送药去了。（《雷雨》）

（73）您又要说什么？（《雷雨》）

（74）所以我要离开这儿啦。（《雷雨》）

（75）有一天，你说过，要把我们的事情告诉老爷的。（《雷雨》）

（76）他要帮助她学费，叫她上学。他还说——（笑笑）这孩子！——要娶四凤。（《雷雨》）

（77）他已经正式地跟我提出要和我离婚。（《编辑部的故事》）

复合将来时"要"前的主语绝大多数是第一人称。当说话者要表示自己预期做的事情时，不可避免地带上自己的主观意图。例如：

（78）我要说，我要痛痛快快地说，我叫一个流氓耍了。（《日出》）

（79）太阳升起来了，黑暗留在后面，但是太阳不是我们的，我们要睡了。（《日出》）

（80）我不打算回去了。我要留下来。（《日出》）

三、单纯表示意志或者意图时，不宜看成将来时用法，因为将来时的核心意义为对未来发生事件的预测，而单纯的意图所指不是对未来事件发生的预测，也不关心事件到底是否会发生。"要"的非将来时用法出现的语言环境一般是，主语是有意志的指人名词，谓语则是无法控制的行为事件。此类的"要"前还常有加强意志的副词"偏""硬"等修饰。例如：

（81）你告诉他，工人代表鲁大海要见他。（《雷雨》）

（82）你看太太偏要请她来谈一谈。（《雷雨》）

（83）我正有许多话要跟您说。您好一点儿没有？（《雷雨》）

（84）爸爸，怎么鲁大海还在这儿等着要见您呢？（《雷雨》）

（85）您知道，四凤的妈来了，楼上的太太要见她。（《雷雨》）

（86）这次，她自己要对你妈说，叫她带着你卷铺盖滚蛋！（《雷雨》）

（87）妈，我要告诉您一件事——不，我要跟您商量商量。（《雷雨》）

上述例（81）中的"要见"是鲁大海个人的愿望，至于说能否见到"他（周朴园）"那并不取决于鲁大海本人，因而也是无法预测的，所以此处的"要"并不是将来时标记。当缺乏这类谓语特征时，要根据更大的语言环境来判断了。例如：

（88）周朴园：（愠怒）好，你上楼去吧，我要一个人在这儿歇一歇。

　　　周繁漪：不，我要一个人在这儿歇一歇，你给我出去。（《雷雨》）

单独看周朴园的话"我要一个人在这儿歇一歇"可以理解成复合将来时，但是结合上下文看，它只是表示周朴园的主观意图，想借口把周繁漪支使走，并不是实际预测将发生什么事情。周繁漪的话纯粹出于个人的情绪，根本不是预测要发生什么事情。因此这里的"要"都是单纯的意图用法。应该注意，"要"在一些情况下解释是有歧义的，很难判定到底属于哪种用法。

3.3.3.3　将来时标记"要"的一些使用特点

将来时标记"要"还有一些使用特点值得注意。它往往表示将来事件发生的现实理据，这又可以细分为不同的情况，比如可以是目前已经具备了将来事件发生的条件，或者显示出将来事件发生的迹象，或者一个假设事件的逻辑结果。

一、目前已有将来事件发生的条件或者迹象。下例中的画线部分指示"要"后动词实现的条件或迹象。

（89）萍儿，<u>花盆叫大风吹倒了</u>，你叫下人快把百叶窗关上。大概是暴雨就要来了。(《雷雨》)

（90）陈白露<u>突然厌恶地扭转身</u>，要走开。(《日出》)

（91）她<u>埋下头</u>，像是要落泪。已经坐起来的小东西掏出手绢。(《日出》)

（92）<u>地返潮了</u>，天要下雨。(《远处的伐木声》)

二、对假设事件的逻辑推理。下例中的画线部分就是"要"后动词实现的前提。

（93）也没办法了，<u>不锻炼</u>是要发胖的了。(《编辑部的故事》)

（94）<u>要他一张嘴啊</u>，电源就要自动跳闸。(《编辑部的故事》)

"要"可以表示马上要发生的动作，因此它可以被"现在"等时间词修饰，而后文将要谈到的"回头"和"将来"则不允许与这类词搭配。例如：

（95）他现在就要走。(《雷雨》)

（96）听说他现在就要上车。(《雷雨》)

（97）那我知道错了，不过，现在我要见你，要见你。(《雷雨》)

"要"还可以表示实际上已经开始的动作行为，如下例所示。它不能为其他任何将来时标记所替代。"就"虽然也可以表示立刻的将来，但是它只能表示在一个事件之后才发生的动作，即不能与前一事件重叠，因此不能表示已经开始发生的动作。

（98）刚要向陈白露探身。(《日出》)

（99）伸着头颈，笑着要吻她的手。(《日出》)

例（98）可以表示"探身"的动作已经做出，例（99）也可以表示"吻她的手"的动作已经开始。

将来时标记"要"具有很强的主观推测性，经常可以受"似乎""仿佛"之类表示推测的副词修饰。例如：

（100）陈白露深深地对他看着，似乎要把他的样子印在脑子里。（《日出》）

（101）他向前走了一步，仿佛想要说什么。（《日出》）

（102）我诅咒旧世界，像要嘶喊出血来。（《日出》）

3.3.4　其他将来时标记的功能

3.3.4.1　"将来"的表达功能

　　"将来"是一个使用时间最久的标记，现在口语和书面语都很常用。它的语义最单纯，只表示将来时概念。其词性为时间名词，因此跟其他同类词一样，可以出现在主语的前后。然而"要"等助动词或者副词则不能出现在主语之后。

（103）我一定要告诉他的。我将来并不一定跟她结婚。（《雷雨》）

（104）这一点钱你不收下，将来你会后悔的。（《雷雨》）

（105）现在他少受着罪，将来他还可以从这里逃出去。（《骆驼祥子》）

（106）你若丢了东西，将来我赔上。（《骆驼祥子》）

（107）天师今天白喝你点茶，将来会给你个县知事做做吗？（《茶馆》）

　　在表达功能上，"将来"跟"要"也有明显的不同："将来"通常指示一个离现在相当远的时间位置发生的事，而"要"则指现在已经开始发生或者不久就会发生的事件。而且"将来"表示的通常是与目前现实不发生直接关联的事件，然而"要"表示的是现在已具备实现条件的事件。它们这一明确的分工使得其在具体的上下文不能互换，要么情理上不通，要么不合语法。例如：

（108）那长得丑的，将来（＊要）承袭她们妈妈的一切。

　　　　好好的把两个男孩拉扯大了，将来（＊要）也好有点指望。

　　　　好容易客人刚走，我正要（＊将来）回话，又来了一位。

　　　　太太！怎么您下楼来啦？我正要（＊将来）给您把药送上去呢！

3.3.4.2　中期将来时标记"回头"

当代口语里有一个非常活跃的将来时标记"回头"。它有自己独特的表达功能，表达一个不远不近的未来时间点，可以看作"中期将来时（medium future）"，在特定的上下文通常不能为其他将来时标记替换。具体说来，"回头"既不像"要"那样现在已经开始发生或者已具备发生的现实理据，也不像"将来"那样表示比较远的未来。

"回头"在词性上与"将来"一致，都是时间名词，可以出现在主语的前后，然而有别于"要""就"等助动词或者副词，它们则只能出现在主语和谓语之间。

一、"回头"在主语之前的用例

（109）嗯，你告诉清楚了，别回头老爷来了，太太不在，又该发脾气了。（《雷雨》）

（110）回头我找他谈谈，看是不是真有这回事。（《王朔小说选》）

（111）回头我就把医院的诊断书交给你们领导，然后送你住院。（《王朔小说选》）

（112）有什么呀，回头我还你一盒。（《王朔小说选》）

（113）回头我给你到估衣铺办一套半新不旧的行李来，这才是长久之计。（《邓友梅小说选》）

二、"回头"用在主语之后或者谓语之前的用例

（114）你回头告诉太太，说找着雨衣不用送去了；老爷自己到这儿来，还有话跟太太说。（《雷雨》）

（115）快吃吧，都凉了，回头还有工作呢。（《编辑部的故事》）

（116）冬宝下周的"周末一菜"，你考虑了没有？回头上我屋研究研究。（《王朔小说选》）

（117）先搁你那儿，回头去取。（《王朔小说选》）

（118）酒量不大还爱逞能，回头喝吐了可没人管你。（《王朔小说选》）

（119）你也离了得了，回头再劝肖超英也离了，咱们几个光棍住在一起多乐儿。（《王朔小说选》）

让我们用上述例（115）"快吃吧，都凉了，回头还有工作呢"来说明"回头"的用法。此处"回头"所指并不是已经开始发生的行为，也不是立刻就要发生的行为，"开始工作"之前还有"吃饭"这件事，因此换为"要"就不合适；同时，也不是遥远的未来，也不能用"将来"替代。

换个角度看，"将来"通常表示很远的未来，因此不能用"回头"替换。比如下述两例的"将来"就不能用"回头"来替代。

（120）我一定要告诉他的。我将来并不一定跟她结婚。（《雷雨》）

（121）你有力量，你能吃苦，我们都还年轻，我们将来一定在这世界为着人类谋幸福。（《雷雨》）

3.3.4.3　将来时标记"快"

副词"快"主要表示一个未来事件的发生离现在的时间很近，是纯粹的预测。有时可以用"要"替换而意思基本不变。例如：

（122）妈也快回来了，我看你把周家的活儿辞了，好好回家。（《雷雨》）

（123）那是你们老太太看着孩子快死了，才叫我带走的。（《雷雨》）

（124）四凤，收拾收拾零碎的东西，我们先走吧。快下大雨了。（《雷雨》）

有两种用法的"快"表面上看来也是描写将来的状况，但实际上并不是表达将来时概念：一是接近于某种状况或者数量的出现，这是表示一种现实的状态，并不是预测这一状况要在未来发生；二是表示人们的行为方式迅速、不拖延。下面分别举例加以说明。

一、接近于某种状况或者数量

（125）你瞧瞧，又急了。真快成小姐了，耍脾气倒是呱呱叫啦。（《雷雨》）

（126）我已经快三十了，你才十八。（《雷雨》）

（127）这是谁？快十点半还在唱？（《雷雨》）

二、表示行为方式迅速

（128）萍，我们还是快走吧。（《雷雨》）

（129）赶快倒杯凉开水递给侍萍。(《雷雨》)

（130）侍萍，快来睡觉吧，不早了。(《雷雨》)

3.3.4.4　将来时标记"就"

很多工具书都指出"就"有将来时的用法。比如《现代汉语八百词》指出"就"表示很短时间以内即将发生，例如"我就去""这就走""你等一会儿，他马上就回来"等。其实"就"不是一个独立的将来时标记，它主要表示一个动作紧接着前一个动作发生。当句子中无任何时间词语时，无标记的时间位置就是"现在"，那么此时的"就"则表示"紧接着现在发生的动作"，其将来时的含义即由此而来。这样就不难理解另外一种情况，当时间参照点为过去时，"就"也可以表示过去发生的动作："他说完就走了""他扭头就跑了""他吃完饭就睡觉了"等。

值得注意的是，在当代口语中"就"与"这"形成一种固定搭配"这就"，表示立即发生的事件。其中"这"的功能是指示现时点，这样加上"就"以后就有了上述表达功能。这种用法相当常见。下面是从实际应用中收集来的用例。

（131）"我这就去泡，我这就去泡，你等着我啊！"他飞奔冲向楼下的 24 小时店铺。

（132）"我这就去问爹爹！"少女说着人已经快步出了书房。

（133）"我这就去把客人接来。"说完转身走了。

（134）"好，我这就去把这个好消息告诉他。"刘天明兴奋地小跑着出了厅长办公室。

（135）"好的，父皇我这就去求援。"周平转身就要走。

（136）"我这就去，这就去！"说完，一溜烟地跑进屋拿行李去了。

上述用例的"这就"都是表示事实上立刻要发生的事情，已经不是表达意图或者预测了。这从画线部分所指出的后续动作可以清楚看出来。"这就"类的主语一般是第一人称，可以把它看作现代汉语的立即将来时标记。

3.3.5 结语

可以用一个模型来总结现代汉语各种将来时的表义功能。方括号表示包括这一点，圆括号表示不包括这一点的模糊边界。

X现在 　　　　Y中期将来 　　　　Z远期将来

第一，"要"的表达区间为〔X，Y），即包括"现在"这一点到"中期将来"的模糊边界。它可以受各种副词修饰来表示不同的时间距离，比如"就要""快要""将要"等。

第二，"就""快"等的表达区间为（X，Y），既不包括"现在"，也不包括"中期将来"，而是在它们中间的不久的将来要发生的动作。它们的着眼点不一样："就"强调紧接着某一事发生，"快"表示某一事的发生离现在时间近。

第三，"回头"的表达区间为（Y），即指示不近不远的适当的未来时间点，可以看作汉语的中期将来时标记。

第四，"将来"的表达区间为（Z），通常指比较远的未来，可以看作汉语的远期将来时标记。

时间的远近是相对的，时间位置的边界也是模糊的，因此应该避免把上述各个将来时标记的分工绝对化。从将来时概念的表达上再一次证明，汉语的确是一种博大精深的语言，它拥有丰富的手段，周密地表达各种未来的时间概念。

3.4 结构助词

3.4.1 引言

助词"的"的问题一直是现代汉语语法研究的一个热点和难点。在这方面，最基本而且又是悬而未决的问题是：到底有几个"的"？它的各种各样的用法背后有没有统一的规律在支配着？本章的目的就是寻求关于这两个问题的答案。

3.4.2 "的"的语法功用

3.4.2.1 "的"字短语的独立性

为了讨论的明确性，"X＋的"称为"'的'字短语"，"X＋的＋Y"为"'的'字结构"。通常认为前者是由后者省略而来的。但是在许多情况下，用省略来解释十分牵强，甚至完全讲不通，比如"至少他手中有条麻绳，不完全是空的"这句话的"的"后边就很难补出什么。调查显示，"的"字短语比"的"字结构的范围大，这样省略的说法就很难解释这些现象。

尽管很多"的"字短语可以找到其相应的"的"字结构，但是它们之间并没有派生和被派生的关系，各具独立性。这方面典型的例证是，非谓形容词做名词定语时不能加"的"，然而构成"的"字短语指代事物时则必须加"的"。例如：

（1）A.a. 彩色电视好看。　　　　　　a′.* 彩色的电视好看。

b.* 我们家的电视是彩色。　b′.我们家的电视是彩色的。

c.* 彩色更伤眼睛。　　　　c′.彩色的更伤眼睛。

B.a.慢性病难治。　　　　a′.* 慢性的病难治。

b.* 他的病是慢性。　　　　b′.他的病是慢性的。

c.* 他得的是慢性。　　　　c′.他得的是慢性的。

类似地,当一个名词做定语表示材料等时,一般不加"的",而构成"的"字短语指代事物时,则必须加"的",例如:一张玻璃茶几——一张玻璃的;枣木家具结实—枣木的结实。这些都不是个别的用例,而是成类的现象。所以我们有充分的理由认为,"的"字短语有其自身的独立性,而不是由"的"字结构省去中心语而来的。

另一个方面的证据是,形容词重叠式、"很＋A"等短语修饰名词时,必须带"的",然而却没有相应的"的"字短语。例如:

（2）a.他是一个很好的学生。　a′.* 他是一个很好的。

　　　b.她买了两本厚厚的书。　b′.* 她买了两本厚厚的。

可见,"的"字结构也有自身的独立性,并不都能找到相应的"的"字短语。

总而言之,"的"字短语和"的"字结构各具独立性,两者之间并没有必然的转换关系。这是下文讨论"的"的语法功能同一性的一个重要前提。

3.4.2.2　数量表达对"的"的使用的制约

"的"的用法表面上看来令人捉摸不定,但是一旦与数量表达联系起来考察时,其规律性就马上显示出来。换句话说数量表达的特征是揭示"的"使用规律的一个关键点。

一、必须用"的"的数量表达结构

当"程度词＋A"短语做名词定语时,"的"字必不可少。例如:

（3）a.大树→很大的树;　　　b.干净衣服→非常干净的衣服;

　　　c.好大学→比较好的大学;　d.红桌子→有点红的桌子。

除此之外,重叠式和生动式形容词也都与量的观念有关,它们做定语时,也都要加"的"，例如：笔直的道路—*笔直道路；老老实实的人—*老老实实人。还有，表示事物三维性质或者质量的形容词也有相同的限制：

（4）a. 五丈高的树—*五丈高树

　　　b. 一吨重的煤—*一吨重煤

"程度词＋A"短语修饰动词时也有平行的情况，必须用"的"（书面语中写为"地"）。例如：

（5）a. 很仔细地检查了一遍。

　　　b. 很认真地听老师上课。

　　　c. 很漂亮地打了一个反击。

　　　d. 十分焦急地等待着最后的结果。

上述例子中的"的"都不能去掉。

二、不能加"的"的数量表达结构

表示个体的数量词修饰名词时，都不能用"的"。例如：

（6）a. 一个人—*一个的人

　　　b. 两头牛—*两头的牛

　　　c. 三棵树—*三棵的树

　　　d. 四辆车—*四辆的车

有趣的是，表示事物个体多少的一对形容词"多"和"少"，也有与量词相似的用法，单独不能修饰名词，比如不能说"*多书""*少钱"，必须说"很多书""很多钱"等。量词亦如此，如"*头牛""*张纸"，量词之前必须加上一个数字。在历史上，"多"和"少"也与量词具有平行的演化过程。由此可以看出，词语的数量特征对其句法行为的影响之大。

动词的修饰语也有与上述相平行的现象。凡是把动作、行为看作离散单位的副词，在用"的"上就受到限制，常见的这类词有"曾经、常常、刚刚、每每、多次、又、再"等，它们修饰动词时都不能跟"的"。例如：

（7）a. *他曾经地学习过法语。

b.* 他常常地看电影。

c.* 我多次地见到他。

3.4.3　"的"的同一的语法功能

上面谈到两类数量表达结构，一类必须用"的"，一类则不能用"的"。数量短语与"的"的密切关系还表现在它们功能的可替代性上。前文说过，重叠或者生动式形容词做定语时必须加"的"，但是如有数量短语时，这个"的"就可省。例如：

（8）a.* 好好衣服　好好的衣服　　　好好一件衣服

　　　b.* 小小词典　小小的词典　　　小小一本词典

　　　c.* 雪白衬衫　雪白的衬衫　　　雪白一件衬衫

　　　d.* 笔直马路　笔直的马路　　　笔直一条马路

在这里，"的"与数量词表现出相同的功能，都能够使不合法的结构合法化。据此可以推测，个体数量短语与所修饰的名词之间不能插"的"的原因，来自两者功能上的相似性，因为共用就会产生表达赘余，所以互不相容。

现在根据个体量词的用法来推断"的"的功用。简单地说，个体量词是指示一类事物的成员数。这里所说的"一类事物"有两层含义：一是概念的抽象义所指的全部外延，它不受个人的经验、知识或者说话场合的限制；二是进入说话者思考范围的一组个体的集合，它带有很强的个人色彩，往往因人随地而变化。比如，"桌子"的抽象义的外延包括古今中外所有符合"上面有平面、下面有支柱、在上面放东西或者做事情"的家具，然而当一个人说"一张桌子就够用了"，其中的"桌子"所指的范围就小得多，是指说话双方共知的那一类，大小也有一定的限制，等等。我们把这种进入说话者的思维范围的一组个体所组成的集合称作"认知域"。但是，概念的抽象义所指在一些特殊的情况下与"认知域"等同的可能性，可是通常前者大于后者。

根据"的"与量词在功能上的相似性以及在定语位置上的互相排斥性，

归纳"的"的基本语法功能为：确立某个认知域的成员（一个或者多个）。在考察上述规则之前，应明确认知域的范围。上面讨论只限于三维物质空间的事物，可是实际上人们认知对象的东西远比这个范围大，它们也可能是动作、行为、性质等。

认知域的成员可以是单一的个体（如"一张凳子"），也可以是一组个体（"一排凳子"）。"的"字短语所确立的成员，总是小于或者等于其所在的认知域。同一组对象，随环境的变化，既可以作为一个认知域的成员，自身又可以成为一个认知域。但是在一个既定的认知过程中，认知域和成员的地位往往不能相混。例如：

（9）a. 新鲜热牛奶　　　 a′.* 新鲜的热的牛奶

　　　b. 老炼钢工人　　　 b′.* 老的炼钢的工人

　　　c. 大厚书　　　　　 c′.* 大的厚的书

　　　d. 大塑料床单　　　 d′.* 大的塑料的床单

上述右栏的抽象格式为：A_1＋的＋A_2＋的＋N。每个 N 都代表一个认知域，以"A_2＋的"标准从中确立出成员。因此整个"A_2＋的＋N"所指是一个认知域的被确立的成员。那么，如果再用 A_1 修饰限制，就意味着从这个已确立的成员中再确立出成员（又当作认知域）。这就违反了在既定的认知过程中认知域和成员身份不能相混的原则。然而，左栏格式无"的"，其中的"A_2＋N"可以作为认知域，因此可以再根据一个性质标准 A_1 对其划分成员。左栏都允许在 A_1 和 A_2 之间插入"的"，比如"老的炼钢工人"。

现在来解释前文提到的"的"的用法。数量词和把行为动作看作离散单位的副词，它们自身的词义决定它们的功用是确立认知域的成员，这正与"的"的功用一致，所以数量短语无需或者说不能有"的"。"程度词＋A"作修饰语必须加"的"的原因是，其中的"A＋N"代表一个认知域，如果加上程度词，就意味着根据性质程度的高低，给这个认知域划分成员。因此用"的"来标识。与数量词的情况不同，"程度词＋A"短语自身的词义并不具有指示个体的作用，所以与"的"的功能不排斥。类似地，重叠式或者生动式形容词，都具有性质的类别和程度双重含义，它们做定语必须带"的"的原因，跟"程度词＋A"短语的一样。

定量形容词做定语不加"的"的原因，跟数量词的相似。定量词的主要功用是分类，即给一个认知域划分成员。比如"彩色电视"是"电视"认知域中确立出属于"彩色"一类的成员。给事物或行为分类一般都有明确的标准，所分出的类与类之间的边界应是明确的。在这一点上，定量形容词与数量词的语义特征应该是一致的。跟数量词不能加"的"的原因相同，定量形容词做定语时也不能加"的"。普通性质形容词做定语给事物分类时，也有相同的特征，结果也不能加"的"。

定量形容词可以组成"的"字短语指代事物,这时其中的"的"必不可少。例如：

（10）a. 我们家的电视是彩色的。

　　　 b. 黑白的不伤眼睛。

显然不能说上例中的"的"字短语是省略中心语而来的，因为相应的偏正结构根本就不存在。上例用"的"的理由是，"彩色"等词语自身所指的是一种性质，它可以限定描写各种事物，诸如图片、画报、电影等。那么要用这个性质指代某一类事物（如电视），实际上就是对这个性质认知域划分成员。这一认知过程正与"的"的语法功用相同，所以就用"的"来标识。给事物分类的形容词都有与"彩色"平行的用法。

个体量词和表容量的集合量词不同，前者不能加"的"，后者则没有这个限制，比如，一桌子菜——一桌子的菜，一箱子书——一箱子的书，一车人——一车的人，等等。带"的"的格式具有强调数量多的作用，看下面的对比：

（11）a. 就做了一桌子菜，怎么够那么多人吃？

　　　 b. 做了一桌子的菜，十个人还吃不完。

例（11）a 的"一桌子"可以看作与一般量词的用法一样，需要解释的是例（11）b。说例（11）b 时，询问者所预期的菜的数量应少于"一桌子"的量，这样一旦实际数量超过这个预期，该认知域的"桌子"是一个新的、临时的划分成员的标准。这种关系就用"的"来标识。当修饰语指示中心语所指的认知域成员的作用已经约定俗成时，成为交际双方共同的认知域，就不再需要"的"来确立有关认知域的成员。集合量词大都有与"桌子"相似的用法，所以它们有时候可以带"的"。

3.4.4　"的"在三个认知空间中的运用

3.4.4.1　物质空间

人们的认知活动主要是在三个基本空间——物质空间、时间空间和性质空间中进行的。这三个认知空间的概念反映在语言中，就是名词、动词、形容词三大词类。本小节主要讨论"的"在三个基本词类内部的应用。

典型名词所指是三维物质空间中的一个个离散的个体，它们可以用个体量词称数。除此之外，还可以从各种各样的角度来划分三维空间认知域的成员，通常是多个个体组成的集合。常见的有以下五种：

一、从有关的行为动作的角度确立一个事物性认知域的成员。例如：吃饭的人、打电话的费用等。

二、领有者。"的"的一个重要作用是表示领属关系。在我们看来，"的"在这里是选取"领有者"作为划分一个认知域的标准。比如"北京的桥"是从"桥"的认知域中确立出属于"北京"的成员。

三、从有关的性质方面划分成员。例如：聪明的人、幸福的生活、历来的习惯、万一的机会。

四、从地点、相关的事物等方面划分成员。例如：房子后边的花园、关于美国的书等。

五、以发生的时间为标准划分成员。例如：昨天的问题、星期天的计划等。

从理论上讲，给事物分类的标准是无法穷尽的，因此修饰名词的"的"字短语类型也是一个开放的类。

下面讨论几种特殊的情况：（一）意义上已经专门化的，不用"的"字。例如：数学教员、工业技术、绝对真理等。（二）修饰语和名词经常组合的，"的"字可用可不用。例如：历史（的）经验、幸福（的）家庭、驾驶（的）

技术等。（三）修饰语和中心语不经常组合的，必须用"的"。例如：血的教训、化肥的作用、科学的春天等。这三种用法都可以根据我们所概括的"的"的语法功能来解释。"的"是确立一个认知域成员的，因此已经专门化或者经常组合的偏正结构，它们所代表的成员地位业已稳固，无需或者不一定要用"的"来标识。相对地，不经常的组合，所确立的成员地位具有临时性、不稳定性，所以需要外显的语法标记标识。

另外一个值得注意的现象是，单音节形容词修饰名词时一般不用"的"。这类修饰成分主要有两种用法：一是给事物分类，例如"大人、凉水、白菜"等；二是具有很强的习惯性用法，例如"贵东西、薄纸、脏衣服"等。单音节形容词与名词搭配受到很大的限制。单音节形容词用于分类时，所确立的是一个认知域的"类属"成员，各类属成员之间的边界明确，而且多已成为一个语言社团的共识，所以就无需再用"的"来标识。第二类用法的理由相似，因为某个形容词和某个名词经常搭配，整个结构所代表的有关认知域的成员地位也多为交际双方所共识，因此也不需要用"的"。

单音节形容词与名词的搭配限制不是来自意义方面，因为换为相应的状态形容词就可以了。比如"白手"很不自然，而"雪白的手"则可以。这是因为给事物分类或者习惯性用法要求取得一个语言共同体的共识。相对地，状态形容词（包括重叠式和"雪白"类）都与性质有关，判断性质程度的标准可以因人而异、因场合而变，具有很大的随意性，所以它们与名词的搭配限制最小。同时，正因为它们个体选择的自由性，所确立的认知域成员具有临时性、不稳定性，结果"的"的使用就成为必需的了。这就是为什么形容词重叠式和生动式修饰名词时需要"的"的原因。

通常认为"的"可以附着在联合词组之后，表示"等等""之类"的意思。这种说法是有问题的。其实，"等等"是列举一个认知域的成员未尽，"的"是确立一个认知域的成员地位。两者的功用显然不一样。列举时，有关对象的成员地位已无问题，此时不能用"的"；确立时，有关对象的成员地位尚不清楚，此时才可以用"的"。

（12）a. 李白、杜甫等等都是唐代诗人。

b.* 李白、杜甫的都是唐代诗人。

（13）a. 钳子、改锥的，都放在这个背包里。

b.* 钳子、改锥等等，都放在这个背包里。

李白、杜甫作为"唐代诗人"认知域的成员地位是明确的，无需再用"的"来确立。然而"应该放入背包"的东西的认知域的成员是不固定的，具有临时性，因此需要"的"来确立。

"的"所确立的一个认知域成员还可以是一种情况、条件等抽象事物。例如：

（14）a. 大白天的，你怎么在家里睡觉？

b. 大热天的，你怎么还到街上去？

在语感上，上述两例都强调在某种情况下做某种事情是很不寻常的。这种语感来自"的"的语法作用。例（14）a 的认知域是"关着门在家睡觉的时间"，"大白天"的成员地位显然不寻常，所以需要用"的"来标识。如果换为"黑夜""深夜"等，就不能用"的"，因为它们是"睡觉时间"认知域最固定、最常见的成员，无需用"的"来确立。例（14）b 的用法可以用同样的道理来说明。

3.4.4.2 时间空间

发生在时间空间里的是行为动作，对应于语言中的动词。动词性认知域的成员可以从两个方面来确定：

（a）在时轴上有明确起讫点的单位。

（b）发生在同一时间位置上的多个不同行为。

在"的"的用法上，动词和名词有许多平行的现象，比如"程度词＋A"短语不论修饰名词还是动词都必须加"的"，定量形容词做修饰语则都不加"的"，例如：超额完成、彩色电视。前文概括的"的"的功能可以给出简单一致的解释。

确立行为动作认知域的成员的常见标准：（一）性质、状态等，例如：

兴奋地说、谦虚地表示；（二）方式、方法等，例如：雨不停地下、科学地论证；（三）事实、受事等，例如：城市的发展、这本书的出版。跟名词的情况一样，确立动词性认知域的成员的标准也是一个开放的类。

我们再来看几种特殊情况。首先，"的"有以下对比用法。

（a）双音节形容词一般要用"地"，但跟动词经常组合的，可用可不用。例如，认真（地）研究，彻底（地）解决，详细（地）调查等。

（b）与动词不常搭配的修饰语，必须用"地"，例如，圆圆地画一个圈，酽酽地沏一壶茶，等等。

形成上述对比的原因是，常见的搭配，其整个结构所表示行为认知域的成员已经成为交际双方的共识，所以不一定需要"的"来标识。然而不常见的搭配，其成员单位不固定，因此需要借助"的"来标识。

其次，不少人认为"的"具有表示"已然"的功能，所指的是以下这些情况：

（15）a. 她是坐飞机来的。

b. 她昨天进的城。

b. 我在北京念的中学。

根据我们的分析，上例中的"过去"义有两个来源：一是"的"自身的功能；二是时间参照点。"的"所确立的是行为认知域中一个有明确起讫点的单位；此外，语言的一个普遍现象是，当句子无时间词时，时间参照点往往是说话时的"现在"。到"现在"这个时间参照点的一个有起讫点的行为，自然是已经发生的，这样就产生了"过去"的意义。如果有时间词限制时，"的"也可以表示将来的行为，例如："这首歌是我明天唱的"，"我是明年毕业的"。

再次，有时"的"还具有加强语气的作用。例如：

（16）a. 那倒不用告诉，妈自然会问的。（《雷雨》）

b. 虽然彼时不怎么样，将来对景，终是要吃亏的。（《红楼梦》第三十四回）

决定上述两例加强语气的意思的因素为：一是表示"将来"概念的副词或

者助词，即"会""将来""终"；二是"的"确立了一个有始有终的完整行为。两个因素合在一起就是，一个完整的行为要发生在将来某一时，因此就有了强调的意思。如果去掉了第一个因素，句子就没有强调的意思了，比如"妈问的"只是简单说明已发生的事而已。

"的"也可以用于动词性短语之后，表示两种行为或者状况的不寻常联系。例如：

（17）a. 走啊走的，天色可就黑了下来了。

b. 算啊算的，一直算到连饭也忘了吃了。

"天黑"与行为"走"通常没有什么联系，在特定的场合两者发生了关系。这里的"的"的作用是确立"走"是导致"天黑"状况的认知域的成员。同样，"算"导致"忘记吃饭"也不是常发生的，"的"在这里是确立"算"导致"忘记吃饭"的认知域的成员。

"的"确立动词性认知域的成员的功用，还可以是发生在同一时间区间的不同行为。例如：

（18）a. 老乡们沏茶倒水的，热情极了。

b. 见众人围着，灌水的灌水，打扇的打扇，自己插不下手动去。
（《红楼梦》第三十三回）

上述两例都有"在同一时间内发生各种不同的行为"的意思。如果拿掉这个"的"，就没有这个意思了，句子甚至成为不合法的了。

还可以根据施事、受事、时间等的不同，对行为认知域划分成员。下面是《红楼梦》的另外一个有趣的例子，该用法还一直活跃在今天的口语里。

（19）何苦来，你摔砸那哑巴物件。有砸他的，不如来砸我。（《红楼梦》第二十九回）

这是根据受事不同来划分成员的。上例是黛玉说的一段话。宝玉气急只顾砸玉，黛玉急无他策，只好"提醒"宝玉，"砸玉"只是"砸"行为认知域中的一个成员，另外还有"砸我"的选择。这是"玉"和"我"两个受事对"砸"行为的临时分类，所以前者用"的"表示。同类的例子又有：

（20）见三个人都鸦雀无声，各人哭各人的，也由不得伤起心来，也
　　　拿手帕子擦泪。（《红楼梦》第二十九回）

上例中的"的"是从不同的施事（"三个人"）对同一行为"哭"的认知域划分成员。也可以这样理解，"的"指出同一个时间发生三个相同的行为。"的"在这里必不可少，而且也不能说其后省略了什么。又如：

（21）有这会子拉着手哭的，昨儿为什么又成了乌眼鸡呢！（《红楼梦》
　　　第三十回）

上例的认知域是同样两个人所做的行为，从"昨儿"到"这会子"，该认知域有两个鲜明对比的成员："和好"和"吵嘴"。"的"是标识"和好"的成员地位。

注意，上述各例有一个共同特点：只有前段要确立成员的部分需要加"的"，后段是表示前段作为成员的根据，它的成员地位不需要再确立，也就不能加"的"，比如不能说"* 有砸他的，不如来砸我的"。可见，"的"的这种使用是有严格限制的。

3.4.4.3　性质空间

性质也是一种常见的认知对象，划分性质认知域的方式有其独特之处。下面讨论几种主要的情况。

首先，谓语位置上的形容词有如下几种对比用法。

（a）一般程度词诸如"有点儿、很、太、非常、最"等与形容词组成
　　　的短语，可直接做谓语，一般不加"的"，比如"那本书很好"。

（b）有特殊感情色彩的程度词，诸如"怪、挺、够"等，不常与形容
　　　词搭配，它们构成的短语一般要有"的"，比如"这件事够麻烦的"。

形成以上对比的原因是，**做谓语的形容词所代表的已不是一种抽象的性质**，它是属于主语所指的事物的一种具体性质，其具体性主要表现在，赋予一个性质范畴一个量级，通常是用程度词确立性质认知域的一个成员。在语言中就表现为，形容词做谓语多与程度词搭配。正如数量词与名词的关系，程度词是确立性质认知域的成员，因此无需再用"的"来确立。相

对地，"够"等非典型程度词，不是常用的确定性质认知域的手段，因此要借助于"的"。

注意，前文提到的"程度词＋A"做动词或者名词的修饰语时，要加"的"。这与该短语单独做谓语的情况不同。前者指的是事物或者行为认知域的成员，后者指的是性质认知域自身的成员。因为程度词可自动地划分性质认知域的成员，所以不需要"的"，但是对事物或者行为认知域则不行，所以要用"的"来确立。

谓语位置上的形容词的另外一个对比为：

（a）形容词单独做谓语含有"比较"或"对照"的意思，只有在语言环境显示出"比较"或者"对照"的意思时，才可以只出现"比较"的一方。比如：北方干燥还是南方干燥？——北方干燥。

（b）没有比较时，要加"的"。例如：这苹果（是）酸的，水缸（是）满的，绳子（是）松的。

"比较"也是一种量的表达。在具体的上下文中，所比较的性质程度很明确。跟"程度词＋A"相同，所比较的性质代表的已是一个性质认知域的成员，因此无需再借助"的"确立。相对地，没有"比较"的程度时，就要借助"的"来确立有关性质认知域的成员。

其次，形容词重叠式或生动式做谓语时，一般要加"的"。例如：

（22）a. 教室里干干净净的。

b. 她的裙子雪白雪白的。

c. 屋里暖融融的。

上述形容词重叠格式有两个特征：一是具有量的观念，自身可以代表一个性质认知域的成员，所以"的"的使用并不是绝对必需的；二是这些格式的量的表达既不明确也不稳定，所以要常常借助"的"来确立。

还有一种值得注意的情况是，"的"也可以确立一种特殊的状况。例如：

（23）罢，罢，怪热的。什么没看过的戏，我就不去了。（《红楼梦》第二十九回）

上例的认知域是看戏的天气情况，"怪热"的情况不正常，所以要借助"的"

来确立其成员地位。

根据上面的分析，可以看出，"的"字用法有着严格的规律，既不能随便添上，也不能随便去掉。再看一例：

（24）宝钗道："你只怨我说，再不怨你那顾前不顾后的形景。"薛蟠道："你只会怨我顾前不顾后，你怎么不怨宝玉在外头招风惹草的呢？"（《红楼梦》第三十四回）

上例中的"顾前不顾后"和"招风惹草"都是一种行为，可是为什么前者不加"的"，而后者加呢？宝钗的话已提到了薛蟠素日的行为，等到薛蟠说时，该行为的成员地位已经确立，所以无需再用"的"来标识，可是"招风惹草"是薛蟠从宝玉"素日行为"认知域中临时确立出来的成员，所以用"的"来标识。

3.4.5　的字短语在三个空间之间的转换

3.4.5.1　名词、动词和形容词的数量特征和转指的不对称性

形容词和动词都可以构成的字短语，转指物质空间的概念，通常把这种现象称作"名物化"或者"名词化"。这种现象实际上是人们最常见的认知活动——换喻之一种，即以事物有关的行为、性质来指代该事物。

根据现实世界的两类基本数量类型，可以把三个基本词类的语义特征概括如下。

名词、动词和形容词的数量语义特征

	离散性	连续性
名词	＋	－
动词	＋	＋
形容词	－	＋

名词的离散特征是指它们代表物质空间里边界清晰、互为分离的一个个实体。动词具有双重的数量特征，这是指：（一）从行为动作的外部看，它

们是时轴上具有起讫点的、边界明确的单位，此时的特征则表现为离散性的；（二）从一个行为动作的内部看，是一个连续的发展过程，此时则表现为连续的。形容词的连续性是指其各个程度之间边界交叉、无法明确分开的情况。注意，同一数量特征在不同词类中的表现可能不同。比如名词的离散性是自主的，动词的离散性则是非自主的，表现为要确立一个有起讫点的行为，必须借助于一个静止的物质空间的参照系。

上文分析显示，"的"与量词在功能上具有相似性，后文还将讨论"的"与量词的历史渊源关系。量词代表的是典型的物质空间的离散量，相应地，"的"字短语的一个重要语义特征是具有离散性质。换喻要求，转指对象和被转指对象在数量特征上必须相匹配，结果造成了"的"字短语转指的不对称性。名词的固有数量特征是离散的，正与"的"字短语的相符，所以动词和形容词都可以自由地构成"的"字短语指代名词，比如"买的（书）""绿的（裙子）"等。相反，动词的离散性是不自主的，这与"的"字短语的数量特征不吻合，所以没有名词和形容词构成"的"字短语指代动词的用法。相似地，形容词的典型数量特征是连续的，更与"的"字短语的语义特征相背，所以也没有名词或者动词构成"的"字短语指代形容词的情况。

"的"字短语转指的不对称性是人们普遍认为它具有名词化的功能的原因。本章的分析表明，"的"字短语的转指功能是两个方面的因素共同作用的结果，一是"的"字短语的离散性，二是转指和被转指对象的数量特征要相符。

3.4.5.2 "动词＋的"短语的转指限制

只有离散性特征强的动词，才可以自由地构成"的"字短语转指物质空间的概念。下列几类动词一般不能直接构成"的"字短语指代事物。

（a）关系动词：*是的、*姓的、*当作的等。

（b）心理动词：*觉得的、*认为的、*懒得的等。

（c）使役动词：*使的、*让的、*命令的等。

（d）重叠式：* 吃吃的、* 看看的、* 学学的等。

上述几类动词都不表示在时轴上有明确起讫点的完整行为，即没有离散性，或者离散性很弱。因为转指名词的动词自身必须具有明确的离散性，所以上述几类词的名词化受到限制。具体来说，关系动词是静态的，没有明确的起讫点，心理动词也是如此；使役动词实际上不是实际发生在时轴上的动作行为；重叠式动作的时量短或者动量小，通常不代表一个有始有终的完整动作。但是，如果加入施事、受事、结果等等这些可作为动作行为认知域的成员划分的标准时，这些动词就可以构成"的"字短语指代事物，例如：姓王的、是大学生的、认为对的等。

"V＋体标记"构成的"的"字短语也有同样的数量特征限制。"了"是实现体，表示行为的从无到有，只强调起始点；"着"是持续体，不管动作的起讫点；"过"是终结体，着重于终结点，同时也包括了一个起点，即代表一个完整的行为。因此在没有其他附加信息时，"V＋过"构成的"的"字短语转指事物最为自由，例如，"这本书是看过的（？看了的、？？看着的）""记过的（？记了的、？？记着的）（英语单词）共 30 个"。

事物越抽象，其离散性就越弱，相应地用"的"指代起来也就越困难。例如：

（25）a.* 他已经掌握了开车的（技术）。

　　　b.* 他提出了几个重要的（建议）。

认知距离也对指代有影响。"V＋的"最容易指代与行为动作关系最密切的施事、受事，比如没有上下文帮忙的话，一般不会指代工具、地点等，因为它们与行为的关系较远。比如"吃的"最有可能是指有关人或者食品，不大容易理解为用于吃的刀、地方等。

3.4.5.3 "A＋的"短语的转指限制

"程度词＋A"与"的"的搭配有以下两种对立的情况：

（a）由"最""比较"等组成的此类短语，可指代具体事物，例如可以说："先把最重的（比较重的）搬上车。"

（b）"很""非常""十分""有点"等则没有相应的用法，比如不大

能说"？把很重的先搬上车"。

上述对立现象也是来自数量特征对转指的限制。"最＋A"是某一特定范围内程度最高的一个，所指明确，成员边界清晰，具有离散性，因此可以构成"的"字短语转指事物。"比较＋A"是指两个或者几个对象中程度高的一个，所指范围也明确，也具有离散性，因而也可以构成"的"字短语指代事物。然而"很"类程度词所指的范围非常模糊，无法准确界定其边界，它们构成的形容词短语缺乏离散性，因而一般不能构成"的"字短语转指事物。

状态形容词所代表的程度范围也相当模糊，缺乏明确的离散性，因此也不大可能构成"的"字短语转指事物。比如一般不说"＊吃了一顿喷香的（饭）""＊看见了一个高高的（人）"。这种转指的限制不是来自有没有量的观念，而是来自是否具有离散性的数量特征。

3.4.6 "的"与量词的历史关系

3.4.6.1 历史和共时关系

"底"（"的"的早期书写形式）是在"数＋量＋名"格式建立而产生的巨大类推力量影响之下，由其原来的指示代词或者疑问代词的用法独立发展出来的。主要证据如下。

一、尽管有不少学者从各方面论证"底"来自"之"或"者"，但是不论从音韵上还是从语法功能上，都缺乏足够的证据说明这种来源关系。"底"出现的初期就不仅与"之""者"用法各不相同（如"底"可以做语尾，"之"则不行；"底"可做中缀，"者"则没有相同的用法），而且还有两者都不具备的用法，例如"这个是马师的"（《祖唐集·西堂和尚》）。

二、在"底"没有产生之前，修饰语和中心语之间常无任何标记。拿动词性修饰语来说，现代汉语必须加"的"，而在唐以前，可以是"之"，但是大部分为零标记。我们对《世说新语》做了全面的调查，该类结构半

数以上都没有"之"字。例如：

（26）魏王雅望非常，<u>然床头捉刀人</u>，此乃英雄也。（《世说新语·容止》）

（27）问其所以，<u>乃受灸人</u>也。（《世说新语·德行》）

这时期的修饰语和中心语的句法空位，完全有可能允许新的语法标记来填补。

三、"数＋量＋名"与"修饰语＋的＋中心语"两种格式之间有以下三个主要联系：

（a）两者的抽象格式都是："修饰语＋语法标记＋中心语"。

（b）"量"和"的"之前的修饰语是互补的，量词前只能是数词，"的"前则只能是数词以外的词语。

（c）两者的层次关系和功能是一致的，它们都不能独用，却都可以和修饰语一起使用。

四、"底"原来的指代用法具有演化为结构助词的可能性。"底"在演化成助词以前是一个指代词，如"竹篱茅舍，底是藏春处"（《蓦山溪》）。即使在现代汉语里也可以看出结构助词和指代词在功能上的相似性。

（28）a. 你那本书已经还了。

　　　b. 稀罕吃你那糕。（《红楼梦》第六十回）

（29）a. 这就是我刚才吃饭那地方。

　　　b. 会书法那位教授已经退休了。

（30）a. 学校里什么地方可以抽烟？

　　　b. 你弄坏了他什么东西？

上述各例的修饰语和中心语之间如果没有指示代词或者疑问代词的话，就要补上个"的"，否则就不合语法。可见，在一定的句法环境中，指示代词或者疑问代词具有引进修饰语的作用。所以，单纯从功能上看，"底"原来的用法也有演化成结构助词的可能性。

五、结构助词"的"的出现与发展跟量词的演化密切相关。个体量词最早出现的格式为"名＋数＋量"，汉代开始出现"数＋量＋名"用法，但尔后很长时期最常见的用法仍是"数＋名"，即数词直接修饰名词。

这种状况一直保持到唐末。可是到了唐末、宋初，情况发生了重要变化，"数＋量＋名"成了占绝对优势的数量表达式。"底"的结构助词用法也就是在这个时期出现的。新兴数量表达式在元明之际成了唯一的形式，结构助词"的"的用法也是在这个时期严密化的，比如此后动词修饰语和名词之间必须加"的"。我们对这种平行发展的解释是，数量表达是语言交际中最常见的现象之一，数量短语由"数＋名"变成"数＋量＋名"，就会产生一种很强的类推力量，要求除数词之外的一般修饰语和中心语之间也有一个类似于量词的语法标记。此时原来用作指代词的"底"则应运而生，语法化为一个结构助词。

六、认为结构助词"的"的产生与量词的发展有关的一个强有力的证据是，在近代汉语里普通量词"个"一直是结构助词"的"的一个竞争形式。很明显，既然由于"数＋量＋名"的类推力量，整个汉语要求修饰语和中心语之间有个语法标记，那么量词是充当这个语法标记的最佳候选对象。实际情况的确如此，在近代汉语中"个"发展出了几乎所有结构助词的用法。例如：

（31）"如何是骨？"师云："绵密个。"（《祖唐集·镜清和尚》）

（32）若要真个得入，直需离却这里。（《大慧普觉禅师语录》）

（33）好个人家男女，有什么罪过……（《祖唐集·丹霞和尚》）

（34）莫怪说！你个骨是乞骨。（《张协状元》）

发展的结果，"的"在北方方言和大部分的南方方言中成为结构助词的标准形式，而"个"则在部分南方方言里战胜了"的"，如吴方言的大部分地区都是如此。

此外，"的"与量词的关系还可以从共时方言的使用情况中看出来。

3.4.6.2　南方方言中量词的结构助词用法

在粤方言、吴方言和一部分客、闽方言及西南官话中，普通量词"个"具有普通话结构助词"的"的用法。下面看一组大冶金湖话中"个"的该类用法。

（35）a. 做庄稼个蛮坐累。＝种庄稼的挺辛苦。

b. 我看见个卖条个。＝我看见个卖麻花的。

c. 底个东西便宜里。＝这里的东西便宜。

d. 裤头子彻新个。＝短裤崭新的。

广东开平方言的情况更为典型，干脆以一个与中心名词相配的量词来表示"的"的功能，即每一个量词都有结构助词的用法。例如：

（36）a. 我件帽＝我的帽子

b. 我只手＝我的手

c. 我个细佬卷书＝我的弟弟的书

d. 这个车佬件皮衫＝这个开车人的皮衣

开平方言的用法更能支持我们的观点：结构助词"的"产生的背后动因是，量词系统建立而带来的类推力量，要求一般修饰语和中心语之间有一个用法标记。这个语法标记要么来自指示代词，要么干脆来自一个普通量词。

3.4.6.3 "的"的来源对其语法意义的影响

上文的分析显示，"的"产生的动因是量词的类推力量。现代汉语"的"的语法意义仍具有量词和指示代词的语义特征。首先，量词和指示代词都是确立一个认知域的成员。量词所确立的成员具有典型的离散量数量特征，指示代词所确立的成员具有确定性。其次，"的"是从各种各样的特征方面确立一个认知域的成员，所确立的成员具有离散性和确定性。比如，"看书的桌子"明确区别于其他用途的桌子，具有离散性；同时，它又指出一个既定认知域某一个或者一组特定的对象，所指具有确定性。

"的"、量词和指示代词在语法意义上的共性，正是它们在一定的上下文可以替代的原因。

3.4.6.4 状语和动词中心语之间的语法标记

状语和动词之间的语法标记，书面语写作"地"。我们认为它是同一个结构助词的变体，主要理由有二：一是"状＋地＋动"的抽象格式也是

"修饰语＋语法标记＋中心语"，与名词短语的情况相同；二是名词性和动词性结构具有平行的用法，比如"程度词＋A"短语，不论修饰动词还是修饰名词，都必须有语法标记，比如"很平地放在桌子上""很平的地面"；同样，定量形容词做修饰语时，不管中心语的词类，都不能用语法标记，比如"彩色电视""超额完成"。"的"和"地"到底是一个还是两个词，历史资料可以帮助我们解释。

在结构助词"的"没有出现之前，"地"就可以用于动词、副词、形容词之后，在句中做谓语或者状语，以做状语者为多，比如"私地弄花枝"（王建《赠小尼师》）。那么"地"与受量词影响而产生的"的"有没有关系呢？回答是肯定的。主要理由如下。

首先，在"的"没有产生之前，"地"并不是一个真正的语法标记。魏晋至唐代的文献显示，当时的状语和动词之间一般还是零标记，跟名词短语的情况一致。

其次，在"的"普遍应用的唐末文献中，"的（底）"在状语的位置经常出现，"地"则无一例。可见，这个状语位置的"地"并不是来自"地"，也是受"数＋量＋名"格式的类推的结果。"的（底）"插在副词和动词中心语之间做语法标记。

还有，状语位置上语法标记的迅速发展是在结构助词"的"普遍使用之后。另外，"地"多用于状语位置，或者多跟在重言、双声、叠韵之后。这并不足以否定"地"和"的（底）"的语法功能的同一性：两者的分工从来都不是严格的；它们的语法功能的内在同一性，使得它们从元到清都用统一的书写形式"的"表示。

最后，状语位置的"的"严密化跟定语的同时，都是在元明之际。比如《老乞大》中，重叠式状语之后一般都要加"的"（"好生细细的切着"）。

通过以上的简单分析可知，"的"和"地"并不是两个互不相干的语法标记后来统一为一个书写形式，而是具有内在联系的两个语法标记，都是因应量词的类推力量而语法化的。

3.4.7　结论

本章尝试证明，错综复杂的"的"的用法具有语法功能的同一性。这一结论并不必然与"的"的"多分法"的观点不相容。"的"的问题有两个方面：一是其自身语法功能的同一性，二是所搭配的词语或者出现句法位置的差异性。不同时期或者同一时期不同地域的人，如注重"异"的一面，就会采用不同的形式。我们所知的情况有二：一是唐宋时期表连续量的状态形容词后多为"地"，表离散量的则多为"底"；二是句法位置的不同采用的形式也不同，比如广东话中用不同的语音形式表达定语和状语位置上的结构助词。但是如前文分析所示，这些不同的形式不是互不相干的，要么同是受量词系统的影响而产生的语法标记，要么是选用与"的"的语法功能相似的量词。

"的"的具体用法的复杂性允许人们运用不同的理论、从不同的角度对其进行探讨，所得的结论可能很不一样，但都应该是有助于人们对这一现象的认识。朱德熙在划分三个"的"时是留有余地的，说道："我们不敢说这个方法就是十全十美的。语言学日趋进步，将来可能会有更完善的分析方法出现。"（朱德熙《现代汉语语法研究·关于〈说"的"〉》）我们应该持同样的态度来期待未来关于"的"的研究。

3.5　指示代词与结构助词

3.5.1　引言

在现代汉语中，结构助词"的"的主要功用是连接修饰语和中心语，形成一个偏正结构。这个中心语既可以是名词性的，也可以是动词或者形容词性的。本章的讨论集中于中心语为名词性的结构。这类结构从语义上划分，主要有两大类：一是修饰语为中心语所代表的事物的领有者，二是修饰语是一个从句。除了第一类中少数表示亲属关系和人的肢体等少数情况外，比如"我妈妈""我腿"，"的"在两类结构中都是必不可少的，否则就会造成不合语法的现象。例如：

（1）a. 我在用学校的计算机。

　　　b.* 我在用学校计算机。

（2）a. 这是他新买的车。

　　　b.* 这是他新买车。

但是，如果修饰语和中心语之间有指示代词"这"或者"那"出现时，"的"就不是必需的了，有时加上"的"反而听起来不自然，甚至是不可接受的。因此，我们说，在这里的"这"和"那"跟"的"的功能一样，可以表示领有关系，也可以连接一个从句跟名词中心语。这一点我们下文将用大量的例证来加以说明。

指示代词和结构助词的共性，给我们一个重要启示：结构助词是从哪发展来的。结构助词是一种语法标记，又叫作"功能词"，传统汉语言学则称之为"虚词"。关于人类语言语法化的研究显示，语法标记一般是从普通词汇或者实词虚化而来的。那么，我们自然会问："的"是从何而来？以前关于这个问题的研究，多拘泥于从音韵上或者用法上考证"的"是从上古汉语的结构助词"之"或者"者"演化来的。且不管这种考证是否有道理，要进一步问"之"和"者"又是从何而来，这种做法就无能为力了。如果我们接受语法标记演化的普遍规律，就应该探讨结构助词是从什么实词发展来的。根据结构助词与指示代词在现代汉语中的共性，以及不同时期或者不同地域使用过的助词原来都有指示代词的用法这两个事实，本章提出结构助词可能是从其原来的指代用法发展出来的假说。

3.5.2　表示领有关系的指示代词

做领格时指示代词和结构助词具有可替换性。比如名词前有"这"或"那"，又有领属性修饰语时，一般不带"的"，比如"我们这一带"不大能说成是"? 我们的这一带"。由此可见，指示代词和结构助词不仅具有可替换性，而且在同一句法位置上还具有互斥性，足见它们的关系非同寻常。指示代词表领格的用法究竟仅是一种偶见的现象呢，还是一种常用法？我们的考察将说明这一问题。

我们对《红楼梦》约四分之一的篇幅进行了考察，共收集到 27 例用于领格短语的指示代词，其中不用"的"的为 24 例，带"的"的只有 3 例，前者是后者的 8 倍。带"的"的 3 个例子都有量词出现：

（3）不如竟把买办的这一项每月蠲了为是。(《红楼梦》第五十六回)

（4）我的这个心，惟天地可表。(《红楼梦》第六十八回)

（5）只怕三姨的这张嘴还说他不过。(《红楼梦》第六十五回)

对上述用例不妨做这样的理解："这＋量"短语的指代性较高，相当于普通名词短语，因此需要一个"的"。与此形成明确的对比，在其余 24 例不带"的"的领格短语中，就有 21 例是没有量词的。由此可见，指示代词单用更适宜于表示"领格"这种较抽象的语法意义。下面是指示代词用做领格的例子。

（6）稀罕吃你那糕……（《红楼梦》第六十回）

（7）你知道我这病，大夫不许我多吃茶。（《红楼梦》第六十二回）

（8）我这枝并头的，怎么不是夫妻蕙。（《红楼梦》第六十二回）

（9）刚才我到琏二奶奶那边，看见二奶奶一脸的怒气。（《红楼梦》第六十七回）

（10）况且姑娘这病，原是素日忧虑过度，伤了血气。（《红楼梦》第六十七回）

（11）我这一社开的又不巧了，偏忘了这两日是他的生日。（《红楼梦》第七十回）

上述用例有两点值得注意：一是，如果拿开这些指示代词，句子就不合语法了，比如不能说"*稀罕吃你糕""*我并头的怎么不是"。二是，有些指示代词可以用"的"替换，比如例（6）可以说成为"稀罕吃你的糕"，有的则不能，比如不大能说"？我的一社开的又不巧了"。可见，做领格的指示代词有自己的特殊的功能，与"的"的并不完全相同。

另外，指示代词还跟"的"一样，如果中心语所指在上下文已经明确，这个中心语可以省略，比如：

（12）你看他那小园子比咱们这个如何？（《红楼梦》第五十六回）

例（12）的"这个"后边隐含了一个"园子"，因为上句已经明确指出，所以无需再重复。"的"也常有类似的用法，比如可说"他们的园子没有咱们的漂亮"。例（12）中有量词"个"出现，但它并不是必需的，也可以说"他们家那车比我们这新"。这种用法很具有启发性，从结构或者语义上看，指示代词应该与中心词的关系较紧密，其层次关系为：［领有者＋（指示代词 ＋ 中心语）］。既然表领有者的名词和指示代词可以摆脱中心词而独用，那么它们之间的边界就有可能通过重新分析而消失。

为了弄清做领格的指示代词在现代汉语中的使用情况，我们调查了6篇反映当今北京口语的王朔小说。总的特点是，其用法更加普遍化，而且也更加多样化。在收集到的97个用例中，"这"占60%，共57例，"那"占40%，共39例："这"明显占优势。但是它们的用法看不出有明显的区别。

先看一组"这""那"与"的"自由互用的例子。

（13）a. 我那设计师没饭局不来。（《谁比谁傻多少》）

　　　b. 南希看似单纯，时而语惊四座，当然这都是她那个设计师的
　　　　思想。（《谁比谁傻多少》）

　　　c. 我的设计师不吃烤鸭子。（《谁比谁傻多少》）

　　　d. 我说南希你的设计师是不是动乱念的中学？（《谁比谁傻多少》）

在同样一部作品的同样一个短语中，时而用"那"，时而用"的"，可见它
们的功能是有相同之处的。

　　指示代词的领格用法的多样化主要表现在两个方面：一是做领有者的
名词的类型增加了，二是指代性成分包括由"这"或"那"构成的各种复合词。
在《红楼梦》时代，领有者只限于指人的名词，一般为人称代词或者人名，
我们所收集到的例子大都是如此。指示代词最近一两百年又进一步向结构
助词用法扩展，下面是一些现代汉语的例子。

　　首先，让我们根据领有者的名词的类型分别加以举例。

　　一、人物名词

（14）你这项链谁给你买的？（《谁比谁傻多少》）

（15）咦，我记得我这章是七千字。（《修改后发表》）

（16）你爸爸太可爱了，不像我那俩妈，一个比一个正经。（《刘慧芳》）

　　二、地点名词

（17）慧芳头上那块疤就是你用石头打的。（《刘慧芳》）

（18）就是过去咱胡同那个"顺子""顺子"的，跟我同学。（《刘慧芳》）

（19）行呵，我家就在你家后面那楼，有空儿过来。（《刘慧芳》）

　　三、时间名词

（20）现在这些孩子，就是不知道谦虚。（《刘慧芳》）

（21）但就你刚才这一席话，大妈不是法官听着心里都发酸。（《懵然
　　　无知》）

（22）现在这人谁不敢。（《懵然无知》）

四、机构名词

（23）编辑部这几个人都上了那辆乳白色的轿车。（《编辑部的故事》）

（24）《人间指南》这边也周密布置。（《编辑部的故事》）

除了单纯的指示代词"这"和"那"外，由其构成的很多复合词也兼有领格的作用，表现在它们与领有者名词之间不需要甚至不能加"的"。这种现象是新出现的，《红楼梦》中还没有。下边分别加以举例。

一、表地点的"这儿""那儿"

（25）我想我们还是去他那儿谈。（《懵然无知》）

（26）我们可以到领导那儿说清楚。（《懵然无知》）

（27）你们这儿可真难找哇。（《懵然无知》）

二、表不定量的"这些""那些""这点儿"等

（28）大姐，你说这和街上那些黄色书刊泛滥有关系呢？（《刘慧芳》）

（29）把你们这些小姑娘迷成这样。（《刘慧芳》）

（30）我这点儿毛病也不够捕的吧？（《谁比谁傻多少》）

三、表强调的"这么""那么"

（31）我是没你这么一个好爸爸呀？（《刘慧芳》）

（32）我这么意志薄弱的人你考验我干吗？（《谁比谁傻多少》）

四、表属类的"这种""那种"

（33）他这种无理要求，任何人民法庭都不会予以主张。（《懵然无知》）

（34）慧芳，不要用学校老师那种因循守旧的眼光看人。（《刘慧芳》）

上述结构中，都是由指示代词构成的复合词兼表领格。这里的指示代词既不能用"的"替换，又不能在其前插入一个"的"，比如不能说"*我的这儿""*我是没你的这么一个好爸爸"。由此可见，在表领格上，指示代词有其特殊的地位，不都是可以被结构助词替代的。

领格指示代词的特殊地位还表现在，在一定的句法结构中，它们比"的"更加简明有力。特别是当中心词之前另有一个从句定语时，用指示代词表领格就比"的"的效果要好。比如下边用例中，如果用"的"替换指代词，

领格关系反而变得不明确。

（35）回头瞟了一眼她那个正在弹琴的同事。（《无人喝彩》）

（36）脸色喷红，使她和过去那个面带忧戚凄婉哀怨的形象迥然相异。
（《刘慧芳》）

通过以上的分析，我们可以认识到，指示代词也是现代汉语中常用的一种表领格的手段，它们占有特殊的地位。这种用法在近代白话文献中已经出现，从那时到现在有了较大的发展。可以认为，指示代词的领格用法是正在发展中的一种语法现象。其结果如何以及什么时候能发展成为一个语法标记，现在还很难下定论。

3.5.3　用作定语从句标记的指示代词

前文已经指出，如果定语是一个从句，或者说是一个 VP 的话，必须用"的"加以标记。下面再举几个例子加以说明。

（37）a. 这些都是朋友送给我的礼物。

　　　b.* 这些都是朋友送给我礼物。

（38）a. 我今天买的书都在袋子里。

　　　b.* 我今天买书都在袋子里。

然而，中心语之前如有指示代词的话，这个"的"就不是必需的了。指示代词的这种用法没有其领格的普遍。我们在王朔同样的 6 篇作品中只收集到 14 例这类用法，下面根据中心语的类型分别加以举例。

一、中心语为表示事物或者人的名词

（39）你过去还真是，怎么说呢？假模三道的，跟墙上贴那三好学生宣传画似的。（《刘慧芳》）

（40）你瞧那边站那杨重没有？（《一点正经没有》）

（41）你们就是鼓吹"全盘西化"那邦吧？（《一点正经没有》）

二、中心语为时间或地点名词

（42）西北食油管理局在我们插队那个地方招工，我就去了。（《刘慧芳》）

（43）噢，慧芳，我们接触这段时间多有得罪，别往心里去。（《刘慧芳》）

（44）老陈上班那天，编辑部的一帮人都很紧张。（《懵然无知》）

三、表事情、方式等抽象名词

（45）你竟从深夜一点爬楼这件事情上感动于自己的力量。（《轮下》）

（46）最后，她不可避免地走上乱搞男女关系这条路。（《谁比谁傻多少》）

（47）赞助艺术家这名分还不够好、道理还不够多？（《一点正经没有》）

虽然收集到的例子不多，但是我们注意到指示代词做从句标记也是普通话口语中很常见的现象。比如在日常交际中会听到下面的说法：

（48）会书法那位教授已经退休了。

（49）这儿就是刚才我看书那个地方。

（50）我送那本书你看完了没有？

指示代词做从句标记的作用，相对而言还不是很稳固。其前还常常可以插入"的"，比如也可以说"墙上挂着的那张画""我送你的那本书"。不论怎么说，我们应该认识到这样一个事实：指示代词和"的"都可以作为从句定语的标记。

3.5.4 结构助词的原指代词用法及其向结构助词的演化

3.5.4.1 "底"原来的指代用法

以上我们讨论了指示代词和结构助词在现代汉语中的相同功用。本节将考察它们在历时上的渊源关系。在汉语发展史上，曾经有过四个结构助词："之""底（的）""许""个"。前两个是属于共同语的，10 世纪之前主要用"之"，之后其地位逐渐被"底（的）"替代。在 6 世纪之后的文献中，可以见到"许""个"做结构助词的用法，但是其使用范围非常有限，出现频率也很低。我们推测它们两个只是运用于某一种方言中。这些结构助词原来都有指示代词的用法。下面我们分别加以举例说明。

元明之前结构助词"的"被写作"底"。"底"从魏晋南北朝一直到唐宋的文献中，常用作指示代词或者疑问代词。例如：

（51）单身如萤火，持底报郎恩？（《欢闻歌》）

（52）个人讳底？（《北齐书·徐之才传》）

（53）我笑共工缘底怒？（《归朝欢·我笑共工缘底怒》）

（54）柳映江潭底有情。（《柳》）

（55）问谁姓字，在底中居。（《行香子·野叟归欤》）

（56）竹篱茅舍，底是藏春处。（《蓦山溪词》）

跟指示代词一样，疑问代词也可以兼摄领格的功能。例如在下面用例中，因中心语有"什么""哪"修饰，"的"就不需要了，甚至插入"的"反而听起来不自然。

（57）学校里什么地方可以抽烟？

（58）你见过我太太哪个朋友？

以上两例如没有疑问代词，"的"的使用就成为必需的了。

"底"的简单发展过程是这样的。它的类似于结构助词的用法始见于《敦煌变文》，约为唐中叶，这类例子共有七例，而且修饰语的类型还很受限制，五例是 VP，两例是方位词。可以认为这时的"底"还不是典型的结构助词，而是指示代词的临时语用用法。真正做结构助词用的"底"普遍见于唐末至宋初编订的《祖堂集》，这时期的特点是使用频率大幅度增加，修饰语的类型多样化了，除用于两个名词之间表领属的例子还没见到外，现代汉语其他各类修饰语都已经有了。到了南宋时期的《朱子语类》，"底"又发展出了用在两个名词之间表领属的用法，但是这个时候"底"的用法还不稳定，表现为同样的句法环境、同样的语法意义它还是有一定的随意性。从 15 世纪左右的《老乞大》中可以看出，"的"在这个时候已发展成熟，现代汉语中"的"的一些严格使用规律这时大都已经形成，比如动词性定语之后必须带"的"。

3.5.4.2　"之"的结构助词用法

"之"在 10 世纪之前、特别是汉代之前是最常用的结构助词。它的功能很多，其中最常用的两个也是表示领格和做从句定语的标记。例如：

（59）关关雎鸠，在河之洲。(《诗经·关雎》)

（60）王之不王，是折枝之类也。(《孟子·梁惠王》)

在上古汉语中，"之"也常被用来作指示代词，例如：

（61）之子于归，宜其室家。(《诗经·桃夭》)

（62）之二虫又何知？(《庄子·逍遥游》)

在甲骨文时期，"之"还不是结构助词，只用做指示代词。这对我们的假设是一个强而有力的支持。在最早的文献之一《诗经》中，"之"已是一个被广泛应用的结构助词。由于从甲骨文到这些早期文献之间资料的匮乏，建立"之"的语法化过程的任务困难很大。

3.5.4.3 "个"的结构助词用法

"个"在近代汉语中也被用来做结构助词表领格、引进各种修饰语，它几乎拥有"的"的所有用法，如例（63）（64）是表示领格的，这种用法还一直保存到今天部分方言里，如例（65）（66）。

（63）但只硬把定中间个心，要他不动。(《朱子语类》卷第五十二)

（64）山高处个人，好似奴家张解元。(《张协状元》)

（65）做庄稼个蛮坐累。＝种田的挺辛苦。(金湖话)

（66）底个东西便宜里。＝这里的东西便宜。(金湖话)

无独有偶，"个"在早期也曾是个指示代词。例如：

（67）个人讳底？(《北齐书·徐之才传》)

（68）观者满路傍，个是谁家子？(《寒山诗集》)

（69）且道个瘦长杜秀才位极人臣。(《太平广记》卷七六引《嘉话录》)

与"底"的情况不同的是，"个"的使用频率比较低，范围也比较有限。所以很难知道它从其指代用法向结构助词用法发展的详细过程。不过有一点是可以肯定的，它不可能是从早期的结构助词"之"或者"者"蜕变而来的，因为不管从音韵上还是从语义上都看不出它们之间有任何联系。排除了这种可能后，剩下的唯一的逻辑结论是，"个"在被用作结构助词之前已有两个用法：指代词和量词。纵观汉语历史上的几个结构助词原来都曾是个指代词，那么一个比较合理的推测是，"个"的助词用法是直接从其指代用法发展而来的。

3.5.4.4　"许"的结构助词用法

"许"在魏晋至唐的佛教译经中，也有做结构助词的用法，主要是表领格。例如：

（70）犹如童蒙小儿辈，戏于自许粪秽中。(《佛本行集经》卷第二八）

（71）我许女昨行，为人所捶，得王往解之。(《旧杂譬喻经》卷第二十一）

魏晋南北朝时期的指示代词也有一个"许"，这个"许"的用法仍保留在今天的某些方言中。比如，"许只"在闽语大田话里意为"那个"，即"许"相当于普通话的"那"。此外，在海口话中"许"也被用作指示代词。例如：

（72）汝问许个作乜？＝你问那件事干什么？（海口话）

（73）汝无用许样？＝你不用那样？（海口话）

3.5.4.5　"这"和"那"向结构助词发展的趋势

前文的例子显示，现代汉语中"这"和"那"与"的"有很多语法共性。但这并不是由来如此，而是逐渐发展出来的。指示代词的"这"和"那"始见于唐朝的文献。我们调查了 15 世纪以后的几个重要文献，两者的发展过程简述如下。开始的时候，"这"和"那"都可以用在两个名词中间表领属关系，但是领有者一般是人称代词。后来领有者扩展到地点、时间以及一般名词。动词性修饰语也是后来慢慢普遍化的。我们并不是认为"这"和"那"现在已经是一个结构助词，而是说它们有这个发展趋势，至于说什么时候能发展成为一个语法标记，以及具有什么样的功能的标记，现在还很难预测，因为这取决于很多因素。

综上所述，四个结构助词都有指示代词的用法，而且它们的指代用法都先于它们的助词用法，这给我们以重要的启示：指示代词的语义特征最适合于发展成为结构助词。

3.5.5　关于结构助词语法化的理论问题

3.5.5.1　结构助词语法化的句法环境

根据结构助词和指示代词在共时上的句法共性与其历时上的先后共性，我们提出结构助词是由各自原来的指示代词演化而来的。这一假说涉及许多理论问题，现简述如下。

每一个语法化过程都是肇端于一个非常具体的句法环境。确立诱发语法化的句法环境，是目前这一领域研究的中心课题之一。可以认为，这方面的研究将会深化我们对语言演化的认识。基于指示代词在现代汉语中的用法，我们推断，诱发指示代词向结构助词演化的句法环境有二：一是领格结构；二是定语从句标记。两者的抽象结构皆为：修饰语＋指示代词＋中心语。

在语法化的初期，指示代词表领格及做从句标记仅是一种不稳定或者说临时的语用用法。尽管现代汉语的指示代词可表领格和从句标记，我们并不认为它们已经是结构助词，最好还是把它们看作类似结构助词的语用行为。这种语用行为是由指示代词自身的语义和句法特征决定的。所以，不论什么时期、什么地方的指示代词，尽管语音形式各不相同，它们都保持着这种语用功能。这种环境下的指示代词，由于长期使用以及受其他条件的影响，就有可能发展成为一个结构助词。

3.5.5.2　结构助词语法化的机制——重新分析

重新分析是语法化最重要的一个机制。这个机制主要是通过改变或者是弱化词语之间的边界来创立一种新的语标记或者格式。一个实词变成虚词后，它原有的句法特点必然也会随之变化，随之而来的就是它与周围词语边界的改变。我们用"＋"表示两个独立词语之间的边界，"*"表示两个紧密结合或者不能分开的两个语素之间的关系。那么指示代词向结构助词语法化的步骤可以描写如下。

第一步：指示代词的语用用法：［修饰语＋（指示代词＊中心语）］

第二步：重新分析为结构助词：（修饰语＊助词＊中心语）

第三步：边界的重新设立：［（修饰语＊助词）＋中心语］

语法化的一个常见的现象是，并不要求每一个词走完全部过程，其发展的结果也可以是参差不齐的。显然，"之"只经历了前边两步，表现为它不能摆脱其中心语而与修饰语独用。"底"则经历了三步，它可以摆脱中心语而独用。说经历了三个步骤，只是一种方便的解释方法，并不一定代表时间上有先后之别的三个时期。那么，为什么会出现这种现象呢？

3.5.5.3 语法化受制于当时的语言结构

指示代词的语义特征最宜于虚化为结构助词，但是这个语法化过程并不是必须要发生的。究竟发生在什么时候以及发展到什么程度，取决于当时语言结构的要求。由于语言的演变，唐宋时期的语言结构已明显有别于先秦的，最大的变化是量词语法范畴的出现。先秦时期是数词和名词直接结合，其间插入量词的用法始于汉代，发展于魏晋南北朝时期，成熟于唐宋，完成于元明之际。自从唐中后期，"数＋量＋名"数量表达式已占优势，其抽象格式为：

修饰语＋语法标记＋中心语

这种格式自唐以后稳固发展，在元明时期最后完全取代了旧格式而成为唯一合法的数量表达式。数量表达的使用频率非常高，这样带语法标记的偏正结构就逐渐成为一种优化格式。结果，就产生一种强大的类推力量，要求语言中所有偏正结构有一个语法标记。因为领格短语和从句结构皆属偏正结构，所以在这一背景下，用于其中的指示代词就会被发展成为该类格式的语法标记。有两点可以说明结构助词"底"的出现与数量结构的发展有关：一是结构助词"底"产生于唐末宋初，正是带量词的数量表达式占优势的时期，更为重要的是，两个过程都完成于元明之际——量词成为数量表达式的必需标记，"底"成为领格短语和从句结构等的必需标记。二是有一些南方方言，比如开平话，就是用一个量词表达普通话的结构助词"的"的功能。

如果我们关于数量词和结构助词的历时关系的假设是对的话，就很容易解释结构助词"的"的句法特征。数量短语的内部层次关系为：[（数词＊量词）＋名词]。表现为，数词和量词可以独用而表达整个短语的意义，比如"两张"在一定的上下文中可指"两张桌子"。还有，量词不能独用，必须随数词修饰语而出现。这些也正是结构助词"的"的特点：它也不能独用，在一定的上下文中可与其修饰语一起表示整个结构的意思，比如"看书的"可指"看书的人"。既然结构助词"底"是受量词的影响而产生的，那么它的功能也自然会受量词的作用。结果，在量词的类推下，指示代词"底"在向结构助词演化的过程中，一方面消去了它与修饰语之间的边界，另一方面又设立了一个它与中心语之间的边界。

上述推断还可以从其他助词的特征上得到支持。"之"产生的背后的动因我们尚不清楚，但有一点可以断定，它与"底"的不同，因为那时数量范畴还没有建立。所以"之"的语法化只经历了一次重新分析：消除了它与修饰语之间的边界。另外，跟助词"底"的产生前后相差不远的结构助词"许"和"个"，它们都具有摆脱中心词而独用的功能，可以认为这些都是来自量词类推的影响。例如：

（74）"如何是骨？"师云："绵密个。"（《祖堂集·镜清和尚》）

（75）彼非我许，我非彼物。（《佛本行集经》）

上述两例中，"绵密个"相当于"绵密的"，"我许"相当于"我的"，都没有中心词出现。

3.5.5.4 一种语言的结构对语法化的影响

推而广之，不同语言的语法结构相异，相当的一个语法化过程的发展结果可能差别很大。无独有偶，英语的定语从句标记 that、which、who、when 等也都有指代用法，可是它们只限于在中心名词之后引入一个从句定语。而汉语来自指示代词的"的"至少可以出现在以下四类结构中：

（a）从句定语："帮我修理车子的人。"

（b）名词定语："小狗的铃铛。"

（c）形容词定语："干干净净的衣服。"

（d）副词状语："很仔细地看了一遍。"

这是因为上述四类结构的抽象式都是"修饰语＋中心语"，它们语序高度固定而且一致。这样，在一种结构语法化的助词（"之"和"底"都可能首先是在从句定语里开始语法化），就有可能通过类推的作用，进入另一种抽象式相同的结构。而英语则没有汉语这种固定而又一致的语序，除了从句定语外，几乎每一种修饰语都有居于中心词之前和之后两种语序，这可能是它的定语从句标记没有扩展到其他偏正结构的原因之一。

3.5.6 结语

很多共时的现象需要从历时的视角来解释。语法化理论为我们提供了理解语言演化的新视野，使我们能够对很多语法现象的来源做出简单、合理而且一致的解释。上述的分析显示，结构助词"的"等是从各自原来的指代用法发展出来的。指示代词的语义、句法特征使其常用于修饰语和中心语之间，具有兼摄表领格和从句定语标记的语用功能，由于长时期的使用和当时语言结构的要求，它们就会在这一位置上发展成为一个语法标记。这一推断有两方面的依据：一是在现代汉语中指示代词和结构助词之间存在着很强的语法共性；二是每一个结构助词都曾有过指示代词的用法。由于语法化总是受制于当时的语言结构，因此不同时期的语言结构不尽相同，这样就导致了具有同样语义特征的一组词，因为它们语法化的时间不同，最后的功能也不完全一样，其中所涉及的理论问题值得我们进一步探讨。

本章的讨论对汉语的教学也具有一定的作用。比如现代汉语指代词的结构助词用法是口语中很常见的现象，我们教母语为非汉语的学生时就不能忽略这一点。

3.6 否定标记

3.6.1 引言

交际过程中用于表达否定的手段是很丰富的，既可以是语言手段，又可以是体态语，比如汉族人可以通过摇头、摆手等表示否定。就语言系统内部来说，否定的方法也是多彩多姿的，既可以利用否定标志语"不"或"没"进行否定，也可以用反问语气、特指疑问代词、有否定意义的词语等手段达到否定的目的。例如：

（1）不像话就不像话吧，像话谁又多给几个钱呢？

（2）人家让太太亲自送来，我好意思不收下吗？

（3）他哪里知道人家是在笑话他。

（4）他这个人死要面子，哪里会认错。

（5）他拒绝回答这个问题。

（6）他懒得去逛公园。

例（1）和（2）是用反问语气表示否定，如（1）的实际含义为"像话谁也不会多给几个钱"。例（3）和（4）是用疑问代词"哪里"表示否定，这里的"哪里"可以用否定词"不"替换。例（5）和（6）是用具有否定含义的词语"拒绝"和"懒得"实现否定的目的，两种的意义大致相当于否定词"没"。

汉语中最典型的否定方法是用否定标记"不"或"没"进行否定，本书研究的否定结构主要是指这种具有形式标志的。说用"不"和"没"的否定结构是最典型的，一方面是指它们的使用频率最高，另一方面是指从它们中总结出的规律同样适用于其他否定手段，譬如说"介意"是只能用于否定结构的，其前一般都要有"不"或"没"出现，同时也可以用疑问语气词和反问语气等手段否定，例如：

（7）他难道会介意这些事情吗？

（8）他是个心胸宽广的人，哪里会介意这点小事。

相反，"铭记"是只能用于肯定结构的，即其前不能加上"不"或"没"否定，同时它也不能用反问语气或疑问代词否定。意义上的否定变幻莫测，不在讨论范围之内。

3.6.2　否定式和肯定式变换中的语音和语义限制

3.6.2.1　音节数目的限制

由于汉语语音的特殊结构，音节对汉语语法的影响很大，譬如单音节的语言单位活动受限制，像"英国""法国"，单说非带"国"字不可，复音节的"日本""哥伦比亚"，就不需要带"国"字。又如，说到一个人的岁数，"三岁""十岁"不能去掉"岁"单说，但是"十三岁""四十岁"也可以说"十三""四十"，等等。要求音节和谐顺口是汉语组词造句的一大特色。

音节对于肯定式和否定式之间的变换也有影响。在一些情况下，否定词"不"或"没"既有否定的作用，也有使音节搭配和谐的功能，如果去掉否定词"不"或"没"从否定式变换为肯定式，为了发音顺口就必须补上一个音节，例如：

（9）这两个问题不同。

　　＊这两个问题同。

　　这两个问题相同。

（10）资金更感到不足。

　　＊资金更感到足。

　　资金更感到充足。

（11）方法始终不变。

    * 方法始终变。

    方法始终在变。

（12）不予办理手续。

    * 予办理手续。

    予以办理手续。

上述现象是汉语词汇双音节化影响的结果。例（9）和（12）的否定式都是"不＋单音节词"，结构中的单音节词大都是黏着语素，不能够独立运用，所以转化为肯定式时就得用相应的双音节词代替。

语音上的限制只是音节和谐的问题，不涉及语言肯定和否定的本质，故不在讨论之列。

3.6.2.2　语义限制

肯定式和否定式的变换还会受到语义的影响，表现为两种情况：一种是否定结构可以说得通的句子，去掉否定词以后语义上不通；另一种是肯定结构直接加否定词否定以后语义不通。例如：

（13）没有喝完的半杯水。　　　　* 喝完的半杯水。

（14）还欠三万块钱没有还。　　　　* 还欠三万块钱还了。

（15）好好学习汉语。　　　　　　　* 好好不学习汉语。

（16）静静地坐着。　　　　　　　　* 静静地不坐着。

例（13）中的"水"喝完了就不存在了，所以没有相应的肯定式。例（15）"好好"与"不学习"之间有矛盾，不能组合在一起。

肯定和否定变换中的语义限制不是语法问题，只要用适当的词替换，其肯定式和否定式之间就可以自由替换了。比如跟例（13）类似的句子"没有走的人"就可以去掉否定词而成立："走了的人"。

3.6.2.3　实现体"了"的否定

语义限制的一种特殊情况是，"没"在否定已然行为时，摄入了完成体标记"了",含"没"的否定结构转化为肯定结构时"了"又释放出来，例如：

（17）我没看见你的钢笔。

　　　我看见了你的钢笔。

（18）衣服没干。

　　　衣服干了。

3.6.3 "不"和"没"的性质

一般人都把"不"看作副词，对于"没（有）"则有不同的意见：有人把名词前的"没"看作是动词，也有人认为不论是动词前的还是名词前的"没"都是动词。这种分歧是源于不同的研究方法：前一种观点是用传统语法学分析的结果，在那里词类和句子成分之间是严格对应的，动词前的修饰成分一定是副词，名词前的非定语成分一定是动词，所以就有了前一种看法；后一种观点是用结构主义语言学理论分析的结果，该理论在划分词类时强调在形式上的可验证性，因为不论是动词前的还是名词前的"没"都共同有一般动词的形式特征，所以把两种情况的"没"都归入动词类。

把"不"和"没"归入什么词类是无关紧要的，关键是认清它们的实质。显然"不"和"没"跟一般副词的语法功能是很不一样的，譬如动词的重叠式是不能用"不"或"没"否定的，而却可以用其他副词修饰，如可以说"好好学学数学""仔细观察观察""经常练练钢琴"等等。"没"也跟一般动词的用法有明显的差异，动词通常不能像"没"那样放在其他动词前修饰限制那个动词。可见单把"不"和"没"归入哪一词类还没有解决完问题，需进一步研究来认清它们的实质。

"不"和"没"的用法完全受自然语言中的逻辑规则的制约。有些看似惯用法的问题，实际上却有着深刻的逻辑背景。比如，孤立地看，"介意"只用于否定式是一种习惯用法，然而跟"介意"概念义相同和语义程度相当的词"在乎"、"在意"和"经意"等也都是只用于否定结构。它们的共同之处都是语义程度很低，所以这不可能是偶然的巧合。再看一看其他概念的情况，就会发现这样一条规律：在同一概念的一组词中，语义程度最低的那一个词都是只用于或者多用于否定结构。这种现象的背后有一条严格的规律。肯定和否定的具体表现形式虽然纷纭复杂、难以捉摸，但是事实上它们都遵循着非常严格的逻辑规则。

因此，肯定和否定是自然语言的逻辑问题，可以把"不"和"没"看作是逻辑小品词。

3.6.4 定量和非定量

3.6.4.1 自然语言的否定含义

人类语言中的否定词含义大都是"少于、不及（less than）"，换句话说，语言的否定不是完全否定，而是差等否定。譬如英语中 not good 意为比 good 差的义项，如 inferior，但不会是（坏得无法忍受）；not hot 指出一个低于 hot 的温度，如 warm 或 lukewarm，即位于 hot 和 icy 之间的某一个温度，不大可能是完全否定的结果 icy。再譬如，not much = a little，not a little = nothing（这是一个完全否定）。

汉语中的否定词"不"和"没"用于否定结构之后，否定的含义也是少于、不及其原来的意义程度，也是一种差等否定。譬如，"不很好"是指介乎"很好"与"坏"之间的某种程度。"不"直接否定形容词也只是对其程度上的否定，并非完全否定该形容词的本义，如"这瓶碳素墨水不黑"是说"黑"的程度不高，但墨水仍然是黑的，本义"黑"仍然保留着；再如说"这碗汤不咸"是指咸度不高，或者咸淡适中，而不是指汤完全没有咸味或者甚至指汤是甜的。"没"直接否定名词或动词时也是差等否定，譬如"小赵没一米八高"是指低于一米八的某一高度，不是指低到近乎零的高度，也不能是一米九；"他没学习三个钟头"是说学了，但不及三个钟头。用"没"否定述补结构时，它只否定补语所代表的结果，而不能否定述语所表示的行为，譬如"他没有吃完那个苹果"意为苹果还剩下一些，"吃"的行为已经发生；"我没有说服他"是指"劝说"的行为已经发生，只是没有达到说服的目的。

"不"和"没"上述的否定含义，要求所否定的概念在量上必须具有一定的伸缩性，即能够表达在一定的数量幅度上变化的义项，以便能够容下被否定后的义项"少于、不及"。这种在量上具有一定伸缩幅度的词后文称为非定量词，该类词都可以用"不"或"没"否定，从而将其肯定式变为否定式。那些在语义上只表示一个点的词，没有空间容下否定后的含义"少于、不及"，就称为定量词，它们都不能用"不"或"没"将其肯定式变为否定式。

各类词的定量和非定量本质是一样的，但是它们的具体表现形式不同。下面分别来说明。

3.6.4.2　形容词的定量和非定量特征

形容词的量主要表现在程度的高低，可以用能否加程度副词的方法来鉴别它们的定量和非定量性。凡是可以用"有点、比较、很、太、十分、最"等程度词分别加以修饰的形容词是非定量的；凡是不能用这些程度词修饰的，属于定量的。形容词"大、红、甜、冷清、活泼"等都可以用程度副词"有点、比较、很、太、十分、最"等来修饰，从而切分出一系列大小不等的量级，它们属于非定量词，都可以用"不"否定。形容词中"粉、疑难、油黑、冰凉"等，不能用以上那些程度词修饰，是定量词，都不能用"不"否定。例如：

（19）这棵树有点（比较、很、太、十分、最）大。

　　　这棵树不大。

（20）这孩子有点（比较、很、太、十分、最）活泼。

　　　这孩子不活泼。

（21）＊这朵花有点（比较、很、太、十分、最）粉。

　　　＊这朵花不粉。

（22）＊这个问题有点（比较、很、太、十分、最）疑难。

　　　＊这个问题不疑难。

3.6.4.3　动词的定量和非定量特征

动词的量主要表现为重复次数的多少、持续时间的长短等，它们的定量或非定量性质表现在是否对其后的宾语成分有特殊的量的要求上，鉴别的方法是：凡是其后的宾语可以自由地加上和删去数量成分的动词，是非定量的，可以用"没"和"不"否定；凡是对其后的宾语有特殊的量上要求的动词，是定量的，不能用"没"和"不"两个否定词否定。定量动词有两种情况：

（一）要求其后的宾语必须有数量成分。

（二）其后的宾语不能有任何数量成分。

动词"看、学、开、说、切"等单独用时，其后的宾语可以自由地增删数量成分，它们是非定量的，可以用"没"否定。但是，这些动词的重叠式对其后的宾语有特殊的量上要求，要求其宾语不能再有数量成分，属于（二）的情况，这时它们就转化为定量的了，不能再用"没"否定。动词"得（děi）、共计"等也是定量的，不过它们属于（一）的情况，要求其后的宾语必须有数量成分，这类词也不能用"没"否定。例如：

（23）他看了一场（两场、三场、……）电影。

　　　他没看电影。

　　　他不看电影。

　　　*他看了看一场（两场、三场、……）电影。

　　　*他没看看电影。

（24）她学了一个（两个、三个、……）钟头英语。

　　　她没学英语。

　　　她不学英语。

　　　*她学学一个（两个、三个、……）钟头英语。

　　　*她没学学英语。

（25）这项任务得十个（两个、三个、……）人。

　　　*这项任务得人。

　　　*这项任务没得十个人。

（26）两件共计五十（六十、七十、……）元钱。

　　*两件共计钱。

　　*两件没共计五十元钱。

3.6.4.4　名词的定量和非定量特征

　　名词的定量和非定量主要表现在能否用数词或数量词称数上，凡是可数的名词都是非定量的，可以用"没"否定；凡是不可数的都是定量的，都不能用"没"否定。名词"人、车、书、纸、山"等都可以用数词加上相应的量词"个、辆、本、张、座"等称数，它们都是非定量的，可以用"没"否定。而"大家、车辆、景况、个头、马匹、山势"等都是不可数名词，这些都是定量的，不能用"没"否定。例如：

（27）一个（两个、三个、……）人。

　　屋里没有人。

（28）一座（两座、三座、……）山。

　　周围没有山。

（29）*一个（两个、三个、……）大家。

　　*屋里没有大家。

（30）*一座（两座、三座、……）山势。

　　*周围没有山势。

3.6.4.5　量词的定量和非定量特征

　　量词与名词情况不同，虽然前面都是可以加上数词的，但也有定量和非定量的区别。量词也分为两类：（一）其前可以自由地添加数词的，是非定量的，可以用"没"否定；（二）其前只限于用一个或数个特定数词的，是定量的，不能用"没"否定。量词"块、套、张、条、场"等都可以用任意多个数词修饰，是非定量的，因此可以用"没"否定，譬如"没一块板子"，"没一套家具"，等等。量词"码"前的数词只限于"一"和"两"，譬如只能说"一码事"或"两码事"，而不能说"*三（四）码事"，因此也不能用"没"否定，比如不能说"*没有一码事"。"记"用于称数"耳光"时是量词，其前只限于用数字"一"，譬如"打了一记耳光"，因此它也不能用"没"否定。量词"番"前通常也只能用"一"修饰，或用"三"出现在固定结构"五次三番"中，譬如可说"思考一番"，但不能说"*没有思考一番"。跟动词重叠式的情况类似，量词重叠后就转化为定量的了，其前只能用数词"一"或者没有数词，这时它们也就不能用"没"否定了。例如：

（31）一（两、三、……）张桌子。

　　　 没有一张桌子。

　　　 *两（三、四、……）张张桌子。

　　　 *没有张张桌子。

这里需要注意两点：一是在划分词类的定量和非定量性质时，出发点是这些词都是可以用于肯定结构的，而一些只用于或多用于否定结构的词不在此列。二是不要把定量和非定量一对概念与量的大小或者程度的高低混为一谈。譬如同是表量的概念的大、中、小三个词，"中"是定量的，"大"和"小"都是非定量的。

3.6.4.6　决定肯定、否定用法的因素

定量和非定量是本书最基本的一对概念，是解释语言的肯定和否定的对称与不对称现象的理论核心。用定量和非定量的概念来鉴别哪些词可以自由地用于肯定结构和否定结构，哪些词只能用于肯定结构，不能用于否定结构，然后用离散量和连续量的概念来考察"不"和"没"在否定非定量词时的具体分工，哪些词是只能用"不"否定，哪些词是只能用"没"否定，哪些词是既能用"不"又能用"没"否定的。

3.6.5　离散量词和连续量词

3.6.5.1　现实世界的两种量

自然界中的数量可分为两类：离散量和连续量。整数都是离散的量，

实数则是连续量。相应地，数学也分为两大门类：离散数学和连续数学。集合论、数理逻辑、数论等以离散量作为变量的都属于离散数学，而数学分析、模糊数学、高等代数等以实数作为变量的都属于连续数学。称一个变量为离散变量，是指它取值只能在整数内变化，例如整数 $N \in$（-1，0，1，2，3），整数的变化是跳跃进行的，两个相邻的整数之间不存在其他整数，整数取值具有离散性。但是，又如一个连续变量 $x \in$（0.0，1.0），x 就可能取 0.0 和 1.0 之间任何连续变化的一个小数，任何两个小数之间总可以找到第三个小数，小数取值就具有连续性。

　　如上所述，客观世界的事物或现象中的变量不外乎离散变量和连续变量两种变量，语言的词汇是对客观世界种种现象及发展变化的概括，所以从变量的特征上也可给词汇分为两类：离散量词和连续量词。当然，词汇的离散性和连续性与客观事物及发展的实际情况不太一样，不可能简单地归为整数和实数，具体形式也有所不同，但它们是人类大脑对客观事物与变化的抽象思维的反映，其本质是相通的。另外，在词汇内部各词类的离散性或连续性的具体表现形式也不一样。

　　定量词在语义上只表示一点，没有量变，也就无所谓连续性或者离散性，非定量词在量上具有一定的伸缩性，有量变的意义，才谈得上连续性和离散性，所以当我们提到连续量词或者离散量词时，指的只是非定量词。

　　非定量词可自由地用于肯定结构和否定结构，"不"和"没"两个逻辑小品词在对非定量词的肯定结构转化为否定结构的运用中，有着明确的分工："不"只能否定连续量词，"没"只能否定离散量词。下面是非定量词在连续性和离散性上的语义、形式和划分的特点及大致范围。

　　非定量形容词都可以用"有点、比较、很、十分、最"等程度副词修饰。程度副词最大的特点是它语义上的模糊性，这个程度和那个程度之间边界交叉，没有明确的界限和起讫点，比如"有点憨厚、比较憨厚、很憨厚、十分憨厚、最憨厚"等，各量级之间在量上是个连续变化的过程，所以非定量形容词都具有连续量的特征，都可以用"不"否定。

　　还有一类形容词不仅可用一系列程度副词修饰，还可在其前后加上数量词或者跟助词"了"，譬如形容词"高"，可以说"有点高、很高"，等等，也可以说"一尺高、高一尺、两尺高",或者"高了"等,能用具体数量词修饰,从而切分出界限分明的大小不等的量级,是离散量的特征,所以又可以用"没"否定,"这棵树不高"和"这棵树没高"都可以说。可见这类形容词具有双重数量特征,譬如"高、长、好、硬、瘦、胖、满、冷、乱、紧"等属于这类非定量形容词。

相对于具有双重数量特征的非定量形容词,那些不能在其前后加上数量词或者跟助词"了"的非定量形容词就只有连续量特征,只能用"不"否定,不能用"没"否定,可称为窄式非定量形容词。譬如"笼统、憨厚、平淡、勉强、渺茫、零碎、明亮、普通、含混、冷落"等。可以说"这篇文章不笼统",但不能说"* 这篇文章没笼统",等等。

非定量动词最典型的数量特征是离散性的,表现为在其后可以自由地加上数量成分,即其后的宾语可以自由地增删数量成分,可以加各种结果补语,可以跟助词"了",这一切都表明非定量动词具有离散性,因此可以用"没"否定。注意,静态动词"是""需要"等只能用"不"否定。譬如"看"有"(没)看三回""看了(没看)""(没)看清楚"等,当非定量动词后面有数量成分或结果补语时,动词所代表的是一个个完整的动作,它们是离散的,只能用"没"否定,譬如不能说"* 不看清楚"或"* 不看三回"。但是当动词前后没有数量成分或结果补语时,如果把它看作一个有明确起讫点的完整动作,就是离散性的,可加"没"否定,譬如"没看";就动词所表示的一个单独动作内部发展过程来看,这个发展变化过程又是具有连续性的,因此又可用连续量的否定词"不"否定,譬如"不看"。这种差异可以从含"不"和"没"的否定式向肯定式转化中看出来。"没"否定动词时,实际上是对"动+了"词组的否定,即"没+动"的肯定式是"动+了",比如"没看电影"的肯定式是"看了电影",等等。这里的完成体"了"说明了在用"没"否定时,是把动词作为具有完整起讫点的离散量。然而用"不"否定时,其肯定式不能加上"了",表明是把动词看作具有连续变化的过程。"不+动"的肯定式是"动",比如"不看电影"的相应肯定式是"看电影"。

名词是客观事物和抽象概念的名称,非定量名词都可用数词或者数量词修饰,所代表的是可数的一个个独立的个体,所以都是离散的,可用"没"否定,但不能用"不"否定。譬如"人、水、山、牛、书、衣服、家具、桌子"等都具有这个特点。

代词的数量特征是由它所替代的对象的数量特征所决定的。人称代词"我、你、他、它、我们、你们、它们"等都是指代名词的,只有离散性,所以只能用"没"否定,不能用"不"否定。指示代词有两类:一是代替名词的离散量词,譬如"这、那、这么些、那么些",只能用"没"否定;二是代替动词或形容词的,兼有离散和连续两种量的性质,所以既可以用"没"否定,又可以用"不"否定,譬如"这样、这么样、那么样"。疑问代词也有两类:询问事物本身的量的,是离散量词,只能用"没"否定,譬如"谁、哪、几个、多少";询问动作或性质,兼有离散和连续两种量的特征,既可以用"不"又可以用"没"否定,譬如"怎么样"。

非定量量词都是离散性质的,所以都不能用"不"否定,但可用"没"否定。非定量量词可分为两类:一是既可表事物又可称量其他事物的临时量词,可以直接加"没"否定,也可以加上数词后再用"没"否定,这类词有"桶、碗、池子、书架、箱子"等;二是单纯的数量词,它们只有加上数词变为离散量后才能加"没"否定,这类词有"个、匹、枝、套、斤、寸、尺、颗"等。

副词、连词、助词、语气词等都是定量词,因为不符合否定词的语义要求,故都不能用"不"或"没"否定。

在表示客观事物三维性质和质量的形容词上,"不"和"没"用法上的对立很典型。单纯的形容词表示的是连续量,只能用连续否定词"不"否定,不能用离散否定词"没"否定。当在这些形容词前加上数量成分时,整个短语变成了离散的量,与前相反,不能用连续否定词"不"否定,只能用离散否定词"没"否定。例如:

（32）这张书桌不长。　　　*这张书桌没长。

　　　*这张书桌不四尺长。　这张书桌没四尺长。

（33）小赵不高。　　　　　*小赵没高。

　　　*小赵不一米八高。　　小赵没一米八高。

（34）那个瓜不重。　　　　*那个瓜没重。

　　*那个瓜不十斤重。　　那个瓜没十斤重。

（35）离城不远。　　　　*离城没远。

　　*离城不五十里远。　　离城没五十里远。

上述形容词都是指它们单纯表静态性质时的用法，如果把它们看作动态时，就变成了离散量。可以用"没"否定，例如：

（36）甲：这半年小姑娘高了不少。

　　　乙：我看没高。

3.6.5.2　词类的数量特征与其否定标记

一般的语法书都把动词和形容词放在一块谈，甚至有人还把两类词统称为"谓词"。他们这样做的根据是结构主义的分布原则。结构主义对词分类或者考察某类词的语法特点都是依据分布原则，即词语在句子中出现的位置，或者说担任的角色。因为动词和形容词都常做谓语，单从这一点看，把它们放在一块是有一定道理的。但是，在数量特征上，动词倒应该跟名词归为一类，因为它们最典型的数量特征都是离散的，所以两类词最常用的修饰语都是"没"；然而形容词最典型的数量特征是连续性的，所以它最常用的否定词是"不"。我们认为，动词前和名词前的否定标记"没"都是一个东西，因为它们共同的深层语义特征——数量特征都是离散性的，这与离散否定词"没"的语义特征正相符，故都可以用"没"否定。用结构主义的分布原则只能处理表层的结构问题，而且常常是给个名称或者贴上标签就完了，不再深究。这样常常会掩盖问题的实质。我们要揭示词语搭配的真正奥秘还要借助于其他手段。

客观世界的离散量和连续量这两种量对其他语言有同样的影响，其中的表现之一是，绝大多数人类语言在离散量否定和连续量否定上都有形式上的差异。具体说来，对动词的否定、形容词的否定和名词的否定大都采用不同的方法。比如，英语的情况跟汉语的很相似，动词的否定格式是 do ＋ not ＋ VP，形容词的否定格式是 be ＋ not ＋ Adj，名词的否定格式是 no ＋ NP，none of NP，或者 not all of NP 。三类词的数量特征不一样，否定时采用不同的形式，这说明英语跟汉语一样，在离散否定和连续否定上有明确的形式差别。我们预测大多数语言在离散否定和连续否定上都会有不同的方式。尽管有些语言用同一个否定词，然而在对不同的数量特征的词否定时，其含义是不一致的。比如俄语实际上只有一个否定词 н е，它用于形容词之前时相当于"不"，用于名词之前时则相当于"不是"。由此可见，在否定手段上，汉语属于最细致、最严谨的语言之一，甚至比英语还要严密，英语的形容词程度否定和性质否定是不分的，而汉语的性质否定格式是"不＋是＋形＋的"，程度否定格式是："不＋形"。形态变化最复杂的俄语的否定方法最为粗疏。事实上，有没有系统变化或者形态是否丰富，与表义是否紧密、细致并不是一码事。有人认为汉语的语法不严密，那是因为我们看问题的方法有待改进，也是因为我们的研究尚不深入。随着汉语研究的深入，汉语的严密规律逐渐被揭示出来，那时人们将会看到汉语确实是一种博大精深的语言。

3.6.6　否定范围的规律

既然自然语言否定词的含义都是"不够、不及"（less than），那么由此可以推出否定的范围是等于和大于所否定的量。譬如"小赵没有一米八高"的否定范围是 $\geqslant 1.80$ 米。我们可以用一个封闭的系统来建立否定范围的公式，该系统中，最大的量为 L_7，最小的量为 L_1，用"$\neg$"表示对该成分的否定，"$\wedge$"表示"并且"（逻辑学上的"和取"），这样就有下面的否定公式。

$$\neg L_7 = \neg L_7 \tag{1}$$

$$\neg L_6 = \neg L_6 \wedge \neg L_7 \tag{2}$$

$$\neg L_5 = \neg L_5 \wedge \neg L_6 \wedge \neg L_7 \tag{3}$$

$$\neg L_4 = \neg L_4 \wedge \neg L_5 \wedge \neg L_6 \wedge \neg L_7 \tag{4}$$

$$\neg L_3 = \neg L_3 \wedge \neg L_4 \wedge \neg L_5 \wedge \neg L_6 \wedge \neg L_7 \tag{5}$$

$$\neg L_2 = \neg L_2 \wedge \neg L_3 \wedge \neg L_4 \wedge \neg L_5 \wedge \neg L_6 \wedge \neg L_7 \tag{6}$$

$$\neg L_1 = \neg L_1 \wedge \neg L_2 \wedge \neg L_3 \wedge \neg L_4 \wedge \neg L_5 \wedge \neg L_6 \wedge \neg L_7 \tag{7}$$

式子 2 的意思是对 L_6 的否定，可以推知对 L_7 的否定。依此类推。

从上面可以推导出两条规律：

（一）较低量级的否定包括了对较高量级的否定，较高量级的否定不包括对较低量级的否定，所以可以用对较低量级的否定式来实现对较高量级的否定，而不能用较高量级的否定式来否定较低量级。譬如，$\neg L_5$ 包括了 $\neg L_6$，但是不能用 $\neg L_6$ 代替 $\neg L_5$。

（二）否定的量级越小，它的否定范围越大，同时其否定程度也就越高。在上述只有七个量级的封闭系统中，$\neg L_4$ 的否定范围是四个量级，$\neg L_3$ 的否定范围是五个量级，$\neg L_2$ 的否定范围的量级是六个量级，对 L_1 的否定包括了对该系统全部量级的否定。在语言运用中，往往是利用对最小量级的否定来实现完全否定，譬如"没有丝毫问题""没有一点问题"。

自然语言的否定都是差等否定，设 X 为某一量，$\neg X$ 的否定范围是 $\geqslant X$ 的所有的量；同时 $\neg X$ 也肯定了一个量 Y，Y 的值域为 $X > Y \geqslant 0$。我们用 $\vee$ 表示"或者"（逻辑学上的"析取"），那么上述封闭系统中各量级的肯定范围如下。

$$\neg L_7 = L_6 \vee L_5 \vee L_4 \vee L_3 \vee L_2 \vee L_1 \qquad\qquad 8$$

$$\neg L_6 = L_5 \vee L_4 \vee L_3 \vee L_2 \vee L_1 \qquad\qquad 9$$

$$\neg L_5 = L_4 \vee L_3 \vee L_2 \vee L_1 \qquad\qquad 10$$

$$\neg L_4 = L_3 \vee L_2 \vee L_1 \qquad\qquad 11$$

$$\neg L_3 = L_2 \vee L_1 \qquad\qquad 12$$

$$\neg L_2 = L_1 \qquad\qquad 13$$

$$\neg L_1 = 0 \qquad\qquad 14$$

显然，某一量级的否定范围与其肯定范围的大小是成反比例关系的，其否定范围愈小，那么其肯定范围也就愈大，反之亦然。在上述封闭系统中，任一量级的肯定范围和否定范围之和都是 7。对最小量级 L_1 的否定等于完全否定，它的肯定范围为 0。

对 L_1 的否定是完全否定，用 L_0 表示完全否定，那么 $\neg L_0$ 是肯定了一个 L_1 至 L_7 之间的一个量，即式子 15：

$$\neg L_0 = L_1 \lor L_2 \lor L_3 \lor L_4 \lor L_5 \lor L_6 \lor L_7 \qquad\qquad 15$$

就否定后的肯定范围来观察，对 X 的否定往往是肯定了一个逼近 X 的较小的量，这个被肯定的量尽管是模糊的，一般不会无限地低于 X。式子 8 — 15 式只是肯定范围的抽象模型，最有可能被肯定的是接近被否定的这个量级的一到两个量级，随着量级递减，它们被肯定的可能性也就愈小，譬如 $\neg L_7$ 最有可能肯定的量级是 L_6 或者 L_5，而不大可能是 L_2 或者 L_1。例如，"那个水塔没有 10 米高"意味着塔的高度可能是接近 10 米的某个量，比如可能是 9 米或 8 米，一般不可能是 2 米和 1 米；如果实际上塔的高度是 2 米左右，一般不会说"没有 10 米高"，真的这样说了，只能证明判断上的失误。在式子 15 中，对完全否定的否定，从理论上讲，是肯定了一个 L_1 至 L_7 之间的一个量，实际应用中最有可能被肯定的是接近 L0 的两个量级 L_1 或者 L_2。譬如"你不是没有一点责任"是指"有一点"或"有一些"责任，而一般不大可能是说"有很大责任"。

否定范围规律在语言交际中有广泛的应用。下面举两个例子加以说明。

（37）a. 大海上没有波涛。

　　　　b. 大海上没有波浪。

"波涛"意为"大波浪"如果面对的是风平浪静的海面，说例（37）a 就不恰当，因为它仍含有小波浪的意思，应该用例（37）b。只有海面上没有大波浪而有小波浪的情况下，例（37）a 的表达才是准确的。在遇到程度不等的词语时，可以利用否定范围规律使表达准确细腻。

《参考消息》1988 年 9 月 14 日第 4 版有这样一则关于汉城奥运会的报道：

在报名参加汉城奥运会的 161 个国家和地区中，有 121 个国家在历届奥运会上没有得过一块金牌，有 91 个国家连一块银牌或者铜牌也没有得到过。

由这段话可以推知，有 40 个国家或者地区得到过金牌，还有 30 个国家和地区虽没得到金牌，但得到银牌或者铜牌。可是，最后一句话颇令人费解：从字面来看，剩下的 91 个国家中，有一部分虽没有得到过银牌，但可能得到过铜牌，另外一部分任何奖牌也没有得到过。因为根据否定范围规律，"没有得到过银牌"意味着可能得到过铜牌。我们核查了一下在1988年之前的历届奥运会中奖牌的资料，认识到事实上是91个国家和地区任何类型的奖牌也没有得到过。因此最后一句话应该改为：有91个国家连一块铜牌也没有得到过。因为根据否定范围规律，对最小量级的否定等于完全否定，铜牌是奖牌类中最低一级，所以对它的否定意味着什么奖牌也没有得到过。报道者本想使意思周详，结果适得其反，反而造成了表达上的混乱。由此可见，自觉地利用否定范围规律，可以使表达既准确又简洁。

3.6.7 不同量级的词素构成的复合词的否定

汉语中有一类复合词的两个构词词素在语义程度上高低有别，它们一般不能加"不"或"没"否定。譬如复合词"喜好"的两个词素"喜"和"好"的意思分别为："喜"是"喜欢"，"喜欢"词典解释为"对人或事物有好感或感兴趣"；"好"意为"爱好"，"爱好"词典解释为"对某种事物具有浓厚的兴趣并积极参加活动"。显然，"爱好"在程度上比"喜欢"高一个量级。"喜好"一般不能用"不"或"没"否定，如果硬在其前加上否定词，一般人就会感觉到不顺、别扭。这是为什么呢？

否定范围规律可以解释上述现象。没（不）喜好＝没（不）喜欢＋没（不）爱好，根据否定范围规律"否定的范围大于等于所否定的量"和"对较大量的否定往往肯定了接近它的一个较小量的存在"，这里的"爱好"比"喜欢"大一个量级，"没（不）爱好"一定程度上肯定了"喜欢"的存在，而"没（不）喜好"也同时具有"没（不）喜欢"的含义，这样一方面肯定了"喜欢"存在，又同时否定了"喜欢"的存在，结果造成了表义上的矛盾。这就是我们不能用否定词直接否定由不同量级的词素构成的复合词的原因。

同时，我们却可以利用否定范围规律从意义上对"喜好"进行否定。如果只是"喜欢"而不"爱好"，就用"他不爱好"或者"他没爱好上"就行了。如果是对既不"喜欢"又不"爱好"这种情况的否定，就用"不喜欢"或者"没喜欢上"表示，因为对较小量级"喜欢"的否定也包括了对较高量级"爱好"的否定。"不爱好"可能是"喜欢"，但是"不喜欢"绝对不可能是"爱好"。

所有用不同量级的词素构成的复合词都有与"喜好"类似的用法特点，前面都不能直接加"不"或"没"对其否定，从意义上对它们进行否定的方式与"喜好"的相同。这类词还有：

争持：争执而相持不下。

仰望：敬仰而有所期望。

榨取：压榨而取得。

甄别：审查辨别。

瞻念：瞻望并思考。

印行：印刷并发行。

愚弄：蒙蔽玩弄。

忧烦：忧愁烦恼。

倚重：依靠，器重。

咏赞：歌咏赞颂。

评介：评论介绍。

赞佩：称赞佩服。

诱掖：引导扶植。

疑虑：因怀疑而顾虑。

忧惧：忧虑害怕。

忧伤：忧愁悲伤。

拥戴：拥护推戴。

听信：听到而相信。

3.6.8 极小量词与完全否定

由否定范围规律可知，在给定的范围内，对其中最小一个量级的否定等于对整个范围的否定。"1"是自然数中最小的一个，所以常常借用它与适当的量词相配表示完全否定。"一"加量词做完全否定的手段是有条件的,"一"必须能用其他数词自由替换,譬如"一句、一口、一点、一张"等,其中的"一"都可以用其他数词自由替换,因此都可作为完全否定的手段,如"一口饭没吃""没有一点困难"等。但是,"一刹那、一番、一骨碌、一股劲、一阵子、一溜儿、一概、一路上、一并"等等,这些词中的数词"一"不能用其他数词替换,其中"一刹那、一并"等干脆不能用于否定结构,而"一路上、一概"等虽有时可用于否定结构,但只能出现在否定词前边,"一句"类则可以出现在否定词前后。例如:

（38）他一句话没说。　　　他没说一句话。

（39）他一口饭没吃。　　　他没吃一口饭。

（40）他一路上没说话。　　*他没说话一路。

（41）他一概不予答复。　　*他不予答复一概。

用作完全否定手段的"一＋量"短语是虚指,而相应的肯定式却是实指。例如:

（42）a. 没喝一口茶。　　b. 喝了一口茶。

例（42）a"一口茶"是虚指,不是说那里有一口茶或若干口茶而没喝,只是用它对喝茶这种行为进行完全否定。而（42）b 的"一口"是指一个实实在在的量。

有一些"一＋量"短语,在肯定句中只能用在动词的后边,而在否定句中则在动词前后都可以出现,如例（43）、（44）。还有一些"一＋量"在肯定句中干脆不能与其后的名词搭配,只有在否定句中才有这种搭配,如例（45）、（46）。

（43）a. 留下了一点后遗症。

　　　b.* 一点后遗症留下了。

　　　c. 没留下一点后遗症。

　　　d. 一点后遗症没留下。

（44）a. 他犯了一点错误。

　　　b.* 他一点错误犯了。

　　　c. 他没犯一点错误。

　　　d. 他一点错误没犯。

（45）a.* 他有半点私心。

　　　b.* 他半点私心有。

　　　c. 他没有半点私心。

　　　d. 他半点私心没有。

（46）a.* 他半分钱往家里寄。

　　　b.* 他往家里寄半分钱。

　　　c. 他半分钱不往家里寄。

　　　d. 他不往家里寄半分钱。

"一"也常用于"连"字结构中表示完全否定，例如：

（47）a. 他连一声也不吭。

　　　b. 屋里连一个人也没有。

疑问代词"谁、怎么、什么、任何"等可以表示遍指，当它们用在否定句时，可用"一＋量"短语替换；当它们用在肯定句时，则不能。例如：

（48）a. 谁都知道事情的真相。

　　　b.* 一个人都知道事情的真相。

　　　c. 谁也不知道事情的真相。

　　　d. 一个人也不知道事情的真相。

（49）a. 怎么搬都搬得动。

　　　b.* 一点搬都搬得动。

　　　c. 怎么搬也搬不动。

　　　d. 一点也搬不动。

　　还有一些表示极小量的副词也常用于否定式来加强否定语气，譬如"绝、毫、毫发、丝毫、压根儿、断"等等。而一些表示极大量的词似乎也常用于否定式，其实与前者很不相同，譬如"千万、万万"等一般只用于虚拟句，可以说"万万不可大意"和"千万不要忘记带字典"，这两句都是祈使句，都不能去掉表祈使语气的"可"和"要"而成句。但是，极小和极大本来就是辩证统一的，实现完全否定的方法有两个全然相反的角度，"一点无"和"全部无"，所以"万万"等有时也可以在现实句中加强否定，譬如"他万万想不到"，而其中的"想不到"又不能变为肯定式"想得到"。

在否定句中，数量短语位于动词前跟位于动词后的含义大不一样，在动词前是完全否定，在动词后是不完全否定，例如：

（50）他三个小时没学≠他没学三个小时

（51）他两顿饭没吃≠他没吃两顿饭

（52）他四天没上课≠他没上四天课

（53）他五次会议都没参加≠他没参加五次会议。

例（50）的前一句是完全否定，指有"三个小时"他根本没有学习；后一句是说他学了，但不到三个小时，显然是差等否定。其余三句情况类推。但是，最小的数量成分在否定句中用在动词前和动词后的意思完全一样，形成这种现象的逻辑根源是：数量成分在否定式的动词前是完全否定，而尽管在动词后的是不完全否定，但是当数量成分为最小一个量级时，根据否定范围规律其含义也是完全否定，所以，当数量成分是最小量级时，完全否定结构"数量成分＋没＋动"和不完全否定结构"没＋动＋数量成分"两者表达的意思完全相同。例如：

（54）他一点苹果没吃＝他没吃一点苹果

（55）他一次会议没参加＝他没参加一次会议

除了用数词"一"和极小量表完全否定外，还可以用构词法来达到这一目的。譬如，汉语普通话中，"动＋头"构成的词语有小义，如"甜头"的意思是"微甜的味道"，"扣头"的意思是打折扣时扣除的较小的金额。同类的词还有"商量头、想头、饶头、看头儿、听头儿、说头儿、念头儿"等等，这些词用于否定结构的语气很强，相当于完全否定，例如：

（56）这件事没有商量头，你们必须照办。

（57）这部电影糟极了，没看头儿。

3.6.9　判断词"是"的否定

非定量名词都是离散的量，都不能用连续否定词"不"否定，但大都可以用"不是"否定。这两种现象并不矛盾，"不＋是＋名词"短语的层次为：

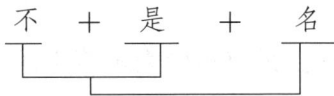

不　　＋　　是　　＋　　名

可见，"不"并不是直接否定名词，而是先否定判断词"是"，然后再一起否定其后的名词。在上述结构中，"不"和其后的名词并不在一个层次上。此外，从扩展的角度看，"不"和"是"也不构成一个单位，因为它们中间还可以插入别的成分，如"他不一定是学生"。

"是"有动词和形容词双重的性质：经常带宾语，而且其宾语中的数量成分可以自由地增删，譬如"是一（两、三、……）张桌子"和"是桌子"都可以说，根据定量和非定量动词的判断标准，故可用否定词否定；又，"是"是描写事物性质的，不能用数量词称数，即不能给它从数量上分出一个个界限分明的单位，可见"是"表示的是一个连续量，因此它只能用连续否定词"不"否定，一般不用离散否定词"没"否定。

"不是"是性质判断的否定，它跟"不"或"没"直接加在其他成分前的否定含义很不一样。"他没学三个钟头"是说学了不到三个钟头，而说"他不是学了三个钟头"就有两种情况：一是不到三个钟头，二是超过了三个钟头。可见，"没"否定的是大于等于其后的量，"不是"否定的只是等于其后的那个量。对于形容词，"不"和"不是"的否定意义差别也很大。"不是"一般不直接否定形容词，要在形容词之后加上助词"的"使其转化为名词性成分后（离散性质）才能用它否定，譬如一般不能说"＊这瓶墨水不是黑"，而要说"这瓶墨水不是黑的"。前句话的意思是，墨水是黑色以外的其他颜色，而后一句是指，墨水的颜色还是黑的，只是黑的程度不高。由此可见，"不是"是对其后形容词的完全否定，而"不"是对其后形容词的程度否定。

我们只考察"不"或"没"直接加在其他成分之前构成的否定结构，说某个词语能否被否定，是看能否在其前加上"不"或"没"。关于"不是"的这种性质否定不在我们的讨论范围之内。

3.6.10 结语

否定标记除"不"和"没"之外，还有在祈使句中表示否定的"别、甭"等，以及古汉语残留的、书面色彩较浓的否定词"无、莫、勿、未、休、毋"等，其中"无"和"未"的用法与"没"相当，其余的用法相当于短语"不要"。弄清了"不"和"没"的用法，其他否定词的用法就可迎刃而解了，它们只有文体上或者地域上的差异。

3.7　羡余否定

3.7.1　引言

　　羡余否定是指在特定的语法结构或者使用环境中，否定标记失去了否定的功能，所表达的仍然是肯定的意思；或者表面上没有否定词出现，然而实际上所表达的是否定的意思。但是其中否定标记并不是完全不起作用，常常起加强肯定的语气的作用。现代汉语中羡余否定的类型很丰富，这是分析汉语语法特点不可或缺的方面。下面分类加以分析说明。

3.7.2　好 + 形 = 好 + 不 + 形

　　下列词组的肯定式和否定式的意思是一样的：

（a）好不容易＝好容易

（b）好不漂亮＝好漂亮

（c）好不热闹＝好热闹

（d）好不伤心＝好伤心

（e）好不难受＝好难受

以上五例看起来都是肯定式等于否定式，实际上存在着重要的差别：a 例的"不"有实在的含义，取等式左端的意义；可是其余四例的"不"都没有否定的功能，取等式右端的意义。这种差别需要解释。另外，我们也应该认识到，"好"在这里的作用相当于一个程度副词。首先，我们来考察一下上述各个形容词的肯定式和否定式用程度词修饰的情况。

反义形容词的句法差异

	有点儿	比较	很	太	十分	最
容易 不容易	+ +	+ +	+ +	+ +	+ +	+ +
难受 不难受	+ —	+ —	+ —	+ —	+ —	+ —
伤心 不伤心	+ —	+ —	+ —	+ —	+ —	+ —
漂亮 不漂亮	+ —	+ —	+ —	+ —	+ —	+ —
热闹 不热闹	+ —	+ —	+ —	+ —	+ —	+ —

很显然，"容易"加上"不"之后整个词组仍能用程度词修饰，也就是说，在程度词和"容易"之间可以插入否定词，因此 a 例中的"不"是有实际意义的。其余四个形容词，加上否定词"不"后就不能再用程度词修饰，如果硬在否定式之前加上一个程度词，就会使得否定词"不"失去否定的功能。因此这 4 式中的否定词都是羡余的，没有否定的作用，都是取右端肯定式的意思。当然，加"不"的短语具有加强肯定语气的作用。

　　还有一个问题需要回答：既然"容易"的肯定式可以用"很"等程度词修饰，那么"好"也是一个程度词，应该保持它自身的含义，为什么会带上了否定的意义呢？即为什么"好容易"的实际含义为"好不容易"？这可以从副词"好"和形容词"容易"的语义特点上来解释。副词"好"的意义为"用在形容词、动词前，表示程度深"，这点与普通程度词"十分""非常"等没有什么两样，但是"好"还有感叹语气，这样它所修饰的形容词短语就有了大的、难的、令人吃惊的性质。再来看一下"容易"的含义，其义为"做起来不费事的"，这与"好"的感叹语气不大相符，因此就产生了词义的偏移，使肯定式中"容易"的真正含义变为否定式"不容易"，因为"不容易"语义上相当于"困难"，而"困难"的语义特征与"好"的感叹语气相符合。但是这种用法并不是必然的，"好容易"

也有字面的用法，表示"很容易"。例如：

（1）这道题好容易呀，不到五分钟我就做出来了。

（2）卖衣服赚钱好容易呀，不到半年我就净落了两万多元。

例（1）（2）的"好容易"都是字面上的意思，相当于"很容易"。有趣的是，字面的意思只限于整个短语单独做谓语的情况，一般不说"* 这道题好不容易呀，做了半天还没有做出来"。然而当整个短语做状语修饰动词时，一般只用否定式"好不容易"，如果用肯定式其含义与否定式相同，比如"这道题好不容易才做出来"和"这道题好容易才做出来"两句话的意思一样。在状语位置上，"好容易"一般不能解释成字面的含义。由此可见，"好容易"和"好不容易"只有在动词修饰语的位置上才是同义的。准确地说，它们不是羡余否定，而是空缺否定，因为没有否定词的短语仍有否定的含义。

3.7.3　"差点儿"、"几乎"和"险些"

"差点儿""几乎""险些"是汉语中最为典型的羡余否定现象，其后的否定词"没"有时有实际含义，有时则失去否定功能而成为赘余。例如：

（3）A. a. 差点儿没闹笑话＝差点儿闹笑话

　　　 b. 差点儿没答错＝差点儿答错

　　　 c. 差点儿没摔倒＝差点儿摔倒

　　B. a. 差点儿没见着≠差点儿就见着了

　　　 b. 差点儿答不上来≠差点儿答上来

　　　 c. 差点儿没买到≠差点儿买到了

　　　 d. 差点儿没考上甲班≠差点儿考上甲班

（4）A. a. 几乎没摔倒＝几乎摔倒了

　　　 b. 船几乎没翻了底＝船几乎翻了底

　　B. a. 事情几乎没办成≠事情几乎办成了

　　　 b. 几乎没考上甲班≠几乎考上甲班

（5）a. 险些没把他撞倒＝险些把他撞倒

　　 b. 事情险些没办成≠事情险些办成了

从表面上看，上述现象似乎遵循着两条规律：（1）凡是说话人企望发生的事情，肯定形式表示否定意义，否定形式表示肯定意义；（2）凡是说话人不企望发生的事情，不管是肯定形式还是否定形式，意思都是否定的。但是我们发现以上两条规律有很多例外。例如：

（6）这一下差一点没有把张维气死，气得他直瞪着眼，大张着嘴，足有一分钟没有说上话来。（《张来兴》）

（7）大妈往外一指，我一看，正是我媳妇来啦，当时高兴得我呀，差点儿没翻两个跟头，一个箭步就冲过去了！（《浪子回头》）

例（6）中的"张维"是小说主人翁的仇人，这是主人翁讲述他一次惩治张维的故事，"把张维气死"这件事对主人翁来说是企望发生的，按照上述表面规律，应该是已经把"张维"气死了，但从后文来看，"张维"实际上并没有死。例（7）的"翻两个跟头"于"我"是乐意干的事情，但实际上是没有翻。这样的"例外"在日常语言中有很多。下面我们就尝试从另外一个角度来解释上述现象产生的原因，并从结构上对其进行分化。

先来看一下"差点儿""几乎""险些"的词义。

差点儿——接近实现或勉强实现。

几乎——将近于，接近于。

险些——差一点儿。

以上三个词实际上是意义相近的同义词。下面以"差点儿"的用法作为代表来讨论。自然语言的否定词都是差等否定，由"差点儿"的词义可以看出，它类似于一个否定词的作用。在例（3）中，"差点儿"在三种情况下都相当于一个否定词，比如 Aa 式的右端"差点儿闹笑话"等于"没闹笑话"。Ba 式的左端"差点儿没见着"遵循否定之否定等于肯定的规则，意为"见着了"；Ba 式的右端"差点儿就见着了"等于"没有见着"。其实，情况比较特殊的只有 Aa 式的左端"差点儿没闹笑话"，因为按照否定之否定等于肯定的规律，应是"闹了笑话"，而它的实际含义则是"没闹笑话"。

现在用"积极成分"和"消极成分"来分别替换"企望发生的事"和"不企望发生的事"。这两类说法既有相同之处，也存在着重要差别：前者强调普遍性、稳定性，后者则是随说话者的主观愿望而变化。位于"差点儿"之后的一般是述补结构或者含结果义的动词，它们都是离散性质的，因此都不能用"不"否定，比如没有"差点儿不闹笑话""差点儿不办成"的说法。

积极成分的述补结构的述语和补语之间的关系松散，可以分离。然而消极成分的述语和补语之间的关系紧密，一般不能分离。例如：

（8）a. 事情办成了。

　　　b. 这件事办了很长时间，还没有办成。

　　　c. 你办一办试一试，看能不能成。

　　　d. 办了三次，三次都没有成。

　　　e. 事情他已经去办了，成不成还不知道。

　　　f. 这件事他办得成。

　　　g. 这件事他办不成。

（9）a. 路上很滑，他摔倒了。

　　　b.* 他摔了很长时间，还没有摔倒。

　　　c.* 你摔一摔试一试，看能不能倒。

　　　d.* 他摔了三次，三次都没有倒。

　　　e.* 他已经摔了，倒不倒还不知道。

　　　f.* 他摔得倒。

"办成"是积极成分，述语和补语之间可以插入各种成分，述语的行为动作是人们主观上可以控制的，补语的结果不一定必然出现，动作和行为之间可以有较长的时间。"摔倒"是消极成分，述语和补语之间结合紧密，述语的行为动作是主观无法控制的，补语的结果必然要出现，动作和结果凝结成一个整体。但是同一个词可能随使用的场合不同而带上不同的感情色彩，相应地它的用法也不同。比如，在摔跤比赛中，"摔倒"则是积极成分，动作和结果可以分离。例如：

（10）a. 运动员小张摔了三次，还是没把对方摔倒。

　　　 b. 你再摔摔，看这次动作合不合标准。

　　　 c. 你再摔一下，看能不能把对方摔倒。

积极成分和消极成分之间的动补关系差别还可以从它们用于"非＋动＋不可"格式中的语义变化中看出来。例如：

（11）在比赛的最后关头，运动员小张下了决心，非摔倒对方不可。

（12）路上结了冰，小王这个时候外出，非摔倒不可。

例（11）是表示一种意愿，而例（12）是表示某种客观条件很可能导致某种结果。这种诠释差异是由述补结构中表示行为动作的动词是否能被施事者的主观意志所控制造成的。例（11）是积极成分，行为是主观能控制的，因此"非＋动＋不可"格式是表示意志的；例（12）是消极成分，行为是主观无法控制的，因此该格式是表示客观可能性的。积极成分的述语和补语之间是可分离的，消极成分的述语和补语之间是不可分离的，这是解释有关羡余否定的关键。

"没"否定述补结构的复合词或者词组时，只能否定补语所代表的结果没有实现，不能否定述语所代表的行为自身。例如：

（13）a. 他没有吃饱＝吃了，但是没饱

　　　 b. 他没有听懂＝听了，但是没懂

　　　 c. 他没有学会＝学了，但是没会

　　　 d. 他没有看清＝看了，但是不清楚

可以用一个式子来表示"没"否定述补结构的含义。

　　没＋（动＋补）＝动＋（没＋补）

"差点儿"和"没"是等值的否定词，因为积极成分的述语和补语是可分离的，因此"差点儿"单独否定积极成分的情况跟"没"的相同。

　　差点儿＋（动＋补）＝动＋（没＋补）

例如：

（14）a. 差点儿办成了＝办了，而没有成。

　　　　b. 差点儿考上甲班＝考了，而没有进入甲班。

　　既然"差点儿"和"没"只能否定动补结构的补语所指，那么它们一块来否定积极成分时就有下式推算：

差点儿＋没＋（动＋补）

＝差点儿＋［动＋（没＋补）］

＝ {动＋［差点儿＋（没＋补）］}

＝动＋补

也就是说，用"差点儿"和"没"一块否定积极成分时，相当于对积极成分的结果否定了两次，根据否定之否定等于肯定的原则，整个句子仍是肯定含义。例如：

（15）a. 差点儿没办成＝办成了

　　　　b. 差点儿没考上＝考上了

　　　　c. 差点儿没见着＝见着了

　　　　d. 差点儿没买到＝买到了

例（15）各例的层次关系如下图。

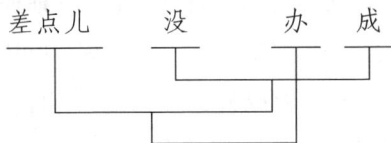

　　现在来看消极成分加"没"和"差点儿"的情况。单独用"差点儿"否定的情况很简单，它的作用相当于一个否定词，比如"差点儿答错"等于"没答错"，"差点儿摔倒"等于"没摔倒"，等等。因为消极成分的述语和补语是个不可分离的事件，所以用"没"和"差点儿"双重否定的结果为：

（差点儿＋没）＋述补

＝（差点儿＋动补）＋（没＋动补）

＝差点儿＋动补

＝没＋动补

也就是说，"差点儿"和"没"一起否定消极成分时，符合数学中的分配律，分别对消极成分进行否定，即否定了两次。因此，虽然表面上看有没有"没"意思基本不变，而实际上"没"在这里具有加强否定语气的作用，比如"差点儿没摔倒"就比"没摔倒"更强调行为接近出现的程度高。由上式可知，"差点儿"和"没"一块否定消极成分的时候，作用相当于一个语气加强的否定词。例如：

（16）a. 差点儿没答错 = 没答错

　　　　b. 差点儿没闹笑话 = 没闹笑话

　　　　c. 差点儿没摔倒 = 没摔倒

　　　　d. 差点儿没翻了底 = 没翻底

例（16）各例的层次关系如下图。

这就是形成例（3）—（5）各例中消极成分等式左右端同义的原因。

　　也可以换个角度来解释。如果积极成分的述语和补语可以单独使用，其补语就能够被"差点儿"和"没"双重否定，比如"办"和"成"可单用，因此可以说"这事差点儿没成"。但是对于消极成分，因为述语和补语不能单独使用，因此它的补语一般不能用"差点儿"和"没"双重否定，比如不能说"* 这道题差点儿没错"。积极成分的补语允许"差点儿"和"没"对其加以双重否定，因此两个否定词都有实际的含义，遵循否定之否定等于肯定的规律，整个句子的否定仍是肯定的。然而消极成分的补语不能被"差点儿"和"没"双重否定，只能用单个词来否定，因此当"差点儿"和"没"都出现于消极成分之前时，其中一个失去了否定的功能，只起加强否定语气的作用。

　　回过头来看例（6）（7）两个"例外"。尽管"气死"和"翻两个跟头"都是说话者企望发生的事情，但是因为它们的述语和补语不能分离，跟消极成分的情况一样，因此它们遵循消极成分双重否定的规律，其中的"没"

失去了否定的功能而只起加强否定语气的作用。比如一般不大能说"?气一气，看他会不会死""气了半天，还没有死"，可见"气"和"死"之间的关系是结合得很紧的。例（7）中的"两个跟头"不是代表实际数目，它与"翻"凝结成一个整体,表示单纯的动作,相当于"闹笑话"中的"闹"和"笑话"之间的关系，因此也出现了羡余否定现象。

3.7.4　其他羡余否定现象

3.7.4.1　"小心＋动"和"别＋动"

在祈使句中,"小心"和"别"一块用在动词前也会造成羡余否定现象，即有没有"别"，意思都一样。例如：

（17）a. 小心别打碎杯子＝小心打碎杯子

　　　b. 小心别擦破手＝小心擦破手

　　　c. 小心别碰住油漆＝小心碰住油漆

　　　d. 小心别看坏眼睛＝小心看坏眼睛

从功能上讲，"小心"和"别"相当于前文所讲的"差点儿"和"没"，不过前者之后只限于消极成分，后者不限。形成例（17）等式左右两端同义的原因跟"差点儿"和"没"否定消极成分时的相同。

3.7.4.2　难免＋动

"难免"的意思是"不容易避免",其含义相当于一个否定词,它和"不"一块出现在消极成分之前，使其中一个否定词失去否定作用，从而形成了又一种肯定式和否定式同义的现象。造成这种现象的原因跟"差点儿"的相同。例如：

（18）a. 一个人难免不犯错误＝一个人难免犯错误

　　　b. 我没有说清楚，难免不被人误会＝我没有说清楚，难免被人误会

3.7.4.3 不＋时间词

否定词"不"加在表短暂义的时间词之前，起强调时间短促的作用，它跟肯定式的意思基本相同。例如：

（19）a. 不一会儿他又回来了＝一会儿他又回来了

　　　 b. 不几天事情就办完了＝几天事情就办完了

"一会儿"和"几天"是离散性质的，本来不能用连续否定词"不"否定，因此硬加上"不"就使得它失去了否定的功能而只起强调的作用。

3.7.4.4 肯定角度和否定角度

有些情况下，否定式和肯定式是从不同的角度表达相同的意思。例如：

（20）a. 孩子怀疑事情还没有办完＝孩子怀疑事情已经办完

　　　 b. 你过了烟瘾我还没有找你收钱哪＝你过了烟瘾我还要找你收钱哪

3.7.4.5 在＋没＋VP＋之前

羡余否定的类型有多种多样，它们形成的原因也不完全相同。有一些表面上看起来是羡余否定，实际上是两种表达不同意义的结构。从上面的分析中可以看出，纯粹的羡余否定词是没有的，它们都有一定的作用，最常见的是加强否定语气。比如"在没有来之前我们已经知道了事情的真相"一句话，跟"在来之前我们已经知道了事情的真相"的意思差不多，而实际上两者的含义并不完全等值。例如：

（21）在没修赵州桥之前，一条交河横断南北，阻碍了人们的往来，造成了不便。

（22）结婚之前，我没想到她这工作那么艰苦。

用"没……之前"表时间时，是强调某种行为一直延续到否定结构中的动词实现这一时刻才结束，比如例（21）是强调"阻碍交通"的现象一直到修赵州桥这一时刻才结束。例（22）的时间短语显然与前者不同，因为"结婚"之前没有否定标记，所以就没有强调"没想到她这工作那么艰苦"这种状态一直持续到结婚的时候才结束，也可能是婚后很长时间还没想到。由此可见，"没……之前"和"……之前"是两种表达功能不同的结构。

3.7.5 结语

从本章的分析可以看出，纯粹的羡余否定式是不存在的，否定词往往具有加强语气的作用。同时，羡余否定并不是简单的褒贬义问题，其背后往往有语用、语义和语法等多种因素的相互制约。

本章所讨论的现象也给人们以启发，自然语言的肯定否定与数学逻辑上的有着本质的差别，自然语言的情况要复杂丰富得多。同时这也告诫人们，不能拿数学或者逻辑的规则来硬套自然现象，否则就会扭曲语言现象本身。

3.8 动词的概念结构与句法

3.8.1 引言

语法和语义的关系一直是当今语言学理论关注的一个焦点。即使一直主张语法自主性的转换生成语言学也逐渐认识到了语义问题的重要性。认知语言学则认为，语法和语义是不可分割的，语法实际上为概念内容的结构化或者符号化，语法系统是开放的。本章以汉语动词概念化的方向义为例，说明概念化的方式是如何影响一种语言的语法结构的。这是一个洞察语义和语法相互作用的重要窗口。

根据谓语动词的复杂程度，人类语言可分为两种类型：第一类语言的谓语结构主要是"核心动词 + 小词"，其中的"小词"可以是介词、副词或者趋向动词等，英语和汉语等属于这一类。第二类语言的谓语结构仅有一个单一的核心动词构成，罗曼语、日语等属于这一类。这个"小词"负载着重要的语法意义，包括动作的方向、地点、结果等。这种谓语结构上的差异实际上反映了不同民族在动词概念化上的区别，第一类语言在概念化动作行为时，不考虑方向、地点这些因素，因此在进入句子表达时要借助"小词"来使方向等意义明确化。相对地，第二类语言在概念化动作、行为时，同一个动作行为，不同的方向或者地点则用不同的概念（词）来表示，即一个动词的概念自身就已经包含着方向等语义特征。这种概念化方式的差异自然影响到句子的表层结构。一种语言的概念化方式往往具有高度的规律性和系统性。

从动词的概念化的方式上可以看出语义和语法之间的密切关系：动词

的概念化越复杂、内涵越丰富，其语法表达式则越简单；反之，则越复杂。本章将以汉语为重点，并与英语的有关现象做对比，对这一问题进行系统的探讨。

3.8.2 现代汉语的物体转换动词的方向性的中和

"概念化"是认知语言学的重要研究课题之一。它有多种意义，指各种与语义表达有关的现象，本章所使用的"概念化"的定义如下：

概念化——一个民族如何用语言的最基本单位"词"把认识世界的结果固定下来的方式。不同的民族在这一点上存在着系统的差别，它们在一定程度上决定了一种语言的语法面貌。

汉语学界还没有见到这方面的系统研究，而关于概念化和语法关系的研究是揭示一种语言的语法面貌成因的重要途径。本章的分析将证实，汉语的很多特殊句法都与汉语特有的概念化方式有关。

跟其他语言相比，汉语的动词概念化具有自己鲜明的个性。从普通语言学的角度看，动词的典型概念义是表示"非对称的能量转换"。也就是说，动词所代表的能量转换是具有方向性的。比如"张三打李四"和"李四打张三"是意义完全不同的两个句子，动作"打"的能量只能从主语向宾语传递，而不能相反。但是，汉语在表示一类特殊动作行为时，其方向义则是中性的，即能量的转换没有方向性，如果在应用时没有对有关方向性用其他手段加以明确化，就会引起歧义。例如：

（1）我借了他一千块钱。→

　　a. 我借给了他一千块钱。

　　b. 我向他借了一千块钱。

即所"借"的物体既可以从主语向间接宾语移动，又可以从间接宾语向主语移动。有关的动作行为，英语则用两个不同的动词表示，lend 为"借给"，borrow 为"借自"。汉语的"借"类词的用法不是个别的词汇现象，而是成系统的概念化方式的特点。很多涉及一个物体在两个参与者甲和乙之间转移的动词，其方向义都是中性的，表达时要借助其他手段特别加以明确。在动作方向性方面，英语和汉语概念化的差别可以用下式表示：

英语：甲→乙≠甲←乙

汉语：甲→乙＝甲←乙

此外，"借"类动词还有：

（2）a. 我租了他一间房子。

　　　b. 我赁了他一个月房子。

　　　c. 我贷了他一万块钱。

　　　d. 我上了他一门课。

　　　e. 我换了他五十斤大米。

上述的各个动词在双宾结构中都有两个相反的意思，比如（2）d的"上"既可以是"教课"，也可以是"听课"。

由于汉语这类动词的方向性是中性的，为了消除歧义，需要加上有关的介词加以明确化。结果就带来了表层语法格式的复杂化。方向性明确的动词一般只用于双宾结构，比如"给"的方向一定是由主语到宾语，故"给他一本书"自身的意义已经明确。然而"借"类动词在其前后需要加上介词短语，如例（1）a、b所示，其抽象的语法格式为：

S＋PP＋V＋O 或者 S＋V＋PP＋O

3.8.3　汉语历史和方言中动词概念化方式的一致性

3.8.3.1　古代汉语的方向中和的动词

对于物体转换类动词来说，方向中和是古今汉语的共同特点。古代汉语也存在着不少这类用例，也是用同一个动词来表示两个方向相反的动作。例如：

假：（a）借入。例：久假而不归。（《孟子·尽心上》）

　　（b）借出。例：唯器与，名不可以假人。（《左传·成公二年》）

丐：（a）求也。例：不强丐。（《左传·昭公六年》）

（b）给也。例：及载耆粮于路，丐施贫民。（《后汉书·窦武传》）

贷：（a）借出。例：宋饥，竭其粟而贷之。（《左传·文公十六年》）

（b）借入。例：凡民之贷者，与其有司辨而授之。（《周礼·泉府》）

受：（a）接受。例：权辞让不受。（《三国志·吴主传》）

（b）授予，给予。例：因能而受官。（《韩非子·外储说左上》）

售：（a）卖出去。例：卖之不可偻售也。（《荀子·儒效》）

（b）买。例：会市肆有刊武夷先生集者……文肃之子适相国寺，偶售得之。（《岳珂·桯史》）

致：（a）送达。例：远方莫不致其珍。（《荀子·解蔽》）

（b）招引，引来。例：致士民，聚万货。（《盐铁论·本议》）

（c）献出，尽。例：事君，能致其身。（《论语·学而》）

（d）取得，得到。例：忠言拂于耳，而明主听之，知其可以致功也。（《韩非子·外储说左上》）

乞：（a）向人乞求。例：凡乞假于人，为人从事者亦然。（《礼记·少仪》）

（b）与人财物。例：居一月，妻自经死，买臣乞其夫钱，令葬。（《汉书·朱买臣传》）

沽：（a）买。例：当为子沽酒。（《墨子·公孟》）

（b）卖。例：当垆自沽酒。（《酒垆》）

被：（a）施及，加于……之上。例：光被四表。（《尚书·尧典》）

（b）蒙受，遭受。例：下施之万民，万民被其利。（《墨子·尚贤中》）

借：（a）借出，借进。例：在剡曾有好车，借无不给。（《晋书·阮裕传》）

（b）帮助。例：借客报仇。（《汉书·朱云传》）

请：（a）请你做某事。例：则请除之。（《左传·隐公元年》）

（b）请你允许我做某事，"请"后动词表示我的行为。例：臣请事之。（《左传·隐公元年》）

请：（a）邀请。例：乃置酒请之。（《汉书·孝宣许皇后传》）

（b）谒见，拜见。例：其造请诸公，不避寒暑。（《汉书·张汤传》）

上述动词概念化的共同特点是，同一个动词表示两种方向相反的动作行为，或者说它们的动作方向是中性的。由此可以看出，汉语历史上在概念化同一类动词时，是非常有规律、非常成系统的。不仅一种语言的语法是一个和谐统一的系统，而且一种语言的概念化方式也是和谐统一的。

3.8.3.2 古汉语的声调屈折与动词方向的中性化

如上文所述，现代汉语是靠加介词短语这种分析式手段来明确动作的方向的。古代汉语则常是利用声调的变换这种屈折手段来区别动作的方向的。上古汉语已经有了"变调构词"和"变声构词"，在上古汉语和中古汉语时期，这种形态构词手段是高度能产的。现代汉语中有些词的读音已无差别，然而在当时确是有别的。比如"乞"表示"向人乞求"时读短入，表示"与人财物"则读长入。但是很多语音形式的差别一直保留在今天，还有一些后来则用不同的汉字加以分化，然而它们原来实际上是同一概念和同一书写形式，是靠屈折形态来表示不同的方向义。例如：

食：（a）吃。例：食而不知其味。（《礼记·大学》）

　　（b）sì，供养，给……吃。例：先实公仓，收余以食亲。（《商君书·农战》）

视：（a）看。例：目不能两视而明。（《荀子·劝学》）

　　（b）通"示"，向……表示。例：毋与天下争利，视以俭节，然后教化可兴。（《汉书·食货志下》）

　　示：给人看。例：传以示美人及左右。（《史记·廉颇蔺相如列传》）

饮：（a）喝。例：王将饮酒。（《左传·昭公七年》）

　　（b）yìn，让……喝。例：饮余马于咸池兮。（《离骚》）

受：（a）接受。例：权辞让不受。（《三国志·吴主传》）

　　（b）授予，给予。例：因能而受官。（《韩非子·外储说左上》）

　　授（第二个义项后来写作"授"）：授给，给予。例：书已封……未授使者。（《史记·秦始皇本纪》）

见：（a）看见。例：见贤思齐焉，见不贤而内自省也。（《论语·里仁》）

　　（b）xiàn，使……显现。例：图穷而匕首见。（《战国策·燕策三》）

买：买入。例：韩子买诸贾人。（《左传·昭公十六年》）

卖：mài，使……买入。例：贵则卖之，贱则买之。（《汉书·食货志下》）

还有一类现象，同一概念的不同方向义的读音后来固定下来，分别用不同的汉字来表示，因为语音的演化，现在不大能够看出它们原来利用屈折手段区别方向义的功能。例如：

籴：原始词，意为买入粮食，原读短入，diǎuk（现代读音 dí）。例：
　　臧孙辰告籴于齐。(《左传·庄公二十八年》)

粜：滋生词，意为使人买入粮食，原读长入，diāuk（现代读音 tiǎo）。例：
　　昭侯令人覆廪，吏果窃黍种而粜之甚多。(《韩非子·内储说下》)

上述的屈折手段中古以后消失了，也引起了有关语法格式的变化。以"视线接触事物"为例，古代汉语通过"视"的声调变换分别表示"看"和"给人看"两个意思，两个意义的"视"都是用于普通的述宾格式。然而现代汉语无此形态手段，表示"给人看"的意义，只能在谓语动词之前加上适当的介词短语引入有关对象。比如"示美人及左右"现在的相应说法为"给美人和左右的人看"。由于这种语法手段的变迁，古今汉语的"看"类动词经历了以下格式变化：

V + O → (a) V + O；(b) PP + V

我们推测，汉语动词概念化时方向义的中性化，与当时的语法系统有关。那时存在一个高度能产的形态手段，可以区别同一概念的不同方向义。为了避免创造过多词语的负担，即从概念化的经济的角度考虑，同一类行为动作用一个词表示，不同的方向义则用语法手段加以区别。对此，其他语言则可能用两个完全不同的动词表示。

3.8.3.3　现代方言中的方向义中和的动词

并不是所有涉及物体转换的动词的方向性都是中性的，比如"给""送"这些词都只能表示物体由主语向间接宾语的方向转移，因此它们所在的双宾结构是没有歧义的。比如，"老王送了小李一张画儿"只能理解成"画儿"由"老王"向"小李"转换。然而在方言里跟普通话"给"对应的概念却可以表示两个完全相反的意思。这说明汉语概念化的方式不仅古今是一致的，不同地域的人们也受同样概念化规律的制约。这从一个侧面反映了汉民族认知上的一个共同性。

长汀话的"得"字既可以表示"给予"又可以表示"接受"，是一种授受同辞形象。这类词的表义特点可以解释一些特殊的方言语法现象。不少汉语方言中表示"给予"概念的动词语法化为被动句标记，比如江苏如皋话的被动标记［te³a］来自该方言的"给予"动词［te³a］，青海西宁话的被动标记［tE⁴］来自该方言的"给予"动词［tE⁴］。汉语方言中存在一种有趣的语法现象，一些方言的处置式和被动式共用一个语法标记。

一、长宁话中介词"得"具有两种完全对立的功能

（一）处置式

（3）我得渠骂一顿。（我把他骂一顿。）

（4）和尚得钟敲了两下。（和尚把钟敲了两下。）

（二）被动式

（5）渠得人打哒。（他被人打了。）

（6）猪仔几得猪婆踩死倒。（小猪崽被母猪踩死了。）

二、厦门话中"互"可以做被动和处置两种标记

（一）处置式

（7）看互伊了。（把它看完。）

（8）矫互伊四正。（把它端正好。）

（二）被动式

（9）恁互伊骗去。（你们被他骗了。）

（10）老王互人选做代表。（老王被大家选为代表。）

处置式标记的是行为动作的承受者——受事，被动式标记的是行为动作的发出者——施事。就动作的方向来说，两个格式所标记的对象是完全相反的。语法化的一个必要条件之一是语义的相宜性，只有语义上适宜的词语才会演化成某一特定语法范畴的标记。那么"给予"类概念何以能够演化成两种完全相对的语法成分的语法标记呢？这也许能够从它们的词汇意义可以表示两个相反方向的动作行为中得到解释。某一特定方言的"给予"类动词的具体语法化过程尚需要做进一步的研究。

3.8.3.4　语法化中动词方向义的中和

　　汉语方言中的情况比较特殊，同时向处置式和被动式标记发展的普通动词，具有两个方向相反的意义。因此，我们推测这可能是有关词汇向两个功能相反语法标记语法化的基础。然而普通话中的动词"给"是一个方向明确的动词，它也同时演化成为处置式和被动式的标记。我们认为，这是"给"在语法化过程期间中和了原来词汇的明确方向性。

　　现代汉语的"给"可以做处置式标记，同时它也可以作为被动句的标记。例如：

　　一、处置式

　　（11）我给电视机修好了。

　　（12）我给电视机弄坏了。

　　二、被动式

　　（13）门给风吹开了。

　　（14）衣服给雨淋湿了。

"给"字除了在处置式和被动式引进动作的受事和施事外，还可以紧邻两类句式的谓语动词之前出现。例如：

　　（15）衣服让他给晾干了。

　　（16）杯子叫我给打碎了一个。

　　（17）房间都让我们给收拾好了。

　　（18）他把衣服给晾干了。

　　（19）让我把杯子给打碎了一个。

　　（20）我们把房间都给收拾好了。

　　对于某一特定的语法格式来说，哪些词语可以演化成它的语法标记并不是随意的。汉语中同一动词"给"演化成了意义相反的两个语法格式的标记，这在其他语言中十分罕见，表面上看起来十分费解。但是结合汉语概念化时方向义中和的特点，这类现象就不难理解。这说明一种语言的概念化方式会影响该语言的有关词语的语法化方向。

3.8.4　现代汉语中有关动作方向性的语法特点

根据上面的分析，汉语中涉及物体转换的动词的方向性是中性的，它们所在双宾结构是有歧义的。方向的中性化不仅表现在动词概念自身，还表现在结构上。汉语的双宾结构也是双向的，既可以表示物体由主语向间接宾语转换，也可以表示相反方向的转换。具体表现为两类方向不同的动词都可以用于双宾结构。

一、表示"给予"意

（21）a. 送我一本书。

　　　b. 还我五块钱。

　　　c. 教了他一点儿本事。

　　　d. 你递我一支笔。

二、表示"取得"意

（22）a. 我买了他家一所房子。

　　　b. 他抢了我一张邮票。

　　　c. 他偷了人家一本书。

　　　d. 他收了我五毛钱。

跟英语相比，可以看得出汉语双宾结构的双向义特点。英语双宾结构的特点为：来源→终点，即物体只能从主语向间接宾语方向转换。也就是说，英语双宾结构的语法意义是单向的。英语所有双宾结构用例，其中的动词全部都是"给予"类的。例如：

（23）a. Show me your essay.

　　　b. I gave him my address.

　　　c. We sent Jack a copy of the letter.

　　　d. Pour me a drink.

　　　e. David saved me a seat.

根据上面的讨论，我们可以看出英语和汉语之间存在一个系统的对立：

汉语的有关动词的方向是中性的，相应地，这类动词所出现的双宾结构也是中性的。然而，跟汉语相对应的动词概念，英语是方向性不同则用不同的词语表示，即就某一个特定动词而言，其方向性是单一的、明确的；相应地，英语双宾结构的动作方向也是单一的、明确的，只能从主语向宾语转换。我们推断这是动词概念化的特征对所出现的语法结构的意义的影响的结果。具体地说，汉语涉及物体转换的动词具有双向性，使得它们常出现的双宾结构也具有双向性。同理，英语的表物体传递的动词和双宾结构都是单向的。这是一种语言概念化方式对语法影响的另一方面。

汉语动词概念化时方向的中性特点，反映在各个层次、各个方面，对汉语语法的整体特征具有全面而深刻的影响。上文所讨论的是古今汉语中关于物体转换的动词的概念化特征。普通的动词大都具有能量转换的方向性，比如"张三打李四"中"打"的能量由"张三"发出，传递给"李四"。但是，跟其他语言相比，汉语普通动词的这种方向性也是较弱的，在一些句法环境中也变得模糊不清楚，由此而带来了汉语的一系列特殊的语法现象。下面是汉语语法文献中经常提到的几类现象。

一、容纳句

（24）a. 一锅饭吃十个人。　　　　→十个人吃一锅饭。

　　　b. 一间房子住两个人。　　　→两个人住一间房子。

　　　c. 一张桌子坐四个人。　　　→四个人坐一张桌子。

　　　d. 一条船装八吨货。　　　　→八吨货装一条船。

二、存现句

（25）a. 墙上挂着画儿。　　　　　→画儿挂在墙上。

　　　b. 封皮上写着字。　　　　　→字写在封皮上。

　　　c. 桌子上放着书。　　　　　→书放在桌子上。

　　　d. 湖上停着船。　　　　　　→船停在湖上。

三、关系句

（26）a. 火车通南昌。　　　　　　→南昌通火车。

　　　b. 窗户糊着纸。　　　　　　→纸糊着窗户。

c. 车盖着布。　　　　　　　→布盖着车。

　　d. 电视机搭着护罩。　　　　→护罩搭着计算机。

四、不及物动词带宾语

（27）a. 他家又死了一盆花。　　→他家的一盆花死了。

　　b. 他家又跑了一条狗。　　→他家的一条狗跑了。

　　c. 他丢了一支钢笔。　　　→他的一支钢笔丢了。

　　d. 他们系走了一个老师。　→他们系的一个老师走了。

五、无标记的被动句

（28）a. 我扔了一本书。　　　　→书已经扔了。

　　b. 我修了一辆车。　　　　→车已经修了。

　　c. 我擦了一张桌子。　　　→桌子已经擦了。

　　d. 我已经吃了饭。　　　　→饭已经吃了。

六、结果致使句

（29）a. 这封信他写了一个晚上。　→这封信写了他一个晚上。

　　b. 这顿饭他吃了八十元。　　→这顿饭吃了他八十元。

　　c. 那本书他读了三个月。　　→那本书读了他三个月。

　　d. 这件事他办了一天。　　　→这件事他办了一天。

　　上述各类句型的各对转换式之间都存在一个动作方向性改变的问题，但是动词自身的形式并不改变。比如，第一类中的"十个人吃一锅饭"动作的方向性是由左向右，然而"一锅饭吃十个人"的方向性正好相反。第五类的情况也类似，"我扔了一本书"的动作方向性是由左向右，"书已经扔了"则是相反。如此等等。这些现象也从一个侧面反映了汉语动词概念化上的特点。

　　其他语言中跟汉语对应的动词概念，要么没有汉语的有关语法特点，要么必须借助其他语法手段改变动词的形态。比如英语中跟汉语"吃、住、放、坐"等相对应的动词 eat、live、put、sit 等都没有相应于汉语的有关句法表现。此外，当主动句变为被动句时，动作的作用方向也随之改变了，英语的动词形式也必须改变，动词的被动式为"to be ＋ 过去分词"，例如主动式 to throw 要变成被动式 to be thrown。

汉语的上述语法特点，只能结合汉语动词概念化的方式才能理解，也才能得到合理的解释。汉民族在概念化动作行为时，有系统、有规律地使得动作行为的方向性中性化，这不仅在一定程度上决定了汉语的语法结构，还制约跟动词有关的语法范畴的设立，从而造就了汉语一系列独特的语法特征。

3.8.5 结语

本章的分析表明，汉语动词在概念化时方向义往往是中性的，由此引起了汉语一系列的语法特点。一种语言的概念化方式也往往是成系统、有规律的，不论古代、现代还是方言都遵循着相似的概念化方法。概念化是一种认知行为，不同民族的认识事物的特点可能不一样，会带来概念化上的差别，那么在两种语言中大致对应的两个概念所包含的具体内容也会不一致，由此导致它们的句法行为有别。

动词概念化对语法的影响，充分说明语法和语义的不可分割性。语义和语法的关系到底是什么，两者之间谁是第一位的，这是一个重要的理论问题。根据本章的分析可以看出，语义是第一位的，概念化的方式决定有关词语的句法行为，进而从整体上影响一种语言语法的整体面貌。本章的分析印证了认知语言学的一条原理：语法是概念内容的符号化或者结构化。一个语法格式的意义往往受经常出现其中的词语的语义特征的影响。

3.9 介词与动词

3.9.1 引言

介词是个为数有限的封闭词类。它与动词的关系如此密切，以至于学术界长期以来一直讨论，是否有必要把它从动词中独立出来而成为一个单独的词类。出现这种观点的原因主要来自两个方面：（一）几乎所有的汉语介词都是从动词演化出来的，诸如"以、自、从、被、把、为"在古汉语中都曾作一般动词使用。（二）有相当大一部分现代汉语的介词同时兼有一般动词的语法功能，例如"给、比、叫、让、用、依、同、顺、拿"等。介词和动词之间的这种衍生关系和大面积的兼类现象，是其他词类之间所没有的。

本章的主要目的是从语言系统外部——时间的特性，来探讨形成介词和动词之间独特关系背后的客观机制，并预测介词和动词的未来发展关系。

3.9.2 对介词语法特征的考察

介词的定义方式也与其他词类的不同。其他词类的定义方式都是积极的、独立的，比如名词的是"可用数量词修饰""可用'没'否定""可作主语或宾语"等。然而介词的定义则是消极的、非独立的，通常是拿它跟动词相比，看缺少了动词的哪些特征。通常给介词确定出的特征为：纯粹的介词只能用在连谓结构里，不能单独做谓语（动词都可以）；在兼属动词的介词里，作为动词，有的可以重叠，可以带"了、着、过"等后缀；

可是作为介词在句子里出现的时候就不能重叠，也不能带"了、着、过"。介词的定义方式从侧面反映了它和动词之间的亲密关系。

现在来考察一下介词的语法特征。一般认为，介词不能单独做谓语，因此，例（1）的"在、到、跟、用"分属于两个不同的词类，A 组的是动词，B 组的是介词。

（1）　　A　　　　　　　　　　　　B

他在教室里。　　　他在教室里学习。

他已经到北京了。　　他到北京去了。

他老跟着我。　　　他老跟着我逛街。

他正在用刀。　　　他正在用刀吃饭。

从表义功能的角度看，很难说出例（1）A 组的"在、到、跟、用"与 B 组相对应的词在语义上有什么差别。于是，语言学家就尝试寻求形式上可以加以验证的标准来区别它们。现代汉语教材给出了判别 A 组和 B 组有关词语差别的形式标准：凡可重叠、可带"了、着、过"的是动词，否则就是介词。这个形式标准也遇到了很大困难。如果把普通动词也放在介词的位置上，同样失去了动词的"重叠"、可带"了、着、过"等语法特征。我们要把这个标准贯彻到底的话，几乎所有的动词都同时可以归为介词。这显然是不合理的。例如：

（2）A. a. 他跟小王散步去了。

　　　b.* 他跟了（过）小王散步去了。

　　　c.* 他跟跟小王散步去了。

　　B. a. 他陪小王散步去了。

　　　b.* 他陪了（过）小王散步去了。

　　　c.* 他陪陪小王散步去了。

（3）A. a. 他到上海买过衣服。

　　　b.* 他到了（过、着）上海买过衣服。

　　　c.* 他到到上海买过衣服。

　　B. a. 他去上海买过衣服。

b.*他去了（过、着）上海买过衣服。

c.*他去去上海买过衣服。

例（2）（3）中的"跟"和"到"一般都认为是介词，它们的确丧失了普通动词的重叠和加体标记的语法特征。可是，当一般动词"陪"和"去"分别出现在"跟"和"到"的位置时，同样也失去了动词的相应特征，而它们做主要谓语动词时，这些失去的特征又恢复了，既可以重叠，又可以加体标记。由此可以自然推出，"不能重叠和加体标记"不是介词本身固有的特征，而是由其所处的句法位置决定的。

为了找到问题的答案，需要全面考察一下动词都有哪些主要句法特征，介词保存的是什么，失去的又是什么，失去的特征又有什么共同之处。

动词的主要语法特征有以下四个：

（一）能用"不"或"没"否定；

（二）能加各种类型的宾语；

（三）能跟体标记"了、着、过"搭配；

（四）能重叠表示动量小或者时量短。

介词保存了动词的（一）（二）两个特征，失去了特征（三）（四）。前两个特征都不表达时间信息，后两个都与指示时间信息有关。特征（一）是单纯表示动作行为的否定，特征（二）是表示动作行为与其作用对象的关系，两者既不表示动作行为的相对时间位置，也不表示绝对时间位置。而特征（三）（四）都是指示动作行为的相对时间位置或者时间信息，这一点可以从例（4）至例（7）的 a 和 b 的比较中看出来。

（4）a. 吃了饭再学习。

b.* 吃饭再学习。

（5）a. 我到那里时，他们正吃着饭呢。

b.* 我到那里时，他们正吃饭。

（6）a. 他吃过饭才来。

b.* 他吃饭才来。

（7）a. 你们应该讨论讨论再做决定。

b.* 你们应该讨论再做决定。

以上四例都是表示两个行为的相对时间位置（一前一后），加体标记或采用动词重叠式的指示相对时间位置的功能非常明显，如果去掉这些句法特征的话，句子就不合法了。

由此可见，介词失去的是动词的与指示时间信息有关的句法特征，保存的是与时间信息无关的句法特征。可以推测，介词的形成与时间的特征有关。

3.9.3 时间一维性对动词句法特征的制约

时间是物质存在的一种客观形式，由过去、现在、将来构成一个连绵不断的系统。时间的存在，既看不见，又摸不着，只有依靠物质的运动变化才能为人们所感知。这一点也反映在时间的计算公式上：$T = D/S$。式中的 T 代表时间，D 代表运动的距离，S 代表运动的速度。可见，如果没有事物的运动变化，人们将无法知道时间的发展，也无法对其进行计量。

时间的另外一个特征是，它从过去到现在、再到将来无始无终地流失着。这一特征与物体的长、宽、高三维性质相比，可以说时间只具有一维性质。时间的一维性决定了，在计量时间时，如果在同一时间位置发生多个行为动作，只能选取其中一个的运动速度和距离来计算，否则就会造成重复计算。如下图所示。

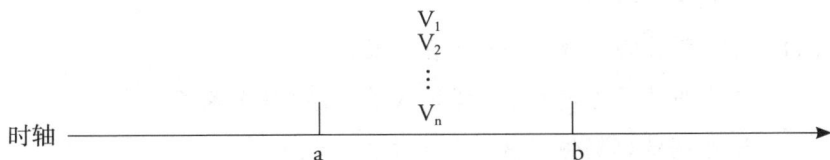

$$
\begin{array}{c}
V_1 \\
V_2 \\
\vdots \\
V_n
\end{array}
$$

时轴 ————————|——————————|————————→
　　　　　　　　a　　　　　　　　b

图中，V_1、V_2 … V_n 代表同一个时间位置发生的多个运动。计算 [a, b] 的时间量时，只能从中选取一个运动的距离和速度来计算。比如，V_1 代表地球绕太阳的运动，V_2 代表月亮绕地球的运动，V_3 代表四季的更替，等等，如果要计算在历史场合中时间发展的量时，只能选取其中的一个加以计量。

时间的上述特性在语言中的投影为：几乎所有人类语言的指示时间信息的句法特征都体现在动词身上；同一个句子，如果包含多个发生在同一时间位置的动词，有一个而且只能有一个可以具有与时间信息有关的句法特征。这个可以具有与时间信息有关的句法特征的动词，后文称之为"主要动词"，其他的相应叫作"次要动词"。例如：

（8）a. 他陪小王逛过（了）公园。

　　*他陪了（过）小王逛过（了）公园。

　　b. 他正陪着小王逛公园呢。

　　*他正陪着小王逛着公园呢。

　　c. 他陪小王逛了逛公园。

　　*他陪了陪小王逛了逛公园。

（9）a. 他看我打了（过）球（才走）。

　　*他看了（过）我打了（过）球。

　　b. 他正看着我打球呢。

　　*他正看着我打着球呢。

　　c. 他看了看我打球。

　　*他看了看我打了打球。

（10）a. 她给小明打了（过/着）针。

　　*她给了（过/着）小明打了（过/着）针。

　　b. 她给小明打了打针。

　　*她给了给小明打了打针。

（11）a. 小明替妈妈做了（过/着）家务。

　　*小明替了（过/着）妈妈做了（过/着）家务。

　　b. 小明替妈妈做了做家务（才出去玩）。

　　*小明替了替妈妈做了做家务。

例（8）至例（11）都包含两个发生在同一时间位置的行为，由于受时间一维性的制约，只能有一个具有加体标记或重叠等这些与指示时间信息有关的句法特征。上述情况又可以细分为两类：（一）指示时间信息的句法标记的位置不确定，可以是两个动词的任何一个，比如例（8）b 的"着"可以移后说成"他正陪小王逛着公园呢"，例（9）a 的"过"也可以前移说成"他看过我打球"；（二）指示时间信息的语法标记位置固定，比如例（10）（11）做主要动词的只能是后一个行为"打针"和"做"。第一类中的次要动词一般都认为是动词，第二类的大都认为是介词。动词用作次要动词频率的高低或者位置的固定与不固定，是由它们所表达的语义范畴决定的。

介词也可以引进动作行为，即以动词做其宾语。被引进的动词和主要动词自然也处在同一时间位置上，根据时间一维性的原则，它的时间信息已由主要动词体现出来了，因此跟次要动词一样，自身也不能再带有与指示时间信息有关的句法特征。比如例（12）（13）的"看"和"调查"做主要动词时，都可以加体标记或重叠，但是处于介词宾语的位置上就不行了。

（12）a. 依我看，这个问题不难解决。

b.* 依我看了（过 / 着），这个问题不难解决。

c.* 依我看看，这个问题不难解决。

（13）a. 我们经过调查才了解到事情的真相。

b.* 我们经过调查了（过 / 着）才了解到事情的真相。

c.* 我们经过调查调查才了解到事情的真相。

需要强调的一点是，时间一维性只作用于两个（或多个）发生在同一时间位置上而且又有内在联系的动词。具体地说，一个行为所引进的对象与另一行为的特征（诸如施事、受事、工具、时间、地点等）密切相关时，时间一维性才对其发生作用。

3.9.4　介词与体标记的搭配

部分介词也可以跟体标记"了"或"着"搭配。常见的介词与体标记的搭配情况有以下这些：

（一）可加"了"的介词：为除、（发）给、（挂）在、（转）向。

（二）可加"着"的介词：跟、临、趁、冲、朝、向、对、沿、顺、照、
按、凭、靠。

下面用一个图来刻画（一）（二）类介词的语义特征。[a，b]表示主
要动词的行为发生的时间位置。

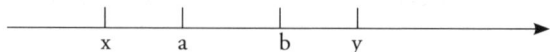

$$\xrightarrow{\quad\overset{\displaystyle|}{x}\quad\overset{\displaystyle|}{a}\quad\overset{\displaystyle|}{b}\quad\overset{\displaystyle|}{y}\quad}$$

假定主要动词所代表的动作行为发生的时间位置为 [a，b]。第一类介
词引入的对象发生的时间位置与主要动词的不一致，或者是 [x，a]，或
者是 [b，y]。介词"为"引进的是动作的原因、目的，从逻辑上讲，原
因、目的的时间位置必然位于主要动词之前，因此介词"为"所引进的
动作行为和其主要动词所指在时间上不重叠，所以可以说"为了职工能安
心工作，机关办起了托儿所"。"为了"和"办起了"的时间关系大致为
[x，a]＋[a，b]，所以仍遵循着时间一维性的原则。然而当"为"引进的
是动作的受益者时，它跟主要动词就没有先后之分，两者的时间位置是重
叠的，这种用法的"为"就不能跟"了"搭配，比如不能说："*请为了我
向主人表示谢意。"原因是这时加"了"就违背了时间一维性原则。介词"除"
是表示"不计算在内、排除在外"，所指自然与主要动词的时间位置不交叉，
同理，也可以与"了"搭配，比如"除了下棋，他还会打球"。

"动＋给/在/向"等短语表示动作发展到某一阶段或达到某一位置，
介词所引进的对象的时间位置紧接在主要动词的时间位置之后，即 [b，y]，
因此它们与主要动词的时间位置也不重叠，所以可以说"发给了大家""挂
在了墙上""目光转向了我"等。这一点也可以用反证法来证明。如果位
于主要动词之后的介词不是表示行为达到某一状况或位置时，那么该类介
词与主要动词在时间上就没有明显的错位，也就不能跟体标记搭配，比如
不能说"*引自了《论语》""*黄河发源于了青海"等。

第（二）类介词引进的是主要动词的地点、方向、与事等，它们与主
要动词的行为是共现关系。该类介词所引进的行为具有明显的时段持续特

征,因此可以跟持续体标记"着"搭配。这时,"着"既可以出现在介词之后,也可以出现在主要动词之后,但是,由于受时间一维性原则的制约,"着"不能在两个位置上共现。例如:

（14）a. 小王正跟着他散步呢。

　　　　b. 小王正跟他散着步呢。

　　　　c.* 小王正跟着他散着步呢。

（15）a. 他正趁着大伙儿聊天的功夫看书呢。

　　　　b. 他正趁大伙儿聊天的功夫看着书呢。

　　　　c.* 他正趁着大伙儿聊天儿的功夫看着书呢。

（16）a. 他正沿着湖边儿骑自行车呢。

　　　　b. 他正沿湖边儿骑着自行车呢。

　　　　c.* 他正沿着湖边儿骑着自行车呢。

　　介词跟体标记的搭配情况也可以给我们以有益的启示。部分介词可以跟"了"或者"着"搭配,然而全都不能跟"过"搭配。这种现象可以从三个体标记的分工中得到解释。"了"是实现体,表述行为动作处于事实的状态之下;"着"是持续体,表述行为动作正在进行之中;"过"是结束体,表述行为动作的终结。大家知道,介词的功用是引进与重要动词行为动作有关的对象,这就要求介词所引进的行为在主要动词的动作行为发生的时候,是业已存在的（或者是已成为事实,或者是正在进行之中）,因此"了"和"着"的表义功能与介词的功用不冲突,所以有时可以跟介词搭配。然而,"过"是指行为动作的结束,如果用它来跟介词搭配,就意味着与主要动词的动作行为不发生关系,显然与介词的功用相抵触,所以介词都不能跟"过"搭配。

　　普遍认为,"为了、除了、跟着、沿着"等都是单一的介词,其中的"了"和"着"与动词的体标记不是一回事。从以上的分析可以看出,介词后的"了""着"也是体标记,也具有指示相对时间位置的功能,因此也都受时间一维性的制约。

3.9.5 介词的语义范畴

几乎所有的动词都可以用作次要动词，这意味着每一个动词在特殊的句法位置上都可暂时失去与指示时间信息有关的句法特征。但是，代表不同语义范畴的动词，用作次要动词的频率差别非常大。决定动词用作次要动词的使用频率的关键因素是，它们所涉及的对象与动作行为的特征之间关系的密切程度。一个典型的行为动作特征主要包括：（一）施事；（二）受事；（三）与事；（四）工具；（五）处所；（六）时间；（七）范围；（八）目的；（九）方式；（十）原因。凡是可以引进这些对象的动词，用作次要动词的频率就高。这样长期使用的结果，就可能使得次要动词的句法特征在这些动词身上稳固下来，永久丧失了普通动词与指示时间信息有关的句法特征，最后从动词分化出来而成为一个新类——介词。虽然一般动词都可以偶尔用作次要动词，可是次要动词的句法特征在它们身上没有稳定下来，所以还属于普通动词，前文例中的"去、陪、看"都是如此。从理论上推断，介词从动词的演化构成大致经历以下几个阶段：

第一阶段：普通动词；

第二阶段：经常或者只出现于次要动词的位置；

第三阶段：退化掉普通动词与指示时间信息有关的句法特征而转化为介词。

根据语义范畴来划分，现代汉语的介词主要有以下几类：

（一）引出施事：被、叫、让、由、给。

（二）引出受事：把、将、拿。

（三）引出与事：跟、给、对、为、比。

（四）引出工具：用、以、拿、通、过。

（五）引出处所：在、于、从、自、打、由、朝、向、沿。

（六）引出时间：从、自、打、在、当、于。

（七）引出范围：关于、至于、对于、论。

（八）引出原因或目的：为、因为、以、借以。

（九）引出方式：以、经过、通过、凭。

语义范畴决定动词用作次要动词的频率，用作次要动词的频率又决定哪些动词最容易演化成介词。这一点还可以从不同语言表达同一语义范畴的词往往属于同一词类的事实中得到证明。比如英语中跟汉语介词"被、给、为、用、通过、从、在"等的语义范畴分别对应的是 by，to，for，with，through，from，at 等，也都是介词。而且，英语介词的句法特征跟汉语的一样，只具有动词的"带宾语"和"被否定"的与指示时间信息无关的语法特征，而失去了动词的时、体、态、人称等与指示时间信息有关的句法特征。

3.9.6　时间特性对语言发展中词语替换现象的影响

上面分析了，在时间一维性的作用下，那些语义范畴与动作行为密切相关的动词，经常用作次要动词，长期使用的结果使得它们退化掉了与指示时间信息有关的动词语法特征，最后演化成介词。这些介词不再能用作主要动词，但是语言交际中仍要求该介词所代表的动作行为概念（语义范畴）担当主要动词的功能，那么语言就采用造一个新的普通动词的办法加以补偿。可是这个新产生的普通动词的语义范畴仍与主要动词的特征密切相关，因此它的命运跟前者一样，仍经常用作次要动词，在时间一维性的作用下，又演化成了介词。这一过程循环往复地进行下去，结果就形成了语言发展史上有趣的词语替代现象。汉语发展史上有很多这方面的例证，下面我们就以引进受事、施事、工具的介词的演化过程加以说明。

一、引入受事介词的替换

最早引入受事的介词是"将"。它在约公元前 11 世纪一直到公元 7 世纪的文献中，都是作为普通动词用的。例如：

（17）a. 无将大车。（《诗经·小雅》）（将，赶）

b. 阙党童子将命。（《论语·宪问》）（将，传达）

c. 及将币之日，执书以诏王。(《周礼·春官·大史》)(将，送)

d. 将炙啖朱亥，持觞劝侯嬴。(《侠客行》)(将，持)

"将"在大约 7 世纪初演化出"握、持"等义项，该语义范畴最适宜引入动作行为的受事，因此经常用作次要动词，7 世纪(唐初)的文献中有大量的这方面用例。发展到 8 世纪，"将"就完全退化掉了普通动词的与指示时间信息有关的句法特征，而演化成一个纯粹的介词。这个时期引入受事的典型格式是"将 + NP + VP"。

现代汉语中最常用的引入受事的介词是"把"。"把"在公元前 4 世纪左右已作为一个普通动词产生了，例如："禹亲把(把，掌握)天之瑞令以征有苗"(《墨子·非攻下》)。到了 7 世纪，"把"也演化出跟"将"相近的义项"拿着""手持"，比如"步人抽箭大如笛，前把两矛后双戟"(韩翃《寄哥舒仆射》)。"把"在 8 世纪的大量文献中都是做次要动词用，因为它的语义特征也适合于引入动作的受事。在继"将"之后，"把"在 10世纪左右也随之成了纯粹的介词。在此之后的文献中，引入受事的任务主要由"把"承担。现在，"将"只保留在个别的书面语或者成语中，例如："将理论进一步完善""将功折罪""将心比心"。

表示"用手或者其他方式抓住、搬动(东西)"语义范畴的普通动词"将"和"把"先后演化成了纯粹的介词，它们不能再做主要动词用了。然而，语言交际中仍需要表达该语义范畴的动词承当主要动词的职务。这样，在近代汉语就出现了表达相同语义范畴的普通动词"拿"。据现在可查的文献来看，"拿"的上述义项正好产生于"将"和"把"相继演化成介词的时候，即在 10 世纪左右。同样的道理，在现代汉语中，"拿"也演化出了介词的用法，例如，"你别拿我当小孩""我简直拿你没办法"等。也许在不久的将来，"拿"也变成一个纯粹的介词，语言中又会出现一个新的动词来承担"拿"的普通动词用法。从理论上讲，这一词汇替代过程是没有终结的。

二、引入施事介词的替换

3 世纪(汉朝)之前，引入施事的介词是"为"。"为"在上古汉语中是作为普通动词"做、干"用的，例如"予欲宣力四方，汝为"(《尚书·益稷》）。后来发展出"致使"的义项，例如"今君疾病，为诸侯忧"（《左传·昭公二十年》）该义项相对于现代汉语的兼语式动词"使、叫、让"等，适合于引入第二个动词的施事。因此"为"用作次要动词的频率就高，在时间一维性的作用下，逐渐退化掉动词的与指示时间信息有关的句法特征，而演化成纯粹的介词。例如："身死人手，为天下笑者，何也？"（贾谊《过秦论上》）"多多益善，何以为我禽？"（《史记·淮阴侯列传》）。

现代汉语中引入施事的典型介词是"被"。"被"的本义是名词"被子"，后来发展成为普通动词"覆盖"（如"皋兰被径兮"《楚辞·招魂》），到了汉代又引申出新的用法"遭、受"，例如："项王身亦被十余创。"（《史记·项羽本纪》）"遭、受"的语义范畴也最适宜于引入其后行为动作的施事，因此"被"也常用作次要动词，在时间一维性的作用下，逐渐退化掉了普通动词的与指示时间信息有关的句法特征，"被"到了南北朝时期（约5世纪至6世纪）已发展成为一个单纯引入施事的介词。"被"后来逐渐取代了"为"的位置，而"为"的被动用法只限于少数书面语或者熟语的格式中。

现代汉语的两个动词"叫"和"让"也具有引入施事的功能。"叫"的本义是"叫喊"，后来发展出了"致使"的义项，比如"厂里叫我到上海去一趟"等。该义项也适宜引入行为动作的施事，因此也就出现了相当于介词"被"的用法。例如：

（18）a. 墨水瓶叫弟弟打翻了。

　　　b. 手指叫镰刀划破了皮。

　　　c. 三张票叫他拿走了两张。

"让"的本义是"谦让、退让"，后来也发展出了"致使、容许"的含义，比如"让他去办那件事"。同样的道理，"让"也具有介词"被"的用法。例如：

（19）a. 活儿都让他们干完了。

　　　b. 窗户让大风吹破了一扇。

　　　c. 衣服让树枝刮破了一条口子。

在现代汉语口语中，"叫"和"让"已经常用来作为引入施事的介词。

将来，"叫"或者"让"也许可以取代"被"的地位而成为引入施事的典型介词。这一过程与引入受事的介词的替代相似。

三、引入工具的介词的词汇替换

上古汉语中引入工具的介词是"以"，例如："杀人以梃与刃，有以异乎？"（《孟子·梁惠王上》）。"以"原来也是一个普通动词，作"为、行事"讲，例如："视其所以。"（《论语·为政》）后来又出现了一个表达"使用、任用"语义范畴的动词"用"，该义项更适合于引入行为、动作的工具，这样它也就经常被用来做次要动词，在时间一维性的作用下，演化出了专门引入工具的介词用法。例如：

（20）a. 他用刀切了切菜。

　　　 b. 他用石头堆起了一座假山。

　　　 c. 他用计算机学习英语。

从史料上看，"用"的普通动词用法略晚于"以"的，它演化为引入工具的介词也在"以"之后。在现代汉语中，引入工具的常用介词是"用"，"以"的引入工具的功能也只存在于书面语或熟语之中。

从以上事实可以得出两条结论：（一）时间一维性是造成语言发展史上词语替换现象的主要因素之一，主要表现在动词和介词之间。时间的特性制约着语言的句法规则，语法规则又通过语义范畴影响着词汇的发展。（二）介词不可能从动词中干净利落地分化出来，它们之间的关系永远是纠缠不清的。与动作行为特征密切相关的动词，由于经常用作次要动词，最后演变成了介词，语言就会新造一个普通动词来承担这个介词原来的职务。从理论上讲，这个过程是没有终结的。

3.9.7　介词和动词在构词方式上的差别

现代汉语主要依靠单、双音节的构词法来作为介词和动词的区别形式。单音节的普通动词在演化为纯粹介词之后，它原来的动词用法就以其为词根构成一个双音节词来表示。这种分工非常明确，一般不能混用。下表 A

组的单音节词一般只能做介词用，双音节词则只能做动词用。

A	B
把（他把窗户擦干净了）	把握；把持
连（连我也算进去）	连接；连通
论（论干活他数第一）	讨论；论述
管（古人管眼睛叫目）	管理；掌管
从（从上海出发）	随从；服从
比（他比小王高）	比较；攀比
跟（他跟小王去看电影）	跟随；跟踪
为（为大家办实事）	成为；作为
与（我与他讨论问题）	参与；干预

也有为数不多的动词和介词的构词方式正相反，单音节的常做动词用（有时也可做介词），而双音节的只能用作介词，例如：通—通过、依—依照、据—根据、对—对于等。

通常认为，汉语词汇由单音节向双音节发展是对汉语语音系统简化的一种平衡手段。由以上的分析可以看出，形成汉语词汇双音化趋势的动力不仅仅是来自语音系统内部，而且也来自句法方面，即词汇的句法分工逐渐明确，要求用相应的构词方式加以区别。

3.9.8 结语

我们可以从三个方面概括本章的分析。首先，介词跟动词的本质区别实际上是它们用作次要动词的使用频率上的差异。动词所代表的语义范畴与行为动作的施事、受事、地点等特征之间关系的密切程度，决定了它们用作次要动词的频率。密切程度高的经常用作次要动词，它们的句法位置慢慢地固定下来，最后只能出现在次要动词的位置上，在时间一维性的制约下，永久失去了普通动词的与指示时间信息有关的句法特征，最后从动词中分化出来而成为一个新类——介词，"把、被、以、自、于"等的演化过程都是如此。还有一类与动作行为特征密切相关的动词，它们也虽然经常用作次要动词，但是同时还兼有主要动词的用法，它们就是动词和介词的兼类词，"比、跟、到、在"等就属于这一类。第三类是普通动词，它们虽然可以偶尔用作次要动词，但是用作主要动词的频率要高得多，这是因为它们的语义范畴与动作行为的关系比较远，这类词属于核心动词，比如"看、说、去、陪"等。

其次，时间一维性是客观规则，它不仅对汉语的句法结构有制约作用，对于其他语言的句法也同样有影响。比如英语中，一个句子里如有多个发生在同一时间位置的动词，只有一个可以具有与时间信息有关的形态变化，诸如时、数、格、人称等其余的都不能有这些形态标记。例如：

（21）a. She gave me an injection this morning.

b. *She gave me injects（injected）this morning.

（22）a. James made the TV work yesterday.

b. James made the TV works（worked）yesterday.

例（21）的 injection 虽然是名词形式，可是仍代表的是一种行为。因为它的时间信息已在主要动词 gave 上体现出来，受时间一维性的制约，借用非时间性的名词形式来消除掉与时间信息有关的句法特征。例（22）的 work 也不能再有时、数、体的变化，这也是为了遵循时间一维性原则，因为它的时间信息已由 made 传达出来。

最后，时间一维性作为一种现实规则，人们有意识或无意识地感知它，受它制约，又通过人的大脑投射到语言中去，形成了一系列句法规则。这给我们一个重要启示：句法规则不仅是约定俗成的，而且往往是有理据可言的；在探求句法规则的理据时，不能够单纯在语言自身一个系统中进行，有时必须从语言系统的外部寻找它们的成因。

3.10 助动词

3.10.1 引言

助动词是一个成员有限的封闭词类。虽然汉语学界对这个词类的研究不是很热闹，但是在普通语言学理论的发展中，助动词的探讨是一个至关重要的问题。任何一种语言学理论面临的一个最富有挑战性的问题之一就是：如何处理助动词？

汉语学界关于助动词的研究主要围绕着两个问题进行：（一）助动词的词性到底是什么？是副词还是动词？（二）"助动词 + 动词"的语法关系是什么？是状谓关系还是动宾关系？迄今在这两个问题上学者们还是莫衷一是，众说纷纭。结果，这也给汉语教学带来了很大混乱，不论是初等学校教材还是高等学校教材，都没有一个统一的处理办法，这种局面难免会给学生造成很大的困惑。下面将根据类型学的研究成果，并从功能的角度，对这个问题加以论证。

3.10.2 目前关于助动词的研究和教学

3.10.2.1 学术界的不同看法

从意义上看，助动词是表示能力、愿望、可能、责任等意义的词，虽然各个学者的划分范围有些出入，但一般都包括这些成员："能、能够、会、可以、可能、得、要、敢、想、应该、应当、该、愿意、情愿、乐意、肯、许、准、（不）配、值得"等。从结构上看，典型的助动词只能出现在下述格式里：

Aux（助动词）＋ VP（动词短语）

例如：

（1）他会开飞机。

他能参加明天的会议。

我愿意接受这项任务。

你得准备功课。

助动词的一些明显语法特点，主要有：

（一）不能重叠。

（二）不能带体标记"了""着""过"。

（三）可以放在"～不～"的正反问句格式里。

（四）可以单说。

对上述现象的看法不尽相同，主要集中在两个方面：一是助动词的词性，二是助动词与其后动词的语法关系是什么。这两个问题密切相关，前一个决定后一个。下面只介绍有代表性学者的观点，概括起来，有三种看法。

（一）助动词是副词，助动词与其后动词的关系为"状语 ＋ 谓语"。

（二）助动词是一类特殊动词，它与其后动词的关系为"动 ＋ 宾"。

（三）"兼类"说。助动词里边有一部分是表示可能与必要的，有一部分是表示愿望之类意思的，所以又叫作"能愿动词"。前一种接近副词，后一种接近一般要求带动词宾语的动词，这两方面的界限都很不容易划清。

3.10.3　来自其他民族语言的启示

3.10.3.1　中国境外其他民族语言的情况

如果我们的视野扩大一点儿，就比较容易找到问题的答案。很多问题，假如只限于汉语内部，似乎这样说也可以，那样说也行，但是跟其他语言相比照，不同观点的优劣马上就可以显示出来了。国际语言学界的类型学的研究成果最为值得我们借鉴。

　　一种语言的语法组织往往是和谐统一的，表现为同一性质的短语往往采用相同的语序。在所有 15 项结构中，跟动词和宾语的语序几乎 100% 一致的有两种：（一）介词和宾语；（二）助动词和动词。其他结构则都没有这种一致性，都有或大或小的差别。具体统计结果如下：

　　（一）共有 8 种语言是 OV 语序，它们全部是"宾 ＋ 介"和"动 ＋ 助"，
　　　　　3 种结构的语序一致率为 100%。
　　（二）共有 11 种语言是 VO 语序，其中 9 种是"介＋宾"和"助＋动"，
　　　　　3 种结构的一致率为 80% 强。两个例外为 Finnish 和 Guarani。

　　仔细观察两个例外 Finnish 和 Guarani，它们都是采用"宾＋介"语序。古 Finnish 也是 OV 顺序，即它实际上不是例外，它的"动 ＋ 助"与早期的宾语和动词的语序是一致的。一种语言的语序会发生变化，但是发展总是单向的，只有 SOV → SVO，没有相反的发展。当它的句子基本语序发生变化时，不会马上引起同类结构的变化，需要一定的历史时期才能达到新的结构和谐。语序的变化会首先发生在谓语核心动词和宾语之间，然后才会类推到介词和其宾语以及其他结构上。由此我们也可以推知，Guarani 的早期语序也应该是 OV。也就是说，表面上看似例外的语言实际上并不是例外。可以看出动宾短语和助动词短语之间具有 100% 的语序一致性。我们汉语的基本语序为 SVO，所以汉语的助动词总是置于动词之前。

　　此外还有一个重要的语法特征值得我们注意。对于动词具有时态和人称标记的语言，在普通的陈述句里，只有谓语的核心动词才能带上这些语法标记，它被称为限定动词。Greenberg 统计的 19 种语言中，时和人称标记都是加在"助 ＋ 动"短语的助动词上。因此，助动词应被看作句子的限定动词。

　　根据上面的分析，我们得出以下重要的结论：

　　助动词是谓语的核心，它与其后动词之间的语法关系为动宾关系。

　　这一结论还有一个重要的佐证：跟助动词短语一样，介宾短语的语序也总是跟动宾的一致。道理很明显，介宾结构实际上是动宾结构的一个小类，从历史上看，介词很多都是从动词发展而来的。比如汉语的介词全部

都是来自普通的动词。

我们还可以用反证法来证明"助＋动"不是状中偏正关系。不同性质的语法关系的短语就不一定有一致的语序，特别是从多种语言的考察中，它们之间不存在一对一的语序对应关系。我们的推论是：

（一）假如助动词和动词是状语和谓语的关系，那么它们的语序应该是一致的。

（二）因此，如果一种语言采用了"状＋谓"语序，那么它的助动词短语的顺序就应该是"助＋动"；如果一种语言采用了"谓＋状"，那么它的助动词短语的顺序就应该是"动＋助"。

（三）然而，统计的结果告诉我们，不存在这种语序一致关系，所以助动词和动词之间的语法关系不是状语和谓语的关系。

在 19 种语言中，就有 9 种语言的助动词短语与状中偏正短语的语序不一致。具体地说，2 种语言是"助 ＋ 动"，而它们采用了"谓 ＋ 状"的语序；7 种语言是"动 ＋ 助"，而它们却采用了"状 ＋ 谓"的语序。可见两种短语结构的语序关系是随意的，这说明它们的语法性质不同。

3.10.3.2　中国境内少数民族语言的情况

我们有十分丰富的民族语言，它们是语言学的宝藏。民族语言中反映出的规律对我们汉语研究也同样具有启发作用。下面是对中国境内的 35 种语言的统计结果。中国境内这 35 种语言所反映出的规律，跟 Greenberg 统计的那 19 种语言的完全一致。具体数据如下：

（一）总共 11 种 VO 语序的语言，它们全部都是"介＋宾"和"助＋动"顺序，语序一致率为 100%。

（二）总共 24 种 OV 语序的语言，它们全部都是"宾 ＋ 介"和"动 ＋ 助"的顺序，语序一致率为 100%。

由此可以推断，助动词和动词之间的语法关系跟动词和宾语、介词和宾语的关系一致。

同时，助动词和动词的关系不是状中式偏正结构，它们之间没有语序一致关系。具体数据如下：

（一）在所有 24 种"动 ＋ 助"语言中，全部都是采用了"状 ＋ 谓"的顺序，即它们的语序正好相反。

（二）在所有 11 种"助 ＋ 动"的语言中，1 种采用"谓 ＋ 状"语序，3 种采用"状＋谓"语序，7 种是"谓 ＋ 状"和"状＋谓"两可。

显然，助动词短语和状谓短语之间的关系是随意的，由此也可以看出它们的语法性质是不一样的。

3.10.4　助动词短语的功能分析

我们从 54 种语言的统计数字中可以看出，助动词短语的语法性质和语法关系应该与动宾和介宾的一致，然而与状中短语的不一致。但是这个结论只是统计性质的，要使我们的立论建立在牢固的基础之上，还必须分析助动词短语的功能。

句子各个成分的语法地位和表达内容之间并没有必然对应的关系。学界有一种观点认为助动词有些像副词，有些像动词，它们的界限都很不容易划清。这里所依据的是一种意义标准，主要是看意义的重点是在助动词上还是在动词上。在英语的传统语言学中，也是根据意义来确立成分的语法地位的，对于助动词短语，意义具体的那个普通动词叫作"主要动词"，意义抽象的那个成员则叫作"助动词"。"助动词"就是来自传统语言学，顾名思义，它是辅助其他动词表义的成分。这个叫法实际上有些误导，似乎助动词是副词一类的东西。

从认知语言学的角度详细地分析助动词的语法地位：助动词是所在动词短语的核心。理由为：普通的陈述句的谓语中心是限定动词，只有限定动词才能加上时、人称等语法标记，然而如果句子有助动词的话，这些语法标记就只能加在助动词上。汉语语法中没有这些形态标记，因此我们无法根据这个标准确定助动词的语法功能，然而我们可以寻找其他途径来解决这一问题。

一、能愿动词短语与普通的动宾短语具有平的正反问句变换格式。例如：

（2）能去　　　　　　　　　　　吃饭

你能去不能去？　　　　　　　你吃饭不吃饭？

你能去不能？　　　　　　　　你吃饭不吃？

你能不能去？　　　　　　　　你吃不吃饭？

你能去不？　　　　　　　　　你吃饭不？

二、一般副词之后的动词还可以加上体标记或者重叠，助动词之后的动词则不可以。例如：

（3）他曾经开过火车。　　　　*他会开过火车。

他已经完成了任务。　　　　*他能完成了任务。

她认真地准备着功课。　　　*她愿意准备着功课。

她忽然望了望四周。　　　　*她肯望了望四周。

由此可见，助动词和副词的性质并不一样，副词不影响其后动词的语法特点，助动词后的动词则失去了很多动词的特点，实际上已经被名词化了。我们曾经论证，加体标记和动词重叠是汉语限定动词的语法特征。由此可见，助动词之后的动词已经失去了谓语中心语的地位。

三、在单独回答问题上，助动词跟普通动词的句法行为一样，但与副词的不一样。例如：

（4）你会不会开车？——会。

你喜欢不喜欢打羽毛球？——喜欢。

你吃不吃香蕉？——吃。

他已经来了没有？——*已经。

从单独回答问题上可以看出，"会"与"喜欢"、"吃"是一类的，它们都可以代替整个动词短语，然而跟副词"已经"的功能不一样。由此可以推知，"会开车"跟"喜欢打羽毛球""吃香蕉"的语法关系是一样的，都应该是动宾关系。

四、现代汉语中的助动词在历史上都曾经作为普通动词用，带名词性宾语。

（5）非曰能之，愿学焉。(《论语·先进》)

（6）小子鸣鼓而攻之可也。(《论语·先进》)

（7）应之以治则吉。(《荀子·天论》)

（8）弗听，许晋使。(《左传·僖公五年》)

当然，原来的普通动词跟今天的助动词用法会有些差异，但是由此仍可以看出它们之间的历史渊源关系。普通动词如何向助动词发展值得进一步探讨。

五、现代汉语的部分助动词还可以带名词宾语，仍具有普通动词的特点。

（9）他会书法。

　　他不配这个称号。

　　这项任务得三个人。

　　我们需要大家的帮助。

通过以上的分析我们可以知道，不论从跨语言的角度来看，还是从汉语语法系统内部来看，还是从历史的角度来看，我们都应该把"助动词＋动词短语"看作动宾关系。从学术的角度讲，这样处理不仅可以保证语法体系的严谨与和谐，而且也能反映出汉语与其他民族语言的共性。汉语的语法教学体系只有建立在科学的研究之上，教学效果才能更理想，也才能消除学生学习中的困惑。

3.10.5　结语

关于汉语助动词的语法地位问题，长期以来众说纷纭，莫衷一是。这跟我们的研究视野和研究方法很有关系。如果把我们的眼界放宽一些，以类型学的眼光来看这个问题，我们往往比较容易找出问题的答案。在54种语言中，所有语言的助动词短语的语序都跟动宾短语的保持一致，但是跟状中短语没有对应关系。从汉语内部来看，助动词短语与普通的动宾短语具有一致的句法行为。由此我们可以自然得出结论："助 + 动"短语是动宾关系。

　　本章的研究也给我们一个重要的启示。跨语言的比较研究，或者说类型学的视野，可以促进汉语的研究。中国境内有 100 余种少数民族语言，这是我们中国语言学的宝藏，在调查研究上已经取得了丰硕的成果。很多成果等待着我们汉语工作者去开发、利用。我们相信，如果汉语的研究能够跟少数民族语言的研究结合起来，不仅可以大大拓宽汉语研究的视野，也可以揭示人类语言的许多普遍规律，使我们的研究更具有普通语言学的意义。

　　本章的结论不仅可供汉语教材的编写者参考，也可以应用于历史语言的研究之中。上古汉语的疑问代词做宾语时要置于谓语动词之前，否定结构中的宾格代词也是如此，因此有人就认为这是远古汉语 SOV 语序的残留。假如真的是这样的话，那时也应该保留"动 + 助"或者"名 + 介"语序，可是并没有这样的证据。我们认为这种特殊的语序是当时的一种语法手段，不能作为远古汉语 SOV 语序的证据。

3.11　领有动词的程度用法

3.11.1　引言

语法现象的产生往往是有理据的。很多语法规则是现实规律通过人的认知在语言中的投影。那些现实生活中常见的、基本的、显而易见的规律，就有可能通过人们的认知投射到语言中去。"现实"包括客观世界和人们所生活的社会。人具有社会性，每个人在日常活动中都会受到这样那样的信息的刺激，产生交际欲望，作为经常刺激人们交际欲望的信息表达式就有可能固定下来成为一种语法格式。

然而，一种语言的语法一旦形成就具有相对的独立性，各种语法手段之间相互制约、相互关联，形成一个有机的整体。因此语言一般不会直接受外来因素的影响，究竟哪些客观或者社会的因素会影响到语言，很大程度上取决于该语言系统内部的状况。

汉语的领有动词"有"具有丰富多样的程度表达方法。它的本义原是表示"领有"，并不具有程度义，本章将从社会因素和人们产生交际动机的方面，尝试探讨"有"的程度义产生的原因。

3.11.2　把名词转化为形容词的功能

3.11.2.1　"有"的形容词词缀用法

典型的汉语形容词都可以受各种程度词修饰，然而一般的名词或者动词则不可以。可是有不少名词和部分动词加上"有"以后表示性状，同时可以被"很、非常、最"等修饰。这一点各种工具书和语法著作都经常提到，但大都是点到为止。而且，这类"有"字短语的句法行为也像形容词，经常做谓语、定语或者用于比较结构。例如：

一、"有"字短语做谓语

（1）他可是有年纪了。（《现代汉语八百词》）

（2）这个人有学问。（《现代汉语八百词》）

（3）余先生是不是有点不舒服？（《编辑部的故事》）

（4）中国人很有创造力。（《编辑部的故事》）

二、"有"字短语做定语

（5）油条？请我吃的全是城里有名的大饭庄。（《编辑部的故事》）

（6）老李是一个有身份的人。

三、"有"字短语用于比较格式

（7）您年轻的时候可比我有心眼儿多了。（《编辑部的故事》）

（8）那就是说，您认为用事实教育一个人比咱用杂志教育青年更有成效？（《编辑部的故事》）

"有"字短语还可以做状语修饰谓语动词。"有"在这里的功能是把述宾结构转化成了副词，但是很多形容词都有这一功能，比如"你认真地准备一下""他们圆满地完成了这项任务"等，所以最好认为状语位置的"有"字短语仍是形容词性质的。例如：

四、"有"字短语用作状语

（9）有条件地承担义务。

（10）有组织地进行调查。

（11）没有目的地随便看看。

（12）很有把握地回答了所有问题。

3.11.2.2 "有"字短语的自身程度义

形容词性质的"有"字短语也有不同于一般形容词的特点，它们在没有任何程度词时，常常具有程度高的意思。例如：

（13）这孩子有天分。

（14）老李有学问。

（15）他有经验。

（16）他父母有钱。

很多工具书都指出"有"的一个义项为"多、大、程度深"，其实"有"这个义项并不是独立的，只有它与一些名词组成整个短语时才有这个意思。"有"字短语自身的程度义可以从词典的释义中看出来，下面是《应用汉语词典》对部分已经凝固成词的"有"字短语的释义。

有力：有力量。例如：这次扫黄，有力地打击了歪风邪气。

有名：名字为众人熟知；出名。例如：他虽然早就有了名，但是一直谦虚谨慎。

有你的：犹言（对方）颇有一套本领。例如：这是写得好，真有你的。

有钱：富有钱财。例如：有钱能使鬼推磨。

有日子：表示已过了较长的时日；有好些天。例如：咱们有日子没见过面了。

有意思：有深意，耐人寻味。例如：他的几句话讲得很有意思。

3.11.2.3　具有程度义的"有"字短语中的名词限制

并不是所有的名词跟"有"字搭配都会产生程度义。首先，"有"跟具体的名词搭配，都是客观地叙述拥有某一事物，而不具有程度义。比如"有书、有车、有计算机"等都是一般的述宾结构，不表示属性，没有程度义，也不能被"很"等程度副词修饰。然而也不是所有抽象名词与"有"构成的短语都可以表达程度，有一些抽象名词与"有"搭配并不产生抽象义。下面是"有"字短语中的常见名词分类。

（一）具有程度义的"有"字短语

有名、有趣、有效、有心、有意、有缘、有底、有力、有理、有名、有劲、有种、有利、有幸、有钱、有权、有势、有用、有益、有害

有功劳、有希望、有前途、有出息、有能力、有本事、有才能、有文

化、有修养、有胆量、有信心、有骨气、有志气、有气魄、有力量、有理想、有分寸、有魅力、有威望、有影响、有意识、有意义、有价值、有觉悟、有感情、有规律、有原则、有身份、有两下子

（二）缺乏程度义的"有"字短语

有得、有偿、有形、有余、有毒、有罪、有奖、有零、有旧、有救、有赖、有待、有事、有病、有伤、有喜

有消息、有眉目、有误会、有反感、有纠纷、有困难、有危险、有事故、有灾难、有发展、有进展、有进步、有变化、有头衔、有人家

"有"字短语的程度义的表达，取决于如何计量其后名词所指的事物的量。概括地说，有以下两条使用规律：

第一，对于"有"字短语的名词所指的事物，凡是以社会平均值为计量起点的，有关的短语则具有程度义。比如"有名、有学问、有地位"中的"名、学问、地位"都是指高于相关的社会平均值。也就是说，其起点已经代表了一定的量，而不是从"0"算起。

第二，对于"有"字短语的名词所指的事物，凡是以"0"为计量起点的短语则没有程度义。比如"有偿、有毒、有奖、有消息"中的"偿、毒、奖、消息"等可以指任何大于"0"的量。

在具有程度义的短语中，"有"的作用可以看作一个把名词转化为形容词的词缀。比如"功劳、希望、前途、出息、能力、本事、才能、文化"等本来是名词，是不能受程度词修饰的，也不能用于比较级，但是加了"有"之后则获得了形容词的语义和句法特点。

3.11.2.4　具有程度义的"有"字复合词

由于"有"经常与程度的表达有关，因此它在历史发展中形成的一些复合词也具有表达程度义的特点，而且其句法行为也发生了变化，除了保留原来的动词用法外，还发展出副词、连词等用法。下面是几个常见的用例。

一、"只有"。根据我们的考察，"只有"是宋以后才出现的。它在今

天除了保留原来的动词用法外，还发展出了副词和连词的用法。例如：

（一）动词用法

（17）你只有这一个办法了。

（18）我只有这一支笔了。

（二）副词用法

（19）你只有从头学习才能学好。

（20）你只有采取这个办法才能学好。

（三）连词用法

（21）你只有去跟他当面谈，才能消除误解。

（22）只有在紧急情况下，才能动用这笔款项。

二、"有点儿"。在现代汉语里，"有点儿"既可以是动词性的，也可以作为副词修饰谓语动词，还可作为程度副词修饰形容词。例如：

（23）这个冰箱有点儿问题。

（24）我有点儿弄不明白这句话的意思。

（25）那个地方冬季有点儿冷。

三、"有些"。在现代汉语里，"有些"可以用作动词、副词、代词等，例如：

（26）我们有些问题要问你。

（27）我有些想家。

（28）那张画有些模糊。

（29）有些（事）已经办好了。

四、"有的是"。这个短语在现代汉语里已经凝固成一个惯用语性质的结构，可以单独使用表示程度高。例如：

（30）主意有的是，只要老头子老开着车厂子。（《骆驼祥子》）

（31）现在黄花闺女心里哭着喊着想如意郎君、拜天地的有的是，就是缺热心人给搭桥。《（编辑部的故事）》

五、"有你的"。根据我的考察，"有你的"在 20 世纪 40 年代的老舍作品《四世同堂》中已经可以单独使用，表示某种程度高。例如：

（32）你这小子，放下老婆不管，当兵去？真有你的！把老婆交给我看着吗？（《四世同堂》）

（33）真有你的，小崔！你行！（《四世同堂》）

（34）你倒来给我道喜？祁科长！真有你的！你一声不出，真沉得住气！（《四世同堂》）

（35）胖妹子！可真有你的！还不给我爬起来！（《四世同堂》）

（36）化装！化装！有你的！妙！（《四世同堂》）

更有趣的是，"有你的"可以像一个程度副词修饰一个形容词，强调程度高。例如我们见到一篇文章的题目为《〈大话西游〉有你的精彩》，一首流行歌的名字为《有你的快乐》。当然这种程度用法还没有固定下来，使用频率也较低。

3.11.3　与程度表达有关的结构

3.11.3.1　"有＋X₁＋有＋X₂"格式

上一节主要讨论了由"有"字构成的动宾短语的程度表达现象，本节则讨论由"有"构成的更大结构或者句式。

"有＋X_1＋有＋X_2"中的X_1和X_2分别代表两个相关的事物，整个结构的语法意义是强调某种情况的程度或者事物的数量。常见的组合如下。

有头有尾、有头有脸、有鼻子有眼儿、有血有肉、有条有理、有枝有叶、有板有眼、有胆有识、有声有色、有情有义、有职有权、有权有势、有钱有势、有凭有据、有棱有角、有说有笑

3.11.3.2　"有＋Pro＋的＋N＋V"句式

这一句式的形成与把社会平均标准作为基数的社会认知活动有关。例如：

（37）这儿有你的吃，有你的穿；非去出臭汗不过瘾是怎着？（骆驼祥子）

（38）将来有你的钱花。

（39）将来有你的酒喝。

（40）将来有你的舞跳。

（41）将来有你的小说看。

上述格式已是一个稳固的、能产的语法结构，同时也具有固定的语法意义，它是表示名词所代表的事物数量大。

如果该句式没有最后的动词，就不一定表示程度，而是既可以强调程度，又可以表示客观上拥有某一事物或者存在某一状况。例如：

一、强调程度

（42）衣食起居不宜回乡，在此静居，后来自然有你的结果。（《红楼梦》第十八回）

（43）有你的好处！三天内地图到手，有你五百块钱！（《火葬》）

二、客观叙述

（44）我手里并没有你的牌。（《红楼梦》第四十七回）

（45）你回来的正好，有你的电话。（《编辑部的故事》）

3.11.3.3　"有＋的＋是＋N"句式

这个格式是普通的"有"字构成的述宾结构焦点化宾语名词的结果，现在已经稳固下来，成为一个能产的、强调事物程度的结构。汉语中焦点化一个普通动宾的方式为 V＋NP→V＋的＋是＋NP，比如可以把"我看《红楼梦》"中的宾语焦点化为"我看的是《红楼梦》"。例如：

（46）地名他很熟习，即使有时候绕点远也没大关系，好在自己有的是力气。（《骆驼祥子》）

（47）那四十以上的人，有的是已拉了十年八年的车，筋肉的衰损使他们甘居人后，他们渐渐知道早晚是一个跟头会死在马路上。（《骆驼祥子》）

（48）我早先在妇联干过，处理这事有的是经验，一把钥匙开一把锁，我还没见过捅不开的锁呢。（《编辑部的故事》）

（49）他有的是钱。

（50）他家有的是地方。

该结构现在已经稳定下来，成为一个能产的语法手段，总是强调宾语名词所代表的数量大或者程度高。

3.11.3.4 "有＋NP＋那么＋A"格式

"有"还可以用于表示等同级比较式，引入比较的标准，整个格式仍与程度表达有关。例如：

（51）这花开得有碗口那么大。（《现代汉语八百词》）

（52）这孩子已经有我那么高了。（《现代汉语八百词》）

（53）谁有他认得的人那么多？（《现代汉语八百词》）

（54）这种葡萄有糖那么甜。

"有"后还可以直接引进一个数量短语，例如：

（55）这条鱼足足有四斤重。（《现代汉语八百词》）

（56）那张桌子有三米宽。

（57）小王有一米八高。

3.11.4　历史和跨语言的考察

3.11.4.1 "有"在先秦汉语中的程度用法

"有"是汉语中的一个基本词汇，已见于最早的史料中。在先秦"有"已经发展出各种与程度表达有关的用法，主要有以下几点。

一、表示庄稼丰收、财物富有。

（58）自今以始，岁其有。（《诗经·有駜》）

（59）君子有酒，旨且有。（《诗经·鱼丽》）

（60）止基乃理，爰众爰有。（《诗经·公刘》）

现代汉语里已经不再用"有"的这一用法，但是仍保留在一些方言之中。比如洛阳话的"有"单独使用时相当于形容词"富有"，可以受各种程度词修饰，比如"他家很有"。

我们推断"有"的上述用法是从其含程度义的动宾结构发展而来的。那时的"有"跟今天的一样，在一些动宾格式中具有表达程度的功能，例如："我取其陈，食我农人，自古有年。"（诗经·甫田）"有年"这里指"丰年"。这类结构中的名词类型古今也有一个较大的变化，那时多为农事和财物的名词，现在则多为社会性的名词，诸如"地位、学问、身材"等。

二、相当于程度词，强调形容词的程度。一般的工具书都认为这里的"有"只是一个无意义的词头，但是根据"有"的语义发展规律，可以有理由地推断它在形容词之前具有表示程度的功用。

（61）有严有翼。（《诗经·六月》）

（62）天行有常。（《荀子·天论》）

三、指代用法，相当于"一些"。先秦汉语的"有"还可以单独用作主语，相当于代词"一些"。例如：

（63）以杞包瓜；含章，有陨自天。（《周易·姤》）

（64）有夜登丘而呼曰："齐有乱。"（《左传·僖公十六年》）

3.11.4.2　英汉领有动词的用法比较

英汉两种语言的领有动词在程度表达上存在着显著的区别。以两种语言最有代表性的工具书为例，《现代汉语词典》中的"有"有多个义项，其中的四个义项都与程度表达有关。然而 *Webster's New World Dictionary* 中的 have 有十余个义项，只有一个与程度表达有关。详细情况如下。

一、《现代汉语词典》

［1］表示估量和比较：水有一丈多深。

［2］表示多、大：有学问；有经验；有了年纪。

［3］泛指，跟"某"的作用相近：有一天他来了；有人这么说，我可没看见。

［4］用在"人、时候、地方"前面，表示一部分：有人性子急，有人性子慢；这里有时候也能热到三十八九度；这场雨有地方下到了，

有地方没有下到。

二、*Webster's New World Dictionary*

Have : a person or nation with relatively much wealth or rich resources : the haves and have-nots.

而且英语中的 have 的这个义项只用在少数固定的搭配里，使用频率是极低的。可以认为英语中的 have 基本不是一个表达程度的语法标记。

所以，汉语中跟"有"有关的各种语法格式，翻译成英文时都要采取其他语法手段，而与 have 没有关系。例如：

一、等同比较格式

（65）你有一米八吧？

　　　You are about 1.80 meters tall, aren't you ?

（66）你弟弟有你高吗？

　　　Is your brother as tall as you are ?

二、"有"字短语

（67）她富有才华。

　　　She is a woman of great talent.

（68）他很有管理经验。

　　　He is very experienced in management.

三、表示"一些"

（69）有些事还需要从长计议。

　　　Certain things need to be given further thought and deliberations.

（70）有人赞成，有人反对。

　　　Some are for it, others are against.

前文谈到汉语中的"有"类似于形容词的一个前缀，能够把一个名词性或者动词性的词语转化为形容词。然而英语中的 have 则没有这一功能，它有各种形容词词缀把其他词类转化为形容词。请看英汉"名→形"的方式差别。

　　力→有力　　　　　　　　　　power → powerful

种→有种	courage → courageous
心→有心	intention → intentional
学问→有学问	knowledge → knowledgeable
分量→有分量	weight → weighty
经验→有经验	experience → experienced
理想→有理想	ambition → ambitious

我们认为英汉领有动词在表达程度上的显著差别，主要是由两种语言的语法系统特点不同造成的。英语有多种可以把名词转换为形容词的词缀，因此无需或者限制了领有动词的程度表达。相反，现代汉语没有这种词缀，因而为"有"的程度表达提供了可能。这一论断可以从汉语发展史上得到佐证。先秦汉语具有"如""若"等形容词后缀，相应地，那时"有"的程度表达就远没有今天丰富。

3.11.5　"有"的程度表达产生的动因

3.11.5.1　有标记信息和无标记信息

人们使用语言主要是为了交际。交际的动机主要来自人们对外在世界各种信息的感知的结果。我们日常生活中感知到的信息是异常丰富和复杂的，但是只有其中一部分可以刺激人们的大脑，从而产生了交际动机。根据在一般情况下能否刺激交际的行为，可以把信息分为两大类。

（一）有标记信息——能够刺激交际动机的信息。在同类事物或者现象中，一些新发生的、有异于其他成员的信息，往往是有标记信息。在有关事物的特征信息的范围中，有标记信息总是少数的。

（二）无标记信息——不刺激交际动机的信息。在同类事物或者现象中，全部成员或者绝大多数成员都拥有的信息特征，往往是无标记信息。在有关的事物的特征信息的范围中，无标记信息总是普遍存在的。

现在用一些具体的实例来说明有标记信息和无标记信息之间的差别。相声大师侯宝林的一个著名相声《醉酒》里有这么一个笑料，一个喝醉酒的人指着对方说道：

（71）嘿嘿，你这个人真有意思，长了一个鼻子。

这个笑料就是来自那个"醉鬼"把无标记信息误看作有标记信息来交际的效果。一般人都有鼻子，一个人有鼻子是人的无标记信息特征，因此不应该刺激人们的交际动机。在正常情况下，只有一个人没有鼻子才是有标记信息，可以诱发人的交际动机。

又如，人皆有五个手指头，这是无标记信息。因此一般人都不会这样说，"他有五个手指头"。但是因为遗传变异等因素，某人长出了"六指儿"，就会成为有标记信息，诱发人们的交流欲望。这一点也反映在词典的编纂中。《现代汉语词典》收有"六指儿"这个词条，但是没有"五指儿"词条。

3.11.5.2 "有"的程度表达产生的社会因素

人都具有社会性。各种社会现象是人们交际的最重要的内容。而最常见的社会现象是某些人或者地方"拥有""存在""发生"了什么事情。这正是"有"的概念义，因此它经常用来表达这方面的信息。

随着社会的发展，与"拥有"有关的有标记和无标记信息可以互相转化。比如从20个世纪70年代末改革开放以来，随着人们生活的改善，城市家庭"拥有"现代化电器（用具）方面的有标记信息的大致变化如下。

20世纪80年代：　　　　他们家有电视机。

20世纪90年代：　　　　他们家有计算机。

目前：　　　　　　　　他们家有汽车。

现在很少有人会说"某某家有彩色电视机"，相反，缺乏电视机则转化为有标记信息了。比如一个人描写某家的经济窘迫，会说"他们家还没有电视机呢"。

生活在我们周围的人有多种多样的特性。如果某一特性为大家所拥有，就是一种无标记的信息，就不会刺激我们的交际动机。任何特性都隐含一个"程度量"，我们把"社会平均值"定义如下：

社会平均值——在某个社会、生活环境或者具体交际的语境中，绝大部分成员所拥有的某一属性的"一般程度"。

只有该特性的程度与众不同时，最典型的情况是高于其他成员，才会成为有标记信息，进入人们的交际范围。下面用两种具体的情况来说明。

一、"有钱"。在现代社会里，一般人的"钱"的数目都不会是"0"，皆拥有一定的量。如果一个人的钱的数目只是该社会的一般量，就是一个无标记的信息，不会刺激人们的交际动机。但是当某人的钱财多于一般人时，就成为有标记的信息，就会诱发人们的交际动机。因此说"某人有钱"是说其钱财多于一般人。

二、"有学问"。每个正常的人都有一定的知识，这是无标记的信息，不会刺激人的交际动机。只有当某人的学识高于一般人时，才会成为有标记信息，进入人们的交际范围，因此"某人有学问"是指其学问高于一般的人。

概括起来，"有＋N"短语的程度义的产生必须满足下面三个条件：

第一，N所代表的属性为社会绝大多数成员所共有；

第二，该属性具有一个一般的程度量；

第三，从社会平均值开始计量，而且有关属性的程度高于一般。
凡是不满足上述任何一个条件的"有"字短语都没有程度高的意思，也都不具有形容词的语义和句法特征。比如，代表三维事物的名词指示的是离散的实体，缺乏属性的语义特征。又如，不为绝大多数成员所共有而且也缺乏一般程度的属性名词，也不会产生程度高的意义，比如"有偿"。那些从"0"计算的也不会有程度高的意义，比如"有消息"。

上面的分析虽然只以"有＋N"结构为例，也同样适用于"有"的其他相关的程度表达式。至于其间产生的历史顺序以及相互关系，有待于进一步的研究。

3.11.5.3　来自语言系统的制约

社会平均值对语言的影响应该是一个普遍现象，但是领有动词的程度表达不是每种语言都有的。就拿汉语和英语来比较，如前文所述，汉语的"有"发展出了各种与程度表达有关的语法标记和格式，而英语相应的动词 have 则缺乏这种用法。我们认为这跟汉语自身的语言系统的特征密切相关。

有些名词表达的是一种抽象的属性，具有转变成形容词的语义基础。由名词向形容词的词性转变往往需要借助某种语法手段。如前所述，现代汉语常用"有"字把一个名词转化为形容词。然而"有"这种用法普遍使用是唐宋以后的事，在此之前是用"如""若"等词缀把名词等其他词类转化成形容词（副词）。例如：

（72）没阶，趋进，翼如也。（《论语·乡党》）

（73）天下晏如也。（《史记·司马相如列传》）

（74）桑之未落，其叶沃若。（《诗经·氓》）

（75）少焉眴若，皆弃之而走。（《庄子·德充符》）

虽然"有"字短语的程度用法早就出现了，但是中古以前汉语有其他语法手段把名词转化为形容词，从而限制了"有"向形容词前缀的发展。只有后来"如"这些后缀消失了以后，"有"才有了向形容词前缀发展的可能性。

语言是一个开放的系统，受人的认知和社会因素的制约，但是哪些因素能够影响到语言必然受到语言系统内部状况的影响。事实上，并不是所有重要的文化经验都会影响到语言，而且并不是根据文化经验的重要程度来决定它们影响到语言的可能性的大小。那些反映某个社会文化因素的语法特征总是非常有限的，而且往往不代表该社会最典型的文化特征。总之，哪些社会因素能够影响到语言取决于多种因素，其中最重要的一个限制是来自语言系统内部的状况。

3.11.6　结语

本章讨论分析了由"有"字构成的短语和结构的表达程度的功能，认为"有"具有形容词前缀的功能，可以把一些具有属性义的名词转化成形容词。由于"有"经常用于程度义的表达，因此由其所构成的常用搭配固定下来成为含程度义的语法标记。同时，由"有"构成的语法格式也逐渐

稳定下来成为一种专职的、能产的表达程度的语法手段。

　　本章还探讨了"有"字结构获得程度义的社会认知因素。人们在日常的社会活动中，感知到的信息分两大类：第一种是无标记的信息，为有关成员所共有，一般不会诱发交际动机；第二种是有标记的信息，是个别成员所特有的特征，往往会诱发交际动机。那些为一定社会团体所共有的属性特征，对于个体来说，只有其属性的程度高于社会平均值时，才会成为有标记信息，成为人们的交际内容。这就是一些"有"字短语或者结构获得程度高义的动因。

　　然而社会文化因素并不能直接影响到语言，而且影响的范围和程度都是非常有限的。只有那些高频率出现的常见表达式才具有影响语言的可能性，同时其影响的范围、时间和程度都会受到语言系统自身状况的制约。

3.12　名词化

3.12.1　引言

　　人类语言的一个普遍性是，动词或者形容词通过某种语法手段转化为名词。汉语最常用的语法手段是附加"的"，比如"吃的"可以指食物。但是，并不是所有的动词或者形容词都可以这样转化，特别是同样一个动词在不同的语法环境下转换的能力也会大不一样。表面上看来，这种转换纷纭复杂、没有什么规律可言。本章的目的是把从汉语中总结出的规律推广到英语中去。我们分析的根据是两对语义特征：

（a）［± 离散性］

（b）［± 时间性］

这些语义特征是动词或者形容词能否向名词转换的决定因素。一个总的规律是，一旦动词或者形容词通过某种语法手段被定量化，或者是因为自身的语义特征已具有定量意义，就不再能够名词化。只有在没被赋量之前，它们才有可能名词化。本章的分析将证明，名词化是有严格的规律的。

3.12.2　词类转换的普遍性

　　语言的一个普遍现象是，不同的词类之间可以转化。通常两类词之间的转化是互相的，比如，一方面动词可以向名词转化：refuse → refusal（拒绝），explore → explosion（爆炸），move → movement（移动）；另一方面，名词也可以转化为动词：farm → farm（land）（种庄稼），form → form （habit）（形成习惯），vacuum → vacuum（room）（吸尘）。名词和形容词之间的关系也是如此，形容词转化为名词的例子如 happy → happiness（幸福感），clear → clarity（清晰度），high → height（高度）；名词转化为形容词的例子如 glass → glassful（玻璃的），industry → industrial（工业化的），child → childish（孩子气的）。同样，动词和形容词之间也可以相互转化，动词转化为形容词的例子：interest → interested（有趣的），surprise → surprising（吃惊的），overwhelm → overwhelmed（占优势的）；形容词转化为动词的例子：wide → widen（加宽），deep → deepen（加深），red → redden（变红）。但是，这种词类之间的相互转化是不平衡的，动词和形容词向名词的转化是一种普遍现象，而名词向其他两类词的转化则是非常有限的，所以我们观察问题的视点将主要是动词和形容词的名词化规律。

名词化词最多来自动词，其次来自形容词。名词化是一种常见的语言应用现象，其中包含着重要的语法规则。下面的分析将揭示名词化现象是一个说明语法和语义之间的不可分离性的很好证据。

3.12.3　概念的数量特征

3.12.3.1　数量语义特征的普遍性

概念义主要有两部分组成：内涵和外延。比如"笔"的内涵是"各种用来书写或者绘画的工具"，其外延为"圆珠笔""水笔""铅笔""毛笔"等。每一个词都由这两部分组成。除此之外，一个概念还有很多别的意义，诸如它的意象、形状、具体性。这些语义特征都是认知语言学研究的对象。我们所关心的是另外一种重要的语义特征——数量特征。数量特性也是一个概念最稳固的语义特征之一，它一般不受时地因素的影响，比如"笔"的数量特征是离散的，即在三维空间的一个个可分离的个体。相对地，形容词"好"所代表的是连续性的，它们的不同程度之间没有明确的边界。人们对一个词的用法，很重要的是依靠对它的数量特征的判断，比如一个小孩一旦习得了"笔"的离散性特征，就知道用数量词来修饰它，在有复数标记的语言就会加上相应的语法标记。同样地，知道了"好"的连续性之后，就懂得用模糊量词——程度词来修饰它。语言中的很多语法范畴，都是与数量表达密切相关的，诸如名词的单复数、形容词的比较级和动词的时体范畴。

量是一个无处不在、无处不有的概念。任何东西，不管是具体的还是抽象的，都具有数量特性。一个与此有关的现象是，任何学科，包括自然科学和社会科学，都离不开数学这个工具。有些科学家甚至把一个学科利用数学的程度作为一个标准来判断其成熟的程度。总之，一个概念所指总会有这样那样的数量特征，因此我们总可以根据这个特征对其加以分析。

在一个概念的各种语义特征中间，数量特征是最抽象的一种，其他的如形状、色彩、意象等都较为具体。抽象的程度主要由其所概括的范围来定，概括的范围越大，相应的抽象程度就越高。名词化涉及大的词类之间的相互关系，要对制约它的语义规律进行概括，就必须在很高的层次上进行归纳。有一点应该指明，抽象程度的高低与难以理解之间没有必然的联系，相反，一些从形式上可以容易把握的规律往往都是抽象程度高的。

3.12.3.2　数量特征的语法表现

每一类词都有自己独有的数量特征，使得它们之间相互区别。与数量特征有关的语法特征常常是把这一词类区别于另一词类的最显著的语法特征，我们来看一下英语形容词的经典定义：

（a）可自由地用作定语；

（b）可自由地用作谓语；

（c）可受程度词 very（很）修饰；

（d）可以用于比较级和最高级。

前两项都是形容词的分布特征，后两项则都与形容词的数量特征有关。事实上，只有后两项才是形容词区别于其他词类的真正特征。我们知道可做定语和谓语的不光是形容词一个词类，做谓语也是动词最主要的语法特征之一，同时很多名词也可以自由地做定语，比如 table cloth、book cover、 wood floor 等。然而除了少数心理动词（如 like、love、enjoy 等）和一些特殊的副词（如 sooner、earlier）外，其他词类都没有特征（c）和（d），这两项特征显然都是与数量表达有关。

　　类似地，名词和动词最主要的语法特征大都与它们的数量表达有关。比如名词有可数与不可数之分，在英语中可以加复数 -s；动词有时体标记，这些标记又都是动作行为的时间量。这些语法特性上的差异反映了它们深层的数量语义特征上的对立。不同的数量特征在语言中有不同的表达形式，使得我们有可能对它们进行精确的描写。

3.12.3.3　动词、形容词与其名词化词的数量特征的差异

　　动词和其对应的名词化词的数量特征存在着不对称性，先看英语中这个方面的例子：

　　（1）a. aged ：　年龄很老。

　　　　 b. sizable ：　尺寸很大。

　　　　 c. weighty ：　重量大。

　　　　 d. pricey ：　价钱很高。

上组四例都是由语义中性的名词变成表程度高的形容词。更有趣的一类现象是，表事物三维性质的程度高一方的形容词转化为名词时则成了数量中性的：

　　（2）a. high → height（高度）

　　　　 b. deep → depth（深度）

　　　　 c. long → length（长度）

　　　　 d. wide → width（宽度）

　　　　 e. thick → thickness（厚度）

　　这种数量上的不对称性也存在于动词和形容词的转换之间。例如：

　　（3）a. last（持续、继续）→ last（最后一个）

　　　　 b. expend（花费）→ expensive（昂贵）

词类之间的转换为什么会有这些数量的不对称现象，是一个非常值得我们

思考的问题。这种现象启发我们寻找名词化的规律。

3.12.4　三个空间和三种数量类型

3.12.4.1　三个空间

典型的名词所指都是离散性质的，它们存在于三维物质空间中。动词的特征则是时间性的，它们的所指是一维时间空间。形容词的典型数量特征则是连续的，它们存在于性质空间。下面就分别讨论它们的数量特征。

绝大多数的名词都是代表客观世界的实体，拥有三维性质和明确的边界，比如桌子、车、铅笔、人等都是如此。这类词在英语中又叫作"可数名词"。还有另外一类名词，它们虽然没有自身固有的边界，但是可以用其他可数名词加以界化或者称量，比如水、土等属于这一类，可说"一碗水""一筐土"。它们在英语中又归为"不可数名词"。这两类名词，我们都认为是代表具体的事物，存在于物质空间之中。物质空间可图示如下。

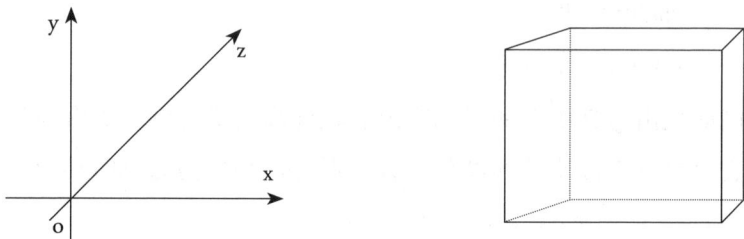

图一　三维物质空间

有些概念所指实际只有两维，比如面、线、边界、正方形等，可以把它们看作是存在于两维空间的。

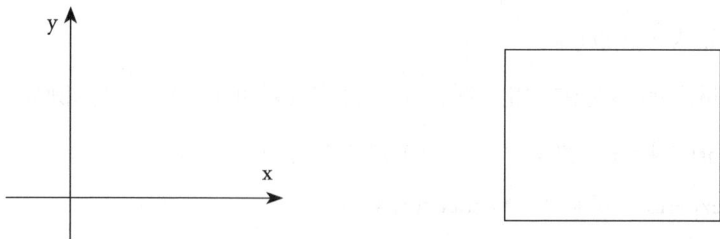

图二　两维物质空间

抽象名词虽然不具有维数，但是它们是代表想象空间里一个个的具有离散性的东西。具体的事物是名词的典型成员，它们的数量语义特征可以投射到抽象名词类上。

上面我们用一个三维的正方体和一个两维的正方形来分别表示名词所指的存在空间。名词的数量特征可以基本上分为两类：一是成员数，比如"一本书""两本书"；二是某个成员的体积大小，比如"一大本书"。

现在让我们来看动词。动词所指都是发生在一维时间空间上的行为，所以任何行为动作都必须占有一定的时间量。动词的数量特征只有在时间轴上才能看出来。时间是看不见、摸不着的，它的存在只有通过行为动作的变化才能感知到。

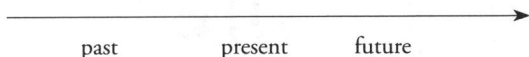

past present future

图三 时间空间

动词典型的数量特征是时间性。动词的时间量可分为两大类：出现的次数和延续的长度。除此以外，动词的量还可以表现在其他方面，比如动作幅度的大小、快慢等。这些特征没有明显的时间性，它们的主要作用是给动词分类。动词所指往往代表的是一个具有明确起讫点的行为动作，因此它们的典型数量特征跟名词的一样，也是离散的。这一点可图示如下。

图四 "看了四次"

在三类词中，形容词的数量特征是最难描写的。形容词有两个显著的特征：一是它无法进行线性度量，二是其数量具有很大的主观性。如上文所指出的，形容词最典型的一个语法特征是可以受各种程度词修饰，那么研究这些程度词的语义特征就是揭示形容词数量特征的关键。

实际上，形容词所代表的是具有很强主观色彩的近似量。人们对性质的程度进行判断时，往往是先有一个主观假定的最高标准，符合这一标准的就用最高级的程度词修饰，或者根据具体情况用不同程度的词修饰。"最高标准"并不是一个客观性的绝对量，它可能因人、因地而异。比如"最舒服"一词，不同的人或者同一个人在不同的场合用，意思就可能变化很大。性质中也有一类是标准客观、明确的词，它们就不再能用程度词修饰，比如"男"和"女"就是如此。还有一些有科学定义的性质也不能用程度词修饰，比如"平行""垂直"等，因为它们都有说一不二的标准。

根据以上的分析，我们可以建立一个性质空间。跟物质空间和时间空间相比，性质是没有维度的，它只有一个标准度和一系列的近似该标准的度量。在下图中，我们以中心黑点代表这一标准，然后用不同粗细的虚线代表靠近标准的程度。

图五　性质空间

形容词的两个次类需要特别加以说明。第一类是描写事物三维性质的，如长、宽、高；第二类是颜色词，如红、黄、蓝。三维性质的形容词是描写事物在空间里的延展性，可以把它们看作是单维的，可以用绝对数量来度量，比如"1.78 米长"。尽管如此，它们与一维时间空间明显不同，因为它们没有时间性。颜色是人们对物质表面光反射的感知结果，物体的表面虽然是两维的，但是颜色自身并不具有维性，比如"很红"指红的程度接近于某一个标准，而不是在三维空间的延展度。这两类特殊的形容词进一步说明，形容词所指是与名词和动词不同的。

3.12.4.2　三种类型的量

根据以上的分析，我们可以定义名词、动词和形容词的数量特征。

自然界中形形色色的量可以归入两大类：离散的和连续的。这个分别对应于数学——研究自然界量的科学——的两大分支：离散数学和连续数学。前者包括集合论、代数、数理逻辑等；后者有微积分、拓扑学、解析几何等。连续性指的是一个个可分离的个体单位。典型的名词所代表的都属于这一类，它们的所指都是物质空间里的离散个体。动词也具有离散性，它们所代表的是时间空间里的一个个可分离的动作单位，在语言中则表现为可用动量词称数，比如"去过三趟"。动词的数量特征不仅具有离散性，而且还有时间性，这一点使它区别于名词。相对地，性质的数量特征则是典型的连续性的，表现为它们只能用模糊量的程度词称数，程度之间边界交叉，比如很难明确地把"很好"和"非常好"区别开来。那些无法用程度词修饰的形容词，可以被认为只代表了一个量级。显然，形容词所代表的量也是非时间性的。

根据数量区别特征——［±离散性］和［±时间性］，三个词类的语义特征可以描写如下。

名词、动词和形容词的数量特征

	离散性	时间性
名词	＋	－
动词	＋	＋
形容词	－	－

3.12.4.3 三类数量之间的不相容性

名词、动词和形容词分别代表三种不同的数量类型，不同的数量类型之间存在着不相容性。这种不相容性来自两个因素，一是它们存在于不同的空间，二是数量的特性不一样。具体说来，名词是三维的，动词是一维的，形容词是零维的。这种不相容性在语言中就表现为称量它们的词语是不一致的。

汉语和英语的名、动、形的称量词语

	汉语	英语
名词	个、张、条	-s，a piece of，a set of
动词	次、趟、回	once，twice，often
形容词	很、最、非常	-er，very，quite

有了以上的准备工作，我们就可以推断名词化的规律。三个词类之间总是有一个数量特征是不一致的。当做词类转换时，这个不一致的数量特征必须通过某种手段加以消除。因此，当动词名词化时，必须消除掉其时间性特征。在英语中则表现为，时态语法标记与动名词标记 -ing 是不相容的。例如：

（4）a. He looks the book. → His *looksing（looking）the book.

b. He looked the book → His *lookeding（looking）the book.

英语里，-s 是现在时第三人称，-ed 是过去时。当转换为名词时，这些时态标记必须去掉，否则就与名词的数量特征发生冲突。类似地，形容词转换为名词时，也必须去掉自身表程度的形态标记。例如：

（5）a. He is very nice. → *his very nicety/his nicety.

b. He is better. → *his betterness/his goodness.

词尾 -ness 是英语形容词转换为名词的形态标记。但是英语的比较级，不管是规则的还是不规则的，都不能加上该形态标记变成名词性的，如上例的 better。道理很简单，形容词一旦用了比较级，就意味着被赋予了本词类的连续性数量特征，这与名词的相背，所以就不再能向名词转化。

至此，我们可以总结一条名词化的规律：

不论是动词还是形容词，它们一旦被量化，动词即为被赋予时间量，形容词即为被赋予连续量，它们就不再能被名词化。换句话说，只有没被赋予本词类的数量特征之前，它们才能名词化。

3.12.5　名词化词跟其对应的动词、形容词的差别

3.12.5.1　名词化的句法环境

表面上看来，名词化词和其对应的动词之间的语义联系是不固定的、随意的。可是，如果我们从数量特征的角度来看，这种表面上看来不固定、随意的联系马上就显示出规律来。那么，什么是名词化词的共同语义特征呢？

名词化词和其原式的概念义往往是一致的，两者的真正区别通常是如何诠释概念义中所隐含的数量特征。比如英语的 explode 和 explosion、circle 和 round，每一对的概念义都是一致的，所区别的是它们的数量特征如何被诠释。概念 circle 是存在于二维空间的东西，具有离散性，可说 two circles。同样，explosion 被理解为存在于非时间性的、离散的空间，接近于名词的，所以可以像名词一样，用数词称数：three explosions。相对地，explode 是在一维的时间空间里，表现为可以加上时态标记。下面我们用一个图显示这种名词化过程。

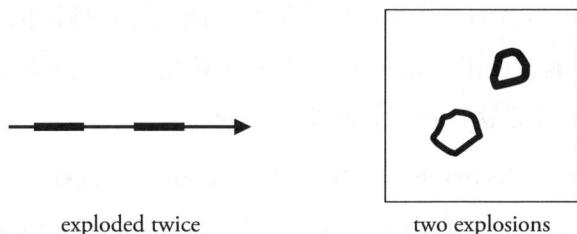

exploded twice　　　　　　two explosions

图六　动词和其名词化的诠释空间差别

上图表示，概念"爆炸"是被看作存在于一维时间空间的东西，两个事件之间有一种时间顺序关系。但是名词化后，它们概念义中的时间性消失了，可以看作是存在于二维空间的非时间性的离散个体。名词化词与典型的名词所共有的语义特征是都具有离散性质，名词化词所指很多并不代表三维空间里的实体，上例的 explosion 就是如此。再比如，He gave me an injection 的 injection 是一个离散性的个体，但并不具有三维性。

名词化词的具体语义类型可以说是五花八门。英语的动名词可以分为以下主要类别：

（a）动作行为：action，decision，departure；

（b）动作施事：planner，cook，analyst；

（c）动作受事：employee，appointee，gift；

（d）动作结果：decision，product，writings.

英语动词名词化的主要形态标记有 -men、-ion 和 -al。这些形态标记与其所表达的意义之间并没有整齐对应的关系。如果从低层次的语义特征来看，情况的确很复杂。可是我们从数量特征来看，马上就认识到，所有的名词化标记都有一个共同的作用：把本式变成一个非时间性的、离散性的单位。

3.12.5.2 量化形容词的名词化限制

大部分形容词都可以被划分为不同的程度，表现为可以用程度词修饰或者加比较级。一个形容词一旦加上程度词或者用于比较级，就是被量化。没有量化的形容词的数量特征是中性的。

英语形容词的名词化标记是 -ness。并不是所有的形容词都可以加上这个标记而转化为名词，量化的形容词都不能进行这种转化。影响深广的 Webster 英语辞典，注出了每一个可加 -ness 转化为名词的形容词，那些不规则的比较级都缺乏这一特征。例如：

（6）a.better → *betterness ；　best → *bestness ；　good → goodness

　　　b.worse → *worseness ；　worst → *worstness ；bad → badness

　　　c.later → *laterness ；last → *lastness ；late → lateness

　　　d.further → *furtherness ；furthest → *furthestness ；far → farness

一个形容词一旦量化就不能名词化。上例显示，比较级（量化）的形容词都不能加名词化标记 -ness，然而其数量中性的概念词则可以做这种转换。辞典只列举了不规则的形容词，那些规则的也具有同样的限制，比如 *more beautifulness、*most beautifulness。

同样，程度词也可以使形容词量化，此时的形容词短语也不再能转化为名词。例如：

（7）a.very clear → *very clearness ；

　　　b.truly clever → *truly cleverness

英语中还有一种类似的情况，当形容词做定语时，如果它还没有量化，有时则可以省掉中心语而指代事物，例如，a soft chair → a soft，a silly man → a silly；相对地，一旦该位置上的形容词被量化，这种转化就不可能了：a very soft chair → *a very soft，a really silly man → *a really silly。

英语还有一些形容词复合词，其中前一个语素具有定量化的作用，它们也没有相应的名词化形式。属于这类词的有 age-old，brand-new，red-hot，snow-white 等。这些词的定量化可以从其辞典的释义中看出，比如 brand-new 为 entirely new，red-hot 为 extremely hot。

总之，不论在什么情况下，也不论采用什么形式，一旦一个形容词被定量化，它的名词化就一定受到限制。道理很简单，形容词的定量化就意味着被赋予了本词类的数量特征——连续性，使得其与名词的离散性特征不相容。

3.12.5.3 动词的定量化与其名词化限制

动词的量有两类：一是行为动作次数的多数，二是某个行为动作持续时间的长短。相应地，动词有两类数量性词语：（一）once，twice，often，three times；（二）always，for a while，continually。它们分别对应于两种不同的量。在名词化过程中，时间词的句法功能与非时间的很不一样。如果一个动词被一个时间词修饰，它就不再能被名词化，可是非时间词没有这一限制。例如：

（8）a. I know somebody who works often. → *I know an often worker.

b. I know somebody who works hard. → I know a hard worker.

（9）a. I know somebody who always loses. → *I know an always loser.

b. I know somebody who will eventually lose. → I know an eventual loser.

（10）a. I know somebody who eats twice a day. → *I know a twice eater.

b. I know somebody who eats heavily. → I know a heavy eater.

当一个动词受时间词修饰时，它就被赋予了时间的数量特征，这就限定该概念只能在一维的时间空间里理解，结果与名词的数量特征不相容，所以不再能被名词化。相应地，那些非时间性词语就没有这个限制，所限定的名词仍然可以名词化。

一个好的理论还应该能够解释一些看似例外的情况。跟 often 语义相近的副词 frequently 修饰动词时，该动词短语仍可以转化为名词：somebody who visits frequently → a frequent visitor。Often 和 frequently 表面上看来拥有同样的概念义，但是它们的所指很不一样。Often 是一个纯粹的时间词，意为 many times；可是 frequently 并不是一个真正的时间词，其意为 happening repeatedly at brief intervals，翻译成中文就是"急速、重复地发生"，它本来的意思是 crowded（拥挤的）或者 filled（充满的）。由此看来，frequently 实际强调的是动作发生的一种方式，而不是其时间次数。所以它可以像其他非时间副词一样，不限制动词的名词化。

3.12.5.4 动词的形态对其名词化的限制

以英语的判断词 to be 为例，只有它的动词不定式才可以加 -ing 变成名词性的（being），其他的形式都不行：*ising, *areing, *wasing, *wereing, *beening。人们可能想当然地认为，这是由于两种形态不能同时并用。其实英语并没有这样的限制，比如动词加 -ing 名词化以后，还可以附加一个复数形态标记 -s：human beings。事实上只要两个形态标记所表示的数量特征不发生冲突，它们就可以并用。动词内在的数量特征有两个，一是离散性，二是时间性。前一个与名词的相符，转换为名词时，必须消除其时间性的数量特征。由此可以推知，英语的动名词标记 -ing 的首要功能是消除行为动作的时间性，这一推测被很多英美学者对 -ing 语法意义的概括所证实。相对地，时态标记是赋予动词的时间性，所以动词一旦加上时态标记后就不再能被名词化。英语还有人称的形态变化，虽然它们不直接表示时间性，但是与时态表达密切相关，只有加第三人称标记一定是现在时。所以第三人称形态也间接赋予动词时间性，同理也不能与 -ing 共现：*His looksing。

英语体标记与名词化标记的关系相对比较复杂。它有完成体和进行体两类，而其动名词标记 -ing 是直接由进行体的标记而来的。为什么在所有的形态标记中，偏偏只有 -ing 被选中作为名词化的标记？体标记的分工是来自从不同的角度观察一个情状内部时间结果的结果。完成体把行为动作看作是一个有界的单位。但是完成体标记也间接包含时间性，因为它是表达行为动作发展到某一点的情状，隐含了一个时间的延续性，所以完成体标记也不能被名词化：*writtening, *understooding, *helding。

然而进行体的情况有些不同。在英语语法系统中，围绕着 -ing 的问题是最令语言学家头疼的。跟汉语的"的"一样，首先是到底有几个 -ing？有人认为有两个：一个是进行体 -ing，一个是动名词 -ing。从具体的语义层次来看，这一问题很难回答，-ing 可以表示各种各样的意义，概括起来有以下几种：

（a）名词化词尾；

（b）进行体标记；

（c）形容词语尾（如 interesting, surprising）；

（d）动词分词语尾（如 I saw him walking）。

表面上看来不同的 -ing 实际上具有语法功能的同一性。虽然两个 -ing 句法和语义有明显差别，但是两者本质上还是一个东西。普遍认为，-ing 具有名词特征。

五花八门的 -ing 用法背后有一个共同的规律。动词附加 -ing 具有使其非时间化的作用。它是把行为动作看作是时轴上的一个点，可图示如下：

$$\longrightarrow \blacksquare \longrightarrow$$

图七 V–ing 的意义

英语的语法专著指出 -ing 有两个意义：一是代表时间点，二是非时间性。这两点看起来相互矛盾，实际则不然。我们拿几何上关于"点"和"线"的定义来解释这一点：

线——由点组成的、有长度而没有宽度的几何图形。

点——有固定位置而没有长度的几何图形。

换句话说，线是由一系列没有长度的点所组成的具有一定长度的几何图形。时轴可以看作是几何中的线，-ing 的语法意义相应地为几何中的点。在现实世界里，任何行为动作的发生都可以占有一定的时间，但是在人们的认知里，发生在某一特定时刻的动作可以被看作是非时间性的。一些外在的语言特征可以证明 -ing 的非时间性。比如，V-ing 形式不能受任何时间性副词修饰：

　（11）a. *He is writing a letter twice.

　　　　b. *He is often writing a letter.

　　　　c. *He is writing a letter for a while.

　（12）a. *He is reading the book three times.

　　　　b. *He is often reading the book.

　　　　c. *He is reading the book for a while.

V-ing 形式不能与表示行为动作的次数和延续时间的长短的词语搭配，这两类词语都是代表动词的时间量的。但是，该形式与表示时点的词语可以共现：

　（13）a. He is reading the book now.

　　　　b. He was reading the book at three o' clock.

这些用法进一步证明，进行体标记 -ing 的非时间性和表时点的特点。

　　基于上述的讨论我们就不难理解为什么进行体 -ing 被用来作为名词化的语法标记。在动词名词化的过程中，-ing 的作用就是来消除动词固有的时间性特征，消除了该特征以后表示动作行为的概念就成为非时间性的，同时它的"时点"意义赋予离散量特征，这正与名词的数量特征相吻合，所以可以名词化。从这一角度可以解释时间副词和方式副词句法上的不对称性：

　（14）a. Zelda signed the contract twice.

　　　　b. ? Zelda' s twice signing the contract was true.

　　　　c. *Zelda' s twice signing of the contract surprised me.

　（15）a. Zelda reluctantly signed the contract.

　　　　b. Zelda' s reluctantly signing the contract was true.

　　　　d. Zelda' s reluctant signing of the contract surprised me.

名词化结构可以和时点副词相容，比如 My leaving now surprise everybody in the party。不与名词化相容的时间副词一般为表示次数多少或者持续长短的，因为它们有确立动作行为时间性的功用。相对地，方式副词与时间量无关，所以可以自由地出现于动名词短语中。

英语进行体标记 -ing 的非时间性还表现在其他方面。形容词的数量特征也是非时间性的，所以动词转化为形容词时也必须去掉其固有的时间性，其中一个办法就是加 -ing，例如：interesting、surprising。还有一种类似的情况：

（16）a. I saw him walking along the street.

b. I saw him reading a book.

上句中是表达两个发生在同一时间的行为，根据时间一维性的原则，时间信息只能表现在其中一个动词上。上例负载时间信息的是 saw，它是 see 的过去式，所以第二个动词 walk 和 read 需要用 -ing 消除其时间性。

总之，英语进行体标记 -ing 的非时间性使得它被用作动词名词化的标记，用以消除动词固有的时间性特征。

3.12.5.5　形容词的程度义对名词化的限制

普通形容词都是多义的。同一个形容词的不同义项，在数量特征上可能有差异。其中有些义项与程度表达有关，它们跟上面用外在的语法形式使形容词量化的情况一样，名词化都受到限制。例如：

（17）a. a real flower → *the reality of flower（real：actual, true）

b. a real hero → *the reality of the hero（real：absolute, ultimate）

（18）a. a firm handshake → the firmness of the handshake（firm：solid, hard）

b. a firm friend → *the firmness of the friend（firm：very good）

（19）a. a certain news → *the certainty of the news（certain：reliable）

b. a certain winner → *the certainty of the winner（certain：without any doubt）

（20）a. a definite answer → the definiteness of the answer（definite：clear）

b. a definite loss → *the definiteness of the loss（definite：unchangeable）

上述每一例的 b 句子的形容词都有主观的、量的估价，可以认为自身已表示一个定量化的语义，所以在这个特定的义项下没有相应的名词化形式。

相对地，每一组的 a 例都是表示客观的性质，自身没有量的概念，所以有相应的名词化形式。总之，真正制约形容词名词化的因素是，它是不是语义已经被定量化。

3.12.5.6　英语的 a–V/A 形式的形容词

英语中有一类特殊的形容词，它们是由前缀 a- 加上动词或者形容词构成的，例如：alone，alive，afraid，awake，alert，aloof，afloat。它们典型的语法特征有两个，一是只能做谓语，不能做定语；二是没有相应的名词化形式，比如 *awakeness，*aloneness，*aliveness 等。这类词有一个共同的语义特点，它们都是表示性质持续的状态，这就意味着该观念已经在零维的时间空间里被诠释，从而被赋予了连续性质。它们的语义与名词的冲突，所以不再能转化为名词形式。我们再一次看到，名词化是否可能，归根结底是语义数量特征的限制。

还有一种形容词名词化现象值得注意。一些含数量特征的形容词虽然也可以转化为名词化形式，但是条件之一就是必须过滤掉其程度义才行。比如三维形容词 high 表示"高度大"，其相应的名词化形式 height 则是"高度"，语义是中性的。类似的一个例子还有 able，其义为"能力高超"，转化为相应的名词 ability 时，义为"能力"，程度是中性的。

3.12.5.7　形容词的名词化形态标记的特殊用法

并不是所有的形容词都可以转化成名词，到底哪些能哪些不能，完全无法预测。但是，根据我们的分析，英语形容词的名词化是有严格规律可循的，这个规律可以预测并解释什么样的形容词可以有相应的名词形式，什么样的则没有。不仅如此，从数量特征出发还可以解释形容词名词化时采用什么样的形态形式。英语中有一个能产的 -ness，几乎可以使所有的形容词名词化，可是还有一些形容词有自身特有的名词化形式，比如 able 的是 ability。到底一个形容词采用什么形式也与它们表达的数量特征有关。下面就让我们看一下有关现象。

表示事物三维性质或者质量的一对具有反义关系的形容词，其中一方

采用类推的 -ness，另一方则有其特殊的名词形式。例如：

（21）a. high—height ；　　　low—lowness

　　　 b. wide—width ；　　　 narrow—narrowness

　　　 c. deep—depth ；　　　 shallow—shallowness

　　　 d. long—length ；　　　 shortness—shortness

类似的情况还存在于由三个形容词表示一种性质概念的词中。在该组词中只有中间那一个才有自身特有的名词化形式。例如：

（22）a. cold—coldness ；　warm—warmth ；　　　 hot—hotness

　　　 b. large—largeness ；middle—medium ；　　 little—littleness

从上述现象我们可以总结出一条规律：凡是自身的语义特征有很强的离散性的形容词，大都有自己固有的名词形式。表示中间性质的往往代表的是一个性质点，它们具有很强的离散性，跟名词的数量特征相似，所以它们在语言的词汇中拥有固定的名词表达式。三维性质的形容词的"正"的一面跟其相对的"负"面相比，也有很强的离散性，表现在它们可以为精确的数量词语称数：

（23）a.The tree is 1.78 meters high.

　　　 b.The water is 300 meters deep.

但是，其相反的一面则都不能，比如，*1.78 meters low。我们认为，这些明确的离散性是使得上述"正"面的形容词具有与名词贴近的数量特征，因此语言就为其设立固定的名词化形式。

3.12.5.8　英语静态动词的名词化限制

动词的离散性是指时轴上有明确起讫点的行为动作，这一特征是它们转化为名词的基础。跟形容词相比，动词的名词化要自由得多，主要原因就是它们自身这种离散性质，使得其与名词的数量特征接近。但不是所有的动词都可以自由地转化为名词，那些时间性不明确从而离散性不强的静态动词就受到很大的限制。例如：

（24）The flower is at the garden. → *The flower's being at the garden.

（25）He looks better. → *His looking better.

（26）The building stands on the corner. → *The building's standing on the corner.

（27）He seems to have accepted the invitation. → *His seeming to have accepted the invitation.

（28）John owns me two dollars. → *John's owning me two dollars.

（29）I happened to see it. → *My happening to see it.

（30）He remains in the house. → *His remaining in the house.

（31）Canada lies to the north. → *Canada's lying to the north.

上面所列举的这些动词，时间性都很弱，一般没有明确的起讫点，所以它们很难加上 -ing 而转化为名词。

3.12.5.9　量性词语的形态缺乏性

英语中的名词、动词和形容词都有自己的形态标记，比如名词的单复数标记、形容词的各种比较级、动词的时态屈折变化等。这些形态变化都与各自的数量特征的表达有关。可是，从另外一个角度来看，表达各类词的典型数量特征的词语自身却没有任何形态变化。例如：

（32）a. 性质数量词：very、quite、most、much、too、so、rather 等。

b. 时间数量词：often、already、seldom、twice、once、sometimes、ever、always 等。

c. 物质数量词：all、a few、one、two、many、some、each、every 等。

以上列举的这些数量词没有任何的形态变化。不从数量特征的角度来看，这种现象很难理解。各类词的形态标记都与数量表达有关，数量词语自身缺乏形态变化，这两种现象是一个问题的两个方面。各类数量词语自身语义已明确显示它们所表示的数量特征，所以不需要添加任何外部的标记再来确立。上述数量词语还有很重要的一点是，它们无法进行词类转化。比如，very 不能变成动词或者形容词，often 也不能变成名词或者形容词。道理很简单，它们自身的词义已决定其是表达某一特定认知空间的量，因为三个认知空间的数量特征的不相容性，所以不可能有词类转换。拿 very 来说，它是表示零维、连续的性质量，就不再能转化为有维、离散的名词或者动词量。

3.12.6　从时间和性质空间到物质空间的投影

来自动词或者形容词的名词化词语具有与普通名词不同的单复数表现形式。普通名词的单复数表达非常明确，单数是无标记的，复数则是加 -s。可是名词化词在这一点上很特别，有些不论是单数还是复数，都加 -s，而另外一些不可数概念却总是加 -s。例如：

（33）a. V-ing：findings, surroundings, writings, filings, cleanings, belongings, makings, doings, washings, makings.

　　　b. A-ing：moderns, ancients, riches, deaf-mutes, natives, whites, three-year-old, accidentals, fundamentals, vitals, seconds.

辞典注明，这些名词化词要么只有加 -s 的形式，要么通常与 -s 共现。-s 在这里的作用是使名词化词更具体化。这一点可以从 finding 的四个义项加不加 -s 的对比上明显看出来：

（34）finding：a. the act of one who finds, discovers；

　　　　　　　b. something found or discovered；

　　　　　　　c. [**pl.**] miscellaneous small articles or materials used in making garments, shoes, jewelry.

　　　　　　　d. [**often pl.**] the conclusion reached after an examination or consideration of the facts or data by a judge, scholar, ets.

上述释义中的 [pl.] 表示加复数标记 -s。我们可以看出所指对象的离散性质决定，哪一个必须加 -s，哪一个常加，哪一个不加。义项 c 的离散性是最高的，必须加；义项 d 的次之，常加。其余两个离散性不太明确，就不加。由此可见，名词化词加不加 -s 并不是随意的，而是跟它所指事物的数量特征密切相关的。

有一个问题很值得思考。复数 -s 的不规则用法只限于名词化词。这启发我们推测，所谓的"不规则"与三个认知空间的转换有关。名词化一个动词或者形容词，就意味着把一个行为或者性质投射到物质空间里去。在这个过程中，动词要去掉它的时间性，形容词要去掉它的连续性。但是由于受名词化词本来表示行为、性质的概念义的影响，它们还是与典型的三维空间的事物的数量特征不完全一致，离散性质不十分明确。那么语言就借助名词的典型数量标记 -s 来凸现名词化词的离散特征，同时 -s 表示单复数的作用就被削弱，就产生了上述的不规则用法。

3.12.7　名词的定量化和抽象化

词类之间的转化是双向的，英语中的部分名词也可以转化成动词或者形容词。同样，这种转换也受到数量特征的制约。具体来说，名词表性质时，必须消除它的离散性质，表现为不再能有复数标记。例如：

（35）the table cloth → *the tables cloth

　　　 three-leg animals → *three-legs animals

　　　 two-year dogs → *two-years dogs

　　　 the three-dimension space → *the three-dimensions space

上面的例子都是名词短语在定语位置表示事物性质，可以看作临时做形容词用。英语有一类形容词词类是来自名词，它们有一个有趣的现象是名词加过去分词标记 -ed：

（36）ragged, wooded, pointed, simple-minded, blue-eyed, odd-shaped.

加过去分词仍然是词类转换中的数量特征限制的一种反映。名词转换为形容词时，要消除掉其固有的离散量特征。这就可以明白为什么会有上述形式。英语的过去分词 -ed 有两个特点，一是非时间性，二是表示行为结束后的持续状况。因此名词加 -ed 就会消除其离散性而成为连续性的，这正与形容词的数量特征相符。这就是名词转换为形容词时要加过去分词的原因。

同时，英语也有一类 N-ing 的形式，但是它们不是形容词，仍指的是三维空间的物质或者有关的行为。该类词有以下两类：

（一）形成不可数名词，表示有关的材料：tubing、paneling、matting、carpeting。

（二）表示有关的行为：cricketing、farming、blackberrying。

-ing 在这里的作用是把具体的、离散的（可数的）事物变成抽象的、不可数的事物。至此我们可以看出来，-ing 在名词和动词中具有完全平行的用法：

（一）对于动词，是把具有时间量幅的行为变成一个非时间性的量点；

（二）对于名词,是把三维的物体（量幅）变成一个零维的东西（量点）。

3.12.8　结语

语义特征是有层级性的。一个词语所包括的意义类型可能有联想义、形象义、概念义和数量特征。在这众多意义中，数量特征的概括范围最广，可以囊括整个词类。只有从数量特征出发，才能概括出动词和形容词名词化的规律。从本章的分析中可以看出，哪些词可以名词化，以及名词化采用什么样的语法标记，都是由各个词类的数量特征决定的。

一旦一个动词或者形容词量化，就不再能被名词化。其原因是定量化的词语已被赋予本词类的数量特征，每个词类的数量特征都不一样，相互之间存在着不相容性，所以就不能转化为其他词类。已被量化的概念的认知过程包括两步：第一步是概念类型的确立；第二步是概念量的估价。当人们的认知达到第二步时，就意味着该概念已经在一个特定的认知空间得到诠释，那么这就阻碍了它在别的空间进行诠释的可能性。在语言中就表现为，定量化的词语不能进行词类转化。换句话来说，一个概念在没有定量化之前，它通常具有在各个空间进行诠释的可能性。

3.13　指示代词的名词化功能

3.13.1　引言

　　在语言的三要素——语音、词汇和语法中，语法是最稳定的部分。尽管如此，纵观历史，不断有旧的语法现象消失，也有新的语法形式出现。新的语法形式首先产生在口语中。新产生的语法形式与旧语法体系相比，又可以分为三种情况：第一，新形式代替旧形式，两者的功能几乎相等，比如处置式标记"把"对早期的"将"的替代就是如此。第二，新形式和旧形式只是在功能上部分重合，比如唐代兴起的结构助词"的"与先秦的"之"的关系就是如此。两者的功能既有共同之处，比如联结修饰语与中心语，又有显著的差别。比如"之"后的中心语不能省略，而"的"后的中心语则可以省略，此外"的"还发展出"之"所没有的新的功能。第三，新的形式代表一种历史上所没有过的新的语法范畴，比如处置式"将"出现的时候，它标记的是前所未有的新语法格式——处置式。"这一"属于第三类情况，虽然它的主要功能是把动词名词化，但是它不同于任何汉语史上出现过的名词化标记，有自己独特的用法，不能为其他语法标记所替代。

　　动词的名词化问题，一直是汉语学界讨论的热门话题，但是有关的研究多集中在主宾语位置上的动词性质和由结构助词"的"构成的短语上。"这一"的名词化功能广泛存在于当代口语之中，是一个新兴的重要语法现象。本章的主要目的是对这一现象进行系统的调查和详细的描写，并初步探讨它产生的历史过程和认知动因，使人们认识到它在现代汉语语法系统中的重要性。

3.13.2 "这一"结构中的动词的语法特点

3.13.2.1 "这一 + VP"结构中的动词特点

表示具体行为动作的动词和部分形容词,可以出现在"这一 + VP"结构之中而转化成名词性的成分。这里所谓的名词性成分,主要是指该结构中的动词或者形容词失去本词类的主要语法特征,而获得了名词的一些主要语法特点。"这一 + VP"的名词化特征可以概括为以下三点:

第一,"这一 + VP"结构中的动词,不再能加体标记"了、着、过",不再受状语修饰,不再能重叠。

第二,"这一 + VP"结构中的形容词,不再能受程度词修饰,不再能重叠,不再能被"不"或者"没"否定。

第三,"这一 + VP"结构跟名词性的短语结构一样,一般做句子的主语、宾语或者话题,而有别于动词或者形容词的特点,不能做谓语。

下面例子中加点的部分就是由"这一"构成的名词性结构。

(1)这一欢迎,大伙"哗哗"一通鼓掌,我就站起来了。(相声《买猴》)

(2)这一爆炸呀,鬼子炮楼也倒啦,据点儿也给他拔啦!这群家伙也完了蛋啦!(相声《游击小英雄》)

(3)这一按就往下虚晃,那是赶驴的喂得不好,那驴走远道它就要趴下。(相声《糊驴》)

(4)她更了不得啦,我太太本来在社会上就小有名气,她这一离婚,社会上一传,跟着追踪采访就来了。(相声《潇洒走一回》)

(5)可不是吗,她这一跑,咱家更困难了。(相声《结穷亲》)

(6)把葫芦掏出来,一打盖儿,把里边的胆给带出来了,这蝈蝈在里头闷了半天啦,这一见亮,往外一蹦,正蹦到茶碗里。(相声《扒马褂》)

(7)乌大爷这一病,我为你多少出了把力,就觉着活得有滋味多了。

（《烟壶》）

注意，"这一"后边一般为表达具体动作行为的动词，即使有些可以做形容词用的词语，进入该结构也是表达一种动态性，比如下例中的"忙"和"高兴"都是如此。

（8）这出戏就一张票，心里想着这个，这一忙，得！写错了！（相声《买猴》）

（9）对！拖拉机！这一高兴就说走嘴。（相声《我回到祖国》）

进入"这一 + VP"结构的动词有时还可以带宾语，即整个动宾结构被名词化了。这一点可以看作它们是名词化的动词，在概念上仍然表达动作行为，只是具有名词的语法特征而已。例如：

（10）这一叫常贤弟呀，俩要饭的一听一愣！（相声《珍珠翡翠白玉汤》）

（11）我这一甩袖子不要紧啊……袖品那二两棉花出去了。（相声《梦中婚》）

（12）有一次黑大嫂她抱着孩子去玩耍，没留神孩子进了煤堆，这一进煤堆坏了事了，分不出哪是孩子哪是煤了。（相声《黑大嫂》）

3.13.2.2 "这一 + VP"结构所担当的句子成分

说"这一 + VP"是一个名词化的短语，主要是指它担当的句子成分跟名词短语一样，经常做主语、宾语、话题，也可以受定语修饰。

一、"这一"结构做主语或者话题的用例。"这一"结构与其后的谓语部分的关系比较松，常常可以停顿或者加上语气词，此时"这一"结构可以看作话题化的成分，具有话题的特征，比如不能加焦点标记"是"等。例如：

（13）就这一笑，笑走女朋友不下三十。（《编辑部的故事》）

（14）你这一说啊，是胡说八道！（《编辑部的故事》）

（15）这一唱啊，真有味。（《编辑部的故事》）

（16）这一看却又惊得他赶紧把头低了下去——市井小户之内也有这样娟美的女孩儿么？（《烟壶》）

二、"这一"结构做宾语的用例。下面的例（17）（18）是做介词的宾语，例（19）是做普通动词的宾语。

（17）经这一摔，他醒过来一半。（《骆驼祥子》）

（18）她有点疲乏；被这一激，又发着肝火，想不出主意，心中很乱。（《骆驼祥子》）

（19）中国人办事讲究的是完美周到，九十九拜都拜了不能闪下这一哆嗦。（《编辑部的故事》）

三、"这一 ＋ VP"所在的整个句子可以做某些动词的宾语，下面例（20）的句子"这一找……"做"知道"的宾语，例（21）的句子"我这一摇……"做"看"的宾语，例（23）的句子"这一走……"做"知道"的宾语。

（20）谁知道这一找不要紧，让人家管人事的头头知道了，管人事的头头马上停止了努力。（《一地鸡毛》）

（21）大家看，看我这一摇，就哗哗地滚出英镑、美钞、大洋钱！（《日出》）

（22）我不愿离去，我知道这一走就是永别了，但我不能总呆在那里，我不走他会说个不停。（《别愿坚　忆当年》）

四、"这一 ＋ VP"前面还可以加上定语，通常为人称代词或者指人的名词，与名词化的动词之间有施事与行为的关系，比如下面例（23）的"您"为"走"的施事。

（23）二爷，别走，您这一走我怎么办？！（相声《治罗锅》）

（24）他这一生气不要紧，就把自己是考生的这个碴儿给忘了。（相声《后补三国》）

有时候"这一"前可以出现多个定语，如下面的例（26）的"这一"之前仍是一个偏正结构"我们老局长"。例如：

（25）我这张嘴这一唱，曜我那天嗓子太痛快了……我也不知道那天吃什么馅儿的……（《买吊票》）

（26）我们老局长这一调走，谁还疼我呀？（相声《新局长到来之后》）

3.13.3 "这一 + VP"结构的表达功能

3.13.3.1 "这一 + VP"结构的回指功能

指示代词具有篇章中的回指功能。所讨论的结构中的"这"也具有这一特点,具有回指上文所提出的动作行为的功能。这又细分为三种情况:一是同样的动词已见于前文;二是"这一"后的动词是对前文行为的概括,然而两者的动词并不一样;三是用一般的动词"来"来指代前面的具体动词。下面分别举例说明。

一、同样动词的回指。比如例(27)的"这一指"的"指",回指前文"拿手一指"的行为。

(27)王爷把小褂儿也脱啦,拿芭蕉叶儿呼打风,拿手一指。这一指呀,那边有棵大杨树,三丈来高:"你呀,抱这棵树往上爬一爬,我瞧瞧你呀能不能爬得上去。"(相声《治罗锅》)

(28)司马藐看着考官们全都呆若木鸡,不由得好笑,也呵呵地大笑起来。他这一笑好像是把考官们给笑醒了。(相声《后补三国》)

二、对前面行为的概括。比如下面例(29)中,前文并没有出现"抬脚",但是"出来"的行为必然蕴含着"抬脚",前后行为具有内在的蕴涵关系。例(30)中前面也没有出现动词"问",而是对问话行为的一个概括。

(29)一会赵秀君出来,这一抬脚,"哎!好啊哎哎吱吱吱……"(《买吊票》)

(30)大米一看,也磨不开了:"小钟,你,你怎么啦?"这一问,小钟更害臊了,扭头往小胡同儿里跑。(相声《大米和小米》)

(31)我说:"这孩子,家长会,家长会,我这家长不去谁去?"我这一说,他不乐意了。(相声《威胁》)

三、回指还有一种特殊的情况,用一般动词"来"替代前文的具体动作行为。这样广泛使用的结果,使得"这一来"成了一个惯用语。

(32)好在这是假射,拿手一比划就完,万一真出手怎么弄?这儿刚一下轿，噌！噗！正射在新娘眼上，刚下轿挺漂亮，这一来闹了个一只眼！有的时候，您走到街上看见有一只眼的瞎老太太，都是那年头射的！（《封建婚姻》）

（33）后来熟了，就不再那么客气，请侍应小姐不要往我杯里放话梅。这一来露了真相。（《台湾的"喝"》）

（34）凡这方面有事找到我，摇旗呐喊也罢，站脚助威也行，都愿尽一分炎黄子孙的责任。这一来也才知道自己远非最先觉悟者，热心此事的作家，两岸都大有人在。（《新台币、云门舞集和韩舞麟》）

（35）里边人出来在门口一站，有居高临下之势，外来人要进门，有步步登高之感。这一来就透着点高贵、威严。（《四合院"入门儿"》）

（36）他们问道："你们口口声声要自由，却连表示疑问的自由也不给听众，这叫什么作风？"这一来又引起了新闻界的注视。

（37）这一来反倒引起好心人的猜疑：欧洲华人中，跟国内农村姑娘结婚的唯有老徐一人。（《巴黎城内的山东大嫂》）

另一个相关的惯用语是"这一看"，表示通过观察而得出某种结论，或者发现某些现象。例如：

（38）可您二位，这一看就是知识分子，是文化人儿啊。（《编辑部的故事》）

3.13.3.2 "这一 ＋ VP"所在句子的表达功能

上一部分"这一 ＋ VP"与前文的语义关系，属于它的篇章组织功能。现在来考察它与所在句子的后续成分的关系，即它的语义表达功能。这里的后续成分有时是谓语，有时则为关系相当松散的独立句子。"这一 ＋ VP"与后续成分表达的意义归纳起来有两种情况。

一、"这一 ＋ VP"出现在句首，表示直接原因，后半句表由此造成的结果。这种用法占"这一"用例的绝大多数。例如：

（39）有一挺大个儿一星星，就瞄准咱地球就撞过来了，而且还是日夜

兼程。据说这一撞啊，咱地球上最少得死一半儿人。(《编辑部的故事》)

（40）亲爱的姑娘，你好，在这里我很高兴认识你，也许这一见我就不会忘记，我很想认识你，给你一个机会，也是给自己一个机会。（相声《求婚》）

（41）这一喊——虽然痛快了些——马上使他想起危险来。(《骆驼祥子》)

（42）陈小姐您请坐，您这一来，这办公室像点了十万支电灯，闪的我都睁不开眼。(《日出》)

现代汉语还有一个常见的表示动作结果的"得"字结构，但是"这一"的表达结果功能一般都不能转换为"得"字结构。概括地说，"得"字结构所表达的动作和结果关系一般都比较直接，表达动作直接导致某一结果。然而，"这一"所表达的动作与结果关系则相当松散，其间并不存在必然的因果关系，上面的例子都是如此。也就是说，在表达动作和结果关系上，"得"字结构与"这一"结构之间存在着明确的分工，它们一般不能互相替代。

二、后接成分是对前面发生动作的描述或者补充说明。

（43）这一哭，声泪俱下！就跟真的一样！（《福寿全》）

（44）对，这一拍就算开始了。(《学聋哑》)

（45）这一跪要还不行的话，她自己不怕死，谁可也别想活着！（《骆驼祥子》）

（46）这一拧，一笑，就值一千美金，我服帖。(《日出》)

（47）就是你这一笑，他拿不准他是夜猫子似的呀，还是黄世仁似的呀？（《编辑部的故事》）

三、"这一"所在句子的直接谓语表示对动作行为的说明，紧接着用独立的句子表达动作行为的结果。这一类可以看作上述第一、二类用例的混合用法。如下组例中的"这一 + VP"后的直接谓语"真起作用""不要紧"等，是说明行为动作性质的，后边表示结果的则往往是独立句子。

例如：

（48）她这一说不要紧，影响可就出去了，名气也大了，她一下成了
大舞星。（相声《潇洒走一回》）

（49）你猜怎么着，我这一揭发还真起作用啦，局长听完以后马上做
出了一个正确处理。（相声《新局长到来之后》）

（50）把这女子请到屋里来，两个人对坐交谈，这一谈可不要紧哪，
此女子琴棋书画样样精通，诗词歌赋无一不晓，二人是越谈越
投机，越谈越投机，携手入罗帏。（相声《学评书》）

3.13.4 "这一"与相关结构的区别

3.13.4.1 "这一 + VP"结构与"这一 + 动量词 + VP"结构的区别

有时候，有无动量词似乎没有什么差别。请看下面同一部作品中的两
句话，都是"被"引出的施事，一个没有动量词，一个有，看不出它们功
能上有什么明显的差别。

（51）祥子本来觉得很冷，被这一顿骂骂得忽然发了热，热气要顶开
冻僵巴的皮肤，浑身有些发痒痒，头皮上特别的刺闹得慌。（《骆
驼祥子》）

然而在绝大多数情况下，有无动量词，表达的功能很不一样。看下面
两组句子的对比：

	A	B
1	这一问，小钟更害臊了，扭头往小胡同儿里跑。	这一次问，他问得可真仔细。
2	您这一走我怎么办？	您这一回走，要走多久？
3	我这一揭发还真起作用啦，局长听完以后马上做出了一个正确处理。	我这一次揭发还真彻底，一个也没落下。

可以看出，A 组句子表达的重点是动作带来的后果，而 B 组句子表达的重
点是动作本身的情况。这是"这一 + VP"结构与"这一 + 动量词 + VP"

结构在意义上的主要区别。

在结构上，B组句子中的数词可以是"一"以外的数词，也可以省略，"这 + 动量词"还可以移到定语之前。例如：

（52）这几次问，他问得可真仔细。

（53）您这回走，要走多久？

（54）这次您回国，一定受到祖国人民热烈欢迎。（相声《我回到祖国》）

而 A 组句子不可以，"这一"结构只能用"一"而且不能省略。我认为这个结构不加动量词，起到和有动量词的结构区别的作用，使表达的重点在动作带来的结果而不是动作本身上。只能用"一"且不能省略，起到的作用是强调动作的完整性或者完成性。

下面两个例子很能说明有无动量词在表达功能上的差别。它们来自同一作品，语境相同，一个没有动量词，一个有动量词"次"。例（55）表示一种因果关系，不能加上动量词；例（56）表示某一特定行为的目的，必须加上动量词。

（55）平时总是您心好，照顾着我们。您这一走，我同我这丫头都得惦记着您了。（《雷雨》）

（56）你这一次到矿上去，也是学着你父亲的英雄榜样，把一个真正明白你，爱你的人丢开不管么？（《雷雨》）

3.13.4.2　"这一 + VP"结构与"一 + 动词 + 就……"结构的区别

"一 + VP"与后面的动词表示的是两个紧密相连的动作行为，"这一 + VP"则没有这个功能，或者说限制。这一差别从下面两个例子的对比中可以明显看出，但是例（57）的"一摇"与后面的"哗哗地滚出英镑"是时间没有间隔的两个动作行为，而例（58）"这一走"与"辞世"可能有很长的时间间隔。它们是不能互换的：

（57）大家看，看我这一摇，就哗哗地滚出英镑、美钞、大洋钱！（《日出》）

（58）兄弟，我这一走，也许就此辞世了……你如果能出去，千万给

我家送个信。(《烟壶》)

此外,"一 ＋ 动词 ＋ 就……"结构可以表达一般的、有规律的情况,或者动作一经发生就达到某种程度,或有某种结果。而"这一 ＋ VP"结构没有这个功能,它通常表示已经发生的具体事件。例如:

(59)他一忙就忘事儿!

(60)还是叫他来吧,他一比画就好。

(61)只要一讲就能讲上两个小时。(《现代汉语八百词》)

(62)我们在西安一住就住了十年。(《现代汉语八百词》)

3.13.4.3 "这一 ＋ VP"结构溯源

"这一"结构在14世纪的《水浒传》中还很罕见,整部书只有两三个例子,而且标记还不固定,"这"和"此"都可以用。例如:

(63)小人此一去,存亡未保,死活不知。(《水浒传》第二十七回)

(64)李逵道:"他这一去,必然报人来捉我,却是脱不得身,不如及早走罢……"(《水浒传》第四十三回)

到了18世纪的《红楼梦》中,"这一"结构就十分普遍了,例如:

(65)老太太这一说,是谎都批出来了。(《红楼梦》第五十四回)

(66)这一去把病根儿可都带了去了。(《红楼梦》第七十回)

(67)你这一闹不打紧,闹起多少人来,倒抱怨我轻狂。(《红楼梦》第三十一回)

(68)你这一去,带个信儿给旺儿,就说奶奶的话,问着他那剩的利钱。(《红楼梦》第三十九回)

(69)原来这林黛玉秉绝代姿容,具希世俊美,不期这一哭,那附近柳枝花朵上的宿鸟栖鸦一闻此声,俱忒愣愣飞起远避,不忍再听。(《红楼梦》第二十六回)

然而,《红楼梦》中"这一"又与现代汉语的明显有别,结构中的动词后不少加体标记"了",现在则不能。例如:

(70)至于跟宝玉的小厮们,那年纪大些的,知宝玉这一来了,必是

晚间才散，因此偷空也有去会赌的，也有往亲友家去吃年茶的。（《红楼梦》第十九回）

（71）我这一进来了，也得了空儿，好歹教给我作诗，就是我的造化了。（《红楼梦》第四十八回）

（72）你这一去说了，他们若拿你们也作一二件榜样，又碍着老太太、太太。（《红楼梦》第五十五回）

（73）你比不得外头新买的，你这一进去了，进门就开了脸，就封你姨娘，又体面，又尊贵。（《红楼梦》第四十六回）

（74）他这一得了官，正该你乐呢，反倒愁起这些来！（《红楼梦》第四十五回）

（75）怪道从古至今那些奸淫狗盗的人，心机都不错。这一开了，见我在这里，他们岂不臊了。（《红楼梦》第二十七回）

（76）你这一来了，明儿你见了他，好歹描补描补，就说我年纪小，原没见过世面，谁叫大爷错委他的。（《红楼梦》第十六回）

《红楼梦》中的上述用法对揭示"这一"结构的表达功能很有启发性，"了"是表示动作的实现或者完成的。"这一 ＋ VP"结构主要表达动作行为业已完成或者实现之后会带来什么样的结果，或者具有什么样的属性。

3.13.5　名词化标记"这一"产生的认知动因

以上的分析显示，"这一"已经凝固成一个名词化的语法标记，但是在它的形成过程中，"这"和"一"是有明确分工的，扮演着各自不同的角色。从这个角度可以揭示它们语法化的认知动因。

先看"这"所起的作用。"这"由两个语义要素构成——"有定"和"指代"，两者都是名词的典型特征。"有定"指示的是一个确定的实体，而"指代"则是相对于说话者的空间位置，"这"表示近指。这两点是"这"作为名词化标记的语义基础。动词的典型语义是代表一个时间过程，那么动词要转变成名词就要消除或者压制它们本来的语义特征，而把它们看作空间中的一个实体。而"这"一方面可以通过把动作行为看作一个实体而消除其时间过程，另一方面也可以通过空间指代把一维时间空间的动作行为放到三维物质空间来诠释。

类似的现象也存在于其他语言之中。比如英语的定冠词 the 的语义和功能与汉语的"这"相似，它也具有把动词或者形容词转化为名词的功能，很多动词或者形容词加上 the 后就只能看作名词，例如：the good, the beautiful, the true, the rich, the work, the copy, the print 等。

"一"表达的是一个单一的个体，它具有使对象变成一个离散量的作用。名词的典型数量语义特征是离散的，动词则兼有离散和连续两种数量语义特征。动词在向名词转换过程中，必须压制其连续特征而凸现其离散特征。这就是自然数的基本单位"一"在"这一"结构中所起的作用。这也就是为什么"这一"结构中的动词具有"完成性"的特征，一个完成的动作行为就是一个有始有终的离散单位。

3.13.6 结语

本章对"这一"的名词化功能做了系统的描写，简单追溯了它的历史，并分析了它产生的认知动因。"这一"不仅仅是一个词类转换的标记，它还有重要的语篇组织作用和独特的语义表达功能，在历史上没有一个语法标记的功能跟它对应，现代汉语也找不到功能与之相当的语法成分。这一结构在现代汉语语法体系中具有不可替代的地位。它是一个新产生的语法标记，最近几百年才逐渐形成，在当代口语中则使用得相当普遍。如果我们把眼光放得远一点儿，就会认识到当代口语也是一个动态的过程，有许许多多的新产生的现象值得研究。然而我们对这方面的现象关注是很不够的，需要加强这方面的调查研究。

我们的探讨还只是初步的，很多问题还值得进一步的研究。我们过去对汉语史的研究经验说明，新的语法现象的产生往往不是偶然的，它们的背后通常有语言系统整体变化的原因。但是"这一"结构产生的历史动因迄今尚不清楚，有待未来的研究。

3.14 形状量词

3.14.1 引言

汉语的量词的类别和数目的设立远非随意的，而是深刻反映了汉民族的范畴化特征。本章研究的中心问题是表物体形状的量词。通过对这类量词语义特征的全面、仔细的考察，我们将证明表事物形状的量词的最根本认知基础为：

（一）物体各维之间的比例是表事物形状的量词的认知基础，而不是维数的多少。

（二）物质性是表事物形状量词的第二位认知基础。至于"弹性"、"硬性"和"延展性"与该类量词的设立无关。

从这两点出发，我们将给汉语的形状量词系统背后的认知基础一个简单、一致的解释。汉语的量词系统随时间的变化而变化，又可能因地方的不同而有所差异。因此为了分析的简单性和一致性，我们考察的范围仅限于当代汉语普通话的用例。

3.14.2 形状量词的首要认知基础——维度之间的比例

人们对自然界最重要的一个特征"量"的认知，对语言的语法系统有着深刻的影响。比如很多语言有单复数的形态标记。这里数字"2"是一个关键点，英语里凡是等于或者大于"2"的量用 -s 标识，例如 two books, three dogs。汉语不像英语，没有单复数的语法标记，但是汉语也有其特有的语法范畴表示事物的量的观念，那就是量词系统。量词的使用不是根据物体个数的多少，而是根据物体各个维度之间的比例。

根据对人类语言的广泛调查，发现单复数标记和量词系统一般不能共存于同一种语言里。汉语显然是属于量词语言，量词在汉语名词的数量表达式里是必不可少的。量词是一个系统，包含很多成员，要表达名词的数量时，必须选用与之相配的量词。例如：

（1）三张画；两块香皂；一条马路。

上例分别用"张""块""条"来修饰画、香皂和马路。一个量词往往修饰一类名词。

量词和名词的搭配不是随意的，是由所修饰名词所指的事物的各个维度之间的比例决定的。跟数字"2"在有单复数的语言中一样，维度的比例在汉语中是决定量词选择的根本因素。汉语量词的使用是有非常严格的规律的。从理论上讲，任何物质空间的事物都有长、宽、高三维性。可是语言并不是客观现实的简单复写，语言和现实之间有一个人类认知的中介。由于这个中介的作用，有些事物或者事物的某一方面被看作是零维（如"点"）、一维（如"线"）或者二维（"面"）的。零维的东西通常用"点"称数，比如"一点墨水"。下面的分析将集中在表示二维和三维的形状量词上。

作为下文分析的一个准备工作，我们用一个抽象的集合图形表示二维的平面空间和三维的物质空间。

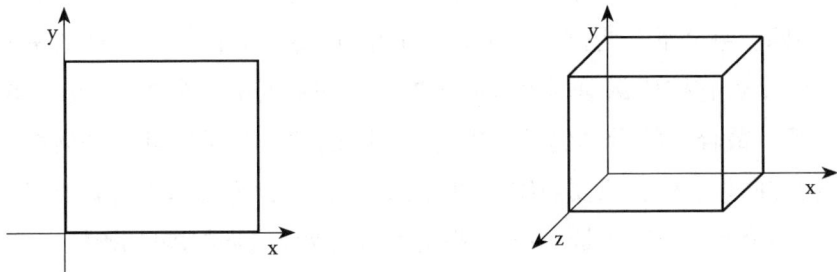

图一　二维和三维空间

现在我们来看典型的形状量词的使用规律：

一、二维空间的形状量词主要有两个："张"和"条"。它们的使用规律可以用一个数学函数加以精确描写。x 和 y 分别代表两个维，如果两个维的长度不等时，我们定义 x 总是代表较长的那一个。有下列公式：

公式 a：当函数 y/x 的值等于或者接近 1 时，有关的物体用"张"量度。

公式 b：当函数 y/x 的值接近于 0 时，有关的物体用"条"量度。

二、三维空间的形状量词也主要有两个："块"和"片"。它们的用法也可以用两个数学函数加以精确描写。这里 z 代表第三个维度。

公式 c：假定 x 和 y 的值接近，当函数 z/x 或者 z/y 的值接近 1 时，有关的物体用"块"量度。

公式 d：假定 x 和 y 的值接近，当函数 z/x 或者 z/y 的值接近 0 时，有关的物体用"片"量度。

上述的公式告诉我们，当维度之间的比值变化大到一定程度时，汉语就采用不同的量词。很明显，函数的值是连续的，很难断定变化到某一值时就一定采用某个量词。决定汉语量词使用的是一个模糊量。它不像单复数那样，是一个精确的离散量"2"决定的。汉语的情况显然更为复杂，更能揭示人类认知的一些有趣现象。

3.14.3 二维形状量词："条"和"张"

人们通常认为，"条"是指在一维上扩展的长形的东西；"张"是指在二维方向扩展的平面物体。这个概括表面上看来有道理，但仔细一想就会发现问题。拿"纸"为例，如果它是 1 寸宽、5 寸长时，最合适的量词应是"条"；若它按比例向两个方向扩展，比如宽度增加为 2 寸，长度增加为 10 寸，最合适的量词仍是"条"。很明显，"条"所称量的事物是在两个维度方向扩展的，只要短维度和长维度之间的比值足够小时就可以。实际上，不论是"条"还是"张"，都是表示在两维方向扩展的物体。

（2）a. 一条凳子；一条马路；一条裤子；一条船。

　　　b. 一张桌子；一张画；一张床；一张报纸。

除了在一些特殊情况下，比如"一条线"，"条"才修饰一维扩展的物体，其他情况总是指在两维方向扩展的东西。既然"条"和"张"都是两维方向扩展的事物，那么就可以知道扩展维数的多少并不是问题的关键。

从理论上看，任何客观存在的物体都是三维的。从上例来看，不论是"条"还是"张"，所称量的事物实际上都是三维的。这涉及语言中普遍存在的认知现象——转喻，即用事物的最突出或者重要的特征来称代整个事物。比如"桌子"和"凳子"最显著的特征是它们的面，形状量词是通过称量面来指代整个物体。还有一种情况是，物体的第三维很小，在认知上可以忽略不计，比如"一条手绢""一张画"。"手绢"和"画"实际上是有第三维的，尽管相对于另两维非常小。

下面我们来看看公式 a、b 是如何运用的。典型的桌子或者画，两个维度的差别不应该很大，这时 y/x 的比值趋于 1，所以就用量词"张"来称量。相对地，典型的马路和凳子，两个维之间的差别很大，就用"条"来称量。这里也涉及典型化效应。哪一类事物用什么样的量词称数，是由该类中最普遍、最具代表性的事物的特征决定的。比如桌子面的两个维通常比较接近，所以用"张"称数，那么即使有一些桌子的面是很长的，仍用同样的量词称数。此时有个补救的办法，就是加上相应的形容词，比如可以说"一张很长的桌子"，尽管对长形的桌子，一般也不用"条"称量，比如不能说"*一条桌子"或者"*一条很长的桌子"。反过来看也是一样，"毛巾"通常是长形的，所以用"条"称量，一旦这种搭配被约定俗成，即使形状为方形的毛巾仍是用量词"条"而不是"张"，比如不能说"*一张方毛巾"。

二维形状量词的使用还涉及一些更复杂的问题。典型化效应并不是一成不变的，约定俗成原则也不是绝对的。我们以凳子为例来看这个问题。典型的、绝大多数的凳子都是长形的，它是无标记的。但是凳子还有很多种类，比如"方凳"，顾名思义，它的两个维度的大小是比较接近的，所以此时合适的量词应是"张"，反而不大能说"?一条方凳"。

对于没有固定形状的二维事物，用"条"还是用"张"，完全决定于两个维度之间的比值。"纸"是典型的一个例子。

图二　"一条纸""一张纸"

上述左图形状的纸要用量词"条"来称量，右图形状的纸要用"张"来称量，两者不能互换。

术语"形状量词"容易引起人们的误解，以为量词是与特定的形状相连的。其实该类量词的选用与特定形状毫无关系，而是由两个抽象维的比例决定的。如下图所示，桌子有各种各样的形状，它们都是用"张"来称数；路也有各种各样的走向，它们也都用"条"来称量。

图三　各种形状的桌子

图四　各种形状的路

总之，二维量词的使用跟具体的形状无关，而是由具体形状的两个抽象的比值决定的。

上面分析指出，二维形状量词指代三维物体实际是通过转喻，即选取该物体最具认知凸现性的特征来指代整个东西。对于桌子和凳子来说，它们的上平面有最具认知凸现性的特征。认知凸现性又与事物的实用性有关。桌子和凳子的实用性关键表现在它们的两个面上。但是外观上类似的事物，由于实用的部位不同，它们的认知凸现性也会不一样，所搭配的量词也可能不同。比如"箱子"也有一个上平面，但是箱子的实用性并不表现在这里，所以不能用"张"来称量。

从决定形状量词使用的函数公式，我们可以推导出很多有趣的结果。"条"的函数式 y/x 的值可以无穷地逼近 0，但不能是 0，否则就意味着该物体不存在。随着该函数值逼近 0，导致两种极端的例子：（一）Yy 维变得无穷小，最典型的例子是"线"：一条线；（二）x 维变得无穷大，最典型的例子是"路"：一条路。但是，"张"在这一点上与"线"形成鲜明的对比。它的函数式的值接近 1，所以两维的差别有限制。从理论上讲，"张"所指事物的两维可以同时无穷大或者同时无穷小，可是实际上它往往指的是一个有限的平面，两个维既不能太大，又不能太小。比如不能说"* 一张蓝天""* 一张纸星儿"。

形状量词的第二个认知基础是"物质性"。在这一点上"张"和"条"的表象也有所不同。"张"不仅要求所指平面的两个维度接近，而且还要求平面必须具有物质性。比如下图的阴影部分指的是纸上挖出的一个洞，尽管该洞的形状似乎可以用"张"称数，但是它缺乏物质性，还是不能说"* 一张洞"。

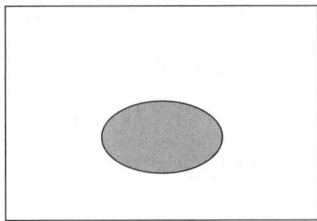

图五　* 一张洞

由此可见，"张"所指的面必须是由物质延展而成的，但是与物质的"弹性""硬度"等的物理属性无关。有人认为"一条黄瓜"可说，然而头发却必须用"一根"，原因是头发比黄瓜的硬性程度高。其实不然，"条"通常也指硬性的东西，比如我们老举的一个例子"凳子"。"张"也可以既指弹性的又指硬性的事物：

（3）一张网；一张皮；一张桌子；一张方凳

也就是说，只有物质性才是二维形状量词的第二位认知基础，至于物质的具体物理属性与此认知基础无关。

但是，"条"并不要求所指的对象具有物质性。比如下图所代表的是一张纸上的长缝，它仍可以用"条"来称量。

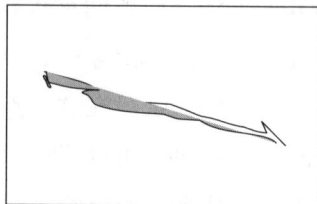

图六 "一条缝"

根据以上的分析我们明白，两个维度之间的比例是二维形状量词的首要认知基础，物质性则是第二位的。只有"张"才要求所指的事物必须是物质性的。

3.14.4 三维形状量词："块"和"片"

二维的东西加上第三维（用 Z 表示）就成为立体的物体。当物体的第三维进入人们的认知域，所感知的事物就是立体的。这时要用另外一对量词来称量："块"和"片"。"块"和"片"的分工跟"张"和"条"的完全平行。先来看一下它们的实际用法：

（4）a. 一片树叶；一片面包；一片瓦；一片纸。

　　　b. 一块石头；一块砖；一块糖；一块蛋糕。

上述例子中的"片"和"块"是不能进行互换的。那么是什么因素在决定着它们的使用呢？它们的使用规律仍可以用精确的数学语言加以描写。

为了讨论的方便，设定 x 和 y 是两个相互接近的不变量，即它们的比值接近 1。现在我们以第三维 z 作为变量来考察"块"和"片"的使用规律。

如果 z 小到一定程度时，就用"片"来称数；如果 z 大到一定程度时，就用"块"来称数。

这里的"小"和"大"都是一个模糊的量。z 的取值是有所限制的。但是，当 z 超过一定限度时，有关的物体就变成一个长柱型，这时就需要用另外一个形状量词"根"来称数：

（5）一根柱子；一根棍子；一根头发。

跟对二维量词的分析一样，也可以用数学函数来描写"块"和"片"的用法。设定 q 为 y/x 的比值，那么，

（a）当 z/q 的比值趋于 0 时，有关的物体用"片"称数；

（b）当 z/q 的比值靠近 1 时，有关的物体用"块"称数；

（c）当 z/q 的比值足够大时，有关的物体用"根"称数。

上述现象似乎可以说成，"片"指薄的物体，"块"指厚的物体。这实际上与我们的分析并不一样。"厚"和"薄"完全是一对相对的概念，它们的值没有一定的范围。比如，相对于另外一种树叶，某种树叶比较厚，但是我们并不能说"*这块树叶"。我们所讨论的比值，虽然没有一个精确的值，但还是有一个大致的取值范围的。

有些物体既可以用二维量词称数，又可以用三维量词称数，比如"一张纸"和"一片纸"都可以说。但是不同类型的量词所产生的意象是很不一样的。用"片"时往往有一种立体的感觉，例如纸箱子的纸通常有一定的厚度，如果拿下其中一部分，最适合它的量词应是"片"。相对地，"张"则只有平面感，比如画是在纸的表面，是二维的，所以只能用二维量词"张"来称数。

现在让我们根据以上规律来看一些有趣的现象。湖水或者池水，只能用"片"来称数，而不能用其他形状量词：

（6）a. 那里有一片水。

b.* 那里有一块水。

c.* 那里有一张水。

d.* 那里有一条水。

上述用法是由水的物理性质决定的。一定面积的水都有一个平面，同时还有一定的深度。水的透明性决定了人们所感知的不仅仅是一个水平面，还有一定的深度。但是由于水和光的物理性质以及视觉的感知限制，人们所

能看到的深度不可能很大。水的一个平面加上一定的深度，相当于一个立体的东西，所以只能选取三维的量词。因为人们能感知的水的深度有限，也就是第三维较小，正与三维量词"片"的语义特征相符，所以最合适的量词是"片"。

有些东西既可以用"片"称数，又可以用"块"称数。但是两者所创造的意象是不一样的。"片"是指厚度比较小的事物，"块"是指厚度比较大的事物。试比较：

（7）a. 一片肉；一块肉。

     b. 一片面包；一块面包。

有时"片"和"块"的对比非常微妙，但是我们马上就可以辨别用哪一个更顺。例如：

（8）a. 小波藏在一块麦地里。

     b.？小波藏在一片麦地里。

（9）a. 远远望去是一片金黄色的麦地。

     b.？远远望去是一块金黄色的麦地。

有问号的句子听起来不那么顺，没有人或者很少有人会这样说。这种顺不顺的感觉，是来自三维量词的使用规律。麦地具有一个表层，同时也有一定的高度。首先，麦地的表层跟桌子的不同，是参差不齐的，又是稀疏可见一定深度的，类似于立体的东西，所以只用三维量词来称数。但是用哪一个量词，决定于麦地的维度进入认知范围的情况。例（8）讲一个小孩躲藏在麦地里，那么麦地的第三维——深度进入认知范围，此时的深度应足够大，可以遮盖住一个人，所以表第三维相对大的量词"块"最合适。但是当谈到麦地的颜色时，只有表层才进入认知范围，第三维的量可以相对小，这时"片"就成为最合适的了。"一片麦地"和"一块麦地"所创造的意象差异可以图示如下。虚线表示没有进入认知范围。

图七 "一块麦地""一片麦地"

物质性是三维量词的第二位认知基础。"片"和"块"所指的立体物体必须是由物质填满的。比如从外观上看，箱子也是三维的，可是它既不能用"片"又不能用"块"称数，不大能说：

（10）a.* 一片箱子；b.* 一块箱子。

但是什么类型的物质，或者说物质的具体物理属性，诸如"弹性""硬度"等，与三维量词的使用也没有关系。例如：

（11）一块面包；一块冰；一块钢板。

3.14.5　特殊个案

在上文的分析中我们没有考虑到多个变量一起变的情况。在讨论三维量词时，我们是假定 x 和 y 是固定而且接近的量，z 与 x 或者 y 的比值靠近1。实际上，某个变量的变化超过一定的限度，汉语就可能用不同的量词来表示。现在来看几种可能性。如前文所指出的，若第三维 z 远远比 x 或者 y 大，此时最合适的量词则是"根"：

（12）一根柱子；一根筷子；一根头发。

从另外一个角度看，z 的值不变，x 和 y 变得极小，也是用"根"，比如"一根头发""一根线"。"线"既可以用"根"，又可以用"条"，但是使用的场合有所不同：当指做衣服等所用的线时，通常是用"根"来称数；当谈到画在纸上的线时，通常用"条"称数。两者一般不混。原因是前一场合指的是立体的，后者指的是二维的。

第二种特殊的情况是，三个维的值差别很大，即 x 远远大于 y，y 又远远大于 z，而且 z 的值接近于0。此时最合适的量词应是"条"：

（13）一条裤子；一条皮带；一条板子。

拿"皮带"来说，它的长度远远比其宽度大，宽度又远远比其厚度大。

第三种特殊的情况是，三个维的长度完全相等，此时所得到的是一个圆球体。合适的量词只有"个"：

（14）一个篮球；一个乒乓球。

其他的形状量词则都不能用，比如不说"*一块球""*一片球"等。

还有一种更有意思的现象可以用数学中的"轨迹"概念来描写。"轨迹"的数学定义为"一个点在空间移动，它所通过的全部路径叫作这个点的轨迹"。从这一角度出发，我们可以解释一些表面上例外的现象。在前文的分析里我们谈到，"张"要求所指的平面必须是物质性的，下面例子似乎是例外：

（15）一张弓；一张嘴。

所有这三种物体中间都是空的，似乎与我们所总结的规律不符，然而实际上它们还是遵循着这些规律。这三种东西都有一个共同点，其中一个部分是可以移动的，该部分移动所构成的轨迹是一个面。"弓"的移动部位是弦，"嘴"的移动部位是上下嘴唇。请看弓的弦所组成的轨迹图。

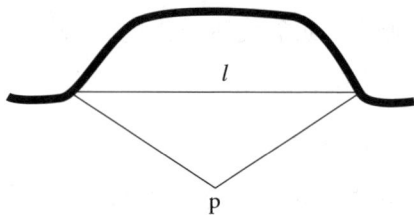

图八　弦的轨迹平面

直线 l 所移动的轨迹是平面 P。上述论断还可以用反证法来证实。凡是没有移动部位，因而也没有轨迹平面的事物，都不能用"张"来称数。比如不能说"*一张镯子""*一张井""*一张竹圈"等。

形状量词的使用也牵涉到数学中的绝对值的概念。我们在以上讨论时，有一个预设，重要维的长度不能过小，其量上的差别是可以用肉眼判断的。但是，如果维度过小，人们无法用肉眼判断其量时，就会影响到量词的选用。比如一个极端情况是，三个维度小到人们无法判断其长度时，往往选用普通量词"个""点"，如"一个纸星儿""一点面包末"等。

3.14.6 结论

通过以上的分析可知，维度之间的比例是汉语形状量词系统的首要认知基础，物质性则是第二位的认知基础。至于物质的其他物理属性，诸如"硬度""弹性"等与量词系统的设立和应用无关。

数量观念表达对一种语言的语法系统有着深刻的影响。根据数量表达的方式，可以把人类语言分成两大类：一是属于单复数的，一是属于量词的。汉语是后一种语言。通过对形状量词的分析，可以看出汉语的量词系统的设立的背后隐藏着严格的数学规律，它们远比单复数语言复杂和精密。这一事实使得我们可以借助严格的数学概念和规律对其进行精确的描写。

3.15 动量词

3.15.1 引言

　　量词包括名量词和动量词两类。这两类词之间存在着内在的联系：从历时的角度看，它们产生的时间和过程基本一致；从共时的角度看，凡是名量词发达的语言也一定有丰富的动量词系统，反之亦然。这种现象并不是偶然的巧合，都是数量语义特征在语法上的反映。典型的名词和动词所代表的都是离散量，名词在三维空间是离散的，动词在二维时间空间是离散的，它们都可以用自然数称数。这种现实一致性反映在语言中就是语法表现形式的一致性。

　　动量词的分布远比名量词复杂。名量词实际上只有一种位置，即在名词中心语之前。动量词不仅可以出现在谓语动词之后，还可以出现在动词之前，更重要的是，这种分布受各种因素的制约，常常是不自由的，在一些情况下则必须出现在谓语动词之前。对这些制约因素的探讨，除了掌握动量词的语法规律外，还有助于揭示整个汉语语法系统的运作机制。

　　迄今为止，几乎所有研究者只关注动量词在谓语之后的使用情况，而且所有重要的语法工具书也是只描写动词之后动量词的分布。从客观上讲，动量词更常出现于谓语之后，这是它们基本的、无标记的语法位置。然而谓语之前的动量词也相当常见，关于这种现象的研究几乎被忽略，本章的研究尝试填补这一空白。

　　通常把动量词分为以下三类：（a）专用的动量词：（洗）一下、（去）一趟、（看）一次；（b）借用名词：（放）一枪、（切）一刀、（抽）一鞭；（c）

重复动词：看一看、想一想、歇一歇。本章只讨论第一类专用的动量词。

3.15.2　谓语动词之后的动量词

在探讨位于动词之前的动量词的使用规律之前，必须首先考察一下谓语动词之后的动量词的使用情况。从总体上看，谓语之后的动量词短语都是表示不定的，其格式为"动 ＋ 数 ＋ 动量"，客观上描述动作行为发生的次数。这是汉语结构赋义规律在量词使用上的表现，该规律在名词上的表现为，当光杆名词做宾语时自动被赋予一个无定的语义特征，而它们做主语时则自动被赋予一个有定的语义特征。结构赋义规律所作用的范围不仅包括主宾语位置上的名词，而且还包括谓语动词前后的数量性成分。

出现在谓语之后的动量词有一个与宾语的相对位置问题。制约动量词与宾语位置的因素主要包括以下几点。

第一，只能出现在动词和宾语之间。比如"遍"就是如此，例如：

（1）看过三遍《红楼梦》。　　　　＊看过《红楼梦》三遍。

　　　写了好几遍草稿。　　　　　　＊写了草稿好几遍。

第二，宾语概念类型的制约。如果宾语为地点名词，"趟"可以出现在宾语的前边或者后边；宾语为其他名词时，"趟"只能出现在动词和宾语之间。例如：

（2）打算去一趟天津。　　　　　　打算去天津一趟。

　　　想回一趟家。　　　　　　　　想回家一趟。

　　　运了两趟煤。　　　　　　　　＊运了煤两趟。

　　　搬了两趟家具。　　　　　　　＊搬了家具两趟。

第三，词类的限制。人称代词做宾语时，"次"和"回"只能出现于宾语之后；而其他名词做宾语时，它们则可以自由出现在宾语前后。例如：

（3）去过杭州两次。　　　　　　　去过两次杭州。

　　　问过小李几次。　　　　　　　问过几次小李。

　　　我见过他一次。　　　　　　　＊我见过一次他。

表扬了他好几次。	*表扬了好几次他。
（4）去过北京一回。	去过一回北京。
问了小王两回。	问了两回小王。
看过他三回。	*看过三回他。
问过他三回。	*问过三回他。

"场"的用法很特别，当用于某些言语行为之后时，要么不能带宾语，要么只能带代词宾语，而且只能出现于代词宾语之后，比如不能说"*责备了一场我"。例如：

（5）大哭一场。	闹了两场。
责备了我一场。	父母辛苦培养你一场。

第四，受宾语概念和词类双重限制。当代词或指人的名词做宾语时，"下"出现在宾语之后；其他名词做宾语，"下"则出现在宾语之前。这属于上述第二、三类的混合型。例如：

（6）*拉了一下我。	拉了我一下。
*打了几下孩子。	打了孩子几下。
拍了一下大腿。	*拍了大腿一下。
敲了几下门。	*敲了门几下。

综上所述，动量词在宾语之后的分布主要受三个因素的制约：（一）动量词的类别；（二）宾语名词的概念类型；（三）宾语的词类。从下面的讨论可以看出，这与动量词在谓语动词前后的分布的制约因素完全不一样。

3.15.3　有定性对动量词分布的制约

3.15.3.1　表遍指的动量词短语

遍指是指某一特定范围的所有成员。表达遍指概念的手段有词汇和语法两种：词汇的手段如"全部""所有"等；语法的手段则有重叠、疑问代词的引申用法等。名词或者量词重叠表遍指，以及疑问手段的遍指用法，都必须置于谓语动词之前，虽然从意义上看，它们是谓语动词的受事。例如：

（7）人人我都通知到了。　　　　＊我都通知到了人人。

　　个个我都见过了。　　　　　　＊我都见过了个个。

　　哪里他都去过。　　　　　　　＊他都去过哪里。

这些遍指成分也可以出现在主语之后，比如"我人人都通知到了"。

　　简单地说，名量词重叠要置于谓语前的原因为，它们具有一个有定的特征，即"某一特定的范围"，而这一特征要借助某种手段表达出来。这种重叠式排斥任何词汇手段的修饰限制，因此只有依靠结构赋义的规律，在谓语动词之前获得这个有定性特征。

　　类似地，动量词重叠则是表达某一个特定时间段内的每一个动作行为，也具有有定性特征。同理，在结构赋义规律的作用下，动量词重叠也必须出现于谓语动词之前。可见，结构赋义规律作用的范围是不受词类限制或者句子成分限制的，既包括主宾语位置上的名量词，也包括状语位置上的动量词。此外，动量词也可以与"每"或者疑问代词的引申用法搭配来表达遍指，这种动量词短语也都必须出现于谓语之前。下面分别举例说明。

　　第一，动量词重叠表遍指。它们只能出现于谓语动词之前，不能在谓语之后。例如：

（8）他次次都参加了。　　　　　＊他都参加了次次。

　　她回回哭得泪人似的。　　　　＊她哭得泪人似的回回。

　　他趟趟都带着礼物。　　　　　＊他带着礼物趟趟。

　　他遍遍都看得很仔细。　　　　＊他都看得很仔细遍遍。

　　有一点值得注意，跟名量词的重叠式一样，动量词重叠大都可以自由出现于主语前后。比如，既可以说"回回他都看"，也可以说"他回回都看"。同样，以下两种动量词表遍指的用法也都有这一特点。

　　第二，"疑问代词 + 动量词"。疑问代词大都具有表示遍指的功能，比如"他谁都认识""他什么都好奇""她哪里都去过"等。其中的"哪"还可以与动量词搭配，表示某一特定时间段内的所有动作行为，它们也必须位于谓语动词之前。例如：

（9）他哪次都不落下。　　　　　＊他都不落下哪次。

他哪回都是先到。 　　*他都先到哪回。

他哪遍都记很多笔记。 　　*他都记很多笔记哪遍。

他哪趟都买很多纪念品。 　　*他买很多纪念品哪趟。

第三，"每 + 动量词"。"每"加在名量词之前，表示某一范围内的所有成员，而加在动量词之前，则表示某一时间段内的所有动作行为。这类动量词短语也必须置于动量词之前。例如：

（10）进了歌厅每次都要谆谆告诫随从。

　　*进了歌厅都要谆谆告诫随从每次。

　　我每次外出都有很大收获。

　　*我外出都有很大收获每次。

　　每次我也不愿让你受那个罪。

　　*我也不愿让你受那个罪每次。

　　我每次写好一篇文章都要停一停。

　　*我写好一篇文章都要停一停每次。

还有一种特殊的结构表遍指，即"（V_1 + 一 + 动量）+（V_2 + 一 + 动量）"，表示每次 V_1 发生，就会发生 V_2。这种对举结构的动量词则只能出现于动词之后。这是特殊的语法结构造成的特殊情况。例如：

（11）他是看一遍，哭一场。

　　因此见他一次就笑他一次。

　　你回家一次就出一次事。

3.15.3.2　表顺序的动量词短语

动量词也可以与某些词语搭配表示动作行为发生的时间顺序。不论是在三维物质空间还是在二维时间空间，顺序都是就特定的范围而言的，因此顺序具有有定性特征。英语表达顺序的词语一般要加定冠词 the，比如 the first、the second，可见顺序义的有定性是不同语言的共性。

表达顺序义的前缀很多，不同的动量词可搭配的前缀也不完全相同。搭配能力最强的动量词是"次"，可与之搭配的前缀有第～、初～、头～、上～、下～、再～、又～、前～、后～等，它们有的可以直接跟"次"搭配，如"再次"，有的则必须加数词，如"又一次"。

表顺序义的动量词短语必须出现于谓语动词之前。例如：

（12）我头一遍怎么唱的来着？　　＊我怎么唱的来着头一遍？

　　　上回你们不是谈得挺热乎嘛。　＊你们不是谈挺得热乎上回嘛。

　　　上次我们老余已经正告过你。　＊我们老余已经正告过你上次。

　　　上几次我就吩咐了。　　　　　＊我就吩咐了上几次。

动量词短语表顺序义时有以下两点值得注意：

第一，如果是强调，可以出现在谓语动词之后，下例中的"这是"起强调作用，"第七遍"就可以置后。

（13）小钟，《三笑》太好了，我这是看第七遍。（相声《大米和小米》）

第二，"又"和"再"单独使用时分工很明确，"又"指示动作行为已经发生，"再"则表示将来要发生。比如"他昨天又来了"和"他明天再来"两句话中的"又"和"再"是不能互换的，然而在动量词短语中，"再"也可以表示已经发生的事情，两者出现了混用现象。例如：

（14）又一次看了他置顶的帖子。　　三年后的再一次发帖。

　　　又一次挑起无聊的话题。　　　再一次被吻了！

　　　又一次写下对你的思念。　　　再一次上首页精选内容。

　　　又一次不顾他还在说话就挂了电话。　不好的事情再一次被提出。

3.15.3.3　由指示代词构成的动量词短语

指示代词的典型语义特征是表示有定，它们可以与动量词搭配，指示某些特定的动作行为。这种动量词短语也必须置于谓语动词之前。例如：

（15）咱们这次就是吃了不懂法的亏啊。

　　　＊咱们就是吃了不懂法的亏这次啊。

　　　这次呢咱也说说我们家。

　　　＊咱也说说我们家这次呢。

　　　这次就算是我给各位上了一课。

＊就算是我给各位上了一课这次。

你这次说话说得太多了。

＊你说话说得太多了这次。

上回我也给你们讲过。

＊我也给你们讲过上回。

这回不说我骗你们了吧？

＊不说我骗你们了这回吧？

有的时候指示代词不出现，单纯的"数 + 动量词"短语用于谓语动词之前时，仍然表示有定的。比如下例中的"两次"表示特定的某两次。

（16）我们两次见面，都是我性子最坏的时候，叫你得着一个最坏的印象。（《雷雨》）

有一个特殊情况值得注意，谓语为动词"饶"时，"这一次"一般置后。这是一个固定用法，不能类推，比如不能说"＊看他这一回"。

（17）和二奶奶说声，饶他这一次罢。（《红楼梦》第七十一回）

（18）求看二姐姐面上，饶他这次罢。（《红楼梦》第七十三回）

（19）嫂子别饶他这次方可。（《红楼梦》第七十四回）

3.15.4　强调、否定、方式和范围的制约因素

3.15.4.1　强调

强调是引起语序改变的重要因素之一。比如古汉语的格式"唯利是图""唯你是问"，就是用"唯"把强调的宾语提前。动量词的强调有次数少和多之分，下面分别举例说明。

第一，强调动量次数之少。次数通常为"一"，表示仅一次动作行为可以有某种效果。例如：

（20）偶然一次睡迟了些，就装出这腔调来了。

他一次扛了两百多斤。

他一遍就记住了。

第二，强调动量次数之多。

（21）好几回说起这事儿来了，大伙儿一块儿抱头痛哭。

好几回做梦都梦见你。

几次要见一见，都为杂冗所阻。

有一个特殊情况值得注意。来自疑问代词的"多少"表示数量多时，一般是置于谓语动词之后，这是反问或者感叹用法的引申。例如：

（22）减多少次了，哪天你少吃了？（《编辑部的故事》）

（23）事情都是一点儿一点儿开始的。我跟你说过多少次了？（《编辑部的故事》）

（24）我给你们讲了多少次了，真实是新闻的生命。（《编辑部的故事》）

（25）我从南边移到北边，搬了多少次家，总是不肯丢下的。（《雷雨》）

（26）我跟你说过多少遍，我不这样看，我的良心不叫我这样看。（《雷雨》）

3.15.4.2　完全否定

否定也是引起语序改变的重要因素。先秦汉语中否定结构中的人称代词通常前置，比如"不吾知也"（《论语》）。自然语言的否定式一般是一种差等否定，比如"他没有一米八高"，通常指一个接近一米八的高度；又如"这本书他没看七遍"，通常指"看了但不到七遍"。完全否定是一种常见的表达，常以否定最小量来实现，比如"一分钱也没有""一点儿东西也没吃"等。"一 ＋ 动量词"也经常置于谓语之前表示完全否定，例如：

（27）《红楼梦》我一遍也没看。　　上海我一次也没有去过。

老家我一次也没有回。　　"狗不理"我一次也没有吃过。

3.15.4.3　动作行为的进行方式

动量词也可以构成各种各样的短语，表达动作行为的进行方式。这类动量词短语只能位于谓语动词之前做状语。例如：

（28）一遍遍地说个没完。

一遍又一遍地修改。

左一趟右一趟地跑火车站。

几番几次我都不理论，你们得了意了，越发上来了！（《红楼梦》第二十五回）

只吩咐众奶娘等好生伏待看守，一日两次带进医生来诊脉下药。（《红楼梦》第七十九回）

3.15.4.4 "有＋数＋量"

"有"字可以与数量词搭配，表示过去发生的不确定的某一次或几次动作行为。虽然这种短语是表达不定的，但是"有 ＋ 动量词"自身是一个动宾结构，限制它在谓语动词之后出现，比如不能说"* 说到这儿有一次"。例如：

（29）有一次我们一伙子中国记者去毛里求斯采访。

有一次我们所召开了誓师动员大会，所长做报告。

有一次说到这儿，有一位站起来。

有好几次夜里我发现她就站在我床头。

3.15.5　动量词的名词化功能和动词用法

3.15.5.1　动量词的名词化功能

动量词还有一个重要的语法功能，就是把一个动词转化成名词性成分。这与两个词类的数量语义特征有关。词类的转换必须在数量特征上相容。名词是可以用自然数称数的个体，它的典型数量特征是离散的。动词自身兼有离散和连续两种特征，那么它转化为名词时，就要消除其连续特征，凸现其离散特征。动量词表示动作行为个体，具有突出动词离散特征的功能，因此可以借助动量词把一个动词成分转化成名词成分，通常与指示代词"这"一起使用。例如：

（30）<u>这次回来</u>，你妈要还是那副寡妇脸子，我就当你哥哥的面上不认她，说不定就离了她。(《雷雨》)

（31）<u>你这一次到矿上去</u>，也是学着你父亲的英雄榜样。(曹禺·雷雨)

（32）<u>我们代表这次来</u>，并不是来求你们。(《雷雨》)

（33）凤儿，<u>你们这次走</u>，是偷偷地走，在黑地里走，不要惊动人。(《雷雨》)

（34）<u>你们这次走</u>，最好越走越远，不要回头。(《雷雨》)

上述用法是动量词的一个很重要的语法功能，也是其他语法标记无法替代的。

3.15.5.2　动量词的动词用法

动量词可以单独表达动作行为。这跟名量词的情况相似，可以去掉中心语代替整个名词短语，比如"一张"可以代替"一张桌子"。下面的例子中都隐含着一个具体的动词，比如"这种药一日三次"就隐含着一个动词"吃"或者"服用"，动量词可以替代整个谓语动词结构做谓语。例如：

（35）这种药一日三次。　　　　北京我每星期两趟。

　　　老家一年一回。　　　　　舞会每星期一次。

这种用法通常有一个时间范围，然后指出该范围发生的动作行为的次数。下面是《红楼梦》中的一个例子，其中的"九月里"指出时间范围，"一场碗大的雹子"做谓语，隐含了一个动词"下"。

（36）九月里一场碗大的雹子，方近一千三百里地，连人带房并牲口粮食，打伤了上千上万的。(《红楼梦》第五十三回)

动量词"一场"还有一个特殊用法，放在没有血缘关系的亲属名词之后，表示这种关系由建立到中止。例如：

（37）既是二房一场，也是夫妻之分。(《红楼梦》第六十九回)

（38）到底给他上个坟烧张纸，也是姊妹一场。(《红楼梦》第七十二回)

（39）好歹打听我要受罪，替我说个情儿，就是主仆一场！（《红楼梦》第七十七回）

3.15.6　结语

　　动量词的分布是一个十分复杂的问题，在不同位置的分布具有不同的制约因素。谓语之后的动量词就有与宾语的相对位置问题，制约因素主要有宾语的语义特征、词类和动量词的类别。然而制约动量词出现于谓语之前的因素则是另一类型的，主要包括有定性、强调、完全否定和状态描写。这些制约因素不单单是动量词问题，也影响到很多其他语法现象。对这些问题的探讨，无疑有助于对汉语语法特征的整体把握。

3.16　疑问代词与语气词

3.16.1　引言

　　本章将通过实际语料的抽样调查，运用标记理论，分析汉语疑问代词各种不同用法之间的关系，尝试证明汉语的疑问代词跟英语的没有什么两样，本质上也是表示疑问的，它们并不需要所谓的"疑问算子"才能够表示疑问。相反，所谓的疑问算子"呢"并不是一个真正的疑问标记。"呢"与疑问代词一起使用时有自己独立的词汇意义，而且也不是在任何情况下都可以跟疑问代词共现，其间具有很强的选择限制。此外，我们还认为，汉语的疑问代词根本不是什么否定性成分，它们跟典型的否定成分无论在语义上还是在句法行为上都没有相似之处。很多语言的疑问代词都有以下三种不同的用法：

　　（一）表示疑问。

　　（二）表示遍指。

　　（三）表示不定指。

当然，不同的语言会用不同的方法来表示上述三种不同的用法。这三种用法之间是有内在的逻辑关系的，其中"表示疑问"是基本用法，其余两种用法都是从这两种用法派生出来的。

3.16.2　关于疑问代词的不定指用法

　　疑问代词还有不定指的用法，有人认为它们属于否定性成分。疑问代词的不定指用法与真正的否定性词语性质完全不同。现代汉语否定词的语法特点如下：

一、所有的否定性成分一般只能出现在否定结构中，有时也可以出现在条件等虚拟句中，但是不能出现在肯定的陈述句中：

（4）老王从不介意别人怎么看他。

　　→*老王一直介意别人怎么看他。

（5）那个地方的经济今年很不景气。

　　→*那个地方的经济今年很景气。

但是，疑问代词的不定指用法则没有这种限制，可以自由地出现在肯定式和否定式之中。例如：

（6）a. 我想吃些什么。

　　b. 天气太热了，不用穿什么。

　　c. 最近你看过什么没有？

（7）a. 我想去哪儿走一走。

　　b. 我这个假期不打算去哪儿。

　　c. 最近你到哪儿去了没有？

注意，当疑问代词表示不定指的时候，其前经常有"一些""一点儿"等数量成分的修饰。

二、绝大部分的否定性成分用于否定结构时，表示的是一个完全否定。例如：

（8）a. 他没有吭声。　　　　　　→他一句话没有说。

　　b. 我没有搭理他。　　　　　→我们没跟他说一句话。

　　c. 大家没有理睬她的建议。　→大家完全不考虑她的建议。

然而表不定指的疑问代词即使用于否定结构，也不表示完全否定，而是表示"一些""一点儿"等。如上例"天气太热了，不用穿什么"，是说"穿得少一些"，并不是什么都不穿。

否定性成分的语义特征为"语义程度最低"，它们往往是一组同义词中程度最低的那一个。例如：

（9）a. 吭声　说话　叙谈

　　　b. 介意　记得　铭记

　　　c. 景气　繁荣　昌盛

上述各组左端的词都是语义程度最低的一个，它们都是否定性成分，只能或者经常用于否定结构之中。这可以解释它们为什么在否定结构中具有完全否定的功能。人类语言否定的一个共性是，否定词的含义都是"少于""低于"等。自然语言的否定公式为：

not ＋ all/whole ＝ some/a little/a bit.

not ＋ some/a little/a bit ＝ nothing.

上述公式可以说明，为什么否定性成分在否定结构中具有完全否定的功能，因为它们本身就是一个极低的量，相当于"一些（some）""一点儿（a little）"等，因此被否定时就等于零了。然而不定指的疑问代词用于否定结构中时，仍是表示"一些"，根据上述公式 a，这说明它们在否定之前表示一个相当高的程度。这一点可以从汉英翻译的对比中明显看出来：

（10）他没有吃什么。

　　　→ He didn't eat too much.

（11）他没穿什么（衣服）。

　　　→ He didn't wear too heavily.

上述两例中的"什么"分别对应于英语的 too much 和 too heavily。很清楚，即使在否定结构中，不定指的疑问代词自身也表示一个相当高的程度。其实，疑问代词的不定指用法是疑问代词所在的语法结构整体所赋予的。这一点是不定指疑问代词与否定性成分的重要差别。

3.16.3　疑问代词的三种用法之间的关系

很多语言的疑问代词都有以下三种用法：（一）表示疑问；（二）表示遍指；（三）表示不定指。

下面我们将依据标记理论来分析疑问代词各个用法之间的关系。

根据语言标记理论，在多个相关的用法中，最基本的那一个通常是没有标记的。简单地说，无标记就是没有外在的语言形式标记。根据我们前文的分析，汉语的疑问代词表示疑问时不需要借助任何其他语言标记，即为无标记的。但是其他两个用法都必须借助某种语法手段加以标记。比如，疑问代词表示疑问时有下列形式特征：（一）疑问代词重复出现；（二）疑问代词限于谓语动词之前；（三）肯定式谓语之前通常加上"都"等全称副词，否定加上"也"等副词。

例如：

（12）a. 谁先到谁买票。

　　　b. 他谁都认识。

（13）a. 现在谁也不知道这件事。

　　　b. 我哪儿也不想去。

然而，疑问代词的不定指用法常常有词汇标记，标记的手段主要有两类：在肯定结构中，常与量词"有些""有点儿"搭配；在否定结构中，否定词"不"或者"没"就是一种标记。例如：

（14）a. 我见她拿了些什么东西才走。

　　　b. 他没吃什么就走了。

无标记用法的使用频率要高于有标记的。根据疑问代词的各种用法的使用频率，我们也可以判断哪一个用法是基本的、无标记的。下表是我们对曹禺《雷雨》的统计结果。

疑问代词三种用法的比例

用法	例子	百分比
疑问	367	77%
遍指	61	12%
不定指	51	11%

上表显示，"疑问"用法远远高于其他两种用法。从使用频率方面也可以证明，汉语疑问代词的基本用法是表示疑问的，其他两种用法都是从这种

基本用法衍生出来的。

从标记理论的角度也可以判定汉语和英语的疑问代词的性质是一致的。跟汉语的平行，英语的疑问代词也有三种用法，表疑问的用法是无标记的，用它们的基本词汇形式诸如 what、who、how 等，然而表示遍指或者不定指时，需要加上有关的词汇标记：

遍指：what ＋ ever；who ＋ ever；how ＋ ever。

不定指：some ＋ what；some ＋ how；some ＋ where。

由此也可以判定，英语的疑问代词的基本用法也是表示疑问的，其他两个用法都是派生的。

现在我们看三个用法之间的逻辑关系。疑问代词的基本用法包含着两项语义特征：

（一）关系到一定范围内的所有成员。

（二）询问这些成员的有关方面。

这是疑问代词的基本用法，无需其他任何标记。然而用作遍指时，实际上是把第二个"询问"义项消除。那么要消除第二个义项，必须借助于一定的语法手段，汉语是用重复疑问代词、限制在谓语动词之前、加副词等手段标记。谓语动词之前的名词性成分被自动赋予一个"有定性"的语义特征，这个"有定性"具有消除"疑问"的无定性的作用。

疑问代词的不定指用法并不是直接从疑问用法引申出来的，而是"遍指"用法的进一步引申。否定标记的含义是"少于"，那么遍指的用法用于否定结构中就有下列的公式：

否定标记 ＋ 遍指

＝ 不 / 没 ＋ 所有

＝ 少于 ＋ 所有

＝ 有些 / 有点儿

公式的最后结果就是有关"不定指"用法的含义——"有些 / 有点儿 X"。在肯定结构中，就需要其他的词汇标记，最常见的是"（一）些""（一）点儿"，比如"我想吃点儿什么"。在句法位置上，疑问代词的不定指用法恰好与遍指用法形成了鲜明的对立：前者只能出现在谓语动词之后，后者则只能出现在谓语动词之前。例如：

（15）他什么都爱吃。

　　　→＊他都爱吃什么。

（16）我想吃些什么。

　　　→＊我些什么想吃。

疑问代词的不定指用法只能出现在谓语动词之后的原因，也跟汉语的结构赋义有关。汉语的谓语动词之后的名词被自动赋予一个"无定"的语义特征。

3.16.4　"呢"的语法意义以及跟疑问代词的共现

　　语气词"呢"可以出现的句类很多，从大的方面看，既有陈述句，又有疑问句。最常见的一种分析方法是，句类决定"呢"，比如，疑问句中的"呢"表示疑问，简单陈述句中的"呢"指示事实，进行态句子中的"呢"表示行为动作的持续。第二种看法是，汉语中的疑问代词本身不能表示疑问，如果要用于疑问的话，必须用疑问算子"呢"来表示。最后一种看法认为，不论是在特指问句、选择问句、正反问句中，还是在陈述句中，"呢"实际上只有一个，始终表示"提请对方特别注意自己说话的某一点"，或者简单地说是"提醒"；因此，当"呢"与疑问代词共现时，疑问信息是由疑问代词负载的，"呢"并不传递疑问信息。这种众说纷纭的局面，必然给汉语教学特别是对外汉语教学带来混乱。这个问题理清楚了，也有助于我们加深对汉语一些本质特点的认识。下面让我们考察一下各种说法中所存在的问题。

　　第一种观点实际上是认为，疑问代词和"呢"都表示疑问。这就自然引出一个问题，既然疑问代词是表示疑问的，那么为什么还需要再用一个"呢"去发问呢？这样岂不是多余了吗？该观点还有一个潜在的假定：疑问代词和"呢"共现时，两者的作用是相等的。然而，实际情况是，疑问代词和"呢"共现的句子，少了"呢"关系不大，仍是问句，但是抽掉了疑问代词就不行。对有些该类句子来说，即使带上了疑问语调，句子仍不能成为问句，甚至是不合语法的。例如：

（17）a. 我怎么一点也不知道呢？

　　　b. 我怎么一点也不知道？

　　　c.* 我一点也不知道呢？

由此可见，疑问代词和"呢"的地位是很不平等的。例（17）也给我们一个重要启示："呢"可能与疑问信息无关。

　　现在来看第二种观点。该观点认为，汉语中的疑问代词实际上是一种否定成分，像"吭声，理睬，介意"一样，本身不能表示疑问，如果要表示疑问的话，必须用疑问语气词"呢"来表示。持这种观点的人的目的主要是以此支持其理论。这个观点的一个逻辑结论是，既然疑问代词本身不表示疑问，所有的特指问句都应该有个"呢"。事实情况恰恰与此相反。我们调查了曹禺《雷雨》上的所有特指问句，总用例为 367 条，疑问代词独立出现的有 348 条，大约占 95%，而且疑问代词与"呢"共用的只有 19 条，只占总数的 5%。更重要的是，第二种观点与两个语言事实相抵触：（一）特指疑问代词与"呢"共现是有条件限制的，即在很多语境中两者不能并用，如例（18）；（二）有没有"呢"的特指问句意义不一样，也就是说，"呢"对疑问句是有语义贡献的，如例（19）。

（18）贵：我们的侍萍现在不知道呢。（《雷雨》）

　　　蘩：侍萍？谁是侍萍？（？谁是侍萍呢？）

（19）a. 这个人到底是谁呢？（让我想一想。）

　　　b. 这个人是谁？（快告诉我。）

例（18）中，"侍萍"对周蘩漪来说是突如其来的新信息，在这里，问句用"呢"就显得不得体（下文将解释其原因）。注意，疑问代词和"呢"是可以共现的，因此它们的并用没有绝对合不合语法的问题，只能根据上下文来判断它的共用是否恰当。（19）a 用"呢"，暗示说话者有可能自己想出答案，并不一定期望别人的回答；而（19）b 一般是正常问句，期望得到一个答案。（19）a 和（19）b 的疑问方式是不能互换的。可见，特指问句有没有"呢"在语义上也有明显的差别。

　　尽管我们的分析结果跟最后一种观点基本接近，即认为实际上只有一个"呢"，但是，我们认为他们对"呢"的语法意义的概括不够准确，没有把握住问题的实质。"呢"在不同的上下文中，或跟不同的词语搭配，会产生各种各样的表达效果。那么究竟哪一个是最基本，而且是统贯全局的呢？

3.16.5　陈述句中的"呢"

　　在陈述句中，"呢"可以跟各种各样的句类搭配，下面列举一些主要类型。

　　一、指明事实而略带夸张

（20）a. 这塘里的鱼可大呢。

　　　b. 我没有什么，你们才辛苦呢。

　　　c. 亏你还是个大学生呢，连这个都不懂。

　　二、用在叙述句末尾表明持续的状态

（21）a. 外边下着雨呢。

　　　b. 他们都在干活呢。

　　　c. 我们正念叨着呢。

　　三、用在句中停顿处

（22）a. 伤是治好了，身体呢，还有点虚弱。

　　　b. 你要是非走不可呢，我也不留你。

　　　c. 爸爸呢，干脆就不回来。

　　例（20）是"呢"的核心用法，即"指明事实"。例（20）中的三个例子分别包含程度副词"可、才、亏、还是"等。句子的夸张语气都是来自这些副词，而不是"呢"本身。"呢"的作用只是指明其前判断的事实性。如果我们把例（20）中的用例换为将来的情况，句子就成为不合语法的了。

原因是，其前判断不是事实，与"呢"的语法意义不相符。例如：

（23）a.* 到了秋天，鱼塘里的鱼就会长得很大呢。

　　　b.* 从洛阳到北京路很远，你会走得很辛苦呢。

　　　c.* 如果将来你上了大学呢，就会明白这个道理。

"了"是汉语中实现体标记，指明行为、状态等已经成为事实。那么，"了"和"呢"的表达作用相同，两者并用就会产生表达上的赘余，由此可以推断它们不能共现，比如不能说"* 我看了三本书了呢"等。

　　现在来看例（21）的各个句子。基于对例（21）类用例的观察，很多学者主张，"呢"具有表达持续状态的功能。其实，这是一种错觉。含"呢"的动词短语，如果要表示持续状态，必须有"（正）在、着"等这些表持续状态的副词或体标记。我们认为，"呢"在这里的作用仍然只是"指明事实"，持续状态的含义来自"（正）在、着"这些成分。这可以从询问持续状态的对话中看得很清楚。例如：

（24）a. 问：外边是不是正下着雨？

　　　　 答：外边是正下着雨。/? 外边下雨呢。

　　　b. 问：他们都在做什么？

　　　　 答：他们都在干活。/? 他们干活呢。

　　　c. 问：你们正念叨着谁呢？

　　　　 答：我们正念叨着你。/? 我们念叨你呢。

很明显，如果询问持续状态时，答语只能是动词短语与含持续状态义的"（正）在、着"组成的结构（该结构一般不能含"呢"），而不能是单纯动词与"呢"组成的短语。由此可见，"呢"本身并不具有表示持续状态的功能。有人可能会拿静态动词与"呢"搭配的例子反对我们的分析。比如，"他睡觉呢"似乎是表达行为的持续状态。其实，这里的"呢"仍然只是指明"睡觉"行为是一种事实，而睡觉是一种持续性很强的动作，持续状态的语感是由"睡觉"的本来的词义决定的。"他睡觉呢"跟"他正在睡觉"的语义并不相等，当问"他正在做什么"，答语只能是后者而不能是前者。至此，关于"呢"的第二类用法，我们只解决了问题的一半，即"呢"本身不表示"进行状态"。那么，我们的观点要完全站得住，即"呢"只是指明事实，还需要证实在表非现实的持续状态中"呢"不能出现。实际情况正是如此。

（25）a.* 今天晚上我将（正在）看书呢。

b.* 下个星期我将在写论文呢。

注意，"呢"的作用是指明其前整个判断所表达的内容是一种事实，而不是某个成分所指的对象。因此，"呢"可以跟一个否定结构并用。比如，"我还没有去呢"是强调"我还没有去"这一判断为事实。

现在来看"呢"在句子中间的作用。例（22）b 中的"呢"指明假设的情况是事实，紧接着的小句是说明在这种情况下将会产生什么样的结果。这里"呢"的作用是指明其前的假设成为"事实"的情况下，将会有什么事情发生。

例（22）a、c 中的"呢"就是所谓的标志话题的作用。话题表示的是一种已知的、确定的信息，因此也可以看作是一种"事实"。这可以从一些反面事实中得到证明。疑问代词表示的都是一些未知的、不确定的东西，所以它们都不能用"呢"来标识为话题：

（26）a.* 谁呢，干脆就不回来？

b.* 什么地方呢，还有些问题？

这里的"已知信息"或者"事实"是就说话者的理解而言的，与所指对象在客观世界中是否真的存在没有直接的关系。"呢"表示话题时，其前的成分可以是个名词，除此之外，一般都是个判断。总而言之，不管其前的成分是单个的词还是一个句子，"呢"的作用都是指明其前成分的事实性。

"呢"指明事实的作用还可以从以下事实中得到有力的佐证：它从来不能出现在祈使句和感叹句这两个大的句类中。这是因为，"呢"的语法意义与两大句类的表义功能相抵触。祈使句通常是表示命令、请求、禁止、劝阻等，即要求对方去做或不去做某种事情，其内容都是非事实性的，这正与"呢"的语法意义相矛盾，所以不能共用，如例（27）。感叹句的作用是抒发比较强烈的感情，带有浓厚的主观色彩，所以与"呢"的作用也不相符，因此它们也不能共现，如例（28）。

（27）a. 请把课本打开（＊呢）。

　　　 b. 不要闯红灯（＊呢）。

（28）a. 多么美好的春天（啊）（＊呢）！

　　　 b. 哎哟，我实在受不了（＊呢）！

总之，在非疑问句中，"呢"始终保持着同一个语法意义：指明其前成分的事实性。

3.16.6　特指疑问句中的"呢"

上面的分析告诉我们，"呢"的语法意义是指明其前成分的事实性，那么就可以从逻辑上推断出"疑问代词＋呢"结构的语法意义。"疑问代词"询问的是未知的信息，"呢"指明的是事实，即已知的信息，两者表面上看起来是互不相容的，其实这正是含"呢"的特指疑问句的语法意义所在："疑问中有信"或者"半信半疑"。我们所收集到的所有疑问代词与"呢"共现的例子都说明，只有问话者对所询问的答案既有未知的一面，又有已知信息或者某种倾向性时，才会使用此类问句。例如：

（29）a. 家里没有人会侍候他，你怎么天天要回家呢？（《雷雨》）

　　　 b. 他们怎么会不告诉我，自己就签了字呢？（《雷雨》）

　　　 c. 我替他很难过，他到现在为什么还不结婚呢？（《雷雨》）

　　　 d. 爸爸，怎么鲁大海还在这儿等着要见您呢？（《雷雨》）

这里简单介绍一下上述用例的背景。例（29）a 是周繁漪对四凤的问话，她一方面想知道四凤天天回家的原因到底是什么（未知），另一方面也已觉察出晚上是去与情人幽会（已知）。例（29）b 是鲁大海听了同来的工友已签名复工的消息后的反应，一方面他确实对其他工友这样做的原因不解（未知），另一方面他按照以前的经验推知，这些工友很可能是接受了厂方的贿赂（已知）。例（29）c 表达了周冲对其哥哥快三十岁了还不结婚的原因不解（未知），而另一方面，他已认定不管原因是什么，都是很不寻常的（已知）。例（29）d发问，也反映了两个方面：一方面周萍事先认为鲁大海的问题已经解决，应该离开（已知），另一方面他想知道鲁大海还停留在这儿的其他原因（未知）。

"特指问句＋呢"的表达功能从上下文中可看得更清楚，例如：

（30）江云峰：也难怪他，汉奸这么多，要一走漏风声，事情就不好干了！

夏玛莉：他们到底干些什么呢？（《黑字二十八》）

从江云峰的话中，夏玛莉已大致猜出"他们"干的是什么（已知），但是还拿不准，尚需要对方来证实一下儿（未知）。

"呢"还可以出现在正反和选择两种问句中。在这种环境下，整个问句"信中有疑"的特点就更加明显。例如：

（31）李敬莲：咱们能不能分三班，让炉子老不闲着呢？（《红大院》）

（32）娘子：你撒手我！你是挽我，还是揪我呢？（《龙须沟》）

例（31）中，李敬莲是个工作很卖力的人，她这样说是认为"可一分三班来充分利用炉子"（已知），但是一个人做不了主，尚要征求一下别人的意见（未知）。例（32）的倾向性就更明显了，说话者认为"你是揪我而不是在挽我"；这句话的疑问语气相当弱，几乎等于一个判断："你是在揪我"。

可以利用反正法来进一步加强我们的论断。既然"特指问句＋呢"结构是对询问的答案已经有所了解，那么，当询问的对象完全是未知的新信息时，可以推断出不能用"呢"。实际用法正是如此。

（33）周萍：爸爸，怎么鲁大海还在这儿等着要见您呢？（《雷雨》）

周朴园：谁是鲁大海？（？谁是鲁大海呢？）

（34）周繁漪：老爷在书房里么？（《雷雨》）

四凤：老爷在书房里会客呢。

周繁漪：谁来了？（？谁来了呢？）

例（33）中，周朴园完全忘掉了谁叫鲁大海，"谁"所问的是一个突如其来的新信息，所以用"呢"语气就不对。例（34）中，"客人"对周繁漪来说完全是一个新信息，所以这里不用"谁来了呢？"发问。另外，疑问代词单用的时候，特别突出询问的焦点，而且一般也表示一种全然未知的信息，所以，在我们收集到的用例中，疑问代词独立成句时都没有"呢"出现。

从以上的分析可以看出，疑问代词和"呢"并用是有条件限制的。"呢"在这里具有重要的表义功能，它表示问话者对所期望的答案已有所了解，或具有某种程度的把握性。也就是说，"疑问代词＋呢"问句的整体意义是：既有肯定，又有疑问，"肯定"的语义来自"呢"，"疑问"的语义来自疑问代词。至此，可以得到一个重要的结论：陈述句中的"呢"和疑问句中的"呢"实际上是一个东西，都是指明其前成分的事实性。这一论断还可以从"吗"和"呢"的互补分布中得到加强。"吗"只出现于是非问句，"呢"出现于其余的各种问句，包括特指问、选择问、正反问。是非问句是由陈述句简单加"吗"形成的，无需借助于疑问语气就可以形成问句，比如"你看了那本书了吗？"，形成疑问的唯一因素就是"吗"。其余三类问句也都具有形式上的标记，即疑问代词、析取连词或者肯定否定对举。值得注意的是，不仅"吗"不能与其余三类疑问标记形式合用，而且在三类疑问形式之间也不能互相共用，例如：

（35）a.* 谁看电影呢，还是谁跳舞呢？

　　　b.* 你在哪里看不看电影？

　　　c.* 看电影不看电影，还是跳舞不跳舞？

由此可以得出一个结论，汉语的各类疑问标记之间是互不相容的。从这个角度看，"呢"也不能归为汉语的一种疑问标记，因为它能跟除"吗"外的其余三类疑问形式合用。

这里就引出一个问题，为什么"呢"和"吗"不能共用呢？简单的回答是，两者都属于语气词，而且表义功能是不相容的，"呢"是"指明事实"，可是"吗"表明"尚不知道是否属实"，所以如果共用的话就会造成逻辑矛盾。在四类疑问形式中，特指问、选择问、正反问三类与"吗"的不同之处在于："吗"是对其前整个句子的是非进行发问，而其余三类都是对句子的某一局部信息进行发问，所以后者允许询问焦点之外的信息是真的，因此它们跟"呢"的表义功能可以是相容的。比如，"你在哪里跳舞呢？"，问的只是跳舞的地方，而且"你跳舞"可以是一种事实，所以可以跟指明事实的"呢"搭配；但是，"你跳舞吗？"，对问话者来说，跳舞的行为是真是假尚不知道，所以不能跟指明事实的"呢"搭配。简而言之，"吗"跟"呢"在问句中的互补分配，给人一个错觉，好像两者是同类型的词。上面的分析证实，两者是不同层面上的词："吗"，疑问代词、选择问句和正反问句构成了现代汉语疑问句的形成标记系统；"呢"处于另外一个层次上，作用是指明其前判断的真实性，它与疑问标记的共用完全受制于语义特征上的相容与不相容。

3.16.7 "呢"的引申用法

一、缓和疑问语气

说汉语的人都会有这样的感觉，加"呢"的问句比不加的在疑问语气上显得缓和一些，因此往往用于礼貌场合。比如"您老人家干什么呢？"就比"您老人家干什么？"语气明显缓和，再如"您愿意跟我一起走呢，还是一个人留在这里呢？"就比没有"呢"时更显得尊重对方的意愿。这一用法也是直接由"呢"的基本用法派生出来的。既然"呢"是表示问话者对所询问的答案已经掌握了一定的信息，那么加"呢"就比不加"呢"的问句疑问程度自然要低一些，询问的口气也缓和一些。这里只是从"呢"的基本功能引申出来的用法，并不一定表示问话者对所问对象已有一定的了解。

二、反问和设问

反问和设问都是无疑而问的句子，问话者对问题的答案完全清楚，也就是说，对问话者来说，所问的对象已是事实，两种问句的共同作用都是为了达到某种修辞效果。因此，反问和设问的特点与"呢"的表义功能很符合，所以它们共现的频率很高。我们调查到的"呢"与疑问代词并用的例子，有三分之一左右都是反问句，例如：

（36）a. 我哪能动不动就请假呢？（我不能动不动就请假。）

　　　b. 那些要账的，怎么打发呢？（没办法打发。）

　　　c. 那么，你要我怎么说呢？（我没办法说。）

三、NP＋呢

我们认为"呢"不是个疑问语气词。不赞成我们这一观点的人可能认为下述事实是他们强有力的证据：当问"书呢？"意思是指"书在哪儿？"，"帽子呢？"意思是"帽子在哪儿？"。但是，应该注意，"书呢？"和"书在哪儿"是功能很不相同的，前者只能单独成句，后者不仅可以单独成句，而且也可以做句子成分，例如：

（37）a. 你知道书在哪儿？

　　　b.* 你知道书呢？

"NP＋呢"的意义只能依靠语境来确定。下面我们来分析一段对话，看"呢"的性质到底是什么。

（38）丁大夫：我上次催你，你打电报问了么？

　　　马登科：当然打了。

　　　丁大夫：报文呢？

　　　马登科：用不着给你看。

　　　丁大夫：复电呢？

　　　马登科：没有。（《蜕变》）

例（38）中的两个"NP＋呢"问句是"疑中有信"。丁大夫事先已经猜出马登科没有打电报，知道马登科在说谎，所以，"报文呢？"一句一方面问报文的地方（未知），同时心中已对问题的答案持否定的态度（已知）。如果把这句话换为"报文在什么地方？"或者"报文在哪里？"就反映不出问话者复杂的心理状况，所以在这种特殊的语境中，用这两句话发问就不太合适。"复电呢？"的情况与此类似。

同样地，当一个人想起来需要帽子，而自己又不知道在什么地方，就会问"我的帽子在什么地方？"，此时对帽子在什么地方的信息完全不知，在这种情况下不会用问句"我的帽子呢？"。而当你找了半天，把周围该找的地方都找遍了，仍没有找到，就会问"帽子呢？"，这时一方面是询问帽子的位置，同时也对答案有了一定的信息，诸如"很难找到"、"被别人拿走了"或者"丢了"。我们认为，"呢"在这里的作用仍然只是为了指明事实，询问地方的语义来自特别的具体语境或预期以及语调。这可以从"NP＋呢"并不一定只是询问地方的事实中得到证实，例如：

（39）甲：房间我已经打扫干净了。

乙：那么，桌子呢？

例（39）中"桌子呢"是说"桌子你整理没整理"或者"擦干净没擦干净"。因为甲没有提桌子的事，乙有种倾向认为甲可能忘了整理桌子（预设），但是确定不了（未知），所以用"呢"。要是把"桌子呢"换为"桌子整理没整理"，就不能准确地反映出乙的信中有疑的复杂心理。总之，"呢"在"NP＋呢"结构中的作用仍然只是指明事实，整个问句的具体解释和疑问语气依赖于特殊的语境和语调。

3.16.8　疑问代词在其他问句形式中的用法

"呢"和"吗"是不同性质的语气词："呢"是指明其前陈述的事实性，没有疑问的功能；"吗"是一个疑问标记，作用是使其前的陈述变成疑问句。得出这一结论的其中一个主要证据是，汉语中两种疑问形式之间不能共用，"吗"不能与其他疑问形式共用，而"呢"则可以。汉语主要有以下四类疑问形式：

（一）"吗"问句："那个人高吗？""他来了吗？"等。

（二）特指问句："那是什么？""谁做完了？"等。

（三）正反问句："车贵不贵？""他来了没有？"等。

（四）选择问句："老王去还是你去？""你的车是美国的还是日本的？"等。

可是有时候人们会发现疑问代词可以出现在其他疑问形式之中，例如：

（40）老刘，你对主编的人选，有什么好主意吗？（《编辑部的故事》）

（41）你们知道有什么好大夫没有？（《红楼梦》第十回）

（42）你要不要吃点什么？（《现代汉语八百词》）

上述用例是不是构成我们论断的反例呢？换句话，是不是可以说特指问句可以和"吗"问句或正反问句合用呢？通常认为，用于其他疑问形式中的疑问代词，已丧失了其疑问功能，表示不肯定的事物。还有一种观点认为，其他问句形式中的疑问代词仍保持着询问的功能，上述用例是特指问句与"吗"问句等的混用。究竟孰是孰非，单从语义上很难说清楚。下面主要通过统计的方法从形式上来考察用于其他疑问形式中的疑问代词的性质。

首先让我们看一下现代汉语疑问代词都有哪些用法。疑问代词主要有以下三种用法，不同用法的句法功能有明确的区别：

一、疑问。疑问代词表疑问的时候，句法最为灵活，既可以做主语、宾语，又可以在主语前后的话题位置上。例如：

（43）a. 你看到了谁？（宾语）

　　　 b. 谁看到了？（主语）

（44）a. 你都去过了哪些地方？（宾语）

　　　 b. 哪些地方出产这种东西？（主语）

二、遍指。疑问代词表遍指时，只能用于谓语中心动词之前，做主语或话题。例如：

（45）a. 谁都通知到了。（主语）

　　　 b. 我谁都通知到了。（话题）

　　　 c.* 我都通知到了谁。（宾语）

（46）a. 什么都尝了一遍。（主语）

　　　 b. 我什么都尝了一遍。（话题）

　　　 c.* 我都尝了一遍什么。（宾语）

三、不定指。表不定指的代词只能出现于谓语中心动词之后，做宾语。例如：

（47）a. 我想吃点儿什么。（宾语）

b.* 什么想吃点儿。（主语）

c.* 我什么想吃点儿。（话题）

（48）a. 她手里好像攥着个什么。（宾语）

b.* 什么好像攥着。（主语）

c.* 什么她手里好像攥着。（话题）

现在来看疑问代词与"吗"问句的合用情况。我们共统计了从明代至今约 200 万字的作品，下表是其结果。

疑问代词与"吗"问句的合用情况

文献	字数	共用次数	动之前	动之后
《水浒传》	47 万	0	0	0
《红楼梦》	52 万	2	0	2
《儿女英雄传》	14 万	1	0	1
《老残游记》	10 万	1	0	1
《苏叔阳剧本选》	18 万	1	0	1
《短篇小说选》	29 万	12	0	12
《人到中年》	5 万	1	0	1
《蝴蝶》	4 万	0	0	0
《编辑部的故事》	16 万	4	0	4

上表中的前四部作品是 16 世纪到 21 世纪初的作品，共 120 万余字，只有 4 次共用。而在当代的五部作品、70 余万字的材料中，共用却有 16 次。

下面是其中的一部分用例：

（49）今日他来，有什么说的事情么？（《红楼梦》第十回）

（50）左近有什么大村镇么？（《老残游记》第十九回）

（51）难道还有什么岔儿么？（《儿女英雄传》第十二回）

（52）你，有什么要说的吗？（《苏叔阳剧本选》）

（53）大家还有什么意见吗？（《人到中年》）

（54）医生同志，有什么办法能使嗓子变坏吗？（《短篇小说选》）

（55）他临走丢之前跟你们说过点什么吗？（《编辑部的故事》）

根据我们的统计范围,疑问代词与"吗"问句（包括近代汉语的"么"问句）合用有以下三个显著特点：

（一）疑问代词无一例外地出现在谓语中心动词之后宾语的位置上。

（二）疑问代词全都是"什么"或由它构成的名词短语。

（三）疑问代词与"吗"问句的合用从近代到当代有明显的增加趋势。

疑问代词与"吗"或其他疑问形式合用时，要么出现在谓语中心动词之后，要么出现在无定标记动词"有"之后，不能用做主语或被话题化。例如：

（56）a. 你，有什么要说的吗？（《苏叔阳剧本选》）

　　　b.* 什么要说的吗？

（57）a. 他临走丢之前跟你们说过点什么吗？（《编辑部的故事》）

　　　b.* 什么他临走丢之前跟你们说过吗？

（58）a. 王夫人又问："吃了什么没有？"（《红楼梦》第三十四回）

　　　b.* 什么吃了没有？

（59）a. 你要不要吃点什么？（《现代汉语八百词》）

　　　b.* 什么你要不要吃点？

根据疑问代词三个基本用法的句法特征，可以推导出，用于其他疑问形式的疑问代词只能是表不定指的。原因是疑问代词表疑问时，可以在主语、宾语的位置出现，表遍指时只能在谓语中心动词之前出现，然而疑问代词与其他疑问形式共现时，只能在谓语中心动词之后做宾语，这正与不定指的句法特征相符。这又进一步支持了我们的论断：汉语中两种不同的疑问形式是不能共用的。在这一原则的支配下，当疑问代词与其他疑问形式共用时，需要消去它的疑问功能而单纯表示不定指。

以上是从分布上来分析的，下面再从重读轻读、其他疑问形式之间的共现限制和答语方式等方面进一步来考察疑问代词在其他问句中的性质。

一、重读轻读。疑问代词来指称不知道或者说不出来的人、事物、处所、时间等时（"不定指"），只能轻读，然而用于特指问的疑问代词则可以重读。

我们发现，用于其他疑问形式的疑问代词，都只能轻读，不能重读。例如：

（60）老刘，你对主编的人选，有什么好主意吗？（《编辑部的故事》）

（61）她家里还有什么人吗？（《编辑部的故事》）

（62）最近你看过什么没有？听说出了几本新小说。（《现代汉语八百词》）

上述特征再一次证明，其他疑问形式中的疑问代词不是表示疑问的。

二、其他疑问形式之间的互斥性。汉语主要有四类疑问形式：特指问、"吗"问句、正反问和选择问。除特指问可以和"吗"问句或正反问合用外，其余三类问句之间都不能合用。例如：

（63）a.* 你去过没去过北京吗？

　　　 b.* 你去北京还是去上海吗？

　　　 c.* 你去没去过北京，还是去没去过上海？

道理很明显，只有疑问代词具有非疑问的用法——不定指，其余三类疑问形式没有非疑问的用法，受汉语两种疑问形式之间不能共用的限制，所以无法合用。

三、用于其他疑问形式的疑问代词，既然不是表示疑问，而是表示不定指的，因此答语就无需针对疑问代词作答。例如：

（64）"告诉我，你爱过什么人吗？"突然，连长用轻得几乎听不见的声音问道。

　　　"除了父母……"我摇摇头。

　　　"除人之外，你爱过什么吗？"

　　　我想起了大森林，想起了蜂子和鲁鲁。我点点头。（《林声》）

（65）周朴园：你说把你的学费分出一部分？——嗯，是怎么样？

　　　周冲：（低声）我现在没有什么事情啦。

　　　周朴园：真没有什么新鲜的问题啦么？

　　　周冲：（哭声）没有什么，没有什么，——妈的话是对的。（《雷雨》）

例（64）中，听话者通过"摇摇头"或者"点点头"表示对有关问句的否定或肯定，然而特指问句则不能用动作这种方式来回答。比如别人问"你爱过什么人？"，绝不能只以"点点头"或"摇摇头"来表示肯定和否定。例（65）的答语也是对有关问句的简单否定，只有对"吗"问句才能做这样的回答。"什么＋NP"在真正的特指问句中，不能简单地用"没什么"来表否定，比如当问"你见过什么人？"，肯定时可以用具体的人名作答，否定时必须用"没见过什么人"，而不能说"*没见过什么"。由此可见，例（65）的答语是对整个判断的否定，而不是针对疑问代词的答语。

3.16.9 结语

汉语中的"呢"只有一个，它的基本作用是指明其前成分所指的事实性。"呢"跟不同的成分搭配可能会产生各种各样的具体意义，但是这些具体的意义来自跟"呢"搭配的其他要素（词语或者语境），"呢"还始终保持着一致的语法意义。"呢"跟疑问代词并用，前者表示"信"，后者表示"疑"，共同作用的结果是使问句具有"信中有疑"的特点，换句话说，问话者已对答案掌握了一定的信息。"呢"的引申用法，诸如委婉用法、反问和设问用法以及处所用法等，都是由它的基本用法派生出来的。

通常认为，"吗"和"呢"是汉语中两个主要的疑问语气词。我们的分析证实，它们不是同一性质的词："吗"与疑问代词、析取连词、肯定否定对举共同形成汉语中最主要的疑问手段；而"呢"只是指明事实的标记，它是中性的，既不属于陈述语气，也不属于疑问语气。

通过以上的分析，我们还可以得出结论：汉语中的两种不同的疑问形式不能共用。在这一原则的制约下，用于"吗"问句或正反问句的疑问代词，必将丧失其疑问的功能，只能表示不定指。

3.17　形容词的数量特征

3.17.1　引言

　　人类的认知对象不外乎"质"和"量"两种。在语言中，对"质"的认知结果是代表不同范畴的一个个词语。范畴化是认知语言学的核心课题之一，它与语法之间具有密切的关系。在范畴化过程中，也离不开对有关概念"量"的认识，量的特征往往在决定有关范畴的句法行为时起关键作用。语言往往倾向于设立某种语法形式来表达数量语义特征，这是语法的设计原理之一。

3.17.2　关于形容词的语法特性

　　形容词与名词、动词一起构成一种语言的三大基本词类。也有学者对形容词是否属于一个独立的词类产生过质疑，甚至有人认为汉语干脆就不存在形容词，所谓的形容词实际上都是动词。形成这些观点的原因大多是拘泥于其他语言的形容词的一些形式特征来看汉语的，这种观点在汉语学界并没有产生太大的影响。汉语学界一直在认真探讨形容词的语义和句法特征。

　　在讨论之前，我们首先遇到一个划分形容词的范围问题。不同的论著在这一点上意见分歧很大。其实，目前总结出来的形容词的语法特征，没有一个是可以统管全局的。跟其他词类的内部情况一样，形容词内部成员的语义类型很不一样，它们的句法表现也不一致。有鉴于这种情况，本章讨论的范围包括所有传统认为属于形容词的成员。当然，我们也有自己划分形容词的形式标准，即一个语义特征：形容词是描写事物性质状态的词；两个负形式特征：它们不能像动词那样带宾语，也不能像名词那样被数量词修饰。

形容词语法特点可以概括为以下几条：

（一）一般能用副词"很"或者"不"修饰；

（二）常做定语和谓语；

（三）一些形容词能够重叠；

（四）一些形容词能够修饰动词。

前两个特点是大家普遍接受的。即使如此也存在着很大的问题，下面简单加以说明。

先看能加程度词"很"这一标准。这一标准首先把所谓的"非谓形容词"或者"区别词"排除在外，这一类的成员很多，打开形容词辞典，会发现不能受"很"修饰的比受"很"修饰的还多，有人把它们另立一类，似乎解决了问题。但是实际情况远比这复杂。有些虽然不能受"很"修饰，但是可以受其他程度词修饰，比如"主要、前、后、本质、尖端"等都只能受"最"修饰。在这一点上，它们与典型的非谓形容词也是不一样的，诸如"男、女、正、副、彩色、黑白"，是不能被任何程度词修饰的。它们应该如何处理？还有一类词不能受"很、最"这类程度词修饰，但是具有形容词的其他句法特征，如"一样、平行、相同"等，可以被"不"否定，经常做定语或者谓语，显然无法归入动词、名词甚至区别词一类。那么，应该把它们归入哪一类？如果按照这个思路进行下去，目前公认的形容词要设立出很多新词类名称加以容纳。这显然不是我们语法分析所期待的结果。

再看能否被"不"否定这一特点。"能否加程度词"和"能否加'不'否定"两个特点是密切相关的。凡是能受"有点儿—很—最"程度词序列修饰的形容词，都可以被"不"否定。但是两者之间只是一个充分条件关系，即具备前一个条件一定具备后一个条件，但是不具备前一个条件，不一定不具备后一个条件。比如，本章将讨论的一类形容词"平行、垂直、一样、一致"等，它们都不能被上述程度词序列修饰，但是都可以被"不"否定。因为"不"与"很"有这样的内在联系，因此这一标准遇到跟第一个标准一样的问题。

现在看"经常做定语或者谓语"这一条。其实这根本不是形容词的典型特征，绝大部分动词也都可以这样用，而且很多名词也可以做定语。即使能用作这两个位置的形容词，它们的具体情况也不尽一样，有些是必须加"的"，有些是不能加，还有一些则两可。总之这个标准基本不能用来确定形容词的范围。至于常说的其他两个特征——"有些能重叠"和"有些能修饰动词"，只适用于一小部分形容词的划分，更不能作为形容词的典型特征。

我们对形容词情况的一个基本认识是，形容词的数量语义特征的类型不限于加程度词一种，它们的句法行为也是丰富多彩的。而且两者之间有一种内在的联系：一个形容词的数量特征决定它的句法行为。本章尝试根据数量语义特征对形容词进行分类，并准确预测它们的句法行为。

3.17.3　形容词的句法行为

本章的分析将证明，形容词的句法行为主要是由其数量特征决定的。其数量特征的外部表现为能否加程度词，或者加什么样的程度词。所以这里把形容词跟程度词的搭配与其他句法行为分开讨论。形容词有如下句法特点。

形式一：不 + A。

有不少形容词，特别是那些常用的，可以加"不"否定，比如"好、高、黄、大、远、安定、草率、结实、诚实、高兴"等。但是，与此同时，也有相当大一部分形容词是不能被"不"否定的，比如"正、副、紫、前、后、彩色、黑白、相对、业余、袖珍"等。

形容词能加"不"否定的规律为：凡是能够受程度词序列"有点儿（比

较）、很、最"修饰的形容词，都可以被"不"否定。尽管这个规律的解释力很强，可以解释绝大部分的现象，但是，这只是一个充分条件，凡是满足这一条件的，就必定能够被"不"否定；不满足这个条件的，也有些可以被"不"否定，比如"一样、相同、平行、垂直"等都不能用程度词"很"等修饰，但都可以加"不"否定。

形式二：A＋了；没＋A；变得＋A＋了。

形容词还可以加上体标记"了"等表示一个动态的变化过程。"没＋A"是"A＋了"的相应否定式，它们的使用条件是对等的。但是形容词用于上述格式的情况也不一样，有一些可以直接加"了"表示动态，比如"好、白、穷、干净"等，但是还有一些首先必须加上一个实义动词"变得"，然后再加上"了"来表示动态，比如"老成、笼统、孤单、干脆、精神、从容"等都是如此。可以说"他变得老成了"，然而不大能说"？他老成了"。这类形容词大都是双音节的，而且与主观估价有关。

形式三：AA；AABB。

能重叠的形容词的数量是有限的，范围比形式一和形式二的都小。这是因为形容词的重叠要受到各种条件的限制，除了受最主要的数量语义特征限制外，还有感情色彩和内部构词方法的制约。

就单音节形容词重叠来说，只能给出一个必要条件：只有能加程度词序列"有点儿、很、最"修饰的，才有可能重叠，比如"大、硬、快"等都是如此。与此同时，一个严格的"负"规律是：凡是不能被程度词修饰的，一定不能重叠，比如"中、紫、粉、单、副"等都是如此。但是在符合这个条件的形容词中，还受感情色彩制约的，消极形容词一般不能重叠，比如"坏、丑、野、穷、乱"等都没有相应的重叠式。

双音节形容词的重叠除了遵循着上述单音节的规律外，还受其内部构词方式的制约。只有两个语素是并列关系的双音节形容词才有可能采用 AABB 的形式，如"干净、大方、高大、高兴、平坦"等。采用其他构词类型的形容词都不能，如两个语素为主谓关系的："头疼、心酸、手紧、年轻、肉麻"等；又如两个语素为述宾关系的："无聊、满意、卫生、讨厌、烦人"等，也不能重叠。注意，有一类内部构造为偏正的双音节形容词可以采用 ABAB 的重叠式，如"笔直、雪白、飞快、死咸、滚热、喷香"等都是如此。因为 ABAB 的重叠形式只适合于内部构词为偏正关系的一类，我们在讨论形容词重叠时不包括这一类重叠形式。

　　　　形式四：（a）A＋N；A＋的＋N。

　　　　　　　　（b）S＋A；S＋A＋的。

　　　　　　　　（c）S＋是＋A＋的。

　　这一形式特征主要是指形容词在定语和谓语上的使用情况。不同类型的形容词，在这两个位置上的句法表现差别是非常大的。先看定语的情况。有些形容词做定语一定不能加"的"，比如"正、副、彩色、袖珍、慢性"等，例如可以说"袖珍词典"，但不说"*袖珍的词典"。还有一些形容词加不加"的"都可以，比如"大、好、蓝、干净"等，例如既可以说"干净衣服"，又可以说"干净的衣服"。另外一类形容词则必须加"的"，比如"大方、畅通、单纯、孤独、诚实"等，例如可以说"诚实的人"，但不说"*诚实人"。

　　形容词在谓语位置的使用情况也是多种多样的。有一类可以直接做谓语，比如"这个教室干净"，此类的例子有"大、好、多、近、方便、高兴、诚实"等。还有一类则必须加上"的"才能做谓语，比如可以说"那条马路笔直（笔直）的"，但不说"*那条马路笔直"，属于这类词的多为上面讲的内部构造为偏正的双音节形容词。另一类形容词则只能用于格式（c），比如可以说"这台电视是彩色的"，但是不说"*这台电视彩色"或者"*这台电视彩色的"，属于这类词的例子还有"紫、单、副、慢性、袖珍"等。

　　　　形式五：（a）S＋比＋NP＋A。

　　　　　　　　（b）S＋最＋A；最＋A＋的＋NP。

　　　　　　　　（c）S＋跟＋NP＋A；S＋跟＋NP＋一样＋A。

　　形容词的一个最主要的语法特征是可以用于比较格式。比较格式有三种，上述的格式（a）为"比较级"，格式（b）为"最高级"，格式（c）为

"等同级"。不同类型的形容词用于上述三个比较格式的情况差别是很大的。

先看格式（a），有些形容词可以用于其中，有些则不能。例如：

（1）a. 这本书比那本厚。

　　b.* 这本书比那本一样。

　　c.* 这本书比那本彩色。

格式（b）的情况也一样，只有一部分形容词可以用于其中。一般来说，凡是可以用于比较级的形容词也都可以用于最高级，比如可以说"这本书最厚"或者"最厚的一本书"。但是，两种格式的使用范围并不完全一致，比如"本质"则只能用于最高级，而不能用于比较级：

（2）a. 这个问题最本质。

　　b. 这是一个最本质的问题。

　　c.* 这个问题比那个问题本质。

不同形容词用于等同级的情况也很不一样。有些可以直接用于其中，有些则必须加"一样"才行，还有一些干脆就不能用。例如：

（3）a. 这个问题跟那个问题一样。　　这条线跟那条线平行。

　　b. 这本书跟那本一样好。　　　* 这本书跟那本好。

　　c.* 这本书跟那本彩色。　　　　* 这个问题跟那个问题疑难。

以上讨论的是形容词的主要语法形式。从上面的分析我们可以看出，不同类型的形容词的语法形式差别是非常大的。下面我们将讨论形容词的数量特征是如何决定其语法形式的。

3.17.4　形容词的数量特征与其句法行为

人们在范畴化的过程中，必然伴随着对有关范畴的数量特征的认知，这些数量特征在相当大程度上决定了这些词语的语法特点。不同的词类代表不同类型的事物，它们的数量特征类型也不一样。形容词表示的是事物的性质状态，它们的数量特征可以分为四类：量级序列、极限、百分比和正负值。它们决定了各自独特的语法特点，下面将分别加以讨论。

我们曾经根据形容词能否为量级序列"有点儿、很、最"修饰，把形容词一分为二：定量的和非定量的。能受程度词修饰的形容词代表的是一个程度不等的量级序列或者量幅，是非定量的。其数量特征可以用下图表示。

典型的形容词大都属于这一类，比如"老、静、平、热、歪、难、浅、厚、红、空、苦、嫩、亮、光、硬、直、远、安全、轻松、便宜"等。注意，我们这里所说的非定量形容词所强调的是必须能够受这个程度词序列修饰，而不是其中的某一个，比如"尖端、新式、新爱、中间"等都只能为"最"修饰，但是它们仍不属于非定量形容词，句法表现也很不一样。

能加程度词修饰只是其中一类形容词概念义的数量特征的外部表现，形容词的数量特征的类型还很多，因此不能拿"能否加程度词"为标准来划分形容词的范围。下文将讨论其他数量特征的形容词。这里只举两类例子说明这个标准的不合理性。比如属于同一概念范围的一组词，按照这个标准会划归为不同的词类。例如：

（一）热—温—冷　大—中—小　红—粉—白
（二）绝对—相对　正规—业余　重要—次要

第一组中间的那个词和第二组右端的那个词都不能用程度词修饰，单靠能否加程度词这一个标准，它们都应该划归入其他词类。给它们贴上一个新标签，只是一种回避问题的办法，没有告诉我们任何道理。

3.17.4.1　量级序列类形容词

现在我们来看量级序列类形容词的句法特点。

形式一：不＋A。

所有能被程度词序列修饰的形容词都能被"不"否定。比如可以说"不老、不大、不安静"等。注意，这里强调的是程度词序列，而不是其中的某一个，比如"主要、本质、核心"等可以被"最"否定，但是不能为"很"和"有点儿"修饰，仍然不能被"不"否定。对于形容词来说，加程度词和被"不"否定两者之间存在着内在的联系。"不"否定形容词时，常常确定一个程度较低的量，意为"不及、不够"等，比如说"这种墨水不黑"是指黑的程度没有达到预期的标准而不是别的性质。也就是说，"不＋A"格式实际上是为形容词确定一个程度较低的量级。这就是为什么能被"不"否定的形容词必须是非定量的原因。

形式二：A＋了；变得＋A＋了。

量级序列类形容词全都可以加上体标记或者其他语法手段，表示性质状态的动态变化过程。例如：

（4）a. 衬衣白了。　　　　　　衬衣变白了。

　　 b. 老王胖了。　　　　　　老王变胖了。

　　 c. 教室干净了。　　　　　教室变得干净了。

　　 d. 问题简单了。　　　　　问题变得简单了。

有一些单纯表示主观估价的属性的形容词，其概念又缺乏一个内在的运动变化过程，因此不能直接加"了"，必须借助于表动态过程的普通动词"变得、显得"等才能表示动态过程，这类词大多是双音节的。例如：

（5）a.* 人老气了。　　　　　　人显得老气了。

　　 b.* 文章笼统了。　　　　　文章变得笼统了。

　　 c.* 他马虎了。　　　　　　他变得马虎了。

　　 d.* 她娇气了。　　　　　　她变得娇气了。

拿"老"和"老气"来比较，就可以看出两类形容词之间的明显对立。"老"是一种客观属性，具有从年轻到老的明显变化过程，因此可以单独加"了"表示动态变化过程。"老气"所表示的性质则是对人的外观的主观感受，缺乏明确的变化过程，因此要表示动态变化时，必须借助于其他词汇手段。

形式三：AA；AABB。

只有能被程度词序列修饰的非定量形容词，才具有重叠形式，比如"好好、大大、干干净净、凉凉快快"等。下面将要讨论的其他三类形容词全部不能采用重叠形式。这是因为重叠式跟程度词的功能相当，都是为形容词确立一个模糊的量级。形容词的重叠式表示一个"相当高"的程度，其具体语义随出现的句法环境不同而变化。比如"干干净净"相当于"很干净"，"白白的脸蛋"相当于"比较白的脸蛋"，如此等等。这就是为什么只有这类形容词才能重叠的原因。

但是，不是所有的能被程度词修饰的形容词都可以采用重叠形式，实际上相当一部分这类形容词没有相应的重叠式。上文已经提到，消极意义的形容词一般不能重叠。对于双音节形容词来说，还有一个更严格的限制，只有两个语素是并列关系的才能重叠，其他类型诸如主谓、述宾的则都不行。我们这里只是给出了形容词重叠的必要条件，关于形容词重叠的更细限制值得进一步研究。

形式四：（a）A＋N；A＋的＋N。

（b）S＋A。

（c）S＋是＋A＋的。

在做定语和谓语上，可受程度词序列修饰的形容词也最活跃，可以出现在所有的格式中。例如：

（6）a. 大树　　　　大的树　　　　树大　　　　树是大的

　　　b. 好车　　　　好的车　　　　车好　　　　车是好的

　　　c. 红叶子　　　红的叶子　　　叶子红　　　叶子是红的

　　　d. 干净衣服　干净的衣服　　衣服干净　　衣服是干净的

这类形容词在定语和谓语位置的用法也不完全一致。比如，绝大部分双音节形容词做定语时必须加"的"：活泼的孩子（＊活泼孩子）、空洞的文章（＊空洞文章）、和气的领导（＊和气领导），等等。

形式五：（a）S＋比＋NP＋A。

（b）S＋最＋A。

（c）S＋跟＋NP＋A；S＋跟＋NP＋一样＋A。

所有可受程度词序列修饰的形容词都可以自由地应用于比较级（a）和最高级（b），例如：

（7）a. 这棵树比那棵树大。 这棵树最大。

b. 这辆车比那辆车好。 这辆车最好。

c. 这本书比那本书厚。 这本书最厚。

d. 这个房间比那个房间干净。 这个房间最干净。

在用于等同级格式（c）时，形容词之前必须加表示等同义的副词"一样"等，否则句子就不合法。例如：

（8）a. 这棵树跟那棵树一样大。 ＊这棵树跟那棵树大。

b. 这辆车跟那辆车一样好。 ＊这辆车跟那辆车好。

c. 这本书跟那本书一样厚。 ＊这本书跟那本书厚。

d. 这个房间跟那个房间一样干净。 ＊这个房间跟那个房间干净。

在等同级的使用上，量级类形容词与下面所讨论的百分比类的形成了鲜明的对立。下面将会看到，百分比类形容词则不能加"一样"。这是因为量级类形容词自身缺乏一个"等同"的义素，所以在表达等同时需要借助于一个外在的词汇形式来标识；同样的道理，百分比类形容词自身已经包含一个等同的义素，因此不需要再借助于任何其他词汇形式。

3.17.4.2 百分比类形容词

有一类形容词所代表的性质程度跟上面的量级序列类的不一样，它们虽然也是非定量的，但它们所表示的属性的程度高低的判断，依赖于一个参照物的性质程度。该类词的数量特征可以用下图表示。

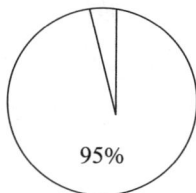

95%

这里是设定参照物的程度为 100%，然后才能确定有关事物程度的高低。从外在的形式看，典型的百分比类形容词不能被"有点儿、很、最"等程度词序列修饰，只能为以下表示比例的副词修饰：

完全、全、全部、几乎、部分（大部分、小部分）。

不是每一个百分比类的形容词都可以用所有这些副词修饰。还有一部分动词也可以受"完全"类副词的修饰，比如"完全支持他的意见""完全符合我们的要求"等。这就涉及动词和形容词划界的问题。我们的标准是看能否带宾语，不能带宾语的是形容词，否则就是动词。意义则作为一个参考项，即划分出来的形容词应该明显是表示性质状态的。同时，我们也参照一些标注词类的工具书。典型的百分比形容词有以下这些：

一样　一致　垂直　平行　等同　雷同　混同　同类　同辈　同步
相同　相等　相反　相配　相称　相似　相当　相仿　相投　相左
不同　不对　错误　同一

上述这些是典型的百分比类形容词，它们只能受"完全"类形容词修饰，不能受"很"类程度词修饰。例如：

（9）a. 他们两个的打扮完全一样。　　＊他们两个的打扮很一样。

b. 那两条马路完全平行。　　＊那两条马路最平行。

c. 两个工程的进度完全同步。　　＊两个工程的进度比较同步。

d. 他们两个的条件完全相同。　　＊他们两个的条件很相同。

在百分比类形容词中，有些可以受多个"完全"序列的副词修饰，如"完全一样、部分一样、几乎一样"等，有些则只能受其中的几个副词修饰，如可说"完全垂直、几乎垂直"，但不能说"＊部分垂直"，等等。

受"很"类程度词修饰的和受"完全"类程度词修饰的形容词具有共同之处，都代表的是一个量幅，即都是非定量的。"很"类和"完全"类代表的是两种不同的量幅，前者是性质自身程度的高低，后者则是两个事物的有关性质的一致程度，但是，它们不是互相排斥的，有时是相容的，表现为一部分形容词可以兼受两类副词修饰。例如：

正常　正规　可靠　正确　够格　准确　合格　逼真　合理　合法

平等 自由 放心 失望 自然 合适 真实 安静 道地 牢靠
平静 清白 清净 踏实 太平 正当 虚假

例如：

（10）a. 这里的情况很正常。　　　这里的情况完全正常。

　　　b. 这篇报道很真实。　　　　这篇报道完全真实。

可以把上述"正常"类形容词看作量级序列和百分比混合型形容词。但是绝大部分可以受程度词序列修饰的形容词排斥"完全"类副词，比如不能说"*完全厚""*完全孤单"等。

现在来考察典型的百分比类形容词的句法表现。

形式一：不＋A。

所有的百分比类形容词都可以被"不"否定，比如"不一样、不等同、不平行"。道理跟量级序列类的一样，也是因为用"不"否定是给形容词确定一个比较低的量级，这就要求所否定的形容词必须是表示一个非定量的量幅。百分比类形容词符合这一语义要求，因此都可以被"不"否定。注意，"完全"是鉴别百分比类形容词的形式标准，意义标准并不完全可靠。比如从意义上看，"同样"跟"一样"差不多，但是"同样"不能受"完全"类副词修饰，因此也就不能被"不"否定，例如，不说"*完全同样的问题""*不同样的问题"。

形式二：A＋了；变得＋A＋了。

百分比类形容词代表的也是一个量幅，隐含着一个动态的变化过程，因此都可以用在形式二格式中表示性质的动态变化过程。例如：

（11）a. 他们的意见一样了。　　　他们的意见变得一样了。

　　　b. 这两篇文章的主题雷同了。　这两篇文章的主题变得雷同了。

　　　c. 这两个条件相等了。　　　这两个条件变得相等了。

　　　d. 那两条线平行了。　　　　那两条线变得平行了。

形式三：AA；AABB。

百分比类形容词全部没有相应的重叠式。这类词几乎都是双音节的，都不能重叠成AABB式。这是因为形容词的重叠相当于加上一个程度词，给形容词确定一个模糊程度；然而这类形容词不能被程度词修饰，自然也就不能重叠。量级序列和百分比混合型的形容词有一部分则有相应的重叠式，比如"正正当当、太太平平"等，这种用法主要是由它们具有加程度词的可能性决定的。

形式四：（a）A＋N；A＋的＋N。

（b）S＋A。

（c）S＋是＋A＋的。

百分比类形容词都可以自由用作定语和谓语，做定语时一般需要加"的"。例如：

（12）a. 一样的问题　　　问题一样　　　问题是一样的

b. 两条平行的马路　这两条马路平行　这两条马路是平行的。

形式五：（a）S＋比＋NP＋A。

（b）S＋最＋A。

（c）S＋跟＋NP＋A；S＋跟＋NP＋一样＋A。

典型的百分比类形容词都不能用于比较级和最高级两种格式，例如：

（13）a.＊这个问题比那个问题一样。　　　＊这两个问题最一样。

b.＊这两条直线比那两条平行。　　　＊这两条直线最平行。

这类形容词都可以用于等同级格式，而且不能（无需）加副词"一样"。这一点与量级序列类形容词的用法恰好相反，它们用于等同级时必须加词汇形式"一样"。例如：

（14）a. 这个问题跟那个问题一样。　＊这个问题跟那个问题一样一样。

b. 他们的情况跟我们的相同。　＊他们的情况跟我们的一样相同。

c. 这条直线跟那条垂直。　　　＊这条直线跟那条一样垂直。

d. 这条直线跟那条平行。　　　＊这条直线跟那条一样平行。

这是因为百分比类形容词的自身语义中已经隐含了一个"两个事物性质等同"的义素。比如，"一样"是表示两个（或者多个）事物的属性等同。

在比较句的使用上，"量级序列"和"百分比"兼类的形容词，其句法行为完全与量级序列的一致，而没有上述典型的百分比类形容词的句法特征。这些兼类形容词都可以自由用于比较级和最高级格式，用于等同级时则必须加"一样"。例如：

（15）a.* 小王跟小张可靠。　　小王跟小张一样可靠。

　　　b.* 这里跟那里正常。　　这里跟那里一样正常。

　　　c.* 我的话跟他的真实。　　我的话跟他的一样真实。

　　　d.* 这个答案跟那个正确。　　这个答案跟那个一样正确。

3.17.4.3　极限类形容词

极限概念是一个高等数学的概念。中国古代的数学家已经提出类似的思想，但是直到近代西方数学家才对它进行精确的定义。极限概念的确立为现代分析数学的建立奠定了基础。在考察语言现象之前，让我们看一下极限概念在数学中的定义。

极限——如果变量 x 逐渐变化，趋近于定量 a，即它们的差的绝对值可以小于任何已知的正数时，定量 a 叫作变量 x 的极限。可写成 $x \to a$，或者 $\lim x = a$。

极限是一种数量特征，表示一个量的增加或者减少有一个限度，即不能逾越定量 a。其数量特征可以用下图表示。

$$x \longrightarrow \Big|_{a}$$

极限的思想，作为一个数学科学的概念，在人类学术史上，是个别天才发现的。但是极限是现实世界中常见的一种数量特征，人们在概念化的时候，必然受其影响，并且反映在有关词语的句法行为上。

就形容词来讲，极限形容词是指某种性质程度的变化有一个极限，即不超过某个定量 a。从外部形式来看，极限形容词都可以加上最高级程度词"最"。可受量级序列修饰的形容词，因为都可以加程度词"最"修饰，所以都可以看作是拥有一个极限。只抽象地看，某种性质可能没有一个极限，比如任何高度都可以叫"高"，任何大于一定年纪的人都可以叫"老"，等等。但是我们使用语言离不开具体的语境，而在具体语境的有关事物的数目是有限的，因而所谈论性质的程度自然也有一个极限。比如说"那棵树最高"是指在比较的范围之内那棵树的高度达到了极限。

这里所讨论的极限形容词，不包括量级序列类，而是指只有性质极限的词语，即它们表示的不是一个量幅，而是一个趋近某个定量 a 的极端性质。在语言形式上就表现为只能为程度词"最"修饰。常见的例子如：

前后	里外	上下	中间	前头	后头	东头	左边	右边	里边
外边	边远	低处	高处	本质	主要	次要	新式	昂贵	廉价
新潮	新式	老式	新型	大型	小型	上等	下等	高级	初级
低级	大号	小号	高价	高度	低度	尖端	简短	精粹	根本
长期	核心								

根据现有的文献，还没有人确认这类词的语法地位，都是把它们归入其他类别。它们显然都不符合人们为形容词规定的最重要的句法特征，因为它们不能受"很"修饰，也不能被"不"否定。"前"等通常被认为是方位词，跟名词并列，属于体词的一个小类。但是这类词跟其他的体词都不一样，可以受程度词"最"修饰，经常做定语，更接近普通形容词。"新式"等被认为是"非谓形容词"，也有人把它归入"区别词"，但是以上的极限形容词与"非谓形容词"或者"区别词"的其他绝大部分成员在语法上有着明显的对立，主要表现为"本质"不仅可以受"最"修饰，而且做定语时要加"的"，还常常可以做谓语，然而"彩色、袖珍"等区别词都没有这样的用法。例如：

一、极限形容词

（16）a. 最主要的问题　　　　　你提的问题最主要

　　　b. 最尖端的技术　　　　　这种技术最尖端

二、区别词

（17）a.* 彩色的电视　　　　　* 这台电视彩色。

　　　b.* 袖珍的辞典　　　　　* 这部辞典袖珍。

极限词是跟所表达的概念的数量特征有关的，而与语义类型并没有直接的关系。就方位词来说，它们在空间位置上有一个极限，比如"前"指次序靠近面对方向的顶端。这个"极限"必须是一个定量，而不能是一个模糊范围。比较下列两组词：

　　前—中（间）—后　　　　　冷—温—热

"中间"是"前"和"后"两端的二分之一处的一个定点（定量），然而"温"则是"冷"和"热"之间的一个不确定的范围，即不是一个定量。也就是说，"中间"的性质有个极限，"温"则没有，因此可以说"最中间"，但不能说"＊最温"。据此我们可以解释一些同一语义范畴词的不同句法表现。比如"里"和"内"所指的空间范围相似，但是"里"指的是某一边界内部空间范围的纵深，具有性质程度的变化，而且具有单一空间边界极限，因此可以说"最里、最里边"等，"内"则指的是一个四周边界圈住的一个范围，即没有性质程度变化问题，也没有单一的边界极限，因此没有"最内、最内部"的说法。

　　应用上述分析可以发现许多有趣的现象。以下例子是同一概念范围的一组词，具有极限的两端可以加程度词"最"，缺乏极限的则不行。

（18）a. 最大型最小型；＊最中型

　　　　b. 最上等最下等；＊最中等　＊最甲等

　　　　c. 最高级最低级；＊最中级　＊最特级

　　　　d. 最大号最小号；＊最中号　＊最一号

　　　　e. 最高价最低价；＊最平价

　　　　f. 最高度最低度；＊最中度

拿某种类型的机械来说，在已经生产出来的产品范围之内，"大型"和"小型"都有一个极限，因此都可以用"最"修饰；然而"中型"指一个不大不小的不确定范围，没有一个确定的极限，所以不能加"最"修饰。同理，就某种商品来说，"高价"和"低价"都有一个极限，因此都可以用"最"修饰，然而"平价"指的是位于两个极端之内的一个不确定价格范围，缺乏一个明确的极限，因此也就不能用"最"修饰。

　　上述用例还说明极限形容词的另外一个重要的特性，它们必须代表的是趋向于某一极限的一个变量，如果是指称某一确定的量，就不能加"最"了。比如"甲等""特等""一号"等都是表示某一特定的量级，因此都不能加"最"修饰。

极限形容词的句法活动能力远不如量级序列的或者百分比类的强。极限形容词代表的是一个趋于定量 a 的量，即内容基本上是一个定量，在量上没有伸缩性。它们都不具有形容词的前三类形式特征，即不能被"不"否定，不能重叠，也不能用于表示动态变化的格式。简单地说，这三个形式特征都要求用于其中的形容词表示的是一个量幅。

但是，极限形容词在形式四上还是比较活跃的，可以相对自由地用于定语和谓语的各种格式。例如：

（19）a. 新式家具　最新式的家具　这种家具是最新式的。

　　　 b. 核心问题　最核心的问题　这个问题是最核心的。

极限形容词直接做谓语则受一定的限制，比如不大能说"? 这种家具最新式""? 这个问题最核心"。

在形式五的比较级应用上，极限类形容词全部不能用于比较级和等同级两种格式，比如不能说"* 这种家具比那种新式""这种家具跟那种一样新式"，等等。这类词都可以受程度词"最"修饰，也就意味着它们都可以用于最高级格式。

3.17.4.4　正负值类形容词

这类形容词代表的性质只有两个值："是"和"非"。某类事物要么具有这种性质，要么不具有，没有中间的状态存在。这类形容词很多是一对一对的反义词，例如：

男—女　单—双　公—母　正—负　正—副　总—分　单—双　公—私
总—分

彩色—黑白　已婚—未婚　外来—国产　分内—分外　急性—慢性
阴性—阳性　国营—私营

同时也有很多没有反义关系的，如"袖珍、人造、电动、巨额、日用、固有、当前、五彩、有机、有色"等。这类具有反义关系的一对词之间存在着逻辑上的"矛盾关系"，即：A＝非 B；非 A＝B。其数量特征可以用下图表示。

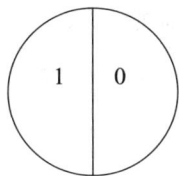

比如对于某一台电视来说，不是"彩色"就是"黑白"，不是"黑白"就是"彩色"。对于不成对的正负值形容词来说，"A"和"非 A"之间构成矛盾关系。比如对于玩具来说，"电动"一定是"非电动"，"非电动"一定不是"电动"。

　　正负值形容词可以看作代表的是一个单一的、确定的量，即在量上没有伸缩性，因此它们的句法活动能力最弱。它们全部不能被"不"否定，不能重叠，不能用于表动态的格式，同时也不能用于三种比较格式。这类形容词只能用于格式四，即做定语或者谓语，而且有严格的限制：做定语时不能加"的"，做谓语时则必须加"的"，而且只能用于"S＋是＋A＋的"的格式。例如：

（20）a. 彩色电视　　　　　　　＊彩色的电视

　　　　这台电视是彩色的。　　＊这台电视是彩色。

　　　b. 电动玩具　　　　　　　＊电动的玩具

　　　　这个玩具是电动的。　　＊这个玩具是电动。

　　极限类形容词的句法行为明显比正负值类的活跃，它们可以出现在最高级格式中，做定语时具有加"的"和不加"的"两种格式，做谓语时也具有加判断词"是"和不加"是"两种格式。

3.17.4.5　四类形容词句法活动能力的比较

　　我们根据数量特征把形容词划分为四类，它们的句法活动能力具有明显的强弱之分。可以用一个不等式来表示它们之间句法能力强弱的关系：

量级序列类 > 百分比类 > 极限类 > 正负值类。

这四类形容词的量幅也是由大到小。这再一次证明了词语的数量语义范围的大小对其句法活动能力强弱的决定作用。

四类形容词的句法活动能力的强弱

		量级序列类	百分比类	极限类	正负值类
加"不"否定		＋	＋	－	－
表动态过程	A＋了	＋	＋	－	－
	变得＋A＋了	＋	＋	－	－
重叠 AA、AABB		＋	－	－	－
用作定语和谓语的格式	A＋NP	＋	－	＋	＋
	A＋的＋NP	＋	＋	＋	－
	S＋A	＋	＋	＋	－
	S＋是＋A＋的	＋	＋	＋	＋
比较句	S＋比＋NP＋A	＋	－	－	－
	S＋最＋A	＋	－	＋	－
	S＋跟＋NP＋A	－	＋	－	－
	S＋跟＋NP＋一样＋A	＋	－	－	－

就我们所考察的 5 种形式的 12 项特征来看，四类形容词所拥有的特征数目如下，由此可以准确了解它们活动能力的强弱关系。

量级序列类＝11；百分比类＝7；极限类＝5；正负值类＝2。

由上表我们也可以清楚地看出把四类词语都归入形容词一个词类是有充分的理由的。各类词语的语法特征之间的关系是相容的，而不是对立的，即活动能力强的包容活动能力弱的特征，活动能力弱的并没有区别于其他类的独有特征。

3.17.4.6　不同语言对数量语义特征认知的差异

对于同样一个语义范畴，不同的民族在其范畴化时，由于认知的角度不同，它们的数量特征也不一样，因而具有不同的句法表现。比如，下面是英语和汉语概念义相对的一组词：

round—圆　　absolute—绝对　　square—方

英语的词不能用程度词序列修饰，不能用于比较句，属于正负值类形容词。英语中不能说 *very round 或者 *This table is rounder than that one。然而汉语的相应的词则是非定量的，可以用程度词"很"等修饰，也可以用于比较句。例如：

（21）a 他画的圈很圆。

　　　b. 他画的圈比我的圆。

当然，这方面的共性还是远远大于个性的。比如跟汉语的"男—女""正—副"等相对应的英语词 male—female、chief—vice 等也都是正负值形容词，不能受程度词修饰，不能用于比较句。

3.17.5　结语

本章以形容词为例说明，人们的范畴化过程必然涉及对事物的数量特征的认知。其结果是，每一个范畴除了包含有概念的内涵和外延外，还具有数量语义特征。词语的数量特征决定其句法活动能力的大小。

自然语言中蕴藏着深刻的数学思想，因此我们可以借用数学工具对其加以精确的描写。按照数量特征，可以把形容词分为量级序列、百分比、极限、正负值等四类，它们分别对应不同的句法形式。我们相信，通过这种分析，可以深化对形容词的语义特征和句法行为之间关系的认识。

"量"和"质"构成了客观世界的两种基本现象。人们对"质"的认知结果是一个个的词语，人们对于"量"的认知结果表现在语言中则往往是语法规律。本章的分析再一次证明了，词语的数量特征与其句法行为之间的内在联系。数量语义特征与语法形式之间的关系，是一个广阔的研究领域，还有很多问题等待着我们去发现、去解决。

3.18　程度副词

3.18.1　引言

　　程度词与形容词密切相关，如同量词与名词的关系一样。名词是代表事物类别的，而量词则是表达事物数量的；形容词是代表性质类别的，程度词则是指示性质的数量特征的。现实世界由质与量构成，质在语言中通常表现为不同概念的词语，而量则多表现为语法现象。形容词的典型语法特征就表现在与程度词的搭配上，所以对程度词的探讨同时有助于对形容词语法特征的揭示。

　　程度词是一个封闭的类，现代汉语中常用的在 30 个左右，主要有"很、最、挺、顶、怪、极、超、巨、蛮、好、多、太、死、贼、真、更、忒、相当、非常、有些、有点儿、比较、十分、好不、特别、不大、确实"等。但是它们的用法却十分复杂。

3.18.2　分布差别

3.18.2.1　形容词前后

　　绝大部分程度词只能出现于形容词之前做修饰语，如"最、挺、顶、怪、超、巨、蛮、好、太、死、贼、真、更、忒、相当、非常、有些、有点儿、比较、十分、好不、特别、不大、确实"等，都是如此。然而，极个别程度词一般出现在形容词中心语之后，当它们出现在形容词之前时，要么受到很大的限制，要么表达的功能范畴不同。比如，"死"只能出现在少数形容词之前，例如"死贵、死硬、死咸"等，但不说"*死好、*死软、*死便宜"等，可是它可以相对比较自由地用于形容词或者部分动词之后表示程度达到极致，例如：

（1）忙死了；闹死了；高兴死了；笑死人了；气死我了；恨死他了。

"多"在形容词前后的表达功能是不对称的，用于形容词之前一般是表达强烈的感情，句末常带感叹语气词"啊（呀、哪、哇）"，用于形容词之后则是指示程度的增加，句末常加"了"。例如：

（2）多好的老师啊！　　　　　瞧，这天多闷哪！

　　　瞧他的手有多巧啊！　　　他要是知道了该多伤心哪！

（3）这个问题简单多了。　　　那件衣服漂亮多了。

　　　这本书好看多了。　　　　这把菠菜新鲜多了。

真正可以自由出现在形容词前后的程度词只有两个：很和极。注意，它们在前和在后的语义和功能也不完全相等。"很"和"极"可以单独用于形容词之前，但是用于之后时，"很"只能出现在"A ＋ 得 ＋ 很"格式中，而且没有相应的否定式"A ＋ 不 ＋ 很"；"极"则只能出现在"A ＋ 极 ＋ 了"格式中，其中的"了"不能省略。例如：

（4）好得很；糟得很；仔细得很；粗心得很；喜欢得很；受欢迎得很；

　　　精神好极了；菠菜新鲜极了；这话对极了；屋里收拾得整齐极了。

一般来说，程度词置后的强调意味比较浓。"好得很"比"很好"更强调程度之高，同样，"新鲜极了"比"极新鲜"的强调意味更浓。

3.18.2.2　程度词与否定词的相对语序

当形容词之前有否定词时，程度词的位置有两种：一是在"不 ＋ A"之前，二是在"不"和 A 之间。格式"程度词 ＋ 不 ＋ A"所表达的程度明显高于"不 ＋ 程度词 ＋ A"。在这两个格式的分布上，不同的程度词的情况很不一样。

第一，只能用在"不 ＋ A"之前的程度词。绝大部分程度词都属于这一类，例如"最、挺、顶、怪、极、超、巨、蛮、好、多、死、贼、真、更、忒、相当、非常、有些、有点儿、比较、十分、好不、特别、不大、确实"等。

第二，既可以用于"程度词 ＋ 不 ＋ A"格式，又可以出现于"不 ＋ 程度词 ＋ A"格式的程度词。只有少数几个程度词可以这样用，最典型的是"很、太、十分"。例如：

（5）很不好～不很好；太不认真～不太认真；十分不高兴～不十分高兴。

注意，即使对于上述三个程度词，与不同的形容词搭配，情况也很不一样，不一定都有对称的两种格式。比如可以说"不很贵""不太便宜"，而不能说"＊很不贵""＊太不便宜"。

上述程度词的分布还受形容词的感情色彩的制约。由消极形容词构成的"不 ＋ A"不再受任何程度词修饰。在一对反义形容词中，积极的一方构成的否定式还可以受各种程度词修饰，而消极的一方则排斥程度词。例如：

（6）最不好；十分不好；很不好；有点儿不好。

　　＊最不坏；＊十分不坏；＊很不坏；＊有点儿不坏。

第三，两种格式皆不能用的结构。"比较"只能用于肯定式，其前后皆不能出现否定词"不"，比如可以说"今天比较冷"，但不能说"＊今天比较不冷"或者"＊今天不比较冷"。

3.18.3　语法功能的差别

3.18.3.1　能否做定语

做定语是形容词的一个重要语法特征。由程度词所构成的形容词短语在能否做名词的定语上差别很大。这类短语做定语时一般要加"的"。有些程度词短语可以加"的"转换成名词指代事物，如"最大的"，而有些程度词短语则不可以，例如"很可靠的"。但是它们能否加"的"名词化与是否可以做定语并不完全是一回事，凡是可以加"的"名词化的都可以做定语（例如"最大的飞机"），不能加"的"而名词化的很多也可以做定语（例如"他是一位很可靠的朋友"）。

一个重要的语法现象值得注意，所有程度词置后的形容词短语都不能做定语。例如：

（7）*好得很的朋友；*暖和多的房间；*便宜极的饭店；*高兴死的人。

我们曾经设立了一个标准，以能否做定语把句子结构一分为二：凡是可以做定语的，是无标记结构，为最基本的、最常用的，是自然状态下的使用格式；凡是不能做定语的，为有标记结构，它们都具有特殊的表达功能。从语感上很容易判断，"程度词 ＋ A"短语为无标记的，客观上描述各种性质程度；"A ＋ 程度词"短语则是有标记的，具有强调程度的功能。

形容词置前的格式也有两种情况，绝大部分的程度词构成的形容词短语都可以做定语，只有一个例外："真"构成的形容词短语不能做定语。例如：

（8）*买了一栋真漂亮的房子；*他是个真听话的孩子；*下了一场真
　　大的雨。

3.18.3.2　能否做句子的组成部分

更复杂的情况是，程度词短语做谓语所构成的主谓结构，是必须单独成句，还是可以作为组成部分在句子里出现。这与能否做定语并不是一回事，它们只是交叉关系。比如"好 ＋ A"可以做定语，例如"好漂亮的一件衣服"，然而所构成的主谓结构必须独立成句，不能作为组成部分在句子里出现。可是，"真 ＋ A"既不能做定语，所构成的主谓结构又必须独立成句，不能作为组成部分在句子里出现。与此不同，绝大部分由"程度词 ＋ A"构成的主谓结构都是既可以独立成句，又可以作为组成部分在句子里出现。例如：

（9）这件衣服很漂亮。　　　　我觉得这件衣服很漂亮。

　　　这件衣服挺漂亮。　　　　我觉得这件衣服挺漂亮。

（10）这件衣服好漂亮！　　　*我觉得这件衣服好漂亮。

　　　这孩子真听话！　　　　*我觉得这孩子真听话。

3.18.3.3　句子类型的限制

像上面讨论的"真 / 好 ＋ A"只能用于感叹句的谓语，另一种相关的情况是，由个别程度词所构成的名词性偏正结构只能用于某种特殊的句类。以下两种现象很特别。

第一，名词短语"好 ＋ A ＋ 的 ＋ N"只能用作独立的感叹句，不能在陈述句中做句子成分。例如：

（11）好漂亮的衣服！　　　　　 * 她买了一件好漂亮的衣服。

　　　 好大的楼房！　　　　　　 * 门前盖了一栋好大的楼房。

第二，名词短语"太 ＋ A ＋ 的 ＋ N"只能用于否定祈使句的宾语，既不能用于肯定祈使句，又不能用于一般的陈述句。例如：

（12）别买太贵的衣服！ * 请买太贵的衣服！ * 她买了一件太贵的衣服。

　　　 别吃太咸的食物！ * 请吃太咸的食物！ * 他吃了太咸的食物。

　　　 不要干太重的活！ * 请干太累的活！ 　* 她干了太累的活。

　　　 不要走太远的路！ * 请走太远的路！ 　* 他走了太远的路。

3.18.4　与语法标记的共现

3.18.4.1　做谓语的程度词短语

程度词修饰形容词的另一个复杂情况是，所构成的形容词短语要带上某些特定的语法标记，这类标记常见的有"得、的、了"等。有些是必须要带，有些是一般要带，但偶尔可以不带，还有些则是可以带，但一般不带。下面讨论几种主要的情况。

第一，必须带"得"的结构。这种情况只有一个"很"字，它用于形容词之后时必须在它与形容词之间插入一个"得"字，比如可以说"好得很"，而不能说"* 好很"。

第二，带"的"的程度词短语。这又分三种情况：（一）不能带"的"，比如可以"那件衣服十分漂亮"，但不说"* 那件衣服十分漂亮的"；（二）

可带可不带,比如既可以说"这个人很可靠",又可以说"这个人很可靠的";
(三)一般要带或者必须要带,"挺"构成的形容词短语常带"的",而"怪"构成的形容词短语必须带"的"。例如:

(13) 分量挺轻的。　　　　　　　　分量挺轻。

衣服挺干净的。　　　　　　　　衣服挺干净。

质量挺不好的。　　　　　　　　质量挺不好。

这个地方不安全的。　　　　　　这个地方不安全。

(14) 这孩子怪不容易的。　　　　　* 这孩子怪不容易。

这样怪不好的。　　　　　　　* 这样怪不好。

这话说得怪不好听的。　　　　* 这话说得怪不好听。

我心里怪不高兴的。　　　　　* 我心里怪不高兴。

第三,带"了"的程度词短语。绝大部分"程度词 + A"短语都可以加上"了"表示程度的加深或者变化,但大都不是必须要带"了"。有两种情况是一般要加甚至必须要加"了"的:一是"极、多"用于形容词之后必须加"了",二是"太 + A"通常加"了"。例如:

(15) 这本书太好了;哥儿俩长得太像了;这本小说太吸引人了。

精神好极了;菠菜新鲜极了;这话对极了;屋里收拾得整齐极了。

这件衣服大多了;房间暖和多了;那家商店贵多了;这个箱子重多了。

"太"字短语后的"了"有时可以省略,比如可以说"哥儿俩长得太像",然而后两种情况不能省略"了",比如不能说"* 精神好极""* 衣服大多"等。

3.18.4.2　做定语的程度词短语

绝大部分程度词短语做定语都必须加"的",比如可以说"很安静的环境",但不能说"* 很安静环境"。然而"最"所构成的形容词短语则有时可以不加"的",例如:

(16) 最高阶段;最低纲领;最大限度;最大降水量;最大公约数;
最小范围;最小公倍数;最后胜利;最终目的;最近距离;最

远目标；最快速度；最高气温；最低水位。

"最"的上述用法与区别词的相同。凡是边界或者范围明确的属性，做定语是不加"的"的。区别词一般是对事物做出界限明确的分类，比如"正—副、彩色—黑白"等，它们修饰名词时都不加"的"，比如可以说"正院长"，而不说"*正的院长"。"最＋A"也有区别词的特征，通常指某一范围内程度最高的某一个，范围明确，因此可以像区别词那样做定语时不加"的"。

3.18.5 可搭配的形容词和音节限制

3.18.5.1 与形容词的搭配限制

不同程度词的语义程度不同，感情色彩有别，所能搭配的形容的数目和范围也差别很大。这方面的情况相当复杂，无法一一列举，只讨论几种重要的情况。

第一，"最"所搭配的范围。"最"是表示一个极端的量，凡是具有"极限"特征的词语大都可以为它所修饰，而这些词语不少则排斥其他程度词。最典型的是表示方位和物价的词语，方位词语所表达的概念在空间上总有一个极限，物价在特定的市场上也有一个限度，因此都可以用"最"修饰。例如：

（17）最低价；最高价；最上边；最下层；最东头；最西头；最左边；
　　　最右边；最前方；最前列；最前线；最顶上；最外边；最里头；
　　　最中间。

"顶"也表示程度最高，因此也可以跟方位词组合，例如："顶上头、顶下头、顶前边、顶后边、顶东头儿、顶西头儿、顶中间的一个座位"等。然而，与"最"有所不同，"顶"只是表示接近最高的程度，比如"小何是我们班里顶活跃的青年"就不一定是第一个最活跃的，因此上组可用"最"的例子不少不能用"顶"替代，比如不说"*顶低价""*顶里头"等。

第二，"极"可修饰的形容词范围有一定的限制，一些形容词可以受其他程度词修饰，但是排斥"极"，比如"＊极新""＊极密""＊极亲爱"等都不能说。

第三，"有点儿"所修饰的形容词、动词多半是消极意义的或贬义的。这又可以细分为两种情况：一是自身意义为消极的形容词，比如"有点儿糊涂、有点儿脏、有点儿紧张"等；二是自身意义是积极的，加上"不"转化为消极的，比如"有点儿不高兴、有点儿不安全、有点儿不懂事"等。但是，一般不说"＊有点儿干净""＊有点儿安全"。

第四，来自方言的"蛮"通常只用在积极意义的词语前边，表示程度深，比如"蛮好、蛮熟悉、蛮积极、蛮有深度"等，不说"＊蛮坏""＊蛮陌生""＊蛮消极""＊蛮浅薄"等。

3.18.5.2　音节的限制

音节在汉语语法中扮演至关重要的角色。程度词也不例外，其使用常常受形容词音节数目的限制。下面讨论几种值得注意的现象。

第一，"好不"只能修饰双音节的形容词，比如"好不热闹、好不伤心、好不亲热"等。这里的"不"没有否定的功能，只起强调的作用，比如"好不热闹"相当于"好热闹"的强调式。值得注意的是，"好容易"的情况正好相反，其中隐含了一个否定词"不"，等值于"好不容易"，表示"很不容易"。

第二，"极"和新兴的程度词"超"大都用在单音节形容词前，比如"极好、极快、超贵、超大"等。

第三，书面语色彩很浓的程度词"极其"只能用于多音节的形容词或者心理动词之前，比如"极其安静、极其重要、极其腐朽、极其重视、极其感动、极其厌恶"等。

3.18.6　特殊的句式和独特的用法

不少程度词还拥有自身独有的句式或者用法，为其他程度词所没有，这进一步增加了程度词用法的复杂性。下面讨论几种值得注意的现象。

第一，"死"用于程度词之后表示程度极高，比如"忙死了"，不能直接在形容词和"死"之间插入"得"，要加"得"则要去掉"了"，并在"死"前加上"要"，例如"忙得要死、急得要死、恨得要死、高兴得要死"等。

第二，"很"可以用在一些含数量成分的动宾结构中，表示宾语的量大，例如"很花了些钱、很认识几个人、很费了一番心血、很有两下子、很去过几回、很找了一阵子"等。

第三，"有点儿"可以单独回答问题。例如：

（18）你不觉得疼吗？　　　　　——有点儿。

　　　他是不是后悔了？　　　　——有点儿。

第四，"那么 + A"可以用"没"否定，又可以用"不"否定，比如"没那么高、没那么困难、没那么复杂、不那么喜欢、不那么甜、不那么远"等。而其他程度词所构成的同类格式，要么只能用"不"否定，要么不能被否定。

第五，"最"和"顶"可以表示最大限度下会发生什么情况，含有让步的意思。例如：

（19）最多一个星期就能办妥。

　　　我看一亩最少也得产八百斤。

　　　最快也得三个钟头才能赶到。

　　　最贵也要不了十块钱。

　　　顶多再过两天就能结束。

　　　这堆煤顶少也有五吨。

　　　这段路顶快也要走半个小时。

　　　顶麻烦也不过如此，就再拆卸一次吧。

第六，"非常"可以重叠，比如"非常非常精彩、非常非常喜欢、非常非常了不起"等。有时"非常"和形容词之间还可以加上"地"，比如"天气非常地热"等。书面语中还可以插入"之"，比如"西湖非常之美、问题非常之复杂"等。

第七，"更"表示程度增高。在所有程度词中，只有"更"才可以用于比较句。例如：

（20）这里比那里更安静。　　　他比你来得更早。

　　　他比以前更懂事了。　　　这么做更实际。

3.18.7　结语

通过以上的分析，我们可以得出一个结论：程度词的用法非常之复杂。常用的程度词虽然只有二三十个，但是没有哪两个程度词的用法是完全相同的。它们的语法功能的差别表现在多个方面，包括形容词中心语前后的分布、所构成形容词短语的语法功能、与语法标记的搭配、与形容词的选择限制、音节数目限制以及特殊的句式等。不存在一条规律可以支配所有程度词的用法，因此无法通过类推来掌握程度词。程度词的习得，只有通过长期的模仿和学习。在这里，语法规律的作用范围是很有限的，因此很多语言现象只有靠长期的学习才能掌握。语法既有规律性的一面，也有很多不规则的现象。只有认识到这一点，才能了解语法的特性。

3.19 形容词的有标记与无标记

3.19.1 有标记和无标记的含义

广义地讲，有标记和无标记是指一对成分中是否带有区别性特征，这种区别性特征可以把这个成分跟另一个成分区别开。有标记和无标记这对概念在语言分析的全部层次上都起作用：音位可以是有标记的和无标记的，如［p］：［b］，这里的［b］标记为浊音；语法项也是如此，如 boy：boys，这里 boys 标记为复数；语义对比也是如此，如 deep：shallow 和 high：low，这两组词中的第一项都是基本成分或无标记成分，它们可以用于中性意义，试比较：How deep is it（？），但是不能说 *How shallow is it（？），除非早已明确所指的东西是 shallow。本章讨论的是语义上的有标记和无标记在现代汉语中的各种表现形式。比如问物体的上下距离时，一般只说"这栋楼有多高"或者"这口井有多深"，而不说"* 这栋楼有多低"或者"这口井有多浅"。前者是一种客观询问，没有倾向性，后者则有明显的倾向性，只有事先已知或假定所问对象是"低的"或者"浅的"才会这样问。其实这种现象已不是单纯的语义范围的问题了，它们与各种疑问句型纵横交错，表面上看起来比较复杂：同一个词在有些句型中是无标记的，而在另外一些句型中则可能是有标记的；同时，不同类型的形容词在各种句型中的有标记和无标记的具体表现形式也各异。

3.19.2 询问域

3.19.2.1 形容词有无标记的定义

形容词的有标记和无标记现象实质上是它们用于问句时询问范围大小的问题：具有反义关系的一对词，其中一方用于问句时，若它的询问范围包含了另一方的，则称之为无标记的，否则就是有标记的。比如，"高"用于问句"这东西有多高"时，它所询问的范围包括了从上到下的任何高度，即不仅包括了"高"自身的语义范围，也包括了"低"所指的高度，这时的"高"就是无标记的；然而当"低"用于问句"这东西有多低时"，其询问的范围只包括了一个较小的高度，顶多是从下到上的二分之一高度，因为它的询问范围不包括高的，因此"低"就是有标记的。

下文中把形容词用于问句时所问及的对象范围的大小称之为"询问域"。

3.19.2.2 三种疑问句式

汉语形容词的有标记和无标记用法主要出现在以下三类问句中：

（一）名＋形＋吗？

（二）名＋形＋不＋形？

（三）名＋有多＋形？

不是所有的形容词都可以进入上述三类问句，用于上述问句的条件是，形容词必须是可以用程度词分出一系列大小不等的量级，即必须是非定量的，定量形容词不能直接进入上述问句。例如：

定量和非定量形容词的量级特点

	有点儿	很	太	十分	最
大 / 小 中	＋ －	＋ －	＋ －	＋ －	＋ －
困难 疑难	＋ －	＋ －	＋ －	＋ －	＋ －

	有点儿	很	太	十分	最
红 粉	+ —	+ —	+ —	+ —	+ —
高级 初级	+ —	+ —	+ —	+ —	+ —

（1）A.a. 那个东西大（小）吗？

b. 那个东西大不大（小不小）？

c. 那个东西有多大？

B.a.* 那个东西中吗？

b.* 那个东西中不中？

c.* 那个东西有多中？

（2）A.a. 这个问题困难吗？

b. 这个问题困难不困难？

c. 这个问题有多困难？

B.a.* 这个问题疑难吗？

b.* 这个问题疑难不疑难？

c.* 这个问题有多疑难？

（3）A.a. 那朵花红吗？

b. 那朵花红不红？

c. 那朵花有多红？

B.a.* 那朵花粉吗？

b.* 那朵花粉不粉？

c.* 那朵花有多粉？

（4）A.a. 那辆车高级吗？

b. 那辆车高级不高级？

c. 那辆车有多高级？

B.a.* 那辆车初级吗？

b.* 那辆车初级不初级？

c.* 那辆车有多初级？

凡是非定量形容词都可以用于上述三类问句，如下类一；凡是定量形容词都不能用于上述三类问句，如下类二。

类一

高	低	新	旧	远	近	轻	重	快
慢	厚	薄	好	坏	香	臭	黑	白
圆	滑	脆	紧	松	宽	窄	贵	光
干净	漂亮	灵活	深刻	自然	高兴	细心	镇静	踏实
明确	详细	光彩	清晰	整齐	聪明	诚实	开通	积极

类二

紫	橙	褐	温	凹	凸	良	正	副
前	后	左	右	单	夹	别	旁	公
母	雌	雄	负	总	上	下	东	西
新式	单瓣	专职	空头	开封	自动	人造	抗病	过时
随身	黑白	应届	彩色	多用	超额	高速	无轨	皮制

从上述用法中可以自然地推知，上述三类问句是询问程度的。用非定量词询问时，我们可以选取一个量级作答，比如当问"这个问题困难吗？"，可以直接回答"有点儿困难""很困难"等等，而不能用程度词修饰的定量形容词所表示的是一个量点，即一个固定的量级，它们就没有询问程度的必要，因此不能用于上述三类问句。

3.19.2.3 形容词的询问域

只有非定量形容词才存在有标记和无标记的问题，定量形容词在任何情况下都保持着自身明确的词汇意义，都是有标记的，所以本章的讨论对象只限于非定量形容词。

既然上述三类问句都是询问程度的，那么用于其中的形容词所可能切分的量级都将被问到，也就是说，所有量级组成了该形容词的询问域。尽管非定量形容词都可以用程度词切分出一系列大小不等的量级，但是它们可分量级的多少是不等的，因此它们询问域的大小是不同的。例如：

（5）A   B

    a. 教室最不干净。   *教室最不脏。

    b. 教室十分不干净。   *教室十分不脏。

    c. 教室太不干净。   *教室太不脏。

    d. 教室很不干净。   *教室很不脏。

    e. 教室有点儿不干净。   *教室有点不脏。

    f. 教室不干净。   教室不脏。

    g. 教室比较干净。   教室比较脏。

    h. 教室很干净。   教室很脏。

    i. 教室太干净了。   教室太脏了。

    j. 教室十分干净。   教室十分脏。

    k. 教室最干净。   教室最脏。

从上例可以看出，"干净"加上"不"后仍能用程度词修饰，"脏"则不行，所以"干净"可以切分出11个量级，"脏"则只有6个，如果不计中点"不＋形"，"干净"的量级恰好是"脏"的2倍。当然，"干净"和"脏"都还可以用更多的程度词修饰，也就是说还可以分出更多的量级，但是"干净"的量级数总是"脏"的2倍。例（5）的"干净"和"脏"的语义对应关系如下。

（6）a. 教室最不干净≈教室最脏

    b. 教室十分不干净≈教室十分脏

    c. 教室太不干净≈教室太脏

    d. 教室很不干净≈教室很脏

    e. 教室有点不干净≈教室有点脏

    f. 教室比较干净≈教室不脏

因此，问句"教室干净吗？"的询问域包括"最干净"到"最不干净"共11个量级，同时也在语法上包括了"不脏"到"最脏"6个量级，也就是说"干净"用于问句"名＋形＋吗？"的询问域包括了有没有尘土、杂质等的所有状况，因此这里的"干净"已与它的本义"没有尘土、杂质等"不同，是无标记的。而问句"教室脏吗？"只能问到自身的语义范围，不包括"干净"的情况，是有标记的。

下面讨论不同数量特征的形容词在各种问句中的有标记和无标记的情况。

3.19.3 "干净"类词

3.19.3.1 积极性质和消极性质

"干净"类具有反义关系的一对词，从语义上看，都有"积极"和"消极"之分。顾名思义，"积极成分"是表示事物肯定的、正面的、如意的性质的词；"消极成分"则是表示事物否定的、反面的、不如意的词。比如，"灵活、全面、高兴、干脆、干净"等属于积极成分，"死板、片面、伤心、拖拉、脏"等属于消极成分。大家知道，从意义上给事物分类，无论其定义多么严格，总难免遇到一些模棱两可的现象。因此下面给词语分类主要是根据它们的数量特征，也就是说形式上的特征。有相同量级数目的词，在意义上往往也有共同之处。从意义上说明是便于对所分出的类的理解，当意义标准与形式标准发生冲突时，则以形式上的特征为准。

3.19.3.2 反义形容词双方的量级差别

有反义关系的一对形容词，它们的积极成分跟消极成分的量级多少差别是很大的：积极成分的量级数目一般为消极成分的 2 倍。积极成分可以称之为全量幅词，相应地，消极成分可以叫作半量幅词。

下表中，L_i 表示量级，脚注 i 的大小与量级的大小可以定义如下：

$L_1 =$ 最不；　　　　$L_2 =$ 十分不；　　　　$L_3 =$ 太不；

$L_4 =$ 很不；　　　　$L_5 =$ 有点不；　　　　$L_6 =$ 不；

$L_7 =$ 有点 / 比较；　$L_8 =$ 很；　　　　　　$L_9 =$ 太；

$L_{10} =$ 十分；　　　　$L_{11} =$ 最

一个形容词可分出的量级当然不止上述这些，我们这里只是选择了几个由小到大的关键点。另外，相邻的两个量级究竟哪个大哪个小，颇难确定，不过这都无关紧要，重要的是某个形容词可分出的量级幅度的大小。

从下表可以明显看出，除中点 L_6（不 A）外，积极成分的量级数目恰好是消极成分的 2 倍。造成这种现象的原因是，积极形容词加"不"否定后仍能用程度词分量级，而消极形容词加"不"后就不能再用程度词分量级了。

"干净"类词积极成分和消极成分的量级差异

	积极成分												消极成分										
	L_1	L_2	L_3	L_4	L_5	L_6	L_7	L_8	L_9	L_{10}	L_{11}		L_1	L_2	L_3	L_4	L_5	L_6	L_7	L_8	L_9	L_{10}	L_{11}
干净	+	+	+	+	+	+	+	+	+	+	+	脏	-	-	-	-	-	-	+	+	+	+	+
好	+	+	+	+	+	+	+	+	+	+	+	坏	-	-	-	-	-	-	+	+	+	+	+
灵活	+	+	+	+	+	+	+	+	+	+	+	死板	-	-	-	-	-	-	+	+	+	+	+
深刻	+	+	+	+	+	+	+	+	+	+	+	肤浅	-	-	-	-	-	-	+	+	+	+	+
自然	+	+	+	+	+	+	+	+	+	+	+	牵强	-	-	-	-	-	-	+	+	+	+	+
高兴	+	+	+	+	+	+	+	+	+	+	+	难过	-	-	-	-	-	-	+	+	+	+	+
细心	+	+	+	+	+	+	+	+	+	+	+	粗心	-	-	-	-	-	-	+	+	+	+	+
镇静	+	+	+	+	+	+	+	+	+	+	+	慌张	-	-	-	-	-	-	+	+	+	+	+
踏实	+	+	+	+	+	+	+	+	+	+	+	担心	-	-	-	-	-	-	+	+	+	+	+
干脆	+	+	+	+	+	+	+	+	+	+	+	拖拉	-	-	-	-	-	-	+	+	+	+	+
坚强	+	+	+	+	+	+	+	+	+	+	+	软弱	-	-	-	-	-	-	+	+	+	+	+
明确	+	+	+	+	+	+	+	+	+	+	+	含糊	-	-	-	-	-	-	+	+	+	+	+
详细	+	+	+	+	+	+	+	+	+	+	+	粗略	-	-	-	-	-	-	+	+	+	+	+
光彩	+	+	+	+	+	+	+	+	+	+	+	可耻	-	-	-	-	-	-	+	+	+	+	+
清晰	+	+	+	+	+	+	+	+	+	+	+	模糊	-	-	-	-	-	-	+	+	+	+	+
整齐	+	+	+	+	+	+	+	+	+	+	+	乱	-	-	-	-	-	-	+	+	+	+	+
严	+	+	+	+	+	+	+	+	+	+	+	宽	-	-	-	-	-	-	+	+	+	+	+
聪明	+	+	+	+	+	+	+	+	+	+	+	笨	-	-	-	-	-	-	+	+	+	+	+
清楚	+	+	+	+	+	+	+	+	+	+	+	糊涂	-	-	-	-	-	-	+	+	+	+	+
果断	+	+	+	+	+	+	+	+	+	+	+	犹豫	-	-	-	-	-	-	+	+	+	+	+
诚实	+	+	+	+	+	+	+	+	+	+	+	狡猾	-	-	-	-	-	-	+	+	+	+	+
开通	+	+	+	+	+	+	+	+	+	+	+	保守	-	-	-	-	-	-	+	+	+	+	+
积极	+	+	+	+	+	+	+	+	+	+	+	消极	-	-	-	-	-	-	+	+	+	+	+
讲理	+	+	+	+	+	+	+	+	+	+	+	无理	-	-	-	-	-	-	+	+	+	+	+
节约	+	+	+	+	+	+	+	+	+	+	+	浪费	-	-	-	-	-	-	+	+	+	+	+
舒服	+	+	+	+	+	+	+	+	+	+	+	难受	-	-	-	-	-	-	+	+	+	+	+
幸福	+	+	+	+	+	+	+	+	+	+	+	痛苦	-	-	-	-	-	-	+	+	+	+	+
安静	+	+	+	+	+	+	+	+	+	+	+	嘈杂	-	-	-	-	-	-	+	+	+	+	+

（续表）

	积极成分												消极成分										
	L_1	L_2	L_3	L_4	L_5	L_6	L_7	L_8	L_9	L_{10}	L_{11}		L_1	L_2	L_3	L_4	L_5	L_6	L_7	L_8	L_9	L_{10}	L_{11}
正经	+	+	+	+	+	+	+	+	+	+	+	庸俗	-	-	-	-	-	+	+	+	+	+	+
民主	+	+	+	+	+	+	+	+	+	+	+	专制	-	-	-	-	-	+	+	+	+	+	+
大方	+	+	+	+	+	+	+	+	+	+	+	小气	-	-	-	-	-	+	+	+	+	+	+
严格	+	+	+	+	+	+	+	+	+	+	+	散漫	-	-	-	-	-	+	+	+	+	+	+
文雅	+	+	+	+	+	+	+	+	+	+	+	粗俗	-	-	-	-	-	+	+	+	+	+	+
喜欢	+	+	+	+	+	+	+	+	+	+	+	讨厌	-	-	-	-	-	+	+	+	+	+	+
熟悉	+	+	+	+	+	+	+	+	+	+	+	陌生	-	-	-	-	-	+	+	+	+	+	+
正确	+	+	+	+	+	+	+	+	+	+	+	错误	-	-	-	-	-	+	+	+	+	+	+
老练	+	+	+	+	+	+	+	+	+	+	+	无知	-	-	-	-	-	+	+	+	+	+	+
主动	+	+	+	+	+	+	+	+	+	+	+	被动	-	-	-	-	-	+	+	+	+	+	+
热心	+	+	+	+	+	+	+	+	+	+	+	冷淡	-	-	-	-	-	+	+	+	+	+	+
认真	+	+	+	+	+	+	+	+	+	+	+	马虎	-	-	-	-	-	+	+	+	+	+	+
安全	+	+	+	+	+	+	+	+	+	+	+	危险	-	-	-	-	-	+	+	+	+	+	+
容易	+	+	+	+	+	+	+	+	+	+	+	困难	-	-	-	-	-	+	+	+	+	+	+
轻松	+	+	+	+	+	+	+	+	+	+	+	紧张	-	-	-	-	-	+	+	+	+	+	+
成熟	+	+	+	+	+	+	+	+	+	+	+	幼稚	-	-	-	-	-	+	+	+	+	+	+
真实	+	+	+	+	+	+	+	+	+	+	+	虚假	-	-	-	-	-	+	+	+	+	+	+
必要	+	+	+	+	+	+	+	+	+	+	+	多余	-	-	-	-	-	+	+	+	+	+	+
漂亮	+	+	+	+	+	+	+	+	+	+	+	丑陋	-	-	-	-	-	+	+	+	+	+	+

可以把积极成分和消极成分的量幅表现在区间［0，1］上，那么它们的量级差别可以图示如下：

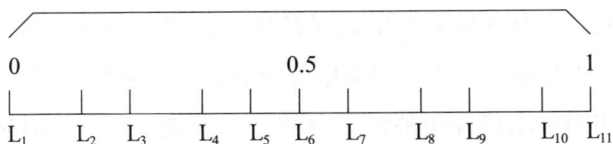

图一　"干净"类词积极成分的量幅

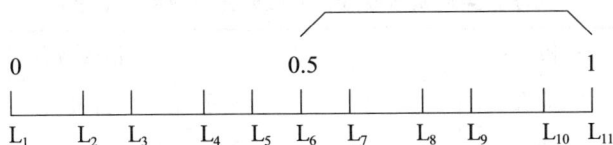

图二　"干净"类词消极成分的量幅

如果用 A 表示积极成分，用 B 表示消极成分，那么对上表中的每一对形容词来说，它们之间的语义关系为：

最不 A ≈ 最 B ；　　　　十分不 A ≈ 十分 B ；

太不 A ≈ 太 B ；　　　　很不 A ≈ 很 B ；

有点不 A ≈ 有点 B ；　　不 A ≈ 不 B。

根据积极成分和消极成分上述语义上的对应关系，可以把图一和图二黏合在一起。

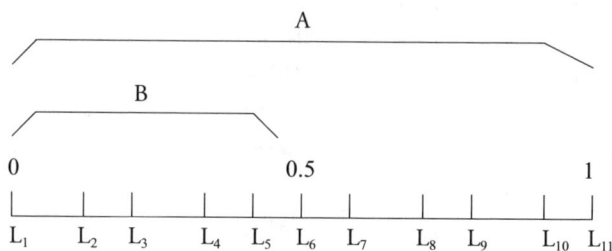

图三　积极成分（A）和消极成分（B）的量级

图三中，积极成分的量幅区间为 [0，1]，即为全量幅词；消极成分的量幅区间为 [0，0.5]，相应地叫作半量幅词。全量幅词和半量幅词是从形式上划分出来的类，跟从意义上分出的积极成分和消极成分分别对应。

3.19.3.3　积极和消极形容词的使用频率差别

一对有反义关系的形容词其语义属于同一个概念范畴，积极性质的一方是全量幅的，也就意味着它的语义范围广，通过加程度词可以照顾到整个概念范围，从而表达了相应的消极成分的语义。由此可以很自然地推知，积极成分的使用频率应高于消极成分的。下表是《现代汉语频率词典》的统计结果。

"干净"类词积极成分和消极成分的使用频率差别

积极成分			消极成分		
例词	词次	频率	例词	词次	频率
好	4026	0.30630	坏	340	0.02587

（续表）

积极成分			消极成分		
例词	词次	频率	例词	词次	频率
高兴	363	0.02762	伤心	52	0.00396
聪明	96	0.00730	笨	16	0.00122
整齐	53	0.00403	杂乱	11	0.00084
深刻	108	0.00822	肤浅	72	0.00580
热闹	68	0.00517	冷清	5	0.00038

根据频率词典的统计结果，在一对具有反义关系的词中，几乎所有的积极成分的使用频率都远高于其相应的消极成分的使用频率。

3.19.3.4　全量幅词和半量幅词

全量幅词的量级范围在图三中是 $[0, 1]$，它用于问句时的询问域相当于整个概念范围，也就是说照顾到了所在概念范围的每一个点。半量幅词的量级范围是 $[0, 0.5]$，恰好是全量幅词的二分之一，所以用半量幅词询问时只问到了所在概念范围的一半。本章开头提到的有标记和无标记现象实际上是询问域的大小问题。当我们事先只知道所问对象属于哪种性质而不知道其具体范围时，就用全量幅词询问，这时的全量幅词就表现为无标记的。只有事先已假定性质的范围是在 $[0, 0.5]$ 区间之内才用半量幅词来询问，这时整个问句的语义具有明显的倾向性，从而形成了它们的有标记特点。

现在来考察全量幅词和半量幅词用于问句的情况。所有的全量幅词和半量幅词都可以用于以下三类问句中。

问句一：名＋形＋吗？

（7）a. 教室干净吗？

询问域＝L_1，L_2，L_3，L_4，L_5，L_6，L_7，L_8，L_9，L_{10}，L_{11}＋干净

b. 教室脏吗？

询问域＝L_6，L_7，L_8，L_9，L_{10}，L_{11}＋脏

（8）a. 游泳安全吗？

询问域＝L_1，L_2，L_3，L_4，L_5，L_6，L_7，L_8，L_9，L_{10}，L_{11}＋安全

b. 游泳危险吗？

询问域＝L_6，L_7，L_8，L_9，L_{10}，L_{11}＋危险

询问域也就是问话者期待对方回答的范围，被问者可以直接从询问域中选择一个量级加以回答。比如例（7）a的直接答语可以是"最不干净""有点不干净"或者"很干净""十分干净"，等等。如果教室是"最脏""十分脏""很脏"等情况时，在例（7）a的询问域就有"最不干净""十分不干净""很不干净"等语义上分别与之等值的项来进行回答。"安全"的情况与"干净"相同，所有全量幅词都有上述特点。在问句一中，全量幅词都表现为无标记的。

用例（7）b和例（8）b询问时，问话者是事先已经知道或者假定所问对象的性质是"脏的"或"危险的"，可以直接回答的量级区间是［0.5，1］。被问者可以在相应的询问域中选择一个量级直接加以回答，比如例（8）a的直接答语可以是"有点危险""很危险""最危险"，等等。假如所问对象的性质是干净的或者安全的，这就超出了例（7）b和例（8）b的询问域，遇到这种情况，答话者需要先指出对方的询问域错了，然后再在相对的全量幅词的［0.5，1］区间内选择一个量级作答。如果用A指全量幅词，B指半量幅词，这时的答语结构通常为：

不＋B，A。

不，A。

比如，例（7）b的可能答语为下边的例（9），例（8）b的可能答语为下边的例（10）。

（9）a. 教室不脏，很干净。

b. 不脏，这教室最干净。

c. 不，十分干净。

（10）a. 游泳不危险，很安全。

b. 不危险，比较安全。

c. 不，十分安全。

上述两例中的三个答语的前段都有否定词"不"，作用是指出对方的询问域错了。如果直接用"很干净""十分干净"等作答，就会令人感到语气突兀，或者答非所问。所有半量幅词都有这个特点，它们在问句一中都表现为有标记的。

尽管用全量幅词询问时，其询问域包括了相应的半量幅词，一般来说也不大能用半量幅词直接作答。比如当问"教室干净吗？"，直接答语不大会是"教室最脏""教室很脏"等。我们说"干净"是无标记的，是指用它的词汇形式来表达相对的"脏"的意义，并不是说与"脏"的语用特征完全相等。具体说来，尽管"很脏"和"很不干净"所表语义相当，但是两者表述的角度很不相同，前者是从消极的方面讲的，后者则是从积极的方面讲的，它们在应用中也存在着很多差别，后者比前者在语气上显得稍微婉转、缓和一些。

用半量幅词 B 询问时，如果性质实际上为相应的全量幅词 A 的 $[0.5, 1]$ 区间的，其答语结构一般是"不 B，A"。这个 A 只能是跟那个被问的 B 相对的、处于同一概念范围的全量幅词，而不能是其他概念范围的词。比如"教室脏吗？"的答语绝不可能是"不脏，教室很明亮 / 宽敞"等，"游泳危险吗？"的答语也不会是"不危险，很舒服 / 凉快"等。也就是说，用半量幅词提问时也限制了间接答语的形容词范围。这个限制来自半量幅词的一个特殊量级"不＋B"，该量级相当于一个焊接点，指出了语义上与其紧密相关的另一个词的范围。比如"不脏"在语义上与"比较干净"相当，因此"脏"用于问句时，该量级的作用是限定答语只能是相同概念范围的词"干净"，也可以认为"不脏"是从脏的性质向干净性质过渡的关键点。

问句二：名＋形＋不＋形？

（11）a. 教室干净不干净？

询问域＝L_1，L_2，L_3，L_4，L_5，L_6，L_7，L_8，L_9，L_{10}，L_{11}＋干净

b. 教室脏不脏？

$$询问域＝L_6，L_7，L_8，L_9，L_{10}，L_{11}＋脏$$

（12）a. 游泳安全不安全？

$$询问域＝L_1，L_2，L_3，L_4，L_5，L_6，L_7，L_8，L_9，L_{10}，L_{11}＋安全$$

b. 游泳危险不危险？

$$询问域＝L_6，L_7，L_8，L_9，L_{10}，L_{11}＋危险$$

可见，全量幅词和半量幅词在问句二中的情况跟问句一中的完全一样，它们的有标记和无标记的表现形式也自然是一样的，也就是说，在问句二中，全量幅词是无标记的，半量幅词则是有标记的。

问句二的直接答语除了询问域的各个量级外，还可以是光杆形容词或者形容词的否定式。比如"教室干净不干净？"的答语可以是"很不干净""比较干净"等，也可以简单是"干净"或者"不干净"。跟用程度词所切分出的各个量级相比，光杆形容词或者加"不"的形容词否定式的意义更为宽泛，只是指出了性质的大致范围。

问句三：名＋有多＋形？

（13）a. 教室有多干净？

$$询问域＝L_6，L_7，L_8，L_9，L_{10}，L_{11}＋干净$$

b. 教室有多脏？

$$询问域＝L_6，L_7，L_8，L_9，L_{10}，L_{11}＋脏$$

（14）a. 游泳有多安全？

$$询问域＝L_6，L_7，L_8，L_9，L_{10}，L_{11}＋安全$$

b. 游泳有多危险？

$$询问域＝L_6，L_7，L_8，L_9，L_{10}，L_{11}＋危险$$

问句三跟问句一、二显然不同，不论是全量幅词还是半量幅词，它们的询问域都是［0.5，1］，只能照顾到所问概念的二分之一。比如用例（13）a提问时，问话者是假定教室是干净的，只是干净的程度尚不清楚，需要对方加以说明。答话者可以在［0.5，1］区间内选择一个量级直接加以回答，例（13）a的可能直接答语是下边的例（15），例（14）a的可能答语是下边的例（16）。

（15）a. 教室还比较干净。

　　　b. 很干净。

　　　c. 十分干净。

（16）a. 游泳很安全。

　　　b. 游泳十分安全。

　　　c. 最安全。

注意，程度词"太"跟"很""十分"等不大一样，除了表程度极高外，还有赞叹的语气，因此一般不直接用作答语。

当问"教室有多干净？"时，如直接用"很不干净""十分不干净""最不干净"等作答，就会显得答非所问。这时的答语结构一般是，先用否定词"不"纠正对方的询问域错了，然后再来说明情况是属于"有点不干净""很不干净"还是"最不干净"等。

"教室有多不干净？"和"教室有多脏？"的询问域相同，所问的具体语义范围也一样。前者的答语可以是"有点不干净""很不干净"等，后者的直接答语可以是"有点脏""很脏"等。尽管"有点不干净"和"有点脏"在语义上是等值的，前面讲过，因为词汇形式上的差异，它们也不大能够自由替换。"干净"类的其他各对词的用法与此类似。

从以上的分析中可以看出，"教室有多干净？"和"教室有多不干净？"两个问句的询问域之和，等于"教室干净吗？"或者"教室干净不干净？"这两个问句中的其中任何一个的二分之一。同样，"教室有多脏？"也相当于"教室脏吗？"或者"教室脏不脏？"的任何一个的二分之一。说"等于"只是一个大致的说法，问句三中的全量幅词或者半量幅词都比问句一、二的少一个中点量级"不＋形"，因此不能用光杆形容词回答。比如问"教室有多干净？"时，直接答语不能是"不干净"或者"干净"。全量幅词用于问句三时，缺少中点量级"不＋形"这个焊接点，就不能指出与之相对的另一半语义范围。这就是它们在问句三中的询问域只是所属概念二分之一的原因。

由此可见，在问句三中，不论是全量幅词还是半量幅词，都保持着自身具体的词汇意义，即都是有标记的。

3.19.3.5 形容词疑问句的否定限制

从否定的角度发问的句子，全量幅词加否定词的量级范围是 $[0, 0.5]$，半量幅词只有 0.5 一个点，它们在各类问句中的询问域如下。

（17）a. 教室不干净吗？

　　　　询问域＝L_6，L_7，L_8，L_9，L_{10}，L_{11}＋干净

　　　b. 教室不脏吗？

　　　　询问域＝L_6＋脏

（18）a. 游泳不安全吗？

　　　　询问域＝L_6，L_7，L_8，L_9，L_{10}，L_{11}＋安全

　　　b. 游泳不危险吗？

　　　　询问域＝L_6＋危险

例（17）a 的答语可以是"是的，有点不干净""是的，很不干净"等，例（18）a 的答语可以是"是的，有点不安全""是的，十分不安全"等。其中"是的"作用是认同对方的询问域正确，然后再选取一个合适的量级作答。如果情况是属于"干净"或者"安全"性质范围的，答语的结构一般是先用否定词"不"纠正对方的询问域错了，然后选取一个合适的量级作答。比如，这时例（17）a 的可能答语为："不，很干净""不，教室最干净"等；对例（18）a 的可能答语为："不，比较安全""不，十分安全"等。

例（17）b 和例（18）b 的直接答语只能是"不脏"或者"不危险"。如果所问的性质是属于 $[0.5, 1]$ 区间的，就需要先指出询问域错了，然后来作答。比如在这种情况下对（17）b 的可能答语是：

（19）a. 不，教室很干净。

　　　b. 不对，这个教室最干净了。

　　　c. 相反，教室十分干净。

从否定的角度发问时，即使全量幅词的询问域也只能是整个概念范围的二分之一，具有明显的倾向性，因此是有标记的。而这时的半量幅词的

询问域更小，只有 L_6 一个量级。这样就要求，如果要从否定的角度发问，问话者所知道的信息必须更具体，一般是事先已经知道所问对象的性质是所在概念范围的二分之一范围之内或者更小，目的是让对方证实一下。由此可见，用于否定问句的全量幅词或者半量幅词都有明确的词汇意义，因此都是有标记的。

疑问句中除询问原因外，很少从否定的角度发问。上述分析也可以部分解释这种现象形成的原因：因为从否定的角度发问的句子询问域比肯定的小，要求问话者对所问对象的性质了解得更准确、更具体，这样就在很大程度上限制了否定问句的使用频率。

问句二就是所谓的正反问句，也就是从肯定和否定两个角度同时发问的句子，因此不存在单纯从否定角度发问的问题。半量幅词的否定式不能用于问句三，比如一般不说"＊教室有多不脏？""＊游泳有多不危险？"等。全量幅词的否定式用于问句三的询问域跟在问句一中的相当。

3.19.3.6　"干净"类词的有无标记与疑问句式的对应关系

通过以上的分析，可以把"干净"类词的有标记和无标记问题归纳为如下几种情况。下式中的 A 表示全量幅词，B 表示半量幅词，N 表示名词性短语。根据图一、二的量级模型，"干净"类词在三类问句中的有无标记情况为：

一、a.N ＋ A ＋吗？

　　询问域＝［0，1］

　　b.N ＋ B ＋吗？

　　询问域＝［0.5，1］

　　结论：A 是无标记的，B 是有标记的。

二、a.N ＋ A ＋不＋ A？

　　询问域＝［0，1］

　　b.N ＋ B ＋不＋ B？

　　询问域＝［0.5，1］

　　结论：A 是无标记的，B 是有标记的。

三、a.N＋有多＋A？

　　询问域＝（0.5，1］

　　b.N＋有多＋B？

　　询问域＝（0.5，1］

　　结论：A 是有标记的；B 是有标记的。

对于"干净"类词来说，询问域为［0，1］时，照顾到了整个概念范围，表现为无标记的；询问域为［0.5，1］或者更小时，只照顾到了整个概念范围的二分之一或更小，表现为有标记的。

3.19.4　"大小"类词

3.19.4.1　"大小"类词反义双方的量级特点

"大小"类词是表示客观事物三维性质或质量的各对具有反义关系的形容词，本节将考察它们的有标记和无标记问题。

首先，列表看一下它们量幅上的特点。表中 L_i 的语义解释与前同。

表四　"大小"类词的量级特点

	积极成分												消极成分										
	L_1	L_2	L_3	L_4	L_5	L_6	L_7	L_8	L_9	L_{10}	L_{11}		L_1	L_2	L_3	L_4	L_5	L_6	L_7	L_8	L_9	L_{10}	L_{11}
大	-	-	-	-	-	+	+	+	+	+	+	小	-	-	-	-	-	+	+	+	+	+	+
高	-	-	-	-	+	+	+	+	+	+	+	低	-	-	-	-	+	+	+	+	+	+	+
深	-	-	-	-	+	+	+	+	+	+	+	浅	-	-	-	-	+	+	+	+	+	+	+
重	-	-	-	-	+	+	+	+	+	+	+	轻	-	-	-	-	+	+	+	+	+	+	+
宽	-	-	-	-	+	+	+	+	+	+	+	窄	-	-	-	-	+	+	+	+	+	+	+
粗	-	-	-	-	-	+	+	+	+	+	+	细	-	-	-	-	-	+	+	+	+	+	+
厚	-	-	-	-	+	+	+	+	+	+	+	薄	-	-	-	-	+	+	+	+	+	+	+
硬	-	-	-	-	+	+	+	+	+	+	+	软	-	-	-	-	+	+	+	+	+	+	+
稠	-	-	-	-	+	+	+	+	+	+	+	稀	-	-	-	-	+	+	+	+	+	+	+
浓	-	-	-	-	+	+	+	+	+	+	+	淡	-	-	-	-	+	+	+	+	+	+	+
长	-	-	-	-	+	+	+	+	+	+	+	短	-	-	-	-	+	+	+	+	+	+	+
远	-	-	-	-	-	+	+	+	+	+	+	近	-	-	-	-	-	+	+	+	+	+	+

由上表可以清楚地看出，"大小"类词的积极成分（表量大的）和消

极成分（表量小的）的量幅都是相同的，它们都是半量幅词。显然，"大小"类词跟"干净"类词是很不相同的。但是，这类词是属于典型的有标记和无标记问题，比如绝大多数人类语言都遵循这样一条规则，问事物的上下距离时一般只说"有多高"，不说"*有多低"，除非已经假定所问对象是相当低的才会这样问。既然"大小"类词的双方都是半量幅词，就不能再用量幅的大小来解释它们的有标记和无标记现象。"大小"类词的共同语义特征是表示事物的"质"或者"量"的规定性，这一点是解决问题的关键。

3.19.4.2　表事物本质属性的形容词

客观存在的事物都具有长、宽、高三维性质，也都具有质量。当我们询问事物的质量时，必须有一个明确的预设：所问的对象是业已存在的，因此它们在长、宽、高等方面都有一定的量，也就是说这几方面的性质不能为 0。因为如果其中一个性质为 0，就意味着该对象不存在，那么就不可能询问事物这方面的性质。这个"预先假定的量"下面简称为预设量。"大小"类词用于问句都具有预设量。

每一对"大小"类词的积极成分（A）的量级和消极成分（B）的量级之和恰好等于所在概念的整个范围。可图示如下：

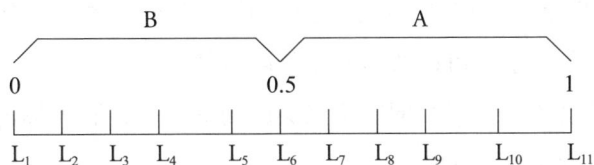

```
        B              A
   ┌──────────┐  ┌──────────────┐
   0          0.5              1
   ├──┬──┬──┬──┼──┬──┬──┬──┬──┬──┤
   L₁ L₂ L₃ L₄ L₅ L₆ L₇ L₈ L₉ L₁₀ L₁₁
```

图四　"大小"类反义词的量级特点

在大小类词中，积极成分是一对词中表量大、多的一个，比如"高、深、厚"等；消极成分是表小、少的，比如"低、浅、薄"等。图一、二是根据可能加的程度词制的，是表层的；图三、四是根据语义关系制的，是深层的。

从形式上看，积极成分和消极成分都是半量幅词，可是它们的语义特征是很不一样的。在图四中，积极成分的上限（右端的边界）是个无穷大的量，比如不论物体有多大都属于"大"的概念范围；它的下限（L_6）是相对的消极成分的上限（L_6），表现为"不大"和"不小"重合为一点。对于消极成分来说，它的上限是相应积极成分的下限，它的下限为0。

消极成分的上限是一个伸缩性很大的模糊量，可以用"一定的量"来替代它。不失为一般性，设消极成分的上限为预设量。属于"大小"类词的任何一对反义词共同组成一个特定的概念范围。积极成分的量幅加上预设量，总能覆盖所在的整个概念范围，然而消极成分的量幅加上预设量后不会超过消极成分的上限（L_6）。那么，有下式：

式一：积极成分的量幅＋预设量＝[0,1]

式二：消极成分的量幅＋预设量＝[0,0.5]

式一表明，积极成分的量幅加上预设量后其值域为[0,1]，所以用它询问时能照顾到整个概念范围，这样就形成了它的无标记性。式二说明消极成分加上预设量后量级范围不变，仍为[0,0.5]。所以，消极成分的询问域为整个概念的二分之一，语义上带有一种明显的倾向性，这样就使得它成为有标记的。这里的积极成分和消极成分的差异可以用一个比方来理解。好比有两组人，甲组年龄在1—25岁之间，乙组年龄在25岁以上，甲组即使再添上25岁及其以下的年龄段的人，它的成员的年龄段仍然不变，所包含的仍是青少年。但是，乙组的人如果加上25岁及其以下的人后，它的成员年龄段宽了，可以覆盖所有年龄段的人。

现在来考察"大小"类词用于三类问句的有标记和无标记情况。

问句一：名＋形＋吗？

（20）a. 小赵高吗？

询问域＝L_6，L_7，L_8，L_9，L_{10}，L_{11}＋高

b. 小赵矮吗？

询问域＝L_6，L_7，L_8，L_9，L_{10}，L_{11}＋矮

（21）a. 那棵树大吗？

询问域＝L_6，L_7，L_8，L_9，L_{10}，L_{11}＋大

b. 那棵树小吗？

询问域＝L_6，L_7，L_8，L_9，L_{10}，L_{11}＋小

注意，上述的 L_i 是指它们对应的程度词。在问句一中，积极成分和消极成分的询问域都是整个概念范围的二分之一，都有明确的词汇意义，即它们都是有标记的。上述问句（20）a 是已经假定小赵是高的，而需要对方证实或者说明一下"高"的具体程度。类似地，例（21）a 也是已经假定"树"是大的才会这样问。很明显，例（20）a 的询问域不包括相对的"矮"的性质。这时，如果小赵实际上是很矮的，答语就要首先指出询问域错了，再进行回答，比如"不，她很矮"。例（21）a 的情况也是如此，如果树是小的，答语的结构一般是"不，树很小"等。同样，例（20）b 和例（21）b 也都不包括各自相对的概念"高"和"大"。由此可知，在问句一中，不论是积极成分还是消极成分都是有标记的。

问句二：名＋形＋不＋形？

（22）a. 小赵高不高？

询问域＝L_6，L_7，L_8，L_9，L_{10}，L_{11}＋高

b. 小赵矮不矮？

询问域＝L_6，L_7，L_8，L_9，L_{10}，L_{11}＋矮

（23）a. 那棵树大不大？

询问域＝L_6，L_7，L_8，L_9，L_{10}，L_{11}＋大

b. 那棵树小不小？

询问域＝L_6，L_7，L_8，L_9，L_{10}，L_{11}＋小

注意，上述的 L_i 是指它们对应的程度词。问句二的积极成分和消极成分的询问域跟问句一的相同，它们的有标记和无标记情况也完全一致，即在问句二中，不论是积极成分还是消极成分都是有标记的。

问句三：名＋有多＋形？

（24）a. 小赵有多高？

询问域＝［预设量＋（L_6，L_7，L_8，L_9，L_{10}，L_{11}）］＋高

＝｛［0，0.5］＋［0.5，1］｝＋高

$$= [0, 1] + 高$$

b. 小赵有多矮？

询问域 = ［预设量＋（L_1，L_2，L_3，L_4，L_5，L_6）］＋矮

$$= \{[0, 0.5] + [0, 0.5]\} + 矮$$

$$= [0, 0.5] + 矮$$

（25）a. 那棵树有多大？

询问域 = ［预设量＋（L_6，L_7，L_8，L_9，L_{10}，L_{11}）］＋大

$$= \{[0, 0.5] + [0.5, 1]\} + 大$$

$$= [0, 1] + 大$$

b. 那棵树有多小？

询问域 = ［预设量＋（L_1，L_2，L_3，L_4，L_5，L_6）］＋小

$$= \{[0, 0.5] + [0, 0.5]\} + 小$$

$$= [0, 0.5] + 小$$

注意，上述的 L_i 是指它们的实际语义值。问句三是含有预设量的，因此用于其中的积极成分自身的询问域加上预设量后，可照顾到整个概念范围 $[0, 1]$。比如例（24）a 是客观询问，包括"矮"的性质在内的任何性质都问到了；例（25）a 也是客观询问，包括"小"在内的任何程度都问到了。结果，用于问句三的积极成分都表现为无标记的。再比如"有多深""有多厚""有多远"中的形容词都是积极成分，也都是无标记的。与此形成鲜明的对比，消极成分在问句三中显然都有明确的词汇意义，比如例（24）b 只有事先假定小赵的个子是相当矮的情况下才会这样问，例（25）b 是事先假定那棵树是很小时才会这样问。同样，"有多浅""有多薄""有多近"等中的消极形容词都是有标记的。总之，问句三的积极成分都是无标记的，消极成分都是有标记的。

"大小"类词用于问句一和二时，答语只能是"程度词＋形"表模糊量的词组，不能是具体的数字，然而当它们用于问句三时，答语既可以是模糊量词组，又可以是精确的数字。比如，当问"小赵高吗？"时，答语可以是"比较高""很高""十分高"等，而不能是"1.7 米高""1.8 米高"等。然而当问"小赵有多高？"时，答语既可以是"比较高""很高""十

分高"等，又可以是"她有 1.7 米高""她有 1.8 米高"等。对于具体的事物比如"人"来说，数字的取值有一定的范围，"矮"不可能无限地小，"高"也不可能无限地大。但是，从理论上讲，积极成分的数量修饰语可以为任何大于 0 的量。下面用 x 代替具体的数字，A 表示积极成分，B 表示消极成分，那么它们用于问句三时的取值范围为下式。

x ＋ A（x ＞ 0）

x ＋ B（一定量 ＞ x ＞ 0）

积极成分前的 x 可以是大于 0 的任何数字，而消极成分前的 x 只能取小于"一定量"并且大于 0 的值。这种取值上的差异是积极成分的无标记性和消极成分的有标记性的表现形式，积极成分可以通过自由取值来包括相对的消极成分的性质，而消极成分则不能。在上文中谈到，"干净"类的积极成分通过其否定式加程度词的方法包括了相对的消极成分的含义，因此它们在问句一、二中是无标记的；而"大小"类词都是半量幅词，虽然不能在问句一、二中通过加程度词的办法来表示其相对概念的语义，但是其积极成分在问句三中可以通过加具体数字的办法表示相对的消极成分的性质，从而表现为无标记的。

大小类词的数量特征是形成它们有标记和无标记现象的原因。问句三询问事物三维性质时，都具有预设量，就是这个预设量弥补了"大小"类词的积极成分自身询问域上的空缺。预设量的伸缩性是很大的，可以无限地逼近 0（≠0），也可以是相当高的程度，所以总可以填补积极成分在询问域上留下的空缺。另外，"大小"类词在问句三中必须有预设量，因为没有预设量就意味着所问的客体不存在，而这时就不可能以问句三来提问了。

3.19.4.3 "大小"类词的其他无标记用法

"大小"类词的有标记和无标记现象还有以下四个特点。

一、只有那么 A ＝只有那么 B。例如：

（26）a. 只有那么大＝只有那么小

　　　 b. 只有那么高＝只有那么低

c. 只有那么长＝只有那么短

d. 只有那么宽＝只有那么窄

例（26）中各式的语义中心是等式右边的，左端的"大""高""长""宽"等都偏移为相对的消极成分的意义，可以认为这时它们都是无标记的。其他类的反义形容词却没有上述等式之间的关系，比如"只有那么干净≠只有那么脏""只有那么安全≠只有那么危险"等等。

二、由"积极成分＋度／量"构成的复合词可以表示事物的客观量度。比如"高度、深度、宽度、长度、厚度、硬度、浓度、密度、远度、重量"。可是消极成分没有这种用法。同时，"积极成分＋消极成分"也可以表示事物的度量，比如"大小、多少、粗细、稀稠、快慢、远近"等等。

有趣的是，表示冷热量度的词，既不是"热度"，又不是"冷度"，而是"温度"。原因是，"冷"和"热"之间的数量关系跟"大小"类词的很不相同，如果以 0℃ 作为中点，0℃ 以下的都是"冷"的性质，不管温度是负多少度，都属于"冷"的范畴，即"冷"的上限是一个负无穷大的量。同样，0℃ 以上都是热的性质，不管是零上多少度都属于"热"的范畴，即"热"的上限也是一个无穷大的量。"热"和"冷"之间没有积极和消极之分，两者在任何情况下都不能包括对方的范围，所以都是有标记的。然而"高度"等的复合词第一个词素都必须是无标记的，这时就选用兼有"冷"和"热"的中间性质"温"来作为表冷热量度的复合词的第一个词素。

三、"够＋积极成分"中的积极成分是无标记的。例如：

（27）a. 窗帘够宽了。

b. 绳子够长了。

c. 棍子够高了。

d. 板子够厚了。

例（27）中的各例分别是指"宽度""长度""高度""厚度"达到某种量度，并不是指积极成分自身的语义，即表现为无标记的。与此相对，消极成分用于"够＋形"结构都保持着自身的词汇意义，都是有标记的。比如

"窗帘够窄了"和"绳子够短了"两句中的"够窄"和"够短"意为"很窄"和"很短"。

四、"数量成分 / 名词成分＋积极成分"也都是表示客观量度的，没有自身具体的词汇意义，是无标记的。例如：

（28）a. 这张桌子有四尺长。

b. 那口井有三丈深。

c. 这个东西有豌豆大。

d. 那棵树有碗口粗。

消极成分都没有例（28）的用法，比如不能说"* 这张桌子有四尺窄""* 那口井有三丈浅"等。

3.19.4.4　形容词的数量特征与其无标记用法

"大小"类词都是表示事物三维性质的，由以上分析可以看出，因为它们拥有共同的数量特征，所以它们才有共同的有标记和无标记表现形式。数量特征是问题的关键，而不是某种特定的语义范畴。即使不是表示事物三维性质的，凡是具有共同数量特征的词，也具有同样的有标记和无标记表现形式。比如"贵"和"便宜"这对反义词并不是表示事物的三维性质的，可是与"大小"类词具有共同的数量特征，因而也就具有相同的有无标记表现。"便宜"的下限为 0 元钱（≠0），上限为一定的钱数；"贵"的下限是"便宜"的上限，其上限是一个开放的量。在问句三中，问"这东西有多贵？"也有一个预设量，即假定这东西是花了一定的钱数买来的，因此"贵"的询问域加上这个预设量后就照顾到了"便宜"的语义范围，这时的"贵"就表现为无标记的。相反，当问"这东西有多便宜？"时，是事先已经知道或者假定所问的对象是相当便宜的，可见这里的"便宜"是有标记的。同时，"贵"在第三类问句中的答语方式也与"大小"类词的相同，可以用具体的数量成分 x（$x > 0$）作答，也是通过 x 的自由取值来表示相对的便宜性质。类似地，"贵"在问句一、二中也是有标记的，这也与"大小"类词的用法一样。比如"这东西贵吗？"和"这东西贵不贵？"两个问句都是询问价钱高这种性质的。

3.19.4.5 "大小"类词的有无标记用法与疑问句式的对应关系

"干净"类词跟"大小"类词在有标记和无标记用法上形成了鲜明的对立：在问句一、二中，"干净"类词的全量幅词是无标记的，半量幅词是有标记的；而"大小"类词的积极成分和消极成分都是有标记的。在问句三中，情况恰好相反，"大小"类词的积极成分是无标记的，消极成分是有标记的；而"干净"类词的全量幅词和半量幅词都是有标记的。

问句一和二是询问模糊程度的问句，因此用于其中的各类形容词的询问域就是它们可用程度词切分量级的多少。问句三既可以询问模糊程度，又可以询问精确数目。"干净"类词的积极成分的无标记性主要表现在它们可用程度词修饰上，"大小"类词的积极成分的无标记性则主要表现在它们可为精确数目修饰上。下一章将详细讨论疑问句型的功能对形容词的有无标记用法的影响。

3.19.5 "冷热"类词

在"冷热"类词里，有反义关系的两个成分表面上看起来是跟"大小"类词一样的，都是半量幅词，可是实际上它们的深层的数量特征是很不一样的。现把这类词列表如下：

表五 "冷热"类词的量级特点

	积极成分												消极成分										
	L_1	L_2	L_3	L_4	L_5	L_6	L_7	L_8	L_9	L_{10}	L_{11}		L_1	L_2	L_3	L_4	L_5	L_6	L_7	L_8	L_9	L_{10}	L_{11}
旱	-	-	-	-	-	+	+	+	+	+	+	涝	-	-	-	-	-	+	+	+	+	+	+
热	-	-	-	-	-	+	+	+	+	+	+	冷	-	-	-	-	-	+	+	+	+	+	+
生	-	-	-	-	-	+	+	+	+	+	+	熟	-	-	-	-	+	+	+	+	+	+	+
咸	-	-	-	-	+	+	+	+	+	+	+	淡	-	-	-	-	+	+	+	+	+	+	+
肥	-	-	-	-	+	+	+	+	+	+	+	瘦	-	-	-	-	+	+	+	+	+	+	+
干	-	-	-	+	+	+	+	+	+	+	+	湿	-	-	-	-	+	+	+	+	+	+	+

"冷热"类词有两个显著特点：（一）从意义上看，反义词的双方从

意义上看，很难说哪一个是积极的，哪一个是消极的；（二）每对词中的两个成分的量级上限都是开放的，都是一个无穷大的量，两者共用一个下限。为了便于用几何图形表示冷热类词的量级特点，把其中一个上限定义为 $-\infty$。

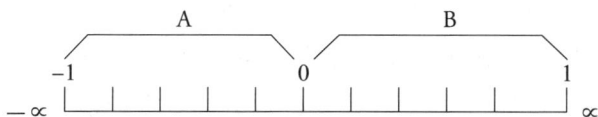

图五　"冷热"类词的量级特点

"冷热"类词的量级特点决定了每对词的任何一方用于所有三种问句中时，其询问域都不能照顾到相对的另一方，表现为双方都保持着自身的词汇意义。这样就形成了"冷热"类词在任何情况下都是有标记的特点。例如：

（29）A.a. 今年北方旱吗？

　　　　b. 今年北方旱不旱？

　　　　c. 今年北方有多旱？

　　　B.a. 今年北方涝吗？

　　　　b. 今年北方涝不涝？

　　　　c. 今年北方有多涝？

（30）A.a. 今年上海冷吗？

　　　　b. 今年上海冷不冷？

　　　　c. 今年上海有多冷？

　　　B.a. 今年上海热吗？

　　　　b. 今年上海热不热？

　　　　c. 今年上海有多热？

例（30）的六个问句都是已知上海是冷的或者热的，但尚不知道程度如何，需要问一下；或者是事先假定那里是冷的或热的，要求对方证实一下。如果对冷热情况事先没有任何了解，只能问"今年上海的气温怎么样？"一类的话。再比如，面对一盆水，如果不知道它的温度，只能问："这盆水的温度怎么样？"只有已知道或者企望它是热的，但不清楚热的程度时，才会问"这水热吗？"或者"这水有多热？"。

"冷热"类词不论在什么问句里，都是有标记的。这一点也可以从它们的答语中看出来。"干净"类词的积极成分都是全量幅的，它们用于问句一、二的直接答语可以是从"最不"到"最"的 11 个量级中的任何一个，这包括了相对的消极成分的语义范围，因此表现为无标记的。但是，跟"干净"类词的用法不同，"冷热"类词的双方都是半量幅词，加"不"后都不能再用程度词切分，因此在问句一、二中都照顾不到对方的语义范围，因此都表现为有标记的。此外，"冷热"类词也与"大小"类词不同。"大小"类词的积极成分在问句三中是通过可以自由取值（x > 0）来表示相对的消极成分的性质，从而表现为无标记性。然而"冷热"类词不能受数目短语的修饰，比如不能说"*40℃热"或者"*-20℃冷"等，所以它们也无法通过数字来表示相对的性质。冷热类词的积极成分和消极成分的上限都是一个开放的量，如果把它们的中点定为 0，其中的两个成分可有正负值之分。因此尽管该类词在问句三中的答语可以是数量成分，但是取值范围有限制：要么只能在正数范围里取值，要么只能在负数范围里取值。这一点跟"大小"类词的很不一样。比如问句"有多热"的答语只能在零上取值，"有多冷"则只能在零下取值。

3.19.6　有标记和无标记的语义条件

存在有标记和无标记对立的一组反义词必须满足这样一个条件：两者的语义范围之和等于整个概念范围。这只是个必要条件，不是充分条件，也就是说不满足这个条件的一对反义词一定不存在有无标记的用法，但是满足这个条件的也可能有，也可能没有。"干净"类的全量幅词和半量幅词的语义关系如图六所示，"大小"类词的积极成分和消极成分的关系如图七所示。"冷热"类词的各对反义词之间的语义关系也可归入图七。大圆表示这个概念范围。

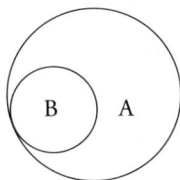
图六

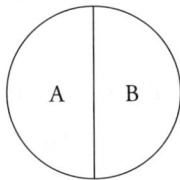
图七

不满足上述语义条件的以及不成对的形容词都没有无标记的用法，这些词在任何条件下都保持自身的词汇意义，都是有标记的。例如：

（31）A.a. 这瓶碳素墨水黑吗？

　　　　b. 这瓶碳素墨水黑不黑？

　　　　c. 这瓶碳素墨水有多黑？

　　　B.a. 那种布白吗？

　　　　b. 那种布白不白？

　　　　c. 那种布有多白？

（32）A.a. 那盘菜香吗？

　　　　b. 那盘菜香不香？

　　　　c. 那盘菜有多香？

　　　B.a. 那种肥料臭吗？

　　　　b. 那种肥料臭不臭？

　　　　c. 那种肥料有多臭？

（33）A.a. 那块板子圆吗？

　　　　b. 那块板子圆不圆？

　　　　c. 那块板子有多圆？

　　　B.a. 那块板子方吗？

　　　　b. 那块板子方不方？

　　　　c. 那块板子有多方？

虽然人们通常把"黑"和"白"看作一对反义词，但是它们两个量级相加只是色谱上的一个部分，并不能覆盖颜色概念的整个范围，除此之外还有"红、黄、蓝、绿"等，所以凡是表示颜色的词在问句中都是有标记的。例（31）中的"黑"和"白"都有明确的词汇意义，是有标记的。"香"和"臭"的情况也一样，除此之外表示味觉的词还有"甜、酸、苦、涩、辣"等，因此它们用于问句时也不能覆盖味觉概念范围，在例（32）中的"香"和"臭"都是有标记的。同样，表示物体几何图形的词除了"圆"和"方"外，还有"三角形、椭圆、菱形"等，同理，例（33）中的"圆"和"方"也是有标记的。

汉语还有一类形容词没有专职与之相对的反义词，或者干脆找不到合适的反义词，它们在任何情况下都保持着自身的词汇意义，都是有标记的。例如：

扁	棒	潮	脆	毒	粉	乖	狠	僵	
焦	烂	乱	满	闷	猛	嫩	粘	全	
傻	烫	歪	旺	稳	油	匀	准	妥当	
硬朗	圆满	正当	实在	顺当	痛快	精神	奇怪	清白	
黏糊	平安	平稳	朴实	流气					

比如，当问"昨天的足球比赛棒吗？""昨天的足球比赛棒不棒？""昨天的足球比赛有多棒？"时，其中的"棒"都是有明确的词汇意义，也都是有标记的。

3.19.7　定量形容词的问句

3.19.7.1　定量形容词的疑问句型

定量形容词都不能用于前面讨论的三类问句，但是可以用于下述两种疑问句型。

问句四：名＋是＋形＋的＋吗？

问句五：名＋是＋不＋是＋形＋的？

问句四、五分别是问句一、二的变换形式。前文所讨论的可用于问句一、二的形容词也都可以用于问句四、五，比如可以说"教室是干净的吗？""教室是不是干净的？"。而定量形容词却只能用于这两种问句。下面我们来考察具有反义关系的定量形容词用于问句四、五的情况。

（34）a. 他的主任是正的吗？

　　　直接答语：是的 / 是正的 / 不是 / 不是正的。

　　　间接答语：不，是副的。

　　b. 他的主任是副的吗？

　　　直接答语：是的 / 是副的 / 不是 / 不是副的。

　　　间接答语：不，是正的。

（35）a. 他的病是不是慢性的？

　　　直接答语：是的 / 是慢性的 / 不是 / 不是慢性的。

　　　间接答语：不，是急性的。

　　b. 他的病是不是急性的？

　　　直接答语：是的 / 是急性的 / 不是 / 不是急性的。

　　　间接答语：不，是慢性的。

　　例（34）和（35）的答语只有两个值："是"与"非"。"正"和"副"之间的关系就是逻辑学上的矛盾关系：肯定一方必然否定另一方，否定一方必然肯定另一方。比如对于"主任"来说，是正的必然不是副的，不是正的必然是副的；反之亦然。具有矛盾关系的一对反义词都是范围明确、界限分明的，一般都是定量形容词，不能再用程度词修饰，比如"男—女、单—双、雌—雄、阴性—阳性、有限—无限"等，它们用于问句四、五中时与"正"和"副"的用法相同。

　　例（34）a 的答语"不是正的"和"是副的"在语义上是等值的，但是前者可以直接来回答，后者需要用否定词"不"纠正对方的询问域错了再来作答。原因是受词汇形式标志的限制，"副的"和问句中的"正的"的词形不一致，因此用"副的"作答时就需要先用否定词"不"来实现这个词形上的变换。另外需要注意的一点是，例（34）a 的间接答语的后段不能是负判断，即不能为"是的，不是副的"，尽管从逻辑上讲"不是副的"跟"是正的"是等值的，可是它们在应用中却不能自由替换。由此可见，答语不仅受询问域的限制，也受词汇形式的约束：直接答语一般采用与问句相一致的词汇形式，如果变换词汇形式，需要用否定词"不"过渡，而且不同的词形只限于用肯定形式，不能用否定式。无标记现象实际上是语义包含问题，广义上讲，可以把"正副"类词在问句四、五中的用法看作互为无标记的，因为当各自取否定值时恰好是表达对方的语义范围。

人们通常把本章所讨论的五种问句都叫作是非问句，这是不妥当的。如果把问句四、五归入是非问句还比较合适，因为它们只有两个值："是"与"非"。然而前三类问句都是多值的，它们的功能是询问事物的程度的，这一点也可以从能用于其中的形容词的类型看出：只有可用程度词修饰的非定量形容词才能用于问句一、二、三。相应地，我们可以把前三类问句称作"程度问句"。

3.19.7.2　反对关系的形容词的有无标记用法

还有一类具有反义关系的定量形容词，每对所表达的概念意义在逻辑上是反对关系。也就是说，肯定一方必否定另一方，但否定一方却不能肯定另一方，因为有第三者存在的可能。这类词就没有"正副"类词的互为无标记的用法，它们都是有标记的。从语义上看，这类词也不满足上文所讲的具有无标记现象的条件，即两个词的语义范围之和不等于整个概念范围。属于这一类的词有"优—良—差、上—中—下、正—零—负、长期—中期—短期、大型—中型—小型"等。例如：

（36）A.a. 他的成绩是优吗？

　　　　b. 他的成绩是不是优？

　　　B.a. 他的成绩是差吗？

　　　　b. 他的成绩差不差？

例（36）中的"优"和"差"都不能照顾到对方，因此都是有标记的。

一些具有反义关系的动词也可以归入这一类，它们也具有中间的状态，用于问句时也都不能照顾到对方的语义范围，因此都是有标记的。属于这类词的有"胜—和—败、输—平—赢、批评—中性—表扬、高兴—平静—

伤心、笑—正常—哭"等。例如：

（37）A.a. 领导批评你了吗？

　　　　b. 领导是不是批评你了？

　　B.a. 领导表扬你了吗？

　　　　b. 领导是不是表扬你了？

　　例（37）中的"批评"和"表扬"都照顾不到对方的语义范围，比如 B 的两个问句的询问域只有两个值："表扬"和"没表扬"。是"表扬"自然不会是"批评"，但是"没表扬"并不一定意味着"批评"，因为还有"不理会"这种中间状态的存在。A 中的"批评"的情况也是同样。由此可见，这类具有反义关系的动词都是有标记的。

3.19.8　英语的有标记和无标记现象

3.19.8.1　英语的有关疑问句型

　　跟汉语的前三类问句相对应的英语问句是：

（a）Be ＋ N ＋ Adj ？

（b）Do ＋ pro ＋ know ＋ whether ＋ N ＋ be ＋ Adj ＋ or ＋ not ？

（c）How ＋ Adj ＋ be ＋ N ？

下面来考察一下英语中表示事物三维性质的词用于三类问句的语义特征。

（38）A.a. Is the tree high ?

　　　　b. Do you know whether the tree is high or not ?

　　　　c. How high is the tree ?

　　B.a. Is the tree low ?

　　　　b. Do you know whether the tree is low or not ?

　　　　c. How low is the tree ?

（39）A.a. Is the well deep ?

　　　　b. Do you know whether the well is deep or not ?

　　　　c. How deep is the well ?

B.a. Is the well shallow ?

    b. Do you know whether the well is shallow or not ?

    c. How shallow is the well ?

以上两个用例的 high 和 deep 不仅跟汉语的"高"和"深"在意义上分别对应，而且有无标记的表现形式也完全一致。例（38）和（39）A组的 a、b 两个问句的 high 和 deep 都是有具体的词汇意义，前者意为 of great upward extent，后者意为 extending far down，答语只能是性质程度如何或者属于不属于这种性质，因此它们都是有标记的。然而 A 组的 c 问句都是对上下距离的客观询问，这时 high 的词义转化为 measurement from bottom to top，deep 的词义变为 distance from the top down，它们的答语都可以用"number + Adj"结构。比如例（38）A 组 c 句的答语可以是 2 feet high、100 feet high 等，例（39）A 组 c 句的答语可以是 0.5 feet deep、18 feet deep。可见，high 和 deep 也是无标记的。两者的具体表现形式也跟汉语的一样，都是通过可以自由取值（x > 0）来分别表示相对的性质 low 和 shallow。例（38）和（39）中 B 组问句中的 low 和 shallow，都保持着自己的词汇意义，在三种问句中都是有标记的。

英语中的三维性质形容词不仅与汉语具有相同的有无标记表现形式，而且形成的原因也都是一致的。客观事物都具有三维性质和质量，当询问这方面性质时都必须有个预设量。这个预设量加上积极成分的语义范围，可以照顾到整个概念范围。我们全人类生活在同一个客观世界，都必须遵循这条规则，因此不论哪种语言，表三维性质的积极成分都有无标记的用法，消极成分则不论在什么情况下都是无标记的。

3.19.8.2　三维性质形容词的无标记名词形式

英语的三维性质形容词中的积极成分都具有名词的形式，表示事物的客观量度。例如：

width : measurement from side to side

length : measurement from end to end

height：measurement from bottom to top

depth：distance from the top down

thickness：the measurement of how thick a thing is

当然，汉语和英语相对应的词在意义上的细微差别也可能形成有无标记用法上的不同。比如"重"可以组成复合词"重量"表示事物质量的大小，英语跟"重"相当的词是 heavy，而它却不能像 wide、long 等那样具有名词的表示事物的客观量度，英语意为"重量"的词是 weight。为什么会出现这些差异呢？汉语中的"重"的含义是"重量大"，而英语中的 heavy 意为 of great or unusually high weight，译为汉语就是"巨大的重量或者非同寻常大的重量"。很明显，英语中的 heavy 是表示一种极端的程度，它和 light 的语义范围之和不等于整个概念，中间留有空缺，因此 heavy 没有名词形式来表示质量的大小，这时就用中性词 weight 来替代。同样的道理，How heavy is it？中的 heavy 也是有具体的词汇意义，而且也不能用于"number ＋ Adj"结构之中来表示所有的重量。总之，heavy 不符合上文所刻画的具有无标记现象的一对反义词的语义条件，因此它们总是表现为有标记的。跟英语的情况不同，汉语中的"重"和"轻"的语义范围之和，可以覆盖表示事物质量大小的整个概念范围，即它们符合上文所讲的存在有无标记现象的语义条件，"重"在问句三 中和复合词"重量"中都包括了相对的性质"轻"，表示为无标记的。

3.19.9　结语

形容词在问句中的有标记和无标记问题，实际上是询问域大小（语义范围）的问题。如果在一对反义词中，其中一个的询问域包括了另一个的，这时它就表现为无标记的，另一个则是有标记的。形容词的数量特征是形成有标记和无标记现象的决定因素，有相同数量特征的反义词，在有无标记的表现上也是一致的。

汉语形容词的有标记和无标记现象是由各类词的量级特点和疑问句型

相互作用、纵横交错形成的。看起来令人难以捉摸，实际上它们之间的关系是井然有序的。可以简单概括为以下三种情况。

一、"干净"类词的全量幅词在问句一、二中是无标记的，在问句三中是有标记的；半量幅词在三类问句中都是有标记的。

二、"大小"类词的积极成分在问句三中是无标记的，在问句一、二中是有标记的；消极成分在三类问句中都是有标记的。

三、"冷热"类词在三类问句中都是有标记的。

有标记和无标记是人类语言的一个普遍现象，它是在同样一个客观规则下产生的，因此从汉语这类现象总结出的规律，可以用来解释其他语言的有关现象。

3.20　疑问句式与无标记形容词

3.20.1　引言

前一章在以下三类问句中详细考察了汉语形容词的有无标记用法：

问句一：名＋形＋吗？

问句二：名＋形＋不＋形？

问句三：名＋有多＋形？

本章讨论形容词的有无标记用法与疑问句型之间的交错关系，从三类问句的不同功用和形容词的数量特征的相互作用方面，解释形成这种交错的原因。

3.20.2　问句一和问句二的功用

前一章根据能进入问句一、二的形容词必须是可由程度词修饰的这一事实，推断这两类问句是询问程度的。既然如此，用于其中的形容词的各个量级都将被问到，那么"干净"类的全量幅词就是无标记的。要说明这种无标记用法是必然的，尚需要证明，询问性质的程度是这两类问句的单一功能。

应该区分询问性质程度和是非两类问句。汉语有另一套询问性质是非的问句：

问句四：名＋是＋形＋的＋吗？

问句五：名＋是不是＋形＋的？

问句六：名＋（是＋形＋的）＋（不是＋形＋的）？

问句五、六实际上是同一句式的两个变体。询问性质是非的问句是从整体上关心性质的类属，而不是程度，答语只有两个选择：要么肯定该性质，要么否定该性质。有时候，性质的是非问句似乎也有所谓的有无标记现象。例如：

（1）a. 教室是干净的吗？

b. 是干净的／不，是脏的（不是干净的）。

（2）a. 衬衫是不是脏的？

b. 是脏的／不是脏的（是干净的）。

例（1）a 的答语可以是"不是干净的"，其语义等值于"是脏的"；同样，例（2）a 的答语"不是脏的"也相当于"是干净的"。根据我们前章判断有无标记的标准，"干净"和"脏"在这里都应该是无标记的，因为它们的询问域都似乎包括了相对的一方。其实，这是根据逻辑规则推导的结果。"干净的"和"脏的"两种性质之间是矛盾关系，所以否定一方就等于肯定另一方，反之亦然。广义地讲，可把这种现象看作"逻辑上的无标记"。但是，就自然语言本身的有关现象而言，这主要是指无标记一方必须借助于某种句法手段从语义上覆盖相对一方的表义范围。我们避开讨论询问性质是非问句中有无标记问题，还有一个很重要的理由是，两种相对性质之间的边界往往是模糊的，缺乏稳定的、准确的判断标准。这一特点在句法上的表现为形容词进入是非问句具有很大的限制性。比如，下面的句子听起来就很不自然，甚至是不能说的。

（3）a. ？那个姑娘是漂亮的吗？

b. ？那个人是不是聪明的？

c. ？他是成熟的不是成熟的？

因为性质的显著数量特征是连续的、相对的，所以形容词以用于询问相对程度为常见。

程度问句答语跟询问性质是非的答语不同，不是简单的肯定或者否定，必须用程度词赋予一个量级。比如，如果用"是干净的"或者"不是干净的"

回答问句"教室干净吗？"，听起来就有点答非所问。这时的答语形式应该是"比较干净""十分干净"等。同样，如用"程度词＋形"的形式回答性质的是非问句也会碰到同样的问题。可见性质的程度和性质的是非问句之间有明确的分工。

不能用程度词切分出一系列大小不等的量级的形容词，不能用于程度问句。道理很明显，它们只有自身一个量级，没有必要也不可能再询问其程度的高低了。结果就造成了定量形容词与程度问句之间的不相容现象。比如，不能说"＊那条公路高速吗？""＊他的病慢性吗？"等。但是，定量形容词也有"是"与"非"两个值，这正与性质的是非问句的功能相吻合，所以全部定量词都可以自由地进入是非问句。例如：

（4）a. 那条公路是高速的吗？

b. 她的病是不是慢性的？

在对形容词的选择上，性质的程度问句和是非问句又形成了鲜明的对照：非定量形容词都可自由地用于程度问句，而在是非问句中受到很大的限制；定量形容词则与此相反。这种情况又进一步证明，性质的程度问句和是非问句之间的分工是稳固的、明确的。但是，这还没有充分证明，问句一、二的单一功能是询问性质程度的。我们可以利用反证法来做到这一点。"程度词＋形"短语代表的是一个量级，若它仍能进入程度问句的话，表明该类问句不只是单纯询问性质程度的。事实证明，这种短语不能用于程度问句，从而证明问句一、二的单一功能是询问程度的。例如：

（5）a.＊她比较漂亮吗？

b.＊你们的住房条件很好吗？

c.＊那个教室十分干净不十分干净？

d.＊那个地方很安静不很安静？

跟定量形容词不同，"程度词＋形"短语是可以自由做谓语的，故对上述现象的唯一解释是，它们代表的已是一个确定的程度，无需且也不能再用程度问句询问。当然也有"是这种程度"或"不是这种程度"两种情况，所以这类短语可以用于是非问句，如："那个教室是不是十分干净？"

上述结论还可以从程度问句的相应肯定式中得到印证。问句一、二的相应的肯定式都是"名＋形"。形容词做谓语时，除比较或对照外，要有程度词修饰。形容词做谓语表程度的用例占 93% 左右。由此，我们可以更有把握地说，问句一、二的相应肯定句式是与性质的程度表达有关的：要么被程度词修饰，要么用于比较。那么就可以导出，这两类问句是询问性质程度的。

以上从四个方面证明问句一、二的单一功能是询问性质程度的，那么用于其中的形容词可能切分的所有量级都必将被问到。汉语设立了两套分工明确的句式来询问性质的程度和性质的是非；进入一、二类问句的词语必须是可用程度词切分出一系列大小不等的量级的；代表一个程度的"程度词＋形"短语不能进入一、二类问句；一、二类问句的相应肯定式必须与表达程度有关。由此得出一个重要结论：干净类的全量幅词在一、二类问句中必然是无标记的，因为它们否定式的那一半量幅（有点儿不 A……最不 A）从语义上照顾到了其相对的一方。

3.20.3　全量幅词和半量幅词

要证明全量幅词用于一、二类问句时必然是无标记的，尚需说明，"干净"类的一对反义词在量级上的不对称性是客观存在的语言事实。"干净"类一对反义词的积极成分的否定式仍然可以用程度词切分出一系列大小不等的量级，而相应的消极一方则不能，这样积极一方的量级恰好是消极一方的两倍。我们选来鉴别量级多少的程度词，是最常用的那几个：有点儿（比较）、很、十分、太、最。它们与形容词的搭配具有最小的选择限制性，凡可被程度词修饰的形容词，也都可与这几个程度词搭配。

消极成分一方的否定式似乎也能再被程度词切分出各种量级，如有时它们可以被这些短语修饰："绝对不、丝毫不、完全不、根本不、一点儿也不"，比如可说"一点也不脏"。这似乎构成了我们论断的例外，其实不然。首先，拿开"不"后，就可以看出，剩下的部分跟程度词很不一样，它们还可以修饰动词结构的否定式，例如："绝对不要去、丝毫也不动、完全不知道、一点也不吃"等。更重要的是，它们与程度词的搭配受到很大的限制，特别是对于肯定式，比如不能说"＊丝毫也干净""＊完全漂亮"。其次，从语义上看，这些词都是从不同角度来加强否定语气的，而没有量级上的高低之别。"加强否定语气"和"确定量级"是不同的。量级之间有个大小的关系，量的从小到大的变化可以看作一个动态的过程，所以大都可以加上动态助词"了"；相对地，加强否定语气不是为形容词确定一个量级，也就没有量上变化的含义，因此与"了"的搭配受到限制。例如：

（6）a. 这个教室太不干净了。

　　　b.＊ 这个教室绝对不干净了。

（7）a. 他的情况已经很不好了。

　　　b.＊ 他的情况已经一点儿也不好了。

更明显的例证是，已经代表一个量级的词语，仍可以为加强语气的词语所修饰，目的是强调量级的真实性，比如"教室绝对是很干净的"。然而，"程度词＋形"短语绝不可能再被另外一个程度词修饰，不管以任何方式，道理很明显，因为它已经代表一个确定的量级。总之，加强语气的词语跟程度词的性质很不一样。

另外一个问题是如何看待"最"和"很"等的语义区别问题。表面上看来，"最"和"很"等其余的程度词属于不同的语义范畴，所以它们是不可比的。其理由是"最"必须有一个明确的范围，而"很"等则不一定。其实，它们的真正区别是："最"是某一特定范围的极端量，因此用它给形容词赋予量级时，必须把该范围的所有成员都考虑到，然而"很"等代表的是某一范围内的高于平均的量，因此不必把该范围内的所有成员都考虑到，就能用它下判断，只需要把大部分成员比较一下就行了。也就是说，"最"和"很"都有一个范围，只是使用的时候所需要考虑的范围的大小不同而已。在一个给定的范围，它们程度上的高低对比是很明显的，例如："他是我很好的朋友，但不是我最好的朋友。"由此可见，"最"和其余的程度词属于同类的语义范畴。

语义上的等值并不等于语用上的完全相同。前一章认为，"干净"类的各对反义词的语义关系为（A代表积极的一方，B代表消极的一方）：

最不 A ≈ 最 B　　十分不 A ≈ 十分 B 太不 A ≈ 太 B

很不 A ≈ 很 B　　有点儿不 A ≈ 有点儿 B

因此当积极一方用于程度问句时，可以借助这些形式上的对应从语义上照顾到其相应的消极一方，结果就表现为无标记的。比如，"教室干净吗？"的直接答语可以是"很不干净"等，由此来照顾到了语义上等值的"很脏"等。但是，应该指出，"很不干净"和"很脏"在语用上并不完全相同，表现在如用"很脏"回答问题"教室干净吗？"，答语格式通常为"不，很脏"。这种现象似乎与我们的前章的讨论有些矛盾。其实这里"不"的作用是指示参考点上的对立。虽然"很不干净"和"很脏"语义上等值，但是前者判断性质的参考点是积极的一方，后者则为消极的一方，两者的参考点截然对立。故答语是"很脏"时，就需要"不"指示参考点由积极向消极的转变。也许可以认为，答语中的"不"至少可以有两种功能：一是纠正询问域的错误，二是指示参考点的转变。

上述分析进一步证明，"干净"类词与其反义词的量级上的不对称性，是客观存在的语言事实。它们用于单纯询问程度的问句时，全量幅词的所有量级都必然进入询问域，所以能从语义上照顾到相应的半量幅词的一边，这是形成全量幅词在程度问句中无标记的原因。

3.20.4　"名 + 有多 + 形"问句的功能

"大小"类词在"有多"问句中的有无标记用法产生的过程为，该类词代表的是事物的三维性质或量，因此用"有多"问句时必须有一个明确的预设：所问的对象是客观存在的，客观存在的事物必须具有这方面的属性，而有关的性质必须有一定的量。这个"一定的量"负责照顾没有在问句中出现的消极的一方的语义范围。比如，"那棵树有多高"中的"高"自然管住自己的语义范围，而"低"的那一部分则由这个"一定的量"照顾，表达结果就是无标记的。但是，有一个重要问题我们前一章没有解决：当"大小"类词的积极一方用于一、二类的程度问句时，应该也有一个预设量，因为所问的主体也必须是业已存在的，然而此时的问句却是有标记的。比如，"那棵树高吗？"跟"那棵树有多高？"的询问域很不相同，前者是预设或者期望"树是高的"。这个问题的答案仍应该从问句的功能去寻找。

在讨论各类问句的功能之前，应该区分一对概念：相对量和绝对量。相对量指的是在某一特定的参照系里，程度的高低随着参照系的改变而变化。程度词代表的是一种典型的相对量。绝对量代表的是一个客观量，它不因参照系的不同而改变。绝对量在语言中通常由数词和度、量、衡单位组成的结构表示。

根据上述所谈的两种量，三类问句的功能可细分为：

一、询问相对程度的问句

问句一：名＋形＋吗？

问句二：名＋形＋不＋A？

B. 询问绝对程度（兼相对程度）的问句

问句三：名＋有多＋形？

上述分工从问句的答语对立中可以看得很清楚：

（8）a. 那棵树高吗？／那棵树高不高？

    b. 那棵树很高／比较高。

    c.？那棵树三米高。

（9）a. 那棵树有多高？

    b. 两米高／三米高。

    c. 很高／相当高。

如果用例（8）c的绝对量来回答例（8）a就显得答非所问，原因是问话者所期望的是一个相对量，然而可用例（8）b类做答语，因为程度词表示的是相对量。例（9）与例（8）形成鲜明的对比。其答语既可以是绝对量，又可以是相对量。根据我们的语感，在问句三中，如果性质是可以表示绝对量的,问话者所期望的往往是一个绝对量答语。这就是例（9）b比例（9）c听起来更自然、更得体的原因。

在问句三中，"大小"类反义词的积极成分实现其无标记的形式特征进入了询问域，所以才表现为无标记的。"干净"类积极成分的形式特征是其否定式仍能为程度词所修饰。相应地，"大小"类的积极成分赖以实现其无标记用法的形式特征是它们都可以用数量短语赋予一个绝对的量，比如"两寸大、一米宽、三里远"等。这种形式特征给积极一方提供了覆盖相对消极一方语义范围的可能性。可图示如下：

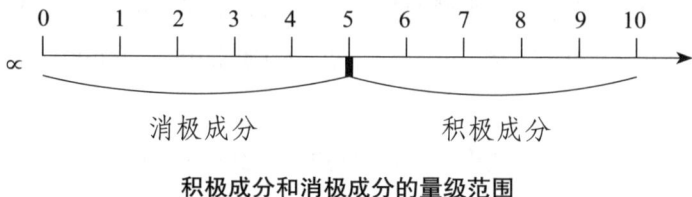

积极成分和消极成分的量级范围

两点之间代表一个单位。设定消极成分的语义范围为［0，5］，积极成分的为［0，∝］。既然积极一方可以为任何非零的绝对量，那么它自然可以照顾到消极一方的［0，5］区间，结果就为无标记的，而消极一方不能为绝对量词修饰，所以也就没有无标记用法的可能性。

至此，我们找到了问题的答案："有多"问句是询问绝对量的（兼相对量），因此"大小"类词的积极成分一旦用于其中，它们表示绝对量的形式特征必然进入询问域，而这形式特征从语义上覆盖了相对的消极一方，结果就表现为无标记的。"大小"类词既可以表示相对量（如：很高），又可以表示绝对量（如：1.78米高）。如前所述，问句一、二只关心相对量，所以它们赖以实现其无标记的表绝对量的形式特征，不能进入这两类问句的询问域，这样积极一方也就无法从形式上照顾到相应消极一方的语义范围，结果其无标记的可能性无法在一、二类问句中实现，由此形成了这种交错关系："大小"类反义词的积极一方在问句三是无标记的，而在问句一、二是有标记的。

另外一个与上述现象平行的问题是：既然"有多"问句是兼问相对量和绝对量的，那么"干净"类的积极成分表相对量的各个量级应该都处于询问域内，所以也应该是无标记的，而事实上问句三中的全量幅词都是有标记的。比如，只有知道或假定教室是干净的而想知道其干净的程度时，才会问"教室有多干净"。显然，此时的"干净"是有标记的。问题也可以从形式上加以解决："有多"问句与否定式是不相容的。例如：

（10）a.* 教室有多不干净？

b.* 她有多不漂亮？

c.* 那个地方有多不安全？

d.* 那种款式有多不大方？

这种不相容性，使"干净"类全量幅词的否定式一半的量级，即从"有点儿不"到"最不"，不能进入"有多"问句的询问域，它们也就不能从形式上照顾到其相应的消极一方的语义范围，所以其无标记性就无法在问句三中实现。这就是全量幅词在"有多"问句中不能是无标记的原因。然而，一、二问句并不排斥否定结构。问句二是肯定式和否定式对举形成的，问句一也可以是一个否定式，比如"教室不干净吗？"。所以，全量幅词否定式一半的量级也位于一、二问句的询问域之中，结果就为无标记的。

以上的分析表明，形容词的有无标记现象不是一个单纯的语感问题或者扑朔迷离的语义问题，而是可以从形式上对其进行精确描写、解释的现象。

3.20.5 自然语言否定与逻辑否定的差别

我们可以把"不 A"看作一个靠近中间位置的一个量级，这是基于对自然语言否定自身特性观察的结果。这种观点可以进一步证明问句一、二都是与程度表达有关的,因为两类问句的答语都可以是"不 A",比如可用"不干净"回答"教室干净吗？"。"不"对形容词直接否定的结果，不是对这个性质的完全否定，而是给这个性质确定一个较低的量级。例如：

（11）a. 这瓶碳素墨水不黑≠这瓶碳素墨水是白的

b. 这件衬衫不白≠这件衬衫是黑的

（12）a. 这个西瓜不甜≠这个西瓜是苦的

b. 这种药不苦≠这种药是甜的

上述用例中的"不 A"都不表示相反的性质,还是 A 自身,只是程度低一点,往往指的是接近平均水准。所以我们说"不 A"的语义值是接近中间位置的一个量级，可以图示如下。

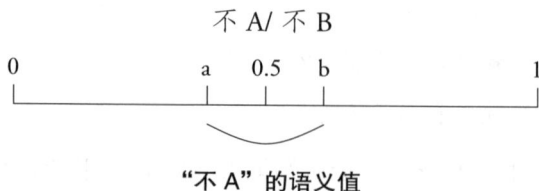

不 A/ 不 B

$$0 \qquad\qquad a \quad 0.5 \quad b \qquad\qquad 1$$

"不 A"的语义值

〔0，0.5〕代表 A 的表义区间，〔0.5，1〕代表 B 的表义区间。A 和 B 代表的是一对相反的性质，"不 A"或"不 B"的语义值相当于〔a，b〕区间，即有时表示的是程度较低的自身性质，有时则可以稍微偏离自身的性质而表示相对一方的意义。因为性质数量特征的模糊性，不可能准确地界定"不 A"或者"不 B"的语义值。我们能够说的是，它们各自代表一个接近中间位置的量。由此可以有根据地说，"不"跟其他程度词有类似的功能，也指示性质的一个量级。

传统的二值逻辑认为，处于矛盾关系的双方，肯定一方必然否定另一方，否定一方则必然肯定另一方，反之亦然。但这并不适合自然语言的否定情况。性质的程度远不是非此即彼的两个模糊量，而是连续的、模糊的，两对性质之间的边界情况也是如此。因此我们不能简单地把逻辑否定和自然语言的性质否定简单等同起来。

通过以上的分析可以明白，"不 A"之所以能做问句一、二的答语以及单独做谓语，是因为它代表的也是一个性质的量级。

3.20.6　无标记与名词性

有人可能认为，"大小"类的积极成分具有"名词性"用法，这是它们无标记的形成原因。让我们简单讨论一下这种说法是否有道理。

"大小"类形容词具有无标记性的典型句型是"有多"问句，虽然"高"等可以被一个绝对量修饰，比如"三米高"，但这并不足以说明"高"就是名词。其实，真正的名词反倒不一定有这种用法，比如不说"* 三米树"，而要说"三米高的树"。"高"等可表绝对量的原因是它们所代表的性质是可以客观量度的。虽然"高"等可以组成名词性复合词，但这是"果"，不是"因"。正因为它们具有无标记的用法，所以才有资格构成意义也是无标记的名词。但这并不是必然的，比如"快"和"远"都没有相应的名词用法，可是它们在"有多"问句中都是无标记的。由此可见，形容词具有名词性是其无标记用法的原因的说法，是反果为因。

3.20.7　结语

形容词有无标记用法，是形容词自身的语义特征和问句功能相互作用的结果，概括起来有两点：

一、在一对反义词中，具有无标记用法的一方，必须具有某种形式特征从语义上照顾到其相对的一方。

二、只有这些形式特征进入问句的询问域以后，无标记的用法才能最后实现。"干净"类的全量幅词赖以实现其无标记用法的形式特征为，其否定式仍可以用程度词切分出一系列大小不等的量级，它们负责从语义上照顾到其相对的一方；"大小"类的积极成分的形式特征为，它们可以被任何非零的数量成分修饰，从而也能从语义上照顾到相对一方。

问句一、二是单一询问性质的相对量的，并且对形容词否定式具有相容性，所以全量幅词一旦用于其中时，其全部量级可以而且必须进入询问域，结果就成为无标记的；然而"大小"类的积极成分表绝对量的形式特征不能进入问句一、二的询问域，因此它们表达无标记的可能性无法在这两个问句中实现。问句三具有询问绝对量和相对量的双重功能，因此大小类的积极成分的表绝对量的形式特征位于询问域之内，结果就成为无标记的；但是，尽管问句三也有询问相对量的功能，可是它与形容词的否定式是不相容的，那么全量幅词否定式的一半量级无法进入询问域，因此其无标记性就不能在问句三中实现。这就是形容词的有无标记用法和疑问句式之间的交错关系。

3.21　形容词概念义与句法特征

3.21.1　引言

　　形容词、名词、动词是一种语言的三个基本词类，它们存在于每一种语言之中。但是跨语言的比较显示，同一词类的语义特点和语法功能往往随语言的不同而相互有别。本章通过对英、汉两种语言中形容词的比较研究，尝试探讨造成其形容词的语法差异的原因，认为两种语言在概念化事物性质时的方式不同是导致这一差异的关键因素。

　　当代语言学理论大多是建立在对英语现象的分析之上的，理论的创造者自觉或不自觉地把英语作为一种"标准语言"，想当然地认为人类语言都应该如此。造成这种现象的客观原因是，他们的母语多为英语。其实英语只是丰富多彩的人类语言之一种，即使像词类这些最基本的概念，不同的民族可能采用不同的概念化方式，因而导致相同词类的语义结构的差异，从而带来它们句法行为上的对立。因此对一种语言的某一词类的语义或者语法的概括，并不一定适用于另一语言的相应词类。其他更加复杂的语言现象更是如此，基于这些现象而建立起来的理论往往不能直接应用于其他语言的分析。这也就提醒我们，在借鉴吸收西方理论时，要特别注意汉语自身的特点。

3.21.2 汉语形容词作为一个独立词类的资格

3.21.2.1 英语形容词的典型特征

虽然相当大一部分英语形容词可以从其词尾上判别其词性，但是它并没有一个统一的形容词词尾，所以英美学者也是从句法行为上确立英语形容词的典型语法特征。英语语法专著为英语形容词确立出以下四个典型特征：

（一）可以自由地用作名词的定语，例如 an ugly painting, the round table, dirty linen。

（二）可以自由地出现在谓语的位置，例如 The painting is ugly。

（三）可以自由地被程度副词修饰，例如 The children are very happy。

（四）可以用于比较级和最高级的结构之中，例如 The children are happier now 和 They are the most beautiful paintings I have ever seen。

如果用上述四个标准来看汉语的情况，会自然得出结论：汉语中也存在一个独立的词类——形容词。比如拿"好"跟"看"相比，"好"则具有上述英语形容词的四个特征，"看"则只符合做谓语一项，两者差别明显，不易归入一个词类。可见，即使按照英语形容词的典型语法特点，也不能把汉语的形容词归到动词里去。

3.21.2.2 英、汉形容词概念化方式的本质差别

英、汉两种语言在对事物属性的认识上存在着本质的区别。认知语言学者是这样刻画动词和形容词的差别的：

（一）动词所确立的是一个时间过程。

（二）形容词所确立的是一种非时间关系。

他们同时认为，副词和介词跟形容词一样，都是表示一种非时间关系。这一概括可以成功地解释英语形容词的各种句法现象，比如要表示某一属性持续存在或者从无到有等动态时间过程，因为它们自身缺乏时间性，因

此必须借助动词来表示，例如 fall ill, be ill, remain ill 等。西方的认知理论学家是旨在创立一种适合解释各种语言的普通认知语言学理论，但是他们在这里犯了一个错误，有意无意把英语作为一种标准语言，其实这一概括并不适用于汉语的情况。

对于形容词所表达的事物属性，不同的民族可能从不同的角度去诠释。从一个角度看，属性及其程度是静态的，缺乏时间过程；然而从另外一个角度看，属性的从无到有、持续存在以及各个程度之间从低到高的变化，则是动态的，具有时间过程。根据我们广泛的调查发现，说英语和说汉语的两个民族诠释属性的角度很不相同，也就是说这两种语言的形容词概念化方式差别明显，结果就造成了它们的语义结构和句法行为的差别。英语和汉语的形容词的概念化方式和语义结构的根本差别如下：

（一）英语视性质及其程度为静态的，其形容词的语义结构自身缺乏一个时间过程。

（二）汉语视性质及其程度为动态的，其形容词的语义结构自身具有一个时间过程。

下文的分析表明，上述概括可以解释英、汉形容词的种种语法差异。

3.21.3　对英、汉形容词语法差异的解释

3.21.3.1　做谓语的差别

英、汉形容词的首要差别表现在能否直接做谓语上。英语形容词不能直接做谓语，必须用连系词 to be 等动词性成分连接。汉语则相反，其形容词直接做谓语，反而不用任何动词性成分连接。例如：

（1）The building is high.　　　*The building high.

　　　These flowers are beautiful.　　*These flowers beautiful.

（2）那栋楼非常高。　　　　*那栋楼是非常高。[①]

　　　这些花十分漂亮。　　　*这些花是十分漂亮。

---

① "是"有时可以用在形容词之前表示强调，但这并不是语法格式的要求。

上述差别可以从两种语言的形容词的概念化方式不同上得到合理解释。英语被动结构中的连系词 to be 的作用在于表达时间信息。可以类推，该连系动词在形容词谓语句中起同样的作用。在表达事物的属性时，往往需要指示事物（主语）和属性（谓语中心语）之间建立联系的时间信息。既然英语的形容词自身缺乏时间过程，那么在表层形式上就必须借助动词来表示时间信息。这就是英语的形容词不能直接做谓语的原因。

同样的道理，因为汉语的形容词自身包含一个时间过程，那么如果要表示时间信息，就可以直接在形容词前后加上语法标记或者时间副词，无需再借助其他动词帮助。例如：

（3）他们过去也曾穷过。　　　　小王曾经这么大方过。

历史上这里也繁华过。　　　　小王已经很高了。

价格已经平稳了。　　　　　　他比去年瘦了。

3.21.3.2　做定语的差别

各种语法专著都把能做定语看做是形容词的典型语法特征。但是英、汉两种语言的形容词做定语的条件很不一样，当与各自语言中动词做定语的情况相比时，这差别十分明显。

英语的形容词直接做定语，不需要任何其他标记。然而其动词则都不能做定语，必须改变形态，以现在分词或者过去分词的形式出现。例如：

（一）Adj ＋ N：good news；a beautiful place；the thick book；a big car；a small problem.

（二）V-ing ＋ N：the preceding year；his surprising news；the working women.

（三）V-ed ＋ N：at the appointed time；a broken car；the offended man；the expected result.

上述用法是由英语形容词和动词的概念化方式决定的。定语和名词中心语的关系是静止的、非时间性的，这正与英语形容词的语义特征相符，因此其形容词可以自由地修饰名词而无需加任何语法标记。相对地，动词自身的典型语义特征代表一个时间过程，所以当动词修饰名词时就必须借助其他语法手段来消除这个时间过程。英语的过去分词 -ed 和现在分词 -ing 都具有消除动词时间过程的功能，前者表示一种动作发生后的结果状态，后者则表示某一瞬间的动作行为。这就是英语动词必须采用这些分词形式才能做定语的原因。

汉语形容词做定语的情况则跟英语的不同，细分为两种情况：（一）单纯表示属性的形容词可直接做定语，比如"好书""老朋友""干净衣服"等；（二）含程度义的形容词则不能直接做定语，必须用"的"连接。例如：

（一）碧绿的原野；笔直的马路；雪白的衬衫；乌黑的头发。

（二）很好的朋友；最快的汽车；最新的电脑；很老的家具。

（三）高高的个子；白白的皮肤；红红的脸蛋；深深的眼窝。

同样，汉语的动词也不能直接做定语，必须用"的"连接，比如"吃的东西""卖的报纸""讨论的问题"等。汉语动词的典型语义特征也是代表一个时间过程，可以假定"的"在这里的作用是消除动词自身固有的时间性。这一假定可以自然地解释上述形容词做定语的用法。单纯表示性质的形容词是静止的，非时间性的，换句话说，其潜在的时间特性没有凸显出来，因此做定语不需要"的"。然而当形容词表示程度时，就有了一个从无到有或者从低到高的动态变化过程，这时它们做定语就必须用"的"来消除其时间性。

3.21.3.3　跟体标记搭配的差别

跟动词相关的两个最主要的语法范畴是"时态"和"体"。时态表示动作行为发生的绝对时间位置，说明它们是发生在过去、现在还是将来；体标记则是表示动作行为自身的发展状况，指示相对时间位置。英语的动词有过去时（he worked yesterday）、现在时（he works now）和将来时（he will work tomorrow）之分，同时还有进行体（he is working）和完成体（he has worked for three hours）之别。然而英语的形容词则没有这两种与时间信息表达有关的语法范畴。

汉语有三个体标记"了"、"着"和"过"，分别表示动作行为的实现、持续和结束。汉语的典型动词都可以与这三个体标记搭配，形容词也具有这一特点。例如：

（4）过道里黑了点儿。　　　　　　　冰箱空了。

　　　外边黑着呢，你等会儿再走吧。　手里空着，什么也没有拿。

　　　灯一直亮着，这里黑过吗？　　　粮囤也空过。

在带体标记上动词和形容词是非常相似的。下表是我们对《汉语形容词用法词典》的统计结果。

现代汉语形容词与体标记的搭配情况

形容词数目	能带"了、着、过"	不能带"了、着、过"
1067	894	173

上表显示，近90%的汉语形容词都可以与体标记搭配。根据内部构造，可以把不能与体标记搭配的形容词分为以下三类：

（一）笔直　冰冷　冰凉　碧绿　昂贵　葱绿　飞快　粉红　滚圆
　　　巨大　火红　火热　溜光　漫长　煞白　盛大　通红　杏黄
　　　细小　雪白

（二）初步　初级　苍茫　诚挚　次要　非凡　芬芳　共同　基本
　　　精锐　良好　零星　宁静　亲爱　切实　轻易　全部　日常
　　　上等　首要　特定　通常　微型　真正　众多　袖珍

（三）白茫茫　赤裸裸　光秃秃　黑沉沉　黑洞洞　灰溜溜　灰蒙蒙
　　　空荡荡　紧巴巴　冷冰冰　慢腾腾　闹哄哄　热乎乎　湿漉漉

这三类形容词具有共同的语义特征，都是表示一个确定的量级，它们不再能受程度词修饰，即它们自身词义代表的是一个确定的量点。凡是程度不确定的形容词，或者说可以用程度词修饰的，都可以与体标记搭配。这个事实充分说明，汉语是把同一属性的不同程度看作一个动态的变化过程。

总之，英、汉两种语言的形容词由于其内部语义结构的差别，决定了它们在与时间信息表达有关的语法标记搭配上的差别。

3.21.3.4 汉语形容词的程度表达与体标记的使用

汉语形容词跟英语的另外一个显著差别是，很多表达性质程度变化的形容词短语必须加上"了"，否则就不合语法了。比如"太好了"和"好多了"一般不能去掉"了"而单说。下面是几种常见的带"了"的程度表达格式。

一、太＋形＋了。

（5）生活太悲惨了。　　　　老式机器太笨重了。

　　　感情太奔放了。　　　　这种行为太高尚了。

二、更（加）＋形＋了。

（6）更加肮脏了。　　　　　　形象更逼真了。

　　　更加宝贵了。

三、可＋形＋了。

（7）他现在可傲慢了。　　　　他那孩子可活泼了。

　　　现在可吃香了。　　　　　她可轻松了。

四、形＋了＋量性成分。

（8）薄了许多。　　　　　　　动作迟缓了许多。

　　　笨了点儿。　　　　　　　充实了不少。

五、形＋了＋时间词。

（9）憋闷了好几天。　　　　　沉寂了很久。

　　　别扭过好几天。　　　　　轻松了半年。

上述现象进一步说明，汉语是把程度看作为一个动态的时间过程。上述第五类比较特别，是把性质存在的长短也看作一个动态的时间过程。

3.21.3.5 形容词祈使句形式的差别

英、汉两种语言形容词概念化方式的差别，还制约着它们用于祈使句的结构的不同。虽然形容词的典型语义特征是静态的，但是那些可以主观量度的形容词则可以被看作是动态的，它们可以用于祈使句，表示期望达到某种性质状态，即代表一个动态变化过程。但是英语形容词因为自身缺乏时间过程，所以必须借助连系动词 to be 等来表达这一动态过程。然而汉语的形容词则具有时间过程的语义特征，更典型的是汉语常把形容词的程度表达看作动态过程，所以汉语的形容词祈使句通常是在形容词之后加上"一点儿（一些）"程度词而构成。例如：

（10）Be careful !　　　　小心一点儿！

　　　Be calm !　　　　　冷静一点儿！

　　　Be serious !　　　　严肃一些！

　　　Be nice !　　　　　（表现）好一些！

3.21.3.6　带宾语的差别

汉语形容词的动态语义特征还可以从另外一个用法中看出来：它们都可以像普通动词一样，带上名词宾语。这种现象在上古汉语中就已经存在，通常称之为"形容词的使动用法"。最早的文献显示，汉语的形容词和动词的语法功能始终都是交叉的，这说明古今汉语形容词的概念化方式是一致的。例如：

（11）冉有曰："既庶矣，又何加焉？"曰："富之。"（《论语·子路》）

（12）以正君臣，以笃父子，以睦兄弟，以和夫妇。（《礼记·礼运》）

（13）是以君子远庖厨也。（《孟子·梁惠王上》）

（14）什一，去关市之征，今兹未能，请轻之。（《孟子·滕文公下》）

（15）必先苦其心志，劳其筋骨，饿其体肤，空乏其身。（《孟子·告子下》）

类似的用法仍存在于现代汉语之中，比如"热了一碗粥""端正学习态度""丰富我们的生活"等。

上述用法更像是普通动词，表示一种动态过程。在比较两个事物的静态属性时，汉语的形容词也可以像动词一样，把其中一个比较项放在形容词之后做宾语。这种格式可以转换为普通的比较句。例如：

（16）姐姐大我三岁。　　　　→姐姐比我大三岁。

　　　老张高我一头。　　　　→老张比我高一头。

　　　我们组多他们组一个人。　→我们组比他们组多一个人。

这双鞋小那双鞋一个号码。　　→这双鞋比那双鞋小一个号码。

　　这种电脑便宜那种一千块钱。→这种电脑比那种便宜一千块钱。

　　能用于上述左栏格式的形容词是很有限的，只有其属性可以精确量度的形容词才可以，而且要求宾语之后有一个数量成分，比如不能说"*姐姐大我"等。上述左栏的形容词被看作及物动词，其实它们跟普通的及物动词并不一样。普通的及物动词可以直接带上宾语，并不要求任何数量成分。在我们看来，上述左栏形容词的用法是其自身语义结构中动态性的表现。前文讨论过，汉语是把属性的程度看作是一个动态的时间过程，这就是为什么上述左栏的形容词只有带上数量成分时才能带名词宾语的原因。

　　英语的形容词则一般没有汉语形容词的上述用法，部分英语形容词要用作动词，可以改变形态，比如 red—redden、black—blacken、wide—wide、strong—strengthen 等。这是古英语的使成式形态在现代的残留，现在已经是非能产的了，现代英语中相应能产的格式为：make/have ＋名＋形，比如 John made the room big 等，其中的动词 make/have 起表达动态时间过程的作用。这也是因为英语形容词自身没有动态的时间过程，那么要表示动态就必须借助其他手段。

3.21.4　汉、英形容词的语法地位和语义引申的差异

3.21.4.1　汉、英形容词与其他词类关系上的差别

　　汉、英两种语言的形容词的概念化方式不同决定了它们句法行为的差异，从而也决定了它们在各自语言中与其他词类亲疏关系的不一样。汉语形容词的语义结构包含了一个动态的时间过程，它们与动词的语义特征最接近，所以最容易发展出动词用法，而较少与非时间性的名词或者副词发生关系。然而英语的形容词缺乏动态的时间过程，所以比较容易成为非时间性的副词或者名词，而与动词的关系却最远。表二是从汉语和英语中随机抽出 20 个最基本的形容词进行对比，看它们最容易发展出哪个词类的用法。汉语形容词的其他词类发展是依据《应用汉语辞典》，英语的则是 *The Webster's New World Dictionary*。英语的考察标准是在一个形容词的形式

不变的情况下可以兼作其他词类，比如副词不需要加词尾 -ly。当然有的形容词用作名词词类时需要与别的词连用，如 the rich，称为名词化的形容词。有的用于不同的文体，如 glad 做动词用于书面语，good 做副词用于口语。

汉、英形容词兼做动词、副词和名词的情况调查

汉语	Adj	V	Adv	N	英语	Adj	V	Adv	N
高	+	+		+	high	+		+	+
大	+	+	+		big	+		+	
富	+	+		+	rich	+			
黑	+	+			black	+			+
红	+	+		+	red	+			+
好	+	+	+		good	+		+	+
强	+	+			strong	+		+	+
重	+	+		+	heavy	+		+	+
稳	+	+			stable	+			
净	+	+	+	+	clean	+	+	+	
脏	+				dirty	+	+		
远	+			+	far	+		+	+
小	+		+	+	little	+		+	+
快乐	+				happy	+			
高兴	+	+			glad	+	+		
硬	+		+		hard	+		+	
亮	+	+			bright	+		+	+
厚	+	+		+	thick	+		+	
长	+			+	long	+		+	+
易	+	+			easy	+		+	
总计	20	14（70%）	5（25%）	9（45%）		20	3（15%）	13（65%）	11（55%）

上表显示汉、英形容词在词类引申上的趋向正好相反：汉语形容词最容易引申为动词，70% 的形容词具有动词的用法；而最少引申为副词，只有 25% 的形容词具有副词的用法。相对地，英语形容词最容易引申为副词，65% 的形容词具有副词的用法；而最少引申为动词，只有 15% 的形容词具有动词的用法。

汉、英形容词与其他词类的关系不一样，也就决定了它们在各自语法体系中的位置不一样。汉语的形容词与动词的关系最密切，两者的语法特征也有诸多共同点，因此常被通称为"谓词"，汉语语法论著常常用一个章节来讨论它们。然而英语的形容词与副词的关系最密切，英语语法论著往往用一个章节来讨论它们。因此就有人主张，把英语形容词跟副词、介词归为一类，因为它们都是非时间性质的。

3.21.4.2　形容词与动词的引申关系差别

汉、英形容词概念化方式的差别还决定了它们如何向动词引申。英语的形容词很少向动词引申，即使个别形容词可以用作动词，其动词意义也直接与原来形容词的相关。比如 yellow 用作动词意为"使……变黄"；dirty 用作动词意为"使……变脏"。汉语的形容词也可以引申为这种使动用法，比如"热一下剩饭"，同时也可以引申出与原来意义关系比较远的动词用法，这些用法在英语中往往是用普通的动词来表示。例如：

（17）他虽然尽了力，但计划还是黄了。

The plan fell through despite his efforts.

（18）我们从来没有红过脸。

We never flushed with anger.

（19）他白了我一眼。

He gave me a cold stare.

（20）那位先生昨天晚上老了。

The old gentleman passed away last night.

3.21.5 结语

本章的分析表明，汉、英形容词的概念化方式存在着明显的差别：汉语形容词的语义包含了一个动态的时间过程；英语形容词则缺乏这一特点，表示静态、非时间的特性。这一点不仅决定了两种语言形容词在语法方面的种种差别，也制约着它们的语义引申方向的不同。与此相关，它们的形容词在各自语言中的语法地位也不一致，与其他词类的亲疏关系也有所区别。

概念化是一个民族如何用一个个的词把认识世界的结果固定下来。对于同一类现象，不同的民族可能采用不同的概念化方式，结果就会造成对应词类语义特点的差异，而且概念化方式在很大程度上决定了有关词语的句法行为。换句话说，不同语言的语法差别在相当大的程度上是由其概念化的方式不同造成的，即语义在很大程度上决定了语法，语法并不是一个封闭的抽象系统。

第四编

功能与范畴

4.1 肯定与否定的规律

4.1.1 引言

现实是指客观存在的事物、行为、性质、变化、关系、量等，表达这方面情况的句子称之为现实句，语言中多用陈述句的方式来表示。相反，虚拟是不符合事实的、假设的、主观幻想的、不真实的事物、行为、性质等，对这些内容进行表述的句子就相应地称为虚拟句，语言中用条件句、假设句、意愿句、祈使句、疑问句等加以表示。

4.1.2 自然语言的肯定和否定的公理

4.1.2.1 公理的定义

逻辑学中"公理"的含义是，在一个系统中已为反复的实践所证实而被认为不需要证明的真理。公理可作为证明中的论据。譬如，"A = B，B = C，则 A = C"，"整体大于部分"，等等，都是公理。众多十分复杂的数学分支都是由极为简单、明了的基本公理推演出来的，譬如平面几何就是从关于点、线、面的基本公理发展出来的。

下面从一个非常直观的、显而易见的客观世界中存在的一条常理出发，抽象出一个关于量的模型，并以此模型作为肯定和否定的公理。然后由该公理推演出几条肯定和否定的使用规则，来解释自然语言中纷纭复杂的肯定和否定使用情况。

4.1.2.2 自然语言的肯定否定公理

客观世界中存在着这样一条规则：量大的事物能够长期存在，量小的容易消失。譬如沙漠里的一片广袤的绿洲可以在风沙的侵袭下长期存在，而一块面积很小的绿洲很快就会被风沙吞没掉；大海是不会被太阳蒸发干的，而陆地上的一个小池塘就很容易在短期内被蒸发掉。这类例子举不胜举。

把上述事例中形象化的"多"和"少"的概念归结为抽象的量，存在的意义归为肯定，消失的意义为否定，就得出下面的肯定和否定公理。

肯定和否定公理：量大的事物肯定性强，量小的事物否定性强，中间的事物其肯定程度和否定程度相当。

量大的事物意味着能够肯定自己的存在，肯定性强和生存能力强在这里是同义的；量小的事物意味着趋向于无，即容易消失，否定性强和容易消失是同义的。中间量的事物的生存能力也位于中间，即比量大的低，比量小的高。注意，这里量的大小并不是指某一具体的量，它们相当于数学中的无穷小量和无穷大量。这条规则的正确性是显而易见的，它是适合于各种各样情况的一个公理。该公理在不同的领域中具有不同的表现形式，它在人类自然语言中的投影就成了自然语言肯定和否定的公理。

自然语言肯定和否定公理：语义程度极小的词语，只能用于否定结构；语义程度极大的词语，只能用于肯定结构；语义程度居中的词语，可以自由地用于肯定和否定两种结构之中。

自然语言肯定和否定公理的最典型表现是，在一组概念义相同的词中，如果按照其语义程度的高低从左到右排成一个序列，那么位于左端的词是只用于或者多用于否定结构，位于中间的词可以自由地用于两种结构，位于右端的词多用于或者只用于肯定结构。

以变化的眼光来看一组概念义相同的词，将其按语义程度的高低顺序排列起来，那么语义程度的高低变化是渐变的，或者说是一个连续变化的过程，因此它们用于肯定结构和否定结构的频率也是一个连续变化的过程。语义程度接近极小的词语是多用于否定结构，少用于肯定结构，随着语义程度从小到大的变化，用于否定程度的频率由大到小，而用于肯定结构的频率则由小到大。

概念义相同的一组词，多的可以在十个以上，少的也有三四个。相邻语义程度的词语的先后顺序颇难排定，为了便于说明问题，我们只取语义接近两极和中间的三个词语进行分析。例如：

（a）介意	记得	铭记
（b）认账	佩服	钦佩
（c）理睬	说话	倾诉
（d）对茬	相符	吻合
（e）景气	繁荣	鼎盛
（f）顶用	适用	万能
（g）在意	注意	专注
（h）当	认为	咬定
（i）二话	牢骚	中伤
（j）声息	声音	乡音

上述十组词中的左端成分，工具书上大都会注明"多用于否定式"或"只用于否定式"的，它们的共同语义特征都是语义程度较小，这一点可以凭其构词词素、释义和说汉语人的语感判断出，h组的"当"的用法比较特殊，虽然它表面上不能加否定词"不"或"没"否定，但是因为它语义程度极低，自身就具有否定的意思，譬如"我当他已经来了"，实际上是说他还没有来。上述各组的中间成分的语义程度没有明显的倾向性，它们都可以自由地用于肯定和否定两种结构中，这一点可以从它们能自由地用"不"或"没"否定上看出。各组的右端词语的语义程度都是极高的，词典虽都没有注明它们只能用于肯定结构，但从它们不能直接加"不"或"没"否定这一点上可以断定，它们是只用于肯定结构的。

以上各组词不仅在语义程度的分布与肯定否定用法的对应关系上是一致的，在其他多方面也有相同之处，譬如左端的词多用于消极情况，口语化比较强，右端的词多用于积极情况，书面语色彩比较浓。这些用法上的特点也与它们语义程度的高低密切相关。

4.1.2.3 词语的语义程度对其肯定否定用法的影响

客观事物都具有质和量的规定性，从理论上讲，任何事物、行为、变化、性质、关系等都可以归结为量，因此从客观世界中概括出来的词语也都可以抽象出它们的数量特征。下面我们将词语的语义特征按程度高低进行量化，从而用一个数学模型来描写自然语言肯定和否定的用法。

下图中，1 表示极大量，0 表示极小量，在区间［0，1］中可以分出若干个大小不等的量级，用 L_i 表示量级，i 值越大，相应的量级的量也就越大。

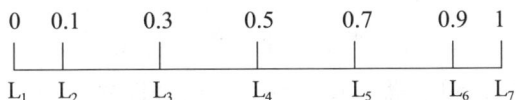

```
0    0.1      0.3      0.5      0.7      0.9   1
|    |        |        |        |        |    |
L₁   L₂       L₃       L₄       L₅       L₆   L₇
```

概念的语义程度

区间［0，1］可以分出无限多的量级，就描写自然语言的肯定和否定情况而言，七个量级已经足够了。

根据上述模型，肯定和否定公理又可以表述为：位于或逼近 0 的词语只用于或多用于否定结构，位于 0.5 的词语肯定和否定自由，位于或逼近 1 的词语只用于或多用于肯定结构。

上面构造的是个隶属于"极大量"的模糊子集模型，线段上方的值代表的不是一个个准确的数目，而是对"极大量"集合的隶属度。语义程度的高低是个模糊量，用"隶属度"来描写比较合适。一个词语隶属于"极大量"集合程度越高，说明它的语义程度越高。在模型中，各量级对"极大量"的隶属度分别为：$g(L_1) = 0$，$g(L_2) = 0.1$，$g(L_3) = 0.3$，$g(L_4) = 0.5$，$g(L_5) = 0.7$，$g(L_6) = 0.9$，$g(L_7) = 1$。$g(L_1)$ 的值为 0，表明 L_1 完全不属于"极大量"集合；$g(L_7)$ 的值为 1，表明 L_7 完全属于"极大量"集合。余词类推。

反过来也可以考察同一词语序列对"极小量"集合的隶属程度。也就是，各量级对"极小量"的隶属度 f 等于 1 减去其对"极大量"的隶属度 g 得出，即 $f = 1 - g$。那么 $f(L_1) = 1 - g(L_1) = 1$，$f(L_2) = 1 - g(L_2)$

$= 0.9, \cdots\cdots, f(L_7) = 1 - g(L_7) = 0$。$f(L_1)$ 的值为 1，说明 L_1 完全属于"极小量"集合；$f(L_7)$ 为 0，说明 L_7 完全不属于"极小量"集合。

如用"肯定程度"替换"对极大量的隶属度"，用"否定程度"替换"对极小量的隶属度"，如下图。

0	0.1	0.3	0.5	0.7	0.9	1	对"极大量"的隶属度 g 值
1	0.9	0.7	0.5	0.3	0.1	0	对"极小量"的隶属度 f 值
L_1	L_2	L_3	L_4	L_5	L_6	L_7	

对"极大量"和"极小量"的隶属程度

在这个模型中，L_1 只有否定程度，没有肯定程度；L_7 只有肯定程度，没有否定程度；其他量级兼有肯定和否定两种性质。每一个量级 L_i 的肯定程度与否定程度之和都等于 1，随着一个量级的肯定程度的增大，其否定程度相应地减低，反之亦然。

运用上述模型，肯定和否定公理又可表述为：只有否定程度的词语，只能用于否定结构；只有肯定程度的词语，只能用于肯定结构；肯定程度和否定程度兼有的词语，用于肯定程度的概率随着其肯定程度的提高而增加，而用于否定结构的概率也随着其否定程度的降低而减小。具体说来，位于 L_2、L_3 位置的词语，其语义中所包含的否定程度大于肯定程度，因此它们用于否定结构的概率也大于其用于肯定结构的概率；而位于 L_5、L_6 位置上的词语则相反，它们用于肯定结构的概率大于用于否定结构的概率。例如表示判断的一组词"当、以为、认为"，按语气的强度或者肯定程度的高低来分，"当"显然比"认为"弱，"以为"位于"当"和"认为"中间，相应的，"当"只用于与事实不符的论断，"认为"一般只用于正面的论断，"以为"却既有"当"的用法又有"认为"的用法，例如：

（1）我以为水的温度很合适。

（2）他们以为，只要能进入半决赛，冠军还是有可能争取到的。

（3）我以为有人敲门，原来是邻居的门响。

（4）是你呀，我还以为是老五呢。

例（1）和（2）的"以为"是正面论断，例（3）和（4）是与事实不符的论断。

词典中注明的只用于或多用于否定结构的词语的数目是很有限的，很多日常交际中常用的这类否定性词语都没有注出，尤其是那些只能用于肯定结构的词语一个都没有注出。有了自然语言肯定和否定公理，我们就可以判断诸多词语的肯定和否定的用法。例如，谈论某件事的几个词是"叙说、提起、挂齿、说起、倾诉、诉说、谈论"等等，将它们按语义程度由低到高的顺序排列起来：

（5）挂齿、提起、说起、谈论、叙说、诉说、倾诉

这时我们就会清楚地看到，"挂齿"是只用于否定结构的，表现在使用中，其前一般要有否定词"不"或"没"；语义程度最高的"倾诉"只用于肯定结构，表现在使用中不能在其前直接加"不"或"没"否定；语义程度居中的"谈论"可以自由地用于两种结构，表现在其前可以自由地增删否定词而在肯定式和否定式之间转化。靠近左端的"提起"和"说起"经常用于否定结构，靠近右端的"叙说""诉说"经常用于肯定结构，表现在对于前者，在其前加上否定词"没"念起来更顺口，而后者加上"没"后读起来很别扭。

4.1.3　结语

现实句和虚拟句的对立不仅表现在诸多句型中，也表现在一些具体的词语中，但是这种对立在肯定否定用法上经常表现为一种互补的关系。因此，可以说现实句和虚拟句的肯定否定使用情况在本质上是相通的，一种情况研究清楚了，另一种情况的问题就可以迎刃而解。表现实的陈述句语义直观，使用面广，具有普遍性、代表性，因此本章选择陈述句作为考察范围。换句话说，本书是在陈述句中对肯定和否定的对称与不对称现象进行考察的，说某个词语能否加否定词，或某个肯定结构能否变为否定结构等，都是指它们在陈述句中的使用情况，并不排除它们在虚拟句中不同使用情况。

4.2　否定性成分

4.2.1　引言

语言中存在着一类词，它们只能用于否定结构或者疑问句里，并不限定某一特定的词类，可以是名词、动词、形容词或者副词。就一般词语的肯定和否定来看，因为否定是少见的、有标记的一方，其否定的用法往往明显少于其肯定的用法。因此这是非常值得注意的一种现象，它们从一个侧面反映了自然语言否定本质。

4.2.2　否定性成分的范围和语义特征

4.2.2.1　现代汉语的否定性成分

《现代汉语词典》释义中已注明的"多用于否定式"或"只用于否定式"的词条约150个,这中间动词和形容词占大多数,名词和副词只有一小部分。例如：

一、名词

二话　声息　好气儿

二、形容词

雅观　起眼儿　像话　相干　济事　景气　打紧　得了　碍事　抵事
受用　中用

三、动词

介意　在意　在乎　理会　理睬　吭声　作美　捉摸　容情　认账

买账　照面　务正　问津　消受　罢休　招惹　打价　承望　插脚

四、副词

绝（绝对）　毫（一点儿）　断（绝对；一定）　毫发（比喻极小的数量）
压根儿

在语言应用上，上面四类词的否定式的具体构造很不一样，但是它们多用于或只用于否定式这一特点的本质是相通的。其本质在于它们的语义程度都很低，根据自然语言肯定和否定公理就能推出它们这一共同使用特点。

自从汉语语言学中有了词类划分以来，人们的研究视野多集中在孤立出来的一类词内部，也有研究涉及动词和形容词之间的句法功能。至于名词与动词、形容词、副词等，一般认为它们是迥然不同的，不可放于一处论说。从以上分析可知，如果我们换一个角度或研究方法，各个词类之间的鸿沟就会逐渐缩小，在某一方面它们甚至遵循着统一的规律。

4.2.2.2　否定性成分的共同语义特征

否定性成分有共同的语义特征。为了弄清这一点，先来考察一下表相同概念的一组词肯定否定的使用情况。这一点可以借助于运用作品原始例子来释义的词典来做到。某个词的否定式多于肯定式时它往往是否定成分，因为词典编纂者没有理由对某个词的肯定式或否定式有任何偏爱。这方面较好的工具书是福建人民出版社出版的《动词逆序词典》。虽然词典收例较少，一般每个词条 3 个左右，但是仍反映了否定性成分多用于否定结构的特点。下面用例中的两个数字表示"否定式:肯定式"之比，它们的根据都是《动词逆序词典》。

（a）认账	服气	佩服	钦佩
3：0	2：1	0：3	0：3
（b）介意	记得	牢记	铭记
3：0	1：3	0：3	0：3
（c）理睬	赞成	拥护	拥戴
3：0	2：1	0：3	0：3

（d）打岔　　　妨碍　　　阻碍　　　　阻挠

　　　　3：0　　　3：0　　　0：3　　　　0：3

　　上述四组用例的左端词语都是《现代汉语词典》上所注明的"多用于否定式"或"只用于否定式"的词语，两本词典反映的特征是一致的。上面每组词的概念义是相同的，每组词的顺序是按照否定式的逐渐减少和肯定式的逐渐增加来排列的。由此我们可以发现一个重要现象：每组词的语义对于某种特定的量由弱渐强。这说明了词的语义程度与它们的肯定和否定用法是密切相关的。

　　概念义相同的一组词总可以根据某种特定的量对它们进行排序。比如a组是根据对某人的信服程度的高低排列的，b是根据记忆的牢固程度排列的，等等。虽然它们的具体内容不同，但是它们抽象的数量关系是一致的。这好比"3个苹果＋2个苹果＝5个苹果"和"3张桌子＋2张桌子＝5张桌子"两式的抽象算术表达式都是"3＋2＝5"一样。

4.2.2.3　英语中否定性成分的语义特征

　　自然语言的肯定否定用法是客观存在着的肯定和否定规则对语言影响的结果，那么该规则对其他语言也会同样产生影响。如果这个预测是对的话，就会大大加强我们的论断。就对英语情况的初步考察来看，它和汉语一样，遵循着同样的自然语言肯定否定公理。例如：

（a）budge　　　　　　move　　　　　　quake

（b）care　　　　　　 like　　　　　　 devote

（c）mind　　　　　　 oppose　　　　　 abhor

（d）brook　　　　　　tolerate　　　　 endure

　　上面这四组词中，左端的单词在中型的英语词典中都会被注明一般是用于否定句或者疑问句，从各种语法书和词典释义来看，也证实了它们的这一用法特点。各组的中间位置的词语都是肯定否定自由的，从搜集到的用例来看，它们既有否定句又有肯定句。右端的词语都是用于肯定结构的。下面我们来考察一下各组词的语义程度的高低。

budge 的词典释义为：move slightly，move very little，make the slightest movement。move 的词典释义为：change position or posture。quake 的意义为（of earth）shake。显然，budge 的语义程度最小，move 是个中性量，quake 的语义程度最强。三者的肯定否定用法也都遵循着自然语言的肯定否定公理。

在表示"喜欢"概念义上，care 为 feel interest about，have a taste for；like 为 find agreeable or pleasant，prefer，be inclined to；devote 为 very loyal or loving, enthusiastic。很显然，在喜欢程度上，care 最低，like 中间，devote 最高。它们的用法也遵循着自然语言的肯定否定公理。

在表示"不喜欢"的概念义上，mind 的意义为 feel objection to，have a charge of for a while；oppose 的意义为 place contrast to，set oneself against，resist；abhor 的意义为 regard with disgust，think with hatred。显而易见，在这组词中，mind 的语义程度最低，oppose 居中，abhor 的最高。同样，它们的用法也印证自然语言的肯定否定公理。

brook 在词典中分为两个词条，第一个词条为 small stream，第二个词条为 put up with, tolerate。词典编纂者这样安排大概是因为看不出两个词条在意义上有什么联系。然而实际上，brook 的 tolerate 义和只出现于否定式的用法特点都是从 small stream 义中的 small 发展出来的。汉语中也有很多这方面的例子，原来表极小量的事物后来引申为表其他意义时，大都是用于否定结构。利用自然语言肯定否定公理可以发现许多词义之间被忽视的联系。brook 的程度小义虽单独看不明显，但根据它的本义就可明显看出。d 组的另外两个词的含义分别是：tolerate 为 allow the existence or occurrence of without authoritative interference；endure 为 suffer，undergo pain，hardship 等。比较一下各词的含义可看出，brook 语义程度最低，tolerate 呈中性，endure 最高。显然，它们的用法也证实了自然语言肯定否定公理。

跟汉语的情况一样，英语也有一批词在词典释义中已注明是只用于否定结构，它们这一使用特点都可以用自然语言肯定否定公理加以解释。我们也调查了日语中的个别用例，也证实了公理的正确性。其他语言的情况我们尚没有做调查，但是我们相信，随着调查范围的扩大，自然语言肯定否定公理会被证实是人类语言的一条普遍法则。

4.2.2.4 否定性成分形成的逻辑根据

否定性成分形成的原因是个逻辑问题，有些看似惯用法的现象，其背后都是有自然语言肯定否定公理在制约着。同一概念的一组词中，语义程度相当的词在肯定否定用法上往往有相同的表现。例如：

（a）介意	在乎	在意	经心	经意
（b）理睬	理会	搭理	搭腔	
（c）吭声	作声	吱声	言语	言声
（d）济事	中用	抵事	顶事	顶用
（e）毫发	丝毫			
（f）打紧	要紧			
（g）得劲	受用			
（h）由得	得已			

以上各组词的概念义相同，语义程度也相当，它们的用法也一致：都是否定性成分，只用于或常用于否定结构中。

同一语义程度的词，在词典中往往互相注释。既然根据公理同一语义程度的词肯定否定用法有相同的特点，那么就可以用辗转系联的办法寻找有共同使用特点的词。比如《现代汉语词典》对"介意"类和"济事"类的注释方式如下。

一、（a）在乎：在意；介意

（b）介意：把不愉快的事记在心里；在意

（c）在意：放在心上；留意

（d）经意：经心；留意

（e）经心：在意；留心

二、（a）中用：顶事；有用

（b）抵事：顶事；中用

（c）顶事：能解决问题；有用

（d）顶用：有用；顶事

（e）济事：能成事；中用

"介意"和"中用"两个词条在词典释义中都注明"多用于否定式"，据此可以判断，与它们辗转互注的一组词也都具有这个特点。从我们的语感也可以断定这一点。词典中常用概念义相同、语义程度相当的词互注，语义程度相差不大的词互注还勉强，差得太远就不能互相注释了，尽管它们的概念义相同。比如用"记得"来注释"介意"还可以，但决不能用"铭记"来注。

否定性成分都是各自概念中语义程度最小的那一个词，相当于模型中的 L_1。跟同概念的其他词相比，否定性成分用于否定结构的否定程度最高。比如"不理睬他"比"不跟他说话"的否定程度高，"不像话"比"不合理"的否定程度高，等等。也就是说，语义程度极小的词只用于或常用于否定结构的现象，可以看作是人们自觉地利用否定范围规律来实现对所在概念进行完全否定的手段的结果。根据否定范围规律，对语义程度极小词语的否定程度最高，等于完全否定。因此，在同一概念的一组词中，那个语义程度最小而且只用于否定结构的词，可以看作是自然语言肯定否定公理和否定范围规律双重作用下，选出的一个专职完全否定的手段。

4.2.2.5　判定词语肯定否定用法的模型

一种完善的理论，不仅要具有解释性，还必须具有可预测性和可验证性。前文给出的判断词语肯定否定用法的模型就具有这些特点。根据模型可以预测词典中没指明其肯定否定用法的词语的有关用法。例如：

（a）勉强　　　强制　　　勒令

（b）顾及　　　照看　　　照料

（c）红脸　　　吵嘴　　　厮打

（d）饶人　　　原谅　　　宽恕

（e）吐口　　　讲话　　　阔论

（f）肯　　　　愿意　　　渴望

以上六组词都是按照语义程度从低到高排列的，左端语义程度最低的词大都是只用于否定结构中。表现为，在具体的用例中它们一般都不能去掉否定词而转化为肯定式。例如：

（1）小两口从来没有红过脸。

　　* 小两口经常红脸。

（2）他这个人没有耐心，嘴上又不饶人。

　　* 他这个人很有耐心，嘴上又饶人。

（3）他们没有勉强我，我仍然一个人生活。

　　* 他们勉强了我，使我的生活不得安宁。

4.2.2.6　语义程度和肯定否定用法

语义程度极低的词一般只用于否定结构，语义程度极高的词一般只用于肯定结构。两者都是肯定否定不对称的：前者肯定受到限制，后者否定受到限制。可以预测，在同概念的一组词中，两端的肯定否定受到限制的词使用频率应该低于中间的肯定否定自由的词，而且两端词的使用频率应该大致相当。这个预测为《现代汉语频率词典》的统计结果所证实。例如：

（a）例词：	介意	记得	牢记
词次：	7	148	6
频率：	0.00053	0.01156	0.00046
（b）例词：	打岔	干扰	阻挠
词次：	8	32	7
频率：	0.00061	0.00243	0.00053
（c）例词：	服气	佩服	崇拜
词次：	14	19	11
频率：	0.00107	0.00145	0.00084

很明显，上述各序列中的词的使用频率呈正态分布。

4.2.2.7　表"说话"概念的否定性成分的构词方式

有一类否定性成分的形成很有趣，是从时间的先后次序的比喻用法引申过来的。具体的做法是，用靠前的行为表示继后的动作往往带有小量义，从而使得有关的词语只出现于否定结构。比如"开口"这种动作是在"说话"行为之前的，要说话必须先开口，也可以把"口"作为说话行为的前行为视点。用"开口"表示说话行为时具有极小义，从而使得以"口"为词素构成的词一般只用于否定结构。跟"口"情况相同的还有"声、气、腔、嘴、齿"等，它们都是说话动作发生之前的事物，用它们组成的词表说话行为时也是只出现于否定结构。

如果只有孤立的少数几个词的否定式多于肯定式，它们可能是偶然的现象，不能说明什么问题。但是几十个有相同构词特点的词都是只出现于否定结构，这就不能说是偶然的了，其背后必然有某种规律在制约着。我们还可以从反面来说明这一点。如果以"口、气、声"等为词素构成的复合词是表示说话行为的终止，那么这些词素就成了表示终止说话行为的后视点，因为终止说话行为之后紧接着的往往是闭口、收声等行为。这时用"口、气、声"构成的词带有程度高的含义，基于同一种道理，这类词一般只用于肯定结构。

根据《动词逆序词典》所提供的自然语言的实际用例，下面列表说明表"说话"概念义的词语的肯定和否定用法之比。

表一　"动+口等"构成的表开始说话的动词的肯定和否定用法之比

例词	肯定式	否定式	例词	肯定式	否定式
吭声	0	3	吐口	1	1
作声	0	3	齿	0	3
吱声	0	3	饶舌	0	3
应声	1	2	斗嘴	2	1
出口	0	2	通气	0	2
启口	0	2	插嘴	0	3
张口	0	2	顶嘴	1	2

例词	肯定式	否定式	例词	肯定式	否定式
开口	1	2	多嘴	0	3
搭腔	1	2	启齿	0	3
开腔	2	1	还嘴	1	2
松口	1	2	回嘴	1	2
交口	0	1	拌嘴	1	2
改口	1	2			

表二 "动＋口等"构成的表终结说话的动词的肯定和否定用法之比

例词	肯定式	否定式	例词	肯定式	否定式
缄口	3	0	灭口	2	0
住口	2	0	噤声	3	0
闭嘴	2	0	住嘴	3	0

合计起来，表一中所列举的表说话义的动词，其肯定式与否定式之比为13：51。与此形成鲜明的对比，表二中所列举的表终止说话行为的动词，其肯定式和否定式之比为15：0。两类词的肯定和否定用法差异是悬殊的。

《动词逆序词典》没有收入的表一类词还有"挂齿、则声、出声、言声儿"等，这些词在词典释义中大都已经注明是一般只用于否定式的。"声"和"气"在做说话行为的前视点上是等值的，所以两者可以在"吭声"和"吭气"词中互换，既不改变意思，又不改变语义程度和肯定否定用法。表一中的词一般不能去掉否定词"不"或者"没"而转化为肯定式，相反，表二中的词一般不能用"不"或"没"否定。例如：

（4）我没吱声，心里想她说得对。

（5）他不愿别人提说这件事，就不再作声了。

（6）王先生看见她走过来就立即缄口了。

（7）爷俩正在说话，听到门声，这才闭嘴。

4.2.2.8 表其他概念的否定性成分的构词方式

由"动＋意"构成的复合词，动为"进入"义时，所构成的复合词多用于否定结构；相对地，动为"发出"义时，有关的复合词多用于肯定结构。下面是《动词逆序词典》收录的该组词的肯定式和否定式之比。

"在意"和"致意"的肯定否定频率差别

动为"进"义	肯定式	否定式	动为"出"义	肯定式	否定式
在意	0	3	致意	3	0
介意	0	3	示意	3	0
满意	1	2	授意	2	1

类似地，由"动＋面"构成的复合词表"见面"意义时，"面"也是行为前视点，从而使其构成的复合词也有了程度小义，因此它们也是多用于或者只用于否定结构，比如"照面、露面、谋面"等都是如此。

此外，由"动＋手／足"构成的复合词表示"做事"意义讲时，"手"或者"足"也是行为前视点，也有程度小义，一般只用于否定结构。根据《动词逆序词典》，这类词用于否定式的概率显著高于其用于肯定式。

以上各类语义程度小的词，它们的用法特点都是由其构成词素中的名词部分决定的。动词词素也可以起同样的作用。如果复合动词部分是个程度低的行为，也能使得它们构成的复合词具有程度低义，结果使它们一般只用于否定结构。比如"识"具有"认识到、经得住"义，但是它的这一含义的语义程度比较低，因此由其构成的复合词"识羞、识逗、识要、识闲儿"等都是语义程度很低，也都是一般只用于否定结构。再如，以"服"为词素构成的复合动词也具有语义程度小义，因此也多用于否定结构，属于这类的词有"服软、服老、服穷、服输、服气"等。

4.2.2.9 表小量词的引申义的肯定否定用法

本部分从词的本义和引申义的关系来考察否定性词语的语义特点。"碴儿"的本义是玻璃、冰等的小碎块，"茬儿"的本义是农作物收割后留在地里的茎和根。两者都有一个共同的引申义，指提到的事情或人家刚说完的话。"碴儿"和"茬儿"的本义都含有事物整体中的一小部分之意，这个共同的语义基础使它们有了共同的引申义，而且其引申义因受其本义的影响，也带上了程度小义。根据有关的工具书和从各种传播媒介中收集到的例子来看，"碴儿"和"茬儿"的引申义几乎都是用于否定结构，而且也都不能去掉否定词而成话。例如：

（8）谁也没有理他的碴儿（茬儿）。

　　* 谁都理他的碴儿（茬儿）。

（9）没有人注意他的碴儿（茬儿）。

　　* 有人注意他的碴儿（茬儿）。

"碴儿"和"茬儿"构成的复合词也都有语义小义，而且也是常用于否定结构之中。这类词有"搭茬儿、对茬儿、找茬儿、话茬儿"等，这几个词中的"茬"可以自由为"碴"所替换。

"辙"的本义为车轮压出的痕迹，北京话中把它引申作"办法、主意"讲。因"辙"的本义"痕迹"是指很浅的印儿，因而使其引申义也带上了程度小义，结果该义项也多用于否定结构。比如可以说"他没辙儿了"，但是不能说"* 他有辙儿了"。随着影视业的发达，北京话也越来越普及，"辙"的引申用法也逐渐进入了普通话。

"理"的本义是玉石的细小纹路，因受其本义表小量的影响，它后来发展出的引申义"对别人的言语行动表示态度"也具有程度小义，所以它一般只用于否定结构。由"理"构成的复合词也都有这个特点，比如"理睬、理会、搭理"等都是否定性成分。同时，"理"还有其他引申义都是中性的，比如"管理、办理、整理"等，这些含义的用法都是肯定否定自由的。我们的观点是，本义的语义程度极小的词，其引申义很有可能具有程度小义，结果就造成了其引申义用法一般只用于否定结构的现象。但是，这种结果不是必然的，并不排除本义程度小的词发展出中性引申义的可能性。

"沾"的本义是稍微碰上或挨上，其语义程度小是很明显的。"沾"在北方话发展出个引申义，表示"能干"，但是只用于否定结构。比如可以说"这个人在种庄稼上不沾"，可是不说"* 这个人在种庄稼上很沾"。这也是受其本义中语义程度低影响的结果。由"沾"构成的复合词也大都具有语义程度小的特点，也都是常用于否定结构，比如"沾边、沾惹、沾手、沾染"等都是如此。

4.2.2.10　否定性成分的语法结构

本节讨论否定性词语所出现的语法结构的特点。下面的讨论用 F 表示否定标记"不"或"没"。

名词、形容词和副词的问题比较简单。否定性名词一般用在"F＋名＋动"或者"F＋动＋名"两种结构中，比如既可以说"没二话可说"，又可以说"没说二话"。否定性形容词一般用在"F＋形"或"F＋名＋形"结构中，比如"这个地方不景气"和"没有一个地方景气"都可以说。否定性副词一般用在"副＋F＋动"结构里，比如"压根儿不知道这件事"。否定性动词的句法结构最为复杂，它们的用法是我们下面讨论的重点。

我们从《动词逆序词典》中共搜集到了 40 余个否定性动词的全部 103 个用例，统计结果见下表。下表中的"显性"是指含有否定标记的结构，"隐性"是指用词汇或者反问手段表示的否定结构。"'不'字"是指含有"不"的否定结构，依此类推。

否定性成分与否定标记

	结构类型		用例数目	合计	
否定式	显性	"不"字	55	81	94
		"没"字	19		
		"别"字	2		
		"无"字	3		
		"莫"字	1		
		"未"字	1		
	隐性	词汇	8	13	
		反问	5		
肯定式		现实句	5	9	
		虚拟句	4		

上表中,否定性动词用"不"否定的用例数目是"没"的 3 倍,这表明了"不"和"没"用法的一些差异。对于动词,"不"和"没"的否定含义是很不一样的,"没"可以否定带数量宾语的动词,如"山羊没吃一公斤草",同时也可以否定不带数量宾语的动词,如"山羊没吃草"。而"不"只能否定不带数量宾语的动词,比如只能说"山羊不吃草",而不说"*山羊不吃一公斤草"。更重要的是,在否定不带数量补语的动词时,尽管"不"和"没"都可以用,但是两者的预设是明显不同的:"没"否定的动词意味着该动词所代表的行为以前曾经发生过,而"不"否定的动词可以指该动词所代表的行为从未发生过。因此只能说"山羊不吃肉(因为它是食草动物)",而不能说"*山羊没吃肉",因为这样说意味着山羊曾经有过吃肉这种行为。也就是说,单独否定动词时,"不"的否定程度往往比"没"高,常常是完全否定。根据否定范围规律,对语义程度极小的词语的否定等于完全否定,而这里的否定性动词的语义程度都是极小的,因此它们用于否定结构中相当于完全否定。这正与"不"否定动词时的语义特点相吻合,结果它在对极小量动词的否定上的使用频率比所有其他的否定标记的总和还要高出许多。

在 40 余个否定性动词的 103 个用例中,否定结构占 90% 强,肯定结构只占 10% 弱。下面举例说明否定性动词的语法结构特点。

一、显性否定结构

A. F＋动（＋名）

这种结构是否定性动词最普遍最常用的格式。例如：

（10）郭振山想听听她到底怎样,<u>不打岔</u>,等着她开腔。(《创业史》)

（11）"你搞折中!"游天凤<u>不服</u>。(《来自居里大学的报告》)

（12）她<u>不顾及路人的眼睛</u>,紧紧倚靠着我。(《难与人言的故事》)

（13）请你<u>莫介意适才的事</u>,我完全是游戏。(《韦护》)

否定标记和否定性动词之间可插入程度副词,如例（14）;"F＋动"之前也可用各种副词修饰,如例（15）、（16）和（17）。

（14）老油条是个老战士,也有人管他叫老不进步,他<u>也不十分在意</u>。

（《无敌三勇士》）

（15）因为死后而灵魂不灭则仍然未能把自己真正忘掉，所以他<u>对于死也并不措意</u>。（《拜伦的〈曼弗雷德〉》）

（16）他醒过来，没有力气，没有欲望，他甚至不想动一下。他已经<u>不介意痛苦</u>了。（《坚强战士》）

（17）"我将来仍然<u>不改口</u>。"赵士函郑重地说。（《生物圈》）

"F＋动"的修饰语还可以是短语。例如：

（18）倔脾气的芥川太郎矢口否认，<u>直到打断腿骨还不认账</u>。（《"亚细亚"之恋》）

B. F＋能愿动词＋动

（19）我是有点历史癖的人，但关于历史的研究，秦以前的一段我比较用过一些苦功，秦以后的我就<u>不敢夸口</u>了。（《历史人物·序》）

（20）玉巧太软弱了，吃了亏也<u>不敢吭声</u>。（《村鬼》）

（21）那么，帮我说话的人<u>不就容易启齿</u>了么？（《腐蚀》）

（22）他朝江英摆摆手，示意她<u>不要多嘴</u>。（《侦破案外录》）

能愿动词和动词之间也可插入其他成分，结构 B 之前也可加程度词。例如：

（23）老伴见老汉动怒了，当下也<u>不敢再言语</u>。（《腊月·正月》）

（24）上身是一件即使削价处理也<u>不会被姑娘问津</u>的月白色长袖衬衫。（《屏幕》）

（25）"想着也<u>不会有啥大困难</u>。只是一样……"来娃有点不好出口的样子。（《初夏》）

例（24）和（25）整个否定结构做定语用。

C. F＋介＋名＋动

（26）她久已<u>不和人们交口</u>，因为阿毛的故事是早被大家厌弃了的。（《祝福》）

（27）她不出家门半步，<u>不与邻人照面</u>。（《半月塘传奇》）

（28）即使我错了，也不会干扰你。这也是我一直<u>没和你通气</u>的原因。（《非生理性癌扩散》）

（29）关于管钱的事高潮<u>没跟老婆通气</u>，他这个人就是这样，不露声色地办事。（《家政》）

上述结构的"名"都是动词的与事。

D. F＋名＋动

该结构中的否定标记和动词之间用名词隔开，否定标记通过对名词的否定来达到否定动词的目的。例如：

（30）谁见了他都躲着走，大年初一都<u>没人搭理</u>。（《太子村的秘密》）

（31）过去到处受冷遇，为什么到现在还<u>没人搭理</u>呢？（《绿色的呼唤》）

（32）这真是有趣的事，可惜我们现在早已<u>无福消受</u>了。（《荷塘月色》）

（33）车开动时，<u>没有一个人吭气</u>，默默地回顾着这座城市。（《祸起萧墙》）

例（30）（31）（33）是否定行为的施事 N 的存在来实现对 V 进行否定，例（32）是否定动词的条件的存在而对其进行否定的。

E. F＋动₁＋名＋动₂

否定标记之后的结构是一个使动式，动₁多为"让、要"等有使动意义的动词，"名"为动₂的施事。该结构中的 F 的否定焦点是动₂，尽管它们在位置上是不相邻的。从语义上分析，结构 E 可以变换成"动₁＋名＋F＋动₂"。例如：

（34）特工队长<u>不让史家珠插嘴</u>，一口气说下去。（《雨雪霏霏》）

（35）咱们的事，<u>不要人多嘴</u>！我有我的主意。（《绿化树》）

例（34）可以理解为"让史家珠不插嘴"，例（35）可理解为"要人不多嘴"。动词为"希望""打算"等表心里活动的词，也有相同的情况。例如：

（36）我<u>不希望有人来打岔</u>。（《我的青年时代》）

（37）他<u>不打算讨什么人喜欢</u>。（《村鬼》）

例（36）和（37）结构中的"名"之前有动词"有""讨"，它们的变换是：

不希望有人来打岔→希望没有人来打岔→希望人不（来）打岔；不打算讨什么人喜欢→打算不讨什么人喜欢。

当"动"为系动词"是"时，F的否定焦点也是动₂。例如：

（38）<u>不是向你兄弟夸口</u>，一家四个人挣钱哩。（《腊月·正月》）

例（38）也是否定"夸口"这种行为没有出现。

F. 动＋名＋F＋形容词。

该结构的"动"做"名"的定语，否定标记通过对谓语形容词的否定来对定语位置的动词进行否定。也可以这样理解，由于做定语的动词的约束，谓语形容词之前一般需有一个否定标记。这一点可以与非否定性动词的用法的比较中看出。例如：

（39）我跟主教练苏永舜<u>照面次数不多</u>，但足以感受到他的冷峻、内向。（《报告文学的采访与选材》）

（40）我和柯蓝是在延安时认识的，但<u>谋面机会不多</u>，促膝长谈时间更少。（《真实是文艺的生命》）

在收集到的用例中，只有上述两个是否定性动词做定语用的，都符合结构F。动词如为一般动词时，谓语动词肯定否定自由，比如既可说"见面的机会不多"，也可以说"见面的机会很多"，而说"照面的机会很多"就显得不自然，这是因为受"照面"的否定性的使用条件的限制。

G. 动₁＋F＋动₂

结构F和G的共同之处在于否定标记都是出现在否定性动词之后，而前五种结构否定标记都是在否定性动词之前。例如：

（41）十年来，一波未平，一波又起，我实在<u>禁受不起</u>，拉倒了吧！（《冬天里的春天》）

二、隐性否定结构

A. 词汇手段

否定性动词之前加上"免得、难以、艰于、很少"等否定意味很强的词来对它进行否定，这也是与否定性动词的性质相符的。例如：

（42）这折戏就要完了，等唱完了再去，<u>免得打岔他们</u>。（《春》）

（43）马驹深知，德宽跟他在三队干事的用心，那是憋着一腔难以出口的气呀。（《初夏》）

（44）后来觉悟提高了，知道是桩功劳，有心要讲，又艰于启口。（《此巷名人》）

（45）王璁当上代系主任之后，工作忙碌，就很少顾及杜微和方爽了。（《腐蚀》）

上述四例都是用词汇手段进行否定的。有否定意味的词和否定性动词之间也可插施事的名词。例如：

（46）这种悲哀的情调，已尽够我消受的了。（《薄莫》）

例（46）的否定结构意思是说"消受不了"。

B. 反问

表面上看这类格式没有出现否定标志语 F，实际上是用反问的手段表否定。这也是与否定性动词的使用条件相吻合的。例如：

（47）赵树魁瞪了他一眼，心想："你也敢插嘴。"（《燕赵悲歌》）

（48）他后悔没坚信"退后一步自然宽"的处世法则，别人找老板评理，何必去多嘴，反遭说受贿。（《嘉陵江边一条街》）

（49）一个从来都喜爱劳动，又习惯于劳动的人，怎能消受得这种闲散日子？（《深圳河畔》）

上述三个用例中的否定性动词都是以肯定的形式表示否定。根据调查的结果，用否定性动词的肯定形式的问句一般是反问句，它们仍表示否定的意义。

观察否定性动词的句法特点，可以给我们一些启示。有时从表层形式上看，否定标记是位于主语的名词前边，好像是否定主语名词所表示的事物的存在，而实际上否定焦点是主语后的动词。比如"没人吭声"实际意义是指"有人而没说话"，"没人打岔"是指"有人而没搭理"，等等。这说明语言的表层结构与其所表达的真正含义之间不是简单的对应关系。类似地，有时主语位置上的修饰语会对谓语的肯定否定产生影响，比如"照面"和"景气"一般只用于否定结构，当它们做主语的修饰语时，要求谓语采用否定结构，比如可以说"照面的机会不多"，一般不说"* 照面的机会很多"，可以说"景气的地方不多"，一般不说"* 景气的地方很多"。由此可见，做修饰语的词语有时可以对整个句式的选择起关键作用。研究句型时一般人都把注意力放在谓语中心动词上，在这里我们看到了甚至主语的修饰语也会制约整个句式的特点。在后文的分析中将会看到主语位置上的名词也对句型的选择有重要的影响。这使得我们认识到应该从多角度来研究句型。

4.2.3　结语

按照内容可以把所有的句子分为三大类型：肯定句、否定句和疑问句。三类句子之间的亲疏关系并不是相等的，否定句似乎跟疑问句之间的关系更为密切些，表现在肯定程度极低的成分，一般是既能用于否定句，又能用于疑问句，但是不用于肯定句。从"介意"类词的用法中，可以明确看出这一点。同样，英语工具书中注明的一般只用于否定式的词语，几乎同时也注明了它们可以用于疑问句。比如 mind 作 object to，dislike，to be annoyed by 等讲时，不仅可以用于否定句，也常用于疑问句。例如：

（50）—Do you mind the smell of tobacco ?

　　　—Not at all.

（51）Would you mind opening the window ?

（52）—Do you mind if I smoke ?

　　　—No，go ahead.

4.3 "得"字动补结构的否定性

4.3.1 引言

本章讨论的"得"字短语是指"搬得动—搬不动""看得见—看不见""来得及—来不及"等等。肯定式和否定式分开讲时，V 得 C 表示肯定式，V 不 C 表示否定式。

V 不 C 的使用频率远高于 V 得 C，甚至一些 V 不 C 没有相应的 V 得 C。所以，V 得 C 可以被看成是逆派生的，就是说"得"字短语的肯定式是由否定式派生来的。还有其他一些论文和专著也谈到了这种不对称现象。

4.3.2 "得"字动补结构的否定性

4.3.2.1 肯定和否定的使用频率差别

一些结合得比较稳固的"得"字短语可以利用《现代汉语频率词典》考察它们的使用频率。下表就是该词典的统计结果。

V 得 C 和 V 不 C 的使用频率差别

动＋不＋补	词次	频率	动＋得＋补	词次	频率
舍不得	46	0.00350	舍得	4	0.00030
要不得	4	0.00030	要得	0	0.00000
对不起	81	0.00616	对得起	20	0.00152
看不起	28	0.00213	看得起	0	0.00000

（续表）

动＋不＋补	词次	频率	动＋得＋补	词次	频率
来不及	37	0.00281	来得及	30	0.00281
靠不住	4	0.00030	靠得住	0	0.00000
瞧不起	7	0.00053	瞧得起	0	0.00000
忍不住	57	0.00434	忍得住	0	0.00000
了不起	39	0.00279	了得起	0	0.00000
谈不上	5	0.00038	谈得上	0	0.00000
说不定	34	0.00259	说得定	0	0.00000
说不过去	3	0.00023	说得过去	0	0.00000
说不上	7	0.00053	说得上	0	0.00000
免不了	8	0.00061	免得了	0	0.00000
少不了	5	0.00038	少得了	0	0.00000
用不着	55	0.00418	用得着	4	0.00030
行不通	4	0.00030	行得通	0	0.00000
合计	424	0.03224	合计	58	0.00470

在表中，V 不 C 的合计词次是 V 得 C 的 7 倍。词典中没有统计的 V 得 C 的词次和频率在表中都记为 0，其中个别是不大能说的。要从根本上解决问题，必须回答为什么会形成 V 得 C 和 V 不 C 表达功能的差别，以及为什么 V 不 C 一般只出现于陈述句中，而 V 得 C 却经常出现于疑问句中等问题。本章尝试从根本上回答这个问题。

4.3.2.2 "得"字短语与否定性词语的共同特征

汉语中有一类词跟"得"字短语一样，也是多用于或只用于否定结构，它们的这一特点在比较详细的词典中都予以注明，甚至凭我们的语感就可以明显觉察到这一点，比如"介意、理睬、买账、挂齿、吭声、中用、顶事、碴儿（事情）"等等，我们称这类词为"介意"类词。

人们很容易产生这样的联想，既然"得"字短语跟"介意"类词的肯定否定使用特点是一致的，那么它们之间有没有内在的联系呢？为了回答这个问题，先来考察一下"介意"类词有些什么特点。

一、笼统地说，"介意"类词是多用于或只用于否定结构，仔细考察可以发现"介意"类词的肯定否定的用法在陈述句中和疑问句中是互补的：在陈述句中一般只用于否定结构，而往往没有相应的肯定式；在疑问句中则相反，它们一般只有肯定式，而没有相应的否定式。

我们从文学作品中共收集到了 110 余条"介意"类词的用例，其中 93 个是否定结构，而且都是陈述句。否定结构的"介意"类词一般不能去掉否定词而转化为肯定式。例如：

（1）高盛五并<u>不介意</u>党委书记的玩笑话。(《人事厂长》)

（2）阿多像一个聋子似的<u>不理睬</u>老头子那早早夜夜的唠叨。(《春蚕》)

（3）人家要讲，他讲他的，我们<u>不认账</u>。(《难与人言的故事》)

（4）我<u>没吱声</u>，心里想她说得对。(《谢晋在"三大洲电影节"上》)

另外十几个"介意"类词的用例都是肯定式，它们大部分是用于问句中表反问的。跟上述情况相反，问句中的"介意"类词一般不能加上否定词转化为否定结构。例如：

（5）我要是穿一身土布，像个乡下脑颏，谁还<u>理</u>我呀！(《茶馆》)

（6）你怎么知道？三皇道是<u>好惹</u>的？(《茶馆》)

（7）那还<u>用</u>说吗？天下太平了：圣旨下来，谭嗣同问斩！(《茶馆》)

（8）太太叫二少爷亲自送来，这点意思我们<u>好意思</u>不领下么？(《雷雨》)

（9）人家二少爷亲自送来的。我不收还<u>像话</u>么？(《雷雨》)

虽然疑问句中的"介意"类词形式上是肯定的，实际上是利用反问的语气来表示否定。（5）—（9）的用法都是如此。可见"介意"类词跟否定具有极强的亲和性。

至此可以看出"介意"类词的第一个特点：多用于或只用于否定结

构，而且其否定结构一般只用于陈述句中，其肯定式往往用于反问句中表示否定。

二、可以把"介意"类词的成员放到与其相同概念义的一组词中进行比较，看它们在语义上有什么共同点。下面是按照同概念的一组词的肯定程度由低到高排列的。

（a）介意　　记得　　牢记　　铭记

（b）买账　　服气　　佩服　　钦佩

（c）理睬　　同意　　赞成　　拥戴

（d）认账　　承认　　认定　　力持

（e）挂齿　　提起　　说起　　叙说

（f）吭声　　说话　　唠叨　　倾诉

（g）碴儿　　事儿　　事情　　事件

（h）景气　　繁荣　　发达　　鼎盛

上述的各组词只选了四个代表点，实际上还可以细分。上例中，a组是按记忆持续程度的高低排列的，b组是按对某人信服程度的高低排列的，c组是按意见相同程度的高低排列的，"介意"、"买账"和"理睬"分别是各组中肯定程度最低的一个。上述中左端的词都是"介意"类词，说明它们的肯定程度都是很弱的。

由以上的分析可以看出"介意"类词的第二个特点：它们的语义是表相同概念的一组词中肯定程度最低的一个。

三、自然语言的否定的意义为"少于"或"不及"，对某个量的否定可以推知对等于和大于该量的所有量的否定。比如"这个塔没有7米"，是指塔的高度不是等于或大于7米，而是低于7米的一个量。再如"这块布不很红"，是指布红的程度不及"很红"高，但布的颜色仍是红的，即仍有一定的红的程度，等等。由此可以看出自然语言所遵循的一条规则：肯定程度越低的成分用于否定结构的否定范围越大，否定范围越大的词其否定语气也就越强。实际上，否定范围的大小是否定语气强弱更具体、更准确的说法。

由以上否定范围的规则可以推知：对肯定程度最低的成分的否定等于完全否定。在语言应用中，经常借用表极小量的词语来实现完全否定，比如"他没吃一点东西"，"没有丝毫的让步"，等等。这样，对某一概念要进行完全否定时，这个任务就自然落在该概念中肯定程度最低的那个词语的身上。也就是说，很多个表相同概念词语的完全否定都由既定的一个肯定程度最弱的词语来实现，结果就形成了表相同概念的一组词语中程度最低的那个词，只能用于或多用于否定结构之中的现象。比如要对"钦佩、崇拜、佩服、服气、买账"等进行完全否定时，只用把程度最低的"买账"用于否定结构就行了，这样使用的结果就形成了"买账"用于否定式的频率远高于其用于肯定式的使用频率的现象。

概念义相同而程度不同的一组词的否定也遵循上述原则。例如：

（10）a. <u>不买</u>张师傅<u>的账</u>。

   b. <u>不服气</u>张师傅。

   c. <u>不佩服</u>张师傅。

（11）a. <u>不理睬</u>她的建议。

   b. <u>不同意</u>她的建议。

   c. <u>不赞成</u>她的建议。

就肯定程度来说，佩服 > 服气 > 买账，赞成 > 同意 > 理睬；就否定程度而言，不买账 > 不服气 > 不佩服，不理睬 > 不同意 > 不赞成。例（10）的对张师傅不信服的程度为 a>b>c；例（11）表对"她"的建议不同意的程度为 a>b>c。

现在可以归纳出"介意"类词的第三个特点：它们用于否定结构的否定语气比用于肯定结构的肯定语气强得多。

"介意"类词的特点三和特点二之间是充要条件关系，即由特点三可以推出特点二，也可以由特点二推知特点三。

4.3.2.3　在陈述句和疑问句中的不同分布

上文中已经谈到，"得"字短语的否定式"V 不 C"比其肯定式"V 得

C"的使用频率高得多,这点跟"介意"类词是一致的。下面来考察一下"V不 C"和"V得 C"在陈述句和疑问句中的分布情况如何。

我们对老舍、曹禺、赵树理等人的 100 余万字作品中的"得"字短语用于问句的情况进行了统计,"V得 C"出现了 46 次,"V不 C"出现了 16 次。值得注意的是,用于问句的"V得 C"是有条件限制的,它们大部分是在与"V不 C"对举的情况下使用,有的是因为上文有了含"得"字短语的小句出现,只是作为一种修辞上的顺说。例如:

(12)找遍了你们全村儿,找得出十两银子找不出?(《茶馆》)

(13)全世界,全世界找得到这样的政府找不到?(《茶馆》)

(14)怎么着?我碰不了洋人,还碰不了你吗?(《茶馆》)

(15)打不了他们,还打不了你这个糟老头子吗?(《茶馆》)

(16)这地方不能住了!不论种上什么,谁知道自己吃得上吃不上?
　　　(《灵泉洞》)

(17)玉梅你还能提动提不动?(《三里湾》)

例(12)(13)是"V得 C"和"V不 C"对举,语义重点仍在"V得 C",即通过反问的语气使得"V得 C"表示否定的意义,从而使得整个句子具有否定的意义。比如例(12)是说"你们全村找不到十两银子"。而这时的"V不 C"实际上是个连带成分。例(14)和(15)的前一小句(陈述句)出现了"得"字短语"打不了""碰不了",问句中的"V不 C"只是一种修辞上的顺说。例(17)的"能提动"相当于"提得动",情况与例(14)(15)同。可见,问句中的"V不 C"受到了很大的限制,要么意义发生了偏移,只作为陪衬成分,要么前文中出现了"得"字短语,只是一种修辞上的顺说。

尽管从总体上讲,"V得 C"的使用频率远不及"V不 C",但是在疑问句中,"V得 C"的使用频率反而远高于"V不 C"。还有一点应特别加以注意,所有用"V得 C"的问句都是反问句,即所表达的意思仍是否定的。例如:

(18)我这么一积极,这回就派到"石钢"去,"石钢"啊,还了得吗?

（《女店员》）

（19）他准备用新的话头岔开，让金生不注意刚才吵架的事，可是怎么岔得开呀！小聚还站在那里没有发落哩！（《三里湾》）

（20）大海，你心里想想，我这么大年纪，要跟着你饿死；我要是饿死，你是哪一点对得起我？（《雷雨》）

（21）我现在钱也没有了，还用得着小心干什么？（《雷雨》）

（22）假若可能的话，他想要一点水喝；就是要不到水也没关系；他既没死在山中，多渴一会儿算得了什么呢？！（《骆驼祥子》）

（23）常四爷：我这儿有点花生米，（抓）喝茶吃花生米，这可真是个乐子！

秦仲义：可是谁嚼得动呢？（《茶馆》）

例（18）—（23）的问句变为陈述句的时候，其中的"V得C"都可转化为相应的"V不C"。"V不C"的否定手段是在动词和补语之间插入否定词"不"，问句中的"V得C"的否定手段是反问语气，它们否定的方法虽不同，但同样都是表否定的。其中"算得了"和"了得"等在陈述句中干脆都不能说。

由此可以看出，"得"字短语跟"介意"类词的第一个特点是一致的：它的否定式的使用频率远高于其肯定式，而且否定式一般只出现于陈述句，肯定式一般用于反问句。

4.3.2.4 "V得C"的语义程度

本节将考察"得"字短语的肯定程度的高低。下面的定义是根据《现代汉语词典》的释义。

（24）a. 要不得：表示人和事物很坏，不能容忍。

b. 要得：好。

（25）a. 舍不得：很爱惜，不忍放弃或离开，不愿意使用或处置。

b. 舍得：愿意割舍；不吝惜。

（26）a. 说不来：双方思想感情不合，谈不到一起。

b. 说得来：双方思想感情相近，能谈到一块儿。

（27）a. 来不及：因时间短促，无法顾到或赶上。

b. 来得及：还有时间，能够顾到或赶上。

（28）a. 吃不来：不喜欢吃；吃不惯。

b. 吃得来：吃得惯（不一定喜欢吃）。

（29）拗不过：无法改变（别人的坚决的意见）。

（30）说不得：极其不堪无法谈起。

（31）了不得：大大超过寻常；很突出。

从例（24）—（31）可以看出，"得"字短语的否定式和肯定式在程度上是不对称的，它的否定式的否定程度远高于其肯定式的肯定程度。例（24）"要不得"义为"很坏"，跟它相对的肯定式的意思应为"很好"，而"要得"是"好"。跟例（25）"舍不得"的"很爱惜"相对的是"很不爱惜"，而"舍得"是"不吝惜"，如把"很不爱惜"作"很大方"理解，"不吝惜"充其量也只能做"有点大方"解，显然"舍得"的肯定程度低于"很不爱惜"的否定程度。例（26）中，与"说不来"的"不合"相对的肯定式应是"相合"，而"说得来"的"相近"显然比"相合"程度低。例（27）中，跟"来不及"的"时间短促"相反的是"时间充裕"，而"来得及"的"还有时间"所表达的只是时间勉强够用。跟例（28）"吃不来"的"不喜欢吃"相反的应是"喜欢吃"，有趣的是，词典特别注明"吃得来"是"不一定喜欢吃"，可见"吃不来"跟"吃得来"在程度上也是不对称的。例（29）、（30）和（31）释义中的"坚决""极其""大大"都显示了"得"字短语的否定式的语气是极强的。

词典中收录的都是些结合得比较稳固的"得"字短语，那些临时性的情况如何呢？下面看（32）和（33）例。

（32）到了西安长街，街上清静了些，更觉出后面的追随——车辆轧着薄雪，虽然声音不大，可是觉得出来。（《骆驼祥子》）

（33）黎明之前，满院还是昏黑的，只隐约的看得见各家门窗的影子。（《骆驼祥子》）

例（32）和（33）的"V 得 C"短语前都有使行为结果难以实现的因素："声音不大"和"昏黑的"。可见"觉得出来"和"看得见"都只是一种勉强实现的结果，"看得见"前的"隐约"更明确地说明了这一点。这也说明"得"字短语的肯定式是表示一个程度很低的量。这一点还可以通过与"能"的变换比较中看出来。例如：

（34）a. 衣服都<u>拧得出</u>汗来。

　　　b. 衣服都<u>能</u>拧出汗来。

（35）a. 他<u>搬得动</u>这块石头。

　　　b. 他<u>能</u>搬动这块石头。

可以看出，"能 VC"比"V 得 C"的语气肯定得多。由此可见"得"字短语的肯定式的程度是很弱的。

以上分析表明，"得"字短语与"介意"类词的第二、三个特点也是完全相符的。

"得"字短语是表示其前动词所代表的行为有多大的可能性来实现其后的结果，也就是说，该格式的基本功能是表示行为动作实现的可能性。现在建立一个表可能概念的量级模型，来确定"V 得 C"的程度。

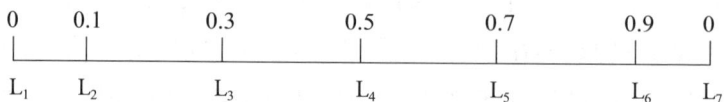

$$0 \quad 0.1 \quad 0.3 \quad 0.5 \quad 0.7 \quad 0.9 \quad 0$$
$$L_1 \quad L_2 \quad L_3 \quad L_4 \quad L_5 \quad L_6 \quad L_7$$

"V 得 C"的语义程度

$L_1 =$ 必然非 P；　　　$L_2 =$ 有点可能 P；　　　$L_3 =$ 比较可能 P；

$L_4 =$ 可能 P；　　　$L_5 =$ 很可能 P；　　　$L_6 =$ 十分可能 P；

$L_7 =$ 必然 P

"V 得 C"的肯定程度虽然很低，但仍有一定的量，相当于模型中的 L_2，语言解释为"有点可能 P"。这一点也可以从其否定式的程度上得到旁证。前文讲过，在自然语言中，肯定程度越低的成分用于否定结构的否定语气越强。"得"字短语的否定式相当于"必然非 P"，比如来不及、通不过、看不见、拗不过、受不了等都表示完全没有实现某种结果的可能。既然"得"字短语的否定式等于对实现某一行为的可能性的完全否定，否定范围规则"对相同概念程度最低的成分的否定等于完全否定"，用逆推法可知"V 得 C"的肯定程度相当于上述模型 0.1 的位置，语义大致为"有点可能"。

4.3.3　结语

尽管"得"字短语跟"介意"类词在构造上很不一样，前者是语法结构，后者是词，但是为什么它们在肯定否定上表现出极为一致的特点，而且还具有共同的语义特征呢？原来在自然语言中肯定否定的使用遵循下列法则：

肯定程度低的用于否定结构的概率就大，肯定程度高的多用于肯定结构，肯定程度不大不小的用于肯定式和否定式的概率大致相等。

就所提供的例子来看，各组词显然遵循上述规律。"介意"类词的肯定程度低而且多用于否定结构的特点是十分明显的。位于各组词右端的肯定程度高的成分如"铭记、拥戴、倾诉、叙说、钦佩"等一般只用于肯定结构，可以从它们一般不能直接加"不（没）"否定这一点看出来。各组的中间成分如"记得、同意、承认、提起、说话"等因其程度适中，所以它们可以自由运用于肯定结构和否定结构。

这就找到了"得"字短语经常用于否定结构的逻辑根源，它与"介意"类词一样，肯定程度很低，根据自然语言肯定否定的使用规则，所以它们的否定式"V 不 C"比其肯定式"V 得 C"的使用频率高得多。

尽管"得"字短语是一种结构类型，但它和一个个单词所遵循的规律是一样的。跟"得"字短语相反，那些表示程度高的结构往往只能用于肯定结构，比如"有＋代＋的＋名＋动"和"有＋的＋是＋名"都是强调"名"所代表的事物数量大或程度高，两种结构的动词之前都不能加上否定词转换为否定结构。例如：

（36）a. 有你的钱花。

*有你的钱不花。

b. 有你的福享。

*有你的福不享。

（37）a. 有的是力气。

*有的不是力气。

b. 有的是衣服。

*有的不是衣服。

一般的动宾、主谓结构等在量上没有显著的倾向性，可以把它们看作肯定程度适中的结构，所以肯定否定自由。由此可见，不论是单独的词还是较为复杂的结构在肯定否定使用上都遵循同一法则——自然语言肯定否定公理。

4.4 名词、量词、代词等词类的肯定与否定

4.4.1 引言

关于否定词"没"的词性，学术界存在着很大的分歧。概括起来，主要有两种观点：（一）认为动词或形容词前的"没"是副词，名词前的"没"是动词；（二）认为动词、形容词和名词前的"没"都是动词。

第一种观点是用传统语法学的方法得出来的。在传统语法学中，强调词类与句子成分的简单对应，譬如认为副词一般用于动词前面做状语，由此得出结论，在动词前做状语的一般都是副词。"没"经常用于动词前面，就很自然地把"没"归入副词类。同时又认为副词是不能够直接修饰名词的，而"没"却经常用于名词前面，只好又另求新解释，把名词前的"没"划归为动词。从另一角度看，不论是动词前的"没"还是名词前的"没"，都具有同样的变换方式，因此也有人认为两类词前的"没"是一个东西，都是动词。

两种观点的分歧反映了传统语法学和转换生成语法学在分析方法上的差异。我们打个比喻来说明两者差异的实质。甲、乙、丙分别代表三代人：

甲——爷爷　　乙——儿子　　丙——孙子

传统语法学事先规定，凡是能跟甲在一块儿的都是儿子，凡是能跟丙在一块儿的都是父亲，结果发现乙既可以跟甲在一块儿，又可以跟丙在一块儿，因此得出结论说，乙是两个人：做儿子的乙和做父亲的乙。转换生成语法学则是看在甲前和丙前的乙究竟有什么不一样，结果发现两处的乙的长相、行为、服饰等方面都是一样的，因此得出结论，做儿子的乙和做父亲的乙

实际上是一个人。很明显，前一种方法存在着严重的缺陷，后一种方法所得结论是比较合理的。

我们认为不论是名词前、动词前还是其他词类前的"没"只有一个，尽管在不同的词类前被否定词语的具体含义不同，"没"始终没有变，都是对离散量的否定。

4.4.2　定量名词和非定量名词

4.4.2.1　名词的定量和非定量判别标准

根据能不能自由地用数量词称数，可以把名词分为两类：（一）可用数量词自由地称数的为非定量名词，如类一；（二）不能用数量词自由称数的相应地称之为定量名词，这里包含有两层意思，一是指那些为某一个或几个特定的数量词修饰，二是完全不能被任何数量词称数，如类二。

类一：非定量名词

笔　书　草　灯　词　炮　锥　米　火　雪　题　田　土　车　碗　锁　塔
肉　伞　牌　棋　钱　枪　锹　琴　人　马戏　办法　报纸　被单　鼻涕
鞭炮　饼干　玻璃　布景　苍蝇　铲子　掸子　地图　点心　电池　东西
钉子　耳朵　馒头　理想　职业　制度　主张　政策　债务　灾荒　原则
意见　学问　消息　命令　积极性　可读性　延展性　对抗性

以上所列的非定量名词，都可以用数量词称数，也都可以用"没"否定。"理想、积极性"等的情况比较特殊，只能被表示约数的数量词"有点、许多、很大"修饰，尽管如此，其中量性成分"多、点、大"已经显示出被修饰的词语在量上具有界限分明的离散量特征，因此可以用"没"否定。"很大"和"很"虽然都是表程度的，但是它们的数量特征很不一样，用"很大"修饰时往往是把所修饰的对象看作一个完整的个体，即把它作为离散量的，因为只有这样它才有大小问题，而"很"却只能修饰连续量的词语。譬如只有连续量性质的形容词"和顺、干脆、孤单、憨厚、和气"等只能用"很"修饰，不能用"很大"修饰；而只有离散量性质的名词"笔、火、人、马、苍蝇"则只能用"很大"修饰，不能用"很"修饰。由此可进一步证明，能为"很大"等修饰的抽象名词跟笔、火等一样，也是离散量的，因此可以用离散量否定词"没"否定。

（1）a. 路上没有车辆。

b.* 我们学校没有车辆。

c.* 车库里没有车辆。

用法比较特殊的是"车辆"，"车"在任何环境下都可以用"数词＋辆"自由称数，也可用"很多"修饰，因此"车"可以自由地被"没"否定；"车辆"只能用"很多"修饰，而且也仅限于在这样的句子中——"路上有很多车辆"，其他语言环境就不能这样说了——"* 我们学校有很多车辆""* 车库里有很多车辆"等等，因此只有在前一种情况下才能被"没"否定。类一中的集合名词"纸张、书籍、车辆、湖泊、信件、船只"等都能为"很多"修饰，"很多"的量上特征与"很大"相同，它也是把所修饰的对象看作离散量的，因此都可以用"没"否定。

跟"车辆"用法相同的还有"人类"，如果意指我们这些会说话、思维、劳动的高等动物，它是定量的，不能用任何数量词称数，因此没有"* 学校没人人类""* 大街上没有人类"等说法；如果指生物进化历史中我们这种高等动物的出现，则可以有"那时地球上已经有很多人类"之类的说法，这时是把人类作为动物群体中的一员，即把"人类"看作是离散量的，因此也就可以有这样的说法："那时地球上还没有人类。"由此可见，同一个词语在不同的语言环境下可变化其数量性质，它们能不能加"没"否定的情况也随之不同。

类二：定量名词

景况	生计	饮食	伦常	心性	世交	机缘	怪样	形势	体态	状态
式样	风光	景物	春光	气象	面貌	奇观	长相	步伐	仪表	仪态
神情	神采	神态	目光	声色	喜气	怒容	怒火	怒气	凶相	风采
性质	音质	通病	症结	微利	流弊	积弊	特性	异样	局面	牢笼
方面	领域	天地	世界	官场	文坛	楷模	典范	艺林	谱系	山系

表面	外部	门面	实质	基本	要害	本位	主脑	尺码	师表	师范
品质	质地	分野	牛劲	鼎力	元气	称谓	英明	名目	姓氏	性情
禀性	固态	体格	操行	贤德	作风	天伦	贞操	胆略	海量	资质
才智	情思	思潮	匠心	内心	心理	心头	心弦	心灵	心目	心衡
意旨	恶感	意气	卓见	高见	纸张	书籍	车辆	湖泊	信件	船只

以上所列的名词都不能用数量词自由称数，都是定量的，因此一般不能直接加"没"否定。这些词所表意思比较抽象、空灵，一般也不单独使用，通常要受到其他词语修饰限制之后才能充当句子的成分。其中有一部分词语是可以用"各种各样"或者"数词＋种"修饰，譬如"景况、状态、风光、神情、神态、质地、天性"等都可以用这两个词组修饰。这里需要注意的是，"种"和"样"跟一般量词"本、匹、张、盏"的含义很不一样，它们是根据事物本身的性质或特点而给定量的事物分类，并不一定把所分类的现象作为是明确的个体的离散量看待。但是用"本""张"等量词修饰的词语一定是有明确个体的离散量，凡不能用这类量词修饰的都是定量名词，都不能用"没"否定；凡能用这类量词修饰的都是非定量名词，都可以用"没"否定。

"度量、头脑、心肠、水平、人格、形象、性格、身材、样子、风度"等都是不能用数量词自由称数的，都是定量名词，因此它们虽然有时可以用"没"否定，但意义上已经发生了偏移，例如：

（2）他没有度量。

（3）他没有头脑。

（4）他这个人没有心肠。

（5）这件事上他办得没水平。

（6）这件衣服没有样子。

（7）张教授没有风度，但很有学问。

"度量"的本义为"能宽容人的限度"，而在例（2）中是指"较大的能宽容人的限度"。"头脑"的本义为"思维能力",而在例（3）中是指"较强的思维能力"。"心肠"的本义为"对事物的感情反映"，而在例（4）中是指"较冷的对事物的感情反映"。"水平"的本义为"在文化、技术、业务等方面所达到的高度",而在例(5)中是指"较高的高度"。"样子"的本义为"形状",而在例(6)中是指"较好的形状"。"风度"的本义为"举止姿态",而在例(7)中是指"美好的举止姿态"。其余的几个词"身世、性格、形象、人格"等如用于否定式,它们的意义都向积极的方面转化。"度量"等这些意义抽象、空灵的词语,如果加上了积极性质的意义,它们的词义就转化为具体的、完整的,也就是说成了界限分明的个体,这样就使得它们具有了离散量的性质,因此也就可以用"没"否定了。"度量"等在否定式中发生的语义偏移证实了这一点。

"度量"等用于"有(没有)+名"结构所组成的整个短语相当于一个形容词,还可以用程度词修饰,譬如"这个人很(十分、最)有(没)度量"。"有+名"是非定量成分,因此可以用专职否定式"没+名"否定;"没+名"虽也是非定量成分,但是由于否定词之间的互斥性,所以不能再用否定词否定。

4.4.2.2 名词和动词的数量特征的异同

客观世界中各种各样的事物,包括人、动物和其他无生命的物体,都具有明确的个体,表现为可以用自然数称数或计量。名词是从客观世界中各种各样事物中概括出的名称,最典型的数量特征就是离散性,在语言系统内部就是可以用数量词修饰。几乎全部的非定量名词都只具有离散量特征,没有连续量特征,所以只能用离散量否定词"没"否定,不能用连续量否定词"不"否定。比如"书、马、人、车、大楼、电视"等都只能被"没"否定,而不能被"不"否定,这是每一个说汉语的人都明白的一个事实。动词最典型的数量特征是离散性的,表现为可以用量词称数,因此用"没"否定最为自由。同时,绝大部分非定量动词也具有连续量的性质,因此可以用连续否定词"不"否定。为什么名词只有离散量性质,而动词却兼有离散和连续两种量的性质呢?下面我们以"车"和"看"来说明名词和动词量上的差异。

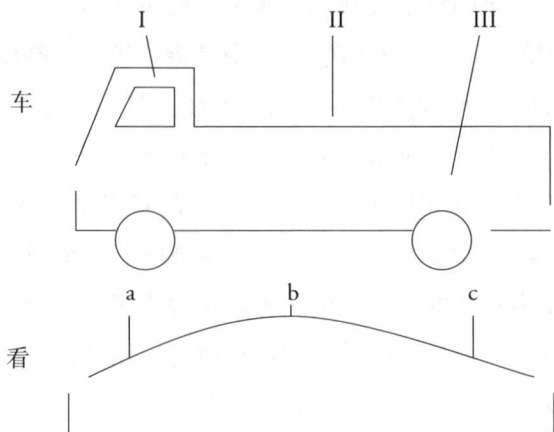

名词和动词的数量特征差别

　　"车"和"看"分别可以用数量词"辆"和"次"称数，所以它们都具有离散量性质，也都可以用"没"否定，譬如没车、没看。从整体和部分之间的关系就可以看出"车"和"看"量上的重要差别："车"只能作为一个整体，再切分的话它的构成部分都不能再叫作"车"了，例如图中的 I 是车窗，II 是车厢，III 是轮子，等等，只有把它们组装到一起成为完整一体的时候才是车。可见"车"是个完整的个体，没有连续量的性质。但是，"看"的情况就不同了，假设"看一次"持续的时间为一秒钟，图中的 a、b、c 分别表示刚开始的十分之一秒、中间的半秒、快结束时的十分之一秒，我们不论是站在 a、b、c 哪个时间点上来观察"看"这个行为，结果都是行为"看"，也就是说"看"是可以切分的，行为的整体和局部同质。这意味着"看"具有连续变化的过程，也就是说，它具有连续量的性质。这样我们就可以明白，为什么"车"不能用连续量否定词"不"否定，而"看"则可以的原因。

　　所有的非定量名词都与"车"的特点相同：可用数量词称数，可用"没"否定；整体和局部不同质，没有连续性，因此不能用"不"否定。绝大多数的非定量动词都与"看"的用法一致：可用数量词称数，是离散量的，因此可用"没"否定；同时也有局部体现整体的特征，有个连续变化的过程，即具有连续量性质，因此又可以用"不"否定。

4.4.2.3　肯定否定公理对名词用法的制约

根据自然语言肯定和否定的公理，语义程度极高的词语只能用于肯定结构之中。名词的肯定和否定的用法也同样遵循该公理，语义程度极高的名词一般也都不能直接加"没"否定，例如：

（a）声息　声音　强音　（b）事儿　责任　使命　（c）包袱　担子　重荷

（d）过失　错误　罪恶　（e）赚头　利润　暴利　（f）见识　眼力　慧眼

（g）墨水　学问　绝学　（h）话头　话语　语句　（i）实话　真话　心声

（j）二话　怨言　恶语　（k）粗话　脏话　恶语　（l）提议　建议　动意

（m）交情　友谊　世交　（n）景致　风景　奇观　（o）头绪　条理　脉络

（p）目的　宗旨　大旨　（q）来头　根源　渊源　（r）名气　名声　盛名

（s）用场　作用　特效　（t）迹象　症状　征候　（u）名堂　收获　结晶

上述 21 组词中，是按照它们语义程度由低到高排列的。除 a 组的"声息"和 j 组的"二话"词典释义已注明是"只用于否定结构"外，其余各组的左端成分都不一定是只用于否定结构的，因为不是每一组同义词中都能找到语义程度极低的词，而且有些组中左端的词和中间词在语义程度上很难说谁高谁低，重要的是明白一个事实，位于右端的词都是各自组中语义程度极高的，而且一般不能直接用"没"否定。还应注意一点，有多个义项的词可能会属于不同的词语序列，譬如"名堂"有三个义项：（一）花样，名目；（二）成就，成果；（三）道理，内容。u 组中所用的是"名堂"的义项二。

根据公理判别出来的只用于肯定结构的词语也都不能用数量词自由称数，它们也符合定量词的特点，因此用定量和非定量的标准来看这些词也是不能用"没"否定的。由此可见，肯定否定公理与定量和非定量概念在实质上是相通的。例如：

（8）a. 一（两、三、……）件事儿。

这星期没有事儿。

b. 很大（一些、……）责任。

在这件事上他没有责任。

c.*一（两、三、……）件/（很大、一些、……）使命。

＊我们没有使命。

（9）a. 一（两、三、……）个过失。

他没有什么过失。

b. 一（两、三、……）个错误。

我没有错误。

c.*一（两、三、……）个罪恶。

＊他没有罪恶。

（10）a. 一（两、三、……）句实话。

他嘴里没有实话。

b. 一（两、三、……）句真话。

他没有真话。

c.*一（两、三、……）句心声。

＊他没有心声。

（11）a. 很多（有点、有些、……）名堂。

干了大半年，也没有干出什么名堂。

b. 很多（有点、有些、……）收获。

这一段工作上没有收获。

c.*很多（有些、有点、……）结晶。

＊这一段工作没有结晶。

4.4.2.4　普通名词的定量义项

跟动词和形容词的情况一样，同一个名词的不同义项定量和非定量的性质可能不一样，因此各个义项的肯定和否定用法也有差别。一些常用的名词的基本义项是可用数量词称数的，是非定量的，可用"没"否定；而它们的引申义项则可能是定量的，不能用数量词修饰，因此也就不能用"没"否定。下面以"人"的各个义项用法为例来加以说明。

义项一（非定量）：泛指的人。

（12）教室里没有人。

义项二（非定量）：指某种人。

（13）他俩没有介绍人。

义项三（非定量）：指人手、人才。

（14）我们这里正没有人。

义项四（定量）：每人。

（15）这本书每人一册。

义项五（定量）：指成年人。

（16）儿子已经长大成人了。

义项六（定量）：别人。

（17）他待人很诚恳。

义项七（定量）：指人的品质、性格或名誉。

（18）这样做真丢人。

义项八（定量）：指人的身体或意识。

（19）送到医院人已经昏迷过去。

"人"的非定量义项都可以用量词"个"称数，而且在句子中的位置比较自由，譬如例（12）可以变换为"人教室里没有"，"教室里人没有了"，"人没有在教室里"，等等。相反，"人"的定量义项都不再能用数量词称数，而且在句法上也受到了很大的限制，一般不能自由变更其位置，譬如义项四一般只能在句首做主语，同样的例子有"人所共知"。

下面列表举例常用名词的定量和非定量义项，它们的用法也都与"人"的用法相似，定量义项不能用数量词称数，不能用"没"否定，而且句法上也受到很大的限制；非定量义项则可以用数量词称数，可用"没"否定，句法活动能力也比较强。

常用动词的定量和非定量义项的用法差异

例词	非定量义项	用例	定量义项	用例
火	物体燃烧的光	点火	愤怒	心头火起
心	推动血液循环的器官	猪心	中心	江心
血	人等循环系统中的液体组织	流了很多血	刚强	血性
雪	空中降落的白色结晶	下雪了	光彩像雪的	雪亮
数	数目	有几个数	几个	数小时
书	著作	买书	信函	家书
手	人体能拿东西的部分	手拿东西	技能、本领	他有一手好厨艺
势	势力	他家很有势力	趋向	来势甚急
石	坚硬的物质	石头	石刻	金石
神	精灵	无神论	神气	瞧他那个神儿，准是有什么心事
色	颜色	红色	种类	货色
名	名字	人名	名义	以学习为名
门	出入口	车门	派别	儒门
式子	算式	这道题没有式子	姿势	式子摆好了

4.4.2.5　定量名词的句法活动能力限制

非定量的动词或形容词重叠后转化为定量的，不能再用"不"或"没"否定，而且动词或形容词定量以后在句法上呈惰性，失去了原来的很多功能。同样，部分非定量的物质名词，可以用重叠的形式表示遍指，这时它们就变成了定量的，除偶尔可用数词"一"修饰外，不能用其他数词称数，因此不能被"没"否定，而且也一般只能在句首做主语。例如：

（20）A.a. 很多人的要求都满足了。

　　　　　b. 很多人都知道这件事。

　　　　　c. 他了解很多人。

　　　　　d. 教室里没有人。

　　　　B.a. 人人的要求都满足了。

　　　　b. 人人都知道这件事。

　　　　c.* 他了解人人。

　　　　d.* 教室里没有人人。

（21）A.a. 四个箱子都装满了衣服。

　　　　b. 四个箱子的衣服都是满满的。

　　　　c. 他装满了四个箱子。

　　　　d. 他没有四箱子衣服。

　　　B.a. 箱箱都装满了衣服。

　　　　b. 箱箱衣服都是干净的。

　　　　c.* 他装满了箱箱衣服。

　　　　d.* 他没有箱箱衣服。

（22）A.a. 所有的碗里都有饭。

　　　　b. 他盛满了所有的碗。

　　　　c. 所有碗里的汤都是甜的。

　　　　d. 他卖了所有的碗。

　　　B.a. 碗碗都有饭。

　　　　b.* 他盛满了碗碗。

　　　　c.* 碗碗汤都是菜汤。

　　　　d.* 他卖了碗碗。

　　名词重叠表遍指都已定量化，譬如不能说"* 一个人人""* 两个人人"等等，因此也不存在"* 没有人人"之类的说法。表遍指的重叠式名词一般只能做主语或者主语的定语，不能单独出现在宾语的位置，譬如例（22）中"所有的碗"和"碗碗"的含义没什么差别，而它们的句法功能却很不相同，"所有的碗"可以用作宾语，而"碗碗"则不行。

　　名词重叠表遍指时，其谓语的肯定式多于否定式，譬如下面的说法都是很别扭的：

（23）a.？颗颗麦粒都不饱满。

　　　b.？条条大路都不通北京。

c. ? 顿顿晚饭都没有鱼肉。

d. ? 件件家具都不自己买。

名词重叠表遍指做主语的句子，其谓语一般都是肯定式的。这种句型的肯定式和否定式的不对称性，其背后是有这样一条规则在制约着：名词重叠表遍指时，语义上要求要有所为，譬如"具有某种性质"，"拥有某种东西"，"发生了什么情况"，等等。这就是重叠名词只做主语不做宾语的原因。上述特征还可以从它们带谓语动词的性质中得到旁证。名词重叠表遍指时不仅不能在句末做句子形式上的宾语，也不能做意义上的宾语，即在语义关系上不能是谓语动词的受事。例如：

（24）＊人人他都了解。

＊人人都被狗咬了。

＊人人都被车撞倒了。

＊人人他都看见了。

（25）＊箱箱衣服他都卖了。

＊箱箱都砸了。

＊箱箱都运走了。

＊箱箱衣服都被倒空了。

（26）＊碗碗汤他都喝完了。

＊碗碗都喝完了。

＊碗碗都碰碎了。

＊碗碗都被舀满了。

以上三例如换为语义上等值的"所有＋名"词组则可以做谓语动词的受事，譬如"所有的人他都了解"，"所有的箱子都运走了"，"所有的碗都碎了"，等等。名词重叠表遍指作定语时，整个词组也不能处于宾语的位置，也不能做受事主语，譬如"碗碗汤里都有肉"是可以说的，而不能说"＊他喝完了碗碗汤"和"＊碗碗汤他都喝完了"，因为前者是形式上的宾语，后者是意念上的受事，两者都不符合名词重叠表遍指的语义要求。如果做主语中心语的定语的词是语义极小时，要求其谓语一般

采用否定式, 譬如 :

（27）照面的机会不多。

　　* 照面的机会很多。

（28）景气的地方没有几个。

　　* 景气的地方有好几个。

"照面"和"景气"都是语义程度极低的,它们做谓语时一般只能采用否定式,即使做主语的定语时也制约着其谓语一般也只能是否定式。相应地可以把名词重叠表遍指的语义看作是程度极高的,跟"照面"等的情况恰好相反,制约着谓语一般不能采用肯定式。上述现象可以给我们三点启示 :

一、句子成分在决定句型中的作用没有大小之分,即使是做定语的词也会对整个词组在句子中的位置和谓语的动词类型及肯定否定的形式产生关键性的影响。

二、不同的词类对句型的选择都有一定的影响,过去我们把研究句型的重点放在动词上,正如这里所看到的,名词有时在决定句型的作用上往往比动词还重要。

三、局部上的不对称往往意味着更大范围里的对称。譬如语义程度极小的词语做主语的定语时,其谓语一般只能是否定式,单独地看它们是肯定和否定不对称的；如果把我们的观察范围扩大到整个语言系统,就会发现语义程度极高的词做主语的定语时,其谓语一般只能是肯定式。由此可见,在整个语言系统中它们又是肯定和否定对称的。又如,"介意"等一般只用于否定式,单独地看它们是肯定和否定不对称的；而同时又存在着"铭记"等只用于肯定结构的词,所以在更大的范围看又是对称的。语言中肯定和否定的用法印证了这样一条哲理 : 在较低层次上的不对称往往意味着较高层次上的对称。

4.4.2.6　否定性名词的句法特点

现在考察一下语义程度极低的名词的句法特点,帮助我们更深刻地理解名词重叠表遍指的句法。

"二话""好气儿""声息"在词典释义都注明是"一般只用于否定",前面举例中也可以看出它们都是各自概念义相同的一组词中语义程度最低的一个。另外,"碴儿"的本义是小碎片,引申作"事儿"讲时语义程度也很低,也是经常用于否定结构。下面我们以这四个词为例来说明语义程度极低的名词的句法特点。

（29）他没说二话。　　　　　　　他没看书。

　　　　他二话没说。　　　　　　　他书没看。

　　　　*二话他没说。　　　　　　　书他没看。

（30）他没有好气儿。　　　　　　他没有书。

　　　　*他好气儿没有了。　　　　　他书没有了。

　　　　*好气儿他没有。　　　　　　书他没有了。

（31）院子里没一点声息。　　　　教室里没有人。

　　　　*院子里声息没有了。　　　　教室里人没有了。

　　　　*声息院子里没有。　　　　　人教室里没有。

（32）没人理他的碴儿。　　　　　没人同意他的建议。

　　　　*他的碴儿大家都不理。　　　他的建议大家都不同意。

　　　　*他的碴儿没人理。　　　　　他的建议没人同意。

语义程度极小的词语一般只能做句子的宾语,个别顶多只能充当句子的小主语,如（29）中"二话",但是绝不能放在句首做整个句子的主语或者话题。而各例的右边一栏中的中性词语的句法相当活跃,既可以做主语,又可以做宾语。由此可见,名词跟动词、形容词的情况一样,非定量名词的句法十分活跃,句子中凡是能够出现名词的地方都有它们的身影,定量名词的句法受到了很大的限制,一般只能在句子中某一固定的位置出现。更有趣的现象是,语义程度极高的词和语义程度极低的词在句法位置上是对称的,极高的只能出现于句首做主语,而且在意义上必须是谓语动词的施事;极低的一般用于句尾做宾语,而且在意义上必须是谓语动词的受事。它们的分布对称关系可以图示如下。

主语 ——————— 谓语 ——————— 宾语

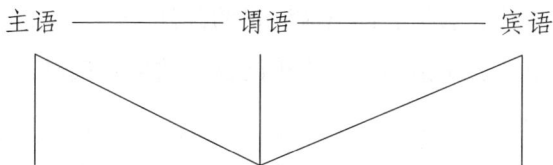

语义程度极高的词　　语义程度中间的词　　语义程度极低的词

不同语义程度的词在句子中的分布

注意，这里所说的语义程度极高的词主要是指采用重叠这种语法手段使得名词表遍指的情况。那些单个的语义程度极高词语，由于受其本身的词汇意义或习惯用法的影响，可能会与上述规则有出入。

4.4.3　可重叠表遍指的名量词的特征

不是所有的量词都能重叠表示周遍意义，能表示周遍意义的量词大约只占整个量词的 12% 左右。还有其他学者也尝试用统计的办法来划出这类词的范围。用统计的方法得出的结果，有助于对上述现象的认识，但是无法回答为什么有些词可以用重叠的方式表遍指，而有些词则不能等问题。本节我们从语义的数量特征方面给出判别词语是否具有重叠表遍指功能的严格条件。凡是符合这个条件的，重叠以后一定表遍指；凡是不符合这个条件的，要么是不能重叠，要么是即使可以重叠也不表遍指。

有人认为碗、桶、车等兼有名词和量词双重词性，当它们单独用时是名词，直接加数词时是量词。这种观点也表现出传统语言学的局限性，先是假定汉语中的名词都是不能直接用数词修饰的，而"碗"等却可以用数词直接称数，就只好说它们变成了量词。抛开名称上属表层的东西，在下面的讨论中我们只注意词语的数量特征，而不管人们把它们叫作名词还是量词。在时间名词中，也将会看到，不论是传统上认为的动词、名词还是形容词，只要它们的数量特征相同，（在某些方面）就会有相同的句法表现，特别是在肯定否定上。

下面是能够重叠表遍指的词语应满足的条件：

一、凡是可重叠表遍指的词都必须能够用数词直接修饰。例如：

人 家 户 箱 桌 桶 车 个 根 条 张 层 包 页 件 节 章 下
颗 门 粒 样 年 天 月 期 场 双 碗 网 盘 顿 间 勺 盆 瓶
筐 块 套 份 座 把 项 枝 挂 幅 支 匹 台 棵 片 墩 沓 叠
辆 对 扇 首 盏 管 册 段 卷 截 部 样 副 口 餐 所 栋 幢
架 处 道 面 滴 撮 朵 束 瓣 句 团 盒 列 批 笔 顶 楼 株
篇 本 摞 滩 孔 封 串 行 针 锅 壶 笼 杯 篮 篓 袋 幕 斗
船 遍 次 趟

"人"可以说"八十人、九十人"等等，因此可以说"人人都知道这件事"。依此类推。普通名词不能直接用数词修饰，要称数时必须在它们和数词之间插入量词，这类词都没有重叠表遍指的功能，例如：

书 水 布 火 光 电 草 菜 山 叶 马 牛 鸡 砖 牙 钢 土
油 酒 钱 歌 图 表 纸 肉 汤 饭

二、凡是重叠表遍指的词都必须能够自由地替换其前修饰语的数字。在可用数词直接修饰的词语中，又可分为两类：（一）其前数字可自由地为其他数目替换，只有符合这个标准才能重叠表遍指；（二）其前只限于用某一个或几个特定的数，此类词虽直接能用数词修饰，也不能重叠表遍指。下面以量词为例加以说明。

（33）想一遍。　　　　　　　　想了一番。

　　　想了两（三、……）遍。　*想了两（三、……）番。

　　　遍遍都有收获。　　　　　*番番都有收获。

（34）下了一场雨。　　　　　　下了一阵雨。

　　　下了两（三、……）场雨。*下了两（三、……）阵雨。

　　　场场都下透了。　　　　　*阵阵都下透了。

（35）看了一次。　　　　　　　看了一眼/两眼。

　　　看了两（三、……）次。　*看了三（四、……）眼。

　　　次次都看见了。　　　　　*眼眼都看见了。

（36）一句话。　　　　　　　一席话。

两（三、……）句话。　　*两（三、……）席话。

句句都在理。　　　　　　*席席都在理。

（37）一把斧子。　　　　　　一把眼泪。

两（三、……）把斧子。　*两（三、……）把眼泪。

把把都很锋利。　　　　　*把把都辛酸。

常见的要求其前是某一个或几个数词的量词有：阵（下了一阵雨），记（打了一记耳光），线（一线生机），丝（一丝希望），派（一派胡言），片（一片新气象），番（别有一番新天地），宗（一宗心事），码（两码事），抹（一抹晚霞），湾（一湾河水），帮（一帮小朋友），等等。这些词都没有重叠表遍指的功能。同一个词在与不同的词语搭配中会有不同的情况，譬如例（37）的"把"称数斧头时是自由量词，可重叠表遍指；而称数眼泪时则为限定量词，只能用数词"一"修饰，就不能重叠表遍指了。同样的例子还有"副"，称数药时是自由量词，可重叠表遍指，譬如"在这个医院共抓了三副药，副副都很有效"；而称数"笑容、笑脸"时就转化为限定量词，失去了重叠表遍指的功能。

三、凡是可重叠表遍指的词都必须是单音节的。在可用数词自由称数的词中，只有单音节的才能重叠表遍指，上面所举的例子都符合这一条件；那些双音节的词都没有重叠表遍指的功能，例如：

箱子　架子　人次　千瓦　小时　星期　来回　担子　网子　桌子　盒子座子　汽车　房间　杯子　篮子　勺子　筷子

四、凡是可重叠表遍指的词所指的对象必须是一个个完整的个体，即必须是种界限分明的离散量。上述所举的可重叠表遍指的词都符合这一语义特征。名词重叠表遍指也就意味着所述范围里存在着多个相互独立存在的个体。这一语义要求就把表度量衡的量词排除在外。度量衡的词不是称数事物个体的多少，而是从容积、长度、重量等描写事物的量，它们描写事物时都是把事物作为一个整体来看待，而不管所描写的对象是一个还是多个。因此度量衡的量词都不能重叠表遍指，例如：

尺 米 斤 两 升 里 元 角 分 吨 亩 码 寸 磅 克 丈 斗 石

五、凡是符合上述四个条件的词，重叠以后一定是表遍指，例如"家家、人人、张张、个个"等；凡是与上述四个条件中任何一个不相符的词都没有重叠表遍指的功能，即使个别可以重叠的也没有表遍指的意义，例如：

爷爷　奶奶　爸爸　妈妈　姐姐　弟弟　太太　宝宝　猩猩　形形　色色
婆婆　妈妈　盆盆　罐罐

能够直接加数词修饰的名词有一个共同的语义特征：它们都有一定的容量，都是一个个完整的个体，譬如"盒、箱、桶、车"等，"人"似乎是个例外，语义上也可以把它作为具有一定容量的实体，因为它可以"容得下"各种各样的性质、状态、行为等。"箱"等可直接用数词称数完全是由它们语义上的数量特征决定的。一般人都认为汉语语法的最大一个特点是，数词和名词结合时两者之间必须插入"量词"。这只是适于纯粹表物质的名词，例如"布、水、纸、光、草"等。英语中与这几个词相对的 cloth、water、paper、light、grass 等称数时一般也要有适当的量词，也是数字不能直接与它们相配，譬如 one piece of cloth、one mouth of water、three sheets of paper 等等。汉语跟英语等印欧语言在名词称数上的真正差别在于，对同样一种东西，汉语往往是从整体上给以命名，所以称数个体的多少时往往需要加上适当的量词，譬如"三本书"；而英语有可能是从个体上给以命名，所以可以直接用数词称数个体的多少，譬如 three books。尽管如此，汉语和英语在名词的称数上有不少地方是相通的。汉语和印欧语言在名词称数上的差异也反映了汉民族与欧洲人的思维习惯的不同：汉民族的思维习惯往往是从大到小，从整体到个体，在给事物命名时着眼于一个个的个体，因此不能够直接加数词修饰名词。

4.4.4　时间词的数量特征

4.4.4.1　时间名词的否定用法

汉语中有些表时间的名词跟动词的用法相似，可用副词修饰，加完成体标记"了"，用"不"否定。例如：

（38）a. 已经星期天了。

b. 还没有星期天呢，你怎么就不做作业了？

c. 今天又不星期天，不能睡懒觉。

（39）a. 假期了，我们应该好好地玩一玩。

b. 还没有假期呢。

c. 现在又不假期，怎么能出去玩呢。

（40）a. 已经元旦了。

b. 还没有元旦呢。

c. 今天不元旦，明天才元旦。

根据是否具有动词的特征可以把时间名词一分为二:(一)可用副词"已经"等修饰，可跟体标记"了"，以及可用"不"或"没"否定，如下面的类一;(二)没有动词的特征，只是单纯的名词，如下边的类二。

类一：

年终	上旬	中旬	下旬	八岁	十年	春天	秋天	冬天	雨季	旱季
淡季	初伏	正月	腊月	元月	初一	立春	清明	夏至	春分	节日
假期	寒假	暑假	除夕	春节	晌午	下午	晚上	白天	黄昏	半夜
三小时	圣诞节	复活节	星期天	星期一						

类二：

今天	昨天	将来	时间	当晚	当天	明天	今年	明年	年份	晚年
青春	童年	一生	年龄	以后	今后	后头	近来	最近	以前	事前
过去	从前	中期	初期	期限	期间	平时	平常	时代	年代	朝代
古代	近代	当代								

4.4.4.2 时间名词的连续量特征

上节中两类时间词用法的差异是由它们各自语义上的数量特征不同造成的。下面以"星期天"与"今天"为例加以说明。

```
星    星    星    星    星    星    星
期    期    期    期    期    期    期
一    二    三    四    五    六    日

├────┼────┼────┼────┼────┼────┼──┬──┤
A    B    C    D    E    F    G  a  b  H
```

"星期"的语义结构

　　"星期天"代表一个区间 G—H，而且这个星期天与下个星期天之间具有一个周期 A—G。这一点跟非定量名词或非定量动词的数量特征是一样的，具有离散性，因此可用数量词称数，如"过了三个星期天"，也可以用离散否定词"没"否定，比如"还没有星期天呢"。跟普通名词不同的地方是，"星期天"在时间上具有一个发展过程，在上图即为从 G 到 H。这一特征又与动词的一致，因此也可以加体标记"了"："已经星期天了。"

　　"星期天"类词的一个重要特征是，它的整体与局部是同质的。比如 G 到 H 是某月的 7 日，a 和 b 代表的是 7 日这个时间段的两个点，既可以说 7 日是星期天，又可以站在 a 或者 b 任何一刻说"现在是星期天"。名词是整体和局部不同质的，动词则是整体和局部同质的，即在一个行为的持续过程中，在任何一瞬间观察到的都是与整体一致的行为。同样，"星期天"等也具有动词这个特征，也就是说，拥有动词的连续性，因此可以用连续否定词"不"否定。

　　"星期天"类词的数量特征和用法给我们这样一个启示：不管它们属于什么词类，也不管它们的概念内容是什么，只要它们具有共同的数量特征，就会有相应的句法表现。在"今天已经星期天了"这句话中，"星期天"做句子的谓语中心，受副词"已经"修饰，可加体标记"了"，而且还可以用"不"或者"没"否定。可见"星期天"有与动词类似的用法。形成这种现象的本质原因是，它与动词具有相同的数量特征。绝大多数的语法书都认为"星期天"是名词中的例外。如果只有几个这种"例外"，也许可以说得通，然而在表时间的词中，凡与"星期天"有共同数量特征的词也都具有共同的句法表现，比如"假期、春节、元旦、正月、腊月、中秋节、星期一、星期二、元宵节"等都是如此。更重要的是，凡与"星期天"的数量特征不一致的词在句法上也就有不同的表现形式，比如下面要讲的"三小时"和"今天"等。

像"三小时、十五岁、十年"等这种时间词，它们与"星期天"类词相同的地方是，具有明确的起始点，即从零到自身量实现的一个变化过程。这意味着它们在时间上有一个动态的变化过程。因此，它们也可以用离散量否定词"没"否定，可受到副词修饰，也可以加体标记"了"。例如：

（41）a. 他没有十五岁。

b. 他已经十五岁了。

但是，"三小时"等与"星期天"类词也有一个重要区别：它们没有连续数量特征，表现为整体与局部不同质。比如把夜间零点作为计算的起点，零点和三点之间的任何一刻都不能称为"三小时"，只有到了三点这一刻才能说"三小时"。因为缺乏连续性，"三小时"这类计量时间长短的词不能用连续否定词"不"直接否定，比如不能说"*现在还不三小时"。数量特征与"三小时"一致的词都有共同的句法表现，比如"五年、十秒、五个月、七个世纪"等。

"今天"是对时间的指称，任何一日都可以叫作"今天"，只能指说话时的这一天，因此它没有确定的起讫点，也就没有时间上的变化过程，可见缺乏离散性质，因此不能用"没"否定 。用鉴别名词定量和非定量的标准也可以看出这一点。"今天"是不能用任何数量词称数的，其含义是指说话时的这一时间段，很明显它表示的是一个固定的量，属于定量性质的，因此不能用"没"否定。"今天"也没有"星期天"那种连续量性质，比如我写某本书的时刻为 2020 年 10 月 5 日，可以从总体上称"我今天写了十页"，但是站在这一日的任何一刻都不能说"现在是今天"，因此"今天"不能被连续否定词"不"否定。凡与"今天"有共同数量特征的词都有共同的句法表现，属于这类词的还有"前天、昨天、明天、后天、上月、这月、下月、前年、今年、明年、后年、大后天、上星期、下星期、上一世纪、下一世纪"等。

在时间词中，时间、工夫、期限等都可以用数量词称数，如"三个时间、很多时间、两天工夫、很多工夫、几个期限"，可见它们都是离散量名词，因此跟"今天"等不同，可以用离散否定词"没"否定。

4.4.5　定量量词和非定量量词

4.4.5.1　定量量词的判别标准

前文讨论量词重叠表遍指时，曾把量词分为两类：（一）其前的数字是可以自由替换的，如"个、张、条"等；（二）其前只限于用某一个或几个特殊数字的，如"码、阵、番"等。第一种量词定义为非定量量词，第二种为定量量词。

量词都是用来称数事物的个体，它们都属于离散量性质，跟名词一样，量词也没有连续量性质，因此凡是非定量量词都可以用"没"否定，而不能用"不"否定；定量量词则既不能用"没"否定，也不能用"不"否定。

在下例中，"一些""一会儿""一阵""一番"等量词前的"一"不能为其他数字替换，是定量量词，因此不能用"没"否定；而相应的"一张""一分钟""一次""一遍"等量词前的"一"可以为其他数字自由替换，是非定量量词，可被"没"否定。例如：

（42）A.a. 小赵有一些建议。

　　　　b.* 小赵有两（三、……）些建议。

　　　　c.* 小赵没有一些建议。

　　　B.a. 小赵提了一点建议。

　　　　b. 小赵提了（两、三……）点建议。

　　　　c. 小赵没提一点建议。

（43）A.a. 他学了一会儿。

　　　　b.* 他学了两（三、……）会儿。

　　　　c.* 他没学习一会儿。

　　　B.a. 他学了一分钟。

　　　　b. 他学了两（三、……）分钟。

　　　　c. 他没有学习一分钟。

（44）A.a. 下了一阵雨。

　　　b.* 下了两（三、……）阵雨。

　　　c.* 没下一阵雨。

　　B.a. 下了一次雨。

　　　b. 下了两（三、……）次雨。

　　　c. 没下一次雨。

（45）A.a. 他想了一番。

　　　b.* 他想了两（三、……）番。

　　　c.* 他没想一番。

　　B.a. 他想了一遍。

　　　b. 他想了两（三、……）遍。

　　　c. 他没想一遍。

　　有时会碰到这样的说法："不一会儿他又上楼去了。"这里的"不"是个羡余否定，只起强调时间短的作用，没有实际的否定含义，"不一会儿"和"一会儿"在含义上没有什么差别。"一会儿"是个离散量，如硬在其前加上连续否定词"不"就使得它失去了否定的含义，结果造成了羡余否定现象。汉语中有不少羡余否定现象都是由同样的原因造成的。譬如"好"和一些形容词之间不能加"不"进行否定，即使加上"不"也不表示否定的作用，其语义仍是肯定的，例如：

（46）这个地方好不热闹哇！＝这个地方好热闹哇！

（47）小赵长得好不漂亮呀！＝小赵长得好漂亮呀！

4.4.5.2　语义程度极小名词的否定用法

　　根据自然语言肯定和否定公理，语义极小的成分一般用于否定结构。量词的用法也是如此。那些表示极小义的量词虽然不能自由地更换其前的数字，但是在肯定否定公理的作用下可用于否定结构，而且一般也只用于否定结构。可见，定量量词跟定量动词或定量形容词一样，语义极小的是多用于或只用于否定结构，语义中性的肯定否定自由，语义极大的是只用于肯定结构。

"丝"的本义是蚕丝，引申做量词时是指极少或极小的量，例如：

（48）外边没有一丝风。

两件东西丝毫不差。

"星"的本义是夜晚天空中闪烁发光的天体，引申做量词时是指"细碎或细小的东西"，也可重叠表示细小的点儿，例如：

（49）瓶里没有一星儿水。

天空晴朗，一星星儿薄云也没有。

"丁"的本义是指蔬菜、肉类等切成的小块。跟"点儿"组成复合词"丁点儿"，意为极少或极小，程度比"点儿"深，例如：

（50）新买的这匹马没有一丁点儿毛病。

这一丁点儿事不必放在心上。

我们从工具书和其他书面材料中共收集到"丝"、"星儿"和"丁点儿"三个量词的十余条用例，全部都是否定句。这也说明语义程度极低的量词是一般只用于否定结构的。由此可见，自然语言肯定和否定规律适用于语言内部的不同词类。

4.4.6　定量名词的句法

前文看到，名词重叠表极大量（遍指）时只能用于句首，而且要求谓语动词必须是它们拥有的性质、发出的行为等；表极小量的名词一般只用于句末做宾语，顶多可做主语谓语中的小主语，而且要求它们是谓语动词的受事。其他定量名词也在句法活动能力上受到了很大限制，在句式变换中远没有非定量名词自由。

下面我们以本章前几节中出现的定量名词为例来说明它们的句法。

"使命"是定量名词，"事情"是非定量名词，两者的句法变换差别例示如下。

一、主＋谓＋宾

（51）我们要办完这件事情。

我们要实现这一历史使命。

二、主＋把＋宾＋谓

（52）我们把这件事情办完了。

　　*我们把这一历史使命实现了。

三、主＋被＋谓

（53）这件事情被办完了。

　　*这一历史使命被实现了。

四、名＋不＋形

（54）这件事情不困难。

　　*这一历史使命不困难。

"罪恶"是定量名词，"错误"是非定量的，两者的句法变换如下。

一、名＋形

（55）罪恶极大。

　　错误极大。

二、名＋不＋形

（56）*罪恶不大。

　　错误不大。

三、把＋名＋动

（57）*把罪恶纠正过来。

　　把错误纠正过来。

四、名＋被＋动

（58）*他的罪恶被纠正过来了。

　　他的错误被纠正过来了。

这里只是补充说明定量名词在句法上的限制。前文谈到的定量和非定量时间词在句法上的对立，也可以看到定量词句法上的限制，譬如"今天""昨天"是定量时间词，一般只能在句首做主语或在动词前做状语，如"今天是星期天""他昨天上北京了"，而"假期""星期天"是非定量时间词，除了有"今天"的两条句法功能外，它们还可以做谓语，受副词修饰，跟时态助词"了"，可用"不"或"没"否定，等等。

4.4.7　代词和副词的肯定否定用法

4.4.7.1　定量化代词的形式特征

代词本身都不能用数量词称数，它们的定量和非定量性完全是由所替代的对象决定的。指代人、事物、处所、时间、数量的代词，都具有离散量性质，因为这些对象也都是离散性质的，譬如"谁、什么、哪、这、那、我、你、他、我们、你们、它们、哪儿、什么地方、这儿、那儿、几个、多少、这么些、那么些"等。其中疑问代词用于否定结构都失去了询问的作用，要么是完全否定，譬如"没有谁知道这件事情"是说任何人都不知道这件事情，"没有哪儿生产这种东西"是说别的地方都不生产这种东西；要么是表示具有一定的量，譬如"没有什么东西"是指有点儿但不多，"没有多少问题"是指问题不多，"没有几个钱"是指钱不多，等等。

指代时间的代词分两类：（一）凡是替代或询问时间长短的代词都具有离散量性质，可用"没"否定，譬如"多长时间、几天、那么长（时间）"等，这类词所指代的是诸如两星期、十天、三个月等，显然，"两星期"等也是离散量的，可用"没"否定；（二）凡是替代或询问某一特定的时间的代词都是定量性质的，不能用"没"否定，譬如"多会儿、几时、什么时候、这会儿、那会儿、这时候、那时候"等，它们所指代的是诸如昨天、上月、将来、前年、上星期等，显然，"昨天"等是定量名词，不能用"没"否定。

"自己"的用法比较特殊，是复指一句话中前头的名词或代词，而其他代词都可直接替代客观存在的人或物。因为"自己"所替代的对象一般是不能称数的，所以它也具有了定量的性质。例如：

（59）a. 他很了解自己。

　　　 b. 瓶子不会自己掉下来。

"他"指代现实中的某一个人时，人是可以称数的，因此"他"可用"没"否定；而"自己"是在句子中指代"他"。上例中的"瓶子"在这个句子中是不能称数的，譬如不能说"＊两个瓶子不会自己掉下来"，可见"自己"所替代的仍然是个定量成分，所以不能加"没"否定。

"大家"是指一定范围内所有的人，它所替代的是一个整体，不能用数量词称数，因此，它是定量的，不能用"没"否定。"各个"在语义上与"大家"相当，是遍指一定范围内的所有对象，因此它也是定量的，不能用"没"否定。用"每"构成的短语也有这个特征。

指代性质、状态、方式、程度的代词，大都具有离散和连续两者性质，因此它们既可以用离散否定词"没"否定，又可以用连续否定词"不"否定，譬如"怎样、怎么样、这样、那样、这么样、那么样"等。这些代词所替代的词类一般是动词或形容词，因此它们兼有两类词的数量性质。用法比较特殊的是"这样、那样"，只有连续量性质的形容词"笼统、干脆、和顺、孤独"等，只能被"不"否定，不能被"没"否定，而它们用在"这样、那样"后则可以用两个否定词中的任何一个否定，例如：

（60）a. 文章这么一改，就显得不那么笼统了。

　　　 b. 文章我已经读过了，不像你说的，没（不）那么笼统。

用"这么"和"那么"指代性质时，是表示一种确定的程度或状态，可以把这种词组所表示的性质看作为一个完整的单位，因此就带上了离散量的性质，也就可以用"没"否定了。

4.4.7.2　定量副词的肯定否定用法

绝大多数副词都是定量的，这可以从它们所表示的意义上看出。譬如表确定程度的"非常、最、太、极、更加、比较、稍微、过于、越发、格外"等；表示情状的"亲自、互相、肆意、竭力、大力、大肆、相继、陆续、悄悄、赶紧"等；表示时间、频率的"立刻、正在、马上、已经、曾经、常常、刚、永远、渐渐、忽然、才、便、就、又、再三、顿时、暂且、仍旧、依然、终于、一直、一向、始终"等；表示范围的"都、才、统统、也、仅仅、只、一共、全都"等。它们都不能用"不"或者"没"否定。

以上所举的副词，如果从量上来划分，应该把它们归入定量形容词一类，即与"粉、紫、中、初级、优良、崭新"等是同类的。定量词的语义范围很窄，根据只能用语义范围较窄的词来修饰语义范围较宽的词这条规则，定量词经常用作修饰语来限定其他成分。那么为什么上面所列的副词经常做动词或形容词的修饰语（状语），而"粉"等却常作名词的定语呢？这完全是由于它们所表达的语义范畴不同造成的。一般来说，动词是表示人或事物的动作、行为、变化的，形容词是表示人或事物的性质或状态的，两类词所代表的对象具有程度、情状、时间、范围、语气等方面的属性，凡是表这几个方面的定量词一般用来修饰动词或形容词。而颜色、新旧、等级等方面的属性，只有作为实体的人或事物才有，因此这几方面的定量词常用来修饰名词。当然，动词、形容词和名词也存在着共同的属性，凡是表共同属性的定量词就可以用来修饰三类词了，譬如"仅仅、好好、快"等，既可以说"仅仅花了五块钱"，也可以说"仅仅上海生产这种产品"；既可以说"好好地学习"，又可以说"好好的录音机"；既可以说"快跑"，又可以说"快刀"。同样一个词，在修饰不同的词类时语义上可能会出现一些细微的变化，但是我们认为它们本质上还是同一个东西。

"副＋动／形"构成的偏正短语根据能用哪个否定词否定和能否用否定词否定两个标准分几种情况：

（一）可用"不"否定的，如很、十分、太、过于、亲自、仅、只等。

（二）可用"没"否定的，如亲自、互相、立刻、马上、一直、始终、全都等。

（三）既不能用"没"又不能用"不"否定的，如最、极、刚、才、便、就、又、忽然、比较、陆续、曾经、顿时、暂且、仍旧、难道、究竟等。

4.4.8 介词的肯定否定用法

所有的介词跟普通动词一样，都可以加宾语，因此可以用宾语数量成分增删法来鉴别它们的定量和非定量性质。几乎所有的介词都是非定量的。

例如：

（61）a. 这个水塔比（两棵、三棵）树高。

b. 在（两个、三个）学校开运动会。

c. 给（两个、三个）病人打针。

d. 到（两个、三个）商店买东西。

因此，它们都可以用"不"或"没"否定。例如：

（62）a. 这个水塔不比树高。

b. 不在学校开运动会。

c. 没给小王打针。

d. 不到商店买东西。

例（62）的四个例子中，应该认为否定词都是否定紧随其后的介词短语。比如 a 不是说"水塔不高"，而是说没有达到树的高度；b 不是说"不开运动会"，而是说"开运动会的地点不在学校"；c 不是说"没打针"，而是说"打针的对象不是小王"；d 不是说"不买东西"，而是说"买东西的地方不在商店"。

用法比较特殊的是"把"和"被"，它们引进的对象一般是定指的，比如"他把杯子打碎了"和"他把那两个杯子打碎了"中的"杯子"都是定指的。可见，"把"字短语所表示的是确定范围里的某一个或者几个对象，它们只具有离散性质，没有连续性质，因此只能用"没"否定，不能用"不"否定。引进施事的"被"字短语也有类似的特点。例如：

（63）a. 他没把杯子打破。

b.* 他不把杯子打破。

（64）a. 他没被狗咬住。

b.* 他不被狗咬住。

也可以换个角度解释例（63）和（64）的用法。在"把"字句和"被"字句中，谓语部分通常是一个述补结构。动补结构的动词都是离散性质的，因此只能用离散否定词"没"否定，不能用连续否定词"不"否定。

4.4.9　连词、助词、语气词和象声词的肯定否定用法

4.4.9.1　连词、助词和语气词的定量化特征

连词"和、同、与、或"等，助词"的、地、得、了、着、过"等，语气词"吗、呢、吧、啊"等，这几类词语义空泛，只表示某种语法意义，没有数量大小问题，不能独立运用，只能伴随其他成分出现，可以把它们作为定量词，也都不能用否定词否定。

4.4.9.2　象声词的定量化特征与其否定限制

象声词是模拟客观事物的各种各样声音的，所表示的都是确定的状态，跟定量动词的特征相似，大都不能加"不"或者"没"否定。常见的象声词有：

乒乓　哗啦　叮当　扑通　轰隆　胡噜　哼唧　嘀咕　咕哝　当啷　咯噔
咯吱　咕咚　嘟囔　唰啦　当啷　淅沥　玎玲　滴答　啪唧　汪汪　呱呱

象声词的定量性表现在它们的语义范围比较窄。语义范围窄的词往往做修饰语来限定其他成分，象声词又是描摹各种行为变化的声音的，因此它们经常用作状语来修饰动词，比如"哈哈大笑""哇哇直哭""水哗哗地流"等等。象声词也可以用作谓语的中心语，即跟一般动词的功能一样，因此可以根据其后的数量成分能否自由增删来判定它们的定量性质。例如：

（65）a. 外边当啷一声。

b.* 外边当啷两（三……）声。

c.* 外边当啷。

d.* 外边不（没）当啷。

（66）a. 屋里当啷了一声。

b.* 屋里当啷了两（三……）声。

c.* 屋里当啷了。

d.* 屋里没（不）当啷。

叹词跟象声词的用法一致，是定量的，一般不能加"不"或者"没"否定。

例如：

（67）a. 他哎呀了一声。

　　　b.* 他哎呀了两（三……）声。

　　　c.* 他哎呀了。

　　　d.* 他没（不）哎呀一声。

（68）a. 他哼了一下。

　　　b.* 他哼了两（三……）下。

　　　c.* 他哼了。

　　　d.* 他没哼。

由上述分析可以看出，不论是哪个词类，它们的肯定否定用法都是由其数量特征所决定的。具有相同数量特征的词必然具有相同的肯定否定用法。

4.4.10　结语

要认清否定词"没"的词性，首先应该明白一个事实：可以被"没"否定的词类不仅包括动词、形容词和名词，也包括数量词、代词、介词短语等，而且每个词类都不是全部都能被"没"否定，只有那些具有离散量特征的词语才能用"没"否定。也可以反过来说，不论是什么词类，只要具有离散量性质，都可以用"没"否定。关于"没"对动词、形容词的否定限制将在 4.5、4.6 中详细讨论，"没"只能否定动词、形容词的非定量成分中具有离散量特征的那一部分。在对名词、量词等其他词类的否定上，"没"受到了同样的限制，即它们都必须是非定量的和离散量的。对于名词，用"没"否定的条件是必须可以用数量词称数，因为这意味着该名词兼有离散量和非定量双重性质。对于量词，用"没"否定的条件是必须可以被数词自由地替换，否则不能用"没"否定。例如：

（69）一（两、三、……）本书。

　　　架子上没有书。

（70）一（两、三、……）桶水。

  池子里没水。

（71）一腔怒火。

  *两（三、四、……）腔怒火。

  *他没有怒火。

（72）*一（两、三、……）景况。

  *没有景况。

（73）一（两、三、……）点意见。

  他没一点意见。

  一些意见。

  *两（三、四……）些意见。

  *他没一些意见。

（74）想了一（两、三、……）遍。

  他没想一遍。

  想了一番。

  *想了两（三、四、……）番。

  *他没想一番。

　　名词的定量有两种：一是只能用某个特定的数量词修饰，譬如例（71）中的"怒火"只能为"一腔"或者"满腔"修饰；二是干脆不能用任何数量成分修饰，譬如例（72）中的"景况"。量词的定量一般表现为其前要求某一个或两个确定数词，这些数词是不能被其他数字替换的，例如（73）（74）中的"些"和"番"的前面只能用数词"一"。名词和量词最典型的数量特征是离散的，只要是非定量的名词，几乎都是离散性的，所以只需根据它们的定量和非定量的性质就可断定能否用"没"否定。

　　通过以上分析，可以看出"没"实际上只有一个，不管词语所表示的内容是行为、性质、数量还是具体的事物，只要它们具有离散量的特征，都可以用"没"否定，否则不能用"没"否定。

4.5 动词的肯定与否定

4.5.1 引言

绝大多数语法著作和现代汉语教材都认为，所有的动词都可以用"不"或"没"否定。我们在 4.2 中已经看到，实际上不同的动词用于肯定结构和否定结构的概率差别是非常悬殊的：有的经常用于或只用于否定结构，譬如"介意、理睬、认账"等；有的经常用于或只用于肯定结构，譬如"铭记、拥戴、钦佩"等；有的可以自由地用于两种结构，譬如"记得、说话、佩服"等。在能用否定词"不"或"没"否定的动词中，也有好几种情况：既可用"不"又可用"没"否定的，譬如"听、说、看"等；只能用"没"否定的，譬如"倒、塌、烧毁、完成"等；只能用"不"否定的，譬如"是、需要"等。

经常用于或只用于否定结构的动词在 4.2 中已有了详细的讨论，在那里我们依据的主要理论是自然语言的肯定否定公理。本章将用定量和非定量的理论来解释动词的另外两种情况：非定量动词可以自由地用于肯定和否定结构，定量动词只能用于肯定结构。对于肯定和否定自由的动词，还将运用离散量和连续量的概念讨论"不"和"没"的分工。

4.5.2 定量动词和非定量动词

4.5.2.1 动词对否定标记的选择

在对动词的否定上，"不"比"没"受到更多的限制。有些不能用"不"

否定的动词却可以用"没"否定。例如：

（1）a. 那堵墙没倒。

b.* 那堵墙不倒。

（2）a. 那座房子没塌。

b.* 那座房子不塌。

（3）a. 上星期的那场大火没有烧毁厂房。

b.* 上星期的那场大火不烧毁厂房。

（4）a. 他们没有认清问题的实质。

b.* 他们不认清问题的实质 。

（5）a. 小王没有吃完饭。

b.* 小王不吃完饭。

除了少数几个静态动词诸如"是""需要"外，对于一般动词，凡是不能用"没"否定的，也不能用"不"否定；但是有相当一部分动词虽不能用"不"否定，却可以用"没"否定，如上例所示。在后文的讨论中，说某类动词不能用"没"否定，也隐含了它们也不能用"不"否定；但是不能反过来认为，不能用"不"否定的动词也不能用"没"否定。据此可以把否定受到限制的动词细分为两类：

（一）既不能加"不"又不能加"没"否定的动词，后文称之为严式定量动词；

（二）可用"没"但不能用"不"否定的动词，后文称之为宽式定量动词。

4.5.2.2　动词的肯定否定与句式

否定性词语在陈述句和疑问句中的用法是互补的，在陈述句中采用否定结构，在疑问句中则采用肯定结构。与此情况类似，那些在陈述句中只有肯定结构的动词，在表虚拟语气的疑问、假设、条件等句子中可采用否定结构。例如：

（6）a. 这项任务得十个人。

b.* 这项任务不得十个人。

　　　　c. 这项任务不得十个人吗？

（7）a. 他们已经认清了问题的实质。

　　　b.* 他们不认清问题的实质。

　　　c. 不认清问题的实质就找不到解决问题的答案。

（8）a. 我们讨论了讨论这个问题。

　　　b.* 我们没讨论讨论这个问题。

　　　c. 在昨天会议上，你们怎么没讨论讨论这个问题呢？

　　例（6）c是问句，它是用反问的语气表达肯定的含义，实际上是说"这项任务得十个人"。例（7）c是表示假设条件的，它的真正含义仍是肯定的，即指所否定的行为"认清"是应该实现的。例（8）c也是利用反问的手段表肯定的意思，它的深层意义为"你们应该讨论讨论这个问题"。表面上看，这些动词的用法在现实句和虚拟句中是对立的，但是它们本质上是相通的，虚拟句的深层语义仍然是肯定的。这也是为什么我们以现实句作为考察肯定否定用法的理由，因为把现实句中的情况搞清楚了，虚拟句中的问题也可以迎刃而解。

4.5.2.3　动词的定量和非定量的判别标准

　　本小节用一组典型的用例来说明定量动词和非定量动词的概念。汉语中表示"应该有"这个概念的词常用的有两个："得（děi）"和"需要"。但是"得"只能用于肯定结构，而"需要"却可以自由地用于肯定和否定两种结构中。例如：

（9）a. 这项任务得十个人。

　　　b.* 这项任务不得十个人。

（10）a. 这项任务需要十个人。

　　　b. 这项任务不需要十个人。

　　现在让我们看一下"得"和"需要"之间的其他一些用法上的差异。首先，"需要"可以用程度词修饰，而"得"却不行。例如：

（11）a. 这项任务比较需要人。

b. 这项任务很需要人。

c. 这项任务十分需要人。

d. 这项任务最需要人。

（12）a.* 这项任务比较得人。

b.* 这项任务很得人。

c.* 这项任务十分得人。

d.* 这项任务最得人。

"得"和"需要"有两个重要的语法差别。首先，"需要"能够用程度词切分出一个大小不等的量级序列，由此可见它代表的是一个量幅，具有很大的伸缩性。但是"得"不能用程度词切分，它所表示的是一个量点，只指示一个确定的量。我们把"需要"这类可用程度词修饰的词称作非定量成分。可以根据这个标准把汉语的形容词整齐地划分为两类：定量形容词和非定量形容词。所有定量形容词都不能用"不"否定，所有非定量形容词都能够用"不"否定。

其次，"得"和"需要"所带的宾语的数量特征也不一样："得"的宾语必须有一个数量成分，而"需要"有没有都可以。例如：

（13）a.* 这项任务得人。

b. 这项任务得一（两、三⋯⋯）个人。

（14）a. 这项任务需要人。

b. 这项任务需要一（两、三⋯⋯）个人。

这与两个词的前一个特点是一致的："得"是一个量点，所以要求其后必须有个确定的数量成分。而"需要"是一个量幅，所以对其后的数量成分的要求很宽容，表现在可以自由地添上或者去掉宾语上的数量成分。我们把像"得"这种对其宾语有特殊数量限制的词语叫作定量动词，相应地，把像"需要"这种对其宾语数量成分可以自由增删的词语叫作非定量动词。也就是说，根据宾语位置的数量成分可否自由增删可以把动词一分为二：

（一）不能自由增删其宾语位置的数量成分的是定量动词，它们不能用"不"或者"没"否定；

（二）可以自由增删其宾语中数量成分的是非定量动词，可以用"不"或者"没"否定。

根据可否加程度词修饰和宾语数量成分能否自由增删这两种方法，来判别形容词和动词的定量和非定量性质。但是两个判别标准的适用方面不一样：程度词法主要适用于形容词，部分静态动词也可以用它来判别；宾语数量成分增删法主要适用于动词的判别。判别动词或者形容词的定量性质时应注意，不论是哪个词类，只要满足两个标准的任何一个，就可以断定它是非定量的，而只有在两个标准都不能满足时才可以认定它是定量的。

"得"和"需要"兼有动词和形容词双重特性,用这对词为例是为了说明，尽管判别动词和形容词的定量性质的具体方式不同，但是两个标准在本质上是一致的，都是揭示词语的数量特征到底是一个"点"还是一个"幅"。

4.5.2.4 定量动词的类型

上面把对其宾语有特殊的数量限制的动词叫作定量动词，它们又可以细分为两类：（一）宾语必须有数量成分，比如"得"；（二）宾语不能有数量成分，如下例所示。

（15）a. 我每天早上都学学英语。

　　　b.* 我每天早上都学学一（两、三……）钟头英语。

　　　c.* 我每天早上没（不）学学英语。

（16）a. 星期天在家洗洗衣服。

　　　b.* 星期天在家洗洗一（两、三……）件衣服。

　　　c.* 星期天在家没（不）洗洗衣服。

（17）a. 春色撩拨人。

　　　b.* 春色撩拨一（两、三……）个人。

　　　c.* 春色没（不）撩拨人。

（18）a. 万金油杀眼睛 。

　　　b.* 万金油杀一（两、三……）只眼睛。

c.* 万金油没（不）杀眼睛。

（19）a. 能不能完成任务就看时间了。

　　　b.* 能不能完成任务就看一（两、三、……）钟头时间了。

　　　c.* 能不能完成任务就没（不）看时间了。

（20）a. 他的意思是说不再派代表参加了。

　　　b.* 他的意思是说一（两、三……）回不再派代表参加了。

　　　c.* 他的意思是不（没）说不再派代表参加了。

　　以上各例的谓语中心动词都只能以光杆名词做宾语，宾语中不能有数量成分，因此它们都是定量的，所以都不能加“没”或者“不”否定。

　　因此，可以从两个角度判别动词的定量和非定量：（一）当宾语没有数量成分时，如果加上数量成分句子仍成立，这时的谓语动词就是非定量的，可加“没”或者“不”否定；否则为定量的，不能为否定词否定。（二）当宾语有数量成分时，如果删去数量成分句子仍能成立，这时的谓语动词也是非定量的，可加“没”或“不”否定；否则为定量的，不能为否定词否定。这种判别动词的肯定否定用法的方法可以叫作“宾语数量成分增删法”。下面我们将系统地应用这种方法来分析动词的肯定否定用法。

4.5.3　定量动词

4.5.3.1　肯定性动词

　　本节讨论的是既不能加“不”又不能加“没”否定的严式定量动词的类型。动词“得”要求其后的宾语必须有一个具体的数量成分，如果把这个数量成分去掉的话，句子就不成立了。根据宾语数量成分增删法，它是不能被否定的。类似的例子还有：

（21）a. 两处合计六十人。

　　　b.* 两处合计人。

　　　c.* 两处没（不）合计六十人。

（22）a. 一美元折合六元人民币。

b.* 一美元折合人民币。

c.* 一美元没（不）折合六元人民币。

（23）a. 这件夹克顶三件衬衣。

b.* 这件夹克顶衬衣。

c.* 这件夹克没（不）顶三件衬衣。

（24）a. 一头牛相当于十个人。

b.* 一头牛相当于人。

c.* 一头牛没（不）相当于十个人。

跟上例中"合计"概念义相同的词还有"共计、总共、总计、一共"等，它们也都是定量的，都不能加"没"和"不"否定。跟上例中"折合"有相同概念义的"兑换"则是非定量的，可加"不"否定，例如：

（25）a. 美元兑换人民币。

b. 一美元兑换六元人民币。

c. 美元不兑换人民币。

跟"顶"和"相当"概念义相近的"相等""等于"等都是非定量的，可加"不"否定。"相等"可以把其后宾语移前，譬如可说"在价钱上，夹克与衬衣相等"，"顶"无此义项。"等于"其后的数量成分也可以自由地增删，譬如既可以说"这等于三角形的面积"，又可以说"这等于五个三角形的面积"；而"相当"的含义是"在数量、价值、条件、情形等上，两方面差不多"，它要求其后必须有具体的数量短语，譬如可说"这相当于五个三角形的面积"而不能说"* 这相当于三角形的面积"，因此，"等于"是非定量的，"相当"是定量的。从语义上看，"相当于 X"有三种可能：小于 X、等于 X 和大于 X。而"没 + 动 + X"的含义只有一个：小于 X。也就是说，"相当"做动词用时已经有了否定含义——"小于"，故无需再加否定词。"不等于 X"有两种可能：小于 X 和大于 X。当用"相当"替代时，这两层意思也都有了，所以也无需用"不"否定。由此可见，"不"和"没"都与"相当"的意义有冲突，这也是它们不能搭配的原因。

4.5.3.2　不能带数量宾语的定量动词

跟"得"类动词要求其后必须有具体数量宾语的情况相似，还有一类定量动词要求其后要么只能是光杆名词做宾语，要么干脆不带任何成分，它们的共同特点是不能带数量成分。例如：

撩拨　荏苒　连绵　扑面　交加　缭绕　绵连　绵绵　连连　蔓延

逶迤　迤逦　纵横　干连　交集　花插　杂错　错落　杂糅　回互

拱卫　环拱　偎倚　相依　荡漾　摇漾　奔流　萦回　飘悠　披指

飞扬　扑腾　摇曳　耸立　屹立　蜷缩　瑟缩　舒展　障蔽　批复

招展　转悠　弥漫

以上这些词分两种情况：（一）"撩拨"类，虽其后可以有名词宾语，但不能有数量成分，譬如可以说"春色撩拨人"，而不能说"*春色撩拨两个人"等；（二）"荏苒"类，其后不能有任何成分，自然也不能有数量成分。根据宾语数量成分增删法，两类都是定量的，因此都不能加"不"或"没"否定，譬如不能说"*春色不撩拨人""*光阴没荏苒""*白云没舒卷""*清香不扑面"等。

"撩拨""荏苒"等还有个共同特点是，书面语色彩都很浓，而且大都只能与固定的词搭配，譬如"撩拨"的主体只能是"春色"，"荏苒"的主体只能是"光阴"，"连绵"的主体是"山岭"，"缭绕"的主体是"炊烟"，等等。该类词的历史一般也都比较长，跟一般动词相比，它们的句法活动能力极弱，可以把它们看作古汉语词语在现代汉语中的化石。不论它们的历史有多长、书面语色彩有多浓，都不是它们不能用"不"或"没"否定的根本原因，这一用法特征的本质原因还是它们的定量性。从定量和非定量思想研究词语肯定否定用法，就好比从化学和物理学的角度研究岩石的物理化学特性一样，不管这些岩石是水成的、火成的还是风化的，研究它们的性质是根据其今天的化学和物理性质。定量动词的来源也是多种多样的，除了这里讲的古汉语的"化石"以外，还有通过引申、构词、语法手段形成的定量动词。不管类型是什么，考察动词的肯定否定用法，依据的是它们的数量特征，而不是它们的来源。

4.5.3.3　静态动词的定量非定量判定

动词中有一小类是可以用程度词修饰的，主要是一些静态动词，可以用程度词法判别它们的定量和非定量性质。在与可用程度词修饰的非定量动词表相同概念的一组词中，那些不能用程度词修饰的都是定量动词，不能加"不"或者"没"否定。

"像"符合程度词法，比如"她有点（很、太……）像她妈妈"，所以它是非定量的，可用"不"否定，如"她不像她妈妈"。跟"像"具有相同概念义的"活像、恰似、恰如、貌似、类乎、近乎、如同、如像"等，都不能用程度词切分，它们都是定量的，不能加"不"或者"没"否定。例如：

（26）a. 她长得活像她妈妈。

　　　b.* 她长得很活像她妈妈。

　　　c.* 她长得不活像她妈妈。

"符合""相符""相配"等都是可用程度词序列切分的，比如"他的条件很（有点、十分、最）符合我们的要求"，因此它们都是非定量的，可以用否定词否定，比如"他的条件不符合我们的要求"。但是，与"符合"概念义相同或相近的词"吻合、媲美、比美、匹敌、耦合"等不能用程度词修饰，是定量的，因此不能用否定词否定。例如：

（27）a. 他的条件与我们的要求吻合。

　　　b.* 他的条件与我们的要求有点（很、十分、最）吻合。

　　　c.* 他的条件与我们的要求不吻合。

表示心理状态的词也有两类：（一）可以用程度词修饰的是非定量的，都可以用"不"或者"没"否定，如下面的类一；（二）不能用程度词修饰的是定量词，不能用"不"或"没"否定，如下面的类二。

类一：

高兴	开心	愉快	快活	快乐	喜欢	乐意	伤心	伤感	难过
难受	忧伤	痛心	心酸	忧愁	发愁	忧虑	担忧	心烦	沉闷
憋气	气愤	恼火	生气	解气	解恨	得意	灰心	丧气	泄气

泄劲　颓废　失望　扫兴　满意　合意　好听　满足　知足　舒畅
宽敞　轻松　自在　安心　紧张　惭愧　抱歉　心虚　镇静　沉着
镇定　从容　平静　安静　慌张　心慌　踏实　着急　焦急　心急
起急　心焦　迫切　麻痹　松懈　疏忽　大意　专心　着迷　入迷
迷惑　留恋　怀念　习惯　上瘾　懂事　奇怪　害怕　怯场　激动
兴奋　感动　开心

类二：

欢乐　销魂　开颜　欢跃　欣幸　哀伤　悲哀　凄迷　悲愤　痛切　断肠
惨苦　凄楚　忧患　愁苦　过虑　闷气　愤激　愤慨　惹气　冒火　动气
发狠　泄愤　惆怅　怅惘　颓丧　颓败　颓唐　惬怀　欢畅　快慰　羞愧
面赤　恬静　偎贴　警觉　失神　悉心　潜心　走神　沉迷　入魔　风靡
沉湎　沉溺　眷恋　成癖　诧异　奇异　惊怪　畏怯　胆寒　惶惑　畏惧
惊恐　感触　感恩　惊骇　震惊　敬畏　开怀

　　部分表心理活动的动词也可用程度词法来鉴别它们肯定否定的用法。
类三的词语都是可用程度词切分出一系列大小不等的量级，它们是非定量
的，都可以用"不"或者"没"否定；类四的词语都不能用程度词修饰，
都是定量的，因此也不能被否定。

类三：

希望　向往　怀念　想念　惦记　挂念　了解　理解　懂得　明白　清楚
有数　熟悉　喜欢　溺爱　讨厌　嫌弃　厌倦　尊敬　佩服　服气　羡慕
嫉妒　相信　信仰　怀疑　赞成　同意　拥护　反对　可惜　爱惜　可怜
同情　注意　计较　重视　看重　赏识　轻视　后悔

类四：

期待　热望　切望　神往　希图　思念　感怀　沉思　渴念　悬念　挂怀
明了　明察　洞彻　洞察　详念　明知　熟谙　贯通　酷爱　倾心　憎恶
腻烦　钦敬　敬仰　景仰　仰慕　拜服　叹服　倾倒　信服　折服　称羡
凭信　确信　坚信　拥戴　爱戴　痛惜　叹惜　怜惜　关切　注目　器重
懊悔

　　本部分讲的各类词都兼有动词和形容词双重性质：在能带宾语上与动词的特点相似，在可用程度词修饰上与形容词的用法一致。以上各类词在量上都具有连续性，表现在它们的非定量成员一般都只能用表连续量的程度词修饰，而不能用表离散量的动量词称数。比如可以说"很高兴""最高兴""很理解""最理解"等，而一般不说"*高兴过多次""*理解过多次"等。既然它们的数量特征与形容词的一致，就上述各类中的非定量成分来看，它们用连续否定词"不"否定比用离散否定词"没"否定更为自由，比如说"不高兴""不关心"等很顺，而一般不大说"*没高兴""*没关心"等。当然，这类词兼有动词的特征，最突出的一点是可以带宾语，在某些特定的场合下，也是可以用"没"否定的。

　　根据"自然语言肯定否定公理"，语义程度极高的词只能用于肯定结构，语义程度中间的词肯定和否定自由。这里所依据的定量和非定量方法分析的结果是与公理本质上一致的，比如"像、符合、相称、高兴、希望、明白"等都是语义程度中间的词，它们的肯定和否定自由，同时根据程度词法判定的结果，它们也都是非定量的，自然可以用于两类结构之中。但是，与"像"概念义相同或者相近的词"活像、吻合、媲美"等都是语义程度极高的，由公理可知它们只能用于肯定结构；同时，我们用程度词法也可以判定它们是定量的，定量成分也都是不能用"不"或"没"否定的。由此可见，对于词语的肯定否定用法，不论是肯定否定公理还是定量和非定量方法，它们判别的标准常常是一致的。这两种判别方法所依据的都是词语的数量特征。

4.5.3.4 "崛起"类定量动词

　　有一类动词，要求其后的宾语必须有个表"大"义或者极大量的量性成分，而不能用表"小"义、中间量的量性成分来替换。比如，可以说"山前崛起了一幢大楼"，而不能说"*山前崛起了一间小房子"。"崛起"也是一种定量词，要求其后的宾语有一个表大义的量性成分，这个"大"义的量性成分不能用相应的"小"义量性成分来替换。"崛起"类定量词所要求的量性成分虽然不是具体的数字，但是实际上它与普通的定量成分一样，都是宾语的量性成分不能自由更换。这种对宾语量上的限制使这类动词成为定量动词，因此不能加"不"或"没"否定。此外，"扑闪、腆着、坠着"等都属于这一类。例如：

（28）A.a. 山前建了一幢大楼。

　　　　b. 山前建了一间小房子。

　　　　c. 山前没建一幢大楼。

　　　B.a. 山前崛起了一幢大楼。

　　　　b.* 山前崛起了一间小房子。

　　　　c.* 山前没（不）崛起一幢大楼。

（29）A.a. 她睁着一双大眼睛。

　　　　b. 她睁着一双小眼睛。

　　　　c. 她没睁眼睛。

　　　B.a. 她扑闪着一双大眼睛。

　　　　b.* 她扑闪着一双小眼睛。

　　　　c.* 她没（不）扑闪着一双大眼睛。

（30）A.a. 老赵挺着个大肚子。

　　　　b. 老赵挺着小肚子。

　　　　c. 老赵没挺大肚子。

　　　B.a. 老赵腆着个大肚子。

　　　　b.* 老赵腆着个小肚子。

　　　　c.* 老赵没（不）腆着个大肚子。

（31）A.a. 树上结着一颗硕大的石榴。

　　　　b. 树上结着一颗小石榴。

　　　　c. 树上没结石榴。

　　　B.a. 树上坠着一颗硕大的石榴。

　　　　b.* 树上坠着一颗小石榴。

　　　　c.* 树上没坠石榴。

例（28）A 中的动词"建"可以自由变换其宾语的量性成分，而且可以去掉数量词单独使用，如"山前建起了大楼""山前建起了房子"，可见它是非定量的，所以能加"没"否定。而（28）B 的动词"崛起"要求其后必须是个表"大"的量性成分，而且其后的数量短语不能省掉，譬如不能说"＊山前崛起了楼"，可见"崛起"是定量的，不能用"不"或"没"否定。也可以用宾语数量成分增删法来判定"建"和"崛起"的肯定否定用法。其他三例中的 A 类句子的动词都是非定量的，B 类中的动词都是定量的。同时，也可以用宾语数量成分增删法来判定"建"和"崛起"的定量和非定量性质。"建"可以去掉数量词"一幢"而说成"山前建起了大楼""山前建起了房子"等，但是"崛起"要求其后必须有数量短语，比如不能说"＊山前崛起了大楼"。可见，"建"符合非定量动词的标准，"崛起"符合定量动词的标准。这样也可以解释它们在肯定否定用法上的差异。

由"崛起"类的定量词会很自然地想到：是否有相对的一类定量动词，它们要求其后是一个表"小"的数量成分，该数量成分也不能用表"大"的数量成分来替换？回答是肯定的。否定性词语中的动词部分就属于这一类，比如"介意、吭声、认账、打岔"等都是要求其后是一个表小量的事物。但是，要求极小量宾语的动词与"崛起"类的用法正相反，它们一般只用于否定结构。跟"介意"等相对的"铭记、倾诉、钦佩、阻挠"等都要求其后是个表大量的事物，相应地，它们只用于肯定结构。实际上，"铭记"等跟"崛起"一样，都是定量动词。也就是说，定量动词有两类：（一）要求其后只能是一个极小的数量成分，它们一般只用于否定结构；（二）要求其后是一个极大的数量成分，它们一般只用于肯定结构。前一类已经在 4.2 中详细讨论过了，本章重点讨论第二类和肯定否定自由的动词。

注意，"量大"与"量小"都是指词语抽象的数量特征，不要把"量小"与消极成分或者"量大"与积极含义等同。尽管"介意"后常是些不如意的事情，但是不能由此得出结论说，极小量的词语都是跟不愉快的事情。因为有些是与中性事物搭配，比如"打岔"；有些是与珍贵的事情相配，比如"不敢问津那件裘皮大衣"。表极大量词语的情况也是一样，"铭记、拥戴"等后的词语所表示的大都是好的、积极的事物，但是同类的"沉湎、痛恶"等后的词语所表示的却是坏的、消极的东西。我们是从数量特征来解释词语的各种用法，然而这些数量特征都是从具体的概念内容抽象出来的，理解时注意不要把它们与具体的概念内容混在一起。

下面我们列出一些"崛起"类的极大量动词，它们都是定量的，不能用"不"或者"没"否定；括号中的都是同概念的中性量词，都是非定量的，可以自由地用于肯定式和否定式。

撼动（摆）　涤除（扫）　飞奔（跑）　腾跃（跳）　吞食（吃）

狂饮（喝）　凝视（看）　呼唤（叫）　嚎叫（喊）　纷飞（飞）

战栗（抖）　坚信（信）　理当（应该）务必（需要）实足（足）

缕述（解释）剖解（分析）锤炼（推敲）拜谒（访问）禀告（告诉）

叩问（问）　痛斥（责备）鞭挞（批评）激发（鼓励）盛赞（称赞）

恪守（遵守）伏贴（听从）怒斥（骂）　奔波（操劳）肩负（担负）

抉择（挑选）洞察（观察）降临（来）　象征（意味）切近（近似）

凌驾（超过）陨减（消失）涌现（出现）弥漫（充满）牟取（取得）

4.5.3.5　"瞥"类定量动词

可以说"瞥了他一眼"，有时也可以说"瞥了他两眼"，但一般不说"*瞥了他三（四、五……）眼"，或者去掉数量短语而说成"瞥了他"。"瞥"也是一类特殊的定量成分，它要求其后只能是某一个或两个特定的数量成分，这些数量成分既不能用其他数量成分自由替换，也不能去掉。例如：

（32）a. 瞥了他一眼。

　　　b.*瞥了他。

　　　c.*没（不）瞥他一眼。

（33）a. 白了他一眼。

　　　b.*白了他。

　　　c.*白了他五眼。

　　　d.*没（不）白他一眼。

（34）a. 瞟了他一眼。

　　　b.*瞟了他。

　　　c.*瞟了他七次。

d.* 没（不）瞟他一眼。

"瞥"的意义为"快速、短暂地看一下"，这与单纯表示把视线投到某处的行为动词"看"不一样，释义中的"快速"和"一下"两个量性成分使"瞥"表示的把视线投到某处的概念义具有了定量的性质。"白"做动词时其概念义也与"看"相同，不过它的含义为"用白眼珠"这种特定的方式来"看"，这种特定的方式使其具有定量的性质。"瞟"的释义为"斜着眼睛看"，其"斜着眼睛"这种特定的状态使其具有了定量性质。推而广之，有确定方式或者确定状态的行为动词也很可能是定量的，据此我们也可以借助词典释义来鉴别动词的定量和非定量。

下面是借助于词典来判别的定量动词。如果释义中有表示确定的程度或者确定状态的含义，有关的词一般都是定量的，不能自由地用"不"或者"没"否定。下面类一是词语自身的概念义有确定程度的，类二是自身概念义中有确定状态的。

类一：具有程度义的概念

（a）蹽：迅速地走。
（b）飞驰：很快地跑。
（c）闪出：突然出现。
（d）驰名：声名传播得很远。
（e）豁：狠心付出很高的代价。

类二：具有状态义的概念

（a）飞翔：盘旋地飞。
（b）飘摇：在空中随风摇动。
（c）乜斜：眼睛略眯而斜着看。
（d）飘悠：在空中或水面上轻缓地浮动。
（e）飞舞：像跳舞似的在空中飞。

类一的动词都跟"瞥"一样，因为释义中动词的行为有确定的程度，它们是定量的，不能用"没"或"不"否定。类二的动词跟"白"和"矒"的情况一样，它们的概念义也都有确定的状态或者方式限制，因此也是定量的，不能加"不"或"没"否定。如用宾语数量增删法来一一考察，类一和类二的动词也符合定量动词的特点。譬如"豁"用宾语数量增删法来衡量，它也与定量动词的特点相符合：要求其后必须有个特定的数量成分。例如：

（35）a. 豁出三天工夫也得把它做好。

b.* 豁出工夫也得把它做好。

c.* 他没（不）豁出工夫。

也可以根据构词特点来确定动词的定量和非定量性质。部分双音节动词，其中第一个语素是表示程度或者情状的。这类动词绝大部分是定量的，不能加"没"或者"不"否定。例如：

类三：程度语素＋动作语素

切记	切近	轻取	轻扬	倾动	倾慕	倾谈	倾听	倾吐	倾销	确保
确认	确证	确守	显见	显现	显扬	遐想	震动	震怒	震荡	痛哭
痛斥	痛打	痛悼	痛感	痛骂	痛责	深恐	深思	深信	深知	涌现
涌流	淹流	谒见	渴望	渴慕	渴念					

类四：情状语素＋行为语素

林立	私访	私见	私信	私语	私图	巧辩	巧干	巧遇	微行	潜行
并行	畅行	风行	力行	爬行	星散	甜睡	昏睡	安睡	尾随	尾追
追记	追述	追慷	唾骂	叱骂	臭骂	笑骂	责骂	辱骂	叫骂	屯立
囤聚	鼠窜	耸立	招展	云集	云散	飘扬	席卷	鸟瞰	龟缩	瞥见
兴建	撞见	创建	累减							

类三和类四的词语都是根据它们的构词特点划分出来的定量成分，这些词对其后的宾语也有特殊的量上限制。譬如类三的"遐想"后不能自由地跟上数量成分，不能说"* 遐想了三遍"等，而与之同概念的非定量动词"想"可以自由地增删其后的数量成分，既可以说"他想了"，又可以说"他想了三遍"。类四的"林立"后不能有任何成分，当然也不能有数量成分，譬如一般只说"工厂林立"或"村庄林立"等，而不能说"* 工厂林立了许多"或"* 村庄林立了好几个"一类的话，由此可见"林立"是定量的，自然

也不能加"不"或"没"否定。而与林立概念义相同的"建起"是非定量的，在其后可以自由地增删数量成分，譬如既可以说"工厂建起了"，又可以说"工厂建起了许多"，既可以说"村庄建起了"，又可以说"村庄建起了一大片"，等等。因此"建起"是可以用"没"否定的，可说"工厂没有建起"。"建起"显然是不能直接用"不"否定的，原因是词素"起"使得整个动词的行为有了明确的终结点，使"建起"具有离散性，只能用离散性否定词"没"否定，而不能用连续性否定词"不"否定。有趣的是，去掉使整个动词具有离散量性质的"起"，"建"本身是具有连续量和离散量双重性质的非定量动词，就也可以用"不"否定，譬如可说"工厂不建了""这里不建村庄"。

4.5.3.6　"出挑"类定量动词

有一类动词，要求其后的宾语是表示积极的、美好的事物或性质，而不能用相反含义的词语替代。广义地看，特定的性质也是一种确定的量，因此这种对其后的宾语有特定的性质要求的词也是一种定量动词，不能用"不"或"没"否定。譬如"出挑"是指"青年人的体格、相貌、智能向美好的方面发育、变化、成长"，其后的宾语必须表现出这方面的趋势。

（36）A.a. 不满一年，他就出挑成师傅的得力助手。

　　　　b.* 不满一年，他就出挑成师傅的普通助手。

　　　　c.* 他没（不）出挑成师傅的得力助手。

　　B.a. 几年过去，小姑娘出挑得更好看了。

　　　　b.* 几年过去，小姑娘出挑成一般模样了。

　　　　c.* 小姑娘没（不）出挑得更好看了。

跟"出挑"同类的词还有"出落、衬托、呈现、出脱、陪衬、烘衬、映衬、映带、映媚、相映、铺垫"等等。"呈现"和"出现"两者的概念义相同，但是"呈现"要求其后是美好的、积极的事物或性质，譬如可说"呈现出一派繁荣的景象"，而不能说"*呈现出萧条的景象"，可见它是属于"出挑"类定量词，一般不能用"没"或"不"否定；而"出现"对其后没有特殊的性质要求（量上限制），它是非定量的，可以自由地用"不"或"没"否定。

4.5.3.7 普通动词的定量和非定量义项

动词"看"有好几个义项，按照各义项的用法来考察，它的基本义项的用法是非定量的，可以自由地加上"不"或者"没"从肯定式转化为否定式；而"看"的很多引申义项的用法则是定量的，表现在其宾语的量性成分不能自由增删，因此没有否定式。完完全全的定量动词为数是有限的，但是如把"看"这类常用动词的定量义项的用法也算进去的话，那么定量动词的数目是相当可观的。下面来考察"看"的各义项用法。

义项一：使视线接触人或者物

（37）a. 他看电视。

　　　b. 他看了一（两、三……）次电视。

　　　c. 他不（没）看电视。

义项二：看望

（38）a. 我昨天看朋友去了。

　　　b. 我昨天看了一（两、三……）个朋友。

　　　c. 我昨天没看朋友。

义项三：诊治

（39）a. 他看病去了。

　　　b. 他看了一（两、三……）回病。

　　　c. 他不（没）看病。

义项四：观察

（40）a. 看问题要全面。

　　　b.* 看一（两、三……）个问题要全面。

　　　c.* 没（不）看问题。

义项五：认为、估计

（41）a. 我看不会下雨。

　　　b.* 我看一（两、三……）次不会下雨。

　　　c.* 我没（不）看不会下雨。

义项六：留神

（42）a. 看开水！

　　　b.* 看一（两、三……）瓶开水！

　　　c.* 没（不）看开水！

义项七：决定于

（43）a. 输赢就看这一（两、几）着棋了。

　　　b.* 输赢就看棋了。

　　　c.* 输赢没（不）看这一着棋了。

很明显，"看"的前三个义项都是非定量的，它们的宾语的数量成分可以自由增删，所以可以加"没"或者"不"否定。其余四个义项的用法都是定量的，这又可以细分为两类：义项四、五、六的"看"后不能有任何数量成分，义项七后必须有一个数量成分。它们是定量动词的两种不同表现形式，因此四个义项没有相应的否定式。

下表列举一些常用动词的定量义项和非定量义项。

常用动词的定量和非定量义项的用法差异

例词	非定量义项	用例	定量义项	用例
放	搁置	放桌子	采取某种态度	放明白些
拿	搬动	拿剪刀	强烈的作用使变坏	把馒头拿黄了
怕	害怕	她怕老鼠	估计	我怕她不会来
来	发生	来任务了	下棋	来了一盘棋
说	表达	说笑话	意思上指	这段话是说她的
听	接受声音	听音乐	治理	听政
派	分配	派任务	指摘	派不是
排	除去	排水	推开	推门而入
开	打开	开锁	吃光	把包子都开了
飞	在空中活动	飞上海	挥发	香味飞了
搭	支架	搭桥	凑上	搭上这些钱
压	压盖	压石头	使稳定	压咳嗽

例词	非定量义项	用例	定量义项	用例
用	使用	用钱	吃	用饭
有	领有	有书	泛指	有一天
栽	种	栽树	硬给安上	栽赃
炸	烹调	炸花生米	因愤怒而激烈发作	一听就炸了
摘	取	摘李子	摘借	摘点儿钱
指	指点	指问题	意思为	这话是指你
撞	碰上	撞人	碰见	撞着张老师了
追	追赶	追汽车	追究	追赃
做	制造	做书架	结成	做朋友
刮	取下来	刮胡子	搜刮	刮了不少钱
赶	加快行动	赶任务	遇到	正赶上梅雨天

上表中，各词的定量义项用法也分两类：（一）要求其后必须有某一特定的数量成分，比如"放"当作"采取某种态度"讲时，其后必须有而且只能有量性成分"些"或者"点儿"等，它们既不能用其他数量词语自由替换，也不能删掉；（二）"怕"作"估计"用时，其后则不能有任何数量成分。

4.5.3.8　重叠式定量动词

以上讨论的都是单个动词的肯定和否定用法，本小节考察的对象是由动词重叠后构成的动词结构。

重叠这种语法手段对于动词有双重的功能：一方面使重叠后的结构定量化，另一方面可以断定重叠前的动词基式是非定量的。也就是说，凡是可以重叠的动词都是非定量的，可以加"不"或者"没"否定。注意，这个命题是不可逆的，即不能反过来说，凡是不能重叠的动词都是定量的，都是不能用于否定式的。

重叠动词的宾语只能是光杆名词，不能加上任何数量成分，都是定量的，不能用"不"或者"没"否定。而相应的动词基式都是非定量的，其宾语可以自由地加上或者删掉数量成分。例如：

（44）A.a. 我们开会。

　　　　b. 我们开了一（两、三、……）次会。

　　　　c. 我们没（不）开会。

　　　B.a. 我们开了开会。

　　　　b.* 我们开开一（两、三、……）次会。

　　　　c.* 我们没（不）开开会。

（45）A.a. 小赵听新闻。

　　　　b. 小赵听了一（两、三、……）个钟头新闻。

　　　　c. 小赵没（不）听新闻。

　　　B.a. 小赵听了听新闻。

　　　　b.* 小赵听听一（两、三、……）个钟头新闻。

　　　　c.* 小赵没（不）听听新闻。

（46）A.a. 他看电影。

　　　　b. 他看了一（两、三、……）场电影。

　　　　c. 他没（不）看电影。

　　　B.a. 他看了看电影。

　　　　b.* 他看看一（两、三、……）场电影。

　　　　c.* 他没（不）看看电影。

（47）A.a. 他们讨论问题。

　　　　b. 他们讨论了一（两、三、……）个问题。

　　　　c. 他们没（不）讨论问题。

　　　B.a. 他们讨论了讨论问题。

　　　　b.* 他们讨论讨论一（两、三、……）个问题。

　　　　c.* 他们没（不）讨论讨论问题。

　　动词重叠格式主要有如下六种。它们的具体表现形式虽然不同，但是用法是相同的。动词重叠式要么只能带光杆名词，即不能有任何数量成分；要么干脆不带任何成分。总之，动词重叠式是定量的，不能用"不"或者"没"否定。例如：

格式一：动+动

说说　拧拧　碰碰　听听　当当　学学　看看　放放

格式二：动+了+动

说了说　拧了拧　碰了碰　听了听　当了当　学了学　看了看　放了放

格式三：动+一+动

说一说　拧一拧　碰一碰　听一听　当一当　学一学　看一看　放一放

格式四：AABB

打打闹闹　说说笑笑　走走停停　吃吃喝喝　蹦蹦跳跳　高高兴兴

格式五：ABAB

活动活动　讨论讨论　了解了解　学习学习　思考思考　记录记录

格式六：VVN

帮帮忙　睡睡觉　游游泳　跳跳舞　下下棋

重叠之前的原型动词后可以有各种数量成分，譬如"说了三天、说了一次、说了三遍"等，而重叠式却不行，譬如不能说"*说说三天、*说说一次、*说说三遍"等。注意，当动词后为"数词+时间名词"短语时，应把它们看作一个整体，用宾语数量成分增删法来鉴别时，要看把整个短语删掉能不能说，能说的仍然是非定量词，譬如"说了三天"虽不能说"*说了天"，但可以说"说了"，因此"说"还是非定量的，可用于否定式。

格式四属于重叠式的第二种情况，其后不能有任何成分。它们的原型动词全都可以跟上数量宾语或其他成分。譬如可以说"说笑了半天""吃喝光了""很高兴参加你们的会议"等。当然可以说"高高兴兴地参加会议"，但是"高高兴兴"与其后成分的关系已变成状语和谓语中心语的关系，即"高高兴兴"做状语修饰动词"参加"，而"很高兴参加会议"中的"高兴"是谓语中心语，"参加会议"做宾语。语义范围比较窄的词大都是做修饰语，动词"高兴"等重叠后变成定量的，其语义范围比较具体，故常做修饰语来限制其他成分。"高兴"兼有形容词的用法，也是表性状的，其他纯粹的行为动词重叠后仍主要做谓语中心动词带宾语，比如"了解""思考"等。

格式四的"走走停停"比较特殊，"走停"不是一个单词，不能够单独使用。叠前凡可单独运用的都是非定量动词。例如：

拔 办 包 抱 背 比 编 变 补 擦 猜 栽 踩 查 唱 炒
称 喊 改 吹 闯 动 挤 记 治 转 笑
捉摸 转变 指点 证明 争论 招待 增加 研究 议论 体现
调整 推广 听取 收拾 申请 认识 商量 强调

那些消极的、动作性不强的动词一般是不能重叠的，比如"瞎、嫌、病、抱歉、操纵、成为、充满、打破、冲突、传染、害怕、害羞、昏迷、破裂、轻视、伤心、作为、意味、相等、误会、误解"等。这些动词虽然不能重叠，但是它们仍是非定量成分，表现在宾语数量成分可以自由增删，因此仍可以用"不"或者"没"否定。

前文讲到过，在表虚拟情况时，动词重叠式可以被否定，比如"他们也没有讨论讨论就仓促决定了"。这时的真正含义是，重叠式动词所代表的行为应该实现而没有实现，即它们的深层语义仍是肯定的。

4.5.3.9 动词重叠式定量化的成因

现在我们从语义上来分析形成重叠式动词定量化的原因。概括地说，动词重叠式表示动作的量。所谓动作的量可以从动作延续时间长短来看，也可以从动作反复次数的多少来看。前者叫作时量，或者叫作动量。例如"一会儿""一天"表示时量，"一次""一遍"表示动量。动词重叠式也是兼表时量和动量的。

重叠动词表示的时量比较短，例如：

（48）他退休以后，平常看看书，下下棋，和老朋友聊聊天，倒也不寂寞。

"看看书""下下棋"等于说"看会儿书""下会儿棋"，都表示时量短。这一点从动词的重叠式和其基本形式的对比中可以看得更清楚：

（49）年纪大了，重活干不了，只能洗洗衣服，铡铡草，喂喂牲口。

（50）白天到山腰去拾柴，晚上又是铡草，喂牲口，整天操劳。

前一句强调动作的时间不长，用重叠式；后一句说整天做这些事情，就不能用重叠式了。再比较下边两句：

（51）下午两点去听报告。

（52）晚上想在家里看看电视。

前一句的"听"不能换成"听听"，因为"听听"是指"听一会儿"。电视可以只看一会儿，报告就一般情形说，不会只听一会儿。

（53）那不过说说罢了，你就当真？

（54）也不过是帮帮忙，算得了什么呢？

"罢了""不过"都是把事情往小处说，跟动词重叠式表时量短正相适应，这两句里的重叠式都不能换成动词的基本形式。

　　动词重叠式的另外一个特点是表示动量小。例如：

（55）他伸伸舌头说："真危险。"

（56）我该去理理发了。

（57）这件事你得去找找李老师。

这些重叠式都表示小的动量，"伸伸舌头""理理发"是说"伸了一伸舌头""理一次发"，"找找"指"找一回"。这种表动量小的重叠式又常常表示一种尝试，例如：

（58）这顶帽子太小了，你戴戴看。

（59）到美术馆去，11 路比 3 路快，不信你坐坐试试。

　　从以上的分析可以看出，动词重叠式所表示的是一个程度较弱的确定量，也就是说其语义被重叠这种形式定量化了，因此在语言应用中就表现为其前不能加否定词否定。

4.5.4　宽式定量动词

4.5.4.1　有界性动词的否定限制

　　有一类动词虽然可以加"没"否定，但不能用"不"否定，可以把它们称之为"宽式定量动词"。宽式定量动词主要是由"动＋补"结构形成的复合词和词组。这类定量成分的特点是，补语所表示的确定程度、状态、结果等使得整个复合动词或者动词短语具有了定量的性质，但是另一方面，它们宾语前还可以自由地添加数量成分。这两方面因素作用的结果形成了它们宽式定量性质。例如：

（60）a. 他看见了树。

　　　b. 他看见一（两、三……）棵树。

　　　c. 他没看见树。

　　　d.* 他不看见树。

（61）a. 他吃完了饭。

　　　b. 他吃完了一（两、三……）碗饭。

　　　c. 他没吃完饭。

　　　d.* 他不吃完饭。

例（60）和（61）中的结果补语"见"和"完"分别使其前面的行为动词"看"和"吃"有了定量性，与此同时，"看见"和"吃完"后的宾语又可以自由地增删数量成分，这又使得整个动词具有了非定量性质。两方面作用的结果，使得"动＋补"类成分具有只能用"没"否定，不能用"不"否定的用法特点。

也可以从另外一个角度来解释这类现象。在"动＋补"结构中，补语所表示的确定的程度、状态、结果等使其前的动词具有了明确的终结点，也就是说整个动词短语变成了离散量，所以它们只能用离散否定词"没"否定，而不能用连续量否定词"不"否定。

4.5.4.2　动补短语的否定限制

凡是由"动＋补"结构形成的复合动词都有宽式定量成分的特点。例如：

（62）a. 认清问题的实质。

　　　b. 认清了一（两、三……）个问题的实质。

　　　c. 没认清问题的实质。

d.* 不认清问题的实质。

（63）a. 他们完成了任务。

b. 他们完成了一（两、三……）项任务。

c. 他们没完成任务。

e.* 他们不完成任务。

（64）a. 我们纠正了错误。

b. 我们纠正了一（两、三……）个错误。

c. 我们没纠正错误。

d.* 我们不纠正错误。

（65）a. 我们听见了声音。

b. 我们听见了很多声音。

c. 我们没听见声音。

d.* 我们不听见声音。

像"认清"这种结构的复合词在汉语的双音节动词中所占的比例是相当大的。它们都是宽式定量性质，只能用"没"否定，不能用"不"否定。同类的例子还有：

克服	驯服	说服	压服	征服	誊清	收清	分清	划清	澄清	点清
付清	阐明	查明	辨明	胜出	获胜	战胜	丢失	损失	遗失	走失
扳正	辩证	补正	矫正	勘正	指正	扭转	掉转	减弱	削弱	衰弱
拔取	攻取	换取	获取	吸取	记取	汲取	考取	听取	选取	梦见
推见	望见	闻见	想见	撞见	打动	搏动	搬动	触动	带动	改动
开动	搅动	举动	挪动	说动	推动	打通	串通	泯灭	扑灭	湮灭
扫灭										

应该注意一点，一些由"动＋补"关系构成的复合词，它们的两个词素已经完全凝结成一个整体，在两个词素之间已经分不出行为和结果了，只是单纯表示一种行为动作，比如"说明、提高、推广、接见、表明、证明、录取、指明、变动、活动"等。这些词都是非定量成分，既可以加"没"否定，又可以加"不"否定。

以上讨论的是有动补关系的复合词，临时构成的动补短语也与"认清"等有相同的特点。例如：

（66）a. 小赵打好了行李。

b. 小赵打好了一（两、三……）件行李。

c. 小赵没打好行李。

b.* 小赵不打好行李。

（67）a. 学校盖成了大楼。

b. 学校盖成了一（两、三……）幢大楼。

c. 学校没盖成大楼。

d.* 学校不盖成大楼。

（68）a. 他学会了外语。

b. 他学会了一（两、三……）门外语。

c. 他没学会外语。

d.* 他不学会外语。

（69）a. 广播完了新闻。

b. 广播完了一（两、三……）条新闻。

c. 没广播完新闻。

d.* 不广播完新闻。

4.5.4.3 表结果的"得"字短语的否定限制

"得"字结构有两类：一是表示可能的，比如"搬得动、来得及、禁得住"等，它们相应的否定式为"搬不动、来不及、禁不住"；二是表示结果、程度的，比如"洗得干净、看得清清楚楚"等。两类结构都是宽式定量成分，一般都可加"没"否定，全都不能加"不"否定。例如：

（70）a. 没来得及去看黄鹤楼。

b.* 不来得及去看黄鹤楼。

（71）a. 没有禁得住各方面的压力。

b.* 不禁得住各方面的压力。

（72）a. 信上没说得很清楚。

  b.* 信上不说得很清楚。

（73）a. 衣服没有洗得很干净。

  b.* 衣服不洗得很干净。

表示可能的"得"字结构可以跟名词宾语，也可以自由地增删宾语数量成分，比如"搬得动桌子"和"搬得动三张桌子"都可以说。表结果的"得"字结构的补语的数量成分"很"等也可以用其他程度词替换，比如例（72）a 的"很"可以用"十分""太"等程度词替换。所以，跟"认清"类的动补短语一样，"得"字结构的补语赋予其前动词定量性质，另一方面，其后数量成分的自由增删又使得它具有非定量性质。这两方面作用的结果，形成了"得"字结构宽式定量的特点。

表结果的"得"字结构的后段如为形容词时，"得"前动词可加"没"否定的条件是："得"后做补语的形容词必须是可加"不"否定的，否则整个结构变成了严式定量成分，这时的"得"前动词既不能加"不"否定，也不能加"没"否定。比如例（72）和（73）的"很清楚""很干净"都可以加"不"否定，而"最清楚""干干净净"等都不能加"不"否定，所以不能说"* 信上没说得最清楚"或者"* 衣服没洗得干干净净"。

4.5.4.4 "塌"类动词的否定限制

"塌"是单纯动词，也具有动补结构的宽式定量性质，只能用"没"否定，不能用"不"否定。例如：

（74）a. 那间房子没塌。

  b.* 那间房子不塌。

（75）a. 那堵墙没倒。

  b.* 那堵墙不倒。

例（74）和（75）中的"塌"和"倒"的共同语义特征是，都是表结果的行为，比如，说"房子塌了"暗示某种使房子"塌"的行为已经发生。这点可以从"塌"经常做炸、震、泡、推等具体行为动词的补语上看出来。

这样，当"塌"类动词独用时，它们兼有行为和结果双重意思，因此跟普通动补短语的用法一样，"塌"类动词也具有了宽式定量性质。所以，它们只能用"没"否定，不能用"不"否定。

"塌""倒"是结果动词这一特点，还可以与相关的行为动词"炸""泡"等的搭配上看出来。"塌""倒"经常跟在"炸""泡"后做补语，然而反过来则不行，"炸""泡"等一般不能做"塌""倒"的补语。这种分布上的对立充分表明"塌""倒"是表结果性质的。从用法上看，行为动词"炸""泡"等是非定量动词，既可以用"没"又可以用"不"否定，比如"没炸旧房子"和"不炸旧房子"都可以说。

单纯表示结果的动词跟"塌"的用法一致，都具有宽式定量性质，能用"没"否定，不能用"不"否定。同类的词还有"陷、毁、垮、灭、熄、亡、消失、丧失、破灭、落下、摔下、丢失、塌架、陷落、沉没、相撞"等。

有学者认为否定词"不"是表意志的，而"塌"类词都是非意志行为，所以不能用"不"否定。这种解释遇到很大的困难，比如"滴、流、溅、淹、喷"等动词，都是人们意志无法控制的，但是它们既可以用"没"否定，又可以用"不"否定。例如：

（76）a. 这个壶没滴油。

b. 这个壶不滴油。

（77）a. 这个水管没流水。

b. 这个水管不流水。

（78）a. 这样倒没溅水。

b. 这样倒不溅水。

（79）a. 公园里的喷泉没喷水。

b. 公园里的喷泉不喷水。

（80）a. 这水没淹庄稼。

b. 这水不淹庄稼。

实际上，上述各词都是非定量的，其后的数量成分可以自由地增删，因此它们既可用"没"否定，又可用"不"否定。比如，既可以说"这个壶滴油"，又可以说"这个壶滴了很多油"；同样，既可以说"这个水管流水"，也可以说"这个水管流了六桶水"，等等。由此可见，词语的数量特征是决定它们肯定否定用法的关键因素。

4.5.4.5　带数量宾语的动词的否定限制

给非定量动词的宾语添加上数量成分，可以使该动词临时宽式定量化，这时的动词一般只能用"没"否定，不能用"不"否定。但是，如果去掉这些数量成分，它们又可以加"不"否定了。例如：

（81）a. 上星期六没上四节课。

　　　b.* 上星期六不上四节课。

　　　c. 上星期六不上课。

（82）a. 上月没演三场电影。

　　　b.* 上月不演三场电影。

　　　c. 上月不演电影。

（83）a. 去年没请几次客。

　　　b.* 去年不请几次客。

　　　c. 去年不请客。

这类宽式定量成分形成的原因，是动词的非定量和宾语的确定量两个方面相互作用的结果。实质上，这跟述补类宽式定量成分形成的方式是一样的。同时，也可以从否定词的性质来解释。非定量动词加上数量宾语后就变成了离散量的了，因此就只能用离散量否定词"没"否定，而不能用连续量否定词"不"否定。

在表意志等虚拟情况时，"不"可以否定"动＋数＋名"短语，比如可说"他们硬要我喝三杯酒，我偏不喝三杯酒"。这种现象反映了现实句和虚拟句在肯定和否定上的对立。

4.5.5　定量动词的句法

非定量动词的句法相当活跃，大都可以重叠，加体标记"着、了、过"，变换有关成分的语序，为各种副词修饰，如此等等。但是，定量动词的句法基本上是惰性的，除了保留可带宾语这一特征之外，失去了动词的绝大部分语法特点。下面以两个常用动词的定量和非定量义项的用法对立来说明这一点。

一、动词"放"

A. 非定量义项：搁置

（84）a. 他放桌子。

　　　b. 他放了（过、着）桌子。

　　　c. 他已经（刚刚、早已、慢慢地……）放了桌子。

　　　d. 他放好了桌子。

　　　e. 桌子他放好了。

B. 定量义项：采取某种态度

（85）a. 放聪明些。

　　　b.* 放了（过、着）聪明些。

　　　c.* 他已经（刚刚、早已……）放聪明些。

　　　d.* 他放好了聪明些。

　　　e.* 聪明他放了。

二、动词"看"

A. 非定量义项：使视线接触人或物

（86）a. 看电影。

　　　b. 看了（过、着）电影。

　　　c. 看看电影。

　　　d. 已经（刚刚……）看了电影。

　　　e. 看完了电影。

B. 定量义项：观察

（87）a. 看问题要全面。

　　　b.* 看看问题要全面。

　　　c.* 已经看问题要全面。

d.* 看完问题要全面。

e.* 问题看了。

4.5.6　结语

定量动词虽然不能直接加上"没"或者"不"由肯定式转化为否定式，但是汉语是很富于弹性和表现力的，总可以找到一个适当的否定式来对它们进行意义上的否定。最常见的方法是用跟要否定的定量成分概念义相同的非定量成分的否定式来实现。下例中的定量动词下的双横线表示对它的否定，等式右端则是其语义上的否定式。

（88）a. 这项任务<u>得</u>十个人。　　＝这项任务不需要十个人。

b. 两处<u>合计</u>六十人。　　＝两处不到六十人。

c. <u>白</u>了她一眼。　　＝没看她。

d. <u>讨论讨论</u>问题。　　＝没有讨论问题。

根据否定范围规律，在表示同一概念的一组词中，语义程度较低的词的否定式包含了对语义程度较高词语的否定。定量动词中有一类是语义程度极高的，根据肯定否定公理，它们都是不能用于否定式的，但是可以用与之同概念的语义程度较低的非定量词的否定式从意义上对其进行否定。例如：

（89）a. 他<u>铭记住</u>老师的话。　　＝他没记住老师的话。

b. 她长得<u>活像</u>她的妈妈。　　＝她长得不像她的妈妈。

c. 她<u>倾诉</u>了自己的苦衷。　　＝她没有说自己的苦衷。

d. 山前<u>崛起</u>了一幢大楼。　　＝山前没有建大楼。

总能找到与定量动词的概念义相同的非定量词，因此尽管不能直接用否定词对它们进行否定，却总能够找到从意义上否定它们的方式。迄今为止，还没有发现哪一个定量词是不能从意义上对它进行否定的。

4.6 形容词的肯定与否定

4.6.1 引言

跟动词的情况一样，不同的形容词用于肯定结构或否定结构的概率差别很大，有些常用于否定结构中，譬如"景气、济事、经心"等；有些可以自由地用于肯定和否定两种结构中，譬如"繁荣、有用、专心"等；有些只用于肯定结构中，譬如"鼎盛、万能、精心"等。关于只用于或多用于否定结构的形容词，在 4.2 中已做了详细的讨论，本章重点讨论后两种情况的形容词。这里所说的形容词，既包括单个的词，也包括以形容词为核心构成的词组。

4.6.2 定量形容词与非定量形容词

4.6.2.1 形容词定量化的判别标准

形容词的量主要表现在程度的高低，可以用能否加一系列程度副词的方法来鉴别它们的定量和非定量性。如果选用"有点、很、最"这一系列副词来考察，可以把形容词分为两类：（一）能够用该程度词序列分别加以修饰的叫非定量形容词，可以加"不"或"没"否定，譬如"红、大、远、宽、长、亮、干净、困难、漂亮、勇敢"等；（二）不能用该程度词序列分别加以修饰的叫定量形容词，都不能加"不"或"没"否定，譬如"粉、中、紫、褐、橙、疑难、雪亮、刷白、美丽、崭新"等。

上述判定形容词的定量和非定量性质的方法叫程度词法。程度词法强调的是形容词在量上伸展的幅度，只有当一个形容词可以被不少于"有点、很、最"（有时也可以用"一些""比较"替代"有点"）三个程度词切分时才可以断定它是非定量的。有些形容词虽然也可以用某个特定程度词修饰，但是它们在量上没有伸展到三个程度词所标识的幅度，仍是一个量点，即还是定量的，不能用"不"否定。譬如"尖端、新式、心爱、中间"等都可以加"最"修饰，但不能用"有点"或"很"修饰，根据程度词法，它们仍然是定量的，显然都不能用"不"否定。

根据肯定否定公理，程度词极高的形容词是不能用"不"否定的，用定量和非定量概念划分出的只用于肯定结构的形容词有一部分也是语义程度极高的。这些语义程度极高的定量形容词有时可以用程度词"最"修饰，比如可以说"最鼎盛的时期"。

4.6.2.2　形容词的连续量

非定量形容词都可以用一系列程度副词修饰，程度词的最大特点是它语义上的模糊性，这个程度和那个程度之间边界交叉，没有明确的界限或起讫点，因此非定量形容词最典型的数量特征是连续性。还有一类非定量形容词不仅可以用一系列程度词修饰，而且还可以在其前后加上数量词或者跟体标记"了"，它们又兼属离散性。

从数量性质来看，形容词最典型的特征是它的连续性。但是部分形容词在特定的使用场合又可以具有离散性。这样又可以把非定量形容词分为两类：

一、只有连续量性质的非定量形容词，譬如"干脆、和顺、利索、笼统、普通、明亮、平安、平坦、零碎、渺茫"等，它们只能用表模糊量的程度形容词修饰，用程度副词切分出来的一系列大小不等的量级之间没有明确的分界线。"很干脆"和"十分干脆"两个量级，大致上能觉察到后者比前者程度高，但是却不能准确指出两者的差别有多少，或者说两者的边界是模糊的，从一个量级到另一个量级是连续变化的。这就说明，"干脆"等所表示的量是一个连续变化的量。

二、兼有连续量和离散量性质的非定量形容词，譬如"好、坏、大、小、长、短、高、低、胖、瘦"等。首先，它们都可以用一系列程度词修饰，这一特征表明它们具有连续量性质；另外，它们也可以跟"了"，加上"了"使该形容词有了明确的终结点，而且大都还可以跟数量成分，如"好了""大了""好了三天""大了一寸"等。可加体标记和数量宾语这两个特征标明"好"等又具有离散量性质。形容词都具有连续性，在特定的场合又带上离散性的特征，但是没有形容词是只有离散性而没有连续性的，所以我们认为连续性是形容词的基本数量特征。

因为连续性是非定量形容词的典型量上特征，在对形容词的否定上，连续否定词"不"比离散否定词"没"就更为自由。对于上述的第一类形容词，只能用"不"否定，不能用"没"否定；对于第二类，则可以用"不"否定，也可以用"没"否定。譬如"干脆"是一类形容词，只能说"这个人不干脆"，而不能说"*这个人没干脆"；"高"是二类形容词，既可以说"这棵树不高"，也可以说"这棵树没高"。由此可以得出个结论：对于形容词，如是不能用"不"否定的，一定不能用"没"否定；而不能用"没"否定的形容词部分是可以用"不"否定的。

4.6.2.3 否定词之间的互斥性

否定词之间有种互斥性，即两个否定词不能紧连着用。一些以"不""没"等为语素构成的形容词尽管可以用"有点、很、最"分别加以修饰，按照程度词法应是非定量的，但是由于否定词之间这种互斥性，两个"不"不能连用，这时它们也就不能再加"不"否定。譬如"不利、不妙、不满、不像话、不幸、不成器、不安、不错、不当、不对、不公、不和、不解、不快、不配、不平、不忍、不通、不妥、没脸、没谱、没趣、没用、没治、没出息、无耻、无方、无辜、无关、无赖、无礼、无力、无聊、无能、无情、无私、无味、无用、无知"等，按照程度词法，它们都是非定量的，但是由于否定词之间的互斥性，它们都不能用"不"或者"没"否定。

4.6.3　定量形容词

4.6.3.1　"中"类定量形容词

表示事物在体积、面积、数量、力量、强度等方面的程度有一组词："大""中""小",其中"大"和"小"可用一系列程度词修饰,是非定量的,可用"不（没）"否定；"中"不能用程度词切分,是定量的,不能用"不（没）"否定。

现在来考察一下"大""中""小"三个词之间量上的关系。拿一根绳子做比喻,"大"和"小"好比绳子的两边,"中"为绳子的中间处。两端的"大"和"小"不论在量上同时延长多少,所确定的中间点始终是不动的。也就是说,"大"或"小"有一个在量上可以伸缩的量幅,"中"只有一个确定的量点。三者的量上关系可图示如下。

```
    小              中              大
  ├────────────────┼────────────────┤
  −∞                                ∞
```

"大、中、小"的语义结构

后文将会谈到,"中"是个确定的量,语义范围比较具体,因此它的句法活动能力受到很大的限制,通常只做定语来修饰其他成分。相对地,"大"和"小"是个量幅,语义范围很宽泛,因此它们的句法相当活跃,具有形容词的所有特征,比如可做定语和谓语,可跟体标记"了",可用"不"或者"没"否定,可用程度词修饰,等等。

凡是在量上关系跟"大""中""小"一样的,它们的定量和非定量与肯定和否定的使用情况也与之相同。譬如"红"和"白"在量上不论同时增加多少,混合在一起所确定的颜色是不变的,都是"粉"。由此可见,"红""粉""白"三个词之间量的关系与"大""中""小"的是一致的,两组词的其他特点也一样："红"和"白"是可用一系列程度副词修饰的,是非定量的,可加"不"或"没"否定；"粉"不能用一系列程度词修饰,是定量的，不能加"不"或"没"否定。以下各组词之间的语义关系都是，前边两个非定量成分相加确定一个箭头指向的定量成分，其量上的关系都与"大""中""小"的相同。

（a）红＋蓝→紫

（b）红＋黄→橙

（c）绿＋黑→青

（d）红＋黑→褐

（e）黑＋白→灰

（f）热＋冷→温

（g）高级＋低级→中级

以上所讲的七组词两端都是非定量词，共同确定的中间状态词是定量词。这里需要说明的是，当"灰"用作引申义"模糊"时，是非定量的，可用否定词否定，譬如"这幅素描不灰"。

还有一类词，也是由两端确定出中间状态，但是量上的关系与上述情况相反，两端是定量的，中间状态是非定量的。例如：

（h）铅直＋水平→斜

（i）凸＋凹→平

"铅直""水平"和"凸""凹"等都不能用程度词切分，是定量的，因此不能用"不"否定。"斜"和"平"都是非定量的，既可用一系列程度词修饰又可用"不（没）"否定。仍拿绳子做比喻来说明以上两组词量上的特征，在一条绳子两端定出两个确定的点，那么位于这两个定点之间的就是一个有一定量幅的线段，前者就成了定量的，后者就成了非定量的。前文用自然语言肯定否定公理划分出的各组词大都与h、i类似，比如"景气""发达""鼎盛"这组词，两端的是定量的，中间的是非定量的，所不同的是，极小量这一端的词是只用于否定结构。但是，有一点是相同的，都是肯定否定受到限制。

定量词由于不能用于否定结构中，出现的频率比相关的非定量词低得多。下表是《现代汉语频率词典》对前文所举各组例子的统计结果。

同一语义范畴的定量和非定量词的使用频率差异

例　词	词　次	频　率
红 粉 白	592 6 464	0.04504 0.00046 0.03530
黑 灰 白	409 48 464	0.03112 0.00365 0.03530
红 褐色 黑	592 12 409	0.04504 0.00091 0.03112
冷 温 热	296 31 339	0.02252 0.00236 0.02579
大 中 小	5294 2912 3821	0.40277 0.22155 0.29070
凹 平 凸	20 116 7	0.00152 0.00883 0.00053

由上表可以明显看出，定量词和非定量词使用频率差别也是非常大的。h组的"斜"的词次为 79，频率为 0.00601，两端的"铅直"和"水平"都没有统计到，可以认为在词典统计的范围内，两者的词次和频率都是 0。

4.6.3.2　"鼎盛"类定量形容词

"鼎盛、万能、精当"等都是语义程度极高的词，根据自然语言肯定和否定的公理，它们都只能用于肯定式，不能用于否定式。用程度词法也可以得出同样的结果。那些语义程度极高的形容词也不能用程度词切分，根据程度词法，它们也是定量的，因此不能用"不"否定。例如：

漫长　摩天　伟岸　巨大　细微　辽阔
无敌　深邃　知悉　肥胖　消瘦　垂直
平展　溜尖　崎岖　高峻　溜圆　许多
大量　点滴　万端　稀有　一切　所有

繁密	稀疏	冗长	棒硬	沉重	飞快
闷热	嘹亮	高亢	雷鸣	神速	通亮
夺目	遥远	长久	短暂	冰冷	滚烫
美妙	陈旧	溜光	奇巧	玲珑	年迈
粗壮	通红	喷香	实足	神似	优秀
绝妙	精粹	空前	异常	万能	艰险
简易	恒定	永恒	剧烈	首要	显达
火急	切要	纷繁	扼要	凶恶	刁滑

以上词语都不能用程度词序列切分，它们的语义程度也是极高的，不论从肯定和否定的公理还是程度词法所判别的肯定和否定用法都是一致的。语义程度的高低是一个模糊概念，达没达到极大有时也颇难判定，这个时候还需借助于程度词法。语义的高低可作为鉴别形容词定量和非定量的意义标准，程度词法是形式标准，当意义标准难以确定或者与形式标准发生冲突时，以形式标准的判别结果为准。

4.6.3.3　双音节形容词的构词方式对其肯定否定的影响

对于复音节形容词，还可以从构词上判定它们的定量和非定量。凡是以意义相同或相近而且语义程度相等或相当的两个语素合成的复音节形容词，一般都可以用程度词序列切分，因此它们是非定量的，可用"不"否定。凡是概念义不同的两个语素合成的复音节形容词，都不能用"不"否定。例如：

类一：

安定	安静	安全	安稳	暗淡	别扭	草率	吵闹
诚恳	充裕	稠密	纯粹	匆忙	粗糙	粗壮	大方
对付	肥大	富裕	干脆	干净	工整	公平	恭敬
孤单	古怪	规矩	憨厚	含混	和蔼	和睦	和顺
糊涂	荒凉	晃荡	活泼	简单	紧凑	谨慎	空洞
空旷	快乐	宽敞	宽绰	甜蜜	牢靠	冷淡	冷静
冷清	利索	零碎	朦胧	迷糊	苗条	明亮	迷糊

扭捏	平安	平静	平稳	破烂	普通	朴素	齐全
奇怪	亲热	勤快	清白	清楚	清静	轻松	曲折
随便	琐碎	拖沓	妥当	完全	完整	温和	稳当
稳妥	稳重	详尽	辛苦	虚假	严密	阴沉	圆满
整齐	细致						

类二：

矮胖	棒硬	绷硬	笔挺	笔直	碧绿	冰冷	冰凉
惨白	翠绿	短粗	菲薄	飞快	飞快	粉白	粉嫩
干冷	干瘦	滚热	滚烫	滚圆	黑红	黑亮	黑瘦
黢咸	焦黄	金黄	精光	精瘦	蜡黄	烂熟	溜光
溜滑	麻辣	闷热	嫩白	嫩绿	喷香	漆黑	骏黑
傻高	傻愣	煞白	瘦长	瘦干	瘦高	刷白	死沉
死咸	死硬	乌黑	稀烂	细白	雪白	雪亮	阴冷
阴凉	油光	油黑	油亮	燥热	崭新	湛蓝	贼亮

类一的词都是以两个概念义相同或相近的语素合成的，它们都是非定量的，全都可以用"不"否定；类二的词的第一个语素都与第二个语素的概念义不同，第一个语素除形容词词性以外，还有名词、副词、动词等性质的，它们大都是表程度、情状、方式的，从各个方面修饰、限定第二个非定量形容词，这样就使得所构成的复合词具有了定量性，因此所有的二类词都不能用"不"否定。

类一和类二的词在重叠方式上也有明确的差异：类一的词一般采用AABB式，类二的词只能用ABAB重叠。据此，我们可以根据重叠的方式鉴别双音节形容词的定量和非定量性：（一）凡是采用AABB式的复合形容词，叠前都是非定量的，表现为可以用程度词分量级，可用"不"否定。根据我们对近三百条常用的复合形容词调查的结果，规则（一）推断的正确率接近百分之百，只有少数例外，例如"吞吐、堂皇、凄切、庸碌"等，它们都不能独立运用。类一的词显然都符合规则一，其他不是用相同或相近概念义合成的形容词，也包括动词，只要是采用AABB重叠式的，叠前都是非定量的，都可加"不"否定，例如"商量、磨蹭、念叨、搂抱、拉扯、哆嗦、对付、肮脏、颤悠、从容、瓷实、脆生、打闹、来往、利落、客气、寒酸、太平、踏实、热乎、亲密、流气"等。（二）凡是只能采用 ABAB 重叠式的，都是定量的，既不能用程度词修饰，也不能用"不"否定。根据类二所列出的近七十个常用的只能采用 ABAB 重叠式的形容词考察的结果，全都符合规则二，在考察的约两百个这类词中，尚没有出现例外。

4.6.3.4　同义和反义形容词双方的否定用法差异

有一种非常有趣的现象，在具有同义或反义关系的一对词中，其中一方是非定量的，可用"不"否定；另一方是定量的，不能用"不"否定。例如：

同义词和反义词的定量、非定量差异

	有点	很	太	十分	最	不
困难	＋	＋	＋	＋	＋	＋
疑难	－	－	－	－	－	－
平常	＋	＋	＋	＋	＋	＋
通常	－	－	－	－	－	－
乐观	＋	＋	＋	＋	＋	＋
达观	－	－	－	－	－	－
容易	＋	＋	＋	＋	＋	＋
轻易	－	－	－	－	－	－
公正	＋	＋	＋	＋	＋	＋
正义	－	－	－	－	－	－
富裕	＋	＋	＋	＋	＋	＋
小康	－	－	－	－	－	－
绝对	＋	＋	＋	＋	＋	＋
相对	－	－	－	－	－	－
热门	＋	＋	＋	＋	＋	＋
冷门	－	－	－	－	－	－
正规	＋	＋	＋	＋	＋	＋
业余	－	－	－	－	－	－
高级	＋	＋	＋	＋	＋	＋
低级	－	－	－	－	－	－
重要	＋	＋	＋	＋	＋	＋
次要	－	－	－	－	－	－
胜利	＋	＋	＋	＋	＋	＋
失败	－	－	－	－	－	－

上表中，定量的一方只能用于肯定式，不能用"不"否定。譬如可说"他的意见不绝对"，但不能说"＊他的意见不相对"；可说"这个问题不困难"，但不能说"＊这个问题不疑难"。前面曾说过，定量词因其语义范围比较窄，一般情况下都是做定语来修饰限定其他成分，上表中的定量词"疑难""相对"等的用法也是如此。

有些定量词正向着非定量性质转化，譬如在接受我们调查的人中，绝大多数人认为"冷门"不能有程度词序列分别加以修饰，但是也有部分人认为"很冷门"等是可以接受的。现在"冷门"用程度词修饰的用法逐渐多起来，也许最后会完全转化为非定量的。一个形容词受程度词修饰的可接受性与它受否定词"不"否定的可接受性是一致的：如果一个词绝对不能用程度词切分，那它一定不能用"不"否定；如果一个词有时也可以用程度词修饰，那么它加"不"否定也是可以被部分地接受的；如果一个词可以自由地为程度词序列修饰，那么它也可以自由地用"不"否定。

4.6.3.5 "程度词＋形"短语的肯定否定限制

"程度副词＋形容词"构成的词组有两种：（一）整个词组之前可以加"不"否定，譬如"不很好、不十分好、不太好"等；（二）整个短语不能加"不"否定，譬如不说"＊不最好、＊不顶好、＊不极好"等。这种肯定和否定用法上的差异也与整个词组数量特征有关。因为词组的第一个成分已是程度词了，程度词之间也具有互斥性，所以不能再用程度词法来鉴别它们的定量和非定量。下面将根据程度词的语义特征来解释它们之间能否加"不"否定的现象。

"最"的意义为"表示极端、胜过其余"，"顶"和"极"的含义与"最"相同。"最"修饰形容词时，是指在给定的具有相同性质的成员中程度最高的一个，范围非常清楚，整个短语没有模糊性，譬如"世界上最高的山"和"人口最多的国家"所指的只能是"珠穆朗玛峰"和"中国"。由此可见，用"最"修饰形容词时所确定的是在具有某一性质的对象范围内程度最高的特定的某一个或某几个成员，可以把"最"所确定的范围看作是个"量点"，这正与定量词语的语义特点相吻合。也就是说，由"最""顶""极"

组成的形容词短语，范围确定，在量上没有伸缩性，具有定量性，所以不能用"不"否定。

"很"的意义为"表示程度高"，"十分""太"等与"很"义相同。可以看出，"很"的含义是相当模糊的，"很+形"短语所指的范围不确定，究竟哪些是程度高，哪些不是，颇难说清楚。譬如"世界上很高的山"和"世界上人口很多的国家"，所指的对象很多而且数量不定。总之，"很"量上的伸缩性很大，相应地可以把它所组成的形容词短语所表示的范围看作是个量幅，这正与非定量词语的语义特点相同。定量和非定量实质上就是词语量上有没有宽容度，由"很""十分""太"组成的形容词短语量上具有很大的宽容度，具有非定量的性质，因此可以加"不"否定。

程度词"有点"的情况比较特别。"不"否定形容词的结果是比原来的肯定式低一个量级，譬如"不很红"大致相当于"有点红"。"有点+形"比"不+形"可以看作只高一个量级，所以对"有点+形"否定的结果在意义上等值于"不+形"，也就是说，"有点好"的否定式实际上是"不好"。结果就没有"不有点儿 A"的说法。

4.6.3.6　重叠式形容词的定量化与其否定限制

非定量形容词重叠后或加上后缀就转化为定量的，不能再用程度词修饰，也不能用"不"否定，例如：

（1）a. 新买的这双鞋有点（很、最）紧。

　　　b. 新买的这双鞋不紧。

　　　c. 新买的这双鞋紧绷绷的。

　　　d.* 新买的这双鞋有点（很、最）紧绷绷的。

　　　e.* 新买的这双鞋不紧绷绷的。

（2）a. 这盏灯有点（很、最）明。

　　　b. 这盏灯不明。

　　　c. 这盏灯明晃晃的。

　　　d.* 这盏灯有点（很、最）明晃晃。

　　　e.* 这盏灯不明晃晃。

（3）a. 这件衣服比较（很、最）干净。

　　　b. 这件衣服不干净。

　　　c. 这件衣服干干净净的。

　　　d.* 这件衣服比较（很、最）干干净净。

　　　e.* 这件衣服不干干净净。

（4）a. 这姑娘长得比较（很、最）漂亮。

　　　b. 这姑娘长得不漂亮。

　　　c. 这姑娘长得漂漂亮亮的。

　　　d.* 这姑娘长得比较（很、最）漂漂亮亮。

　　　e.* 这姑娘长得不漂漂亮亮。

（5）a. 那块布脏乎乎的。

　　　b.* 那块布有点（很、最）脏乎乎。

　　　c.* 那块布不脏乎乎。

（6）a. 这碗汤咸津津的。

　　　b.* 这碗汤有点（很、最）咸津津的。

　　　c.* 这碗汤不咸津津的。

形容词重叠的方式主要有：

类型一：AA

暗暗　白白　多多　好好　高高　活活　快快　深深　满满
慢慢　细细　远远　早早　整整　大大　单单　淡淡

类型二：AA 的

甜甜的　酸酸的　胖胖的　快快的　宽宽的　高高的
长长的　脆脆的　厚厚的　圆圆的　重重的　硬硬的

类型三：AABB

诚诚恳恳　大大方方　安安静静　从从容容　冷冷静静
利利索索　快快乐乐　规规矩矩　和和顺顺

类型四：A 里 AB

流里流气 啰里啰唆 马里马虎 迷里迷糊 晃里晃荡

娇里娇气 老里老气 糊里糊涂 别里别扭

类型五：ABAB

贼亮贼亮 湛蓝湛蓝 崭新崭新 油亮油亮 稀烂稀烂

通明通明 干冷干冷 飞快飞快 翠绿翠绿

类型一重叠式多用作状语或定语来修饰、限制其他成分，一般不单独做谓语，譬如"他暗暗下定了决心""白白花去了这么多钱""这件事整整用去了一天的时间""单单武汉就有几十所大学"等等。在前四种类型的重叠式中，除叠前不能单说的外，其余的叠前都是非定量的，都可用"不"否定。如前所述，只能采用类型五重叠式的形容词，叠前和叠后都是定量的，都不能用"不"否定。

形容词加后缀的类型主要有：

类型六：A＋BB

甜蜜蜜 稳当当 懒散散 酸溜溜 傻呵呵 热烘烘

轻飘飘 胖乎乎 明光光 慢吞吞 美滋滋 绿油油

类型七：A＋其他

白不呲咧 蠢了叭唧 肥嘟噜儿 黑不溜秋 黑咕隆咚

花里胡哨 滑不唧溜 灰了叭唧 灰不溜秋 胖不伦墩

傻不愣登 瞎了呱叽

凡是能加后缀的形容词，单用的时候都是非定量的。有些类六、七加后缀的形容词是由名词、动词或者不能单用的形容词变化来的，譬如泪汪汪、金闪闪、笑哈哈、凄切切、碧油油等，这些词在没有加后缀之前自然不能用"不"否定。

4.6.3.7　普通形容词的定量义项与其否定限制

跟动词的情况一样，如果按照义项的用法来考察，很多常用的非定量形容词都同时具有定量的用法。例如：

普通形容词的定量和非定量义项差别

	义项性质	有点	很	最	不	用例
大	跟"小"相对（非定量）	＋	＋	＋	＋	大树
	排行第一（定量）	－	－	－	－	大儿子
深	上下距离长（非定量）	＋	＋	＋	＋	井深
	时间久（定量）	－	－	－	－	深秋
老	陈旧（非定量）	＋	＋	＋	＋	老机器
	原来的（定量）					老脾气
新	刚出现的（非定量）	＋	＋	＋	＋	新衣服
	更好的（定量）					新文艺
明	明亮（非定量）	＋	＋	＋	＋	灯明
	显露（定量）	－	－	－	－	明沟
黑	黑暗（非定量）	＋	＋	＋	＋	黑屋子
	秘密（定量）					黑市
白	像雪的颜色（非定量）	＋	＋	＋	＋	白手绢
	没什么东西（定量）	－	－	－	－	白开水
高	在平均程度上（非定量）	＋	＋	＋	＋	高速度
	等级在上的（定量）	－	－	－	－	高年级
空	没有（非定量）	＋	＋	＋	＋	空箱子
	白白地（定量）					空忙
好	优点多（非定量）	＋	＋	＋	＋	人好
	多（定量）	－	－	－	－	好一会儿
快	速度高（非定量）	＋	＋	＋	＋	车快
	将要（定量）	－	－	－	－	快回来了
厚	跟"薄"相对（非定量）	＋	＋	＋	＋	木板厚
	利润大（定量）	－	－	－	－	厚利
平	不倾斜（非定量）	＋	＋	＋	＋	地平
	经常的（定量）	－	－	－	－	平时

（续表）

	义项性质	有点	很	最	不	用例
全	不缺乏（非定量）	＋	＋	＋	＋	东西全
	完全（定量）	－	－	－	－	全家

上表中的各形容词的非定量义项都有下列变换式：

形＋名→名＋形→名＋是＋形＋的→名＋程度词＋形→名＋不＋形

例如：

（7）a. 大房子。

　　b. 房子大。

　　c. 房子是大的。

　　d. 房子有点（很、最）大。

　　e. 房子不大。

（8）a. 白手巾。

　　b. 手巾白。

　　c. 手巾是白的。

　　d. 手巾有点（很、最）白。

　　e. 手巾不白。

相应的形容词的定量义项用法只有两种变换式：

形＋名→名＋是＋形＋的

例如：

（9）a. 大儿子。

　　b. 儿子是大的（女儿是小的）。

（10）a. 白开水。

　　b. 开水是白的，没有放糖。

"儿子大""儿子很大"也可以说，但是这里的"大"已由"排行第一"义变为"年龄大"义。同样，"开水白""开水很白"有时也可以说，"白"义也由"没加什么东西"变为"颜色白"义。"大"类的定量义项用法如果超出了"形＋名"和"名＋是＋形＋的"两种格式，它们的意义必然发生变异。有些形容词定量化以后，只有"形＋名"一种格式，譬如"高年级"不能变换为"年级是高的"，还有一些形容词定量以后只能做状语修饰动词，譬如"空忙"和"快来了"中的"空"和"快"都是如此。

4.6.4　非定量形容词

4.6.4.1　"没"否定形容词的限制

本节讨论可加"不"否定而不能用"没"否定的形容词。这类形容词也就是只有连续性的非定量形容词，我们把它们称之为严式非定量形容词。

形容词表性质的动态变化时，经常运用的两个句型是：

A. 名＋形＋了。

B. 名＋变得＋形＋了。

句型中的"形"指单个的光杆形容词，不包括形容词短语。下面把可用于 A、B 两种句型的形容词归入类一，把不能用于 A 而能用于 B 句型的归入类二。那么，类一形容词可用"不"和"没"否定，类二形容词只能用"不"否定而不能用"没"否定。例如：

类一：

高　红　重　窄　脏　远　硬　严　香　咸　稀　稳　旺　晚　歪　碎　平亮　绿　凉　老　烂　快　好　干　多　大　苗　条　明　白　清　楚　糊涂　干　净　安　全

（11）a. 那棵树高了。

　　　 b. 那棵树变得高了。

　　　 c. 那棵树不高。

　　　 d. 那棵树没高。

（12）a. 衣服干净了。

　　　 b. 衣服变得干净了。

c. 衣服不干净。

d. 衣服没干净。

类二：

普通　老气　干脆　寒酸　伶俐　谨慎　从容　别扭　诚恳　空洞

花哨　厚实　孤零　孤独　和蔼　和顺　高大　空旷　顺当　平庸

渺茫　零碎　冷淡　快乐　含混　含糊　憨厚　古怪　凄凉　忠厚

（13）a.* 文章笼统了。

b. 文章变得笼统了。

c. 文章不笼统。

d. 文章没笼统。

（14）a.* 小赵憨厚了。

b. 小赵变得憨厚了。

c. 小赵不憨厚。

d. 小赵没憨厚。

类一的多是单音节形容词，类二的多是双音节形容词。

"不"和"没"的分工为："不"是连续否定，"没"是离散否定。动词最典型的数量特征是它的离散性，因此在动词的否定上，"没"比"不"显得自由。相反地，形容词最典型的数量特征是它的连续性，因此，在形容词的否定上，"不"比"没"显得自由。"没＋形"是对"形＋了"的否定，譬如"花没红"是对"花红了"的否定，"树没高"是对"树高了"的否定，等等。"没"在否定上的离散性要求所否定的形容词在语义上有个明确的终结点，形式上看就是能够直接跟完成体标记"了"做谓语。这就是符合句型 A 的形容词都可用"没"否定的原因，不过适合句型 A 的词一般也都可用于 B 句型。类二的形容词只是单纯地表示性质，自身没有明确的终结点，如果它们要加"了"表示动态变化，必须借助于"变得"等动词的帮助才能实现，这说明类二的词只具有连续量属性，因此不能用离散量否定词"没"否定。

4.6.4.2 "不"和"没"在否定形容词上的语义差异

在对形容词的否定上，"不"和"没"的否定含义上也有很大的差别。为了说明这一点，可用一个几何图形来表示上一小节的类一和类二的词义特征。在下图中，0 和 a 之间表示性质从无到有的变化过程，a 点表示性质已经实现，区间［a，b］表示性质的量幅。

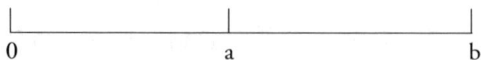

"不"和"没"的否定范围差别

"没"否定的是性质从无到有的变化过程，即［0，a］段，自然［a，b］段也不存在，也就是说，"没"是对形容词的完全否定。可是"不"是单纯的性质否定，不能否定到［0，a］的动态变化过程，只能在 a 和 b（不包括 a 点）之间进行程度上的否定。"不+形"既然否定不到 a 点，也就意味着用"不"否定的结果为"形"所表示的性质依然在一定的程度上存在着，也就是说，"不"是对形容词的不完全否定。例如：

（15）a. 那瓶水没黑。——"黑"的性质完全不存在，墨水是黑以外的颜色。

　　　b. 那瓶水不黑。——"黑"的性质依然存在，只是程度不高。

（16）a. 灯没亮。——"亮"的性质完全不存在，灯是"黑"的。

　　　b. 灯不亮。——"亮"的性质依然存在，只是程度不高。

（17）a. 铁块没红。——"红"的性质不存在，是其他颜色。

　　　b. 铁块不红。——"红"的性质已存在，只是程度不高。

（18）a. 鞭没响。——鞭还没放，"响"的行为还没有发生。

　　　b. 鞭不响。——鞭已经放了，只是"响"的程度不高。

由于"不"和"没"在否定含义上的这些差别，在一定的上下文中它们两个是绝不能互换的，譬如"我刚买的这瓶碳素墨水不黑，有些发白"和"这盏 15 瓦的电灯不亮，还是那盏 60 瓦的亮"两句中的否定词"不"就不能被"没"替换。同样，"鞭放得时间久了，点了几次都没响"这句话中的"没"一般也不能用"不"替换。有时却难区别出"不"和"没"之间的差别，譬如"她没瘦"和"她不瘦"两句话的含义很难看出有什么差别，这牵涉到两种否定结构的共同起始点的问题。我们把"她"的身材的起始点定为"肥胖",说"她还没瘦"指的是"她"的身材仍是原来的状况——肥胖,可以认为瘦的程度为 0;比如"她还不瘦",指跟原来的身材"肥胖"相比,已经瘦了些,可能已比较瘦了,只是程度还不高。总之,"不"和"没"立足于同一个起始点比较时,它们之间总是存在着完全否定和不完全否定的差异。

上一小节的类一形容词的量幅是从 0 到 b,表现为既可以跟"了"又可以用程度词修饰,所以它们既有容得下"没"否定含义的空间 [0,a],又有容得下"不"否定含义的空间 [a,b]。属于类二的形容词的量幅是从 a 到 b,表现为只能用程度词修饰,不能直接跟"了",所以它们仅有容得下否定词"不"含义的空间,没有"没"的否定含义的空间。

4.6.4.3 反义形容词双方性质的可逆性与其否定用法

具有反义关系的一对形容词,有的双方所代表的性质是可以转化的,譬如胖可以转化为瘦,瘦又可以转化为胖,此种关系称为"可逆的";有的双方所代表的性质是不能相互转化的,譬如生可以变成熟,熟却不能变成生,此种关系称为"不可逆的"。据此可以把具有反义关系的形容词分为两类:(一)可逆的,即性质的变化是双向的;(二)不可逆的,即性质的变化是单向的。

类一：X↔Y

胖↔瘦　高↔低　咸↔淡　软↔硬　大↔小　亮↔暗

类二： X→Y

生→熟　新→旧　香→臭　小→老　矮→高　新鲜→坏

如果性质乙是由性质甲发展来的,把乙称为结果性质,把甲称为初始性质。类一词中,X 和 Y 之间互为初始性质和结果性质;类二词中,X 是初始性质,Y 是结果性质。初始性质只能用"不"否定,不能用"没"否定;结果性质既可以用"不"否定,也可以用"没"否定。因此,类一中的 X 和 Y 都可以加"不"或"没"否定;类二中的 Y 可加"不"或"没"否定,而 X 只能加"不"否定。例如:

（19）a. 米饭没硬。　　b. 米饭不硬。　　c. 米饭没软。　　d. 米饭不软。

（20）a. 老王没胖。　　b. 老王不胖。　　c. 老王没瘦。　　d. 老王不瘦。

（21）a.* 苹果没生。　　b. 苹果不生。　　c. 苹果没熟。　　d. 苹果不熟。

（22）a.* 猪肉没新鲜。b. 猪肉不新鲜。　c. 猪肉没坏。　　d. 猪肉不坏。

　　形成上述现象的原因是，结果性质的形容词有一个从初始性质到自身性质的动态变化过程，也就是它具有一个明确的终结点，同时它也具有表连续量的特点，即它们在性质程度上的连续变化过程，因此这类词既可以用离散量否定词"没"否定，也可以用连续量否定词"不"否定。而单纯的初始性质的形容词只有表在程度上连续变化的性质，没有动态变化终结点的特点，因此只能用连续量否定词"不"否定，不能用离散量否定词"没"否定。形容词"普通、憨厚"等都可以认为是初始性质的形容词。

　　同一对具有反义关系的形容词可能会因为所用义项的不同而有不同的可逆和不可逆性质。在表年龄大小时，"小"和"老"两种性质之间是不可逆的，而表示人的外表上所显示的年龄大小的"年轻"和"老气"两种性质之间在有些情况下是可逆的，"年轻"可以自然过渡到"老"，而"老"可以用衣着、营养、化妆等人为的方式再回到"年轻"。所以，"年轻"可以表结果性质，可用"没"否定，譬如"她用了很多化妆品，也没年轻"。"好"和"坏"表人的身体健康状况时，它们之间是可逆的，但是在表示食物质量的优劣时，它们之间是不可逆的，食物一般只能从好到坏，而不能从坏到好。因此，用于前一种情况的"好"既可用"不"否定，又可用"没"否定；后一种情况的"好"只能用"不"否定，不能用"没"否定。例如：

（23）a. 他的病还没好。　　　　b. 他的病还不好。

（24）a.* 这个店的菜没好。　　b. 这个店的菜不好。

4.6.5　颜色词的用法

4.6.5.1　定量和非定量颜色词

　　按照能否用程度词"有点、很、十分、最"分量级，可以首先把现代汉语单音节的颜色词分为两类：能用程度词分量级的叫非定量词，不能用程度词分量级的叫定量词。例如：

非定量颜色词：红、黄、绿、蓝、白、黑。

定量颜色词：橙、紫、粉、灰、褐、赭。

注意，区分定量和非定量的标准是看能否用整个程度词序列分别修饰，不能根据能否单独加某个程度词来判断，譬如"灰"虽然有时可加"有点"修饰，但是一般不能用"十分""最"等修饰，所以仍是定量的。"青"是指"蓝或绿"，它在色谱上不是一个独立的色段，所以没有列出。

从语义上看，非定量颜色词是几个大的、有明显区别颜色段，它们的语义范围很宽泛，而定量颜色词则是由两两非定量的颜色合成的，即由两种非定量的颜色确定的，它们的语义范围很窄，在色谱上为一个狭小的区域。一般说来，语义范围宽的词使用频率就高，语义范围窄的使用频率也就较低。下面是《现代汉语频率词典》的统计结果。

非定量颜色词的使用频率

例词	词次	频率
红	592	0.04504
红色	60	0.00456
黄	216	0.01643
黄色	12	0.00160
绿	135	0.01027
绿色	54	0.00411
青	128	0.00974
青色	5	0.00038
蓝	103	0.00784
蓝色	23	0.00175
白	464	0.03530
白色	59	0.00449
黑	409	0.03113
黑色	45	0.00342

定量颜色词的使用频率

例词	词次	频率
紫	26	0.00198
紫色	13	0.00099
灰	48	0.03650
灰色	23	0.00175
粉	6	0.00046
粉色	5	0.00032
褐	0	0.00000
褐色	12	0.00910
橙	0	0.00000
橙色	0	0.00000
赭	0	0.00000
赭色	0	0.00000

上表中把词典没有统计到的词的词次和频率都记为 0。从上述两表的对比可以看出，非定量词的使用频率显然高于定量的。由上表的统计数字还可以发现一个有趣的现象，非定量词的 A 和 "A＋色" 的使用频率之比是 2047∶267，A 是 "A＋色" 的 7.7 倍；定量词的 A 和 "A＋色" 的频率之比是 80∶53，A 只有 "A＋色" 的 1.5 倍。"A＋色" 是名词性的，这说明定量颜色词与名词性质更接近。

非定量颜色词都有 A＋BB 的格式，BB 的作用是使 A 表示一种确定的程度；相反，定量颜色词都没有这种加后缀的格式，因为后缀的作用是使其前的形容词在程度上确定化，而定量形容词自身就是一种确定的量，所以不能再加后缀。能否加后缀与能否用程度词分量级是一致的，可用程度词确定其程度的词也就能在其后加上后缀来确定其程度，否则也不能加重叠后缀。譬如 "红彤彤、红艳艳、黄澄澄、蓝莹莹、蓝晶晶、绿油油、白花花、黑乎乎" 等，而定量颜色词都没有这种构词格式。"灰" 虽可以说 "灰蒙蒙" "灰溜溜"，似乎是例外，其实不然。非定量的颜色词加后缀都是加强或确定颜色的程度，譬如根据《现代汉语词典》的释义，"红彤彤" 意为 "形容很红"，"红艳艳" 意为 "形容红得鲜艳夺目"，"黑乎乎" 意为 "形容颜色发黑"，等等，而该词典对 "灰蒙蒙" 的释义为 "形容暗淡模糊"，对 "灰溜溜" 的解释是 "形容颜色暗淡"，这里的 "灰" 的含义都是用它的比喻义 "模糊"，而不是它的 "介于黑色和白色之间" 的本义，因此不能认为 "灰" 加后缀是例外，因为 "灰" 用作引申义时也是非定量的。

4.6.5.2　复音节颜色词的用法

现代汉语中所有的复音节颜色词都是定量的，都不能用程度词序列进行切分。按照构词特点，复音节的颜色词有以下几种主要类型。

一、深、暗、大、浅、嫩、纯等＋形

a.形为非定量的：

淡红　大红　深红　暗红　淡黄　浅黄　嫩黄　深黄　浓黄　淡青
暗青　淡绿　深绿　暗绿　纯白　纯黑

b. 形为定量的：

浅紫 淡赭 浅棕

二、形＋形

a. 定量＋非定量：

朱红 赤红 粉红 紫红 蓝黄 靛蓝 靛青 粉白 灰白 黄白

b. 非定量＋定量：

红紫 红青 蓝靛 橙赭 黄赭 红赭

三、名＋形

a. 形为非定量的：

橘红 枣红 鹅黄 乳黄 米黄 土黄 天蓝 墨黑 漆黑 蟹青
葱绿 湖绿 苹果绿 银白 鱼肚白 玫瑰红 海军蓝 柠檬黄

b. 形为定量的：

酱紫 藕灰 葡萄灰 茶褐色

四、名＋色

桃色 肉色 绯色 牙色 米色 玉色 黛色 湖色 棕色 酱色
藕色 奶油色

五、名词

榴火（石榴花开红榴火） 霜（霜发） 银（发） 雪（雪膏）

第二类词中，"定量＋非定量"的结构居多，所列的"非定量＋定量"的也多用这种格式,譬如"红紫"和"蓝靛"一般说成"紫红"和"靛蓝"。这表明，语义更具体、确定的往往用在偏正短语的前面做定语修饰和限制语义宽泛的词语。"形＋形"结构的颜色词一般没有"定量＋定量"的格式，"非定量＋非定量"往往不是表示一种颜色，而是表示两种颜色分别独立共存于一个整体之中，譬如"黑白电视、红蓝铅笔"等。

复音节的颜色词使用频率都很低，而且使用频率也极为相近，例如：

复音节颜色词的使用频率

例词	词次	频率	例词	词次	频率
铁青	7	0.00053	月色	7	0.00053
银色	7	0.00053	黑白	6	0.00046
棕色	6	0.00046	紫红色	6	0.00046
淡红	5	0.00038	粉红色	5	0.00038
银灰色	5	0.00038	黄褐色	5	0.00038
青色	5	0.00038	淡青色	4	0.00030
碧蓝	4	0.00030	淡蓝色	4	0.00030
灰白色	4	0.00030	草绿色	4	0.00030
杏黄	3	0.00023	黄绿色	3	0.00023
青翠	3	0.00023	青白	3	0.00023

4.6.5.3　定量与非定量颜色词的句法对立

定量颜色词和非定量颜色词在句法上有一系列鲜明对立，主要表现在以下几个方面。

一、非定量颜色词有"AA 的"的重叠式，定量的没有。例如：

（25）红红的脸蛋。　　脸蛋红红的。

　　　蓝蓝的天空。　　天空蓝蓝的。

　　　青青的草地。　　草地青青的。

　　　白白的雪山。　　雪山白白的。

　　　黑黑的皮肤。　　皮肤黑黑的。

　　　黄黄的野菊花。　野菊花黄黄的。

（26）＊紫紫的花。　　＊花紫紫的。

　　　＊粉粉的花。　　＊花粉粉的。

　　　＊灰灰的布。　　＊布灰灰的。

　　　＊褐褐的栗子。　＊栗子褐褐的。

非定量颜色词的重叠式是表示一定程度的量，既不过于鲜艳，也不过于暗淡，一般用于积极方面，所修饰或表述的事物往往给人一种舒适或美的感觉。譬如"红红的脸蛋"是说脸色好看，"青青河畔草"是指风景优美。

很多双音节形容词可以有 AABB 重叠式，而双音节的颜色词都没有这种重叠式。例如：

干干净净　漂漂亮亮　舒舒服服
＊灰灰白白　　　＊紫紫红红　　　＊靛靛蓝蓝

二、非定量颜色词可用于"名＋形"和"名＋是＋A＋的"两种句型中，定量的只能用于后一种句型。例如：

（27）这朵花红。　　　　这朵花是红的。

这块布白。　　　　这块布是白的。

这瓶墨水黑。　　　这瓶墨水是黑的。

西湖水绿。　　　　西湖水是绿的。

（28）＊这朵花紫。　　　这朵花是紫的。

＊这朵花粉。　　　这朵花是粉的。

＊家具枣红。　　　家具是枣红的。

＊玻璃茶色。　　　玻璃是茶色的。

三、非定量颜色词可以用于"名＋形＋吗"和"N＋有多＋形"两种问句，定量的则不能。

（29）花红吗？　　　　花有多红？

水绿吗？　　　　水有多绿？

天黑吗？　　　　天有多黑？

纸白吗？　　　　纸有多白？

（30）＊花紫吗？　　　＊花有多紫？

＊花粉吗？　　　＊花有多粉？

＊家具枣红吗？　　＊家具有多枣红？

＊玻璃茶色吗？　　＊玻璃有多茶色？

上述两种问句都是询问程度的，定量词不能用程度词序列分量级，说明它们所表示的是种确定的量，所以不能用于这两种问句和下面的正反问句中。

四、非定量颜色词可用于"名＋形＋不＋形"和"名＋是不是＋Ａ＋的"两种正反问句中，而定量的只能用于后一种。例如：

（31）花红不红？ 花是不是红的？

水绿不绿？ 水是不是绿的？

天黑不黑？ 天是不是黑的？

纸白不白？ 纸是不是白的？

（32）＊花紫不紫？ 花是不是紫的？

＊花粉不粉？ 花是不是粉的？

＊家具枣红不枣红？ 家具是不是枣红的？

＊玻璃茶色不茶色？ 玻璃是不是茶色的？

五、非定量颜色词要加完成体标记"了"，表示颜色从无到有的发展过程，定量则不能。例如：

（33）花红了。 草绿了。 天黑了。 纸白了。

（34）＊花粉了。 ＊花紫了。 ＊家具枣红了。 ＊玻璃茶色了。

定量词可用于"变成＋形＋的＋了"句型，譬如"花变成紫色的了"，"玻璃变成茶色的了"，等等。

六、非定量颜色词可以加"不"或"没"否定，定量的则不能。例如：

（35）花不红。 花没红。

树不绿。 树没绿。

天不蓝。 天没蓝。

纸不白。 纸没白。

皮肤不黑。 皮肤没黑。

（36）＊花不紫。 ＊花没紫。

＊花不粉。 ＊花没粉。

＊布不灰。 ＊布没灰。

＊家具不枣红。 ＊家具没枣红。

＊玻璃不茶色。 ＊玻璃没茶色。

综上所述，定量颜色词和非定量颜色词只有在"名＋是＋形＋的"和"名＋是不是＋形＋的"两种句式中的用法是一致的。另外在"形＋名"结构中两类词的用法也是一致的，譬如"红花、绿草、紫花、粉花、枣红马、茶色玻璃"等等。定量颜色词所能出现的格式跟名词大致相当，但它们之间还是存在着重要的差别。例如：

（37）这朵花是紫的。　　　　　＊这朵花是紫。

　　　＊那幢楼是教室的。　　　　那幢楼是教室。

（38）家具是枣红色的。＝家具是枣红色。

　　　那是教室的（用具）。≠那是教室。

可见，定量颜色词仍具有形容词性质，跟一般名词不同。

4.6.5.4　汉语颜色词的范畴化方式

非定量颜色词的语义范围宽，所以它们的句法格式多；定量的语义范围窄，句法格式受到了极大的限制。这说明，语义范围越广，句法活动能力越强；语义范围越窄，句法的活动也就越弱。

通过以上的分析，可用看出汉民族对颜色划分的特点：首先在色谱上切分出几个大的色段，这就是非定量的颜色词"红、黄、蓝、绿、白、黑"，然后用两两非定量颜色词所表示的颜色确定一种表示比较具体的颜色，这就是定量的单音节颜色词所表示的"粉、紫、褐、赭、灰"，再进一步细分就是用定量的颜色词跟非定量词一起确定一种更具体的颜色，或者用具体的事物来限定颜色的范围，如"紫红、粉红、粉白、枣红、银白、铁青"等。这种一层一层对颜色切分的方法，既便于人们学习和掌握，又表义细腻。可以说，汉语颜色词的划分反映了汉民族的高超智慧。

4.6.6　定量形容词的句法

4.6.6.1　语义范围与句法活动能力之关系

分析颜色词的用法，可以总结出一条规律：非定量形容词的语义范围宽，句法活动能力强；定量形容词的语义范围窄，句法活动能力弱。为了全面地考察这条规则，先看形容词可以出现的几个主要句型。

非定量形容词出现的句型

句型	用例
一、形＋名	大树。干净衣服。
二、名＋是＋形＋的	树是大的。衣服是干净的。
三、名＋形	树大。衣服干净。
四、程度词＋形	树比较大。衣服很干净。
五、副＋形	树已经大了。衣服早就干净了。
六、形＋了	树大了。衣服干净了。
七、重叠	大大的树。干干净净的衣服。
八、变得＋形＋了	树变大了。衣服变干净了。
九、不＋形	树不大。衣服不干净。
十、没＋形	树没大。衣服没干净。

"大"和"干净"都是既有连续量性质，又有离散量性质。这类形容词的语义范围最宽，其语义范围是［0，b］，因此它们的句法活动能力也最强，凡形容词可出现的句法位置，它们都可以占据。"憨厚、和顺"等只有连续量的特征，是单纯表性质的，其语义范围是［a，b］，因此它们的活动范围比"大"等弱，一般可用于除五、六、十句型外的其他七种句型。定量形容词的词义范围最窄，可以把它们看作是［a，b］区间中的一个点，因此它们的句法活动能力受到极大的限制，一般只能用于一、二句型，有些甚至只能用于句型一，譬如"紫、粉、橙、温"等只能用于第一、二种句型，"大、中、小"的"中"只能用于第一种句型，也就是说只能做定语来修饰限制其他成分。

通过以上的比较分析，我们可以看清这样一个事实：按照语义的宽狭来分类，形容词有三大类，"大、干净"等最宽，"憨厚、和顺"等次之，"粉、中"等最小。按照句法活动能力的强弱来划分，形容词也有三大类，情况恰好与上面对应："大、干净"等最强，"憨厚、和顺"等次之，"粉、中"等最弱。从这三类词的句法活动能力与其语义范围之关系上可以证明两者之间存在着内在的联系。

还应该特别注意的一个问题是，三类形容词之间不论在语义上还是句法活动能力上都不是互相对立的关系，而是语义范围宽狭和句法活动能力强弱之分的关系。"正、副、粉、慢性、相对"等词被看作区别词，这是单纯根据结构主义的分布方法分析的结果，表面上看来使得剩下的形容词概念清晰一致，譬如它们一般都可以用"很"和"不"修饰，实际上却使问题复杂化了。最明显的是，同一概念范围的一对词，可能属于不同的词类，譬如"高级"是形容词，"初级"是区别词；"重要"是形容词，"次要"是区别词；"绝对"是形容词，"相对"是区别词；表示程度的一组词，"大"和"小"是形容词，"中"是区别词；等等。这种划分方法的另一大难题是，对有多种义项的常用的形容词无法确定其词类，因为几乎每一个常用的形容词都同时兼有形容词和区别词两种词类的性质。譬如"大"取义与"小"相对时，是形容词，做"排行第一"讲时，是区别词；"白"做颜色讲时，是形容词，做"没有加任何东西"讲时是区别词；等等。由此可见，区别词的设立并没有从根本上解决问题，反而把问题弄得更复杂了。实际上，所谓的区别词与一般的形容词在句法上并不是对立的，而是活动能力大小的关系。"区别词"经常出现的两个位置，一般形容词也都可以占据。总之，我们认为从语义数量特征来给形容词分类，并进而解释它们的句法活动能力强弱这一做法比较合理。

　　结构主义方法在给语言成分的分类中是行之有效的，它使得混沌的语言现象归为有序，使我们对语言的系统有个清晰的认识。但是，随着研究工作的深入，这种方法已经显得捉襟见肘。其中一个表现为，目前通行的中等和高等学校教材所述的语法规律多经不起严格的检验。比如说名词是可以加数量词修饰的，然而像"饮食、生计、伦常、心性、体态、景况、怒火"等都是名词，但都不能用数量词修饰。又如，说名词都不能加"不"否定，可是有一部分时间词却可以，比如"假期、春节、星期天、夏天"等。有人认为时间词用法特殊，可是同为表时间的名词"昨天、后天、现在、明年、将来"等却不能用"不"否定。再如，说动词是可以加"不"或者"没"否定的，然而正如 4.2 所讨论的，大量的动词却不能加"不"或者"没"否定，即使对于能加"不"或者"没"否定的动词，情况也很复杂，有的是既可以加"没"又可以加"不"否定，有的则是只能加"没"而不能加

"不"否定。诸如此类问题，单纯依靠结构主义是无法找到答案的。类似地，通行的教科书都认为，形容词都是可以用"很"和"不"修饰的，但是如本章分析中所看到的，实际情况远非如此。如果说那些不能用"很"和"不"修饰的是形容词中的例外，可是这些"例外"比地道的形容词还要多，给它们另立一个新类，结果又带来了更多的问题。结构主义方法最大一个缺陷是，对问题的分析常常陷入循环论证。比如在给名词分类之前先立一个标准：名词是不能用"不"否定的。如果有人问名词为什么不能用"不"否定，就会回答"因为它是名词"。其实，"不"是连续量否定，不论是哪个词类，只要它是离散量的，就不能用"不"否定。典型的名词的数量特征都是离散性质的，所以不能用"不"否定。可是，部分时间词具有连续性的数量特征，所以可以加"不"否定。我们从词语的数量特征来解释它们的句法行为，可以打开结构主义循环论证这个死环。

4.6.6.2　形容词做定语与结构助词"的"

所有的形容词都可以用在"形＋名"结构中，按照能不能加助词"的"，又可分为几种情况。

一、"形"和"名"之间不能加"的"，例如：

中世纪　中学生　中提琴　中雨　男人

二、"形"和"名"之间一般不能加"的"，偶尔也有加"的"的用法，例如：

正主任　副主任　单夹克　彩色电视机　黑白电视机　首要问题　微型录音机

三、"形"和"名"之间加不加"的"自由，例如：

大树　重东西　直棍　脏鞋　红花　软面　干净衣服　安静环境　快乐气氛　零碎东西

四、"形"和"名"之间必须加"的"，例如：

棒硬的馒头　冰冷的水　飞快的火车　死咸的菜汤　油黑的皮鞋　通明的教室　圆溜溜的石头　皱巴巴的衣服　水汪汪的眼睛　香喷喷的米饭

慢吞吞的样子

用于名词前的形容词，从功能上看有两类：（一）只是给事物分类，不表示量，形容词直接修饰名词的情况大致如此；（二）单纯表示量，不给事物分类，形容词和名词之间必须有助词"的"都属于这种情况。那些跟名词结合时加不加"的"自由的形容词，既有分类的功能，又有表量的功能。形容词直接修饰名词时，要求该名词所代表的事物必须能按照该形容词所代表的性质进行分类，否则就不可能被形容词直接修饰，譬如墨水可按照颜色分类，所以我们可以说"蓝墨水""黑墨水"等；天空不能按照颜色分类，所以不能说"＊蓝天空""＊黑天空"。而单纯表程度时则可以，这时要有助词"的"，譬如"很蓝的天空""黑压压的天空"等。"水"可以按照温度的高低分类，可以说"凉水""温水""热水"，人的脸不能按照温度分类，由此不能说"＊凉脸""＊热脸""＊温脸"，但是单纯表程度时不受此限，这时要有助词"的"，譬如"冰凉的脸""滚热的脸"，"温"是定量词，没有"凉"和"热"这种构词方式。那些形容词和名词间加不加"的"自由的词组，表面上看起来没有什么差别。不加"的"时，形容词不能重叠或在其前加程度副词，因为这时它们只是单纯的分类，加"的"后则可以用这些表程度的方式，譬如不能说"＊很大树""＊大大树"，而可以说"很大的树""大大的树"等。

4.6.7　结语

跟定量动词的情况一样，定量形容词虽不能直接用"不"或"没"否定，但是我们仍然可以利用否定范围规律寻找其他手段从意义上对它们进行否定。下式中用双横线标识要否定的成分。实现对定量形容词否定的常用手段为：

一、对于没有表相同概念的非定量词存在的定量形容词，它们可以用否定判断式"不＋是＋形＋的"来否定，例如：

（39）紫花＝这朵花不是紫的。

正主任＝他的主任不是正的。

彩色电视＝这台电视不是彩色的。

中级英语＝这本英语不是中级的。

二、对于词义程度极高的定量形容词，可以利用否定范围规律来否定它们。根据否定范围规律，在同一概念范围的一组词中，词义程度较低词语的否定式包括了对词义程度较高词语的否定，因此，对于语义程度极高的定量形容词否定可以用语义程度较低的非定量形容词的否定式来表示。例如：

（40）这碗汤死咸。＝这碗汤不咸。

那盏灯贼亮。＝那盏灯不亮。

这件行李死沉。＝这件行李不沉。

外边的路溜滑。＝外边的路不滑。

那根棍子笔直。＝那根棍子不直。

教室最干净。＝教室不很干净。

我最近极忙。＝我最近不很忙。

三、重叠式定量形容词的否定可以用原型词的否定式来实现，例如：

（41）衣服干干净净的。＝衣服不干净。

打扮得漂漂亮亮的。＝打扮得不漂亮。

房间整整齐齐的。＝房间不整齐。

箱子满满当当的。＝箱子不满。

4.7 肯定性结构

4.7.1 引言

本章考察肯定和否定受到限制的语法结构。动词或者形容词在一些结构中可以自由加上"不"或者"没"而自由地转换成否定结构，也可以去掉这些否定标记而转换成肯定结构。但是有些语法结构只能采用肯定形式，有些则相反，只能采用否定形式。

4.7.2 肯定结构

4.7.2.1 形＋程度补语

"形＋程度补语"结构是肯定性定量结构，"形"前不能再用程度词修饰，也不能加"不"或者"没"否定。例如：

（1）a. 质量好极了。

　　 b.* 质量有点儿（很、最）好极了。

　　 c.* 质量不好极了。

（2）a. 天气暖和多了。

　　 b.* 天气有点儿（很、最）暖和多了。

　　 c.* 天气不暖和多了。

（3）a. 衣服难看死了。

　　 b.* 衣服有点儿（很、最）难看死了。

　　 c.* 衣服不难看死了。

（4）a. 人闷得慌。

　　　b.* 人有点儿（很、最）闷得慌。

　　　c.* 人不闷得慌。

用于上述结构的形容词必须是非定量的，因为加程度补语的作用是给其前的形容词确定一个量级，如果是定量的就不可能也无需确定出一个新的量级。以上 4 个用例都是语义程度极高的。"形＋程度补语"跟一般的"动＋补"不同，后一种虽不能用"不"否定，但可以用"没"否定，比如"没吃饱""没看完"等；而前者既不能用"不"否定，也不能用"没"否定，例（1）—（4）的情况都是如此。

表示如意的、积极的形容词，其后可以跟各种大小不等的程度补语，比如可以说"好点儿 / 些了 / 得很"，也可说"暖和点儿 / 些了 / 得很"。但是，表示不如意的、消极的形容词，其后限于跟极大量的程度补语，比如可以说"难看死了 / 极了"，可是不能说"* 难看点儿了""* 难看些了"，等等。另外值得注意的一点是，"很"既可以用在形容词前做状语，又可以用在形容词之后做程度补语，然而两种格式的用法很不相同：前一种情况可以加"不"否定，比如可以说"质量不很好"，后者则不能，比如不能说"* 质量不好得很"。这可以从两种情况的程度差异上看出来，"质量很好"是客观地叙述质量高出一般，而"质量好得很"比前者的语义程度要高，是强调一种极端的情况。其他程度词都只能用于形容词前，而不能用于形容词后做补语。

4.7.2.2　动 / 形＋得＋形

在"动 / 形＋得＋形"结构中，结果补语位置的形容词既可以表示性状，也可以表示程度，但是两者的活动能力差别很大：表程度时不能用程度词分量级，是定量的，因此不能用"不"否定；表性状时则是非定量的，可以用程度词分量级，而且肯定否定自由。例如：

（5）a. 小赵知道得多。

　　　b. 小赵知道得比较（很、最）多。

　　　　c. 小赵知道得不多。

（6）a. 这个房间舒服得多。

　　　　b.*这个房间舒服得比较（很、最）多。

　　　　c.*这个房间舒服得不多。

　　例（5）中的"多"是表性状的，活动能力强；例（6）中的"多"则是表程度的，活动能力极弱，只能以自身的基式出现。凡是"得"前是动词的，其后形容词一般有两层含义，比如"他了解得清楚""他跑得快""他写得好"等，一是指有"了解清楚""跑快""写好"的可能或者能力，这时的形容词都是定量的，不能加"不"否定；二是指"了解""跑""写"的结果分别是"清楚""快""好"的，这时的形容词都是非定量的，既可用程度词修饰，又可以加"不"否定。如果"得"前是形容词，整个结构一般是表示确定的程度，即为定量的，所以既不能用程度词修饰，又不能加"不"否定，比如"漂亮得很""快得多""高得多"等都是如此。

　　没有助词"得"的"动／形＋补"结构的用法跟上面的一样，"补"前为动词时，整个结构还可以被"没"否定；"补"前是形容词时，整个结构表示的是一种确定的量，既不能被"没"否定，又不能被"不"否定。例如：

（7）a. 眼睛看坏了。　　　　眼睛没看坏。

　　　　b. 钢笔写坏了。　　　　钢笔没写坏。

　　　　c. 他乐坏了。　　　　　*他没乐坏。

　　　　d. 他高兴坏了。　　　　*他没高兴坏。

（8）a. 树旱死了。　　　　　树没旱死。

　　　　b. 狗打死了。　　　　　狗没有打死。

　　　　c. 嘴干死了。　　　　　*嘴没干死。

　　　　d. 我渴死了。　　　　　*我没渴死。

　　例（7）的a、b用的是本义，c、d用的是引申义，表示程度极高。例（8）的情况也是这样。一些"形＋不＋补"短语，用于客观描写时，其中的"不"可以用"得"替换，由否定式转化为肯定式，然而表示程度时则不能做这样的变换。例如：

（9）a. 她的病好不了。　　　她的病好得了。

　　　b. 这箱子轻不了。　　　＊这箱子轻得了。

　　　c. 那幢楼高不了。　　　＊那幢楼高得了。

　　现在来考察一下"得"后成分对前边动词肯定否定用法的制约关系。前面讲过，"得"后的成分如果是表示能力或可能的，整个结构是定量的，既不能加"不"否定，又不能加"没"否定。"得"后如果是形容词而且是表示性状的，其前的动词能否加"没"否定的条件是：其后的形容词可用"不"否定；其后的形容词如不能加"不"否定，其前的动词也不能加"没"否定。例如：

（10）a. 信上说得清楚。

　　　b. 信上说得不清楚。

　　　c. 信上没说（得）清楚。

（11）a. 信上说得很（太、十分）清楚。

　　　b. 信上说得不很（太、十分）清楚。

　　　c. 信上没说得很（太、十分）清楚。

（12）a. 信上说得最清楚。

　　　b.＊信上说得不最清楚。

　　　c.＊信上没说得最清楚。

（13）a. 看得很清楚。

　　　b. 看得不很清楚。

　　　c. 没看得很清楚。

（14）a. 看得清清楚楚。

　　　b.＊看得不清清楚楚。

　　　c.＊没看得清清楚楚。

　　由于受肯定和否定规律的制约，语义程度极高的词都不能用于否定结构。由词组成的结构也遵循这条法则，比如如果"得"后的成分是表示语义程度极高的，使其前的动词也严式定量化，则既不能加"不"否定，也不能加"没"否定。

4.7.2.3 "动＋来着"、"将＋动"和"比较＋形"

有些句子由于受一些特殊副词或语气词的限制，其谓语中心动词必须采用肯定形式。比如语气词"来着"表示曾经发生过什么事情，要求句子只能是肯定式，不能是否定式。例如：

（15）a. 他刚才是在这儿来着。

b.* 他刚才不在这儿来着。

（16）a. 原来我也有支这样的笔来着。

b.* 原来我没有支这样的笔来着。

副词"将"表示勉强达到一定的量时，所修饰的动词结构不能加"不"或者"没"否定。例如：

（17）a. 买来的面包将够数儿。

b.* 买来的面包不将够数儿。

（18）a. 这间房子将能容纳十个人。

b.* 这间房子不将能容纳十个人。

"将＋动"整个结构也是定量的，这可从它后边宾语的数量成分不能自由增删上看出来。整个结构跟动词"得（děi）"的情况一样，要求其后必须有个具体的数量成分，比如例（18）a 中的数量成分"十个"去掉后就不成话了，不能说"* 这间房子将能容纳人"。因此，也就没有"* 不将够数儿""* 没将能容纳十个人"。由此可见，不论是单词还是结构，都可用宾语量性成分删减法来判别它们肯定和否定用法。

"比较"含义为"具有一定的程度"，其后的形容词只能是肯定式，不能是否定式。例如：

（19）a. 从这里走比较近。

b.* 从这里走比较不近。

（20）a. 今天比较冷。

b.* 今天比较不冷。

（21）a. 这个问题的答案比较明显。

b.* 这个问题的答案比较不明显。

部分动词也可以用"比较"修饰，它们也不能是否定式，比如可以说"现在他也比较会办事了""我比较喜欢打篮球"，而不说"* 他比较不会办事""* 我比较不喜欢打篮球"。"比较"与形容词组成的偏正词组语义上也是确定的，因此不像"很"构成的偏正词组，不能再用"不"否定，比如不能说"* 不比较冷""* 不比较明确"。

4.7.2.4　别提＋多＋形／动＋了

句型"别提＋多＋形／动＋了"表示程度很深，这很明显。其中的形容词或者动词都是定量的，不能再用"不"或者"没"否定。例如：

（22）a. 在桂花林里散步，别提多香了。

b.* 别提多不香了。

（23）a. 这座楼盖得别提多结实了。

b.* 这座楼盖得别提多不结实了。

（24）a. 这个人办起事来，别提多啰唆了。

b.* 这个人办起事来，别提多不啰唆了。

（25）a. 一张小嘴别提多会说话了。

b.* 一张小嘴别提多不会说话了。

用于上述四例的动词或形容词自身都是非定量的，在一般结构中它们都可以用"不"或"没"否定，比如"花不香""楼不结实"。进入该句型的形容词或动词还必须是非定量的，定量的形容词反而都不行，比如可说"那花别提多红了"，不说"* 那花别提多紫了"；可说"那水别提多热了"，不说"* 那水别提多温了"。

在上述句型中，"别提"和"多"之间如有动词"有"，句末不能再有"了"；但是如果没有这个"有"，句末则必须有"了"。例如：

（26）a. 桂花别提有多香。

b.* 桂花别提有多香了。

　　　c. 桂花别提多香了。

　　　d.* 桂花别提多香。

　　从所举例子也可以看出，上述句型是表示语义程度极高的，因此进入句型中的形容词或者动词都转化为定量的，不能再用"不"或者"没"否定。

4.7.2.5　才＋形＋呢

　　句型"才＋形＋呢"也是强调其中形容词的程度高，因此用于其中的形容词也被定量化了，不能再用程度词修饰，也只有肯定式。例如：

　　（27）a. 这才好呢。

　　　　　b.* 这才比较（很、最）好呢。

　　　　　c.* 这才不好呢。

　　（28）a. 昨天那场球赛才精彩呢。

　　　　　b.* 昨天那场球赛才比较（很、最）精彩呢。

　　　　　c.* 昨天那场球赛才不精彩呢。

4.7.2.6　动＋着＋都＋形

　　句型"动＋着＋都＋形"中的动词都是定量的，其中的"着"不能为"了、过"替换，动词也不能重叠，自然也不能用"不"或"没"否定。例如：

　　（29）a. 这事听着都新鲜。

　　　　　b.* 这事听（了、过）都新鲜。

　　　　　c.* 这事没听着都新鲜。

　　（30）a. 那人看着都乏味。

　　　　　b.* 那人看（了、过）都乏味。

　　　　　c.* 那人没看着都乏味。

　　（31）a. 那东西闻着都恶心。

　　　　　b.* 那东西闻（了、过）都恶心。

　　　　　c.* 那东西没闻着都恶心。

上述句型是强调位于其中的形容词的程度极高，因此进入该结构的形容词也都定量化了，既不能用程度词修饰，也不能用"不"否定，比如不说"*这件事听着都不新鲜""*这事听着都最新鲜"等。有时形容词也可以是否定式的，比如"这东西吃着都不对劲儿"，但是这时又只限于否定式，不能去掉"不"而转化为肯定式。一些表示积极意义的形容词，加上否定词之后仍可以用程度词序列切分，比如"不舒服"之前还可以被"有点儿""很""最"等修饰，它们有时也可以以否定形式进入上述结构，比如"瞧着都不舒服"。但是，相应的消极词则只能用于肯定式，比如只能说"瞧着都难受"，而不能说"*瞧着都不难受"。

4.7.2.7　一＋动

动词或者形容词一般不能用数字直接修饰，可是数字"一"有时可以直接用在动词或者形容词之前起强调等作用。这时被强调的动词或者形容词转化为定量的，不能再用否定词否定。例如：

（32）a. 这部电影值得一看。

　　　　b.* 这部电影值得一看了（着、过）。

　　　　c.* 这部电影值得一看看。

　　　　d.* 这部电影值得一没看。

（33）a. 那马猛然一惊，直立起来。

　　　　b.* 那马猛然一惊了（着、过）。

　　　　c.* 那马猛然一没惊。

（34）a. 房子粉刷一新。

　　　　b.* 房子粉刷一比较（很、最）新。

　　　　c.* 房子粉刷一不新。

从上述用例也可以看出，"一"后的动词不能再跟任何成分，自然也就不能再有任何数量成分；其后为形容词时，也不能用程度词修饰，根据宾语量性成分增删法，它们也是定量的。例（34）a 的"粉刷"由于受其后"一新"的影响，也变成定量的了，不能再被否定。这里的"一新"相当于定量量词"（一）番""（一）阵"等，其前只限于数词"一"，它们都使得有关的动词定量化。

4.7.2.8 有＋的＋是＋名

句型"有＋的＋是＋名"是强调其中的名词所代表的事物数量大，它还可变换为"名＋有＋的＋是"。位于该结构的动词"有"和"是"都是定量的，不能再加"没"或者"不"否定。例如：

（35）a. 他有的是力气。

　　　b. 他力气有的是。

　　　c.* 他有的不是力气。

　　　d.* 他没有的不是力气。

（36）a. 他有的是书。

　　　b. 他书有的是。

　　　c.* 他有的不是书。

　　　d.* 他没有的是书。

（37）a. 他有的是钱。

　　　b. 他钱有的是。

　　　c.* 他有的不是钱。

　　　d.* 他没有的是钱。

该句型的表达功能是强调其中名词所代表的事物数量大，因此进入该结构的名词也都定量化了，不能再用数量词称数，比如不能说"* 他有的是一些力气""* 他有的是三本书""* 他有的是十块钱"等，而这些名词在其他句型中是可以用数量词称数的。正是由于结构中的名词已经定量化了，位于结构中的动词或者形容词也转化为定量的了。

4.7.2.9 （动＋数）＋（动＋数）

句型"（动＋数）＋（动＋数）"中的两个数量成分必须是一致的，而且数词往往只限于"一"，不能为其他数词所替代。这种量上的限制使得位于该结构中的两个动词定量化，不能再被否定。例如：

（38）a. 过一天乐呵一天。

b.* 过三天乐呵三天。

c.* 没过一天没乐呵一天。

（39）a. 干一行爱一行。

b.* 干两行爱两行。

c.* 不干一行不爱一行。

（40）a. 吃一点是一点。

b.* 吃两点是两点。

c.* 没吃一点不是一点。

（41）a. 办一件放心一件。

b.* 办五件放心五件。

c.* 没办一件没放心五件。

定量动词除不能用"不"或者"没"否定外，还失去了非定量动词的绝大部分句法特征，如不能加体标记"了、着、过"，不能重叠等，用于例（38）—（41）句型中的动词也是这样，句法活动能力极弱，一般只能用动词原形，不再能有其他变换。

有一种类似于例（38）—（41）句型的结构，所不同的是前后的两个数量成分不要求一致。用于该结构的动词也都被定量化，不再能被否定。例如：

（42）a. 隔五米种一棵树。

b.* 隔五米没种一棵树。

（43）a. 打一次球累好几天。

b.* 打一次球没累好几天。

（44）a. 看一场电影评论一番。

b.* 看一场电影没评论一番。

（45）a. 得一个奖乐半天。

b.* 得一个奖没乐半天。

4.7.2.10　有＋代＋的＋名＋动

句型"有＋代＋的＋名＋动"的表达功能是强调其中的名词所代表的数量很多，进入该结构的动词和"有"都是定量的，不能再用否定词"不"或者"没"否定。例如：

（46）a. 有你的钱花。

　　　　b.* 有你的钱不花。

　　　　c.* 没有你的钱花。

（47）a. 有你的福享。

　　　　b.* 有你的福不享。

　　　　c.* 没有你的福享。

（48）a. 有你的罪受。

　　　　b.* 有你的罪不受。

　　　　c.* 没有你的罪受。

例（46）—（48）句子中的动词"花""享""受"都不能再跟体标记，也都不能重叠，而在普通结构中它们都可以。句中的名词"钱""福""罪"等也都不能再用数量词称数，比如不能说"* 有你的很多钱花"，而在普通结构中它们却都可以用数量词称数。

上述句型中的"有"也可以用"缺不了""少不了"等语义相近的词语替换，结构中的动词仍然是定量的。例如：

（49）a. 缺不了你的钱花。

　　　　b.* 缺不了你的钱不花。

（50）a. 少不了你的饭吃。

　　　　b.* 少不了你的饭不吃。

（51）a. 少不了你的小说看。

　　　　b.* 少不了你的小说没看。

4.7.3　否定结构

4.7.3.1　才＋不＋动＋呢

句型"才＋不＋动＋呢"的表达功能是加强对动词所指行为的否定语气，该结构不能去掉"不"转化为肯定式。例如：

（52）a. 我才不去呢。

　　　b.* 我才去呢。

（53）a. 我才不干呢。

　　　b.* 我才干呢。

上述结构中的"不"换为语义相近的"懒得"也可以说，比如"我才懒得去呢""我才懒得干呢"。"懒得"的含义为不愿意做某件事，相当于一个否定词，因此它和否定词"不"在这里才可以相互替换。由此可见，不论是词汇否定还是语法否定，所遵循的规则是一样的。

4.7.3.2　没＋个＋动/形

句型"没＋个＋动/形"的表达功能是加强动作的语气或者表示性质的程度高，不能去掉"没"而转化为肯定式。从另外一个角度看，进入该结构的动词或者形容词也都定量化，不能变成相应的肯定式，即该否定式没有相应的肯定式。例如：

（54）a. 他的主意没个更改。

　　　b.* 他的主意有个更改。

（55）a. 出门在外没个不累的。

　　　b.* 出门在外有个不累的。

（56）a. 他说起话来没个完。

　　　b.* 他说起话来有个完。

（57）a. 他玩起来没个完。

　　　b.* 他玩起来有个完。

（58）a. 不管荤的、素的都没个完。

　　　b.* 不管荤的、素的都有个完。

（59）a. 他这个人没个正经的。

　　　b.* 他这个人有个正经的。

还有一种类似的结构，是强调动作的程度深，谓语的否定式也不能转化为相应的肯定式，但是没有"个"字。比如"爱你没商量"是强调"爱"的程度之深，不能说成是"* 爱你有商量"。

4.7.3.3　没 / 不＋动＋疑问代词＋其他

句型"没 / 不＋动＋疑问代词＋其他"的表达功能是指出疑问代词后的成分具有一定的程度，整个结构并不表示疑问，其中的否定词不能去掉而变成相应的肯定式。这是就整句的表义特征不变的情况下而言的。如果去掉否定词，结构中的疑问代词又恢复了疑问功能，句子也由陈述句自动变成疑问句。这种结构也应归入否定结构。例如：

（60）a. 做饭没有什么奥秘。

　　　b. 做饭有什么奥秘？

（61）a. 他不比你强多少。

　　　b. 他比你强多少？

（62）a. 他的数学不怎么好。

　　　b.? 他的数学怎么好？

例（62）a 不能直接去掉"不"而转化为疑问句。还有一种跟上述现象类似的句子是"没＋代＋这么＋动＋的"，在陈述句中不能去掉"没"转化为肯定式，而可以用"有"替换"没"然后加上疑问语气词"吗"变为疑问句。例如：

（63）a. 没你这么问的。

　　　b.* 有你这么问的。

　　　c. 有你这么问的吗？

（64）a. 没你这么干的。

b.* 有你这么干的。

　　c. 有你这么干的吗？

（65）a. 没你这么不讲道理的。

　　b.* 有你这么不讲道理的。

　　c. 有你这么不讲道理的吗？

（66）a. 没你这么弄的。

　　b.* 有你这么弄的。

　　c. 有你这么弄的吗？

例（63）—（66）的 c 问句都是反问语气，所表达的意思实际上与各自的 a 句相同。

4.7.3.4　凡是＋名，没＋代＋不＋动

句型"凡是＋名，没＋代＋不＋动"的表达功能是强调在既定的范围里动作行为作用的周遍性，结构中的"没"也不能被"有"替换，也不能去掉否定词"不"。例如：

（67）a. 凡是学校的事儿，没他不管的。

　　b.* 凡是学校的事儿，有他不管的。

　　c.* 凡是学校的事儿，没他管的。

（68）a. 凡是玩的事儿，没他不参加的。

　　b.* 凡是玩的事儿，有他不参加的。

　　c.* 凡是玩的事儿，没他参加的。

4.7.3.5　有＋名＋没＋处＋动

句型"有＋名＋没＋处＋动"的表达功能是强调名词的程度，其中的"有"和"没"也不能自由转换。

（69）a. 有冤没处说。

　　b.* 有冤有处说。

　　c.* 没冤没处说。

（70）a. 有苦没处诉。

　　　b.* 有苦有处诉。

　　　c.* 没苦没处诉。

（71）a. 有劲没处使。

　　　b.* 有劲有处使。

　　　c.* 没劲没处使。

（72）a. 有钱没处花。

　　　b.* 有钱有处花。

　　　c.* 没钱没处花。

例（69）—（72）中的动词"说""诉""使""花"和名词"冤""苦""劲""钱"都是定量的，前者只能用原形，不能再在它们之前加"不"或者"没"否定，后者不能再用数量词称数。这些词语的定量性都是所在的特定结构赋予的。

4.7.3.6　没＋动＋极小量成分

句型"没＋动＋极小量成分"的表达功能是完全否定，其中的"没"不能去掉而转化为肯定式。该句型也可以变换成"极小量成分＋没＋动"而意思不变。

（73）a. 他没往家里寄过半分钱。

　　　b.* 他往家里寄过半分钱。

（74）a. 她没有半点私心。

　　　b.* 她有半点私心。

例（73）a 也可以说成是"他半分钱没往家里寄过"，而意思基本一致。量词"一点"比较特殊，当它出现于动词后边时可以去掉"没"转化为肯定式，用于动词前则不能。例如：

（75）a. 这个计划没有一点问题。

　　　b. 这个计划有一点问题。

　　　c. 这个计划一点问题也没有。

d.* 这个计划一点问题也有。

4.7.4　结语

在本章里我们共列举了十余种肯定和否定受到限制的结构，当然，它们并不是穷尽了汉语中所有同类结构，但是足以从这些结构的共同特征中得到一些结论。

所列的十余种结构都与程度表达有关：有的是从肯定方面加强结构中某一成分的程度，有的则是从否定的方面加强程度，通常是表达极大量的程度。尽管有些结构不是表极大量的，它也是表某种确定的量。如果把这些结构看作一个个完整的单位，就可以看出，它们与单个的词所遵循的肯定和否定法则是一样的，即当表示极大量或者确定量时，其肯定或者否定必然受到限制。普通的主谓、动宾结构等是中性的，在量的表达上没有明显的倾向性，因此它们的肯定否定自由。

绝大部分的肯定和否定结构都是强调其中的某一成分的数量极大，而被强调的成分自然定量化，肯定或者否定受到限制，而且它还形成一个强势语义场，使进入该结构的其他有关成分也带上了定量性质，除了肯定或者否定受到限制外，同时也丧失了它们原来的许多语法特征。比如"有你的钱花"是强调钱多，除名词"钱"不能再用数量称数外，结构中的动词"有"和"花"也被定量化，除不能转化为否定式外，还不能带体标记"了、着、过"，也不能重叠。

结构的肯定和否定使用规律跟单词的使用规律在本质上是一致的，因此跟鉴别单词的肯定否定用法一样，也可以用数量成分增删法或者程度词法，来判别各种各样结构的肯定和否定用法。比如"副＋动"结构前边有时可以加"没"否定，有时则不能，对此我们可以根据动词后的数量成分有无限制来加以判别。比如"认真学习功课""认真学习了两门功课"等都可以说，可见词组"认真学习"是非定量的，因此可以说"没认真学习功课"。然而，"将够八十块钱"则不能去掉数量成分而说成"将够钱"，可见词组"将够"是定量的，因此不能说"* 没将够八十块钱"。

　　同一个词组由于义项不同，其用法也相差甚远。比如"看"做"把视线投向某处"讲时，几乎具备动词的所有功能，诸如可以带宾语，可跟"了、着、过"，可重叠，可用副词修饰，等等；而"看"做"观察"讲时，是定量的，除保留可带宾语这一点外，丧失了动词的所有其他功能，例如"他看问题很透彻"一句中的"看"就是如此。

　　此外，还有一点值得我们注意，同一个词的同一个义项在不同的结构里用法也很不相同。比如"看"同是做"把视线投向某处"讲时，在"看电视"等普通述宾结构中它的用法很灵活，具备动词的所有句法特征；而在"等考上了大学后有你的电视看"中它只能用动词原形，失去了动词的其他功能。

4.8 数范畴与有定范畴

4.8.1 引言

"数"是人类语言的重要语法范畴之一，主要表现在名词的单复数上。从类型学的角度看，名词单复数的表达又可以细分为两类：一是受制于有定性语法范畴，只有有定性的名词才具有单复数的语法标记，无定名词则缺乏这种标记。属于这类语言的有 Ethiopia 地区的 Omotic 语族的 Aari 语言、Austronesian 语族的 Kambera 语言等。二是单复数的表达独立，不论是有定名词还是无定名词，都具有单复数的语法标记，印欧语言大都属于这一类，如英语、法语、德语等。

迄今为止，很少有文献提及汉语的单复数语法标记问题，更不用说系统的探讨了。造成这种局面的原因主要是受印欧语言的影响，看汉语没有与印欧语言相对应的单复数标记，就认为汉语缺乏"数"的形态。其实从类型学的角度看，印欧语言的单复数的句法行为只是人类语言"数"范畴表现形式中的一种，还有一种是与有定性表达密切相关的。汉语的数量表达则属于后一种情况，即只有自身词义为有定性的词语才要求表示其数的特征。从这个角度考察汉语，可以看出汉语单复数的语法标记是非常系统、严格的，它们是严格的语法规律，当符合某些条件时，必须用合适的语法标记来标识其"数"的特征，否则就不合语法。

过去的汉语研究，常常拿印欧语言跟汉语做比较，结果发现汉语"缺乏"这个、"缺乏"那个。又常常有人批评汉语研究中的这些"印欧语眼光"。我们觉得，汉语和印欧语的对比研究自身并没有错，错就错在只跟印欧语对比上，因为这样往往会导致一些偏颇的结论。如果人们已经认定汉语缺乏某种东西，就不会有人朝这方面探索。其实，如果把我们的眼光放得更广一点，汉语也具有丰富的形态标记，其使用规律也是非常严格的。

从语言学的角度看，一种语言不管使用的人有多少，其价值都是一样的。由于文化和经济的原因，印欧语言是研究最充分的一个语族。但是一些使用人很少、偏僻地方的语言中的现象，也有同样的研究价值，也能够启发我们揭示汉语的本质特征。

4.8.2　代词的有定性与其复数标记

4.8.2.1　代词语义的有定性及其单复数标记

汉语并没有一个稳固的语法标记来表示普通名词的单复数，比如"我买了书"中的"书"可以是一本，也可以是多本，并没有一个语法标记来表示这种数量特征。这一特征在英语中必须用单数的零标记和复数标记 -s 来表示。然而汉语的代词系统却拥有一个严格的单复数标记系统。

现代汉语代词系统的单复数形式

	单数	复数
第一人称	我	我们
第二人称	你	你们
第三人称	他 / 她 / 它	他们 / 她们 / 它们
指示代词	这 / 那	这些 / 那些

本章开头时提到，人类语言的单复数表达有两种类型，其中一类是只标记有定性成分的数量特征。我们将论证汉语是属于这种类型的语言。人称代词和指示代词最典型的语义特征是表示"有定性"，这是为什么只有这类词才具有单复数的语法标记。这一点是整个汉语语法系统的设计原理之一，也是理解汉语史上一些语法现象的一个关键。

不管是北方方言还是南方方言，尽管它们复数标记的来源各不相同，但是它们在哪些词类才具有单复数对立上是高度一致的，即都是只有本义为有定性的代词系统。在不同的方言中，复数标记的形式各不一样，有的用声调变换表示，有的用加一个辅音音素表示，有的用韵母的元音变化来表示，还有的则用词汇形式来表示。就来源的角度看也是多种多样的，比如来自"门""家""些""都""几个"等。这些表面形式的多样化背后共同遵循着一个设计原理：事物的有定性与其数量表达之间存在着内在的逻辑联系。

有定表达对单复数的制约原理，还可以用反证法加以论证。跟人称代词和指示代词语义特征正好相反的是疑问代词，它们是无定的，因而也就没有单复数的对立。拿普通话为例，"谁"可以表示任何数量的人，"什么"可以表示任何数量的事物，没有"谁们""什么些"之类的形式。需要解释的是疑问代词"哪"的用法，它往往要求表示其单复数的数量特征，否则就不合法。例如：

（1）a. 哪本书是你的？（单数）

b. 哪些书是你的？（复数）

c.* 哪书是你的？

上述用法也跟"哪"的有定性语义特征有关。"哪"跟其他单纯的疑问代词的用法不同，它用于疑问时，表示在同类事物中加以确指。试比较：

（2）a. 你买了哪本书？

b. 你买了什么书？

两个问句的含义很不相同：（2）a 是问特定范围的某一本，b 则可以是任何一本书。这个"特定的范围"就是"哪"的有定性，因此它需要标明其数量特征。

跟普通话的上述情况类似，汉语绝大部分方言的疑问代词系统也没有单复数的对立，但是也存在着一些特殊的情况。可以细分为以下两类：

一、"谁们"相当于"哪些人"。甘肃兰州话的疑问代词"谁"可以加"们"表示多数：谁们回来了？（哪些人回来了？）

二、用"谁个"或者"哪个"表示"谁"。即这里的"个"已经中性化了，单复数都可以表示。属于这类方言的有江苏淮阴话、四川话、云南话、福建长汀话、湖南汝城话等。

也就是说，虽然这些方言的疑问代词可以加上"们""个"这些数量成分，但跟人称代词的情况很不一样，并不是真正的单复数标记。兰州话的"谁们"的功能相当于普通话的"哪些"，原因如上文所分析的，因为"哪"所问的对象有一个确定的范围，具有有定性，因此可以加上复数标记。根据目前所调查出来的几百种汉语方言点的情况来看，还没有哪种方言是属于这种情况的："谁"只能表示单数，"谁们"只能表示复数。

4.8.2.2 "NP + 们"的使用规律

"们"除了用于人称代词以外，还可以用于指人的名词之后表示复数。但是跟两类词搭配时，使用规律差别明显：代词表复数时必须加"们"，指人名词则不一定如此。指人名词跟"们"搭配具有很大的限制性。首先，光杆名词加"们"构成的短语只能用于谓语动词之前：

（3）a. 人们都通知到了。　　　　→＊我已经通知到了人们。

　　　b. 老师们都接到了邀请。　　→＊我们已经邀请了老师们。

　　　c. 同学们我都问过了。　　　→＊我都问过了同学们。

　　　d. 孩子们我都安顿好了。　　→＊我都安顿好了孩子们。

其次，只有当名词加上具有定指含义的修饰语以后，它们与"们"构成的短语才可以用于谓语动词之后。例如：

（4）a. 只告诉了大嫂子和管事的人们。（《红楼梦》第七十三回）

　　　b. 你就去说给外头人们。（《红楼梦》第七十七回）

　　　c. 左右看看自己的同僚们。（《一点正经没有》）

　　　d. 虎妞，一向不搭理院中的人们。（《骆驼祥子》）

形成上述两种现象的原因是，"们"字短语不光是表示复数，还包含"有定性"的语义特征。当与光杆名词搭配时，所要求的有定性只能靠句法位置来赋予。汉语的光杆名词位于谓语动词之前时，将被自动赋予一个有定性的语义特征。例（3）中的"光杆名词 + 们"短语所指的对象都是有定的。当名词加上表示有定性的修饰语之后，它们才可以不依赖于结构赋义，因而才可以自由出现在谓语动词前后。如例（4）所示。

"们"与普通名词的搭配，表面上看起来扑朔迷离，其实是有严格的规律可循的，都符合汉语语法的设计原理：有定性的事物才需要标明其数量特征。显然，这种情况中的"们"的使用并不是必须的，这也许跟有定性的程度有关。这种现象值得我们进一步探讨。

4.8.2.3　现代汉语的"指示代词＋NP"结构

指示代词自身固有一个有定性的语义特征，它们做名词的修饰语时，必须标识其单复数特征。单数表达有两种手段，一是零标记，二是加上与名词相配的某个量词；复数的表达是加"些"。分别举例如下。

一、单数的零标记表达格式：指示代词＋ϕ＋NP

（5）你看余德利，那勺儿都快吃下去了。

（6）可是我刚才确实在望远镜里看到那星星了。

（7）那姑娘心不坏。

（8）那人为她闪开道，回头看了她一眼。

（9）你们看了没有？那书多有名呵。

二、单数的量词表达格式：指示代词＋量词＋NP

（10）于观把自己买的那瓶酸奶推给刘美萍。

（11）仍然吹着那首歌，同一旋律反反复复。

（12）我是这个耳朵进那个耳朵出。

（13）赶紧把那个盖了章的合同收回来。

（14）我还是那句话，好合好散。

上述引例都是来自当代小说。根据我们的广泛调查，由上述两种格式构成的名词短语都是毫无例外地表示单数的事物。也就是说，这两种格式都具有稳定的语法意义——表示单数。

注意，当省去名词中心语时，指示代词表达单一的事物时必须加上量词。表现为上述格式中的名词中心语都不能直接省去而成立，必须补上合适的量词才行，比如不能说"*那为她闪开道"，但可以说"那个为她闪开道"。

这一点后文还将讨论。

还有一些现象看似例外，其实不然。比如"我代表那哥儿俩回答"，"哥儿俩"显然不是代表一个单一个体。这里的"那"反而不能用"那些"来替换。实际上这里是把"哥儿俩"所指的对象看作一个单一的整体，即还是单数的含义。类似的现象还有"夫妻""父母"等，比如可以说"我看见那夫妻了"，这里指的是"一对夫妻"，即表示的是单数；相应的复数表达为"那些夫妻"，指两对或者以上的夫妻。

三、复数的表达格式：指示代词 + 些 + NP

（15）我们这些老同志都算是夹生的。

（16）在我们同学中，现如今这些学者，问谁谁不知道。

（17）你也就是这些俗套儿。

（18）你瞧咱请来这些人一个赛一个德性。

（19）这些书您都能背下来吧，关老师。

上述短语所指示的事物一定是复数。有一点值得我们注意，跟其他语言相比，汉语的"些"不与具体数目字共现，比如不能说"* 这些三个人""* 那些两本书"等。简单地说，"些"与数词所占据的句法位置是一致的，都是"指示代词 + [　　] + （量词） + NP"，而该位置只允许其中的一个出现（后文还将讨论这一点）。请看实际语言中的用例：

（20）斗胆问一句，政府知道不知道你们干的这些个事？（《千万别把我当人》）

（21）不必，不就是要让全国人民爱上这些个书么？（《千万别把我当人》）

4.8.2.4　指示代词与单数"一"的合音形式

如果调查的范围只限于用文字记录的口语资料，就有很大的局限性，会忽略一些由语音特征显示出来的重要性质。在口语里指示代词与数目"一"的合音现象也很能揭示有定性与数量表达之间的内在联系。

"这"和"那"分别有两个读音。在口语中，"这"可读为 [zhè₊⁵¹] 和 [zhèi⁵¹]，后者是"这"和"一"的合音，作用相当于"这个"，可以独用，也可以修饰名词短语。类似的，"那"在口语中也有两个读音：[na⁵¹]和[nei⁵¹]。后者是"那"和"一"的合音，作用相当于"那个"，可以独用，也可以修饰名词短语。也就是说，两个词的合音形式包含了一个"单数"的数量概念。

上述合音现象也常见于方言之中。比如河北武安话的指示代词"这"和"那"都有两读：这₁[tʂəʔ⁴³]—这₂[tʂai⁴³]（"这一"的合音）；那₁[nəʔ⁴³]—那₂[nai³⁵]（"那一"的合音）。可是河南获嘉话的指示代词是"这""那"与普通量词"个"的合音：这个[tʂo³¹]；那个[no³¹]。合音形式可以做主语、宾语或者名词修饰语。我们后文的分析将会看到，合音形式比单纯的指示代词句法行为自由得多，单纯的指示代词一般不能独用指代事物，也不大能单独做句子成分。

合音现象的产生是有很强的条件限制的，并不是随时随地都可以发生的。一是两个词语所代表的概念必须密切相关，二是它们通常高频率共现。这其实是同一件事的两个方面。上述合音现象可以告诉我们，指示代词与数量表达之间的密切关系。同时，我们的后文将讨论，这种合音现象的出现也是造成汉语历史上指示代词由不能单用朝可以独用的方向发展的原因。

4.8.2.5　指示代词在替代事物上的限制

指示代词和人称代词在功能上有重要的差别：指示代词的功能在于"指别"，而人称代词的主要功能在于"替代"。表现为，指示代词不能直接替代事物，也就不能像一般名词一样用于各种句型和句法位置。人称代词则可以，其功能类似于普通名词。下面让我们来考察指示代词的句法行为。

表面上看来，"这""那"可以做主语，可以指人，也可以指事物。例如：

（22）a. 这是我们的班长。

b. 这是仪器厂，那是图书馆。

上述用例的指示代词只是指别，而不是替代。表现为它们多限于判断句，其中的判断词"是"一般不能换为普通及物动词。比如不能说"* 这碰见了我""* 那收藏着很多中文书籍"。

指示代词的上述用法还可以从其他方面得到印证。指示代词常常与名词构成一个偏正短语，整个短语的功能在于替代。这种语法环境中的指示代词都不能摆脱中心语而成立，即指示代词不能单独承担替代的作用。让我们考察上文（5）—（9）例的变换情况。

（23）你看余德利，那勺儿都快吃下去了。

　　　→＊你看余德利，那都快吃下去了。

（24）可是我刚才确实在望远镜里看到那星星了。

　　　→＊可是我刚才确实在望远镜里看到那了。

（25）那姑娘心不坏。

　　　→＊那心不坏。

（26）那人为她闪开道，回头看了她一眼。

　　　→＊那为她闪开道，回头看了她一眼。

（27）你们看了没有？那书多有名呵。

　　　→＊你们看了没有？那多有名呵。

指示代词不能直接用于替代事物还有一个明显的证据是，它们不能做领属短语的“领有者”。我们以上文的例子的相关表达来说明这一点。

（28）a. 我们班长的学习成绩很好。

　　　b.＊这的学习成绩很好。

（29）a. 仪器厂的经理开会去了。

　　　b.＊这的经理开会去了。

（30）a. 图书馆的主楼刚刚建成。

　　　b.＊那的主楼刚刚建成。

指示代词离开中心语替代事物时，必须表示其数量特征：单数是加上某个与所替代的名词相配的量词；复数则通常是加“些”。例如：

（31）我没有想过那个，起码现在没想。

（32）我把这篇认真看了一遍。

（33）我不喜欢吃这些，再给我弄点儿别的。

（34）你别提这些了，那都是过去的事情。

指示代词的上述用法与它们固有的有定性语义特征密切相关。"指别"即为有定性的典型用法。普通语言学中的"有定性"是指"人的大脑尝试在一个语言形式和所指对象之间建立起联系"。因此，根据汉语中有定性和数量表达的相互制约原理，指示代词在替代事物时，必须标明有关事物的数量语义特征。

跟普通话中的情况一致，在很多方言中，指示代词也都不能直接替代事物，也不能自由用于各种普通动词句。下面举例说明有关方面的现象。

一、山西洪洞话的指示代词："这""兀"很少单用，一般和"个"连用，这种用法往往出现于向别人陈述指称一件新奇的东西。

二、山东潍坊话的指示代词："这""聂""那"可以单独做定语、主语，但是与普通话相比，单用的机会要少一些。这主要表现在：一是只做"是"字句的主语，二是不做宾语。

三、江苏丹阳话的有定指代词：单独用"隔"限于用在"是""叫"等少数动词之前，其他地方一般用"个个"，似乎比普通话的"这"和"那"所受限制更严。

四、福建长汀客话的指示代词：单个儿的指示代词"女、解"，在长汀话里不能用做主语、宾语，只有带上轻声"个〔ke²〕"以后，才可以用做主语、宾语，也可以用做定语。比如，"女个系桃里树（这种是桃子树）"。

五、福建闽南话的指示代词："即"必须跟别的词比方量词等组合，不能单独用在句子里，不可以自个儿充当句子成分。

六、浙南闽南话的指示代词："只、许"多做主语，而且只限于带判断词"是"的判断句，如"只是火车"。

七、广东阳江话的指示代词："果"和"那"不能单独做句子成分，普通话说"这是哪村的客"，阳江话则必须说成是"果个系那村个人客"。

上述各个方言的情况都说明，指示代词只能用于"指别"，与此有关的一个现象是，它们只能用在少数句式里，最典型的是判断句。指示代词替代事物时必须加数量词，即必须标明其有关事物的数量特征。

4.8.3　指示代词在历史和方言中的独特句法行为

4.8.3.1　指示代词的语法功能的历史变迁

汉语史上先后出现了几个指示代词，它们的句法特点都与现代汉语的相似，都不能直接替代事物。"之"是最早出现的指示代词之一，它只用作定语，也就是说，不能单独指代事物。例如：

（35）之子于归，远送于野。（《诗经·燕燕》）

（36）之人之言不可以当，必不审。（《墨子·经说下》）

（37）之二虫又何知？（《庄子·逍遥游》）

（38）之数物者，不足以厚民。（《庄子·庚桑楚》）

现代汉语的指示代词"这"和"那"是唐代开始使用的。在唐代，虽然"这"的例子很多，但全是和名词配合使用，或者经常跟其他词构成复合词用，一般不能独立应用。比如，"惭耻这身无得解"（《敦煌变文·丑女缘起》）。可是，"这个"从唐代就有，一开始就是独立词：

（39）这个是阿谁不是？（《舜子至孝变文》）

（40）更不要苦救这个也。（《大唐新语·广记》）

"这""那"单独做主语的用法都是始于宋代。例如：

（41）只这难依口。（《点绛唇·水鹆风帆》）

（42）这是说天地无心处。（《朱子语类》卷一）

（43）那是做人的样子。（《朱子语类》卷七）

指示代词的这种用法一直保留到今天。这里的指示代词都是用于"指别"，不是替代具体的事物，而且只限于判断句。

汉语史上指示代词语法功能的变迁，都与前文所讨论的汉语的设计原理有关。我们认为，有定性和数量表达之间的相互制约原理，对整个汉语史都发生作用。宋代以前的指示代词替代事物时，必须与中心名词短语搭配使用，这是因为它们自身固有有定性的语义特征，必须依靠中心名词显示其所代表事物的量。那时表达事物的量有两种基本办法：单数用零标记，如"之子于归，远送于野"（《诗经·燕燕》）；复数则用具体的数字指出，如"之二虫又何知？"（《庄子·逍遥游》）。

量词发展成熟以后，汉语具有稳定的语法范畴来表达事物的数量。这使得指示代词可以和量词结合，从而摆脱中心语而独立使用。这是因为量词自身已经显示了有关事物的数量特征，满足了指示代词的有定性对数量表达的要求。这也就是为什么"这""那"与量词的搭配在一开始的时候就可以独立运用的原因。有些人可能认为，"这/那 + 量词"短语的独立运用与它们是双音节的特点有关。实际情况并非如此，双音化趋势到魏晋以后才逐渐形成，先秦汉语是单音节为主的，可是那时候的指示代词也是不能独立运用的。

现在来解释宋以后指示代词可以单独用作主语表示指别的原因。我们推测，单独使用的指示代词在当时的口语里很可能是读作与"一"的合音，类似于现代汉语普通话的［zhei⁵¹］（这一）和［nei⁵¹］（那一）。早期的指示代词和名词搭配时，除了中间插入量词"个"外，最常见的就是加"一"了。例如：

（44）此一器既是旧物，不足为侈。（《南齐书·萧颖胄传》）

（45）这一队措大爱顺口弄人。（《洛阳缙绅旧闻记》）

（46）这一段、凄凉为谁怅望？（《𬲾人娇·雪做屏风》）

（47）做这一事，且做一事；做了这一事，却做这一事。今人做这一事未了，又要做那一事，心下千头万绪。（《朱子语类》卷九十六）

因为合音词包含了一个单数的概念，就满足了指示代词自身的有定性对数量表达的要求，因此也就可以独立应用了。但是数词自身并不能直接替代事物，因此有关的合音词，虽然可以独用，但是也只限于指别，而不能替代事物。量词的情况则不同，它们与数词构成的短语可以替代事物，比如"三本"可以代表"三本书"，因此也就可以跟指示代词一起替代事物（名词）。

上述分析还有一个强有力的历史证据。本为普通量词的"个"在南北朝后期发展成了一个指示代词，它的指示代词用法是在量词"个"单独使用的句法环境里发展出来的，而只有数词为"一"时"个"才能摆脱量词而单独使用。也就是说，"个"的指代词用法隐含了一个数词"一"的语义特征。因此"个"一开始就可以独立运用，因为它自身已经兼有有定性和数量两种含义。例如：

（48）个是何措大，时来省南院。（寒山诗）

（49）观者满路旁，个是谁家子？（寒山诗）

（50）个是什么义？（明觉禅师语录）

上述用例的指代词"个"也都是用于指别，而且也都是判断句。其道理跟"这"和"那"的合音一致。

人称代词的复数标记"们"的发展与指示代词的复数标记"些"大约是同时，皆为唐朝后期。在此之前，人称代词的复数标记虽然有很多词汇选择，如"辈""曹""等""侪"等，但是却缺乏一个稳定能产的复数语法标记。我们认为，这两种复数标记之间的平行发展，很可能不是偶然的巧合，其间的联系和发展动因值得进一步探讨。

4.8.3.2　方言中指示代词的特殊条件限制

很多方言中的指示代词有一些独特的用法，从类型学的角度看，特别是从汉语的有关设计原理的角度观察，这些现象也不难得到解释。

从类型学的角度看，人类语言单复数的表达有两大类。第一类是单数为无标记，复数为有标记。英语和汉语（普通话）代词的单复数表达方式都是如此：

单数	复数
book	books
我	我们
这（＋NP）	这些（＋NP）

普通话指示代词的情况稍微有些特殊：修饰名词时，可以是零标记，也可以加上合适的量词；独立运用时，单复数都必须是有标记的，单数通常是加上某个量词，比如"这本已经看完了"，其中的量词"本"不能去掉。

第二类是单数和复数都是有标记的。下面看 Swahili 和 Aari 的材料。

单复数皆有标记的语言及其用例

语言	单数	复数	词义
Swahili	<u>ki</u>-su	<u>vi</u>-su	刀子
Aari	tiil-<u>sin</u>	tiil-<u>na</u>	水壶

汉语方言中的指示代词的一些重要语法特征都与它们单复数的表达形式有关。汉语语法的一个设计原理为，指示代词修饰名词时必须标示其数量特征。普通话所采用的方法基本是，单数为零标记，复数加"些"。但是，有相当一部分方言是要求单复数都必须被标记，具体表现为它们的指示代词不能直接修饰名词，必须加上适当的数量词才可以。这类似于 Swahili 和 Aari 语言中的情况。比如，甘肃兰州话指示代词"这、那"用作名词定语时，要加量词，不能直接出现在名词前面，例如：

（51）这个人　　　　　* 这人

　　　这件衣裳　　　　* 这衣裳

　　　那匹马　　　　　* 那马

　　　那条路　　　　　* 那路

"这个人"不能说成"* 这人"；"这件衣裳"不能说"* 这衣裳"。类似的，兰州话指代词用作时间名词定语时，一定要加上数词"一"：

（52）a. 这一天　　　　* 这天

　　　b. 那一年　　　　* 那年

同样，甘肃临夏话的指示代词也不能直接修饰名词，必得加一个量词方可，比如"这个小娃"不能说"* 这小娃"，"那件衣裳"不能说成"* 那衣裳"。汉语表示有定性的典型手段是加指示代词，兰州话和临夏话的指示代词修饰名词必须加量词或者数词的现象，就意味着有定的事物必须表达其数量。

上述现象还存在于地域上毫不相关的各种方言之中，下面是部分已经调查出来的方言。

一、上海话。上海话的指示代词"迭"一般要跟量词结合成数量词以后才能用来修饰名词，例如"我吃准迭条街还辣辣"。远指代词一般不能直接修饰名词，如"*伊茶、*哀人"。

二、浙南闽南话。浙南闽南话的指示代词"只、许"做定语，后必须加量词。

三、福建闽南话。福建闽南话的指示代词"即"必须跟别的词比方量词等组合，不能单独用在句子里，不可以自个儿充当句子成分。

四、海南海口话。海南海口话的指示代词"者、奚"等一般不能直接修饰名词，它后面要带上量词，例如"者间楼、即本书、奚个星、许架灯"等。

五、广东潮州话。广东潮州话的指示代词一般不能直接修饰名词，一般总是夹着一个量词，例如只说"这个人、许本书"，不说"*这人、*许书"。

六、广东汕头话。普通话可以说"这人、这小孩儿"等，但是汕头方言不能说"*只人、*只奴仔"，只能讲"只个人、只个奴仔"。汕头话的指示代词修饰名词时中间一定要有量词才行。

汉语方言语法丰富多彩，之间的差异更是多种多样。有些差异具有类型学研究价值，反映了不同语言之间的类型学特点。

4.8.4　有定性和数量表达之间的认知关系

4.8.4.1　其他语言的类似现象

有定性和数量表达之间的相互制约关系，是汉语语法的一个设计原理，其影响的范围包括汉语的共时、历时和地域变体。这种现象还存在于别的语言中。前文已经提到了这一点，这里再给出较具体的材料。

使用于 Ethiopia 西南地区的 Omotic 语族的 Aari 语言中，名词具有"格"和"数"的形态标记，但是只有被标记为有定性的名词才可以具有"数"的形态变化；当一个名词被标记为有定时，它具有单复数两种形式。类似的现象也存在于 Omotic 的另一语言 Gamo 中，只有有定名词才具有复数标记（其单数为无标记的）。

类似的现象还存在于地域上毫不相干的其他语言中。比如 Austronesian

语族的 Kambera 语言有三个冠词：一个是兼表单数和有定，一个是兼表复数和有定，还有一个是用于专有名词。也就是说，该语言的无定名词没有数量标记。在 Basque 语言中，有定名词必须带上数的标记，相对的，无定名词则不能具有数量标记。

4.8.4.2　有定性范畴的语义结构

构成"有定性"概念的核心要素为，指明一个认知域中的一些成员。从数学的角度来看，"认知域"就是"集合"，"成员"就是"元素"。那么"有定性"用数学的语言来表达，就是：

有定性——确立一个集合中的一些元素。

任何一个有定的表达必然涉及两个因素：集合和元素。通俗地讲，有定性就是指明一个大范围内的一些特定个体。有定性概念的这一特点，可以用反证法来证明。一个类属名词表示的一个集合本身，不涉及其中的任何特定元素，因此不能加有定性标记。例如：

（53）a. 我不喜欢吃葡萄。　　　　　我不喜欢吃这些葡萄。

　　　b. 我不喜欢开车。　　　　　　我不喜欢开这辆车。

（54）a. The boy hates cats.　　　　　The boy hates the cats.

　　　b. The girl loves cheese.　　　　The girl loves the cheese.

例（53）左栏的不加指示代词的名词宾语是代表一个类属，表示一种习性。然而右栏的例子加上指示代词表示定指时，则就失去了类属名词的含义，表示动作只涉及一些特定的对象。同样的对比也存在于上述英语的例子中。例（54）左栏的不加定冠词的名词宾语表示的是类属，整个句子表示的是一种习性；右栏的加定冠词的名词宾语表示的是一种特定的对象，不能表示某种类属。这种"有定"和"类属"表达之间的不相容性，很能说明"有定性"概念的内涵。

4.8.4.3　对有定性词语所指对象的数量特征的感知

有定和无定的表达对象可以是各种各样的事物现象。可作为人们认知对象的现象是丰富多彩的，既有具体的，也有抽象的；既有自然的，也有人为的；既有现实的，也有虚拟的；如此等等。每一个认知对象构成一个认知域。用数学的术语来表达，一个认知域相当于一个集合。在正常状态下，任何一个认知域至少包含一个成员，即所构成的集合不能是空集。

有定性的表达涉及对某一认知域成员的确认。在人们的心目中，一旦某一事物现象的某些成员被确认了，必然伴随着对该事物现象的成员数目的认识，这种认识可能是无意识的。而对成员数目的认识可能是精确的，也可能是概略的。也就是说，在一个认识过程中，对某一事物现象的成员确认必然伴随着对其成员数目的认识。这种现象投射到语言中就是，有定性的名词必须带有数量标记的语法特点，最常见的就是单复数语法标记。当然对于同一种认知规律，由于不同民族的认知视点可能不一样，结果有的语言的语法有反映，有的则没有。即使在都有反映的语言中，所反映的范围大小、程度高低也不完全一致。比如，前文所讲的 Aari、Basque 等语言中，该认知规律作用于整个名词系统，即凡是表定指的名词必须具有“数”的形态变化。然而在汉语中却只限于本身语义已为定指的代词系统。

相对的，尚没有进入认知域的事物现象，其成员的数目处于认识的盲区。反映在语言中就是，不定的名词无需带上“数”的语法标记。这就是为什么 Aari、Basque 等语言中的无定名词没有“数”的语法标记的原因。英语中也有类似的现象，类属名词不能表示其单复数。这是因为类属名词没有明确的所指，也就无所谓有定或者无定，因为它们的成员数目没有进入人们的意识范围。

4.8.4.4　汉语的复数标记与数量词不共现的原因

我们确认“们”和“些”为汉语的复数标记，但是跟一些其他语言的复数标记有重要的差别，不能与具体数量词共现。比如，不能说“* 三个同学们”“* 这些三本书”等。然而像英语这种语言，复数标记和确数是可以（必须）共现的：three books、five cars 等。汉语方言语法的复数标记的具体形式差别很大，功能也不尽相同，但是在这一点上是共同的：不与确数共现。这种现象的形成还是与汉语语法的有关设计原理有关。

在汉语中，只有有定性的词语，数量表达才是强制性的。人类语言关于数量表达的方式也不尽相同，比如英语是两分的——"单数"和"复数"（大于等于二）；也有语言是三分的——"单数"、"双数"和"复数"（大于等于三），西斯拉夫语言的 Sorbian 就属于这种类型；还有语言是四分的——"单数"、"双数"、"三数"和"复数"（大于等于四），属于这种语言的有 Larike。汉语对事物数量的表达也有自己的特点，例示如下：

一、单数：这书／这本书　　　那车／那辆车

二、复数：这些书　　　　　　那些车

三、确数：这三本书　　　　　那两辆车

人称代词系统则是两分的，单数为零标记，复数标记为"们"。选择其中的任何一种手段，就可以满足汉语的一个有定性形式对数量表达的要求，可是这些不同的手段之间是互相排斥的，不能共现。

此外，还可以从功能方面来解释。汉语的"复数"实质上是一个"大于等于二"的概数，语义上与"确数"相矛盾，因此两者不能共现。这一分析可以用反证法来证明。"些"和"们"都是表概数的，它们语义上不矛盾，因此可以共现。先看《红楼梦》中的例子。

（55）黛玉一面吃茶，一面打谅这些丫鬟们。（《红楼梦》第三回）

（56）所以这些子弟们竟可以放意畅怀的。（《红楼梦》第四回）

（57）况是我近来接着管些事，都不知道这些亲戚们。（《红楼梦》第六回）

（58）放着这些小子们，那一个派不得？（《红楼梦》第七回）

（59）咱们家所有的这些管家奶奶们，那一位是好缠的？（《红楼梦》第十六回）

根据我们的调查，现代汉语里，上述用法的使用频率有所减少，但还是时有所见，比如：

（60）对这些傻娘儿们的鬼话、废话我一句也不想多听。（《枉然不供》）

在句法上，汉语则要求数量成分必须紧邻着有定性成分出现。对于例（55）—（59）的名词短语结构，要省去一个复数标记的话，只能省去那个最后的"们"，但必须保留指示代词后的"些"。例如：

（61）a. 黛玉一面吃茶，一面打谅<u>这些丫鬟</u>。

b.* 黛玉一面吃茶，一面打谅<u>这丫鬟们</u>。

（62）a. 咱们家所有的<u>这些管家奶奶</u>，那一位是好缠的？

b.* 咱们家所有的<u>这管家奶奶们</u>，那一位是好缠的？

这种句法限制也反映了汉语中数量表达与有定性之间的相互制约关系。

4.8.5 结语

本章首先从类型学的角度论证了汉语属于这样的类型：有定性和数量表达之间存在着相互制约的关系，只有有定性的成分的单复数表达才是必须。这是汉语的一条设计原理。据此可以解释为什么只有人称代词和指示代词才存在着严格的单复数对立，而无定的疑问代词系统则没有。同时，也可以解释为什么宋代以前的人称代词都不能单用的原因，而且也可以说明宋以后指示代词和量词的搭配可以独立运用的理由。此外，还可以解释众多的汉语方言中的有关语法现象。

此外，还从认知的角度论证了有定性和数量表达之间的内在联系。语言中有定性的语义结构，确指某一认知范围内的成员。人们在认识这些被确指的成员的过程中，必然伴随着对这些成员数目的感知。这种认知过程反映到语言中，就形成了语法标记系统中的有定性表达和单复数表达之间的密切关系。

本章的研究还说明类型学视野对汉语研究的重要性。以往人们总是自觉不自觉地拿汉语跟印欧语言相比，也有人明确反对所谓的"印欧语眼光"，主张把"眼光"收回到汉语内部的系统之内。我们觉得，"印欧语眼光"自身是没有错的，问题就出在只局限于印欧语的"眼光"。我们提倡从类型学的角度观察汉语，就是主张把汉语的研究放在整个人类语言的大背景之下进行。说印欧语的国家在当今世界的科技文化中处于领导地位，但是从语言学的角度来看，它们也只代表少数几种类型，一些小的语种中的现象照样可以给我们启发，帮助我们发现汉语中的重要现象。

4.9　判断、焦点、强调与对比

4.9.1　引言

　　一种语言的句子所表达的具体内容是无穷的，但是可以归纳为有限的语法范畴。确定哪些表达内容属于一个语法范畴的标准，是看所使用的语法形式是否一致或者密切相关。同时，同一语法形式常常又会进一步语法化为不同的语法标记，表达不同的语法范畴，它们的形式特性和使用条件都是既有联系又有明显区别。本章讨论的是现代汉语中的四种基本的语法范畴——判断、焦点、强调和对比之关系，它们不仅在功能上密切相关，而且语法标记的来源也是一致的。具体地说，焦点、强调和对比的标记"是"都是来自其原来的判断用法，它们都共存于现代汉语之中。

　　"是"是现代汉语中最活跃的语法标记之一，表达的具体内容表面上看起来纷纭复杂，但是实际上可以归纳成简单的几类。迄今为止，学界对"是"的研究还相当不充分，人们尚不清楚它到底可以表达多少语法范畴，表达不同语法范畴时的词性是否一致，等等。而且对"是"的功能分类也十分混乱，比如同样一种现象，不同的语法论著或者工具书处理完全不同。本章尝试确立"是"的主要语法功能，并给出它的严格的使用条件和出现的句法环境。

4.9.2 有关的概念和理论问题

4.9.2.1 所谈的四个概念

关于本章所讨论的四个语法范畴——判断、焦点、强调和对比，在不同的论著或者工具书中，定义并不完全一致。考虑到普通语言学中的有关定义，同时结合汉语的事实，我们定义这四个概念如下：

判断——确立主语和宾语之间的等同、分类等各种关系，主语和宾语一般为名词性的。现代汉语的判断标记为"是"，做句中核心动词，连接主宾语，不能省略。

焦点——句子中的最重要的新信息，焦点化的成分不仅是新信息，而且是最主要的，要依赖一定的语法手段来表示。现代汉语中主要焦点标记为"是"，谓语动词之前的成分可以在其前直接加"是"而使其焦点化。用作焦点标记的"是"减弱了其动词性。

强调——强化性质的程度或者事件的真实性。用在形容词短语之前则表示程度高，而用在动词之前则强调事件发生的真实性。用作强调标记的"是"完全失去了动词性，不做句子的主要成分，去掉后原句子仍然成立。

对比——表示在一定的语境中有关对象在性质或者状况上存在鲜明的差别。对比常用两个紧邻的小句表示，语法标记常常为"是"。

下面将通过实例并从形式上详细刻画"是"的各种用法的使用条件。

4.9.2.2 四种语法范畴之间关系的语言共性

汉语中，判断、焦点、强调和对比这四种语法范畴都用"是"来标记不是偶然的，其背后有深刻的认知理据。"是"的焦点、强调和对比的用法都是其判断用法的进一步语法化的结果。这在其他语言中也有反映。人类语言的焦点标记的最常见的两个来源是判断词和指示代词。下述公式是描写人类语言演化的一个规律：

指示代词 > 判断词 > 焦点标记

汉语的判断词"是"也是来自指示代词的。

不仅判断词向焦点标记的发展是人类语言的共性，而且焦点标记又进一步发展成强调标记也是人类语言的一个常见现象。强调标记和对比标记之间的关系也有跨语言的证据。

根据不同的学者对世界各种语言的调查结果，我们可以建立一个跨语言的发展链：

指示代词→判断词→焦点标记→强调标记→对比标记

注意，不要对上述的语法化过程的理解绝对化。这只是不同语言反映出的共同发展规律或者趋势，但并不意味着一个语言的某一个成分必然向某个方向发展，即使一个特定的语言朝这个方向发展，也并不必然走完全部过程。此外，一个语法标记往往有不止一种来源，比如强调标记可能有其他来源，然后再向对比标记发展。但是上述的发展链可以说明这几种不同语法范畴之间的内在联系。汉语的"是"走完了整个语法化过程，在当今的口语中，除退化掉了原来的指示代词用法以外，并兼具有其余四种功能。

4.9.3 判断词"是"

4.9.3.1 离散量和连续量

判断词"是"是动词性质的，跟普通动词一样，位于主宾语之间。要准确描写"是"的各种用法，需要借助一对数量语义特征——离散量和连续量，分别定义如下：

离散量——凡是具有明确的个体，或者其成员具有明确的边界，可以用自然数自由称数的对象，称作具有离散量的语义特征。比如典型的名词所指是空间上的个体，可以为数量词修饰，因此是离散的。在下面的讨论中，离散量记为 $[+d]$。

连续量——没有明确的个体，其构成部分之间边界交叉，只能被模糊量的程度词修饰，称作连续量。比如形容词所代表的性质的各个级别之间，边界交叉，是模糊量。下文记作 $[-d]$。

　　动词具有双重的数量语义特征。表示具体行为动作的动词，往往具有明确的起讫点，可以用跟动量词结合的自然数称数，因此在时间、空间上是离散的。另一方面，从一个动词的内部发展过程来看，它们往往是均质的、连续的，因此又具有连续量的数量特征。因为动词的双重数量特征，跟名词相比，动词的离散性不是自足的，而需要借助其他语法手段才能凸现出来。

　　三个基本词类的数量语义特征可以概括为：名词为 $[+d]$；动词为 $[\pm d]$；形容词为 $[-d]$。

4.9.3.2　判断词的使用条件

　　判断词"是"联系两个而且只能是两个变项①，分别记为 X 和 Y。该两个变项的数量特征都必须是离散的，记为 $[+d]$。判断词"是"的使用公式为：

　　（a）$X_{[+d]}+$ 是 $+ Y_{[+d]}$

　　该公式最常见的一种情况为两个变项都是名词短语，而名词短语自身的数量特征就是离散性的。可概括为下式：

　　（b）$NP_1 +$ 是 $+ NP_2$

其中的"是"是句子的核心成分，不能省略，否则就不合法了。例如：

　　（1）曹雪芹是《红楼梦》的作者。　→＊曹雪芹《红楼梦》的作者。

　　　　小说是一种文学体裁。　　　　→＊小说一种文学体裁。

　　　　王教授是我们的数学老师。　　→＊王教授我们的数学老师。

　　　　老王是模范。　　　　　　　　→＊老王模范。

　　如果"是"后的变项是动词或者形容词短语，因为它们自身不具有离散性质，要表示判断时，必须用"的"把它们转换成离散性质的成分，否则只能表示强调。"的"的主要功能是赋予所搭配成分以离散性质；从语法的角度看，动词或者形容词加上"的"以后就转化为名词性的成分。这

----

① 句法地位平等的两个并列成分看作一个变项，如"李白和杜甫""小说和散文"等。

两种现象的本质是相通的，因为名词性的成分同时具有离散性质。有关的判断格式如下：

（c）NP ＋ 是 ＋［（AP/VP）的］

如果去掉格式中的离散标记"的"，"是"则转化为强调标记。请看下面的对比：

判断	强调
他是拉过小提琴的。	他是拉过小提琴。
那些书是卖的。	那些书是卖了。
这台电脑是好的。	这台电脑是好。
这辆车是新的。	这辆车是新。

这是就只有两个变项的简单情况而言的，如果有更多的变项时，情况就会不一样。

上述（c）式的两个变项颠倒过来仍是判断句，格式为：

（d）［（AP/VP）的］＋ 是 ＋ NP

例如：

（2）最好的是这台电脑。

拉过小提琴的是他。

4.9.3.3 判断格式的语义类型

上面只是确定了判断词"是"的抽象格式，然而两个变项之间的具体语义关系是多种多样的。我们以舞台艺术来比喻，"是"就像灯光，把舞台上的两个演员显示给大家。至于这两个演员的关系则有多种可能，可以是夫妻，可以是朋友，可以是忠臣和奸臣，等等，不胜枚举。他们的关系是由演员扮演的角色决定的。这类似于判断句中"是"所联系的两个变项的关系，它们是由两个变项的语义内容决定的。两个变项的语义关系是一个开放的类，下面是最常见的几种类型。

一、等同关系。当两个变项的外延相同时，即 $X = Y$，判断格式就表示等同关系。该格式的主语和宾语可以颠倒位置，而意思基本一致。例如：

（3）《阿Q正传》的作者是鲁迅。　→鲁迅是《阿Q正传》的作者。

　　王教授是我们的系主任。　　　→我们的系主任是王教授。

　　二、分类关系。当Y的外延大于X时，即X∈Y，判断格式就表示分类关系。该格式中的主宾语不能颠倒位置，否则将改变句子的意思。例如：

（4）王教授是我们学校的老师。　→＊我们学校的老师是王教授。

　　这张桌子是石头的。　　　　　→＊石头的是这张桌子。

　　三、存在关系。当X是方位词语，Y为事物名词，判断格式就表示某地方存在某事物。这种格式中的主宾语也不能颠倒。例如：

（5）村子前面是一大片水田。　　→＊一大片水田是村子前面。

　　浑身上下全是汗。　　　　　　→＊汗全是浑身上下。

　　注意，"存在"意义是整个格式所表达的，而不是"是"自身的独立含义。如果主语不是方位词语，"是"就没有存在的意义了，比如"我们存在一个问题"并不等于"我们是一个问题"。

　　四、合适关系。Y为表示时间、地点名词时，整个判断式具有"合适"的含义。格式中的主语X一般是一个复杂的动词短语，例如：

（6）这场雨下得是时候。

（7）这本书搁得不是地方。

（8）作为主编，我心里很不是滋味。

4.9.3.4　用作回指的指示代词的判断句

　　指示代词"这"或者"那"可以回指上文提到的内容，所在句子的谓语多为评价或者描写性质的，必须用"是"连接。其中的"是"是判断词，即句子的核心动词，不能省略。抽象格式为：

（e）S＋这／那＋是＋Y

例如：

（9）您这是给我使激将法。

　　我那是一时冲动，我已经向你道了无数次歉。

戈玲，你这是借物咏志。

我这是给我老婆打电话。

我们那是一见钟情！

他这是在肆无忌惮地兴风作浪。

这类格式多用于评述或者说明前面提到的事情。虽然"是"后的成分离散性并不强，甚至是一种性质，整个句子仍是判断，而不是强调。其中的"是"不能省略，比如不说"*我那一时冲动""*我们那一见钟情"等。

4.9.3.5　诠释关系的判断句

诠释关系的判断句是指宾语部分是对主语内涵的说明，主语和宾语之间必须用"是"来连接。此时主语和宾语的外延一致，宾语所指不直接与现实现象发生联系，而是对另一语言单位（主语）的诠释。结构中的"是"也是判断词，为句子的核心成分，不能省略。又可以细分为如下两种结构。

一、NP ＋ 是 ＋ VP

（10）我们的任务是把这些书放在书架上。

问题是事态发展得太快了一点儿。

关键是要情况属实。

我们俩来的目的就是代表编辑部向您道歉。

我的意思是没吃过猪肉，还没见过猪跑吗？

二、VP ＋ 是 ＋ VP

（11）这次大家把学习的机会让给你是对你的爱护。

我们登双双的照片是想为读者推荐文艺新人。

外国人爱玩雕虫小技也是受咱们的传染。

4.9.4　焦点标记"是"

4.9.4.1　焦点标记"是"的使用条件

"是"是现代汉语最重要的焦点标记。焦点化一个成分具有如下几种条件限制：（一）"是"只能焦点化紧邻其后的成分；（二）被焦点化的成分必须具有离散性质；（三）跟焦点化成分有关的变项必须是大于或者等于2。可以用下式描写：

$$（f）（X_{[+d]}）＋ 是 ＋ Y_{[+d]} ＋ Z$$

"是"后的两个变项 $Y_{[+d]}$ 和 Z 之间具有直接成分的关系，即它们构成一个更大的语法单位。

仍借用舞台艺术来说明焦点标记"是"的使用条件。"是"就如聚焦灯，被聚焦的对象必须是一个明确的个体，比如可以是演员或者一束鲜花，但不能是连绵不断的东西，比如弥漫舞台的烟雾就不能被聚焦。同时，要聚焦某一个东西，必须有较暗灯光的背景物体来衬托，否则也就无所谓聚焦。从视觉感知可以帮助我们理解对焦点这种语言现象的认知，焦点化的成分必须具有离散性质，要焦点化一个成分必须依靠其他未被焦点化的变项来衬托。

谓语动词之前的成分，凡具有离散量特征的，诸如施事、时间、地点、工具等短语，都可以在其前直接加上"是"而使其焦点化。判断"是"跟焦点"是"的词性是不同的，焦点的"是"已很大程度上退化掉了动词的特征，不是句子的主要成分，去掉之后句子仍然成立。也有学者把"是"的各种用法都看作动词，比如把焦点化的"是"都叫作"连谓结构"，这实际上是忽略了不同功能的"是"的语法性质差别。例如：

（12）是小王昨天在门口用钳子把自行车修好了。 ——焦点施事

小王是昨天在门口用钳子把自行车修好了。 ——焦点时间

小王昨天是在门口用钳子把自行车修好了。 ——焦点地点

小王昨天在门口是用钳子把自行车修好了。 ——焦点工具

小王昨天在门口用钳子是把自行车修好了。 ——焦点受事

相反，如果谓语动词之前的修饰成分是连续的，那么就不能用"是"来焦点化。这又有两种情况，要么干脆不能加"是"，要么加"是"以后转化为强调标记，加强其后全部谓语部分的程度。例如：

（13）老王大概已经走了。 →*老王是大概已经走了。

也许他们知道了这件事。 →＊是也许他们知道了这件事。

她高高兴兴地上学去了。 →她是高高兴兴地上学去了。

他早早地就起床了。 →他是早早地就起床了。

上组例子的后两个都是强调事件的真实性，为下文所要讨论的强调标记"是"的情况。

4.9.4.2　宾语的焦点化方式

不是每一个句子成分都可以在其前直接加"是"而被焦点化的。做谓语中心语的动词或者形容词就不允许在其前加上"是"而被焦点化，原因是它们自身都不具有离散性质。如上文所述，形容词的典型数量特征是连续的，动词兼有离散和连续两种性质，其离散性不是自足的。下文将讨论，动词和形容词谓语之前直接加"是"只能表示强调，而不能被焦点化。比如"他是打过高尔夫球""他们在家乡生活得是好"等都是强调。虽然宾语多为表示离散性质的名词，但是动宾之间不允许插入"是"，因此宾语名词也无法被直接焦点化，必须改变结构才行。具体方法是：

（g）$NP_1 + V + NP_2 \rightarrow （NP_1 + V + 的） + 是 + NP_2$

就是把宾语之前的主谓短语用"的"变成一个名词性从句，获得离散性质，使得整个格式具有与判断句一样的抽象形式。例如：

（14）我们看到了一只兔子。 →我们看到的是一只兔子。

他们早上喝了牛奶。 →他们早上喝的是牛奶。

这类焦点化格式跟"（VP + 的） + 是 + NP_2"的判断句表面上相似，但是各成分的隐性语法关系并不一样。在焦点化格式中，NP_2 总是 V 的受事，然而在判断句中，NP_2 和 V 之间没有这种关系。此外，表面上看起来宾语的焦点化格式违背了 4.9.4.1 所给出的焦点化条件，因为"是"后只有一个宾语名词变项，而实际上这是因为汉语语法的特殊要求（动词和宾语之间不允许插入焦点标记），跟焦点宾语组成一个直接成分的另一变项 V 被分裂开来。可以用一个反证法来证明，句子中如果没有 V 出现，就转化为判断句。例如：

（15）我们看到的是一只兔子。　→我们是一只兔子。

　　　他们早上喝的是牛奶。　　→他们是牛奶。

上述右端的例子是有意义而且合法的判断句,比如在分配动物时可以说"我们是一只兔子,他们是一只狗"。

　　同理,如果宾语不是非离散性质的事物,就不能用格式（f）焦点化。比如谓词性宾语一般都不能被焦点化。例如:

（16）他们给予了说明。　　→*他们给予的是说明。

　　　他们值得学习。　　　→*他们值得的是学习。

4.9.4.3　汉语的分列式焦点化格式

　　汉语中也存在着类似于英语等语言中的所谓的"分列式"焦点化格式,可用下式描写:

　　（h）[VP +（的）] + 是 + F

　　作为焦点的 F 成分可以是 VP 的目的、原因、与事等,即它们在正常的句子中与 VP 构成一个直接成分。这类结构的生成过程为,用"的"使得整个 VP 转化为名词性的从句,把要焦点化的成分从原来的位置移到句末,其中的"是"形式上是一个判断词,为句子的核心动词,一般不能省略。例如:

（17）谴责陈世美是为了他们重归于好。　　　—焦点目的

　　　我带来就是给你听的。　　　　　　　　—焦点与事

　　　他对我冷是出于热的渴望。　　　　　　—焦点原因

　　　请我吃的全是城里有名的大饭庄。　　　—焦点地点

　　这类焦点化格式跟上文谈的宾语的焦点化格式类似,不同之处在于这类格式的"的"不是必需的,如上例所示。而宾语的焦点化格式则必须加"的",比如"你们现在缺的就是我这种稿子"就不能去掉其中的"的"而成立。

　　分列式焦点格式出现的原因之一是,汉语中的宾语成分倾向于为未知的新信息。比如常说的"人来了"和"来人了"的区别就是,前者"人"

为有定的、已知的，后者则为无定的、未知的。宾语成分的语法意义，正与焦点的含义相符。

很多语言都有以判断词"是"构成的分裂式焦点格式。例如，英语句子 John bought a car yesterday 可以用分列式结构对句子的各种离散成分焦点化：

（18）It is <u>John</u> who bought a car yesterday.

It is <u>a car</u> that John bought yesterday.

It is <u>yesterday</u> that John bought a car.

上述画线的部分为焦点化成分。跟汉语的情况一样，谓语动词 buy 不能被焦点化。

4.9.4.4　焦点格式与判断格式的区别

有时候，"是"到底是用作判断标记还是焦点标记，颇难分辨。"是"后要有两个变项，才有可能被解释成焦点标记。但是，尽管"是"后有两个变项（分裂格式除外），如果它们用某种语法手段结合成一个单一的语法单位时，整个格式就只能被理解成判断句，而不能是焦点格式。汉语中存在着下列格式的对立：

判断格式：X ＋ 是 ＋[（Y ＋ VP）＋ 的]

焦点格式：X ＋ 是 ＋ Y ＋ VP

"的"的作用为把"是"后的所有成分转化为名词性的从句，因此"是"后只有一个变项，不符合焦点"是"的使用条件。然而"的"的功能是把具体的行为动词转化为离散性质的，该结构恰好满足判断词"是"的使用条件，因此整个结构是判断句。然而没有"的"的时候，"是"后如有两个变项，紧邻的那个变项将被焦点化。

有时单从意义上看，很难分别出"是"到底是判断标记还是焦点标记。虽然在口语里，焦点化的成分总是读重音，但是写下来之后这种区别就消失了。这里有一个简单的形式判别标准，判断词"是"为句子的核心动词，因此去掉之后句子往往不成立；然而焦点的"是"不是句子的主要成分，去掉之后，只是焦点消失，但是句子仍然成立。请看下列的对比。

一、判断

今天可能咱俩是来得最早的啦。 → *今天可能咱俩来得最早的啦。

办法是大家想的。 → *办法大家想的。

我是公私合营那前儿生的。 → *我公私合营那前儿生的。

这些人都是等着来认亲的。 → *这些人等着来认亲的。

我们是打算正经过日子的。 → *我们打算正经过日子的。

我爱人是儿童医院挂号的。 → *我爱人儿童医院挂号的。

我和姐姐是爸爸一手拉扯大的。 → *我和姐姐爸爸一手拉扯大的。

二、焦点

一般来访都是我负责接待。 →一般来访我负责接待。

是她丈夫做了手脚。 →她丈夫做了手脚。

是为你高兴了。 →为你高兴了。

我是一宵都没睡。 →我一宵都没睡。

是她去替我领。 →她去替我领。

是我看太多遍陷进去了。 →我看太多遍陷进去了。

4.9.4.5 动宾之间加"的"的焦点格式

现代汉语口语中有一类独特的结构,在动词和宾语之间插入一个"的",表示过去发生的事情。该结构中经常有"是"出现,它到底是判断还是焦点化结构，颇难判断。其抽象格式为：

$$NP_1 + 是 + Y + (V + 的 + NP_2)$$

表面上看来，其中的"是"很像判断词，因为其后是一个"VP + 的 + NP"的名词短语。而实际上，这类结构跟一般的判断格式是不一样的，其中的"是"都可以省略而不改变句子的意思。

（19）他是去年结的婚。 →他去年结的婚。

我是昨天买的票。 →我昨天买的票。

他是用凉水洗的脸。 →他用凉水洗的脸。

我是在外语学院学的英语。　→我在外语学院学的英语。

阿里是昨天打的电话。　　　→阿里昨天打的电话。

文章是主编定的稿。　　　　→文章主编定的稿。

上述结构的另外一个重要特征是，"是"后一般不能是单纯的动词加上"的"修饰名词，即动词前必须加上其他修饰语，否则句子将无意义或者不成立。例如：

（20）他是去年结的婚。　　　→? 他是结的婚。

　　　我是昨天买的票。　　　→? 我是买的票。

　　　他是用凉水洗的脸。　　→? 他是洗的脸。

　　　我是在外语学院学的英语。→? 我是学的英语。

　　　阿里是昨天打的电话。　→? 阿里是打的电话。

　　　文章是主编定的稿。　　→? 文章是定的稿。

　　另外一个重要特征是，这类结构中的"是"后的紧邻成分可以用疑问代词提问，或者说可以做特指疑问句的答语，然而句尾的名词则一般不能用疑问代词提问。例如：

（21）他是用什么洗的脸？　　　他是用凉水洗的脸。

　　　* 他是用凉水洗的什么？

　　　阿里是什么时候打的电话？　阿里是昨天打的电话。

　　　* 阿里是昨天打的什么？

　　　文章是谁定的稿？　　　　文章是主编定的稿。

　　　* 文章是主编定的什么？

疑问代词是句子的自然焦点，回答疑问代词的部分也是焦点。根据这些特征，我们认为结构中的"是"主要起焦点化紧邻其后那个成分的作用。

4.9.5　强调标记"是"

4.9.5.1　强调标记"是"的使用条件

　　"是"出现在连续量的成分（$Y_{[-d]}$）之前时，则起强调的作用。该连续成分通常是句子的谓语，被强调的是其后的整个谓语，而该谓语既可以是一个词，又可以是一个复杂的结构。强调"是"的使用条件可以用下式来描写。

$$X_{[+d]} + 是_{强调} + Y_{[-d]}$$

强调和判断"是"的差别，关键取决于其后成分的数量语义特征：连续量成分之前的"是"为强调，离散量成分之前的"是"为判断。请看下面这个有趣的例子。

（22）厕所这地方是不雅，可却是全世界拥有最畅销读物的阅览室。

上例中的第一个"是"后为连续性质的"不雅"，因此表现为强调，相当于"确实"；第二个"是"后为离散量的"阅览室"，因此表现为判断，对主语进行分类。

让我们再一次引用舞台艺术来说明强调"是"的使用条件产生的原因。"是"还是那束强光的聚焦灯，当它打在一大片连绵不断的烟雾的某一部分时，就起不到聚焦的效果，只能让人感觉到被强光照亮的那部分烟雾比其他部分更白或者颜色更清楚。不论是判断还是焦点化，"是"都要求其后的成分是离散性质的；如果其后的成分是连续的，那么效果就如同聚焦灯打在舞台烟雾上的效果一样，只能起强调的作用。

根据所搭配词语的不同，被强调的方面也有变化：其后为动词短语时，一般强调事实发生的真实性；其后为形容词短语时，则强调性质的程度之高。例如：

（23）她昨天是没来。　　　　　　她是聪明。

左边句子中的"是"是强调"没来"这件事的确发生了，右边句子的"是"是强调"聪明"的程度很高。下文还将详细说明。

4.9.5.2　情态动词结构中的强调标记"是"

前文讨论过，动词兼有离散和连续两种性质，但是它们的离散性质是不自足的，需要借助于其他语法手段才能显示出来。结构助词"的"的功能之一就是赋予动词短语以离散性质。因为判断词"是"要求其后的成分为离散性质，所以"NP＋是＋（VP＋的）"是一种常见的判断格式，但并不是所有的这类结构都是判断句，这主要取决于VP的性质。它们可以细分为以下两种情况。

一、VP表示的动作已经在过去发生或者完成。动作行为的离散性主要表现在它们在时间轴上具有明确起讫点，那么已经发生或者完成的动作离散性就高，因此有关动词加上"的"以后就具有明确的离散特征，所以整个格式可以表示判断。例如：

（24）他是从北京来的。　　　　那本教材是去年出版的。

　　　灯是我开的。　　　　　　我是王教授教过的。

二，VP表示动作发生的可能性。即动作行为尚未发生，它们缺乏离散性质。常见的两种动词结构为"助动词＋VP"或者可能式"V＋得／不＋补"，前一种结构常可以用连续量的程度词修饰，如"很可能来"，说明它是连续性质的；后一种结构的自身语义特征就是连续性的，表现为不能用动量词称数，比如不能说"＊看不懂一次"等。因为这类动词结构已经有助动词或者可能式赋予了它们连续性质，因此即使加上"的"，整个格式仍然是起强调的作用，而不表示判断。例如：

A. NP＋是＋Aux＋VP＋的

（25）妈妈是要问这件事的。

　　　他是会来帮助我们的。

　　　这个园林的面貌是会有变化的。

　　　主编的工作是要担责任的。

　　　这事我们还是要管的。

　　　看来这思想工作是不能放松。

B. NP＋是＋（V＋得／不＋R）

（26）我就是这最后一条，温柔，总是弄不好。

　　　威胁是吓不倒我们的。

　　　家我是回不去了。

　　　问题是看得出来的。

我们家的经济条件也是挺得住的。

要说找歌手撑场子这可是马虎不得的。

上述两种强调格式的"的"都不是必须的，去掉以后句子仍然成立。

4.9.5.3 形容词谓语句中的强调标记"是"

形容词的典型数量特征是连续性的，因此形容词谓语之前的"是"多为强调标记。具体情况又不尽相同，单纯的谓语形容词之前的"是"都是强调标记，然而形容词跟程度词和/或者"的"搭配一起做谓语时，就有两种情况：已经转换成离散性质的、可指代事物的形容词之前的"是"为判断词，否则为强调标记。用作判断的"是"为句子的核心成分，不能省略；而强调标记的"是"总是可以省略，句子仍然是合法的。

一、NP ＋ 是 ＋ A（的）。单纯形容词之前的"是"总是强调标记，表示性质的程度之高。其中的"是"省略以后句子仍然成立。例如：

（27）我梦话说得是好，听见没有不笑的。　→我梦话说得好。

他的东西可就是庸俗。　　　　　→他的东西可庸俗。

嗯不错，机器人就是能干。　　　→机器人能干。

你这东西好是好。　　　　　　　→你这东西好。

单纯形容词之后如果有"的"，"A ＋ 的"短语转换成离散性质的，可以指代有关事物，其前的"是"为判断词，不能省略。例如：

（28）他里面穿了个衬衣领，背心是破的。　→*背心破的。

没说不等于没有，老说也不见得是真的。→*老说也不见得真的。

嗯，能容忍么？态度是明确的。　　　　→*态度明确的。

我也先跟你打个招呼，平反是肯定的。　→*平反肯定的。

我相信前景还是乐观的。　　　　　　　→*我相信前景乐观的。

你的想法是好的。　　　　　　　　　　→*你的想法好的。

社会是复杂的。　　　　　　　　　　　→*社会复杂的。

二、"是 ＋ 程度词 ＋ A ＋ 的"。该结构中的"是"的性质取决于"程度词 ＋ A ＋ 的"短语的数量特征，如果为离散的，"是"就是判断词；如果为连续的,"是"则是强调标记。这种用法是非常有规律的,只有"最、比较"等个别程度词才能把形容词转换成离散性的,可以指代事物,比如可以说"他把最好的(水果)买走了""我想买那件比较贵的(衣服)"等。这类程度词构成的形容词短语之前的"是"都是判断词,不能省略。例如:

(29) 这辆车是最好的。　　　　→*这辆车最好的。

　　　猴子是最聪明的。　　　　→*猴子最聪明的。

但是,"很"等程度词构成的形容词短语仍然是连续性质的,不能指代事物,比如不能说"*他把很好的买走了",因此这类形容词之前的"是"则为强调标记,强调性质的程度之高。其中的"是"省略以后句子仍然成立。例如:

(30) 这样做是很危险的。　　　　→这样做很危险的。

　　　这位也是够惨的了。　　　　→这位也够惨的了。

　　　你妻子还是很懂礼貌的么!　→你妻子还很懂礼貌的么!

　　　你们过去还是很和睦的。　　→你们过去很和睦的。

　　　拆起庙来你们倒是挺麻利的。 →拆起庙来你们倒挺麻利的。

　　　我对你们可是很尊敬的。　　→我对你们可很尊敬的。

　　　你们的审美情趣还是很高的嘛!→你们的审美情趣还很高的嘛!

形容词的重叠式或者加上重叠后缀,跟上述程度词短语一样,也是表示连续量的,其前的"是"皆为强调标记。例如:

(31) 王师傅的脸是红扑扑的。　　→王师傅的脸红扑扑的。

　　　他们是踏踏实实的。　　　　→他们踏踏实实的。

如果"程度词＋A"短语后没有"的",其前的"是"都是强调标记。例如:

(32) 这回,恐怕大姐是真服了。　→大姐真服了。

　　　您可是太油了,一会儿一变。→您可太油了。

　　　成天写书,稿费倒是不少。　→稿费倒不少。

　　　这点儿上我做的是有点过分。→我做的有点过分。

　　　拍的倒是真好。　　　　　　→拍的倒真好。

　　　价钱是真公道。　　　　　　→价钱真公道。

三、NP ＋ 是 ＋ V心理（的）。表示心理活动的动词跟形容词的特点有点儿相似，它们典型的数量特征是连续的，表现为经常可以受"很"等修饰。结构中的"是"为强调标记，即使心理活动动词之后加"的"也是如此。例如：

（33）我的为人你们是了解的。

这老陈你是知道的。

其实我打心眼里还是很尊重你们的。

你的稿子我们还是很喜欢的。

明知道对方人不正派，乡下有老婆，还寻花问柳，就是爱他。

一些成语或者其他组合具有形容词的特点，是描写主语的性状的，大都可以受程度词"很"等的修饰，拥有连续性质。其前的"是"都是强调标记。这类结构细分为如下几种。

一、NP ＋ 是 ＋ 成语（的）。其中的强调标记"是"可以省略，部分成语还可以加"很"修饰，比如可以说"这个人很不知深浅"。

（34）这老兄也算是费尽了心机。

您别理她，她这人说话就是不知深浅！

做这种事情真是易如反掌。

你真是越来越胆大妄为。

我看你也真是饥不择食了。

我们义和是悲痛欲绝。

你对我可看得真是滴水不漏。

二、NP ＋ 是 ＋ 熟语（的）。有些熟语也有跟形容词一样的特征，是描写主语的性状的，即具有连续性质，其前常加"是"表示强调。例如：

（35）你真是狗改不了吃屎！

你们真是墙倒众人推。

我是吃饱了撑的，回头我给你饭钱。

现在唱的都是什么乱七八糟的。

只要让咱进去，我是打不还手骂不还口。

三、NP ＋ 是 ＋（让 ＋ NP ＋ VP/AP）。例如：

（36）真是让我好困惑。

有时这男的看着是让人生气。

四、NP ＋ 是 ＋ 比较结构。比较结构是表示性质的，"是"用于其前也是为了强调其程度。例如：

（37）看来人跟美国傍家儿还是比跟咱们亲。

综合起来看，双双就是比她妹妹强得多。

咱这儿有些人还就是比台湾那儿人情味浓。

4.9.5.4　动词的强调标记"是"

在不加句尾"的"时，"是"紧邻动词出现具有加强动作行为已经出现的功能。"是"的这一用法跟英语的动词强调标记 do 相当，比如 He did come 是强调 come 这种行为确实已经发生。这种格式多表示已经完成或者发生，因此动词后多有"了"等实现体标记。根据我们调查到的例子，结构中的动词全部都是表示完成或者已经发生的。

（38）意思是都明白了，可具体怎么做还是心里没数。

这夜叉的毛病改也难，我反正是灰了心了。

您一定是又演绎了，作家么。

这不能怪我，这得怪她太凶了。你们是没见着。

你是没听她唱歌，没见她的神采。

地址我是知道，可不经双双本人同意，我能随便告诉你们吗？

是下雪了，漫山遍野一片白。

看来还有不少方案，你们确实是动脑筋了。

好主意，好主意，李冬宝是用心了。

小时候，我是中了点封建思想的余毒。

上述句子大都可以翻译为英语的 do 强调格式，例如：

（39）意思是都明白了。　　I did understand his intention.

你们是没见着。　　　You didn't see it.

李冬宝是用心了。　　Li Dongbao did pay attention to it.

地址我是知道。　　　I do know her address.

是下雪了。　　　　　It did snow.

4.9.5.5　述说类动词的强调格式

述说类动词是指"说、问、指、想、怕、解释、担心、考虑"等动词，其后经常跟上宾语从句。如果要强调这类动词的述说内容时，就在主语和这类动词之间插入"是"。其抽象格式为：

NP ＋ 是 ＋ V$_{述说}$ ＋ 从句

例如：

（40）我是说你们还很幼稚，就像刚学走路的孩子。

老同志是告诉你，宦海茫茫，别不知深浅往里跳。

我是问你，是不是也得带本杂志去厕所？

他们是想在我们电视台做广告，好好在中国这撞一撞。

我就是怕听台湾片子的这口儿普通话。

我是跟您解释双双小姐为什么一见您就跑。

我是考虑集中笔墨写两个人相遇以后所发生的一切。

我是笑你们中了他的计，受了他的骗还蒙在鼓里。

汉语的这类重叠结构相当于英语的 what 的强调结构。英语中为了强调某个述说动词所涉及的内容，可以用 what 主语从句，比如 I said that she should go to school 可以变换成 What I said is that she should go to school。上述汉语的句子都可以翻译成英语的这类结构。例如：

我是说……　　　　　What I said is...

我是问……　　　　　What I asked is ...

我是想……　　　　　What I wanted is...

我是考虑……　　　　What I thought is...

我是怕……　　　　　What I worried is...

英汉这类结构的共同之处是，都有判断词出现。

4.9.6 对比标记"是"

4.9.6.1 "是"的对比格式

　　以上所讨论的判断、焦点和强调，都是"是"在一个单句内部的用法，而做对比标记的"是"通常涉及由单句组成的话语组织。现代汉语的"是"可以用于各种各样对比的情况。对比是指联系两个（或者更多）相反、相关或者不同的性状或者事件。其抽象格式可以描写如下，S 代表句子。

　　S_1（是），S_2（是）

　　对比至少由两个单句组成。常见的有以下几种情况。

　　一、肯定和否定的对比。前后两句用"不是"和"是"连接。例如：

　　（41）我们可不是为了那俩钱，我们就是为了主持正义。

　　　　　她主要是心灵上的伤害而不是经济上的。

　　　　　不不，我们不是攻一个山头，夺一个碉堡，而是争取一个人。

　　　　　你们别误会，我不是说你们不是好人，是说她一瞧不像好人。

　　二、两种不同性质的对比。其中只有一个句子用"是"，另外一个句子是普通的陈述句。例如：

　　（42）噢，她没出事儿，我们是想采访她。

　　　　　其实，我倒不是害怕，我是觉得这事有点儿怪。

　　　　　不能算跟踪，只能说是暗地保护。

　　　　　这不叫考验，这纯粹是勾我馋虫呢？

　　三、选择格式。"是"和"还是"连接两个单句，提供一种选择。通常是表示选择问句。例如：

　　（43）是花在男人身上……当然是自个儿男人，还是光花在自个儿身上？

　　　　　不怕，你说怎么着吧？是来硬的还是来软的……

　　　　　所以呀，你是让张老师和女同志接触呢，还是让他跟坏人接触？

　　　　　你这是给我敲警钟还是往外推我……

你数是我数？捣什么乱？

您是当一个高尚的人还是想当一个反过来说的人？

四、假设、让步、条件等句子的对比。"是"经常用于这类复句中，引入表示假设、让步、条件等单句，与后面相关的情况形成对比。例如：

（44）要不是我这人坚强，不信邪，怕也要步她后尘了。

就是跟女同志接触多点儿，也不能乱猜疑人家呀？

我看咱们还是先端正一下自己的思想吧，不然怎么能引导群众走正路？

可戈玲，我不忍，还是让她当温室里的花朵吧。

我就是找不着媳妇，也决不会借工作之便去勾搭小姑娘。

就是，还是等老陈回来再说吧！

以上只是举例说明"是"的几种主要对比用法，情况十分复杂，这里不一一列举。

4.9.6.2 对比格式对"是"的其他用法的影响

我们前文谈到了"是"的焦点和强调的使用条件，但是在对比格式中，这些条件会受到影响。比如，孤立地看"是"在某一单句中可能满足某一使用条件，然而它实际上是起连接更大话语组织的功能，因此不会产生某种相应的表达效果。

一、对比格式对"是"焦点用法的影响

对比格式中的"是"的焦点用法是有严格限制的，只有在"肯定和否定"这种对比的情况下，而且两个单句只有"是"和"不是"后紧邻的两个变项对立，其他变项都一致时，"是"后的离散成分才是焦点。例如：

（45）不是你嫌，是我嫌。

不是我儿子丢了，是我们那位老哥哥的儿子丢了。

我们写这篇东西是为了让人们正确处理家庭纠纷，而不是为了使矛盾激化。

上述例子中，第一句的焦点是"嫌"行为的主语——"你"和"我"，第二句的焦点为"丢"的主语——"我儿子"和"我们那位老哥的儿子"，第三句的焦点则为"为了"后引入的目的。

如果具有对比关系的两个句子之间有两个或者以上的变项是不一样的，"是"就没有焦点化其后成分的功能。例如：

（46）别人是哪儿楼多往哪儿跑，他是哪儿荒凉往哪儿扎。

不是我的追求太不切实际了，是咱俩太熟悉了。

老实说，吃亏的时候多，不是我没勇气，是真打不过。

要是现在还是像你们那会儿唱进行曲似的，早没人听了。

要不是我这人坚强，不信邪，怕也要步她后尘了。

就是跟女同志接触多点儿，也不能乱猜疑人家呀？

上述用例中的"是／不是"都是把其后的所有成分看作一个整体进行对比，而不是焦点化其中的一个部分。

二、对比格式对"是"强调用法的影响

上文谈到，"是"出现在连续量的成分之前时，表现为强调标记。连续性成分包括助动词、形容词短语、单纯的动词等。然而在对比格式中，这些连续性成分之前的"是"的强调作用都被消除了。又细分为几种情况。

第一，在普通单句里，"是"用在助动词、心理活动动词等连续性概念之前，起强调的作用，句尾经常有结构助词"的"。然而对比时，"是"则没有强调的功能。例如：

（47）噢，她没出事儿，我们是想采访她。

其实，我倒不是害怕，我是觉得这事有点儿怪。

人家牛大姐是怕你失足，怎么连好赖话都听不出来了。

作为强调标记时，"是"可以被理解成"一定""确实"等，比如"妈妈是会问的"相当于说"妈妈一定会问的"。然而上述句子都不能做这样的理解，比如第一句不能理解为"她没出事儿，我们确实想采访她"。

第二，在非对比的情况下，"是"加在形容词性成分之前表示强调，强调性质的程度之高。比如"他们的校园是漂亮"相当于"他们的校园很漂亮"。但是在下面的结构中，"是"就没有这种强调功能。同样，对比结构中的"是"后的形容词短语都不加"的"。例如：

（48）我不是伤心，而是后悔。

你们想啊，我要是太能干了，不就把你们比下去了！

感情是随起随消，日子可是得见天过下去。

第三，在非对比的情况下，"是"直接出现在普通动词之前具有强调动作确实发生的作用，而且所强调的动作行为通常是已经发生的，动词后常有体标记"了"等出现。然而用于对比时，"是"就失去了这种功能，动作也不再限于已经发生的，而且动词一般不带体标记"了"。例如：

（49）不是，是挽救我。

也不是什么苦恼，就是练练笔吧！

人家林先生是认儿子，不认文凭。

其实你就是承认了也没什么，冬宝的意思也不是要跟你算账。

三、对比的"是"跟其判断用法的差别

用于对比的"是"也与它的判断词用法明显不同。判断词"是"为一个动词，可以加各种时间副词修饰。比如"她早就是一个老师了""他已经是模范了""他曾经是模范"等。然而对比结构中的"是"很大程度上失去了动词的特性，不再受这种时间副词的修饰。例如：

（50）a. 不是放心不下，是你们年轻人抵抗力太弱。

→ * 早就不是放心不下，早就是你们年轻人抵抗力太弱。

b. 不是怕适应不了时代变化，是怕你们妒忌。

→ * 已经不是怕适应不了时代变化，已经是怕你们妒忌。

c. 我受什么损失？是你一厢情愿，认定了我喜欢你。

→ * 我受什么损失？曾经是你一厢情愿，认定了我喜欢你。

d. 是你数是我数？捣什么乱？

→ * 将是你数将是我数？捣什么乱？

e. 她不仅嗓子好，而且是倾注了全部的身心。

→ * 她不仅嗓子好，而且已经是倾注了全部的身心。

f. 何止是厉害，那简直就恶魔。

→ * 何止已经是厉害，那简直就已经是恶魔。

对比的"是"跟判断词的"是"的另一个重要区别是，判断词"是"后的动词性成分要用"的"使其离散化，然而对比的"是"后都不需要加"的"。

4.9.7 结语

本章讨论了现代汉语中"是"的四种用法，包括判断、焦点、强调和对比，认为这是具有内在联系的不同语法范畴。"是"的焦点、强调和对比用法都是其原来的判断用法在特定的句法环境里发展出来的，我们只对其共时功能进行了描写，它们的历史发展过程有待进一步考察。时至今日，"是"的各种用法除了有明确的功能分工外，它们在语法性质上也有了明确的分化。因此可以认为现代汉语的"是"可以表达具有内在联系的四种语法范畴。

"是"的功能的分化也再一次证明数量语义特征对语法的深刻影响。它的各种用法都跟其后成分到底是离散的还是连续的有关，也跟其后变项数目多少有关。数量是现实世界无处不在的东西，它通过人们的认知这个中介投射到语言中去，形成各种各样的语法规律。从数量的角度研究语法可以揭示一种语言的语法的设计原理。

一种语言拥有各种语法范畴，语法范畴之间的关系有远有近。有些具有相似认知基础的语法范畴，往往共用同一形式，或者说始于同一来源。我们可以通过观察同一形式的不同功能，探讨相近语法范畴之间的内在联系。同时，跨语言的事实也有助于确立不同语法范畴之间的关系。传统的结构主义研究，多把注意力放在分类上，较少关心不同语法范畴之间的内在联系。研究不同语法范畴之间的关系应该是我们下一步工作的重点。而且，弄清楚这些问题有助于从整体上把握一个语言的语法特点。

4.10　疑问与感叹

4.10.1　引言

各类句子之间的关系有亲疏之分，其中疑问句和感叹句之间存在着十分密切的内在联系。最突出的一点是，很多疑问手段转化成了感叹句的标记，不论是现代汉语，古代汉语，还是其他语言，都有这方面的大量例证。迄今为止学界关于四类句子的研究是极度不平衡的，而感叹句的研究是最薄弱的一环。

4.10.2　疑问和感叹之间的认知关系

4.10.2.1　疑问和感叹之间的认知联系

感叹句标记大都是来自疑问代词，这不是偶然的，而是因为疑问和感叹之间存在着内在的认知关系。下面是英语和汉语的感叹句的定义。

（一）英语的感叹句定义：指用 what 和 how 开头而不颠倒主语和动词语序的结构。例如：What a fool he was！ How nice！ 其语义功能主要是表达说话者的感情。感叹句主要用来表达说话者被一些事情深深触动的情感。

（二）汉语的感叹句定义：感叹句的作用是表达情感，但同时也报道信息。

不论是英语的还是汉语的语言学文献，对感叹句的定义大同小异，大都认为感叹句包括两种语义内容：A. 报道信息；B. 表达情感。内容 A 很明确，任何感叹句都是报道一个确定的信息，然而内容 B 则很含糊。

我们通过对大量现代汉语感叹用例的调查，发现感叹句使用的场合多为：在人们感知现实对象时，如果其性质、数量或者程度超越了人们的知识背景或者生活经验，就会引起人们强烈的情感而产生语言表达的欲望。这一点与疑问句的使用条件相似，人们只有对事物的某一方面未知时，才会使用疑问手段发问。

因此，感叹句的语义结构，准确地说，是由两个部分构成的：

感叹句的语义结构 ＝ 被焦点化的新信息（信）＋ 超越以往的知识经验（疑）

感叹句的强调作用就是来自这种"信"和"疑"的混合体。从一些词汇的构造中也可以看出"信"和"疑"之间的辩证关系。英语和汉语都有这样的词汇，是通过说明事物的属性超越人们的知识经验或者信念范围而起到强调其程度的作用。例如：

英语：incredible、unbelievable 等。

汉语：难以想象、难以置信、出乎意料等。

构成感叹句的两种语义要素都与疑问代词的功能密切相关。下面用一些具体例子来说明一下感叹句的语义结构。

一、被焦点化的新信息（信）

疑问代词固有一个"焦点"的语义特征。比如"小王昨天在门口用钳子把车修好了"一句话，谓语动词之前的成分"小王""昨天""在门口""用钳子"等都可以用"是"焦点化，但是一次只能有一个成分被焦点化。然而，句子一旦有疑问代词，那么被焦点化的成分只能是这个疑问代词。例如：

（1）小王什么时候在门口用钳子把车修好了？ →

　　＊是小王什么时候在门口用钳子把车修好了？

　　小王是什么时候在门口用钳子把车修好了？

　　＊小王什么时候是在门口用钳子把车修好了？

　　＊小王什么时候在门口是用钳子把车修好了？

以感叹的焦点为宾语的例子来说明，感叹的部分是"被焦点化的新信息"。普通的宾语可以通过"S＋V＋的＋是＋O"的形式被焦点化，比如"我看见了一只兔子"可以变换成"我看见的是一只兔子",其中的宾语"兔子"被焦点化了。同时,普通的宾语可以移至句首而成为话题,表达有定的旧信息,比如"我看完了书"可以变换成"书我已经看完了",后一句的"书"表示交际双方已知的东西。然而如果宾语的位置有感叹词语时,该名词宾语既不能再被焦点化,又不能再被话题化。道理为:(一)被感叹的部分已经是一个焦点,无需也不能再借助其他手段对其焦点化;(二)被感叹的部分是一个新信息,因此不能再做表示旧信息的话题。例如:

(2)老王这几年白扔了多少钱哪!

→*老王这几年白扔的是多少钱!

→*多少钱老王这几年白扔了!

(3)我们看了一场多么精彩的电影啊!

→*我们看的是一场多么精彩的电影啊!

→*多么精彩的电影我们看了啊!

(4)她穿了一身多么时髦的春装啊!

→*她穿的是一身多么时髦的春装啊!

→*多么时髦的春装她穿了啊!

感叹的上述语义特征正与疑问代词的相同,疑问代词的功能就是询问(焦点化)一个未知(新)的信息。这就是疑问代词向感叹标记发展的语义基础之一。

二、超越以往的知识经验(疑)

感叹句的历史发展很有启发性。早期"多"的感叹句中多有"不知"两个词语出现:

(5)那是我小时候儿不知天多高、地多厚,信口胡说的。(《红楼梦》第十九回)

(6)你大概也不知道你小大师傅的少林拳有多么霸道。(《儿女英雄传》第六回)

《红楼梦》时期询问连续量的"多"的感叹句还很难见到,而询问离散量的"多少"的问句已经相当普遍,而且句中常有"不知"一词与之共现。

例如：

（7）为这病请大夫吃药，也不知白花了多少银子钱呢。(《红楼梦》第七回）

（8）先时连那么样的玻璃缸、玛瑙碗不知弄坏了多少，也没见个大气儿，这会子一把扇子就这么着了。(《红楼梦》第三十一回）

（9）论理，你的东西也不知烦我做了多少了，今儿我倒不做了的原故，你必定也知道。(《红楼梦》第三十二回）

随着上述句型的进一步语法化，"多"逐渐发展成为一个稳定的可独立使用的感叹句标记，与此同时"不知"标记的表义作用逐渐减弱，它在现在的感叹句中已经很少使用，特别是在当代的口语中更是如此。

4.10.2.2　古汉语"何"的程度用法

汉语史上最早的疑问代词之一"何"就发展出了多种感叹用法，起加强语气的作用，可释为"怎么那么""何等的"等。例如：

一、用于形容词、短语或小句前。例如：

（10）市门之外何多牛屎！(《韩非子·内储说上》)

（11）其仆曰："向之去何速！今之返又何速！"(《晏子春秋·内篇谏上》)

（12）汉皆已得楚乎？是何楚人多也！(《汉书·项籍传》)

二、"何"后的成分是小句，小句的主语和谓语之间加"之"。小句的主语多为动词或动词短语，谓语多是形容词。例如：

（13）子何击磬之悲也！(《吕氏春秋·精通》)

（14）吁！君何见之晚也！(《史记·廉颇蔺相如列传》)

（15）夫人何哭之哀！(《韩诗外传·卷九》)

但是并不是每一个疑问代词都有同等的发展成感叹标记的机会。因为感叹句多与程度或者数量的强调有关，所以那些询问事物的数量或者性质的程度的疑问标记，最容易发展成为感叹标记。"多少"和"多"正是属于这类的疑问标记，两者先后都发展成了感叹标记。

4.10.2.3 英语疑问代词的感叹用法

跟汉语一样，英语感叹句的最典型的语法标记也是来自疑问形式。英语的疑问手段主要有两种：一是疑问代词构成的特指疑问句；二是颠倒主谓语序而形成的是非疑问句。相应的，英语的感叹问句也有两种形式。例如：

一、以 how 和 what 开头的感叹句

（16）a. How well Philip plays the piano！

b. How nice she is！

c. What a fine watch he received for his birthday！

d. What beautiful clothes she wears！

值得注意的是汉英之间这类感叹问句之间的对应关系。英语中，how 只修饰形容词和副词，what 则只用于名词短语。汉语疑问代词系统中虽然有"多"和"什么"分别与英语的 how 和 what 对应，但是在感叹句中汉语的"多"具有英语 how 和 what 的双重功能，比如："她这个人多么友善啊！""她穿了一件多么漂亮的衣服啊！"汉语的"什么"跟英语 what 的感叹用法有差别，多用于消极和否定的场合。这一点下文将详细讨论。

二、颠倒主谓语序的感叹句

（17）a. Wasn't it a beautiful PLACE！＝ What a beautiful place it is！

b. Wasn't it a marvelous CONCERT！＝ What a marvelous concert it was！

c. Hasn't she GROWN！＝ She has grown！

这类感叹句的句子重音都落在最后一个词上。

4.10.3 疑问标记的感叹用法

4.10.3.1 连续量的感叹标记"多"

感叹通常与性质程度的表达有关。因此，询问形容词程度的疑问标记"多"发展成了现代汉语最常见的感叹标记。疑问的"多"只能出现在可

用程度词修饰的形容词前，因此作为感叹标记的"多"也有同样的限制：
只能感叹可用程度词修饰的形容词。例如：

（18）老了伺候丈夫儿子儿媳带孙子完全不工作,这活得多充实呵。(《编
辑部的故事》)

（19）让你们梦里白头到老，儿孙满堂，多美呀！（《编辑部的故事》）

（20）社会多复杂呀！尤其你们文化界伪君子多,双双能不怕么？（《编
辑部的故事》）

大多数"多"字感叹句末都有语气词"啊""呀"等。这些语气词的功用
是指明"多 + A"是一个感叹句，从而区别与其相关的疑问用法。

感叹标记"多"还可以修饰各种含程度义的短语结构，比如，下组例
子中为"多"修饰的兼语结构和动宾结构：

（21）就这样经理还把我当坏人防着呢，多令人心痛，真是痛定思痛。
（《编辑部的故事》）

（22）想想那些好日子，多让人羡慕！（《编辑部的故事》）

（23）没你会做人，你多会做人呵。(《编辑部的故事》)

汉语的感叹标记"多"跟英语的感叹标记 how 最重要的区别是，汉语
的"多 + A"可以作为名词的定语而构成一个感叹句,而英语的 how 则不行,
相应的位置要用 what。例如：

（24）多好的孩子……她妈，人和人应该充满友爱，善意和真诚。(《编
辑部的故事》)

（25）现在知道难为情了，可你们想想你们给人家精神上造成多大痛
苦！？《编辑部的故事》）

（26）李冬宝，你算不上一个优秀的摄影师，这是一幅多么难得的画
面呀！（《编辑部的故事》）

比如，例（24）的"多好的孩子"的英文翻译应为 What a lovely child。
例（25）的"多大痛苦"的英译应为 What a suffering。

感叹句的主要交际功能一方面是表达说话者自己的强烈感情，另一方
面也有强烈的引起对方注意的意愿。因此，感叹句之前常有提请对方注意

的短语或者句子，一般为"听""看""瞧""说"等感官动词。例如：

（27）戈玲，你听听，双双这孩子多不容易。（《编辑部的故事》）

（28）看看，就是这种款式，多漂亮。（《编辑部的故事》）

（29）你说多窝囊，双双没采访着还生一肚子气。（《编辑部的故事》）

4.10.3.2 离散量的感叹标记"多少"

客观世界的量可以分为"离散"和"连续"两大类，它们对语言的语法具有深刻的影响。比如，汉语最主要的两个否定标记"不"和"没"的分工就是由这对数量特征决定的，还有很多语法规律都与此有关。在关于量的询问上，"（有）多"专职询问表连续量的形容词的程度，"多少"专职询问表离散量的名词的数量。它们这种分工在感叹句中仍然严格地保留着，如果感叹离散量的事物的数目之多时，只能用"多少"。

感叹标记"多少"在《红楼梦》里已经非常普遍，例如：

（30）我自来是如此，从会吃饮食时便吃药，到今日未断，请了多少名医修方配药，皆不见效。（《红楼梦》第三回）

（31）他心里一乐，便生出多少事来。（《红楼梦》第三回）

（32）为这病请大夫吃药，也不知白花了多少银子钱呢。（《红楼梦》第七回）

当今的汉语口语里，这种现象仍然很常见。例如：

（33）都不是等闲之辈，老陈耽误了多少人才，这回咱们编辑部要成东周列国了。（《编辑部的故事》）

（34）这万水千山，晓行夜住，一个女孩儿就有多少的难处！（《编辑部的故事》）

（35）不但安公子省了多少心神，连张老也省得多少辛苦。（《编辑部的故事》）

4.10.3.3 "什么"用作感叹标记

感叹句多与事物性质的表达有关，因此询问事物性质的疑问代词"什么"也发展出了各种感叹用法，其含义多为消极的或者否定的。比如，"什么东西！""什么天气！""什么衣服！""什么领导！""什么地方！"等都表达说话者对有关事物现象的强烈不满的情绪，表达有关事物的性质很差，比如"什么东西"表示"东西的质量很差"或者"人品很坏"，如此等等。"什么"也可以单独用，表示加强的否定。例如：

（36）乙：哦，谈恋爱都得留着巴豆。

甲：什么呀！人家把巴豆花看成是最美丽的花。（相声《诗歌与爱情》）

（37）什么呀，您可真不着四六儿。您二位可别见怪啊，我爷爷岁数大了，耳朵眼睛都不算太灵了。（《编辑部的故事》）

"什么"的非疑问用法主要包括以下几种，它们都属于感叹用法。

一、表示否定。

（38）这是什么玩意儿！一用就坏了！

（39）你说的是什么话！一点道理都不讲！

二、引述别人的话加"什么"，表示不同意。

（40）什么"不知道"，昨天我还提醒你来着。

（41）什么"你"呀"我"的，何必分这么清楚。

（42）看什么电视，还不赶快做功课。

（43）还散什么步呀，你看看都几点了。

三、"有＋什么＋形（＋的）"，表示不以为然。

（44）这事有什么难办。

（45）听听音乐有什么要紧。

（46）说两句话有什么不好意思的。

四、用在动词后，表示不满等。

（47）你跑什么，还有事跟你说呢。

（48）你在这儿乱翻腾什么！

（49）他整天瞎嚷嚷什么！

"什么"的感叹用法有一些独特的句法行为，值得我们注意。首先，"什么＋N"短语可以直接做谓语，例如：

（50）他什么人呀，这点儿事情都不给办。(《编辑部的故事》)

（51）他什么意思！(《编辑部的故事》)

其次，"什么"可以加在不及物动词或者形容词之后加强否定。例如：

（52）傻什么呀？我们才不傻哪。(《编辑部的故事》)

（53）欸，你怎么神经了？不等电话你在这儿磨蹭什么呀？我先走了。
　　　　(《编辑部的故事》)

（54）乙：这姿势还不错。

　　　　甲：不错什么呀？这位顾客连相片都没取。(相声《如此照相》)

上例中"傻""不错""磨蹭""客气""嚷"等词语之后本来是不能加任何名词宾语的，"什么"在其后起否定的感叹作用。

"什么"也可以加在内部结构为"V＋N"的离合词的中间，表示否定。因为该结构已经凝固成一个固定的词语，其中的N已经失去了所指功能，所以其中的"什么"只是起否定作用。例如：

（55）啊，减的什么肥呀。我看王师傅挺好看的嘛。(《编辑部的故事》)

（56）你着什么急呀！什么也看不清。就看一月亮，还模模糊糊的。
　　　　(《编辑部的故事》)

4.10.3.4　"哪儿"的感叹用法

"哪儿"本是一个处所疑问代词，它可以用于反问，表示否定。我们认为"反问"跟"感叹"具有内在联系，它们在形式上都是采用疑问手段，在内容上也是表示说话者的一种强烈情感，而且表达一个判断。因此，可以把"反问"看作是感叹的一个小类。来自疑问代词"哪儿"的否定与一般的否定形式不一样，是带有强烈感情的被加强的否定。

在表示"否定"时，"哪儿"跟普通否定标记出现的句法位置是一样的，都是位于谓语之前。现代汉语最基本的两个否定标记"不"和"没"具有明确的分工，"不"只能否定连续量的概念，"没"则只能否定离散量的概念，可是"哪儿"兼有"不"和"没"的双重功用。

一、"哪儿"表相当于"不"的感叹用法

（57）这哪儿像领导干部，十足一个流氓嘛。（《编辑部的故事》）

（58）我压根儿就没把这当回事儿，哪儿那么容易就撞咱地球上了。
（《编辑部的故事》）

（59）你说得也太邪乎了。哪儿就至于社会问题了？（《编辑部的故事》）

二、"哪儿"表相当于"没"的感叹用法

（60）这不上路，哪儿有这么拉赞助的！再说了，啊，不是两个单位
搞这活动吗？（《编辑部的故事》）

（61）我一辈子，一辈子谨慎小心，处处留神，没想到闹这么个下场，
我哪儿有心思吃饭呢？（《编辑部的故事》）

（62）那玩意儿吃了拉不出屎来啊，啊？欸，那哪儿有萝卜通气啊！（《编
辑部的故事》）

4.10.3.5　疑问语气词"吗"的感叹用法

"吗"是现代汉语唯一的一个专门表示疑问的语气词，另外还有一个
专职表示感叹的语气词"嘛"。两者的语音形式完全一样。下面将论证感
叹的"嘛"是从疑问的"吗"发展出来的，只是两者用法上有了分工后，
人们才用两个不同的书写形体加以区别。虽然工具书里明确加以区别，但
是在真正的语言应用中是经常相混的，即使一些语法专著也是如此。下面
从意义和形式上分析感叹的"嘛"是来自疑问的"吗"。

首先，从表义功能上考察"吗"和"嘛"的内在联系。"嘛"用在感
叹句中表示"事情本应如此或理由显而易见"，强调的是事情的"是"的
程度高，而疑问语气词"吗"是询问"事情的是或者非"的。可见，"吗"
和"嘛"的语义关系跟疑问和感叹的"多"是平行的，疑问的"多"是询
问性质的高或者低的，而感叹的"多"则是强调性质的程度之高。下面是
感叹标记"嘛"的实际用例。

（63）啊，减的什么肥呀。我看王师傅挺好看的嘛。（《编辑部的故事》）

（64）这你都不认识，那不就那谁嘛。（《编辑部的故事》）

（65）江导演，您这名字听着很熟嘛！（《编辑部的故事》）

其次，从形式上分析"吗"和"嘛"的联系。从疑问形式发展而来的感叹标记会受到原来疑问用法的制约。汉语的疑问手段主要有四种：疑问代词、疑问语气词、正反问句和选择问句。汉语语法有一个原则：一个句子中只能使用一种疑问手段，即两种不同的疑问手段不能在一个句子中共现，比如不能说"* 那棵树有多高吗？""* 你在哪里买的这件衣服吗？"。我们发现一个重要的事实：感叹标记"多"或者"什么"虽然可以跟各种语气词搭配，如"啊""呢""呀""哪"等，但是从来不能跟"嘛"搭配。下列句子是不合法的。

（66）a. 现在社会多复杂呀！　　　→ * 现在社会多复杂嘛！

　　　b. 多好的孩子呀！　　　　　→ * 多好的孩子嘛！

　　　c. 打人算什么本事啊！　　　→ * 打人算什么本事嘛！

　　　d. 你着什么急呀！　　　　　→ * 你着什么急嘛！

"嘛"不能与其他来自疑问形式的标记共现，从另一个侧面说明它与疑问语气词"吗"的历史渊源关系。

疑问标记"吗"向感叹标记的发展，还有另外一个强有力的佐证。疑问的"吗"还有一个弱化形式"么"［mə］，相应地，感叹的"嘛"也有一个弱化形式"么"［mə］。下面是疑问和感叹的"么"的用例：

一、疑问的"么"

（67）这期的没有，头两期的您要么？（《编辑部的故事》）

（68）我想打听一下，您是常买《人间指南》么？（《编辑部的故事》）

二、感叹的"么"

（69）我还回不来啦！这不是搞庸俗化么！（《编辑部的故事》）

（70）工作还是要干好，就算明天停刊了，咱也得站好最后一班岗么。
　　　（《编辑部的故事》）

总之，不论从表达功能上、分布上，还是语音形式上，都可以证明"嘛"是从疑问标记"吗"发展出来的感叹标记。

4.10.3.6 用疑问语调表示的感叹

还有一种疑问手段是语调。疑问语调也可以用来表示感叹。因为用文字记录时这些语调无法显示出来，所以记录口语的文字资料很难见到这种单靠语调的感叹句。下面是我们收集到的例子。

（71）乙：现在没有受限制的地方。

甲：没有？那天我在马路上遛弯儿，挺平的马路他不让你走，他非让你走便道上。（相声《夜行记》）

（72）乙：你走马路当间儿啦？

甲：废话！我骑车还不准我走马路？（相声《夜行记》）

（73）奇怪，我贪这几个钱？（《北京人》）

例（71）的"没有？"相当于一个肯定式感叹句"有！"。例（72）的"我骑车还不准我走马路？"相当于一个感叹表达"我骑车就必须允许我走马路！"。例（73）的"我贪这几个钱？"相当于"我不贪这几个钱！"。一般语法书都把这类现象看作反问，然而上面论述了，反问和感叹之间具有一致性。从疑问形式向感叹标记的发展，应该是通过"反问"这个中间环节而实现的。

4.10.4 疑问短语或者句型的感叹用法

4.10.4.1 "干吗"的感叹用法

汉语中还有很多由疑问标记形成的惯用语或者固定搭配，它们也具有表示感叹的作用。"干吗"是其中最活跃的一个，强调"没有道理"做某件事情，或者"不应该发生"某种状况。根据我们的调查，"干吗"的绝大部分用例都是感叹的，它可以出现在谓语动词之前或者句末[①]。下面分别举例加以说明。

---

① "干吗"用在连谓结构里，可以前置，也可以后置。例如：你干吗说这些？你说这些干吗？

一、"干吗"用在谓语之前

（74）甲：有的都贴沟帮子去啦。

乙：嘀！干吗贴那么远哪？（相声《假大空》）

（75）那不结了吗？您干吗呀，跟宝贝似的，藏着掖着舍不得拿出来呀？

（相声）

（76）分工不同，目的一样。干吗要有疏有近呢？（《编辑部的故事》）

（77）你那么关心她，干吗不自个儿说？（《编辑部的故事》）

二、"干吗"用在谓语之后

（78）别理他，理他干吗呀？咱们说咱们的。（《编辑部的故事》）

（79）我说，我骗您干吗呢？我也不愿意相信这是真的呀。（《编辑部的故事》）

（80）李：四大菜系都出书了，咱们还用介绍吗？

牛：咳，四大菜系干吗呀？你们家逢年过节吃什么？是哪个菜系呀？

（《编辑部的故事》）

我们观察到一个倾向性，如果谓语很复杂，"干吗"往往出现在谓语之前；相反，如果谓语很简单，"干吗"则往往出现在谓语之后。上述第一组的例子的谓语结构都相对比较复杂，而第二组例子几乎都是简单的述宾短语。"干吗"之前还可以是一个名词短语，如例（80）的"咳，四大菜系干吗呀？"。"干吗"自身是一个独立的单位，跟句子的其他成分关系很松散，证据之一是"干吗"跟句子的其他成分之间可以有停顿。例如：

（81）人家说萝卜，你说戈玲儿，干吗呀？现在大敌当前是萝卜，又不是戈玲儿。（《编辑部的故事》）

表面上看，"干吗"是由动词"干"加上疑问语气词"吗"构成的，其实它与疑问语气词"吗"没有关系，而是"干什么"的弱化形式。从表达功能上看，"干吗"等于"干什么"。更有力的证据是，"干吗"和"干什么"在同一部作品里交替使用，具有完全相同的功能。例如：

（82）我连鸡鸭都交代了，还瞒着萝卜干什么呀？（《编辑部的故事》）

（83）这个地方儿空着干什么呀？欸，这么一大块地方不利用上，可

惜了。(《编辑部的故事》)

（84）欸，还有你，你也出去。你们来这么多人干什么呀？通通出去！
（《编辑部的故事》）

4.10.4.2　"什么"所构成的短语的感叹用法

除了"干吗"外，"什么"还有各种固定组合，表示各种感叹语气。下面举例加以说明。

一、"什么叫"。在对话中，"什么叫"之后重复对方的话，表示强烈不赞成对方的说法。例如：

（85）甲：有。咱们先不唱这个。

乙：什么叫先不唱这个。

甲：我唱出来，怕你听不懂。（相声《诗歌与爱情》）

（86）乙：这……不知道。没有家雀拿这个来蒙我来啦！

甲：什么叫蒙你？这是维吾尔族民歌。（相声《诗歌与爱情》）

（87）甲：我一想，哪儿能都跟他们俩人似的，这么没涵养！

乙：什么叫没涵养啊？（相声《夜行记》）

二、"有什么"。它常用在形容词短语之前，用于加强性质的程度。例如：

（88）有什么不痛快，你听他胡扯呢？（《编辑部的故事》）

（89）都去。去人多了有什么不好？（《编辑部的故事》）

（90）何必同志，何必呢。多听听情况有什么不好。这也有利于你更好地解决问题。(《编辑部的故事》)

三、"凭什么"。它主要用于强调没有理由做某事。例如：

（91）甲：你给钱？

乙：对啦……我凭什么给钱呢？（相声《夜行记》）

4.10.4.3　正反问句

上面讲的是疑问标记所发展出的感叹用法。汉语还有一些疑问手段是一种结构，如正反问句，它有时也有感叹的用法。例如：

（92）甲："喂"。我有名有姓没有？

乙：人家知道你是谁呀？（相声《夜行记》）

（93）"有急事你也别玩命啊，给你爸爸请大夫去，你干吗给我弄到药
铺里去？得亏我这身子骨儿，软点儿不让你给撞坏了，哪儿的
事情啊。"嘿，老头走了。嘿——可乐不可乐？（相声《夜行记》）

例（92）的"我有名有姓没有？"是强调"我有自己的名字呀！"。例（93）
的"可乐不可乐"相当于"多可乐！"。当然，这并不是一种稳固的感叹用法，
它们是在特殊语境中的临时活用。

4.10.5 感叹——句子层面的语法范畴

不同的语法范畴所属的语言层面不一样，这决定了它们的使用范围。
感叹是一个句子层面的语法范畴，因此感叹句的使用受到很多限制。从这
一方面可以看出感叹句的一些重要语法特征。下面主要以典型的感叹标记
"多"为例来说明感叹句的使用特点。

一、主谓结构的感叹句不能再作为句子成分或者说从句。主谓结构的
感叹句不大能作为组成成分在句子里出现。然而，普通的主谓结构则可以。
请看下面的对比。

（94）这孩子听话的时候，很可爱。　*这孩子多么听话的时候，很可爱。

（95）工作条件好的企业可以留住人才。*工作条件多好的企业可以留住人才。

（96）我早就听说过了老王很能干。　*我早就听说过了老王多么能干。

（97）他对老王家里富裕并不了解。　*他对老王家里多么富裕并不了解。

其他来自疑问形式的感叹标记也有同样的限制。比如表示否定的感叹
"哪里"在功能上相当于"不"或者"没"，但是"哪里"构成的主谓结构
只能用在独立句子的层面上，而"不"和"没"构成的主谓结构则既可以
用于独立的句子，又可以做句子中的一个成分。请看下面对比。

（98）他不知道这件事的时候，乐呵呵的。

→ *他哪里知道这件事的时候，乐呵呵的。

（99）他把我们不需要更多人手的事忘了。

　　→*他把我们哪里需要更多人手的事忘了。

（100）我没有心思吃饭的时候就睡觉。

　　→*我哪里有心思吃饭的时候就睡觉。

二、感叹标记"多"不能出现在主语位置。"多"所修饰的直接成分可以是整个谓语，比如"现在社会多复杂呀！""他们多让人羡慕啊！""这本书多么有趣呀"等。它也可以修饰宾语位置上的形容词，例如：

（101）你们想想你们给人家精神上造成多大痛苦？（《编辑部的故事》）

（102）这是一幅多么难得的画面呀？（《编辑部的故事》）

（103）那是多么舒心的日子！（《编辑部的故事》）

上述用例的宾语都是"多＋A＋的＋N"名词短语，但是这类名词短语不能出现在主语的位置上。根据我们的调查，这种名词短语，要么独立成句，要么做句子的宾语，不见一例是做句子的主语的。下面的句子是不成立的。

（104）*多好的孩子在帮助妈妈做家务。

　　*多生动的例子说明了那个问题。

　　*多么难得的一幅画被他弄破了。

　　*多么和气的王教授今天来给我们做学术报告。

　　*多大的雨打坏了庄稼。

上述现象可以从汉语主语的性质和感叹的语法意义上得到说明。汉语中，普通动词句的谓语之前的名词被自动赋予一个"有定"的特征，即主语往往代表一个旧信息。然而如本章开头所定义的，被感叹的成分往往是一个未知的新信息。也就是说，主语名词的语义特征与感叹的语法意义相矛盾，所以"多＋A＋的＋N"名词短语不能做主语。同理，也可以解释"多＋A＋的＋N"名词短语可以做宾语的原因，因为宾语往往表示的是一个"不定的新信息"。

三、感叹短语"多＋A"的层次限制。上面看到，由"多＋A"做定语构成的名词短语可以做宾语，但是有一个限制，"多＋A"短语只能做宾语名词中心语第一层次的定语，即两者构成一个直接成分，而不能做更低层次的定语。比如，下面的句子是不成立的。

（105）*这是一个多好的孩子的卧室。

（106）*她穿了一件多么漂亮的花色的衣服哇！

（107）*那是多么舒心的日子的照片！

四、感叹标记多出现在句末或者句首的位置。感叹既然是句子层面的语法范畴，这就意味着感叹的语气是统摄整个句子的。汉语中这类表达全句语气的语法标记，最常出现的位置是句末。因此，感叹标记最常出现于句末。"多""什么"等用作感叹标记时，虽然多用在句子中间，但是所在的句子绝大部分情况都有句末语气词"啊""呀"等出现。也可以这样理解，不少情况下感叹标记"多"等需要句末语气词的辅助才能完成感叹的功能。然而感叹标记"嘛"因为已经在句末的位置，所以不再需要任何其他语气词就可以表示感叹。比较有趣的是"干吗"的分布，随着它越来越成为一个专职的感叹标记，它也越来越多地出现在句子末尾的位置。"干吗"既可以出现在谓语之前，又可以出现在谓语之后，但是两者的出现频率是不对称的："干吗"在句子末尾的用例占 70% 左右。前面已经见到这种例子，这里再举一些：

（108）咳，那都是过去的事儿了。还提它干吗哪？（《编辑部的故事》）

（109）您不回去，还在这儿干吗呀？（《编辑部的故事》）

（110）我们有那么多肉，还种那么多萝卜干吗呀？（《编辑部的故事》）

（111）等你干吗？咱俩又不是一路的。（《编辑部的故事》）

值得注意的是，"干吗"原来是问原因的，然而汉语真正问原因的短语"为什么"，只能用在谓语之前，不能出现在谓语之后，比如可以说"为什么种这么多萝卜"而不说"*种这么多萝卜为什么"。

古今汉语的语法特点是有差异的。古代汉语里的"何"表示感叹时，可以用在句首，句子的主语和谓语之间加"之"。例如：

（112）嘻！亡一羊，何追者之众！（《列子·说符》）

（113）何足下距仆之深也！（《史记·季布栾布列传》）

（114）何子居之高，视之下，仪貌之壮，语言之野也！（《论衡·书虚》）

古代汉语语法中有一个助词"之"可以把一个句子形式变成一个名词性短语，使得来自询问名词性质的疑问代词"何"可以用在整个句子前，表示感叹。

4.10.6　结语

语言现象表面上看起来是纷纭复杂的，而实际上是非常有秩序的。疑问句和感叹句都属于基本的句类。不同句类之间的关系有疏有亲，对这方面的探讨可以加深我们对汉语语法整体特性的认识。感叹形式多来自疑问形式，这不是偶然的，背后存在着深刻的认知理据。

4.11 疑问与焦点

4.11.1 引言

语法是一个有机的整体，不同的语法范畴之间存在着内在的联系。从跨语言的角度看，这种联系往往具有普遍性，比如一种范畴的形式标记在很多语言中不约而同地标志另外一种语法范畴。这种现象往往不是偶然的，其背后存在着共同的认知机制。对这种认知机制的探讨，无疑会深化人们对语法特性的了解。

疑问是人们最常见的交际行为，各种语言都会拥有各种手段表示疑问。最常见的疑问手段之一是对特定未知信息的询问，其表现形式为疑问代词。疑问代词是一个最活跃的功能范畴，除了其自身使用频率高外，还与其他语法范畴发生联系，然而这种联系是不对称的，比如我们曾经讨论过疑问代词经常语法化为感叹标记，然而没有相反的变化。本章将讨论另外一种不对称现象，即焦点标记经常与疑问代词结合，或者焦点标记与疑问代词拥有共同的句法特征，从焦点的角度可以揭示疑问代词的重要性质。

4.11.2 焦点标记和疑问代词

4.11.2.1 疑问和焦点的共同特点

疑问代词和焦点标记的表达功能非常相似，疑问代词是一个句子所关注的未知信息，焦点标记则是一个句子最重要的新信息。两者都是句子的关注点，差别在于疑问是未知的，焦点则是已知的，它们的共性在句法上有明确表现。人类语言的焦点标记最常见的来源是判断词，汉语的判断词"是"也发展成了焦点标记。焦点标记"是"的使用受疑问代词的制约：在陈述句中，谓语动词之前的任何名词性短语或者含有名词成分的短语，都可以在其前加上"是"而被焦点化，比如下面例（1）a 的所有画线部分都可以在其前加"是"而被焦点化；然而在特指疑问句中，只有疑问代词部分才能被焦点化，否则就不合语法，如下例 b—f 所示。

（1）a. 小王昨天在门口用钳子把那张桌子修好了。

b. 谁昨天在门口用钳子把那张桌子修好了？

c. 小王什么时候在门口用钳子把那张桌子修好了？

d. 小王昨天在哪里用钳子把那张桌子修好了？

e. 小王昨天在门口用什么把那张桌子修好了？

f. 小王昨天在门口用钳子把什么修好了？

一个句子通常只允许一个成分被"是"焦点化。疑问代词是句子的天然焦点，它的很多独特的句法行为都与这一特点有关。

4.11.2.2　焦点表达手段的多样性

焦点的表达手段多种多样，不仅不同的语言所用的手段不同，即使同一语言所用的手段也不一样，概括起来有两大类：

（一）语音手段：口语里常用音高、重音、音长等手段标明某个词为句子的焦点。

（二）句法手段：还有一些语言利用特殊的句法位置、语法标记或者位移来表达焦点。英语和古代汉语都是把焦点成分移到谓语动词之前，现代汉语则是用焦点标记"是"。

疑问代词具有自身固定的词汇形式，它们与焦点标记的关系往往表现在句法手段上。因此本章重点讨论标记焦点的句法手段。

4.11.3 从历时的角度看疑问和焦点的关系

4.11.3.1 从判断词到焦点标记

由判断词向焦点标记发展，再由焦点标记向疑问标记的演化，是人类语言发展的一个共同特点。根据对多种语言的观察，可以总结出如下的判断词发展趋向。

第一步：格式"NP＋判断词＋从句"形成。句首 NP 代表一个新的信息，从句则为已知信息。

第二步：判断词进一步虚化为一个焦点标记，并常用于标识疑问代词。

第三步：疑问代词必须附有焦点标记。

上述发展步骤是一条普遍规律。

根据对多种语言的调查，可以确立出一个跨语言的演化规律：指示代词→判断词→焦点标记。汉语的"是"就是这方面的一个典型例证，它在先秦是一个疑问代词，到了汉初发展成判断词，魏晋时期又发展出了焦点用法。跟汉语有相同发展路径的语言还有法语、Ambulas、Cahuila 等语言。因为很多语言缺乏汉语这种长时期的历史语料积累，无法观察整个发展过程，但是就能看到的语料，其焦点标记来自判断词的语言很多，诸如日语、Lamang、Haitian、Papiamentu 等。

4.11.3.2 焦点标记与疑问代词的结合

疑问代词是句子的自然焦点，这可以解释为何在历史上疑问代词会经常与焦点标记共现，进而凝固成一个复合词，甚至焦点标记的语音特征与疑问代词融合成一个词。Papiamentu 和 Saramaccan 是两种克里奥耳语，它们的疑问代词与焦点标记结合成一个复合词。闽南方言的"是谁"跟普通话的表面上看起来一样，但是意义和性质都很不一样。用作主语，闽南方言"是谁"的"是"是绝对不能省的，而普通话特别强调时才用。更重要的是，普通话动词后的宾语不能直接用"是"焦点化，然而闽南方言的"是"

不仅可以直接标识宾语，而且还可以标识判断句的表语，结果就出现了判断句两个"是"的现象。例如：

（2）是谁在里面在唱歌？

（3）外面在拍门兀是是谁？

（4）或本册着找是谁借则借有里？

厦门话里也有类似的现象，"是谁"也可以做表语，如:咨位是是谁？此外，中古汉语的疑问形式"是物"还完整地保留在闽南方言里，它和普通话的"什么"相当，单用都指称事物，可以做主语、谓语、宾语。

上述规律也可以解释汉语史的一个重要现象。中古时期有一个明显的趋势，在用作主语的疑问代词前头加一个"是"，让它在形式上变成表语。例如：

（5）是谁教汝？（《北齐书·王晞传》）

（6）是谁容易比真真？（《浣溪沙·碧玉衣裳白玉人》）

同时，在"谁"字前面加"是"字只限于疑问用法，其他的非疑问的引申用法则不适用。现代汉语的情况也是如此。疑问代词都可以加上一个焦点标记，可是它的表遍指的用法则不可以："* 他是谁都认识。""是"在中古时期逐渐变成一个单纯的疑问代词的前缀。

上述历史事实说明，"谁"的［＋F］特征中古时主要是用新发展出的焦点标记"是"标识的。我们认为，"是"的功能并不是使主语"谁"变成表语，而是表征它的［＋F］特征。

更能说明问题的是"何"向"什么"的转化。"何"在中古时期逐渐为"什么"取代。"什么"最早写作"是物"，它是由"是何物"缩减而来的。魏晋以来"何物"已凝结为一个词，相当于原来"何"的用法。例如：

（7）近见孙家儿作文，道"何物""真猪"也。（《世说新语·轻诋》）

（8）何物老妪，生宁馨儿！（《晋书·王衍传》）

"是何物"又常缩减为"是物"：

（9）唤作是物？（《神会语录》）

（10）是勿（物）儿得人怜？（《因话录》）

"何物"用在表语后头做表语的机会很多。除此之外，近代汉语还有一种倾向，避免用疑问代词做主语，常常在它前加一个"是"字，使它变成表语。由此可见，从中古沿用到今天的"什么"实际上融合了一个焦点标记"是"。

同理，根据我们的分析路线，很容易理解为什么中古时期"是"常与"何"搭配。"是"在这里实际上是作为一个焦点标记标识"何"固有的［＋F］特征的。上文也谈到，"何"要依附于一个名词才能独用（这里为"何物"），是有两方面的因素造成的：一是"何"在"是"字判断句必须居动后，二是受那时语序焦点法的制约，居动后时必须依附于一个实词（负载一个重音）。这里疑问代词之前的"是"字曾引起了种种推测，比如章太炎《新方言·释词》认为"是"为"舍"之变，"舍"在先秦有"何"的用法。一旦明白了疑问代词与焦点标记之间的内在联系，中古时期焦点标记"是"与疑问代词的各种共用现象就可以迎刃而解。

现代汉语普通话和广大北方方言的疑问代词主要有"谁""什么""甚""啥"等，都与"是"的声母［ʂ］相同，从历史证据来看，很可能是融合了焦点标记"是"的声母。

4.11.3.3　焦点标记手段的变化对疑问方式的影响

在同一种语言里，疑问和焦点往往采用一致的手段。比如当代英语都是采用移到句首的方式。

（11）a. What do you want to eat？

　　　b. Who do you like to help？

　　　c. Which book have you been reading？

（12）a. It is John who bought a car yesterday.

　　　b. It is a car that John bought yesterday.

　　　c. It is yesterday that John bought a car.

英语的疑问代词与普通名词的分布不同，必须移到句首，而句首位置在很多语言中都是用于表达焦点成分的。例（12）类就是所谓的英语分裂句，判断词 be 之后就是被焦点化的成分。在例（12）b 中，John 移到从句的开头，其前用来自判断词的 be 标识，因为英语的陈述句必须有主语，所以就加上一个假主语 it。这个假主语的存在，使得人们很难看到两者之间的联系。

类似的现象也存在于古代汉语之中。我们对先秦汉语做了广泛调查，确立出谓语动词之前是被焦点化成分的固定位置，这就是那时疑问、强调和否定句子中的宾语代词要移位的原因。这也是先秦汉语的疑问代词不同于一般名词的句法行为的原因，它们做宾语也必须移到谓语动词之前。例如：

（13）吾谁欺？欺天乎？（《论语·子罕》）

（14）客何好？（《战国策·齐策四》）

先秦疑问代词这种句法特点到了魏晋时候逐渐消失，转变成了现代汉语这种状况。这种转变与新的焦点表达手段密切相关，魏晋时候的判断词"是"已经发展出了焦点标记，例如：

（15）子敬可是先辈谁比？（《世说新语·品藻》）

（16）王宁异谋，云是卿为其计。（《世说新语·言语》）

从先秦汉语向中古汉语转化的过程中发生了两件对汉语语法产生深远影响的大事件：一是原为指代词的"是"演化成为一个判断词，并进而取代了旧有的判断句格式；二是语序焦点表示方法的消失。这两件事都经历了四五百年的时间，它们变化的时间之间具有契合关系：

一、判断词"是"的发展过程

战国末年：判断词"是"产生。

两汉时期："是"逐渐发展。

晋宋以后："是"字句成为判断句的唯一格式。

二、语序焦点表示法的消失过程

两汉时期：疑问代词宾语后置发展出来。

南北朝后：语序倒置在口语里消失。

可以看出，判断词"是"产生不久，疑问代词后置开始出现；判断词完全取代旧有的判断格式时，旧语序也完全从口语里消失。这两件事之间不仅仅是时间上的巧合，它们之间存在着内在的因果关系。

焦点标记"是"的产生与发展，使得原来的语序标记让位于词汇标记，从而改变了汉语疑问代词的类型学特征。

4.11.3.4　疑问代词与从句标记的来源

不论是汉语还是其他语言，关系从句标记的一个常见来源是疑问代词。英语中的最常见的从句标记为 which 和 who，如下例所示。汉语的结构助词"的"的主要功能之一是引入关系从句，它产生于唐代后期，当时写为"底"，"底"在那时兼有疑问代词和指示代词的用法。例如：

（17）a. I have seen the letter which came today.

b. They were driving by the house which Andy described.

c. She is the one who did most of the talking.

d. He knows the people who live over the road.

（18）寒衣尚未了，郎唤侬底为？（《乐府诗集·子夜秋歌》）

（19）单身如萤火，持底报郎恩？（《乐府诗集·欢闻歌》）

（20）徒劳无所获，养蚕持底为？（《乐府诗集·采桑度》）

（21）不报父母恩，方寸底模样？（寒山诗）

疑问代词与从句标记的关系还是来自其焦点性质。在多种语言中，焦点结构和关系从句结构在形式上具有平行关系，这说明它们之间存在着语义或者语用的相似性。除了汉语和英语，Akan 语言的焦点结构和关系从句都是把有关成分移到谓语动词之前，而且加上共同的回指代词 nó。类似的现象也存在于 Hausa、Ilonggo 语言中。由此可见，一个语法化过程的词汇来源具有很高的规律性，往往选择语法功能相同的成分。

4.11.4　疑问代词的共时特征

4.11.4.1　疑问代词的共同语音形式

上文讨论了疑问代词固有一个焦点特征，因而具有不同于名词的句法行为。此外，它们还有一个突出的语音特征，在一个语言系统中，不同的疑问代词往往共有某一个语音特征。这一点有别于人称代词或者指示代词。

一、英语的疑问代词都以 wh- 开头，例如 who、what、where、which 等，因此英语的疑问代词又称作 wh-words。

二、汉语普通话和很多方言的疑问代词的声母多为 sh-，例如什么、谁、甚、啥等。

三、临夏方言一般不用普通话的疑问代词，询问人、地点、时间、方式皆在普通的名词之前加"阿"。例如：

（22）你们的队长阿一个是呢？（你们的队长是谁？）

商店在阿塔些呢？（商店在哪儿呢？）

电影院你阿一汇去呢？（你什么时候去电影院？）

他阿门还不来？（他怎么还不来？）

你嘴脸不好者阿门了？（你脸色不好到底怎么了？）

四、白龙江流域的汉语方言的疑问代词系统也多加词头"阿"表示。问处所的疑问代词"阿里、阿达儿、阿个"，问时间的疑问代词"阿天、阿阵、阿会、几时"，问人的疑问代词"阿谁、谁个、阿个"，问事的疑问代词"阿门的、阿门了、咋们的"。例如：

（23）你昨天阿里来？（你昨天在哪儿？——洛大话）

你阿会才有空儿？（你何时才有空儿？——文县临江话）

你是阿谁？（你是谁？——舟曲峰叠话）

你昨个阿门的没来？（你昨天怎么没来？——舟曲峰叠话）

上述现象可能是保留了古汉语的有关现象。从汉代到元代都有"阿谁"这个形式。例如：

（24）道逢乡里人，家中有阿谁？（《乐府诗集·紫骝马歌辞》）

（25）哥哥撇下的手帕是阿谁的？（《诈妮子调风月》）

但是仔细观察就会发现，上述方言并不是简单的古汉语遗留现象，而是进一步的发展。古汉语只有一个"谁"字加"阿"，而且并不普遍，然而这些方言的"阿"词头扩展到询问事物、时间、方式等几乎所有的疑问代词上，而且都是最典型的疑问方式。

形成疑问代词共同语音形式的原因主要有两个：一是它们与焦点标记语音形式融合的结果，如汉语中的"什么、甚等"；二是因为它们都具有内在的焦点性质，语言就借用同一种语音形式来标记疑问代词这一共同的语法特点。关于第二类形成的原因，也可能是因为历史语料的缺乏，我们无法弄清这些共同语音形式的来源，它们原来也是来自焦点标记语音形式的融合。这两个原因本质上是一样的。其他人称代词和指示代词都没有这一特点，疑问代词的共同语音形式可以看作它们的形态标记。

4.11.4.2 疑问代词和焦点标记的句法位置

疑问和焦点的共同标记手段之一是语序变换。虽然不同的语言所选择的语序手段不一样，但是在一种语言内部一般以某一特定的句法位置来表达焦点。表达焦点的句法位置主要有以下三种：

一、句子的最左端，即句子的开头。这是最常见的一种现象，除了英语外，属于这种语言的还有德语、俄语、法语、瑞士语、古 Norse 语。

二、谓语动词之前，主语之后。属于这种语言的有先秦汉语、匈牙利语、芬兰语、Breton 语、Armennian 语等。

三、句子的最右端，即句子的末尾。属于这种语言的有意大利语等。

虽然不同的语言标记焦点的句法位置不同，但是具有显著的倾向性，就我们能够看到的资料，绝大部分语言是在谓语动词之前，而在主语之前的又比在主语之后的普遍。在句子最右端的只有意大利语一种。一个跨语言的规律是，凡利用固定句法位置表达焦点成分的语言，也往往存在着疑问代词的语序变换，即疑问代词也必须出现在焦点的句法位置。

如前文所述，现代汉语主要用"是"来表达焦点，而不倚赖语序。然而"是"的焦点使用范围有局限性，只能用于谓语动词之前含名词性成分的短语，而不能直接加在宾语之前。如果要焦点化宾语，则首先用"的"把宾语之前的动词性成分转换成一个从句，然后再加"是"。其转换过程为：

$$S + V + O \rightarrow (S + V + 的) + 是 + O$$

例如：

（26）我昨天在商店碰见了老王。　→我昨天在商店碰见的是老王。

我在麦地里看到了一只兔子。→我在麦地里看到的是一只兔子。

他画了一幅桂林山水。　　→他画的是一幅桂林山水。

她在大学学了西班牙语。　→她在大学学的是西班牙语。

英语的焦点分裂式结构为 It be focus ＋ clause，如 It is a car that John bought yesterday。汉语的宾语焦点方式的语序正好相反，就这一点来讲，汉语句子的最右端是焦点标记的位置。上述句子一般不能把焦点化的宾语置于句子的开头，特别是宾语为不定指时，比如不能说"*一只兔子是我在麦地里看到的"。这可以用来解释现代汉语疑问代词的一些用法一些现象。闽南话的"啥"不能做普通动词句的主语，而可以自由做宾语或者其他句子成分。特指疑问句中，经常把动词部分用"的"转化成一个从句，把原来做主语的疑问代词置于句末，其前用含有焦点性质的"是"连接。例如：

（27）跟宝玉的是谁？（《红楼梦》第九回）

你说他祭的是谁？祭的是死了的药官。（《红楼梦》第五十八回）

贾珍看完，问向来经管的是谁。（《红楼梦》第八十八回）

黛玉道："不知请的是谁？"（《红楼梦》第九十五回）

还有一种相关的现象，做主语的疑问代词可以不移位，直接被"是"焦点化，同时加上类似于英语假主语 it 的指示代词"这"等，形成"这 ＋ 是 ＋ 疑问代词 ＋（VP ＋ 的）"的结构。例如：

（28）这是谁叫裁的？（《红楼梦》第二十八回）

"这是谁给你的？"岫烟道："这是三姐姐给的。"（《红楼梦》第五十七回）

这是谁接了来的？也不告诉。（《红楼梦》第六十三回）

这是谁又多事告诉了凤丫头，大约周姐姐说的。（《红楼梦》第七十一回）

这是谁这么促狭，吓了我们一跳！（《红楼梦》第八十一回）

这是谁家差来的？（《红楼梦》第九十四回）

4.11.4.3　疑问代词向焦点标记的转换

疑问和焦点的关系还表现在疑问代词向焦点标记的转换上。英语有两种主要的表达焦点的分裂结构，第一种是由 be 构成的，如上文所指出的；第二种则是由疑问代词 what 构成的，疑问代词引入一个无核关系从句，做句子的主语。例如：

（29）What you want to do is curve round that wood.

What that kid needs is some love and affection.

What we'll do is leave a note for Mum to tell her we won't be back till late.

What matters is the British people and British jobs.

总体上来看，从焦点标记向疑问代词标记的发展是一种普遍现象，然而由疑问代词向焦点结构标记的发展则是比较少见的。就目前我们能够看到的文献来看，只有英语中存在这种情况。因此说焦点和疑问的发展关系是不对称的。

4.11.5　结语

本章论证了疑问与焦点之间的内在联系，认为疑问代词是句子的自然焦点。由此出发，可以解释焦点标记和疑问代词的历时和共时联系。从历时的角度看，焦点标记倾向于与疑问代词结合成复合词，或者语音形式完全融合成一个单一的词，同时焦点标记方式的改变会引起疑问代词句法行为的变化，而且也可以解释关系从句的标记常来自疑问代词的现象。从共时的角度看，一种语言的疑问代词往往具有共同的语音形式，可以看作是标识其焦点性质的形态标记；如果一种语言是倚赖特定的句法位置来表示焦点的，那么其疑问代词也有强制性的语序变换，从跨语言的角度看，谓语动词之前是最常见的表示焦点的句法位置；英语中的疑问代词也发展成了焦点结构的标记。

　　疑问和焦点之间在形式上存在着种种共性，其背后的原因是它们功能上的相似性。这不仅说明了语义对语法形式的制约，而且也从一个侧面揭示了语言的系统性和规律性。不同的语法范畴之间并不是相互独立、各自为政的，它们在功能和形式上相互关联，形成一个具有交际功能的网络系统。不同的民族具有共同的认知机制，对共同的现象的认识相同，结果就形成了跨语言之间的规律。从这个角度研究语言，还有许许多多的问题值得探讨。

4.12　疑问与否定

4.12.1　引言

在 3.6 中我们详细讨论了普通的否定标记"不"和"没"。现代汉语口语中存在一个非常普遍的否定手段，"什么"用在谓语动词或者形容词之后表示否定，也可以用在名词或者引语之前表示否定。但是迄今为止还没有关于这种现象的详细调查分析。本章主要考查否定标记"什么"的使用情况，确立它的语法意义和使用条件，并探讨它的历史成因。文章认为"什么"的核心功能是对已经实现的状况的否定，与现代汉语其他否定标记之间存在着明确的分工。本章还讨论口语中使用频率相当高的否定标记"什么"，论证它的功能和分布都有自己鲜明的特色。例如：

（1）你跑什么，还有事跟你说呢！

显然，不能把上例中的"什么"去掉，而在"跑"之前加"不"或者"没"，因为那样意思上讲不通。有的学者认为这里的"什么"相当于祈使否定"别"，尽管从语法的可接受度上看，可以这样认为，但是"跑什么"跟"别跑"的功能并不等值，比如"别跑"可以禁止未发生的行为，因此可以说"你先在这里等一下儿别跑"，但是却不能说"*你先在这里等一下儿跑什么"。

否定用法的"什么"的语法位置也很特别。汉语的否定标记一般是位于所否定对象之前的，而它却位于所否定对象之后，它做什么句子成分也颇难确定，虽然它来自名词性的疑问代词"什么"，但不宜看作动词的宾语，因为很多不及物动词或者形容词都可以在其后加上"什么"表示否定，比如"你笑什么""这东西贵什么"等。本章将简单地回顾"什么"的发展历史，探讨这种特殊语序的成因。

4.12.2 否定标记"什么"的历史成因及其功能

要了解否定标记"什么"何以出现在动词或者形容词之后，必须考察它的历史来源。我们认为"什么"的否定用法来自询问目的的"做什么"。从唐末以来的近代汉语中，"做什么"可以出现在两种位置上：一是放在动词前头，询问原因为主；二是放在动词后头，主要询问目的。下面是其部分举例：

（2）何不问自家意旨，问他意旨做什摩？（《祖堂集》卷三）

（3）不知此人诗有何好处？陛下看它作什么？（《朱子语类》卷一百一）

（4）你要投水做什么？（《喻世明言》第三十五卷）

（5）龙老三，你又来做甚么？（《儒林外史》第二十九回）

（6）也没见穿上这些做什么？（《红楼梦》第三十一回）

（7）真是，陈奶妈，那么客气作什么？（《北京人》）

"做什么"在动词后询问原因的用法起源较早，同时这类句子的第一个动词没有否定形式，因为不做一件事情就谈不上什么目的。

我们认为现代汉语的否定标记"什么"来自上述询问目的的"做什么"，这一观点有以下三个证据：

一、询问目的的"做什么"所在的句子多为反问句，即指出"做某事的目的是不必要的或者不应该的"，从而表示对前面动词所指行为合理性的否定。比如例(2)"问他意旨做什摩"实际上是说"没有必要(不要)问他意旨"。近代汉语这类用例大都是通过反问表示否定的。也就是说，早先询问目的的"做什么"与后来否定标记"什么"的表达功能是一致的。

二、可以解释否定标记"什么"何以出现在所否定的动词之后的成因。"做什么"是一个普通的动宾结构，它与其前的动词形成一个连谓结构。

询问目的的用法置后是遵循句法的临摹原则，因为达到目的的时间总是在行为动作发生之后的，因而在句法上目的短语出现在主要动词之后。"做什么"是在动词之后开始语法化，而语法化又引起形式上的弱化，由原来三个音节变成两个音节，宋元以后则有"则甚""则么""自么"等形式。例如：

（8）老母长受贫寒则甚？（《敦煌变文汇录》）

（9）周勃当时初入北军，亦甚拙，何事令左袒则甚？（《河南程氏遗书》卷第十九）

（10）千年往事已沉沉，闲管兴亡则甚？（《西江月·千文悬崖削翠》）

（11）相国夫人且坐，但放心，何须怕怯子么？（《西厢记》）

（12）烦恼则么耶，唐三藏？（《西厢记》）

到了清代以后，形式逐渐固定在"什么（甚么）"一种上，而且位置则更加灵活，可以出现在动宾之间，而有些宾语排斥任何修饰语，即其中的"什么"只是一种单纯的否定，并不是真正修饰宾语的。请看：

（13）我和你至交相爱，分甚么彼此？（《儒林外史》第十二回）

（14）你说有呢就有，没有就没有，起什么誓呢？（《红楼梦》第二十八回）

（15）要补谁就补谁罢咧，又问什么要不要呢。（《红楼梦》第九十二回）

（16）你呢，十九岁的年纪，认什么姑姑！（《姑姑》）

上述四例中的宾语"彼此""誓""要不要""姑姑"一般是不被"什么"修饰的，"什么"在这里纯粹是为了表示否定。

三、可以很自然地解释否定标记"什么"在现代汉语中的功能。我们从大量的现象中概括出否定标记"什么"的功能为：

对已经实现的状况否定，否定的对象包括行为、性质、现象、事物甚至谈话者的观点等。

上述定义看似矛盾，实际上正是"什么"的否定功能和使用条件：它是通过对已经成为现实的状况的存在目的的否定，来达到对该状况发生的必要性的否定，并否定继续存在的合理性。因此"什么"所否定的对象必须是与现实有关的。很明显,"什么"这种否定存在目的的作用是直接承继了原来询问目的的"做什么"的反问用法。

在表达现实否定上,"做什么"和"什么"的分布是互补的,由此也可以看出两者之间的内在联系。否定单纯的动词,只能跟"什么",比如可以说"跑什么",而不能说"*跑做什么"。相对地,否定动宾结构有两种情况,在整个短语之后只能跟"做什么",比如可以说"平白的哄他作什么",而不能说"*平白的哄他什么",下面的第一组例子都是如此;如果在动宾之间,则只能用"什么",比如可以说"起什么誓",但是不能说"*起做什么誓",下面的第二组例子都属于这一类。

一、动宾短语之后用"做什么"表示现实否定

（17）袭人道:"老爷叫他出去。"宝钗听了,忙道:"嗳哟!这么黄天暑热的,叫他<u>做什么</u>!"(《红楼梦》第三十二回)

（18）你这孩子素日最是个伶俐聪敏的,你又知道他有个呆根子,平白的哄他<u>做什么</u>?(《红楼梦》第五十七回)

（19）他娘听说,喜的忙问:"这话果真?"春燕道:"谁可扯这谎<u>做什么</u>?"婆子听了,便念佛不绝。(《红楼梦》第六十回)

（20）姐姐太性急了,横竖等十来日就来了,只管找他<u>做什么</u>。(《红楼梦》第六十一回)

（21）你倒别和我拿三撇四的,我烦你<u>做个什么</u>,把你懒的横针不拈,竖线不动。(《红楼梦》第六十二回)

（22）大领导已经死了,还说他<u>干什么</u>?(《一地鸡毛》)

二、动宾短语之间用"什么"表示现实否定

（23）连秦钟的头也打破。这还在这里念<u>什么</u>书!(《红楼梦》第九回)

（24）贵武忙搭言道:"你跟她撒<u>什么</u>气!"(《大宅门》)

（25）白文氏:"老二,快叫大夫来!"颖宇忙跑过来蹲下身子,摸了摸小宝的鼻孔:"叫<u>什么</u>大夫?死了!"(《大宅门》)

（26）您这点儿银子还不够塞牙缝儿的呢,起<u>什么</u>哄啊。(《大宅门》)

（27）找他们家算账去,跟小孩子较<u>什么</u>劲儿?(《大宅门》)

（28）咱俩谁跟谁呀？是不是？<u>分什么</u>你我呀，反正等把手续一办就合二为一了。（《编辑部的故事》）

类似地，对形容词的实现否定也有明确的分工：在形容词的基式之后一般只能用"什么"否定，比如可以说"你慌张什么"，而不能说"*你慌张干什么"[①]；然而在形容词的重叠形式之后一般只能用"干什么"，比如可以说"你慌慌张张干什么"，而不能说"*你慌慌张张什么呢"。下例中的"干什么"就不能换为"什么"。

（29）颖园忙答："没事儿，没事儿。""没事儿你慌慌张张的干什么？像是着了火似的！"（《大宅门》）

（30）"老潘，你急急忙忙的做什么？"齐孟元问道。"发生了什么事？"潘霸便将方才厉柔说的话重述一遍。（《缱绻柔云》）

概括起来说，不论从句法位置还是否定功用来看，否定标记"什么"都与询问目的的"做什么"有着渊源关系。

4.12.3　否定标记"什么"的使用条件

4.12.3.1　动词和形容词之后的"什么"

上文说到"什么"是对已经实现的状况的否定，否定的对象必须是与现实有关的。那么"现实"又可分各种不同的具体情况，下面分别举例加以说明。

一、最常见的一种情况是直接发生的一种行为，"什么"通过否定其发生的目的或者合理性，从而表达不希望这种行为继续发生的意思，或者来劝阻或者制止这种行为继续发生，等等。下例中加点的部分是指已经发生的行为动作。

（31）众人听了都大笑起来。薛蟠道："<u>笑什么</u>？难道我说的不是？"（《红楼梦》第二十八回）

---

① "干"和"做"是同义词，经常可以互换。

（32）才回身，忽见贾环带着几个小厮一阵乱跑……贾政便问："你跑什么？带着你的那些人都不管你，不知往那里逛去，由你野马一般！"（《红楼梦》第三十三回）

（33）众人笑弯了腰。刘姥姥道："笑什么？这牌楼上字我都认得。"（《红楼梦》第四十一回）

（34）宝玉诧异道："这话从那里说起？我要是这么样，立刻就死了！"林黛玉啐道："大清早起死呀活的，也不忌讳。你说有呢就有，没有就没有，起什么誓呢。"（《红楼梦》第二十八回）

（35）王喜光："三爷，台上见吧，您多替我兜着点儿就行了。"颖宇："说什么呐？谁不知道你是老佛爷跟前儿的红人儿啊！"（《大宅门》）

上述例子中的否定标记"什么"都与"不"或者"没"的否定功能不同，因此不能互相替代。孤立地看，"VP＋什么"可以说成"别＋VP"，但是在特定的上下文中也是不允许这种替换的，否则意思会走样。比如例（33）的刘姥姥的话如果换成"别笑"就成了简单禁止对方笑，这不仅与刘姥姥的身份不符，而且也失去了一个重要的含义：刘姥姥对众人笑的原因不明的困惑。

"什么"也可以否定即将成为事实的动作行为。这往往用于说话对方表明自己意图或者打算做某事的场合，可以看作已经具备了实现的主观因素。下例中加点的部分就是对方所表达出的意图。

（36）进了房，宝钗便坐了笑道："你跪下，我要审你。"黛玉不解何故，因笑道："你瞧宝丫头疯了！审问我什么？"（《红楼梦》第四十二回）

（37）尤氏笑道："你这阿物儿，也忒行了大运了。我当有什么事叫我们去，原来单为这个。出了钱不算，还要我来操心，你怎么谢我？"凤姐笑道："你别扯臊，我又没叫你来，谢你什么！"（《红楼梦》第四十三回）

（38）平儿笑道："奶奶说，赵姨奶奶的兄弟没了，恐怕奶奶和姑娘不知有旧例，若照常例，只得二十两。如今请姑娘裁夺着，再添些也使得。"探春早已拭去泪痕，忙说道："<u>又好好的添什么</u>，谁又是二十四个月养下来的？"（《红楼梦》第五十五回）

（39）袭人赶着送出院外，说："姑娘倒费心了。改日宝二爷好了，亲自来谢。"宝钗回头笑道："<u>有什么谢处</u>。你只劝他好生静养，别胡思乱想的就好了。"（《红楼梦》第三十四回）

（40）李石清："经理，现在该我们俩谈谈了。"潘月亭："（暴怒）<u>谈什么</u>！"（《日出》）

二、否定标记"什么"还用在这样的场合，并不直接存在所否定的状况，对方的说话中也没有明确表示出来，说话者所否定的是对方行为的一种主观判断。这里"什么"所否定的多为一种属性，通过指出这种属性存在的不必要性，来达到否定的目的。例如：

（41）薛蟠未等说完，先站起来拦道："我不来，别算我。这竟是捉弄我呢！"云儿也站起来，推他坐下，笑道："<u>怕什么</u>？这还亏你天天吃酒呢，难道你连我也不如！"（《红楼梦》第二十八回）

（42）（林黛玉）一面说，一面拍着袭人的肩，笑道："好嫂子，你告诉我。必定是你两个拌了嘴了。告诉妹妹，替你们和劝和劝。"袭人推他道："<u>林姑娘你闹什么</u>？我们一个丫头，姑娘只是混说。"（《红楼梦》第三十一回）

（43）宝玉道："这是一件正经大事，大家鼓舞起来，不要你谦我让的。各有主意自管说出来大家平章。宝姐姐也出个主意，林妹妹也说个话儿。"宝钗道："<u>你忙什么</u>，人还不全呢。"（《红楼梦》第三十七回）

（44）女先生忙笑着站起来，说："我们该死了，不知是奶奶的讳。"凤姐儿笑道："<u>怕什么</u>，你们只管说罢，重名重姓的多呢。"（《红楼梦》第五十四回）

（45）那媳妇便回道："回奶奶姑娘，家学里支环爷和兰哥儿的一年公费。"平儿先道："<u>你忙什么</u>！你睁着眼看，见姑娘洗脸，你不出去伺候着，先说话来。"（《红楼梦》第第五十五回）

例（41）中云儿认为薛蟠的行为是出于害怕，因此指出没有害怕的理由。例（42）中袭人认为林黛玉的话是在胡闹，指出林黛玉这样说是没有根据的。与此类推。

三、"什么"也可以用于对方的判断与事实不符时纠正对方的话，其前的动词多是重复对方话语中的一部分。对方的主观判断可以看作一种现实，即一种"已经实现的观点"。下面加点的部分是"什么"所否定的对象。

（46）袭人笑道："太太别生气，我就说了。"王夫人道："<u>我有什么生气的</u>，你只管说来。"（《红楼梦》第三十四回）

（47）薛姨妈正为这个不自在，见他问时，便咬着牙道："不知好歹的东西，都是你闹的，你还有脸来问！"薛蟠见说，便怔了，忙问道："<u>我何尝闹什么</u>？"（《红楼梦》第三十四回）

（48）薛蟠道："妹妹的项圈我瞧瞧，只怕该炸一炸去了。"宝钗道："黄澄澄的<u>又炸他作什么</u>？"（《红楼梦》第三十五回）

（49）宝钗一旁笑道："我来了这么几年，留神看起来，凤丫头凭他怎么巧，再巧不过老太太去。"贾母听说，便答道："我如今老了，<u>那里还巧什么</u>。"（《红楼梦》第三十五回）

四、有时候"什么"所否定的对象不直接见于上文中，要在更大的语境中去寻找。比如下面一个例子基本上是凤姐儿自己内心的一个思维过程，并不直接见于外在的语境中。

（50）（王熙凤）如今又听邢夫人如此的话，便知他又弄左性，劝了不中用，连忙陪笑说道："太太这话说的极是。我能活了多大，<u>知道什么轻重</u>？想来父母跟前，别说一个丫头，就是那么大的活宝贝，不给老爷给谁？"（《红楼梦》第四十六回）

王熙凤这话的背景是，贾赦想纳贾母的丫头鸳鸯为妾，邢夫人请求王熙凤帮忙，王熙凤劝阻邢夫人别做这事，因而引起邢夫人生气。王熙凤的心理过程是，邢夫人之所以生自己的气，是因为邢看重自己的话，那么为了劝解邢，就来否定自己话的重要性（轻重）。事实上，有关的语境并没有直接证据显示王熙凤的话是重要的，只是王自己的主观推断而已。

根据我们的广泛调查，这类用"什么"否定的句子有一个共同的使用条件：全部不单独使用，其前后往往有其他句子，说明其行为属性所存在的目的不合理的理由。其说明理由部分可以在"什么"否定句前后，下面分别举例加以说明。

一、理由在"VP＋什么"结构之前

（51）大毒日头地下，出什么神呢？（《红楼梦》第三十二回）

（52）我当老婆的都不嫌，外人裹个什么乱？（《编辑部的故事》）

（53）你就是不听，现在年轻人都明白了，你还犹豫什么？（《编辑部的故事》）

（54）自己一家人，讲这虚礼干什么？来了就好。（《编辑部的故事》）

二、理由在"VP＋什么"结构之后

（55）怕什么？这还亏你天天吃酒呢，难道你连我也不如！（《红楼梦》第二十八回）

（56）林姑娘你闹什么？我们一个丫头，姑娘只是混说。（《红楼梦》第三十一回）

（57）减什么肥？王师傅这样我看很好嘛，又不是长瘤子，说明我们生活水平逐步提高。（《编辑部的故事》）

（58）你懂什么？人家台湾人拍的片子，就是情真意切。（《编辑部的故事》）

"什么"也可以用在形容词之后表示对已实现性质的否定，否定含义和使用条件都与动词的相同，但是在分布上则有所差别：对于动词来说，"什么"只能出现在其后，比如只能说"你笑什么"，而不能说"*你什么笑"；然而对于形容词来说，"什么"则可以出现在它前后。

一、"什么"出现在形容词之后

（59）罗唆什么，过来，我瞧瞧罢。（《红楼梦》第八回）

（60）宝玉又道："不然，等太太醒了我就讨。"金钏儿睁开眼，将宝玉一推，笑道："你忙什么！'金簪子掉在井里头，有你的只是

有你的'，连这句话语难道也不明白？"（《红楼梦》第三十回）

（61）白萌堂狠抽着："你还不服气！你神气什么？！"（《大宅门》）

（62）你瞧你，还不敢上去找我，咱们你还客气什么？这么眼巴巴地等着。（《编辑部的故事》）

（63）戈玲："甭说了，这问题已经很清楚了。"李冬宝急了："清楚什么？我这儿还没说呢！"（《编辑部的故事》）

二、"什么"出现在形容词之前

（64）大清早起，这是何苦来！听不听什么要紧，也值得这种样子。（《红楼梦》第二十一回）

（65）李宫裁笑向宝钗道："真真我们二婶子的诙谐是好的。"林黛玉道："什么诙谐，不过是贫嘴贱舌讨人厌恶罢了。"（《红楼梦》第二十五回）

对于形容词，"什么"也是否定已经实现的属性。比如我们不会冷不丁地跟人说"她漂亮什么"，只有在交际对方认定"她漂亮"这种情况下，为了纠正对方的话才会这样用。也就是说，"什么"对形容词的否定跟"不"很不一样，"不"只是一个单纯的性质否定，可以不依赖业已存在的语境因素而单独使用，所以谈话可以"她长得不漂亮"开始。

"什么"在形容词前后出现的条件限制及其功能差别还不清楚，值得进一步探讨。有时候则两可，比如上述例（63）的"清楚什么"可以说成"什么清楚"；有时候则只有一种选择，比如"忙什么"就不能说成"*什么忙"①。

4.12.3.2 名词和句子之前的"什么"

如果所否定的对象是名词或者句子，"什么"则只能出现在其前。与动作行为的情况不同，名词所代表的是静止事物，无所谓目的。然而静止事物具有是否符合属于某一类的"标准"或者"资格"问题，"什么"的

---

① 做名词性的偏正结构则可以。

功用是指出"达不到某种标准"或者"不符合某种资格"，从而否定某事物存在的合理性。"什么"否定名词的强烈的感情色彩和贬斥意义都是从这里来的。比如下面两句话中，"什么"所直接表达的是达不到"蕙香"和"红歌星"的标准：

（66）蕙香道："我原叫芸香的，是花大姐姐改了蕙香。"宝玉道："正经该叫'晦气'罢了，<u>什么蕙香呢</u>！"（《红楼梦》第二十一回）

（67）就是，这还考虑什么？我早就对这期封面有意见，<u>什么红歌星</u>？是真凭嗓子好么？（《编辑部的故事》）

跟否定动词或者形容词的使用条件一致，"什么"否定名词也要求前文中已出现实现因素。这又可以细分为几种情况。首先，"什么"所否定的名词已经在上文出现，如下例中加点的部分。

（68）二人见他急了，忙陪笑央告道："好姐姐，别多心，咱们从小儿都是亲姊妹一般，不过无人处偶然取个笑儿。你的主意告诉我们知道，也好放心。"鸳鸯道："<u>什么主意</u>！我只不去就完了。"（《红楼梦》第四十六回）

（69）刘姥姥笑道："这正是老太太的福了。我们想这么着也不能。"贾母道："<u>什么福</u>，不过是个老废物罢了。"说的大家都笑了。（《红楼梦》第三十九回）

（70）一时，凤姐儿来了，因说起初一日在清虚观打醮的事来，遂约着宝钗、宝玉、黛玉等看戏去。宝钗笑道："罢，罢，怪热的。<u>什么没看过的戏</u>，我就不去了。"（《红楼梦》第二十九回）

（71）黄省三（朝着李石清）：经理，潘经理，您行行好！
李石清（愣了一下）：<u>什么经理</u>，你疯啦！（《日出》）

其次，虽然"什么"所否定的词语不直接见于对方的语言中，但是该名词是对交际对方话语内容的概括。例如：

（72）香菱笑道："果然这样，我就拜你作师。你可不许腻烦的。"
黛玉道："<u>什么难事</u>，也值得去学！"（《红楼梦》第四十八回）

（73）"何苦来操这心！'得放手时须放手'，<u>什么大不了的事</u>，乐得

不施恩呢。"(《红楼梦》第六十一回)

（74）宝玉赶上来，一把将他手里的扇子也夺了递与晴雯。晴雯接了，
也撕了几半子，二人都大笑。麝月道："这是怎么说，拿我的东
西开心儿？"宝玉笑道："打开扇子匣子你拣去，什么好东西！"
（《红楼梦》第三十一回）

（75）季宗布："拐子，有好处别独闷儿，你要人家事主一万两银子，
这里有我多少？""什么话，这里有你什么事儿？"（《大宅门》）

例（72）中黛玉从香菱"要拜师"推断出，香菱认为这是一件"难事"，
那么黛玉就用"什么"来加以否定。例（73）值得"操心"的自然是比较
大的事情，那么就用"大不了的事情"来概括。例（74）中，麝月不愿意
晴雯撕自己的东西，宝玉由此推断麝月认为自己的是"好东西"，而宝玉
并不这样认为，因此就用"什么"来否定。例（75）对方说话的内容都可
以用"话"来概括，因此就可以用"什么话"来加以完全否定。

　　"什么"用在动词之前表示否定时，多是不同意对方的话或者纠正对
方的观点。它所否定的对象可以是单纯的动词，如下面例（76）；动词短语，
如下面例（77）；甚至是一个句子，如下面的例（78）（79）。

（76）四人笑道："正是。每年姑娘们有信回去说，全亏府上照看。"
贾母笑道："什么照看，原是世交，又是老亲，原应当的。"（《红
楼梦》第五十六回）

（77）平儿笑道："虽如此，奶奶们取笑，我禁不起。"李纨道："什么
禁不起，有我呢。快拿了钥匙叫你主子开了楼房找东西去。"（《红
楼梦》第四十五回）

（78）翠缕道："这么说起来，从古至今，开天辟地，都是些阴阳了？"
湘云笑道："糊涂东西，越说越放屁。什么'都是些阴阳'，难
道还有个阴阳不成！"（《红楼梦》第三十一回）

（79）宝玉恨的用拄杖敲着门槛子说道："这些老婆子都是些铁心石头
肠子，也是件大奇的事。不能照看，反倒折挫，天长地久，如
何是好！"晴雯道："什么'如何是好'，都撵了出去，不要这

些中看不中吃的！"（《红楼梦》第五十八回）

"什么"所否定的对方的话语也可以不是直接的引用，而是改造糅合过的，被否定的部分一般不单独用。

（80）宝玉笑道："你有夫妻蕙，我这里倒有一枝并蒂菱。"口内说，手内却真个拈着一枝并蒂菱花，又拈了那枝夫妻蕙在手内。香菱道："什么夫妻不夫妻，并蒂不并蒂，你瞧瞧这裙子。"（《红楼梦》第六十二回）

（81）见宝玉进来，连忙站起来，笑道："晴雯这东西编派我什么呢。我因要赶着打完了这结子，没工夫和他们瞎闹，因哄他们道：'你们顽去罢，趁着二爷不在家，我要在这静坐一坐，养一养神。'他就编派了我这些混话，什么'面壁了''参禅了'的，等一会我不撕他那嘴。"（《红楼梦》第六十四回）

上例（80）中的"什么……不……"是一个固定格式，用于其中的成分多为名词，如果去掉"什么"，剩下的部分就不成话了。"什么"后的成分为多项并列时，常常在其后加"的"，从而形成另一种固定格式，也不能去掉"什么"而成立，如例（81）。

"什么"还可以单独使用，表示不同意对方的话，此时多跟语气词"呀"等一起使用。例如：

（82）"这个地方真漂亮。""什么呀，我看很一般。"

（83）"他在这方面很有发言权。""什么呀，他根本就不懂。"

还存在一个相当常见的固定格式："X + 什么 + X"。用于其中的成分可以是动词、形容词、代词等，但是有一个音节上的限制，X 一般只能是单音节的，与"什么"共同构成一个四音节的单位。这一点与汉语的其他重要的语法手段一致，比如汉语的动词或者形容词重叠的最多音节数目也只能是四。请看对比：

看什么看　　　　　　*商量什么商量
好什么好　　　　　　*漂亮什么漂亮
你什么你　　　　　　*你们什么你们

下面是实际语言使用中出现的例子：

（84）看什么看！没见过移动电话啊？

（85）好什么好呀，我妈妈他们现在逼着我答应这门婚事。

（86）张义和汗流满面："我……我……"李冬宝："你什么你？你有天大的理也不能在这儿打人。"（《编辑部的故事》）

需要解释的是，"什么"何以能够直接用在名词或者引语之前表示否定？根据我们的观察，这种用法可能来自以下两种完整句子的省略。

一、"S＋是＋（什么＋NP）"。如果省略掉主语和判断词，就成了"什么＋NP"。例如：

（87）尤李两个不答言，只喝禁他四人。探春便叹气说："这是什么大事，姨娘也太肯动气了！"（《红楼梦》第六十回）

（88）你以为男人都是什么好东西？！你怎么会看上他？（《编辑部的故事》）

（89）你说这过的是什么日子？（《编辑部的故事》）

二、"什么＋是＋X"。X多为对方话语中的一部分。省略其中的判断词就得到"什么"直接修饰引语的表达。例如：

（90）什么是"大家彼此"！他们有"大家彼此"，我是"赤条条来去无牵挂"。（《红楼梦》第二十二回）

（91）什么是廊上廊下的，你只说是芸儿就是了。（《红楼梦》第二十四回）

4.12.3.3　句子层面的语法范畴

我们把语法标记或者手段分为两类：一是无标记的，它们既可以用于句子层面，又可以用于短语层面；二是有标记的，只能用于句子的层面。按照这个标准，否定标记"什么"属于有标记的。从它的功能上也可以看出，其使用依赖于语境的其他因素。从这个角度来看，"什么"和"别"属于一类，都是有标记的；而"没"和"不"则属于另一类，都是无标记的。下面看它们在名词定语上的差别：

*忙什么的人	*笑什么的人	*什么福气的人
*别忙的人	*别笑的学生	*别看的观众
不忙的人	不笑的学生	不看的观众
没来的人	没笑的学生	没看的观众

4.12.4　结语

本章对"什么"的否定用法做了全面的调查，确定了它的否定功能为对已经实现的状况的否定，并全面分析了它的使用条件。文章还从历史的角度探讨了"什么"否定功能和句法形成的原因。"什么"是口语中非常活跃的否定手段，它有着其他否定标记不可取代的特殊功能。它的否定用法属于有标记一类的，只能用在句子的层面上。

现代汉语中很多语法现象尚没有引起人们的注意，还有很多现象的观察不够全面准确，更多的是分析解释缺乏准确性。所以对现代汉语语法系统的调查分析仍是任重道远，需要我们集体的智慧和努力。我们不赞成那种"大理论小现象"的做法，其注意力只在用语言中的只砖片瓦来构建外表辉煌的理论殿堂，而忽略了对语言的系统性调查研究。

4.13　小称与儿化

4.13.1　引言

　　人类的认知对象不外乎"质"和"量"两种。在语言中，对"质"的认识结果往往是代表不同范畴的一个个的词，而对"量"的认识结果则往往表现为语法形式。现实世界的数量特征是丰富多彩的，它们的语法表现形式也是多种多样的。数量和语法的关系是很值得研究的，本章以表示物体大小的语法标记为例，进一步说明数量语义特征对语法设计原理的深刻影响。

　　表示物体大小的语法标记是不对称的，汉语和其他各种语言大都有"小称"的标记，然而一般没有相应的"大称"。而且不同语言表示"小称"的语音形式也具有高度的共性，表面上看来，汉语普通话和方言的小称表现形式很复杂，比如有儿化、重叠、鼻音韵尾、高声调等，实际上这正代表了人类语言表示小称的不同类型。同时"小称"语法标记的来源和功能也具有很高的规律性。

　　本章的主要考察对象是汉语的共时、历时和方言情况，并参照其他语言的研究成果，目的是尝试揭示形成表示物体大小的语法标记不对称性的原因，探讨小称标记的来源、形式和规律。

4.13.2　小称的定义和语言共性

4.13.2.1　小称的定义和在其他语言中的分布

　　语言拥有各种手段来表示物体的大小，既可以是普通的词汇，又可以是语法手段。本章所讨论的小称是指一种稳定的、能产的形态标记或者语法手段。下面是关于"小称"的普通语言学定义。

小称——形态学上用于表示"小"的词缀，经常引申为表示"可爱"的意思。比如意大利语的 -ino，葡萄牙语的 -zinho，英语的 -let，等等。

世界上普遍存在着小称现象，而很少见"大称"现象。世界上很多语言都有广泛使用的、高度能产的小称标记。汉语普通话和广大方言的情况也一样，存在着大量的"小称"语法形式，而缺乏相应的"大称"标记。根据我们能够见到的英文语言学论著和工具书，只有西班牙语中有"大称"形式，例如 ricahon "巨富"和 favorzote "浓味"等。由此可见，表示物体大小的"小称"和"大称"的语法标记是极为不对称的。

此外小称标记在各个语言中的使用情况也是不一致的。并不是每一种语言都有小称这种语法标记，即使都有，它们的使用范围和能产性的高低也是差别很大的。比如现代英语就缺乏一个能产的小称标记，其小称标记 -let 是早期英语遗留下来的，只保留在个别词汇上，不能随意搭配，例如 steamlet "小溪"、townlet "小镇"、booklet "小册子"。英语中还有一个借自荷兰语的小称标记 -kin，只能用于个别词汇上，例如 napkin "餐巾"、lambkin "羊羔"等。

4.13.2.2　小称的表现形式

小称形态的表达手段很丰富，包括词缀，变换辅音、元音和声调，改变名词的类属或者性。从跨语言的角度看，表示小称的形态手段的语音形式特征主要包括如下几种：

（a）鼻音；（b）重叠；（c）高频率声调；（d）前高元音；（e）前辅音。

小称的音变方向不是随意的，往往朝着这几类语音特征发展。后文的分析将显示，这几种小称语音形式几乎都存在于汉语的历史、方言和普通话之中，由此可见，一种语言的小称与其语言形式之间的关系不是偶然的联系，其间存在着内在的联系。上述五种人类语言常见的小称表现形式是一种发展结果或者趋向，那么就意味着，一种语言的某一特定小称形式开始时采用其他形式。汉语中还存在着卷舌动作、非高声调、紧喉音等小称语音表现形式，这些与上述小称语音形式的关系值得进一步研究。

4.13.2.3　小称的来源和功能扩展

能确定小称语法化的词汇来源的几乎都是表示"小孩"的概念。"小孩"概念是各种语言小称的共同来源，属于这种类型的语言有很多。汉语也是如此，"儿尾"也是来自"小孩"的概念。注意，这只限于表示小称的词缀形式，其他语音手段如"重叠"等则与"小孩"的概念没有直接的联系，而可能来自小孩的语言使用特征。令人深思的是，没有一种语言的小称是来自单纯表示"小"的形容词概念。由此可见，小称并不是一个单纯表小的问题。

小称又会发展出其他各种各样的功能，有些已经很难看出跟小称的语义关系。不同语言的小称常向以下几种语义功能方向引申。

（a）加强程度。

（b）强调正处于某一空间位置。

（c）强调正处于某一时间位置。

汉语的儿尾也有这些用法，同时也发展出许多其他的用法。儿化韵所形成的语义网络表面上看来纷纭复杂，而实际上其间的联系也是非常有规律的。

4.13.3　汉语小称的发展与功能

4.13.3.1　汉语小称的来源和发展过程

跟世界上绝大多数的语言小称标记的来源一样，汉语普通话的小称标记"儿尾"也是来自中古汉语的表"小孩"的"儿"字。北方话中的小称标记"儿尾"大致经历了以下三个发展阶段：

第一阶段：从魏晋南北朝开始，"儿"用于人名或者指人的名词后面。例如：

（1）世祖武皇帝……小讳龙儿。(《南齐书·武帝纪》)

（2）昨见罗儿，面颜憔悴。（《南史·孝义传下》）

（3）雪儿者，李密之爱姬。（《北梦琐言》）

（4）偷儿！青毡我家旧物。（《晋书·王献之传》）

第二阶段：到了唐代"儿"扩展到鸟兽虫鱼。例如：

（5）芦笋穿荷叶，菱花胃雁儿。（《戏题示萧氏外甥》）

（6）细雨鱼儿出，微风燕子斜。（《水槛遣心》）

（7）惊起沙滩水鸭儿。（《钓鱼》）

（8）飞下一个仙鹤儿来。（《大宋宣和遗事·亨集》）

第三阶段：宋代以后，"儿"可以用于各种无生命的名词。例如：

（9）小车儿上看青天。（《小车吟》）

（10）船儿傍舷回。（《重送杨明叔》）

（11）深注唇儿浅画眉。（《成伯席上赠所出妓川人杨姐》）

（12）皆以新葫芦儿、枣儿为遗。（《东京梦华录》）

可以清楚地看出，"儿"在语法化过程中，其搭配范围逐渐扩大，可以概括为：

指人名词（魏晋时期）→动物名词（唐朝时期）→无生命名词（宋朝时期）

宋朝以后"儿"又出现了许多新的用法，它们都一直保留在今天的汉语之中。

4.13.3.2　"儿尾"的功能

小称主要用于表示物体的大小，有关标记多跟具体事物的名词搭配，如"小车儿""冰棍儿"等。但是"儿尾"也引申出了其他各种各样的用法，词类也不限于名词。虽然这些引申用法不直接表示物体的大小，但是都与量的表达有关，是它小称用法的引申。下面分别加以讨论。

一、名词化的功能

小称是表示物体尺寸的大小，而现实世界只有三维的具体事物才有这个特征。儿尾由此引申出一个功能，加在动词或者形容词之后，把其他类型的概念转化成物质空间的三维物体。这就是儿尾具有名词化功能的基础。

下面分别举例说明。

（a）动词→名词

画→画儿；盖→盖儿；卷→卷儿；唱→唱儿；陈设→陈设儿

（b）形容词→名词

干→干儿；弯→弯儿；尖→尖儿；零碎→零碎儿；破烂→破烂儿

（c）动词→量词

捏→捏儿；转→转儿；截→截儿

也可以从数量特征的角度来看儿化的名词化功能。儿尾原是表示物体的小称的，代表三维空间的离散个体，因此所构成的名词短语可以用自然数称数。这正是名词的典型语义特征，因此儿尾就有了名词化的功能。这也可以解释这种现象：由动词或者形容词通过儿化而形成的名词，通常是代表具体的三维物体，而不能是抽象的名词。汉语的抽象名词一般不能儿化。

二、称谓的儿化

北京话中有一类有趣现象："哥儿"等名词不能单独使用，必须在其后加上"俩""三个""几个"等数量成分才行。例如：

爷儿（两个）：父亲和儿子

娘儿（两个）：母亲和儿子

哥儿（两个）：哥哥和弟弟或妹妹

姐儿（两个）：姐姐和弟弟或妹妹

主儿（两个）：主人和仆人

这类词有一个共同的语义特征，都是代表两种或者两种以上的不同辈分或者年龄的亲属概念。儿尾的本义是表达物体大小的小称，即把有关物体看作一个单一的物体，它在这里的作用就是把多个不同的类型概念构成一个单一的概念。这个"单一的概念"的外延必须是等于或者大于 2，在语言中就表现为必须加数量词的特点。

三、地点和时间名词的儿化

世界各种语言的小称标记经常扩展到时间和方位的表达上，表示正好处于某一地点或者时间位置。汉语的儿化也是如此，可以跟时间名词或者代词搭配，表示类似的语法意义。例如：

今儿（今天） 明儿（明天） 后儿（后天） 前儿（前天）

这儿 那儿 哪儿 这会儿 那会儿 这阵儿 这点儿 多会儿 大伙儿 自个儿 几儿

儿尾在这里的作用可以从它搭配能力上看出来。以时间词为例来说明这一问题。既然儿尾的作用是指具体的时间位置，那么自身已是代表一个明确时间位置的词语就无需儿化，比如"中午、傍晚、春节、元旦"等。同时，儿尾是表示时间位置，那么表示时段的名词一般不能儿化，比如"上月、去年、春天"等。方位词词语也有平行的现象。

最有启发性的是，通常只有指代性的词语才可以儿化来表示空间或者时间位置。由此可以看出儿尾的作用，指代词往往代表一个宽泛的范围，儿尾的作用是缩小其指代范围，因此就有了"指示某一具体时间点或者方位点"的表达效果。这实际上是儿化的物体小称作用向时间词和方位词扩展的结果。

四、形容词重叠式的儿尾

各种形容词重叠式都普遍存在着儿化现象。例如：

（a）AA 儿

红红儿 大大儿 小小儿 远远儿 轻轻儿 高高儿 厚厚儿 早早儿 好好儿

（b）AABB 儿的

踏踏实实儿的 老老实实儿的 舒舒服服儿的 平平安安儿的 和和气气儿的

（c）AXX 儿

酸溜溜儿 眼巴巴儿 光溜溜儿 干巴巴儿 光秃秃儿 紧巴巴儿 热乎乎儿 笑眯眯儿 胖乎乎儿 火辣辣儿 好生生儿

形容词通过重叠而定量化，儿尾在这里具有加强程度的作用。很多语言的小称也具有加强性质程度的作用，但是没有说明其原因。其实儿尾的这种作用也是由它小称的用法派生而来的。形容词的程度问题实际上是某一性质接近某一标准的程度，即越接近既定的标准，代表的程度越高。而形容词的重叠代表的是一个模糊的宽泛范围，小称标记"儿尾"的作用就是通过缩小重叠式形容词的语义范围，指示其接近某一性质标准，从而起到加强有关性质程度的作用。

儿尾的上述作用还可以用反证法来证明。自身已经是代表一个具体程度的形容词短语，全部都不能被儿化，比如"最红、很高、碧绿、血红、笔直"等。此外，外延固定或者边界明确的形容词也都不能被儿化，比如"彩色、黑白、急性、慢性、正、副"等，道理很明显，它们都不能通过缩小边界而加强程度。

五、数量副词的儿化

汉语中有一些表示时间度量的副词一般需要儿化。例如：

一会儿　一下儿　有点儿　一块儿　一边儿　差点儿　到底儿

这类词的共同语义特点是表示动作行为的数量特征，包括时间（一会儿）、动量（一下儿）、程度（有点儿）等。这里的用法也是"儿尾"小称意义的自然引申：或者通过缩小时间范围表达较短的时间，如"有点儿"；或者通过缩小动量的程度，表示动量的小；如此等等。

六、部分短时动词的儿化

一般动词是不能加儿尾的，但是少数表示"短时"或者"突然发生"的动作行为动词则可以儿化。儿尾在这里的作用是缩短动作持续或者发生的时间长度。该类动词主要有：

玩儿、颠儿（跑）、呲儿（申斥：呲儿了他一顿）、撺儿（发怒：他撺儿了）、火儿（发急：他火儿了）、翻儿（翻脸：把他惹翻儿了）、膈儿（死：刘三儿膈儿了）

现代汉语中表示动作行为时量短的典型语法手段是动词重叠，这正与儿尾的功能相同，如果一起使用就会造成表达赘余，所有的动词重叠式都不能被儿化。这跟形容词重叠式的情况恰好相反。

上述用法是儿尾的几种主要扩展功能，当然这并不是儿尾的全部引申用法。它们都是从儿尾小称义派生出来的。下面总结一下儿尾的表义规律。

4.13.3.3 "儿尾"的表义规律

小称标记的基本功能并不是一个单纯表"小"的含义，而是把三维物体的尺寸往小处说。这就可以解释这种现象：世界各种语言小称标记的来源都不是来自单纯表示"小"概念的形容词，而是来自具有三维性的概念"小孩"。因为单纯的形容词只是代表一种抽象性质，不具有三维性，因此很难向表示物体大小的小称标记发展。儿尾的来源首先决定了它与名词的搭配能力，它一般只与代表具体事物的名词搭配，而不能跟抽象名词搭配。同时也决定了儿尾的引申方向和范围。可以从儿尾的上述六 种引申功能概括出以下几个共同特点。

（一）加儿尾的词都与数量表达有关。

（二）各种用法都是从儿尾的小称义派生出来的。

（三）缺乏数量特征的概念都不能加儿尾。

儿尾的各种用法是其不断语法化的结果。它首先在名词范围内扩展，先是用于指人的名词，然后是动物名词，最后是非生命的名词。儿尾到了清代才开始与时间词搭配。其他用法的产生时间尚不清楚，应该是比较晚近的事情。

4.13.4　小称标记的语音形式

4.13.4.1　小称标记的语音形式的语言共性

表面上看来，汉语小称标记的古今语音形式不同，方言差别很大，而实际上它们是非常成系统的，在很大程度上反映了人类语言小称表现形式的共性。前文指出，根据众多学者对各种语言的调查，小称标记的语音形式主要有：（a）鼻音；（b）重叠；（c）高频率声调；（d）前高元音；（e）前辅音。汉语小称标记的语音形式也不外乎这几种，可见小称的语法意义和语音形式之间有一种内在的联系，并不是纯粹的约定俗成问题。下边分别举例加以说明。

一、以鼻音特征表示小称

鼻音特征表示小称是最普遍的一种形式。鼻音特征的具体表现形式也不完全相同，有的是元音加上鼻音特征，有的则是加上鼻音韵尾。这种现象见于汉语方言之中。

（a）元音加上鼻音特征。例如金华方言：梨儿〔li-ĩ³¹³〕；兔儿〔tʰu-ũ⁵⁵〕；刷儿〔ɕyɤ-yẽ⁵⁵〕；盒儿〔ɤ-ɤ̃¹⁴〕。

（b）前一个音节加上鼻辅音。例如南部吴语的"儿"一般读〔ȵie〕、〔ȵi〕、〔ɲi〕、〔n〕、〔ŋ〕等，浙江武义话的儿化韵一般是加上韵尾〔ŋ〕：狗儿〔kau⁵⁵〕→kɑŋ⁵³；李儿〔li¹³〕→〔liŋ¹³〕；兔儿〔tʰu⁵³〕→〔tʰuəŋ⁵³〕。

二、以重叠形式表示小称

普通话的名词一般是不能重叠的，只有少数几个可以重叠表示"遍指"，比如"人人、事事"等。但是在很多方言中的名词普遍用重叠形式表示小称。根据有关报道，名词重叠式既可以单独表示小称，又可以跟"儿"音一起表示小称。

汉语方言中名词重叠表小称的现象

方言	举例
山西文水话	刀刀、车车
山西交城话	盘盘、花花、根根、尖尖
湖北宜昌方言	框框儿、条条儿、穗穗儿、板板儿
湖南常德方言	骨骨、骨骨儿（果核）；斗斗、斗斗儿；槽槽、槽槽儿
湖南临澧方言	字字儿、枝枝儿、把把儿、格格儿
湖南澧县话	缸缸儿、盆盆儿、鼓鼓儿
四川重庆话	豆豆儿、盖盖儿、洞洞儿、刀刀儿

上表并不是一个全面的统计，由此也可以看出重叠表小称在汉语中的广泛分布，包括晋方言、西南官话、湘方言等地区。有几种情况非常值得我们注意。

首先，在晋方言中，儿尾只有构成双音节名词的作用，但是并不表示小称。比如山西交城话的"墙儿、桶儿、井儿、桥儿、伞儿"等都是普通的名词，只有名词重叠式才具有表示小称的功能，比如"盘盘、花花、根根、尖尖"。山西文水话的情况也是如此。

其次，儿尾具有表示小称的作用，但是在单音节和名词重叠式之后的形式不同。单音节之后的儿尾是一个单独的音节，重叠式名词之后的儿尾则失去独立音节地位，跟其前的音节结合成一个音节，使其韵母带上鼻音特征。

最后，有些方言如湖南常德话，小称的表达既可以是一个单纯的名词重叠式，又可以加上儿尾。

三、以高声调表示小称

汉语有很多方言是用高声调来表示小称的语法意义。广东信宜话中表示小称的是一个超高声调。南方方言基本上维持着上古汉语的情况，很少或者完全不用词尾"儿"和"子"。词尾"儿"在粤方言是绝对不用的。由上述现象可知，一个方言有没有儿尾跟有没有小称标记并不是一回事，因为小称标记可以选择其他的语音形式。

四、以高元音表示小称

现代汉语中缺乏其他语言的以前高元音表示小称的现象，但是存在着以后高元音［ɯ］表示小称的用法。洛阳话和武汉话都属于这种情况。然而14世纪之前儿尾是读前高元音［i］的。前文指出，"儿"从魏晋开始就有了小称的用法，可见从那时至14世纪的近1000年的时间里，汉语的小称标记都是前高元音。

综上所述，普遍存在于其他语言的5种常见表示小称的语音形式，汉语中就有4种。

4.13.4.2　各种小称形式的来源、发展及其相互关系

上述讨论小称的各种语音表现形式，涉及各种问题，包括来源的不同、语音发展方向的限制，以及各种形式之间的关系。下面分别来讨论。

一、来源的不同

从语音形式上看，汉语不同方言的小称来源不是单一的。一是来自中

古汉语的"儿"字，它的使用范围最广，北京话（普通话）等都是如此。二是来自名词的重叠形式，晋方言、西南官话、湘方言等的部分地方话属于这一类。三是来自高声调，粤方言和部分吴方言属于这一类。吴方言部分地区用声调表示小称，是来自由儿尾转化而来的鼻音特征的消失。这一说法基本可信。但是粤方言根本就不存在儿尾，因此它的高声调小称形式应该是独立发展出来的。而且吴方言的表小称的声调多是高声调，比如汤溪方言中，不管本字的单字调读什么，表小称时一律读作高平调55。同样具有启发性的是，为什么小称的语音形式一般向高声调发展而不是其他的声调？

概括起来，汉语小称的来源有两大类。一是直接来自表示"小孩"概念的"儿"，二是来自可能反映小孩使用语言特点的"重叠"和"高声调"。

二、小称的鼻音特征与"儿"不规则音变的动因

"儿"的读音形式在15世纪左右才变成了[ɚ³⁵]，属于不规则音变。"儿"在14世纪的《中原音韵》里是属于支思韵的，读音应为[ʐʅ]。从那时到现在"儿"的声母丢失了，韵母的音质也产生了重大变化，跟同组词的其他字 [1] 的读音发展分道扬镳。而且"儿"在现代各地方言的读音也多是一个具有鼻音特征的元音，或是一个具有鼻辅音的音节。下边是"儿"的方言读音。

北京[ɚ³⁵] 济南[ɚ³¹] 西安[ɚ²⁴] 太原[ɚ¹¹] 武汉[ɯ²¹³] 成都[ɚ²¹] 苏州[ȵi³⁴] 温州[ŋ³¹]

"儿"的不规则音变跟它的小称标记的用法有关。从其他语言的情况看，鼻音特征是小称标记最常用的语音形式之一，两者之间有一种内在的关系。到了15世纪左右，"儿"的小称用法已经完全发展成熟了，在鼻音和小称表达的内在联系的驱动之下，"儿"向具有鼻音特征的音素发展。该发展的音理尚需做进一步的研究。在不少汉语方言中，单纯的鼻音特征可以作为小称的语音表现形式。世界上其他语言中，也有以单纯某一个语音特征而不是音素来作为语法范畴的表现形式。

---

① 跟"儿"具有相同发展的还有"尔、贰、二"等，它们的音变原因有待进一步的探讨。

4.13.5　形成小称和大称不对称性的认知基础

现在我们来尝试解释为什么会形成"小称"和"大称"语法表现的不对称性。从上边讨论可以看出，汉语普通话和很多方言都有小称的语法标记，而没有相应的"大称"语法形式。世界上其他许多语言的情况也是如此。其实，"小称"和"大称"并不是一对相对的概念，两者分别与"正常尺寸"形成对比：

正常尺寸 < 大称 / 小称

语言规则是现实规则通过人们的认知在语言中的投影。关于物体大小的语法形式的不对称性，也受现实世界规则的制约。有关的现实规则如下。

一、现实世界的任何生命体，在尺寸上都是由小变大；而且尺寸都有一个限制，不可能无限增大。属于同类的生命体都会经过一定的时间达到一个"正常尺寸"。一般来说，在一种生命体范围内，正常尺寸的成员数总是大于新生命体的成员数。这种现实规则投射到语言中就是："正常尺寸"与"小称"形成对立，选取一个语法标记标示成员数较少的"小称"，而把正常尺寸的物体看作是无标记的。

二、任何生命体的尺寸都不可能无限增大，在一个生命群体内部，"尺寸"大的成员只是相对的、罕见的，因此不会以语法的形式反映在语言之中。只有那些基本的、常见的、有规律的现实规则才有可能投射到语言中去。

三、人类是认知活动的主体，而且每个人都生活在由人组成的社会群体之中，它是跟每个人关系最密切的一种生命体。所以人类在观察生命体的成长规律时自然以自身为中心，因此一种语言自然选取"小孩"的概念作为"小称"标记的语义基础。这影响了小称标记的使用范围的扩展方向，比如汉语的儿尾先是用于指人的名词，然后是动物名词，最后才是非生命的名词。

全人类都生活在同一现实世界中，受同一规则的制约。这种规则通过人类的认知折射到语言中去，就形成了一致的语法规律。人类语言的结构形式的形成是有理据的，这种理据多来自人类自身的认知和生活的环境。

4.13.6　结语

本章主要讨论了小称的功能和语音表现形式。小称标记的基本功能是表示三维物体尺寸小，由此出发可以派生出各种各样的用法，包括指代地点、时间、性质、数量、动作等。各种用法之间具有内在的联系，都是由三维物体的小称投射到时间、性质等空间的结果。此外，小称的语音表达形式也是有理据的，汉语中有鼻音、重叠、高声调、高元音等形式，它们反映了人类语言小称表现形式的共性。

表示物体大小的语法形式的不对称性，是现实规则在语言中的投影。任何生命体的成长过程，自身的尺寸都是由小到大，而且都有一个限度，即不可能无限度地扩大。这样在语言中就形成了"小称"与"正常尺寸"的对立，然而往往缺乏"大称"。

有关小称问题的研究可以帮助我们认识语法的本质。语法是一个开放的系统，受人类的认知和生活环境的影响。那些常见的、稳定的现实规则可以通过人类的认知投射到语言之中，因此语法现象常常是有理据的。

4.14 语序功用与限定动词

4.14.1 引言

人们通常认为，因为汉语缺乏形态，所以词序和虚词显得特别重要。这句话应该倒过来说：因为汉语选择语序作为自己最重要的语法表现手段，所以语法标记或者形态相对就比较少。这一论断可以从人类语言发展的共同规律和类型学的研究成果中得到支持。

有西方学者在研究了大量印欧语言的发展历史后，得出结论：SVO语序是最佳、最经济的语法手段，用以表示句子最重要的语法关系，动词居中作为参照点，其前的为主语（通常为施事），其后的则为宾语（通常为受事）。原始印欧语言是SOV语序，最近1000年来有不少已经变成了SVO语序或者开始向SVO语序转变。一种语言在从SOV向SVO的转变过程中，一个伴随特征是大量丢失形态标记。英语是其中一个典型例证。现代英语跟汉语一样，都是SVO语言，但是1000年之前的英语则是属于SOV类型的。古英语的形态远比今日的复杂，比如它有区别主宾语的形态标记，名词有性、数、格等各种各样的形态标记，动词不仅有人称、数的语法范畴，而且时体系统也比现在的复杂得多。英语在15世纪左右完全转变成SVO语言之后，形态系统大量简化，诸如主宾语的形态标记消失，名词只保留了单复数的标记，动词除第三人称单数外不再有数、人称的区别，等等。有些简化还正在进行之中，比如疑问代词who的主宾格用法开始混淆，判断词to be的人称变化在口语里也不分那么清楚了。总之，自打英语变成SVO语言之后，它只在丢失形态，而没有产生任何新的形态。与此同时，最近 500 年来英语语法标记产生的途径也变得与汉语一致起来，即把一个短语片段压缩或者语音弱化为表示某种语法范畴的标记。例如：

近期将来时：to be going to → to be gonna

祈使句标记：let us → let's

成为语法标记之后，它们的使用范围会扩大，同时也会丢失原来的词汇意义。to be gonna 不再表示动作行为，而是单纯表示时间。let's 也可以用于复数第一人称之外的情况。

从共时的角度来看，凡是采用 SVO 的语言，形态标记相对简单；凡是采用 SOV 的语言，形态标记相对比较复杂。比如日语是典型的 SOV 语言，它有表示主语（话题）和受事宾语的标记，动词有十余种变形，用以表示体、时、条件、祈使、使成、被动、否定、能愿等。主要有两种原因造成 SOV 语言的复杂形态系统。第一，从功能上看，主语（通常为施事）和宾语（通常为受事）皆位于谓语动词之前，容易造成表达上的歧义，所以倾向于用一种形式标记来区别谓语动词之前的名词的语义角色。所以这种语言大都有主语和宾语的语法标记。第二，从语法化的途径来看，SOV 语言比较容易产生与动词有关的各种语法标记。这种语言的很多成分限制在动词之后，比如助动词、否定词以及各种各样的副词，动词是句子的基本成分之一，一定负载一个重音。而人类语言的一个共同现象是，重音之后的附着成分的语音成分最容易弱化，如果这些被弱化的成分具有表示动作行为普遍范畴的语义特征，就会成为一种语法标记。SOV 语言形态标记复杂化的原因也正是 SVO 语言形态简单化的理由。

4.14.2　语序与语义结构的严格对应

认知语言学有一个基本理论假设，不同的语序（语法结构）对应于不同的语义结构，两者之间存在着严格的一对一的投射关系，不存在不同语序表达完全相同的语义值的情况。认知语言学者最感兴趣的一个研究领域是，由相同的语素构成的不同语序的表达功能差异，以及它们所反映的认知过程的不同特点。我们认为，语序是汉语最重要的语法表达手段，其中最重要的一个含义是，不同的语序一定具有不同的表达功能。研究这些功能差别正是我们语法研究的主要任务。

一般说来，不同的语序必然有不同的语法特点。下面以汉语语法研究中经常谈到的例子来说明。

（1）a. 主席团在台上坐着。　　　→ ＊台上坐着主席团。

　　　b. 主席团不在台上坐着。　　→ ＊台上不坐着主席团。

　　　c. 主席团在台上坐了一会儿。　→ ＊台上坐了一会儿主席团。

　　　d. 主席团在台上坐不住了。　　→ ＊台上坐不住了主席团。

在这里，语法结构和语义结构不是一回事，相同的语义结构可以对应不同的语法结构。以前人们认为，"台上坐着主席团"和"主席团在台上坐着"的意思相同，或者说是基本相同。可那只是语义结构相同，语法结构是另一回事，这两个句子的语法结构是迥然不同的。

不同的语法结构必然对应于不同的语义结构，反之亦然，不同的语义结构必然用不同的语法结构来表达。两者之间是一对一的映射关系。也就是说，没有这种现象——不同的语法结构来表示绝对相同的语义值，也没有绝对相同的语义值用不同的语法结构来表示。我们还拿汉语学界的传统剧目来说明我们的观点。

例（1）的"主席团"是个比较特殊的名词，在大多数情况下，它的所指具有"有定性"。如果我们把上述格式换为普通名词，语义差别马上可以看出来：

（2）a. 人在椅子上坐着≠椅子上坐着人

　　　b. 书在桌子上放着≠桌子上放着书

　　　c. 马在柱子上拴着≠柱子上拴着马

　　　d. 画儿在墙上挂着≠墙上挂着画儿

上述不等式左右两端的名词有一个重要差别：右端的都是表示无定的事物，左端的则是有定的。比如说，一个人问："我的书在哪儿？"对方回答只能是"书在桌子上放着呢"，而绝对不能说"桌子上放着书"。名词所指的有定、无定是重要的一对语义范畴，人类语言往往会通过设立某种语法形式加以标识。汉语则是通过语序。对于光杆名词，谓语动词之前的被赋予有定性，之后的被赋予无定。因为例（2）左右两端的格式具有不同的语义值，它们在特定的语境中是绝对不能互换的。除了有定、无定的差别之外，上述两种格式还有其他方面的区别，比如右端的格式侧重于报道一个事件，左端的则是静态的存现。

4.14.3　汉语对语序的充分利用

讲到汉语的特点，有一个不寻常的现象，就是从负特征来谈。汉语学界一种很有影响的观点为，汉语最根本的特点就是缺乏形态变化。毫无疑问这是一种事实，但是拿这种事实来定义汉语语法的特征不见得合理。因为这些看法都是在与印欧语言的比较之后得出的结论，我们就拿类似的比喻来说明上述观点为什么不妥。如果我们说汉族人的特点是没有黄头发和蓝眼睛，这也符合事实，而且也是跟西洋人相比得出的结论。可是一听就知道，这样描写汉族人的特点是不合理的，因为它没有告诉我们任何关于汉人的实质性特征。逻辑学规定，不能用负特征来给概念下定义。

有学者认为，汉语的语法分析引起意见分歧的地方特别多，根本原因是汉语缺少严格意义的形态变化。其他学者也指出，汉语词类划分的困难也是来自词类缺乏形态标记，造成词类与句法关系不对应的现象。其实在我们看来，这些意见分歧和分类困难并不一定是汉语固有的语法特点造成的，而很可能是我们研究的思路使然。显然，汉语没有很多印欧语言中的形态，然而人们在分析语法现象时又拼命地寻找这些东西，不自觉地用西方语言学的论证方法来讨论汉语中的问题，那么就必然出现问题。

表面上看来，汉语有两个看似不相容的观点：一是汉语的语序很重要，利用语序来表达各种语法意义；二是语序很灵活，同样一组词可以有多种组合排列。那么如何来理解这种现象呢？下面是被认为反映汉语语序灵活性的例证。

（3）a. 我不吃羊肉 / 羊肉我（可）不吃 / 我羊肉不吃（吃牛肉）

b. 肉末夹烧饼 / 烧饼夹肉末

c. 你淋着雨没有 / 雨淋着你没有

d. 他住在城里 / 他在城里住

e. 借给他一笔钱 / 借一笔钱给他

我们认为，上述不同的语序都对应不同的语义结构，即具有不同的语法意义。这一点正是我们研究汉语语法的重要任务之一。汉语的语序重要的真正含义是，别的语言用形态或者语法标记表示的语法意义，汉语则是靠语序表示。由于最近 1000 年的演化，英语已经不是典型的印欧语言了，大约在 15 世纪它完全转变成 SVO 语言，它的语法倚重语序的成分越来越大，与此同时，形态也大大简化。尽管如此，仍可以看出英语和汉语的明显差别。下面是英语用语法标记的地方，汉语则简单应用语序表示的方面。

一、有定、无定表达。英语是用定冠词 the 和不定冠词 a/an 分别加以表示，汉语则常常用语序来表示。例如：

（4）a. 书我已经看完了。　　　　　I have read the book.

b. 我已经看完书了。　　　　　I have read a book.

（5）a. 信我已经写好了。　　　　　I have written the letter.

b. 我已经写好信了。　　　　　I have written a letter.

二、动作行为发生的时间位置和持续的时间。英语用不同的介词标识两类不同的时间概念，以 in 或者 at 指示时间位置，以 for 指示持续时间，两类短语在语序上没有区别，都位于谓语中心及其宾语之后。然而汉语通常只用语序不用任何语法标记：时间位置词语只能在谓语中心之前，持续长度的词语则只能在谓语中心之后。

（6）a. 我三点钟正在看书。I am reading a book at three o' clock.

b. 我看了三个小时书。I have been reading a book for three hours.

三、完成体和初始体。英语的完成体的形式为 "have ＋ -ed（动词的过去分词）"，初始体则是一些词汇手段，诸如 to begin to，to start to，to be about to 等。然而汉语是用一个"了"的不同语序来表示两种语法意义。

（7）a. 她吃了一碗米饭。　　She has eaten a bowl of rice.

　　　b. 她吃饭了。　　　　　She began to eat.

四、副词的标记。英语的形容词修饰动词时，通常要加上副词的形态标记 -ly，但是语序上相对自由，可以置于句子的各种位置。汉语则无需任何形式变化，但是限制在所修饰的谓语动词之前一种位置。

（8）a. 他很快完成了那项任务。　　He quickly fulfilled the task.

　　　b.* 他完成了那项任务很快。　　He fulfilled the task quickly.

五、领有格。英语的领有格有各种表示方法，人称代词是曲折变化，普通的词则是加领格标记 's 或者介词短语 of，全都是一些形式标记。汉语很多时候则是靠语序，第一个成分表示领有者，第二个则是被领有者。

（9）a. 我哥哥　　　　　my elder brother

　　　b. 桌子腿　　　　　the table's leg/the legs of the table

这方面的对比还有很多。说汉语的语序比英语的重要，主要是指英语用语法标记表示的语法意义，汉语则往往用语序来表示。过去几十年的汉语研究，因为受结构主义思想方法的影响，注意力集中在语法结构上，相对忽略了这些结构的篇章话语功能。也是汉语研究自身的逻辑发展的结果，近二三十年人们越来越对语法结构的功能感兴趣，更注重从认知功能语言学的角度寻找语法结构的理据。用这种思想方法来看问题，上述所举的各类现象常被看作汉语句法灵活性的证据，实际上都是用语序变换表示不同的语法意义。

一、有定和无定的表达。有定和无定是最重要的一对语法范畴，对各种语言的句法结构都有制约，它们在汉语中的语法表现也应是我们研究的主要问题之一。出现在谓语中心动词之前的光杆名词会被自动赋予一个"有定"的语义特征，之后则被赋予"无定"的特征。特别是对光杆的受事名词，这种结构赋义的规律更加明显、严格，因为它们无标记的句法位置是谓语动词之后，变换语序必然获取某种语法意义。

（10）a. 我不吃羊肉。　　　　　　我已经写了信。

　　　　b. 羊肉我不吃了。　　　　　信我已经写了。

　　　　c. 我羊肉不吃了。　　　　　我信已经写了。

例（10）a 的受事名词"羊肉"和"信"在谓语动词之后，都是无定的。但是在 b 和 c 里它们的句法位置变换到谓语动词之前，两个受事名词则都表示有定。b 和 c 的语序仍有差别，一个在主语之前，一个在主语之后。简单地说，主语之前的是兼表话题，主语之后的是兼表对比。在一个特定的语境里，如果我们讨论的话题是"羊肉"或者"信"，那么合适的格式是 b。相对地，如果我们关心的只是两件事情的简单对比，比较合适的格式是 c，比如"我信已经写了，可是作业还没有做呢"是最自然的一种表达。

　　汉语里有一类特殊的动词，可以颠倒主宾语而基本不改变句意。我们说"基本不改变句意"是就一个判断的内容来说的，语序的改变结果必然会带来某些重要语法意义的改变。"肉末夹烧饼"和"烧饼夹肉末"两句，脱离具体的语言环境，不大容易看出它们之间的差别。而在实际的语言应用中，它们并不是独立应用的句子，动词要加上补语或者体标记才行。例如：

（11）a. 肉末夹了烧饼了。　　　　纸糊了窗户了。

　　　　b. 烧饼加上了肉末。　　　　窗户糊上了纸。

显然，动词之前的成分都是有定的，即交际双方共知的事物。比如"肉末夹了烧饼了"的"肉末"是特指的某一些。也就是说，上述的语序变换并不是等值的，它们也有重要的意义上的差别。

　　"你淋着雨了没有"和"雨淋着你了没有"两句话的"雨"并不一样，前者可以是任何的一场雨，后者则是指特定的某一场雨。同样的对比可以从"下雨了"和"雨下了"看出来。

　　二、结果和地点的比较。我们有专章讨论汉语句子信息的组织原则，同样一个介词短语，位于动词前后表示的语法意义是不一样的。动词之前的表示伴随特征，之后的则是结果状态。"他住在城里"和"他在城里住"表面上看起来差别不大，这主要是因为"住"是一个静态动词，换为其他普通动词，两个格式的差别马上就显示出来。即使对于"住"类静态动词，也能找出它们形式上的差别。地点介词短语位于动词之后时是表示动作的结果，所占据的是结果补语的句法位置，因此不允许再加上其他补语；然而同一介词短语出现于动词之前表示伴随特征（地点）时则没有这个限制。例如：

（12）a. 他住在城里。　　　*他住烦了在城里。

　　　　b. 他在城里住。　　　他在城里住烦了。

（13）a. 晶晶在床上跳。　　≠晶晶跳在了床上。

　　　　b. 她在桌子上写。　　≠她写在桌子上。

　　三、双宾结构和事物运动的终结点。"借给他一笔钱"和"借一笔钱给他"，这两例不仅语序不一样，结构层次也有别。"借给他一笔钱"中的"借"和"给"首先组成一个直接成分，如果插入体标记的话，只能在"借给"和"他"之间。同时，"给"可以省略。

（14）a. 我借给了他一笔钱。

　　　　b. 我借了他一笔钱。

它是一个普通的双宾格式：动词＋间接宾语＋直接宾语。然而"借一笔钱给他"是对这种普通双宾结构的语序变换得来的，目的是强调直接宾语所指事物的运动终结点。两者的差别还可以从它们在从句中的用法上看出来，可以说"王先生借给我钱的时候"，但是不大能说"？王先生借钱给我的时候"。可见前者是一种无标记的结构，后者是有标记的，表达某些特殊的意义。这里涉及语法的临摹性问题：把"给＋间接宾语"短语置于句尾凸现直接宾语所指事物的运动终结点。比如，"借一笔钱给他"更强调"钱"运动到终结点"他"。这种差别可以从直接宾语的语义特征上看出来。通常只有具体的事物才能够有从起始点到终结点的运动，所以能进行格式变换的直接宾语所指一般是具体事物，否则一般不能做这种变换。例如：

（15）a. 我送给你一个好点子。→？我送一个好点子给你。

　　　　b. 李老师教给我们一个新的解决办法。→？李老师教一个新的解决办法给我们。

由此可见，所列举的五类说明汉语词序灵活性的用例，实际上都是用不同的语序表示不同的语法意义，具有不同的功能。这些方面正是我们语法研究的核心任务之一。

汉语语序的重要性包含三层相互关联的意思：第一，其他语言用形态或者语法标记表示的语法意义，汉语则往往用语序来表示。第二，对于同一组词语，汉语往往采用各种语序变化表示各种各样细致而丰富的语法意义。第三，人类语言的句子最主要的语法关系，汉语是通过语序来表示，比如主语在动词之前，宾语在动词之后，修饰语总是位于中心语之前，等等。

4.14.4　汉语的限定动词和非限定动词

语序重要与形态缺乏并不必然联系在一起。本节以动词为例说明汉语的谓语动词也有形态或者说准形态的东西，汉语的谓语组织也不是无形可居的，跟其他语言一样，也有一个谓语中心，它可以带上各种与时间信息有关的语法标记，而其他动词的时间信息则是依赖中心动词表示，即不能有表示时间信息的语法标记。这种现象对应于其他语言的限定和非限定动词。

汉语动词到底有没有限定形式和非限定形式之分，目前学术界的定论是没有。但是最流行的观点是认为汉语没有限定动词与非限定动词之分。迄今几乎没有什么人对这一问题产生过疑问。这是一个影响全局的理论问题，因此对它认识的任何偏颇都会妨碍我们对汉语整体语法特征的把握。需要弄清楚其他语言区分动词的限定式和非限定式的真正意义在哪里，汉语做这方面的区分是否有可能，并且对揭示汉语的语法规律是否有帮助。

首先看一下普通语言学对限定和非限定动词的定义。

限定动词——指动词或者助动词的语法形式，原则上一个句子只能有一个动词具有这些特点，该动词具有最复杂的形态标记，用以标识有关语言所拥有的语法范畴，诸如时态、一致关系（agreement）等。

非限定动词——指各种不做谓语中心的动词的语法形式，主要包括过去分词（participle）、不定式（infinitive）和动名词（verbal noun）。

对限定和非限定动词的内涵和外延的理解可能很不一样，有狭义和广义之分。狭义的定义，限定动词指可以加时态的那些。广义的定义，指做谓语中心的那个动词的语法变化形式，这些变化形式随语言的不同而变化，时态和一致关系只是谓语动词可能的语法变化的形式。根据狭义的定义，可以说汉语动词没有限定和非限定动词之分，因为汉语没有时态或者人称、数的语法标记。然而广义上讲，汉语动词也毫不例外地拥有限定和非限定动词之分，汉语的动词也有自己一系列的语法变化形式，在能否具有这些形式上，谓语中心动词和担任句子其他成分的动词形成鲜明的对立。在没有考察汉语的语言事实之前，我们先看一下普通语言学中限定和非限定动词划分的实质是什么。

限定动词和非限定动词划分的实质是动作行为的时间信息的表达。在时间一维性的作用下，发生在同一个时间位置的多个动作行为，在计量它们的时间时，一次只能选取其中的一个。这一规则在语言中的投影为，同一个句子中如果有多个表示同一时间位置发生的动作，只有一个动词可以具有与表达时间信息有关的语法特征，其他的动词则不能。很明显，普通语言学中所定义的限定动词的典型语法特征是可以加时态，这自然是表示时间信息的。相对地，非限定动词的各种语法形式的共性是非时间性。英语非限定动词的三种形式——分词、不定式和动名词标记——都是用于消除动作行为的时间性。比如用作主语的动词，自身不能带有与时间信息有关的语法标记，其时间信息只能靠谓语中心动词来表示：

（16）a. He moved the table yesterday.

　　　b. To move the table is difficult.

　　　c. Moving the table is difficult.

　　　d. The movement of the table is difficult.

虽然汉语没有稳定的表示绝对时间位置——时态的语法标记，但是具有表示相对时间位置的体标记"了"和"过"以及表示小时间量的重叠形式，它们都与时间信息的表达有关。跟其他语言一样，汉语的句子中如果有多个表示动作行为的概念时，只有谓语中心动词具有以下两个特点：

（一）可以带"了"或者"过"。

（二）可以重叠。

下面是主语位置上的动词和做谓语中心的动词之间句法行为上的差异：

（17）a. 我看了一会儿电视。

　　　b. 我看过电视了。

　　　c. 我看了看电视。

（18）a. 看电视很费眼睛。

　　　b.* 看了电视很费眼睛。

　　　c.* 看过电视很费眼睛。

　　　d.* 看看电视很费眼睛。

汉语中的例（17）和（18）的对比跟英语例（16）的情况相平行。再看一类汉英的平行用法：

（19）a. I saw him play basketball yesterday.

　　　　*I see him played basketball yesterday.

　　　b. I have seen him play basketball yesterday.

　　　　*I see him have played basketball yesterday.

　　　c. I will see him play basketball tomorrow.

　　　　*I see him will play basketball.

（20）a. 我看了他打球。　　　　* 我看他打了球。

　　　b. 我看过他打球。　　　　* 我看他打过球。

　　　c. 我看了看他打球。　　　* 我看他打了打球。

两种语言的情况一样，只有第一个动词"看"才能具有各种与时间信息表达有关的语法特征。

跟其他语言一样，汉语的句子有时也有选择限定动词或者谓语中心的自由，但是一次只能选择一个，如例（20）所示。再看一种类似的限制：

（21）a. 我学了一年日语。　　　　我学日语已经一年了。

　　　b. 我学过一年日语。　　　　* 我学过/了日语已经一年了。

　　　c. 我学了学日语。　　　　　* 我学学日语已经一年了。

例（21）包含一个动词和一个时间词语，时间词语也可以担当谓语，一旦选用时间词作为谓语中心，有关的动词就必须成为非限定形式。左端例子是以"学"为谓语中心，因此它是一个限定动词，可以加上体标记或者重叠，"一年"只是一个补语。右端则是以"一年"做谓语中心，它的谓语身份由"已经"和"了"加以标识，"学"则成为一个非限定动词，不再能加这些语法标记。

有时候的情况比较复杂，有些动词的语法范畴可以任意添加于同一个句子中的两个动词的其中一个，如下例中的"过"和动词重叠，但是一次只能有一个动词可以带这些语法范畴。然而"了"只能固定于第二个动词。

（22）A.a. 我陪过孩子看电影。

　　　　b. 我陪孩子看过电影。

　　　　c.* 我陪过孩子看过电影。

　　　B.a. 我陪陪孩子看电影。

　　　　b. 我陪孩子看了看电影。

　　　　c.* 我陪陪孩子看了看电影。

　　　C.a. 我陪孩子看了一场电影。

　　　　b.* 我陪了孩子看一场电影。

　　　　c.* 我陪了孩子看了电影。

汉语限定和非限定动词的使用也是非常有规律的。主宾语位置上的动词只能采用非限定形式，介词短语里的动词也是如此：

（23）a. 依我看，这个问题不难理解。

　　　b.* 依我看了/过，这个问题不难理解。

　　　c.* 依我看看，这个问题不难理解。

（24）a. 通过征求大家的意见，我们才做出了最后的选择。

　　　b.* 通过征求了/过大家的意见，我们才做出了最后的选择。

　　　c.* 通过征求征求大家的意见，我们才做出了最后的选择。

限定动词和非限定动词划分的理据是时间信息的表达，汉语动词最重要的语法范畴——体标记和重叠——也有完全一致的限制，因此我们有充分的理由认为，汉语句子里的动词也有限定和非限定形式之分。这不仅是给汉语的语法增添两个新名词术语，而且关系到对整个词类问题和句法结构的看法。对这一划分的意义有几点需要补充说明。

第一，汉语的体标记和动词重叠是一个使用范围极为广泛的现象，对它们在汉语语法中的正确定位，是我们理解汉语语法系统的一个关键。

第二，虽然部分汉语句子的限定动词并不必须带有这些语法标记，但是只有被选定为谓语中心的那个动词才有潜在的可能性来带上体标记或者重叠。

第三，并不能因为以下事实来否定汉语有限定和非限定动词之分的存在：不是每一个汉语的句子都必须有一个限定动词。其实，英语的句子也不是每一个都有限定动词，比如祈使句、虚拟句、表示客观规律和日常活动的判断中的动词就不是限定形式，即不能带时态、人称或者一致标记。每一种语言限定和非限定动词的使用都有自己的特色，我们对汉语的这一方面有了正确认识之后，就可以探讨汉语这方面的使用规律。

4.14.5　结语

本章的分析显示，语序是汉语最重要的语法手段。汉语充分利用语序来表示各种各样的语法范畴或者语法意义，其他语言则可能用语法标记或者形态来标识。汉语是用固定的语序表示稳定的语法意义，没有两个不同的语序或者结构表达绝对相同的语法意义。语法意义和语法结构之间具有一一对应的关系，研究它们之间的关系，应是语法研究的重要任务之一。

语序是汉语最重要的语法手段的观点，并不等于说语法标记不重要。本章以动词的语法特征为例，证明汉语动词也有曲折语言所有的限定和非限定之分。这一划分对我们全面正确理解汉语的词类和句法结构具有重要的意义。

汉语语法研究中的"印欧语眼光"有两种表现。一种是拿适用于其他语言的形式标准来分析汉语问题。比如，其他语言以时态作为划分限定和非限定动词的标准，汉语没有形态，因此就断定汉语动词没有限定和非限定区别。第二种是单单因为一些语法范畴在不同语言表现形式的差别，否认语言之间的共性，认为汉语是完全不同类型的语言，甚至主张采用"只适合汉语的方法论"。其实，如果我们能够拨开这些扑朔迷离、千差万别的表面形式，就可以看到语言有各种各样的共性，同样的语法范畴在不同的语言里可能只是表现形式不同而已。

4.15　现实句与虚拟句

4.15.1　引言

　　陈述语气和虚拟语气是普通语言学中常见的一对概念。从表达内容的角度来看，陈述语气表示的是事实，虚拟语气表示的多半为假定的情况，两类句型中的动词的句法行为存在着鲜明的对比。这是人类语言的一个普遍现象。汉语中也存在着类似的现象，比如，在肯定和否定的使用上，两类句子就存在着明显的差别。因此有必要在汉语研究中区别这两类不同性质的句子，以便在纯化的状态下考察语言问题，弄清一些语法现象的特性。两类句子的句法对立实际上是一种句法临摹现象。陈述句讲的是实际上发生的动作行为，它们具有时间特性，因此可以带上各种与时间信息表达有关的语法标记；虚拟句的情况则相反，其中的动词一般不能与具有时间表达功能的语法标记搭配。

4.15.2　虚拟语气的类型学定义

　　很多语言，特别是印欧语言，具有形态标记来区别虚拟句和陈述句的动词。虚拟句通常表示非现实性或者可能性。比如，在西班牙语里，表示"要求""规劝""允许""禁止""命令""希望"等动词必须用虚拟形态。在普通语言学中，"虚拟语气"的定义很不相同。狭义地讲，它只指疑问或者不确定的事件。广义的定义则是指任何非现实的动作行为或者事件。我们所使用的定义是广义的，包括以下几个方面：

祈使；疑问；可能；条件；假设；意愿。

英语也有虚拟语气和陈述语气的对立。虚拟句中的动词跟祈使句的一样，几乎没有任何句法或者形态变化，一般采用动词的基式。英语的每一个陈述句都有一个限定动词，通常带上时态标记。但是，虚拟句中的动词，不管是过去还是现在，都用动词的基式，比如 propose（建议）这一动词后的从句只能采用虚拟语气：

（1）The committee proposes/proposed that Mr.Day be elected.

英语中，下列概念的词语所引进的宾语从句或者定语从句必须用虚拟语气：

动词：decide, insist, move, order, prefer, request

形容词：advisable, desirable, fitting, imperative

名词：decision, decree, order, requirement, resolution

英语的一些条件从句的动词也采用虚拟语气：

（2）a. Even if that be the official law, it cannot be accepted.

b. If any person be found guilt, he shall have the right of appeal.

c. Whatever be the reasons for their action, we cannot tolerate such disloyalty.

d. Whether she be right or wrong, she will have my unswerving support.

英语虚拟语气的否定也有自己的特色。一般动词的否定需要加上助动词 do 才行，然而虚拟从句的动词则是直接加上否定词 not。例如：

（3）It is essential that this mission not fail.

4.15.3　陈述语气和虚拟语气

4.15.3.1　虚拟句的范围和特点

陈述语气表达的是客观存在的事物、行为、性质、变化、关系等，表达这方面情况的句子称之为陈述句。相对地，虚拟语气表示的是非事实的、假设的、主观意愿的事件、行为、性质等，表达这方面内容的句子相应地称之为虚拟句。汉语的虚拟句包括祈使句、条件句、意愿句、假设句、疑问句等。

现实和虚拟这两种对立现象，在语言中就表现为陈述句和虚拟句在语法上的一系列差异。既然陈述句和虚拟句之间的语法差异是客观存在的"现实"和"虚拟"这对范畴在人类语言中的投影，全人类都生活在同一个世界中，他们的规则空间是一样的，那么一个逻辑结论是：每一种语言的语法都会对这对范畴做出反映，尽管它们的表现形式可能不完全一致。如前文所指出的，英语的虚拟句中的动词没有时态的变化。俄语的假设句不论是过去、现在还是将来，都用过去形式。法语中动词也有陈述式和虚拟式之分，当表示客观的事件、确信、肯定等时，动词用陈述语气，表示主观愿望、怀疑、否定等情况时，动词用虚拟语气。德语也有类似的分别。然而汉语的语法书尚没有人明确提及陈述语气和虚拟语气这个问题，但是这并不意味着汉语不存在这种语法对立。汉民族跟别的民族一样，也生活在同一个规则空间里，现实和虚拟的对立在语言中也反映出一系列不同的语法特征。

尽管汉语的陈述句和虚拟句之间的语法差异的具体表现形式跟印欧语言的很不一样，但是它们之间的差别也是显著的，而且是成系统的，所以有充分的事实根据给汉语确立出这两种不同类型的句型。下面分别阐释汉语的现实句和虚拟句之间的句法差异。

4.15.3.2　虚拟从句的否定

汉语有一类表示命令、祈使的动词，它们所引入的从句的动词不能被"不"或者"没有"否定，只能被"别"或者"不要"等否定。例如：

（4）a. 我叫你先别看电视。

　　　b.* 我叫你先不看电视。

　　　c.* 我叫你先没看电视。

（5）a. 老师要求我们不要在教室吃饭。

　　　b.* 老师要求我们不在教室吃饭。

　　　c.* 老师要求我们没在教室吃饭。

（6）a. 我劝他别马上上班。

　　　b.* 我劝他不马上上班。

　　　c.* 我劝他没马上上班。

带这类虚拟语气从句的动词都有祈使的含义。"别"和"不要"是祈使句
的专职否定词语，因此只有它们才能否定从句中的动词。

4.15.3.3　动补结构的否定

　　现代汉语里，"不"和"没"具有明确的否定分工："不"只能否定连
续的性质、动作、行为，"没"则只能否定离散的词语。动补短语的"补语"
的语法作用之一是使动词有界化（离散性质），因此在陈述句里动补短语
只能被"没"否定，而不能被"不"否定。例如：

（7）a. 我没有看完那本书。

　　　b.* 我不看完那本书。

（8）a. 我没有吃饱饭。

　　　b.* 我不吃饱饭。

（9）a. 我还没找到那个词。

　　　b.* 我还不找到那个词。

（10）a. 我没有做好作业。

　　　 b.* 我不做好作业。

但是,在表示虚拟的假设条件时,动补短语可以为连续否定标记"不"否定。
例如：

（11）a. 不看完那本书，我是不会睡觉的。

　　　 b. 不吃饱饭干活没劲儿。

　　　 c. 不找到那个词，你就不能正确理解整句话的意思。

　　　 d. 不做好作业不能出去玩。

4.15.3.4　动词重叠的否定

　　动词重叠式在陈述句中不能直接加"不"或者"没"否定，然而在表

虚拟的条件句、疑问句中则可以。例如：

（12）a. 每天早上都锻炼锻炼身体。

　　　b.* 每天早上都不锻炼锻炼身体。

　　　c.* 每天早上都没锻炼锻炼身体。

　　　d. 每天早上不锻炼锻炼身体，一天都会感到难受。

　　　e. 早上你没有锻炼锻炼身体吗？怎么看起来这么没精神？

（13）a. 每星期都看看电影。

　　　b.* 每星期都不看看电影。

　　　c.* 每星期都没看看电影。

　　　d. 每星期不看看电影就觉得少了点儿什么。

　　　e. 这星期你没看看电影吗？刚出来一部很精彩的电影。

4.15.3.5　持续体标记"着"的否定

　　动词加"着"表进行态时，陈述句中不能加"不"否定，而在表虚拟的条件句、疑问句中则可以。例如：

（14）a. 他听着收音机。

　　　b.* 他不听着收音机。

　　　c. 他不听着收音机就学不进去。

（15）a. 他拉着自己的车子。

　　　b.* 他不拉着自己的车子。

　　　c. 他觉得，不拉着自己的车子，简直像是白活。

4.15.3.6　虚拟语气动词的体标记使用限制

　　表达劝说、要求、建议等动词后的从句表示的是非现实的事件，其中的动词只能采用虚拟语气，一般为动词的非限定形式，不能加体标记"了""着""过"。比如可以说"我劝他学习法语"，但是不能说"* 我劝他学习过法语"。这些句子的时间观念只能在第一个动词"劝"等上体现出来："我过去曾经劝过他学习法语"。

（16）a. 大家都劝她到国外念书。

　　　b.* 大家都劝她到国外念了书。

（17）a. 我建议她在图书馆看书。

　　　b.* 我建议她在图书馆看着书。

（18）a. 大家都鼓励他学习经济学。

　　　b.* 大家都鼓励他学习过经济学。

4.15.3.7　虚拟句中否定词的特殊语序

在某些句型中，否定词的位置随表陈述语气和虚拟语气的不同而变化。比如，在句型"代＋X＋对＋代＋Y＋形／动"中，否定词出现在X位置时一般是表示条件、意愿等虚拟情况；然而否定词出现在Y的位置时，一般是表示现实情况。例如：

（19）a. 他们对我不好，所以我很生气。（现实）

　　　b. 他们不对我好，我就不理他们。（假设）

　　　c. 你怎么不对她好点儿呢？这不，把人家给气走了。（疑问）

　　　d. 你叫我对他好，我偏不对他好。（意愿）

（20）a. 你对他不够照顾。（现实）

　　　b. 你不对他照顾点儿，他就没办法生活。（假设）

　　　c. 他的生活那么困难，你怎么不对他照顾点儿呢？（疑问）

4.15.3.8　虚拟句的特殊语序

现实句中被认为是不合法的句法结构或者语序，在疑问句中则可能是正常的句型。例如：

（21）a.* 她不又念唐诗了。

　　　b. 她不又念唐诗了？

（22）a.* 不就得少卖点儿。

　　　b. 这样一来不就得少卖点儿吗？

（23）a.* 不省得每天麻烦。

　　　　b. 把一星期的菜一次买足，不省得每天麻烦吗？

（24）a.* 我有理由哄得过他。

　　　　b. 你强拿个理由哄得过谁？

　　上述这些只有疑问句才有的结构，在书面语里不需要问号的帮助就可以知道它们是疑问句。在印欧语言中，陈述句和疑问句的句型也有明显的差异，比如英语的是非问句要把助动词 be、do、have 等放在句首。这种陈述句和疑问句在句法形式上的差异也反映了客观存在的"现实"和"虚拟"的对立对语言的影响，因为陈述句一般是表示现实情况的，疑问句则通常表示不确定、虚拟的情况。两类句子的句法上的差异是人类语言的一个普遍现象。以上分析显示，尽管具体的表现形式很不一样，汉语跟印欧语言一样，陈述句和虚拟句的句法差异也是十分显著的，有充足的理由在汉语中划分出这两大句型。

　　有人认为原始汉语的语序是 SOV，理由是在先秦汉语中否定句和疑问句中的宾语如果是代词时，一般总是放在动词之前。例如：

（25）居则曰："不吾知也。"（《论语·先进》）

（26）我无尔诈，尔无我虞。（《左传·宣公十五年》）

（27）大道之行也，与三代之英，丘未之逮也。（《礼记·礼运》）

（28）谏而不入，则莫之继也。（《左传·宣公二年》）

（29）吾谁欺？欺天乎？（《论语·子罕》）

（30）乡人长于伯兄一岁，则谁敬？（《孟子·告子上》）

（31）梁客辛垣安在？（《战国策·赵策》）

（32）二国有好，臣不与及，文谁敢德？（《左传·成公三年》）

　　从人类语言的共性角度看，上述现象并不足以说明先秦疑问句的语序是原始汉语 SOV 语序的残留，后来才完全变为今天的 SVO 句型。在我们看来，它们是先秦汉语采用的区别疑问句和陈述句的语法手段。现代汉语虽然不再用这种语序倒装的办法，两类句子之间仍保留着系统的句法对立。那么为什么先秦汉语中唯独否定句跟疑问句具有共同的语法特征呢？这是因为它们的表义功能相似，都是表示非现实的、不确定的事情。

4.15.4　语法研究的理想化状态

确立汉语的陈述句和虚拟句的句法差异具有重要的方法论意义，可以帮助我们在纯化状态之下考察语法问题，发现一些重要的语法规律。比如肯定和否定的对称与不对称现象十分复杂，只有在纯化的状态下才能把问题研究清楚。区分陈述句和虚拟句可以帮助考察清楚这一复杂的问题。考察肯定和否定的对称与不对称是在陈述句范围内进行的，说某个词语能否被"不"或者"没"否定，都是就它们在陈述句中的使用情况，并不排除它们在虚拟句中加否定词的可能性。到底以哪类句子作为考察的范围，取决于考察对象的性质。就肯定和否定问题来说，以陈述句作为考察范围比较合适，因为它具有普遍性、代表性，而且虚拟句中肯定和否定的使用情况本质上是与陈述句一样的，所以陈述句中的问题搞清楚了，虚拟句中的问题也就可以迎刃而解。

没有陈述句和虚拟句的划分，很多语法规律是发现不了的。比如动词重叠式的否定，表面上看来似乎既可以被肯定又可以被否定，但是仔细观察就会发现，它们在陈述句中是不能被否定的，只有在表条件、假设时才能被"不"或者"没"否定。再比如，汉语中有一类动词，诸如"理睬、有脸、像话、好意思"等，它们的肯定和否定用法在陈述句和虚拟句（疑问）中是互补的：在陈述句中，它们只能用于否定结构；在疑问句中，则只能用于肯定结构。例如：

（33）a. 太太叫二少爷亲自送来，这点儿意思我们不好意思不领下。

　　　b.* 我好意思不接受他们的礼物。

　　　c. 这点儿意思我好意思不领下么？

（34）a. 这样做太不像话了。

　　　b.* 这样做很像话。

　　　c. 这样做像话吗？

任何一门学科中的规律都是在理想化状态下得出的。物理学中的自由落体定律是在排除空气浮力，只在重力的作用下总结出来的规律。而在客观世界中，完全符合该条件的落体现象是不存在的，物体在下落过程中总要受到包括空气浮力在内的这样那样外界因素的干扰。尽管如此，自由落体定理是在更深刻的层次上反映了下落物体运动的共同本质。最严密的科学——数学中的情况亦是如此。数学家们在处理实际问题时，都是采用这种方法：化繁为简，排除次要的、枝节的因素，抽象出它们的数量特征，然后对其进行计算或推理。又如，客观世界中的圆没有一个是跟平面几何中所讲的完完全全一样的，但是平面几何的圆是在本质上反映了客观世界中千千万万个圆的共同特性。语言规律和语言事实之间的关系也是这样，尽管没有一个语法规律符合所有的语言现象，但是正确总结出来的语法规律深刻地反映了语言的使用规律。

对"例外"的看法也涉及科学思想方法的问题。如果发现了某种语法规律有例外，也不必惊慌，更不要马上得出结论说规律是不正确的。这是因为规律是在理想化状态下总结出来的，它们在使用中可能会受到这样那样因素的干扰而出现偏差。我们当然不能忽略例外的存在，对例外用法的全面研究，可以帮助我们对规律的正确认识。有时候，表面上看来是例外的现象，可能跟语法规律不在一个语言层次上，不受语法规律的作用。下面以动补结构带宾语为例来说明这一点。

现代汉语里的动补结构带宾语是有很大限制的。其中有一个规律，补语的语义指向为主语（动作行为的施事）时，不能再带受事宾语。例如：

（35）a.* 她看病了书。

　　　b. 她看书看病了。

（36）a.* 她吃胖了肉。

　　　b. 她吃肉吃胖了。

（37）a.* 她做累了饭。

　　　b. 她做饭做累了。

（38）a.* 她打晕了秋千。

　　　b. 她打秋千打晕了。

但是，我们发现有两个例外：

（39）a. 我们已经吃饱了饭。

　　　b. 老张喝醉了酒。

上例补语"饱"和"醉"分别都是指示主语的属性，但是都带有宾语。那么应该怎样看待这类现象呢？首先，这类用法在现代汉语中只有两三个例子，而且它们的动补搭配是非能产的，比如补语"饱"只能跟动词"吃"搭配时才可以带宾语，不能说"* 喝饱了汤"。不仅如此，宾语也只限于意义最一般的"饭"上，比如不大能说"? 吃饱了面包"。由此可见，"吃饱饭"和"喝醉酒"是惯用语性质的东西，属于词汇层面的现象，与决定动补短语带宾语的语法规律不在一个层次上，因此它们并不构成规律的例外。

4.15.5　结语

陈述句和虚拟句的句法对立是"现实"和"虚拟"这对范畴在语言中的投影。两类句子在有形态的语言中具有形式标准加以区别。区别的本质是，虚拟句因为表示的是非现实的情况，它的动词就不能带上与表达时间信息有关的语法特征。汉民族跟其他民族生活在同样的规则空间中，那么就不难理解这对范畴对汉语语法的影响。尽管表现的具体形式不一样，汉语也存在着陈述句和虚拟句在句法形式上的对立，主要表现在否定词和体标记的使用上。两类句子的其他方面差别值得我们进一步思考。

在汉语中划分出陈述句和虚拟句，具有重要的方法论意义，它可以帮助我们在纯化的状态下考察语法问题，发现一些重要的语法规律。比如，没有这个划分我们就无法发现动词重叠在陈述句中不能被否定的重要事实。有了这种划分，我们就可以在纯化的状态下考察问题，使得规律的表述更加精确。

4.16 限止连词与转折连词

4.16.1 引言

句子之间存在着各种逻辑关系，比如转折、限止、条件、假设、让步等，常用连词或者副词表示。一般的语法问题都是一个单句内部的事情，而关于这些表示句子之间逻辑关系的连词则涉及复句的构造。句子之间不同的逻辑关系有远近亲疏之分，本章讨论"限止"和"转折"之间的内在联系。汉语中有丰富的转折连词，诸如"但是""只是""不过""可是"等，它们原来都是表示范围或者程度的限止的。这种现象的存在不是偶然的，揭示了语言发展的一个共性。

4.16.2 英语中的类似现象

在探讨汉语的现象之前，先看一下其他语言的有关现象。英语中的几个主要转折连词原来也与限止表达有关。下面是英语的转折连词的有关限止用法。

英语最主要的转折连词之一是 but，例如 *He is a villain, but he has some virtues; I am old, but you are young* 等。除此之外，but 还有表示对范围或者程度的限止用法，相当于汉语的"仅仅""除……之外"等。例如：

（1）only：If I had but known.

（2）merely；no more than；not otherwise than：He is but a child.

（3）with the exception of；excepting：Nobody come but me.

（4）except；other than（used with an infinitive as the object）：We cannot choose but stay.

英语中的另外一个常见的转折连词为 yet，例如：He worked hard, yet he failed。然而 yet 原来主要用于时间范围的限止，义为"到目前为止""至此时""到那时"等，例如：We have had no news from him yet;They are not here yet。

此外，英语书面语中还有一个转折连词 nevertheless，它实际上是由三个语素构成的——never、the 和 less，字面意思为"从不少于""正好"。它也是与范围的限止有关，从下文的讨论可以看出，汉语的转折连词"可是"也属于类似的情况。

4.16.3　汉语中来自限止的转折连词或副词

4.16.3.1　但 / 但是

"但是"是现代汉语书面语中最常见的转折连词。它的主要作用是引出与上文相对立的意思，连接小句或句子，也连接词、短语、段落。例如：

（5）我很喜欢中国古典文学，但是没有系统地研究过。

（6）要充分肯定成绩，但是也要指出缺点。

然而在古代汉语中，"但"并不是转折连词，只表示范围的限止，那时的转折连词为"然"或者"而"。古代汉语的"但"主要有以下几种用法。

一、用在动词之前，表示动作的限止范围，可释为"只""仅仅""不过"等。

（7）倍，二尺与尺，但去一。（《墨子·经说上》）

（8）匈奴匿其壮士肥牛马，但见老弱及羸畜。（《史记·刘敬叔孙通列传》）

（9）我州但有断头将军，无有降将军也。（《三国志·蜀书·张飞传》）

（10）但赏功而不罚罪，非国典也。（《败军抵罪令》）

（11）公榦有逸气，但未遒耳。（《与吴质书》）

二、用在动词前，表示动作行为徒然进行，可释为"白""白白地"等。

（12）何但远走，亡匿于幕北寒苦无水草之地为？（《汉书·匈奴传上》）

（13）钱府以所入工商之贡但赊之。（《汉书·食货志下》）

（14）不与则虏决不肯但已。（《宋史·胡铨传》）

三、用于动词前，表示无所顾忌地实施某一动作行为，常出现在表命令、祈使、敦促的句子中，可释为"只管""尽管"等。

（15）但洁扫除沐浴，待涉。（《汉书·原涉传》）

（16）溪狗我所悉，卿但见之，必无忧也。（《世说新语·容止》）

（17）丈人但安坐，休辩渭与泾。（《奉酬薛十二丈判官见赠》）

（18）军出，不知所之。愬曰："但东行！"（《资治通鉴·唐纪》）

（19）老相公有话但说无妨。（《拜月亭》）

"但"的上述第三种用法也是它向转折连词发展的语义基础之一。英语的转折连词 however 和 no matter how 的情况类似，含义也是不管情况怎么样，都要实施某一动作行为。

"但"的转折用法出现得很晚，是在元明之后。在工具书里，下述用例中的"但"被认为是表示转折的：

（20）素闻先生高谊，愿为弟子久，但不取先生以白马为非马耳！请去此术，则穿请为弟子。（《公孙龙子·迹府》）

（21）公斡有逸气，但未遒耳，至其五言诗，绝妙当时。（《三国志·吴质传》）

（22）死即死矣，但孝先所言，终无验耳。（《搜神记·费孝先》）

（23）既召，见而惜之，但名字已去，不欲中改，于是遂行。（《世说新语·贤媛》）

（24）古法采草药多用二月、八月，此殊未当。但二月草已芽，八月苗未枯，采掇者易辨识耳。（《梦溪笔谈·药议》）

其实，上述用例中的"但"还都是限止用法，表示"只"、"仅仅"、"不过"等。从前后句子的关系来看，"但"所引出的句子与其前的句子并没有语义的对立。拿宋代文献《梦溪笔谈》一例看，"但"最合适的理解应为"仅仅（因为）……"，并不是表示语义转折的。然而因为限止用法跟转折用法有些类似，所以"但"的一些古代限止用法有点儿像转折。我们调查了宋元时期的文献，还很少见到"但"用作转折连词。

4.16.3.2　可 / 可是

"可是"是现代汉语口语和书面语都常用的转折连词，比如"这篇文章不长，可是内容很丰富"。"可"在唐宋时期的很多用法都与程度或者范围的限止有关，例如：

一、尽着，就着。

（25）披香殿广十丈余，红线织成可殿铺。（《红线毯》）

（26）隔房招好客，可室致芳筵。（《宿张云举院》）

（27）青衫忒离俗，裁得畅可体。（《西厢记诸宫调》卷七）

（28）可体样春衫亲手儿缝。（《扬州梦》第二折）

二、表示程度轻，差。形容词。

（29）谈话之误差尚可，若著于文字，其误甚矣。（《因话录》卷五）

三、恰，正。

（30）吾亦澹荡人，拂衣可同调。（《古风》）

（31）由来碧落银河畔，可要金风玉露时。（《辛未七夕》）

那时由"可"构成的复合词也多与程度的表达有关。例如：

一、可可。表示程度轻，差；恰好，正好。

（32）昔时可可贫，今朝最贫冻。（寒山诗）

（33）瞥地见时犹可可，却来闲处暗思量，如今情事隔仙乡。（《浣溪沙·帘下三间出寺墙》）

（34）些些微取利，可可苦他家。（王梵志诗二三三首）

（35）双燕子，可可事风流，即令人得伴，更亦不相求。（《咏双燕子》）

二、可是。那时的"可是"一般不表示转折，而是表示"恰是""难道是"等。

（36）中朝旧有知音在，可是悠悠入帝乡。（《送谢尊师自南岳出入京》）

（37）李从珂云："他来你这里有甚么勾当？"（正旦）唱："可是他赶
　　　玉兔来到俺这地面。"（《五侯宴》第三折）

（38）杨花可是多情思？飞入船中落酒中。（《舟中晚酌》）

（39）可是从来功名误，抚荒祠、谁继风流后？（《贺新郎·挽住风前柳》）

三、可恰。意为"恰好、刚好"。

（40）宽方可恰，寸尺宽余。恰便似半湾秋水，一片冰丝。（《〔南吕〕
　　　一枝花·罗帕传情》）

"可"在唐宋时期具有两个向转折连词发展的语义基础：一是限止程
度，把程度往轻处或者小处说；二是表示"恰好""可着某种程度或者范
围"。"可"由限制向转折连词的发展，类似于英语的转折连词 nevertheless，
从其构词语素可以看出它是来自"不少于""恰好"的语义内容。

4.16.3.3　却

"却"是一个常见的表示转折的副词，比如"话不多却很有分量"。它
在唐以前的词义为"退却""推辞"，与程度或者范围的限止没有直接关系。
但是到了唐代"却"出现了与限止有关的用法，表示"刚好"或者"恰好"。
下面是宋元时期的引例。

（41）却才教你一处吃酒，同席坐地。（《水浒传》第三十回）

（42）却才麻翻了宋江，如何却知我姓名？（《水浒传》第三十六回）

（43）却不道远在儿孙近在身。（《赵氏孤儿》第一折）

（44）却不道宝剑赠烈士，红粉赠佳人。（《王粲登楼》第一折）

上述前两例的"却才"相当于"刚才"，后两例"却不道"和"恰不道"
在那时常可以互换。

4.16.3.4　倒

现代汉语里还有另外一个常用的转折副词"倒"，例如"房间不大，
陈设倒挺讲究"。我们调查了大量的近代汉语语料，没有发现"倒"有明
显与限止有关的用法。可是在现代汉语中"倒"有限止范围的作用。例如：

（45）质量倒挺好，就是价钱贵点儿。

（46）住这儿交通倒很方便，可是人声太嘈杂。

（47）我倒很想去一趟，不过还要看有没有时间。

通常把上述用法的"倒"看作"让步"，然而从另外一个角度看，它也起限止范围的作用。我们推测，"倒"的这一用法是它向转折副词发展的语义基础。

从另一个角度看，"却"和"倒"又形成一个局部规律。它们原来都表示具体的行为"退却""向反方向走"等。它们实际上表达的是空间上的直线范围限止，先达到某一位置，再往后退若干距离，就形成了一种限止范围现象。这很可能是它们向转折连词发展的概念基础。

4.16.3.5　只 / 只是

"只"是现代汉语的一个典型的限止副词，表示"除此之外没有别的"。它的主要作用是限止与动作有关的事物及其数量，或者限止动作本身以及动作的可能性，有时则直接放在名词前面限止事物的数量。

（48）我只到过天津。

（49）这件事情只有他一个人知道。

（50）这本书我只翻了翻，还没仔细看。

（51）只玉米就收了二十万斤。

由"只"构成的副词"只是"也是用来限定范围，义为"仅仅是"，前后常有说明情况或进一步解释的词语。例如：

（52）我只是听说，并没有亲眼看见。

（53）我们只是想大概了解一下，用不了多少时间。

上文指出，古汉语的"但"表示无所顾忌地进行某一行为，英语的转折连词 however 和 no matter how 都是从这一语义特点发展而来的。"只是"也有一个类似的用法，强调"在任何条件下情况不变"。例如：

（54）随便你怎么问，他只是不吭声。

（55）无论我们怎么说，他只是不理睬。

"只是"在现代汉语中可以表示轻微的转折，所引出的小句是补充修正上文的意思。例如：

（56）小赵各方面都很好，只是身体差一些。

（57）他讲的是对的，只是说话不大讲究方式。

4.16.3.6　不过

"不过"从构词上看，是表示不超过某一标准或者范围。现在已经凝固成一个副词，义为"仅仅"，限止情况的范围，句末常用"罢了"等配合。例如：

（58）他不过翻了翻，没有细看。

（59）我不过是知道有这么回事，具体情况并不了解。

（60）我不过是问问价钱罢了，并不真想买。

"不过"在现代汉语的口语中常用来表示转折。例如：

（61）他性子一向很急，不过现在好多了。

（62）这个人很面熟，不过我一时想不起来是谁。

（63）实验失败了，不过他并不灰心。

（64）对于各种意见都要听，不过听了要做分析。

4.16.4　限制和转折的语义关系

上面的分析显示，绝大多数的转折连词都是由表范围或者程度的词语发展而来的。这种现象不是偶然的，是因为转折一般都涉及范围或者程度的问题。下面是对各种工具书所认定的转折用例分类。

一、同一范围内的两个相反的事物、属性或者行为，第一小句指出一种现象，第二小句指出同一范围内的相反的现象。也可以理解为，第二小句是对第一小句表述范围的限止。这与范围的限止有关。例如：

（65）要充分肯定成绩，但是也要指出缺点。

（66）她的外表虽然丑陋，但是心灵却很美。

（67）他们在物质上虽然很富有，但是精神上却十分贫乏。

（68）小孩的脸很干净，可是手脏兮兮的。

（69）他吃饭很慢，但是做起事来很麻利。

拿例（65）来看，"成绩"和"缺点"是人的品德"范围"的两个对立的方面，如果一个人拥有一方，同时又拥有另一方，就构成了语义上的转折关系。

二、范围也可以指时间空间上的两种前后相继的动作行为，两者有动作进行程度深浅之差别，后一动作表示进一步的动作行为。这与程度的限止有关。例如：

（70）我很喜欢中国古典文学，但是没有系统地研究过。

（71）我逛了一趟商店，但是没有买任何东西。

（72）他去过北京，但是没有到过故宫。

（73）老王买了一台计算机，但是从来没用过。

（74）他写过很多诗歌，但是从来不拿出来发表。

拿例（70）来说明，一个人对一件事情的热爱程度，可以从内心的喜欢到付诸行动，两者构成了一个程度上的级差，如果只是停留在前一段而没有进入第二段，就构成了转折关系。

三、动作和结果也可以构成一个时间空间范围内的两个要素，通常某个动作会自然带来某种结果，但是一旦这个自然的联系被打破，就形成了转折。这也与范围的限止有关。例如：

（75）尽管我们花了很大的力气，可是事情还是没有办成。

（76）他虽然绞尽了脑汁，但是还是没有找到问题的答案。

（77）妈妈开导了她半天，可是她还是固执己见。

（78）老王吃了三个馒头，可是还是觉得饿。

（79）我虽然学了三年汉语，但是听北京的相声还有困难。

拿例（75）来看，努力做一件事情通常会带来满意的结果，它们属于因果范围内的两个事件，但是有时候也不一定如此，这样就形成了语义上的转折。

四、两种情况形成有规律的联系，共处一个"规律"空间范围之内。

一旦这个规律性的联系被打破，就形成了转折。这也与范围的限止有关。例如：

（80）这是一般规律，但也不是没有例外。

（81）他性子一向很急，不过现在好多了。

（82）老王每天都来打太极拳，可是不知为什么今天没有来。

（83）他们的产品一向质量不错，可是这件毛病不少。

（84）王老师从来不批评人，可是今天忍不住发火了。

拿例（80）来看，"规律"适用于绝大部分情况，但是在特殊情况下也会出现例外，如果两者都发生了，就形成了语义上的转折。

五、两件事情之间存在着自然联系，可看作共处于一个自然相关范围之内。一旦这种自然联系被打破，就表现为语言中的转折关系。这也与范围的限止有关。例如：

（85）这个人很面熟，不过我一时想不起来是谁。

（86）实验失败了，不过他并不灰心。

（87）我见过他好多次，就是记不住名字。

（88）他们终于登上了世界冠军的宝座，但是并不满足，还要再接再厉。

（89）他们俩昨天才吵过一架，可是今天就和好了。

拿例（85）来说明，在日常生活中，"面熟"的人我们一般都认识，知道"他是谁"，它们共同形成一个知识范围，但是有的时候这种自然联系被打破了，就表现为转折关系。

六、某一范围之外的相关事情，两者构成一个更大的范围。第一小句往往表达的是积极的、正面的事情，第二小句则指出其局限性。这也属于范围上的限止。例如：

（90）对于各种意见都要听，不过听了要做分析。

（91）小赵各方面都很好，只是身体差一些。

（92）他讲的是对的，只是说话不大讲究方式。

（93）老王工作很积极，不过有时候比较主观。

（94）她学习很努力，但是不太讲究方法。

拿例（90）来说，听取各种意见是一件好事，但是不加分析也会带来无所适从的后果，两者构成一个"妥善"的动作行为空间，只有两个方面都照顾到了，办理整个事情的妥善程度才高。如果只做了第一个方面，而没有注意到另一方面，就形成了转折关系。

以上是自然语言中的六种主要转折用法，当然还有其他的类型。这些转折用法有一个共同的特点，虽然表面上看起来它们不直接表示对范围大小或者程度高低的限止，但是实际上可以归结为各种更抽象的范围或者程度。这就是限止向转折发展的概念基础。

4.16.5　结语

本章首先讨论了汉语中的一个有规律的现象，绝大多数的转折连词都来自范围或者程度的限止副词。同时又分析了自然语言中的各种转折关系，指出转折的概念基础都是在更抽象的层次上，与范围或者程度的表达密切相关，从而揭示了由限止向转折的发展背后的深刻理据。

还有一些问题尚没有解决。比如后来发展成转折连词的限止词语，原来都是副词，修饰同一单句内部某一个成分，但是在发展成连词的过程中，可以跨句限止前一句的范围或者程度。这一用法是限止向转折发展的关键，值得进一步探讨。

4.17 主谓谓语句

4.17.1 引言

汉语语法最显著的特征之一就是主谓结构可以再被用作一个大句子的谓语，形成在一个句子中两个或者更多主谓结构的套叠现象。这种现象反映了汉语语法的一个突出特征，所以学界对这个问题的探讨一直十分活跃。关于主谓谓语句的范围有多大，内部结构到底怎么样，学界的看法分歧十分大。很多学者采用一个简单化的处理方法，凡是动词前边的名词性成分都是主语，有几个这样的成分就有几个主语。例如：

（1）这事儿我现在脑子里一点儿印象也没有了。

上面这句话的结构被认为是，"一点儿印象""脑子里""现在""我""这事儿"依次做句子的主语，从而形成五个主谓结构套叠的现象。然而在我们看来，这里所谓的"名词性"成分就有问题，实际上它们分属于不同的词性类别，语法功能也有差别。其中"印象"和"事儿"是普通名词，它们分别与"一点儿"和"这"形成偏正结构，"一点儿"表示无定，"这"表示有定。而"我"是代词，"现在"是时间词，"脑海里"是地点短语。它们有着不同的语法特性，比如"现在"与副词"也许"等表现一致，既可以出现在主语后，又可以出现在主语前。例如：

（2）他现在已经来了。　　他也许已经来了。

　　　现在他已经来了。　　也许他已经来了。

一般名词都不具有"现在"这种用法，显然不能简单地把"现在"

看作一个主语。这种简单化处理方式的不合理之处可以通过一个类比看出来。在汉语中，谓语动词之后还可以带上各种谓词（包括动词和形容词），它们构成各种不同的结构，比如"去看（电影）"是连动，"看见"是动补，"进行调查"是动宾，等等。显然，不能根据两个动词性成分在线性上相邻出现，就把它们简单归结为一种语法结构，因为那就混淆了性质不同的现象。同样的道理，谓语之前的名词性成分也不能做如此简单划一的处理。

4.17.2　目前学界关于主谓谓语句的类型划分

长期以来，主谓谓语句是汉语学界的一个热门研究课题，有关的论著很多，所罗列的现象十分庞杂。下面的分类是根据目前流行的相关分析所做的。

一、谓语前的两个名词之间有领属关系或者整体与部分的关系，谓语中心语一般是表示属性状态的形容词或者低及物性动词。例如：

（3）这个人心眼儿好。

　　　他北京话说得很好。

　　　他态度好。

　　　吴天宝人小，气量可大。

　　　一位姓王的，年纪不大，笔底下可高。

　　　十个梨五个烂了。

　　　朋友旧的好，衣裳新的好。

　　　这棵树叶子大。

　　　道理都讲清楚了，谁还思想不通呢？

　　　任何文章，题目总是要有的。

　　　新来的副经理年龄不大，办事能力很强。

　　　这种汽车性能好，样子美观，价格便宜。

　　　小王体重七十一公斤，身高一米七三。

这本书一页几百字？这本书一页七百字。

这种型号的计算机一台多少钱？

你们心情放松了，肉皮紧绷了。

二、小主语是谓词性成分。例如：

（4）他说话很快。

他们做调查工作很有经验。

你说话太快。

他投篮很准。

老一辈写字用毛笔。

他学习努力，工作积极。

三、表示周遍性的词语只能用在谓语动词之前，这类成分主要包括疑问代词的引申用法、名量词重叠以及表示极大或者极小的数量成分。例如：

（5）什么活儿我们都干。

一切办法我们都试过了。

我们什么活儿都干。

他哪儿都去过。

人人他都通知到了。

个个他都认识。

他什么都看过。

他这个人事事领先，人人夸好。

我们班长那身体，什么病，对付上几天就好了。

四、大主语是后边动词的受事。例如：

（6）再大的困难我们也不怕。

这几种农活我们全都学会了。

我今天的报还没有看呢。

送给你们的两个模范乡的小册子，你们大概看到了吧。

她的东西，我可以派人给送去。

这位老人家我也认得。

我饭也吃过了，水也喝过了，就谈个事儿。

五、大主语是与事或者工具。例如：

（7）这位同学我跟他打过篮球。

这小王我已经告诉他了。

这副眼镜我看书用。

这间屋子我堆东西。

六、大主语与小主语的关系比较间接。例如：

（8）这件衣服你还没钉扣子呢！

这件事你可以写一本小说。

这个播音员我不爱听她说话的声音。

电影我看完了。

我结婚的总送这个。

无线电我是门外汉。

这个问题他心里有底。

什么事情他都抢在前头。

七、大主语或小主语是时间词或者地点词。例如：

（9）下午我们开会。

我们下午开会。

南方这些天正下雨。

这些天南方正下雨。

这几天你哪儿去了？老没见。

这季节，太阳要到七八点才落山。

我们那里，一直到现在，中学里边还是没有女生。

五黄六月的天气，我却捏出了两手冷汗。

工作时间，你严肃一点好不？

后半场，中场换了人。

八、用极小量词表示否定。例如：

（10）你这个人一点道理都不讲。

　　　　我一个名字也叫不上来。

九、大主语和小主语之间具有复指的关系。例如：

（11）西半城的洋车夫们谁不晓得虎妞和祥子。

　　　　老张嚜，他肯帮别人的忙，别人也肯帮他的忙。

　　　　春生和小青，谁也没见过谁。

　　　　这一次录取的新生，工学院的最多。

十、小主语是"的"字动词短语。例如：

（12）那个房间里的一伙人，说的说，笑的笑，可热闹了。

　　　　里边的日军死的死了，跑的跑了。

4.17.3　汉语的主语与话题的判别标准

上述十类用例是目前学界普遍接受的所谓的"主谓谓语句"，然而它们实际上属于性质很不相同的语法构式。在对学界所谓的"主谓谓语句"进行重新分类之前，首先要搞清楚汉语中话题与主语之别，因为对主谓谓语句分类的混乱现象，直接来自对这对重要语法概念认识上的模糊。

单从术语名称上看，学界就有三种截然不同的观点：第一，汉语中只有主语没有话题；第二，汉语中只有话题没有主语，汉语的主语等同于话题；第三，汉语中既有主语又有话题，两者有不同的用法性质。我们通过对汉语的调查研究，不仅确认汉语中存在着话题和主语这两种很不相同的语法单位，而且给出了如下明确的形式判别标准。

一、主语的语义功能和形式特征

（a）主语属于基本语法结构概念，所在的结构为无标记的，可以用于句子内部的成分和独立句子这两个层面。

（b）主语可以被焦点标记"是"焦点化。

（c）主语可以用疑问代词替代。

（d）主语一般表达动作行为的施事或者性质、状态的主体。

二、话题的语义功能和形式特征

（a）话题属于话语层面的概念，所在的结构是有标记的，只能用于独立的句子层面上，所在的结构不能出现于句子内部的短语层面上。

（b）话题不能被"是"焦点化。

（c）话题不能用疑问代词提问。

（d）话题代表的是已知的信息，或者指示有定的事物。

话题和主语的不同语法功能决定其对立的形式特征。只有已知的信息或者有定的概念才能作为话题，而焦点则是指示句子中最重要的新信息，两者的语义特征正好矛盾，所以话题成分排斥焦点标记。既然话题代表已知信息，那么它们自然不能再被疑问代词替代。实际上，疑问代词是句子的自然焦点，所以能否被"是"焦点化与能否为疑问代词所替代是等值的判别标准。话题是交际中的现象，其所在的结构就不允许再作为独立句子内部的一个成分。主语则是无标记的结构成分，它就没有所有话题这些限制，所在的结构既可以独立成句，也可以担当一个更大句子中的一个部分。

现在，我们用一对简单的例子来说明主语和话题之别。"他买了车"和"车他买了"代表两种语法性质很不相同的结构：前一句的"他"既可以被"是"焦点化，又可以用疑问代词替代，整个结构还可以用作句中名词的定语；可是后一句的"车"则既不能被焦点化，也不能用疑问代词替代，整个句子不能用作定语从句修饰名词。例如：

（13）他买了车。　　是他买了车。　　谁买了车？

这是他买车的公司。

（14）车他买了。　　*是车他买了。　　*什么他买了？

*这是车他买的公司。

显然，上述两种句子的第一个成分的语法性质是很不一样的，所在的结构功能也明显有别。可是，目前最流行的处理办法是把"他买了车"看作"S＋V＋O"结构，"车他买了"则是"$S_1＋S_2＋V$"。我们认为，这种处理方法掩盖了汉语语法中两种性质很不一样的现象，上述判别标准有助于对这一现象的准确认识。

4.17.4 "T$_{话题}$ + C$_{说明}$"结构

根据我们所设立的上述形式标准，现把那些不属于主谓谓语句的情况划分出去。它们可以分为以下四种情况。

一、"N$_{受事}$ + N$_{施事}$ + V"或者"N$_{施事}$ + N$_{受事}$ + V"。动词的受事名词出现于句首，或者出现在施事名词之后，这时第一个名词成分是话题，整个结构是"话题—说明"的关系。注意，这种语序结构只能单独成句，不能用作定语从句等句子成分。相应地，"说明部分（comment）"才是一个主谓结构，但这不是主谓结构做谓语了，而是主谓结构做话题句的说明部分了。前文的第四类用例就属于这一类，为了便于举例说明，我们对原来的例子略做了调整。

（15）今天的报我看了。　　　*是今天的报我看了。

　　　　　　　　　　　　　*在今天的报我看的时候……

　　　我今天的报看了。　　　*是我今天的报看了。

　　　　　　　　　　　　　*在我今天的报看的时候……

　　　这个人我见过。　　　　*是这个人我见过。

　　　　　　　　　　　　　*这是这个人我见过的地方。

　　　我这个人见过。　　　　*是我这个人见过。

　　　　　　　　　　　　　*这是我这个人见过的地方。

　　　饭我吃了。　　　　　　*是饭我吃了。

　　　　　　　　　　　　　*在饭我吃的时候……

　　　我饭吃了。　　　　　　*是我饭吃了。

　　　　　　　　　　　　　*在我饭吃的时候……

显然，上述第一个名词性成分（包括代词）既不能被"是"焦点化，所在的结构也不能做定语从句修饰名词。

二、"N$_{与事、工具、兼语}$ + N$_{施事}$ + V"。兼语和用介词所引进的与事、工具等名词性成分，也可以被置于句首而话题化，它们原来的位置还可以用代词回指。话题化的成分不能再被焦点化，也不能再被疑问代词替代，整个结构也不能用于定语从句。前面的第五类用例就属于这一类。例如：

（16）小王我让他去买菜。   *是小王我让他去买菜。

                          *小王我让他去买的事情……

      这把刀我用它切菜。   *是这把刀我用它切菜。

                          *这把刀我用它切菜的事情……

      王老师我给他搬家。   *是王老师我给他搬家。

                          *王老师我给他搬家的事情……

以上两类实际上属于一大类，差别只在于是动词宾语前置还是介词宾语前置。

三、"N$_{相关事物}$＋S$_{小句}$"。可以做话题的成分的范围非常宽泛，只是后面小句相关的事物现象，并不是小句中的某个成分。前文的第六类现象基本属于这一种。例如：

（17）那件衣服她剪了个洞。 *是那件衣服她剪了个洞。

                          *那件衣服她剪了个洞的事情……

      那件事他写了本小说。 *是那件事他写了本小说。

                          *那件事他写了本小说的消息……

      电影我看报了。   *是电影我看报了。

                          *电影我看报的消息……

四、"N＋Pro$_{复指}$＋V"。代词复指其前的名词性成分，其作用是使得句首的名词性成分被话题化，因而不能再被"是"焦点化，也不能用疑问代词提问，整个结构也不能再做定语修饰名词。前面的第九类例子属于这一种。例如：

（18）老张这个人不爱看书。   *是老张这个人不爱看书。

                          *老张这个人不爱看书的消息……

      班里的同学谁都知道这件事。*是班里的同学谁都知道这件事。

                          *班里的同学谁都知道这件事的消息……

王教授他去了美国。　　　　＊是王教授他去了美国。

　　　　　　　　　　　　　　　＊王教授他去美国的消息……

4.17.5　"Adv_{状语} + V"状中结构

　　虽然汉语有个状语标记"地"，然而在绝大多数情况下，汉语的状语是没有任何标记的。就拿最常见的形容词做状语来说吧，重叠式往往加"地"，比如"他认认真真地检查了一遍"，非重叠式则一般不加任何标记，比如"他认真检查了一遍"。还有很多类词语做状语是不加任何标记的，诸如反身代词、时间词、地点词、表达方式或者工具的名词等，都可以直接做状语修饰动词，表达动作行为发生的时间、地点、方式等，这些词语与其后的谓词构成的是状中短语，而不是主谓结构。可是，学界普遍把这类结构错误地归入主谓谓语句，这明显是不合适的。下面分类举例说明。

　　一、"S_{主语} + Adv_{时间状语} + V"。"我们下午开会"被认为是主谓谓语句，"我们"是大主语，"下午"是小主语，即"下午开会"是主谓结构做大句子的谓语。单在汉语内部来看，这种观点也许问题不大，然而跟英语等其他语言相比，就会发现其不妥之处。英语的时间词大都是出现在句子末尾，比如跟汉语这句话对应的英文为"We will hold a meeting this afternoon"，不会有人把"this afternoon"说成是句子的主语，因为英语的主语不能出现于句末。尽管在汉语中表示时间位置的词语与主语一样都是出现在谓语之前，但也不能简单地把"下午开会"归入主谓结构。汉语时间词还有一个特点，可以在主语前后自由出现。例如：

（19）我们下午开会。　　　　　下午我们开会。

　　　他们明天去北京。　　　　明天他们去北京。

　　　他们 12 点吃饭。　　　　12 点他们吃饭。

　　有学者把右栏句首的时间词看作主语，它们也是主谓谓语句，即"下午我们开会"这句话中，"下午"是主语，"我们开会"做其谓语。我们认为，这种分析是不合适的，如前文所说，很多副词也是可以在主语前后出现的。

例如：

（20）他也许已经来了。　　　　也许他已经来了。

　　　老王偏偏病了。　　　　　偏偏老王病了。

　　　小李可能已经走了。　　　可能小李已经走了。

　　二、"S＋N$_{工具方式}$＋V"。反身代词"自己"修饰动词，表示"亲自做某事"，有些学者把相关的谓语看作主谓结构，而在我们看来，更合理的方法是把它们看作状中结构。例如：

（21）我也是自己安慰自己。

　　　他自己把教室打扫干净了。

　　此外，还有一些表示工具或者方式的名词可以省掉介词"用"，此时它们仍然是状语，而不是所谓"小主语"，有关的名词都可以补出介词"用"等。这些名词性成分都不能移到句首做话题，比如下例中的"你微信通知大家"就不能说成"＊微信你通知大家"。例如：

（22）他手拿着一把佛盘剑。

　　　你怎么眼睛看着他摔了也不管。

　　　你电话通知大家。

　　　你微信通知大家。

上例中的"手""眼睛""电话""微信"等都是做状语修饰其后的谓词，而不是主谓结构。

　　还有一种表示动作行为的方式是数量词叠用，有关的数量成分也是状语，而不是与其后的谓词构成主谓短语。例如：

（23）教室外边刮着尖冷的东北风，我却一头汗跟着一头汗出。

　　　他们一个一个进去参加口试。

　　　你一句话一句话说。

　　三、"S＋Adv$_{极小量词}$＋V"。极小量词用在谓语动词之前表示完全否定或者加强否定，这个量性成分可以是个副词，比如"他丝毫不介意这件事"中的"丝毫"。显然，它只能与其后的谓语构成状中关系。然而一些带有名词性的极小量词常常被误认为是主谓短语，其实它们仍然是状中结构。例如：

（24）这个人一点道理都不讲。

　　　我一个名字也叫不上来。

四、"Vi＋的＋Vi"。这种结构是个固定的构式，不能单独成句，一般是两个或者更多的"V 的 V"一起用，用来描写状况或者渲染气氛，表示某一场合有人做这有人做那，各忙各的事。其中的动词必须是同一个，与"V 的"短语指代事物的用法不同，比如"来的（客人）都在喝茶"句子中的"来的"可以指人做句子的主语，谓语可以是其他动词。

（25）那个房间里的一伙人，说的说，笑的笑，可热闹了。→＊那个房间的人说的说。

　　　里边的日军死的死了，跑的跑了。→＊里边的日军死的死了。

　　　老乡们沏茶的沏茶，倒水的倒水。→＊老乡们沏茶的沏茶。

4.17.6　真正的主谓谓语结构

通过以上的分析，可以看出本章 4.17.2 所列的十类所谓的"主谓谓语句"现象绝大部分都属于其他类型的语法结构，其中有四类属于"话题—说明"结构，还有四类属于"状语—谓语"结构。而剩下只有两类才是真正的主谓谓语句，这两类句式的第一个名词可以被焦点化或者被疑问代词替代，所在的整个结构也可以做句子成分。只要满足这三个形式标准的任何一个，就可以断定第一个成分是主语，整个结构是主谓谓语结构。

一、"N₁＋N₂＋V/A"。谓语前的两个名词之间有领属关系或者整体与部分的关系，谓语中心语一般是表示属性状态的形容词或者低及物动词。前文的第一类用例大都属于典型的主谓谓语句。例如：

（26）他脾气好。　　　　谁脾气好？　　　　我知道他脾气好。

　　　他身体差。　　　　谁身体差？　　　　我担心他身体差。

　　　这种树叶子大。　　哪种树叶子大？　　我喜欢这种树叶子大。

　　　小王体重太重。　　谁体重太重？　　　我晓得他体重太重。

他办事能力很强。　谁办事能力很强？　我很赞赏他办事能力强。

二、"N＋V_{行为名词}＋A"。实际上，这是上一类的变体，差别只在于小主语是个行为动词，也可以被看作是动词的名词化，指示某人在做事情上的特点。4.17.2 的第二类现象也是主谓谓语句。例如：

（27）他学习认真。　谁学习认真？　老师喜欢他学习认真。

他投篮很准。　谁投篮很准？　我知道他投篮很准。

他说话太快。　谁说话太快？　我不习惯他说话太快。

他做调查研究很有经验。谁做调查研究很有经验？我知道他做调查研究很有经验。

三、"N＋X_{遍指}＋V"。汉语中，名量词重叠表遍指或者疑问代词引申用法表遍指的时候，虽然是动词的受事，但必须出现在谓语之前，比如"我人人都通知到了"就不能说成"＊我通知到了人人"，"他哪里都去过"就不能说成"＊他去过哪里"①。

（28）他人人都通知到了。　等你人人都通知到的时候……

他个个都认识。　等你个个都认识的时候……

他哪里都熟悉。　等你哪里都熟悉的时候……

他谁都见过。　等你谁都见过的时候……

4.17.7　从汉语演化史的视角来看主谓谓语句

从历史的角度也可以加深对上述讨论的各类现象的认识。前文所讲的第一类典型的主谓谓语结构已见于先秦早期的文献，一直沿用到今天，可见这是汉语的本质语法特征。例如：

（29）使者目动而言肆，惧我也。(《左传·文公十二年》)

（30）今日我疾作，不可以执弓。(《孟子·离娄下》)

（31）夫滕，壤地偏小。(《孟子·滕文公上》)

---

① 在对举使用这种特殊情况，"人人"可以出现于动词之后，比如："人人为我，我为人人。"注意这也只限于书面语。此外，"他去过哪里"只能是问句，其中的"哪里"不再表示遍指。

（32）新妇神色卑下，殊不似公休！（《世说新语·贤媛》）

（33）遗民泪尽胡尘里，南望王师又一年。（《秋夜将晓出篱门迎凉有感》）

前文所谈的动词或者介词的受事前移的话题结构，在上古汉语也有对应的用例，只是那时有一个严格的语法要求，这些前移受事名词原来的位置必须用代词"之"回指。例如：

（34）山林之木，衡鹿守之。泽之萑蒲，舟鲛守之。（《左传·昭公二十年》）

（35）汉阳诸姬，楚实尽之。（《左传·僖公二十八年》）

（36）夏礼，吾能言之，杞不足征也；殷礼，吾能言之，宋不足征也。
　　　（《论语·八佾》）

也就是说，在古代汉语中，主谓谓语句（如"新妇神色卑下"）与话题结构（如"夏礼，吾能言之"）是有明确的外在形式区别的，因此不会被误认为是同一类语法结构。然而随着语言的演化，话题结构中回指的"之"丢失了，人们就误把两个不同的结构看作同类。

4.17.8　结语

本章首先根据最具影响力的学者的汉语语法论著罗列出十种所谓的"主谓谓语结构"，进而根据话题和主语的区别，依据三个形式判别标准，运用有标记和无标记的语法结构的划分依据，确立出"话题—说明"句式与主谓谓语结构之功能区别。同时，又根据汉语的状语特点，分化出其中属于"状语—谓语"的结构，指出那些传统认为属于同一类型的语法结构，实际上分属性质很不相同的语法结构。

我们的分析不是名词术语的变更问题，而是从本质上揭示出汉语语法的特性。本章不仅对汉语的典型语法特征的认识有帮助，也有助于从整体上把握汉语语法的特点。本章的分析应该给人以这样的启发：语法研究要深入，就不能仅仅满足于给词语分类和观察语序线性排列，那样会掩盖很多本质上极不形同的语法结构。

4.18 谓语的不及物标记"给"

4.18.1 引言

"给"既是一个普通动词，又是一个具有各种用法的介词。动词"给"表示"使对方得到"，介词"给"有各种介词用法，其后直接跟名词，引出接受者或者受益者等。本章只讨论"给"直接用在谓语动词前的助词用法。例如：

（1）他把衣服给晾干了。(《现代汉语八百词》)

（2）衣服让他给晾干了。(《现代汉语八百词》)

（3）房间都让我们给收拾好了。(《现代汉语八百词》)

（4）虫子都给消灭光了。(《现代汉语八百词》)

注意，要区别一种表面上相似而实际不同的结构。《现代汉语八百词》中与上述"助词"归为一类的例子还有"您给找一下老王同志"等这种用法，实际上这个例子的"给"后是省略了受益者，相当于"您给我找一下老王同志"。这个"给"仍是介词，其后的动词仍可以在后边带上受事宾语，不属于本章讨论的范围。

"给"的上述助词用法最早见于清末《儿女英雄传》中，只有百余年的历史，是一种非常新兴的语法现象。这一用法一般只见于口语，为了保证例证的可靠性，特别是为了避免个人语感判断上的误差，我们调查了 100 万字左右的北京话相声资料，作为本章引例和统计数据的根据。

4.18.2　各家关于助词"给"语法性质的观点

助词"给"引起了许多学者的注意，这方面的论著很多，这里只谈几种学术界流行的主要观点。

一、助词"给"为被动标记说

普遍认为助词"给"与被动标记"被"相当。后面的分析将会谈到，助词"给"确实与"被"的功能有相同之处，都是表示动作行为的矢量方向由右向左，即指向谓语前的成分。但是助词"给"既不是被动标记，也不是被动句谓语的一部分，它可以用于各种句型。例如：

（5）他把衣服给晾干了。　　　让我把杯子给打碎了一个。

（6）衣服让他给晾干了。　　　房间都让我们给收拾好了。

（7）杯子给打碎了一个。　　　虫子都给消灭光了。

例（5）是把字句，例（6）是被动句，例（7）是受事主语句。这三种句型中的助词"给"是同一性质的语法标记，显然不属于被动句的，所以被动标记说以偏概全难以成立。

另外一个相关的观点是，"给"是自然焦点标记词，作用是"强调句子的自然焦点成分"和"有加强受动的意味"，比如"这孩子给饿坏了"。到底句子的哪个成分是自然焦点，作者并没有一个明确可靠的标准，那么就很难有说服力。

二、助词"给"为把字句和被动句的共同标记说

还有一些学者认为，助词"给"属于把字句和被动句这两种句型的标记。有学者认为，"给"复制了前面"把""被"介词。上述例子显示，助词"给"还可以用于"把"或者"被"都不出现的句型，比如受事主语句"杯子给打碎了一个"、施事主语句"他给打碎了一个"等，总不能说其中的"给"复指没有出现的"把"或者"被"，既然可以隐形，在交际中不那么重要，就没有必要再复制了。更重要的是，没有可靠的证据显示汉语语法中存在着这种语法标记之间的"复制"现象，所以这一说法纯粹是一种猜测。

此外，还有学者认为，"给"是介词"被""把"的宾语前移后遗留成分，因此作用不过是强调或加强语势。这种说法也难以成立，理由有两个方面。从历史上看，"被"有 2000 多年的历史，"把"有 1000 余年的历史，而"给"还就是 100 年左右，所以从时间内关系看，"给"不可能是"被"或者"把"的宾语前移而遗留下的标记。从共时的角度看，"把"引出受事和"被"引出施事的使用频率远远高于"给"的相关用法，所以很难解释为何绝大多数的把字句或者被动句没有所有的"遗留的给"标记。更重要的是，助词"给"的使用范围并不限于把字句和被动句，这种说法无法解释这两种句型之外的用法。张谊生所说的"强调或加强语势"也是一种含混不清的感觉，到底"强调"什么、"加强"哪种语气，不得而知。

另一种观点是，在"给 NP 给 VP"结构中，前一个"给"相当于介词"被""把"，后一个"给"表示受事名词"受影响的标记"。这一说法遇到一个明显的问题是，被动句的受事名词是句子主语，把字句的受事名词是介词"把"的宾语，为何同一个助词"给"能够"标记"两个如此不一样的成分？而且"把"的主要功能就是标记受事名词受影响，为何还需要再加"给"这个多余标记呢？所以这也是一种似是而非的观点。

三、助词"给"引入"外力"作用说

甚至还有学者持这样的观点：引入"只可意会（语义上有）不可言传（句法上无）"的外力，才是"给 VP"中的"给"真正作用。他们正确地指出助词"给"不是被动句或者处置式的问题，但是却从一个极端走向了另一个极端，观察重点主要放在受事主语句上。下面是其两组例子：

（8）（a）米饭给煮糊了。　　犯人给跑了。　　孩子给病了。

（b）*她给哭了。　　*她给休息了。　　*她给游泳了。

从上述两组例子的对比中，确实存在着这样的差别：（a）组例子蕴含一个"外力"作用，可以用"给"；（b）组例子则没有，不能用"给"。然而"给"最常出现的两种句型——被动句和把字句，全都具有"外力"的特征，特别是被动标记"被""叫""让"等的自身功能就是引出这个"外力"的来源，那么为何它们的谓语还常出现助词"给"？换个角度看，助词"给"所在的句子确实蕴含着某种"外力"作用，但不能就此得出结论说，这就是"给"的语法功能。

综上所述，以上各家的观点都存在着这样那样的问题，没有把握住助词"给"的真正语法功能。然而这些学者对助词"给"的调查有助于我们今天的研究，比如杨霁楚（2008）认为，不是被动句或者把字句自身的一部分，"给"也应有独立作用。此外，李炜（2004）观察到，从形式上看"给VP"后一般都没有受事宾语。这些都对我们今天的分析有直接的启发。

4.18.3　助词"给"在各种句型的使用频率差别

要了解助词"给"的性质，必须对它的用法做一个全面的调查。迄今为止的研究多是把助词"给"与特定的句型联系起来，最常见的是把它与处置式或者被动式联系在一起。事实上，除了这两种句型外，助词"给"常用于受事主语句或者受事名词承上文省略句。然而助词"给"在各个句型中出现的频率差别很大，由此也可以看出它的语法功能到底是什么。下面是我们对 100 万余字的北京话相声资料的统计结果。

助词"给"在各个句型中的使用频率

处置式	被动式	承前省略受事句	话题结构	受事主语句
119（51%）	41（18%）	38（16%）	27（12%）	7（4%）

一、处置式。由上表的统计数字可知，助词"给"在把字句中出现的频率最高，下文将谈到，谓语构式"给 + VP"其加强致使意义的作用，这正与把字句的高及物性语法意义相符。把字句的谓语动词前用"给"具有加强致使（处置）的作用，而在非强调的情况下就可以不用这个强调标记。

（9）没想到这棉坎肩差点儿把老耿给毁了！

他们把我给鼓捣出来了。

把说相声的说书的给骂苦啦！

他这一生气不要紧，就把自己是考生的这个碴儿给忘了。

他这一笑好像是把考官们给笑醒了。

我把我爸爸皮袄后边给点着了。

我的相声能把大家给说哭了。

二、被动式。现代汉语的被动标记有"被""叫""让""给"等四个，但是它们的语体色彩不一样，"被"多用于书面语，其余三个则常见于口语。助词"给"是个新兴的语法标记，口语色彩极浓，所以当它用于被动句时，常和"叫""让""给"共现。例如：

（10）德云社十周年这点奖金，都让他这么一折腾给弄没了！

都叫你们给吃黄的！

仨糖饼又叫小强给吃了。

那李三硬是被那王八蛋给喧死了！

可惜了你这么个亲哥哥让你给糟蹋了。

这要是一年 365 天都坐你这车，都得叫你给折腾残废了！

夜里我正睡觉呢，愣叫大风给吵醒了。

三、受事主语句。受事主语句可以看作是被动句的一种变体，汉语的动词没有被动语态，当引入施事的介词短语"被 + NP"不出现时，被动句就转化成了受事主语句。当然这两种句型的语用功能是不一样的，被动句强调主语遭遇某种事件，受事主语则更强调主语的话题性。助词"给"用于受事主语句的频率最低，只有 4%，这是由受事主语句的语用功能和助词"给"的语法意义决定的。例如：

（11）东北角的"角"字儿没写，"牌儿肥皂"也给落下啦！

好家伙，检察院的程序都给免了！

身子也给压平了。

那些就给轰出去了。

他那骡子掉茶碗里给烫死了。

到了天桥儿，连生意场子都给搅了。

四、话题结构。话题结构的抽象格式为：NP$_{话题}$ + S + VP。不同于以上三种句式，它是有标记结构，只能单独成句，不能做句子中的成分，比如不能说"* 这是书我看的房间"等。例如：

（12）那个马的架子他给扎小啦。

你爸爸你妈妈结婚，我给办的啊。

你那尾巴我们给扔了！

人，死了死了，你能给哭活了吗？

结果您家这个事，还是我给办的。

那没有，你的字我怎么给念错了哪？

不对！这俩字您给弄错了。

嚯，两头你都给占去啦？

苏大秘他给叫成"唆罗密"！

给朕做"珍珠翡翠白玉汤"的人，你怎么给上了锁啦？

五、受事名词承前省略句。受事名词可以不出现在助词"给"所在的句子中，它或出现在上一句话中，或被交际对方已经提到。这类句子可以看作省略受事主语句。下一组例子中画线部分是加点的"给 + VP"构式所关涉的受事。

这俩老猴儿，这可是宝贝！不容易，千万别给喂死。

把这通知给我送来，我一看，正好！向您请教，从理论上给解释一下。

可有一样儿阿，你这个母鹦鹉啊得跟我这公的放一块儿。为什么呢？这叫近朱者赤。兴许能给熏好了。

李老汉的儿子抓了呗，非法采矿、官煤勾结，之后是公司关闭、财产没收，这次在全国的治理整顿煤矿的行动中给抓了典型。

甲：谁家的缺德孩子，拿过那只猫，啪，脑浆都出来了。

乙：啊？给打死了。

哎，找他爸爸要10块钱，结果没买，给花了，他爸爸说让你买地图怎么不买呢？

4.18.4　助词"给"的语法功能

虽然这些句型的具体结构各不相同，但是有一点是共同的，受事名词都是出现在谓语之前。由此我们可以看出助词"给"的核心功能：

标记动作行为矢量方向从右向左转变，即指向谓语之前的受事名词，因此"给 + VP"谓语动词后不能再带受事宾语。

"矢量"是现代物理学的一个重要概念，指既有大小又有方向的量，具有力量、速度等物理性质。这是日常动作、行为、变化的普遍特征，从古至今一直存在着，人们自觉不自觉地感知它们，并对动词概念化方式有着深刻的影响，进而决定一种语言的语法特点。我们对英汉动词的矢量特征进行了分析，揭示两种语言差别的概念化原因。我们认为，汉语动词的矢量方向是中性的，所以用于被动句时动词不需要变形；而英语动词的矢量方向是确定的，当动词用于被动句时，动词要采用被动形态，指示动作的矢量方向从右到左改变，即指向受事主语。例如：

（14）蜚鸟尽，良弓藏；狡兔死，走狗烹。(《史记·越王勾践世家》)

（15）鲁酒薄而邯郸围。(《庄子·胠箧》)

（16）The window was broken by James.

（17）The book was spoiled by Crystal.

汉语的"给 + VP"与英语的被动态"be + V-ed"具有共同点，都是指示矢量方向指示谓语之前的受事名词，然而因为两种语言的语法系统不一样，这两种谓语形式所出现的句型也不一样。英语的受事名词前置情况很简单，就是被动句，所以其指示矢量方向改变的"be + V-ed"可以被看作被动态。然而汉语受事名词前置的句型很多，既有被动句，也有主动句（处置式），还有受事主语句以及受事承前省略句等，这样就造成了"给 + VP"与句式之间的多种对应关系。

从人类语言的共性来看，概念义为"给予"的动词在很多语言发展成了"致使（causative）"标记，属于这种类型的语言有泰语、越南语、索马里语等。汉语的助词"给"显然也有表达致使义的功能，一般用于高及物的动词。如上所述，"给"不仅加强了谓语动词的及物性，而且确立矢量方向只能指向谓语之前的受事名词。结果，没有助词"给"时，有些受事名词可以出现在谓语动词之后，当出现"给"时，就不允许这个受事名词再出现在谓语之后。例如：

（18）把大家给说哭了。　　　　＊给说哭了大家。　　　说哭了大家。

　　　把那件事给忘了。　　　　＊给忘了那件事。　　　忘了那件事。

　　　奖金让他们给弄没了。　　＊他们给弄没了奖金。　弄没了奖金。

　　　烧饼叫小强给吃了。　　　＊小强给吃了烧饼。　　小强吃了烧饼。

　　　那个字给落下了。　　　　＊给落下了那个字。　　落下了那个字。

　　　骡子给烫死了。　　　　　＊给烫死了骡子。　　　烫死了骡子。

　　　那本书他给扔了。　　　　＊他给扔了那本书。　　他扔了那本书。

　　　他的事我给办了。　　　　＊我给办了他的事。　　我办了他的事。

　　汉语动词的矢量特征本来是中性的，既可以指向谓语动词之后的受事名词，也可以指向谓语之前的受事名词。谓语动词在加上"给"以后，具有强调矢量方向改变的致使义。既然是其"强调"，那么助词"给"就不是必需的了，即有没有它句子都合语法，但是强调的意味则不同。这从"给"的具体使用环境中可以明确看出这一点。例如：

（19）（a）把我们孩子吓着了，半夜掉地下，叫耗子把脑袋给啃了！

　　　（b）甲：他们把我给鼓捣出来了。

　　　　　乙：什么叫鼓捣出来了？

　　　　　甲：就是减我来的！减员增效，专门减我！优化组合，就把我给"优"出来了！

　　　（c）那个马的架子他给扎小啦，把那架子拿出来，把那秫秸往外一撑，耳朵长着点就是驴。

上面用例都是自然语言实际出现的。例（a）有两个把字句，第一个谓语"吓着了"没有"给"，第二个则用了"给啃了"，强调动作的致使性十分明显。例（b）的第一个把字句用"给鼓捣出来"，强调其致使意义，对方询问"什么叫鼓捣出来"就没有必要用"给"强调。例（c）连着用了两个把字句，只有第一谓语"给扎小"用了助词"给"，因为该行为涉及对"架子"的外观改变，而后两个把字句的谓语"拿出来""一撑"的致使意味弱很多，所以就不用"给"。

说"给"的语法功能是强调前置受事被致使某种结果，并不意味着这些前置受事名词本来都是出现在谓语动词之后的。下面三例后的谓语"给抓了典型""给捡了个便宜""给翻个儿了"等动词后都有其他名词，不再能带其他受事名词，即这些受事名词必须出现在谓语之前。

（20）他在这次治理整顿煤矿的行动中给抓了典型。

算了吧，让你给捡了个便宜。

他把那窝头给翻个儿了！

在改变动作矢量方向上，助词"给"与被动标记是一致的，然而"给"要求受事名词必须出现在上文或者前面，被动标记则没有这个要求。所以，被动式可以加"的"做相关受事名词的定语，而"给 + VP"构式则不能，因为这个受事名词在语序上或者说话时间点上在后面。例如：

（21）被修好的电视　　　 *给修好的电视

被他修好的电视　　 *被他给修好的电视

被抓住的小偷　　　 *给抓住的小偷

被警察抓住的小偷　 *被警察给抓住的小偷

被烫坏的衣服　　　 *给烫坏的衣服

被他烫坏的衣服　　 *被他给烫坏的衣服

被骗的老大爷　　　 *给骗的老大爷

被他骗的老大爷　　 *被他给骗的老大爷

被污染的河流　　　 *给污染的河流

被工厂污染的河流　 *被工厂给污染的河流

4.18.5　由助词"给"所构成的谓语结构类型

也可以从谓语结构类型上来观察助词"给"的语法意义。动补结构的典型意义就是某个动作致使某物具有某种结果，所以"给"最常与动补结构搭配出现，如上文例子所示。然而"给"也可以与单纯的行为动词搭配出现，在我们收集的 232 个助词"给"的用例中，单纯动词例有 71 个，占整个用例的 30%。例如：

（22）韩琦拿刀回来把人给宰喽。

就把自己是考生的这个碴儿给忘了。

他就是怕我们把他给干喽！

小强把糖饼给吃了。

那家店卖的都是假的，昨天被工商给封了。

好家伙，检察院的程序都给免了！

我嚷一通儿，把桌子给他掀了。

把要饭的碗给踹了。

你那尾巴我们给扔了！

叫耗子把脑袋给啃了！

后来俺进城打工，回家就把她的名给改了。

我把我后老儿给杀了。

胡乱填词，那些好歌曲都让你给糟践了。

学校的老师和同学都让你给得罪了。

把严嵩的古玩全给摔啦。

撕皇榜！"咔"一下把皇榜给撕了。

人家来买药，现在把你给卖了。

致使意义比较弱的，或者说及物性低的动词，一般不能用助词"给"强调，比如"是""当""认为""聊"等都不能这样用。

4.18.6 动词前助词"给"的来源

助词"给"是个新兴的语法标记,而语法标记必须在具体的语境中形成。了解"给"语法化的环境也有助于认识它的功能。"给"首先是从动词发展成介词,然后又从介词演化成动词前缀。根据我们的观察分析,助词"给"的语法环境为：

$$\text{NP}_{\text{受事}} + 给 + \text{Pro}_{\text{回指}} + \text{VP} \rightarrow \text{NP}_{\text{受事}} + 给 + \varnothing + \text{VP}$$

介词"给"有多种用法，其中之一就是引进代词，回指其前的受事名词。尔后这个回指代词失落，"给"就变成了动词的前缀。代词回指具有强调的作用，而且所回指的成分必须出现在前，这样就可以完美地解释助词的语法功能。

助词"给"的出现只有100年多一点儿。语法演化的典型范式是 A > A/B > B，即新形式的出现往往不会立刻导致旧形式的消失，新旧形式往往共存相当一段时间。助词"给"的语法化环境仍保留在当今口语中，下面是我们调查的结果。

有学者指出，"给"有两种作用，一是引出施事，一是引出与事。无论哪种情况，"给"字宾语都可以省略。例如：

（23）房子给（土匪）烧了。　　　他给（人）逮住了。

　　　我给（电视机）修好了。　　　别给（我）打破了。

　　　你给（我）帮帮忙。　　　　你给（我）把灯打开。

他们又指出，"给"字的宾语是指人的名词，"给"只能理解为"被"，不能理解为"把"；例（24）后两句里"给"的宾语是代词"他"，"给"可以理解为"被"或者"把"。例如：

（24）他给警察抓走了。　　　他给小偷儿捆起来了。

　　　警察给他抓走了。　　　小偷儿给他捆起来了。

下例中，例（a）的"它"回指其前出现的"神舟六号"，如果这个回指代词不出现，介词"给"就成了动词前缀："神舟六号我都给吹上太空去！"例（b）的"（给）我"回指主语"我"，去掉这个回指代词，"给"就变成了助词："我就让这个堵心房产公司给轰出来了。"例（c）的"给Ø"省略了其后的回指代词，回指的对象是"你的磁化杯"，这里的"给"可以被认为是助词用法。

（25）（a）别说是智能手机了，神舟六号我都给它吹上太空去！

　　　（b）我就让这个堵心房产公司给我轰出来了。

　　　（c）甲：任总，把你的磁化杯给我。

　　　　　　乙：干吗呀？

甲：我刷痰筒时一块给 Ø 刷了。

4.18.7　蕴含与事的助词"给"

"给 + VP"实际上是有歧义的，有时其后就是省略了与事。根据我们的观察，助词"给"可能还有一个来源。如上文提到的，"给"还可以引入与事，而且这个与事还可以省略。省略与事用例中的"给"与省略受事名词的情景没有区别，也可以被解读为动词的前缀。下面左栏例子都是相声资料里出现的实际用例，去掉"给"后的与事，就与助词"给"用例无法分辨了。

（26）把他给我炒了鱿鱼。　　　　把他给 Ø 炒了鱿鱼。

　　　这通知他给你写错啦。　　　这通知他给 Ø 写错了。

　　　把桌子给他掀了。　　　　　把桌子给 Ø 掀了。

下面一例非常有启发性。甲的话里"给"引出与事"你"，乙则省略了"给"后的与事。

（27）甲：我说："冯总，房子我给你办下来啦！"

　　　乙：你给 Ø 办下来的？

助词"给"不仅有两种来源，而且也有两种功能。下面是有关工具书列出的有关用法，这里的"给"后都可以补出一个与事或者说动作的受益者，并不是强调动作矢量方向的改变。例如：

（28）明天的事儿，你给记着点儿。

　　　明天的事儿，你给我记着点儿。

　　　水龙头坏了，我们给修。

　　　水龙头坏了，我们给你修。

　　　我给洗，你给烫，咱俩一起干。

　　　我给他们洗，你给他们烫，咱俩一起干。

　　　劳驾，您给找一下老王同志。

　　　劳驾，您给我找一下老王同志。

4.18.8　结语

　　本章通过对当代口语资料的大规模调查，概括出助词"给"的语法功能，它指示谓语动词矢量方向的转变，表达动作行为的作用方向为出现在谓语之前的受事，具有加强致使含义的作用。助词"给"与被动标记虽然有功能上的交叉，但是它们的语法功能和使用范围明显有别。谓语构式"给＋VP"可以用于受事前置的各种句型，包括被动句、把字句、话题结构、受事主语句等。

　　要对一个语法标记的功能做出正确的概括，找到它的使用规律，必须拥有语言研究的系统观。过去的研究往往把助词"给"与特定的某个句型联系起来，所以结论难免以偏概全。同时，探讨有关标记的语法化环境也有助于发现其语法功能。此外，在分析一个标记的语法功能时，必须区别它的伴随特征和本质功能，否则就会导致错误的结论。

4.19 导致受事名词前置的因素

4.19.1 引言

自古至今，汉语陈述句的基本语序都是 SVO，受事名词的无标记位置是在谓语动词之后做宾语，然而因为各种原因，受事名词必须被安排在谓语动词之前的某个位置。常见的情况之一是语用因素，比如强调受事名词的有定性而置于句首做话题，或者表达行为的处置性而用"把"字提到动词之前。例如：

他吃完了饭。 ——基本语序

饭他吃完了。 ——话题句

他把饭吃完了。 ——把字句

上面"饭他吃完了"和"他把饭吃完了"都可以还原为普通的 SVO 语序，虽然这些可以转换的各个句式都是合乎汉语语法的，然而它们所表达的语法意义是不完全一样的。话题句中的"饭"是有定的，翻译成英语时要加定冠词 the。处置式中的"饭"不仅是有定的，而且还特别强调施事对受事的处置。说话者可以根据语境的不同，为了满足自己交际的需要，自由选择各种合乎语法的句式。

然而，因为谓语动词结构的原因，受事名词不能再出现于谓语动词之后，必须在谓语之前安排它的位置。例如：

（1）*小王帮忙我。 小王帮我的忙。

*他吃病了宴席。 他吃宴席吃病了。

*记在脑子那件事。 把那件事记在脑子里。

上述这些现象都是因为谓语结构而造成的受事前置。复合动词"帮忙"的内部结构是"V + N",即"帮"是动词性语素,"忙"是名词性语素,这类复合词绝大部分都不能再带受事宾语,结果被帮的对象"我"则以"忙"的定语形式出现。动补短语"吃病"的补语"病"描述的是施事主语的情况,这类短语一般也不能再带宾语,只好用动词拷贝结构,即同一个动词出现两次,第一次引入受事,第二次则引入结果。如果动词之后跟上地点介词短语,带宾语也受限制,此时最好的选择就是把字句。本章对现代汉语中这类由于谓语结构而引起的强制性受事名词前置的情况做一个系统探讨。

4.19.2 "V + N"结构导致受事名词前置[①]

汉语中 VN 动词短语带宾语受到很大的限制。在讨论其中的规则之前,首先让我们看一下双宾结构。所谓的双宾结构,就是表示物体传递等少数的动词可以带两个宾语,一个是间接宾语,指示接受者,一个是直接宾语,指示传递物。比如,在"送王老师一本书"这句话中,"王老师"是间接宾语,"一本书"是直接宾语。除了双宾结构这种特殊构式之外,其他情况下,动词之后可出现的名词性成分的数目就受到很大的限制。下面分别来谈复合词的内部构造、惯用法、普通的动宾结构后受事名词的限制。

一、内部构造为 VN 复合动词

跟英语相比,汉语的单纯动词没有明确的及物与不及物之分。英语的视觉动词 look 是不及物的,不能直接带宾语,如果要带宾语则必须加介词如 look at、look into、look after 等,还有一个 see 则是及物动词,可以直接带受事宾语。然而汉语动词没有这样严格的对立,比如汉语的"看"和"见"都是及物动词,可以带上各种宾语。此外,汉语还有一些表示生理现象的词语,如"笑""哭"等,它们的基本意义虽然是不及物的,然而它们的引申义则可以带上宾语,比如"他笑你""她哭她父亲"等。汉英之间存

---

① 参见 1.6 构词法与句法之关系。

在着这样一个明显差别，汉语中有大量的因为构词方式而造成的不及物动词，而其对应的英语动词则是单纯的及物动词，这类复合动词的受事名词则必须借用其他方式引入。

VN 复合动词	英语	引入受事名词的方式
帮忙	help	我给老王帮忙；我帮老王的忙。
结婚	marry	小张跟小王结婚。
离婚	devoice	小张跟小王离婚。
打针	inject	护士给他打针。
碰面	meet	我下午与老王碰面。
理发	cut	我给他理发。
撤职	fire	领导把他撤了职；领导撤了他的职。
生气	angry	他对我很生气；他生我的气。
录音	record	我给他录音；正在录他的音。
照相	shot	我给他照相。

英语和汉语都是 SVO 语序，一般情况都是这样简单的语序对应：eat apple 和"吃苹果"。然而英语中可以说"help me"，即简单的动宾结构，而汉语则需要用两种简介的方式来表达：一是把受事作为宾语的定语，如"帮我的忙"；二是用介词"给"在动词之前引出受事，如"给我帮忙"。造成这种复杂情况的原因是汉语的"帮忙"是个复合词，第二个语素是名词性的"忙"。汉语的这类复合动词数以百计，此外还有"告密、迷路、看病、听话、说话、说理、做工、吹牛、做梦、诉苦、上学、旷课、撒谎、谈天"等。这些复合动词引入受事名词的具体方式也不尽相同，如上例所示，有些受事可以作为宾语的定语身份出现，比如"帮老王的忙""生我的气"等，然而有些则不行，比如不能说"*她离小王的婚""*护士打他的针"等。这些引入受事的方式限制是值得进一步探讨的问题。

然而，并不是所有 VN 类的复合动词都不能再带及物动词，比如"关心、担心、关怀、起草、列席、出版、满意、动员、出国"等动词第二个语素都是名词性的，然而它们却都可以带上受事名词。例如：

（2）他起草了一个文件。　　　　　妈妈很关心我的生活。

　　　他列席了那个会议。　　　　　他们出版了很多优秀图书。

　　　他很满意自己的工作。　　　　他动员了很多学生。

　　仔细观察也不难发现，这些所谓的"例外"也是有规律的，它们往往是比喻用法，即整个复合词的意义与语素的字面意义没有直接关系，比如"起草""关怀"就是如此，其语素的字面意义与整个复合词的意义没有直接关系。换个角度说，这些词所表达的概念是一个有机的整体，与构成语素的原来意义没有直接关系，这使得其中名词性语素丧失了其语法性质，使得整个复合词变成了单纯动词一样的单位。概念义对构词语法性质的影响是一个值得进一步探讨的问题。

　　二、内部结构为"V＋N"的惯用法

　　类似于复合动词，有些惯用法也是动宾组合，诸如"开心、开玩笑、开涮、没办法、开后门、拉关系"等，这些行为的受事也不能直接出现在这些惯用语之后。对于这类词有两种安置有关受事的办法，一种如上述复合动词，做名词成分的定语如"开老王的后门"，或者用介词引入如"跟老王开后门"；另一种安排受事名词的方法就是用"拿"字处置式，例如：

（3）甭拿我开涮。　　　　　　　　＊甭开涮我。

　　　他们拿我开心。　　　　　　　＊他们开心我。

　　　他们拿我开玩笑。　　　　　　＊他们开玩笑我。

　　　他们拿老王没办法。　　　　　＊他们没办法老王。

这类惯用法也有处置义，表示主观态度上对待，但是不能用"把"字，比如不能说"＊他们把我开玩笑""＊他们把我开心"等。

　　三、给某人或者某物命名或者看作什么

　　这种结构涉及两个典型动词："叫"和"当"。"叫"用作"称谓"意义时，可以带两个宾语，比如"我们都叫他老王"，然而用作命名时，就不能用这一格式，比如不能说"＊山西人叫土豆山药蛋"等，这时则需要用"管"或者"把"把其中一个受事名词提前到谓语动词之前。例如：

（4）古人管眼睛叫"目"。 　　　＊古人叫眼睛"目"。

　　　　　　　　　　　　　　　＊古人叫"目"眼睛。

　　山西人管土豆叫"山药蛋"。 　＊山西人叫土豆"山药蛋"。

　　　　　　　　　　　　　　　＊山西人叫"山药蛋"土豆。

"管"的上述用法也可以用"把"替换，只是前者的口语色彩比较浓罢了。"管"的称谓用法表面上看起来与上述用例相似，比如"大伙儿管他叫小钢炮"，但是这种用法可以还原成双宾结构，如"大伙儿叫他小钢炮"。然而"管"用作命名时，有关的受事必须提前。

"当"用作以主观态度对待某事，有关的受事名词也必须提前，通常用"管"或者"拿"标记。例如：

（5）他拿黑夜当白天。 　　　＊他当黑夜白天。

　　你别拿我当小孩。 　　　＊你当我小孩。

　　他们拿他当用人。 　　　＊他们当他用人。

　　他们拿钱当礼物。 　　　＊他们当钱礼物。

上述用例中的"拿"一般都可以换作"把"，比如"他拿黑夜当白天"也可以说成"他把黑夜当白天"。

四、关涉两个受事的动作行为

在现实世界中，一个动作行为往往可以关涉两个事物。如上所述，表示物体传递的行为就是如此，有关事件用双宾结构来表达。还有很多情况是不涉及物体传递的，那么就要借助其他语法手段把其中一个受事移前，最常见的是话题句、处置式、被动式等。两个受事之间的语义关系可以有多种，有些是表示领属关系的，有些则是表示整体与部分关系的。下面分类举例说明。

（a）把字结构

（6）把瓶里装满水。 　　　把伤口涂点红药水。

　　把指头擦破了一点皮儿。 　把事情的经过写了一篇报道。

　　把衣服改了个样儿。 　　　把纸揉成一团。

　　把炉子生上了火。 　　　把大门上了锁。

把墙挖了个洞。　　　　　　　　把粮食过了一遍筛子。

把菜过过秤。　　　　　　　　　把信封贴上邮票。

上述用例"把"所引入的受事名词一般不能放在动词之后，就是说它们前置往往是强制性的，比如不能说"＊装满水瓶里"或者"＊装满瓶里水"等。

（b）被动结构

（7）衣服被树枝挂破了一个口子。　　手指叫刀子划破了皮。

三张邮票叫他拿走了两张。　　　屋里叫你搞成什么样了。

树梢被斜阳涂上了一层金色。　　窗台被工人们刷上了绿漆。

地上被人泼了一摊水。　　　　　窗口叫大树挡住了阳光。

这话被你打了折扣了吧?　　　　他被歹徒下了毒手，不幸牺牲了。

上述的被动句一般也没有相应的 SVO 主动式，比如不能说"＊你搞成屋里什么样了"或者"＊你搞成什么样屋里"。

（c）受事主语句

（8）瓶里装满水。　　　　　　　　伤口涂点红药水。

指头擦破了一点皮儿。　　　　　事情的经过写了一篇报道。

衣服改了个样儿。　　　　　　　纸揉成一团。

炉子生上了火。　　　　　　　　大门上了锁。

同样，在上述用例中，谓语之前的受事名词都不能移到后边做宾语，比如不能说"＊涂点红药水伤口"或者"＊涂点伤口红药水"。

4.19.3　"V + R"结构导致受事名词前置

补语的结构与语义指向对有关受事名词的出现位置影响很大，这主要表现在两个方面：一是补语的结构复杂程度，即是单纯的动词或者形容词做补语，还是一个较为复杂的结构；二是补语的语义指向，即它是描写受事的性质状况，还是描写施事主语或者其他成分的性质状况。下面分别举例说明。

一、"V＋R_{描写施事属性}"

如前文所述，汉语的动补短语带宾语遵循以下这样两条规则：

第一，凡是补语为简单的形容词或者不及物动词，并且语义指向为受事的，都可以带这个受事名词作为宾语，比如"碰坏自行车""吃圆肚子""哭湿枕头"等。值得注意的是，"吃"虽是及物动词，但是不能直接与"肚子"搭配，带上补语"圆"则可以了。"哭"和"湿"都不能与"枕头"搭配，但是整个动补短语含有一个"致使"的意思，相当于一个及物动词，如此一来就可以带上宾语"枕头"。

第二，凡是补语的语义指向为施事主语的动补短语，都不能再带谓语动词的受事做宾语，比如不能说"*吃病酒席""*看累电脑""*喝瘦减肥茶"等。如在同一个句子中要引进动词的受事，现代汉语只有动词拷贝这种结构是合适的。例如：

（9）*他吃病了酒席。　　　　　他吃酒席吃病了。

　　　*他吃胖了北京烤鸭。　　　他吃北京烤鸭吃胖了。

　　　*他看累了电脑。　　　　　他看电脑看累了。

　　　*她喝瘦了减肥茶。　　　　她喝减肥茶喝瘦了。

　　　*他听怕了打击乐。　　　　他听打击乐听怕了。

动词拷贝结构的功能就是，第一个动词引入不定指的受事，第二个动词引出描写施事属性的补语。如果受事名词是有定的，则可以把它们作为句子的主语，用致使类动词引出兼语句，比如"这种酒席让他吃病了"等。

二、"V＋R_{数量短语}"

"这顿饭吃了我八百块钱"之类的用例实际上也是一种动补结构带宾语的用法。其中的动补结构为"吃了八百块钱"，抽象格式为"V＋R_{数量成分}"，"我"为整个动补结构所带的宾语。

首先需要解释的一个问题是，为何这里的宾语是出现在动词和补语之间，而一般动补短语所带的宾语则是出现在整个短语之后（如"做好功课"）？上文指出，动补构式作为一个整体可以赋予一个受事论元，尽管其中的动词和补语都不能单独带宾语。然而，如果补语为多音节的复杂成分，宾语则只能出现于动词和补语之间。同类的现象还有"得"字结构，如"打得他们落花流水"，宾语"他们"也是出现在中间。特别值得注意的是，"得"字动补结构与"V＋R$_{数量成分}$"之间存在着功能上的互补，可以概括如下：V＋（了）＋O＋R$_{数量补语}$。如果补语是复杂的多音节短语，而且是表示数量的，只能用这一格式，不能用"得"字结构。例如：

（10）这封信写了我一个晚上。　　＊这封信写得我一个晚上。

　　　这顿饭吃了我半个月工资。　　＊这顿饭吃得我半个月工资。

　　　这台电脑修了我一个星期。　　＊这台电脑修得我一个星期。

　　　这道题做了我三个小时。　　　＊这道题做得我三个小时。

　　我们认为"这顿饭吃了我半个月工资"属于动补结构之一种，还有另一个重要的佐证，即它与动词拷贝结构之间也存在着密切的对应关系。动词拷贝结构是由于动补结构的发展而产生的，宾语为不定指时，一般用动词拷贝结构表达，比如"她做饭做累了"中的"饭"就是不定指的。其中的第二个动词之后必须有一个补语，比如不能说"＊她做饭做了"。在前面所举的例子中，如果受事主语是不定指时，最自然的变换式就是动词拷贝结构。例如：

（11）这封信写了我一个晚上。　　→我写信写了一个晚上。

　　　这顿饭吃了我半个月工资。　　→我吃饭吃了半个月工资。

　　　这台电脑修了我一个星期。　　→我修电脑修了一个星期。

　　既然动词拷贝结构使用的一个必要条件是，第二个谓语成分必须是一个动补结构，那么就可以逻辑地证明，上述例子的第二个谓语成分诸如"写了一个晚上""吃了半个月工资""修了一个星期"等都是动补结构，而不是动宾结构。

　　在上述结构中，数量补语结构表示的是动词引起客体在某方面的数量变化，包括失去一定量的钱财物质（如"这顿饭吃了我八百块钱"）、遭遇了某种结果（如"这个瓶子抓了我一手油"）、获得某种事物（如"那把椅子坐了我一屁股水"）等。

4.19.4　结语

本章系统探讨了现代汉语中由于结构的原因所造成的受事名词必须前置的各种现象。这种结构原因主要有两类：一是谓语动词自身已经包含了一个名词性成分，不允许再带另一个受事名词做宾语；二是谓语之后补语的语义指向和结构复杂性，排斥受事名词出现在谓语动词之后。这种现象是有历史的原因的，由于介词短语从谓语之后系统移到谓语之前，特别是动补结构的出现导致新的汉语组织信息原则的形成，从而导致谓语结构的普遍有界化，才出现了现代汉语受事名词大量出现在谓语动词之前的现象。

安排前置的受事名词的语法构式很多，诸如把字句、被动句、动词拷贝结构、受事主语句、话题句等，而且还有专门的语法标记来标识这些受事名词，诸如"管"字处置式、"拿"字处置式等。从这个角度出发，既可以看出各个语法构式之间的功能分工，又可以看出语法是个有机的整体。

4.20 判断词构成连词的概念基础

4.20.1 引言

现代汉语中有很多连词的第二个语素都是"是"，诸如"倒是、只是、可是、还是、要是、总是、就是、但是"等。它们主要起连接句子的功能，表示条件、让步、转折等各种逻辑关系。孤立地看这些连词的构造，可能觉得它们是个别的词汇现象，如果从系统的角度来看，就会发现值得深思的问题：为什么这么多连词都有一个相同的语素"是"？其中的"是"与原来的判断词用法有什么关系？而且其他语言的判断词也有类似于汉语"是"的引申用法，这使得我们相信判断词与这些连词之间具有内在的联系。本章以汉语为例来探讨判断词跟这些连词之间的概念关系。

"是"向连词的发展是其判断词用法进一步语法化的结果。它在先秦时期是一个指示代词，在特定的句法环境中演化成了判断词。判断词"是"又有自身的语义特点和使用环境，这为它进一步向其他语法标记的发展创造了条件。在现代汉语中，"是"已经发展成为焦点标记、强调标记和对比标记。关于这些用法我们已经有专文讨论。本章则讨论"是"的另外一个重要发展。

4.20.2 语言共性与判断词的语义结构

4.20.2.1 判断词构成连词的语言共性

人类语言的一个普遍现象是，判断词要么单独作为表示假设条件的连词，要么用作这类连词的一个语素。比如日语的判断词 nara 和 Chikasaw 语的判断词（h）oo 都单独发展成了表示假设的连词，Swahili 语的假设连词 i-ki-wa 和俄语的假设连词 esli 分别都含有一个判断词语素 ki 和 li，它们的功能相当于汉语的"要是"。Vai、Shona 等语言中的判断词发展成为承接连词，大致相当于汉语中的"而且""并且"。同时，俄语中的判断词又发展成了将来时的标记。然而在其他众多语言中，诸如英语、泰语、Tyurama、Maninka、Lingala、Basque、Burmese 等，判断词又作为进行体的语法标记。

众多语言中判断词都有多种功能，目前还远远没有搞清楚判断词发展出这些功能的概念基础。普通语言学界对这一问题的研究是这种状况，同时据我们所了解，汉语学界还没有人专门讨论过这种现象，所以本章的研究也是尝试弥补国际和国内语言学界的一个研究空白。

4.20.2.2　判断词"是"的语义结构

所谓"语义结构"是指一个词经常出现的句法环境的词语所构成的语义框架，即词自身的语义与所搭配词语的语义的关系。一个句法环境往往具有多种相互关联而有区别的语义结构，这会影响有关词语向多个相互关联的方向语法化。"语义结构"跟词的概念义虽然有联系，但不是一回事，它是强调一个句法环境中的各个词语之间的语义关系，而概念义则是跟语词与所指的客观对象联系。

判断词"是"的基本句型为：NP$_1$ ＋ 是 ＋ NP$_2$。"是"后的成分最常见的是名词性成分，但是在表示"强调"等特殊情况时，"是"后还可以为动词或者形容词短语。我们是基于两点来确定"是"的基本句型：一是在判断词"是"刚出现的时候，其后只能跟名词性宾语；二是在现代汉语中，它带名词性宾语的频率最高、用法最多样化。下面分别举例说明。

一、早期判断词"是"的用例

（1）蔡人不知其是陈君也。（《穀梁传·桓公六年》）

（2）此必是豫让也。（《史记·刺客列传》）

（3）此是家人言耳。（《史记·儒林列传》）

（4）海外西南有珠树焉，察之是珠，然非鱼中之珠也。(《论衡·说日》)

（5）余是所嫁妇人之父也。(《论衡·死伪》)

二、现代汉语的用例

（6）王教授是中国人。

　　　　小王是我们的班长。

　　　　李白是唐代诗人。

　　　　今天是星期天。

　　　　门口是一条小河。

判断词"是"所在的句型的语义结构可以概括为以下两条：

第一，在绝大多数情况下，"是"所连接的两个名词所指的事物之间的关系具有强烈的时间持续性，这种关系存在于"从过去某时到说话时刻"、"说话时刻"和"从说话的时刻到可见的将来"。这种从过去到现在再到将来的时间持续性，为"是"向各种语法标记发展的概念基础之一。

第二，"是"后的成分多为表示具体的事物，代表三维空间的离散个体，所指对象可以用自然数称数。

判断词的上述语义结构是它连词用法的概念基础。有理由认为，不同语言的判断词的语义结构是基本相同的。我们首先用上述两个语义特征来解释其他语言的有关情况。世界上其他语言的判断词分别发展成了表达假设、承接、将来时和进行时等语法标记。下面简单来解释判断词朝这些方向发展的概念基础。

一、先看判断词向假设连词和将来时标记发展的概念基础。判断词表达"从现在到将来的时间持续性"，这是它向着两种语法标记发展的概念基础。"假设"是指虚拟的、未来可能发生的事情；"将来时"自然是表示未来发生的事件。判断词向这方面的发展，意味着它由联系两个事物转化成联系两个事件或者一个事物和一个动作行为。也就是说，判断词的语义结构从物质空间投射到了时间空间。

二、再看判断词向承接标记和进行体标记发展的概念基础。判断词的"过去→现在→将来"时间持续性是向这两类语法标记发展的语义基础。

"承接关系"是指两个在时间上相继发生的事件，即强调两个事件之间的不间断性。进行体的语法意义为"一个动作开始于过去，持续到现在，还会继续进行下去"，这与判断词的"过去→现在→将来"时间持续性正相吻合。

一个语法化过程并不必然在某一特定的语言中发生，是否发生取决于多种因素，主要包括该民族的认知视点和该语言的语法系统，结果就形成了跨语言之间的各种各样的差异。

4.20.2.3　判断词"是"形成连词的句法环境

本章讨论的连词"要是、还是、倒是、也是、可是、但是"等虽然都包含一个判断词语素，但是所出现的句法位置和功能已经跟其原来的判断用法明显有别。那么，它们是如何形成的呢？这些连词形成的合适的句法环境是普通的判断句，有关连词第一个语素是副词或者助动词，"是"是动词，开始时它们是偏正短语。例如：

（7）你要是我们的老师就好了。

　　他还是我们的系主任。

　　老王倒是一把好手。

　　他可是一位了不得的人物。

　　王大爷还是以前那个样子。

　　最烦的就是你。

有些已经完全发展成复合连词，不能再用于判断句中带名词性的宾语，比如"但是"就是如此。然而明清时期"但是"仍是一个词组，"但"是个限止副词，"是"为判断词，后跟名词性宾语。例如：

（8）原来狐精但是五百年的，多是姓白姓康；但是千年的，多是姓赵姓张；这胡字是他的总姓。（《三遂平妖传》第三回）

（9）不拘僧尼道士，但是有本事的与他说得来。（《三遂平妖传》第七回）

（10）但是寻常的雾，都是地气上升。（《三遂平妖传》第十回）

（11）但是僧流居士，都在左边。（《三遂平妖传》第十一回）

（12）所以但是一贯货物，只卖别人九百文。(《三遂平妖传》第二十一回)

当然，这些连词在形成过程中，意义和用法都发生了变化。它们具体的发展过程值得进一步考察。

4.20.3 假设连词中的"是"

4.20.3.1 判断词"是"构成假设连词的概念基础

前文指出，世界其他语言的判断词也有发展成了假设标记的，这一发展的语义基础是判断词"是"具有从目前向将来的持续时间特征，因为假设的情况都是尚未发生的、未来可能出现的情况。然而汉语的情况有所不同，这方面常见的两个连词为"要是"和"就是"，它们的第一个语素"要"和"就"都可以单独表示假设。例如：

（13）你要能来，那该多么好啊！

要明儿个天儿好，上香山玩去。

你的事儿我不管则已，要管就办得漂漂亮亮的。

那帮人你要让他们花钱做广告，就跟挖他们心似的。

你就赶到车站也来不及了。

你就说得再好听我也不信。

"是"在"要是"和"就是"中的功能，是把假设部分看作离散的事件或者独立的个体，即利用判断词的第二种语义结构。下文的分析显示，假设的部分如为名词性的成分时，连词中的"是"语素必须出现。假设句的典型表达功能为，设定一个事件已经发生，推断将会带来什么结果。这意味着，所假定的事件实际上是被看作在未来时间（或者虚拟时间）中的一个"离散单位"。连词中的"是"语素的作用也就在于标记所假定事件这种离散性质。

4.20.3.2 假设连词"要是"的功能

假设连词"要"和"要是"有相同之处，也有明显的差别。可以从两者用法的差别上看出"是"在这里的作用。

一、"要"本来是一个助动词，原来的语法位置是在主语和谓语之间，因此当它表达假设时通常也是限于这个位置。例如：

（14）你要瞅谁不顺眼，我就给他穿小鞋。

　　你要怕我成事儿之后滥杀无辜，控制不了我，就别投我的票。

　　你要不珍惜这种纯洁的友谊，我就给别人做搭档了。

　　他要当了头儿，还不得把大伙儿吃喽！

上述例子中的"要"都可以用"要是"替换。在实际语言应用中，"要是"也可以出现在主语和谓语之间。例如：

（15）您要是不拽着点她，非掉下去不可。

　　知识分子要是没钱给托着，甭打算让人尊重你。

　　老陈要是早点不干了，咱们早就发了。

　　咱俩要是并着膀子干，刊物肯定办得没挡。

然而与上述情况形成鲜明的对比，如果假设连词出现在主语之前，只能是"要是"。例如：

（16）要是法院为离婚的事找我，你们了解情况的就替我去解释。

　　真要是你丈夫周围的女同志一见他就躲得远远的，一提他就反胃，你心里舒服么？

　　要是您日子过得不顺心，我心疼，咱过去不一直是重男轻女么？

　　要是我愿意一见钟情，咱们彼此可以在婚后建立感情。

　　要是双双真为这事有个三长两短，我让他见血！

　　要是他进一步表示关心，言辞动听，危险计数器就会开始计数。

　　要是咱也跟蕾丝似的，不用吃饭，光晒晒太阳，那得省多少粮食。

　　要是咱们办的刊物能被读者带进厕所，那就算深入人心了。

一般不能说"* 要法院为离婚的事找我……""* 真要你丈夫周围的女同志一见他就躲得远远的……"等等。这是基于我们对大量实际语言的观察结果。在有些用例中，"要"似乎也可以出现在主语之前，例如：

（17）这怕什么？要我就不怕。（《现代汉语八百词》）

　　您倒还记得，要我爸爸早忘了。（《现代汉语八百词》）

上述结构中的"要"不是一般的假设用法，而实际上是一个紧缩复句，"要我就不怕"相当于"要是我，我就不怕"。这是口语中的一种简化现象。

　　概括上述分析，"要是"和"要"的分布和功能特点为：当引入假设从句时，在主语和谓语动词之间，"要是"和"要"都可以；在主语名词之前，只能用"要是"，不能用"要"。

　　由此可以看出，这里的"是"具有把假设部分看作一个整体事件的功能，因为一个整体的事件一般包括主体、动作行为及其作用的对象。当假设连词在整个句子之前时，所假设的范围就包括了整个句子的表达内容。

　　二、假设部分如果为名词短语时，只能用"要是"，不能用"要"。其中的"要是"仍可以看作一个偏正短语，即"要"是一个假设标记，"是"为一个判断词。例如：

（18）要是别人，这事不一定能够办成。

　　老同学聚会真不容易，要是去年，咱们还聚不齐呢。

　　要是刚才说的那个问题，我认为你最好别抱太大的幻想。

　　我只想知道，要是一个男歌星，你也这么责任心十足么？

　　要是我和老陈老刘这样儿的，这么熬早垮了。

　　你要是人恐怕就得属于智商比较低的那种人了。

当前面出现主语时，"要是"只能被理解成一个"状 + 动"短语。例如：

（19）蕾丝，你要是个人的话我可能就爱上你了。

　　吃吧吃吧，你要是人，我还真以为你饿了三天呢。

4.20.3.3　假设连词"就是"的功能

　　假设连词"就是"和"就"也有明确的分工，"就"只能出现在主语和谓语之间，"就是"则既可以出现在主语和谓语之间，又可以出现在主语之前。下面分别举例说明。

一、"就是"在主语和谓语之间的用例

（20）你就是说错了，那也没有什么关系。

　　　就是遇到天大的困难，我们也要想办法克服。

　　　那屋的门就是开着，你能坐得进去么？

　　　狗玉子他妈就是一胎生了五个，也没你什么事儿。

　　　其实你就是承认了也没什么，冬宝的意思也不是要跟你算账。

二、"就是"在主语之前的用例

（21）就是我不在，也还是会有人接待你的。

　　　所以就是我们现在决定发你稿，发出来怕也要到后年。

　　　就是天下雨了，我们照样开运动会。

　　　就是你理解错了，也没有关系。

　　　他们哥儿俩长得一模一样，就是家里人有时也分不清。

第一类用例的"就是"可以换为"就"，然而第二类的"就是"则不行。

4.20.4　转折连词中的"是"

　　转折连词中的"是"跟假设连词中的"是"具有平行的现象。现代汉语口语中常见的转折连词主要有"可是""只是""倒是"等，"但是"只限于书面语，所以下面只讨论前一组连词。转折连词一般出现在复句的后一小句，指出前一小句相反或者相对的另外一种情况。下面分别来讨论。

　　一、"倒是"和"倒"的用法差别。如果转折小句有主语的话，"倒是"可以用于主语前后，"倒"则只能用于主语和谓语之间，不能用于主语之前。例如：

（22）房间不大，倒是陈设挺讲究。

　　　房间不大，陈设倒是挺讲究。

　　　房间不大，陈设倒挺讲究。

　　　*房间不大，倒陈设挺讲究。

（23）这篇文章引用的数据虽然不多，结论倒是还站得住。

这篇文章引用的数据虽然不多，倒是结论还站得住。

这篇文章引用的数据虽然不多，结论倒还站得住。

*这篇文章引用的数据虽然不多，倒结论还站得住。

二、"只是"和"只"的用法差别。如果转折小句有主语的话，"只是"通常只出现于主语之前，"只"没有转折的用法。

（24）小赵各方面都很好，只是身体差一些。

*小赵各方面都很好，身体只是差一些。

*小赵各方面都很好，身体只差一些。

*小赵各方面都很好，只身体差一些。

（25）他讲的是对的，只是说话不大讲究方式。

*他讲的是对的，说话只是不大讲究方式。

*他讲的是对的，说话只不大讲究方式。

*他讲的是对的，只说话不大讲究方式。

三、"却"的用法。"却"没有对应的连词"却是"，因此只能做副词，用在主语之后直接修饰动词，不能用在转折小句的主语之前。例如：

（26）应该来的人没有来，不应该来的人却来了。

*应该来的人没有来，却不应该来的人来了。

*应该来的人没有来，却是不应该来的人来了。

（27）天气不冷，他却穿着棉袄。

*天气不冷，却他穿着棉袄。

*天气不冷，却是他穿着棉袄。

四、"可是"和"可"的差别。这是一对现代汉语中使用频率最高的转折连词。它们的用法基本一致，都可以出现在主语的前后。一个语法标记的使用频率的高低与其语法化程度成正比，即使用频率越高，它的语法化程度越高，而语法化程度的增加又会引起语法标记形式的弱化。由此我们推断，主语之前的"可"很可能是"可是"的简化形式。关于这一点还有待于进一步的历史考察。

（28）这篇文章虽然不长，可是内容却很丰富。

这篇文章虽然不长，可内容却很丰富。

这篇文章虽然不长，内容可是很丰富。

这篇文章虽然不长，内容可很丰富。

（29）嘴里不说，可是他心里想着呢。

嘴里不说，可他心里想着呢。

嘴里不说，他心里可是想着呢。

嘴里不说，他心里可想着呢。

4.20.5 表示状态持续标记中的"是"

4.20.5.1 表示状态持续标记中的"是"的概念基础

"是"也可以跟表示状态持续的副词结合，形成副词或者连词，最常见的是"还是"和"总是"。"还"和"总"做副词时，只能直接用在谓语之前，然而加上语素"是"之后，活动能力就增加了，还可以出现在主语之前。

在这类语法标记中的"是"的概念基础有两个：一是它的时间持续性，二是它使其后成分离散化的功能。然而不同的标记所利用的"是"的持续性的侧重点也不同。"还是"强调的是过去某种状态一直持续到现在，"总是"表达的是一种状态从过去到现在再到将来都是如此。

4.20.5.2 状态持续连词"还是"

跟上面讨论的其他类型的连词一样，"还"是一个副词，只能用在谓语之前；"还是"的活动能力就比较强，除了可以用在谓语动词之前外，还可以用在主语名词之前。下面来看两者之间的异同。

一、名词性成分之前只能用"还是"，该成分通常为句子的主语。例如：

（30）还是你来吧，我在家等你。

这次还是他做向导。

跟去年一样，今年还是新稻种产量高。

我算是抛砖引玉，红花还是绿叶扶持。

您要是缺钱花，还是您自个想主意吧。

还是你们的心细，这事儿就全托付给您办了。

对对对，还是我爸说的在理儿。

倒没把故宫分给我，还是咱们人民政府好！

还是你们这儿学术空气浓，瞧一个个面红脖子粗的。

还用王师傅原词儿，还是原词儿好。

还是你敢。他没跟你急？

小李，可不行，还是我跟牛大姐去吧！

上述例子中的"还是"就不能换为"还"，比如不能说"*还你来吧"。"还是"在这里能够出现在整个小句之前的原因，除了表达状态的持续外，还具有把事件看作离散性整体的功能。

二、"还是"还可以表示在比较两个事件之后从中选择一个。其中的"还是"也不能用"还"替代。例如：

（31）您先别急着认干儿子，咱还是先找着狗玉子吧。

搁我们大陆这叫"变天账"，您还是让我烧了吧。

余大哥，我看还是烧了吧。

我还是觉得第一遍没改前那样好，就咱们俩没别人。

还是等他再长长吧。

选择问句的连词"还是"属于同一种类型，它也不能简化为"还"。例如：

（32）戈玲不知是真不明白李冬宝的意思，还是假装不知道。

你们是想当个高尚的人还是想当个无耻小人？

都说自己是真的，请问您是麻衣呀还是气功？

真不知道是做了件好事儿还是给老头添了份罪？

"还是"还可以用在格式"还是 + 动 / 小句（+的）+ 好"。表示经过比较，这样较为可贵。其中的"还是"不能用"还"替代。例如：

（33）还是用前一种方案的好。

　　→ *还用前一种方案的好。

想来想去，还是亲自去一趟的好。

→*想来想去，还亲自去一趟的好。

形成上述用法的原因也跟判断词的概念义密切相关。在对比或者选择某一个事件时，实际上是把该事件看作一个整体，即具有离散性质。这正与判断词"是"的语法功能相符合。

三、"还是"经常用在让步复句的后一小句中，前一小句经常用连词"虽然""尽管""即使"等引出。其中的"还是"也不能用"还"替代。让步复句实际上也是两种情况的对比，跟上述第二类的"比较、选择"具有相同之处。"是"在这里的功能也是使得事件成为离散性的整体。例如：

（34）虽然走了一些弯路，试验还是获得了成功。

→*虽然走了一些弯路，试验还获得了成功。

尽管雪大路滑，我们还是按时到达。

→*尽管雪大路滑，我们还按时到达。

四、单纯表示状态的时间持续时，"还是"和"还"可以互换。例如：

（35）多年不见，他还是那么年轻。

→多年不见，他还那么年轻。

已经立秋了，还是那么闷热。

→已经立秋了，还那么闷热。

广告的事您放心，还是照咱们说的办。

→广告的事您放心，还照咱们说的办。

您以后还是打外面的电话吧，省得我来回跑。

→您以后还打外面的电话吧，省得我来回跑。

4.20.5.3 状态持续连词"总是"

"总是"表示状态从过去到现在再到将来的持续，"总"也具有类似的功能。在谓语之前，"总是"和"总"可以互换，然而在主语名词之前则只能用"总是"。例如：

一、谓语之前"总是"和"总"可以互换

（36）中秋的月亮，总是那么明亮。

　　→中秋的月亮，总那么明亮。

　　为什么总是在出国问题上打主意？

　　→为什么总在出国问题上打主意？

　　我就是这最后一条，温柔，总是弄不好。

　　→我就是这最后一条，温柔，总弄不好。

　　他是全室电话最多的人，腰间的 BB 机，总是响个不停。

　　→他是全室电话最多的人，腰间的 BB 机，总响个不停。

二、主语之前只能用"总是"

（37）为什么每次总是我服从你？

　　→＊为什么每次总我服从你？

　　每天早上总是老王第一个先到。

　　→＊每天早上总老王第一个先到。

上述用法的"总是"的语义特征与判断词"是"的语义结构正相吻合。

4.20.6　结语

　　本章讨论了各种包含语素"是"的连词，指出在连词的形成过程中，这个判断词语素的重要作用。很多连词的第一个语素原来是一个副词，通常是修饰限制一个单句内部的谓语部分。由副词向连词的发展过程中，逐渐可以表示两个单句之间的语义关系。原来的副词与判断词"是"的复合词化，是这一发展过程得以实现的关键因素。"是"作为众多连词的一个构词语素的原因是它在判断句中的语义结构，把其后的事件看作一个离散的个体。

　　语言中的很多现象，表面上看来，是随意的或者约定俗成的，但是其背后都有深刻的理据。对这些理据的探讨，会加深我们对语言的理解。

4.21　话语回指标记

4.21.1　引言

指示代词"这"和"那"的功能灵活多样。由其"指代"功能而发展出的种种用法，在篇章中起着重要的组织作用，诸如使表达更加简洁明确，使判断之间的逻辑关系更加清晰，等等。比如，在下面两例中，"那"是表示前后判断之间的推断关系。

（1）有交情就好，那这事就好办了。(《一点正经没有》)

（2）牛大姐为老陈的态度所迷惑："你认识他？""见过。"老陈回答，"不熟。""那你可千万留神，这个人很不好说话。"(《憬然无知》)

上述两例中"那"的作用相当于一个连词，不做所在句子的成分。本章所讨论的是指示代词的另外一种用法，即它在回指前文所述内容的同时，兼任所在句子的成分，通常为话题或者小主语，与句子的其他成分发生语义或句法关系。指示代词用来回指时，句中总有一个人称代词。下面的讨论是以这个人称代词为参照点，把它看作句子的主语，位于其前的指示代词称为话题，位于其后的称为小主语。

4.21.2　两种回指的语序及其功能

汉语有两种不同的语序：（一）指示代词＋S＋VP；（二）S＋指示代词＋VP（AP）。这两种格式有明确的分工。下面我们通过具体的实例来概括它们功能上的差别。

我们从反映当今北京口语的王朔的 5 篇小说中，共收集到 52 例指示代词的该类用法，它们的分布情况如下：

（a）这 ＋ 代：21 次。

（b）那 ＋ 代：11 次。

（c）代 ＋ 这：17 次。

（d）代 ＋ 那：3 次。

格式一为 32 例，格式二为 20 例，两者相差并不很大。然而，"这"和"那"的出现频率却差别很大：在格式一中，"这"是"那"的 2 倍；在格式二中，"这"是"那"的 5 倍。总之，在回指兼作句子成分的用法上，"这"远比"那"常见。但是两者的功能似乎没有什么差别。上述两种格式的分工为：

一、格式一中，做话题的指示代词与 VP 具有"施受"关系，相应地，这个 VP 总是及物性的动词。所收集到的 32 个格式一的用例，无一例外都是如此。

二、格式二中，VP 多是对做小主语的指示代词的性质进行判断，所以多由"是"组成，用作 VP 的成分一般是不及物的或者是形容词性质的。在我们所收集到的 20 个该类用例中，情况全是如此。

我们先看一组格式一的用例。例中的指示代词回指画线的部分，被回指的部分可以是一个小句，如例（3）（4）；也可以是一组小句，如例（5）（6）（7）；有时甚至可以是由若干个段落所描写的一个事件，后文将会看到这样的例子。

（3）"我挺好呵。""你不好，这我知道。"（《一点正经没有》）

（4）"不会让人民得出政府累赘的感觉吧？""哟，这我倒没想到。"（《一点正经没有》）

（5）"你鼓吹像狗一样的生活，我们西方人反感。""这你就不懂喽。"（《一点正经没有》）

（6）"最好再找几个漂亮妞儿，"吴胖子说，"招待大伙儿。""那是必不可少的。"杨重说，"这我已经考虑在内了。"（《一点正经没有》）

（7）李冬宝急了："要这么说《大众生活》没给你们盖章，你们也用了他们名义，你们也就侵犯了他们的……老于，那叫什么来着？"

刘利全："我告诉你，名称权。"

李冬宝："对，名称权，这你怎么解释？"（《懵然无知》）

如果被回指的部分是一个单句，用它替换那个指示代词，我们可以得到一个正常的"主＋谓＋宾"句子。比如例（3）可相应变换为：

（8）我知道你不好。

但是，很多情况下都不能做这样的变换，特别是被回指的部分大于一个单句时。这也就是说，选择指示代词回指兼作句子成分的用法，很多时候是强制性的。有时候，格式一中的指示代词与VP的施受关系不太明显。例如：

（9）"我是没意见。"丁小鲁说，"有饭大家吃，这道理我是懂的。问题是方言他们同意不同意，这我可心里没谱。"（《一点正经没有》）

（10）"大妈，鱼我做，您别做坏了。""瞧你能的，大妈鱼都不会做了？""这您还别跟我治气。我吃过的鱼您都没见过。"（《刘慧芳》）

上述两例的复合动词的内部结构都是"V＋O"，指示代词可以移到V之后、O之前，形式上是O的定语，语义上则仍是V的受事，比如可以说"我心里没这谱""您别跟我治这个气"。所以，上述用例并不构成例外。

现在让我们再看一组格式二用例。被回指的单位与格式一的相同，既可以是一个或者多个单句，也可以是整个段落。例如：

（11）我是蹲马桶上，怎么啦？我那是怕传染艾滋病。（《懵然无知》）

（12）我泪滴下来："我爸要活着，知道我当了作家，非打死我。""你别这样。"吴胖子也红了眼圈说，"你这不是让我们兔死狐悲么。"（《一点正经没有》）

（13）"昨晚是不是无理狡辩？""是。其实我一开始已经认错了。只不过你不依不饶，激起了我辩论的勇气。""你那叫认错呀？气势汹汹，能把谁吃了。"（《刘慧芳》）

（14）小雨边吃饭边看书："我不喜欢化学，考八十分已经对得起化学老师了。"慧芳："你学习是为老师的？"小雨："我这已经超额完成任务了，我爸爸要求我及格就行。"（《刘慧芳》）

（15）"你们这里的风俗是不是必须自己糟蹋自己？""胡说。"一旁竖耳朵听着的李冬宝忍不住乐了，"我们那叫自我批评。"（《编辑部的故事》）

格式二与格式一的一个差别是，不论在什么情况下，都不能用所指代的内容来替代那个指示代词。如果格式二没有这种指示代词，表达就不明确，甚至是无法理解的，比如例（15）的有关部分就不能说成是"我们叫自我批评"。可见，格式二中，指示代词的回指兼做句子成分的用法具有更高的强制性。两个格式的另外一个差别是，格式一中的指代性成分有时可以是"指示代词＋量词"，如下文例（16）（17）；可是，格式二中的指示代词都不能再跟上量词，比如例（14）的有关部分不能说成"我这个已经超额完成任务了"。其原因可能是格式一中的指示代词是 VP 的受事，这一点很像表示实体的普通名词，因此它可以用通常指代实体名词的"指＋量"短语表示。

（16）"丁点办法都没有。"刘利全愈发诚恳，"你们现在能做的也就是撤销承认，把盖了章的合同和文件全部收回，对今后我们的行为不再负责。"李冬宝："这个是我们早已申明了的，上次我们老于已经正告了你们。"（《编辑部的故事》）

（17）"我相信他也不会是个勤勤恳恳工作有作为的人。他能纵容自己孩子逃学，自己也一定是个吊儿郎当，把工作视为儿戏的人，品质恶劣！""这个我们不能这么没根据地说人家吧？"（《刘慧芳》）

下面是一个说明两个格式在功能上的分工的最好例证。

（18）夏顺开一昂首："找了，国务院领导亲点我参加灭火队……你瞧大姐，您这一笑，我就知道您不信，你这就不好了，以貌取人。您以为谁坐在你面前呢？正经是咱们国家著名的灭火专家，别稀哩马哈的。集邮不集？回头我给你寄几张科威特邮票。"刘大妈端菜出来插话："这我信，顺子从小就好玩火。"（《刘慧芳》）

第一个画线的例子"你这就不好了"，AP 是描写指示代词所替代内容的性质，"这"居于主语"你"之后。相对地，第二个画线的例子"这我信"，其中"这"与"信"之间是施受关系，"这"出现在主语"我"之前。同样一段话里，不同的功能采用不同的语序，这足以说明两种格式的分工。我们相信，作者不是随意地使用两种语序，简单为了避免表达单调，而是在运用两种已经内化了的句法结构，准确地表达不同的功能。为什么会有上述两种格式的对立呢？我们认为，这种对立并不是随意的、偶然的，甚至也不是简单的约定俗成现象，其背后有着更深刻的原因。为了确定其原因，需要全面考察名词性成分做话题时与做小主语时的用法差异。汉语中有个很强的倾向性：在具有主语的句子中，NP 居于中心动词之前又与其拥有施受关系时，通常出现于话题的位置，即主语之前。这一点可以从以下用例中的话题 NP 不能直接移到小主语位置上可以看出。如果移到小主语位置上，不自然，甚至是无法接受的。例如：

（19）这论文我们上学的时候传阅过。（《顽主》）

　　　? 我们这论文上学的时候传阅过。

（20）大家的家具两个人便协力搬运。（《无人喝彩》）

　　　? 两个人大家的家具便协力搬运。

（21）你们的小说我全看了。（《一点正经没有》）

　　　? 我你们的小说全看了。

（22）刘建立还是刘建设我记不清了。（《无人喝彩》）

　　　* 我刘建立还是刘建设记不清了。

（23）祝贺什么回头我再告诉你。（《无人喝彩》）

　　　* 回头我祝贺什么再告诉你。

特别是像例（22）（23）的情况，当受事性成分是一个从句时，根本就无法放到主语之后。汉语句法的另外一个倾向性是，如果 NP 位于小主语的位置，谓语多是不及物性的形容词成分。这一点也可以从小主语的 NP 一般不大能移前上看出。例如：

（24）我也眼圈发红。（《刘慧芳》）

　　　? 眼圈我也发红。

（25）您老身子骨可好？（《刘慧芳》）

　　？身子骨您老可好？

（26）我这人缺点很多。（《刘慧芳》）

　　？缺点我这人很多。

（27）你这人虚荣心太强。（《刘慧芳》）

　　？虚荣心你这人太强。

（28）这位同志话不要说得太难听。（《懵然无知》）

　　？话这位同志不要说得太难听。

　　小主语的 NP 也确实有与 VP 构成施受关系的，但这是有限制的。这种格式通常用于三种情况：一是对比，二是遍指，三是加强否定。例如：

（29）我书已经看完了，可是作业还没做呢。

（30）他谁都认识。

（31）她一个问题也没解决。

　　即使在这类句子中，小主语的 NP 也总是可以移到话题的位置，比如可以说"书我已经看完了，可是作业我还没有做""谁他都认识""一个问题她都没解决"。得出上述两种倾向性的逻辑推论是：有很多与 VP 有施受关系的 NP 只能出现于话题的位置，而不能出现于小主语的位置；可是反过来，有条件限制的用作小主语的受事 NP 则大都可以变换到话题的位置。因此，受事 NP 最适合于主语之前的话题位置。同理，当 NP 是谓语的描写对象时，它们多出现于小主语的位置，向话题的位置移动时受到很大限制。因此，非受事的 NP 适宜于小主语的位置。据此我们可以得出两条结论：（一）NP 是受事时，最适合的格式是" NP ＋ S ＋ VP"；（二）NP 是描写的对象时，最适合的格式为" S ＋ NP ＋ VP"。至此，就不难理解为什么指示代词的两种语序会有两种明确区别的功能。指示代词也是名词性质的，它们的句法功能跟名词很接近，在这里，指示代词和名词都是利用与主语的相对语序表达不同的功能。可见，指示代词的两种语序的分工来自汉语更大的结构规律。指示代词的两种格式是话语结构和句法结构交互作用的结果，因此它们具有双重的特征。比如，要求有先行成分，回指的指示代词只出现在 VP 之前等等，这些都属于话语结构的特征。利用不同的语序表示不同的功能，这又是句法规律。这给我们一个启示：要全面理解一个格式的使用规律，不仅要分析它的内部构造，还要注意它的话语关系。

4.21.3 结语

本章所讨论的两种指示代词回指的格式，是一种常见而且有效的组织篇章的手段。从上文的分析可知，这些格式还常常是唯一的选择。因此，说它们是严格的语言使用规律，也许不算过分。类似于这种规律汉语应该有许多。如果都能挖掘出来的话，那将会大大促进汉语教学。这种规律学生们固然可以通过长时期大量阅读以潜移默化的方式习得，但是能把它们用于教学中的话，这个习得过程将会大大缩短，所以我们应该继续朝着这个方向努力。

第五编

原理与方法

5.1 语言表达的创新机制

5.1.1 引言

从语言表达的创新机制的角度可以看出语法在应用中的作用。语言使用给人们的直觉是，一般的表达都是创新的，很难找到两个完全一样的表达。如何认识这种语言"创新"性质，决定着如何理解语法的运作机制，从而决定一种语言学理论的基本设计原理。

本章的分析将证明，语法结构和语言表达是两种本质上很不一样的现象。语言的具体表达是创新的、无穷的，但是语法结构则是约定俗成的，很有限的。语言创新的本质是词语概念的整合搭配，而不是结构的变化无穷。与此同时，我们将提出认知语言学关于语言创新机制的假说。

5.1.2 生成语言学派对语言创新机制的观点

5.1.2.1 生成语法理论的基本观点及其面临的挑战

生成语法注重考察人类语言能力的心智，其主要观点可以简述如下：

（一）人们可以自发地判断哪些句子是合乎语法而且是有意义的，这种能力的获得始于婴儿。

（二）人们对于从来没有听过的句子也拥有这样的判断力。

（三）所以人们必然是依赖大脑中存在的规律，而不是靠记忆。

（四）生成语法可以理解成一组存在于大脑中规律的模型。

（五）使用这种规律的能力是人类心智（区别于其他动物）的重要特征。

　　然而上述观点只是关于语言应用的直觉判断，全部都存在着疑问。心理语言学关于说话者对新句子反应的研究表明，观点（一）是站不住的。人们之所以能够判断从未听过句子的合法性，只是简单根据类似情况的类推，因此（二）也是有问题的。至于（三），一些哲学家相信人们可以从句子的特性中抽绎出共同的东西（结构规律），而不是一种大脑先天存在的规律。观点（四）也是站不住的，生成语法所谓的一组最简单、最经济的规律，与人们说话时实际应用的并不见得是一致的。这种规律的存在尚有问题，那么观点（五）自然就没有着落了。

　　从研究实践上看，生成语言学的观点也是不切实际的。即使该学派的著名学者在介绍生成学派时坦然承认，迄今并没有找到所谓的一组有限的规则，它们可以生成英语所有合法的句子。他们认为不管生成理论的具体观点和结论是否正确，但是有一点是不会错的，那就是追求对语言的严格的、精确的描写，探索语言的共性，透彻理解一个人所获得的语言知识是什么。但是该学派的大多数人士仍然相信，这种规则是可能存在的。形式学派迄今所找到的规则，要么过于偏狭，无法胜任对英语这种语言的全面描写；要么过于宽泛，不仅可以生成合法的句子，而且也产生了大量的语言中不允许的结构。该学派的学者可能会辩解道，他们虽然还没有实现这一研究目的，但是正一步一步接近它。我们下文将论证，事实上这类规则根本就不存在。

5.1.2.2　语言符号的非离散性

　　生成理论是建立在这样一个假设之上的：语言是一个离散的符号系统。离散性的一般定义为一个信号的成分可分析为有确定的边界，成分和成分之间没有连续的过渡。不可否认语言单位在一定程度上是离散的，然而还存在着问题的另一方面，语言的各级单位之间的边界是模糊的，即具有很强的连续性。语法的四级基本单位为语素、词、词组和句子，它们之间的界限往往是难以划分清楚的，下面以汉语为例分别来加以说明。

　　一、语素和词的模糊边界。汉语中存在着很多合音词，比如"甭（不用）、俩（两个）"等，是由两个词合成一个音节，它们到底是应该看作单纯词呢，还是应该看作复合词，很难说清楚。又如"蝴蝶"本来是一个由单一语素构成的单纯词，但是在"彩蝶、蝶泳"中，"蝶"又成了一个独立的语素。汉语的词分为单纯词和复合词两大类，前者是由一个语素构成的，这里语素和词的关系是相等的；后者是由一个以上的语素构成的，这里词是大于语素的一种单位。总之，语素和词之间是交叉关系。

二、词和词组之间的模糊边界。现代汉语有 80% 左右的词是复合词，它们大都是经常搭配的词组凝固下来的。比如"说明、扩大、看开"在现代汉语中都是复合动词，但是在历史上都是动补词组，在它们的形成过程中都经历过词和词组不可分的阶段。现代汉语还存在着相当数量的成分，从意义上看是词，但是可以像词组那样自由扩展。例如：

游泳：游游泳；游不了泳；游了一会儿泳；等等。

睡觉：睡睡觉；睡不着觉；睡了八个小时的觉；等等。

帮忙：帮帮忙；帮我的忙；帮了很长时间的忙；等等。

三、词组和句子结构之间的模糊性。汉语的词组结构和句子结构之间存在着高度的一致性。很多词组结构被赋予一定的语调或者加上一定虚词后就可以转换成独立的句子，而独立的句子如果去掉句调就成了词组。这种变换并不改变结构。比如下面的（1）为独立的句子，而同样的语言片段在（2）中却成了词组。

（1）小王喜欢打羽毛球。

（2）我知道小王喜欢打羽毛球。

通过上面的简单分析便可知道，语言单位从最小的语素到最大的句子，都普遍存在着边界不清的连续性。由此可见，语言不可能是这样运作的：完全明确离散的单位依靠一定的规则生成短语或者句子结构。语言的各级单位之间的关系不仅是连续的，而且语言单位之间的搭配也有很大的限制，即有很高的约定俗成性。根据我们对语言现象的广泛调查，可以得出如下几条结论：

（一）词与词之间的搭配是不自由的，具有很强的语义限制和约定俗成性，而且不同的语言差别很大。

（二）任何语法标记或者手段的使用都不是绝对自由的，受它们的语法功能和所搭配的词语的意义限制。

（三）任何语法结构中的成分都不可能自由地为某一词类的所有成员替换，也具有很强的词汇选择性，因此任何语法结构原则上不能简单依靠词类来替换。

生成语言学派关于语言系统的离散性质的观点，还表现在对整个语言系统的分割上。他们把语言分为句法、语音和语义三个相互独立的模块，这完全是人为的结果，既不符合语言实际，也与人的认知特点相违背。语言的本质是符号，由较小的符号单位构成较大的符号单位，任何符号都是意义和形式的结合体，它们作为不可分割的有机整体业已储存在大脑中，不可能是在语言使用时临时对抽象的形式和赤裸裸的意义赋予语音特征。而且从人们的认知能力看，人的各种感官和内在的认知能力协同合作把符号作为一个整体储存在记忆之中，使用时只是简单地提取已经组装好的完整的符号单位。

总之，语言单位的离散性只是在一定程度上是对的，但是也有很强的连续性。它们的组合具有很强的语义限制和约定俗成性，并不能像纯粹的抽象符号那样可以自由地组合搭配。语言的这一特性严重地动摇了生成语法理论所赖以建立的根基。

5.1.2.3 语法结构的非递归性

生成理论所赖以成立的另外一个假设是语法结构的递归性，转换生成的过程就是递归的过程，自由运用递归手段，就可以刻画所有合法的句子。普通语言学教材也大都采纳这一观点，人们长期以来也想当然地认为语法的特性本来就是如此。但是如果认真去考察语法的构造和应用，就会得出完全不同的结论。

"递归"本来是数理逻辑上的一个术语。跟形式语言学其他重要的概念一样，它的语法的递归性观念不是基于对语言事实的调查分析，而是与数学简单类比的结果。递归论为数理逻辑的主要分支之一，包括自然数集上的递归论和广义递归论。前者是对算法概念的一种精确刻画，它对既定值的计算往往回归到已知值而求出。在自然数集上的递归论的基础上产生了广义递归论，它是研究在一切数学结构的类型上用递归方式来定义的一种过程的理论，它的发展有深刻的模型论和公理集合论的背景，可作为模型论、公理集合论的工具。递归论在计算科学上有重要的应用。然而乔氏的这种类比是不正确的。语言符号和数学符号存在着本质的区别，数学符号是数学家人为规定的结果，具有整齐划一性、高度抽象性，不与现实现象直接对应，组合搭配完全自由；语法构造和数学运算也完全不同，数学运算规则可以无限使用，具有完全的递归性。

生成语法理论所谈的"递归"指的是这种类型的现象：可以被重复使用生成一个结构或者句子。比如在英语中可以修饰一个名词中心语的形容词的数目是无限的，可以修饰一个动词的副词数目也是无限的。这种序列可以通过重复使用形容词或者副词的插入规则而得到。递归概念在生成语言学理论中占有举足轻重的地位，因为只有可递归的规律才可以为语言创新提供有效的形式规则，才可以通过一组有限的规则生成无限的句子。该学派常用来说明规律递归性的用例之一为：

NP → Det + N（+ PP）

PP → Prep + NP

该规律要说明的是原则上名词后可加的介词短语的数目是无限的，比如可以说 the man in a coat on a bus with his wife...。然而实际语言中的语法并非如此，很多语法结构是不能重复使用的（非递归性），即使可以重复使用的语法结构也是具有重复次数的限制，超过一定的数目，句子则变得无法理解或者不能接受。下面以汉语为例来说明这一点。

汉语最基本的短语结构为以下六种：

（一）主谓结构：NP + VP

（二）动宾结构：VP + NP

（三）动补结构：V + R

（四）偏正结构：M + H

（五）联合结构：NP + NP ; VP + VP ; AP + AP

（六）连动结构：$VP_1 + VP_2$

根据可否重复使用以及重复使用的次数限制，上述结构可以分为以下几种情况。

第一，绝对不能重复使用的。动补结构属于这种类型，以任何方式的重复使用都会带来不合语法的格式：V + R > *（V + R）+ R。比如"吃 + 饱"不能扩展成"吃 + 完 + 饱"等，即汉语的动补结构完全没有递归性。

第二，在非常有限的范围内顶多可以重复使用一次。主谓结构属于这一类型。汉语中存在一种主谓结构做谓语的句型，其变换式可以刻画为：NP + VP > NP_1 + （NP_2 + VP）。这类结构的使用具有很强的限制，NP_1 和 NP_2 之间必须具有领属关系或者整体与部分的关系，比如"我老胳膊疼"。但是第二次的重复使用就会导致不合法的句子。

第三，在非常有限的范围内可以重复使用一次以上，但随着次数的增加，结构的可接受度随之降低，乃至最后变成不合法的句子。动宾结构属于这种类型。普通的行为动词所构成的动宾结构不能重复使用，比如"吃饭"中的宾语就不能再为一个动宾短语替代。然而一些跟主观判断有关的动词的宾语则可以为另一动宾短语所替代：

（3）我知道小王不知道这件事。

　　我知道小张知道小王不知道这件事。

　　我知道小李知道小张知道小王不知道这件事。

但是在实际语言应用中，重复使用两次的情况都极为罕见，更多的不仅根本不存在，而且也变得无法理解。这种重复次数的限制可能与人脑加工句子信息的能力有关。

第四，相对比较自由地可以重复使用一次以上，但随着次数的增加，结构的可接受度随之降低，乃至最后变成不合法的句子。偏正结构和连动结构属于这一类型。这里以偏正结构为例来加以说明。偏正结构中形容词定语可以相对比较自由地重复使用：

棕色的车 > 漂亮的棕色的车 > 很贵的漂亮的棕色的车……

但是根据我们对口语材料的大量观察，两个由形容词构成的"的"字定语就很难见到，更多的则是绝无仅有。偏正结构中状语的数目则限制比较大，不论是书面语还是口语，顶多是两个，三个以上则逐渐变成不可接受的句子：

飞快地跑了过来。> 气喘吁吁地飞快地跑了过来。>？气急败坏地气喘吁吁地飞快地跑了过来。

第五，相对比较自由地可以重复多次，但是有词类和句法位置的限制。联合结构属于这一类型。名词性的联合结构可以多次重复使用：NP > NP（＋NP）。但是在实际语言应用中也不是无限制的，包含五六个成分以上的则很少见。动词和形容词构成的联合结构的成分在实际语言应用中一般不会超过三个。然而在动宾结构中，动词是不允许重复的，即完全缺乏递归性，比如不能说"* 买吃面包"等。

上述的分析说明汉语中没有一种短语结构是可以自由递归的，从完全不能到具有很大的限制的各种情况都有。所以说，生成语法理论的"递归观"是不符合语言实际情况的。

5.1.2.4 语法结构的现实理据与约定俗成性

生成语言学认为存在一个先天的普遍语法，是一个抽象的形式系统，包括基本的结构和生成更大结构的规则。那么按照这一理论来推论，所谓可以递归的基本结构应该是先天已经决定的。然而实际情况并非如此，每种语言的基本短语结构都有现实理据，这可以从儿童语言习得中得到证据。儿童大约在 18 个月后进入双词语阶段，这个阶段的特征很能揭示语义在语法学习中的作用。世界各地幼儿的话语都具有某种"电报语"的性质。一些认知心理学家认为，这反映了儿童倾向于省略那些在交流中比较不重要的单词，诸如冠词（the）、连词（and）、助动词（can，will）和介词（on）。然而，在我们看来，这不是"省略"，因为此时小孩还没有掌握这些语法标记的用法。另一些认知心理学家的观点也许更切合实际，儿童早期的语言是根据语义加以组织的。实际上，在幼儿的双语词中，的确存在特有的他们所试图表达的意义。认知心理学家详尽评述了许多语言发展的材料，认为大多数双语词所表达的内容可以归纳为有限的几种语义关系，诸如"施事—动作（妈妈吻）""动作—受事（打球）""属性—实体（大汽车）"等。这些语义关系都是儿童最容易观察到的事件结构或者事物关系。它们的搭配主要是由所指事物的现实结构关系决定的，而不是根据该语言的语法系统。也就是说，双语句的组合主要取决于语义而不是语法。

汉语的 6 种基本短语结构在儿童双词语阶段中已出现 5 种。短语结构都是由两个成分构成的。假定一个句子的长度有 10 个成分，那么依靠这 6 种基本结构的自由排列组合，就有 120 种不同的格式。句子可以有各种各样的长度，那么就会有成千上万个不同的格式。然而汉语的语法只有几十种合法的格式，大量的组合虽然在数学上讲是可能存在的，然而在语言中则是不可能的。这说明一个道理，合乎语法的片段绝大部分情况下会构成不合乎语法的更大结构。生成语言学的所谓的规则根本无法排除这些不合法的结构而保证小部分的合法结构，这种规则根本也是不可能存在的，因为一种语言所允许的句法结构并不是来自通用的规则作用于短语结构的结果，而是由现实理据和约定俗成决定的。

（一）现实理据的句法结构：（a）双宾结构—NP ＋ V ＋ NP$_1$ ＋ NP$_2$。

（b）被动结构—NP ＋ 被 ＋ NP ＋ VP。

（二）约定俗成的句法结构：（a）把字结构—NP ＋ 把 ＋ NP ＋ VP。

（b）拷贝结构—NP ＋ V ＋ NP ＋ VR。

具有现实理据的句法结构倾向于出现在每一种语言中。双宾结构是人类社会活动中常见的物体传递的事件在语言中的反映，被动结构则是一个主体遭受某种事件在语言中的反映，它们不仅见于各种语言中，而且也见于同一语言的不同历史时期。尽管如此，它们采用什么样的具体结构和标记方式，具有很强的语言个性，是每种语言约定俗成的结果。

纯粹约定俗成的句法结构则往往只见于个别的语言中，而且可能只存在于同一种语言的某一特定历史时期。现代汉语的把字结构最早见于唐朝，动词拷贝结构则出现于宋代，它们都是动补结构的建立所带来的句法后果。"约定俗成"只是一种方便的说法，它们的产生和存在受很多条件的制约，是语言系统内部调整的结果。

生成语言学对"规律"情有独钟，认为整个语法系统是由一组有限的规律决定的。他们认为规律不仅是用来描写所观察到的现象，而且具有可预测性，作用于一种语言的所有句子，反映说话者的语言能力。然而我们目前所能见到的生成语言学的所谓的规律，基本都是具体表达的抽象符号式，并不能保证产生正确的句子，也不可能适用于整个语言，小孩也不可能依赖它们学会语言。

5.1.2.5 对共时应用和历史发展的违背

生成语言学认为人们利用一组有限的规则生成无限的句子。表面上看起来，这一观点很有道理，人们可以说出或者理解无限的从来没有说出的话，缺乏规则根本无法做到这一点。但是从实用的角度看，如果每一个句子都得靠这组规则生成，那将给说话者带来巨大的信息加工负担，不可想象每说一句话，都会涉及几个层次之间的复杂的运算、成分移位等。从这个角度看，人们的每一句话都是一项艰巨的认知任务。因此就有人怀疑生成语言学所描写的规律并不一定与说话者实际所应用的规律相一致。

生成语言学所描写的规律也不反映一个结构在历史发展过程中的情况。下面以他们最经典的研究个案"主动式和被动式的变换"为例来说明。

$$NP_1 + Aux + V + NP_2 \rightarrow NP_2 + Aux + be + V\text{-}ed + by + NP_1$$

该学派的学者大都认为被动式都是从主动式变换来的，涉及受事宾语从动词之后向主语的"移位"，be 和 by 的"插入"，等等。但是就我们对汉语被动式历史发展的研究来看，根本就不存在这些所谓的句法操作。

现在以汉语史上存在最久的"被"字被动式为例来加以说明。"被"字式产生于战国末期，两汉用得多一点，但是只能标记动词，不能引入施事。汉末开始可以引入施事，魏晋南北朝稳步发展，唐以后取代其他被动格式而成为汉语被动表达的范式。例如：

（4）万乘之国，被围于赵。（《战国策·齐策》）

（5）信而见疑，忠而被谤，能无怨乎？（《史记·屈原列传》）

（6）今月十三日，臣被尚书召问。（《被收时表》）

（7）祢衡被魏武谪为鼓吏。（《世说新语·言语》）

普遍都接受被动标记的"被"来自其原来的"遭受、蒙受"的含义。但是问题是"遭受"的"被"是在什么样的句法环境中语法化的？实际上，早期的"被 + VP"是动宾关系，即"被"为主要动词。例如：

（8）百姓无被兵之患。（《战国策·魏策》）

（9）秦王复击轲，被八创。（《战国策·燕策》）

（10）处非道之位，被众口之谮。（《韩非子·奸劫弑臣》）

以上的简单分析可以看出，"被"字式的产生不涉及任何"移位"，只是原来的施事主语被诠释（重新分析）为受事主语，标记"被"也不是后来"插入"的，始终都在那里，只是由原来的实义动词语法化为一个标记。要说有"插入"的成分应该是"被"所引入的施事名词。但是这也不是汉语被动格式发展的共性，比如现代汉语口语中最常用的"让"字被动句一开始就包含施事名词。例如：

（11）我休礼拜出去玩儿，没留神让老虎给吃了。（相声《虎口遐想》）

（12）你扮演我们的交通员，让敌人抓住了。（相声《家庭怪事》）

（13）就怕让人说这个。（《编辑部的故事》）

"让"字被动句是来自它做"任凭"讲的兼语句。例如：

（14）朱仝虚闪一闪，放开条路，让晁盖走了。（《水浒传》第十八回）

（15）两个斗到间深里，史进卖个破绽，让陈达把枪望心窝里搠来。（《水浒传》第二回）

总之，形式学派所说的被动结构的转换规律，既不可能反映语言使用者的实际情况，也与历史事实不相符。

5.1.3　认知语言学的语言创新机制观

5.1.3.1　语法结构的有限与具体表达的无限

　　如前文所述，形式语言学认为语法必定是生成的，因为语言是一个离散的、无限的系统。探讨人们如何能够理解和使用无限"创新"的句子的奥秘，是生成学派一直追求的目标。生成学派对"语言无限性"的认识陷入一个巨大的误区：把具体用例和句法结构混为一谈。无限的只是具体用例的数目，而句法结构则是非常有限的。生成学派的"规律"所产生的结果是句法结构，而不是具体的用例。他们所尝试解释的现象与实际研究的对象是两种性质很不相同的东西。

　　拿汉语来说，短语结构只有 6 种，句法结构有几十种。人们创造的任何新句子都不能打破这些已有的结构，人们能够理解的新句子也必须遵守这些结构规则。一旦打破这些结构规则，词语串将变得无法理解，也无法用来交际。下面引用姜昆的相声《虎口遐想》中的一段话来说明：

（16）甲：前些日子，我摔了一个跟头比这厉害，不说摔出点国际水平，
　　　　　起码也摔入世界先进行列。

　　　乙：有这么悬吗？

　　　甲：首先这地方就悬。

　　　乙：什么地方？

　　　甲：北京动物园狮虎山。星期天一人没事儿上那儿看老虎玩儿
　　　　　去，不知道哪位缺德，一边儿往前挤一边儿起哄："老虎出
　　　　　山喽！""日嗷——"，他把我从围墙边儿上给挤下来了！

　　　乙：哎呀，摔坏了吧？

　　　甲：摔坏哪儿都没关系，关键是摔这地方，它……它不是人呆
　　　　　的地方！

　　　乙：哟，掉老虎洞里了！

　　　甲：我抬头一看，不远处就趴着一只大老虎，吓得我声儿都变了：

"哎哟……妈……"

乙：怎么管老虎叫妈呀？

甲：叫奶奶也不行喽！全完了。我这一米六五，百十多斤，正好老虎一顿午餐肉。这倒好，我给动物园省了。

乙：你想办法呀！

甲：想办法？脑袋都大了！偷偷瞟老虎一眼，还真不错。

乙：老虎没发现你？

甲：眉来眼去地正跟我交流感情呢！

乙：瞪你哪！

甲：老虎一瞪我，我脑子里"噌"地一下，出现了许多英雄人物。

上述这段对话的大部分句子，我们在此之前既没有听过，也没有说过，但是可以理解。我们之所以能够理解是因为它们的结构都是我们所熟识的。这段话的短语结构没有超出那6种，各种结构的使用次数如下：

偏正结构：38 次　　　　主谓结构：18 次　　　　动宾结构：16 次

动补结构：2 次　　　　连动结构：1 次　　　　联合结构：0 次

这段话的句子也可以归为以下3种句型：

（一）主谓句（主 ＋ 状 ＋ 谓 ＋ 补 ＋ 宾）：29 次

（二）处置式（主 ＋ 把 ＋ 名 ＋ 谓）：2 次

（三）比较句（主 ＋ 比 ＋ 名 ＋ 谓）：1 次

而且最常见的主谓句的使用频率占90%左右。所有的句型都是我们经常遇到的，虽然句子所表达的内容都是新的，没有一个结构是"创新"。具体的句子可以无限地罗列下去，但是句型则是很有限的，到一定数目就不会增加了。一旦结构打破了业已存在的约定俗成格式，句子就变得无法理解了，比如把"我摔了一个跟头比这厉害"语序打乱变为"厉害一个比我了摔跟头这"，就无法让人理解了，虽然每一个词我们都知道它的意思。

总之，语言的"无限"是具体的用例，而语法结构则是非常有限的。人们之所以能够造出或者理解无限的句子，是因为他们掌握了有限的语法结构。生成语言学误把具体例子的无限当作句法结构的无限，混淆了两类性质不一样的东西，因此导致理论上的严重缺陷。

5.1.3.2 语言表达的创新机制

实际上，很多语法理论都不接受乔氏的这一观点，最有代表性的是 20 世纪 80 年代出现的"认知语言学理论"，明确反对生成语言学的基本假设，提出了系统的"非生成"的语法理论，而且在国际语言学界的影响力越来越大。生成语言学的著名学者也坦承在国际语言学界，认知语言学者比生成语言学者还多。下面介绍认知语言学的有关观点，并提出我们的"语言创新机制"假说。

认知语言学是与生成理论相对立的一个语言学分支，不赞成生成语言学的很多假设。认知语言学认为语法不是一个自足的形式系统，它本质上只是一种符号，是对语义结构约定俗成的符号化。语法不是一个"生成"系统，也不能递归地产生一种语言的所有合乎语法的句子，它只是一个语言单位库。语法的生成性并不是语言描写所必需的，它并不能保证语言描写的明晰性和严格性，而且忽略了语言丰富多彩的语义特性，把语言研究限制在非常狭隘的范围之内。语法不是一个构造机制，用小的成分构造出一个大的形式。语法是由各种各样现成的格式组成的，使用时则代入各种各样的词语。语言的创新并不在于有限的、自足的语法，而在于人们知识的整个语境、判断和问题解决能力。

认知语言学的观点是比较切近语言实际的，但是关于语言的创新机制的观念并不明确。我们认为语言的创新由下面两个部分组成。

一、一组有限的短语结构和句法结构。它们不是由规则支配或者生成的，而是具有现实理据或者约定俗成的。人们必须记住这些结构才能够知道如何使用它们，其数目非常有限，不会造成记忆负担，因此儿童完全可以在很短的时间内掌握这组语法结构。语法结构不允许个人随意改变或者"创新"。

二、构成语法结构的成分是可以替换的。替换是由词语的概念义决定的，概念的整合主要不是由语言系统内部的规则决定的，而是由现实现象、人们的知识和认知能力决定的。语言的创新本质上是利用业已存在的语法结构，把不同概念以新的方式进行组合，产生新的表达或者概念整合，而不是语法结构的创新。

从上述论断也可以逻辑地推出，并不存在一个与生俱来的形式化系统的普遍语法，也没有一个天生的独立的语言能力。这与我们的"语言能力合成说"相吻合。我们认为，语言能力是由更基本的认知能力协同合作的结果，主要包括符号表征能力、数量辨认能力、记忆推理能力、观察联想能力、空间时间认知能力、声音书写符号辨别能力等。

5.1.4 结语

本章主要是探讨语言表达的创新机制，即语法的运行原理和人的语言能力，从中可以得出以下的结论：

一、语言单位只是在一定程度上离散的，同时也存在着明显的连续性。

二、短语结构基本不具有递归性，不能够自由地重复使用而产生更大的结构。

三、语言中不存在一组简单的规律，它们可以生成一种语言的所有合法的句子，而排除所有不合法的句子。

四、句法结构不是生成的，而是具有现实的理据和很强的约定俗成性。

五、语言创新的机制是掌握有限的句法结构，通过对其中成分的替换而产生不同的新的表达。

生成语言学在语言创新机制上陷入严重的误区，错把表达的创新看作结构的创新，由此而带来理论建设上的严重缺陷，既不符合说话者的语言能力，也有悖于语言发展的历史事实。认知语言学的语言创新机制观揭示了语言的本质，可以有效地指导人们对语言共时和历时的考察以及对儿童语言习得的研究。

5.2 语法结构的合成性

5.2.1 引言

形式语言学的研究重点由传统语言学的对语言现象的描写与分类，转到对人们使用语言的心智的探究。后来出现的其他语言学流派，包括跟转换生成语言学针锋相对的认知语言学，都在探究语言的认知基础上跟乔氏学说的精神是相通的，差别只在于制约语法形式表达的认知机制到底是什么。生成语言学的基本观点为，语法形式形成的机制是生成的。过去40年来兴起的认知语言学说是对乔姆斯基语言学的一个反动，认知语言学认为语法结构的产生机制是由更小的单位合成的，语言是单层的。

然而，不论是生成说还是合成说，目前都仅仅是一种关于语法结构形成机制的假设，尚缺乏科学的论证。形式语言学的"生成"概念是直接从数学那里借来的，既不是根据心理学实验得出的结论，也不是基于对语言事实的观察所概括出的规律。认知学派的"合成说"主要是针对乔氏的观点而来的，也没有经过严密的科学论证，而且在自己理论体系中所处的地位很边缘，该学派的学者在这一点上态度也不完全一致。

5.2.2 两种关于语法形成机制的假说

5.2.2.1 形式语言学的"语法生成说"

下面是形式语言学的"语法生成说"的主要内容：

一、人类的大脑中存在一个专司语言的器官。人的内在认知能力中存在着普遍性和规则性的东西，据此可以理解和生成无限的新的、合乎语法的句子。

二、生成说指语法能够确立一种语言的全部合乎语法的句子的性能。

三、生成语法是由一套有限的形式规则构成的，能够生成无限的合乎语法的句子。

四、语法是由不同的层级构成的，诸如早期提出的"表层结构"和"深层结构"之别，上个世纪90年代所产生的最简方案又有"逻辑层面"和"语音层面"。表层结构是由这些层面通过一定的规则生成的。

5.2.2.2 认知语言学的"语法合成说"

认知语言学在语法的形成特性方面跟生成语言学的观点截然对立，它的"语法合成说"的核心内容可以概括如下：

一、语法本质上是一种符号，符号由语音形式和意义内容两个方面构成，词汇和语法之间并没有明显的界限。

二、语法结构是由基本的词汇单位合成的，用来表达更复杂的意义内容。

三、语法结构是单层的，并不存在隐性层面，不同的结构之间具有不同的语义值，并不存在转换的关系。

四、语法是从使用中产生的，一个语言学习者从具体的用例中抽象出语法格式。

然而认知语言学学派尚没有对"语法合成说"进行严格的界定和科学的论证。更重要的是，认知语言学派内部在这一点上并没有取得一致的意见。

5.2.3 来自儿童语言习得的启示

5.2.3.1 儿童单词语阶段的语言学启示

儿童语言习得是一个最重要、最理想的窗口来洞悉语法的特性。儿童习得语言首先经历了一个单词语阶段。儿童的语言习得遵循着由简到繁、循序渐进的过程。他们对单词的学习早于对语法的掌握，大致过程如下。大约在 10—13 个月时，儿童开始产生最初的单词。大约在 18 个月时，许多儿童在单词学习上表现出某种骤然增长，被不同的人分别称为"命名爆炸"或"词汇骤增"。儿童最早学会的单词一般是与他们的生活密切相关的物体和事件。最早的词汇类型一般为：

（a）家庭成员：	妈妈	（e）食品：	牛奶
（b）动物：	狗	（f）突出的身体部位：	鼻子
（c）交通工具：	小汽车	（g）衣着：	帽子
（d）玩具：	球	（h）家常用具：	杯子

儿童学习单词是根据天赋的符号表征能力。但是这一天赋能力并不能使儿童自发产生语言，儿童的语言习得依赖两个条件：一是成人语言的输入，二是对周围事物的观察。两者缺一不可。

儿童的单词语阶段支持认知语言学的语法观。认知语言学认为，语言单位的本质是语音和意义结合的符号，它们正如一张纸的正反两面，是不可分割的。儿童把这些符号储存在记忆库中。同时单词语阶段也反映了认知语言学的词汇和语法之间没有明确界限的观点。儿童的单词语跟成人语言中的单个词语的性质很不一样，往往包含丰富的信息，具有一个句子的作用。比如儿童说"球"，意思可能是"那里有一个球""我要球"等，即儿童的单词语阶段反映的是一个词汇和语法混沌不分的现象。

5.2.3.2　儿童双词语阶段的语言学启示

儿童双词语阶段的出现标志着语法特征的产生。儿童双词语阶段和单词骤长期都是发生在 18 个月大的时候。两者的时间契合很有启发性，说明单词的学习和语法结构的出现之间具有内在的联系。世界不同民族的儿童语言习得显示，儿童双词语阶段的语言有两个显著的普遍特征：

一、世界各地幼儿的话语都具有某种"电报语"的性质。他们的语言缺乏那些在交流中比较不重要的单词，诸如冠词（the）、连词（and）、助动词（can, will）和介词（on）。

二、大多数的双词语属于以下八种语义关系：

（a）施事—动作： 妈妈吻。　　（e）实体—位置： 杯子桌子。

（b）动作—对象： 打球。　　　（f）所有者—所有物：爸爸汽车。

（c）施事—对象： 妈妈球球。　（g）属性—实体： 大汽车。

（d）动作—位置： 坐椅子。　　（h）指示词—实体： 那汽车。

儿童在习得语言的整个过程中，只有在双词语阶段才表现出了高度的一致性，尔后就开始逐渐分化，掌握越来越多的自己母语的语法特点。儿童双词语阶段的特征可以给予我们以下重要的语言学启示。

第一，语法对词汇（语义）的依赖性。儿童语言的语法特征的出现与其词汇量的迅速增长发生在同一时期，这不是偶然的，说明儿童只有掌握了一定量的词汇之后，明白词汇的所指对象，才能把它们组装成更大的语言单位——语法结构。

第二，语法结构是由基本的语言单位合成的。合成的理据是儿童日常所能直接观察到的事件结构、现象关系等，而并不是根据什么先天性的抽象规则。儿童语法知识的习得依赖对周围现象的观察理解。儿童学习语法并不是被动的模仿，而是基于对周围现象的独立观察和积极思考，这可以解释儿童语言中的大量创新部分。儿童首先必须知道词语的意义，然后根据现实理据，才能知道它们能够跟哪些词语组合搭配（合成）。

第三，儿童能够理解和造出无限的新句子，不是单纯依靠抽象的语法规则，更重要的是依靠关于现实世界的知识。现实世界的事物、事件、现象和关系是多彩多姿和无穷无尽的，儿童用语言符号来表达自己观察到的东西，并根据自己以往的经验来理解（重构）新的句子。缺乏关于现实世界的知识，儿童将无法学会和理解一种语言。语法规律是现实规则在语言中的投影，自然语言的语法结构和规律往往是跟现实世界的事理相容的，因此儿童可以根据对现实世界的观察相对迅速而容易地学会一种语言的语法。也就是说，生成语言学的这个问题"何以儿童能够根据有限的规则（或者语言输入）理解无限的句子"，不单纯是一个语言或者认知系统自身内部的问题，而且是一个"语言—大脑—现实"三个因素相互作用的结果。

第四，成人语言的输入是儿童语言习得的必要因素之一。儿童还需要学习母语中很多约定俗成的关系。比如上述的第二种关系"动作—对象"，如果是 SOV 语言，儿童的双语词的顺序就是"球打"；至于"属性—实体"的关系，在修饰语位于中心语之后的语言里就是"汽车大"。如此等等。

第五，语法并非一个自足的、封闭的形式系统。

总之，儿童双词语阶段的特征与认知语言学的精神是相符的，他们首先习得音义结合的基本符号单位——词，然后根据现实世界的事理，把它们"组装"成更大的符号单位，用以表达更复杂的内容。语法结构是单层的，其符号结构直接对应于外在世界的事理结构。

同时，儿童的双词语阶段也显示，并不存在一个先天的、自足的规则系统，即没有生成语言学中所谓的"普遍语法"。生成语法学派关于语法本质的假设是错误的，由此带来很多分析上的偏颇。这里举一个乔姆斯基经典理论中的例子来说明。生成语法认为，"转换形式"是通过一系列转换和 / 或省略规则从基础句或核心句派生出来的句法结构。例如，The red book is on the table 可以看作是下列两个核心句的转换形式：The book is on the table 和 The book is red。表面上看起来，这种分析也有道理，但是实际上所依据的是一种错误的假设：语法的基本结构体都是简单的陈述句。其实，儿童最早的语言中就存在单词句和偏正结构的双词句，完整的陈述句倒是后起的。生成学派对很多句子的转换分析是随意的，并没有什么根据。

5.2.3.3 儿童语法的复杂化的方向及其启示

儿童大约从两岁开始，语法朝两个方向复杂化：

一、根据双词语阶段的各种语义关系，组装成更大的结构体，其语法结构也就具有了层次性。比如"宝宝玩大汽车"，其中的"宝宝玩"为"施事—动作"关系，"玩大汽车"为"动作—受事"关系，"大汽车"为"性质—事物"关系，整个句子则为"施事—动作—受事"。分析起来看似复杂，实际上是由前期已经掌握的简单语义关系组装而成的。与此同时，儿童也开始掌握了母语语序的知识，比如他们已经知道在像汉语、英语等这种 SVO 语言中，"宝宝抱妈妈"和"妈妈抱宝宝"所表达的意义是不同的。

二、单词开始出现形态变化，原来电报语言的句子中的名词或者动词加上了单复数、时态等标记，句子组织开始出现连词、介词等功能词。

儿童语法的发展是由思想表达的复杂化和精密化决定的，它循着两个方向：一是由小的单位和简单的语法关系组装成大的、复杂语法关系的句子；二是在词干上添加语法标记，或者在其间插入虚词。儿童语法的复杂化方式反映了语法的合成性，即由基本的符号单位组成较大的符号串。同时也说明，语法并不是通过什么规则由看不见的逻辑关系，再赋予一定的语音形式，生成表层形式。如果语法的形成过程真的如生成学派所认为的那样，那么我们的语言表达将是一件复杂而又繁重的任务。根据认知心理学所提供的证据，人们的语言表达应该是从自己的记忆库中提取大小不等的语言单位，根据该语言的结构规范临时组装起来的，不可能经历那么多的中间过程和规律才能表达出来。

5.2.4 从语法的历时属性看

5.2.4.1 语法规律的历史层次

生成语言学派的理论缺陷与他们忽略语法的历史属性不无关系。他们的一个重要学术理想或者研究目标是，发现一组非常有限的规律，从而生成该语言的全部的合乎语法的句子。从历史的角度看，这是根本无法实现的。今天的语法系统是历史长期发展的结果，其中既有活的、高度能产的规律，也存在着没有任何能产性的古代规律的遗留。有些古汉语的语法现象仍使用于当今的口语之中，但是它们不能靠语法规律推出，必须把它们作为固定的单位记住才能使用。下面我们以现代汉语的名量词重叠表遍指的现象为例来说明这一点。

现代汉语存在一个量词重叠表遍指的规律，可以概括如下：（a）必须是单音节的；（b）必须能与各种数词直接而自由搭配。这是一条能产的语法规律，凡是符合这两个条件的量词都可以重叠表遍指，因此人们不需要一个一个去记忆，词典也不必一一注明。如"个个、根根、条条、张张"等；违反其中任何一个条件就不具备表遍指的功能。量词大部分都是单音节的，也有个别双音节的,如"架次、嘟噜①"都没有重叠表遍指的功能。还有一部分量词只能与特定的某一个或者几个数词搭配,它们也都没有重叠表遍指的用法。例如:(一、两)码(事)、(一)番(话)、(一)把(鼻涕)、(一)副(笑脸)等。

现代汉语的普通名词则没有这个用法,比如不能说"*书书、*灯灯、*马马"等。然而有极个别的例外,最典型的是"人"和"事"两个名词,它们是普通的名词,却在当今的口语中可以重叠表遍指。例如:

（1）人人苦,没法提,不死也掉一层皮。(《茶馆》)

（2）我没那么大耐性让你们人人都高兴。(《编辑部的故事》)

（3）徐姐虽然顽固,但她事事都听爷爷的。(《坚硬的稀粥》)

（4）他往往摆起穷架子,事事都有个谱儿。(《骆驼祥子》)

这里简单解释上述现象存在的原因。唐朝之前汉语存在一个能产的语法规律,使得普通单音节名词可以重叠表遍指,然而随着后来量词的出现,该规律的作用对象逐步转移到量词上。但是几个高频率的名词仍然保留着其旧有的用法,这是与高频率的词具有较强的抗拒新语法规律的类推作用有关。英语中也有类似的现象,代词属于高频词,因此它们相当完整地保留了古英语的性、主格、宾格、领有格等形态变化,然而这些形态变化在普通名词上已经消失了。像这类语法的历史化石现象,就无法靠规律推出来,人们必须把它们记住。这意味着生成学派所追求的学术目标是无法实现的。

5.2.4.2　语法系统的非均质性

生成学派的很多假设都是建立在这样一种信念之上:一种语言的语法是一种均质的、静态的系统。但是这一信念并不符合语言事实。今天的共时语法系统是历史长期发展的结果,任何语言的语法都不会停止在一种状态而不变的,共时的系统中存在着新兴的语法现象或者正处于变化过程的规律。新出现的语法规律往往具有很强的词汇限制,能产性很低,而且也

---

① 用于连成一簇的东西:一嘟噜葡萄;一嘟噜钥匙。

可能打破业已存在的语法规律。诸如此类的复杂现象，都不可能是几条简单的语法规则就可以描写所有的合乎语法的句子。下面以现代汉语动补结构带宾语的现象来说明这一点。

现代汉语动补短语带宾语具有很强的规律性，其中的两条为：

一、补语的语义指向①为受事时，该受事名词一般可以作为整个动补短语的宾语，比如"他吃圆了肚子""他哭湿了枕头"等，其中的补语"圆"和"湿"分别都是描写受事宾语"肚子"和"枕头"的。

二、补语的语义指向如果为动词的施事时，则不能带受事宾语，要引入宾语就必须借助动词拷贝结构。例如：

（5）*他吃胖了烤鸭。　　他吃烤鸭吃胖了。

　　*她看病了书。　　　她看书看病了。

　　*她洗累了衣服。　　她洗衣服洗累了。

但是，这条规律有两个例外："吃饱"和"喝醉"。其补语虽然指的是动词的施事，却仍可以带一个受事宾语。例如：

（6）我已经吃饱了饭。　　你吃饱了饭没有事干吗？

　　老王又喝醉酒啦。　　张飞喝醉了酒。

这里简单说明一下造成上述例外的原因。"吃"和"饱"与"喝"和"醉"这两对动补短语的各自高频率搭配，使得其中的动词和补语已经凝固成一个复合动词一类的东西，因此可以像普通双音节动词那样带上宾语。

上述情况说明语法规律的复杂性。语法规律并不是一成不变的。如果把上述规律二看作一个硬性的规律，就无法解释"吃饱饭"和"喝醉酒"这种显然符合规范的现象。反过来看，如果把"吃饱饭"等看成一条独立的规律，那就会带来更严重的问题：一方面就等于承认一种语法同时允许两条相互矛盾的规律存在，另一方面也就忽略了目前这只是个别的词汇搭配现象的事实，而且整个结构还是惯用语性质的，补语和宾语不能为同类的其他词语所替换，比如不能说"*吃饱了馒头""*喝醉了五粮液"等。

---

① 西方语言学界通常用"隐性主语（underlying subject）"来指示同类的现象。

生成学派的学者通常倾向于把这类现象处理为词汇现象，但是他们忘记了一个重要的历史事实：语法始终处于一个动态的发展变化过程之中，历史上产生的任何新的语法规律在刚开始的时候都毫无例外地是个别词汇搭配现象，即只允许个别词汇进入这种结构，后来随着数量的逐步增加而发展成为一个高度能产的语法结构。

英语中也存在着类似的现象。英语的动补结构也不是一个能产的句法格式，某个结果补语通常只能与某个特定的动词搭配。例如英语中用作补语的 sick（病）一般只能跟在动词 eat（吃）之后：

（7）a.He ate himself sick.

b.*He ate himself ill/nauseous/full.

上例显示，英语的动词和补语之间具有很强的选择性，eat 后既不能带上与 sick 语义相近的 ill，也不能带上其他概念的形容词，如 nauseous（反胃）、full（饱）等。英语的动补结构是刚刚产生不久的新结构，正在发展变化之中。

生成学派是把自然语言的语法理想化了，往往忽略了上述这类能产性较低的新产生的语法结构，而这些结构通常具有强大的生命力，随着时间的推移可能取代旧有的语法结构而发展成为一种新的语法范式。语言的真正情况是，旧的规律不断被打破，新的规律总是会产生，不同的规律的能产度差别很大。这样，母语为该语言者只有从自己长期语言使用经验中逐渐掌握这些用法，因为语法中并不存在一劳永逸的规则。这正与认知语言学的精神相容，也就是说，所有这些语法规律的学习需要从长期的语言使用中概括总结，并记住它们的用法。

5.2.4.3　语法标记的来源对语法格式的影响

生成学派认为人类语言存在一个普遍语法，给各种语言的具体语法结构事先设定了一套原则。而从跨语言的角度看，尽管一些结构普遍存在于各个语言之中，但是由于它们的来源不同，同类结构在不同的语言中都有自己鲜明的个性，并没有一个适合各个语言的规律。即使在同一语言的内部，同类结构的语法标记由于在不同时期的词汇来源不同，也会具有不同的形式特点和功能，也没有一个一成不变的规律。下面以各种语言的基本格式之一——被动格式来说明这一点。

古今汉语使用历史最悠久、最常见的被动标记是"被"，它的原来词汇义为"遭受、遭遇"，所涉及的对象多为不如意的事情。这影响到它语法化后的被动格式的用法，一般只能表示被动的消极的事件。比如可以说"他被老师训斥了一顿"，而不大能说"? 他被老师夸奖了一次"。然而英语的被动标记 by 是来自地点介词，原来的意义是中性的，其被动格式就可以用于积极和消极两种场合，结果就造成了英语被动格式比汉语的使用频率高的现象。

古今汉语被动格式在引入施事上差别很大，这跟被动标记的语法环境很有关系。先秦时期最常见的被动标记"见"从来都不能引入施事，后起的"被"在刚出现的近千年里也不能引入施事，魏晋以后才逐渐发展出引入施事的用法。即使在现代汉语里"被"仍然不引入施事而直接修饰动词。例如：

（8）信而见疑，忠而被谤，能无怨乎？（《史记·屈原列传》）

（9）那棵大槐树被刮倒了。

上述用法是两个语法标记产生的句法环境所致的，其环境为"见 / 被 ＋名词（或者动词的名词化形式）"，其中的名词多指所遭遇的事件，即"见"和"被"的语法化的环境没有施事成分出现，这就影响到它们后来所发展出的被动格式的用法。两者的被动用法是从下述例子中发展出来的：

（10）雨雪瀌瀌，见晛曰消①。（《小雅·角弓》）

（11）百姓无被兵之患。（《战国策·魏策》）

然而现代汉语口语中最常用的语法标记"叫"和"让"所产生的句法环境是其兼语格式，其中的"兼语"就是后来被动格式的施事。其语法化的环境为下例所示：

---

① "晛"意为"日气"，这里的"见"是遇到的意思。

（12）朱仝虚闪一闪，放开条路，让晁盖走了。（《水浒传》第十八回）

（13）大碗斟酒，大块切肉，叫众人吃得饱了。（《水浒传》第七回）

受上述语法化环境的影响，"叫"和"被"所在的被动格式一般要求施事出现，如果省掉施事名词句子就不自然或者不能成立。例如：

（14）你扮演我们的交通员，让敌人抓住了。（相声《家庭怪事》）

（15）就是"文革"那会儿参加文攻武卫，叫对立面一棒子把鼻子给
打歪啦！（相声《大美人》）

我们通过对汉语被动格式的讨论，想说明一个简单的道理，即人类语言或者同一语言的不同历史时期都存在的语法格式，因为它们发展的具体过程不一样，在功能和形式上都具有明显的差异。这意味着，不存在生成学派所认为的普遍原则可以自由地类推。操该语言者必须根据长期的使用经验，逐渐掌握这些格式，而不可能是根据几个简单的原则就可以一蹴而就。换个角度看，这里的规则不是演绎的，不能靠一些规则来生成，而是靠经验和记忆，逐步学会哪些词语可以在该格式中搭配使用，哪些不可以，即合乎该语法格式的用例是合成的，而不是生成的。

5.2.5 从语法的共时属性看

形式语言学的语法生成观是建立在这样一个假设之上的：人类有一个与生俱来的、独立的、抽象的普遍语法系统，它为语法设立了有限的普遍原则，小孩可以通过这些很有限的规则，理解和使用各种合乎语法的句子。因此这个假设的成立与否直接涉及语法生成观的合理性。认知语言学提出了完全相反的另一种假设：并不存在所谓的普遍语法，不同语言的概念结构差别很大，语义的本质是一种认知现象，语法是语义内容的结构化，因此导致不同语言的语法结构的本质差别。根据我们的研究经验，认知语言学的观点是符合语言实际的。下面以英汉双宾结构的功能为例来说明这一点。

英汉双宾结构在表达功能上存在着显著的差别：汉语的双宾结构是双

向的，所传递的物体可以是从主语到间接宾语转移，也可是相反；然而英语的双宾结构则是单向的，所传递的物体只能是从主语到间接宾语转移。这就影响到两种语言可以进入双宾结构的词汇成员的重大差别。汉语的"给予义"和"取得义"两类动词都可以进入双宾结构，比如"我买了老王一本书"和"我卖了老王一本书"都可以说。然而在英语中只有"给予义"类动词才可以进入双宾结构，一些表面上为"取得义"的动词进入双宾结构后就必须改变方向，跟汉语对应的双宾结构的意思恰好相反。例如：

（16）a. John bought Mary a dress. 汉译：约翰给玛丽买了一件衣服。

　　　　b. John stole Mary a bicycle. 汉译：约翰偷了一辆自行车给玛丽。

如果把上述 b 例直接翻译成"约翰偷了玛丽一辆自行车"，就恰好跟原意相反。

造成英汉双宾结构功能差别的根本原因是两种语言概念化的不同。汉语在概念化表示物体传递的动作行为时，方向是中性的，即用同一个动词来表示不同的方向，结果就造成了同一个动词可以表示两个方向相反的动作行为。然而英语在概念化同类动作行为时，对方向非常敏感，不同的方向分别用独立的动词表示。例如：

汉语	英语
借	（a）borrow；（b）lend, loan
租	（a）rent, hire；（b）let, rent out
赁	（a）rent, hire；（b）let, rent out
贷	（a）borrow（money）；（b）lend（money）
赊	（a）buy on credit；（b）sell on credit
上（课）	（a）attend（class）；（b）conduct（class）
分	（a）get（one's share）；（b）distribute

英汉这两种语言在概念化上的差别投射到其语法系统上，结果就造成了它们双宾结构的差别。

英汉双宾结构的功能差别说明一个道理：并不存在一个抽象的制约双宾结构的跨语言原则，操母语者必须根据对自己语言语义结构的理解，懂得哪些词语可以在该结构中搭配，哪些不可以。

5.2.6 结语

在语法结构是如何形成的问题上，生成学派和认知学派存在着根本的对立。本章从认知心理学、语法的历时特性和共时特性三个方面论证了，语法组织的本质特性是合成的。儿童学习语言的过程，首先要记住相当量的语言符号（词），然后根据现实中的事理结构组装成双词语句，进而随着认识世界的深入，组合成更复杂的语言单位。从历时的角度看，语法是一个非均质的系统，包含着很多非能产的化石现象，一些新语法结构的产生初期往往只限于个别的词汇搭配，不同语言的对应语法结构的发展过程不一样，结果会影响到它们的功能不完全相同。从共时的角度看，不同的语言具有不同的语义结构，从而导致它们语法结构的差别。所有这些证据说明，要掌握一种语言的语法，不可能依赖几条简单的规律通过演绎就可以生成，而是需要在长期的语言实践中逐步掌握它们的搭配规则。

生成学派的理论缺陷是由多方面的原因造成的。首先，他们的理论假设多是从其他学科中寻找灵感，其生成观是来自数学的启示，而不是基于对语言事实的观察分析。其次，他们所依赖的例证一般是共时语言现象，而忽略了语法的历时特性，这也就是为什么他们的理论在历史语言学研究领域一筹莫展的原因。最后，生成学派过度夸大了语法规律的能产性，而低估了人类记忆的巨大潜力和语法的约定俗成性。

5.3　构式与创新表达

5.3.1　引言

　　语言运用本身就具有创造性，这主要指的是人们可以说出别人没有使用过的句子，听懂以前从来没有遇到过的话语。这种创造性背后的机制是一个十分值得探讨的语言学问题，乔姆斯基的理论建立就是基于这一点，这也是他为当代语言发展做出的杰出贡献之一。本章探讨在特殊语境中出现的创新表达，这些表达往往是"前无古人，后无来者"，但是说话者能够不经意中讲出，听话者又都不会有任何理解上的困难。这种表达最能揭示语言创新的机制，说明构式在其中扮演了最为关键的因素。语言表达的创新只能表现在词语的搭配上，而不能在构式上做任何随意变动。

　　长期以来，人们判断一个句子的"接受度"，主要靠语感或直觉。这种判断存在一个很大的问题，就是容易把结构和意义混为一谈，一个句子是否符合语法结构与其意义是否符合常识，这是两种完全不同的现象。而很多被认为"不能接受"的句子，只是其意义超越常识经验而显得怪诞，一旦有了特殊语境，这些句子就会变得自然且符合语法。

5.3.2　乔姆斯基的经典例子直接说明构式作用

　　乔姆斯基用一对例子说明语法与语义的相互分离，他认为下面两个句子，第一句话符合英语语法，但是不表达任何意义，第二句话则既不符合语法又没有意义。

（a）Colorless green ideas sleep furiously.

（b）*Furiously sleep ideas green colorless.

乔姆斯基用这个经典的例子为出发点，创立了生成语言学。然而在我们看来，乔氏自己所创造的这对例子能直接说明的只是构式的存在，即在英语中存在着下面的第一个抽象构式，而不存在第二个构式。至于乔姆斯基创立了生成语言学，后又演化出各种版本，认为这些表层形式是由深层结构经过各种规则推演出来的，这种假设并不能从上述这两个例子得到证明。

Adj + Adj + N + V + Adv

*Adv + V + N + Adj + Adj

其实，乔姆斯基忽略了他所举例子的另一个方面的特性，凡是符合语言构式的表达，不管词语搭配再荒诞不经再离经叛道，人们总能想方设法从中推绎出一些意义来。比如著名语言学家赵元任就做了尝试，他是这样解释乔氏那句话的："green ideas"可以指不成熟的观点，而这些不成熟的观点则显得有些单调乏味（colorless），而当事人还有个习惯，每次遇到这种情况就要好好睡一觉，让其观点成熟起来、生动起来。在这种幻想出来的特殊语境中，这个句子则成了具有意义的比喻用法。

构式语法自20世纪90年代初开始成型，现在已经发展成了具有国际影响的新语言学思潮，系统的专著就出了不少。我们对这个理论的进步和局限也做过评述介绍。现在运用这一理论来分析汉语现象的学者越来越多，然而其中有一个悬而未决的理论问题是，构式与成分之间的相互关系到底是什么。本章通过对具体案例的分析证明，构式是一种语言的语法最核心最稳定的部分，它们不仅影响词汇的意义，还能够临时改变一个词语的概念意义和语法功能。

5.3.3　VRO构式和"吻瘫美国机场"的表达

VRO 构式就是动补结构带宾语，这是现代汉语使用频率极高的一个构式。可是并不是所有的动补结构都可以带宾语的，动补结构带宾语遵循着以下严格的规律：

规律一：凡是补语的语义指向为施事主语的动补短语都不能带宾语①，比如不能说"* 她看累了书""* 他吃胖了北京烤鸭"等，此时常用动词拷贝结构来表达，如"她看书看累了""他吃烤鸭吃胖了"等。

规律二：凡是补语的语义指向为受事的，受事名词就可以自由做整个动补短语的宾语，比如"哭红了眼睛""笑疼了肚子"等。注意，汉语的这类动补短语的构式整体具有及物性，可以赋予一个受事论元，比如"哭"和"红"单独都不能带宾语"眼睛"，然而它们构成的动补结构则可以。类似的现象也存在于英语中，例如：

（1）He cried himself asleep.

The hammer pounded us deaf.

The alarm clock ticked the baby awake.

Frank sneezed the tissue off the table.

上例中 cry 是不及物动词，本来是不能带宾语的，但是在与 asleep 组成动补结构后就可以带上宾语 himself，这里的宾语是出现于动词和补语之间。英语还有一种现象是，动词虽然是及物的，但是不直接支配所带的宾语，如上例的 us 并不是 pound（敲打）的宾语，而是整个动补结构"pound... deaf"的宾语。

有了上面的知识准备后，我们就来看动补结构的创新表达。请看下面一则新闻报道：

中国博士吻瘫美国机场

2010 年 1 月 3 日，在美国攻读生物学博士学位的蒋海松在纽瓦克机场为女友送行，在女友进入安检区后，蒋海松偷偷钻过一个通道的安全隔离带，与女友拥吻。其擅闯行为导致机场一个航站楼关闭 6 小时，超过 100 架航班无法正常起飞，数千乘客重新安检。事件引发多方关注，到底是浪

---

① 这一规律有两个例外："吃饱饭"和"喝醉酒"。

漫还是鲁莽，成为网民争论焦点。然而从更为严肃的角度来看，该事件暴露了机场在安全管理上的漏洞，引人担忧。

短短两天的时间，网络上"吻瘫美国机场"的说法就出现了 20 余万条。如何处置蒋海松，是拘留还是罚款，这是司法部门关心的事情。我们关心的是，为什么能有这样的"新奇"表达？如果没有蒋博士这一吻，如果没有美国机场在 911 事件后的风声鹤唳，可能永远不会有这种说法。假如一个小学生造出这样的句子，语文老师十有八九会认为这是病句而扣分。然而，实际上这是一个完全合乎汉语语法的句子，"瘫"语义指向为"机场"，"吻瘫"可以带上一个宾语"美国机场"。特殊的语境创造出了一个非常具有表现力的表达，没有哪个说汉语者不理解这句话的意思。

下面是小品《考验》中的一则对话，把"弹脑瓜崩"这种行为与"出现一个爹"连在一起。

（2）黄宏：完了，这事大啦，<u>给你弹出一个爹来</u>。

　　牛莉：啥弹出一个爹，他就是我爹。

这里的"弹"是指"弹脑瓜崩"，就是手指先弯曲然后猛击别人的脑袋，多是种恶作剧行为。如果脱离开具体的语境，上面这句话就让人丈二和尚摸不着头脑。情况是这样的，牛莉她爹为了检验未来的姑爷听不听女儿的话，就假扮成钓鱼老汉，安排女儿让未婚夫黄宏去弹钓鱼老汉脑瓜崩。黄宏无奈，连弹老汉三次脑瓜崩。最后这位老丈人告诉黄宏实情："我是牛莉她爹。小伙子不错，考验过关。"黄宏此时还蒙在鼓里，以为是他弹得太重，把老汉脑子弹出了问题，所以才有"给你弹出一个爹来"的表达。结合这个语境，就知道这是一个很自然的表达，语义和语法都没问题。

"到美国留学"与"女子足球队阵容"也是两件不搭界的事，可是两者在下面的小品《暖冬》中被一个动补构式联系在一起：

（3）冯巩：自从你走了以后，每年年三十我都找长得像藏獒的那哥们捏一个泥人。

　　金玉婷：合着我这一走，竟然走了十一年。

　　冯巩：<u>你走出了一个女子足球队的阵容</u>啊。

这里的"走"是指离开中国到美国读书。在女友离开的这 11 年中，冯巩每年春节都要请人按照女友的长相捏一个彩色泥人。正好足球队上场的队员也是 11 人，因为这个巧合，就有了"你走出了一个女子足球队的阵容啊"的表达。这一表达既贴切又形象，人们理解起来也不会有任何困难。

动补结构的新奇表达是无限的，也是无法预测的，然而其构式则是稳固不变的，特别是其带宾语的规则是不能被违背的。

5.3.4　把字句构式和"把我'high'河里爬不上来"的表达

把字句的抽象构式为：把 ＋ N ＋ V ＋ R。其中的 V 一般都是及物动词，其后常常带有结果补语之类的成分。在特殊语境下，一些根本不是动词的成分被用在这个 V 位置，临时把它转化成一个及物动词，而产生极具表现力的表达。请看小品《想跳就跳》的例子：

（4）潘长江：完了，完了，哎呀我的妈，完了。这《High 歌》我练了半年啦，<u>让你一句话把我"high"河里爬不上来啦</u>。

凡是看这个小品的人，都能马上理解潘长江这句话的意思，一般人甚至不觉得这句话有什么特别的地方。然而从语言学的角度看，这句话则有很高的学术价值，很值得探讨。这句话的特别地方就是把借自英语的形容词"high"临时当作及物动词来用，而且完全改变了它的意思，与它表示"情绪高涨"的意思毫无关系。这是一个高依赖语境的创新表达，理解它要涉及以下几个因素。

一、来自英语的这个借词"high"仅仅是一个偶然因素与这个语境发生了关系。当时有一首流行歌名叫《High 歌》，潘长江"老汉"练了半年，目的是要参加老年人歌咏比赛。

二、蔡明捣乱，使得潘长江竟把这首歌与他以前唱的《过河》歌词混在一起。蔡明扮演退休老人，一大早坐着轮椅在公园一角静静养神。这时扮演老汉的潘长江扛着一个大录音机来了，把音乐打开，边跳边唱。蔡明嫌闹得慌，就想办法把潘长江支开。潘长江唱一句《High 歌》"Mount top

就跟着一起来"，蔡明就唱一句《过河》"妹妹对面唱着一支甜甜的歌"，如此反复多次。潘长江被蔡明这一搅和，自己唱时也把两首歌的歌词混在一起，再也唱不好准备参加比赛的那首歌了，所以才有了"让你一句话把我'high'河里爬不上来啦"。

三、"high"在"让你一句话把我'high'河里爬不上来啦"中被临时用作一个及物动词，并被赋予上述具体的场景意义。也就是说，"high"的意义和语法功能都是临时语境赋予的，与它原来的形容词意义和功能都不一样。

"伟"在现代汉语里只能作为语素构成复合词"伟大""伟岸"等，而不能独立应用。然而在下面用例中"伟"则作为一个独立运用的及物动词，既可以带结果补语（"伟"得太大了），又可以作把字句的核心动词（把我都"伟"进去啦）。下面是春晚小品《捐助》中的一个例子。

（5）小沈阳：白大爷，您感觉您亲家是不是很伟大？

白大爷："伟"得太大了，把我都"伟"进去啦。

"伟"的这一特殊用法也是临时语境赋予的。钱大爷和白大爷是亲家，合伙种庄稼，一年共收入了30000元。钱大爷到银行办事，遇到一个捐助现场，本来想捐3000元，一不小心多按了一个"0"，就把银行卡上的钱全捐出去了，亲家的15000元也没了。白大爷刚相了个老伴儿，急着用钱，知道这个事情后又生气又无奈。小沈阳扮演记者追到钱大爷家，这就有了上面的对话。

把字句构式是稳定不能改变的，但是它可以改变用于其中动词位置上的成分的意义和语法性质，不管这个成分原来是什么样子。

5.3.5 SVO构式与"庄稼都基因了"的表达

汉语和英语都是SVO语言，一些本来不是动词的成分，如果被用在V的位置，就会被临时赋予动词的语法特征。在汉语中，一般只有动词才能带体标记"了""着""过"等，如果一个名词性成分临时带上这些标记，也会被自动赋予动词的性质。请看小品《花盆》的例子：

（6）黄宏：牲口都克隆了，庄稼都基因了。土地能长出啥，谁也说不准。

"克隆"是个动词，"基因"是个名词，可是在上述例子中"基因"被临时用作动词，指"转基因"或者"基因改良"。这是构式"S＋Adv＋V＋了"赋予名词"基因"这个用法的，离开这个格式单独说"基因"，就只能是个名词概念。

连词不能用于谓语中心做动词用，也不能带宾语。可是在下面小品《车站奇遇》的例子中，连词"因为"被临时用作普通动词，用在助动词"能"后和宾语"什么"之前。

（7）蔡明：姐之所以嫁给你大爷，那是因为，因为……，我能"因为"点什么呢？

蔡明在竭力找理由，反复说"因为"，又一时难以想出，这句话"我能'因为'点什么呢"中的"因为"就被用作临时动词，指"寻找理由"。连词"因为"这一特殊用法是构式"S＋Aux＋V＋O"临时赋予的。

词类的临时活用都不能离开具体的构式，这种现象不是单纯的意义引申问题，而是与语境、构式等协同合作的结果。

5.3.6 内化的构式与创新表达之关系

本章探讨创新表达背后的构式功能，用"创新"这个词，可能会给人一个感觉，这类表达需要很高的智慧、付出很大的脑力才能想出来。其实不然，虽然我们上述引例都是来自著名笑星的小品，但是这种现象经常发生在大众的日常对话里。这种"创新表达"来自人们内化的构式，往往会在不经意中说出。

一位也是研究语言学的朋友，他给我们提供了一个有趣而很有启发的案例。他的女儿在美国出生，从小就跟周围的美国小孩一起玩，两三岁就能跟其他小朋友用英语交流，她的语气词、感叹词也是美国式的。一天他不小心碰了一下在地上玩耍的女儿，3岁的女儿脱口而出"You ouch me"。

ouch 是英语叹词，表示疼痛难受的情感。英语的词典和教科书都指出 ouch 是叹词，不能像动词那样带宾语。然而这个小女孩非常有创意地使用，而且句子简短有力，比"你碰到了我，让我感到疼痛"的表达要更富有表现力。这个例子说明语言创新表达是说母语的自然语言行为，并不需要特殊的教育或者训练才能做到。

有一种语言学假说认为，说母语者大脑中的语法可能就是由一组结构或者构式组成的。从创新表达的角度来看，这一观点不无道理。

5.3.7 构式理论对自然科学的启发

语言创新背后的机制不仅是语言学界关心的话题，也是自然科学界（特别是脑神经学和认知科学）探讨的问题。乔姆斯基的伟大之处在于他提出了一个问题，就是语言使用背后的生理机制到底是什么，他认为大量语言创新的背后必然受着有限的简单规则支配。这一观点引起了很多自然科学家的兴趣，比如英国的《自然》杂志发表 Searls（2000），尝试寻找人类的语言基因。

但是语言的创新到底表现在什么地方，不同的学派则有不同的认识。在乔姆斯基生成语言学理论框架里，语言创新则表现在表层结构上，"无限创新的表层结构"是由深层的一套简单规则转换生成的。从理论上看，这种假设具有审美价值，然而不切合人类的实际语言应用。如果每个人说话的语言形式是创新，都要临时靠一组深层规则生成，那说话就变成了十分繁重的思维负担，语言交际会成为不可承受的脑力劳动。

从语言创新表达的角度看，创新只是词语搭配或者成分合成，构式是绝对不能随意改变或者临时创新的。在一个语言共同体内部，每一个人的大脑都有一组现成的构式，它们都是事先组装好的，而这些构式是大家共同拥有的，这是他们能够交际的基础和前提。人们在儿童时期就已经习得这套构式，儿童具有这种认知能力。儿童只有在现实语言环境中才能学会语言，他们在学习之外需要观察、概括、记忆，但是每种语言的构式都是有限的，这种记忆认知负担并不大。然而一旦习得这套有限构式，交际就成为一种轻松容易的事情，只用临时的词语搭配就行了，不再需要多余的规则生成表层形式。从认知负担角度讲，语言合成说要优于语言生成说。

美国的《科学》发表多篇文章讨论语言习得的机制。关于这一问题有两种相互竞争的假说：一是人们是通过使用频率和概率来掌握和应用语言的，二是乔姆斯基学派认为的人们是靠天生的一套规则（普遍语法）来习得语言的。乔姆斯基的理由之一是，有些句子出现的概率为"0"，比如他造的经典例子就是这样，然而人们仍然觉得它符合语法。在我们看来，应该分清一个关键问题，这里概率为"0"的是词语的搭配，而它所用的构式则是高频率出现的。概率习得假设有其解释力，儿童必须通过相当数量的语言使用，才能概括出其背后的构式，一旦掌握了这些构式，就可以创造性地运用各种词语组合。一旦一个构式的出现概率为"0"，即构式是完全创新的，它的意义必然是无法理解的。

5.3.8　结语

创新表达只能表现在词语搭配上，构式是一种语言语法最稳固、最核心的部分，不允许做任何的临时变动，自然也不存在"表层形式的创新问题"，否则就会导致交际问题。每种语言的构式数目都是有限的，说母语者可以从语言应用中概括掌握，然后就可以进行无限语言表达创新，说出和理解以前从来没有遇到的句子。

表达创新体现语言的活力和张力，从这个角度可以更全面更深刻地理解构式的作用和功能。一般来说，构式都有自身的独立意义，比如"Mary cooked John a meal"，动词 cook 自身并没有物体传递的意思，然而进入双宾结构则整个表达被构式赋予了这个意思。本章通过对创新表达的分析，证明构式具有强大的功能，能够改变一个词语的概念意义和语法功能。构式的存在保证了特殊语境的新奇表达能被创造和被理解。

5.4 语法结构的选择

5.4.1 引言

迄今为止，语法研究多是以单一的结构类型为研究对象，关注每一结构类型的表达功能。这种研究风格突出表现在结构主义语言学和功能认知语言学理论指导下的汉语研究上。生成语言学虽然感兴趣于不同结构之间的转换，然而只是纯形式的，并没有从语义功能角度考虑不同结构之间的关系。这种研究的结果常得出这样的结论：双宾结构是表达物体传递的，把字结构是表达处置的，话题结构则是表达有定事物的，如此等等。这给人们造成一个印象，每一种结构在表达功能上各自为政，各司其职，互不相干。然而现实语言并非如此简单，同一功能可以选用不同的结构来表达，也就是说不同的结构可以拥有相同或者相近的功能。制约结构选择的因素是揭示语法运作的重要方面，可以使人们认识到不同语法结构之间真正差别所在。本章以物体传递为线索，根据对实际语料的调查，从一个新的角度来探讨语法，由此出发可以找出不同结构之间的内在联系，发现制约结构选择的因素。

5.4.2 可表达物体传递的结构种类

5.4.2.1 表达物体传递的语法结构

现代汉语中用以表达物体传递的语法结构多种多样，最常见的有双宾结构、把字结构、受事主语结构、话题结构等。双宾结构中又分完整的和

不完整的两类，所谓不完整的双宾结构是指省略间接宾语或者直接宾语的
句子，甚至两个成分都不出现。下表是我们对当代口语资料调查的结果，
显示各个结构在表达物体传递功能上的百分比。

完整 双宾结构	不完整 双宾结构	把字结构	受事主语句	话题结构	其他
25%（125）	41%（205）	17%（87）	6%（29）	2%（11）	9%（46）

虽然在表达物体传递上这些结构具有相同的功能，然而它们在其他语法特
征上却存在着重要的差别。下面分别加以分析。

5.4.2.2　完整的双宾结构

双宾结构的抽象格式为：$S + V + O_1 + O_2$。O_1 为间接宾语，通常为
指人名词；O_2 为直接宾语，通常为非生命的物体，即所传递的对象。通常
认为双宾结构是表达物体传递的，而表达物体传递的语法结构主要为双宾
结构。这种观点与语言事实相差甚远。根据我们对当代口语的广泛调查，
并非所有的物体传递功能都能用双宾结构来表达，因为双宾结构的使用有
一个重要的条件限制，即 O_2 必须是不定的，如果 O_2 为有定的，则必须采
用其他结构。例如：

（1）总管，您要能赏给我几个烟泡儿，我可就更有出息了！（《茶馆》）

（2）什么都行，请快些给我点东西吃吧！（《我是猫》）

（3）大哥，给我一两银子，我给妈妈抓药去！（《秦氏三兄弟》）

（4）不看，拿不到人，谁给我们津贴呢？（《茶馆》）

（5）不是也不断地塞给你钱花么？（雷雨）

其中的"几个烟泡儿""东西"等都是不定指的。双宾结构中的 O_2 也可以
是抽象名词，但是仍然必须是不定指的，比如下例中的"一句忠告""几
天时间"等。

（6）老何，为了你的前途我得给你一句忠告。（《编辑部的故事》）

（7）够不错的了，已经匀给你们半片儿天了。（《编辑部的故事》）

（8）我给你们几天时间考虑，好好儿想想，看看到底会损失什么。

（《编辑部的故事》）

（9）你还是给我一次锻炼机会吧，否则我怎么茁壮成长呢？（《编辑部的故事》）

直接宾语的 O_2 偶尔也可以是有定的，但非常少见，在我们的调查范围内只发现了4例，只占全部双宾用例的3%左右。同时还有一个限制，宾语必须有表示有定的词汇标记，诸如"这""那"等。

（10）前儿薛大哥哥求了我一二年，我才给了他这方子。（《红楼梦》第二十八回）

（11）因取我是个些微有知识的，方给我这帖子。（《红楼梦》第六十三回）

（12）一会儿给老刘那个饭票。（《编辑部的故事》）

然而，如果双宾结构中的 O_2 为光杆名词，那么它就只能解释为不定指的，比如"她给老李电影票"中的"电影票"只能是不定指的。可见，间接宾语的基本意义是不定指的。这反映了汉语语法中的词汇标记和结构赋义之间的相互关系。

双宾结构还有另外一个引申用法，所表达的是一种动作行为，而不是物体的传递。比如下例中"给他们个猛不防"就是"突然袭击他们"，"给平儿没脸"就是"让平儿难堪"，等等。英语的双宾结构也有类似的现象，比如 give me a hand 意思是 help me。然而这种用法受到很大的限制，只有少数给对方带来外在影响的动作行为才可以，并不是能产的，而且这类结构多表示消极意义的动作行为。例如：

（13）我们竟给他们个猛不防，带着人到各处丫头们房里搜寻。（《红楼梦》第七十四回）

（14）为听了旁人的话，无故给平儿没脸。（《红楼梦》第四十四回）

（15）我打死你也无益，只给你个利害罢。（《红楼梦》第四十七回）

（16）姑娘还没醒呢，是谁给了宝玉气受，坐在那里哭呢。（《红楼梦》第五十七回）

（17）再不带我看看，给你一顿好嘴巴。（《红楼梦》第七回）

（18）你总得给我个适应过程，你说是不是？（《编辑部的故事》）

（19）你这人真没劲，不能给你好脸。（《编辑部的故事》）

还有一种复杂的双宾结构，动词为"V述说＋给"构造，直接宾语为述说内容，可以包含多个小句。例如：

（20）说给你男人，外头所有的账，一概赶今年年底下收了进来，少一个钱我也不依的。（《红楼梦》第七十二回）

5.4.2.3　不完整的双宾结构

不完整的双宾结构是指直接宾语或者间接宾语缺省，甚至两者都缺省的句子，它们一般不被看作双宾结构。不同成分的缺省概率差别很大，最常见的是间接宾语的缺省，其次为直接宾语，两者都省的比较少见。根据我们的调查范围，它们缺省的比例为：

间接宾语缺省	直接宾语缺省	直接宾语和间接宾语缺省
76%（155）	21%（42）	3%（7）

这与英语双宾结构的省略形成鲜明的对比，英语的双宾结构一般是不能省略间接宾语的，如果省则只能省略直接宾语，间接宾语则必须保留，更不允许两者都省。比如 John sent Mary a present，可以说 John sent Mary，但是不能说 *John sent a present 或者 *John sent。汉英之间的这种差别可能是由于两种语法系统的整体性质不同造成的，这一问题值得进一步探讨。

一、间接宾语省略。间接宾语大都是指参与交际者中的一方，语境往往可以确定谁是接受者，因此常常可以省略。例如：

（21）不知道您花了多少，我就给这么点吧！（《茶馆》）

（22）谁给饭吃，咱们给谁效力！（《茶馆》）

（23）要是洋人给饭吃呢？（《茶馆》）

（24）不让吃菜，还就给这么点儿馒头？（《编辑部的故事》）

（25）添人得给工钱，咱们赚得出来吗？（《编辑部的故事》）

二、直接宾语省略。P 代表的往往是新信息，所以省略的情况就比较少，一般是前文已经提到的 P 才可以省略。比如下例中的"首饰"前一句话已经提到过，因此"给你妈"后就可以省略。例如：

（26）不如借了他的，改日加倍还他也倒罢了。（《红楼梦》第二十四回）

（27）我若和你张口，你岂肯借给我。（《红楼梦》第二十四回）

（28）赶明儿我一总还给你，那一共才有几个钱呢！（《茶馆》）

（29）回头叫账房拿四十块钱给二少爷，说是给他买书的。（《雷雨》）

（30）你不也有点首饰么？你拿出来给你妈开开眼。（《雷雨》）

三、直接宾语和间接宾语皆省。这种用法依赖语境的程度更高，理解起来比较费劲，容易造成歧义，所以很少见。例如：

（31）婶子若不借，又说我不会说话了，又挨一顿好打呢。（《红楼梦》第六回）

5.4.2.4　连动结构

表达物体传递的另一个常见的格式是连动结构，其格式为：$S + V_1 + O_{传递物} + V_2 + O_{接受者}$。$V_1$ 为引出所传递物体的具体动作行为。这种语法环境不允许接受者 $O_{接受者}$ 后再出现传递物体 $O_{传递物}$，可以看作为了避免重复，但是这是语法的强制要求，而不是一种修辞现象。所以这类连动结构与双宾结构之间具有互斥性，一旦采用其中一个结构就会排斥另一结构的使用。例如：

（32）大姐儿因为找我去，太太递了一块糕给他。（《红楼梦》第四十二回）

（33）掏出两个笔锭如意的锞子来给他瞧。（《红楼梦》第四十二回）

（34）另日再挑个好媳妇给你。（《红楼梦》第四十四回）

（35）也不该拿着我的东西给那起混账人去。（《红楼梦》第二十八回）

（36）贾母忙命拿几个小机子来，给赖大母亲等几个高年有体面的妈妈坐了。（《红楼梦》第四十三回）

（37）说我利害，要拿毒药给我吃了治死我。（《红楼梦》第四十四回）

上例中的"太太递了一块糕给他"就不能说成"*太太递了一块糕给他一块糕"。造成这种语法限制的原因为，前一个动词引进的P不论是有定的还是无定的，第二次出现时就转换成有定的，然而双宾结构的直接宾语要求为无定的，两者语法特征矛盾，结果有定的P就不能再出现在直接宾语的位置。

$O_{传递物}$也可以出现在更远的上文中，那么V_1后也不能再重复$O_{传递物}$。比如下例中"我那块"已经出现在前一句子中，就不能再出现在"拿"之后，不能说"*可不是我那块！拿来给我我那块吧"。

（38）可不是我那块！拿来给我罢。（《红楼梦》第二十七回）

（39）哄你顽呢，我有好些呢。留着年下给小孩子们罢。（《红楼梦》第四十二回）

如果$O_{传递物}$为疑问词，那么即使前面有其他动词引入，间接宾语之后仍然可以再出现一次，表示量上的相关性。即该结构具有特殊的表达效果，而不是上述规律的例外。例如：

（40）老爷便叫买他的，要多少银子给他多少。（《红楼梦》第四十八回）

5.4.2.5 把字结构

把字结构的语法特征主要有两个：一是所引进的受事名词必须是有定的，二是谓语动词必须带有某种结果成分。表达物体传递的语法结构相当大一部分是把字句，占该类用法的17%左右，然而这类用法有严格的条件限制：表示所传递物体的名词必须为有定的，即$O_{传递物}$为定指的，这样与把字结构的第一个语法特征相符合。此外，物体传递涉及采取某种具体的动作对$O_{传递物}$的位置移动，从S到达$O_{接受者}$，这也可以看作"处置"之一种，"到达$O_{接受者}$"也可以看作是一种结果状态。也就是说，表达物体传递的语义结构与把字句的第二个特征也接近。这也就是当直接宾语为有定时，多使用把字结构的原因。

一、$O_{传递物}$为光杆名词。"把"所引进的名词必须是有定的，那么就自动赋予一个光杆$O_{传递物}$以"有定"的语法特征，比如下例中的"信""药"

等都是指的某一特定对象。例如：

（41）那你把信给我，让我自己走吧。(《雷雨》)

（42）怎么您下楼来啦？我正要给您把药送上去呢！(《雷雨》)

（43）牛大姐，这事儿没问题，他已经把名片给我们了。(《编辑部的故事》)

（44）您把合同给我瞧瞧啊，我也长长见识。(《编辑部的故事》)

（45）这冰箱算我买的，回头我把钱给你，我砸锅卖铁也一分钱不少你！
（《编辑部的故事》)

虽然从合乎语法上讲，上述用例可以变换成双宾结构，但是变换前后的语义表达却有本质的差别。比如"你把钱给我"可以说成"你给我钱"，然而前一个"钱"指特定的某一宗，后者则是任何一宗。也就是说，两种格式的语义值并不相等，使用哪一种并不是自由的选择，而是取决于 P 的有定无定特征。

二、O_{传递物}为偏正结构。定语修饰语多为有定性成分，通常为指示代词或者人称代词。例如：

（46）把抽屉的钥匙交给周萍。(《雷雨》)

（47）把这些钱也给她瞧瞧，叫她也开开眼。(《雷雨》)

（48）我不该把这个孩子一个人交给她父亲管的。(《雷雨》)

（49）那我把那复工的合同给你瞧瞧。(《雷雨》)

（50）我的心肠一软呢，就把她地址给他了。(《编辑部的故事》)

（51）回头您把那气功绝食教给我。(《编辑部的故事》)

上述用例的 O_{传递物}已经有了表示有定的词汇标记，这与双宾结构的直接宾语一般为无定的特征相抵触，因此一般不能转换成双宾结构。例如：

（52）* 我的心肠一软呢，就给他她地址了。

* 回头您教给我那气功绝食。

* 交给周萍抽屉的钥匙。

* 现在银行抵押给友华公司最后一大片房地产。

* 也给她这些钱瞧瞧，叫她也开开眼。

＊我不该交给她父亲这个孩子一个人管的。

＊那我给你那复工的合同瞧瞧。

特别是当"传递物"为人称代词时，绝对不允许再转换成双宾结构。这跟代词自身表有定的语义特征有关。

（53）是一个熟人把她介绍给我。　→＊是一个熟人介绍给我她。

偏把我给了林姑娘使。　　　　→＊偏给了林姑娘我使。

有一种特殊的情况值得注意，直接宾语与把所引进的有定"传递物"之间具有部分与整体的关系。要表达这种语义内容，除了把字结构外，似乎没有别的选择。例如：

（54）我希望父亲允许我把我的教育费分给她一半上学。（《雷雨》）

（55）顺手儿把剩茶递给老人一碗。（《茶馆》）

5.4.2.6　话题结构和受事主语句

话题结构和受事主语句的共同特点是，P 或者 R 出现于句首，而且都是表示有定的，所不同的是，话题结构中 P 后仍有主语 S 出现。它们的抽象格式为：

（一）$NP_{传递物}$ ＋（A）＋V＋$O_{接受者}$：直接宾语话题化

（二）$NP_{接受者}$ ＋（A）＋V＋$O_{传递物}$：间接宾语话题化

有一点特别值得注意，话题化的成分通常是代表所传递物体的名词 P，很少是 R。在表达物体传递上，把字结构、话题结构和受事主语句之间具有共性，P 都是有定名词。把字句与受事主语句之间具有内在的联系，很多处置式去掉"把"字就变成了受事主语句。

一、$NP_{传递物}$被话题化的结构

（56）这件事我交给珍哥媳妇了。（《红楼梦》第四十三回）

（57）我的东西，他私自就要给人。（《红楼梦》第五十一回）

（58）一个萝卜人给你硬不要。（《编辑部的故事》）

（59）这点儿面子他得给我。（《编辑部的故事》）

话题可以形成一个链，统摄几个相邻的句子，因此被话题化的 P 可以出现在相隔的句子中，比如下例（61）中的"这些东西"与"给你"之间还有另外一个句子相隔。

（60）那茯苓霜是宝玉外头得了的，也曾赏过许多人，不独园内人有，连妈妈子们讨了出去给亲戚们吃，又转送人，袭人也曾给过芳官之流的人。（《红楼梦》第六十一回）

（61）这些东西我却还有，只是你也用不着，给你也白放着。（《红楼梦》第四十二回）

（62）大毛衣服我也包好了，交出给小子们去了。（《红楼梦》第九回）

二、NP_{接受者}被话题化的结构

（63）怎见得我们就该擦桂花油的？ 倒得每人给一瓶子桂花油擦擦。（《红楼梦》第六十二回）

（64）罪犯还给出路呢。（《编辑部的故事》）

这种结构有歧义，比如上例中的"每人给一瓶子桂花油"可以有两种解释：一是"每人给了某个人一瓶子桂花油"，二是"某人给了每个人一瓶桂花油"。间接宾语话题化容易导致歧义，因此间接宾语话题化的现象非常少见。

如果 NP_{传递物}为复杂的名词结构时，也通常采用受事主语句。比如下例中的"这些没要紧的恶誓、散话、歪话"和"这一碗笋和这一盘风腌果子狸"都是复杂的 NP_{传递物}，置于间接宾语之后就不大自然。

（65）这些没要紧的恶誓、散话、歪话，说给那些小性儿、行动爱恼的人、会辖治你的人听去！（《红楼梦》第二十二回）

（66）这一碗笋和这一盘风腌果子狸给颦儿宝玉两个吃去，那一碗肉给兰小子吃去。（《红楼梦》第七十五回）

三、NP_{传递物}的受事主语句

（67）前儿把那一件野鸭子的给了你小妹妹，这件给你罢。（《红楼梦》第五十二回）

（68）我的槟榔从来不给人吃。（《红楼梦》第六十四回）

（69）我给的那个荷包也给他们了？（《红楼梦》第十八回）

（70）你的心已经许给了他。（《雷雨》）

（71）那合同都给他。（《编辑部的故事》）

（72）这事儿交给您办了。（《编辑部的故事》）

（73）这任务就交给您了。（《编辑部的故事》）

表面上看来，受事主语前可以直接加上"把"转化为处置式，比如"那合同都给他"可以说成"把那合同都给他"，"这事儿交给您办了"可以说成"把这事儿交给您办了"，等等。然而谓语动词如果有否定词的话，这类受事主语句就不能直接转化把字句，比如"我的槟榔从来不给人吃"就不能直接转换，而要把"从来不"移前才可以，只能说"从来不把我的槟榔给人吃"。从这个角度可以看出受事主语句与把字句的性质并不一样。

5.4.2.7　轻动词构成的格式

汉语中还常有一种"给"字格式，在 $NP_{接受者}$ 和 $NP_{传递物}$ 之间插入一个意义比较抽象的轻动词（V_2），诸如"来""弄"等，其抽象格式为：$S + 给 + NP_{接受者} + V_2 + NP_{传递物}$。例如：

（74）我给你们弄壶茶来！（《茶馆》）

（75）你可别给我来一个光能说不能干的少爷。（《编辑部的故事》）

（76）您给我来一二两花卷儿。（《编辑部的故事》）

（77）回头我给您弄几十袋减肥茶了。（《编辑部的故事》）

（78）给我来瓶儿啤酒，一桶可乐，一份儿三明治。（《编辑部的故事》）

（79）您给我也来一份儿煎饼。（《编辑部的故事》）

上述用例可以看作双宾结构的一种变式，去掉这些轻动词，格式仍然成立，比如"给我来一二两花卷儿"也可以说成是"给我一二两花卷儿"。上述结构有三个特征值得注意：第一，一些副词可以出现在"给"前，如"您也给我来上一篇"，也可以出现在轻动词前，如"您给我也来一份儿煎饼"；第二，"给"和轻动词哪一个是谓语核心，不大容易确定，如果以能否加体标记为标准，轻动词是核心，因为"了"等只能加在轻动词上，比如可以说"给我来了瓶儿啤酒","给"后则不能加"了";第三，$V_1 +$ NP$_{接受者}$与 $V_2 +$ NP$_{传递物}$之间是连动结构还是状中结构，从总体上看，分析成状中结构比较合适，虽然一些"给"仍保留很强的动作性。这可以从"给"和"送"的双宾结构对比中看得出来。"给"已经发展出各种介词用法，其中一个功能是引进受益者，比如"给孩子做饭"，其中的"给孩子"只能分析为介词短语做状语。然而"送"则只能做动词，没有介词用法，它所在的双宾结构就不能加轻动词，比如不能说"* 送我来瓶儿啤酒"。由此可见，上述格式中的"给"实质上是介词性质的，所构成的介词短语做状语。

"给"还可以加在核心动词之后引入 R。给字短语在核心动词前后的意义是有所不同的，在前主要强调所引进的对象为受益者，物体并不一定传递到 R，比如"我每日给他临一篇"并不一定把所临的字画送给"他"，可能先放在绘画者这里，只是心里有送给"他"这个愿望；但是"我每日临一篇给他"则通常是指把每天临好的画送给"他"。例如：

（80）见我去了，林姑娘就抓了两把给我，也不知多少。(《红楼梦》第二十六回)

（81）下剩的，我写个欠银子文契给你。(《红楼梦》第二十五回)

（82）我们每人每日临一篇给他，搪塞过这一步就完了。(《红楼梦》第七十回)

（83）怪道你送东西给我，原来你有事求我。(《红楼梦》第二十四回)

（84）赵奶奶你有零碎缎子，不拘什么颜色的，弄一双鞋面给我。(《红楼梦》第二十五回)

还有一个相关的结构值得注意。上述一些用例可以做这样的转换：V ＋ NP$_{传递物}$ ＋ 给 ＋ NP$_{接受者}$→V ＋ 给 ＋ NP$_{接受者}$ ＋ NP$_{传递物}$。右边转换式属于双宾结构。比如"林姑娘就抓了两把给我"可以说成"林姑娘抓给了我两把"。但是左边和右边的句式意义并不相同，右边表示具体动作和给予行为紧密相连，没有时间间隔，但是左边的则可以有时间间隔，因此凡是与给予行为有时间间隔的动词不能变换成右式，比如不大能说"? 我画给他一幅画""? 我做给他一件衣服"等。这也是语法临摹性的一种表现，左式中 V 和"给"被 P 相隔，其线性距离远，其时间间隔也大；右式中 V 和"给"紧邻，它们在时间上也是紧邻的。

5.4.2.8 否定与焦点

否定与焦点也是影响物体传递格式的因素之一。表达极小量的 NP$_{传递物}$ 移到动词之前表示完全否定，这里的 NP$_{传递物}$ 也是不定指。例如：

（85）只会骗人的钱，一剂好药也不给人吃。（《红楼梦》第五十二回）

（86）我要是大少爷，我一个子儿也不给您。（《雷雨》）

现代汉语的焦点化标记为由判断词发展而来的"是"，谓语之前含名词成分的短语可以直接在其前加"是"而被焦点化。然而要焦点化宾语，就必须先把动词之前的成分转换成"的"字结构，然后在宾语之前加"是"：S＋V＋O→（S＋V＋的）＋是＋O。比如"我昨天上了法语课"的宾语焦点化格式为"我昨天上的是法语课"。

双宾结构的焦点化有其独特之处，它不能像普通的动宾结构那种方式焦点化，即不能在谓语动词之后加"的"，然后在双宾语之前加"是"，比如"他送了王老师一束花"就不能焦点化为"﹡他送的是王老师一束花"。双宾结构的直接宾语焦点化格式只能是：

$$S＋V＋O_{接受者}＋O_{传递物}→[（S＋V＋O_{接受者}）＋的]＋（是＋O_{传递物}）$$

也就是说，只有直接宾语才可以被焦点化，因为焦点化的成分代表的是句子的新信息，直接宾语一般为所要表达的新信息。例如：

（87）咱们文化人儿给小朋友的就是一片爱心。（《编辑部的故事》）

他送王老师的是一束鲜花。

但是，并不是所有的双宾结构都可以这样，只有 NP$_{传递物}$ 为代表可传递事物的具体名词时才可以，引申为表示动作行为的双宾结构都不允许这种变换。例如：

（88）您要能赏给我几个烟泡儿。　　　→他给我的是几个烟泡儿。

您一定得给我一张票。　　　　　→他给我的是一张票。

来来给我点儿茶叶。　　　　　　→他给我的是茶叶。

谁给我们津贴呢？ →他给我们的是津贴。

（89）我们竟给他们个猛不防。 →*我们给他们的是个猛不防。

你总得给我个适应过程。 →*他给我的是个适应过程。

你这人真没劲，不能给你好脸。 →*我给你的是好脸。

为听了旁人的话，无故给平儿没脸。→*她给平儿的是没脸。

我打死你也无益，只给你个利害罢。→*我给你的是一个利害。

如果要焦点化间接宾语，就比较复杂，先要把直接宾语置于句首，然后把（V＋O$_{接受者}$）转换成"的"字结构，并在其前加"是"。双宾结构的间接宾语焦点化格式为：NP$_{传递物}$ ＋ 是 ＋ V ＋ NP$_{接受者}$ ＋ 的。移前 NP$_{传递物}$如果为有定，通常加指示代词或者零标记；如果为不定，要在其前加"有"。比如下例的"那一箱是给林妹妹带的"焦点化的是"林妹妹"，意思是说"是给林妹妹而不是给其他人"。

（90）冰箱是赞助给你们编辑部的。

那一箱是给林妹妹带的。

有一个包裹是寄给大姐的。

5.4.2.9 由双宾结构构成的连动式

汉语的双宾结构还有一个显著的特点，后面可以再加一个动词性成分，构成一个连动结构。其他语言（如英语）的双宾结构就没有这个功能。所构成的连动式的抽象格式为：

（S＋V＋O$_{接受者}$＋O$_{传递物}$）＋VP

最常见的情况是，O$_{接受者}$为 VP 的施事，O$_{传递物}$为 VP 的受事。比如下例中的"给我碗茶喝"，间接宾语"我"是"喝"的施事，"茶"是"喝"的受事。例如：

（91）送给我碗茶喝，我就先给您相相面吧！（《茶馆》）

（92）您是积德行好，赏给她们面吃！（《茶馆》）

（93）完不完，并不在乎有人给穷人们一碗面吃没有。（《茶馆》）

（94）我想请父亲给我点实在的事情做，我不想看看就完事。（《雷雨》）

（95）那么我给你一件东西看。(《雷雨》)

（96）去，给你个烟卷头抽。(《日出》)

5.4.3　制约结构选择的因素

以上的分析显示，双宾结构的主要功能是表达物体传递的，但是可以表达物体传递的结构远远不限于双宾结构。根据以上的分析，制约结构选择的因素有以下几种：

一、有定性

从跨语言的角度看，有定性是影响人类语言的句子语序的重要因素之一。就汉语来说，谓语之前的光杆名词被自动赋予一个有定语义特征，它们要表示无定就必须借助某种词汇手段；之后的则被自动赋予一个无定特征，要表示有定也必须借助词汇的手段。结果就形成了一种明显的倾向性，谓语之前的名词性成分倾向于有定的，谓语之后的名词则倾向于无定的。总体上讲，这是一种倾向，但是具体到特定的语法结构，就变成一种严格的语法规律。

当表示物体传递时，按照指示传递物的名词的有定无定选择不同的语法结构：如果名词是无定的，则通常选择所谓的双宾结构；如果名词是有定的，则选择把字结构或者话题结构。这是一条十分严格的规律，98% 的用例都符合这一规律。

二、同指限制

同指限制在语篇里可能是一种倾向性，然而在单一句子里可以上升为严格的语法规律。上文的分析已经看出，在连动结构的句子中，如果名词已经在上文出现，那么后面的给予类动词就不能再带同一个直接宾语，也就是说不能再使用完整的双宾结构。这是严格的语法规律，违背它就会造成不合语法的句子。

三、否定、焦点和话题化

在表达物体传递时，很多别的因素也会影响双宾结构的使用。根据我们所统计的范围，只有 31% 的这类表达才使用双宾结构。除了上面所谈的两种因素外，还有否定、焦点和话题化等因素会影响到双宾结构的使用。否定往往会引起语序的改变，主要表现在表达完全否定时会把所否定对象移到谓语动词之前，比如"他一分钱没给过我"。焦点也是让很多结构变形的因素之一，汉语的焦点标记"是"不能直接加在宾语之上，那么要焦点化双宾结构的直接宾语，必须先把直接宾语之前的成分转换成"的"字结构，然后在直接宾语之前加"是"，结果就造成了双宾结构的解体，比如"她送给我的是一束鲜花"。话题化也是影响双宾结构使用的因素之一，不论是直接宾语还是间接宾语，都有可能被话题化而被置于句首，从而限制双宾结构的使用。

四、句法的轻重

结构的选择也与句法上的轻重概念（weight）有关，该概念所指的是句子成分的长度或者复杂程度。比如从句主语或者宾语就比单纯名词充当的重，名词又比代词重。跨语言的现象表明，句子成分的轻重影响它们的语序分布，存在两种倾向性：

第一，对于 VO 语序的语言，语序为：短成分 > 长成分。

第二，对于 OV 语序的语言，语序为：长成分 > 短成分。

汉语属于 SVO 语言，拥有第一种倾向性。句法轻重也是影响汉语双宾结构使用的因素之一。因为间接宾语（R）和直接宾语（P）是两个前后紧邻出现的句法成分，受句法轻重的限制，一般应为：P ⩾ R。然而如果出现相反的情况，就要改变语序，有两种办法：一是用介词"给"把重的 P 移到 R 之后，二是把 R 置于谓语动词之前。例如：

（97）? 我送了那个去年给我们上现代汉语的王老师一束花。

我送了一束花给那个去年给我们上现代汉语的王老师。

我给那个去年给我们上现代汉语的王老师送了一束花。

句法轻重的限制只是一种倾向性，不是严格的规律，然而这种倾向性是十分鲜明的。

5.4.4　结语

　　本章以表达物体传递这一语法范畴为主线，探讨制约语法结构的选择或者影响语序的种种因素，目的是想打破以前语法研究的一个观念：语法结构和语义功能是简单配对的。我们的分析表明，影响语法结构使用的因素，除了语义功能外，还有否定、焦点、话题、有定性、共指限制、句法轻重等。只有从多个角度看问题，才能把握住语法的整体性，弄清语法运作的机制。任何语法结构都不是孤立存在的，它们被种种因素连接在一起，组成一个精密的网络系统，有效地保证我们的交际顺利进行。

5.5 语法规律的类型

5.5.1 引言

　　科学探索的共同目的是寻找事物现象背后的规律。语言科学也不例外，语言学研究的首要任务是确立纷纭复杂、司空见惯的语言现象背后的规律。每个人都感觉到说话是一种完全自由的个人行为，其实背后受着各种各样规律的支配。

　　人们对于规律的探讨往往来自对美的追求的内在动机，并不纯粹是一种功利目的。审美和规律具有内在的联系，只有那些和谐、简洁和有规则的事物现象才能给人们以审美观照，不论是视觉还是听觉都是如此。本章将从比较宏观的角度来审视语言的审美价值，可用来指导语言研究实践。

5.5.2 科学概念和规律形态

　　语言学界关于科学概念存在着很多片面认识。不少人认为只有演绎规律才是科学的，形式化的、答案明确的分析才是科学的。这些观念的形成与科学发展史有关，也与一个人的教育背景不无联系。早期的科学规律的形态大多是演绎的，诸如平面几何、经典力学都是如此。一个人从小学到上大学之前所学习的大部分科学课程，其规律大都具有形式化和答案明确的特点。然而随着科学的迅速发展，人们对世界的认识越来越深入系统，学科也变得丰富多彩，使得人们认识到自然界的规律也是具有多种形态的。规律的大的类别有以下四种，分别对应于不同的学科：

（一）演绎规律：经典数学和力学等。

（二）统计规律：遗传学、气象学等。

（三）功能或目的规律：生物学、生命科学等。

（四）发生规律：植物学、化学等。

上述的学科与规律类型之间的对应只是大致的，只强调该学科的主要规律形态是如此，而且也不排斥一种学科有多种规律的可能性。欧几里得几何学是一个典范的公理化系统，依赖几个初始的公理，运用几个规则，演绎出整个系统的定理。遗传规律并不是必然的，往往是一种或然性的，只有通过统计才能发现。构成一个生命体的部分往往有它的功能，生命体往往为了适应环境的目的而调整自己。植物由种子发芽遵循着一定的由遗传基因规定好的规则一步一步长成。缤纷的世界存在着多彩多姿的美，它们的背后是形态不同的规律。

科学中的四种形态的规律都普遍存在于语言之中，而且它们之间没有主次优劣之分。那么，只重视其中个别规律形态的研究就会得出偏颇的结论。比如不少功能主义语言学的学者只看到了统计性的规律，因而得出结论说语言学是一种人文科学，不存在严格的规律。生成语言学的学者过于迷恋演绎性的规律，认为它优于其他类型的规律，因此认为自己的研究是"纯科学"的，其他的语言学流派则是科学性比较低的。

5.5.3　语言规律的四种形态

5.5.3.1　演绎规律

演绎规律是指前提真，按照一定的逻辑规则推出的结论也一定真。演绎规律具有逻辑上的严谨性和必然性，因此为人们所推崇。它的局限性是无法保证其前提的真假，其前提的正确性需要归纳、类比甚至想象推测等思维活动，因此演绎方法并不是自足的。语言中也存在着演绎规律，下面分别列举英语和汉语的现象来说明。

一、所有英语由限定动词构成的句子都必须有主语。这一规则是没有例外的，由此可以导出适用于任何句子的结论：这个句子的谓语动词是限定形式，所以它必须有主语，否则将是不合法的。例如：

（1）a. Nancy knows my parents.

*Knows my parents.

b. Nancy and David know my parents.

*Know my parents.

c. My daughter has prepared lunch today.

*Has prepared lunch today.

至于英语的限定动词句为什么必须有主语，还需要进行科学的论证。这跟英语动词的概念结构有关。

二、所有汉语中能够为程度词序列"有点儿—很—最"分别修饰的形容词都能够被"不"否定。这一规则也是没有例外的，因此可以导出一个永真的命题：这个形容词可以被程度词修饰，所以它一定可以被"不"否定。同时不能受程度词修饰的形容词也都不能被"不"否定。例如：

类一：大——有点儿大　很大　最大　不大

中——*有点儿中　*很中　*最中　*不中

小——有点儿小　很小　最小　不小

类二：热——有点儿热　很热　最热　不热

温——*有点儿温　*很温　*最温　*不温

冷——有点儿冷　很冷　最冷

能否加程度词与能否被否定之间存在着内在的联系。自然语言的否定实际上是一种程度否定，"不"否定形容词的实际含义是"达不到某种程度"或者"比某个程度低一个量级"。比如"这瓶墨水不黑"是指黑的程度不高，而颜色仍然是黑的。那么就自然要求，凡是能够被"不"否定的形容词必须能够分出大小不同的量级。

5.5.3.2　统计规律

人们对统计规律往往缺乏认识。我们曾经针对很多人做过一个试验，是问对下面一则天气预报的反应：

（2）明天有可能下雨，也有可能不下雨，下雨和不下雨的可能性各占50%。

几乎所有的人都认为，这段话等于没说，什么信息都没有告诉我们。其实上段话传递了重要的信息。做这种预报的人既可能是一个滥竽充数者，也可能是一个高明的专家。到底属于哪一类人，单靠一次、两次或者少数次数的预报是看不出来的，但是通过大量的预报就可以看得出来。比如说这样预报了100次，有50次左右都是下雨了，或者50次左右没有下雨，说明这个人的预报是非常准确的，应为气象学的大专家。然而偏离50次太多的话，那就是乱预报了。50%的概率是非常高的。比如到某个地方游泳有50%的生命危险，没有什么人敢冒这个危险的。气候受各种不确定因素的影响，很多时候无法做到100%准确，大多属于概率性的规律。

语言中也存在着概率性的规律。我们为此也做过一个长期的试验，让过去几年教过的500个左右的学生用这三个词分别造一个句子：介意、记得、铭记。结果显示，90%以上的人都是把"介意"用于否定句或者疑问句，几乎100%的人都是把"铭记"用于肯定句，"记得"则没有明显的规律。我们又对大量的反映口语的材料做了调查，99%的"介意"例子都是否定或者疑问。如果没有大量的统计，这种规律是无法发现的。英语中也有类似的现象，其动词mind、matter等也都是多用于否定结构。

5.5.3.3　功能或目的规律

任何语法结构或者标记都有它的表达功能，也都有它的使用规律，语言中不存在没有意义的语法手段。比如汉语的指人复数标记"们"，似乎名词有它没它没什么关系，都可以表示复数。然而"们"真正的功能是表示特定范围内的全部成员，而且所组成的名词短语如果没有其他限定成分时，只能出现在谓语动词之前。这说明"们"不光有意义，而且还有特殊的语法功能。例如：

（3）老师们大家都通知到了。　　*我们都通知到了老师们。

　　同学们我都问过了。　　　　*我都问过了同学们。

英语动词词缀 -ing 的语法意义是某一瞬间动作行为的进行状况，即它没有时间的延展性，因此它具有消除动词时间过程的作用。这一特征使得它具有把动词名词化的功能，因为名词的典型特征是非时间性质的。下面是有关的名词：

（4）findings；filings；surroundings；writings；belongings

语言是一种交际工具，它的语法标记的设立往往是为了满足交际的明晰性。人类语言有一个明显的倾向性：凡是句子基本语序为 SOV 的语言具有宾格或者主格标记。形成这种现象的原因是，主语和宾语都出现在谓语动词之前，它们通常是名词，加上省略、话题化等语用因素会影响到对它们语法地位的判断，因而容易引起歧义。最值得深思的例子是甘肃的临夏方言，它因为受基本语序为 SOV 的藏语的影响，而大量出现 SOV 用例，为了交际明晰性的目的，该方言也出现了宾格标记"哈"。例如：

（5）　　临夏方言　　　　　　　　普通话

我这个人哈认不得。　　　　我不认识这个人。

我他哈劝了半天。　　　　　我劝了他半天。

他哈我劝了半天。　　　　　我劝了他半天。

玻璃哈打破给了。　　　　　玻璃被打破了。

"哈"标记其前的成分为动词的受事。有趣的是，临夏方言的受事主语也常用"哈"标记，比如"玻璃哈打破给了"。

5.5.3.4　发生规律

新的语法现象不断产生，其产生过程往往遵循着一定的规律。新的语法现象的产生往往跟高使用频率有关，新的语法现象最常出现在高频率的词上，两个高频率共现的词容易发生融合而改变其间的语法关系。下面以汉语动补结构带宾语来说明这一点。

有一条限制汉语动补结构带宾语的规律：凡补语语义指向为施事主语的动补短语一般不能带受事宾语，比如不能说"* 她看累了书""* 他吃胖了肉"等。但是这一规则正在被打破，出现了两个例外：

（6）他吃饱了饭。　　　　　　　　他喝醉了酒。

这一规则的打破原因是，"吃"和"喝"都是高频率词，而且它们最常搭配的结果补语分别为"饱"和"醉"，这样长期高频率使用的结果使得"吃饱""喝醉"凝固成复合词一类的东西，因而可以带上宾语。目前这只是个别现象，但是随着这类"例外"的增加，原来的语法规律就会完全被打破，从而产生一个新的语法规律。

由于社会文化方面的因素，不同语言的相同概念的动词所搭配的词语不一样，那么有关的句法行为也不一样。还以"吃"概念为例，它在汉语和英语中与"病"和"饱"的搭配截然相反，请看我们的统计结果：

（7）吃＋饱　2,180,000；　吃＋病　16,900；　吃饱：吃病＝130：1

　　　　eat＋full　51；　　eat＋sick　507；　　eat full：eat sick＝1：10

汉语中"吃"跟"饱"的搭配频率远远高于跟"病"的搭配频率，前者是后者的130倍；然而在英语中 eat 跟 full 的搭配频率远远低于跟 sick 的，后者是前者的10倍。英语中也有类似于汉语动补结构的格式，其情况恰好与汉语的相反，eat-sick 可以自然运用其中，而 eat-full 则有问题。

（8）Mary ate herself sick.　　　　　　? Mary ate herself full.

5.5.4　规律的类型与语言学流派

5.5.4.1　四种规律与当代语言学流派

从上面的讨论中我们可以看到，四种形态的规律在自然语言中都普遍存在着。乔姆斯基学派只注重第一种而忽略了其他三种，大大地限制了自己的研究视野。我们从生成语言学派的论著中，看不到统计数字，看不到关于语法手段的交际功能的说明，更看不到关于语法发展规律的探讨。当然不能苛求任何一个语言学流派探讨所有类型的语言学规律，但是生成语言学的最大误区是认为，只有演绎的才是科学的、严谨的，其他形态的规律都是科学性比较低的，应该向他们的标准"提升"。然而从科学的角度来看，只有揭示事物本质的规律才是科学的，那些人为地扭曲现象而迁就某种规律形态的做法，是违背科学精神的。

就追求的目标和学科所采用的描写手段，当代语言学流派与上述四种规律之间有以下的大致对应关系：

（一）演绎规律：转换生成语言学。

（二）统计规律：篇章语言学、语料库语言学。

（三）功能规律：功能语言学、语言类型学。

（四）发生规律：语法化理论、历史语言学。

从科学哲学的角度来看，不同语言学流派之间可能并不是不相容的，它们可能是从不同的侧面揭示不同类型的语言规律。

5.5.4.2　探索语言规律的思维工具

语言规律是丰富的、复杂的，发现其中的规律是一种艰苦的科学探索，因而要求研究者必须具备有关方面的科学思维的训练。古人云"功夫在诗外"，作出好诗并不是只抱着别人的诗歌学习就行了。语言学也是如此，要做好语言学研究，不能够一天到晚泡在语言学专著中，必须学习相关的学科。对语言学研究最有帮助的是数学和逻辑学的知识，它们分别为探讨四种类型的规律提供了思维工具。下面是规律的类型与有关的工具学科：

（一）演绎规律：形式逻辑、经典数学、数理逻辑。

（二）统计规律：概率论、模糊数学、模态逻辑。

（三）功能规律：逻辑学、统计学。

（四）发生规律：分形数学、逻辑学。

除此之外，研究好语言学还要有一个合理的知识结构。传统的教育中过于注重专业知识的积累，而忽略了相关学科知识的培养，这是导致个人学术创建能力低、学科长期停滞不前的原因。专业知识与相关学科的知识如同建筑中的打地基和脚手架的关系，一栋大厦需要深厚而坚固的地基，但是没有脚手架和吊车，建筑材料送不上去，也盖不成大厦。语言学专业者还需要有外语、哲学、心理学、社会学等领域的知识。

5.5.4.3 不完全归纳推理的缺陷

传统语言学的研究，特别是结构主义语言学的研究，最常用的方法是不完全归纳推理。它是根据对一类现象的部分成员的观察，得出适合于该类现象的所有成员的结论。这种结论往往缺乏可靠性，它与统计规律的或然性不同：统计规律是针对不确定现象的准确描述，而不完全归纳法所得出的结论则是由于所使用方法的缺陷而没有真正揭示事物的规律。举一个传统语言学关于形容词语法特征的概括方式来说明这种方法的局限性。当一个人看到常见的形容词都可以加程度词"很"，比如"很好、很大、很老、很漂亮、很干净"……就得出结论：形容词都是可以用程度词"很"修饰的。

如果只看常见的形容词，就不会发现这个结论的问题，但是考察的范围一大，就会发现越来越多的形容词不符合这个标准。比如按照定义，表示尺寸大小的三个词"大、中、小"，只有"大"和"小"属于形容词，"中"则不属于，因为它不能受程度词修饰。那么就有人来论证"中"属于名词或者其他词类，其实它与名词的语法差别更大。真正应该回过头来反省的是，当初给形容词概括出的语法特点是否合理，所用的方法是否科学。否则很多工作都是无用的，只是在自己所使用的方法问题中打转。

5.5.5 结语

语言现象是丰富复杂的，语言规律也呈多样化形态。本章把语言规律分为四大类，并举例加以了说明。不同类型的规律之间并没有优劣高低之分，只有揭示语言现象本质的规律才是科学的。探讨语言规律是一项艰苦的创造性工作，需要科学逻辑方面的思维训练。当代各种语言学流派所探讨的规律不同，它们之间的关系可能是互补的，从不同的侧面反映了语言的规律。

当代语言学的各种流派对于规律的认识往往存在着这样或那样的偏颇。导致偏颇的原因主要来自对当代科学体系认识的片面，以及对自然语言现象复杂性认识的不足。认识到语言规律的多样化，对指导我们的语言研究实践具有重要的意义。

5.6 语法规律与例外

5.6.1 引言

在前一章我们讨论了语法规律的各种类型，现在让我们换一个角度来看这个问题。本章主要讨论语言的规律及其所适用的范围，特别是如何看待和处理例外现象。这是一个涉及语言哲学观的问题，对理解和探讨语言十分重要。语言中也存在着大量的严格的规律，可以和任何严谨的自然科学规律媲美。但是要寻找这些规律，必须首先对各种各样的人们认为是"例外"的情况进行研究分类。语法的"规律"与"例外"主要有以下几种情况。

5.6.2 语法规律的使用范围

语法规律往往具有自己的使用范围。现举动词重叠式的否定用法加以说明。表面上看来，动词重叠式既有肯定式，又有否定式，然而实际上动词重叠式在陈述句里不能被"不"或者"没"否定。例如：

（1）a. 今天早上我锻炼了锻炼身体。

b.* 今天早上我没有锻炼锻炼身体。

（2）a. 昨天晚上我看了看电视。

b.* 昨天晚上我没有看看电视。

（3）a. 上个星期天我们逛了逛街。

b.* 上个星期天我们没逛逛街。

（4）a. 刚才我听了听音乐。

　　　b.* 刚才我没听听音乐。

（5）a. 上次会议上我们讨论了讨论这个问题。

　　　b.* 上次会议上我们没讨论讨论这个问题。

但是，在表示条件等虚拟句中，动词重叠式可以受"不"否定，一般还是不大能受"没"否定：

（6）a. 我每天不锻炼锻炼就觉得浑身难受。

　　　b. 他每天不看看电视就觉得少了点什么。

　　　c. 不逛逛街就不知道现在的商品有多丰富。

　　　d. 休息的时候你怎么不听听音乐呢？

　　　e. 你们怎么不讨论讨论就仓促下结论呢？

这些用例的实际含义多是"应该做某种事情而没有做"，即它们的深层含义仍然是肯定的。

上述的分析显示，动词重叠式在肯定与否定上是有严格的规律的，它们在一般的陈述句中是不能被否定的，但是陈述句之外的虚拟句则可以。

5.6.3　语法规律作用的语言层次

语法规律作用的层次是不同的。换一个角度来说，有些语言形式表面看来互相矛盾，但实际上它们分属于不同的语言层次。可以把语言层次分为两类：

（一）惯用语性质——指个别词语之间的特殊搭配形式，该形式中的各个成分不能自由地为其他词语替代，而且往往表达固定的意义。

（二）语法规律——高度能产，使用范围广，支配各种各样临时的词语搭配。

下面以动补短语带宾语的情况为例加以说明。现代汉语中动补短语带宾语有一条规则：补语的语义指向为施事主语的动补短语不能够带宾语。例如：

（7）* 他看病了书。　　　　　　他看书看病了。

（8）* 他吃胖了肉。　　　　　　他吃肉吃胖了。

（9）* 我学累了英语。　　　　　　我学英语学累了。

（10）* 她洗晕了衣服。　　　　　　她洗衣服洗晕了。

（11）* 她喝瘦了减肥茶。　　　　　她喝减肥茶喝瘦了。

但是，现代汉语有两个看似"例外"的用法：

（12）小王已经吃饱了饭。

（13）他这是喝醉了酒撒酒疯。

说它们"例外"是因为上述两句话的补语"饱""醉"分别指示主语的属性，但是可以带上受事宾语。可是仔细观察，这两个"例外"都是在词汇的层次上，属于惯用语性质的，而不是一个能产的语法结构，表现为有关的动词、补语和宾语都不能被其他词语自由替换。例如：

（14）* 小王吃饱了面条。　　　　　* 小王喝饱了粥。

（15）* 他喝醉了茅台酒。　　　　　* 他尝醉了葡萄酒。

这几个动补结构的动词只限于有关动作行为中最一般的那一个，受事宾语也是只限于意义最一般的那个名词。形成这些现象的原因简单地说就是，特定的某个动词和其最自然的结果补语之间，由于高频率的使用，使得整个短语惯用语化，当动词和补语分别都为单音节时，就会倾向于凝结成复合动词性质的东西，因而可以像一般动词那样带上名词宾语。

总之，汉语存在一条活跃的语法规律：补语的语义指向为施事主语的动补短语不能够带宾语。这是一条造句规律，支配着各种各样词语的临时搭配。所谓的两个"例外"其实并不是真正的例外，它们都是词汇性质的东西，不在有关规律的作用范围之内。把这一点弄清楚了，我们就会认识到一条严格的规律，而不仅仅是一个包含多种"例外"的倾向性。

5.6.4　统计性语法规律

语法中也有不少统计性的规律，有关词语的语法特点只有在大量的统计中才能显示出来。下面以否定性词语"介意"为例来说明这一点。

否定性词语遵循一条规律：在一组相同概念义的同义词中，语义程度最低的那一个是只用于或者经常用于否定结构。比如"介意—记得—铭记"这组同义词,"介意"是其中语义程度最低的一个,经常用于或者只用于否定结构。如果只凭语感,"介意"似乎肯定或否定都可以,比如可以说"你不介意这件事情,可是我很介意"。但是从统计中就可以看得出来"介意"的使用规律。大量的统计结果显示,"介意"用于否定式的概率为95% 左右,用于肯定式的概率则只有5% 左右。先看"介意"用于否定格式的用例。

(16)迎春自为顽笑小事,并不介意,贾环便觉得没趣。(《红楼梦》第二十二回)

(17)方玄绰也毫不为奇,毫不介意。(《呐喊·端午节》)

(18)至少鄙人不大介意这个的。(《风化的伤痕等于零》)

(19)他一点没介意,他真是个好人!(《二马》)

(20)都是一点误会,误会!请你不必介意。(《四世同堂》)

(21)别介意,跟你闹着玩呢。(《玩的就是心跳》)

(22)你没来过,这儿的人说话都比较随便。你别介意。(《皇城根》)

"介意"之前没有直接被"不"或者"没"否定的例子,往往不是真正的肯定式,最常见的是用于反问句,而实际含义仍然是肯定的,见例(23);一个是用于对话中的对举,上文已经出现了"介意"的否定式,见例(24)。

(23)会介意床板上的古怪人形吗?(《京华闻见录》)

(24)"这么说你不介意吧?"我也不说介意,也不说不介意,一声不吭地抽了一阵烟。(《未来世界》)

由此看来,"介意"几乎全部是用于否定格式的,它用于肯定格式的概率不仅极低,而且是有条件限制的。因为自然语言的肯定是无标记的,否定则是有标记的,因此一般动词出现于否定格式的概率都会比其肯定式低。所以像"介意"类词的语法特点非常值得注意。这类词并不是个别的词汇现象,而是有严格的使用规律的。但是,如果我们不考虑使用频率的差别的话,就会笼统地认为,这些动词都是既可以用于肯定式,又可以用于否定式，也就无法找出其中的规律。

5.6.5　语法系统的历史层次

我们今天看到的汉语语法系统，是长期发展的结果，既有正在发生作用的、活跃着的语法规律，也有历史发展长河中遗留下来的"化石"现象。所谓的"化石"语法现象，是指它们在历史的某一阶段曾经是活跃的、能产的语法规律，但是后来消失了，其特点只保留在个别的词语上。如果不把这些"化石"现象跟当今的语法规律分开，就无法正确地概括出现代汉语的语法规律。下面以名量词重叠为例说明语法规律的历史层次性。

如 5.2.4.1 所述，现代汉语中量词重叠表"遍指"时遵循这样两条规律：一是必须是单音节的；二是必须能与各种数词直接搭配。这是严格的规律：凡是满足这两个条件的量词一定能够重叠表遍指，违反其中任何一个条件就不具备表遍指的功能。

但是，上述规律有四个"例外"：人人、事事、时时、处处。说它们是"例外"有两层含义：一是它们是普通的名词，然而现代汉语的普通名词都不能重叠表遍指，比如不说"＊书书""＊纸纸""＊灯灯"等；二是它们在现代汉语的口语中都不能直接地为数词修饰，比如不能说"＊我遇见了三人""＊我做完了两事"，数词和"人""事"之间都要加上合适的量词。下面是它们重叠式的口语用例：

（25）我没那么大耐性让你们人人都高兴。（《编辑部的故事》）

（26）你跟我说说你怎么弄得八面玲珑，人人都喜欢你。（《痴人》）

（27）徐姐虽然顽固，但她事事都听爷爷的。（《坚硬的稀粥》）

（28）他往往摆起穷架子，事事都有个谱儿。（《骆驼祥子》）

（29）蘩漪，当了母亲的人，处处应当替孩子着想。（《雷雨》）

（30）爷爷教育我们处处要带头按政府指的道儿走。（《坚硬的稀粥》）

（31）都谈笑着，盼望着，时时向南或向北探探头。（《骆驼祥子》）

（32）我有老年人常有的小恙，时时离不开茶水。（《台湾的"喝"》）

从历时的角度考察，就可以明白上述现象存在的原因。在先秦的时候只有一个名词重叠式"人人"：

（33）人人亲其亲，长其长，而天下平。（《孟子·离娄上》）

（34）仁之难成久矣！人人失其所好，故仁者之过易辞也。（《礼记·表记》）

到了汉代，"时时"也发展出来了：

（35）袁盎虽家居，景帝时时使人问筹策。（《史记·袁盎晁错列传》）

（36）心不精脉，所期死生视可治，时时失之，臣意不能全也。（《史记·扁鹊仓公列传》）

魏晋南北朝时期，"处处"和"事事"也相继出现了。

（37）吴人严白虎等众各万余人，处处屯聚。（《三国志·吴书一》）

（38）此是屋下架屋耳，事事拟学，而不免俭狭。（《世说新语·文学》）

总体上看来，到了中古时期，表遍指的名词重叠式就相当发达了，很多普通的名词都可以采用这一语法形式。例如：

（39）匈奴使持单于一信，则国国传送食，不敢留苦。（《史记·大宛列传》）

（40）知及文章，事事有意。（《世说新语·品藻》）

（41）行至诸城，城城皆是地狱。（《法苑珠林》）

（42）器器标题。（《慧达》）

（43）大阵七十二阵，小阵三十三阵，阵阵皆输他西楚霸王。（《敦煌变文·汉将王陵变》）

表遍指的重叠式的形成是一个长期的历史过程。该现象肇端于战国末期，起初只是个别的词汇现象，尔后成员逐渐增多，大约在魏晋时期发展成为一条相对能产的语法规律。然而在魏晋以前，汉语还没有作为一个独立语法范畴的量词，那时的名词都可以直接受数词的修饰。这一点符合现代汉语量词重叠表遍指的条件一：都可以直接受数词的修饰。现代汉语的这四个"例外"在魏晋时期已经全部发展出来了，它们也都是单音节的，自然也符合条件二。上述语法规律建立之初，作用的对象都是普通名词，诸如"国国""器器""城城"等，因为那时汉语尚没有量词系统。

但是，尔后随着量词的产生和发展，重叠表遍指的使用规律的作用对象逐渐转移到量词上面。我们对最普通的量词"个"进行了考察，在唐代以前还不见其重叠表遍指的用法，但是从唐朝开始"个个"就逐渐普遍起来。请看唐朝的"个个"用例。

（44）邯郸少年辈，个个有伎俩。(《战城南》)

（45）谁道众贤能继体，须知个个出于蓝。(《相里使君第七男生日》)

（46）村鼓时时急，渔舟个个轻。(《屏迹三首》)

（47）个个与他相似。(《祖堂集·神山和尚》)

唐宋时代量词广泛使用，宋元之际量词作为一个独立的语法范畴已经建立起来。尔后，名词不再能和数词直接搭配，其间必须由量词连接。也就是说，之后能和数词直接搭配的成分变成了量词。古今重叠表遍指的规律只有一个，要求能重叠的词语可以与数词直接搭配。那么这条规律的作用对象自然就逐渐移到量词和部分时间词等上，因为只有它们才符合这一语法要求。同时因为名词后来不再能和数词直接搭配，中古时期的很多普通名词表遍指的用法也随之消失了，比如那时的"国国""城城""器器"等宋元以后就不见了。但是，在中古时期符合重叠表遍指规律的"人人"等四个形式一直保留在今天的口语里。这是为什么呢？

高频率词语在语法发展中具有双重性。"人人"等在历史和当代的用法都与它们的高频率使用有关。所谓的"双重性"是指：

（一）新的语法特点首先发生在使用频率最高的那些词上。

（二）使用频率高的词不宜受其他语法规则的类推影响，可以较长时间保留旧有语法特征。

这两个看似矛盾的判断，实际上是揭示了语言发展的一个特点。遍指重叠式的发展是这方面的一个典型例证。战国末期产生的第一个名词重叠式是"人人"，汉初又出现了"处处"和"时时"，魏晋"事事"也发展出来了，它们都是最早的那批名词重叠式。在量词普遍使用之后，重叠表遍指的规律所作用的对象逐渐转移到量词上。但是，由于"人人"等的高频率使用，它们可以不受后来量词重叠规律的制约，仍保留着中古时期的用法，结果就形成了"人人"等在现代汉语中的特殊用法。

上述分析揭示，现代汉语中名量词重叠表遍指实际上反映了不同历史层次的语法规律：在现代汉语里，量词重叠式是一个活跃的、能产的语法规律，可以根据规律自由地类推；"人人"等名词重叠式是个别的词汇现象，它反映的是中古汉语的一条语法规律，在现代汉语中已经成为一种"化石"现象。

5.6.6　根据"不完全归纳推理"得出的结论

上面所谈的种种情况都不是真正的"例外"，它们实际上是告诉我们如何在纯化的状态下总结出严谨、和谐的规律。但是，一般的教科书中或者语法专著中所谈的不少结论或者规律，确确实实存在着大量例外的情况。造成这种局面的主要原因是所使用的研究方法。结构主义语言学最盛行的总结规律的方法是"不完全归纳推理"。可以拿一个具体的例子来说明这种方法。有一袋子里面装了很多小球，取第一个是红的，第二个是红的，当取足够多的球都是红的时，人们就得出结论说，袋子里的球都是红的。这个结论总是或然的，因为它不能排除存在其他颜色的球的可能性。下面以形容词的语法特征为例说明依赖不完全归纳法所带来的问题。

一般教科书中关于形容词的语法特征的描写不外乎两点：一是可以加程度词修饰，二是可以加"不"否定。这两个特征都是根据不完全归纳法得出的。最常见的形容词的确大都可以加程度词修饰，比如"好、大、干净"等都是如此。但是，有很多"例外"：

（48）a. 一样、平行、垂直

　　　 b. 温、中、紫、斜

　　　 c. 小康、疑难

　　　 d. 正、负、单、夹、黑白、袖珍

　　　 e. 笔直、雪白

f. 大（儿子）、好（人）、快（车道）

　　上述各类词都是不能受"很、十分、最"等程度词修饰的，这类词的数量相当大。即使能加程度词修饰的形容词，它们用于不同义项时的情况也不一样，比如"大"表示尺寸的大小的时候是可以被程度词修饰的，然而表示"第一个孩子"时就不能了。此外，同一个形容词采用不同的形式时用法也会有变，比如形容词的重叠式也就不再能够被程度词修饰。光靠简单归纳法是很不够的，因为它不能帮助我们回答诸如以下各个问题：哪些形容词可以被程度词修饰，哪些不能？能否为程度词修饰会带来什么样的句法后果？形容词的各个语法特征之间有什么样的逻辑关系？其实形容词的各个语法特征之间是存在着内在的逻辑关系的，可以得出以下两条严格的规律：

　　（一）凡是能自由用程度词修饰的形容词都能被"不"否定；这条规律是可逆的，即凡是不能自由用程度词修饰的形容词都不能被"不"否定。

　　（二）凡是不能用"很、十分、最"等修饰的形容词都不能重叠。

　　这两条规律是没有例外的，它们的背后有深刻的理据。先看第一条规律。这是因为"不"否定形容词时，也相当于一个程度词，为被否定的形容词的性质确定一个量级，实际含义为"不及"或者"不够"。例如：

（49）a. 这瓶碳素墨水不黑。　＝　黑的程度不高。

　　　　b. 那些花不红。　　　　＝　红的程度不高。

既然"不"否定形容词的作用跟程度词修饰形容词的情况类似，都是为形容词的性质确定一个量级，那就不难理解上述的规律一。

　　规律二更好理解。形容词重叠式的作用也是强调性质的程度的，相当于为形容词确立一个量级。因此能够重叠的形容词必须是能够为程度词修饰的。比如例（50）中两端的形容词都是可以自由地为程度词修饰的，因此都有相应的重叠式；中间的词不能被程度词修饰，因此也就没有相应的重叠式。

（50）a. 红红的　＊粉粉的　白白的

　　　　b. 大大的　＊中中的　小小的

语法研究的结果有两种类型：一是语法特征的描写，二是语法规律的探讨。说"形容词可以用'不'否定"，这属于语法特征的描写，然而找出形容词被"不"否定的条件，则是语法规律的探讨。单纯依赖不完全归纳法有很大的局限性，一般只能做到对语法特征的描写。要找到语法规律必须利用其他的逻辑方法，比如各种探求因果关系的方法，论证语言现象背后的认知或者现实理据。目前对语法现象的描写已经有一个良好的基础，对于各种语法规律的探求应该是我们今后努力的方向。

5.6.7　结语

本章的分析表明，语法中存在着严谨、和谐的规律。在探求这些规律的时候，要注意以下这些问题：语法规律是有使用范围的，超出了一定的范围就会变成另外一种情况。语法规律是能产的、可以类推的，是组词成句的法则，然而个别的惯用法搭配是词汇层面的东西，并不受语法的制约。语法的规律也有不同的类型，有些是刚性的，有些则是弹性的，统计性的规律也非常值得我们重视。现代汉语的语法系统是长期发展的结果，具有历史层次性，既有仍然活跃着的语法规则，也有历史上某一个时期的语法规则遗留下来的"化石"。此外，语法结构和词汇标记之间也会相互影响、相互制约，只有把它们剥离开来才能看出问题的实质。

语法规律的探求并不是轻而易举的一件事，不仅需要艰苦的探索，而且也需要科学的研究方法。传统研究中的不完全归纳法有很大的局限性，所得结论往往具有或然性，而且往往是表面特征的概括。探求各种现象背后的理据，不能只限于语言系统自身，还需考虑人们的认知能力和客观现实规律对语言的影响。

5.7 语法和语义的关系

5.7.1 引言

当代语言学的两大流派——"形式主义语言学"和"认知功能语言学"——的根本分歧在于如何理解语义和语法的关系。形式主义者认为，语法是一个天生的、自足的系统，在使用中代入语义内容。他们虽然也关注两者之间的关系，但是在假定语义和语法是相互独立的、相互分离的系统的前提下，探讨两个系统之间的"界面"效应。认知功能派的学者则认为，语法和语义是密不可分的，语法是词语内容的结构化，语义在很大程度上决定语法；语义本身是一个认知和现实内容的问题，要对任何语法结构做出合理的说明，必须依赖语义特征的分析。

上述两种语言观，如果只在语言系统内部看问题，很容易陷入纯粹的哲学思辨之中，无法判断孰是孰非。但是过去 40 多年来认知心理学的迅速发展，深刻地揭示了儿童习得语言的过程，为我们提供了理解语义和语法关系的有力证据。语言学理论的未来发展，必须借助于跟语言密切相关的学科知识。本章就是这方面的一个尝试。

本章所依据的认知心理学资料是过去 40 多年来，特别是近 30 年来在儿童认知发展方面的重要成果。我们的主要工作是挖掘、阐释这一认知心理学领域中的研究成果的语言学意义，特别是有关语义和语法关系的问题，并且尝试建立更符合人类认知的语言学理论。

5.7.2 关于儿童习得语法的各种假说

认知心理学的一个重要研究内容是儿童如何习得语言的，人的语言能力的认知基础是什么。认知心理学与语言学的关系十分密切，我们可以利用认知心理学的研究成果来评判各种语言学理论的得与失。下面介绍几种主要的关于儿童习得语法的假说。

乔姆斯基的普遍语法假说与认知科学的研究密切相关，所以很自然地引起认知科学领域的学者的关注。那么要知道乔姆斯基的假说是否科学，认知学家的意见最具有参考价值，因为他们的分析多是基于实验观察的结果，而不是单纯考虑抽象的语言哲学问题。认知学者对乔氏假说的看法可以概括如下：

首先，当乔姆斯基最初提出进化为人类提供了一个特殊的功能强大的语言装置时，很多认知科学家都认为这是十分难以置信的，而且至今这种状况并没有改变，认知心理学家仍然对乔氏之说持强烈的怀疑态度。

其次，很多认知学者批评乔姆斯基的假说是粗糙的，缺乏详尽的证据说明：儿童通过什么经验和什么过程，将他们先天具有的关于语言普遍特性的知识，转化为关于他们习得的特定语言的具体知识。

再次，认知科学发展到今天仍无法证明乔姆斯基的假说具有生理基础或者心理基础。迄今并没有发现人的大脑中有一个与生俱来的专司语言的生理器官，也没有确定人的语言能力是独立于其他认知活动的。幼儿如何习得语言仍然是一个尚未揭开之谜。

最后，认知学者也常常把乔氏假说作为关于幼儿如何习得语言的若干个假说之一，他们这样做的态度也是十分无奈的。他们认为，虽然乔氏的假说因缺乏证据而不能令人信服，但是其他各种解释也有不完善之处，而且也无法证实人类不存在形式学派所说的与生俱来的语言器官。即乔氏的假说在认知科学领域既无法证实，也无法证伪，由于该学科发展的不成熟性，所以目前姑且只能聊备一说。

在语言学界，乔姆斯基的假说最有影响，根据这个假说已经建立起了一个庞大的理论系统。然而在认知心理学界，乔氏的假说只是众多关于语言能力假说中的一种。下面简单介绍其他两种最有影响的关于儿童习得语言能力的学说。

其一是皮亚杰的学说。该学说认为，语言能力依赖一个一般的认知前提：符号表征能力，即用一物指代另一物的能力。皮亚杰还进一步认为，符号表征能力不是与生俱来的，而是婴儿时期的一项认知发展成就，它的出现使得儿童使用词语成为可能。由此可以推断，皮亚杰不认为语言能力是先天的，也不认为它是一种初始的认知能力，语言能力是由更基本的认知能力组成的，即皮亚杰的假说跟乔姆斯基的是相互矛盾的。但是皮亚杰的解释也是不彻底的，只适合于解释单个词的习得，而对于句法的学习则无能为力。尽管如此，皮亚杰的假说已经得到试验的证明，在认知学界被认为是相对无争议的。

其二是平克提出的"语义引发句法的学习"的假说。其主要观点如下：在对语言的句法系统有较多了解之前，儿童能认识各个单词的意义。然后，他们可以利用这些意义，伴以情景信息，对许多句子达成某种语义上的解释，而对句法并没有多少认识。一旦习得某些基本的语义范畴和关系，儿童就可能利用存在于任何语言中的语义概念和句法概念之间的关系。例如，物体和人的名称普遍是名词，因此已经注意到名词在句子中如何使用的儿童，便可以利用这些信息开始领会名词的一般用法。类似地，及物动词的施事总是句子的主语，因此掌握了"施事—动作—受事"这一关系的儿童，就能够开始辨认这种语法的主语。正是通过注意到这种联系，儿童逐渐从他们以前形成的概念和语义指示中抽取句法知识。

"语义引发"假说也与乔姆斯基的基本语言哲学观相对立。乔姆斯基认为，普遍语法是一个与生俱来的抽象的自足形式系统，语义是语言使用中代入的。然而平克实际上持相反的观点，认为语义是儿童对现实现象观察概括的结果，他们首先学会语义，然后根据语义的关系习得语法。也就是说，语义在很大程度上决定了语法，而且语法本质上是一个受语义等因素制约的开放系统。

上面介绍的两种观点都是与乔姆斯基的假说相矛盾的。根据我们的研究经验，两者比乔氏学说更符合语言的本质，因而它们可以为我们建构语言学理论提供更好的基础。但是可惜的是，认知心理学家很少关注他们研究的语言学理论意义，而语言学家则又在相当大的程度上忽略了认知心理学领域的研究成果。本章就是尝试弥补这一研究上的空缺。

5.7.3　了解词语的所指是掌握其语法功能的前提

5.7.3.1　词语所指对象特征的丰富性

　　儿童的认知发展证明，小孩最早习得跟自己生活环境密切相关的概念。他们只有知道了词语所指对象的特征后，才能够正确使用它们。词语所指跟词典释义并不是一回事，词典释义是词典编纂者根据一定的方法来给每一个词下定义，他们所关注的语义特征往往为一个词语的基本的、典型的特征，而很多附加的、次要的语义特征则被忽略了。然而被忽略的特征可能包含着重要的语法信息，比如"玩具车（toy car）"这一概念，一般词典都没有注出它代表的是一个离散性的个体，但是这正是儿童习得这一概念用法的重要依据。比如以英语为母语的儿童据此可以知道"toy car"是一个可数名词，可以加复数标记 -s 等，而以汉语为母语的儿童则据此可以知道"玩具车"可以自由地被数量词称数。

　　总之，词语所指的对象特征是十分丰富的，词典注明的特征不见得对掌握其语法功能有太大的帮助，而没有注出的特征则可能包含着重要的语法信息。这一问题值得深入细致地加以研究。

5.7.3.2　单词语阶段及其理论蕴含

　　小孩掌握语言的过程是很有规律的，不管哪个民族的儿童都是如此。任何语言的习得儿童都必须经历单词语阶段，即小孩对单词的掌握先于其任何语法知识的习得。从认知心理学的角度看，儿童单词的学习也是多种认知能力协同作用的巨大成就，而且也具有重要的语言学理论意义。儿童单词语阶段的实质是利用天生的符号表征能力、观察能力、记忆能力等认知能力，把语言符号与现实所指联系起来。也就是说，小孩首先要了解词语的语义所指。大致在 10—13 个月时，儿童开始产生最初的单词。多数儿童所理解的单词仍多于他们所能说的单词。

儿童最早学会的单词常常涉及与他们生活密切相关的事物，而且多为对他们来说显得比较突出、熟悉和重要的物体和事件。儿童的早期单词多为名词，因为名词所代表的是静态的物体，比较容易观察。如 5.2.3 部分所示，这个阶段儿童掌握的词语一般为家庭成员、玩具、衣着、身体部位、家常用具等。

此外，大人和小孩交际中经常出现的词，小孩也最容易掌握。对于以英语为母语的儿童，在他们最早的词汇中也包括诸如问候语（hi）、动作词（get up）、数量词（more）和位置词（there）。这是因为儿童可以从多次重现的交际环境中理解这些相对比较抽象的词语所指。

5.7.3.3　语义和语法的浑然一体阶段

小孩的语言与成人的语言有着很大的区别。单词语并不仅仅是个概念问题，很多时候具有一个成人语言的句子功能。在以单词代表全句的话语中，儿童使用单个词，不只是作为某个称谓，而且传递某个类似于一整个句子的意思，其特定的意思随情景变化而变化。比如，"球"并不只意味着"那是球"，而且还意指"我要球"、"我抛球"或"球打中我"等。不过，需要补充说明的是，对单词语所做的这种"富含意义"的解释是有争议的。事实上，当一次只能产生一个单词时，儿童使用的单个词究竟含有多少像句子的意义，是非常难以确定的。

其实，儿童的单词句阶段代表的是语义和语法浑然一体的过程。此时的语言表达具有含糊性和歧义性，对其理解在很大程度上依赖语境。语法的出现正是要消除这些交际上的模糊性和不确定性。

5.7.3.4　儿童的语义习得与认知能力发展的关系

不同类型的词，儿童习得的顺序是不一样的，这跟儿童大脑的认知发展密切相关。儿童首先学会的是名词、动词等这些意义比较具体的词，其他表示抽象语法关系的词则掌握得较晚。例如，儿童对空间介词（in, on, over, under）的掌握，与皮亚杰关于各种空间认识何时发展的描述颇为吻合。比较一般的关于现实世界的知识也可能是重要的，例如儿童关于事物大小的认识影响着他们能否恰当使用诸如"大""小"等形容词的能力。儿童只有在掌握了"大"和"小"的各自的语义特征及其相互关系以后，才懂得如何去使用它们，比如知道"有多大"是一个无标记问句，而"有多小"则是有标记的。

5.7.4　语法特征的出现

5.7.4.1　儿童词汇量的扩大和语法特征的出现之时间契合

儿童只有在掌握了一定量的单词之后，才开始学习语法特征。根据认知心理学的研究成果，儿童词汇量的骤增与语法特征的出现这两件事发生在同一时间：

一、大约在 18 个月时，许多儿童在单词学习上表现出某种骤然增长，被不同的人分别称为"命名爆炸（the naming explosion）"或"词汇骤增（the vocabulary spurt）"。

二、大致 18 个月时，儿童的单词语开始结合为双词语，有时甚至更长。例如：put book，mommy sock，more milk。

这种词汇习得和语法习得在时间上的契合关系，说明了语法对词语的依赖性。儿童只有学会了足够词语的意义，才能知道如何来搭配它们。

5.7.4.2　儿童的双词语阶段及其理论蕴含

儿童习得语言的第二阶段的特征是由两个词构成的语言片段或者说语句。儿童大约在 18 个月后进入语言习得的第二阶段（参见 5.1.2.4），这个阶段的特征很能揭示语义在语法学习中的作用。世界各地幼儿的话语都具有某种"电报语"（telegraphic speech）的性质。一些认知心理学家认为，这反映了儿童倾向于省略那些在交流中比较不重要的单词，诸如指代词、连词、助动词和介词。然而，在我们看来，这不是"省略"，因为此时小孩还没有掌握这些语法标记的用法。另一些认知心理学家的观点也许更切合实际，儿童早期的语言是根据语义加以组织的。实际上，在幼儿的双语词中，的确存在特有的他们所试图表达的意义。根据对多种语言发展的研究，揭示大多数双语词所表达的内容可以归纳为这八种语义关系：施事—动作、动作—对象、施事—对象、动作—位置、实体—位置、所有者—所有物、属性—实体、指示词—实体等（详见 5.2.3.2）。

上述这八种语义关系都是儿童最容易观察到的事件结构或者事物关系。它们的搭配主要是由所指事物的主要现实特征决定的，而不是主要根据该语言的语法系统。也就是说，双语句的组合主要取决于语义而不是语法。这可以用来解释儿童双词语阶段的一些特征，比如认知心理学家观察到：双词语阶段，儿童言语的一个引人注目而又重要的特征是它的创造性。从他们开始创造句子起，儿童便产生一些不可能是模仿周围成人的话语，例如以英语为母语的儿童会说出 more up（还要加）、fix man（修理工）等，这些都不是模仿而来的，是他们创造性使用语言的结果。儿童话语的首创性说明，他们并不是亦步亦趋地模仿他们所听到的话语，而是基于某种规则系统产生句子。这些早期的规则究竟是什么，仍然是个有许多争议的话题。然而，在我们看来，上述儿童语言的创造性并不是来自什么语法规则，而是对有关现实现象观察的结果。这些不符合语言规范的用法后来逐渐被淘汰掉了。

乔姆斯基学派认为，某种语法知识构成了儿童早期语言的基础。然而认知心理学家更倾向于认为，早期言语中显而易见的规律是以语义为基础的，施事先于动作、动作先于对象等倾向便足以解释儿童早期语言的用法，它不涉及语法基础。在语法书中，纯粹的语法范畴，诸如名词，不是根据语义标准加以界定的，而是根据名词在句子中的作用及其与其他单位相互作用的方式（例如，可加定冠词 the）来界定的。同样，某个句子在语法上的主语不一定非得是施事不可，也可以是动作的对象"门开了"（The door was opened）或用以执行动作的工具"钥匙开了门"（The key opened the door）。儿童的早期语言并没有为这种超越具体语义关系的抽象语法范畴的存在提供明确的证据。

双词语阶段已经包含着语法信息，即语序，比如在 SVO 语言中宾语是出现于动词之后的，而在 SOV 语言中宾语则是置于动词之前的。表明儿童的双语词具有某种句法基础，而不纯粹是基于语义。"拍爸爸"和"爸爸拍"是利用词序这种纯粹的语法工具来表示所欲表达的意义差异。大多数幼儿在双语词中的确好像利用了词序这种手段。同样地，在这一阶段，当他们倾听他人的言语时，儿童常常能利用词序作为意义的线索。实际上，还只有 17 个月的幼儿，在他们自己产生的言语还只是处于单词语的水平时，便已表现出了从语序推测意义的能力。

双词语阶段还揭示了语言组织的一个特性：由两个较小的单位组成一个较大的单位，这样层层相接，构成复杂的语言单位。语法的组织本质上是"合成的（assembly）"，而不是"生成的（derivational）"。前者为传统的结构主义的观点，而后者是乔姆斯基的形式主义语言学的观点。

5.7.5　语法构造复杂化的方向和顺序

5.7.5.1　儿童语言的语法复杂化的方向

儿童大约在两岁以后，使用的句子越来越复杂，语法知识的增加也更加明显。根据认知心理学，儿童的语法朝以下三个方向发展。

一、语序。随着词类之间搭配规则的建立，这种词序的使用更加无疑是基于句法的。

二、单词开始出现形态变化，如复数加上"-s"，过去时加上"-ed"，等等。

三、层级语法结构的出现。儿童的四词句 Big dog run home，big dog 名词短语，run home 动词短语。各个主要成分中也有较低水平的成分嵌套于其中，因而具有层级性，这些成分必须以特定的顺序产生：big 在 dog 之前，run 在 home 之前。

儿童语言的语法现象的复杂化，跟他们对现实世界认识的深入细致密切相关。也就是说，他们语法知识的进步是由他们的语义知识的丰富和深刻决定的。这一点可以从语义特征决定语法标记习得的顺序上看出来。

5.7.5.2　语义特征决定语法标记的习得顺序

不同的语法标记具有不同的语义内容，它们的复杂程度和抽象程度又各不相同，即它们的认知难度不一样，这决定了儿童习得这些语法标记的顺序。儿童习得语法标记的顺序遵循着由易到难和由简单到复杂的原则，这从另一个重要方面说明了语义对语法的决定作用。

心理学家对儿童语法标记习得进行了系统的研究，发现许多规律。这里举其中的两个案例加以说明。其一，英语有三种 -s 变化：复数形式（dogs）、所有格（dog's）、第三人称单数动词的结尾（runs）。尽管三种 -s 的变化在语音上完全一样，但儿童几乎总是依照下列时间顺序习得的：

复数形式→所有格→第三人称动词词尾

认知心理学家好奇：为什么存在这种不变的发展顺序？有人推测，或许儿童从父母的言语中听到这些词素的频率，可以解释他们的习得顺序。但是并不正确：在父母对儿童的言语中，这些词素出现的频率与儿童言语中出现的顺序似乎基本上没有关系。我们认为，其语法意义的认知难度决定了语法标记的认知顺序。复数标记 -s 最先习得，是因为它只涉及同一类物体的数量增加。所有格次之，是因为它涉及两个对象之间的关系。而第三人称动词的现在时词尾涉的因素最复杂：一是动作发生的时间位置；二是主语的数量特征；三是主语和谓语动词的一致关系。即它的认知难度最大，所以才最晚习得。

其二，儿童对过去时标记 -ed 的掌握早于 was 和其他 be 形式，这种顺序也是由认知难度决定的。有学者对它们语义复杂性的解释为：欲正确使用 was，儿童必须考虑到主语的人称（第一和第三人称可以，第二人称不可以），主语的单复数（单数可以，复数不可以），以及事件发生的时间（发生于过去，而不是现在或将来），即判断词 be 的过去时形式比普通动词的过去时所涉及的认知因素要复杂得多。

此外，其他功能词如介词的习得也是有顺序的，同样是由其语义的复杂程度决定的。比如，心理学家研究了英语、意大利语、土耳其语和塞尔维亚的表达位置的词素 in 和 on，结果发现，与语法复杂性的差异相对应，存在习得顺序上的差异。

认知心理学家对儿童语言习得的研究表明，儿童语法知识的习得是按照认知的难度，遵循一定的顺序，一步一步逐渐增加的。这跟普通单词的学习很相似。而不是像乔姆斯基学派所倡导的那样，先有一个抽象的完整系统，然后代入具体的词义内容。

5.7.5.3　从概念义到语法意义的连续统

从单独一个词的概念义到运用各种语法手段构成的"命题语义"形成一个连续统，它们都属于语义表达，只是单位的大小不一样。命题语义与在句子中通过联合单词以表达意思的能力有关。儿童的语义结构的发展经历了以下几个阶段：

一、各种不同的语义关系如施事—动作、动作—对象在儿童言语中变得更加明确。

二、联合构成更大的单元，例如 Mommy drives the big car，包含着施事—动作、动作—对象和属性—实体等关系。

三、出现了超越双词语阶段的意义表达，如间接宾语 give me the book，工具 sweep with the broom。

四、最后，屈折变化（inflection）的掌握使得对诸如附属形式和现在或过去时态这一系列新意义的编码成为可能。

在儿童语言的发展中，随着语义单位的由小到大，语法结构也由简单到复杂。换个角度看，语法知识的发展本质上也是一个语义问题。

5.7.6　结语

本章的分析显示语义对语法的决定作用。儿童要首先习得语义，掌握语义关系，才能够懂得词语之间的搭配。伴随着儿童对语义掌握的深入和系统化，他们所使用的语法结构也逐渐复杂化，与此同时，他们也学会了各种语法标记用以表达各种精细的思想。儿童语法知识的增长跟词汇扩大的方式是一样的，都是一步一步的积累，而不是一下子就有了一个语法系统。语法手段的习得顺序是由其语义的复杂程度和儿童的认知能力的发展决定的。从单个词汇的概念义到复杂的语法结构的命题义都是一个语义表达的问题，差别在于单位的大小不同而已。

语义是现实现象和人类认知相互作用的产物，那么就意味着现实现象和认知能力是语法的成因。因此我们可以从"现实规则—认知能力—语言系统"三者相互作用中寻找语法现象产生的理据。

5.8　语言共性的认知基础

5.8.1　引言

人类语言之间既有共性也有个性，这是各种语言学理论尝试解释的一个重要问题。最有影响的解释就是乔姆斯基的形式学派所提出的"普遍语法"，他们认为人的大脑有一个与生俱来的抽象的、自主的形式系统（句法规则），在后天的语言环境中代入"参数"得以实现。不同语言的个性是由于"参数"的设置的不同造成的。形式学派所谓的普遍语法现象，遭到功能主义阵营学者的激烈批评，认为他们没有任何心理学实验基础，所谓的普遍语法现象只不过是有意无意来自对几种不同语言的结构比较的结果，实际上使用的也是归纳法，只是自己不愿意承认罢了，并没有什么独立的心理基础。就目前的研究状况来说，乔姆斯基关于句法先天性的论点仍是停留在假设的层次上，因此说服力不强。

功能主义学派的学者则采取另外一条路线，认为句法规则主要是在人们的语言使用中形成的。人们因为交际的需要而使用语言，那些经常出现的组合，因为使用频率高，最后固定下来成为一种语法格式或者语法规律。这种观点具有一定的解释能力，可是也很有限，只能说明语言在形成以后的历史时期所经历的种种变化。但是这种功能主义的解释没有回答一个根本的问题：人如何能够创造、使用语言？语言为什么是这个样子而不是别的？

5.8.2　构成语言能力的基本认知能力

我们不相信关于语言系统的先天说，也不认为人们的交际方式是形成语言的根本原因。根据我们自己长期的观察和研究，同时借鉴有关学科的研究成果，特别是认知心理学的新发展，提出这样一个假说：人的语言能力是各种更基本的认知能力协同作用的结果。这种基本认知能力可以概括如下：

一、第二信号系统的认知能力

在心理学领域，巴甫洛夫首先把信号分为两类：第一信号系统和第二信号系统。第一信号系统是指光、热、味道、声音等的刺激，这些特征与有关事物之间具有天然的联系，比如闪电跟打雷常常结合在一起，气温的变化跟四季的更替联系在一起，味道跟食物的类别联系在一起，某种特定的声音跟某种特定的事物的发生联系在一起，如此等等。第一类信号与所代替的事物之间的联系不是随意的，人和很多动物都有感知这些信号的能力。

第二信号系统与所代替的事物之间的关系是人为的、约定俗成的，它们的关系具有任意性和社会性。最为典型的现象就是语言。从意义和语音之间的关系来看，对于同样一种东西，不同的语言或者同一语言的不同历史时期会用不同的语音形式来表示。只有人类才有对于第二信号系统的创造、习得和使用能力。这也就是为什么语言这种现象是人类特有的一种能力。

汉语有两个成语"画饼充饥"和"望梅止渴"，可借用它们来说明第一信号系统和第二信号系统的区别。人们走进餐馆，看到各种美味菜肴的彩色图片，就会刺激食欲，引起吃的欲望。这种"画饼充饥"的心理反应，属于第一信号系统。"望梅止渴"来自三国时期曹操领兵打仗的一个故事。当曹兵行军干渴难忍时，曹操心生一计，告诉大家"前面有一片梅林"，士兵听到这话，联想到满树又酸又甜的黄澄澄的大梅子，就不自觉唾液分泌加快，顿时缓解了干渴的感觉，得以继续行军打仗。此时士兵听到的只是"梅"字的发音，并没有看到真正的梅子，就会联想到有关实物，引起与实际看到实物一样的生理反应。这就是人的第二信号系统能力，为其他动物没有的一种能力。

再举一个我亲身经历的一件事情来说明动物和人在两种信号系统感知上的差别。记得多年前，我的一位邻居请天津一位工笔画高手给画了一联花草四水屏，画得极为逼真，草看上去绿油油、水灵灵的，确实有以假乱真的效果。一天他们家的山羊误认为是真草，趁人不备，跳上四水屏前的八仙桌，啃里边的草，结果把画糟蹋得一塌糊涂。但是书法的"草"字，不管你写得如何生动、传神，都不会引起山羊的兴趣。我们人却可以从书法艺术中联想到有关的实物，仿佛看到那随风飘曳的绿油油的草……

除了人以外的所有动物都没有第二信号系统感知的能力，所以动物都没人类这种语言能力。

二、对量的认知能力

人类具有对量的认知能力，不仅一切科学特别是数学都是建立在这种能力之上的，而且语言的创建和习得也离不开这种能力。小孩在不会说话的时候就开始形成初步的数量认知能力，主要表现在对量的多少的分辨上。迄今为止，还没有发现哪种动物具有明确的数量辨别能力。

很多语法范畴和规律都与数量的认知有关。比如各个词类最重要的语法特征都与它们所代表的事物的数量表达有关。比如，名词有单复数、可数不可数、跟数量词搭配等重要语法特征，它们都与表达事物的量有关；形容词有比较级、加程度词、重叠、用于比较格式等现象，它们都是表达性质的量的；动词有时、体、态等语法范畴，它们都是表达运动变化的量的；如此等等。除了这些显而易见的现象以外，数量表达与语法的关系还表现在许许多多别的方面。比如汉语最常见的两个否定标记的分工分别为，"不"是否定连续量的概念的，"没"是否定离散量的概念的。不仅如此，数量的表达还与很多其他语法范畴之间存在着制约关系，比如定量化的词语不再能自由地被肯定或者否定，动词或者形容词一旦定量化就会限制它们的名词化能力。又如，汉语和不少语言中，只有有定性的名词才具有单复数的区别，无定性的名词则没有这种数的标记。数的表达还影响到语法结构，比如俄语的偏正结构中修饰语要和中心名词在单复数上保持一致，主谓结构中主语名词要和谓语动词在数上保持一致，等等。

总之，人类语言的设计原理之一就是如何表达数量以及数量的表达与其他范畴之间的相互关系。

三、概括、分类能力

人们不仅能够感知外在世界，还能够对其进行概括分析，把具有共同特征的事物归为一类，以区别于其他不同类型的事物。这种能力就是"范畴化"和"概念化"的认知活动，反映在语言中就是一个个的词，主要是实词。认知语言学认为，概念化与语法是密切相关的，语法实际上是词语概念内容的结构化。不同民族的概念化方式不一样，由此而带来不同语言的语法差异。比如"借"的概念，汉语是把物体"从甲到乙"和"从乙到甲"看作一回事，用一个概念"借"来表示，那么在具体的语言表达中就需要用介词"给"或者"从"来区别动作的方向。然而英语是用两个不同的词来概念化这种行为的，分别用 borrow 和 lend 表示，那么英语就自然不需要相应的介词短语了。由此而带来了两种语言的有关词语的语法结构的差异。

人类如果没有这种概括、分类的能力，就不可能有词汇——语言的建筑材料，缺了这种建筑材料，也就无所谓语言系统了。

四、记忆、预见能力

很多动物不同程度地都有记忆能力，但是远无法跟人类的记忆能力相比。不论从记忆的容量大小，持续的时间长短，还是从记忆内容复杂程度来看，人类都远胜于其他任何动物。人不仅能够记忆过去经历的事，而且还能够根据经验预见未来要发生的事。动物一般缺乏对未来事件的预见能力。

记忆能力是语言习得必不可少的能力。人的语言能力必须后天习得，语言中的词汇、语音、语法都必须通过记忆才能掌握。语言表达也离不开记忆能力，我们说话的内容大多是我们已经经历过的事情，或者对未来事件的预测。一个人记忆能力的高低可以直接影响到他学习语言速度的快慢，也会决定他一生语言能力的高低。记忆能力和预见能力也直接反映在语法范畴上，那就是人类语言常见的"时（tense）"范畴。

五、联想、推理能力

人类还具有联想能力和抽象的逻辑推理能力。在词语意义的引申和语言的表达中大量存在着"比喻"或者"隐喻"的现象，这都与人们的联想和推理能力有关。每一种语言都有丰富的连词，它们都是为了表达各种逻辑关系，常用于篇章的组织。

推理能力可以解释人类使用语言的重要特性之一——创新。人们说话或者写作，绝大部分的具体句子都是别人没有用过的，同时人们听到或者看到的具体句子也是第一次接触，他们能够相互理解的背后是遵循共同的规律。人们学习语言、使用语言，显然不是简单的记忆和重复，他们从接触到的具体用例中推导出其背后的规律，并根据这些规律创造新的句子，理解别人创造的句子。

这些能力还跟语言的演化密切相关。词语的意义在历史长河中会不断地发展变化，很多是通过比喻或者隐喻实现的。语言变化的最重要的机制之一就是类推，很多语音、词汇、语法的变化都是由类推引起的。

六、声音、形状的辨别能力

人类的语言能力的获得也离不开对声音、形状、距离等的辨别能力。有些动物虽具有这种能力，但是在复杂程度和精确程度上也同样远无法跟人相比。人可以清晰地辨认各种音素，然后利用有限的音素组成音节，合成句子，表达丰富多彩的思想感情。具有这种能力，人们才能学会口语。语音是语言的第一物质载体，其第二物质载体是书写系统。书写系统的建立，才能把前人的经验记录下来，才能逐渐积累知识，人类的知识才能不断进步，也才能形成各种学科。没有书写系统，也就谈不上今天的任何文明了。我们的祖先之所以能够创立这个书写系统，我们今天每个正常的人都能够学会一种书写系统，都是来自人对形状的辨识、记忆能力。

上面只是讨论了跟人的语言创立和习得关系最密切的几种重要的认知能力，当然有关的认知能力还不只这些。我们提出上述认知能力，目的是说明我们对语言的一个基本哲学观点：人的语言能力是第二位的，它是很多种更基本的认知能力协同工作的结果，因此语言知识不是先天的，它是后天人们依赖这种认知能力一步一步习得的。

这些认知能力是人类创造、习得和使用语言的先天条件，它们是与生俱来的，但是需要在后天环境中得以实现和发展。从语言发生学的角度看，这些能力又不能自发地创造出一种语言来。语言系统的特点还跟人类的感知对象有关，即语言所表达的现实世界。语言中的很多现象和规则，都是客观现实世界的现象和规律通过人的大脑在语言中的投影。从历史的长河中看，语言系统总是在不断地发展、变化，这种变化当然离不开语言的使用，一个死的、没有人用的语言就根本不会有任何发展变化。人类使用语言的动机来自人是一种社会性的动物，具有内在交际的要求。这些方面是功能认知语言学研究的重点问题之一。

5.8.3　结语

以上关于人类创造和使用语言能力的假说具有以下优点：

第一，这些认知能力都有扎实的心理学研究基础。我们以上讨论的六种基本的认知能力，都是为大量的心理学所证实的，已经成为心理学教材的经典内容。我们每一个正常的人在日常思维活动中都可以感受到这种能力的存在和作用。它们与语言学习之间的关系也是显而易见的。

第二，可以说明语言必须通过后天才能习得的现象。一个人的语言能力必须通过后天的学习才能习得。这可以通过简单的反证法来说明这一点。假定人的语言知识是先天的，那么一个从出生就离开人类社会的狼孩，一定会自发地产生一种跟语言类似的东西。可是事实显然不是这样。

第三，可以成功地解释不同语言的共性和个性。我们关于语言的哲学观还可以成功地解释不同语言之间存在的共性和个性。不同的民族的人具有相同的认知能力和认知对象，这是形成语言共性的基础。但是不同的民族在如何应用这些认知能力方面都有自己的特点，比如不同的民族概念化动作行为的方式是不同的：有的语言把动作行为和其结果用一个概念来表示，那么同一个动作行为的不同结果就用不同的词语来表示，结果动词的数目增大了，但是句子结构相对地简单了，日语、罗曼语属于这一类。有的语言则把动作和结果分开来概念化，汉语和英语等则属于这一类，与此同时它们的谓语结构相对复杂了。

第四，可以解释个人使用语言能力的高低。我们的假设还可以成功地解释个人语言能力的差别。在一个语言社团里，不同的人的语言能力是有明显差别的，包括语音的清晰流畅、词汇量的大小、语法格式的驾驭能力等都会因人而异。这些差别都跟个人的先天的认知能力的差异有关。不同的人由于遗传因素和后天的智力开发等方面的影响，在记忆能力、概括能力等以上诸认知能力方面都会有差别，结果就造成语言习得水平的差别。这种现象也不支持语法系统的天赋说，因为如果语法系统是先天性的，那么每个人的语言能力和知识应该是一致的。

第五，还可以解释年龄对语言习得的影响。语言能力是由更基本的认知能力派生出来的，这种论断还可以从小孩的语言能力与这几种认知能力具有平行发展的关系上看出来。以上所罗列的几种基本认知能力，都有一个由低到高的发展过程，随着年龄达到一定阶段之后，还会走向衰退。小孩有一个最佳的语言学习时期，一般是在5—8岁之间，这跟他们的各种认知能力发展成熟有关。那么语言学习能力也有一个最佳的时期，当过了这一时期以后，学习效果往往不理想。人到了六七十岁以后，再学习语言就十分困难了，这跟他们各种认知能力衰退有关。这也充分说明语言能力是建立在其他能力之上的。

5.9 语言学假说的证据

5.9.1 引言

科学研究的常见程序之一为先提出假设，然后寻找证据加以验证。如何来验证假设，不同的学科具有不同的手段和标准，而判断一个假说的优劣只能是它赖以成立的证据。语言学领域也是如此，学者常常对同一现象提出各种不同的假设，各自都有根据。那么就引出一个非常值得深思的问题：判断语言学假设优劣的标准是什么？什么样的东西才能构成语言学假设的证据？对这些问题的解决，将有助于提升语言学研究的科学性。

当代最有影响的两个语言学流派是生成语言学派和认知语言学派。它们关于语言的哲学观绝大部分是针锋相对的，在具体语言的分析上往往走的是相反的路线。它们孰优孰劣，单在理论的层次上是无法争辩清楚的，必须寻找独立的证据。本章以对同一现象的不同分析为例来说明这个问题。不同学派的学者对"王冕死了父亲"这类句子的生成过程提出了各自的假设，并给出了各自的证据。但是他们的证据是否支持其假设，如何判断其证据的强弱或真假，都值得认真去检讨。我们认为，不论什么学派都无法保证其分析的正确性，只有建立在可靠证据之上的假设才是科学的。

5.9.2 生成语言学派所提假设中的问题

针对"王冕死了父亲"这类结构，生成语言学派的学者利用乔姆斯基不同时期的理论框架、观点和方法进行了多角度的分析，提出了各种各样

的假设。生成学派所提出的种种假设，充分暴露了该理论长期以来没有解决好的一个关键问题：缺乏客观的标准来确立一个表层结构的基础形式，无法找到直接的证据而导致各种臆猜的出现。结果，即使同在这个理论框架里工作，不同学者的观点针锋相对、相互矛盾，而且都无法说服对方，从而证实自己分析的优越性。这在对下面句子的分析上表现得淋漓尽致：

（1）王冕死了父亲。

上述这个句子只有三个成分，生成理论所谈的"移位"只能是左向的，该学派的学者所设定它的基础形式几乎穷尽了所有的逻辑可能。

（一）基础形式为"死了王冕的父亲"。"王冕"由宾语的领属格移到主语的位置。

（二）基础形式为"[$_{VP}$ 王冕 experience [$_{VP}$ 父亲死了]]。核心动词"死"向上移位并跟 EXP 合并。

（三）基础形式为"[王冕]$_{话题}$死了父亲"。"王冕"是话题，它是在句首话题的位置"基础生成的"。

上述基础形式的确立具有很大的随意性，是根据乔姆斯基的理论观点而设定的，诸如"外显名词赋格"说、"轻动词"说、"基础生成"说，如此等等，都是纯粹的理论假设。一个学者要从某一理论视角切入，就会设定有利于自己分析的"基础形式"。注意，千万不要以为这些所谓的基础形式是生成表层形式之前的大脑状况。根据认知心理学的实验，人们在说出语句之前，大脑里不存在任何线性的语言形式，只有神经元和神经纤维。那么判定各种基础形式是否存在，只能依赖外显的语言形式。这样马上可以看出问题：根据我们对历时和共时材料的广泛调查，"死了王冕的父亲"是不合语法的，有定性的名词偏正短语只能出现在动词之前，现实的语言中只能见到"王冕的父亲死了"这类结构。如果把这看作基础形式的话，那么整个分析就得改变。"轻动词"说就更不可思议了，这个成分不仅是无形的，而且在汉语中甚至找不到一个合适的动词，要用英语的 experience 来表达。如果换为相应的汉语动词"经历"，可以肯定地说古今没有一个人是这样用的——"王冕经历父亲死了"，它是一个违反汉语语法的句子。

"话题基础生成"说也是与语言事实相违背的，请看下面的话题化过程：

（2）我已经看完了这本书。　　　→［这本书］_{话题}我已经看完了。

我用这把刀杀鸡。　　　　　　→［这把刀］_{话题}我用它杀鸡。

上述两句的话题化所涉及移位十分明显，特别是第二句话题化成分的原来位置还有一个代词"它"与其形成回指关系。如果"基础生成"说是真的，那么就自然得出结论：有些话题化需要移位，有些话题化则不需要移位。这样的语言分析就是纯粹的随心所欲了。

总之，生成学派所确立的基础形式往往属于三种情况：一是空（看不见）；二是假（不合语法）；三是两者兼而有之。造成这种现象的原因是缺乏一个可靠的标准去设立和判定这些基础形式，如果这一基本问题没有解决好，那么任何建立在这种基础上的分析，不论外表多么精致，其可靠性都是很值得怀疑的。

生成学派的另外一个缺陷是，虽然自身的理论内部很有系统，但是在对待语言事实上往往是只见树叶，不见森林，孤立地看待语言现象，缺乏语法的系统观。我们下文将论证"王冕死了父亲"在现代汉语中的存在并不是偶然的，它是近代汉语系统发展的结果，同类的用例还很多，诸如"我来了两个朋友""他们家住了两个客人"等。上述的各种说法都无法全面处理这些问题，比如显然不能从"轻动词"角度说存在一个"我经历了两个朋友来了"的基础形式，也不能从非宾格的"移位"角度认为有一个基础形式"住了他们家的两个客人"，因为生成前后的结构和意义都严重走了样。

5.9.3　"糅合"假设的问题

5.9.3.1　构式的归纳及其意义的概括

如何归纳句式必然会导致截然不同的"糅合生成过程"，然而构式语法理论没有解决好的一个问题恰好就是在什么语义层次上概括一个构式，是不是一个构式只能有一种语法意义。有学者认为"王冕死了父亲"和"我来了两个客户"属于两个不同的构式，前一个构式的意义为"丧失"，后一个为"得到"，它们的"类推源项"不同，来自各自独立的糅合生成过程。这是在"丧失—得到"这一对语义层次上所做的概括。然而如果从"行为"和"施事"关系上看，可以把两类句子归纳为一个构式：

$$S + V_{行为} + O_{施事}$$

我们把它们归纳为一个构式具有充分的理由。最主要的是，汉语的语法系统的整体特点支持这一分析。汉语的很多句式都在较低层次上具有两个相反的语义特征，比如双宾结构概括意义是表示物体传递的，但是可以具体表示"给予"和"取得"两种相反的意义：

（3）我送了王教授一本书。　　　　我拿了王教授一本书。

　　我买了王教授一本书。　　　　我卖了王教授一本书。

　　老王嫁了他一个女儿。　　　　他娶了老王一个女儿。

　　我送了小张一张邮票。　　　　小张抢了我一张邮票。

不能认为上述左右两栏的句子分属于两种不同的句式，因为很多单一的动词也可以有两种相反的意义：

（4）小王借了他一万块钱。　　　　我租了他们一间房子。

　　他上了我一门课。　　　　　　我分了他一个面包。

上述每个句子既可以表示"取得"，又可以表示"给予"。显然不能把同一动词的同一结构划分成两种构式。我们已经有专文详细讨论了汉语双宾结构的语法意义产生的概念化原因。

即使最常见的动宾结构，也存在着两种完全对立的语法意义。比如宾语既可以是动词的受事，又可以是动词的施事。例如：

（5）他在吹蜡烛。　　　　　　　　他在吹风扇。

　　他在晒衣服。　　　　　　　　他在晒太阳。

　　他在烤白薯。　　　　　　　　他在烤火炉。

从行为能量作用的方向（矢量）看，上述左右两栏的动宾关系恰好相反：左栏是由左向右，右栏则是由右向左。但是仍应该把它们看作一种句式，动宾之间的抽象语法意义是动作行为与所关涉的对象。

至此可以看出，把"王冕死了父亲"和"我来了两个客户"归纳成一种句式，是与汉语语法系统的整体特性相吻合的。而且下文将讨论，这一分析还得到历史事实的支持。如果它们事实上代表的是一种句式，那么关于它们的"糅合生成过程"要做重大的修正，甚至其产生机制都不是"糅合生成"性质的。

5.9.3.2　语法结构的产生和新词语构造之间的本质区别

有一种假设认为，语法结构来自"糅合"的重要证据是，很多词语的构造也是由"糅合"而产生的。所举的其中一个例子如下：

a. 身体　　　　　　　　b. 脚

x. 山　　　　　　　　　y.（山的底部）←山脚

这种分析认为，"推介"是"推广"和"介绍"的糅合，"建构"是"建立"和"构造"的糅合，并强调"在汉语里糅合不仅是造词的重要方式，也是造句的重要方式"。

我们认为构造新词的方式不能作为"造句方式"的证据，因为它们之间存在着本质的差别。理由简述如下：

一、构造新词并不增加构词方式的种类。"山脚"的结构仍然是汉语大量存在的偏正结构，"推介"也是普遍存在的并列结构。然而"王冕死了父亲"这类句子则是原来不存在的独立的新句式。

二、所举的构造新词的例子是真正属于"糅合"，因为结果项包含（糅合）了两个源项中的成分，比如"推介"是糅合两个源项的第一个成分而成的。它们的糅合具有显而易见的直接证据。然而"王冕死了父亲"则缺乏这种直接证据。换句话说，如果语言中存在着或者曾经存在过"王冕死丢了父亲"这种用法，那么"糅合生成"说将会具有巨大的说服力。可惜并不存在这样的现象。

三、词语是一个开放的系统，可以随着交际的需要而不断增加，没有数量的限制，经常处在变化之中。然而语法结构是一个封闭的系统，新语法结构的产生受很多条件的限制，特别是受当时整体语言系统的制约，它们的产生和发展是缓慢的、成系统的。两者的性质不同，不能用词汇系统的情况来论证语法系统的性质。

学术界对"糅合"和"类推"不加区别，然而在我们看来，两者是有所不同的。糅合的结果形式通常包含有源形式的要素，而且不要求源形式与结果形式之间具有结构对应关系，可以由语言使用者个人创造，出现相对比较自由，比如"推介"各取源形式的第一个语素，它是并列复合词，而第一个源形式"推广"则是动补结构，它们的短语结构并不一样。然而类推则要求形式上的对应和意义上的相关，而且源类推项一定是更基本、更常见的，语言结构的类推是由整个语言社团所决定的，类推的结果必须与源形式在结构上一致或者相似。

因为上述观点混同了"糅合"和"类推"，在解释句式的生成过程时就出现了不一致：

A. a. 王冕的某物丢了　　　b. 王冕丢了某物

　　x. 王冕的父亲死了　　　y. ＿＿＿＿＿　　　←王冕死了父亲

B. a. 我有所得　　　　　　b. 我得了某物

　　x. 我有两个客户来　　　y. ＿＿＿＿＿　　　←我来了两个客户

根据上述分析，只有"王冕死了父亲"的生成可以看成是类推，因为它与源形式的结构完全平行。而"我来了两个客户"则只能看作糅合，不可能是类推，因为"我有所得"与"我有两个客户来"的结构显著不同。如果存在"我有某物得"或者"我有所来"的说法，那才有可能把"我来了两个客户"解释为类推生成。

5.9.3.3　与历史事实的不相符

上述假设蕴含着一个历时发展过程，但是可惜的是持该观点者没有从历时的角度考虑"王冕死了父亲"句式的产生过程，结果造成了其假设明显与历史事实相悖的现象。

从历史上看，"王冕死了父亲"不可能来自与"王冕丢了某物"的类推糅合。因为前者句式的出现可以上溯到 13 世纪，而用作"丧失"意义的"丢"到了 18 世纪才出现。两者相差五六百年的时间，不可能早已存在的形式是后起形式的类推结果。下面简述它们的发展过程。

我们做了广泛的调查，发现宋代以前的文献是没有"王冕死了父亲"这种用法的，在宋代以前只能是"死"的主体在前做主语，那时只能说"一人死了"（《敦煌变文·庐山远公话》），而不能说"死了一人"。"王冕死了父亲"这类用法最早见于南宋的话本。例如：

（6）万三员外女儿万秀娘，死了夫婿，今日归来。我问你借匾担，去挑笼仗则个。（《警世通言》第三十七卷）

（7）今日听得说，万员外底女儿万秀娘死了夫婿，带着一个房卧，也有数万贯钱物，到晚归来。（《警世通言》第三十七卷）

元明时期的文献时常可以见到这种用法，到了《儒林外史》时期已经相当普遍了。例如：

（8）怎生死了我那孩儿来！（《邓夫人苦痛哭存孝》）

（9）这伙秃驴欺得我也够了，我如今死了养爹，更没个亲人了。（《三遂平妖传》第八回）

（10）老身只为死了老公，儿女又不孝顺。（《三遂平妖传》第十三回）

（11）"爷儿两个告状，死了儿"，这才死了咱哩！（《醒世姻缘》第八回）

（12）这人姓王名冕，在诸暨县乡村里住。七岁上死了父亲，他母亲做些针指，供给他到村学堂里去读书。（《儒林外史》第一回）

（13）不瞒你说，我是六个儿子，死了一个，而今只得第六个小儿子在家里。（《儒林外史》第二十五回）

顺便指出，历史上并没有"王冕死了父亲"的实际用法，是现在的语法学家构造出来的，原文为"七岁上死了父亲"，主语"王冕"承前省略。下文的分析将会看到，这个时间词"七岁上"非常重要，可以揭示该类句子的来源。

然而"丢"是一个近代汉语才出现的动词。《古汉语常用字字典》和《古代汉语词典》都没有收这个字。《古今汉语词典》给出的最早用例是《水浒传》中的，而且一直到 18 世纪"丢"都是一个自主的及物动词，表示：（一）扔，抛弃；（二）搁置，放下；（三）遗留。它在现代汉语的"丧失""失去"的意思直到 18 世纪中叶的《红楼梦》才出现。我们还可以借助断代词典来进一步确立"丢"产生的时间和早期用法。

《唐五代语言词典》没有收录"丢"这个字。《宋元语言词典》和《元语言词典》都收录了"丢"这个字，给出最早的用例都是来自元杂剧的，归纳出的"丢"在那个时期的义项全部都是自主的及物动词，尚无"失去"的意义。同时我们也对从魏晋到元明时期的文献做了大量调查，这些词典基本上符合当时的情况。请看它的早期用法：

（14）踢翻了交椅，丢（注：扔）去蝇拂子，便钻将来。（《水浒传》第二十九回）

（15）粗鞭杖把你那胯骨上丢（注：打）。（《癞李岳诗酒玩江亭》第三折）

（16）抬过押床来。丢（注：抛）过这滚肚索去。（《包待制三勘蝴蝶梦》第三折）

我们对《儒林外史》中的"丢"的用法进行了周遍性调查，共出现 43 次，全部都是用作及物动词，尚没有"丢失"的用法。例如：

（17）王员外慌忙丢了乱笔，下来拜了四拜。（《儒林外史》第七回）

（18）把呈子丢还他，随他去闹罢了。（《儒林外史》第十四回）

（19）恰好三房的阿叔过来催房子，匡超人丢下酒，向阿叔作揖下跪。（《儒林外史》第十六回）

到了稍后的《红楼梦》里，"丢"才发展出了"丢失"的用法，自此以后该用法才普遍使用起来。例如：

（20）又问外孙女儿，我说看灯丢了。（《红楼梦》第二回）

（21）前儿好容易得的呢，不知多早晚丢了，我也糊涂了。（《红楼梦》第三十一回）

（22）倒是丢了印平常，若丢了这个，我就该死了。（《红楼梦》第三十二回）

根据以上调查，我们可以肯定地说，"王冕死了父亲"这类用法不可能是与"王冕丢了某物"糅合类推而生成的。那么是不是可以说它是与早期表示"丢失"概念的动词"遗"或者"失"糅合的结果呢？这种假设马上遇到的一个问题是，"遗"和"失"在先秦的文献中已经普遍使用，为什么到了13世纪这两个词逐渐走向衰落时方才对"死"发生类推作用呢？更重要的是，"死"在先秦已经有了"丧失""失去"的义项，例如"流言止焉，恶言死焉"（《荀子·大略》），这样就无法解释何以到了13世纪以后才能用于"丧失"类动词的句型。这个假设不成立的一个更重要的理由是，"王冕死了父亲"的用法并不是孤立的现象，而是那个时代汉语整个语法系统发展的结果，不可能是跟某个特定的词语"糅合"的产物。

5.9.4 "王冕死了父亲"之类用法产生的动因

5.9.4.1 施事宾语结构的产生与发展

上文指出，从行为和施事的角度看，"王冕死了父亲"和"我来了两个客户"应属同一句式。这可以得到强有力的历史证据：它们产生的时间几乎是同时的，都是出现在13世纪左右，最早的例子也都见于南宋的话本中，尔后则逐渐普遍起来。

（23）大娘子和那老王吃那一惊不小,只见跳出一个人来。（《醒世恒言》第三十三回）

（24）前日走了黑旋风，伤了好多人。（《水浒传》第四十四回）

（25）昨夜失了这件东西。（《水浒传》第五十六回）

（26）两弟兄上岸闲步,只见屋角头走过一个人来。（《儒林外史》第八回）

（27）只见庵内走出一个老翁来。（《儒林外史》第十六回）

（28）胡府又来了许多亲戚、本家。（《儒林外史》第十八回）

（29）风过处，跳出一只老虎来。（《儒林外史》第三十八回）

（30）天长杜家也来了几个人。（《儒林外史》第四十五回）

（31）我家现住着一位乐清县的相公。（《儒林外史》第十九回）

（32）前日这先农祠住着一个先生。(《儒林外史》第四十回)

（33）家坐客，我不送罢。(《醒世姻缘传》第十一回)

在近代汉语中，动宾为行为和施事关系的句子一般都是存现句，主语或者谓语之前的位置多为地点和时间短名词，表示在某一地方或者某一时间存在、出现、消失了某一事物。指人的名词也可转喻为地点，因此就可以出现在这类结构的主语位置上。比如下述例子中"他"可以转喻为"他所处的场所"。

（34）蓉大爷才是他的正经侄儿呢，他怎么又跑出这么一个侄儿来了。
　　　　(《红楼梦》第六回)

"王冕死了父亲"一类的说法也与存现句密切相关。请看《儒林外史》的全部五个同类用例。

（35）这人姓王名冕，在诸暨县乡村里住。七岁上死了父亲，他母亲做些针指，供给他到村学堂里去读书。(《儒林外史》第一回)

（36）好好到贡院来耍，你家又不死了人，为甚么这'号啕痛'也是的？
　　　　(《儒林外史》第三回)

（37）不瞒你说，我是六个儿子，死了一个，而今只得第六个小儿子在家里。(《儒林外史》第二十五回)

（38）父亲在上，我一个大姐姐死了丈夫，在家累着父亲养活，而今我又死了丈夫，难道又要父亲养活不成？(《儒林外史》第四十八回)

上述前三个用例都宜看成存现句，例（35）有时间词"七岁上"，例（36）有地点名词短语"你家"，例（37）则有承前省略的范围"六个儿子"，都是表示某一时间、地点或者范围发生某些事情。例（38）的两个主语都是指人名词或者代词，也可以把它们看作广义的地点。在现代汉语的存现句里，指人名词和所生活的地点经常可以互换而不改变意思。例如：

（39）我家今天又死了一盆花。　　→我今天又死了一盆花。

　　　　我家今天又来了两个客人。　　→我今天又来了两个客人。

把"王冕死了父亲"和"我来了两个客户"都看作源自存现句，主语通过转喻而变成了普通名词。这一观点不仅得到历史事实的支持，而且也与整个汉语语法的系统特性相符合。跟汉语的双宾结构可以表示"取得"和"给予"两个相对的特点一样,汉语的存现句也可以表示"丧失"和"获得"两个相反的意思。

5.9.4.2 汉语存现句结构的历史变化

汉语历史上出现的存现句类型很多,我们这里只讨论相关的类型。上面所谈及的存现句有两个特点:一是动词指不及物的具体的行为,二是宾语为不定的名词。

魏晋以前的这类结构的抽象格式为:(有 + NP) + PP + VP。例如:

(40)有蛇自泉宫出。(《左传·文公十六年》)

(41)顷之,上行出中渭桥,有一人从桥下走出,乘舆马惊。(《史记·张释之冯唐列传》)

上述例(40)的现代汉语对应表达为"泉宫爬出了一条蛇",例(41)则为"从桥下走出了一个人"。但是那个时代是不允许这种句式的。不定名词和介词短语都出现在谓语之前,也就不可能有"他家来了一个客人"之类的表达。

谓语为具体行为动词的存现句萌芽于唐代,发展成熟于宋代。例如:

(42)本是楚王宫,今夜得相逢,头上盘龙结,面上贴花红。(《敦煌变文·下女夫词》)

(43)门前挂着一枝松柯儿。(《警世通言》第十四卷)

(44)却见一个后生,头带万字头巾,身穿直缝宽衫,背上驮了一个搭膊。(《醒世恒言》第三十三卷)

(45)白纸上写着黑字儿哩。(《看钱奴买冤家债主》第二折)

这种存现句到现在越来越普遍。这种结构的产生与当时汉语语法系统经历的一个大变化有关。该类结构直接来自下述句子结构:

(46)辄含饭著两颊边。(《世说新语·德行》)

(47)埋玉树著土中。(《世说新语·伤逝》)

早期的地点介词短语是出现在受事宾语之后。由于受动补结构产生类推的影响，早期的所有谓语动词之后的非结果性质的介词短语逐渐被限制在谓语动词之前，比如被动结构、比较句等都经历了类似的变化。上述句子的相应语序变化就是"辄两颊边含饭"和"土中埋玉树"。这类存在句绝大部分都包含一个体标记"了"或者"着"，而体标记的产生也是动补结构发展的结果之一，它们的出现也许对这类存现句的出现起了一定的促进作用。

但是在初期，结构中的动词和宾语的关系仍然是最普通的动作和受事的关系。那么如何来解释"王冕死了父亲"这种行为和施事（主体）结构的出现呢？这也与动补结构的最后建立密切相关。

5.9.4.3　动补结构的建立所带来的一个句法后果

动补结构的建立是一个长期的历史过程，关键的发展时期是在唐朝，最后的建立是在宋朝。这一事件对现代汉语语法系统的形成产生了深远的影响，直接后果之一是促使"王冕死了父亲"之类用法的出现。在动补结构产生之前，如果一个成分是不及物性质的，且表示宾语的行为，语序只能是"VOR"。下面以"死"概念的动词为例来加以说明。

（48）城射之，殪。（《左传·昭公二十一年》）

（49）击陈，柱国房君死。（《史记·陈涉世家》）

（50）犬遂咋蛇死焉。（《太平广记》卷第四百三十七）

（51）匠人方运斧而度，木自折举，击匠人立死。（《太平广记》卷第三百三十一）

在宋代以前，"死"作为另一动作带来的结果，如果有宾语的话，则只能出现在宾语之后[①]。但是到了宋代动补结构最后建立的时候，上述结构就逐渐变成了"VRO"，结果补语"死"也就可以出现在它的施事名词之前。例如：

---

① 根据我们看到的其他学者的调查，宋以前的文献只有六朝的一个孤例，可能是其他原因造成的，不足为凭。

（52）秦时六月皆冻死人。（《朱子语类》卷第七十九）

（53）你却如何通同奸夫杀死了亲夫，劫了钱，与人一同逃走，是何理？
　　　（《醒世恒言》第三十三卷）

（54）当言不言谓之讷，信这虔婆弄死人！（《快嘴李翠莲记》）

在主要动词因为某种语用因素，不清楚或者无需说出来时，就会出现
"死＋NP$_{施事/主体}$"的用法。例如：

（55）上天生我，上天死我，君王何不可！（《元刊杂剧·晋文公火烧
　　　介子推》）

至于"上天"采取什么样的行为致"我"死，则不清楚，因此就缺少了主
要动词。这种动宾结构的出现，"死"就有可能用于新兴的存现句，结果
就有了"万秀娘死了夫婿""王冕死了父亲"之类的说法。

宋朝以前汉语广泛存在着使动用法，比如"则修文德以来之"（《论
语·季氏》），按理说"死"有可能出现在上述结构，但是那时存在一个与
其概念相同的专职及物动词"杀"，两者之间存在着明确的分工，就不可
能有"死我"之类的说法出现。虽然魏晋及其之前的"死"也可以带名词
宾语，但是宾语一般限于非生命的目的或者原因，例如：

（56）今亡亦死，举大计亦死。等死，死国可乎？（《史记·陈涉世家》）

（57）且勇者不必死节，怯夫慕义，何处不勉焉。（《司马迁·报任安书》）

（58）夫守节死难者，人臣之职也。（《盐铁论·忧边》）

总之，上述所讨论"死"的用法变化远不是孤立的现象，而是那个时
代汉语所经历的一个大的系统变化的具体表现之一。比如魏晋时期表示
"醒"的概念做补语也是只能出现在施事宾语之后："唤江郎觉"（《世说新
语·假谲》）。到了宋代则出现在宾语之前："故夫子唤醒他"（《朱子语类》
卷第二十七）。因此后来才有可能出现"这个房间又醒了一个客人"之类
的说法。

5.9.4.4　结构赋义规律的建立及其影响

我们对《儒林外史》及其之前的大量文献进行了统计，"王冕死了父亲"

之类的说法只限于宾语为不定的情况。这里的"父亲"虽然根据常理可以推知是"王冕的父亲"，但是语言形式所表达的仍然是不定的，如果语言形式是有定的则不能用于这一结构，比如不能说"＊王冕死了他的父亲"。对《儒林外史》的统计显示，凡是有定的施事名词则只能出现在"死"之前，例如：

（59）落后他父亲死了，他是个不中用的货，又不会种田。(《儒林外史》第十二回）

（60）小的父亲死了。(《儒林外史》第二十六回）

（61）不到一年光景，王三胖就死了。(《儒林外史》第二十六回）

在现代汉语里，本章所讨论的存现句的宾语也限于为不定的，如果换为有定的，句子则不成立。例如：

（62）他死了一盆花。　　＊他死了那盆花。

　　　他跑了一只狗。　　＊他跑了那只狗。

　　　他来了一个客人。　　＊他来了那个客人。

　　　他出了一个疖子。　　＊他出了那个疖子。

上述存现句属于结构赋义规律的具体表现之一，因此它的产生与该规律的建立很有关系。我们根据对现代汉语的广泛调查，总结出"结构赋义"的规律为：

一、对于光杆名词（包括缺乏有定性修饰语的名词短语），出现在动词之前时被自动赋予一个"有定"的语义特征，动词之后则被赋予一个"无定"的语义特征。

二、名词在动词之前要表示"无定"时，必须借助于词汇标记"有"等；名词在动词之后要表示"有定"时，必须借助于词汇标记"这""那"等。

请看下面的对比：

（63）a. 人来了。　　　　　b. 来人了。　　　　　　c. 有人来了。

例 a 的"人"指的是特定的某一个；例（b）的"人"是不定的；例（c）的"人"位于动词之前要表示无定，则需要加"有"。

对于上述存现句则要求更严，宾语只能是无定的，而不允许采用词汇形式使其有定化。那么上述的结构赋义规律的产生时间，对我们考察这类存现句的产生动因至关重要。关于汉语语法史的考察，人们的注意力多放在有形的标记或者结构上，而很少有人注意到特殊句法位置上的成分所表达意义的改变。然而句子成分所表达意义的变化，往往是我们探讨一些重大语法变化的关键。结构赋义规律并不是自古到今都是如此。那么它是在什么时候产生的？我们设计了一个简单的方案来回答这一问题：以最常做行为动作句的主语"人"为统计对象，看它有定和无定的表现形式的变迁。我们的逻辑推理是：

如果结构赋义规律已经建立，那么光杆名词"人"做主语就必须表示有定；如果要表示无定，则必须加"有"等词汇标记。假如某一个历史时期"人"的使用缺乏这些特征，那么就可以认定结构赋义规律不存在或者尚未建立。

用上述标准考察历史，可以断定先秦汉语不存在现代汉语的结构赋义规律。我们考察了反映先秦语言面貌的主要文献《十三经》，单独的"人"（包括缺乏有定性修饰语的复合名词）用做主语大都是表示无定的。例如：

（64）门人问曰："何谓也？"（《论语·里仁》）

（65）乡人饮酒，杖者出，斯出矣。（《论语·乡党》）

（66）门人不敬子路。（《论语·先进》）

（67）人皆有兄弟，我独亡！（《论语·颜渊》）

（68）尔所不知，人其舍诸？（《论语·子路》）

（69）夫子时然后言，人不厌其言；乐然后笑，人不厌其笑；义然后取，人不厌其取。（《论语·宪问》）

（70）女为周南、召南矣乎？人而不为周南、召南，其犹正墙面而立也与？（《论语·阳货》）

（71）人曰："子未可以去乎？"（《论语·微子》）

（72）我之不贤与，人将拒我，如之何其拒人也？（《论语·子张》）

上述句子的主语不能直接翻译成现代汉语，需要加上"有""别（人）"等。在整个《十三经》只有《孟子》中发现两例"人"做无定主语时之前加"有"：

（73）今有人日攘其邻之鸡者。（《孟子·滕文公下》）

（74）有人曰："我善为陈，我善为战。"（《孟子·尽心下》）

例（73）"今有人"可以看作一个存在结构，"有"还不是一个无定标记。例（74）很像现代汉语的有定标记，但是只是一个孤例。

那么到了公元 5 世纪的文献《世说新语》中，情况已经发生了重大变化，虽然尚存在着"人"做无定主语不加"有"的用例，但是以加"有"的为常，共出现了 17 次。例如：

（75）人问其故，林宗曰……（《世说新语·德行》）

（76）人问："痛邪？"（《世说新语·德行》）

（77）太中大夫陈题后至，人以其语语之。（《世说新语·言语》）

（78）有人道上见者，问云："公何处来？"（《世说新语·文学》）

（79）阮宣子伐社树，有人止之。（《世说新语·方正》）

（80）后有人向庾道此。（《世说新语·雅量》）

（81）有人目杜弘治"标鲜清令，盛德之风，可乐咏也"。（《世说新语·赏誉》）

（82）有人道"孝伯常有新意，不觉为烦"。（《世说新语·德行》）

（83）有人问谢安石、王坦之优劣于桓公。（《世说新语·品藻》）

上述现象说明结构赋义规律在 5 世纪左右开始形成，但是尚未发展成为一条严格的规律。它最后形成一条严格的规律究竟在什么时代，尚需要深入系统的探讨。从 5 世纪的"人"的使用情况来看，到了 8 世纪左右这条规律应该逐渐趋于严格。

关于结构赋义规律产生的时间，还有一个重要的历史证据是"受事话题＋施事主语＋VP"结构的发展。现代汉语里，还可以把受事名词移到句首话题化来表示有定，比如"书他已经看完了"中的"书"是指交际双方都知道的那一本。光杆名词移到句首做话题，被自动赋予一个有定的特征，这也是结构赋义的另一种表现。该结构在先秦罕见，汉魏时也不多，普遍运用于唐五代，迅速发展于元明时期。例如：

（84）钱财奴婢用，任将别经纪。（《大有愚痴君》）

（85）茶钱洒家自还你。（《水浒传》第三回）

根据上下文判断，上例中的"钱财"和"茶钱"都是有定的。

唐朝是结构赋义规律建立的关键时期，可以推知到了宋以后该规律就更加严格。要求不定宾语的新兴的存现句正是在这个时期产生的，我们认为这两件事之间存在着内在的因果联系。

根据以上的分析，我们可以得出以下几条结论：

一、"王冕死了父亲"和"他来了两个客户"都属于存现句，该类存现句可以表示"丧失"和"得到"两种对立意义，其主语是通过转喻由地点名词变成指人名词。

二、动补结构的建立对这类存现句的出现起着重要的作用。这表现在两个方面：一是促使非结果的介词短语由动词之后向动词之前移动，导致了存现句结构的变化；二是"死"类不及物动词做补语可以出现在施事宾语之前，为"行为—施事"关系动宾结构的出现创造了条件。

三、结构赋义规律在唐宋时期的建立对新兴的存在句的产生和应用起到了推动作用。

5.9.5　类推的条件

有学者举出汉语史上的两个变化来说明"糅合"对新语法格式产生的影响。一是"VO 了"变成"V 了 O"是受"V 却 O"的类推影响；二是记数格式"名 ＋ 数 ＋ 量"因为受记量格式的类推影响而变成了"数 ＋ 量 ＋ 名"。这一分析会遇到下列困难：

一、"V 却 O"也是中古汉语之前不存在的格式，那么它首先是如何产生的？更重要的是，类推是有方向性的，一般是常见的、基本的去类推少见的、非基本的，而不会相反。唐宋时期表达完成体时，"VO 了"比"V 却 O"更为常见和基本，如果有类推，只能是前者类推后者，而不会是相反。根据我们的调查分析，"了"的位置的变化并不是受某一个特定用例类推的结果，而是那个时代动补结构这个大变化中的一个具体变化。从整体上看，汉语的动补结构经历了"VOR → VRO"的语序变化，体标记是动补结构的一个子类，它与整个动补结构发展的动因和步骤是一致的，而不可能是每一个动补用例的发展背后都有自己的单独一个类推源形式。

二、个体量词系统是后来才产生的，原来的名词计数格式为"数 + 名"，即数词位于名词之前，比如"百两必千人"（《左传·昭公十年》）。上述类推解释遇到的困难是，度量衡单位词在先秦已经是在名词之前，既然会发生后来的类推变化，那么后起的个体量词为什么还会节外生枝而走一个弯路，先出现"名 + 数 + 量"，后又被类推成"数 + 量 + 名"？从类推的一般规律来看，这种解释也是很令人怀疑的。记数格式远远比记量格式出现的频率高，它们之间如果有类推关系，也只能是前者类推后者，而不可能是相反。语言发展中的类推机制受到很多条件的限制，除了使用频率这个因素外，还受到当时整个语言系统的制约。根据我们的研究，数量名词短语的早期语序及其后来的改变，都是那个时期语法系统的整体状况决定的。

5.9.6　结语

在分析同一现象时，不同的学者根据自己的学识、观察的角度、调查的范围等，提出各种各样的假设。那么如何判断这众多假设的优劣，或者说如何使假设上升为科学结论，是一个不可回避的重要问题。目前很多研究大都是停留在假设的层次上，大家面对同一现象众说纷纭，莫衷一是，极大地影响了语言研究的科学性。要推动语言学的发展，必须弄清楚什么是构成一个假设赖以成立的证据，特别是从哪里去寻找假设的证据。我们认为以下四个方面是一个假设赖以成立的主要证据来源。

一、历史语言材料。很多关于共时语言现象的假设都蕴含了一个历时过程，如果能够在历史中找到证据，就会大大提高假设的科学性。具有因果关系或者类推关系的两个现象，不仅要在产生的时间上契合，而且要有内在的关联性，还要找到直接的历史证据。

二、语言的共性。生成语言学派的学者分析一个语言现象时，常常需要确定它的深层形式，而这些深层形式常常是既无法在一个语言的共时系统中找到，也无法在其历时系统找到。那么，如果在其他大量的语言中发现这种深层形式的存在，就会大大提高其假设的可靠性，也会使得其在此假设基础之上的分析具有可信性。

三、心理实验的结果。如果一个假设既无法在一个语言的历时和共时系统中找到证据，也没有跨语言事实的支持，那么心理实验是证据的可靠来源。这是一个难度比较大的问题，涉及实验方案的确立、仪器的使用、实验数据的诠释等众多因素。

四、语言的共时系统性。语言是一个有机的整体，语法的各种结构和标记相互制约、相互依存，因此对一个现象的解释要考虑到有关的其他方面。关于同一现象存在两种假设，如果其中一个不仅能够解释所讨论的对象，还能够解释相关现象，那就是比较好的假设。

上述四个方面的证据是相容的，如果一个假设能够得到多方面的证据，它的可靠性就越高。在寻找语言学假设的证据时，还应该避免一些误区。常见的错误有：为了某种理论内部系统的自洽，或者为了理论概念假设的成立，从而设定一个有利于自己分析的基础形式。理论是为了解释语言现象的，而不能对语言现象削足适履来迁就理论。这是每一个学者研究中值得深入思考的问题。

5.10 语言研究的系统观

5.10.1 引言

　　语言是什么？不同的学者关于这个问题会有不同的认识，这不仅影响一个学者观察问题的视角，也影响其学术成果的方面及其重要性。不同语言学流派的根本差别，就是源自他们的语言哲学观的分歧。以乔姆斯基为代表的形式语言学派认为，语法是个独立的系统，是人类生物进化的结果，人们与生俱来一个普遍语法，儿童在学习语言的过程中代入具体语言的参数，从而习得一种语言。然而认知语言学派则认为，语言是人类的一种认知能力，它与其他认知能力相互依赖相互影响，同时语言又是一个开放的系统，受社会文化乃至自然规律的影响。这种对语言的不同认识，决定了他们所采用的概念、研究方法和成果上的差别。

　　我们对语言的认知既根本区别于乔姆斯基学派，又明显有别于国际上流行的认知语言学的观点。过去二三十年来，我们一直走了一条"向语言学习语言学"的道路，利用语言学的概念理论，吸收一般科学的逻辑方法，通过对语言的大量调查，尝试揭示语言自身的规律。对于国际上各个语言学流派，我们既不刻意迎合又不排斥反驳，而是采用"拿来主义"，只要是有助于我们研究目标的一概不排斥。本章则是我们过去近30年研究语言的一个理论总结。

5.10.2　语音、词汇和语法所构成的系统

5.10.2.1　语法化过程的普遍特征

语言的系统性首先体现在语音、词汇和语法三个部分的有机统一上。这方面最典型的例证就是实词的语法化，它往往涉及三个方面的变化：

第一，语音的简化或者弱化。

第二，语义的虚化或者抽象化。

第三，语法功能的获得与稳定。

现代汉语的实现体标记"了"是唐末宋初才出现的，它就经历了这三种变化。它的中古读音是［lieu］，调值为上声，在语法化的过程中，复韵母变成了央元音［ə］，调值丢失而成为轻音。"了"原来是表达"完成"义的一个普通动词，可以独立做谓语动词，而它在语法化之后则只能附在其他动词后表达动作行为的实现或者完成。同时，"了"发展成为一个体标记后，使用范围大大扩大，出现频率大幅提高，表达动作、行为或者属性成为现实的抽象语法意义。类似地，英语的将来时标记 be going to 也经历了这些变化。它是由具体的行为动词"go"变成了将来时标记，意义上抽象了，而且其使用范围也扩大了。在口语里，表达将来时标记时，它常被读成 be gonna，其语音形式出现了简化或者弱化。

5.10.2.2　语音和语法的相互制约关系

一、语音的变化诱发语法发展

语音与语法处于一个系统中，因而语音的变化会诱发语法的发展。汉语动补结构的产生与发展就是这方面的一个典型例证。魏晋南北朝时期，由于汉语语音系统的简化和新概念的增加，为了保证词汇的语音区别特征，双音化趋势越来越强烈。这促使单音节动词和单音节补语在宾语缺省的情况下，逐渐失去其间的边界，最后融合成一个语法单位，从而使得原来出现于其中的名词宾语只能出现在整个动补短语之后。下面是中古时期的有关用例：

（1）吹我罗裳开。(《子夜四时歌》)

（2）唤江郎觉！(《世说新语·假谲》)

如上例所示，那个时期的宾语都是出现在动词和补语之间的，到了现代汉语则变成了"吹开我罗裳""唤觉（叫醒）江郎"等。其发展的过程为，"吹"和"开"、"唤"和"觉"等之间的宾语经常不出现，在双音化趋势的作用下，"吹开""唤觉"等逐渐变成一个不可分割的语法单位，类似于双音节的复合动词，此时宾语只能出现在其后。

现代英语语法系统的形成也是由于英语词汇的一个语音变化诱发的。从古英语到近代英语，英语词汇的最后一个非重读音节全面丧失，而原来这个词尾的音节负载着重要的语法信息，指示主格、宾格、人称等语法关系。因为这些语法标记消失了，英语就采用两种办法来补救：一是句子语序由原来的 SOV 和 SVO 自由选择而固定为 SVO 一种，目的是利用语法位置来区别主格和宾格，主语在动词前，宾语在动词后，而且主宾语也不能自由省略；二是介词等虚词的语法地位越来越重要，所表达的语法意义也就越来越丰富。也就是说，因为英语形态标记的丢失，它的整体语法特征正朝着汉语的方向发展，即主要依赖语序和虚词这两种语法手段。

二、词汇的语音形式决定其语法表现

语音和语法的密切关系还表现在词汇的语音形式影响其语法手段上。词汇的语法表现形式决定于两个方面：一是概念内容，二是语音形式。汉语词汇的音节数目会制约其语法特征，以名量词重叠表遍指来说明，比如"人人""事事""个个""条条"等。然而这里有一个严格的语音限制，只允许单音节的名量词重叠成双音节的，所以"架次""嘟噜"等就没有相应的重叠式。因此，下面一组时间名词的用法就不同：

年→年年、月→月月、天→天天、日→日日、星期→＊星期星期

时间名词类似于量词，可以直接受数词修饰，因此可以像量词那样重叠表遍指。虽然从意义上看，"星期"也应该可以重叠，但是因为它是双音节的，不符合名量词重叠的语音限制规则，所以没有相应的重叠式。

对于汉语的动词和形容词，它们重叠式的最多音节数目限制是四个，

单音节的可以重叠成双音节的（如"看看""大大"等），双音节的可以重叠成四音节的（如"商量商量""干干净净"等）。然而，两个音节以上的动词和形容词就没有相应的重叠式，比如可说"美化美化我们的环境"，却不能说"*机械化机械化我们的家乡"等。

英语词汇的音节数目也对其语法形式有制约作用。英语的形容词比较级和最高级有两种表示方法：一是用形态的手段，比较级加词尾 -er，最高级加词尾 -est；二是用词汇的手段，比较级加 the more，最高级加 the most。单音节的形容词只能采用形态手段，比如 richer、richest 等；双音节的情况比较复杂，两种手段都有；三个音节及其以上的形容词则只能采用词汇手段，比如 the more beautiful、the most beautiful 等。

三、一种语言的语音系统决定其语法表现形式

汉语的语音系统有两个特点：一是具有声调，二是一个音节往往代表一个最小的有意义的语素，通常对应于一个汉字。所以，声调和音节是汉语语法范畴的两种最重要的表现形式。上古汉语里，汉语存在着一种普遍的语法手段，用声调变化来表达"使成（causative）"范畴。例如：

（3）夫如是，故远人不服，则修文德以来之。（《论语·季氏》）

上例的"来"是"使……来"之意，应该读去声。现代汉语仍部分保留上古汉语的这种声调用法，比如"饮"：普通动词"饮酒"，读第三声 yǐn；如果表示让牲畜喝水"饮牛"，则读第四声 yìn。

英语是音素语言，所以常用一个没有任何词汇意义的音位符号来表达一个语法范畴。比如英语的音素 -s 就具有三种功能：名词的复数标记（three books），领有格标记（John's car），第三人称动词的现在时标记（he works now）。

一种语言的语法范畴主要采用哪种语音形式来表达，没有高下优劣之分，也没有发达与落后之别，而是决定于这个语言的语音系统。英语单独一个音素［-s］就负载三种语法功能，它在具体的上下文到底是什么用法，要靠使用语境来决定，因此很难说用音素表达语法范畴就比用声调或者音节清晰明确。

5.10.2.3　语义与语法的相互制约关系

一种语言的语义系统在很大程度上决定了该语言的语法特征。不同语言的语义系统差别很大，这是因为不同民族观察认识世界的视角和方式各异造成的。语义系统的差别主要表现在词汇概念内涵和外延的差别上，特别是概念数目的设立上，我们以与物体传递有关的动作行为的概念化来说这一点。汉语是不分方向的，而英语是区分方向的，所以汉语的"借"对应于英语的两个反义动词：borrow（借入）和 lend（借出）。汉语的"小李借了老王一万块钱"就有歧义，一个意思是"小李的钱给了老王"，另一个意思则是"老王的钱给了小李"。因为汉语这类动词最常出现的句式就是双宾结构，结果使得汉语的这种结构也具有双重表达功能，既可以表示给予义，又可以表示取得义。例如：

（4）小李买了小王一辆自行车。　　小李卖了小王一辆自行车。

上述两句话的意思正好相反：左边的例子表达的是取得义，指"小李从小王那里买到一辆自行车"；右边的例子则是给予义，指"小李卖给了小王一辆自行车"。

然而，英语的双宾结构则是方向性明确的，只有给予义的一方才可以用于双宾结构，要表达取得义时就要选择其他句型。例如：

（5）John lent Mary 100 dollars.　　John borrowed 100 dollars from Mary.

结果，英语中的双宾结构只允许给予类动词进入，比如"John sold Mary a bicycle"这句话，可以直接翻译成汉语而意思不变，就是"约翰卖了玛丽一辆自行车"。可是"John bought Mary a bicycle"就不能这样翻译，因为它与汉语"约翰买了玛丽一辆自行车"的意思正好相反，这句话的真正意思是："约翰买了一辆自行车，作为礼物送给玛丽。"也就是说，英语"buy"用于双宾结构所表达意思仍然是给予义。

汉语的双宾结构所表达的意义是双向的，既可以表达物体从主语到间接宾语位移，也可以表达相反的位移方向；而英语的双宾结构所表达的意义则是单向的，只能表达物体由主语向间接宾语位移，而不能相反。

我们认为，造成英汉两种语言的对应结构的不同语法功能的原因是用于其中的动词的语义特征。汉语表达物体传递的动词从古到今都是双向的，因而所出现的语法结构也是双向的；而英语的相应动词则是单向的，而且只有给予类动词才能用于双宾结构，因而有关的语法结构也只能表达给予意义。

上面这种现象说明，一种语言动词系统的语义特征会影响其语法结构的表达功能，语义与语法之间存在着相互制约的关系，两者共处于一个系统之内。

5.10.3　语法的系统性

5.10.3.1　构词法与造句法之间的关系

语法由构词法和造句法这两部分构成，两者之间存在着相互制约关系，共同构成一个语法系统。汉语的复合词十分丰富，大约占整个词汇的80%。复合词结构与句子结构基本一致，不同结构的复合词在语法功能上也不一样。我们用两个方面的例证来说它们之间的关系：一是内部结构为VO 的复合词带宾语的限制，二是内部构造不同的形容词所采用的重叠形式不同。

英语的 marry 和 help 都是普通的及物动词,都可以带上宾语,比如"Tom married Lisa""John helped Mary"等。然而汉语对应的动词"结婚"和"帮忙"则不行，要引入相关的人物，必须借用其他方式。例如：

（6）*汤姆结婚了丽萨。　　汤姆跟丽萨结婚了。　　汤姆和丽萨结婚了。

　　*汤姆帮忙丽萨。　　汤姆帮丽萨的忙。　　汤姆给丽萨帮忙。

针对上述两个概念，汉语则采用迂回的办法加以表达，相关的人物名词要么用介词引入，要么作为宾语的定语出现。之所以汉语不能采用英语那种直接带宾语的方法，是因为"帮忙""结婚"等的两个语素之间都存在着动宾关系，这类构造的复合动词之后大都不能再带一个宾语。

汉语的一部分双音节形容词可以采用 AABB 重叠式，比如"干干净净""冷冷清清""漂漂亮亮"等，然而只限于两个语素为并列关系的复合形容词，因而以下两种类型的形容词则都没有这种重叠式。

a. 主谓结构：年轻→*年年轻轻、胆大→*胆胆大大

b. 偏正结构：热心→*热热心心、笔直→*笔笔直直

上述偏正结构还可以细分为两类："热心"是定中结构，"笔直"是状中结构，而状中结构的复合词大都可以采用 ABAB 重叠式，比如"笔直笔直（的）""雪白雪白（的）""乌黑乌黑（的）"等。

5.10.3.2　语法规则作用范围的普遍性

语法规则是作用于某一类现象的，而不是局限于个别的例子。我们在这里以过去半个多世纪以来汉语学界的一个传统课题为例来说明，即关于"王冕死了父亲"这句话的分析。迄今为止，很多学者从自己的理论兴趣出发，提出了各种各样的假设，主要有"非宾格动词"说、"轻动词位移"说、"话题基础生成"说、"糅合类推"说、"中间论元"说等。但是，所有这些分析都存在一个问题，只关注这个特殊的用例。我们认为，任何成功的解释都必须照顾到以下与这个用例同类的现象：

（7）他家来了一个客人。　　　　他们家飞了一只鹦鹉。

　　　他们今天走了三个人。　　　老王跑了一只狗。

上述用例与"王冕死了父亲"都属于同一类语法现象，宾语是谓语动词的主体，主语则是失去或者获得宾语所指的事物。实际上，它们是汉语存现句之一种，即属于同一类语法结构。汉语这种现象在宋代以前也不存在，是汉语语法系统内部发展的结果。我们认为，任何成功的解释不仅要说明同类的现象，还要解释为何宋朝以后才出现的原因。也就是说语法是个有机的整体，在分析任何具体的现象时始终要有一种系统观，所提出的假设都要照顾到它们的左邻右舍，而不能局限于一个孤立的例子。

5.10.3.3　语法是一个具有交际功能的网络系统

结构主义语言学把语法比喻成一盘棋，以此来说明任何具体的标记或

者形式都不是孤立存在的，而是与其他成员共处于一个系统之中，相互关联相互制约。这个比喻的优点是强调了语法的系统性，缺点在于它具有误导性，因为在行棋的特殊阶段，某些棋子是可有可无的，不影响整盘棋结局，这一比喻暗含一层意思，似乎某些语法手段是可有可无的。然而我们认为，任何语法手段都是这个有机体的一部分，都扮演着自己不可被替代的角色。语法是一个具有交际功能的网络系统，这不是一个抽象的比喻，而是有具体的表现形式。我们把语法标记看作这个网络系统的一个"结"，同一个语法标记往往具有多重功能，由此出发可以把各种各样的语法结构联系起来，最后展现出一个系统。

第一，工具式与处置式的交叉关系。"拿"既可以引进工具名词，例如"他拿毛笔写字"，又可以表达处置义，例如"别人拿他开玩笑"。

第二，处置式与被动式的交叉关系。"给"既可以表示处置，例如"他给杯子打碎了"，又可以表示被动，例如"门给风吹开了"。

第三，处置式与双宾结构的交叉关系。比如处置式"他把书还我"可以变换成双宾式"他还我书"等。

第四，被动式与兼语式的交叉关系。"让"既可以引进兼语，例如"他让小王去办事"，又可以表示被动，例如"老李让汽车撞到了"。

第五，双宾结构与话题化结构相互转换。双宾结构"他还我书"可以变换成"书他还我了"等。

上述各种语法结构的关联只是举例性质的，可说明任何语法手段都不是孤立存在的，可以通过标记的多功能性来认识语法的系统性。

语法的网络系统还表现在另一方面：同一语法结构有核心功能和边缘功能之别。比如处置式的典型标记是"把"，表达对某一对象的物理处置，比如"他把桌子搬走了"涉及物体的位移。然而"称为"则是"把"字的非典型用法，此用法可以用"管"表达，比如"山西人管土豆叫山药蛋"等。当谓语为"怎么样"等词语时，"把"与"拿"都可以用，比如"你能拿他怎么样"。然而谓语如果是非及物的惯用法时，只能用"拿"不能用"把"，比如"大家拿他开涮""别人拿他开玩笑"等就不允许换为"把"。也就是说，在表达处置上汉语有"把"、"拿"和"管"三个语法标记，"把"代表核心功能，而只在边缘功能上与"拿"和"管"交叉。总之，在表达处置这个语法范畴上，这三个语法标记协同合作形成一个小系统。

"语法是一个具有交际功能的网络系统"这一判断具有三层意思：第一，每一种语法手段都具有不可替代的功能；第二，各种语法手段协同合作共同完成交际功能；第三，同一语法手段的多个功能之间，或者表达同一语法范畴的各个功能之间，具有核心与边缘之别。这如同一个渔网，中间位置网格的重要性高于边缘位置的，但是哪个都不能少，否则就会出现"漏网之鱼"。

5.10.3.4　语法的共时和历时统一

索绪尔把语言的共时系统与历时系统对立起来，认为两者是相互独立而互不相干的，这反映了那个时代对语言认识的局限性。其实，不论哪种语言，绝对静止的、稳定的共时系统是不存在的，语言始终处于演化的过程中。所谓的"共时系统"都是该语言历时长河的一个片段，它是历史发展的结果，也是走向未来的一个片段。

语言是个有机的整体，这从演化的角度看得最清楚。语言发展的典型模式就是牵一发而动全身，就是一个局部变化会引起连锁反应，从而带来一系列的变化，结果往往会改变该语言的整体特征。这就像一个有机的生命体一样，局部发生了变化，会引起整体的反应。根据我们的研究，现代汉语区别于古汉语的一系列重要的语法特征，都是来自动补结构的产生和发展。这些语法特征主要包括以下这些：

第一，处置式的产生，"将""把"等的语法化。

第二，被动式的多样化，"叫""让"等的语法化。

第三，新话题结构的出现，如"我昨日冷酒喝多了"。

第四，体标记"了""着""过"的诞生。

第五，"得"语法化为补语标记。

第六，动词重叠式的出现。

第七，"动作行为 + 结果状态"的句子组织信息原则的形成。

第八，谓语结构的普遍有界化。

共时和历时的统一还可以从一个标记的多种用法上看出来。现代汉语的"是"有以下四个主要的功能。

第一，表示判断，例如"王教授是四川人"。

第二，焦点标记，例如"他是昨天到北京开会的"。

第三，强调标记，例如"妈妈是要问这件事的"。

第四，对比标记，例如"我倒不是害怕，是觉得这件事有点儿怪"。

"是"在先秦时是个指代词，在汉初发展出判断词的用法，尔后逐渐发展出其他三种用法。"是"发展成焦点标记后，改变了汉语的一个类型学特征，汉语疑问代词由先秦靠语序变化突显其焦点特征，变成了后来的靠词汇标记而不改变语序的方式。

5.10.4 共同语、方言和其他语言所构成的系统

5.10.4.1 共同语与方言之间的系统性

共同语言与其方言构成该语言的共时系统。普通话与方言的差别非常大，表现在语序、标记、范畴类别等众多方面。表面上看起来，纷纭复杂的方言现象似乎是随机的、杂乱无章的，其实它们与共同语言之间也存在着系统的对应规律。这种系统性可以从历史发展不平衡上明显地看出来。

前文谈到，汉语动补结构的产生带来一系列的变化，然而动补结构在不同方言中的发展速度是极不平衡的，这种不平衡会带来相关语法形式的差异。凡是动补结构不发达的方言呈现以下的结构特征：

第一，处置式不发达，其标记不固定或者零标记。

第二，体标记系统不成熟。

第三，仍保留中古可分离式动补结构。

第四，缺乏动词重叠式或其语法意义不一样。

第五，动补结构不能带宾语。

第六，谓语结构有界化程度不高。

方言中也具有一些不同于普通话的创新，反映了人类语言的共同特征，

具有语言类型学上的意义。普通话用"V ＋ 了"表示动作的完成（"我吃了午饭"），其相应的否定形式为"没 ＋ V"（"我没有吃午饭"）。其实这种表达既不对称，形式也复杂，肯定式是在动词之后加上一个"了"，否定式则是在动词之前加上"没"。然而闽南话、客家话、广东话等很多方言的完成体表达则是既对称又简洁，肯定式用"有 ＋ V"，否定式则是用"冇 ＋ V"。世界上很多语言都是采用来自领有的动词表达完成体的，诸如英语、西班牙语、葡萄牙语等都是如此，比如英语的例子："I have eaten my lunch（我吃了午饭）"和"I haven't eaten my lunch（我没有吃午饭）"。领有动词向完成体标记的发展，其背后有一个深刻的认知理据，两者拥有相同的概念结构。

　　完成体 ＝ 过去发生的动作 ＋ 具有现时的相关性

　　领有行为 ＝ 过去某一时刻拥有 ＋ 具有现时的用途

从跨语言的角度看，哪些词汇向哪些语法标记发展是有很强的规律性的，这是人类语言共性的一个重要方面。

5.10.4.2　汉语与其他人类语言之间的共性

根据目前调查的结果，人类有 6700 余种语言，它们一起构成人类语言系统。表面上看起来，人类语言千差万别，不学习某种语言就无法理解它。然而人类语言如同人类自身的生理基础一样，虽然不同民族的人外表差别很大，然而他们具有共同的生理特征。汉语和人类其他语言共同构成一个更大的系统，即人类语言系统。我们探讨汉语现象时，如果所提出的假设不仅能够解释汉语的有关现象，而且还能够解释其他语言的有关现象，那么这种假设就很可能是正确的。

结构助词"的"是现代汉语中使用频率最高且用法最复杂的标记，它的诞生是汉语发展史上的一件大事。很多学者对"的"来源提出了各种假设，具有代表性的有以下四家：

第一，源于"者"字说。

第二，源于"之"字说。

第三，源于方位词"底"字说。

第四，源于指代词"底"字说。

20 世纪 90 年代之前还没有语法化的观念，人们习惯于在上古汉语里寻找现代语法标记的祖先，如果发现两个功能相仿，就会认为早期的这个形式就是来源。20 世纪历史语言学家的这种思路就无法回答这样的问题：上古汉语的"者"和"之"又是从何而来的？从语法化的角度来看，任何语法标记都是实词演化的结果。我们认为，汉语史上先后出现的这一组结构助词相互之间并没有来源关系，它们都是从自己指代用法中独立发展出来的。

"底"（"的"的早期写法）在唐代及其以前是个指代词，相当于"这"、"那"或者"哪"。例如：

（8）个人讳底？（《北齐书·徐之才传》）

（9）竹篱茅舍，底是藏春处。（《蓦山溪词》）

在众多的假设中，我们认为我们的假设最有道理，原因是我们的假设不仅可以成功地解释汉语史上各个结构助词的来源，也可以解释人类语言的共同现象。"之"在发展成结构助词之前也是一个指代词，例如："之子于归，宜其家室。"（《诗经·桃夭》）这个例子中的"之"就是"这"的意思。英语中对应的关系从句标记 that、which 等也是指代词。更重要的是，现代汉语的指代词"这""那"在功能上与"的"交叉。例如：

（10）稀罕吃你那糕！（《红楼梦》第六十回）

（11）你知道我这病，大夫不许我多吃茶。（《红楼梦》第六十二回）

（12）假模三道的，跟墙上贴那三好学生宣传画似的。（《刘慧芳》）

（13）你瞧那边站着那杨重没有？（《一点正经没有》）

也就是说，我们关于结构助词来源的假设，不仅能够解释上古汉语的现象，而且还有现代汉语的佐证，更重要的是还得到其他语言的证据。语言研究的一个普遍法则就是，所提出的假设拥有的证据类型越多，就越有可能接近真理。

5.10.4.3 人类语言的系统性

人类语言的系统性表现在很多方面，我们这里只举两个方面的例证：一是一种语言的句子基本语序对一种语言整体语法特征的影响，二是两种相关的语法手段不相容于一种语言。从整体上看，人类语言是一个系统，因为代入的参数不一样，就会导致一系列的差异，而句子基本语序的选择就是参数代入的差别。两种语法手段不相容于一个系统，也说明它们的系统性，只有一个系统内部的两个成分才会出现相互依赖相互制约的关系。

所谓句子语序是指主语、谓语和宾语的相对顺序，从逻辑上讲，这三种成分有六种可能的排列，然而人类语言最常见的语序只有两种，即 SVO 和 SOV，前者如汉语、英语等，后者如日语、韩语等。一种语言一旦选择了哪种基本语序，就会影响其语法演化的方式，从而决定着其语法标记系统的整体面貌。这里所说的"整体面貌"包括以下三层意思：

第一，该语言的语法系统主要是采用分析式（periphrastic/analytical）手段，还是形态（morphological/inflectional）手段。

第二，语法标记系统的复杂程度如何。

第三，标记哪些句法成分。

语法的历史演化和共时系统都表明，一种语言的基本语序制约该语言的整体语法特征。

从语言的共时系统来看，那些 SVO 型的语言往往没有丰富的形态标记，充分利用语序而不是形态来标识句子的主要语法成分——主语和宾语。然而，那些 SOV 型的语言往往利用复杂的形态标记系统，倾向于用形态标记来表示各种语法范畴。不同语言的这种类型学上的对应规律可以从交际功能的角度加以解释。

对于 SVO 型的语言，句子的基本成分已经由语序加以明确区别，即谓语动词之前的为主语，之后的为宾语，它们的句法地位很清楚，故无需再借助其他手段来表示其语义角色。然而，那些 SOV 型的语言情况就不一样了，有时主语和宾语不一定都同时出现，而且因为话题化等各种语用因素，常出现主宾之间的语序颠倒，在这种情况下，如果不借助其他语法标记就会造成严重的表达歧义，让人无法辨认哪个是施事（主语），哪个是受事（宾语）。因此，为了避免交际上的歧义，SOV 型语言往往采用形态标记来标识句子的基本成分（参见 1.2.4）。

从人类语言共性的角度看，与名词直接相关的两个语法范畴就是个体量词和单复数。然而一种语言在这两种语法范畴之间只能选其一，而不能兼而有之。汉语选择了量词系统，英语则选择了单复数标记。这里所指的是普通名词的称数方法，不包括度量衡单位，如"一斤肉""一吨煤"等，也不包括容器或者集体单位，如"一碗水""一束花"等。在现代汉语里，只能说"三本书""五个人""两匹马"，其中的量词"本""个""匹"等都是语法上的要求，不用就不合语法，没有什么实际的意义。而相应的英语说法则是 three books、five persons、two houses 等，复数标记 -s 是必须的。为什么会出现量词系统与单复数标记在一种语言中的相互排斥现象，这是一个值得进一步研究的问题。初步看来，个体量词和复数标记都是指示事物数量特征的，只是所表达的特征角度不同罢了，因为功能相似所以相互排斥。关于这一问题，汉语提供了一个很好的例证，"们"字可以加在代词或者指人的名词后，表达复数或者多数，但是永远不能与数词共现。例如：

（14）三个同学   同学们   *三个同学们

   五个老师   老师们   *五个老师们

   两个孩子   孩子们   *两个孩子们

所以，要全面看待一种语言的语法特征，必须具有类型学的视野。不能看到英语有单复数标记，就简单地说"汉语缺乏单复数标记"，更不能进一步得出结论说"汉语是一种缺乏形态的语言"。要全面认识这个问题，就必须明白因为汉语拥有量词系统，所以排斥单复数标记。

应该明白一个重要的事实，没有一种语法标记是全人类语言共有的，或者说所有语言所必需的，所以不能拿任何一种语言的语法特征作为标准来衡量其他语言是否语法完备。比如汉语的动词可以重叠表示动量小，如"看看电视""上上网"等，形容词也可以重叠或者加词缀表示程度加强，如"干干净净""黑乎乎"等。英语的动词和形容词则不能重叠，然而其动词具有过去时标记 -ed，其形容词则有比较级 -er 和最高级 -est 的标志。一种语言具备哪些特征和不具备哪些特征，是受各种因素的制约，没有好坏优劣之分。

5.10.5　人类语言能力与其他认知能力所构成的认知系统

我们通过对认知心理学最新研究成果的借鉴，特别是对当代语言学的反思，提出了"语言能力合成说"的假说。这个假说的基本思想是，语言能力既不是天生的，也不是独立于其他认知能力的，它主要是由以下七种更基本的认知能力协同合作的一种综合能力。

（一）符号表征能力

（二）数量识别能力

（三）概括分类能力

（四）记忆遇见能力

（五）联想推理能力

（六）声音形状辨别能力

（七）空间时间感知能力

上述构成"语言能力"的这七种基本认知能力，是人类能够创造语言和使用语言所必需的，缺一不可，但是并不限于这些能力，它们只是最主要的那几种。这就是为什么儿童必须在发展出这些最基本的认知能力之后，才能开始习得语言。实验心理学的证据表明，这些基本的认知能力都是婴儿在十个月之前自发出现的，即天生的能力，尔后婴儿开始出现独词句等语言现象。

语言能力合成说的真正意义在于，认为人类的认知能力是分层级的。在这个层级系统里，语言能力不是处于最基层，而是处于第二层级的认知能力。语言能力是由更基本的认知能力协同合作的结果，而这些基本的认知能力并不是专门为学习语言而设的，它们还用来学习掌握其他各种各样的知识系统或者技术能力。也就是说，每一种基本的认知能力都具有多重的功能，诸如数学、音乐、绘画等方面的能力也都离不开它们。

上述假说直接挑战乔姆斯基的先天语言能力的观点。根据认知心理学的研究成果，语言能力不是天生的，它是一种复合认知能力，由更基本的认知能力构成的，而这些基本的认知能力则是天生的，是人类生物进化的结果。这一假说从根本上动摇了乔姆斯基语言学的基础。认知语言学虽然认为语言能力不是独立的，然而到底与其他认知能力处于什么样的关系之中则语焉不详。我们的假说也澄清了认知语言学长期以来的一个含混不清的观点。

5.10.6　人类语言与社会文化联成一个系统

语言是交际工具，人们的任何交际行为都必须在具体的社会环境中进行。广义上讲，社会环境包括该民族的历史文化传统、饮食习惯、思维特点等。社会环境对语言最直接的影响就是词汇，我们这里只谈两个社会文化影响语法的例证。

表达"死"这个概念的动词在绝大多数语言中都是不及物的，既不能带宾语[①]，也不能用于被动句。然而在日语中则有"这个小孩被他爸爸死了"的表达，原因是日本男士有一种自杀文化，遇到什么想不通的事就会选择这一绝路。父亲不管自己孩子的生活而自杀，让其孩子家人遭受痛苦磨难，结果就有了日语这种表达。此外，日本社会的等级观念非常强，下层要对上层处处表现出敬意，这种现象反映在语言中就是敬语的语法标记非常发达。

动补结构是汉语极为常见的一种现象。动补结构带宾语遵守着这样的规则：凡是补语是描写受事名词情况的，那么这个受事名词就可以自由地用于整个动补短语之后做宾语，比如"哭肿眼睛""笑疼肚子""打破杯子"等；然而如果补语是描写施事主语情况的，动补短语之后就不能带受事宾语，比如不能说"＊他看病了书""＊他吃胖了烤鸭"等。遇到这种情况则

---

① 汉语的存现句有"王冕死了父亲"，这并不是典型的动宾结构，而且在宋朝以前这种用法也不存在。

要用其他语法结构来表达，最常见的就是动词拷贝结构，比如"他看书看病了""他吃烤鸭吃胖了"等。可是现代汉语中出现了两个例外，它们的补语是描写施事主语的情况，然而其后可以带上受事宾语：

（15）他吃饱了饭。

（16）他喝醉了酒。

上述两个例子的补语"饱"和"醉"都是描写施事主语的情况，但是分别带上了宾语"饭"和"酒"。造成这种现象的原因是，"吃"是最常用的动词，其最自然的结果就是"饱"，因为"吃饱"一起出现的频率极高，久而久之，人们把它看成一个复合动词，因而其后可以带上宾语。与其他很多民族不同，中国有一种"醉酒"文化，劝酒方式五花八门，目的是从灌醉某个人中获得快乐，因而"喝醉"也是一种常见的现象。同样，它也被看作一个复合动词，因而也就可以带上宾语。

饮食文化不同，对语法的影响也会不一样。英语的动补结构有如下的限制：

（17）a. Mary ate herself sick.

b. *Mary ate herself full.

英语动补结构也可以带宾语，然而这个宾语是位于动词和补语之间的。与汉语不同的是，英语的 eat（吃）跟补语 sick（病）之间可以带宾语，然而跟补语 full（饱）却不行。因为英美的饮食习惯是，能吃冷的不吃热的，能吃生的不吃熟的，所以由于吃饭而带来的肚子不舒服甚至闹肚子现象比较常发生，特别是在冰箱这些保鲜技术发明之前更是如此。结果，在英语中"eat ＋ sick"共现的频率是"eat ＋ full"的十倍左右。这种使用频率的差别是导致上述句子合不合语法的原因。

5.10.7　语言与自然现象所构成的系统

人类语言的语法规则也与所生存的自然环境密切相关，很多语法规律是自然规律在语言中的投影。人类所生存的自然环境通过人的认知折射到语言中去，往往表现为各种语法规则。自然环境包括两个主要方面——时间和空间，下面就每个方面各举一个例证说明自然规律对语法规则的影响。

5.10.7.1　时间一维性对语法规则的影响

时间从过去到现在再到将来一维流失演进。时间是抽象的，看不见摸不着，它的存在只能通过运动变化才能体现出来。每种语言都有各种各样的语法标记来表达时间信息，这些标记一般都是与动词结合在一起的。因为时间是一维性的，同一个时间区间会有多个动作行为发生，那么在计量时间信息时，只能选取其中的一个动作行为来标识，其他动作行为的信息都依赖这个动作行为来指示。这种规则表现在语言中的一条语法规律是，如果一个句子内部包含有两个或者更多发生在同一时间位置的动词，只有一个动词可以带上具有时间信息的语法标记，否则就会违背语法规律。例如：

（18）a. I saw him play basketball yesterday.

　　　 * I saw him played basketball yesterday.

　　b. 我看过他打篮球。

　　　我看他打过篮球。

　　　* 我看过他打过篮球。

在上述英文用例中，see 和 play 是发生在同一时间的，只有 see 用过去时，play 的时间信息靠过去时 saw 体现出来，不能两个动词同时都采用过去时形态。汉语的体标记"过"也具有指示过去的时间信息的作用，在上例中"看"和"打"是同时发生的行为，它们只能其中一个带上"过"，否则就不合语法。

上述是时间一维性对共时语法规则的影响，时间的这一属性还对语言演化具有深刻的影响。所有现代汉语的介词都是从普通动词语法化而来的，而介词常常是引进地点、工具、与事等。那些常用于引进地点等信息的普通动词，因为经常在句子中作为伴随动词，它们的时间信息由核心动词来表达，久而久之，这些伴随动词就退化掉了与时间信息有关的语法特征，从而变成了介词。现代汉语的介词与动词最根本的语法功能差别就在于，动词可以带上具有时间信息的语法标记，比如"我们比过了""我们比了比"等，而介词则不可以，比如"他比小王高"中的介词"比"就不能重叠或者加"过"或者"了"等。

5.10.7.2 形容词的有标记和无标记

任何客观存在的物体都具有三维属性，这制约着人类语言的一条重要语法规则。所谓形容词的有标记和无标记现象，是指具有反义关系的一对形容词，在特殊的句式中，一方的词义被中性化，涵盖相对一方的语义范围。比如"小王有多高"问句照顾到了从"矮"到"高"的所有的高度，这种现象就叫作形容词的无标记现象。

不同语言的形容词的有无标记用法遵循着一致的规则：在一对具有反义关系的形容词中，只有表示数量程度"大"或者"多"的一方才可以具有无标记的用法，而相对的量小或者量少的一方则没有这种用法。这一规则是全人类语言所共同的。下面以英语和汉语为例来说明这一点。左栏的用例都是无标记的，右栏的用例都是有标记的。

（19）How tall is John ?　　　　　How short is John ?

　　　How high is the building ?　　How low is the building ?

　　　How wide is the table ?　　　How narrow is the table ?

　　　How deep is the well ?　　　 How shallow is the well ?

　　　约翰有多高？　　　　　　　约翰有多矮？

　　　那栋楼有多高？　　　　　　那栋楼有多低？

　　　那张桌子有多宽？　　　　　那张桌子有多窄？

　　　那口井有多深？　　　　　　那口井有多浅？

上述使用规则是由事物的三维属性决定的。任何客观存在的物体都具有长、宽、高这三维属性，也就是说该物体的三维属性具有"一定量"，即不能等于"0"，否则该事物就不存在了。这个蕴含的"一定量"照顾一对反义形容词量小的一方，加上句子里出现的量大一方，结果就形成了无标记的语义特征。拿"那栋楼有多高"例句来说明。它预设该楼是客观存在的，因而它具有一定高度，这个"一定高度"照顾到了"低"的语义范围，再加上句子里出现的"高"的语义范围，结果从下到上的所有高度都问到了。

5.10.8　结语

本章根据我们自己的研究经验，提出了语言研究的系统观，这也是我们关于语言本质的哲学思考。这既有认识价值，也有方法论上的指导意义。我们的语言系统观包括五个层级或者方面：

一、语音、词汇和语法各自是个系统，三者共同构成一个语言系统。

二、共同语言与方言构成一个系统，共时与历时构成一个系统，每个具体的语言构成人类语言系统。

三、语言能力与人类的其他认知能力，诸如符号表征能力、联想记忆能力、空间辨识能力等，一起构成人类的认知系统。

四、语言与社会文化历史传统构成一个系统。

五、语言与人类生活的自然环境构成一个系统。

语言研究的系统观可以拓宽研究视野，既有助于发现新的有价值的研究课题，也有助于提高论证的科学性。中国语言学界与欧美语言学界的差距，不在于是否提出某种新概念或者新理论，而在于关于语言最本质问题的认识差距。

参考文献

[1] 闭克朝. 横县方言单音形容词的 AxA 重叠式 [J]. 中国语文, 1979 (5).

[2] 曹广顺.《祖堂集》中的 "底 (地)" "却 (了)" "著" [J]. 中国语文, 1986 (3).

[3] 曹广顺. 近代汉语助词 [M]. 北京 : 语文出版社, 1995.

[4] 曹志耘. 南部吴语的小称 [J]. 语言研究, 2001 (3).

[5] 陈平. 释汉语中与名词性成分相关的四组概念 [J]. 中国语文, 1987 (2).

[6] 陈平. 论现代汉语时间系统的三元结构 [J]. 中国语文, 1988 (6).

[7] 陈忠敏. 论广州话小称变调的来源 [M]// 潘悟云. 东方语言与文化. 上海 : 东方出版中心, 2002.

[8] 戴庆厦. 藏缅语族语言研究（二）[M]. 昆明 : 云南民族出版社, 1998.

[9] 邓守信. 汉语动词的时间结构 [C]. 第一届国际汉语教学讨论会论文选. 北京 : 北京语言学院出版社, 1986.

[10] 邓云华, 石毓智. 论构式语法理论的进步与局限 [J]. 外语教学与研究, 2007 (5).

[11] 丁邦新. 汉语词序问题札记 [J]. 中国境内语言暨语言学, 1997 (4).

[12] 丁声树, 吕叔湘, 李荣, 等. 现代汉语语法讲话 [M]. 北京 : 商务印书馆, 1961.

[13] 董秀芳. 论句法结构的词汇化 [J]. 语言研究, 2002 (3).

[14] 范继淹. 是非问句的句法形式 [J]. 中国语文, 1982 (6).

[15] 范继淹. 无定 NP 主语句 [J]. 中国语文, 1985 (5).

[16] 冯春田. 从王充《论衡》看有关系词 "是" 的问题 [M]// 程湘清. 两汉汉语研究. 济南 : 山东教育出版社, 1985.

［17］冯胜利．汉语的韵律、词法与句法［M］.北京：北京大学出版社，1997.

［18］冯胜利．汉语韵律句法学［M］.上海：上海教育出版社，2000.

［19］郭继懋．领主属宾句［J］.中国语文，1990（1）.

［20］郭绍虞．汉语语法修辞新探［M］.北京：商务印书馆，1979.

［21］郭锡良．关于系词"是"产生时代和来源论争的几点认识［M］// 郭锡良．汉语史论集．北京：商务印书馆，1997.

［22］何乐士．《史记》语法特点研究［M］// 程湘清．两汉汉语研究，济南：山东教育出版社，1985.

［23］何乐士．《左传》虚词研究［M］.北京：商务印书馆，1989.

［24］何乐士．敦煌变文与《世说新语》若干语法特点的比较［M］// 程湘清．隋唐五代汉语研究．济南：山东教育出版社，1990.

［25］贺巍．获嘉方言形容词的后置成分［J］.方言，1984（1）.

［26］贺巍．获嘉方言研究［M］.北京：商务印书馆，1989.

［27］贺巍．洛阳方言研究［M］.北京：社会科学文献出版社，1993.

［28］胡海．宜昌方言儿化现象初探［J］.华中师范大学学报，1994（4）.

［29］胡明扬．语法意义和语汇意义之间的相互影响[J].汉语学习，1992(1).

［30］胡裕树．现代汉语［M］.上海：上海教育出版社，1981.

［31］胡裕树，范晓．动词形容词的"名物化"和"名词化"[J].中国语文，1994（2）.

［32］黄伯荣．汉语方言语法类编［M］.青岛：青岛出版社，1996.

［33］黄丁华．闽南方言里的疑问代词［J］.中国语文，1963（4）.

［34］黄南松．论部分宾语的有定性［J］.烟台师范学院学报，1989（3）.

［35］黄南松．试论短语自主成句所应具备的若干语法范畴［J］.中国语文，1994（6）.

［36］黄正德．汉语正反问句的模组语法［J］.中国语文，1988（3）.

［37］黄行．我国少数民族语言的词序类型［J］.民族语文，1996（1）.

［38］蒋冀骋，吴福祥.近代汉语纲要［M］.长沙：湖南教育出版社，1997.

［39］江蓝生.助词"似的"的语法意义及其来源［J］.中国语文，1992（6）.

［40］蒋绍愚.近代汉语研究概况［M］.北京：北京大学出版社，1994.

［41］孔令达.影响汉语句子自足的语言形式［J］.中国语文，1994（6）.

［42］李崇兴.宜都话的两种状态形容词［J］.方言，1986（3）.

［43］李蓝.贵州大方方言名词和动词的重叠式［J］.方言，1987（3）.

［44］李临定."被"字句［J］.中国语文，1980（6）.

［45］李临定.主语的语法地位［J］.中国语文，1985（1）.

［46］李讷，石毓智.论汉语体标记诞生的机制［J］.中国语文，1997（2）.

［47］李讷，石毓智.句子中心动词及其宾语之后谓词性成分的变迁与量词语法化的动因［J］.语言研究，1998（1）.

［48］李讷，石毓智.汉语比较句嬗变的动因［J］.世界汉语教学，1998（3）.

［49］李思敬.汉语"儿"［ɚ］音史研究（增订版）［M］.北京：商务印书馆，1994.

［50］李英哲，郑良伟，Larry Foster，等.实用汉语参考语法［M］.熊文华，译.北京：北京语言学院出版社，1990.

［51］李宇明.领属关系与双宾句分析［J］.语言教学与研究，1996（3）.

［52］李宇明，唐志东.汉族儿童问句系统习得探微［M］.武汉：华中师范大学出版社，1991.

［53］林纾平.英汉双宾语结构对比［J］.福州师专学报，2000（2）.

［54］林涛.现代汉语补足语里的轻音现象所反映出来的语法和语义问题［J］.北京大学学报，1957（2）.

［55］林焘.古代汉语与现代英语的双宾语比较［J］.广西大学学报，1996（5）.

［56］林裕文.谈疑问句［J］.中国语文，1985（2）.

［57］刘村汉，肖伟良.广西平南白话形容词的重叠式［J］.方言，1988（2）.

［58］刘丹青.苏州方言重叠式研究［J］.语言研究，1986（1）.

［59］刘勋宁.现代汉语词尾"了"的语法意义［J］.中国语文，1988（5）.

［60］刘永耕.先秦因果复句初探［J］.新疆大学学报,1986（2）.

［61］刘月华,潘文娱,故铧.实用现代汉语语法（增订本）［M］.北京:商务印书馆,2001.

［62］陆丙甫.读《"的"字结构和判断句》［J］.中国语文,1979（4）.

［63］陆俭明.关于现代汉语里的疑问语气词［J］.中国语文,1984（5）.

［64］陆俭明.周遍性主语句及其他［J］.中国语文,1986（3）.

［65］陆俭明.现代汉语中数量词的作用［M］//陆俭明.现代汉语句法论.北京:商务印书馆,1993.

［66］陆俭明.八十年代中国语法研究［M］.北京:商务印书馆,1993.

［67］陆俭明.关于语义指向分析［J］.中国语言学论丛,1997,1.

［68］陆俭明.词语句法、语义的多功能性:对"构式语法"理论的解释［J］.外国语,2004（2）.

［69］马真,陆俭明.形容词作结果补语情况考察［J］.汉语学习,1997（1）.

［70］陆志伟.北京话单音词词汇［M］.北京:科学出版社,1956.

［71］鲁允中.轻声和儿化［M］.北京:商务印书馆,2001.

［72］罗福腾.山东方言里的反复问句［J］.方言,1996（3）.

［73］吕叔湘.论"底"、"地"之辨及"底"字的由来［J］.金陵、齐鲁、华西大学中国文化汇刊,1943,3.

［74］吕叔湘.从主语、宾语的分别谈国语句子的分析［M］//吕叔湘.汉语语法论文集（增订本）.北京:商务印书馆,1984.

［75］吕叔湘."把"字用法的研究［M］//吕叔湘.吕叔湘文集（第二卷）.北京:商务印书馆,1990.

［76］吕叔湘.现代汉语单双音节问题初探［J］.中国语文,1963（1）.

［77］吕叔湘.被字句、把字句动词带宾语［J］.中国语文,1965（4）.

［78］吕叔湘.汉语语法分析问题［M］.北京:商务印书馆,1979.

［79］吕叔湘.中国文法要略［M］.北京:商务印书馆,1982.

［80］吕叔湘.狙公赋茅和语法分析［M］//中国语文杂志社.语法研究和

探索（二）.北京：商务印书馆，1984.

［81］吕叔湘.近代汉语指代词［M］.上海：学林出版社，1985.

［82］吕叔湘.现代汉语八百词［M］.北京：商务印书馆，1999.

［83］马庆株.顺序义对体词语法功能的影响［J］.中国语言学报，1991（4）.

［84］马庆株.时量宾语和动词的类［J］.中国语文，1981（2）.

［85］马庆株.汉语动词和动词性结构［M］.北京：北京语言学院出版社，
1992.

［86］孟琮，郑怀德，孟庆海，等.汉语动词用法词典［M］.北京：商务印
书馆，1999.

［87］倪宝元.汉语修辞新篇章［M］.北京：商务印书馆，1992.

［88］倪大白.藏缅、苗瑶、侗傣诸语言及汉语疑问句结构的异同［J］.语
言研究，1982（1）.

［89］裘荣棠.谈"动＋的"短语的几个问题［J］.中国语文，1992（3）.

［90］裘锡圭.谈谈古文字资料对古汉语研究的重要性［J］.中国语文，1979
（6）.

［91］饶长溶.长汀方言表"得到"和表"给予"的"得"［M］//刘坚，
侯精一.中国语文研究四十年纪念文集.北京：北京语言学院出版社，
1993.

［92］邵敬敏.量词的语义分析及其与名词的双向选择［J］.中国语文，1993
（3）.

［93］邵敬敏.现代汉语疑问句研究［M］.上海：华东师范大学出版社，
1996.

［94］沈家煊."有界"与"无界"［J］.中国语文，1995（5）.

［95］沈家煊.不对称和标记论［M］.南昌：江西教育出版社，1999.

［96］沈家煊."王冕死了父亲"的生成方式——兼说汉语"糅合"造句［J］.
中国语文，2006（4）.

［97］沈炯.从轻音现象看语音与语法研究的关系［M］//马庆株.语法研究

入门.北京：商务印书馆，1999.

［98］沈阳，何元健，顾阳.生成语法理论与汉语语法研究［M］.哈尔滨：
黑龙江教育出版社，2001.

［99］施其生.汕头方言动词短语重叠式［J］.方言，1988（2）.

［100］史有为.关于"动＋有"［M］//语言学论丛：第十三辑.北京：商务
印书馆，1984.

［101］史有为，马学良.说"哪儿上的"及其"的"［J］.语言研究，1982（1）.

［102］石毓智.现代汉语的肯定性形容词［J］.中国语文，1991（3）.

［103］石毓智.肯定和否定的对称与不对称（增订本）［M］.北京：北京语
言文化大学出版社，2001.

［104］石毓智.论现代汉语的"体"范畴［J］.中国社会科学，1992（6）.

［105］石毓智.论汉语的大音节结构［J］.中国语文，1995（3）.

［106］石毓智.时间的一维性对介词衍生的影响［J］.中国语文，1995（1）.

［107］石毓智.论汉语的句法重叠［J］.语言研究，1996（2）.

［108］石毓智.形容词的有无标记用法与疑问句式的交错关系［J］.汉语学
习，1996（5）.

［109］石毓智.指示代词回指的两种语序及其功能［J］.汉语学习，1997（6）.

［110］石毓智.语境影响词汇的概念义和语法功能的一个例证［J］.汉语学
习，1999（3）.

［111］石毓智.汉语的有标记和无标记语法结构［M］//语法研究和探索第
十辑.北京：商务印书馆，2000.

［112］石毓智.汉语动词重叠式产生的历史根据［J］.汉语学报，2000（1）.

［113］石毓智.语法的认知语义基础［M］.南昌：江西教育出版社，2000.

［114］石毓智.论"的"的语法功能的同一性［J］.世界汉语教学，2000（1）.

［115］石毓智.语法的形式与理据［M］.南昌：江西教育出版社，2001.

［116］石毓智.汉语的主语和话题之辨［J］.语言研究，2001（2）.

［117］石毓智.论汉语的结构意义和词汇标记之关系——有定和无定范畴

对汉语句法结构的影响［J］.当代语言学，2002（1）.

［118］石毓智.现代汉语语法系统的建立——动补结构的产生及其影响［M］.北京：北京语言大学出版社，2003.

［119］石毓智.古今汉语动词概念化方式的变化及其对语法的影响［J］.汉语学习，2003（4）.

［120］石毓智.语法的规律与例外［J］.语言科学，2003（3）.

［121］石毓智.汉英双宾结构差别的概念化原因［J］.外语教学与研究，2004（2）.

［122］石毓智.语法的概念基础［M］.上海：上海外语教育出版社，2006.

［123］石毓智.现代汉语疑问标记的感叹用法［J］.汉语学报，2006（4）.

［124］石毓智.结构与意义的匹配类型［J］.解放军外国语学院学报，2007（5）.

［125］石毓智.汉语语法［M］.北京：商务印书馆，2010.

［126］石毓智.汉语语法演化史［M］.南昌：江西教育出版社，2015.

［127］石毓智，李讷.汉语发展史上结构助词的兴替——论"的"的语法化历程［J］.中国社会科学，1998（6）.

［128］石毓智，李讷.十五世纪前后的句法变化与现代汉语否定标记系统的形成——否定标记"没"产生的句法背景及其语法化过程［J］.语言研究，2000（2）.

［129］石毓智，李讷.汉语语法化的历程［M］.北京：北京大学出版社，2001.

［130］石毓智，徐杰.汉语史上疑问形式的类型转变的机制和过程［J］.中国语文，2001（5）.

［131］苏凤英.也谈助动词［J］.语文学刊，1994（4）.

［132］孙玉文.汉语变调构词研究［M］.北京：北京大学出版社，2000.

［133］太田辰夫.中国语历史文法［M］.蒋绍愚，徐昌华，译.北京：北京大学出版社，1987.

［134］汤廷池.动词和介词的联系［M］//汤廷池.汉语词法句法论集.台北：学生书局，1988.

［135］唐钰明.中古"是"字判断句述要［J］.中国语文，1992（5）.

［136］涂光禄.贵阳方言的名词重叠式［J］.方言，1987（3）.

［137］汪国胜.大冶金湖话的"的"、"个"和"的个"［J］.中国语文，1991（3）.

［138］王力.中国文法里的系词［J］.清华大学学报，1937（1）.

［139］王力.汉语史稿［M］.北京：科学出版社，1958.

［140］王力.中国现代语法［M］.北京：商务印书馆，1985.

［141］王力.汉语语法史［M］.北京：商务印书馆，1989.

［142］吴家国，马玉珂.普通逻辑原理［M］.北京：高等教育出版社，1989.

［143］吴竞存.梁伯枢.现代汉语句法结构与分析［M］.北京：语文出版社，1992.

［144］吴福祥.再论处置式的来源［J］.语言研究，2003（3）.

［145］向熹.简明汉语史（下）［M］.北京：高等教育出版社，1993.

［146］肃父.不要把句义解释代替句法分析［J］.语文知识，1956（12）.

［147］谢留文.客家方言的一种反复问句［J］.方言，1995（3）.

［148］邢福义.说"NP了"句式［J］.语文研究，1984（3）.

［149］邢福义.汉语复句研究［M］.北京：商务印书馆，2001.

［150］邢公畹.诗经"中"字倒置的问题［M］//邢公畹.语言论集.北京：商务印书馆，1983.

［151］徐杰.疑问范畴与疑问句式［J］.语言研究，1999（2）.

［152］徐杰，李英哲.焦点和两个非线性语法范畴："否定""疑问"［J］.中国语文，1993（2）.

［153］徐盛桓.试论英语双及物构块式［J］.外语教学与研究，2001，33（2）.

［154］徐通锵."字"和汉语研究的方法论［J］.世界汉语教学，1994（3）.

［155］徐通锵.语言论——语义型语言的结构原理和研究方法［M］.长春：

东北师范大学出版社, 1997.

[156] 徐重人. 王冕死了父亲 [J]. 语文知识, 1956 (9).

[157] 颜森. 黎川方言研究 [M]. 北京：社会科学文献出版社, 1993.

[158] 杨伯峻. 论语译注 [M]. 北京：中华书局, 1980.

[159] 杨伯峻. 孟子译注 [M]. 北京：中华书局, 1981.

[160] 杨伯峻, 何乐士. 古汉语语法及其发展 [M]. 北京：语文出版社, 1992.

[161] 杨成凯. 汉语语法理论研究 [M]. 沈阳：辽宁教育出版社, 1996.

[162] 周法高. 论上古汉语中的系词 [J]. 中央研究院历史语言研究所集刊, 1988 (1).

[163] 杨发兴. 湖北长阳方言名词和动词的重叠式 [J]. 方言, 1987 (3).

[164] 叶国泉, 唐志东. 信宜方言的变音 [J]. 方言, 1982 (1).

[165] 叶祥苓. 苏州方言形容词的"级" [J]. 方言, 1982 (3).

[166] 袁毓林. 谓词隐含及其句法后果 [J]. 中国语文, 1995 (4).

[167] 袁毓林. 话题化及相关的语法过程 [J]. 中国语文, 1996 (4).

[168] 俞敏. 倒句探源 [J]. 语言研究, 1981 (1).

[169] 张斌, 胡裕树. 汉语语法研究 [M]. 北京：商务印书馆, 1989.

[170] 张斌. 现代汉语描写语法 [M]. 北京：商务印书馆, 2010.

[171] 张伯江. 现代汉语的双及物结构式 [J]. 中国语文, 1999 (3).

[172] 张伯江. "死"的论元结构和相关句式 [M]// 语法研究和探索第十一辑. 北京：商务印书馆, 2002.

[173] 张伯江, 方梅. 汉语功能语法研究 [M]. 南昌：江西教育出版社, 1996.

[174] 张豫峰. "得"字句和"有"字句 [M]. 延吉：延边大学出版社, 2002.

[175] 张玉金. 甲骨文语法学 [M]. 上海：学林出版社, 2001.

[176] 赵世开, 沈家煊. 汉语"了"字跟英语相应的说法 [J]. 语言研究, 1984 (1).

［177］赵元任. 汉语口语语法［M］. 北京：商务印书馆，1979.

［178］甄尚灵. 遂宁方言形容词的生动形式［J］. 方言，1984（1）.

［179］郑怀德，孟庆海. 汉语形容词用法词典［M］. 北京：商务印书馆，
2003.

［180］郑庆君. 湖南常德方言的名词重叠及其儿化［J］. 武陵学刊，1997
（2）.

［181］周红. 客体致使句的认知语义分析［J］. 语言研究，2006（3）.

［182］周祖谟. 四声别义释例［M］//周祖谟. 问学集. 北京：中华书局，
1981.

［183］朱德熙. 说"的"［J］. 中国语文，1961（1）.

［184］朱德熙. 关于说"的"［J］. 中国语文，1966（1）.

［185］朱德熙."的"字结构和判断句［J］. 中国语文，1978（1，2）.

［186］朱德熙. 与动词"给"相关的句法问题［J］. 方言，1979（2）.

［187］朱德熙. 语法讲义［M］. 北京：商务印书馆，1982.

［188］朱德熙. 自指和转指［J］. 方言，1983（1）.

［189］朱德熙. 语法答问［M］. 北京：商务印书馆，1985.

［190］朱德熙. 语法丛稿［M］. 上海：上海教育出版社，1990.

［191］祝敏彻.《朱子语类》中"地"、"底"的语法作用［J］. 中国语文，
1982（3）.

［192］祝敏彻.《朱子语类》中的动词补语——兼谈动词后缀［M］//王力先
生纪念论文集. 北京：商务印书馆，1990.

二、英文文献

［193］Akatsuka, Noriko.Conditionals and the Epistemic Scale［J］. Language,
1985, 61（1）.

［194］Allan, Keith.Classifiers［J］. Language, 1977, 53（2）.

［195］Alexiadou, Artemis.Adverbs across frameworks［J］. Lingua, 2004, 11（4）.

［196］Anderson, Stephen R.Wackernagel's revenge: clitics, morphology, and the syntax of second position [J]. Language, 1993, 69.

[197] Aronoff, Mark.Word formation in generative grammar [M]. Cambridge: MIT Press, 1976.

[198] Aronoff, Mark.Contexts [J]. Language, 1980, 56（4）.

[199] Barber, Charles.The English language: a historical introduction [M]. Cambridge: Cambridge University Press, 1993.

[200] Barrett, M.The holophrastic hypothesis: conceptual and empirical issues[J]. Cognition, 1982, 11.

[201] Belletti, Adriana.The case of unaccusative [J]. Linguistic Inquiry, 1988, 19（1）.

[202] Berlin, Brent.Tzeltal numeral classifiers [M]. The Hague: Mouton, 1968.

[203] Berlin, Brent and Paul Kay.Basic color terms: their university and evolution [M]. Berkeley & Los Angeles: University of California Press, 1969.

[204] Blake, N.F..A history of the English language [M]. London: Macmillan Press Ltd, 1996.

[205] Bloom, L.The transition from infancy to language: acquiring the power of Expression [M]. Cambridge, England: Cambridge University Press, 1993.

[206] Bloom, P.How children learn the meanings of words [M] Cambridge, MA: MIT Press, 2000.

[207] Bresnan, Joan（eds.）.The mental representation of grammatical relations [M]. Cambridge, Mass: MIT Press, 1982.

[208] Brown, R. A first language: the early stages [M]. Cambridge, MA: Harvard University Press, 1973.

[209] Brown, Penelope and Stephen C.Levinson.Politeness: some universals in language usage [M]. Cambridge: Cambridge University Press, 1978.

[210] Burzio, Luigi.Italian syntax: a government-binding approach [M]. Dordrecht: Reidel, 1986.

[211] Bussmann，Hadumod.Dictionary of language and linguistics [M]. New York: Routledge，1996.

[212] Bybee，Joan.Morphology: a study of the relation between meaning and form [M]. Amsterdam: Benjamins，1985.

[213] Bybee，Joan.The evolution of grammar [M]. Chicago: The University of Chicago Press，1994.

[214] Bybee，Joan and Carol Moder.Morphological classes as natural categories[J]. Language，1983，59（2）.

[215] Bybee，Joan.Revere Perkins and William Pagliuca.The evolution of grammar [M]. Chicago: Chicago University Press，1994.

[216] Capone，Alessandro.Modal adverbs and discourse [M]. Pisa: Edizioni Ets，2001.

[217] Chafe，Wallace.Discourse, consciousness and time: the flow and displacement of conscious experience in speaking and writing [M]. Chicago: University of Chicago Press，1994.

[218] Chomsky，Noam.Syntactic Structures [M]. The Hague: Mouton，1957.

[219] Chomsky，Noam.Aspects of a theory of syntax [M]. Cambridge，MA: MIT Press，1965.

[220] Chomsky，Noam.Rules and representations [M]. New York: Columbia University Press，1980.

[221] Chomsky，Noam.Lectures on government and binding [M]. Dordrecht: Foris，1980.

[222] Chomsky，Noam.A Minimalist Program for linguistic Theory [M] // In Kenneth Hale and Samuel Jay Keyser（eds.），The view from Building 20: Essays in linguistics in honor of Sylvain Bromberger，Cambridge，Mass: MIT Press，1993.

[223] Cinque，G.Adverbs and functional Heads: a cross-Linguistic perspective [M]. Oxford University Press，Oxford，1999.

［224］Clark, Eve V.and Herbert H.Clark.When nouns surface as verbs［J］. Language, 1979, 55（4）.

［225］Coleman, Linda and Kay, Paul.Prototype semantics: the English 'lie'［J］. Language, 1981, 57（1）.

［226］Craig, Colette（eds.）.Noun classes and categorization［M］. Amsterdam & Philadophia: John Benjamins Publishing Company, 1986.

［227］Croft, William.Typology and Universals［M］. Cambridge: Cambridge University Press, 1993.

［228］Croft, William.Intonation units and grammatical knowledge［J］. Linguistics, 1995, 33.

［229］Croft, William.Radical construction grammar［M］. Oxford University Press, 2001.

［230］Crystal, David.Dictionary of linguistics and phonetics［M］. UK, Oxford: Blackwell Publishers Ltd, 1997.

［231］Comrie, Bernard.Ergativity［M］// In W.P.Lehmann（eds.）, Syntactic typology.Austin, TX: University of Texas Press, 1978.

［232］Curme, George O.A grammar of the English language［M］. Volume II.Connecticut: Verbatim, 1977.

［233］Deak, G.O.Hunting the fox of word learning: why "constraints" fail to capture it［J］. Development Reviews, 2000, 20.

［234］Deane, Paul D.Grammar in mind and brain: explorations in cognitive syntax［M］. Berlin & New York: Mouton de Gruyter, 1992.

［235］Devalois, R.L.and G.H.Jacobs.Prime colour vision［J］. Science, 1968, 162.

［236］De Villiers, P.A.& de Villiers, J.G.Language acquisition［M］. Cambridge, MA: Harvard University Press, 1978.

［237］Downing, Pamela.On the creation and use of English compounds in Cognitive Syntax［J］. Language, 1977, 53.

[238] Dixon, R.M.W.Ergativity [J]. Language, 1979, 55.

[239] Fabb, N.Syntactic affixation [M]. Cambridge: MIT Press, 1984.

[240] Feng, Li.The copula in Classical Chinese declarative sentences [J]. Journal of Chinese Linguistics, 1993, 21 (2) .

[241] Fillmore, Charles J., Paul Kay and Mary C.O' connor.Regularity and idiomaticity in grammatical constructions: the case of 'let alone' [J]. Language, 1988, 64 (3) .

[242] Fite, James and Gareth King.Celtic (Indo-European) [C]. In Andrew Spencer and Arnold M.Zwicky (eds.), The handbook of morphology, UK, Oxford: Blackwell Publishers Inc, 1998.

[243] Flavell, John H, Patricia H.Miller, and Scott A.Miller.Cognitive development(Fourth Edition) [M]. Prentice Hall, Inc, 2001.

[244] Fodor, Jerry A.The modularity of mind [M]. Cambridge: MIT Press, 1983.

[245] Fromklin, Victoria A.The lexicon [J]. Language, 1987, 63 (1) .

[246] Gibson, E.Principles of perceptual learning and development [M]. New York: Appleton-Century-Crofts, 1967.

[247] Givón, Talmy.Syntacticization, on understanding grammar [M]. NY: Academic Press, 1979.

[248] Givón, Talmy.Historical syntax and synchronic morphology: an archaeologist's field trip [J]. Chicago Linguistic Society, 1971, 7.

[249] Givón, Talmy.Serial verbs and the mental reality of 'event' : grammatical vs.cognitive packaging [C]. Hopper and Traugott(eds.), 1991.

[250] Goldberg, Adele E.Constructions: a construction grammar approach to argument structure [M]. Chicago: Chicago University Press, 1995.

[251] Goldberg, Adele E.and Ray Jackendoff.The English resultative as a family of constructions [J]. Language, 2004, 80 (3) .

[252] Goodglass, H.-F.A.and Quadfast-W.H.Timeberlake.Phrase length and the

type and severity of aphasia [M]. Context 1, 1964.

[253] Gopnik, A.& Meltzoff, A.F.Relations between semantic and cognitive development in the one-word stage: The specificity hypothesis [J]. Child Development, 1986, 57.

[254] Greenberg, J.H.Some universals of grammar with particular reference to the order of meaningful elements [M]// In J.H.Greenberg (eds.), Universals of language (2nd) .Cambridge, Mass.: MIT Press, 1966.

[255] Greenberg, Joseph H. (eds.) .Universal of language [M]. Cambridge, Mass: MIT Press, 1966.

[256] Haiman, John.The iconicity of grammar: isomorphism and motivation[J]. Language, 1980, 56 (3) .

[257] Haiman, John.Natural syntax: iconicity and erosion [M]. Cambridge: Cambridge University Press, 1985.

[258] Harries-Delisle, Helga.Contrastive emphasis and cleft sentences [M]// In Joseph H.Greenberg, Charles A.Ferguson, and Edith A.Moravcsik (eds.), Universals of human language, Stanford: Stanford University Press, 1978.

[259] Harris, Alice C.and Lyle Campbell.Historical syntax in cross-linguistic perspective [M]. Cambridge: Cambridge University Press, 1995.

[260] Heine, Bernd and Mechtild Reh.Grammaticalization and reanalysis in African languages [M]. Hamburg: Helmut Buske, 1984.

[261] Heine, Bernd and Tania Kuteva.World lexicon of grammaticalization [M]. Cambridge: Cambridge University Press, 2002.

[262] Hirtle, W.H.-ed adjectives like 'veranded' and 'blue-eyed' [J]. Journal of Linguistics, 1970, 11.

[263] Holm, John A.Pidgins and creoles [M]. Cambridge: Cambridge University Press, 1988.

[264] Hopper, Paul J., and Elizabeth Closs Traugott.Grammaticalization [M]. Cambridge: Cambridge University Press, 1993.

[265] Huang, C.-T.James.Logical relations in Chinese and the theory of grammar [D]. MIT Doctoral dissertation, Cambridge, 1982.

[266] Hudson, Richard A.Problems in the analysis of -ed adjectives [J]. Journal of Linguistics, 1975, 11.

[267] Hunn, Eugene.A measure of the degree of correspondence of folk to scientific biological classification [J]. American Ethnologist, 1975, 2 (2).

[268] Ingram, D.First language acquisition [M]. Cambridge: Cambridge University Press, 1989.

[269] Jackendoff, Ray.Morphological and semantic regularities in the lexicon [J]. Language, 1975, 51.

[270] Jaeggli, Osvaldo A.Passive [J]. Linguistic Inquiry, 1986, 17 (4).

[271] Jakobson, Roman, and Linda R.Waugh.The sound shape of language [M]. Bloomington: Indiana University Press, 1979.

[272] Jespersen, Otto.Language [M]. London: Allen & Unwin, 1922.

[273] Jesperson, Otto.A Modern English Grammar on Historical Principles [M]. London: George Allen & Unwin, Ltd, 1954.

[274] Johnson, Mark.The body in the mind: the bodily basis of reason and imagination [M]. Chicago: University of Chicago Press, 1988.

[275] Jurafsky, Daniel.Universal tendencies in the semantics of the diminutive [J]. Language, 1996, 72 (3).

[276] Kaisse, Ellen M.Connected speech: the interaction of syntax and phonology [M]. Orlando: Academic Press, 1985.

[277] Kay, Paul and McDaniel, Chad K.The linguistic significance of the meaning of basic color terms [J]. Language, 1978, 53 (3).

[278] Keenan, Edward L.Towards a universal definition of subject [M] // In Charles N.Li (eds.), Subject and topic.New York: Academic Press, 1976.

[279] Kenstowicz, Michael.Phonology in generative grammar [M]. Cambridge MA and Oxford UK: Blackwell Publishing House, 1994.

[280] Kiparsky, Paul.Analogy [M]// In The encyclopedia of language and linguistics 1.Oxford: Oxford University Press, 1994.

[281] Krifka, Manfred.Focus [M]// In Robert A.Wilson and Frank C.Keil (eds.), The MIT encyclopaedia of the cognitive sciences.Massachusetts, Cambridge: The MIT Press, 1999.

[282] Kroeber, Alfred L.Integration of the knowledge of man [M]// In Lewis Leary (eds.), The Unity of Knowledge.New York: Appleton-Century-Crofts, 1955.

[283] Lakoff, George.Women, Fire, and Dangerous Things: What Categories Reveal about the Mind [M]. Chicago: The University Chicago Press, 1987.

[284] Langacker, Ronald W.The form and the meaning of the English auxiliary[J]. Language, 1978, 54 (4) .

[285] Langacker, Ronald W.Observations and speculations on subjectivity [M]// In John Haiman (eds.), Iconicity in syntax, Amsterdam: John Benjamins, 1985.

[286] Langacker, Ronald W.Nouns and verbs [J]. Language, 1987, 63.

[287] Langacker, Ronald W.Foundations of cognitive grammar [M]. Stanford: Stanford University, 1987.

[288] Langacker, Ronald W.Subjectification [J]. Cognitive Linguistics, 1990, 1.

[289] Langacker, Ronald W.Foundations of cognitive grammar [M]. Stanford: Stanford University, 1991.

[290] Langacker, Ronald W.Conceptual grouping and constituency in cognitive grammar [J]. Linguistics in the Morning Calm, 1994, 3.

[291] Langacker, Ronald W.Concept, image, and symbol: the cognitive basis of grammar [M]. Berlin and New York: Mouton de Gruyter, 2002.

[292] Lass, Roger.Historical linguistics and language change [M]. Cambridge: Cambridge University Press, 1997.

[293] Leech, Geoffrey N.Meaning and the English verb [M]. London & New York: Longman, 1987.

[294] Levi, Judith N.The syntax and semantics of complex nominal [M]. New York: Academic Press, 1978.

[295] Li, Charles N. (eds.) .Subject and Topic [M]. New York: Academic Press, 1976.

[296] Li, Charles N.and Sandra A.Thompson.Historical change of word order: a case study of Chinese and its implications [M] // In John M.Anderson and Charles Jones, (eds.), Historical linguistics 1: syntax, morphology, internal, and comparative reconstruction, Amsterdam: Benjamins, 1974.

[297] Li, Charles N.and Sandra A.Thompson.Subject and topic: a new typology and language [M] // In Charles N.Li (eds.), Subject and Topic, New York: Academic Press, 1976.

[298] Li, Charles N.and Sandra A.Thompson.A mechanism for the development of copula morphemes [M] // In Charles N.Li (eds.), Mechanism of Syntactic Change, Austin: University of Texas Press, 1977.

[299] Li, Charles N.and Sandra A.Thompson.Mandarin Chinese: a functional reference grammar [M]. Berkeley and Los Angeles: University of Chicago Press, 1981.

[300] Lieber, Rochelle.On the organization of the lexicon [M]. Bloomington: Indiana University Linguistics Club, 1981.

[301] Lightfoot, David.Principles of Diachronic Syntax [M]. Cambridge: Cambridge University Press, 1979.

[302] Lyons, John.Introduction to Theoretical Linguistics [M]. Cambridge: The Cambridge University Press, 1968.

[303] McCawley, James D.The Syntactic Phenomena of English [M]. Chicago & London: The University of Chicago Press, 1988.

[304] Miller, J.Focus [M] // Encyclopaedia of Language and Linguistics. British:

Elsevier Science Ltd., 2006.

［305］Milsark, G.L.Sign –ing［J］. Linguistics Inquiry, 1988, 9（4）.

［306］Moravcsik, Edith A.Reduplicative constructions［M］// In Greenberg （eds.）, Universals of human language, Stanford: Stanford University Press, 1978.

［307］Myerson, R.H.Goodglass.Transformational grammars of three agrammatic patients［J］. Language and Speech, 1972, 15.

［308］Newmeyer, Frederick J.The source of derived nominals in English［J］. Language, 1971, 47（4）.

［309］Nichols, Johanna.Diminutive consonant symbolism in western North America［J］. Language, 1971, 47（8）.

［310］Nowakowska, Maria.Cognitive Science［M］. San Diego: Academic Press, 1986.

［311］Peyraube, Alain and Thekla Wiebusch.Problems relating to the history of different copulas in ancient Chinese［M］// Interdisciplinary Studies on Language and Language Changes: in honor of William S-Y Wang.Taipei: Pyramid Press, 1994.

［312］Piatelli-Palmarini, M.Learning and language［M］. Cambridge, MA: Harvard University Press, 1980.

［313］Pinker, S.Language Learnability and Language Development［M］. Cambridge, MA: Harvard University Press, 1984.

［314］Pullum, Geoffrey K.English nominal gerund phrases as noun phrase with verb phrase heads［J］. Linguistics Inquiry, 1992, 2.

［315］O' Grady, William.Categories and case: the sentence structure of Korean ［M］. Amsterdam and Philadelphia: John Benjamins, 1991.

［316］Quirk, Randolph.Sidney Greenbaum.Geoffrey Leech.Jan Svartvik.A Comprehensive Grammar of the English Language［M］. London and New York: Longman, 1985.

[317] Romaine, Suzanne.Language in society [M]. Oxford: Oxford University Press, 1994.

[318] Rosch, Eleanor.Natural categories[J]. Cognitive Psychology, 1973, 4(3).

[319] Selkirk, Elizabeth.The Syntax of Words [M]. Cambridge: MIT Press, 1982.

[320] Schibsbye, Knud.A modern English grammar [M]. London: Oxford University Press, 1970.

[321] Shi, Yuzhi.On the Properties of the Wh-elements in Chinese [J]. Journal of Chinese Linguistics, 1997, 25 (1) .

[322] Shi, Yuzhi.The establishment of Modern Chinese grammar [M]. Amsterdam: John Benjamins, 2002.

[323] Spencer, Andrew.Morphological theory: an introduction to word structure in generative grammar [M]. Oxford: Blackwell, 1991.

[324] Stowell, T.Origins of phrase structure [D]. Doctoral Dissertation, MIT, 1981.

[325] Sun, Chaofen.Word-order change and grammaticalization in the history of Chinese [M]. Stanford: Stanford University Press, 1996.

[326] Sweet, Henry.The history of language [M]. London: J.M.Dent; New York: Macmillan, 1900.

[327] Tai, James H-Y and Lianqing Wang.A semantic study of the classifier 'tiao' [J]. Journal of Chinese Language Teachers Association, 1990, 25 (1) .

[328] Tai, James H-Y.Variation in classifier systems across Chinese dialects: towards a cognition-based semantic approach [J]. Chinese Language and Linguistics, 1 (2) .Taiwan: Academia Sinica, 1992.

[329] Tai, James H-Y.Chinese classifier system and human categorization [M]// In Matthew Chen and Ovid Tzeng (eds.), Essays in honour of professor William S-Y Wang, Taipei: Pyramid Publishing Company, 1994.

[330] Tai, James H-Y and Fang-yi Chao.A semantic study of the classifier zhang

[J]. Journal of the Chinese Language Teachers Association, 1994, 29(3).

[331] Thomason, R.and Stalnaker, R.A semantic analysis of adverbs [J]. Linguistic Inquiry, 1973, 4.

[332] Trask, Robert Lawrence.A dictionary of grammatical terms in linguistics [M]. New York: Routledge, 1995.

[333] Trigo, Loren.Scales and diminutivization [J]. Linguistic Inquiry, 1991, 22 (5).

[334] Wescott, Roger W.Linguistic Iconism [J]. Language, 1971, 47 (2).

[335] Wickens, Mark A.Grammatical number in English nouns [M]. John Benjamins Publishing Company, 1992.

[336] Williams, C.J.A grammar of Yuwaalaraay [M]. Pacific Linguistics, B74. Canberra: Australian National University, 1980.

[337] Zwicky, Arnold M.Stranded to and phonological phrasing in English [J]. Linguistics, 1982, 20.

图书在版编目（CIP）数据

汉语语法长编 / 石毓智著 . —— 南昌 : 江西教育出版社 , 2021.5

ISBN 978-7-5705-2390-0

Ⅰ . ①汉… Ⅱ . ①石… Ⅲ . ①现代汉语－语法－研究 Ⅳ . ① H146

中国版本图书馆 CIP 数据核字 (2021) 第 055893 号

汉语语法长编

HANYU YUFA CHANGBIAN

石毓智 著

出 品 人：廖晓勇

责任编辑：万慧霖

美术编辑：张 延

江西教育出版社出版

（南昌市抚河北路 291 号 邮编：330008)

各地新华书店经销

合肥华云印务有限责任公司印刷

710 毫米 ×1000 毫米 16 开本 75.5 印张 字数 1080 千字

2021 年 5 月第 1 版 2021 年 5 月第 1 次印刷 印数 1000 册

ISBN 978-7-5705-2390-0

定价：298.00 元

赣教版图书如有印装质量问题，请向我社调换 电话：0791-86710427

投稿邮箱：JXJYCBS@163.com 电话：0791-86705643

网址：http://www.jxeph.com

赣版权登字 -02-2021-132